사회심리학 2판

SOCIAL PSYCHOLOGY

정태연 · 박은미 · 박준성 · 장민희 · 허성호 공저

학지사

2판 머리말

『사회심리학』 초판을 2016년 초가을쯤에 출간했으니 벌써 7년이 지났다. 그동안 이 책을 교재로 삼아 꽤 많은 학생을 가르쳐 왔다. 그 여정 속에서 처음 이 책을 꾸며 세상에 내놓을 때는 보지 못한 점을 여럿 보게 되었다. 지나치게 복잡해서 이해하기 어려운 부분, 글이 분명치 못해 헛갈리는 부분, 필요한 만큼 충분히 설명하지 못한 부분이 있다는 것을 학생들을 가르치면서 알게 되었다. 주변의 여러 피드백도 이와 크게 다르지 않았다.

그 사이 초판의 이런 부분을 모두 손봐 좀 더 나은 교재를 만들어야겠다는 마음을 먹었다. 물론 자주 그렇듯이, 마음을 먹는 것과 그것을 행동으로 옮기는 것 간에는 꽤 긴 시간의 간극이 있었다. 마무리를 한 지금, 개정판이 처음에 생각한 것을 모두 다 개선했는지는 여전히 의심스럽다. 그러면서도 한편으로는 초판보다는 좀 더 나아졌을 것이라는 기대가 있는 것이 사실이다. 또한 이러한 기대가 약간은 내 마음을 편하게 해 주는 것도 사실이다. 그것은 뭔가 그동안의 부담을 좀 덜었다는 안심 같은 것이다.

이번 개정에서는 모든 장(chapter)에 걸쳐 복잡하거나 헛갈리는 내용, 특히 복잡한 연구 결과를 대폭 수정해서 이해하기 쉽게 재구성하거나 다른 내용으로 대체했다. 학부 교과 과정에서 사회심리학 관련 개념과 이론을 이해하는 데 도움이 되는 수준에 맞춰 경험적인 연구를 소개하고자 했다. 또한 불필요한 그림이나 그래프도 재정리했다. 글의 내용이 지나치게 빡빡할 때 독자가 느낄 수 있는 압박감이나 답답함을 약간이나마 덜어 줄 수 있을 정도의 그림, 내용을 이해하는 데 도움이 될 만큼의 표와 그래프, 이 정도 수준에 맞게 적절하게 시각적 재료를 활용하고자 했다.

당연하게도, 이번 작업에서 장마다 다르게 수정한 부분도 있다. 장에 따라 새로운 내용을 첨가한 부분도 있고, 최근의 연구를 소개한 부분도 있다. 이러한 수정의 전반적인 방향은 기존의 내용을 좀 더 체계적으로 재정리하는 데 있었다. 또한 특정 주제에서 좀 더 소개해야 할 부분이 있으면, 그러한 부분을 보충하는 데 초점을 두었다.

반면에 최근의 연구를 소개하는 일에는 비중을 좀 덜 두었다. 학부에서는 사회심리학에서 중요하게 다루는 개념과 이론을 좀 더 많이 그리고 좀 더 잘 이해하는 것이 더 중요하다는 판단에 따른 것이다.

이번에 개정을 특히 많이 한 장은 제7장과 제14장이다. 제7장은 초판에서 정서와 행복을 다루었는데, 개정판에서는 긍정 심리와 행복을 다루는 방향으로 그 궤도를 수정했다. 정서와 행복은 불가분의 관계에 있는데, 초판에서는 이 둘이 하나의 팀으로 움직인다는 느낌이 덜했다. 그래서 긍정심리학에 초점을 두고 그 안에서 정서를 다루는 것이 내용의 통일성을 구현하는 데 유리하겠다고 생각했다. 또한 초판에서는 제14장을 법정심리학과 건강심리학을 소개하는 데 할애했다. 이 장은 원래 사회심리학의 응용 분야를 소개하는 데 그 목적이 있어서, 개정판에서는 여기에 사이버심리학과 정치심리학을 더하는 식으로 개편했다.

이번 개정 작업에 최선은 아니더라도 차선 정도의 노력은 했지만, 당연히 초판과 마찬가지로 앞으로 고치고 바로잡아야 할 점이 많을 것이다. 일이란 것이 늘 완벽할 수 없다는 것을 안다. 그것이 때로는 불만과 좌절을 불러올 수도 있지만, 그러한 불완전성 덕분에 미래에 할 일이 있는 것이고 성장할 수 있는 기회가 주어진다고 좀 낙관적으로 생각하고 싶다. 앞으로도 독자 여러분의 충고와 고견은 언제나 대환영이다.

개정판에서는 초판에 참여한 저자 중에서 일부만 참여했다. 삶의 여건은 시간과 함께 변하는 것이고, 그렇게 달라진 여건에 따라 몇 명만 개정 작업에 참여하게 되었다. 이번 개정판은 일정 부분 초판에 기초한 것이다. 이러한 점에서 초판에만 저자로 참여한 분들에게 감사의 마음을 전한다. 또한 원고 교정에 도움을 준 신기원, 서예지, 안정민, 최심욱 박사에게도 고마운 마음이다. 마지막으로, 학지사 관계자 분들에게도 감사의 마음을 전한다. 출판에 대해 늘 적극적으로 지지해 주시고 도와주시는 사장님, 꼼꼼하게 편집과 교정을 해 주신 편집부 여러분에게 지면을 통해 마음을 전하고 싶다.

저자 대표 정태연

1판 머리말

사회심리학의 역사는 적어도 개념적으로는 심리학의 역사와 그 시작을 같이한다. 일찍이 Wundt가 주장한 민족심리학은 오늘날 사회심리학이라는 학문영역과 어느 정도는 닮고 중첩되는 특성을 가지고 있다. 그뿐만 아니라, 실질적인 측면에서 봐도 사회심리학의 역사는 한 세기 이전으로 거슬러 올라간다. 1908년에 Ross와 McDougall은 각자 『Social Psychology』라는 책을 출판했다. 국내에서도 반세기 전부터 심리학에 관한 논문과 책이 등장하기 시작했다.

이처럼 긴 시간 동안 이루어진 사회심리학 연구가 방대한 것은 너무나 당연한 일이다. 인간의 사회적 삶을 다룬 경험적인 연구도 많을 뿐만 아니라 그러한 현상을 설명하는 이론도 다양하고 풍부하다. 특히 현상을 설명하는 이론의 규모가 미시적 수준에서부터 거시적 수준에 이르기까지 다양해서 특정 현상을 여러 수준에서 분석하고 이해할 수 있는 토대를 제공하고 있다.

이러한 상황에서 한 권의 책 안에 사회심리학의 모든 것을 담아내는 것은 애초부터 할 수 없는 일이다. 그렇기 때문에 우리 역시 이 책을 엮으면서 처음부터 그러한 시도를 생각하지는 않았다. 대신에 우리는 몸소 연구하고 강의하면서 배우고 익힌 것에 근거해서 사회적으로나 시대적으로 좀 더 중요하고 유용한 주제들을 이 책에 싣고자 했다. 그중에는 사회심리학의 고전적인 주제도 있고 상대적으로 최근에 관심을 끌고 있는 주제도 있다.

이미 나와 있는 사회심리학 저서 또한 많다. 주로 영어로 된 외국서적이나 그것을 번역한 책과 함께 국내의 학자들이 쓴 저서들도 다수 있다. 전반적으로 볼 때, 이 책의 내용이나 구성이 이전의 책과 전적으로 다르다고 할 수 없다. 사회심리학이라는 학문영역에서 중시하는 연구주제, 관련 이론이나 경험적 결과 역시 공유된 지식의 산물이라는 점에서 여러 저서가 상당 부분 유사하다는 것도 당연한 일이다.

그럼에도 불구하고, 우리가 이 책을 꾸민 데에는 나름의 목적이 있다. 하나는 오늘날 중요하게 부각하는 연구주제를 다룸으로써 사회심리학이라는 제목의 책이 가지는 시기적 적절성과 타당성을 높이는 것이다. 같은 맥락에서, 이 책에서 다루는 주제에 대하여 좀 더 최근의 연구들을 소개함으로써 관련 지식을 새롭게 하고 풍요롭게 하는 것이다. 이것이 독자, 특히 강의를 듣는 학생들에게 줄 수 있는 최선의 혜택이라고 생각한다.

이 책에는 분명 아직도 고치고 바로잡아야 할 점들이 많이 있다. 사소한 오탈자에서부터 심각한 내용상의 오류에 이르기까지 다시 살펴봐야 할 부분이 곳곳에 있다. 이러한 보완과 개선의 수고로움은 우리 저자들이 앞으로 계속해야 할 큰 과업이고 의무다. 길지 않은 시간에 이러한 글쓰기 작업을 진행함으로써 빚어지는 여러 한계점과 문제점을 제대로 해소함으로써 저자들이 원래 뜻한 바를 충실히 달성할 수 있음을 우리는 잘 알고 있다. 아무쪼록 많은 조언과 격려를 부탁하는 바다.

이 책을 꾸미겠다고 마음먹고 그것을 실행에 옮기는 데 누구보다도 송관재 선생님의 도움이 컸다. 송 선생님은 이 책의 얼개를 짜고 그 속을 채우고 마무리하는 모든 번거로운 작업을 마다하지 않고 선뜻 도와주셨다. 또한 비단 이 일이 아니더라도 송 선생님은 중앙대학교 사회 및 문화 심리 프로그램과 여러모로 인연이 깊다. 물심양면으로 헌신적인 도움과 지도를 아끼지 않으신 선생님께 우리 저자들은 모두 깊은 감사의 마음을 전한다. 또한 이 책의 원고를 꼼꼼히 읽고 고쳐 준 김은호 선생과 신기원 선생 그리고 부족한 부분을 보완해 준 김미숙 선생, 구자복 선생, 서예지 선생에게도 고마운 마음을 전한다. 마지막으로, 학지사 김진환 사장님께 이 지면을 빌려 감사하는 마음을 표현하고 싶다. 요청하면 마다하지 않으시고 선뜻 출판을 허락해 주시는 사장님께 이번에도 또 은혜를 입게 되었다. 좋은 책으로 그 은혜에 보답하겠다는 약속의 말씀을 드린다.

흑석동 연구실에서

저자 대표 정태연

차례

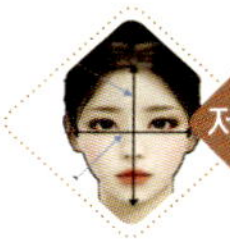

제1장

사회심리학의 개관

1. 사회심리학의 특징
2. 사회심리학의 역사
3. 사회심리학의 접근
4. 사회심리학의 연구 방법

인간은 다른 사람과 상호작용하면서 살아가는 사회적 동물이다. 그래서 인간은 주어진 상황에서 다른 사람과 다양한 행동을 통해 영향을 주고받는데 이것이 사회 행동이다. 심리학을 비롯해 사회학, 정치학, 행정학, 경제학, 인류학과 같이 인간의 사회 행동을 연구하는 학문은 상당히 많은데, 각 학문에는 그 나름의 독특한 특성이 있다. 예를 들면, 사회심리학은 사회 현상을 분석하고 설명할 때 개인이 가지고 있는 특성을 강조한다. 그러면서 다수의 사람이 모인 집단이라는 맥락뿐만 아니라, 사람들이 서로 맺는 관계라는 측면도 고려한다. 이 장에서는 사회심리학의 특징, 역사, 접근 그리고 연구 방법을 구체적으로 살펴본다.

1. 사회심리학의 특징

사회심리학은 여러 사회적 맥락에서 관찰할 수 있는 개인의 행동을 과학적으로 탐구하는 기초 심리학의 한 분야다. 즉, 사회심리학은 개인이 특정 상황에서 어떻게 생각하고 느끼고 행동하는지 그리고 왜 그런지를 체계적으로 연구하는 학문이다. 일찍이 Floyd Henry Allport(1924)는 사회심리학을 "실제적이든 가상적이든 타인의 존재 때문에 개인의 행위가 영향을 받는 과정, 이와 관련된 사고, 행위 그리고 상호작용에 관한 과학적 연구"라고 정의한 바 있다.

1) 주요 개념

사람들은 자기의 동기나 성격과 같은 내적인 특성 때문에 어떤 행동을 할 수도 있고, 자신이 처한 사회적 상황 때문에 그런 행동을 할 수도 있다. 이처럼 사람의 행동은 자신의 특성과 상황의 특성 모두에 영향을 받는다. 그래서 사회심리학은 사람의 행동을 그 행위자의 내적 요인과 그가 직면한 상황적 특성 간 지속적인 상호작용의 산물로 본다.

(1) 사람

사회심리학의 핵심 개념 중 하나가 사람(person)인데, 사람은 개인적 지식, 태도, 성격과 같은 심리적 특성을 가진 개체다. 이러한 특성은 사람마다 달라 같은 상황에서도 서로 다르게 행동한다. 친구들 사이에서도 식당에서 주문하는 음식이 다르고 좋아하는 활동도 다르다. 때로 우리는 이런 차이를 음식에 대한 선호도나 취미와 같은 개인 특성으로 설명한다. 이때 어떤 사람을 다른 사람과 구별해 주는 요인에는 유전적이거나 생물학적 요인도 있고, 오랫동안 학습했거나 일시적인 상황 때문에 나타나는 심리적 요인도 있다. 또한 사람들은 저마다 목표나 동기, 기억이나 신념에 기초한 지식 체계가 다르고, 특정 사람, 사물 혹은 사건에 대해 갖는 긍정적이거나 부정적인 태도와 감정이 다르며, 일시적인 상황에 따른 기분도 사람마다 다양하다([그림 1-1] 참조). 이처럼 개인의 동기, 지식, 태도, 감정 그리고 기분이 역동적으로 결합해서 사람마다 독특한 행동을 만들어 낸다.

그림 1-1 사람의 다양성. 사람은 성격, 동기, 신념, 정서 등 여러 면에서 다르다.

사람 사이의 다양한 차이를 성격 특질, 인지, 동기 그리고 장애 등 4개의 범주로 구분해 볼 수 있다(Fleeson & Jayawickreme, 2019). 성격 특질 접근은 사람들의 행동 스타일을 성격 5요인(Big 5), 즉 외향성, 친화성, 성실성, 신경증, 개방성이라는 주요 성격 특질로 기술하는 데 초점을 둔다. 이러한 접근을 취하는 연구자는 행동 관련 성격 특질의 개인차를 밝히고, 그러한 성격 특질 간의 관계를 규명하며, 성격 특질과 행동 간의 인과 관계를 밝히고자 한다. 몇몇 연구자는 성격 특질이 특정 상황에서 특정 행동을 위한 준비성 혹은 잠재력이라는 점에서 타고난 성향(disposition)이라고 여기기도 한다. 지금까지 연구를 보면, 성격 5요인(Big 5) 접근은 문화적으로 상당히 보편적이고, 인간의 사회 행동과 관련해서 상당히 놀라운 예측력을 보여 준다.

사람에 대한 인지적 접근은 사람들이 어떻게 생각하고 무엇을 생각하는지를 밝혀 그들의 행동을 설명하고자 한다. 사람들은 사고하는 방식이나 내용에 따라 다르고, 그러한 차이에 따라 그들의 삶은 달라지기 때문이다. 이러한 접근의 연구자는 하나 혹은 그 이상의 개별 요인에서 사람들의 차이를 연구하기도 하고, 전체 차원에서 개인차를 가져오는 인지 구조나 과정을 연구하기도 한다. 예를 들면, 전자의 경우 삶에 대한 통제감, 자기효능감, 자아존중감, 자기개념에 관한 연구가 있다(예: Crocker & Wolfe, 2001). 후자의 경우 오늘날 우리 사회에서 첨예하게 드러나듯이, 보수나 진보와 같은 정치적인 인지 구조는 정의나 도덕적 판단에 큰 영향을 미친다(Graham et al., 2009).

사람에 대한 동기적 접근은 그들이 추구하는 목표에 초점을 둔다. 인간이 추구하는 목표나 가치, 욕구는 다양하고 개인마다 차이가 있다. 또한 가치나 욕구 측면에서 어떤 목표는 우리가 의식할 수 있지만, 우리가 의식하지 못하는 목표도 매우 많다. 모든 목표에 해당하는 두 가지 형태의 동기가 접근적 동기와 회피적 동기다. 예를 들면, 어떤 사람은 취업을 위해 어려운 시험을 준비하지만, 다른 사람은 낙방에 대한 두려움으로 시험 준비를 포기한다. 동기 차원에서 사람을 연구한 또 다른 사회심리학 주제는 자기조절이나 조절 초점에 관한 것이다. 이 부분 대해서는 제2장에서 좀 더 자세히 알아본다.

장애 기반 접근은 삶의 문제로 사람들을 구분하고자 한다. 성격장애로 일컫는 장애는 성격과 같은 특성이 있다. 즉, 뚜렷한 재발의 패턴을 보이지 않고, 외견상 점진적인 악화가 없고, 사람들의 지속적인 행동 성향처럼 보인다. 『정신질환의 진단 및 통계편람(제5판)』(DSM-5; APA, 2013)에 따르면, 성격장애에는 3개의 군집이 있다. 이상-기이 군집(A군)에는 편집성, 조현성, 조현형 성격장애, 극적-정서적 군집(B군)에는 반사회성, 경계선, 연극성, 자기애성 성격장애 그리고 불안-공포 군집(C군)에는 회피성, 의존성, 강박성 성격장애가 있다. 이러한 접근의 가장 큰 의문점은 이상이 정상과 질적으로 다른지 아니면 양적으로만 다른지에 대한 문제다.

사회심리학에서는 앞서 언급한 개인의 여러 내적 요인도 사회적 환경과 맥락 속에서 만들어지는 것으로 보며, 동시에 그와 같은 특성을 가진 개인 역시 자신의 사회적 환경과 맥락을 적극적으로 구성하는 존재로 본다(Taylor et al., 2002). 사회심리학에서 보는 사회적 존재로서 사람은 특정 집단의 구성원이거나 그 집단의 문화를 이어받은 사람, 사회적 환경에서 개인의 경험을 적극적으로 구성하는 사회적 지각자 그리고 다양한 사회적 상황에서 일관성을 추구하는 존재다.

(2) 상황

사회심리학의 또 다른 핵심 개념인 상황(situation)은 개인의 사고와 행동에 영향을 줄 수 있는 외부의 환경, 조건, 상태 혹은 실체를 의미한다. 좁게는 가족과 지인 혹은 지금 직면한 상황에서부터, 넓게는 개인이 속한 사회계층, 계급 또는 문화가 모두 여기에 해당한다. 또한 상황에는 실재하는 대상이나 사건뿐만 아니라 자신이 상상한 타인의 기대나 그들과의 관계도 포함된다. 특히 사회적 상황은 다른 사람을 수반하는 상황으로, 개인들 간의 다양한 상호작용과 활동을 의미한다. 여기에는 친밀한 가족에서부터 길에서 우연히 마주치는 사람까지 다양한 사람이 포함된다. 이처럼 주변에 다른 사람이 있을 때 우리는 혼자 있을 때와는 다르게 행동한다. 더군다나, 두세 명이 있을 때와 수많은 군중이 있을 때 우리는 종종 다르게 행동한다.

특정 상황에서 만나는 어떤 사람은 우리가 특정한 행동을 하게끔 그 계기를 제공한다. 여행지에서 만난 매력적인 이성은 사랑의 기회를, 학교 선생님은 배움의 기회를 그리고 음주 운전자는 신체적 위협을 줄 수 있다. 상황이 주는 이런 기회나 위협을 행동 유도성(affordance)으로 설명할 수 있다. 이것은 대상의 특정 속성이 유기체가 어떤 행동을 하도록 유도하거나 특정한 행동을 쉽게 하도록 만드는 성질이다(Baron & Boudreau, 1987). 말하자면, 상황은 우리가 어떤 행동이나 상호작용을 할 수 있는 기회를 제공한다. 게다가 우리는 상황이 모호할 때 다른 사람의 생각이나 행동을 고려해서 판단한다. 왜냐하면 우리는 그들을 세상에 대한 가장 훌륭한 정보의 원천으로 생각하기 때문이다. 동시에, 우리는 다수의 의견이나 행동과 불일치하는 상황을 피하고자 한다.

어떤 상황에서는 우리가 어떻게 행동해야 하는지 그것에 대한 정해진 규범이나 규칙이 있다([그림 1-2] 참조). 예를 들면, 종교의식이나 취업 면접과 같은 상황에서 허용되는 행동과 그렇지 않은 행동은 일종의 법칙으로 존재한다. 이러한 법칙은 특정 상황에서 어떤 행동을 어떤 순서로 해야 하는지와 같은 형태를 취할 수도 있다. 이처럼 특정 상황이 요구하는 행동에 대한 규범은 우리의 행동과 타인의 행동을 조정할 뿐 아니라, 규범에 맞지 않은 행동을 피할 수 있도록 한다(Abelson, 1981).

그림 1-2 상황적 규범. 취업 면접과 같은 상황은 올바른 행동에 대한 일종의 규범을 가지고 있다.

우리는 상황을 크게 세 가지로 구분할 수 있다(Reis & Homes, 2019). 첫째, 상황을 사실적이고 객관적인 특성과 사람들이 주관적으로 지각한 특성으로 구분할 수 있다. 이때 상황을 주관적으로 지각하는 사람은 그렇지 않은 사람과는 다르게 행동하기 쉽다. 상대방의 비판을 부당한 비난으로 보는가 아니면 건전한 제안으로 보는가에 따른 반응은 다를 수 있다. 둘째, 상황을 명목적 상황과 심리적 상황으로 구분할 수 있다. 명목적 상황은 학교, 체육관, 운동경기, 식사, 소음 등 특별한 장소나 환경 및 그곳에서 일어나는 활동을 의미한다. 이 상황은 물리적 속성도 반영한다. 반면에 심리적 상황은 특정 상황에서 거절, 칭찬, 비난처럼 사람의 행동에 영향을 주는 요인에 초점을 둔다. 마지막으로, 상황을 구체적인 성질과 추상적인 성질로 구분할 수도 있다. 소음, 폭염, 과밀, 욕설, 폭행과 같은 것은 환경을 구체적으로 기술한 것이지만, 추상적으로는 소음, 폭염과 과밀을 환경적 스트레스 요인으로 그리고 욕설, 폭행, 따돌림을 공격성으로 묶을 수 있다.

전통적으로 사회심리학자들은 개인에게 영향력을 행사하는 다양한 상황 중에서도 특히 그 개인을 둘러싼 즉각적인 상황에 주목해 왔다. 그들은 행동에 대한 사회적 기대, 타인이나 준거집단의 행동, 상황적 규범, 개인의 역할을 주로 고려해 왔다. 좀 더 최근에는 행동에 영향을 미치는 거시적인 요인으로 문화에 관한 연구가 활발히 이루어지고 있다. 서로 다른 문화권에 속한 사람들의 행동이나 심리적인 특성을 비교함으로써, 문화가 인간의 사고, 느낌 그리고 행동에 미치는 영향을 규명하려는 시도가 일고 있다. 예를 들면, 한국이나 미국의 경우 장례식에서는 튀지 않는 옷을 입고, 조용히 말하며, 슬픔에 대한 표현을 아낀다. 그러나 보르네오섬의 베라완(Berawan)족의 경우 짧게는 8개월에서 길게는 5년 동안 지속되는 장례 의식을 치르며 음악, 게임, 춤 등의 파티를 즐긴다(Metcalf, 1982).

(3) 사람-상황 상호작용

사회 행동에 영향을 미치는 행위자와 상황 두 요인은 독립적으로 작용하기보다는 상호작용한다. 먼저, 일정한 특성을 가진 사람도 그가 처한 상황에 따라 매우 다양하게 행동할 수 있다. 그래서 우리의 행동은 모든 상황에 걸쳐 완벽하게 일관적이지는 않다. 동시에, 사람에 따라 특정 상황에서 하는 행동도 매우 다르다. 즉, 특정 상황에서 사람들이 하는 행동에는 개인차가 존재한다. 이러한 점을 고려할 때 우리의 행동은 사람-상황 상호작용(person x situation interaction)으로 가장 잘 설명할 수 있다. 이 개념에 따르면, 한 개인의 사회 행동은 그 개인의 특성과 그가 속한 상황의 특성이 서로 작용하여 만들어진다는 것이다.

여기에는 여러 형태의 사람-상황 상호작용이 있을 수 있다(Kenrick et al., 2005). 먼저, 매년 기업이 수많은 지원자 중에서 일부만을 선발하는 것처럼, 상황이 특정 사람을 선택할 수도 있다. 이것은 원하는 상황을 모두가 경험할 수는 없는 경우로, 상황을 경험할 수 있는 사람은 상황의 선택에 달려 있다. 이와 반대로, 연말 휴가를 위해서 어떤 사람은 시끄러운 클럽을 선택하는 반면, 어떤 사람은 집에서 쉬거나 모험적인 여행을 한다. 이것은 사람이 특정 상황을 선택함으로써 사람에 따라 서로 다른 상황을 경험하는 것이다([그림 1-3] 참조).

그림 1-3 상황을 선택하는 사람. 어떤 사람은 새해에 해외 휴양지로 여행을 떠나지만 모두가 그런 것은 아니다.

또 다른 형태의 상호작용으로, 다양한 상황은 한 개인의 서로 다른 목표나 신념 혹은 느낌을 점화한다. 예를 들면, Bargh와 그 동료들(1996)은 실험참가자를 두 집단으로 나눈 다음, 한 집단에는 노인과 관련된 낱말을 그리고 다른 집단에는 노인과 관련 없는 낱말을 분류하도록 했다. 그 후 참가자들이 다른 실험을 위해 해당 장소로 이동하는 시간을 측정한 결과, 노인과 관련된 낱말을 분류한 참가자 집단의 걷기 속도가 더 느렸다. 이를 통해 볼 때, 각 상황에 속해 있는 서로 다른 요소가 한 개인의 내부에 있는 서로 다른 특성을 활성화함으로써 궁극적으로 상황에 따라 서로 다른 행동을 유도할 수 있다.

마지막으로, 사람들이 상황을 변화시킬 수도 있다. 그들은 자기의 목표를 달성하려고 의도적으로 상황을 변화시키기도 하고 우연히 상황에 영향을 줄 수도 있다. 환경을 개발하는 것, 제도를 바꾸는 것 모두 여기에 해당한다. 또한 개인이 속한 상황, 집단 혹은 문화에 따라 그 개인의 취향이나 태도가 달라질 수도 있다. 이것의 전형적인 사례가 사회화(socialization)다. 이것은 사회 구성원에게 문화적 신념, 관습, 습관, 언어 등을 가르치는 과정으로, 특정 문화가 장기간에 걸쳐 사람을 변화시키는 과정이다.

상황과 상호작용하는 사람의 사회 행동을 이해, 예측 및 통제하기 위해서는 행위자가 상황에 부여하는 주관적 의미, 즉 그의 주관성을 이해할 필요가 있다. 행위자가 어떤 상황적 자극에 반응하는지, 그 반응은 그들의 과거 경험, 목표와 기대 그리고 세계관과 어떻게 연관되는지 그리고 행위자는 그 반응을 어떻게 해석하고 거기에 어떤 의미를 부여하는지 등 주관적 상황을 파악할 필요가 있다. 이와 같은 주관적 해석의 과정을 이해하기 위해서는 그가 상황을 어떻게 정의하는지를 먼저 이해할 수 있어야 한다. 이와 함께 상황이 그에게 주는 심리적인 의미나 영향도 파악할 수 있어야 한다.

글상자 1-1

두 유형의 사회심리학

20세기 초반부터 사회심리학은 사회 현상을 심리학과 사회학의 두 갈래에서 분석하는 학문으로 발전해 왔다. 심리학적 사회심리학은 사람들이 서로 영향을 주고받는 양상을 개인의 인지, 동기 혹은 성격에 기초해서 설명한다. 다른 한편의 사회학적 사회심리학은 사회 구조의 수준에서 집단의 구조와 기능 및 변화의 법칙을 밝히려는 사회학의 전통으로부터 발전한 것으로, 인간 개개인보다는 조직, 계층, 집단, 국가와 같은 사회적 단위를 연구 대상으로 삼는다. 두 전통의 사회심리학이 다루는 현상이나 내용에는 중복되는 부분이 많지만, 두 부류의 연구자들 사이에는 별다른 교류가 없었다.

심리학적 사회심리학과 사회학적 사회심리학의 가장 큰 차이는 **분석 단위**와 **연구 방법**에 있다. 심리학적 사회심리학이 개인 중심적 접근을 취하는 것은 심리학이 과학적 지위를 갖추기 위해 엄격한 실험을 강조해 온 것과 그 궤를 같이한다. 실험에 대한 강조는 통제가 어려운 집단보다는 개인에 기초한 연구를 지향하도록 만들었기 때문이다. 사회심리학자들은 상호의존이나 집단 갈등과 같은 사회적 과정에서도 분석 단위로 개인을 강조하는 경향을 보인다(Levine & Thompson, 1996). 더불어 1960년대의 인지 혁명에 이은 신경심리학의 발달은 사회 행동의 기저에 있는 개인적 실체를 입증함으로써 개인 중심적 접근을 더 강화하는 계기가 되었다.

2) 연구 주제

사회심리학자의 연구 주제는 실로 다양하다. 그들은 한 개인의 다양한 심리적 특성에서부터 다른 사람과의 관계에서 보이는 행동, 다수의 사람이 모인 상황에서 나타나는 인간의 심리와 행동을 이론과 경험적 자료에 기초해서 설명하고자 한다. 게다가 이러한 원리를 정치, 건강, 군대, 교통, 범죄 등 다양한 장면에 응용해서 관련 문제를 다루는 데에도 많은 관심을 두고 있다. 이러한 연구 주제를 개인에 기초한 연구, 관계에 기초한 연구 그리고 집단에 관한 연구로 나누어서 살펴볼 수 있다.

(1) 개인에 기초한 연구

사회심리학자들이 개인의 심리를 연구한 많은 주제 중에는 자기와 정체성, 사회인지, 태도, 성격이 있고, 최근에는 행복에 관한 관심이 매우 크다. 사회인지 접근에서 **자기**(self)는 자신에 대한 정신적 표상과 기억의 복잡한 네트워크로, 자기에 대한 의식적이거나 무의식적인 인식을 모두 포함하며, 사회적 상황이나 정체성의 영향을 받는다([그림 1-4] 참조). 성격심리학의 측면에서 자기는 완전히 고정된 실체도 아니고 단일한 것도 아니다. 자기의 구성은 시간이 걸리는 과정으로, 경험, 친밀한 관계 그리고 특정 집단 정체성의 영향을 받는다. 연구자들은 개인의 성격, 동기 및 정서, 성(gender)이 사회적 행위에 어떤 영향을 미치는지를 연구한다. 최근에는 자기개념, 자아존중감, 자기조절 그리고 자기자비와 자기용서, 자기초월에 대한 관심이 높고 다양한 접근을 통해 자기에 대한 개념을 확장하고 있다.

그림 1-4 나는 누구인가. 사람은 자신이 누구인지에 대한 질문을 통해 자신을 찾고자 한다. 이러한 물음은 평생을 통해 이루어지기도 한다.

사회인지(social cognition)는 사회적 대상에 대한 정보를 부호화, 저장, 인출 등을 통해 처리하는 과정이다. 이 분야의 연구자들은 주어진 정보의 선택과 해석, 평가 등 정보의 처리 과정, 판단과 의사결정, 타인에 대한 인상, 고정관념이나 편견의 형성을 다룬다. 초기의 연구는 사람들의 의식적 정보처리 과정을 이해하는 데 중점을 두었다. 그러나 최근 20~30여 년 동안에는 의식적-무의식적, 자동적-통제적, 합리적-감정적 정보처리처럼, 의도적이고 느리며 노력을 들이는 처리와 비의도적이고 빠르며 효율적인 처리를 구분한 연구가 많다. 특히 무의식적이고 암묵적인 과정에 관한 연구는 컴퓨터를 이용한 측정과 함께 발달해 왔다. 최근에는 제3의 정보처리 형태인 메타의식을 다루는 연구자도 있다(Schooler et al., 2011). 이들은 메타의식 차원에서 자기의식과 자기반성이 인간의 전반적인 판단과 의사결정에 영향을 준다고 주장한다.

태도(attitude)는 특정 대상에 대한 평가를 담고 있는 신념으로, 대상이나 상황에 반응하는 데 영향을 주는 정신 상태다. 태도의 형성을 다룬 연구는 유전과 함께 학습의 효과를 다루고 있다. 또한 연구자들은 태도와 행동과의 관계 그리고 이 관계에 영향을 미치는 요인을 탐구한다. 태도가 행동과 반드시 일치하는 것은 아니라는 사실이 밝혀지면서, 연구자들은 태도의 다차원적 내용, 측정 방법, 태도의 접근 가능성이 태도와 행동 간 관계에 미치는 영향을 연구해 왔다. 또한 태도의 변화와 관련된 원리나 요인도 핵심 주제다. 이와 관련해서 지금까지 다양한 접근이 있었고 많은 발견이 축적되었다. 최근에는 건강, 소비자 및 정치 영역에 이르기까지 다양한 분야에서 태도 관련 연구가 이루어지고 있다.

성격(personality)은 환경에 대한 개인의 적응을 결정하는 고유한 정신적 체계로, 사회적 상황에 상관없이 개인에게 일관적이고 안정적으로 나타나는 특징이다(Funder & Fast, 2010). 성격을 다루는 사회심리학자들은 사회적 상황 이외에 개인의 태도, 욕구, 정서 그리고 성격 특질에서 나타나는 개인차가 사람의 행동에 미치는 영향을 밝히고자 한다. 또한 그들은 복잡하고 다양한 심리적 역동 속에서 성격이 어떻게 형성되고 작동하는지 그에 대한 과정을 연구하기도 한다. 성격 과정에 대한 이론은 주로 인지와 인지 과정, 정서와 정서 조절, 욕구와 동기, 자기조절과 목표 추구 등을 다룬다. 오늘날 성격심리학의 위상은 과거에 비해 많이 떨어진 상태다. 그래서 일반인들의 성격은 사회심리학에서 다루고, 병리적인 측면의 성격은 임상심리학에서 다루는 것이 전반적인 추세다.

최근에는 긍정심리학이 부흥하면서 행복(happiness)에 대한 사회심리학자의 관심이 매우 크다. 긍정심리학이 등장하기 이전의 심리학은 주로 개인의 병리나 부적응을 해결하는 것에 초점을 두지만, 긍정심리학은 일반인들의 기능과 역량을 확장하고 행복을 증진하는 요인이나 원리를 발견하고자 한다. 이 외에도 삶의 의미 발견과 확장, 역경을 통한 성장과 같은 주제를 다양한 심리학자가 다루고 있다.

(2) 관계에 기초한 연구

사회심리학자들은 사람들의 사회 행동을 관계적 수준에서도 다룬다. 인간의 행위가 개별적으로 분리된 상태에서 이루어지는 것이 아니라 다른 사람과의 상호작용 속에서 이루어지기 때문에, 관계는 사회심리학 연구에서 매우 중요한 위치를 차지하고 있다. 말하자면, 관계는 여러 사람이 만든 세계 속에서 사회적 영향이 발생하는 가장 중요한 맥락이다. 동시에, 관계의 특성과 질이 개인의 사고나 느낌 그리고 행동에 직·간접적인 영향을 준다. 이러한 상황에서 인간의 행동을 분리된 개인의 특성만으로 설명하는 것은 보통은 가능하지 않다.

즉, 관계적 수준을 다루는 사회심리학자들은 관계 속에 있는 사람의 동기, 정서 및 행동이 어느 한쪽이 아니라 양쪽 모두에 따라 결정된다고 가정한다. 관계 속에서 이루어지는 사고와 행동은 기본적으로 그 관계에 따라 결정되기 때문에, 이것을 한 개인의 특성으로 환원해서 설명할 수 없다. 또한 그들은 상호작용의 과정에서 이루어지는 대인관계의 내적 변화를 다루고자 한다. 이러한 측면에서 사회적 지지, 의사소통, 권력과 사회적 영향과 같은 문제를 다룬다.

대인관계에서 이루어지는 하나의 과정이 서로에 대한 지각, 즉 대인 간 지각 혹은 사회적 지각이다. **대인 간 지각**(interpersonal perception)은 쌍방적으로 상대방에 대해 생각하고 평정하며 평가하는 과정이다. 이때 우리는 이러한 지각을 통해 다른 사람의 성격을 추론하거나 그 사람이 좋은지 아니면 나쁜지를 평가한다. 대인 간 지각 연구자들은 전통적으로 상대방의 얼굴과 외모, 매력, 성격 특질, 정서에 대한 지각을 중요한 연구 주제로 삼아 왔다. 또한 보는 사람의 특성, 상대방의 특성 그리고 이 둘 간 관계의 특성이 상대방의 지각에 미치는 영향을 연구해 왔다. 얼굴 표정, 목소리, 제스처와 같은 비언어적 행동에 대한 지각, 자신과 타인의 행동의 원인에 관한 귀인(attribution)도 중요한 연구 주제로 다루어져 왔다. 좀 더 최근에는 실험실 상황이 아닌 실제 상황에서 사람들 사이에 일어나는 대인 간 지각을 다루는 연구가 많이 증가하고 있고, 대인지각과 뇌를 연결한 연구가 시선을 끌고 있다.

대인관계와 관련해서 연구자들은 관계의 형성과 발달의 과정이나 그것에 영향을 주는 요인을 연구한다. 관계의 형성에 영향을 주는 매력 요인, 관계의 시작과 발달

그림 1-5 연인관계. 친밀한 관계는 사회심리학의 핵심 연구 주제로, 특히 낭만적 사랑은 많은 연구자의 관심을 끌고 있다.

단계, 그러한 과정에서 나타나는 변화, 관계의 갈등과 회복, 관계의 만족과 종결을 탐구해 왔다. 특히 가까운 관계에서 경험하는 동기, 감정 및 상호의존성은 주요한 연구 주제다. 가까운 관계에 있는 사람은 서로에 대한 의존성이 매우 커서 관계에 몰입하려는 동기가 크고 그 속에서 긍정적이거나 부정적인 감정을 강하게 느낄 수 있다.

연구자들은 가족, 친구, 연인, 동료와 같은 친밀한 관계를 중심으로 그 주요 특징과 발달 과정, 성차 등을 다루어 왔다([그림 1-5] 참조). 가족 관련해서는 부모-자녀 관계나 부부관계의 발달적 변화, 세대 차이, 관계의 유형과 적응/부적응을 주로 탐구해 왔다. 친구관계에서는 발달적으로 그 관계의 궤적과 기능 그리고 관계에 영향을 미치는 요인을 주로 다루어 왔다. 연인관계에서는 매력의 요인, 성행동에 대한 성차와 연령 차이, 사랑의 유형 등을 다루어 왔고, 직장에서 이루어지는 동료관계에 대해서는 그 기능이나 유형, 지위에 따른 관계의 특성 등을 연구해 왔다.

(3) 집단에 관한 연구

사회심리학의 또 다른 연구 주제가 집단이다. 집단(group)은 넓은 의미로는 다수의 인간으로 구성된 집합체이고, 좁은 의미로는 공동의 목적을 달성하기 위해 구성원들이 상호작용하며 이를 통해 이해(利害)를 함께 나누는 조직체를 뜻한다. 집단은 인간 실존의 기본적인 요소로, 우리는 환경에서 더 잘 살아남기 위해 집단 생활에 잘 적응할 수 있도록 인지와 동기의 역량을 갖추고 있다(Caporael & Brewer, 1991). 대부분의 동물과 마찬가지로, 인간은 혼자 있을 때보다 함께 있을 때 그 생존 가능성이 크다. 인간의 뇌 역시 다른 사람과의 사회생활을 잘하는 쪽으로 발달해 왔다. 이와 같은 측면은 인간의 진화에 그대로 반영되어 있어, 우리는 집단 생활에 필요한 공동체 동기와 지적 능력을 갖추고 있다.

사회심리학에서 다루는 집단 연구는 크게 두 흐름으로 이루어지고 있다. 첫 번째 흐름은 특정 집단 내에서 이루어지는 구조, 역동 및 수행에 초점을 두고 있다. 여기에는 집단 내 위계와 권력, 집단 규범, 다수와 소수의 영향력, 집단 의사결정, 협동과 수행 그리고 리더십에 관한 연구 주제가 포함된다. 집단의 구조를 구성하는 요소인 역할, 지위, 권력, 규범과 응집성에 대한 연구도 계속적으로 이루어졌다. 다수의 영향력

그림 1-6 차전놀이. 차전놀이도 사람들이 하는 집단 행동의 한 사례다.

에 관한 연구는 대략 1930년부터 시작했고, 소수에 관한 연구는 1960년대 후반부터 이루어졌다. 그 이후 약 30년 정도는 집단 연구에서 이 주제가 뜨거운 논쟁의 중심을 차지했다. 집단의 의사결정과 수행에 관한 연구도 사회심리학의 태동과 함께 시작했고, 이에 관한 관심은 지금도 계속 이어지고 있다. 반면에 리더십에 대한 사회심리학자들의 관심은 과거에 비해 요즘 줄어들고 있고, 주로 사회심리학 이외의 영역에 있는 학자들이 연구하고 있다.

집단에 관한 연구의 두 번째 흐름은 집단 간 관계에서 서로 다른 집단이 서로를 어떻게 지각하고 대하는지를 다루고 있다([그림 1-6] 참조). 주로 집단 간 갈등의 현실적 및 심리적 원인과 이러한 갈등을 감소하는 방안이 연구의 대상이다. 특히 심리적인 측면에서는 내·외집단 범주화와 사회 정체성이 집단에 대한 고정관념, 편견과 차별에 어떠한 영향을 미치는지를 주로 연구해 오고 있다. 또한 특정 집단에 대한 고정관념과 편견의 내용, 고정관념이 그 대상자에게 미치는 영향, 특히 그들에 대한 차별을 중점적으로 연구해 왔다. 집단 간 갈등을 해소하려는 방안으로 오랫동안 연구된 것이 집단 간 접촉이다. 지금까지 연구에 따르면, 모든 집단 간 접촉이 효과적인 것은 아니고 접촉이 효과를 갖기 위해서는 갖추어야 할 여러 조건이 있다. 이 외에도 집단 간 갈등을 해소하기 위한 효과적인 방법으로는 인지적인 측면에서 내·외집단에 대한 범주화를 다양하게 하는 전략, 어느 한 집단만으로는 달성할 수 없는 공동의 목표를 설정하는 전략 등이 연구되어 왔다.

집단에 관한 사회심리학 연구는 신경과학과 같은 미시적 수준에서 그 문제를 다루기도 한다. 예를 들면, 내·외집단에 대한 평가나 집단에 대한 소속과 배제의 문제는 사람들의 안녕감(Walton & Cohen, 2011)이나 안전감(Correll & Park, 2005) 지각에 큰 영향을 준다. 최근에는 이러한 영향을 뇌 이미지나 호르몬 변화를 측정하여 신경생리학적으로 검증하는 연구가 증가하고 있다. 사회 신경과학(social neuroscience)은 인간의 사회적 경험과 생물학적 체계 간의 관계를 이해하기 위한 학문 분야로, 뇌가 인간의 사회적 과정과 행동에 어떻게 관여하는지를 연구한다. 이 분야에서 다루는 인간의 사회 행동은 단지 집단 간 행동에만 국한하는 것은 아니고, 자기 자신에 대한 인식이나 느낌, 대인 간 관계에서 이루어지는 다양한 경험, 집단 내에서 나타나는 여러 현상을 포함한다. 또한 사회심리학자들은 집단을 경제학, 사회학, 정치학과 같은 거시적 수준에서 분석하기도 한다. 가령, 정치심리학은 거시적 수준에서 집단이나 집단 과정을 다루는 하위 분야다. 여기서는 역사적, 문화적 및 구조적 측면을 고려해서 심리적 요인과 사회적 요인이 체제 옹호나 사회적 불평등에 미치는 영향을 다룬다.

3) 사회심리학의 응용

사회심리학은 심리학에서 가장 기초가 되는 학문 분야로, 언제나 이론과 응용의 동일선상에 있어 왔다. 사회심리학의 기본 개념과 일반 원리는 임상이나 조직과 같은 심리학 응용 영역에 종사하는 전문가들의 활동에 이론적 토대를 제공해 왔다. 또한 사회심리학자 자신도 여러 사회 문제의 해결에 직접 관여함으로써 지난 50년 동안 편견과 고정관념, 미디어 폭력, 건강, 법, 정치적 이슈와 같은 매우 다양한 영역에서 많은 연구를 수행해 왔다. 오늘날 심리학은 수없이 많은 영역에서 나름의 역할을 하고 있는데, 사람이 함께하는 영역에서는 사회심리학이 그 중심적인 역할을 하고 있다고 해도 과언이 아니다.

특히 최근에는 경제학, 정치학, 법학, 건강 분야에서 사회심리학의 지식을 활용하고 있다. 예를 들면, 행동경제학(behavioral economics)의 발전은 인간의 경제 활동에 대한 이해도를 높이고 있는데, 이 학문은 판단이나 의사결정과 관련한 사회심리학적 연구의 확장이다. 전통적인 경제학은 인간이 합리적으로 의사결정을 하는 호모에코노미쿠스라는 가정에 기초하고 있다. 그러나 행동경제학은 이러한 전제와는 달리 인간의 실제 행동을 심리학, 사회학, 생리학의 견지에서 바라보고 그 원인을 규명하려는 경제학의 한 분야다. 사회심리학자들이 연구한 사회인지, 특히 판단과 의사결정에 대한 발견에 따르면, 인간은 경제학자들이 생각하는 것처럼 늘 그렇게 합리적인 존재가 아니다. 대신에 인간은 상황과 맥락에 따라 그 나름의 독특한 인지 체계를 가지고 있다. 이와 같은 지식에 기초하여 인간의 경제 행동을 체계적으로 설명하는 학문이 바로 행동경제학이다.

정치에 관한 학문도 집단 간 갈등이나 투표 행동에 관한 심리학 연구를 통해 발전하고 있다([그림 1-7] 참조). 특정 사회에서 사람들이 보이는 다양한 정치 행위 역시 그러한 행위를 하는 사람의 심리적 특성에 기초한 것이다. 정치심리학(political psychology)은 사람들의 투표 행위를 결정하는 요인, 정당과 같은 정치 조직 간의 갈등과 대립의 원인, 이러한 대립을 해소하기 위한 타협과 협상

그림 1-7 선거. 선거와 유세의 정치 행위도 사회심리학의 한 연구 영역이다.

그리고 중재, 권력의 본질과 권력을 가진 사람의 심리적 특성, 정치적으로 소외된 집단의 특징과 불만 그리고 그 해결과 같은 수많은 정치 현상을 제대로 이해하고 그 문제를 효과적으로 해결하는 데 관심을 두고 있는 학문이다.

사회심리학자들은 법과 범죄 관련된 분야에서도 활동하고 있다. 초기에는 대중매체의 폭력물에 대한 노출이 범죄와 같은 공격 행동에 미치는 영향 그리고 법적 책임이 면제되는 경우를 주로 다루어 왔다. 그 이후에는 법적 의사결정에 관한 연구가 최근까지 활발히 이루어지고 있다. 주로 미국의 배심원 제도와 관련해서 사법 판단에 대한 실험적 연구가 많다. 특히 배심원의 성격이나 태도, 증거의 제시 방법, 집단의 구성과 같은 요인이 의사결정에 미치는 영향을 많은 연구가 다루었다. 우리 사회에서도 범죄의 문제, 그에 따른 처벌의 공정성과 같은 현안이 학술적 관심의 대상이 되고 있다.

건강과 의학 관련 분야에서 활동하는 사회심리학자들은 의사와 환자의 의사소통, 진단 결과에 대한 반응, 위약 효과, 질병 관리, 고통과 그 원인에 대한 지각의 관계 등을 다룸으로써 행동의학의 발달에 기여하고 있다. 이때 위약 효과(placebo effect)는 실제로 전혀 효과가 없는 실험 처치를 마치 효과가 있는 것처럼 허위로 믿게 했을 때, 실험참가자에게 나타나는 심리적 및 신체적 효과를 말한다. 이 영역의 연구는 질병의 예방과 회복 그리고 노년기 적응에 개인적 책임감이나 통제감과 같은 개념이 중요하다는 점을 입증해 주고 있다.

오늘날에 큰 관심을 끄는 하나의 학문이 디지털심리학(digital psychology)인데, 이것은 가상공간에서 이루어지는 인간의 행동과 그 심리적 체계를 연구하는 학문이다. 오늘날 우리의 많은 활동이 가상공간에서 이루어지고 있다는 점에서 가상공간이 우리의 삶에 미치는 영향은 막대하다. 그래서 사회심리학자들은 가상공간에서 이루어지는 인간의 행동이 대면 상황일 때와 다른지, 다르다면 왜 다른지를 밝히고자 한다. 특히 가상공간에서 자기제시, 대인관계, 의사소통, 집단 간 관계뿐만 아니라, 그 속에서 발생하는 다양한 형태의 범죄와 같은 문제도 다루고 있다.

2. 사회심리학의 역사

한 학문의 역사적 발자취를 살펴보는 것은 그 학문을 이해하는 데 필수적이다. 그래서 서구에서는 사회심리학의 역사를 다룬 저서가 적지 않다. 상대적으로 좀 더 최근에는 Kruglanski와 Stroebe(2012)가 서구의 사회심리학이 걸어온 역사적 궤적을 체계적으로 보여 주고 있다. 이에 비해 한국의 사회심리학이 걸어온 발자취를 보여 주는 문헌은 '한국심리학회'가 발간한 문헌(한규석, 1996a) 정도다. 이 절에서는 이러한 문헌을 중심으로 사회심리학의 전반적인 역사를 살펴본다.

1) 서구의 사회심리학

현대 사회심리학의 근원은 19세기 유럽과 미국에서 찾아볼 수 있다. 19세기 유럽에서는 산업혁명 이후 시민사회의 발전과 자연과학의 발달에 힘입어 인간과 사회를 경험적이고 객관적으로 연구하려는 사회과학이 출현했다. 이때 사회심리학은 실증주의를 주창한 Conte, 집단과 군중의 심리를 다룬 프랑스의 LeBon, Durkeim, Tarde 그리고 인간 정신의 역사적·국가적·문화적 특성을 강조하며 '민족심리학(Völkerpsychologie)'을 제시한 독일의 Wundt의 영향을 받았다(Jahoda, 2007; Reis, 2012). 이 시기 미국에서는 James(1890)가 『심리학의 원리(The Principles of Psychology)』에서 여러 유형의 자기(自己)를 제시했다. 또한 Baldwin(1897)은 사회적 산물인 개인의 심리를 이해하기 위해서는 개인과 사회의 관계를 고려해야 한다고 주장했다.

20세기 초반의 사회심리학은 심리학과 사회학의 입장을 모두 반영하고 있었다. 그래서 1908년에 출판된 두 권의 『사회심리학(Social Psychology)』은 전혀 다른 견해를 가지고 있다([그림 1-8] 참조). 당시 유럽 사회학자들의 영향을 받은 Ross(1908)는 사람들 사이의 정신적 상호작용을 개인의 마음을 넘어서는 사회적 산물로 보았다. 반면, Darwin의 진화심리학 관점을 따르는 McDougall(1908)은 개인의 본능을 사회 행동의 결정 요소로 보았다. 그 후 Floyd Henry Allport(1924)는 사회심리학을 환경과 상호작용하는 개인을 연구하는 심리학의 한 영역으로 보고, 집단 현상을 개인적 용어로 연구할 필요가 있다고 주장했다. 이러한 주장에 큰 영향을 받은 당시의 사회심리학자들은 사회심리학을 개인에 관한 연구로 환원했다. 이처럼 Allport의 주장과 함께 이 시기 실험 중심의 패러다임은 이후 사회심리학에서 개인을 강조하는 계기가 되었다.

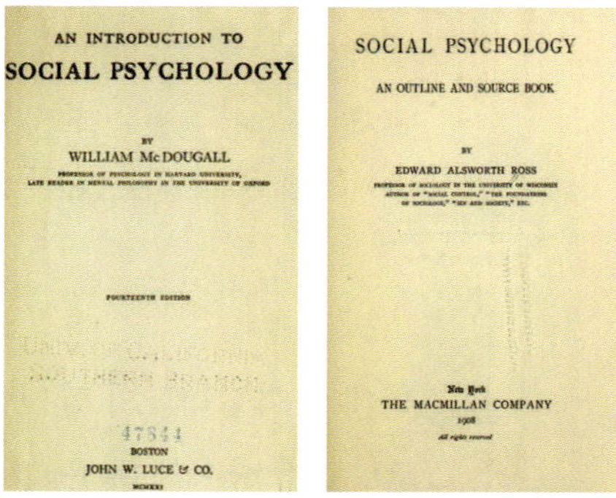

그림 1-8 최초의 사회심리학 교재. 1908년에 두 권의 사회심리학 교재가 나란히 출간되었다. McDougall의 『사회심리학』(왼쪽)과 Ross의 『사회심리학』(오른쪽).

이 시기에 사회심리학의 발전에 큰 영향을 미친 또 다른 학자가 Kurt Lewin이다. 그는 **장 이론**(field theory)을 제안하면서 인간의 사회 행동을 개인의 내부와 외부에 존재하는 힘의 작용에 따른 것으로 보았다. 즉, 장 이론은 인간의 행동을 개인과 환경의 함수로 설명하는 이론으로, 개인이 지각하는 외부의 장과 개인의 내적·사적 영역의 심리적 장의 관계에서 일어나는 인지 구조의 성립이나 변화를 통해 학습이 일어난다고 설명한다. 또한 Lewin은 과학적 학문으로서 실험의 중요성을 강조했는데, 이후 Festinger, Schachter, Kelley, Thibaut 등 그의 제자와 동료는 더 정교한 실험적 통제에 초점을 둔 연구를 발전시켰다. 이를 계기로 해서 인간의 행동에 영향을 미치는 개인의 전반적인 특성과 그 개인을 둘러싼 직접적인 상황 요인에 초점을 두는 실험법이 사회심리학의 주요 방법으로 자리 잡았다.

글상자 1-2

사회심리학의 선구자 Kurt Lewin

그림 1-9 Kurt Lewin

Kurt Lewin(1890~1947)은 사회심리학의 선구자인 동시에 조직 및 응용심리학의 창시자로 알려져 있다. 인간의 행동에 대한 그의 장 이론은 개인적 요인과 함께 그 개인이 처한 삶의 공간에서 작동하는 여러 사회적 영향 요인을 함께 다루고 있다. 이처럼 인간을 이해하기 위해서는 그 개인의 특성과 함께 환경을 고려해야 한다는 그의 생각은 집단 역동과 리더십 연구에 잘 나타나 있다.

또한 Lewin은 현실 문제를 다루는 연구의 가치를 인정하면서도 진정한 과학으로서 심리학적 법칙을 수립하기 위해서는 실험이라는 방법에 기초해야 한다는 태도를 보였다. 그는 심리학이 개념, 정의, 법칙의 엄격한 형식적 체계를 갖춘 경험적 학문이 되기 위해서는 실험을 통해 경험적 자료를 수집해야 한다고 생각했다. Lewin이 만든 실험 양식에 기초해서 그의 제자 Festinger가 발전시킨 실험 방법론은 미국 실험심리학의 고전으로 남아 있다.

현대 사회심리학의 발전에는 두 차례의 세계대전이 큰 영향을 미쳤다([그림 1-10] 참조). 전쟁 중에는 많은 심리학자가 전쟁 관련 현안에 직·간접적으로 관여하면서 다양한 연구를 수행했다. Hovland는 미군의 사기를 높이는 홍보영화를 제작하고 그 효과를 평가하는 일에 참여했다. Likert는 전쟁 시 물자 관리의 차원에서 음식의 생산과 사용 및 도덕성에 대한 조사 방법을 발전시켰다. Murray는 군인들에게 특정 서비스를 제공하기 위해 그들의 성격을 평가하는 도구를 개발했으며, Stouffer는 군 복무자를 연구하여 상대적 박탈감 개념을 제시했다.

그림 1-10 제2차 세계대전. 두 번의 세계대전은 사회심리학의 발전에 큰 영향을 미쳤다.

전쟁이 끝난 직후에는 독일인들이 어떻게 나치즘과 같은 권위주의적 통치방식을 수용하고 비도덕적 지시를 따랐는지 이에 관한 의문이 사회심리학계에 생겼다. 그에 대한 대답으로 Adorno 등(1950)의 권위주의적 성격, Asch(1955)의 동조, Milgram(1963)의 복종에 관한 연구 등이 이어졌다. Lewin과 그의 동료들(1939)은 권위적 유형과 민주적 유형의 리더십을 연구했다. 한편, 제2차 세계대전이 끝난 후 미국을 포함한 서구사회는 정신 건강을 비롯한 여러 사회 문제를 다룰 수 있는 전문가가 더 많이 필요했다. 이것을 계기로 사회심리학에 대한 정부의 지원이 크게 늘었고, 다수의 대학에 사회심리학과가 신설되었다.

학문영역으로서 사회심리학의 발전은 주요 역사적 사건에 영향을 받았을 뿐 아니라, 심리학의 학문적 흐름과도 그 궤를 같이했다([그림 1-11] 참조). 1900년대 초반은 행동주의가 심리학을 지배하던 시기로, 전쟁의 과정을 이해하기 위한 집단 역동과 태도에 관한 연구도 행동주의 관점을 취한 경우가 많았다. 그러나 1960년대 후반 인지혁명이 시작되면서 사회심리학자들도 인지심리학의 주의, 부호화, 저장과 같은 개념과 점화, 인지적 부하, 반응시간과 같은 연구 방법을 이용하기 시작했고, 이것이 사회

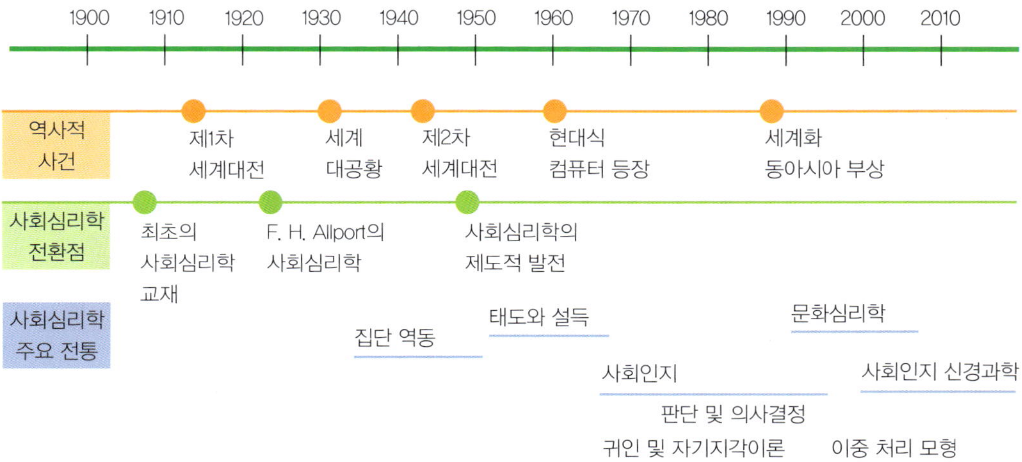

그림 1-11 서구 사회심리학의 역사. 20세기부터 21세기 초까지 서구의 사회심리학은 다양한 학문적 입장 속에서 여러 주제를 다루어 왔다.

인지에 관한 관심으로 이어졌다.

20세기 후반에는 컴퓨터와 생리적 측정 기술이 계속해서 발전했다. 이에 신경과학의 최신 기술과 방법을 사회인지 분야의 지식과 결합한 사회인지 신경과학이 큰 흐름으로 발전하고 있다. 또한 1990년대 초 급속한 세계화와 함께 중국, 일본, 한국 등 여러 아시아 국가가 성장하면서 사회심리학자들은 문화가 사회 행동에 미치는 영향에 크게 주목하기 시작했고, 이것이 문화심리학 영역에 대한 그들의 관심을 높였다. 이와 함께 좀 더 최근에는 사회심리학적 현상을 진화론의 입장에서 설명하는 진화심리학을 주목을 끌고 있다.

2) 한국의 사회심리학

해방 이후 1960년대 말까지 한국의 사회심리학은 제대로 된 하나의 전공 분야로 인정받지는 못했다. 최초의 사회심리학 논문으로 보이는 이진숙(1959)의 「팔도인의 성격에 대한 선입관념」은 지역 간 고정관념에 관한 연구다. 그다음 해 김성태(1960)가 「4 · 19 학생 봉기의 동인」이라는 논문을 출판했다. 정양은 교수가 1962년부터 서울대 사회심리학 교실을 운영하면서 한국의 사회심리학이 본격적으로 나아가기 시작했다. 그는 1963년에 미국 스탠퍼드 대학교에 1년간 체류한 후, Festinger(1962)의 인지 부조화 이론 관련 서적을 국내에 소개하고 실험실에서 동조 현상을 연구했다. 이는 국내 사회심리학계에 실험법을 본격적으로 도입하는 계기가 되었다. 이 시기의 주

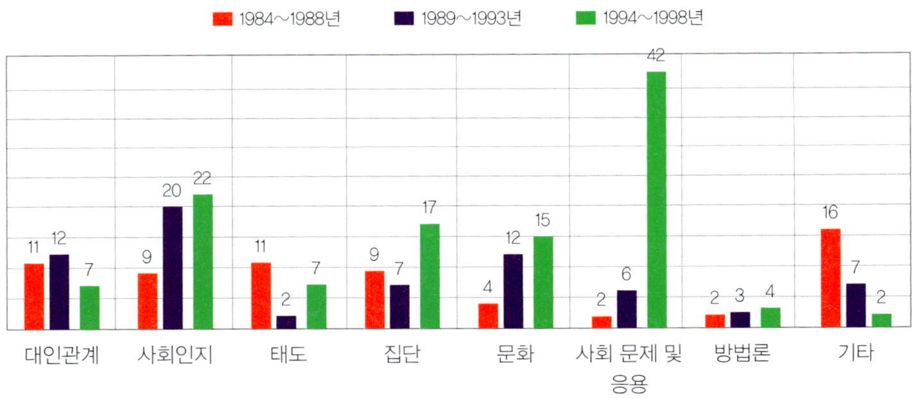

그림 1-12 국내 사회심리학 연구 주제별 논문 편수(1984~1998년). 근래에는 사회인지와 사회 문제에 대한 연구가 증가하고 있다.
출처: 김혜숙, 한규석(1999).

요 연구 주제는 대인지각 및 기억, 태도, 공격성 그리고 그 이론을 응용한 것이었다.

1975년에 '한국사회심리학회'가 '한국심리학회'의 분과학회로 결성되었으며, 1982년에 최초의 사회심리학 학술지가 창간되면서 사회심리학이 한국에 정착하게 되었다. [그림 1-12]에서 보듯이 이 시기에는 대인지각 영역에서 태도, 정보처리, 균형 이론 등을 다루기 시작했고, 공격성이나 청소년 비행에 관한 연구도 선보였다. 또한 한국인의 가치관이나 인정과 같은 한국 문화의 특성을 분석한 연구도 나타났다. 이후 국내 연구 논문도 그 양과 질에서 급속한 성장을 이루었다. 특히 1990년대에는 사회인지와 문화에 관한 연구가 괄목할 만한 증가를 했는데, 이러한 추세는 이 시기 서구 사회심리학의 경향과 유사하다.

1990년대의 국내 연구 중에는 학문적 발견을 사회적 현실에 적용하려는 시도도 있었다. 1980년대 후반 지역감정에 관한 심리학적 연구를 계기로, 사회심리학자들을 중심으로 1991년 '사회문제연구학회'를 결성하였고, 그다음 해에는 사회문제 학술지를 창간하였다(차재호, 1996). 오늘날에는 '한국문화및사회문제심리학회'의 이름으로 여성, 정치, 환경 등에 대한 높은 관심과 함께 삶의 질, 교통, 청소년, 교육, 편견, 연고주의와 같은 주제를 활발히 연구하고 있다. 2000년대에서는 탈북자나 외국인 이주민의 적응과 다문화에 대한 한국 사람들의 태도를 다루는 연구가 상당수 이루어졌다.

또한 1990~2000년대 초까지 한국인의 사회심리를 다룬 연구가 급증했다. 미국 문화와 한국 문화를 비교하는 연구가 다수 있었고, 한국인의 심리를 토착적 맥락에서 이해하려는 논의가 활발히 이루어졌다. 특히 1990년 '한국심리학회'와 '국제비교문화심리학회'가 공동으로 주최한 〈개인주의-집단주의: 동서양 심리학의 만남〉이라는 주제의 국제학술대회를 통해 한국의 사회심리학자들은 문화의 중요성을 높일 수 있었다. 1996년에 '한국사회심리학회'라는 명칭이 '한국사회및성격심리학회'로 변경되었다. 한국인의 심리를 다룬 『한국인의 심리학』(최상진, 2000), 『한국유학심리학』(한덕웅, 2003) 그리고 『한국인 이해의 개념틀』(조긍호, 2003)도 이 시기에 등장했다. 특히 조긍호는 최근까지 『이상적 인간형론의 동서비교』(조긍호, 2006), 『유학심리학의 체계 I, II, III』(조긍호, 2017, 2021a, 2021b), 『문화, 유학사상 그리고 심리학』(조긍호, 2019) 등 활발하게 저술 활동을 이어 가고 있다.

글상자 1-3

한국인의 심리를 다룬 단행본

1990년대 후반부터 2000년대 초반까지 국내 심리학계에서도 문화심리학에 대한 관심이 드높았다. 그중에서도 주목할 만한 학문적 성과는 한국인의 심리를 심층적으로 다룬 국내 학자들의 저서가 출간된 것이다. 『한국인의 심리학』을 펴낸 최상진은 상식심리학적 접근(folk psychological approach)으로 정, 우리성, 한, 화, 심정, 체면, 눈치, 의례성(儀禮性), 핑계, 의리, 팔자 등 한국인의 삶 속에 있는 심리학적 개념을 이론화했다. 『한국유학심리학』을 펴낸 한덕웅은 한국 유학에 들어 있는 심리학설을 검토하고 유교적 관습에 기초한 우리 사회의 현상을 심층적으로 분석했다. 『한국인 이해의 개념틀』 『이상적 인간형론의 동서비교』 『유학심리학의 체계 I, II, III』 『문화, 유학사상 그리고 심리학』 등을 펴낸 조긍호는 유학 사상을 기초로 한국인의 심리를 밝히고 이것을 서구의 심리적 특성과 비교함으로써 우리의 문화를 이해하는 새로운 시각을 제공했다.

그림 1-13 한국인의 심리를 다룬 단행본

2000년대 이후 또 하나의 두드러진 점은 범죄심리학에 관한 관심의 증가다. 범죄심리학과 관련된 세미나와 심포지엄이 한국심리학회 차원에서 여러 차례 이루어졌다. 또한 2001년부터는 사회심리학회에서 공인 범죄심리사 자격증 제도를 운용하고 있다. 이는 범죄 수사와 교정 분야에서 활동하는 심리학 전문가를 양성하기 위한 자격제도다. 최근에는 서구에서 부흥하고 있는 긍정심리학의 흐름과 맞물려 국내에서도 주관적 안녕감이나 행복에 관한 연구가 상당수 이루어지고 있다. 한국인의 행복경험을 구성하는 요인을 살펴보는 한편, 한국인의 행복을 측정하는 도구나 지수를 개발하기 위한 연구가 다수 이루어졌다. 또한 행복이나 주관적 안녕감이 기존의 다른 심리학적 변인 및 사회적 변인과 갖는 관계성을 다루는 연구도 활발하게 진행되고 있다.

3. 사회심리학의 접근

일반적으로 특정 사회 상황에서 나타나는 집단이나 개인의 행동을 바라보는 입장에는 여럿이 존재한다. 그래서 사회심리학자들은 다양한 관점에서 그러한 행동의 원인이나 이유 그리고 심리적 기제를 밝히려 노력해 왔다. 그 과정에서 인간의 사회 행동을 이해하기 위한 여러 접근이 발전해 왔다. 이러한 접근은 더 큰 범위의 시대적 상황, 과학계의 지배적인 패러다임 그리고 컴퓨터와 같은 기술의 발전에 따른 방법의 발달을 반영한다. 가령, 사회학습 접근은 그 당시를 지배한 행동주의 원리를 상당 부분 반영하면서 인지의 중요성을 고려하고 있다. 진화론 접근은 사회심리학의 초창기와는 달리 최근에 많은 주목을 받고 있고, 사회인지 접근이나 사회인지신경과학은 여러 과학기술의 발달과 그 맥을 같이하고 있다.

이러한 다양한 접근은 일정 부분 서로 다른 이론적 배경에 기초하고 있어서, 사회 상황을 이해하는 기본적 원리와 그것을 관찰하고 검증하는 방법도 서로 다르다. 그렇지만, 이들은 몇 가지 핵심 가정을 공유하고 있다. 첫째, 사람들이 자신의 목표를 달성하기 위해서는 반드시 다른 사람과 상호작용해야 한다는 점이다. 예를 들면, 사회학습 이론가들은 다른 사람과의 관계에서 보상 경험이 현재의 행동에 미치는 영향을 강조한다. 진화심리학자 역시 인간의 생존 가능성이 상호협동적인 관계 속에서 더 높다고 본다. 둘째, 모든 접근은 개인과 환경의 상호작용에 초점을 맞추고 있다. 예를 들면, 진화론 접근은 분노나 성적 충동과 같은 내적 반응이 생존이나 재생산(번식)과 관련된 상황에서 촉발된다고 본다. 사회인지 이론가들은 개인의 사고가 사회적 상황의 즉각적인 변화에 따라 어떻게 달라지는지를 탐구한다.

사회심리학의 다양한 이론적 접근은 역사적 시기에 따라 인기를 얻거나 잃을 수는 있으나 한꺼번에 없어지지는 않는다. 어떤 접근은 다른 접근이 무시하거나 고려하지 못하는 측면을 밝혀내기도 하고, 다른 접근에는 없는 통찰력을 제시하기도 한다. 그래서 접근 그 자체는 맞거나 틀리다고 판단할 수 없을 뿐만 아니라, 단일한 관점은 현상의 작은 부분만을 설명할 수 있다. 그래서 우리는 현상을 포괄적으로 이해하기 위해 다양한 접근 방법을 결합하고 통합할 필요가 있다. 우리의 사회적 삶을 충분히 이해하기 위해서는 다양한 접근에서 나온 단서를 종합하려는 시도가 필수적이다.

1) 진화론 접근

진화론 접근(evolutionary approach)은 진화의 원리에 기초하여 인간의 사회 행동을 설명하는 접근이다. 즉, 이 접근은 인간의 사회 행동의 원인을 생존과 재생산을 위해 진화해 온 신체 및 심리적 기제에서 찾는다. 이 관점의 핵심 개념인 자연선택(natural selection)에 따르면, 동물은 자손에게 생존과 재생산을 돕는 특성을 물려준다. 특정한 환경에 더 잘 적응할 수 있도록 설계된 특성은 덜 적응적인 특성을 대체한다. 진화론 접근에는 몇 가지 핵심 아이디어가 있다(Neuberg et al., 2010). 첫째, 인간의 성향과 선호는 자연선택의 결과로, 이것을 진화된 심리학적 기제라고 부른다. 예를 들면, 공포심은 상황이 위험한지 아닌지를 알려 주는 감각으로 발달해 왔다. 둘째, 모든 인간의 행동은 진화된 심리적 기제를 포함하는 내부의 생물학적 특성과 함께 외부 사회적 상황의 요구를 모두 반영한다. 셋째, 인간이 직면해 온 대부분의 중요한 문제는 사회적이다. 그래서 진화된 심리적 기제의 다수는 타인과의 관계 속에서 기능한다. 추방에 대한 두려움, 협동 그리고 자녀에 대한 투자가 여기에 해당한다.

진화론적 사회심리학자들은 특정 사회 행동의 기제가 언제 그리고 어떻게 진화해 왔는지 검증하고자 한다. 이러한 시도가 주목받은 것은 비교적 최근이다. 초기의 사회심리학자들은 즉각적인 상황에서 유발된 행동이나 사람들 간의 성격 차이에 관심을 두었다. 그러나 지난 20~30여 년간 진화심리학자들은 인간의 행동에 대한 행동

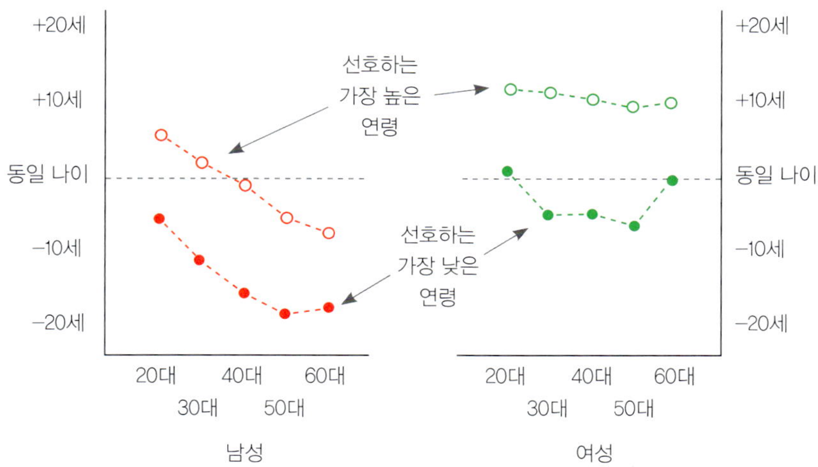

그림 1-14 남녀의 나이에 따라 선호하는 배우자의 나이. 남자는 나이가 들수록 자신보다 더 어린 여자를 배우자로 선호한다(왼쪽). 이와 달리 여자는 자신보다 나이가 조금 어리거나 나이가 많은 사람을 배우자로 선호한다.
출처: Kenrick & Keefe (1992).

주의나 인지주의 모형을 진화심리학 관점에서 재해석하거나 통합하고자 노력해 왔다. 특히 짝짓기나 대인 간 매력 관련 성차, 공격성 그리고 집단의 협동과 경쟁에 관한 진화적 기원을 다룬 연구가 많다(Kenrick & Cohen, 2012). 그러한 연구는 기존의 모형이 설명하지 못하는 사람의 마음이나 뇌 기제를 이해하는 데 이바지해 왔다.

예를 들면, 남성은 생식 능력이 높은 배우자를 선택하는 것이 중요한 적응 문제 중 하나다. [그림 1-14]에서 보듯이 남자들은 배우자로 더 어린 여성을 선호하는 경향이 있다(Kenrick & Keefe, 1992). 그러나 10대는 자신보다 약간 나이가 더 많은 여자를 선호했다(Kenrick et al., 1996). 이러한 발견은 남자가 원하는 것이 여성의 젊음 그 자체가 아니라 높은 생식 능력이라는 점을 시사한다. 이에 비해 여성은 배우자 선택에서 양육을 중시한다. 그래서 자원뿐만 아니라 자원으로 이어질 수 있는 야망, 지능, 나이와 같은 요인을 고려하는 심리적 기제를 발달시켜 왔다. 또한 문화에 따라 일부일처제나 일부다처제처럼 배우자 선택의 방식도 다를 수 있고, 부모와 장기간 함께 생활하는 사회는 짝짓기를 훨씬 더 신중히 다루기도 한다.

진화론적 사회심리학자들은 친사회적 행동, 공격성 및 사회적 영향이라는 주제도 연구한다(Neuberg et al., 2010). 그들의 연구에 따르면, 가까운 타인의 이익 증진 그리고 기술과 자원의 공유가 집단적 생존과 재생산에 이바지함으로써 개인의 성공적인 적응에 보탬이 된다(Hill & Hurtado, 1989). 이를 위해서 사람들은 동맹을 맺는 등 집단을 형성할 필요가 있다. 이때 연구자들은 사람들이 왜 친족과의 동맹이나 친구와 같이 친밀한 사람과의 동맹을 선호하는지 그 이유를 진화론에 기초해서 설명한다. 또한 타인을 돕는 행동은 집단 내에서 지위를 높이는 데 도움이 되기 때문에, 자원의 확보나 배우자 선택 등 재생산 면에서 유리하다(Griskevicius et al., 2007). 한편, 복종이나 동조를 문제시한 기존의 해석과는 달리, 진화심리학적 접근은 복종을 사회적 협력을 촉진하고 집단을 안정적으로 지배하는 데 도움이 된다고 설명한다(Campbell, 1975).

2) 사회학습 접근

사회심리학의 초기 이론은 Skinner(1953)의 행동주의(behaviorism)의 영향을 많이 받았다. 행동주의는 심리학의 연구 대상을 의식이 아닌 객관적 행동에 두는 입장으로, 오직 자극과 반응의 관계 그리고 그 관계로 이루어진 행동 체계를 연구하는 접근 방식이다. Skinner는 동기나 충동과 같은 심리 과정보다는 사람들이 실제로 하는 행동을 연구해야 한다고 강조했다. 그러한 심리 과정이 사회 행동에 영향을 미칠 수는 있지만, 그것을 정확하게 측정하기가 어렵다고 생각했기 때문이다. 또한 그는 행동이 효과의 법칙을 따른다고 보았다. 즉, 보상과 같은 긍정적 결과가 뒤따르는 행동은 더 빈번히 일어나고, 부정적 결과가 뒤따르는 행동은 드물게 나타난다는 것이다. 이에 자극, 보상, 처벌 및 연합, 반복, 강화의 조건형성 원리에 기초한 학습에 초점을 맞추어 인간의 행동을 설명하고자 했다. 이러한 행동주의적 관점은 1900년대 초중반 심리학계 전반을 지배했다.

사회학습 접근(social learning approach)은 이러한 행동주의의 영향 속에서 발달했다. 이 접근을 따르는 사회심리학자들은 사람들의 행동을 환경 속에서 이루어지는 학습의 산물이라고 본다. 사회 행동이 연합, 반복, 강화와 같은 조건형성뿐만 아니라(Lorge, 1936), 관찰을 통한 모방 혹은 모델링(Bandura, 1973; Bandura et al., 1966)을 통해서도 학습되기 때문이다. 이 관점의 이론가들은 행동이 개인과 환경의 상호적 영향으로 결정된다고 가정하며, 학습에서 개인의 인지적 능력을 중요한 변수로 고려한다. 사람들은 관찰학습을 통해 다른 사람의 행동을 인지적으로 재현하고 때로는 스스로 그러한 행동을 한다. 예를 들면, [그림 1-15]에서 보듯이 어린 자녀는 어머니의 전화 받는 행동을 보고 따라 한다. 이처럼 특정 행동에 대한 개인의 학습은 시간이 흐르면서 습관이 됨으로써, 사람들은 이전과 유사한 상황에 처하면 같은 방식으로 반응할 수 있다.

그림 1-15 관찰 모델링. 아이들은 부모의 행동을 관찰하는 것을 통해 행동을 학습한다.

사회학습은 연합, 강화 그리고 관찰 모델링이라는 세 가지 기제를 통해 이루어진다. 연합은 두 자극이나 경험을 연결하는 것으로, 고통스러운 치과 경험은 드릴과 같은 소리를 듣는 것만으로도 불안을 야기한다. 강화는 유쾌한 결과를 가져오거나 불쾌한 상태를 없애 주는 행동을 더 잘 학습하는 것으로, 동생과 장난감을 공유함으로써 부모에게 칭찬을 받으면 이후에도 그러한 행동을 계속할 가능성이 높다. 관찰 모델링은 다른 외부의 강화 요인 없이도 다른 사람을 관찰하는 것만으로 사회적 태도, 행동 혹은 감정을 학습하는 것이다.

Bandura(1977a)는 상호결정론(reciprocal determinism)에서 사람, 행동 그리고 환경이라는 세 요소가 서로 영향을 주고받는다는 입장을 제시했다. [그림 1-16]에서 보듯이, 사람(P)은 인지적 역량, 신체적 특성, 성격, 신념 및 태도를 가진 주체다. 이와 같은 요소는 그 사람의 사회 행동이나 환경에 영향을 미친다. 사람들은 자기의 인지적 역량, 신념이나 태도 또는 신체적 특성에 따라 자신이 원하면서 할 수 있는 행동을 결정할 뿐만 아니라(P → B), 자신의 행동을 통해 자기에 대한 느낌과 태도 및 신념을 형성하거나 변화시킨다(B → P). 또한 각자가 구축한 대부분의 지식은 가족, 친구, 학교, 대중매체와 같은 사회적 환경에 따른 것이다(E → P). 이러한 환경은 행동에 직접적인 영향을 미치기도 하고(E → B), 반대로 사람의 행동은 자기의 환경에 영향을 미치기도 한다(B → E).

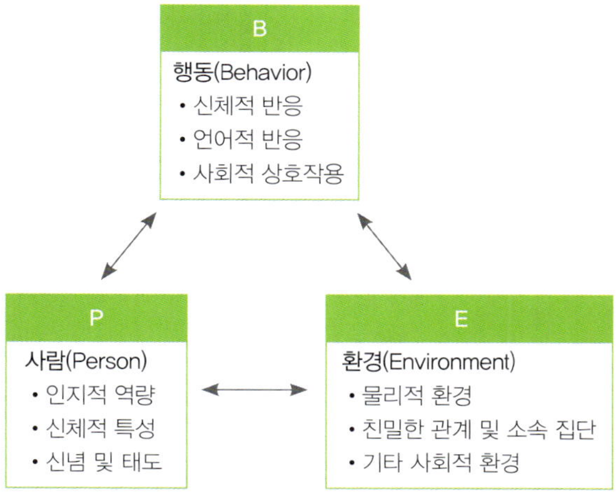

그림 1-16 Bandura의 상호결정론. 이 모형은 주어진 환경, 그 속에 존재하는 특정 사람 그리고 그 사람이 하는 행동 등 이 세 가지 요소가 서로 영향을 주고받는다고 가정한다.
출처: Bandura (1977a).

사회학습 접근을 취한 초기 연구는 일탈 행동, 공격성이나 범죄 행동, 미디어 폭력과 같은 현상을 설명할 수 있는 이론적 틀을 제공했다. 가령, 범죄 행동은 직·간접적 강화와 명시적 지시 그리고 관찰을 통해 이루어진다고 설명할 수 있다. 또한 미디어 폭력과 관련한 연구는 주로 텔레비전, 영화, 비디오 게임을 통한 관찰학습이 공격 행동을 강화한다는 결과를 보여 주었다(Anderson & Bushman, 2002). 최근에는 건강 증진 행동(Bandura, 2004)이나 사회 정의 행동(Lent et al., 1994)처럼, 긍정적 행동이나 사회적 변화를 촉진하는 행동을 유발해서 유지하는 조건을 사회학습 관점에서 연구하기도 한다. 이때 연구자들은 자기효능감, 기대, 목표의 선택과 같은 개인적 요인과 사회적 지지나 방해물과 같은 맥락 요인을 검토한다. 이를 통해 문제 행동을 개선하거나 긍정적 행동을 촉진하는 개인적·환경적·행동적 전략을 제시하기도 한다.

3) 사회인지 접근

1960년대 후반에 인지심리학이 발달하면서 심리학자들은 새로운 도구와 이론을 통해 정신 작동의 과정을 구체화할 수 있었다. 이것이 사회인지 접근에 대한 관심과 연구 방법의 정교화를 가져왔다. **사회인지 접근**(social cognitive approach)은 개인이 자신과 상호작용하는 타인이나 관련 사건을 지각, 분석, 해석 그리고 기억하는 일에 관심을 가진다. 이 접근에 따르면, 성격, 동기, 정서와 같은 개인 요인, 사건에 대한 지각과 해석에 영향을 미치는 상황 요인 그리고 상호작용하는 상대방의 특징이 사회 행

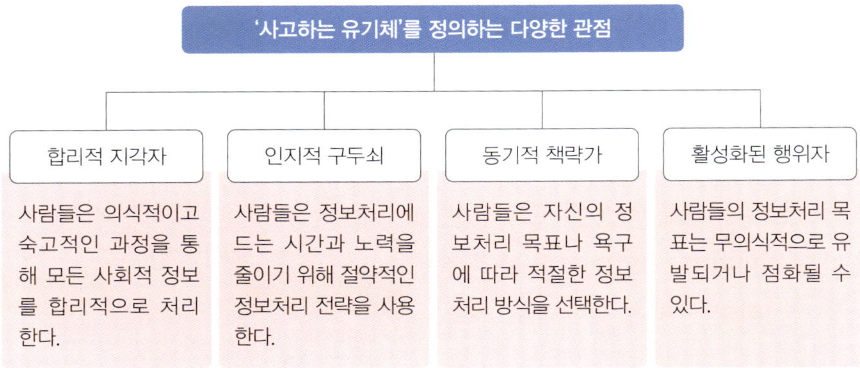

그림 1-17 사고하는 유기체를 정의하는 다양한 관점. 각각의 관점은 사회인지적 존재로서 인간이 가지는 다양한 특성 중에서 특정 부분을 강조하고 있다.

동에 영향을 미친다. 그래서 이러한 접근을 취하는 학자들은 이 요인들의 상호작용에 따라 우리의 대인 간 지각이 어떠한지를 연구한다(Jones & Gerard, 1967).

이 접근은 사회적 정보에 대한 개인의 주관적 지각과 해석을 중시하지만, **사고하는 유기체**(thinking organism)로서 인간을 보는 방식에는 이론에 따라 입장이 다를 수도 있다([그림 1-17] 참조). 초기에는 사람을 '합리적 지각자'로 보는 관점이 지배적이었다. 1960년대에는 사람을 인지적 일관성을 추구하는 존재로 보았고, 1970년대에는 귀인 연구에서처럼 순진한 과학자로 보았다. 그러나 1980년대에는 사회적 정보처리와 관련해서 사람들을 '인지적 구두쇠'로 보는 관점이 등장했다. 이 입장에 따르면, 때로 사람들은 주어진 모든 정보를 해석할 수 있을 만큼 인지적 역량이 충분하지 못하다. 그래서 그들은 가능한 한 빠르고 절약적인 정보처리를 하고자 한다. 이에 휴리스틱, 판단 편향, 사회적 주의와 기억, 정서의 인지적 측면과 같은 주제가 활발히 연구되었다.

1990년대에는 사회적 정보처리를 하는 사람을 '동기적 책략가'로 보는 관점이 등장했다. 사람들은 사회적 정보를 자동적이고 효율적으로 처리하거나 의식적이고 숙고적으로 처리한다. 이때 처리 경로의 선택은 상황적 요인과 동기적 요인에 따른다. 특히 사람들은 자신의 정보처리 목표나 욕구에 따라 적절한 정보처리 방식을 선택한다. 가령, 직업 선택과 같이 자신에게 매우 중요한 사안을 선택하고 판단할 때, 사람들은 의식적이고 숙고적으로 정보처리를 하는 경향이 강하다. 그러나 간식 구매와 같이 사소한 선택 상황에서는 상대적으로 노력을 덜 요하는 정보처리를 하는 경향이 있다.

2000년대에 들어와서는 동기적 책략가 관점과 인지적 구두쇠 관점에 기초하면서도 사람들의 정보처리 목표가 무의식적으로 유발되거나 점화될 수 있다는 관점이 등장했다. 소위 '활성화된 행위자'라는 이 관점은 상황과 동기적 요인을 중시한다. 예를 들면, 사람들은 즉각적이고 폭넓은 상황에 처해 있기 때문에 안정적인 믿음보다도 일시적인 요소를 더 중시할 수 있다. 왜냐하면 사회적 환경에 대한 민감성이 우리의 반응을 이끌어 내기 때문이다. 이때 사회적 환경이란 넓은 의미의 사회에서부터 즉각적 상황에 대한 개인의 축적된 경험에 이르기까지 다양하다. 이러한 입장이 고정관념, 성격 특질 추론, 단순한 연합에 따른 평가 연구에 많이 반영되어 있다.

최근 30여 년간 사회인지 관점을 취하는 연구자들은 우리의 선택과 행위가 의식적이고 통제된 정보처리 과정과 무의식적이고 자동적인 정보처리 과정 모두의 영향을 받는다는 입장을 취하고 있다. 그래서 주의와 부호화, 기억, 정서장애, 태도와 설득 그리고 사회 지각과 판단 등 다양한 영역에서 각 주제에 해당하는 여러 이중 처리 모형(dual-process model)이 등장했다. 전반적으로 이러한 모형은 의식적–무의식적, 자동적–통제적, 합리적–감정적 차원처럼 의도적이고 느리며 노력을 요하는 처리와 비의도적이고 빠르며 효율적인 처리라는 이중적인 처리를 가정한다. 무의식적이고 암묵적인 과정에 대한 측정 도구와 방법이 발달하면서 자동적이고 무의식적인 사고 과정은 사회인지 연구의 핵심 주제가 되었다.

4) 문화 접근

1990년대 초부터 사회 행동에 미치는 문화의 영향이 크게 주목받기 시작했다. 그때까지 서구의 사회심리학자 대부분은 북미에서 발견한 심리 법칙이나 현상이 문화 보편적이라고 생각했다. 그러나 Markus와 Kitayama(1991a)가 인지 부조화, 귀인, 추론, 판단, 의사결정 등에서 나타나는 동서양의 문화 차이를 제시하면서 문화 비교와 문화 특수적 현상에 대한 연구가 활발히 이루어지기 시작했다. 문화 접근을 취하는 사회심리학자들은 사회적 배경이 사고, 느낌 그리고 행동에 미치는 영향에 관심을 둔다(Fiske et al., 1998). 그들은 개인의 편견, 선호, 정치적 입장이 국적, 사회계층, 역사 등 집단 수준의 영향을 받는다고 본다.

글상자 1-4

역사로서 사회심리학

그림 1-18
Kenneth J. Gergen

Kenneth J. Gergen([그림 1-18] 참조)은 「역사로서 사회심리학(Social Psychology as History)」(1973)이라는 유명한 논문에서 사회심리학이 과학적 방법을 사용하더라도 역사적 요인을 고려할 필요가 있다고 주장한다. 왜냐하면 인간의 행동에 영향을 주는 요인은 시대와 문화에 따라 다를 수 있기 때문이다. 또한 그는 특정 행동에 대한 심리학적 지식이 그 행동의 변화에 이바지한다고 주장한다. 가령, 사람들은 어떤 심리학적 원리를 알게 되면 그 원리가 자신에게 미치는 영향을 의식함으로써 이전과는 다르게 행동할 수도 있다는 것이다.

Gergen의 주장에 따르면, 사회심리학의 이론은 본질적으로 역사 · 문화적 산물이기 때문에 환경이 달라지면 그 이론의 바탕을 이루는 많은 원리도 함께 달라진다. 그래서 시간의 차원에 따라 변화하는 현상과 그렇지 않은 현상을 서로 다른 수준에서 연구한 다음, 역사적 분석을 통해 이 두 유형의 연구를 통합할 필요가 있다. 그래야 우리는 사회라고 하는 공간 속에서 시간의 흐름에 따라 나타나는 인간의 행동을 제대로 이해할 수 있다. 이러한 Gergen의 주장은 문화가 다른 사회를 연구할 때 서로 다른 이론적 접근이 필요하다는 문화 · 사회심리학의 입장에도 힘을 실어 주었다.

이런 관점의 중심에 있는 문화는 공유된 신념, 가치, 전통, 언어, 특정 집단의 행동 패턴 등으로 넓게 볼 수 있다. 문화는 사회화의 과정을 통해 한 세대에서 다음 세대로 전해진다. 예를 들면, 아이들은 그 사회의 문화를 가족 구성원뿐만 아니라 또래 집단이나 대중매체를 통해서 배운다. 문화 전수와 학습은 한 문화가 사람들의 심리에 미치는 영향을 유지해 주는 중요한 기제다. [그림 1-19]에서 보듯이 문화를 주요한 개념으로 다루는 사회심리학 연구는 그 목표와 주요 방법론에 따라 비교문화심리학 입장, 토착심리학 입장, 사회문화심리학 입장으로 나누어 볼 수 있다.

비교문화심리학(cross-cultural psychology)은 문화를 독립변인으로 여겨 암묵적이거나 명시적인 사고와 행동을 문화 간에 비교함으로써, 문화 보편적인 개념을 바탕으로 문화에 따른 심리적 유사성과 차별성을 밝히고자 한다. 이러한 연구를 바탕으로 통합적이고 보편적인 심리학을 발달시키는 것이 비교문화심리학자들의 궁극적인 목표다. 이를 위해 그들은 한 문화에서 작동하는 심리적 개념이나 원리 혹은 모형이 다른

문화적 접근의 세 가지 입장

	비교문화심리학	토착심리학	사회문화심리학
기본 가정	보편적인 개인의 심리는 문화에 따라 내용과 수준의 차이가 존재한다.	문화가 가진 고유한 구조와 패턴을 바탕으로 개인의 심리가 발생한다.	사회와 개인의 심리는 상호적으로 영향을 주고받으면서 만들어진다.
연구 초점	한 문화권에서 작동하는 심리적 개념, 원리, 모형이 다른 문화권에서도 일반화될 수 있는지 검증함	토착적인 고유한 개념을 사용하여 해당 사회의 문화 특수적 심리 현상을 연구함	사회와 개인의 심리가 상호 구성하는 과정을 연구함

그림 1-19 **문화적 접근의 세 가지 입장.** 문화를 연구하는 세 가지 입장은 문화와 인간의 관계나 중요시하는 문화적 측면에서 차이를 보인다.

문화에도 일반화할 수 있을지를 검증하는 방식의 연구 방법을 취한다.

비교문화심리학자들이 다루는 주제는 매우 다양하다. 그들은 범주화, 태도, 신념, 역할, 규범 등 사회심리학의 구성 개념이 문화에 따라 어떻게 나타나는지 탐색한다(Triandis, 1972). 특히 Hofstede(1980a)는 다국적 기업 종업원의 가치를 조사해서 권력거리, 불확실성 회피, 개인주의 그리고 남성적 가치라는 동서양을 구분하는 네 가지 차원을 발견했다. 이후 Triandis(1989)는 집단주의-개인주의 개념을 좀 더 자세히 정의하고 그것을 이론으로 발전시켰다. 그 결과, 이 이론은 자기인식, 자기표현, 자기지각, 귀인, 대인 간 지각, 정서, 동기, 규범, 도덕, 가치관, 대인 교류, 의사소통, 집단 등 다양한 현상을 설명하고 있다. 이후 Markus와 Kitayama(1991b)는 인지와 동기 그리고 정서를 상호의존적 자기와 상호독립적 자기라는 개념으로 설명하기도 했다(한규석, 1996b).

이러한 접근의 한계점은 둘 이상의 문화를 비교할 때 어느 문화에 기초한 개념이나 이론에 따르느냐에 따라 결과와 그에 대한 해석이나 평가가 달라진다는 점이다. 예를 들면, 동양 문화와는 달리 서구 문화에서 중시하는 개인의 자기주장과 독립성 그리고 그에 대한 이론에 기초해서 동서양을 비교해 보자. 그러면 서구인의 점수가 높을 수밖에 없고, 점수가 높을수록 바람직하다는 이유도 이론이 제공해 준다. 결국 동양인은 상대적으로 열등한 사람으로 평가받을 가능성이 농후하다. 말하자면, 비교문화 연구를 어느 문화권의 사람이 많이 하느냐가 각 문화의 특성과 수준을 결정하게

그림 1-20 한국 문화. 한국의 거리 풍경은 그 나름의 독특한 특성을 가지고 있다.

된다.

문화 관점을 취하는 사회심리학자들 중에는 특정 문화를 기준으로 서로 다른 문화를 비교할 것이 아니라 각 문화의 고유한 구조와 패턴을 바탕으로 심리적 차이와 그 발생 과정을 연구해야 한다는 입장도 있다(Kashima & Gelfand, 2012). 그중 대표적인 것이 토착심리학(indigenous psychology) 입장이다. 이 입장의 연구자들은 토착민의 고유한 문화적 개념으로 특정 문화권의 사람들이 직면한 정치적 · 경제적 · 사회적 현상을 다루고자 한다([그림 1-20] 참조). 그들은 보편적인 심리 현상이 아니더라도 특정한 문화적 맥락에서 특별한 의미를 지니는 심리 현상을 그들의 개념으로 이해하는 것을 중요시한다. 이것은 토착심리학 접근이 가지는 장점이면서 동시에 한계점이다. 즉, 한 문화의 심리적 특성을 충분히 보여 줄 수는 있지만, 인간의 보편적 심리에 대해 제공하는 정보가 많지는 않다.

국내에서 한국적 토착심리학을 시도한 경우는 두 가지로 요약할 수 있다. 그 하나는 동양 고전에 등장하는 심리학적 주제(예: 심성, 4단 7정론, 이기론)를 현대 심리학의 발견과 비교 · 해석하거나 고전 속의 명제를 심리학적으로 개념화해서 도입한 경우다(조긍호, 2003; 한덕웅, 2003). 또 다른 시도는 현상을 중심으로 한국인의 심리를 파악하고자 한 경우다. 최상진(2000)이 이끄는 사회심리 연구팀의 이러한 시도는 심리학 분야 밖에서 연구하거나 거론한 정, 심정, 우리성, 체면, 눈치, 핑계, 의례성과 같은 토착적 개념의 심리적 표상 구조를 심리학적 연구 방법을 이용하여 규명하고자 했다.

한편, 사회문화심리학(sociocultural psychology) 입장의 연구자들(예: Markus & Hamedani, 2007)은 문화와 개인이 어떻게 서로를 구성하는지 연구해 왔다. 그들은 사회와 심리가 상호의존적이라는 전제하에, 정신이 어떻게 문화를 내면화하고 그것이 어떻게 문화로 나타나는지 그 상호적 과정을 설명하고자 했다. 이러한 입장의 사회심리학자들은 해당 문화의 구성원들이 가진 생각과 실행 그리고 대인 간 상호작용이나 제도와 같은 사회 · 문화적 생산물의 내용과 그들 간의 상호작용 패턴에 주목한다. 서로 다른 문화는 서로 다른 조건과 상호작용 패턴을 가진다고 보기 때문에, 그들은 문화를 직접적으로 비교하는 접근을 피한다.

사회문화심리학자들의 주장에 따르면, 사회적 관계망, 집단 그리고 공동체 속에 존재하는 개인의 주체적 행동은 사회와 집단의 요구를 반영한다. 개인은 한편으로 자신의 행위를 능동적으로 수행하는 주체이지만, 다른 한편으로 그러한 행위의 선택은 사회문화의 영향을 받는다. 이러한 방식으로 개인과 문화는 서로에게 영향을 준다. 이러한 입장의 연구자들은 과학적 연구를 통해 문화적으로 구성된 행동의 패턴과 개인의 정신 속에 숨어 있는 체계적 원리를 발견하고자 한다. 그들은 질적이고 민족지학적 접근에서부터 양적 접근까지 다양한 방법을 활용한다.

5) 사회인지 신경과학 접근

2000년대 이후 가장 활발한 연구 분야 중 하나인 인지 신경과학은 뇌의 활동을 관찰해서 뇌와 마음의 관계를 이해하고자 한다. 이 분야는 신경과학, 의학, 인지심리학, 컴퓨터 과학 등 여러 학문 영역의 발전에 기초한다. 특히 뇌의 신경해부학적·신경생리학적 기능을 관찰할 수 있는 기법의 발달은 인지심리학자들이 제안한 정신 기능 모형을 실제 뇌 활동을 통해 검증할 수 있게 했다. **사회인지 신경과학 접근**(social cognitive neuroscience approach)은 뇌의 활동을 관찰해서 사회 활동과 관련된 신경생리학적 기반을 탐구한다. 즉, 뇌와 신경 체계가 사회 행동에 미치는 영향을 다루는 학문으로, 대인 간 지각, 정서, 사회적 추론, 사회적 상호작용 그리고 고정관념과 관련된 뇌와 신경 기반을 이해하는 데 기여해 왔다.

연구자들은 주로 기능적 자기 공명 영상(fMRI), 양전자 단층 촬영(PET), 사건 관련 전위(ERP)와 같은 **신경 촬영 기법**을 사용한다. 이들은 신경 발화의 부산물로 일어나는 두뇌의 생리적 활동을 보여 줌으로써 두뇌 활동이 일어나는 위치를 알려 준다. 가령, Hennenlotter와 Schroeder(2006)는 공포, 혐오, 분노, 놀람, 행복 및 슬픔의 주요 표정을 처리하는 뇌 체계는 일정 부분 중복되면서도 완전히 같지는 않다는 것을 밝혔다. 또한 특정 종류의 뇌 손상은 타인의 얼굴 표정을 재인하는 능력을 손상시켜서 적절한 사회 행동을 하는 데 영향을 준다는 연구도 있다(Adolphs et al., 1999).

거울 뉴런(mirror neuron)은 다른 사람의 행동을 관찰하기만 해도 자신이 직접 그 행위를 할 때와 똑같이 활성화되는 신경 세포다. 그래서 다른 개체의 행동을 마치 거울처럼 반영하여 스스로 행동하는 것처럼 느낀다는 뜻에서 거울 뉴런이라고 불린다. 실제로 많은 상황에서 우리 자신이 특정한 상태를 경험했을 때 활성화되는 뇌 영역과 그런 상태를 똑같이 경험하는 타인을 관찰했을 때 활성화되는 뇌 영역이 서로 같다(예: Jackson et al., 2005; Wicker et al., 2003). 이처럼 우리가 타인의 경험에 대하여 동일하게 반응하는 정도는 그 사람에 대한 호감이나 유사성이 높을수록 더 컸다(Mobbs et al., 2009). 이러한 발견은 사회적 추론 영역에서 마음 이론, 감정이입과 공감을 신경과학으로 다룰 수 있다는 가능성을 열어 주었다.

고정관념과 집단에 관한 연구에 따르면, 우리의 뇌는 내집단과 외집단을 매우 빨리 구분할 뿐만 아니라, 특정 대상에 대한 호감과 관련된 뇌 영역이 임의로 구분한 외집단 구성원보다 내집단 구성원을 볼 때 더 활성화되었다(Dickter & Bartholow, 2007). 암묵적 고정관념에 대한 최근의 신경과학 연구는 집단에 대한 고정관념과 태도를 이해하는 데 흥미로운 근거를 제공할 것으로 보인다. 대부분의 사람은 인종 편견을 사회적으로 바람직하지 않다고 판단하고, 자신이 인종 차별적인 방식으로 생각하거나 행동할 때 불편함을 느낀다. 최근에는 여러 연구에서 사람들이 이러한 암묵적 태도를 자각할 때 뇌의 특정 부위가 활성화되는 패턴이 나타났다. 이러한 결과는 인종적 단서를 지각하고 그것에 반응할 때 뇌에서 어떤 일이 일어나는지 그 단서를 제공한다.

4. 사회심리학의 연구 방법

1) 사회심리학 연구의 특징

사회심리학은 대인관계, 사랑, 집단 갈등, 편견, 공격성 등 우리가 일상생활에서 경험할 수 있는 친숙한 행동을 연구 대상으로 삼는다. 연구자의 개인적 경험이나 사회적 사건은 사회심리학의 연구 주제가 될 수 있다. 이때 사회심리학 연구가 일반인들의 생각과 다른 점은 무엇일까? 그것은 사회심리학자들이 일반적 생각을 과학적인 방법으로 규명하고자 한다는 점이다. 과학적 연구는 사회 행동에 대한 일반인 생각을 확인해 주기도 하고 그런 생각의 오류를 밝히기도 한다.

사회심리학 **연구의 목표**는 크게 다음의 네 가지 중 하나다(Taylor et al., 2002; [그림 1-21] 참조). 첫 번째 목표는 현상의 기술이다. 사회심리학자들은 사회 행동에 대한 체계적이고 심도 있는 기술을 통해 다양한 사회적 맥락에서 사람들이 하는 행동 방식을 일반화하고자 한다. 두 번째 목표는 사회심리학 연구의 상당수가 사회 행동의 인과관계를 밝히고자 하는 것이다. 세 번째 목표는 이론을 정립해서 사람들이 특정 방식으로 행동하는 이유를 이해하는 데 도움을 주고자 하는 것이다. 이론은 사회 행동을 체계적으로 이해할 수 있게 하고 미래에 대한 예측도 가능하게 한다. 사회심리학 연구가 추구하는 마지막 네 번째 목표는 현실 적용이다. 사회심리학 지식은 우리가

사회심리학 연구의 목표

현상 기술	인과관계 규명	이론 정립	현실 적용
다양한 사회적 맥락에서 나타나는 사람들의 행동에 대한 체계적 기술	사회 행동에 영향을 미치는 다양한 변인의 인과관계 규명	사회 행동의 체계적 이해와 미래 예측을 위한 이론 정립	과학적 지식을 통한 개인, 관계, 조직 및 사회적 차원의 문제해결

그림 1-21 사회심리학 연구의 목표. 사회심리학 연구는 크게 네 가지 목표를 가지고 있는데, 그것은 가장 기본적인 현상 기술에서부터 발견한 원리를 현실에 직접 적용하는 것까지 그 폭이 넓다.

직면하는 개인적, 관계적, 조직적 그리고 사회적 차원의 문제를 해결하는 데 도움을 제공한다.

연구자의 과업은 어떤 사건을 풀기 위해 일련의 증거를 확보해 가는 탐정의 그것과도 유사하다. 심리학자들은 이러한 탐색의 과정을 검증하고자 하는 가설로부터 시작한다. 가설(hypothesis)이란 아직 증거를 통해 입증되지 않은 예측이다. 일반인들은 왜 사람들이 친절한지 아니면 질투를 하거나 공격적인지에 대한 그럴듯한 설명을 그대로 믿을 수 있지만, 연구자들은 이러한 설명을 가설로 설정해서 그것의 사실 여부를 검증한다. 왜냐하면 그럴싸한 설명도 때로는 사실이 아닐 수 있기 때문이다. 연구자들은 이러한 가설을 기존의 과학적 이론이나 연구 결과를 바탕으로 논리적으로 상정하기도 하고, 일반적인 지식과는 모순되어 보이는 특정 사건이나 현상으로부터 도출하기도 한다.

다양한 맥락에서 이루어지는 여러 행동에 대한 의문을 제대로 해소하기 위해서는 적절한 연구 방법을 이용해야 한다. 사회심리학자들은 사회 행동에 대한 정보를 수집하고, 현상에 대한 그럴듯한 설명을 가설로 기술하고, 그것의 사실 여부를 검증하기 위해 체계적인 방법을 사용한다. 그러한 방법에 따라 연구를 질적 연구와 양적 연구, 조사 연구와 실험 연구, 실험실 연구와 현장 연구로 나눌 수 있다. 각 방법은 어떤 연구 문제를 다루는 데는 유용하지만 상대적인 장단점도 있다. 사회심리학에서 어떤 문제를 연구할 때 가장 적합한 방법을 선택하는 것은 좋은 연구를 수행하기 위한 중요한 과정이다.

2) 질적 연구와 양적 연구

사회심리학에서 질적 연구와 양적 연구의 차이는 수치 자료의 사용 여부다. 어떤 사람을 지적인 사람이라고 평가하는 것은 질적인 평가이지만, 그의 지능지수가 130이라는 평가는 양적 평가다. 사회 현상이나 행동에 대한 관찰 및 경험은 본질적으로 질적이지만 이것을 다양한 방식으로 수치화할 수 있다. 연인 간의 관계 만족도를 둘이 만나는 횟수로 수량화할 수 있고, 서로에게 느끼는 감정의 강도를 가장 약한 1점부터 가장 강한 5점 중의 숫자로 측정할 수 있다.

질적 연구(qualitative research)는 연구하고자 하는 현상에 대한 관찰, 면담, 기록 자료 등의 언어적 자료를 기반으로 분석하는 연구 방법이다. 이 방법은 개인의 주관적 요소가 행위를 결정하는 주요 요인이라는 가정에 기초한다. 그래서 질적 연구의 목표는 그 개인이 주어진 맥락에서 특정 현상을 어떻게 해석하고 평가하는지를 파악하는 것이다. 이 접근을 통해 연구자는 자신이 다루고자 하는 사회 현상에 가능한 한 직접적으로 접근해서 그 현상을 깊이 있게 이해하고자 한다. 그래서 질적 연구는 현상에 대한 풍부한 의미와 해석을 포함할 수 있고, 연구자는 그 현상에 대한 포괄적인 시각을 가질 수 있다. 다루고자 하는 현상의 특징이나 연구의 목적에 따라 다양한 방법으로 질적 자료를 수집하는 것이 가능하다. 자연적인 상황에서 사람들의 행동을 관찰하는 자연 관찰, 개인의 경험과 주관적 이해를 기술하는 데 초점을 두는 심층 면담([그림 1-22] 참조), 별개의 목적으로 작성된 기사나 일기, 광고 혹은 공공 기록을 분석하는 문헌 분석이 있다.

그림 1-22 심층 면담. 질적 연구의 한 방법으로 주관적이고 심층적인 자료를 얻는 데 유리하다.

질적 연구는 수량화할 수 없는 현상을 연구하거나 양적으로 파악하기 힘든 태도와 행위의 미묘한 특징을 탐구하는 데 적합하다. 또한 연구하고자 하는 현상에 대한 지식이 많지 않거나 기존의 지식이 그 현상을 제대로 설명하지 못하는 상황에서 현상을 체계적으로 기술하거나 이해하는 데도 유용하다. 현상에 대한 새로운 개념을 도출하거나 그 현상 관련 사람들의 행동에 대한 새로운 가설을 생성하는 데도 유용하다. 그래서 질적 연구는 양적 연구 결과에 대한 해석을 보완하거나 양적 연구 전에 시행하는 예비 조사로 자주 쓰인다. 적은 수의 표본으로도 의미 있는 결과를 산출할 수 있어서, 겉으로 잘 드러나지 않거나 특이한 집단이나 현상을 다룰 때 특히 유용하다.

글상자 1-5

다양한 질적 연구 방법

질적 연구는 양적 연구를 보완하는 역할도 하지만, 풍부한 자료를 바탕으로 그 자체로 하나의 온전한 연구가 되기도 한다. 질적 연구의 주요 방법에는 크게 다음과 같은 네 가지가 있다.

- **현상학적 연구**(phenomenological study): 이 연구는 개인 경험의 본질을 이해하는 데 초점을 맞춘다. 주로 비슷한 경험을 공유하고 있는 개인들을 대상으로 심층 면담을 통해 경험의 내용 및 그에 부여한 주관적 의미를 알고자 한다. 예를 들어, 후쿠시마 원전 사고 피해지역 주민들을 대상으로 사고 피해 경험이 그들의 삶을 어떻게 변화시켰는지, 그 경험이 자기의 삶에 어떤 의미를 지니는지를 알아볼 수 있다.
- **문화 기술지**(ethnography): 이 방법은 특정 문화를 공유하고 있는 집단의 문화적 패턴을 기술하고 해석하는 방법이다. 주로 오랫동안 한 집단을 관찰하거나 면담을 통해 자료를 수집한다. 문화인류학에서 발전한 방법론이지만 토착심리학 등 문화 · 사회심리학적 접근에 유용하게 쓰일 수 있는 방법이다.
- **근거 이론**(grounded theory): 관찰과 자료를 근거로 체계적 이론을 개발하고자 하는 방법이다. 특정 사회 현상의 인과적 · 맥락적 조건과 결과에 이르는 작용 및 상호작용 효과를 체계적으로 규명하는 패러다임 모형을 통해 이론을 구축한다. 이는 그 자체로 하나의 완결된 연구이기도 하지만, 양적 연구를 위한 가설을 도출하는 데 가장 유용한 접근 방법이기도 하다.
- **사례 연구**(case study): 실생활에서 벌어지는 현재의 현상에 대해 조사하는 실증적인 연구 방법이다. 특히 조사하고자 하는 현상과 정황 조건이 명확하게 구분되지 않을 때 유용한 방법으로, 예시를 통해 정황을 기술하거나 복잡한 현실 세계를 설명하는 것이 가능하다. 현상에 대한 다수의 변수를 다룰 수 있고, 다양한 자료 원천으로부터 증거를 수집하고 그 증거를 수렴시켜 새로운 결과를 도출한다.

한편, 질적인 현상을 수량화하기 위해서는 그 현상을 명확히 개념화할 필요가 있다. 그 현상을 측정하는 데 어떤 내용은 포함하고 어떤 것은 배제할 것인지 미리 정해야 한다. 그렇기 때문에 아무리 정교한 양적 측정도 그에 상응하는 질적 기술에 비해 의미가 덜할 수밖에 없다. 그럼에도 양적 연구(quantitative research)는 수치 자료를 기초로 통계, 수학, 계산과 같은 방법을 활용하여 사회 현상을 경험적으로 연구하는 방법으로, 현상을 이해하는 데 매우 유용하다. 종종 수량화는 우리가 관찰하는 현상을 분명하게 해 줄 수 있다. 가령, 연인 간에 보이는 애정의 강도나 정도를 알 수도 있고,

애정과 관련된 행동을 합치고 비교하거나 요약할 수도 있다. 나아가 단순한 평균으로부터 복잡한 수리적 모형에 이르는 여러 통계적 분석을 할 수도 있다.

질적 접근과 양적 접근은 모두 사회심리학 연구에서 유용하고 타당하다. 어떤 연구 상황이나 주제는 질적인 탐구에 적합하지만, 또 다른 주제는 양적인 조사에 적합하다. 이 두 접근은 서로 다른 역량과 절차가 필요하지만, 연구자들은 이 두 접근의 유용성과 한계점을 잘 알고 있을 필요가 있다. 한 주제를 완전히 이해하기 위해서는 종종 두 가지 기법이 모두 필요하기 때문이다.

3) 조사 연구와 실험 연구

사회심리학에서 흔히 볼 수 있는 연구가 조사 연구다. 조사 연구(survey)는 설문지를 이용하여 연구 대상자에게 일련의 행동, 신념 및 의견에 관한 질문을 통해 자료를 얻는 방법이다([그림 1-23] 참조). 특히 심리 측정은 직접적으로 관측할 수 없는 심리학적 구성 개념을 측정하는 방법이다. 이것은 사람들의 능력, 인지, 동기, 행동, 성격 등의 개인차를 평가하기 위한 도구로, 그 대표적인 사례가 직업적성검사나 인성검사다. 어느 경우든 설문 조사를 통해 자료를 수집할 때는 사회적 바람직성 때문에 조사 대상자들이 거짓으로 답변할 수 있다는 점을 고려해야 한다. 또한 연구하고자 하는 현상을 대표하는 표본을 확보하는 것이 중요하다.

그림 1-23 조사 연구. 설문지를 활용한 자료 수집은 오늘날 가장 흔하게 쓰이는 방법이다.

조사 연구를 통해 얻은 자료는 보통 상관을 이용하여 분석한다. 상관 분석은 체계적으로 측정한 두 변인 간의 관계를 보여 준다. 이때 정적 상관은 한 변인이 증가할 때 다른 하나의 변인도 함께 증가하는 것을 의미하고, 부적 상관은 한 변인이 증가할 때 다른 변인은 감소하는 것을 뜻한다. 사회심리학 연구에서는 이러한 상관의 원리로부터 발달한 여러 분석 방법도 사용한다. 그러나 상관 분석은 두 변인 간의 관련성만을 알려 줄 뿐 원인과 결과라는 인과관계를 밝혀 주지는 못한다.

조사 연구와 달리, 실험 설계를 통해 변인들 간의 인과관계를 아는 방법이 실험 연구(experimental research)다. 실험 연구에서 연구자는 특정 변인(독립변인)을 체계적으로 조작해서 그것이 다른 변인(종속변인)에 미치는 영향을 알아보고자 한다. 가령, 수면의 박탈 기간이 기억력에 영향을 미치는지 알아보기 위해서, 참가자들을 서로 다른 기간의 수면 박탈 조건에 할당한 다음, 그들의 기억력을 측정하는 실험을 할 수 있다. 실험 연구의 가장 큰 강점은 독립변인과 종속변인 간의 인과관계를 밝힐 수 있다는 점이다. 이를 위해서는 추상적 개념의 변인을 실험에서 측정하거나 조작할 수 있도록 조작적으로 정의할 필요가 있다. 또한 참가자들을 각 조건에 **무선 할당**(random assignment)할 필요가 있다. 이때 무선 할당이란 실험참가자가 각 실험 조건에 속할 확률을 동일하게 만들어, 독립변인 이외에 종속변인에 영향을 주는 외적 변수의 영향을 최소화하고자 하는 것이다.

실험 연구에서는 실험자의 행동이나 참가자의 느낌에 따른 **편향**(bias)이 발생할 수 있다. 참가자들이 특정 방식으로 반응하면 좋겠다는 의식적 혹은 암묵적 기대를 실험자가 가지고 있을 때, 참가자들은 실험자의 그러한 기대에 부응하려는 경향을 보일 수 있다. 이것을 **실험자 편향**이라고 한다. 또한 실험의 목적이나 실험자의 기대를 참가자에게 알려 주는 단서가 있을 수 있는데, 이것을 **요구 특성**(demand characteristics)이라고 한다. 이와 같은 요구 특성은 참가자의 행동에 영향을 주어 궁극적으로 실험 결과에 영향을 미칠 수 있다.

4) 실험실 연구와 현장 연구

실험실 연구는 말 그대로 실험을 위하여 인위적으로 만든 환경에서 연구를 수행하는 것이다. 참가자들은 자신이 평소에 생활하는 익숙한 곳이 아니라 실험을 위해 장비가 갖추어진 실험실에서 연구자의 통제를 받으며 실험에 참여한다. **실험실 연구**의 가장 큰 장점은 상황을 통제할 수 있다는 점이다. 참가자를 무선 할당하고 실험실을 적절하게 통제한다면, 연구자는 외생변인(exogenous variable)의 효과를 최소화하면서 보다 분명한 인과관계를 확인할 수 있다. 그래서 실험실 연구는 실험의 **내적 타당도**(internal validity)를 높이는 데 이바지한다. 내적 타당도는 종속변인에서 관찰한 효과가 실제로 연구자가 실험에서 조작한 독립변인에 기인한 것이라는 근거가 확실할수록 더 높아진다.

그러나 실세계와는 다를 수 있는 실험실의 한계를 극복하기 위해서 사회심리학자들은 **현장 연구**를 발전시켜 왔다. 현장 연구에서는 참가자들의 무선 할당, 독립변인의 순수한 조작 혹은 종속변인의 순수한 측정이 어렵다. 그래서 연구자는 조건 간 구체적 차이를 제공하는 환경을 찾거나 만들어야 한다. 그런데도 현장 연구는 더 현실적이기 때문에 그 연구로부터 나온 결과를 실험실 밖 실제 삶이 이루어지는 다른 상황에 바로 일반화할 수 있다. 즉, 현장 연구는 외적 타당도(external validity)가 높다는 장점이 있다. 또한 현장 연구는 실험실 연구에서 다루지 못하는 매우 강력한 변인이나 상황을 다룰 수 있다. 가령, 9 · 11테러나 후쿠시마 원전 사고를 직접 경험한 사람들을 대상으로 개인적 통제감 지각에 대한 실험을 수행할 수 있다.

표 1-1 실험실 연구와 현장 연구의 비교

	연구 환경	통제 가능성	소요 시간	사례 수	실행 편의성	비용	내적 타당도	외적 타당도
실험실 연구	인위적	고	단	소	고	저	고	저
현장 연구	실제적	저	장	대	저	고	저	고

5) 연구 윤리

사회심리학자들은 인간을 대상으로 연구하기 때문에 특정 연구가 윤리적으로 정당한가의 문제에 직면한다. 그들은 연구를 통해 인간의 사회 행동에 대한 중요한 정보를 발견할 수 있다. 이러한 발견은 대부분 사회에 긍정적으로 이바지할 수 있지만, 연구자는 참가자의 건강과 안전도 고려해야 한다. 많은 연구자는 실험을 설계할 때 생생하고 강력한 사회적 사건을 만들어서 실험에 적용하고자 한다. 그러나 이러한 사건 중 일부는 참가자들을 불편하게 만들기도 하고, 심한 경우 참가자에게 심리적으로나 신체적으로 위해를 가할 수도 있다(예: Milgram의 복종 실험, Zimbardo의 스탠퍼드 감옥 실험 등).

이러한 문제를 해결하기 위해 '미국심리학회(APA)'를 포함한 많은 학회가 심리학 연구에서 연구자가 지켜야 할 연구 윤리를 제시하고 있다. 이것은 한마디로 심리학자가 인간을 대상으로 연구를 할 때 지켜야 할 기준이나 규범을 뜻한다. '한국심리학회'도 그러한 연구 윤리를 학회 정관에 포함하고 있다. 참가자의 존엄과 자기결정권 존중의 차원에서 대부분 학회가 연구 참가자에게 사전 동의(informed consent)를 얻을 것을 권장하고 있다. 사전 동의를 얻기 위해서 연구자는 참가자에게 연구의 특징과 절차, 참여 결정 철회의 권리를 사전에 알려 주어야 한다. 그러나 연구 목적에 따라 속임수를 써야 하는 때도 있는데, 이런 때에도 속임수에 대한 사실을 가능한 한 속히 알려 참가자가 실험 참여를 철회할 수 있는 기회를 제공해야 한다.

한편, 대학과 같이 심리학 연구를 하는 모든 기관은 '연구윤리위원회(Institutional

Review Board: IRB)'를 운영하도록 권장하고 있으며, 최근에는 국내에서도 이러한 제도가 크게 확산하고 있다. 위원회는 사람을 대상으로 해당 기관에서 이루어지는 모든 연구의 계획서를 검토하여 그 연구가 윤리 지침에 어긋나지 않는지 평가하는 역할을 한다. 이와 같은 활동은 참가자의 인권을 보호함으로써 연구 참여에 따른 피해를 미리 방지하는 긍정적 효과를 내고 있다.

요약

- 사회심리학은 개인이 타인이나 특정 집단의 영향을 받아 어떻게 사고하고 느끼며 행동하는지를 과학적으로 탐구하는 학문이다. 이때 사회 행동에서 개인의 기본적 동기와 목표는 개인의 내적 요인뿐 아니라 그 사람이 직면하고 있는 상황 요인과의 지속적인 상호작용을 반영한다.
- 사회심리학에서 사람에 관한 접근은 성격 특질 접근, 인지적 접근, 동기적 접근, 장애 기반 접근이 있다. 사회적 상황은 행동 유도성이나 행위에 대한 규범을 가지고 있다. 상황은 크게 객관적/주관적, 명목적/심리적, 구체적/추상적 차원으로 구분해 볼 수 있다. 인간의 행동은 이와 같은 사람-상황 상호작용으로 설명할 수 있다.
- 사회심리학에서 다루는 연구 주제로 개인에 기초한 연구는 자기, 사회인지, 태도, 성격, 행복 등이 있다. 관계에 기초한 연구에는 대인 간 지각, 대인관계 등이 있고, 집단에 기초한 연구에는 집단의 의사결정이나 수행, 집단 간 관계 등이 있다. 이 외에도 행동경제학, 정치심리학, 건강과 의학, 디지털심리학 등 사회심리학을 응용한 분야도 있다.
- 현대 사회심리학의 역사는 두 차례의 세계대전, 컴퓨터의 발명, 세계화의 가속화와 같은 역사적 사건과도 맞물려 있다. 과학계의 지배적 패러다임의 변화와 컴퓨터 등 기술의 발전은 사회심리학의 다양한 관점과 방법론을 발전시키는 데 이바지했다. 전반적으로 한국의 사회심리학은 서구의 학문적 흐름을 받아들이는 과정에서 이루어졌다.
- 사회심리학자는 다양한 관점에서 인간의 사회 행동을 설명한다. 진화론 접근은 인간의 진화된 심리적 기제에 초점을 맞추고, 사회학습 접근은 행동을 과거의 경험에 따른 학습의 결과로 본다. 사회인지 접근에서는 상황에 대한 주의, 해석, 기억 등의 주관적 과정을 중요하게 다룬다. 문화 접근은 인간의 사회 행동이 공유된 신념, 가치, 전통, 언어와 같은 문화적 요인의 영향을 받는다고 본다. 사회인지 신경과학 접근은 뇌의 활동을 관찰함으로써 사회 활동과 관련된 신경생리학적 기반을 탐구한다.

- 사회심리학 연구는 현상의 기술, 인과관계의 규명, 이론의 정립, 현실 적용 등의 목적이 있다. 사회심리학자들은 연구의 목표에 적절한 연구 방법을 선택해야 하는데, 주로 질적 연구와 양적 연구, 조사 연구와 실험 연구, 실험실 연구와 현장 연구라는 방법을 사용해 왔다. 각 방법은 특정 연구를 탐색하거나 검증하는 데 유용하지만 상대적인 장단점이 있으므로 이를 잘 숙지하고 연구에 적용해야 한다.

제 2 장

자기

1. 자기의 발달
2. 자기에 대한 표상
3. 자기의 개인차
4. 자기와 동기

우리는 자신이 어떻게 생겼는지, 어떤 성격의 소유자인지, 누구와 친구인지 그리고 어떤 모임에 속해 있는지 알고 있다. 이처럼 우리는 자기 신체 이미지에서부터 성격, 타인과의 관계나 소속된 집단 등 자기와 관련된 다양한 지식을 가지고 있다. 자기는 기본적으로 개인 정체성, 존재 그리고 경험을 지칭하지만 그 의미는 매우 폭넓다.

자기(self)는 한 개인의 전체를 의미하는 것으로, 의식적·무의식적·정신적·신체적·개인적·관계적·집단적 차원에서 그 개인이 다른 사람과 공통으로 가지고 있거나 혼자만 독특하게 가지고 있는 특성으로 이루어져 있다. 개인 정체성(personal identity)은 '이것이 나다.'라는 식의 자기에 대한 인식이나 느낌을 지칭하는 말이다. 정체성은 자신이 몸에 대한 감각과 이미지 그리고 자기에 대한 기억, 목표, 가치, 기대, 신념을 통해서 과거의 자신과 현재의 자신이 동일하다는 인식을 수반한다.

이와 함께 서구에서 자기는 내가 경험하는 '나(me)'보다는 한 개인의 본질적인 특징을 의미한다. 자기는 개인의 변하지 않으면서 독립적이고 독특한 본질을 의미하는데, 우리는 그것이 무엇인지 인식하거나 경험할 수 없어서 알 수가 없다. 이러한 측면에서 자기는 형이상학적 개념이다. 이에 비해, 자아(ego)는 자기 중에서 의식적인 부분을 일컫는 개념으로, 개인의 태도, 가치, 관심사를 구성하는 모든 심리적 현상과 그 과정을 의미한다. 정신분석 이론에서 자아는 외부의 세계와 그 세계의 요구를 다루는 성격의 한 요소다.

자기에 대한 인식은 태어나면서부터 주어지는 것이 아니다. 외부의 대상에 대한 인식이 대부분 발달적 과정을 거치는 것처럼, 자기도 개인적 과정뿐만 아니라 외부 세계와의 역동적 과정을 통해 만들어진다. 이와 같은 과정을 거쳐 매우 다양한 특성이 있는 자기가 생성되고, 자기의 몇몇 특성에서는 사람마다 차이가 있다. 이와 함께 자기는 여러 동기와 연결되어 있다. 이 장에서는 이와 같은 자기에 대한 인식의 발달, 자기의 종류, 자기개념의 개인차 그리고 자기의 동기적 특성을 차례로 살펴본다.

1. 자기의 발달

자기에 대한 인식은 크게 세 가지 경험에 기초한다(Baumeister, 1999). 그 하나는 의식적으로 자신에 대하여 생각해 보는 것이다. 우리는 주어진 과업에서 자신이 왜 실패했는지 혹은 왜 다른 어떤 사람처럼 영웅적인 행동을 할 수 없는지와 같이 자신에 관한 생각을 의식적으로 경험한다. 또한 우리는 행위의 주체자로서 투표 행동, 직업 선택과 같은 특정 행동을 통해서 자신이 누구인지를 인식하게 된다. 이 두 경험은 한 개인 내에서 이루어지는 과정이다. 세 가지 중 나머지 하나는 다른 사람들과의 관계 속에서 하는 자기 관련 경험이다. 즉, 우리는 나에 대한 다른 사람의 행동이나 그 사람에 대한 나의 반응을 통해서 자기가 어떤 사람인지를 파악한다.

1) 개인적 요인

자신에 대한 우리의 개념에 영향을 미치는 개인적 요인 중에는 유전이 있다. 우리는 태어날 때부터 아주 많은 측면에서 서로 다르다. 가령, 어떤 사람은 태어날 때부터 다른 사람보다 지적으로 우수해서 이후에 성취를 더 잘할 수 있다. 또 어떤 사람은 다른 사람보다 예술적 감각과 재능이 뛰어나서 이후에 예술가로 성공할 가능성이 더 크다. 우리는 또한 흔히 기질이라고 부르는 타고 태어난 특성이 다르다. 이러한 차이에 따라 우리는 서로 다른 성격적 특성을 갖게 되고, 그것에 상응해서 자신에 대한 인식에서도 차이가 있을 수 있다. 실제 유전적 요인이 우리의 성격 5요인(Big 5)에 미치는 영향이 40~60% 정도에 해당한다(Bouchard & Loehlin, 2001).

자기개념의 형성에 영향을 미치는 개인적 요인으로 내성법(introspection)이 있다. 이것은 자기의 내면에서 일어나는 심리적 과정, 판단, 지각이나 상태에 직접 접근하여 자기에 대한 지식을 획득하는 방법이다([그림 2-1] 참조). 우리는 자신이 어떤 성격의 소유자인지 자기의 내면세계를 자세히 살펴봄으로써 알 수 있다. 이와 같은 정보는 오직 그 당사자만이 이용할 수 있는 것으로, 우리가 자기의 내면을 관찰하는 것이 자기를 이해하는 좋은 방법일 수 있다. 그러나 사람은 자기의 내면을 관찰하는 데 전체 사고의 8% 정도만 투자할 정도로 매우 적은 시간을 사용한다(Csikszentmihalyi & Figurski, 1982). 게다가 내성법이 때로는 자기에 대한 잘못된 인식을 가져올 수 있다. 지나치게 자기의 내면에 집착함으로써, 다른 사람들의 객관적인 판단과는 동떨어진 자기개념을 발달시킬 수 있다(Leary & Terry, 2012). 또한 특정 행동을 했을 당시의 이유와는 다른 이유를 나중에 들 수 있어 자기에 대한 이해를 왜곡할 수 있다.

그림 2-1 내성법. 우리는 자기의 내면에서 일어나는 여러 심리적 과정이나 상태를 관찰해서 자신을 파악한다.

자기개념에 영향을 주는 또 다른 개인적 요인은 특정 대상에 대하여 자기가 하는 행동에 기초하여 자신의 태도나 성향을 추론하는 것이다. 우리는 어떤 대상이나 쟁점에 대해서 명확한 태도가 없을 수도 있고, 맥락이나 행동과 관련해서 자신의 성격 특질을 모를 수도 있다. 자기지각 이론(self-perception theory; Bem, 1972)에 따르면, 사람들은 특정 대상과 관련해서 자기에 대한 지식이 불분명하거나 불충분할 때, 자기의 행동을 관찰해서 그러한 지식을 얻고 그 대상에 대한 태도를 결정한다. 첫 산행에서 좋은 기분을 경험한 사람은 자신이 산을 좋아한다고 생각할 수 있다.

이 이론은 다양한 영역에 응용해서 활용할 수 있다(Mohebi & Bailey, 2020). 예를 들면, 교육 장면에서 교사들은 과학기술을 활용한 활동에 많이 참여함으로써 이에 대한 자신의 이미지를 긍정적으로 가질 수 있고, 이것이 자신의 수업에 이와 같은 기술을 많이 도입하도록 유도할 수 있다. 이처럼 행동을 통한 자기지각은 우리가 자기를 알아 가는 중요한 방법이다. 그러나 한 개인이 자기를 보는 모습과 남들이 이 개인을 보는 모습은 다를 수 있어서, 자기지각만으로는 자기를 이해하는 데 충분하지 않다.

2) 사회적 요인

(1) 반영 평가

사람은 태어나면서부터 다른 사람과 상호작용한다. 유아는 양육을 주로 담당하는 부모와 상호작용하고 그 속에서 정서적 유대감을 형성한다. 그 후에는 발달하면서 또래나 낯선 사람들과 상호작용하고 그 내용도 깊어진다. 이와 같은 대인관계 속에서 유아는 자기에 대한 정보를 상대방을 통해 획득한다. 구체적인 상황에서 내가 하는 행동에 대해 상대방이 주는 피드백은 자기에 대하여 많은 정보를 제공한다. 한 친구가 내게 내향적으로 보인다고 말하거나 내가 착한 사람이라고 말하면, 그와 같은 정보는 내가 자신을 이해하는 데 영향을 줄 수 있다.

상징적 상호작용 이론(symbolic interaction theory; Mead, 1934)은 자기에 대한 지식의 사회적 근원을 설명하는 이론이다. 이 이론은 우리의 삶에서 중요한 타인(significant other)이 우리를 어떻게 보는지를 파악함으로써, 그것에 기초해서 우리가 자기를 이해하고 평가한다는 이론이다. 이 이론에 따르면, 자기가 발달하기 위해서는 반드시 사회적 공간이 필요하고, 그 속에서 이루어지는 한 개인의 행동은 다른 사람과의 상호작용 속에서만 이해할 수 있다. 이때 사회는 다양한 개인의 조직적이고 유형화된 상호작용의 결과를 의미한다(Turner, 1982). 또한 사회는 다른 여러 사람의 단순한 존재가 아니라, 서로 다른 역할을 떠맡은 구성원들 간의 역동적 상호작용을 의미한다. 이러한 상호작용을 통해 이루어지는 사회화는 자기에게 의미 있고 중요한 타인의 태도를 따르는 것으로 시작해서 전체 구성원의 일반적인 태도를 따르는 것으로 나아간다.

그림 2-2 거울 속에 비친 자기. 우리는 거울을 보면서 자신이 누구인지를 이해하듯이, 나에 대한 다른 사람의 행동을 관찰하면서 자신이 누구인지를 파악한다.

이때 사람들은 다른 사람들로부터 자기를 배우게 된다. 반영 평가(reflected appraisal)는 다른 사람이 나를 어떻게 생각하고 있는지 그것에 대한 나의 추측이나 판단이다. Cooley의 거울 속에 비친 자기(looking glass self)라는 개념은 한 개인에게 중요한 타인은 그 개인이 어떤 사람인지를 행동을 통해 마치 거울처럼 보여 준다는 의미다([그림 2-2] 참조). 사람들은 자기의 성격이나 행동을 평가하기 위해 반영 평가를 사용한다.

상징적 상호작용 이론의 타당성은 한 개인에 대한 자기평가와 타인의 평가 간 일치도, 즉 자기-타인 일치도를 통해 검증할 수 있다. 일찍이 Shrauger와 Schoeneman(1979)은 다수의 문헌을 검토하여 이 이론이 타당하다는 증거를 제시했다. 좀 더 최근에 West와 Kenny(2011)는 118개의 변수를 다룬 24개의 연구를 메타분석했다. 그 결과, 자기-타인 일치도는 .21로 나타났다. 그러나 자기평가는 다른 사람이 나를 어떻게 볼 것이라는 나의 믿음, 즉 반영 평가와는 거의 같을 정도로 매우 유사했다(Kenny, 1994). 이러한 결과는 나의 반영 평가가 나에 대한 타인 평가와는 일정 수준 차이가 있다는 것을 보여 준다.

이처럼 반영 평가가 타인의 실제 평가와 다른 데에는 몇 가지 원인이 있다. 그 하나로, 사람들은 타인에 대한 자신의 인상을 있는 그대로 드러내지 않을 수 있다. 사람들은 다른 사람들에게 좋은 인상을 주고 싶은 욕구가 있기 때문에(Leary & Kowalski, 1990), 타인에 대한 부정적인 인상도 조금 완화해서 표현하거나 긍정적인 인상을 과장할 수도 있다. 또한 사람들은 타인의 피드백을 왜곡하거나 일부의 정보만을 선택적으로 취할 수 있다. 이와 같은 경향성은 어릴 때부터 나타난다. 아동들은 긍정적인 피드백을 제공하는 자극에 더 먼저 반응함으로써 자기를 긍정적으로 구성하는 전략을 선택하는데, 이것을 긍정 지향성(positive tropism)이라고 한다(Harter, 1998). 이 외에도 사람들은 나에 대한 타인의 생각을 정확히 파악하는 데 인지적인 어려움을 겪는다. [그림 2-3]에서 보듯이 우리는 타인이 어떤 행동을 어떤 이유로 할지에 대해 자신의 현재 상황으로부터 때로는 부정확하게 추론할 수밖에 없다.

글상자 2-1 피그말리온 효과와 미켈란젤로 효과

때때로 우리는 다른 사람의 기대나 예측과 일치하는 방향으로 행동한다. **자기충족적 예언**(self-fulfilling prophecy)은 자기나 타인의 긍정적이거나 부정적인 신념이나 믿음이 이후에 자기의 현실이 되는 현상을 의미한다. 특히 리더나 상사의 긍정적 기대가 부하에게 그 기대와 일치하는 행동을 하도록 하는 것을 **피그말리온 효과**(pygmalion effect)라고 한다. 상향식 피그말리온 효과는 부하의 기대가 리더나 상사에게 그 기대와 일치하는 행동을 하도록 하는 영향력이다.

이 원리에 따르면, 우리가 상대방이 잘할 것이라고 기대하면 그 상대방은 잘하게 되고, 못할 것이라고 기대하면 못하게 된다. Rosenthal과 Jacobson(1968)의 연구에서 교사의 긍정적 기대를 받은 아동은 부정적 기대를 받은 아동에 비해 전반적으로 성적이 우수했다. 한 고정관념 연구(Shih et al., 1999)를 보면, 여성은 남성보다 수학을 못하고 아시아인은 서양인보다 수학을 잘한다는 고정관념이 있다. 이때 아시아계 미국 여성을 대상으로 그들의 성 정체성을 부각시키면, 그들의 수학 점수는 비교 집단보다 저조했다. 그러나 그들이 아시아 사람이라는 정체성을 부각시키면, 그들의 수학 점수는 상대적으로 더 높았다.

우리는 긍정적 상호작용을 통해 상대방의 이상적인 모습을 실현할 수도 있다. 위대한 조각상을 만들기 위해서는 끌, 조각칼, 사포와 같은 도구가 필요하듯이, 우리도 자기의 꿈과 포부를 실현하기 위해서는 타인의 지지나 인정과 같은 여러 도구가 필요하다. 상대방이 자기의 잠재력을 실현할 수 있도록 우리가 지지하고 기대할 때, 그는 자신의 이상적인 자기를 실현할 수 있다. 이것이 **미켈란젤로 효과**(Michelangelo effect; Rusbult et al., 2009)다.

그림 2-3 대리석 돌덩이로 만든 다비드 상

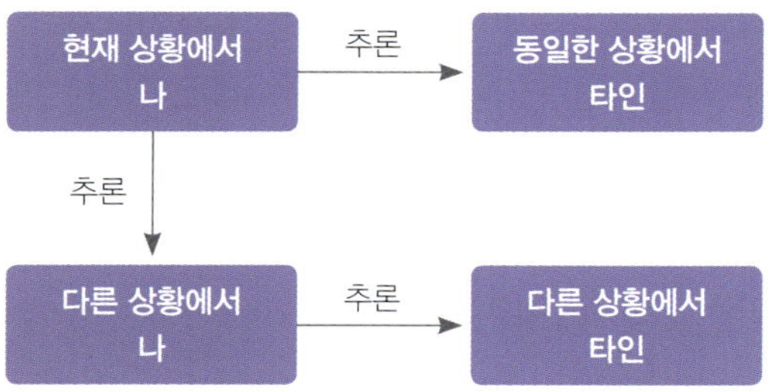

그림 2-4 자신과 타인의 행동에 대한 이해. 우리는 어떤 상황이든 타인의 행동이나 그 이유를 자기의 입장에서 추론해서 해석할 수밖에 없다. 우리가 직접 타인이 되어 보지 않는 한, 이러한 추론은 틀릴 가능성이 있을 수밖에 없다.

(2) 사회 비교

한 개인이 자신을 어떻게 보는가는 다른 사람과의 비교를 통해 이루어지는 경우가 많다. 자기에 대한 평가는 홀로 이루어지는 것이 아니고 다른 사람과 관계하는 맥락 속에서 이루어지기 때문이다. 사회심리학 기말고사에서 받은 80점이 높은 점수인지 아닌지는 다른 학생들의 점수에 따라 달라진다. 이러한 점에서 자기는 절대적인 실체가 아니라, 사회적으로 중요한 기준과 비교해서 평가받는 존재다(Klein, 1997).

일찍이 Festinger(1954)는 사회 비교 이론(social comparison theory)을 제시하면서 우리가 어떻게 서로를 비교하는지 그 원리를 설명했다. 이 이론에 따르면, 사람들은 자기의 의견과 능력을 평가하려는 동기를 가지고 있고, 그러한 동기는 비교를 통해 충족된다([그림 2-5] 참조). 우리는 자기평가를 위한 객관적인 비교 기준이 있을 때는 그것을 이용하지만, 그 기준이 모호할 경우 다른 사람의 의견이나 능력과 같은 주관적 평가 기준을 사용한다. 사회 비교의 종류는 비교의 방향에 따라 상향 비교, 하향 비교 그리고 유사 비교로 구분할 수 있다.

그림 2-5 사회 비교. 우리는 다른 사람과의 비교를 통해서 자신이 누구인지 혹은 상대적으로 어디에 위치하는지를 파악한다.

상향 비교는 비교의 대상을 자신보다 나은 사람으로 선택하는 것이다. 예를 들면, 우리는 자신보다 더 많은 재산을 가진 사람, 사회적 지위가 더 높은 사람 그리고 신체적으로 더 매력적인 사람과 자기를 비교할 수 있다. 상향 비교는 자기의 능력이나 노력에 대한 정보적 가치를 제공한다(Taylor & Lobel, 1989). 그래서 자기향상 욕구가 강한 사람은 상향 비교를 통해 자신에게 도움이 되는 정보를 얻고자 한다(Feldman & Ruble, 1981). 그들은 자기의 능력이 좀 더 우수한 사람과 비교해서 어느 정도인지, 혹은 자신이 투자한 노력이 어느 정도 효과가 있었는지를 확인하고자 한다. 이때 그들은 상향 비교를 통해 이러한 정보를 확보하고, 때로 비교의 결과는 이후의 노력을 촉진하는 자극제 역할도 한다. 게다가 사람들은 상향 비교를 통해 자신보다 우월한 사람과 동일시하면서 자기개념을 좀 더 긍정적으로 이끌 수 있다(Collins, 1996). 이것을 동화 효과(assimilation effect)라고 한다. 예를 들면, 소셜 미디어에서 나타나는 양육 방식에서 상향 비교를 하는 부모는 그렇지 않은 부모에 비해 자녀의 건강식과 운동을 촉진하는 등 더 건강한 방식으로 양육했다(Rheu et al., 2021).

반대로, 비교 대상이 월등히 우월할 경우, 상향 비교는 자기에 대한 부정적 평가를 초래할 수도 있는데 이것을 대비 효과(contrast effect)라고 한다. 이와 비슷한 맥락에서 사람들은 상향식 자기 비교를 통해 자신의 보상이 열등하다고 판단하면, 속임수와 같은 편법을 사용해서 이것을 보상할 가능성이 커진다. John 등(2014)은 참가자들에게 하나의 단순한 과제에서 자신이 얻은 점수를 보고하도록 했다. 그다음 그 점수에 따라 참가자들에게 5센트나 25센트를 보상으로 주었다. 이때 절반의 참가자들에게는 자신이 받지 않은 보상, 가령 실제 5센트(혹은 25센트)를 받은 참가자에게 25센트(혹은 5센트)를 받을 수도 있었다는 것을 알려 주었다. 그 결과, 5센트의 보상을 받은 사람 중에서 자기가 다른 사람에 비해 상대적으로 적은 보상을 받았다는 것을 알게 된 사람은 이것을 극복하기 위해 과제수행에서 얻은 자신의 점수를 속이는 행위를 더 많이 했다. 이처럼 상향 비교는 속임수와 같은 부정적인 행동을 유발할 수 있다.

때로 사람들은 자신보다 못한 사람과 비교하는 하향 비교를 선호한다. 하향 비교는 타인과의 비교에서 자기보다 열등한 사람을 준거로 삼아 비교하는 전략이다. 한 연구(Michinov et al., 2015)에서 하향 비교를 하는 사람은 상대방을 무시하는 경향을 보였다. 이 연구에서 자신의 창의력이 매우 높다고 지각하는 참가자 중에서 상향 비교보다 하향 비교를 하는 사람이 상대방의 발언에 덜 관심을 가지는 것으로 나타났다. 또한 뇌 영상 기법을 통해 부하 온도를 측정했을 때, 상향 비교에 비해 하향 비교 과정에 있는 참가자가 더 낮은 온도를 보였다. 이것은 그들이 타인과의 비교 과정에서 걱정을 덜 경험하고 우월감을 느낌으로써 안정적인 심리 상태에 있다는 것을 의미한다.

하향 비교는 자기개념이 위협받는 상황에서 그것을 보호하는 데 유리한 전략이다. 이 상황에서는 객관적 비교보다는 하향 비교를 통해 주관적 안녕감을 유지하는 것이 더 중요한 동기다(Wheeler & Miyake, 1992). 또한 사람들은 자기를 긍정적으로 평가함으로써 좋은 기분을 느끼고자 한다. 이러한 동기가 강할 때 그들은 하향 비교를 선호하는 양상을 보이고(Wood et al., 2000), 이를 통해 관계에 대한 높은 만족을 경험한다(Buunk et al., 2001). 그러나 하향 비교는 자기의 능력에 대하여 제공하는 정보의 양이 적고 자기고양을 위해 자기의 능력을 과장할 수도 있다(Alicke, 2000).

그렇다면 자기과시의 전략으로 상향 비교와 하향 비교 중 어느 것이 더 효율적일까? 한 연구(Civitci & Civitci, 2015)에서 연구자들은 대학생들에게 자기 삶의 만족도와 강인성을 평가하도록 했다. 이때 비교 대상으로 자기보다 못한 사람과 비교하거나 자기보다 나은 사람과 비교하도록 했다. 그 결과, 이 두 차원 모두에서 하향 비교 집단의 점수가 상대적으로 더 높게 나타났다. 왜냐하면 타인보다 자신이 얼마나 우월한지를 확인하는 과정에서 자기보다 못한 대상이 더 확실한 긍정적 피드백을 보장해 주기 때문이다(Buunk & Dijkstra, 2014).

표 2-1 **사회 비교의 효과.** 비교의 형태에 따라 긍정적 효과와 부정적 효과가 나타날 수 있다.

효과 \ 비교	상향 비교	하향 비교
긍정적 효과	희망, 포부	감사
부정적 효과	불만족, 시기	경멸

유사 비교 혹은 수평 비교는 자기와 유사한 상황이나 거의 동등한 수준의 사람과 비교하는 것이다. 이 비교는 자기의 능력을 제대로 평가하기 위한 전략이다. Festinger (1954)에 따르면, 자기평가 동기는 유사한 대상과의 비교 과정에서 커지고, 관련 특징이 비교 대상과 동등하거나 유사할 때 그 특징을 가장 정확하게 비교할 수 있다. 한 연구(Kulik & Mahler, 1989)에서 병원에 입원한 환자들은 가능하면 자신과 비슷한 처지의 사람들과 같은 방을 쓰고자 했다. 그들은 자기의 상황에 대한 불안과 불확실성 속에서 타인의 신념과 행동 및 태도를 파악한 후, 자기의 행동이나 태도를 결정하고자 했다. 비슷한 연구(Helgeson & Taylor, 1993)에서도 심장질환이 있는 사람은 자신의 의견과 역량을 비슷한 타인과 비교해서 평가하고자 하는 동기가 있었다.

우리는 또한 유사 비교를 통해 자신과 유사한 사람과 소속감이나 가까움, 정서적 안녕감을 추구한다. 유사 비교에서는 특정 속성에서 자신이 다른 사람과 유사하고 가깝다고 느끼는 연결 비교와 서로 다르고 멀다고 느끼는 대비 비교가 있다(Locke, 2003). 이 비교는 주로 성격이나 취향, 태도와 같은 관계적 측면에서 서로의 양립 가능성을 비교하는 것이다. 그래서 자신과 유사하다고 느끼면 그 사람과 관계를 맺어서 유대감을 형성하고, 자신과 다르다고 느끼면 그 사람과는 멀리함으로써 관계를 단절한다. 유친 동기, 애착 이론, 자기결정 이론 등 많은 이론이 유사한 사람과의 가까움과 소속감이 우리 삶에 중요하다는 것을 보여 주고 있다(Niemiec & Ryan, 2009).

3) 문화적 요인

자기는 주어진 맥락에서 다른 사람과의 상호작용을 통해 발달한다. 이러한 맥락 중에서 가장 포괄적인 것이 문화(culture)다. 한 문화의 구성원들은 주어진 물질적 조건에서 가치, 신념 그리고 세상에 대한 의미 체계를 공유하고, 그것을 사회가 수용하는 방식의 행동으로 드러낸다(Kottak & Colson, 1994). 문화의 이러한 측면은 다음 세대로 계승되면서 그 안정성과 일관성을 확보한다. 또한 문화는 사회학습을 통해 다른 사람으로부터 획득하는 모든 종류의 정보로, 그것은 그 구성원들의 행동에 영향을 미친다(Richerson & Boyd, 2004). 그래서 동일한 문화에 속한 사람들은 유사한 제도와 관습의 영향을 받으면서 소통하고 행동한다. 인간의 문화 학습 과정에서 가장 독특한 특성 중 하나는 강력한 언어적 전수 방식이다(Pinker, 1994). 이것은 문화적으로 구성된 생각이나 정보를 매우 정확하게 전달할 수 있게 한다. 또 다른 하나는 마음 이론의 발달이다(Tomasello, 1999). **마음 이론**(theory of mind)이란 사람의 마음은 어떻게 이루어져 있는지 그리고 그것이 행동에 어떤 영향을 미치는지, 이러한 것에 대한 이해의 틀이다. 이것은 행위자의 행동과 그의 내면에 있는 마음을 연결해 주는 원리를 이해할 수 있게 한다. 자신을 포함해서 사람들을 이해하는 틀도 공유된 문화를 통해 학습된다.

인간은 학습을 통해 문화적 정보들을 계속 발전시켜 나간다. 이것을 **톱니 효과**(ratchet effect)라고 하는데(Tomasello et al., 1993), 마치 릴낚시처럼 톱니에 걸쇠가 걸려 있어 앞으로만 나아갈 수 있고 후진은 불가능한 형태에서 비롯된 명칭이다. 즉, 사람들은 문화적 소산인 지식을 전수받아 그것을 개선하고, 다른 누군가는 그것을 또다시 개선해 나간다. 이와 같은 무한한 과정에서 새로운 지식을 그 사회에서 통용되는 공통의 문화적 특성과 통합하고 공유하는 작업이 끊임없이 일어난다(Luria, 1928). 그래서 가령, 미국 사회의 청년들은 그들이 쓰는 제품, 활동하는 주요 단체 그리고 생각까지 모두 공유하게 된다(Arnett, 2008). 더군다나 이러한 공통적 이해의 맥락은 심리적 경향성에서도 매우 유사한 결과를 가져온다. 그래서 동일한 문화 속의 사람들은 심리적으로 유사한 특성을 공유하게 된다.

지금까지 사회심리학에서 문화를 분류한 가장 대표적인 차원이 집단주의와 개인주의다(Triandis, 1972; [그림 2-6] 참조). **집단주의**(collectivism) 사람들은 자신을 개별적인 존재라기보다는 공동체의 일원으로 보는 경향이 강하다. 그래서 공동체가 부여하는 의무와 규범이 먼저 동기화됨으로써 개인의 목표보다 공동체의 목표를 우선시하는 경향을 보인다(Triandis, 1995). 구체적으로 집단주의는 타인에 관한 관심과 염려, 집단의 원활한 결속에 대한 깊은 관심, 상호의존성 및 집단의 통합과 조화, 건설적 대인관계, 가족의 안녕, 부모와 연장자에 대한 존경 등을 특징으로 하는 문화다(Triandis, 1995). 이에 집단주의자는 집단을 단위로 사고하고 개인의 외적 요인에 반응하는 경향이 있다.

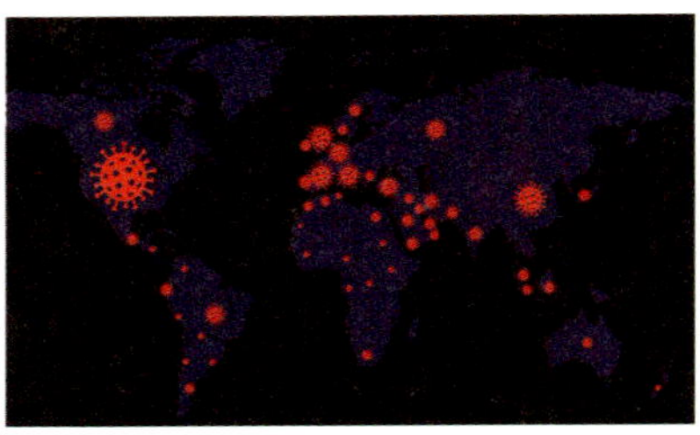

그림 2-6 코비드-19에 대한 문화별 반응. 지도에서 빨간색이 개인주의 문화권에 더 많이 분포하는 경향을 보인다.

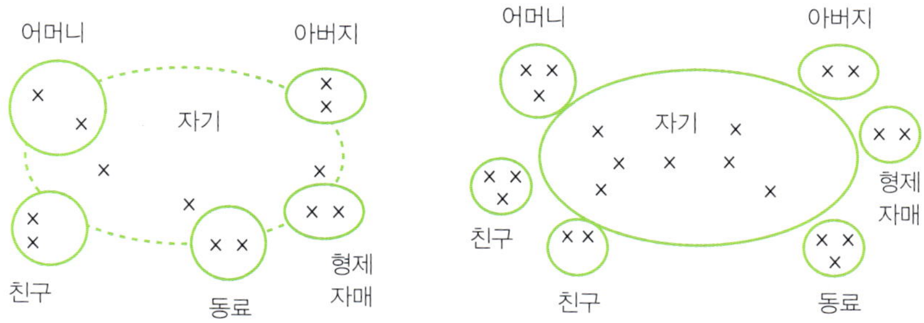

그림 2-7 상호의존적 자기(왼쪽)와 상호독립적 자기(오른쪽). 자기도식에서 집단주의 문화에서 주로 나타나는 상호의존적 자기는 타인과 공유하는 부분이 있지만, 개인주의 문화에서 주로 나타나는 상호독립적 자기는 모두 분리되어 있다.
출처: Markus & Kitayama (1991b).

또한 내집단과 외집단에 대한 편향이 심한 것이 큰 특징인데, 이러한 이유로 타문화에 대한 적응력이 낮은 편이다.

반면, 개인주의(individualism)는 자신을 집단과는 어느 정도 독립된 개인으로 보는 문화에서 나타나며, 개인의 선호, 필요, 권리를 집단의 이런 것보다 우선시하는 특징을 가진다(Triandis, 1995). 따라서 개인주의 문화는 개인의 자율성, 독립심, 목표와 신념 그리고 만족을 중시하는 반면, 집단의 결속에는 관심이 덜하다(Hofstede, 1992; Triandis, 1995). 그래서 이런 문화권의 사람들은 개인적 의사결정에 따라 행동하고, 행동의 원인을 개인 내부의 요인에서 찾는 경향이 강하다. 또한 그들은 개인의 필요로 동기화되며 내집단과 외집단에 대한 구별이 명확하지 않다.

이와 같은 문화적 속성을 반영하여 Markus와 Kitayama(1991b)는 상호의존적 자기와 상호독립적 자기를 제시했다. [그림 2-7]에서 보듯이 상호의존적 자기(interdependent self)는 집단주의 문화권의 구성원들이 보유하고 있는 자기 도식인데, 자기가 개인적인 요소로만 이루어진 것이 아니라 중요한 타인과 공유하는 부분이 있는 것이 특징이다. 이러한 특성으로 인해 상호의존적 맥락에서 자신을 지각하고 이해하는 경향이 강하다. 상호독립적 자기(independent self)는 개인주의 문화권의 구성원들이 보유하고 있는 자기 도식으로, 자기를 타인과 완벽하게 분리하여 이해하는 것이 특징이다. 이로 인해 독립적 자기개념을 가진 사람들은 타인보다는 자신에게 더욱 주목하는 독립적 특성을 강조한다.

상호독립적 자기와 상호의존적 자기는 일관성 차원에서 두드러진 차이가 있다. 상호독립적 자기는 외부와의 경계가 명확하고, 개인의 자율성을 강조하는 특징이 있으며, 타인이나 사회적 맥락으로부터 분리되어 존재하는 경향이 강하다(Geertz, 1975).

이러한 자기의 소유자들은 자기를 전체적이고 통합적이며 안정적인 실체로 보기 때문에, 타인이나 상황적 요인의 영향을 받지 않는 것을 가장 중요하게 여긴다(Shweder et al., 1998). 즉, 그들은 주변의 조건이 변화하더라도 자기의 변화하지 않는 일관성을 중요시하며, 그래서 일관성을 유지하는 것이 정신 건강에도 중요한 영향을 미친다(Ryan & Deci, 2000). 가령, Suh(2002)의 연구에서 미국인의 경우 일관성 있는 행동을 하는 것이 행복을 증진하고 사회적 기술을 개선하는 효과가 있었지만, 한국인에게는 별로 큰 효과가 없었다.

상호의존적 자기는 개인적 태도나 성격 혹은 선호와 같은 개인의 내적 특성을 넘어 관계나 집단에서 조화와 역할을 중시한다. 그래서 상황에 따라 관계와 집단에 적절한 역할을 해야 한다. 이러한 자기개념에는 일관성보다는 융통성이 더 중요한 개념이다. 가령, 자기를 기술할 때 일본인은 상황과 무관한 자기만의 내면적 특성을 미국인보다 덜 언급하는 경향이 있다(Bond & Cheung, 1983). 미국인에 비해 아시아인은 자기가 속한 집단이나 그 안에서 맡은 역할로 자신을 설명하는 경향성이 강하다(Rhee et al., 1995). 심지어 일본인은 방에 혼자 있을 때보다 교수와 함께 있을 때 자신을 비판하는 언사나 행동을 상대적으로 더 많이 한다(Kanagawa et al., 2001). 즉, 이러한 결과는 자신에 대한 일본인의 태도가 일관적이기보다는 누구와 함께 있느냐에 따라 달라진다는 것을 의미한다.

이 외에도 이 두 유형의 자기를 가진 사람의 사회적 지각은 여러모로 다를 수 있다. 가령, 캐나다인은 개인적으로 일관성에 위배되는 행동을 하면, 그 불일치를 해소

이 '가운데 소년'이 행복해 보이십니까? 그렇다면 이 '가운데 소년'은 아직도 행복해 보이십니까?

그림 2-8 맥락 효과. 목표인물 2번에 대한 평가가 문화에 따라 맥락의 영향을 받을 수도 있고 그렇지 않을 수도 있다.

출처: 김명진, EBS 다큐멘터리 동과 서 제작팀(2012).

하기 위해 자기개념을 행동과 일치하는 방향으로 변화시켰다. 그러나 일본인은 자기의 행동이 자신과 관계를 맺고 있는 다른 사람들의 행동과 어긋난다고 지각했을 때만 그러한 불일치를 해소하기 위한 변화를 시도했다(Kitayama et al., 2004). 또 다른 연구(김명진 외, 2012)에서 참가자들에게 [그림 2-8]에 등장하는 가운데의 2번 친구가 얼마나 행복해 보이는지를 물었다. 그 결과, 서양인은 2번 친구가 두 그림에서 똑같이 행복해 보인다고 대답하는 경향이 강했지만, 동양인은 왼쪽 사진 속에서는 행복해 보이지만 오른쪽 사진 속에서는 왼쪽 사진보다 상대적으로 불행해 보인다고 대답했다. 또한 실험참가자들에게 상호의존적인 자기인식을 활성화하면, 아시아계 캐나다인은 상황을 전체적으로 지각했지만, 유럽계 캐나다인은 주어진 자극에만 집중해서 지각했다(Lo et al., 2021). 이러한 결과는 상호독립적 자기를 지닌 사람들에 비해 상호의존적 자기를 가진 사람들은 자신이나 타인을 지각하고 평가할 때 맥락적인 요소를 더 많이 고려한다는 점을 보여 준다.

2. 자기에 대한 표상

우리는 다양한 맥락 속에서 다른 사람들과 상호작용하면서 자기의 여러 모습을 볼 수 있다. 집에서 혼자 있을 때의 자신과 친구들과 어울릴 때의 자기 모습 그리고 동아리 활동에서 보이는 자신이 서로 다르다는 것을 알 수 있다. 이처럼 자기에 대한 복잡한 지식을 통해 우리는 여러 개의 자기개념을 발달시킨다.

1) 주체적 자기와 객체적 자기

James(1890)는 자기를 "한 개인이 자기 것이라고 말할 수 있는 모든 것"이라고 정의하면서 **주체적 자기**(I-self)와 **객체적 자기**(Me-self)로 구분했다. 여기서 'I'는 '어제 도서관에서 공부한 사람이 나(me)라는 것을 나(I)는 안다.'에서처럼 자신이 누구이고 무엇을 하는지 아는 자기다. James에게 I는 사고하는 자기로 더 이상 구분할 수 없는 자기다. 그는 I를 순수한 자아(pure ego)라고 불렀는데, 순수한 자아는 우리의 과거, 현재, 미래의 자기 사이에 연속성을 부여하는 것이다. 자신의 정체성에 대한 이러한 연속성의 지각은 의식의 지속적 흐름으로부터 나온다. James에게 순수한 자아는 우리가 생각하는 영혼이나 마음과 비슷했으며, 물질이 아니기 때문에 과학적으로 검증할 수 없었다.

'Me'는 우리가 흔히 나라고 부르는 것으로 경험의 대상으로서 자기를 말한다. 우리가 자신을 착한 사람이라고 느끼거나 시험에서 자신의 실수를 질책하는 행동을 할 때처럼, 우리가 나 자신에 대해 느끼거나 행동하는 것이 모두 여기에 해당한다. 또한 나의 집, 나의 몸, 나의 명성처럼, 우리가 자기 것이라고 부르는 것도 여기에 포함된다. 객체적 자기는 사회 속에서 외부의 자극이 갖는 특성을 반영하고 있기 때문에 객관적인 평가가 가능하다. James(1890)는 이 객체적 자기를 물질적 자기, 사회적 자기 그리고 정신적 자기로 구분했다.

물질적 자기(material self)는 소유물과 관련이 있다. 인간은 자신이 소유한 물질에 대하여 자기의 의미를 부분적으로 부여하고, 그 사물을 통해 자기를 인식하려는 경향이 있다. 이러한 물질에는 옷과 집, 자동차, 족보, 업적, 토지, 재산, 명품 등이 있으며, 외모와 같은 신체적 요소도 들어 있다. 예를 들면, 명품 쇼핑과 같은 과시 소비는 그 목적이 재화나 용역의 효용을 확보하는 것이 아니라, 금전적인 위력으로 자신의 이미지를 높이려는 의도가 크다(Veblen, 1899). [그림 2-9]에서 보듯이 이것을 베블런 효과(Veblen effect)라고 한다. 이것은 시장에서 가격을 올리면 수요가 떨어지는 일반적인 관계에서 벗어나 가격을 올리면 오히려 수요가 증가하는 현상을 일컫는다. 한국 사회에서는 사회적 체면을 유지하기 위한 하나의 수단으로 명품 쇼핑을 추구하는 경향이 강하다(정명선, 김혜진, 2009).

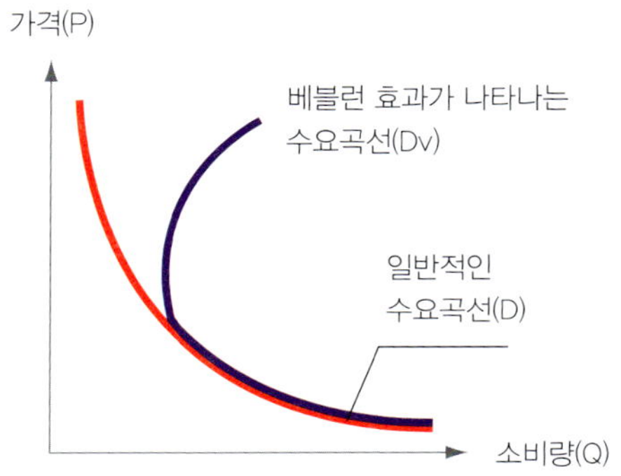

그림 2-9 베블런 효과. 가격이 오르면 소비가 감소하지만, 명품과 같은 제품은 가격이 오르면 소비가 증가한다.

사회적 자기(social self)는 다양한 사람들과의 관계 속에 반영된 자기다(James, 1890). 우리는 다른 사람들이 나를 어떻게 보는지 그것에 근거해서 자기를 평가하려는 경향이 있다. 사회적 자기는 나를 인정하든 그렇지 않든 나에 관한 이미지를 보유하고 있는 타인들의 수만큼 다양하다. 특히 내가 속해 있는 집단 중에서도 나에게 큰 영향을 미치는 특정 집단이 사회적 자기를 구성하는 데 결정적이다. 그래서 자신의 사회적 자기가 그들로부터 인정받으면, 우리는 자기실현적인 경험을 할 수 있다. 반대로, 자신의 사회적 자기가 인정받지 못하면, 자신에 대한 평가가 떨어져 자기를 의심하게 된다. 이 개념은 새로운 관계를 형성해야 하는 삶의 전환기의 사람들에게 중요한 개념이 될 수 있다(Connolly, 1989). 가령, 청소년들에게 사회적 자기는 사회의 구성원으로 성장하고, 자기 목표를 결정하며, 학업 성취도를 높이고, 사회적 적응력을 향상시키는 데 중요한 지표가 된다(Smith & Betz, 2000).

정신적 자기(spiritual self)는 한 개인의 가장 핵심적인 부분으로 보통은 평생 변하지 않는 성격, 핵심 가치, 양심과 같은 요소로 이루어져 있다(James, 1890). 이 요소는 자기의 가장 지속적이고 친밀한 부분으로, 가장 진실하고 진정성 있는 자기의 영역이다. 정신적 자기를 고찰하는 것은 자신에 대한 반성적 과정으로 볼 수 있는데, 특정 목적 없이 내적으로 더 심오한 정신적, 도덕적 혹은 지적 문제를 탐구하는 과정을 수반한다. James는 이처럼 더 수준 높은 정신적 자기를 이해하는 것이 나머지 두 자기의 욕구를 충족하는 것보다 좀 더 만족을 주는 것으로 보았다.

2) 현재 자기와 가능 자기

사람들의 자기개념에는 현재의 모습에 근거한 자기와 미래에 실현 가능한 모습으로서 자기가 있을 수 있다. Markus와 Nurius(1986)는 이런 자기를 각각 현재 자기와 가능 자기로 명명했다. **현재 자기**(current or now self)는 지금 상황에서 평가하는 자기로, 여기서는 자신의 이미지를 구축한 그 근거가 중요한 역할을 한다. 대부분의 현재 자기는 과거 행동에 기초해서 만들어진 자기의 틀을 의미한다. 반면, **가능 자기**(possible self)는 앞으로 실현 가능한 이미지에 초점을 둔 자기로, 자신이 미래에 될 수 있는 사람과 되고 싶은 사람 같은 요소를 포함한다. 그래서 가능 자기는 자기의 잠재력, 미래의 목표나 기대 혹은 공포와 불안을 떠올리게 한다. 또한 가능 자기는 자신이 기대하는 모습을 실현하도록 유도하는 강한 동기로 작용할 수 있다.

가능 자기가 모두 이상적인 형태의 자기만을 지칭하는 것은 아니다. 가능 자기는 미래에 긍정적으로 기대하는 자기의 모습, 즉 이상 자기 또는 희망하는 자기와 피하고 싶거나 염려하는 부정적인 모습, 즉 원하지 않는 자기 또는 두려운 자기로 구분할 수 있다(Markus & Nurius, 1986). 일반적으로 긍정적 자기의 속성은 과업 지향적인 측면을 반영하는 반면, 부정적 자기의 속성은 하지 말아야 할 것을 알려 준다(Wurf & Markus, 1983). 가능 자기의 이러한 두 가지 측면은 모두 행동의 동기 요인으로 작용할 수 있다. 예를 들면, 참가자들에게 특정 과제에 대하여 향후 전반적인 성공이나 구체적인 실패를 상상하게 하는 것이 구체적인 성공이나 전반적인 실패를 상상하게 하는 것보다 과제에 대한 주의와 동기를 높이는 데 더 효과적이었다(de Place & Brunot, 2020).

이때 더 나은 과업 수행을 위해서는 긍정적 속성과 부정적 속성의 자기가 균형을 유지할 필요가 있다. 왜냐하면 긍정적인 가능 자기는 원하는 것을 성취하기 위해 무엇을 해야 하는지 앞으로 할 행동의 기틀을 잡아 준다면, 부정적인 가능 자기는 현재의 자기 행동 중에서 피해야 할 것을 알려 주기 때문이다(Ruvolo & Markus, 1992). 따라서 가능 자기는 미래의 행동에 대한 동기와 현재 행동에 대한 평가를 모두 수반한다. 동시에 가능 자기는 그 사건을 둘러싼 상황을 제대로 해석하는 기능을 한다. 즉, 사건에 대한 해석은 그 사건을 둘러싸고 있는 가능성의 맥락에 의존한다(Markus & Nurius, 1986). 이처럼 가능 자기는 현재의 사건을 현재의 문제로만 국한하지 않고 미래와 관련해서 사건을 해석하고 평가하는 준거 틀을 제공한다. 따라서 가능 자기는 다양한 상황을 중재하고, 그와 관련된 구체적인 행동을 조절하며, 상황에 대한 적절한 대처 능력을 제공할 수 있다.

3) 현실, 목표, 도덕 관련 자기

Higgins(1987)는 **자기불일치 이론**(self-discrepancy theory)에서 현실 자기, 이상 자기 그리고 당위 자기를 제시하면서 이들 간의 차이가 다양한 부정 정서를 일으킨다고 주장했다. 여기서 **현실 자기**(actual self)는 현재 자신이 가지고 있는 속성에 대한 것으로, 자신의 지금 상태를 보여 주는 지표다. **이상 자기**(ideal self)는 자신이 소망하는 속성에 대한 것으로, 자신의 개인적 포부나 이상, 희망과 소망이 여기에 해당한다. 이 개념은 특히 개인주의 문화권 사람들의 목표나 행동과 밀접한 관련이 있는 것으로, 그들에게 지금의 행동은 개인적 목표를 위해 스스로 원해서 선택한 것이다(Chirkov et al., 2003). **당위 자기**(ought self)는 자신이 반드시 가지고 있거나 없어야 하는 속성에 관한 것으로, 의무나 책임이 여기에 해당된다. 이것은 집단주의 문화권 사람들이 가지는 사회적 규범과 매우 밀접하게 관련된다(Chirkov et al., 2003). 그들은 자신이 해야 할 목표를 결정할 때 주변의 맥락을 고려하여 결정하고 그 규범에 따라 행동하려는 경향이 강하다.

현실 자기는 현재의 자기개념을 이루고 있지만, 이상 자기와 당위 자기는 자기제시의 기준이나 지침으로 그 역할을 한다(Strauman, 1992). 말하자면, 이 두 자기는 현재의 우리가 추구해야 할 미래의 목표다. 이때 대부분의 사람에게 현실 자기는 이상 자기나 당위 자기와 차이가 존재한다. 사람들은 이러한 차이를 자기 입장에서 평가하거나 다른 사람의 시각에서 평가할 수 있고, 그로 인해 많은 다양한 부정 정서를 경험하게 된다(Hewitt & Dyck, 1986; Higgins, 1987). 또 다른 중요한 측면은 자기불일치의 가용성(availability)과 접근성(accessibility)이다(Higgins, 1987). 가령, 신체적 매력이라는 특정 속성에서 현실과 이상이라는 두 자기 사이의 차이가 클수록 이 불일치는 그 개인에게 이용 가능성이 크고, 이러한 불일치가 최근에 자주 발생했다면 그것에 대한 접근 가능성도 크다.

〈표 2-2〉에서 보듯이 사람들은 현실 자기와 이상 자기의 불일치를 자신의 입장에서 평가하면, 성취나 효율성의 부족 등과 같은 긍정적 결과의 부재로 실망, 좌절 및 우울을 경험한다. 또한 이들은 편두통, 소화 불량과 같은 신체적 증상과 정서적 각성 상태가 매우 높다(Higgins et al., 1992; Strauman, 1992). 이러한 차이를 타인의 시각으로 평가하면, 애정이나 존경의 상실이라는 위협으로 수치심, 당혹감과 의기소침을 겪는다. 반면, 현실 자기와 당위 자기의 불일치를 자기 입장에서 평가하면, 죄책감, 자기비하, 불편감과 같은 자기처벌적 정서를 경험한다. 그것을 타인의 시각에서 보면, 의무 불이행으로 발생하는 처벌과 같은 부정적 결과를 연상하게 되어 두려움, 위협감, 공포 등의 정서를 경험한다(Stein & Jewett, 1986).

표 2-2 자기불일치와 관련된 심리와 경험하는 정서

불일치 유형	현실 자기-이상 자기		현실 자기-당위 자기	
불일치 본질	긍정적 결과의 부재		부정적 결과의 존재	
보는 관점	자신	타인	자신	타인
경험하는 정서	실망 좌절 우울	수치심 당혹감 의기소침	죄책감 자기비하 불편감	두려움 위협감 공포

출처: Higgins (1987).

지금까지 자기불일치 이론을 지지하는 연구도 있지만(예: Watson et al., 2016) 그렇지 않은 연구도 있어서(예: Ozgul et al., 2003), 이 이론이 늘 타당한 것은 아니다. 그러면 사람들은 이와 같은 불일치 상황을 어떻게 해결할까? 그에 대한 한 가지 대답을 객체적 자기인식 이론(objective self-awareness theory; Duval & Wicklund, 1973)에서 찾아볼 수 있다. 이 이론은 의식이 주목하는 자기의 측면에 관심을 두었다. 우리의 주의가 자기의 내부로 향해 자신에게 초점을 두면 우리 자신은 자기의식의 대상이 되는데, 이것이 '객체적인 자기인식'이다. 반대로, 우리의 주의가 자기로부터 벗어나면 우리는 자신을 외부 세상에 대한 지각과 행동의 원천으로 경험하게 되는데, 이것이 '주체적인 자기인식'이다.

초기의 이 이론(Duval & Wicklund, 1973)에 따르면, 우리가 객체적인 자기인식을 해서 자신을 어떤 기준과 비교하면, 그 차이로 부정적인 정서가 발생한다. 이것을 해결하는 한 가지 방법은 자신의 행동이나 태도를 바꿔서 그 기준에 맞추는 것이다. 다른 방법은 자신의 내부에 주목하지 않음으로써 이러한 비교를 회피하는 것이다. 이후의 연구는 이 이론을 좀 더 정교하게 발전시켰다(Silvia & Duval, 2001). 예를 들어, 이 부정적인 차이가 자신의 책임이고, 자신이 적절한 속도로 노력했을 때 거기에 맞게 긍정적인 결과를 가져올 수 있다고 기대하면, 사람들은 그 기준을 달성하고자 한다. 그렇지 못하면 객체적인 자기인식을 회피한다.

자신과 어떤 기준의 비교가 늘 부정적일 필요는 없다. 우리가 자신의 기준을 충족할 때는 성공을 경험한다. 이때 자신에게 더 주목하면 성공을 자기 능력이나 노력 등 내부 요인에 더 많이 귀인한다. 비교의 결과가 부정적일 때 그 실패를 반드시 외부에만 귀인하지는 않는다. 외부에서만 그 원인을 찾으면, 자신을 개선할 수 있는 기회가 없어지기 때문이다. 그래서 이러한 불일치를 빠르게 치유할 수 있다면, 사람들은 실패를 내적으로 귀인할 가능성이 크다. 또한 우리는 때로 자신의 기준을 바꾸기도 한다. 예를 들면, 자신이 어떤 도덕적 기준에 부합하는 행동을 하지 못했을 때, 그 기준을 낮춤으로써 자신의 도덕적 평판을 유지할 수도 있다.

4) 개인적, 관계적 그리고 집합적 자기

그림 2-10 다양한 자기. 우리의 자기개념 속에는 다양한 형태의 자기가 있다.

Brewer와 Gardner(1996)는 자기에 대한 표상을 개인적 자기, 관계적 자기 그리고 집합적 자기 등 세 가지로 설명한다. 그들은 개인적 자기를 개인에게 고유한 특성, 관계적 자기를 두 사람 사이의 관계 그리고 집합적 자기를 집단 구성원으로 설명한다. 이 세 가지 표상은 한 개인 안에 존재하며 사회적인 관계 속에서 나타난다([그림 2-10] 참조).

개인적 자기(individual self)는 자신을 타인과 다르다고 구분 지을 때 그 기준의 역할을 하는데, 여기에 타인과의 비교 과정이 중요하게 관여한다(Sedikides & Brewer, 2001). 또한 개인적 자기는 자기를 보호하거나 개선하려는 동기와도 밀접하게 관련되어 있다. 기억 역시 개인적 자기에 중요한 요인이다. Klein(2001)에 따르면, 자신이 일관적이라는 인식은 개인적 경험에 대한 기억에 근거할 때 가능하다. 또한 현재 자기의 개념에서 벗어난 과거 기억은 점점 사라지기 때문에, 자기와 기억은 상호의존적인 관계에 있다. 여러 기억 중에서도 절차 기억이나 의미 기억보다 일화 기억이 자기와 더 밀접하게 관련된다. 일화 기억은 경험을 그대로 유지하는 편이지만, 절차 기억이나 의미 기억은 과거의 경험을 추상적으로 재구성하기 때문이다(Wheeler et al., 1997).

관계적 자기(relational self)는 친하고 중요한 대상과 맺는 관계로 자기를 표상한 것이다(Brewer & Gardner, 1996). 수많은 주변 사람과 관련해서 자신이 차지하는 위치와 맡은 역할이 관계적 자기를 규정하기 때문에, 그들이 나를 어떻게 생각하는지 그것에 대한 반영 평가가 중요하다. 또한 관계적 자기는 중요한 타인을 보호하고 그들과 관계를 유지하려는 동기와도 밀접하게 연결되어 있다. 이러한 욕구는 다른 사람들에게 속하려는 **소속감 욕구**(Baumeister & Leary, 1995)와 불가분의 관계에 있다. 다른 사람과 더불어 살아갈 때 자원이나 노동력 혹은 지식을 공유할 수 있으며 전쟁과 같은 물리적 충돌에서도 이로워서, 관계의 형성은 자신의 건강과 행복의 중요한 원천이다(Tice & Baumeister, 2001). 다른 사람과의 관계에서 경험하는 긍정적 혹은 부정적 정서 그리고 관계에 따른 심리적 만족도가 중요하다. 이처럼 타인과의 관계를 통해 기본적인 물리적 자원의 혜택과 더불어 자아존중감이나 삶의 만족과 같은 심리적 혜택을 받기가 용이하다(Myers, 1992).

집합적 자기(collective self)는 사회적 집단 속에서 내집단 구성원과 외집단 구성원 간의 비교를 통해 자기를 표상하는 개념이다(Brewer & Gardner, 1996). 집단은 사회생활에 대한 규범적인 틀을 제공한다는 점에서 자기를 구성하는 매우 강력한 요인이다. 그래서 외집단의 사람에 비해 내집단 구성원은 지각, 태도 및 행동에서 서로 더 유사하고 내집단을 더 긍정적으로 지각하는 편향을 보인다(Hogg, 2001). 집합적 자기의 대표적인 사례로 언어, 종교, 관습, 신화 등을 들 수 있다. 집합적 자기는 자신을 특정 집단과 구분할 수 있는 근거를 마련해 준다. 범주화를 통해 자신이 속하거나 속하지 않는 집단을 규정함으로써 자신의 소속 집단을 결정하고, 그 집단에 기초하여 자신의 사회 정체성을 형성한다. 이 과정에서 집단의 태도를 자신의 태도로 수용한다. 또한 집합적 자기는 다른 집단이나 그 구성원으로부터 자신을 구별하고 분리하는 데 중요한 역할을 한다(Hogg, 2001). 그 과정에서 민족주의, 고정관념, 편견, 차별과 같은 현상이 나타나기도 한다.

전반적으로 사람들은 이러한 세 종류의 자기 중에서 개인적 자기를 가장 중시하고 집합적 자기를 가장 덜 중시하며, 관계적 자기는 그 중간이다(예: Sedikides et al., 2013). Nehrlich 등(2019)은 대학생에게 자신의 이 세 가지 성격 특질을 나열하게 한다음, 각 특질을 상실했을 때 드는 느낌, 판매해야 할 때 매길 가격, 향상하고자 할 때 투자할 시간 등 일곱 가지 맥락에서 평가하도록 했다. 그 결과, 기존의 결과와 마찬가지로 참가자들은 개인적 자기(지적, 창조적, 독립적 등), 관계적 자기(돌보는, 친절한, 정직한, 믿을 만한 등), 집합적 자기(리더십, 책임감, 공감, 협동 등) 순위로 중시했다. 또한 참가자들에게 자기와 가까운 사람의 특질을 나열하고 그것을 동일한 맥락에서 평가하도록 했을 때는 그 사람의 관계적 자기를 가장 선호했고, 집합적 자기를 가장 덜 선호했으며, 개인적 자기가 그 중간에 위치했다.

자기개념이 이와 같은 위계 구조를 갖는 이유는 무엇일까? 우리는 보편적으로 두 동기, 즉 다른 사람보다 유능하고 뛰어나고자 하는 주체성 동기와 그들과 연결해서 친밀한 관계를 형성하고자 하는 공동체성 동기가 있다(Chan et al., 2019). 또한 자신의 이상적인 모습을 실현하고자 하는 목적이 있다. 이때 개인적 자기는 주체성 동기를 충족하는 데 가장 강력하고, 개인적 자기와 관계적 자기는 이상적인 자기를 실현하는 데 도움이 된다. 그래서 궁극적으로 개인적 자기, 관계적 자기, 집합적 자기 순으로 중시한다. 반면에 타인의 자기를 평가할 때는 그 사람의 관계적 자기가 우리 자신의 공동체성 동기를 충족하는 데 유리하고, 그의 개인적 자기와 관계적 자기는 우리의 이상형을 실현하는 데 유리하기 때문이다.

이러한 세 종류의 자기는 맥락과 문화의 영향을 받을 수 있고, 여러 가지 자기가 동시에 공존할 수도 있다. 예를 들면, 한 연구(Trafimow et al., 1991)에서 참가자들에게 자신이 가족이나 친구와 다른 점이나 공통된 점이 무엇인지를 물었다. 그 결과, 앞의 질문에서는 중국 학생과 미국 학생 모두 개인적인 진술을 더 많이 했고 두 번째 질문에서는 집단적인 진술을 더 많이 했다. 이것은 사람들이 다양한 형태의 자기를 가지고 있음을 시사한다. 그러나 개인적 특성에 대한 전체 응답의 비율에서는 중국 학생보다 미국 학생이 더 컸지만, 집단적 특성에 대한 전체 응답의 비율에서는 중국 학생이 더 컸다. 이것은 자기가 문화에 따라 다를 수 있음을 보여 준다.

3. 자기의 개인차

사람들은 어떤 측면에서는 서로 유사한 자기개념을 가지고 있지만, 특정 차원에서는 양적으로나 질적으로 서로 다른 자기개념을 가지고 있을 수 있다. 자기개념에서 개인차에 관한 연구는 주로 자의식, 자기검색과 자기복잡성과 같은 차원에 집중해 있다.

1) 자의식

그림 2-11 자의식. 자의식이란 자신의 행동이나 성격 등 자신이 누구인지를 깨닫는 상태를 말한다.

우리의 사고와 행위는 개인 내적 맥락과 관계적 맥락에 따라 이루어진다. 남들과 공유할 수 없는 자신만의 사고나 감정, 이미지, 가치, 성격, 목표와 같은 내면 세계가 있다는 깨달음 그리고 사람들이 세상에 대하여 나와는 다른 관점을 가지고 있다는 인식이 우리의 사고와 행동에 영향을 미친다. 말하자면, 우리는 자신이 가지고 있는 내적인 특징을 알고 그것에 기초해서 상황을 판단하기도 하고, 다른 사람의 생각이나 행동, 나에 대한 요구나 기대를 고려해서 행동하기도 한다. 이때 자의식(self-consciousness)은 자신에 대하여 성찰하거나 생각하는 경향성과 연합된 성격 특질을 지칭하고([그림 2-11] 참조), 자기인식(self-awareness)은 자신이 존재하고 있으며 의식이 있다는 것을 인식하는 상태를 의미한다(VandenBos, 2015). 연구자들은 때때로 이 두 용어를 서로 호환해서 사용하고 있다.

이와 함께, 연구자들은 보통 자의식을 자기의 외모나 행동에 대해 과도하게 민감하고, 다른 사람들에게 주는 자신의 인상에 대해 지나치게 걱정하는 특징을 지칭하는 개념으로도 사용하고 있다. 또한 심리학에서는 자의식이 자기성찰에서 보이는 개인차를 의미하는데, 어떤 심리학자는 자의식을 사적 자의식과 공적 자의식으로 구분한다. 사적 자의식이 높은 사람은 남들에게는 보이지 않는 자기의 생각, 동기, 느낌 등 사적이고 내적인 측면에 지속해서 주목하는 경향이 강하다. 이처럼 사적 자기(private self)가 중심이 되는 자의식에서는 그 사람의 내적이고 자기중심적인 요구를 반영하는 동기가 활성화됨으로써, 본인의 신념이나 주관적 규범이 자신의 태도나 행동에 더 큰 영향을 미친다. 따라서 이런 사람은 태도나 행동의 높은 일관성을 유지하는 경향이 있다. 또한 자기를 평가할 때 개인적 규범에 근거하는데, 이러한 특성은 자아존중감을 보호하려는 경향과 관련이 있다(Hull & Levy, 1979).

반면에 공적 자의식은 사람들이 자기의 외모, 예의, 행위처럼 대중들에게 드러나는 자신의 외적인 측면에 대해 생각하는 정도를 일컫는다. 이처럼 공적 자기(public self)가 중심이 되는 자의식은 다른 사람이 나를 어떻게 인식하는지 그 점에 더 많은 주의를 쏟는다. 그래서 공적 자의식이 높은 사람은 사회적 존재로서 자기, 즉 외모, 행동, 정서, 자기표현 등을 타인의 기준으로 평가하는 데 주목한다(Fenigstein, 1979). "내가 타인에게 어떻게 보일지 걱정이다." 또는 "내가 집을 나서기 전에 최종적으로 하는 일은 거울을 보는 것이다."와 같이 다른 사람에게 보이는 자기의 모습에 주의를 집중한다. 이처럼 공적 자의식은 개인의 사고와 행동에서 자신의 내적 상태를 상대적으로 중시하지 않는다. 그래서 공적 자의식이 높은 사람의 행동은 상황에 따라 거기에 맞게 변화하기 때문에 상대적으로 그 일관성이 낮다.

그렇다면 자의식이 높은 것이 긍정적인가? 정체성을 형성할 때, 높은 사적 자의식은 자기의 내면에 대한 관찰을 통해 자신의 심리적 특성을 제대로 이해할 수 있고, 높은 공적 자의식은 자기를 좀 더 객관적으로 바라볼 수 있게 해 주는 장점이 있다. 반면에 자의식이 지나치게 높으면 자기의식 과잉으로 강박증, 대인 민감성, 우울 및 불안을 겪을 수 있고, 특히 지나치게 높은 공적 자의식은 공포증과 정신증에도 영향을 미칠 수 있다(Panayiotou & Kokkinos, 2006). 또한 공적 자의식이 높은 사람은 사회적 지위와 자신의 공적 모습에 대한 의식이 강해서, 긍정적 이미지를 줄 수 있는 고가의 사치품을 가격에 대한 큰 의식 없이 구매한다(Balabanis & Stathopoulou, 2021). 낮은 자의식도 때로 문제 행동과 관련된다. 예를 들면, Foster와 Neighbors(2013)의 연구에서는 사적이거나 공적인 자의식이 낮으면서 술자리 동기가 높은 사람이 더 많은 음주 행동이나 폭음을 했다.

글상자 2-2 당신의 자의식은?

상대방을 마주한 상태에서 자기 이마에 손으로 Q자를 써 보자. Q자를 쓰는 데에는 두 가지 유형이 있다. 우선, 상대가 잘 읽을 수 있도록 Q자를 쓰는 사람이 있다(그림의 왼쪽). 또 다른 유형은 자기 머릿속으로 읽을 때와 같이 Q자를 쓰는 사람이 있다(그림의 오른쪽). 당신은 어떤 유형인가? Q자를 반대로 쓴 사람은 공적 자기의식이 높고, Q자를 자기 머릿속으로 읽는 대로 쓴 사람은 사적 자기의식이 높은 사람이라고 할 수 있다.

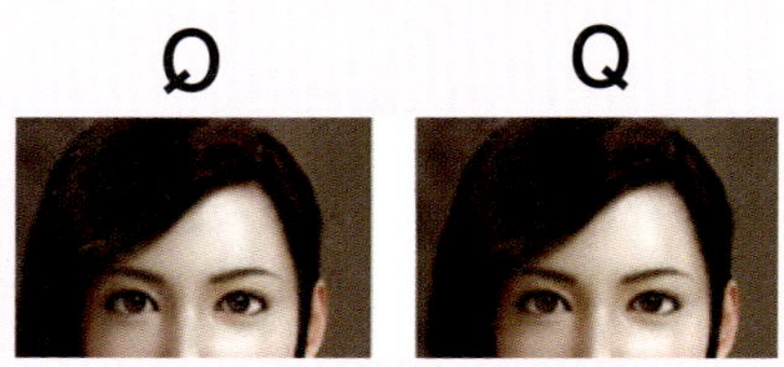

그림 2-12 자기 이마에 Q자 쓰기. 상대방과 마주 보면서 자기 이마에 쓴 Q의 형태에 따라 그 사람의 자의식 종류가 다르다.
출처: Wiseman (2008).

2) 자기검색

성공적인 사회생활을 위해 사람들은 타인의 기대에 부응해서 그들에게 좋은 인상을 주고 인정받고자 노력한다. Snyder(1974)는 사람들의 이러한 심리를 자기검색이라는 개념으로 설명한다. **자기검색**(self-monitoring)은 상황의 압력, 기회, 규범에 대한 반응으로 자기의 행동을 수정할 수 있는 능력을 반영하는 성격 특질이다. 즉, 자기검색은 다양한 상황에서 타인이 수용할 만큼 얼마나 적절하게 행동하는가의 문제다(Zuckerman et al., 1988). 자기검색의 주요 관심은 사회활동과 대인관계에서 타인에게 비친 자신의 이미지와 인상을 어느 정도까지 통제할 것인지 그리고 상황에 따라 내가 특정 사람이 되기를 어느 정도 바랄 것인지의 문제다. 즉, "나는 그 사람이 될 수 있는가?" 그리고 "내가 특정 사람이 되려는 전략을 사용한 결과는 무엇인가?"라는 두 주제가 주요 관심사다(Graziano & Bryant, 1998).

Snyder(1974)에 따르면, 자기검색 수준이 높은 사람과 낮은 사람이 있다. 자기검색 수준이 높은 사람은 자신이 접하는 사건, 대인관계, 일과 같은 상황에서 자기를 적절히 표현하는 기술을 가지고 있다. 또한 그들은 자신과 관련된 사회적 정보를 적극적으로 찾고, 자신의 표현이나 자기과시가 타인에게 어떻게 보일지 민감하게 반응하여 상황 단서를 자기방어의 수단으로 사용하기도 한다. 반면, 자기검색 수준이 낮은 사람은 행동을 내적 기준을 통해 결정하며, 자기에 대하여 타인이 가지고 있는 정보에는 큰 관심이 없다. 그래서 환경의 변화에도 적응적으로 행동하지 못하는 면이 있고 비효율적인 대처 전략을 고수할 수도 있다.

자기검색이 높은 사람은 이런 특성 때문에 리더가 될 가능성이 크다. 왜냐하면 자신의 행동을 상황에 부합하도록 잘 수정하고 사회적으로도 기민해서, 자기의 생각이나 접근을 집단 구성원의 욕구에 맞도록 잘 조정하기 때문이다. 실제 Eby 등(2003)은 참가자들에게 드라마, 컴퓨터 서비스, 주차 서비스, 음악, 스포츠와 같은 부서에 자금을 더 지원할 것인지 만장일치로 결정하도록 했다. 이 과업에서 자기검색이 높은 사람이 집단의 리더가 될 가능성이 상대적으로 높았다. 또한 그들은 리더십 관련 분석, 결정, 주도, 계획과 조직화, 팀 빌딩과 같은 과업 지향적인 행동을 더 많이 했지만, 민감성이나 카리스마와 같은 관계 지향적인 행동에서는 자기검색이 낮은 사람들과 차이가 없었다.

높은 자기검색은 때로 바람직하지 않을 수 있다. 자기검색을 많이 하는 사람은 자기의 표현을 더 도구적인 측면에서 생각하는 경향이 강하고 타인의 긍정적 반응을 지나치게 추구하기 때문에, 오히려 사회적 문제에 직면할 가능성이 크다. 그러한 사람은 내적 자의식이 결핍되어 장기적 목표를 지향하는 데 어려움을 겪을 수 있고(Metcalfe & Mischel, 1999), 자기통제력이 저하되어 즉각적인 보상에만 반응할 수도 있다(Hinson et al., 2003). 예를 들어, 음식이나 담배, 알코올과 같은 삶의 안정감을 격하시킬 수 있는 외적 단서에 민감하게 반응함으로써 미래의 목표와 현재 행동 간 차이가 클 수 있다.

자기검색은 진정성(authenticity)이나 행복과도 관련될 수 있다. 자기검색이 낮은 사람은 높은 사람에 비해 상황의 적합성보다는 자신의 느낌에 따라 행동하기 때문에 더 진실할 수 있다(Snyder, 1974). 한편, Briggs와 Cheek(1988)은 자기검색을 2개의 차원으로 구분했다. 타인 지향 차원은 타인으로부터 인정받고 거부를 회피하는 동기이고, 공연(public performance) 차원은 자신을 우호적으로 보이게 하면서 사회적으로 기민하고 사교적으로 행동할 수 있는 능력을 의미한다. 자기검색의 이 두 차원을 이용하여 연구한 결과, 타인 지향의 점수가 높을수록 진정성과 행복 수준이 떨어지는 반면, 공연 점수가 높을수록 진정성과 행복 수준이 높았다(Kohler et al., 2022; Pillow et al., 2017).

3) 자기복잡성

자신이 누구인지 생각할 때, 어떤 사람은 자신의 다양한 사회적 역할(변호사, 어머니), 대인관계(동료, 경쟁자), 활동(운동, 글쓰기), 성격 특질(외향성, 성실성), 목표(성공, 자기실현) 등을 고려하는 반면, 다른 사람은 이 중에서 한두 가지만 고려한다. 이처럼 **자기복잡성**(self-complexity)은 자기개념 속에 들어 있는 개별적이고 관련이 없는 자기의 여러 측면(self-aspects)을 지칭하는 개념이다(Linville, 1985). 자기측면은 구체적인 사건과 행동에 대한 정보를 포함할 수 있고 자신의 특정 행동이나 자기 관련 인식(예: 능력, 관계, 기대, 역할, 신체 등)을 포함할 수도 있다. 따라서 자기복잡성은 자기개념을 구체화하는 과정에서 드러나는 자기도식이라고 할 수 있다.

자기복잡성은 크게 두 가지 방식으로 평가할 수 있다. 그 하나는 자기개념 속에 있는 자기측면의 개수로 평가하는 것이다(McConnell et al., 2005). 자기측면의 개수가 많을수록 자기복잡성은 증가한다. 또 다른 방식은 자기측면의 중첩 정도로 측정하는 것이다. 중첩 정도는 다양한 자기의 모습이 서로 얼마나 비슷하거나 다른지를 나타낸다(McConnell et al., 2005). 자기측면이 서로 많이 중첩되어 있으면 **파급 효과**(spill-over effect)가 생겨, 자기의 한 측면과 관련해서 발생한 반응이 다른 측면에까지 영향을 주게 된다([그림 2-13] 참조). 이러한 측면에서 자기복잡성은 완충 작용을 한다.

그림 2-13 파급 효과. 자기복잡성에서 자기의 한 측면에서 발생한 반응이 다른 측면에도 영향을 주는 현상이다.

한 사람의 자기개념을 구성하고 있는 자기측면이 어떻게 조직화되어 있느냐에 따라 외부 사건에 대한 반응도 달라질 수 있다(Linville, 1987). 예를 들면, 한 개인의 특정 자기측면이 스트레스 사건의 영향을 받는다면, 그 부분은 자기를 설명하는 중요한 도식 중 하나다. 이때 자기측면의 개수가 많고 이들 간의 중첩 정도가 작을수록 스트레스 사건의 부정적인 영향력은 적을 것이다. 반대로, 그 사람을 구성하는 자기의 측면이 수적으로 매우 적거나 매우 중첩되어 있다면, 동일한 스트레스 사건으로부터 받는 영향력은 상대적으로 클 것이다. 긍정적인 사건의 경우에도 마찬가지다. 즉, 여러 연구를 종합해서 메타분석한 결과, 낮은 자기복잡성은 부정적 사건의 경우 불리한 정서적 적응과 연관되지만, 긍정적 사건의 경우 높은 정서적 안녕감과 관련된다(Rafaeli-Mor & Steinberg, 2002).

예를 들면, Linville(1985)의 연구에서 자기복잡성이 낮은 사람들은 높은 사람들에 비해 부정적 피드백에 따른 감정 변화가 컸고, 매일 경험하는 정서 경험이 부정적이든 긍정적이든 상관없이 모두 극단적으로 변했다. 자기복잡성이 낮은 사람과 높은 사람의 기분은 평균적으로 동일했지만, 자기복잡성이 낮은 사람에게 그 변동은 더 심했다. 또한 고등학교 운동부 선수를 대상으로 한 연구에서 자기복잡성이 높은 운동선수는 지적으로 떨어진다는 운동선수에 대한 고정관념의 부정적 영향을 적게 받았다(Hsu et al., 2022). 반면에 자기복잡성이 낮은 사람은 높은 사람에 비해 밸런타인데이 때 데이트를 하지 못한 것과 같은 부정적인 사건에 대해서는 더 심한 우울과 정서 조절의 악화를 보였지만, 데이트를 하는 것과 같은 긍정적 사건에서는 정서적으로 더 높은 안녕감을 보였다(Perry et al., 2020).

4. 자기와 동기

우리는 자기에 대한 인식과 함께 여러 동기를 갖게 된다. 그러한 동기는 크게 공존성 동기와 주체성 동기, 즉 Big Two 동기(Chan et al., 2019)로 구분할 수 있다. 공존성 동기는 관계 지향적이고 공동체적 동기로, 다른 사람과 관계를 맺어 상호작용을 하고자 하는 동기다. 반면에 주체성 동기는 대개 과업 지향적 동기로 다른 사람보다 탁월하고 유능하고자 하는 동기다. 공존성 동기는 제7장에서 살펴볼 것이고, 이 절에서는 주체성 동기와 상당히 밀접한 행위 주체 관련 동기로 자율성과 자기조절 그리고 자기효능감, 자기과시 관련 동기로 자아존중감, 자기고양 그리고 자기제시, 자기유지 관련 동기로 자기가치 확인과 자기확증을 살펴본다.

1) 행위 주체 관련 동기

(1) 자율성

주체적인 사람은 지적이고 현명하며 논리적이고, 에너지가 많고 유능하며 효율적이고, 강인하고 자기주장이 강하다(Wojciszke et al., 2011). 이러한 사람이 가지는 하나의 특징이 자율성이다. 자율성(autonomy)은 스스로 결정하고 실행하는 정도를 뜻하는 개념이다. Soenens 등(2018)은 자율성을 두 가지 형태, 즉 타인에 대한 의존으로부터 독립된 상태로서 자율성과 자신의 가치, 선호, 흥미에 기초해서 행동하는 자유의지에 기초한 자율성으로 구분하여 비교했다. 이때 독립으로서 자율성은 관계적 측면에서 자율성인 반면, 자유의지로서 자율성은 행위의 주체적 측면과 관련된 자율성이다.

먼저, 독립으로서 자율성은 다른 사람에게 의존하지 않고 스스로 결정하고 행동하는 것이다(Soenens et al., 2018). 이러한 자율성은 특히 청소년기에 중요하다. 분리-개별화 이론(separation-individuation theory; Blos, 1979)에 따르면, 청소년기의 전형적인 과업은 부모의 일방적인 견해를 넘어서서 자신의 삶을 독립적으로 결정하는 것이다. 이와 함께 부모의 승인이나 지지에 대한 지나친 의존에서 벗어나는 정서적 독립 그리고 자신이 직면하는 다양한 문제를 스스로 다루고 대처하는 기능적 독립도 필요하다. 이러한 독립을 하지 못하면 분리 불안과 같은 부정적인 상태에 놓일 수 있다.

이때 독립은 청소년기 자녀가 자기주장이나 정서적 자율성, 기능적 독립과 함께 부모와 긍정적인 관계를 유지하는 것을 의미한다. 이것은 부모와의 단절이 아니라, 부모로부터 독립과 부모와의 관계 사이의 균형을 유지하면서 자율성을 추구하는 것을 뜻한다. 그래서 청소년기에 지나친 독립이나 지나친 의존은 모두 문제를 일으킬 수 있다. 지나친 독립은 부모와의 관계를 훼손해서 양육자의 거부감, 소외감, 불신을 야기할 수 있다(Beyers et al., 2003). 한 연구(Harris-McKoy, 2016)에서는 부모가 의사결정에 중간 정도 수준으로 관여할 때, 자녀의 비행 수준이 가장 낮았다.

다른 한편, 자유의지로서 자율성은 [그림 2-14]에서 보듯이 자기결정 이론(self-

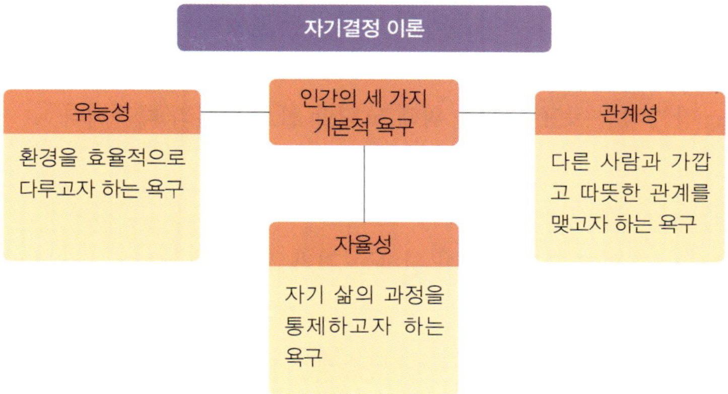

그림 2-14 Deci와 Ryan(2012)의 자기결정 이론. 이 이론은 인간의 기본적 욕구로 관계성, 유능성 그리고 자율성을 제시하고 있다.

determination theory; Deci & Ryan, 1995, 2012)의 핵심 개념 중 하나로, 자신이 추구하는 활동이나 목표를 본인이 원해서 결정한 정도를 의미한다. 이 이론에 따르면, 행동에 대한 조절은 외적 통제와 내적 통제의 연속선상에서 변한다. 이때 우리가 자유의지에 따라 결정하면 심리적 자유로움과 자신의 행동에 대한 진정성을 느끼는 등 그 행동에 대한 내적 동기가 커진다. 또한 그 활동에 만족과 재미를 느껴 헌신하게 되고, 그 일에 대한 가치와 주인의식을 갖게 된다. 반대로, 처벌이나 돈, 승진과 같은 외적 요인으로 동기화되면, 우리는 압박감과 함께 어쩔 수 없이 일하고 있다는 심리적 갈등을 겪게 된다.

독립으로서 자율성과는 달리, 자유의지로서 자율성은 클수록 더 바람직하다(Soenens et al., 2018). 즉, 자신이 중시하는 가치와 기준에 따라 판단하고 결정해서 행동하는 자율성은 클수록 더 적응적이다. 높은 자율성은 자신과 상황을 통제할 수 있다고 느끼게 해 주고 긍정적 정서를 많이 경험하게 해 준다. 실제 사람들의 일기를 분석한 결과, 이러한 자율성이 클수록 행복도 증가하는 선형적 관계가 있었다(Ryan et al., 2010). 학업에 대한 자율성 동기는 심층적인 학습 전략의 사용과 역량의 개발을 할 수 있게 해서 궁극적으로 학업 성적을 높인다. 대인관계 관련해서 자율성 동기는 친구들과의 관계에서 더 많은 사회적 역량을 발휘할 수 있도록 함으로써, 더 친밀하고 건강한 관계를 누릴 수 있도록 해 준다(Soenens et al., 2018).

이처럼 자율성은 주체적인 사람의 한 특징인데, 그들은 또한 자신이 유능하다는 인식을 가지고 있다. 유능성이란 자기의 능력에 대한 욕구로, 환경에 효과적으로 대처하고 작동하는 것을 의미한다. 유능한 사람은 자기의 기술과 지식이 탁월하다고 느끼며, 자신의 수행에 관한 결과를 노력에 귀인하고 스스로 책임감을 느낀다. 이와 같은 유능성을 가지려면 무엇보다도 자기조절의 역량을 갖출 필요가 있다. 왜냐하면 높은 수준의 성취에 필요한 기술이나 지식을 확보하기 위해 지금 당장 하고 싶은 것을 절제하고 장기적인 목표 달성을 위해 노력할 필요가 있기 때문이다.

(2) 자기조절

자기조절(self-regulation)은 자신이 원하는 결과를 얻기 위해서 기존의 반응을 통제하는 의식적 · 무의식적 과정을 모두 포괄하는 개념이다(Baumeister & Vohs, 2012). 우리는 주어진 상황에서 학습, 습관, 취향 때문에 정해진 방식으로 반응한다. 자기조절은 이러한 자연적이고 일반적인 반응을 억제하고 그것을 다른 반응으로 대체하는 것이다. 이러한 점에서 자기조절의 핵심은 제압하기다(Baumeister et al., 1994). 공부하는 도중 친구가 찾아오면 보통은 함께 외출을 한다. 그러나 내일 시험이 있다면, 공부를 계속하는 반응이 친구와 외출하는 반응을 제압할 수 있다. 제압하기라는 개념에는 한 반응을 다른 반응으로 대체하는 것뿐만 아니라, 특정 행동을 시작하고 멈추고 바꾸는 것이 모두 들어 있다.

자기조절에 대한 한 설명으로, 만족 지연(delay of gratification)은 시간은 걸리지만 좀 더 바람직하고 이득이 되는 산출물을 얻기 위해 지금의 즉각적인 만족을 추구하려는 욕구를 이겨 내는 것을 말한다(Baumeister & Vohs, 2012). 친구와 노는 것은 지금 당장은 즐거움을 주지만 성적을 떨어뜨린다. 그러나 친구와 노는 것이 주는 즉각적인 만족을 포기하는 것은 장기적으로는 좋은 성적이라는 더 큰 만족을 준다. 자기조절에 대한 정신력 모형(strength model)은 자기조절을 충동과 욕구를 통제하는 제한된 자원으로 본다(Baumeister et al., 2007; Rawn & Vohs, 2006). 정신력은 자기조절에 필요한 자원과 같은 것으로, 이러한 자원이 충분할 때 우리는 충동이나 유혹에 저항할 수 있다. 이 모형에 따르면, 자기조절의 성공과 실패는 정신력의 양에 달려 있다.

자기조절에 대한 피드백 루프 모형(feedback loop model)은 자기조절을 검사–작동–검사–종결(test-operate-test-exit: TOTE) 단계로 가정한다(Carver & Scheier, 1999). 첫 검사 단계는 지금의 몸무게처럼 현재의 상태를 희망하는 몸무게와 같은 특정 기준이나 이상과 비교하는 단계다. 작동 단계는 현재의 상태와 기준 간에 차이가 있으면 그것을 줄이기 위해서 노력하는 단계다. 두 번째 검사 단계는 작동을 통해 기준을 얼마나 달성했는지 평가하는 단계다. 이때 목표로 설정한 기준을 달성하지 못했으면 작동이 계속되고, 목표를 달성했으면 종결 단계에 이르러 피드백 사이클이 끝난다.

실제 자기조절을 잘하는 사람은 과제수행 수준이 높고, 계획이나 문제해결과 같은 고차적인 인지 기능을 포함하는 실행 기능이 뛰어나며, 학교와 직장에서 목표를 성공적으로 달성하고, 신체적으로나 정신적으로도 건강하고 만족스러운 삶을 영위한다(Tangney et al., 2004). 반면, 자기조절의 실패는 도박, 약물, 흡연이나 알코올에 대한 중독, 폭식과 같은 섭식장애, 충동구매와 같은 행동으로 나타난다(Baumeister & Heatherton, 1996). 이때 자기조절은 설정한 목표를 성취하고자 함으로써, 개인의 내부에서 발생하거나 외부에서 유입되는 다양한 간섭 자극을 통제하는 행동을 통해 자기효능감을 증진할 수 있다(Bandura, 1977b). 실제 자기조절을 잘하는 청소년은 자기효능감이 높고 긍정적인 자기개념을 형성한다.

자기조절은 정서적 반응에 대한 통제를 가능하게 함으로써 대인관계를 증진할 수 있다. 사람은 누구나 관계 속에서 인정받고 싶은 욕구가 있는데, 그 과정에는 현재의 욕구를 억제하고 미래를 위해 자신의 감정이나 행동을 사회적으로 더 바람직하게 조절할 필요가 있다. 특히 타인 앞에서 부정적인 감정을 표출하는 것은 때로 인간관계에 해를 끼칠 수 있어서, 집단 내에서 자신의 부정적 정서를 조절할 필요가 있다(Gross & Thompson, 2007). 자기조절의 실패는 부정적인 행동을 유발한다. 자기조절을 잘하지 못하는 사람은 더 공격적으로 행동하기 쉽고, 자기의 이기적 욕구를 절제하지 못함으로써 관계에 부정적인 영향을 미치기 쉽다(Rawn & Vohs, 2006).

(3) 자기효능감

Bandura(1986)는 자신의 사회학습 이론을 확장하여 **사회인지 이론**(social cognitive theory)을 제시했다. 이 이론에 따르면, 환경이 개인의 행동에 영향을 미치듯이, 그 개인이 가지고 있는 개념, 판단, 동기와 같은 인지적 요인도 행동과 환경에 영향을 미친다. 개인은 환경이 제공하는 정보를 수동적으로 받아들이기보다는 자기의 행동이 가져오는 결과를 해석함으로써 능동적으로 학습한다. 그다음 이러한 행동은 환경과 개인적 요인에게 영향을 주고, 이렇게 변화된 환경과 개인적 요인이 다시 그 개인의 행동에 영향을 준다. 이처럼 이 이론의 주요 특징은 학습에서 개인, 환경, 행동의 상호작용을 강조한다는 것이다([그림 2-15] 참조). 이 이론의 주요 전제는 사람들은 자신이 주체적인 존재

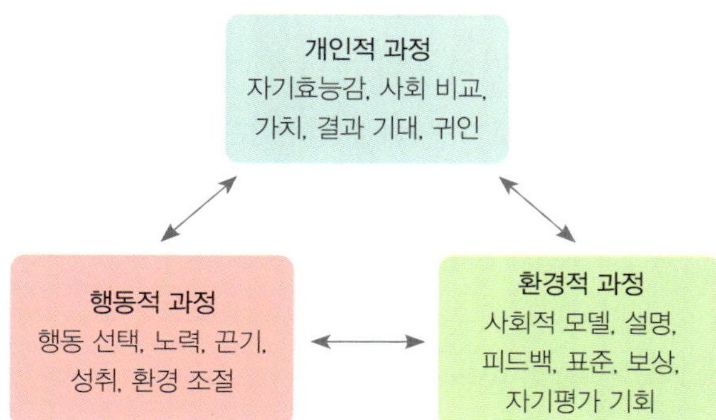

그림 2-15 Bandura(1986)의 사회인지 이론. 이 이론은 학습에 사람, 환경, 행동의 요인이 역동적으로 관여한다고 본다.

라는 느낌을 갖고자 하고, 자신의 삶에 중요한 사건을 통제하고자 한다는 것이다. 이때 이것은 결과에 대한 기대, 목표, 자기평가 그리고 특히 자기효능감과 같은 요인의 영향을 받는다.

자기효능감(self-efficacy)은 미래의 상황을 다루는 데 필요한 행동을 할 수 있다는 자신의 역량에 대한 믿음이다. 또는 자신의 수행이 긍정적 결과를 가져올 것이라고 믿음으로써 목표 달성을 위해 계속 노력하도록 하는 심리적 특성이다(Bandura, 1986). 자기효능감을 발달시키는 방법에는 몇 가지가 있다(McAlister et al., 2008). 그 하나는 숙달 경험으로, 이것은 단순한 과제를 성취하도록 도와줌으로써 좀 더 복잡한 목표를 세우도록 해 주는 과정이다. 이때 사회적 모델링은 자기와 비슷한 모델이 특정 행동을 하는 과정을 보여 줌으로써 자신도 할 수 있다는 믿음을 줄 수 있다. 신체적이고 정서적인 상태를 개선하는 것도 자기효능감 발달에 도움이 된다. 피로를 풀어 주고 느긋하게 해 주는 것은 목표 행동을 하는 데 도움을 준다. 또 다른 방법으로, 언어적 설득은 과업을 성취하거나 특정 행동을 하도록 말로 격려하는 것이다.

Bandura(1982)는 자기효능감이 높을 때 사람들은 어려운 상황을 극복하는 데 필요한 동기, 인지적 자원 그리고 행동을 극대화할 수 있다고 주장한다. 주어진 일을 달성할 수 있다는 자신에 대한 강력한 믿음은 그 과업을 회피하는 대신 접근해서 시도하게 만듦으로써 결과에도 긍정적인 영향을 미친다. 그래서 높은 자기효능감은 대처 행동뿐만 아니라 환경을 구성하고 있는 여러 요인에도 긍정적으로 작용함으로써 바람직한 결과를 가져오는 데 이바지한다. 예를 들어, 자기효능감이 높은 사람은 더 생산적으로 행동할 뿐만 아니라, 관찰학습도 더 잘하고 강화가 갖는 효율성도 더 높다. 이러한 요인은 궁극적으로 목표의 달성을 쉽게 만든다.

또한 자기효능감은 스트레스를 유발하는 상황에서도 제대로 적응하는 데 도움을 준다(Bandura, 1992). 자기효능감이 높은 사람은 자신이 다양한 상황적 요구를 해결할 능력이 있다고 믿기 때문에, 여러 어려움을 조절할 수 없다고 판단하거나 두려워하기보다는 해볼 만한 도전으로 생각하는 경향이 강하다. 그래서 그들은 스트레스 상황을 노력하면 얼마든지 해결할 수 있다고 생각해서 실망이나 실패로부터 빨리 회복할 수 있다. 반면에 자기효능감이 낮은 사람은 자기의심과 일에 대한 두려움이 많아 어려운 상황이나 과제에 부딪혔을 때 자신감이 부족해서 자신이 잘할 수 있다고 믿지 않는다. 그래서 그들은 도전적인 과업을 회피한다. 이처럼 자기효능감은 행동에 중요한 역할을 한다.

Ozer(1992)는 자기효능감이 경제적으로 어려운 부모의 자녀 양육에 어떻게 영향을 미치는지 알아보았다. 그 결과, 저소득 가정은 상당한 경제적 어려움만 겪는 것이 아니었다. 그들이 사는 지역사회는 자녀의 발달에 필요한 자원을 제대로 공급하지 못하고, 일상적인 삶에 부정적인 영향을 미칠 수 있는 많은 위험 요인을 가지고 있었다. 그러나 이러한 역경에도 불구하고 저소득 가정의 부모들이 자녀를 훌륭하게 양육하는 경우가 많았다. 이처럼 객관적인 경제적 어려움 그 자체는 부모의 자기효능감 지각에 직접적인 영향을 주지는 않는다(Elder & Ardelt, 1992). 부모의 높은 자기효능감은 어려움을 극복할 수 있다는 의지력을 키워 준다. 이것이 자녀를 잘 양육할 수 있다는 신념을 강화함으로써 부모들이 가난을 극복하는 데 이바지한다.

2) 자기과시 관련 동기

(1) 자아존중감

자아존중감(self-esteem)은 한 개인이 자기에 대한 지식에 근거해서 자기평가를 하는 것 혹은 자기개념 속에 들어 있는 여러 자질과 특성을 긍정적으로 보는 정도다(Rosenberg, 1965). 여기에는 자기의 신체, 가치와 능력 및 성취, 타인과의 관계 등 여러 요인이 들어 있다([그림 2-16] 참조). 자아존중감은 여러 이유로 우리의 삶에 중요하다(Baumeister et al., 2003; Leary, 2012; Leary et al., 1999). 먼저, 높은 자아존중감은 스트레스와 부정적 정서를 완화하는 역할을 한다. 그래서 낙관주의, 행복, 성공에 대한 기대를 높여 주고 우울이나 불안을 낮춰 준다. 반대로, 자아존중감이 낮은 사람은 높은 사람에 비해 여러 부정적인 정서, 가령 불안, 슬픔과 우울, 적대감과 분노, 사회적 불안, 수치심과 죄의식, 당황 등을 더 빈번하게 경험한다.

그림 2-16 자아존중감. 자아존중감이 높은 사람은 자신의 신체, 가치와 능력 및 성취를 높게 평가한다.

또한 높은 자아존중감은 원하는 목표를 위해 노력하도록 유도하고, 장애물과 패배에도 불구하고 끈기 있게 추진하게 만듦으로써 목표 달성을 쉽게 한다. 자아존중감이 높은 사람은 자기고양을 지향하는 반면, 낮은 사람은 자기보호를 지향한다(Baumeister et al., 1989). 그래서 전자는 자신감이 있어 자신의 강점을 최대한으로 이용하면서 실패의 위험도 감수하고 상실이나 후퇴를 견딜 만큼 지속적이지만, 후자는 자존감의 증가만큼이나 상실을 피하는 것에 몰두하기 때문에 성공을 위한 노력만큼이나 실패에 대한 회피를 모색한다. 이 외에도 사람들은 자아존중감 그 자체를 추구할 수도 있다. 자신이 품위와 가치가 있고 주어진 환경에 적합하다는 인식이 좋기 때문이다. 마지막으로, 자아존중감은 자신이 다른 사람에게 수용받고 있는지 아니면 거절되고 있는지를 알려 준다. 그래서 낮은 자아존중감은 사회적 수용과 지위를 회복하기 위한 행동을 유도할 수 있다(Leary, 2012).

이처럼 자아존중감은 다양한 측면에서 우리의 적응에 이바지한다. 그래서 지금까지 대부분의 연구자는 높은 자아존중감이 바람직하지만, 낮은 자아존중감은 다양한 문제 행동의 원인으로 생각해 왔다. 실제 관련 문헌들을 고찰한 연구에 따르면(McDonald & Leary, 2012), 낮은 자아존중감은 알코올, 마약 사용, 범죄와 비행, 여러 정신 병리적 측면과 연결되어 있었다. 그러나 높은 자아존중감이 항상 긍정적인 것만은 아니다. 보통 낮은 자아존중감이 공격성을 유발한다고 설명하지만(Buss & Perry, 1992), 사실은 자아존중감이 높은 사람이 공격적이라는 연구가 많이 있다(Baumeister et al, 1996). 자아존중감이 낮은 사람은 자신에 대한 부정적이지만 객관적인 정보나 피드백을 잘 수용하는 반면, 자아존중감이 높은 사람은 자신의 자아존중감을 위협하는 정보나 사건을 정당하지 않은 것으로 지각하는 경향이 강하고, 분노를 표출하거나 상대방을 비난할 가능성이 크다(Averill, 1983; Crocker et al., 1987).

자아존중감은 그 수준과는 별개로 안정성 차원에서도 다를 수 있다(Roberts et al., 1999). 자아존중감의 불안정성은 자신에 대한 주관적 가치가 단기간에 걸쳐 변화하는 정도를 의미한다. 비현실적으로 거대한 자기를 가지고 있으면서 자아존중감이 불안정한 자기도취자들은 외부 자극 때문에 쉽게 위협받고 손상 입기 쉬운 자기를 가지고 있다. 그들은 다른 사람에게 보이는 자기 이미지나 그들의 평가에 예민하고, 자존감에 대한 외부의 위협에 적대감, 방어, 분노와 같은 부정 정서의 경험과 함께 공격성과 같은 적대적인 방식으로 대응한다(Kugle et al., 1983). 이러한 사람들은 자신의 과장된 자부심을 충족하기 위해 다른 사람들보다 늘 비교우위에 있어야 한다. 그래서 타인으로부터 인정받기 위해 자기를 과시하고, 타인보다 자신이 더 우월하다는 느낌을 유지하고자 하며, 자기가 타인보다 더 많은 것을 누려야 한다는 특권 의식이 강하다(장민희, 2019; Feather, 1999).

글상자 2-3 자기의 얼굴 지각과 자기고양 편향

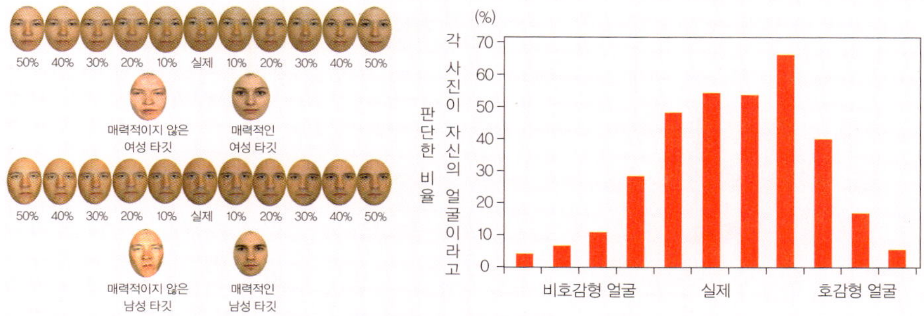

그림 2-17 **자기고양 편향.** 그래프에서 보듯이 대부분의 사람이 자기의 얼굴을 더 매력적으로 지각했다.
출처: Epley & Whitchurch (2008).

사람들이 타인의 얼굴을 평가할 때보다 자기의 얼굴을 지각할 때 훨씬 더 긍정적으로 편향되어 있음을 보여 주는 연구(Epley & Whitchurch, 2008)가 있다. 실제 자신과 타인의 얼굴 사진을 활용하여 다양한 형태의 서로 다른 사진(왼쪽으로 가면 비호감형, 오른쪽으로 가면 호감형)을 만들었다. 그다음, 이 사진 중에 자신(혹은 타인)이라고 생각하는 사진을 선택하도록 했다. 그 결과, 대다수가 [그림 2-17]의 왼쪽 사진에서 자기의 얼굴로 좀 더 매력적인 오른쪽 얼굴을 선택했다. 반면에 타인의 얼굴을 선택할 때는 이러한 긍정적 편향 효과가 나타나지 않았다.

(2) 자기고양

일반적으로 사람들은 자신에 대해 부정적이기보다는 긍정적으로 느끼고자 하고, 다른 사람과의 비교에서도 자신을 낫게 평가하고자 한다. 자신의 미래도 좀 더 긍정적으로 판단하고 싶어 한다. 이러한 욕구를 충족하는 한 가지 방법은 자기와 관련된 현실을 긍정적으로 왜곡해서 지각하는 것이다. 그 대표적인 현상 하나가 **평균 이상 효과**(better-than-average effect; Alicke & Govorun, 2005; Gramzow, 2011)다. 가령, 수학 시험과 같은 특정 차원에서 객관적으로 평균 근처 위와 아래에 다수의 사람이 거의 같은 비율로 위치해 있지만, 사람들은 주관적으로 자신을 좀 더 우호적으로 평가하는 경향이 있다.

자기고양은 다양한 방식으로 나타난다. 사람들은 자신의 태도나 특성을 다른 사람도 가지고 있다고 생각하는 경향이 있다. 사람들은 자신이 협동적이고 행복하면 다른 사람도 그럴 것으로 생각한다. 이때 사람들은 자신의 속성을 누구에게나 투영하

는 것은 아니고, 자신이 우호적으로 보는 사람에게만 투영한다(Dunning, 2012). 이처럼 자기가 유능하거나 지위가 높은 사람 혹은 친밀하고 가까운 사람과 비슷하다고 생각하면, 자신의 속성이 사회적으로 바람직한 것이 된다. 부정적인 속성도 마찬가지다. 자신의 부정적 속성을 지위가 높은 사람이나 친밀한 사람과 공유한다면, 그러한 속성이 그렇게 나쁜 것은 아니다. 특히 우리는 자기의 부정적인 속성을 더 많은 사람이 공유하고 있다고 판단하는 경향이 있다.

자기고양의 또 다른 방식은 사회 상황에서 자기에게 유리한 정보만 수용하거나 특정 정보를 자신에게 유리한 쪽으로 해석하는 것이다. 리더는 외향적이고 지적이며 유쾌한 사람이어야 한다고 생각하는 사람은 자신이 그러한 특성이 있는 사람이다(Beauregard & Dunning, 2001). 이러한 투사는 긍정적 개념에 국한하는데, 사람들은 부정적 개념으로 자신을 보지 않는 경향이 있기 때문이다. 자신이 사교적이라고 생각하는 사람은 그렇지 않은 사람에 비해 외향적인 행동 특성을 보이는 사람을 더 사교적이라고 평가하고, 그러한 특성을 보이지 않는 사람을 더 내향적이라고 평가한다(Critcher et al., 2011).

사람들은 자기중심적인 귀인을 통해서도 자아존중감을 유지한다. 가령, 실패한 일은 상황 탓으로 하고, 성공한 일은 자기의 능력이나 노력 덕분으로 여기는 것이다. 또한 사람들은 자아존중감이 위협받는 상황에서 그 상황을 회피함으로써 자기를 보호하기도 한다. Steele 등(1993)은 미국의 중등학교 자퇴자 중에 흑인이 많은 이유로, 그들은 학업 부진으로 인한 자존심의 손상을 막기 위해서 교육제도 자체를 전면 부정함으로써, 학교라는 부정적 상황에서 벗어날 수 있기 때문이라고 설명한다. 학교 밖에서는 학업 부진이 더 이상 지속해서 자아존중감을 손상하지 않기 때문이다.

사람들은 앞으로 나타날 부정적 결과에 대응하여 노력을 덜 하거나 자원을 덜 사용할 수 있다. 이런 경우 결과가 실제로 부정적일 때, 그 결과에 대한 다른 사람들의 귀인을 자신의 능력이 아닌 부족한 노력과 같은 외적 요인으로 유도할 수 있다. 한편으로, 능력은 어느 정도 고정적인 요인이기 때문에 통제할 수 없다는 점에서, 스스로 통제할 수 있고 변화 가능한 노력에 대한 귀인보다 능력에 대한 귀인은 당사자에게 더 큰 심리적 손상을 줄 수 있다. 가령, 시험 전날 고의로 술을 마심으로써 좋지 않은 시험 점수를 전날의 음주 탓으로 귀인할 수 있다. 이것을 **구실 만들기**(self-handicapping)라고 한다. 한 연구(Rhodewalt et al., 1991)에서 구실 만들기를 많이 하는 학생이 자아존중감 점수도 더 높았다. 왜냐하면 구실 만들기 전략이 자기방어와 자기고양의 두 가지 효과를 동시에 가져왔기 때문이다.

이와 같은 자기고양 경향성은 지나치지 않으면 개인의 정신 건강에 긍정적으로 이바지하는 것으로 보인다(Taylor et al., 2003). 왜냐하면 편향적이지만 자기를 높임으로써 자아존중감도 함께 높아질 가능성이 크기 때문이다. 그러나 대인관계에서는 긍정적이기보다는 부정적인 영향을 미치기가 더 쉽다(Hoorens, 2011). 이러한 사람은 자신이 남들보다 더 특별한 대우와 권한을 누려야 한다고 생각하는 경향이 있다. 그래서 그들은 함께 일할 때 태만할 수 있고 자신의 이득을 위해 이기적으로 행동할 수 있다. 또한 이러한 사람은 다른 사람이 자기를 기대에 미치지 못하는 식으로 대하면 그들을 용서하기보다는 공격하기 쉽다. 그러면서 다른 사람들은 자기보다 자기고양을 더 많이 한다고 지각한다(Friedrich, 1996).

(3) 자기제시

사람들이 다양한 목표를 달성하기 위해 관련된 사람들에게 좋은 이미지를 주는 하나의 방법이 타인에게 주는 자신의 인상을 관리하는 것이다. 인상 관리 이론(impression management theory; Goffman, 1959)에 따르면, 인상관리는 한 개인이 자기, 타인 혹은 집단에 대하여 다른 사람이 형성하는 인상에 영향을 주기 위해 관련 정보를 통제하는 행동을 의미한다. 특히 그 개인이 타인이나 집단이 아닌 자신의 인상을 통제하려는 행동을 자기제시(self-presentation; [그림 2-18] 참조)라고 한다(Schlenker, 2012). 우리가 자기제시를 하는 이유는 다른 사람이 우리를 어떻게 생각하느냐가 우리 삶에 큰 영향을 미치기 때문이다. 우리에 대한 다른 사람의 인상은 우리의 친구관계, 연인관계, 직업에서의 성공, 그 외 일상적인 상호작용에도 영향을 준다.

그림 2-18 자기제시. 사람들은 좋은 인상을 주기 위해 상황에 따라 적절한 자신의 모습을 내보인다.

이렇게 관리한 인상은 자기 자신에 대한 지각뿐만 아니라 나에 대한 다른 사람의 지각도 반영한다(Leary & Kowalski, 1990). 즉, 사람들은 자기에 대한 이미지가 어떤지 살펴보고, 다른 사람이 자신을 어떻게 보고 평가하는지 자기검색 과정을 통해 그것에 지속해서 관심을 가지면서, 그들에게 좋은 이미지를 전달하려고 노력한다. 이때 타인에게 긍정적 인상을 주고자 하지만 성공에 대한 확신이 없을 때 대인불안이 생긴다. 그래서 자기제시의 핵심은 바람직성과 신뢰성이다(Schlenker, 2012). 즉, 자신이 원하는 인상을 상대방이 사실이라고 믿을 수 있게 전달하는 것이 핵심이다. 그래서 자기제시가 성공하면 좋은 인상을 주게 되고, 실패하면 믿을 수 없는 사람이라는 부정적 인상을 주게 된다.

타인에게 좋은 인상을 주려면 자신이 만들고자 하는 인상의 유형을 결정하고, 그 인상을 만들기 위해 어떻게 행동할 것인지 자기제시 전략을 결정해야 한다(Leary & Kowalski, 1990). 예를 들면, 목소리, 활동, 옷차림새 그리고 또 다른 여러 수단을 통해 우리 자신의 인상을 전달할 수 있다(Peluchette et al., 2006). 인상관리 전술은 개인이 자기노출, 아부, 위협, 간청 그리고 과장하기와 같은 행동을 함으로써 자신의 인상을 관리하려는 행위다(Jones & Pittman, 1982). 다시 말해서, 현실 속에서는 인상관리에 성공한 사람들은 상사로부터 강력하고 적극적인 관심을 얻어 냄으로써 승진과 같은 이익을 얻기도 하고 자신에 대해 호의적으로 인식하도록 해 주기도 한다.

Buchanan과 Badham(1999) 같은 학자는 인상관리가 다른 사람에게 영향을 주기 위해 의식적으로 노력하는 과정이라는 점에서 인상관리의 속성을 기만적인 행동이라고 설명한다. 즉, 사람들은 자신을 자기가 원하는 대로 다른 사람들이 보도록 만들기 위해서 그들 앞에서 자신에 대한 정보를 조작한다는 의미에서, 이런 인상관리는 기만적인 행동을 포함할 가능성이 있다(Carlson et al., 2004). 그러나 자기제시가 항상 부정적인 것만은 아니다. 상대방에 대한 불만이나 나쁜 평가를 그대로 보이면, 상대방의 기분이 상할 수 있고 나에 대해 부정적인 감정을 가질 수 있다. 그래서 표현의 강도를 낮추거나 에둘러 표현하는 것은 관계의 유지에 도움이 될 수 있다. 발표할 때 자신이 전달하려는 내용을 동영상과 사진, 그래프로 꾸며 제시하는 것이 발표의 효과를 높이는 데 이바지하는 것처럼, 자기제시는 자기의 뜻이나 역량을 좀 더 잘 드러내는 행위일 수도 있다.

3) 자기유지 관련 동기

(1) 자기가치 확인

수학 경시대회에서 낙선한 학생은 그로 인해 훼손된 자아존중감을 회복하기 위한 한 가지 방법으로 자신이 매우 매력적이고 사교적인 사람이라는 점을 강조해서 궁극적으로 자신의 자아존중감을 유지하고자 할 수 있다. 자기가치 확인 이론(self-affirmation theory; Steele, 1988)에 따르면, 전체적으로 긍정적 자기개념을 유지하는 방법으로, 우리는 자기 이미지에 중대한 위협이 닥쳤을 때 그 위협과 무관한 자기의 중요한 측면에서 자신의 가치를 확인하고자 한다. 자기가치 확인은 단순히 자기개념의 바람직한 부분을 활성화해서 긍정적인 느낌을 주는 것이 아니라, 자기가 위협받는 상황에서 그 위협을 완화하고 그 위협에서 벗어날 수 있는 심적 자원을 제공한다(Steele et al., 1993). 또한 자기를 위협하는 정보나 자극을 무조건 회피하는 것이 아니라, 그것을 체계적으로 점검하고 수용하도록 한다(Correll et al., 2004).

자기가치 확인에 관한 연구는 자기 위협에 대하여 사람들이 보이는 반응과 적응을 다루고 있다. 예를 들면, 호의적이지 않은 사건과 의사소통으로 자기가 위협받을 때, 사람들은 반사적으로 자신의 긍정적 측면을 끌어들이고 자기고양적인 자기지각을 하고자 한다(Baumeister, 1999). 이런 점에서 자기가치 확인은 사람들이 위협 상황에서 반응하는 자기방어적인 이완 행동이라고 할 수 있다. 이러한 방어적 반응은 자기 정당화를 위한 것으로, 자기본위적 귀인 전략을 포함한다(Steele et al., 1993). 이러한 전략이 자신에 대해 전반적으로 긍정적인 시각을 유지하도록 하며 위협을 덜 지각하도록 해 준다.

Steele과 Liu(1983)의 연구는 자기가치 확인이 인지부조화 이후의 태도 변화를 감소시킬 수 있음을 보여 준다. 교육비 인상에 찬성하지만 실험자의 부탁에 따라 반대하는 글을 쓴 참가자들은 부조화로 인한 태도 변화를 경험했지만, 자기가치를 확인한 후에는 이러한 태도 변화가 감소했다. 즉, 인지부조화가 자기개념에 가하는 위협을 자기가치 확인이 완화시켰다. 또한 자기가치 확인은 자신에 대한 위협에 적극적으로 대처하도록 만든다. Correll 등(2004)의 연구에서 자기가치 확인 집단은 글을 논리적이고 객관적으로 판단해서 자기에 대한 편향된 평가에 대처하고자 했다. 즉, 이 집단의 사람은 합리적인 근거 없이 자신의 의견을 고집하거나 보고서를 우회적으로 피하기보다는, 논지의 타당성을 따지는 방식으로 자신에 대한 편향된 평가에 적극적으로 대처할 수 있었다.

자기가치 확인은 고정관념 행동을 유지하는 데에도 작용한다. Uhlmann과 Cohen (2005)은 남성 우월주의 집단과 성 평등주의 집단에 그들 자신의 태도가 바람직하지 않다는 부정적인 평가를 제공했다. 이때 자기가치 확인 집단은 이러한 평가를 우회적으로 대처할 수 있는 과정을 거쳤다. 그 결과, 자기가치를 확인한 집단은 자신의 기존 태도를 그대로 유지하고 있었다. 그래서 남성 우월주의자는 여전히 성차별적 행동을 많이 했고, 성 평등주의자는 여전히 성차별적 행동을 적게 했다. 반면에 자기가치 확인 전략을 사용하지 않은 집단에서는 기존의 특성이 달라졌다. 그래서 남성 우월주의자는 기존에 비해 성차별적 행동을 덜 했고, 성 평등주의자는 기존에 비해 성차별적 행동을 더 많이 했다. 이처럼 자기가치 확인은 고정관념의 변화에 부정적인 영향을 미칠 수 있다.

글상자 2-4 자기초월의 동기

그림 2-19 **에코시스템.** 에코시스템은 자신과 상대방의 관계 전체에 초점을 둔 동기 체계다.

사람은 기본적으로 자기중심적이고 자기에게 이득이 되는 쪽으로 행동한다고 대부분의 연구자는 생각한다. 그러나 늘 그런 것은 아니다. Bauer와 Wayment(2008)는 요란한 자아(noisy ego)와 고요한 자아(quiet ego)라는 개념으로 사람들의 동기를 설명한다. 요란한 자아를 지닌 사람은 자기도취자들처럼 자기가 중심이 되고 주목받고자 노력하며, 다른 사람을 배경의 소음 정도로 생각하고, 사람들의 외모가 갖는 인기와 자랑할 만한 장점에 주목한다. 반면에 고요한 자아를 지닌 사람은 과도하게 자기나 타인 중심적이지 않으면서 자기와 타인을 통합하는 인식을 가지고 있다. 타인과의 조화를 추구하면서 그들의 말을 경청하고, 다른 사람의 심리적 역동과 그들의 장점 및 단점에도 주목한다. 고요한 자아의 전형적 특징에는 초월적 인식, 상호의존, 자비 그리고 성장이 있다.

비슷하게, Crocker(Crocker & Canevello, 2015)는 에고시스템(egosystem)과 에코시스템(ecosystem)으로 사람의 동기를 설명한다. 에고시스템은 자기에게 초점을 둔 것으로, 상대방보다는 자신의 욕구와 바람을 충족하는 데 관심을 둔다. 이런 사람은 관계의 결과물을 제로섬으로 보기 때문에, 관계를 경쟁적으로 이해하면서 자신의 비용은 최소화하고 이득은 최대화하고자 한다. 이들은 다른 사람을 설득, 협상, 아부, 조종 혹은 위협을 통해 통제하고자 한다. 반면에 에코시스템은 자신과 상대방의 관계 전체에 초점을 둔 동기 체계다. 이 시스템에서 자기는 더 큰 전체의 일부이기 때문에, 이런 시스템을 가진 사람은 자신의 욕구가 다른 사람들과 서로 연결된 더 큰 시스템에 속한 일부라고 생각한다. 그들은 이러한 유기적인 시스템 속에서 자신의 안녕감이 타인의 안녕감에 의존한다고 본다. 그래서 자신의 욕구만큼이나 타인의 욕구도 중요하다고 생각한다.

(2) 자기확증

사람들은 자기를 칭찬하거나 좋아하는 사람을 좋아하고, 자신을 비판하거나 싫어하는 사람을 거부하기 쉽다. 이처럼 호감은 상호적이어서 한쪽이 상대에게 호감을 보이면 그 상대방도 호감을 보인다. 그렇다고 우리가 자기를 칭찬하는 사람을 무조건 좋아하는 것은 아니다. 사람들은 칭찬보다 비판을 더 충심 어린 것으로 생각하기도 한다(Coleman et al., 1987). 우리가 상대방의 칭찬이 아부처럼 어떤 의도가 있다고 판단하면, 그에 대한 우리의 호감은 증가하지 않는다(Gordon, 1996). 자신이 부정적으로 생각하고 있는 특성을 타인이 좋게 평가하더라도, 그 사람에 대한 나의 친밀감은 높아지지 않는다(Swann, 1990). 이것은 호감의 상호성(reciprocity), 즉 타인이 자기에게 한 만큼 동일하게 타인을 대한다는 것이 늘 타당한 것은 아님을 보여 준다.

이런 현상을 포괄적으로 설명하는 이론이 Swann(1983)의 자기확증 이론(self-verification theory)으로, 사람들은 자기를 무조건 긍정하는 정보보다 자기의 기대와 일치하는 정보를 선호하는 경향이 있다는 것이다. 이 이론은 자기를 긍정적으로 평가하는 사람에게 호감이 증가한다는 기존의 견해를 반박한다. 여러 연구에 따르면(Swann & Buhrmester, 2012), 사람들은 다른 사람의 피드백 중에서 자기관에 부합하는 피드백만 받아들이는 등 자기관을 지지해 주는 단서를 중심으로 정보처리함으로써 자기관을 유지한다. 예를 들면, 사람들은 자기를 보는 관점이 자신과 일치하는 타인과 원만한 관계를 유지하는 반면, 그렇지 않은 사람에게는 혼란스러움을 느낀다. 또한 사람들은 타인으로부터 자기개념과 일치하는 평가를 받으면, 그것이 진정성이 있고 논리적이며 분별력이 있는 정보라고 판단한다(Swann, 1987).

자기확증 이론은 정서적 측면에도 적용된다. 한 연구(Swann & Read, 1981)에서 사람들은 자신의 정서와 일치하는 자기확증적 피드백을 주는 사람에게 더 많은 관심을 보였다. 자기확증의 특성은 기억에서도 나타나는데, 사람들은 자기 경험과 일치하는 피드백을 더 잘 기억했다(Crary, 1966). 즉, 사람들은 타인이 제공하는 피드백 중에서 자기 경험과 일치하는 것을 선택적으로 부호화하여 더 빨리 회상했다. 또한 이러한 피드백을 준 상대방과 사회적 상호작용이 더 활발하게 이루어졌다(Swann, Stein-Seroussi et al., 1992).

자신에 대한 정보가 부정적일 때에도 사람들은 자기를 확증하는 평가를 원하는 경향이 있다. 부정적인 자기개념을 가진 사람은 긍정적 자기개념을 가진 사람보다 비호의적인 평가를 더 선호하는 경향이 있고, 비호의적 평가자와 더 좋은 관계를 맺었다(Swann, Wenzlaff et al., 1992). 또한 부정적인 자기를 가지고 있는 사람은 자신을 호의적으로 대하는 사람과 만나면 부조화를 경험하여 불편해하고 그래서 관계를 회피하려는 경향을 보였다(Swann, Hixon et al., 1992). 그러나 부정적 자기개념에 대하여 자신이 심리적으로 불편하면, 그러한 자기개념을 확증하는 특성이 나타나지 않았다(Swann, Wenzlaff et al., 1992).

그렇다고 부정적 자기개념을 가진 사람이 자기고양의 욕구가 없는 것은 아니다.

이들 역시 파트너의 인정과 수용에 무관심하지 않다. 그들도 신체적 매력처럼 관계 유지에 필수적인 측면에서 파트너로부터 긍정적인 평가를 받고자 한다. 그래서 이들이 유지하는 부정적 자기관은 관계를 위협하지 않는 차원에 국한된다(Swann & Buhrmester, 2012). 또한 그들은 인지적으로는 자신에 대한 부정적 평가를 더 신뢰하고 정확하다고 생각하며 그러한 평가자를 더 우수하다고 인정하지만, 정서적인 측면에서는 긍정적인 평가보다는 부정적인 평가에 적대감, 우울, 불안을 더 많이 경험했다(Swann et al., 1999). 이러한 결과는 부정적 자기개념의 사람도 정서적으로는 자기고양의 욕구가 있음을 시사한다. 비슷한 맥락에서, Sedikides(1999)는 다수의 실험을 통해 자기고양 욕구와 자기확증 욕구의 상대적 강도를 비교했다. 그 결과, 사람들에게 이 두 욕구가 모두 있지만, 전반적으로는 자기고양 욕구가 좀 더 강한 경향성이 있었다.

요약

- 사람들의 자기(self)는 한 개인이 가지고 있는 의식적 · 무의식적인 모든 것으로, 여기에는 인지적 · 정서적 · 행동적 요인이 모두 포함된다.
- 자기의 형성은 유전과 같은 선천적인 요인과 함께 자기의 행동을 관찰하거나 자기의 내면을 관찰하는 내성법의 영향을 받는다. 또한 자기는 타인과의 상호작용 속에서 발달하는데, 반영 평가, 상향 비교나 하향 비교 등 사회 비교와 같은 기제가 이러한 발달에 중요한 역할을 한다.
- 자기는 문화의 영향을 받기도 한다. 소위 톱니 효과처럼, 우리는 학습을 통해 문화적 정보를 계속 발전시켜 나간다. 또한 문화를 집단주의 문화와 개인주의 문화로 구분할 수 있다. 이러한 구분과 연계해서 일반적으로 서양인과 동양인의 자기개념을 상호독립적 자기와 상호의존적 자기로 설명할 수 있다.
- James(1890)는 자기를 물질적 자기, 사회적 자기 그리고 정신적 자기로 나누어 설명했고, Markus와 Nurius(1986)는 자기를 현재 자기와 가능 자기로 설명했다. Higgins (1987)는 자기불일치 이론에서 자기를 현실 자기, 이상 자기 그리고 당위 자기로 나누어 설명했으며, Sedikides와 Brewer(2001)는 자기를 개인적 자기, 관계적 자기 그리고 집단적 자기로 구분하기도 했다.

- 자기는 여러 측면에서 개인차를 반영하고 있다. 자의식은 공적/사적 자의식에 기초하여 자신이 어떤 인물인지를 깨닫는 것이다. 자기검색은 자신에 대한 사회적 기대에 부응하기 위해 자신을 관찰하고 검사하는 과정을 의미한다.
- 자기복잡성이 높을수록 부정적 사건의 영향력에 대한 완충 효과가 커서 더 적응적이다. 자기에 대한 범주가 여럿이면, 하나의 영역에서 발생한 부정적인 영향이 전체 자기에 미치는 영향이 상대적으로 적기 때문이다.
- 인간의 행동에 영향을 미치는 자기의 동기적 특성 중 행위 주체와 관련된 동기는 자기의 행동을 자율적으로 결정하고 상황에 맞게 조절하려는 욕구, 특정 과제에 대한 자기효능감을 향상하고자 하는 욕구와 관련되어 있다.
- 사람들은 자기과시와 관련해서 자기를 고양하거나 자아존중감을 강화하려는 동기와 자기제시를 통해 상대방에게 긍정적인 인상을 주려는 동기가 있다.
- 자기는 현재의 자기를 유지하려는 동기가 있다. 자기가치 확인 이론과 자기확증 이론에서처럼, 이것은 자신의 가치를 유지하거나 자기개념에 적절한 정보를 선별적으로 선택하려는 동기다.

제3장

대인지각

1. 대인지각의 특징
2. 비언어적 행동
3. 귀인의 원리
4. 귀인의 한계

때로 우리는 옆집 친구의 평소 걷는 모습을 보고 그의 성격을 추론한다. 그의 활기찬 발걸음을 보면서 우리는 그 친구가 매우 시원시원한 사람이라고 생각할 수 있다. 이와 같은 판단은 낯선 사람에게도 적용된다. 우리는 성별, 인종, 출신 지역이나 학교에 대한 정보를 통해 타인의 특성을 미루어 짐작하기도 한다. 또한 우리는 다른 사람의 행동을 보고 그 원인을 추론하기도 한다. 이처럼 우리는 다른 사람에 대한 특성을 여러 정보를 통해 추론하거나 평가하는데, 이 장에서는 먼저 이러한 현상에 영향을 미치는 요인을 알아본다. 그다음 사람들이 하는 행동의 원인을 성격과 같은 내부 요인에서 찾는지 아니면 상황과 같은 외부 요인에서 찾는지의 문제를 고찰한다.

1. 대인지각의 특징

이 절(節)에서는 우선 대인지각의 의미와 지금까지 사용해 온 연구 방법을 살펴본다. 그다음 우리가 다른 사람을 지각하는 데 영향을 미치는 요인을 살펴보고, 마지막 부분에서는 대인지각에 영향을 미치는 지각자의 특성을 알아본다.

1) 개념과 연구 방법

(1) 개념

대인지각(person perception)은 우리가 상대방이 어떤 사람이라는 것을 알아 가는 과정 혹은 그 결과로, 우리는 이러한 지각을 통해 그 사람의 성격을 추론하거나 그의 인상이 좋은지 아니면 나쁜지를 평가한다. 이처럼 대인지각은 다른 사람에 대한 인상을 형성하기 위해 사용하는 여러 정신적인 과정으로, 여기에는 타인에 대한 인상형성과 함께 그러한 인상에 기초해서 그에 대해 내리는 여러 판단이나 결론도 포함된다.

이때 지각이라는 말은 사물 지각이라는 말에서 쓰는 지각이라는 말과 항상 같은 것은 아니다. 예를 들면, 우리는 어떤 사람의 움직임, 머리카락의 색깔 또는 몸의 크기를 사물 지각과 같은 방식으로 지각할 수 있다. 그러나 사물 지각과는 달리 우리는 그 사람을 보고 겉으로 드러나지 않는 그의 성격 특질을 추론하기도 한다. 우리가 어떤 사람을 똑똑하다고 생각할 때, 이러한 지각은 그 사람의 똑똑한 성격 특질을 직접 관찰해서 판단한 것은 아니다. 대신에, 그것은 그의 행동을 보고 그 사람이 똑똑할 것이라고 우리가 추론한 것이다.

대인지각은 사물 지각과 여러 측면에서 다르다(Jones & Gerard, 1967; Kenny, 1994). 먼저, 사물은 그들의 외적인 특성이나 물리적 구조를 분석하면 그들의 속성을 알 수 있다. 그러나 대인지각의 대상인 사람은 스스로 의도를 가지고 자유롭게 행동하고 반응할 수 있다. 그래서 사람의 속성은 뇌의 해부와 같은 물리적 분석으로 모두 드러낼 수는 없다. 둘째, 사물 지각은 일방적이지만 대인지각은 쌍방적이다. 그래서 한 쌍의 두 사람은 모두 지각자이면서 대상자다. 셋째, 우리는 상대방을 지각하는 동시에 나에 대한 상대방의 지각을 추측하기도 한다. 이러한 추측은 그에 대한 나의 지각에

글상자 3-1 **타인에 대한 여러분의 첫인상은 정확한가**

우리는 다른 사람의 얼굴을 보고 매우 빠르게 그에 대한 인상을 형성한다. 그러한 첫인상이 때로는 정확하지만 다른 때는 틀릴 수도 있다. 다음의 각 사람에 대한 여러분의 인상을 평가해 보라. 그다음 여러분의 인상을 알파벳별로 사진의 주인공에 대하여 제시한 설명과 비교해 보라. 이 사람들에 대한 여러분의 인상은 정확한가? 정확하지 않다면 왜 그런지 그 원인을 생각해 보라.

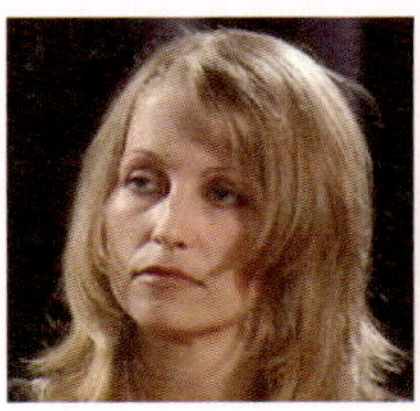
A

B

C

D

- Theodore Bundy (C): 시애틀 대학교 법대생으로 준수한 용모와 지적인 언어를 구사하고 신사 같은 매너로 30여 명의 여성을 농락한 뒤 살해한 살인범
- Karla Homolka (A): 남편이 자신의 누이를 포함해서 2명의 여성을 강간하고 살해하는 것을 도운 범죄자
- Catherine Birnie (D): 1980년대 남편과 함께 4명의 여성을 살해한 살인범
- John Rockefeller (B): 시카고 대학교를 설립하고 다수의 고아원, 도서관, 병원, 의학 연구소, 교회, 학교 등을 세워 문화 사업에 전념한 미국의 사업가

영향을 미칠 수 있다. 예를 들어, 처음 만난 이성에게 호감이 생기더라도 그 사람이 나를 좋아하지 않는다고 생각하면, 우리는 그에 대한 자신의 호감 수준을 낮출 수 있다. 마지막으로, 대인지각은 상호작용을 통해 변할 수 있어서 시간적 차원을 고려하는 것이 필수적이다.

(2) 연구 방법

대인지각에 관한 초기의 연구에서 많이 사용한 방법은 가상의 인물로 비네트(vignette)라는 짤막한 글로 묘사해서 참가자에게 제시하고, 그 짧은 글이 묘사하는 인물에 대하여 인상을 평정하도록 요구하는 것이다. 이처럼 비네트는 어떤 사람을 묘사하는 짧은 글로, 그 사람의 성격 특질, 직업, 취미나 활동과 같은 정보를 담고 있다. 예를 들면, 실험참가자는 “A는 ○○대학교에서 심리학을 전공하는 대학생이다. 그는 시간제 아르바이트를 통해 학비를 마련하고 있다. 졸업 후에는 가족 문제를 다루는 전문가가 되기 위해 대학원에 진학할 예정이다.”라는 글을 읽고 A가 어떤 사람일지를 평가한다.

사회심리학자들이 비네트를 사용하는 데에는 두 가지 이유가 있다(Kenny, 1994). 첫째, 특정 대상자의 정보를 정밀하게 통제해서 대인지각에 영향을 미치는 특정 요인의 효과를 알아보기 쉽기 때문이다. 가령, 한 집단에는 “한 학생이 심리학과 대학원에 진학해서 열등감을 주제로 공부하고자 한다.”라는 글을 제시하고, 다른 집단에는 “얼굴이 못생긴 한 학생이 심리학과 대학원에 진학해서 열등감을 주제로 공부하고자 한다.”라는 글을 제시한다. 그다음 이 학생에 대한 인상을 집단별로 평가해서 비교하면, 열등한 외모가 갖는 효과를 파악할 수 있다. 둘째, 비네트를 이용하면 실험참가자는 그 글에 나오는 여러 사람과 짧은 시간에 상호작용할 수 있어 효율적으로 연구할 수 있다.

그러나 비네트 연구는 대인지각의 고유한 특성을 제대로 반영하기 어렵다. 예를 들면, 이러한 연구는 대인지각의 쌍방적인 특성이나 시간에 따른 변화와 같은 측면을 제대로 다룰 수가 없다. 게다가 비네트에서 묘사하는 사람은 실제 특정 사람이 가지고 있는 특성을 모두 반영한 것이 아니라는 점에서 현실적이지 않다. 이러한 한계점을 극복하기 위해서 참가자들에게 실제 상호작용을 하도록 하거나, 상호작용하는 사람을 실험 자극으로 쓰는 연구가 대략 1980년대부터 증가하기 시작했다. 사람들이 직접 상호작용하는 맥락에서 대인지각을 연구하는 것은 좀 더 사실적이고 타당한 결과를 가져올 수 있다. 그러나 사람들의 상호작용을 실험자 의도대로 조작할 수 없어서 연구 주제에 한계가 있고 시간과 노력이 많이 드는 어려움이 있다.

2) 대인지각의 세 가지 결정 요인

우리가 어떤 사람을 볼 때 그러한 지각에 영향을 미치는 요인은 매우 많을 수 있다. 보는 사람이 어떤 사람이냐에 따라 그것이 상대방을 보는 데 영향을 줄 수 있고, 상대방이 어떤 사람이냐에 따라서도 달라질 수 있다. A가 B를 이타적인 사람이라고 볼 때, 이러한 지각이 A의 특성 때문인가, 즉 A는 다른 사람들을 전반적으로 모두 이타적이라고 보기 때문에 B를 이타적이라고 보는가, 아니면 B의 특성 때문인가, 즉 B는 다른 사람들에 비해 실제로 이타적이라서 A가 B를 이타적이라고 보는가? **사회적 관계 모형**(Social Relations Model: SRM; Kenny, 1994, 2020; Kenny & La Voie, 1984)은 이러한 다양한 요인의 효과를 체계적으로 구분해서 비교하고 있다. 이 모형은 대인지각에 영향을 미치는 요인으로 지각자 효과, 대상자 효과 그리고 두 사람의 관계 효과를 제시하고 있다.

표 3-1 SRM의 세 가지 효과

지각자 \ 대상자	A	B	C	D	E	평균 (지각자 효과)
A	–	9	2	7	5	5.8
B	8	–	3	8	6	6.3
C	6	8	–	5	4	5.8
D	5	7	1	–	7	5.0
E	7	7	4	7	–	6.3
평균 (대상자 효과)	6.5	7.8	2.5	6.8	5.5	

주: 5명이 서로를 평가한 가상 자료. 숫자는 각 지각자가 각 대상자의 내향성-외향성을 9점 척도에서 평가한 가상적인 점수다(소수 둘째 자리에서 반올림).

지각자 효과(perceiver effect)는 지각자마다 다른 사람을 보는 전반적인 시각이 다를 때 나타나는 효과다. A는 사람들을 전반적으로 이타적이라고 보지만, C는 사람들을 전반적으로 이기적이라고 볼 수 있다. 이처럼 다른 사람을 보는 전반적인 지각이 A와 C 간에 차이가 있을 때, 그것이 B를 보는 데 미치는 영향을 지각자 효과라고 한다.

〈표 3-1〉에서 맨 오른쪽 열의 평균이 지각자들 간에 차이가 있으면, 그것은 대인지각에서 지각자 효과가 있음을 나타낸다.

대상자 효과(target effect)는 특정 대상자의 특성이 그 대상자에 대한 다른 사람들의 지각에 미치는 효과다. A가 B를 이타적이라고 지각할 때 B가 실제로 이타적이기 때문이라면, 이러한 지각은 B의 효과 혹은 대상자 효과 때문이다. 〈표 3-1〉에서 맨 아래에 있는 행의 평균이 대상자들 간에 차이가 있으면, 그것은 대인지각에서 대상자 효과가 있음을 보여 준다. 이때 B의 평균이 다른 대상자의 평균, 가령 C의 평균보다 더 크기 위해서는 다수의 지각자가 B를 C보다 더 높게 평가해야 하고, 그러기 위해서는 지각자 간 일치도가 높아야 한다. 그래서 대상자 효과는 '지각자 간 일치' 정도를 보여 주는 지표다.

관계 효과(relationship effect)는 특정 지각자가 특정 대상자를 특별하게 볼 때 나타나는 효과다. 만약 A와 B가 연인관계라면, 이러한 특별한 관계 때문에 A는 B를 특별히 더 이타적이라고 볼 수 있다. 이처럼 두 사람의 독특한 관계가 상대방의 지각에 미치는 효과가 관계 효과다. 이 효과는 개념적으로 A가 B를 평가한 점수에서 A의 지각자 효과와 B의 대상자 효과를 제외한 효과다.

그러면 우리가 타인을 지각할 때 이 세 가지 효과가 미치는 상대적 크기는 어떠한가? Kenny(2020)는 이 세 가지 효과를 동시에 측정한 수십 편의 연구를 종합했다. 이때 다른 사람에 대한 지각을 외향성, 친화성, 성실성, 신경증, 개방성의 **성격 5요인**(Big 5)이라고 일컫는 성격 특질로 측정했다. [그림 3-1]에서 보듯이 친숙성이 낮아 상대방을 전혀 모르거나 아주 잠깐 상호작용한 경우에는 지각자 효과가 30%, 대상자 효과가 25%, 관계 효과가 45% 정도의 영향력을 행사했다. 반면에 친숙성이 높아 상대방을 잘 알고 있을 때 그의 성격에 대한 지각에는 지각자 효과가 20%, 대상자 효과가 40%, 관계 효과가 40% 정도의 영향력을 행사했다.

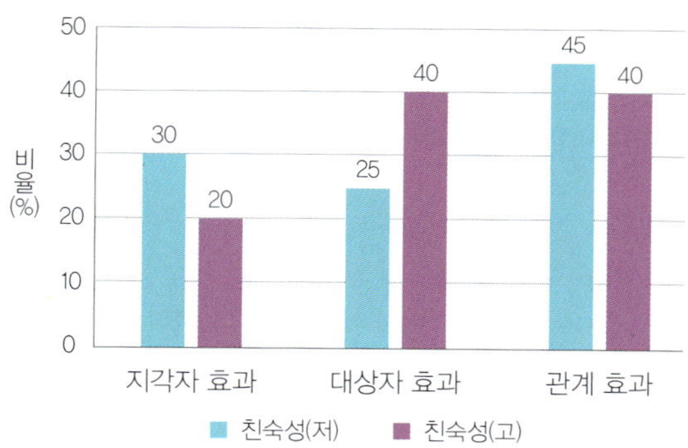

그림 3-1 타인의 성격 지각에서 세 가지 효과의 상대적 영향력

이처럼 상대방에 대한 친숙성이 낮을 때보다 높을 때 그 사람에 대한 지각자 효과는 감소하고 대상자 효과는 증가하는 경향이 있었다. 이러한 결과로 볼 때, 우리는 평가할 대상자를 잘 모르면 그들 간의 개별적 차이를 알지 못해 서로를 비슷하게 평가하기 쉽다. 그래서 지각자 효과는 크고 대상자 효과는 작게 나타난다. 반면에 대상자를 잘 알수록

서로의 개별 특성을 잘 알게 됨으로써 그들을 서로 다르게 평가할 가능성이 크다. 관계 효과도 친숙성이 높을 때 약간 감소한 것으로 보아, 친숙성이 관계 효과에 조금이나마 영향을 줄 수 있다.

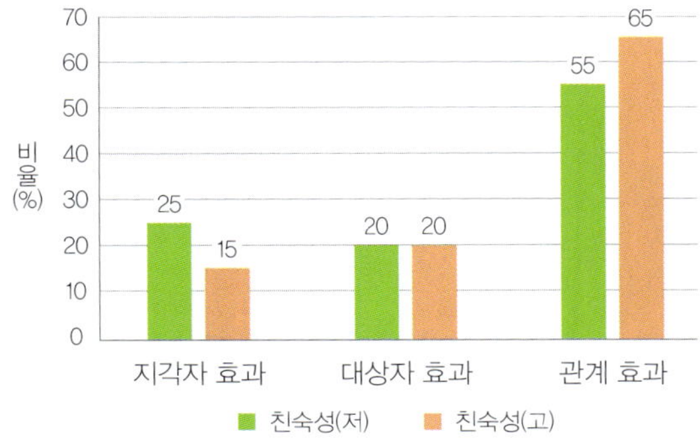

그림 3-2 타인의 호감 지각에서 세 가지 효과의 상대적 영향력

대상자에 대한 호감 지각은 성격 지각과는 그 패턴이 다르다. 친숙성의 고저에 따라 상대방의 호감을 지각한 결과가 [그림 3-2]에 있다. 이 그림에서 보듯이 상대방을 전혀 모르거나 아주 약간 상호작용한 경우처럼 친숙성이 낮을 때 호감 지각에는 지각자 효과 25%, 대상자 효과 20% 그리고 관계 효과 55% 정도로 나타났다. 반면에 친숙성이 높을 때 호감 지각에는 지각자 효과 15%, 대상자 효과 20%, 관계 효과 65% 정도로 나타났다. 이처럼 상대방과 친숙성이 낮을 때에 비해 높을 때, 상대방의 호감에 대한 지각자 효과는 감소하고 관계 효과는 증가하는 경향을 보였으며 대상자 효과는 변화가 없었다. 친숙성이 높을 때 지각자 효과가 감소하는 것은 앞의 성격 지각과 마찬가지로 다른 사람들 간의 매력을 좀 더 잘 구분할 수 있기 때문이다. 이때 이러한 변별은 대상자에 대한 객관적인 매력을 증가시키기보다는 상대방을 특별히 더 좋게 보도록 하는 관계 효과의 증가로 이어졌다. 이것이 성격 지각과의 차이점이다.

이러한 결과가 의미하는 것은 우리가 다른 사람을 볼 때 그 사람의 객관적인 특성보다는, 우리가 그를 보는 시각 그리고 그 사람과 맺는 특별한 관계에 더 많은 영향을 받는다는 점이다. 보통 우리는 내가 상대방을 나쁘게 생각하는 것은 그 사람이 나쁜 사람이기 때문이라고 생각한다. 그러나 여기서 살펴본 연구 결과는 이러한 생각이 사실과 거리가 있다는 것을 보여 준다. 상대방의 성격이나 호감을 지각할 때, 지각자 효과와 관계 효과의 합이 대상자 효과보다 더 크다는 것은 대인지각이 상대방보다는 보는 사람이 그 상대방을 어떻게 보는지 그리고 그 상대방과 어떤 관계를 맺고 있는지에 따라 더 큰 영향을 받는다는 것을 의미한다.

서로 다른 크기의 이 세 효과가 갖는 또 다른 중요한 의미가 있다. 앞서 언급한 것처럼, 대상자 효과는 대인지각에서 지각자 간 일치의 정도를 나타내는 지표다. 반면에 지각자 효과와 관계 효과는 지각자 간 불일치를 보여 주는 지표다. 말하자면, 이 두 효과는 특정 대상자를 볼 때 보는 사람에 따라 서로 다르게 보도록 만드는 요인이다. 이때 앞에서 살펴본 그래프를 보면, 성격 지각에서 대상자 효과는 친숙성에 따라 각각 25%, 40%인 데 비해 지각자 효과와 관계 효과의 합은 각각 75%, 60%다. 호감 지각에서도 대상자 효과는 친숙성에 상관없이 20%인 반면, 지각자 효과와 관계 효과의 합은 80%다. 이러한 결과가 입증하는 점은 우리가 다른 사람들을 서로 비슷하게 지각하기보다는 서로 다르게 볼 가능성이 훨씬 크다는 것이다.

3) 대인지각의 특성

앞에서 살펴본 것처럼, 우리가 다른 사람을 보고 인상을 형성하는 데 영향을 미치는 하나의 요인이 보는 사람, 즉 지각자다. 모든 사람이 상대방을 있는 그대로 객관적으로 보는 것이 아니라 각자 자기 방식대로 상대방을 보기 때문이다. 이러한 방식과 관련된 요인에는 여럿이 있다.

(1) 범주화

대인지각은 자동으로 이루어지는 범주화를 통해 상대방의 성격 특질을 추론한 다음, 필요하면 의도적으로 새로운 정보를 찾아 처음의 인상을 조정해 가는 과정을 거친다(Brewer, 1988; Fiske & Neuberg, 1990). 이때 범주화는 우리가 다양한 정보를 이용해서 사람들을 비슷한 특성을 가진 집단으로 묶는 것을 의미한다. 범주에 기초한 정보처리는 도식에 근거한다. 도식(자세한 내용은 이 책의 제4장 참조)은 특정 대상에 대해 개인이 가지고 있는 지식이나 지식 간의 관계, 관련 사례 등 여러 내용을 포함하면서 복잡하게 조직화·구조화된 인지의 묶음이다(Markus, 1977). 말하자면, 도식은 우리가 세상의 여러 대상에 대하여 머릿속에 가지고 있는 체계적인 지식이다.

우리가 어떤 사람을 처음 보고 사용하는 대표적인 범주인 Big Three는 성별, 인종 그리고 나이다(Brewer, 1988; Fiske & Neuberg, 1990). 우리는 여러 두드러진 생물학적 단서로부터 이 범주에 대한 정보를 쉽게 얻을 수 있다([그림 3-3] 참조). 그래서 이 범주는 다른 사람들에 대한 지각을 다양한 상황에서 지배한다. 한 연구(Ito & Urland, 2003)에서 대학생 참가자들에게 백인과 흑인의 남녀 사진을 보여 준 후 자신이 본 사진의 성별과 인종을 판단하도록 했을 때, 인종 판단은 100ms 이내에 이루어졌고 성별 판단은 150ms 이내에 이루어졌다. 또 다른 연구(Martin & Macrae, 2007)에서 참가자들은 머리 모양 단서만으로도 대상자의 성별을 구분했으며, 머리 모양, 화장, 수염과 같은 단서가 없어도 얼굴의 형태를 이용해서 사람의 성별을 쉽게 파악할 수 있었다. 이러한 결과는 사람들이 다른 사람을 성별이나 인종에 기초해서 쉽게 지각하고 있음을 시사한다.

이처럼 범주에 기초한 인상은 각 범주에 대한 고정관념의 영향을 받는다. 고정관념(stereotype)이란 특정 범주에 속하는 몇몇 사례의 속성을 그 범주에 속하는 모든 사람에게 일반화하는 현상이다. 고정관념 내용 모형(stereotype content model; Fiske et al., 2002)에 따르면, 사람들은 다른 집단을 호의-신뢰성 차원과 유능성 차원에서 평가한다. 여기에서 호의-신뢰성 차원은 외집단이 선하고 도덕적이며 협동적인지 아니면 적대적이고 공격적이며 경쟁적인지를 평가하는 것이다. 유능성 차원은 그 외집단이 우리의 의도를 실행할 수 있는 지위와 능력이 있는지를 평가하는 것이다. 지금까지 여러 연구를 보면(Fiske & Tablante, 2015), 인종이나 국가, 성별, 연령, 동성애 등 다양한 집단에 대한 고정관념의 내용을 이 두 차원으로 설명할 수 있다.

그림 3-3 다양한 얼굴에 대한 범주화. 사람들은 다양한 특성을 가진 여러 얼굴을 보고 이들을 특정 범주로 구분해서 지각한다.

예를 들면, 사람들은 여성이 남성보다 덜 지적이고 역량이 부족하며 포부가 적다고 평가한다(Rudman, 2005). 그러면서 여성이 남성보다 관계 지향적인 특성이 강해 타인의 반응에 민감하고 공동체적이라고 평가한다(Holt & Ellis, 1998). 아프리카계 미국인들은 게으르고 범죄를 저지르며 교양이 없지만 음악적 재능이 있고 운동을 잘한다는 평가를 받는다. 반면에 아시아계 미국인들은 지적이고 근면하며 보수적이고 수줍어하는 것으로 여겨진다(Lin et al., 2005). 같은 인종 내에서도 피부색의 농도에 따라 그 차별의 정도가 다르다. 예를 들면, 아프리카계 미국인 중에서 피부색이 더 검은 사람은 덜 검은 사람들에 비해 인종적 차별을 당할 확률이 11배나 더 높았다(Klonoff & Landrine, 2000). 노인들에 대한 고정관념도 매우 다양하다. 여기에는 무능한, 노망이 든, 의존적인, 불평이 많은, 우울한 등과 같은 부정적인 내용과 함께 현명한, 친절한, 평온한 등과 같은 긍정적인 내용도 있다(Kite et al., 2005).

(2) 내현 성격 이론

사람들은 개그맨이 외향적이고 활발하면서도 지적으로는 좀 떨어진다고 생각할 수 있다. 그래서 그들은 관련 정보가 없더라도 그 개그맨이 어느 대학 출신일 것이라고 추론한다. 이처럼 사람들은 상대방이 가진 성격 특질을 통해 그에게 또 다른 성격 특질이나 행동을 부여하거나 추론한다. 이러한 경향성은 사람들이 특정 개인의 여러 성격 특질과 행동을 하나의 조직된 실체라고 지각하기 때문에 나타난다. 조직화는 기본적으로 여러 성격 특질이 일관적으로 조직되어 있다는 지각자의 믿음인데, 이것을 **내현 성격 이론**(implicit personality theory)이라고 한다. 즉, 이는 어떤 성격 특질은 다른 특질과 같은 범주에 속하고 또 다른 특질과는 같은 범주에 속하지 않는다는 지각자의 믿음이다. 내현 성격 이론은 도식의 한 형태로, 추상적인 특질 간의 관계에 대한 사람들의 도식이다.

이때 '따뜻한－차가운'이나 '외향적인－내향적인'과 같은 **중심 특질**(central traits)은 다른 특질에 비해 더 중요한 역할을 하고 더 폭넓은 추론을 하도록 만든다. Asch(1946)는 중심 특질로 '차가운－따뜻한' 특질의 효과를 입증했다. 그는 두 집단의 학생에게 같은 사람을 기술하는 특질 목록을 읽어 주었다. 한 집단에게는 '지적인, 능숙한, 근면한, 따뜻한, 단호한, 실질적인 그리고 신중한'의 목록을 제시했고, 다른 집단에게는 '따뜻한'을 '차가운'으로 바꾼 것 외에는 나머지는 모두 같은 목록을 제시했다. 그 결과, 두 집단은 이 사람에 대하여 매우 다른 인상을 형성했다. '따뜻한' 집단의 참가자들은 이 사람을 관대한, 행복한, 마음씨 좋은, 유머가 있는 그리고 인간적인 사람이라고 지각했다. 반면에 '차가운' 집단은 이 사람을 마음이 좁은, 불행한, 화를 잘 내는, 유머가 없는 그리고 무례한 사람이라고 지각했다. '따뜻한－차가운'을 '공손한－무뚝뚝한'으로 바꾸었을 때 이러한 인상의 차이는 매우 미미했다.

또 다른 중심 특질이 내・외향성이다(Eysenck, 1973). 우리는 내향적인 사람은 비사교적이고 생각이 많고 소심하다고 생각하는 반면, 외향적인 사람은 사교적이고 지배적이며 대범하다고 생각한다. 한 연구(Schneider & Blankmeyer, 1983)에서 참가자들은 하나의 외향적 특질(예: 야심 있는)을 가진 사람이 다른 특질(예: 파티에서 몇 시간 동안 다른 손님과 춤을 추는 행동)을 가질 확률을 평가했다. 이때 절반의 참가자는 평가할 사람이 외향적이라는 사실을 알고 있었고, 나머지 참가자는 이러한 사실을 모르고 있었다. 그 결과, 후자보다 전자의 참가자들은 이 둘의 특질이 서로 더 연관되어 있다고 지각했다. 이처럼 사람들은 외향적인 성격 특질은 그에 부합하는 어떤 행동과 병행한다고 판단하는 경향이 있다.

글상자 3-2

Anderson(1981)의 인상형성 모형

Norman Anderson(1955~현재; [그림 3-4] 참조)은 성격 특질에 기초한 여러 인상형성 모형을 개발해서 검증했다. **가산 모형**(additive model)은 각 성격 특질이 인상형성에 미치는 영향이 동일하다고 가정한다. 그러면서 각 성격 특질의 긍정적 영향을 모두 합해서 전반적인 인상이 결정된다고 본다. 예를 들면, 철수의 성격 특질은 '지적인'과 '따뜻한'이고, 현수의 성격 특질은 '지적인' '따뜻한'과 '정직한'이라면, 현수에 대한 인상이 철수에 대한 인상보다 더 우호적이다.

그림 3-4
Norman Anderson

평균 모형(average model)은 전반적인 인상이 여러 성격 특질의 긍정성을 모두 합해서 평균한 값으로 결정된다고 가정한다. 예를 들면, '지적인'과 '따뜻한' 차원에서 철수는 각각 10점 척도에서 6점과 10점이고, 현수는 9점과 5점이라고 하자. 이 모형에 따르면, 철수는 (6+10)/2=8점이고 현수는 (9+5)/2=7점으로, 철수에 대한 인상이 더 긍정적이다.

가중 평균 모형(weighted average model)은 평균 모형에 덧붙여 각 특질이 가지는 중요성을 가중치로 고려한 모형이다. '지적인'과 '따뜻한'의 가중치가 각각 0.9와 0.3이라고 하자. 그러면, 철수는 (6×0.9+10×0.3)/2=4.2점이고, 현수는 (9×0.9+5×0.3)/2=4.8점으로, 현수의 인상이 철수보다 더 긍정적이다. 지금까지의 연구 결과에 따르면, 가중 평균 모형이 사람들의 인상형성을 가장 잘 설명했다. 그러나 성격 특질의 가중치를 미리 결정하기가 어려운데, 가중치는 개인마다, 맥락마다 그리고 문화마다 다를 수 있기 때문이다.

(3) 초두 효과와 최신 효과

우리가 상대방에 대한 인상을 형성할 때 그에 관한 모든 정보를 똑같이 중요시하는 것은 아니다. 예를 들면, 우리는 상대방에 대한 인상형성에서 나중보다 처음에 제시된 정보를 더 중요시할 수 있다. 이것을 **초두 효과**(primacy effect)라고 하는데, 이처럼 첫인상이 중요한 이유는 그것이 이후의 인상에 대해 기저선 역할을 하기 때문이다. Asch(1946)는 두 집단의 참가자에게 가상 인물에 관한 같은 성격 특질 목록을 제시하고 그 사람에 대한 인상을 보고하도록 했다. 첫 번째 집단의 참가자에게는 '지적인, 근면한, 충동적인, 비판적인, 고집 센, 시기하는'이라는 목록을 제시하였고, 두 번째 집단에게는 이 목록을 그 순서만 정반대로 해서 제시했다. 즉, 첫 번째 목록은 긍정적 특질에서 부정적 특질로 나아갔지만, 두 번째 목록은 부정적 특질에서 긍정적 특질로 나아갔다. 연구 결과, 첫 번째 집단의 참가자들이 두 번째 집단의 참가자들에 비해 이 인물을 더 긍정적으로 지각했다.

이와 같은 초두 효과의 원인은 무엇일까? 처음에 제시한 형용사가 나중에 제시한 형용사의 의미를 변화시키기 때문으로 보인다(Asch, 1946). '지적인' '근면한' 특질은 이후의 '비판적인'이라는 특질을 자신의 지적인 능력을 제대로 발휘하는 것으로, '고집 센' 특질은 자신의 신념이나 입장을 견지하는 것으로 해석하도록 했을 수 있다. 반대로, '시기하는' '고집 센' 특질은 이후의 '지적인' 특질을 간교하거나 계산이 빠른 특질과 연결해서 해석하게 했을 수 있다. 또 다른 설명으로, 초두 효과는 후속 자극에 대한 주의의 감소 때문에 나타나거나, 초기의 정보에 근거해서 인상을 형성한 다음 이후의 정보를 경시하여 생길 수 있다(Anderson, 1981).

첫인상은 천천히 신중하게 형성되기보다는 매우 제한된 정보, 소위 얇게 썬 정보에 근거해서 아주 빨리 이루어진다. 한 연구(Ambady & Rosenthal, 1993)에서 참가자들은 대학교 강사가 강의하는 모습을 담은 10초짜리 동영상 3개를 음성 없이 시청했다. 그 다음, 참가자들은 그 강사가 학기말에 수강생들로부터 어떠한 강의 평가를 받을지 예측했다. 그 결과, 참가자들은 30초의 동영상을 보고도 강사에 대한 인상을 효과적으로 형성할 수 있었고, 그 강사에 대한 학생들의 실제 평가를 정확하게 예측했다. 후속 연구에서는 이 동영상을 5초짜리 3개와 2초짜리 3개로 편집하여 자극으로 사용했다. 그 결과, 정보가 많다고 해서 정확성이 증가하지는 않았다. 즉, 비언어적 행동에 대한 6초 동안의 시청만으로도 강사에 대한 학생들의 평가를 정확히 예측했다. 이는 우리의 인상이 매우 빠르고 정확하게 형성된다는 것을 시사한다.

이렇게 형성한 첫인상은 잘 변하지 않는 경향이 있다. Gross와 동료들(2015)은 대학생들에게 강의하는 교수들의 영상을 6분간 보여 준 다음 그 교수들을 평가하도록 요청했다. 그다음 3~6주 후에 대학생들은 각 교수의 강의를 40분 동안 직접 들은 다음 그들을 재평가했다. 그 결과, 각 교수에 대한 학생들의 전반적인 인상은 매우 안정적이었다. 다른 한편으로, 초기의 부정적 첫인상은 긍정적 첫인상에 비해 변화에 더 저항적일 수 있다(Ybarra et al., 2001). 어떤 사람이 호감도가 높은 성격 특질을 가지고 있다고 판단하기 위해서는 그것을 확증하는 사례가 많아야 하지만, 그러한 판단을 뒤집는 것은 소수의 사례만으로 충분하기 때문이다. 또한 이처럼 부정적 인상을 바꾸기가 어려운 것은 우리가 다른 사람의 부정적인 행동을 그의 잘 변하지 않고 안정적인 성격 때문이라고 생각하기 때문이다.

초두 효과와는 반대로, 어떤 사람에 대하여 제시한 일련의 정보 중에서 나중에 제시한 정보가 인상형성에 더 큰 영향을 미칠 수도 있다. 이것을 최신 효과(recency effect)라고 한다. 초두 효과가 최신 효과보다 더 강력하고 일반적이지만, 최신 효과가 나타날 수 있는 여러 가능성이 있다. 제시하는 두 정보 사이에 충분한 시간적 간격을 두고 두 번째 정보를 제시한 직후에 인상을 형성하도록 하면, 참가자가 처음의 정보를 망각할 가능성이 높기 때문에 최신 효과가 나타날 가능성이 크다(Myers, 2013). 또한 다수의 모범적인 행동 이후에 보이는 하나의 비열한 행동은 많은 주의를 끌기 쉽고 매우 진단적인 가치가 있어서 인상형성에 더 큰 영향을 미칠 수 있다. 지각자가 정확한 판단을 하도록 동기화되면, 판단하기 전에 초기의 정보에 국한하지 않고 나머지 정보도 고려할 수 있다(Berza et al., 1992).

(4) 긍정성 편향과 부정성 편향

사람들은 다른 사람을 평가할 때 더 긍정적으로 평가하는 긍정성 편향(positivity bias)을 가지고 있다. 사람들이 여러 상황에서 언어적으로 판단, 회상, 연상 등을 할 때, 그들이 사용한 언어는 낙관적인 경향, 즉 긍정적인 특성을 띠고 있다(Markus & Zajonc, 1985). 예를 들면, 사람들에게 제시한 단어가 불쾌하거나 유쾌한 정도에 상관없이 그들은 이러한 단어 중에서 부정적인 단어보다는 긍정적인 단어를 더 많이 연상했다(Pollio & Gerow, 1968). 더군다나 이와 같은 편향은 태도 대상이 사람인 경우에 더 클 수 있다. 예를 들면, 학생들은 강의 과목보다 그 과목을 가르치는 한 사람으로서 교수를 평가할 때 더 호의적이었다(Sears, 1983). 그러나 인상형성에서 다른 사람을 더 부정적으로 평가하는 부정성 편향(negativity bias)도 있다. 예를 들면, Öhman 등(2001)의 연구에서 사람들은 중립적이거나 우호적인 얼굴보다도 위협적인 얼굴에 더 주의를 기울여 더 빨리 찾아내는 경향을 보였다.

이처럼 상충하는 두 효과는 사람의 어느 측면을 평가하느냐에 따라 달라질 수 있다. 능력을 평가할 때는 긍정성 편향이 작용하기 쉽지만, 도덕적 측면을 판단할 때는 부정성 편향이 나타날 가능성이 크다(Reeder & Brewer, 1979; Skowronski & Carlston, 1987). 두 차원의 이러한 차이는 부분적으로는 발생 빈도에 기초한다(Mende-Siedlecki et al., 2013). 능력 영역에서 낮은 성과는 동기의 결여, 여러 장애물, 소진과 같은 다양한 이유 때문에 누구에게나 일어날 수 있지만, 높은 성과는 이 모든 실패의 원인을 극복한 사람에게만 나타난다. 낮은 수준의 성과는 일반적인 현상이어서, 그것이 주는 부정적 효과보다는 흔하지 않은 높은 수준의 성과가 주는 긍정적 효과가 더 크다. 반면에 도덕성 영역에서는 사회가 도덕적 행동을 기대하고 강제하기 때문에, 거의 모든

그림 3-5 **부정성 편향.** 타인에 대한 인상형성이 좀 더 부정적일 가능성이 크다.

사람이 도덕적으로 행동한다. 이처럼 도덕적 행동은 일반적이기 때문에, 그것의 긍정적 효과보다는 특이한 비도덕적 행동의 부정적 효과가 더 크게 보인다.

인상형성에서 긍정성 편향보다 부정성 편향이 더 강하다는 것을 많은 연구가 보여 준다(Baumeister et al., 2001; [그림 3-5] 참조). 긍정적 사건에 비해 부정적 사건은 생리적, 인지적, 정서적 그리고 사회적으로 더 강하고 빠른 반응을 유발한다. 또한 그 사건의 효과를 최소화하기 위한 생리적, 인지적 그리고 행동적 반응도 부정적 사건에 대해 더 강하게 나타난다(Taylor, 1991). Skowronski와 Carlston(1987)은 이러한 경향을 범주 진단성으로 설명한다. 우리가 어떤 사람을 정직하다고 판단하려면, 그가 여러 상황과 시간대에 일관적으로 정직한지를 관찰해야 한다. 그러나 그 사람이 부정직한지 판단하려면, 소수의 부정직한 행동을 관찰하는 것으로 충분하다. 이처럼 이 사람을 정직한 범주에서 제외하는 데 부정적 행동이 더 큰 영향력을 행사하기 때문에, 우리는 긍정적 정보보다는 부정적 정보에 더 민감하게 반응한다.

부정성 편향에 대한 진화론의 설명에 따르면, 갑작스럽게 맞닥뜨릴 위험을 피하기 위해 부정적인 정보(예: 두려움과 공포)에 주의를 기울이는 것이 생존에 더 유리하다(Rozin & Royzman, 2001). 실제 한 연구(Rozin & Royzman, 2001)에서 참가자들이 긍정적 사진(예: 페라리, 피자 등), 중립적 사진, 부정적 사진(예: 손상된 얼굴, 죽은 고양이 시체 등)을 볼 때 그들의 뇌의 활성화를 측정했다. 그 결과, 참가자들이 긍정적 혹은 중립적 사진을 보았을 때와 달리 부정적 사진을 보았을 때, 뇌의 활성화가 현저하게 증가했다. 이러한 사실은 인간이 생존하기 위해서 위험한 것을 피하도록 뇌가 진화되었음을 시사한다.

부정적 편향에 대한 또 다른 설명은 판단의 오류가 가져오는 위협의 정도와 관련이 있다(Nesse, 2005). 정직한 사람을 부정직한 사람으로 잘못 평가한 것이 부정직한 사람을 정직한 사람으로 잘못 평가한 것보다 그 손해가 덜하고 덜 위협적이다. 전자의 경우는 실제 정직한 사람을 잘못 판단해서 그 사람을 잃는 손실이 있다. 반면에 후자의 경우 실제 부정직한 사람을 정직한 사람으로 잘못 판단함으로써 그 사람과 상호작용을 하게 된다. 그러면서 그 사람이 나를 속이거나 사기를 침으로써, 나는 여러 손실을 겪게 된다. 즉, 상대방을 사기꾼으로 잘못 판단하면 그 사람과 같이 사업을 하지 않기 때문에 아무것도 사기당하지 않지만, 사기꾼을 정직한 사람으로 잘못 판단해서 사업을 같이 하면 결국에는 내가 투자한 만큼 손해를 보게 된다. 이러한 이유로 우리는 부정적 정보를 더 중시하는 경향을 보인다.

2. 비언어적 행동

우리는 상대방이 하는 말을 통해 그 사람이 어떤 사람인지를 이해하고 판단한다. 상대방이 자신을 말로 소개하면, 우리는 그 말에 들어 있는 정보를 이용해서 그에 대한 인상을 형성한다. 마찬가지로 우리는 상대방이 여러 주제에 대하여 자신의 생각이나 판단을 말로 표현한 내용에 기초해서 그에 대한 인상을 형성한다. 이때 말은 일반적으로 우리가 표현하고자 하는 내용을 가장 분명하게 드러내는 방법이다. 그러나 우리의 대인지각은 상대방이 한 말에만 의존하는 것은 아니고, 그 사람의 여러 비언어적인 행동에도 큰 영향을 받는다. 여기서는 이와 같은 비언어적 행동에 대해 알아본다.

1) 얼굴

우리는 다른 사람의 얼굴 단서를 이용해서 그의 다양한 성격을 추론한다. 이때 얼굴 단서 중 매력과 같은 요소와 더불어 그 외의 얼굴 특징도 대인지각에 영향을 미친다. 한 연구(Rule & Ambady, 2008)에서 대학생들은 2006년 'Fortune 500'에 선정된 기업 중 최상위 25개와 최하위 25개 기업의 최고경영자 50명의 얼굴 사진을 보고 그들의 권력 관련 특질(역량, 지배성 그리고 얼굴의 성숙성) 및 리더십을 평가했다. 그 결과, 얼굴의 매력, 나이 및 호감을 모두 통제하고도 최고경영자의 얼굴에 나타난 권력 관련 특질과 리더십은 그 회사의 3년간 평균 수익과 정적인 관계가 있었다.

한편, 매력적인 얼굴은 성격 특질을 추론하는 데 큰 영향을 미친다([그림 3-6] 참조). 사람들은 '아름다움은 좋은 것'이라는 고정관념 혹은 신화를 가지고 있다. 그래서 아름다운 외모와 같이 하나의 긍정적인 측면을 가진 사람에게 여러 호감 가는 특질을 부여하는 경향이 있다. 이것을 매력적인 얼굴이 갖는 **후광 효과**(halo effect)라고 한다. 후광 효과는 관계적인 상황, 학교, 직장과 같은 다양한 맥락에서 매우

그림 3-6 얼굴. 사람들은 매력적인 얼굴에 큰 호감을 갖는다.

보편적으로 나타난다. 사람들은 매력적인 사람이 지적이고 사교적이며 외향적이고 자신감이 높다고 생각하는 경향이 강하다(김혜숙, 1993). 매력적인 얼굴에 대한 이러한 고정관념은 지능이나 적응과 같은 인지적 능력보다는 외향성, 자신감과 같은 사회적 역량을 지각하는 데 더 강한 반면, 진실성이나 타인에 대한 배려에 대한 평가에는 큰 영향을 미치지 않는 것으로 보인다(Eagly et al., 1991).

매력적인 얼굴은 강사에게도 유리하게 작용한다. Hamermesh와 Parker(2005)의 연구에서 대학생들은 463개의 강좌를 담당하는 강사들의 사진을 보고 그들의 얼굴 매력을 평정했다. 그 결과, 강사의 외모가 강의에 대한 학생들의 평가에 상당한 영향을 미치는 것으로 나타나, 잘생긴 강사의 강의가 그렇지 않은 강사의 강의보다 더 좋은 평가를 받았다. 이러한 효과는 여성 강사보다 남성 강사에게서 더 크게 나타났다. 또한 얼굴이 매력적인 사람은 고용될 가능성도 더 높고(Dubois & Pansu, 2004), 수입도 더 많을 수 있다(Frieze et al., 1991). 심지어 매력적인 여성은 법정에서도 더 낮은 형량의 처벌을 받는다(고재홍, 1994). 후광 효과와 반대로, 우리는 얼굴의 매력이 낮은 사람들이 덜 사교적이고 덜 이타적이며 덜 지적이라고 생각한다(Griffin & Langlois, 2006). 이것을 **부정적 후광 효과** 혹은 악마 효과(devil effect)라고 한다.

인상형성 관련 얼굴의 특징 중 하나가 **동안**(facial babyishness)이다. 우리는 넓은 이마, 작은 턱, 큰 눈, 도톰한 입술, 눈과 코 사이의 짧은 거리와 같은 동안의 특징을 가진 사람에 대하여 미성숙하다는 성격 추론을 한다. Berry와 McArthur(1986)의 연구에 따르면, 사람들은 성숙한 얼굴의 성인에 비해 동안의 성인을 약하고 복종적이며 지적으로 어수룩하다고 평가했다. 반면에 동안을 가진 사람은 좀 더 매력적인 사람으로 평가받는 경향이 있다. 한 연구(Johnston & Franklin, 1993)에서 참가자들은 많은 여성의 얼굴을 보고 자신들이 가장 좋아하거나 싫어하는 부분을 선택했다. 그다음, 최상의 부분들을 조합해서 이상적인 여성을 만들었다. 그 결과, 이 여성은 실제 여성보다 좀 더 동안의 특징을 가지고 있었다. 또한 매력적인 사람 중에서 동안인 사람은 그렇지 않은 사람에 비해 정직, 따뜻함, 진실과 같은 특성에서 더 높은 평가를 받았다(Berry, 1991). 이처럼 동안을 가진 사람에 대한 인상은 긍정적인 측면과 부정적인 측면을 모두 포함하고 있다.

글상자 3-3 매력적인 얼굴은 형량에도 유리하다

그림 3-7 미남 범죄자 Jeremy Meeks

뉴욕주의 몇몇 교도소에서는 안면 손상이 있는 재소자들 중 일부를 성형수술 시킨 다음, 그중 한 집단에게는 사회 적응 훈련을 제공했고 나머지 사람들에게는 제공하지 않았다. 출소 후 2년이 지나 추적 연구를 실시한 결과, 성형수술을 받은 범죄자들이 그렇지 않은 사람보다 재수감된 확률이 눈에 띄게 낮았다. 가장 흥미로운 점은 사회적 훈련 여부와 무관하게 성형수술을 받은 사람의 재수감률이 감소했다는 것이다.

이런 연구 결과를 기초로 일부 범죄학자들은 외적으로 문제가 있는 재소자들에게 사회 적응 훈련 대신 성형수술을 제공하는 것이 더 효과적일 수 있다고 주장했다. 그러나 Stewart(1980)의 연구 결과에 따르면, 범죄자의 외모 변화가 재범 확률을 감소하는 것이 아니라, 재범에 따른 재판에서 징역형을 선고받을 확률이 줄어들기 때문에 재범률이 낮아진 것으로 나타났다. 뛰어난 외모는 법정의 형량에서도 유리하게 작용한다.

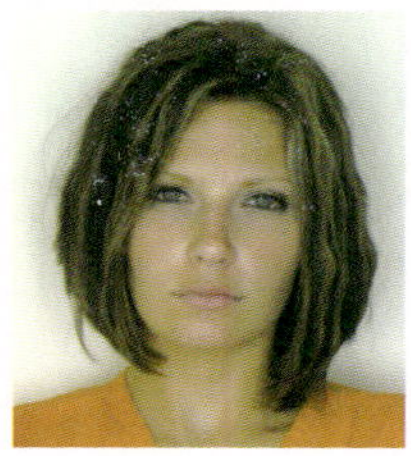

그림 3-8 미녀 범죄자 Meagan Simmons

그러면 우리는 다른 사람의 매력을 얼마나 빨리 판단할 수 있을까? 여러 연구에 따르면, 우리는 신체적 매력에 대한 지각을 아주 짧은 시간에 한다. 한 연구(Locher et al., 1993)에서 참가자들은 신체적 매력이 서로 다른 남녀 대학생(얼굴과 어깨)을 100ms 동안 흑백 스크린으로 본 다음 그들의 매력을 평가했다. 그 결과, 참가자들은 성별에 상관없이 평가 대상 대학생의 신체적 매력을 매우 잘 변별했다. 또 다른 연구(Olson & Marshuetz, 2005)는 매력적인 얼굴이 암묵적인 수준에서조차 이후의 인지적 과정을 편향시키는지 알아보았다. 연구자들은 대학생 참가자들에게 (매력적인 혹은 매력 없는) 얼굴을 13ms 동안 보여 주고 26ms 후에 특정 단어(예: 웃음)를 260ms 동안 보여 주었다. 그다음, 참가자들에게 얼굴 자극은 무시하고 주어진 단어가 '좋은지' 혹은 '나쁜지' 판단해서 반응하도록 했다. 긍정적 단어에 대한 반응속도는 매력 없는 얼굴에 비해 매력적인 얼굴이 선행할 때 더 빨랐다.

2) 키와 몸무게

그림 3-9 키가 인상형성에 미치는 영향. 일반적으로 키가 큰 사람에 대한 평가가 상대적으로 더 긍정적이다.

얼굴 특징뿐만 아니라 키도 대인지각에 상당한 영향력을 행사한다. 키는 신체적 매력을 결정하는 요소 중의 하나다. 키가 큰 남성이 작은 남성에 비해 일반적으로 더 매력적으로 보인다([그림 3-9] 참조). 한 실험 연구(Elman, 1977)에서 대학생들은 '경연 신청서'를 보고 그것을 작성한 남자 대학생의 성격을 평정했다. 이때 남자 대학생의 키를 크거나 작게 조작했다. 그 결과, 실험참가자들은 키가 큰 남자 대학생을 더 외향적이고 매력적으로 지각했다. 특히 남성의 키는 자신들이 결여한 신체적 매력을 보완하는 기능을 한다. Feingold(1982)의 연구에 따르면, 신체적으로 자신보다 더 매력적인 애인이 있는 남자 대학생들이 그렇지 않은 남자 대학생보다 6.6cm 더 컸다. 또한 20~60대까지 결혼한 건강한 남성 3,200여 명을 대상으로 그들의 키와 자녀 수를 조사한 결과, 자녀가 있는 남성이 자녀가 없는 남성에 비해 더 컸으며 이러한 경향은 모든 연령 집단에서 나타났다(Pawlowski et al., 2000). 이것은 키가 재생산에 영향을 미치는 요인으로, 여성들이 키가 큰 남성들을 좀 더 적극적으로 선택한다는 점을 시사한다.

키에 대한 지각은 존중감에 대한 지각과도 밀접하게 관련되어 있다. Lechelt(1975)의 연구에서 대학생들은 항공 엔지니어, 변호사, 기자, 성직자 등 10개의 직업을 가진 남자들의 키를 추정했다. 3개월 후에 이 대학생들은 이러한 직업을 가진 사람을 개인적으로 얼마나 존중하는지 평정했다. 그 결과, 대학생들은 키가 큰 사람들을 더 존중했다. 여러 메타분석에 따른 결과에서도 키가 큰 사람은 작은 사람에 비해 더 높은 자아존중감을 지니고 있었고, 직업적으로도 지도자의 위치에 있었으며, 더 많은 수입을 올렸다(Judge & Cable, 2004). 경영진과 같이 지위가 높은 직원은 관리직이 아닌 직원들에 비해 키가 더 컸고(Egolf & Corder, 1991), 남자의 경우에 한해서 키가 큰 사람이 좀 더 권한이 있는 지위에 있었다(Gawley et al., 2009). 흥미롭게도 백인 남성 중에서 키가 큰 사람이 수입도 더 많았지만, 그들의 10대 때 키를 통제하면 이러한 차이가 사라졌다(Persico & Postlewaite, 2004). 즉, 지금은 키가 작지만 고등학교 때는 작지 않았던 사람은 키가 큰 사람과 수입에서 차이가 없었다. 이처럼 키는 사회적 지각과 지위에 상당한 영향을 미치는 요인이다.

몸무게 역시 인상형성에 큰 영향을 미치는 요인이다. 오늘날 서구화된 대부분의 문화권에서는 비만인 사람보다는 마른 사람을 더 매력적으로 지각한다. 더군다나 사람들은 보통의 사람들에 비해 비만인 사람이 게으른, 무능한, 권태로운, 버릇없는 등과 같은 부정적인 성격 특질을 가지고 있다고 생각한다(Brochu & Morrison, 2007). 이와 같은 고정관념은 곧 편견을 야기할 수 있는데, 특히 우리가 살이 찐 사람들에 대해 편견을 갖게 만드는 가장 기본적이고 근접한 원인은 누구나 자기의 몸무게를 통제할 수 있다고 믿는 우리의 신념이다. 예를 들면, DeJong(1980)은 참가자들에게 과체중의 여성 사진을 보여 주고 그들을 평가하도록 했다. 그 결과, 과체중의 원인이 내분비선 장애라는 설명을 들은 참가자에 비해 듣지 못한 참가자들은 비만 여성이 더 제멋대로이고 자제력이 없다고 평가했다. 비만인 사람에 대한 이러한 편견은 여러 장면에서 차별을 가져온다.

비만에 대한 부정적인 인식은 특히 여성들에게 엄격하다. 자신이 이상적으로 생각하는 몸무게와 비만이라고 생각하는 몸무게 사이의 간격이 남성에 비해 여성에게서 훨씬 좁다. 그래서 여성은 남성에 비해 자신의 현재 몸무게가 이상적인 몸무게보다 조금만 더 나가도 비만이라고 생각하는 등 자신의 몸무게에 대해 더 민감하게 반응한다. 또한 여성은 남성보다 비만에 대해 더 많이 이야기할 가능성이 높다(Payne et al., 2011). 이러한 이야기는 보통 부정적인 결과를 초래하기 쉽다. 비만에 대한 이야기를 많이 하는 여성은 자신을 객관화하기 쉽고, 이것은 낮은 자기효능감이나 내재적 동기와 같은 부정적 결과와 함께 부정적 자기 이미지를 초래할 가능성이 크다(Gapinski et al., 2003).

3) 목소리

목소리는 음성지문(voiceprint)이라고 할 정도로 각 개인의 목소리는 독특한 비언어적 단서를 제공한다. 그래서 우리는 목소리를 통해 그 사람에 관한 정보를 알 수 있다. 사람들은 빈도, 음높이, 강도, 크기, 각 분절의 발음 기간 등 다양한 음성적 단서를 이용해서 상대방의 연령을 정확히 예측할 수 있다(Schötz, 2003). 나이가 들면서 목소리의 높이와 말의 속도가 낮아지는 경향이 있는 반면, 아이들은 성장할수록 말의 속도가 더 빨라지고 발음도 더 정확해진다. 또한 우리는 목소리의 크기, 음색, 음높이 등 남녀에 따라 매우 다른 생물학적 단서를 이용해서 성별을 정확하게 구분할 수 있지만, 그들의 성적 지향을 보여 주는 생물학적 특성이 체계적으로 존재하지는 않는다(Burgoon et al., 2010). 지금까지 많은 연구에서 사람들은 목소리만 듣고도 이성애자들을 동성애자나 양성애자들로부터 우연 수준 이상으로 변별해 낼 수 있었다(Burgoon et al., 2010). 반면, 다른 연구에서는 남자 동성애자들이 음높이가 높다거나 변화가 심하고 's' 발음을 더 강조한다는 사람들의 생각은 사실이기보다는 고정관념이라는 점을 규명하기도 했다(Smyth et al., 2003).

사람들은 목소리를 듣고 그 사람의 키와 몸무게를 추론한다. Lass와 Davis(1976)의 연구에서 참가자들은 녹음된 말을 듣고 그 화자의 키와 몸무게를 각각 4개의 범주에서 추정했다. 키의 경우는 150cm 이하, 150~165cm, 165~180cm, 180cm 이상 중 어디에 속하는지 그리고 몸무게는 45kg 이하, 45~70kg, 70~90kg, 90kg 이상 중 어디에 속하는지 추정했다. 그 결과, 참가자들은 키의 범주를 48% 그리고 몸무게 범주를 57% 정확하게 추정했다. 또한 그들은 음성 단서를 통해 극단적인 키나 몸무게는 잘 추론할 수 있었지만, 중간 범위에 있는 사람들을 추론하는 데에는 어려움을 겪었다. 그러나 또 다른 연구(Solomon et al., 2011)에서는 비만인 사람이 몸무게를 줄였을 때에도 목소리의 긴장도, 높이, 크기 등에서 차이가 없었다. 이러한 결과는 비만과 목소리의 관계가 생리적으로 결정되지는 않는다는 점을 시사한다.

신체적인 매력처럼, 목소리도 매력에서 차이가 있다. 목소리의 매력에 대한 한 연구(Zukerman & Miyake, 1993)에서 단조롭거나 비음이 큰 목소리일수록 매력이 낮고, 목소리의 크기와 울림 그리고 발음의 명료성이 클수록 매력적이었다. 그러나 음의 높이, 날카로움, 울림 등이 지나치게 낮거나 높으면 매력이 떨어졌다. 또한 사람들은 매력적인 목소리를 가진 사람을 성격 차원에서도 더 우호적으로 평가했다(Zuckerman & Driver, 1989). 그러한 사람을 더 따뜻하고, 호감이 가고, 정직하고, 우월하고, 성취 지향적인 사람으로 평가했으며, 얼굴도 매력적이라고 생각했다. 매력적인 목소리의 이러한 효과는 목소리만 들려주거나 목소리와 얼굴 모습을 모두 제시한 경우에도 나타났다.

4) 시선 행동

사람들은 상호작용하면서 매우 다양한 시선 행동을 한다. 어떤 때는 상대방을 똑바로 쳐다보기도 하고 또 다른 때에는 그의 시선을 피하기도 한다([그림 3-10] 참조). 시선 행동에는 크게 세 가지 유형이 있다. 짧은 기간 혹은 단속적으로 쳐다보는 것(gaze)이 있고, 상대적으로 긴 기간 동안 계속 쳐다보는 것(stare) 그리고 서로가 특별히 상대방의 눈을 쳐다보는 것(eye contact)이 있다. 우리는 이러한 시선 행동을 통해 그들에 대한 인상을 형성한다. 또한 대인 간 상호작용에서 쳐다보기에는 큰 개인차가 있다. 정상적으로 쳐다보는 행동의 비율이 전체 상호작용의 30% 이하부터 70% 이상까지 매우 광범위하게 분포하고 있다(Richmond et al., 2012). 더군다나 사람들은 상호작용하는 동안 자신의 시선 활동을 잘 파악하고 있는 것으로 보인다. 한 연구(Hall et al., 2007)에서 참가자들은 서로를 알기 위해 짧은 시간 상호작용하거나, 지위나 권한이 다른 역할을 모의 수행하거나, 재활용의 혜택을 홍보하기 위한 교육용 비디오를 함께 제작하는 상호작용을 했다. 이러한 장면을 녹화해서 분석한 참가자들의 시선 행동은 그들이 자기보고한 시선 행동과 상당히 일치했다.

그림 3-10 **시선 행동.** 그중의 하나가 상대방을 오래 쳐다보는 것이다.

쳐다보는 시간도 인상형성에 영향을 미친다. 일반적으로 기대하는 것보다 좀 더 오래 서로 쳐다보는 것은 더 친밀하게 지내고 싶다는 바람을 보여 주는 신호로 지각된다(Knapp et al., 2014). 그러나 서구와 같은 문화에서 적절하다고 생각하는 것보다 일방적으로 더 오래 쳐다보면, 사람들은 그러한 사람을 너무 앞서가거나 무례한 사람으로 여긴다(Richmond et al., 2012). 또한 말하는 사람을 쳐다보는 것은 그 사람이 말하는 것에 흥미를 느끼고 있다는 신호일 수 있지만, 다른 문화권, 가령 아시아나 아프리카 국가의 사람들은 특히 지위가 높은 사람이 말을 할 때 그를 똑바로 쳐다보는 것은 무례하다고 생각한다(Byers & Byers, 1972; Martin & Nakayama, 1997). 반면, 시선 피하기는 여러 의미로 해석된다. 불친절하거나 다른 사람의 말에 흥미가 없거나 대화를 중단하고 싶다는 신호일 수도 있고, 자신에 대한 확신이 없을 때 그러한 내면의 상태를 상대에게 들키지 않기 위한 행위일 수도 있다(Richmond et al., 2012).

비슷한 맥락에서, 사람들은 시선 행동을 통해 여러 성격적인 특성을 추론한다. 몇몇 연구자(Kleck & Nuessle, 1968)는 자신의 파트너를 쳐다보는 사람들의 영상을 참가자들에게 보여 주었다. 이때 쳐다보는 길이를 상호작용하는 시간의 15%나 80%로 조작했다. 그 결과, 그들은 자신의 파트너를 15%만 쳐다본 사람을 차가운, 비관적인, 조심스러운, 방어적인, 미성숙한, 무관심한 등으로 기술한 반면, 80% 쳐다본 사람을 우호적인, 자신감이 넘치는, 성숙한, 성실한 등으로 기술했다. 또한 사람들은 피면담자의 시선 접촉이 감소할수록 그들의 자아존중감이 낮다고 평가했다(Droney & Brooks, 1993). 반면, 청중들과 더 많은 시선을 접촉하는 사람은 좀 더 설득력 있고 신뢰가 가며 진실하다는 평가를 받았다(Richmond et al., 2012).

사람들은 다른 사람의 시선 행동을 보고 그들의 지위나 권한을 판단할 수 있지만, 지금까지의 연구 결과는 일관적이지 않다. 지위가 다른 두 사람이 대화할 때, 지위가 높은 사람은 지위가 낮은 사람의 시선을 더 많이 받는다. 지위가 낮은 사람은 이러한 행동을 통해 존경을 표시하는 동시에 지위가 높은 사람의 행동을 살펴보는 것이 중요하기 때문이다(Richmond et al., 2012). 반면에 지위가 다른 사람들이 직장에서 어느 정도 쳐다보기를 할 것 같은지 참가자들에게 물었을 때, 그들은 지위가 높은 사람이 낮은 사람에 비해 더 많이 쳐다볼 것이라고 응답했을 뿐 아니라, 동영상에서 많이 쳐다본 사람의 지위가 더 높을 것으로 판단했다(Hall et al., 2005). 또 다른 연구(Koch et al., 2010)에 따르면, 지위가 높거나 권한이 더 많은 사람은 그렇지 않은 사람과 비교해서 자신이 들을 때보다 말할 때 다른 사람을 더 많이 쳐다보았다. 이처럼 시선 행동과 권한 혹은 지위와의 관계는 연구에 따라 차이가 있는 것으로 보인다.

3. 귀인의 원리

일상적으로 우리는 자기 자신이나 다른 사람이 왜 특정 행동을 하는지 그 이유를 추론한다. 우리는 어떤 사람이 특정 상황에서 왜 공격 행동을 하는지 혹은 왜 두 사람이 서로를 좋아하는지 질문한다. 이처럼 귀인(attribution)이란 자신이나 다른 사람의 행동의 원인을 추론하는 과정을 말한다. 귀인에는 크게 상황 귀인과 성향 귀인이 있다(Heider, 1958). 상황 귀인(situational attribution)은 행동의 원인을 상황에서 찾는 것으로, 어떤 사람의 공격 행동이 상대방의 도발 때문이라고 귀인할 수 있다. 반면에 그는 원래 다른 사람을 때리고 욕설도 하는 등 공격적인 성격 때문에 그와 같은 행동을 했다고 생각할 수도 있다. 이것은 행동의 원인을 행위자의 내적인 특성에서 찾는 성향 귀인(dispositional attribution)의 한 사례다.

일반적으로 상황은 성향에 비해 상대적으로 잘 변하는 특성을 가지고 있다. 수업을 듣는 상황은 친구들과 커피를 마시는 상황과는 다르다. 그래서 이 두 상황에서 어떤 사람의 특정 행동을 상황에 귀인한다면, 수업에서 상황 원인은 커피를 마시는 장면에서 상황 원인과는 다를 수 있다. 반면에 우리는 사람의 성격이 일관적이라고 생각하는 경향이 있다. 그래서 어떤 사람이 정직하다면 우리는 그가 수업시간이나 커피를 마시는 상황에 상관없이 정직할 것이라고 생각한다.

그러나 귀인이 늘 일어나는 것은 아니다. 사람들은 자신의 기대와는 다른 일이 일어났을 때, 특히 그러한 사건이 부정적이고 자신에게 중요할 때 그 원인을 찾으려는 경향이 크다. 이때 귀인은 많은 기능을 한다(Anderson, 1991). 첫째, 귀인은 과거에 일어난 사건의 원인을 찾음으로써 미래를 예측하는 데 도움을 준다. 시험에 대한 합격을 자신의 능력에 귀인한 사람은 미래에도 그런 시험에 합격할 수 있다고 기대한다. 둘째, 귀인은 환경을 통제하는 데 기여한다. 타인이 자기를 비난한 이유가 그의 성격 때문이라고 생각하면, 그러한 비난을 피하는 최선의 방법은 그를 만나지 않는 것이다. 셋째, 귀인의 결과는 사람들의 감정, 태도 및 행동에도 영향을 미친다. 시험에 떨어진 결과가 불공정한 채점 때문이라면, 우리는 이에 분노하고 그 시험제도나 채점자에 대해서 부정적인 태도를 형성할 수도 있다.

귀인을 설명하는 이론에는 크게 Heider(1958)의 상식심리학, Jones와 Davis(1965)의 대응 추리 이론, 그리고 Kelley(1967)의 공변 원리가 있다. 이 절에서는 이러한 이론들의 핵심 가정과 개념을 살펴본다.

1) 상식심리학

초기의 귀인 이론을 제안한 Heider(1958)는 귀인에 관해 일반인들이 사용하는 원리, 즉 **상식심리학**(common-sense psychology)을 분석했다. 상식심리학에 따르면, 사람들은 세상을 일관성 있게 이해하고 환경을 통제하려는 동기가 있다. 이를 위해 그들은 타인의 행동을 이해할 필요가 있는데, 이때 귀인이 중요한 역할을 한다. [그림 3-11]에서 보듯이 상식심리학자로서 일반인들은 어떤 행동의 결과(예: 성공이나 실패)가 행위자의 동기와 '할 수 있다(can)'라는 개념의 곱으로 결정된다고 생각한다. 어떤 시험에 대한 한 개인의 동기 수준이 0.8이고 '할 수 있다'가 0.6일 때, 그가 이 시험에 합격할 가능성은 0.8×0.6 혹은 0.48이다. 이때 동기는 시험에 합격하려는 의도나

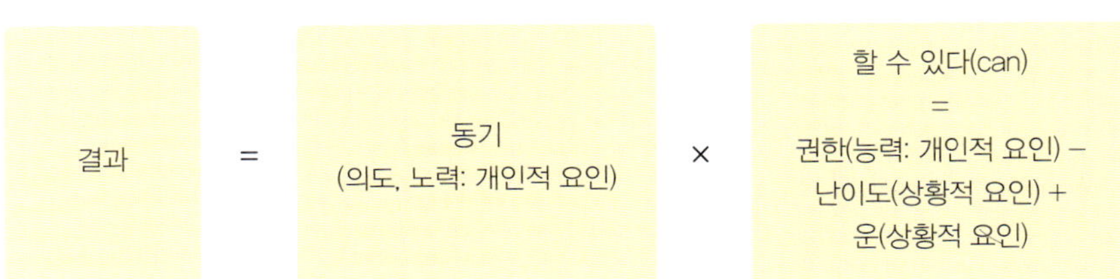

그림 3-11 상식심리학. 행동의 결과를 결정하는 내적 요인과 외적 요인의 관계

출처: Försterling (2001).

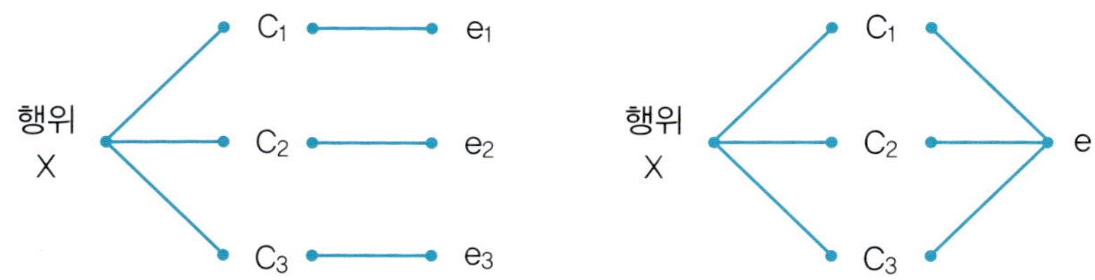

그림 3-12 행위(X), 상황(C) 그리고 효과(e)의 관계. 왼쪽 그림은 행위의 효과가 상황에 따라 달라 상황 귀인하는 반면, 오른쪽 그림은 행위가 상황과 무관하게 동일한 효과를 가져와 성향 귀인을 하는 경우다.
출처: Försterling (2001).

노력과 같은 어느 정도 가변적이고 통제 가능한 개인적 요인, 즉 성향에 달려 있다. 반면, '할 수 있다'라는 개념은 권한이나 능력과 같이 상대적으로 안정적인 개인의 성향과 시험의 난이도나 운과 같은 상황적 요인의 영향을 받는다. 그래서 궁극적으로 '할 수 있다'는 권한−난이도+운의 합으로 결정된다.

Heider는 어떤 행동에 대한 귀인이 선행 조건에 따라 달라진다는 점을 분석했다. 그에 따르면, 사람들은 특정 행동이 가져오는 최종 결과물이 다수(multifinality)인지 아니면 단일(equifinality)한지 분석하여 의도적(성향적) 혹은 비의도적(비성향적) 귀인을 한다. [그림 3-12]의 왼쪽에서처럼 최종 결과물이 다수인 것은 한 개인의 특정 행동이 상황에 따라 다른 결과를 가져오는 경우에 해당한다. 자동차로 회사에 출근하는 행동(X)은 상황(C)에 따라 다른 효과(e)를 가져올 수 있다. 어떤 사람이 한 날 어떤 길(C_1)로 운전하고 가다가 길이 막혀 20분 지각했다(e_1). 그다음 날은 다른 길(C_2)로 갔다가 여전히 길이 막혀 10분 지각했다(e_2). 세 번째 날은 첫 번째 갔던 길이지만 막히지 않아서(C_3) 지각하지 않았다(e_3). 이런 경우 우리는 이 사람이 지각한 것을 의도적이라고 귀인하지는 않는다. 대신 비의도적인 것으로 귀인한다. 즉, 상황에 귀인한다. 그러나 [그림 3-12]의 오른쪽에서처럼 어떤 행동이 서로 다른 상황에도 불구하고 동일한 효과가 있다면, 우리는 그 행동을 개인적 요인에 귀인한다. 즉, 성향 귀인한다. 전체적으로 Heider의 이러한 분석을 경험적으로 검증한 연구는 많지 않은 편이다(Försterling, 2001).

2) 대응 추리 이론

Heider가 제시한 귀인의 과정을 더 발전시킨 이론이 Jones와 Davis(1965)의 대응 추리 이론(correspondence theory)이다. 이 이론은 우리가 다른 사람의 행동을 보고 그 행동에 상응하는 의도나 성향을 추론하는 원리에 관한 이론이다. 이때 대응이란 특정 행동을 관찰해서 그 행동의 기저에 있는 행위자의 의도나 성향을 알 수 있는 정도를 의미한다. 어떤 행동이 행위자의 성향을 반영한다고 우리가 확신할 수 있을 때, 대응 수준은 높은 것이다. 반대로, 어떤 행위가 행위자의 의도나 성향을 반영한다고 자신할 수 없으면, 그때의 대응 수준은 높지 않은 것이다.

예를 들어, 한 여성이 어떤 남성과 결혼을 했고 그 결혼이 이 여성에게 미치는 여러 영향을 우리가 알 수 있다고 가정해 보자. 그녀는 결혼을 통해 부를 얻을 수 있고, 지적인 상대방과 함께할 수 있고, 매력적인 배우자를 얻을 수 있다. 이러한 상황에서 우리는 그녀가 부를 위해서 그 사람과 결혼했다고 자신 있게 추론할 수 있을까? 이런 추론을 위해서는 행위자가 자신의 행동이 가져올 결과를 알고 있으면서 그렇게 행동할 자유를 가지고 있어야 한다. 즉, 행동을 할 수 있는 능력과 그에 따른 결과를 알고 있어야 한다. 그 여성이 돈 많은 남성과 결혼한 것을 부에 대한 그녀의 갈망 때문이라고 우리가 확신하면, 행동과 의도 혹은 성향 간의 대응 수준은 높고, 이러한 확신이 불분명하면 그 둘 간의 대응 수준은 낮다.

대응 수준을 결정하는 주요 선행 조건 중의 하나가 **비공통 효과**(non-common effect)다. 이 이론의 가정에 따르면, 우리는 관찰자로서 행위자가 실제 수행한 행위 이외에 그 대안적 행동도 고려한다. 예를 들면, 우리는 이 여성이 두 파트너 A와 B 중에서 한 명을 선택했다고 가정할 수 있다. 이때 두 파트너는 모두 매력적이고 지적인 두 효과를 공통으로 가지고 있지만, 이 여성이 선택한 파트너 A는 부유하고 선택하지 않은 파트너 B는 가난하다고 가정하자. 이 이론에 따르면, 우리는 이 2개의 선택을 통해 얻을 수 있는 효과를 비교해서 공통 효과와 비공통 효과를 구분한다. 이 사례에서 이 여성이 파트너 A를 선택한 것에는 2개의 공통 효과와 경제적 부라는 하나의 비공통 효과가 있다. 이때 비공통 효과의 수가 적을수록 대응 수준은 높아진다. 따라서 이 사례에서 우리는 이 여성이 돈 때문에 파트너 A와 결혼했다고 자신 있게 귀인할 수 있다.

대응 수준을 결정하는 또 다른 선행 조건은 비공통 효과의 **사회적 바람직성**(social desirability)이다. 이것은 어떤 효과가 보편적으로 인정받는 가치의 정도를 의미한다. 비공통 효과가 사회적으로 바람직하면, 그 효과는 행위자의 성향에 대해 많은 정보를 제공하지는 않는다. 앞의 사례에서 경제력이라는 비공통 효과는 보편적으로 가치를 인정받기 때문에, 대부분의 사람은 경제력이 있는 사람을 더 선호한다. 그래서 우리는 경제력으로 유리한 파트너 A를 선택한 이 여성의 행동을 보고 그녀의 성향에 대하여 많은 것을 알기는 어렵다. 일반적인 기대와는 달리, 이 여성이 경제적으로 가난한 파트너 B를 선택했다면, 우리는 이러한 선택을 그녀의 개인적 성향 때문이라고 추론하게 된다. 사람들은 다른 사람이 사회적 바람직성이 낮은 행동을 할 때 그 행동의 원인을 성향에서 추론한다.

대응을 결정하는 두 선행 조건의 조합에 따른 효과가 〈표 3-2〉에 제시되어 있다. 이 표에서 보듯이 비공통 효과의 수가 적고 사회적 바람직성이 낮을 때, 행동과 성향 간의 대응 수준은 매우 높아진다. 그러나 나머지 세 가지 경우에는 비공통 효과의 정보적 가치가 낮거나 귀인에 대한 확신이 낮아, 행위자의 행동을 통해 그의 성향을 추론하기가 쉽지 않다.

표 3-2 **대응의 선행 조건.** 사회적 바람직성에 따라 정보적 가치가 결정되고, 비공통 효과의 수에 따라 귀인의 확실성이 결정된다.

비공통 효과의 수	사회적 바람직성	
	높음	낮음
많음	사소한/애매한	흥미로운/애매한
적음	사소한/분명한	높은 대응

출처: Jones & Davis (1965).

3) 공변 원리

Heider(1958)의 상식심리학을 수용한 Kelley(1967)는 귀인의 과정을 공변 원리(covariance principle)로 개념화했다. 이때 공변이란 특정 원인이 특정 효과와 여러 조건에 걸쳐서 결합해 있는 경우를 말한다. 예를 들면, 서쪽 하늘에 검은 구름이 드리우면 소나기가 내리고 그곳에 검은 구름이 없으면 비가 내리지 않는다고 할 때, 서쪽 하늘의 검은 구름과 소나기는 공변하는 것이다. 일반인도 과학자와 마찬가지로 결과의 원인을 찾으려고 하고, 대부분은 인과관계를 설명하기 위해서 공변과 같은 과학적 원리를 사용한다(Försterling, 1992). Kelley는 이러한 점에 기초해서 인과적 귀인을 위해서는 특정 행위자가 주어진 상황에서 자극 대상에게 어떻게 행동하는지와 관련한 세 가지 정보가 필요하다고 제안했다. 또한 그는 이러한 정보의 공변 정도에 따라 사건의 원인을 행위자, 대상(혹은 자극), 또는 상황에서 찾는다고 보았다.

이 세 가지 정보를 설명하기 위해서 철수가 일과를 마친 후 술을 마시는 경우를 예로 살펴보자. 세 정보 중 하나인 일관성(consistency)은 한 사람이 동일한 상황에서는 늘 동일한 방식으로 행동하는지의 문제다. 앞의 예에서 철수가 일과 후 늘 술을 마시는 것(높은 일관성)은 성향 귀인을 함축하는 반면, 일과 후 가끔 술을 마시는 것(낮은 일관성)은 상황 귀인을 함축한다. 또 다른 정보인 **일치성**(consensus)은 동일한 상황에서 다른 사람들도 그 사람처럼 행동하는가의 문제다. 다른 사람들도 철수처럼 일과 후 술을 마신다면(높은 일치성), 이것은 철수의 일과 후 음주에 대한 상황 귀인을 함축한다. 반면에 다른 사람들은 일과 후에 술을 마시지 않는다면(낮은 일치성), 이것은 철수의 일과 후 음주에 대한 성향 귀인을 함축한다. 마지막 정보가 **특이성**(distinctiveness)인데, 이것은 그 사람이 특정 상황에서만 이런 식으로 행동하는가의 문제다. 철수가 일과 후에는 술을 마시지만 골프를 마친 후나 파티에서는 술을 마시지 않는다면(높은 특이성), 이러한 행동은 상황 귀인을 함축한다. 반대로, 모든 상황에서 술을 마신다면, 그것은 성향 귀인을 의미한다.

글상자 3-4

절감 원리와 증가 원리

우리가 귀인을 할 때 고려하는 또 하나의 중요한 요인이 행동에 영향을 미치는 상황적 제약이다. 상황적 제약이란 상황이 행동에 가하는 압력으로, 사람들은 이러한 제약을 고려하여 처음의 귀인을 절감하거나 증가한다.

절감 원리(discounting principle)는 행동의 가능한 원인이 여럿일 때 그중 하나의 원인에만 귀인할 가능성이 줄어드는 현상을 말한다(Kelley, 1972). 즉, 절감 원리는 상황적 제약이 특정 행동을 촉진할 때, 행위자의 성향에 덜 귀인하게 만든다는 것과 관련된다. 가령, 교통사고가 운전자의 서툰 운전 기술뿐만 아니라 주변의 어두운 날씨도 관련되어 있다면, 사고의 원인을 운전자의 기술에만 귀인할 가능성은 상대적으로 낮아진다.

대조적으로, **증가 원리**(augmenting principle)는 강력한 상황적 제약이 특정 행동을 억제함에도 불구하고 그러한 행동을 할 경우, 사람들이 그 행동에 대하여 더 강한 성향 귀인을 하는 것을 의미한다(Kelley, 1972). 예를 들면, 우리 사회는 교통 법규를 지키도록 요구하고 있으며 그렇지 않을 경우 법적으로 처벌을 한다. 이러한 상황적 제약에도 불구하고 교통 법규를 지키지 않는 사람을 보면, 우리는 이러한 위반 행동의 원인을 그의 성향에서 찾을 가능성이 더 높아진다.

Kelley 등(Kelley, 1973; Orvis et al., 1975)은 이 세 정보의 조합으로 만들어지는 여덟(혹은 2×2×2) 가지의 경우가 귀인을 결정한다고 제안했다. 그들에 따르면, 사람들은 세 정보가 모두 높을 때는 대상(앞의 예에서는 일)에 귀인하지만, 일관성만 높을 때

표 3-3 세 가지 정보의 공변 정도에 따른 귀인. 세 가지 정보가 모두 높을 때는 대상(혹은 자극)에 귀인하는 반면, 그렇지 않은 조합의 경우에는 행위자나 상황에 귀인한다.

귀인	정보		
	일관성	일치성	특이성
행위자	고	저	저
대상(혹은 자극)	고	고	고
상황	저	저	고

출처: Orvis et al. (1975).

는 행위자에게 귀인하고 특이성만 높을 경우에는 특정 상황에 귀인한다(〈표 3-3〉 참조). 많은 연구에서 이러한 귀인의 종류를 검증한 전반적인 결과에 따르면, 행위자나 대상에 대한 귀인은 Kelley가 제안한 바를 지지했다(Försterling, 2001). 그러나 상황에 대한 귀인은 나머지 두 정보에 상관없이 일관성이 낮을 때 두드러지는 경향이 있었다. 또한 사람들이 일치성 정보를 어느 정도 사용하는지는 여전히 불분명하다. 초기 연구(McArthur, 1972; Nisbett & Borgida, 1975)에서는 일치성 정보가 특이성과 일관성 정보에 비해 귀인에 큰 영향을 미치지 않았다. 그러나 좀 더 최근 연구(Cheng & Novick, 1990)에서는 참가자들에게 귀인과 좀 더 밀접한 정보를 제공한 경우, 그들은 일치성 정보를 충분히 사용했다.

4) 성취 행동과 귀인

자신의 행동에 대한 귀인 중에서 성취 행동에 관한 Weiner의 귀인 모형(Weiner et al., 1978)은 매우 체계적인 이론적 모형이다. 이 모형은 성공이나 실패에 대한 귀인에 따라 이후의 자아존중감, 경험하는 정서 그리고 이후의 성공 가능성에 대한 기대가

표 3-4 성취 관련 상황에서 귀인의 차원

차원	통제 가능		통제 불가능	
	안정	불안정	안정	불안정
내적	지속적 노력	일시적 노력	능력	기분
외적	지속적 편향	일시적 편향	과제 난이도	운

출처: Weiner (1986).

달라진다고 가정한다. Weiner(1986)는 성취 관련 귀인을 세 가지 차원, 즉 내재성, 안정성 그리고 통제성 차원으로 구분했다. 이러한 세 차원의 조합으로 구분한 수행 관련 원인이 〈표 3-4〉에 제시되어 있다.

여기에서 내재성(internality) 차원은 성공이나 실패의 원인이 행위자의 내부에 있는지 아니면 환경에 있는지의 문제다. 행위자의 능력이나 노력은 내적 원인인 반면, 과제 난이도나 운과 같은 요인은 외적 원인이다. 안정성(stability) 차원은 그 원인이 시간에 따라 변하지 않는지 혹은 변하는지의 문제다. 능력과 과제 난이도는 안정적이지만, 일시적 노력이나 운은 불안정한 원인이다. 통제성(controllability) 차원은 행위자가 그 원인을 스스로 조절할 수 있는지의 문제다. 노력은 통제 가능한 원인인 반면, 능력은 통제 불가능한 원인이다.

성취에 대한 **통제 소재**(locus of control)가 행위자의 정서적 경험에 영향을 미친다. 사람들은 성공을 내부 귀인할 때 자부심과 긍정적 자아존중감을 경험하는 반면, 실패를 내부 귀인할 때 수치심을 경험한다(Weiner, 1986; Weiner et al., 1978). 반대로, 성공을 외부 귀인하면, 사람들은 놀람이나 감사를 경험하겠지만 높은 자아존중감을 느끼지는 않는다(McFarland & Ross, 1982). 실패를 외부 귀인할 때, 자아존중감을 보호할 수 있고 안도감을 느낄 수도 있으며 경쟁자에 대한 질투심을 피할 수 있다(Mikulincer et al., 1989). 이처럼 정서 경험은 주로 원인의 내재성 차원에 의해 결정되지만, 통제가능성 차원도 정서, 특히 실패와 관련된 정서의 경험에 영향을 미친다. 가령, 죄책감은 내적이며 통제 가능한 요인으로 귀인할 때 나타나고, 연민이나 동정심은 외적이며 통제 불가능할 때 나타나는 정서다(Weiner, 1986; Weiner et al., 1978).

귀인의 안정성은 미래에 대한 기대에 영향을 미친다. 사람들은 특정 효과의 원인이 안정적이라고 지각할 때 그러한 효과가 미래에도 나타날 것으로 기대하지만, 원인이 가변적이라고 지각하면 그 효과도 달라질 것으로 기대한다(Weiner, 1986). 안정적 요인(예: 능력)에 귀인한 성공은 이후의 유사한 과제에서도 성공할 것이라는 기대를 증가시킬 것이고, 불안정적 요인(예: 좋은 기분)에 귀인한 성공은 미래의 성공에 대한 기대를 감소시킬 것이다. 마찬가지로 불안정적 요인에 비해 안정적 요인에 귀인한 실패는 미래에 대한 희망을 낮출 것이다. 예를 들면, 강간이나 그 외 범죄의 피해자들은 그 사건을 덜 안정적인 요인에 귀인함으로써 무기력이나 우울을 피할 수 있다(Anderson et al., 1994).

4. 귀인의 한계

앞서 살펴본 것처럼, 여러 귀인 이론은 사람들이 실생활에서 과학자처럼 합리적이고 논리적인 방식으로 귀인한다고 가정한다. 그러나 종종 사람들은 귀인에서 다양한 오류(error)나 편향(bias)을 범한다. 이때 이 두 개념은 중첩되는 의미가 있어 혼용해서 쓰기도 하지만, 그렇다고 동일한 개념은 아니다. 귀인이 모형의 예측으로부터 비체계적으로 벗어나서, 어떤 경우에는 이쪽 방향으로 벗어나고 다른 경우에는 저쪽 방향으로 벗어나는 경우에 오류라는 용어를 쓴다. 반면에 귀인이 모형으로부터 하나의 방향으로 체계적으로 벗어나고, 이러한 편차를 설명할 수 있는 체계적인 기제(mechanism)를 확인할 수 있을 때, 우리는 편향이라는 단어를 사용한다(Fiske & Taylor, 2008 참조). 여기서는 기본적 귀인 오류, 자기고양 편향, 행위자-관찰자 효과, 거짓 일치성 효과 등을 살펴본다.

1) 기본적 귀인 오류

사람들은 다른 사람의 행동이 상황적 요인 때문에 발생한 경우에도 그 행동이 행위자의 내적인 특질이나 태도 및 의도에 따른 것으로 귀인하는 경향이 있다. 이처럼 귀인을 할 때 상황의 힘을 낮추어 평가하는 경향성을 **기본적 귀인 오류**(fundamental attribution error) 혹은 **대응 편향**(correspondence bias)이라고 한다. 이러한 현상을 처음으로 입증한 연구(Jones & Harris, 1967)에서 실험자는 대학생들에게 쿠바 대통령 Fidel Castro를 존경하고 예찬하는 연설을 하도록 요구했다. 또 다른 대학생들은 녹화한 이 연설을 보고 연설을 한 학생이 실제로 Castro에 대하여 어떤 태도를 가지고 있는지 평가하도록 했다. 이때 연설을 한 학생이 자신의 의사와는 상관없이 Castro를 칭찬했다는 사실을 평가하는 대학생들에게 알려 주었다. 평가자들이 상황적 제약을 실감했다면 연설한 학생의 태도가 보통 학생들이 Castro에 대하여 가지는 부정적인 태도와 같다고 추측했을 것이다. 그러나 그들은 Castro를 지지하는 연설을 한 사람은 적어도 그러한 태도를 조금이라도 가지고 있다고 판단했다. 말하자면 평가자들은 당사자의 의사와 상관없이 이루어진 연설의 상황적 제약을 과소평가한 것이다.

한편, 일반적으로 동양의 집단주의 문화에 비해 서구의 개인주의 문화에서 기본적 귀인 오류 현상이 더 두드러진다. 이에 대한 한 가지 설명은 집단주의 문화의 사람들은 행동에 미치는 상황의 영향에 좀 더 주의를 기울이기 때문에 그 둘이 더 연관되어 있다고 판단한다는 것이다(Nisbett et al., 2001). Masuda와 Nisbett(2001)의 연구에서 학생들은 물고기, 풀, 바위와 모래가 들어 있는 물속 장면을 보고 그 장면을 기술하도록 요청받았다([그림 3-13] 참조). 그 결과, 미국 학생들과 비교해서 일본 학생들이 '물이 녹색이다.' 또는 '바닥이 바위투성이다.'와 같이 배경이나 배경과 주요 물고기와의 관계를 더 많이 기술했다. 또한 그들은 주요 대상을 새로운 배경보다는 처음에 제시한 배경과 함께 제시할 때 그 대상을 더 잘 알아보았다. 반면에 미국 학생들은 눈에 잘 띄는 대상, 특히 가장 크거나 빠른 물고기를 기술하는 경향을 더 강하게 보였다. 또한 그들은 주요 대상을 새로운 배경과 함께 제시하거나 아예 배경이 없을 때 그 대상을 더 잘 알아보았다. 이처럼 집단주의 문화에서는 전체적인 사고를 하고 패턴이나 관계에 더 주의를 기울이는 반면, 개인주의 문화에서는 분석적인 사고를 하고 사물 그 자체에 더 주의를 기울인다.

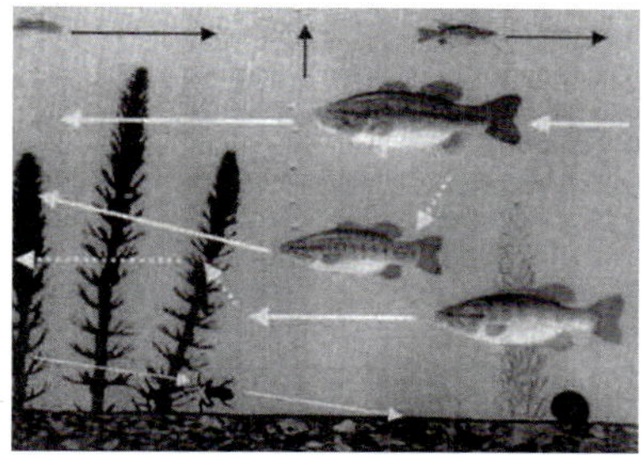

그림 3-13 어항 속의 물고기. Masuda와 Nisbett(2001)이 사용한 활동사진의 한 예다.

기본적 귀인 오류를 야기하는 원인 중 하나는 인지 능력의 결여와 관련이 있다. Gilbert 등(1988)의 **2단계 귀인 모형**(two-stage attributional model)에 따르면, 사람들은 자신이 듣거나 보는 것에 기초해서 먼저 내부 귀인을 하고 그다음에 상황적 요인을 고려한다. 이때 정확한 귀인을 위해서는 상황을 고려할 필요가 있는데, 사람들은 주의 방해와 같은 요인 때문에 상황적 요인을 충분히 고려하지 못함으로써 이러한 오류를 범한다. Gilbert 등(1988)의 연구에서 두 집단의 대학생들은 말할 때 당황해서 안절부절못하는 한 젊은 여성의 음소거 동영상을 보았다. 이때 한 집단에게는 그녀가 가장 은밀한 성적 환상과 같이 불안을 야기하는 주제에 대하여 면접을 보는 중이라고 말했다. 다른 한 집단에게는 그녀가 취미와 같은 평범한 주제에 대하여 면접 중이라고 말했다. 또한 각 집단의 일부에게는 이 동영상을 보는 동안 면접 주제를 마음속으로 암송하도록 해서 그들을 인지적으로 산만하고 바쁘게 만들었다. 이 여성의 성격이 얼마나 과민한지 평가하도록 했을 때, 주의 방해가 없는 조건의 참가자들은 불안을 야기하는 주제보다 평범한 주제에서 이 여성을 더 과민하다고 평가했다. 이런 결과는 참가자들이 각 주제가 불안을 야기하는 정도를 고려했음을 의미한다. 반면에 주의 방해 조건의 참가자들은 이 여성에 대한 평가에서 주제에 따른 차이를 보이지 않았다. 이것은 면접 주제라는 상황적 요인을 충분히 고려하지 못했음을 의미한다.

글상자 3-5 **이태원 참사의 피해자가 더 비난받는 이유**

그림 3-14 이태원 참사

우리는 상황 때문에 불리한 입장에 놓이거나 피해를 본 사람을 부당하게 비난하는 경우가 적지 않다. 부유한 사람은 그럴 만한 노력이나 능력이 있기 때문이고, 가난한 사람은 게으르거나 노력을 하지 않았기 때문이라고 생각한다. 성폭력을 당한 여성은 그럴 만한 행동을 했기 때문이고, AIDS에 걸린 환자는 동성애에 대한 신의 처벌이라고 생각한다. 누군가 비난을 받으면 그런 비난을 받아도 싸다고 생각한다. 이처럼 우리는 사람들이 받을 만한 것을 받는 공정한 세상에 살고 있다고 믿고 싶은 욕구를 가지고 있다. 이러한 생각을 **공정한 세상에 대한 가설**(just world hypothesis; Lerner & Miller, 1978)이라고 한다.

2022년 10월 29일 밤 서울 이태원에서 비극적인 참사가 발생했다. 핼러윈 축제를 즐기기 위해 많은 인파가 한꺼번에 좁은 골목에 몰리면서 150명 이상이 압사로 희생되었다. 이 참사에 대하여 이름깨나 알려진 정치인을 포함해서 몇몇 사람은 희생자들을 비난했다. 그들은 "그 시간에 왜 거기 놀러 갔나? 자발적으로 거기 간 거 아니냐? 그러니까 이번 참사는 희생된 사람들의 책임도 없지 않다."라는 식의 논리로 희생자를 비난한다. 이러한 논리가 터무니없는 것은 그러한 공간에 대한 안전의 확보는 국가와 정부의 의무이고 책임이기 때문이다. 그럴 것이라는 믿음이 있었기 때문에 그곳에 간 것인데, 국가가 그런 안전을 국민에게 확보해 줄 수 없다면, 국가가 존재해야 할 근거가 없어지는 것이다.

또 다른 원인은 타인에 대한 비현실적 믿음에 기초한다. 우리는 사람들이 자신의 태도에 반하는 주장을 하거나 자신의 성격 특질에 반하는 행동을 하지 않을 것이라고 잘못 믿는다. 그래서 우리는 한 개인의 행동이 반드시 그의 실제 태도를 반영한다고 믿는다. 예를 들면, 대부분의 대학생은 사람들이 자신의 의견과 다른 에세이를 쓰는 데 동의하지 않을 것이라고 착각한다(Sherman, 1980). Gawronski(2003)는 어떤 사람이 마리화나의 합법화와 같은 정치적인 주제에 대하여 특정 입장의 글을 쓰도록 요청받았다고 참가자들에게 상상하도록 했다. 그 결과, 참가자들은 글을 쓴 사람의 입장과 일치하는 에세이가 그렇지 않은 에세이보다 더 설득적이라고 믿었다. 또한 설득적인 메시지는 그 글을 쓴 사람의 실제 태도를 반영한다고 참가자들은 생각했다. 이와 같은 착각이 행위의 성향 요인을 과도하게 지각하게 만든다.

2) 자기고양 편향

자기고양 편향(self-enhancing bias)이란 사람들이 자신의 수행 성적이 좋을 때 그것을 성향에 귀인하는 반면, 수행 성적이 나쁠 때는 그 결과를 외부 요인에 귀인하는 것을 말한다([그림 3-15] 참조). 시험을 잘 본 학생들은 자신의 성공을 능력이나 노력에 귀인한 반면, 시험에 실패한 학생들은 운이나 교수가 출제한 문제유형에 귀인했다(de Jong et al., 1988). 마찬가지로 운동시합에서 이긴 감독은 자신의 팀이 열심히 노력했고 더 우수한 재능을 가지고 있다고 말한 반면, 시합에서 진 감독은 판정이 엉망이었다든가 상대방이 어쩌다 이겼다는 식으로 말했다(Grove et al., 1991). 이러한 편향은 다른 사람의 수행에 대한 귀인에서도 나타난다. 참가자들에게 연산 법칙을 다른 학생에게 가르치도록 했을 때, 그들은 다른 학생의 성적이 좋으면 그것을 자신의 훌륭한 교습 기술에 귀인했고, 그들의 성적이 나쁘면 그것을 그 학생들의 탓으로 돌렸다(Johnson et al., 1964).

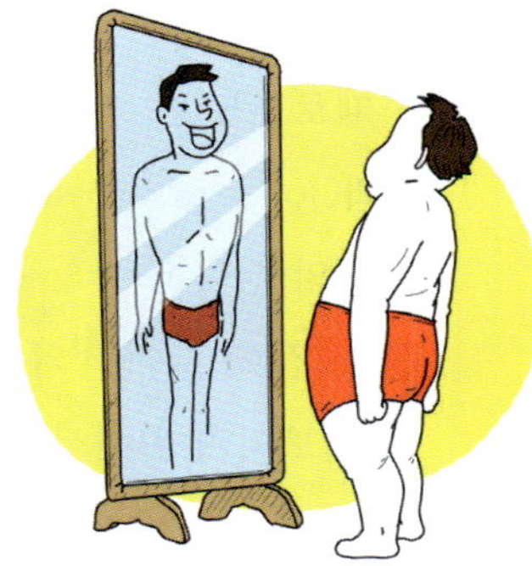

그림 3-15 자기고양 편향. 사람들은 자신을 좀 더 긍정적이고 사회적으로 바람직하게 지각하려는 강한 동기를 가지고 있다.

연구자들은 이와 같은 자기고양 편향이 인간의 **자기중심적 편향**(self-serving bias)을 반영하는 것으로 해석해 왔다. 성공을 자신에게 귀인하는 것은 긍정적 자아존중감과 관련된 정서를 가져오고 자기 능력을 높게 지각할 수 있도록 한다. 반면에 실패를 외부 귀인하면 비참한 정서를 좀 덜 경험할 수 있고 지신의 능력을 의심하지 않아도 된다(McFarland & Ross, 1982).

이러한 동기적 설명에 대한 하나의 대안적 설명으로, 사람들은 자신의 행동이 성공과는 병행하고 실패와는 병행하지 않는다고 지각할 수 있다(Miller & Ross, 1975). 대부분의 사람은 자신이 좋은 결과를 달성할 수 있다고 생각하는 일에 집중해서 도전한다. 그래서 성공은 그 사람의 이전 생각이나 기대와 일치하기 때문에, 그는 성공을 자신의 내부에 귀인한다. 반대로, 실패하게 되면 이것은 기대하지 않은 결과이기 때문에 그것을 외부에 귀인한다(Molouki & Pronin, 2015). 앞에서 살펴본 Johnson 등(1964)의 연구에서 교사 역할을 한 참가자들은 학생들을 효과적으로 가르치기 위해 학습 전략을 개발했을 수도 있다. 따라서 학생들의 성공은 자신의 노력과 전략이라는 내적인 요인과 공변한다. 반대로, 학생들의 실패는 교사 역할을 하는 자신이 전혀 의도하지 않은 결과이기 때문에 외적 귀인을 한다.

3) 행위자–관찰자 효과

때로 우리는 자신의 행동과 타인의 행동을 다른 식으로 설명한다. **행위자–관찰자 효과**(Jones & Nisbett, 1972)에 따르면, 우리는 다른 사람의 행동은 성향 귀인을 하고 자신의 행동은 상황 귀인을 한다. 10대 운전자들은 자신들이 위험하게 운전하는 것을 '시간에 늦어서'와 같이 상황에 귀인하는 반면, 다른 10대들의 위험한 운전을 '멋있게 보이기 위해서'와 같이 성향에 귀인한다(Harré et al., 2004). 지금까지 많은 연구가 이 효과의 존재를 입증하고 있지만, 전반적으로 이 효과는 제한적이다. 예를 들면, Watson(1982)은 26개의 관련 연구 중 24개의 연구에서 행위자–관찰자 차이를 발견했다. 그러나 이러한 차이를 분석한 결과, 행위자는 관찰자에 비해 상황 귀인을 더 많이 했지만, 이 둘 모두 상황보다는 성향 귀인을 선호했다. Malle(2005)은 총 1만 2천 명이 참여한 137개의 연구를 담고 있는 95개의 논문을 검토했다. [그림 3–16]에서 보듯이 전반적으로 행위자–관찰자 효과는 매우 약했다. 특히 이 효과는 부정적인 사건에서는 나타났지만, 긍정적인 사건에서는 거꾸로 나타났다.

행위자–관찰자 효과의 한 원인은 지각적 특출성에서 오는 차이이다(Johnson & Boyd, 1995). 행위자는 자신의 행동보다는 그러한 행동을 요구하는 상황 요인에 주목한다. 그래서 자신의 행동은 배경(ground)으로 지각하고 상황을 전경(figure)으로 지각한다. 반면에 관찰자에게는 상황보다는 행위자의 행동이 특출해서 그 행동을 전경으로 지각한다. 오래전에 Storms(1973)는 두 학생에게 대화를 하도록 하고 그것을 녹화했다. 그다음, 어떤 학생은 자신의 입장에서 그 대화를 보도록 했고, 다른 학생은 상대방의 입장에서 그 대화를 보았다. 자신의 입장에서 비디오테이프를 본 학생은 자기의 행동을 상황에 귀인한 반면, 상대방의 입장에서 본 학생은 자기의 행동을 성향에 귀인했다. 이처럼 상황을 보는

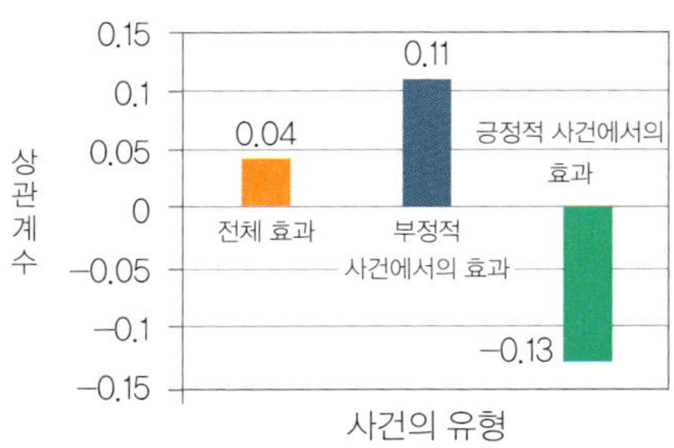

그림 3–16 사건의 유형에 따른 행위자–관찰자 편향. 전반적으로 행위자–관찰자 효과는 매우 약했고(r = .04), 사건의 종류에 따라 비대칭적이었다. 즉, 부정적인 사건에서는 이 효과가 나타났지만(r = .11), 긍정적인 사건에서는 이 효과가 거꾸로 나타났다(r = −.13).
출처: Malle (2005).

입장의 차이가 귀인의 차이를 가져올 수 있다.

행위자−관찰자 효과의 또 다른 원인을 그들이 지닌 정보의 차이에서 찾을 수 있다(Johnson & Boyd, 1995). 관찰자들은 타인의 행동을 볼 수는 있지만 그의 내적인 느낌이나 생각에 대한 정보는 없다. 반면에 행위자는 자신의 내적인 성향에 대한 다양한 정보를 가지고 있고, 그것이 자신의 행동에 어떻게 영향을 미치는지 알고 있다. 이처럼 정보의 차이가 행위자−관찰자 효과의 한 원인이라면, 행위자에 대한 내적 정보를 관찰자에게 제공할 경우 이러한 효과가 사라질 것이다. 실제로 사람들이 자신이 잘 아는 친구나 친척과 같은 사람들을 지각할 경우에는 이러한 효과가 나타나지 않았다(Regan & Totten, 1975). 이것은 관찰자가 행위자에 대한 정보를 가지고 있을 때는 행위자와 관찰자 간의 귀인 차이가 사라질 수 있음을 보여 준다.

4) 거짓 일치성 효과

거짓 일치성 효과(false consensus effect)는 사람들이 자신의 태도와 행동이 실제보다 더 일반적이라고 가정하는 경향을 말한다. 이러한 가정이 보통은 맞지만, 특히 자신의 선호에 기초할 때는 틀릴 수 있다. 이 효과를 입증한 고전적인 연구(Ross et al., 1977)에서 실험자는 학생들에게 큰 글씨로 "회개하라!"라고 적힌 포스터를 들고 캠퍼스 곳곳을 다닐 마음이 있는지 물었다. 정확히 50%의 학생은 이 요청에 동의했는데, 그들은 다른 학생들의 58.3%도 동의할 것이라고 추정했다. 반면, 이 제안을 거부한 나머지 50%의 학생은 다른 학생들의 23.3%만이 이 요청에 동의할 것이라고 판단했다. 이러한 결과는 참가한 학생들의 추정에 거짓 일치성 효과가 들어 있음을 의미한다. 또한 참가자들은 자신의 결정이 더 보편적이라고 생각했으며, 자신과 다른 결정을 하는 사람의 행동을 더 성향에 귀인하는 경향을 보였다. 가령, 이 요구에 동의한 학생은 다른 학생들이 동의하지 않으면 그 이유를 성격 때문이라고 생각했다.

거짓 일치성 효과는 개인의 행동이나 태도와 관련된 적어도 45개의 연구에서 입증된 매우 안정적인 현상이다(Försterling, 2001). 이 현상에 대한 한 설명으로, 사람들은 자신과 비슷하게 행동하고 비슷한 태도를 가진 사람들과 선택적으로 상호작용할 수 있다(Nisbett & Kunda, 1985). 가령, 대부분 비흡연자들과 어울리는 흡연자보다는 다른 흡연자들과 어울리는 흡연자가 전체 인구의 흡연자 비율을 과대평가하기 쉽다(Sherman et al., 1983). 이처럼 대부분 주제에 대하여 의견이 같은 사람과 선택적으로 어울림으로써, 자기의 행동에 대한 일치성이 매우 높다고 판단해서 그 행동이 상황에 의한 것이라고 귀인하기 쉽다. 또한 사람들은 일치성을 높게 추정함으로써 자기의 행동이나 선택이 옳다는 판단을 할 수 있다.

거짓 일치성 효과에 대한 또 하나의 설명은 우리 자신에 대한 정보를 이용해서 타인을 예측하는 것과 관련된다. 우리는 다른 사람의 느낌을 알기 위해서 그 사람 속으로 들어가 그의 내적 상태를 파악할 수는 없다. 이러한 상황에서 우리가 할 수 있는 유일한 방법은 그 상황에서 자신이 어떻게 행동하는지를 파악해서 그것을 그 사람에게 적용하는 것이다. 일찍이 Allport(1924)는 자신에 대한 정보를 이용해서 그것을 다른 사람의 행동에 일반화하는 것을 **사회적 투영**(social projection)으로 개념화했다. 이러한 투영은 일반적으로 자기중심적으로 편향되는 경향이 강하고, 자신과 타인의 유사성을 과대 추정함으로써 거짓 일치성 효과를 초래한다(Van Boven & Loewenstein, 2005).

이처럼 타인에 대한 자신의 지각이 객관적인 사실을 반영한다고 보는 것은 **순진한 사실주의**(naive realism)에 기초한다. 이것은 자신의 지각이 객관적이기 때문에 다른 사람들도 합리적이라면 자신과 같이 볼 것이고, 다르게 보는 사람은 잘못 알고 있거나 비논리적이고 편향되어 있다고 보는 경향성이다(Ross & Ward, 1996). 이렇게 생각하는 사람은 자기와 의견이 다른 사람을 이해하지 못할 뿐만 아니라 부정적으로 평가한다. 또한 그들이 자신과는 사실보다 더 극단적이고 획일적으로 다르다고 평가하는 **거짓 극단화**(false polarization) 경향을 보인다(Molouki & Pronin, 2015).

요약

- 대인지각은 다른 사람에 대한 인상을 형성하는 것으로, 보이지 않는 성격 특질에 대한 지각도 포함하고 있다. 또한 대인지각은 쌍방적이며 시간에 따라 변한다. 이러한 대인지각의 특징은 사물 지각과는 다른 것이다.
- 대인지각에 관한 초기 연구에서는 비네트를 이용했지만, 이런 연구 방법은 가상적인 사람을 대상으로 연구한다는 한계가 있다. 그래서 좀 더 최근의 연구는 사람들의 실제 상호작용에 기초하고 있어서 외적 타당성이 좀 더 크다.
- 사회적 관계 모형(SRM; Kenny, 1994, 2020)은 실제 대인 간 상호작용에서 이루어지는 대인지각을 규명하는 틀을 제공한다. 이 모형은 대인지각을 지각자 효과, 대상자 효과 그리고 관계 효과로 구분한다. 각 효과의 크기는 상대방의 성격과 호감 지각에 따라 차이가 있다.

- 대인지각의 주요 특징에는 범주화, 내현 성격 이론, 초두 효과와 최신 효과, 긍정성 편향과 부정성 편향 등이 있다. 이와 같은 특징이 대인지각에서 다양한 오류나 편향을 불러오는 원인이 되기도 한다. 대인지각에 주로 사용하는 비언어적 정보에는 얼굴의 생김새, 키, 몸무게, 목소리, 시선 행동 등이 있다.
- 귀인은 자신이나 다른 사람이 한 행동의 원인을 추론하는 과정을 의미한다. 귀인에는 성향 귀인과 상황 귀인이 있다. 귀인은 현재 발생한 사건의 원인을 파악함으로써 미래의 사건을 예측하고 통제하는 데 이바지한다.
- 귀인 이론 중에서 Heider의 상식심리학은 일반인들이 사용하는 귀인의 원리를 규명하고자 했다. Jones와 Davis의 대응 추리 이론은 성향 귀인에 대한 원리를 다루고 있고, Kelley의 공변 원리는 상황 귀인을 할 때의 조건을 설명하고 있다. Weiner는 성취에 관한 귀인 이론을 제시했다.
- 귀인을 할 때 사람들이 범하는 오류에는 기본적 귀인 오류, 자기고양 편향 , 행위자–관찰자 효과, 거짓 일치성 효과 등이 있다. 이러한 오류는 사람들의 귀인이 항상 타당한 것은 아닐 수 있음을 시사한다.

제4장

사회인지

1. 인간의 인지 체계
2. 도식
3. 휴리스틱
4. 인지적 편향과 영향 요인

우리가 사회적 맥락에서 타인과 상호작용하기 위해서는 자신과 상대방을 이해할 필요가 있다. 이를 위해 우리는 주변의 정보를 끊임없이 처리해야 하는데 이러한 과정을 사회인지라고 한다. 사회인지(social cognition)는 우리가 자신이나 타인의 행동을 지각하고, 해석하고, 범주화하고, 평가하는 과정을 말한다(Fiske & Taylor, 2008). 사회인지는 우리가 주변에서 만나는 사람, 사건, 아이디어 등을 이해하는 데 핵심적인 역할을 한다. 따라서 인간의 인지 과정과 그 특성을 파악하는 것은 그들의 행동을 더 깊이 이해할 수 있는 근간이다. 이에 여기서는 사회적 정보를 처리하는 이중 처리 모형, 도식, 휴리스틱, 인지적 편향 그리고 사회인지에 영향을 미치는 요인에 대해서 살펴본다.

1. 인간의 인지 체계

지금까지 연구자들은 인간을 사고하는 존재로 보면서 그 특성을 여러 방식으로 이해해 왔다. 제1장에서 살펴본 것처럼, 사람들은 주어진 문제에 대한 답을 찾기 위해 과학자처럼 가능한 한 많은 정보를 객관적으로 수집해서 합리적으로 처리한다는 견해, 인간은 합리적인 판단보다는 절약하는 사고를 통해 효율적으로 판단한다는 견해, 사람들은 자기에게 중요하지 않은 정보는 노력 없이 자동으로 처리하지만, 자기에게 필요한 정보는 신중히 깊이 있게 처리한다는 견해 그리고 정보처리의 목표가 의식적인 수준에서뿐만 아니라 무의식적으로 유발되거나 점화될 수 있다는 관점이 있다.

오늘날 사회인지를 다루는 연구자들은 이와 같은 다양한 생각을 반영하여 인간의 사고가 합리적인 측면과 비합리적인 측면을 모두 가지고 있다는 점에 동의한다. 또한 인간은 종종 자신에게 중요한 사안에 대해서는 의식적으로 꼼꼼히 따져 가면서 사고하지만, 그렇지 않은 문제에 대해서는 거의 자동으로 처리해서 판단한다는 점도 연구자들 대부분은 인정한다. 인간에 대한 인식이 이처럼 어느 정도 상반되는 두 가지 특성, 즉 합리적 사고와 절약적 사고의 특성을 모두 반영하게 된 것은 역사적으로 인간을 보는 다양한 입장에서 나온 자연스러운 결과다.

〈표 4-1〉에서 보듯이 합리적 사고는 과학적이고 체계적으로 정보를 처리해서 정확하고 객관적인 판단을 하려는 동기에 기초한다. 그래서 절약적 사고에 비해 더 타

표 4-1 **합리적 사고와 절약적 사고의 특징**

특징	합리적 사고	절약적 사고
동기	• 인간은 합리적이고 과학적으로 정보를 처리하려는 동기 • 정확성을 추구하는 동기	• 제한적인 인지적 자원을 효과적으로 사용하려는 동기 • 효율성을 추구하는 동기
처리 과정	• 기존의 정보와 추론을 넘어서서 대안적 사고를 통해 체계적이고 논리적으로 판단하는 과정	• 오류가 체계적으로 발생할 가능성에도 불구하고 신속하고 효율적인 판단을 더 중시하는 사고 과정
조건/전략	• 정확성을 확보할 수 있는 유용한 정보가 필요 • 정보처리에 필요한 충분한 정신적 자원이 필요	• 특정 정보를 무시해서 배제하는 전략 • 특정 정보에 대한 과도한 의존 • 대안 중에서 최선을 선택하는 전략

당하고 정확한 판단을 할 수 있다. 그러나 이를 위해서는 정확성을 확보하는 데 필요한 정보를 이용할 수 있어야 한다. 또한 합리적 사고는 충분한 정신적 자원이 있을 때 가능하다. 반면, 절약적 사고는 제한된 인지적 자원을 적절하게 효과적으로 사용하려는 동기에 기초한다. 절약적 사고는 다양한 오류를 범할 수 있지만, 그러한 한계 속에서 최고의 선택을 신속하게 하려는 동기에 기초한다. 그래서 절약적 사고는 정확성보다는 효율성을 더 지향하는 사고라고 할 수 있다.

인간의 합리적 사고와 절약적 사고를 가장 잘 설명할 수 있는 모형이 **이중 처리 모형**(dual-process model; Bargh & Williams, 2006)이다. 이 모형은 인간이 특정 대상에 대한 정보를 처리할 때 두 가지 사고 시스템을 거친다고 가정한다. 두 사고 시스템에 대한 용어는 학자마다 다양하지만, 이를 크게 통제적 처리 시스템과 자동적 처리 시스템으로 구분하여 제시할 수 있다.

1) 통제적 처리 시스템

우리는 때로 특정 대상에 대한 정보를 의식적인 수준에서 합리적이고 체계적으로 처리한다. 이처럼 지각자가 정보처리를 의식적으로 하는 데 관여하는 시스템이 **통제적 처리 시스템**(controlled process system)이다. 이 시스템은 인지적인 노력과 체계적인 처리 절차를 기초로 정보를 의도적이고 논리적으로 처리하는 시스템이다. **논리**(logic)는 우리가 추론하고, 체계적으로 사고하고, 가능한 결과에 대한 증거를 주의 깊게 고려하도록 해 준다. 이를 위해서 논리는 정신적인 노력과 의도적인 추론을 요구한다. 이와 같은 작업은 우리 몸무게의 2%에 해당한 뇌에서 이루어지는데, 이를 위해 우리의 뇌는 우리 에너지의 20%에 해당하는 많은 양을 소비한다(Dunbar, 1998).

통제적 처리 시스템은 여러 특징을 가지고 있다(Baumeister et al., 2015; Smith & DeCoster, 2000). 먼저, 이 시스템은 언어와 같은 상징으로 이루어진 규칙이나 원리를 학습하고 그것에 기초해서 정보를 처리한다. 예를 들면, 인간은 사회적 존경과 같은 욕구보다 생물학적 욕구를 먼저 충족하고자 한다는 원리를 우리는 통제적 처리 시스템을 통해 학습한다. 그다음, 어떤 사람이 마트에서 음식물을 훔치다가 잡혔다면, 우리는 그 사람이 사회적 존경보다는 식욕이 더 강했기 때문이라고 판단한다.

이와 같은 규칙이나 원리에 대한 지식은 한 번의 경험만으로도 학습할 수 있는데, 이러한 지식은 우리가 세상을 판단하고 추론하는 데 기초가 된다. 통제적 처리 시스템은 인식, 통제, 의도, 자기성찰 등을 포함한다(Banji et al., 2003). 인식(awareness)은 내적인 느낌이나 외적 사건에 대해 감각기관을 통해 아는 것, 즉 감지하는 것이다. 이것은 어떤 현상을 경험할 때 드는 느낌이나 직관 같은 기본적인 경험을 나타낸다는 점에서 의식과 동의어로 쓰기도 한다. 통제는 자기의 생각과 행동을 통제하는 능력이다. 의도는 행위자가 일련의 행동 경로에 몰입하는 정신적 상태이며, 의도의 내용은 행동에 관한 계획이다. 자기성찰(self-reflection)은 자기 자신에 대한 인지, 정서 그리고 행동의 과정을 관찰하고 평가하는 능력이다. 이것은 내성(introspection)이나 메타인지(metacognition)와 같은 기능에 달려 있다.

이 시스템의 가장 중요한 특징은 새로운 사실이나 규칙을 배우면 그것을 처리 과정에 즉시 이용할 수 있다는 점이다(Dijksterhuis & Nordgren, 2006; Smith & DeCoster, 2000). 가령, 41×54를 어떻게 계산하는지 배우면, 우리는 그 규칙을 이와 비슷한 곱셈 문제에 손쉽게 적용할 수 있다. 이처럼 빠른 학습 시스템은 기존의 여러 요소를 새롭게 조합하는 구조를 만들어 낼 수 있는데, 이 새로운 구조는 기존과는 다른 인지적 자원이 된다. 앞의 예에서 인간의 동기 체계를 몰랐을 때와 알았을 때, 사람들의 행동을 이해하는 방식이 달라진다. 즉, 새롭게 학습한 규칙은 이후의 경험을 이해하는 데 이바지한다.

글상자 4-1

마인드세트는 세상을 보는 창

마인드세트(mindset)는 ① 특정 집단의 전형적인 가치를 나타내는 한 세트의 태도, ② 한 개인의 세계관, 철학이나 가치, ③ 마음의 틀이나 태도, 성향, 혹은 ④ 삶의 의미에 대한 한 개인의 세계관이나 신념을 지칭한다. 많은 연구자가 다양한 마인드세트를 제시했다. 풍요(abundance) 마인드세트의 소유자는 세상에는 모두를 위한 자원이 충분하다고 보지만, 부족(scarcity) 마인드세트의 소유자는 자원이 한정되어 있다고 본다(Hope, 2021). 전자는 문제에 대한 해결책을 폭넓게 찾음으로써 창조성이 높다(Mehta & Zhu, 2012).

그림 4-1 두 유형의 마인드세트

생산(productive) 마인드세트의 기업은 논리와 지식, 그에 따른 결과 그리고 투명하고 체계적인 의사결정을 추구한다. 반면에 방어(defensive) 마인드세트의 기업은 폐쇄성, 자기보호, 기업보다는 개인의 이득이나 성장이라는 특징이 있다(Argyris, 2004). 숙고(deliverative) 마인드세트는 의사결정 전에 많은 대안에 개방적이고 목표 설정에 많은 에너지를 쓰지만, 목표 달성을 위한 노력은 덜 한다. 반면에 실행(implemental) 마인드세트는 여러 대안에 덜 개방적이고 빨리 목표를 정해서 실행하고자 함으로써, 제대로 된 목표 설정을 위해 충분한 시간을 쓰지 않을 수 있다(Reeve, 2018). 향상(promotion) 마인드세트는 좋은 일, 이득, 성공에 초점을 두는 반면, 예방(prevention) 마인드세트는 부정적인 일, 손실, 예방에 초점을 둔다(Reeve, 2018).

Dweck(2006)은 성장(growth) 마인드세트와 고정(fixed) 마인드세트를 제안했다. 이와 같은 마인드세트는 학습에 대한 동기에 영향을 미친다. 이것은 꼭 학생에게만 해당하기보다는 학습에 대한 교사의 마인드세트가 학생의 지도에도 영향을 미친다. 고정 마인드세트의 특징은 〈표 4-2〉에 있는 성장 마인드세트의 특징과 정반대된다.

표 4-2 성장 마인드세트의 특징

- 지능은 개발할 수 있다고 생각한다.
- 능력은 학습을 통해 커질 수 있다고 본다.
- 도전을 수용하고 역경을 견디며 결과보다는 과정에 초점을 둔다.
- 능력은 노력을 통해 나아질 수 있는 기술이라고 생각한다.
- 피드백과 실패는 더 큰 노력과 연습을 통한 학습의 기회라고 생각한다.

의식적 사고에 기초한 신중한 결정은 무의식적으로 이루어지는 직관적이고 빠른 대답보다 더 정확할 수 있다(Frederick, 2005). 그러나 통제적 처리가 항상 정확성을 보장하는 것은 아니다. Dijksterhuis(2004)는 참가자들에게 4개의 가상적인 아파트에 대하여 열두 가지 종류의 정보(크기, 위치, 주인 등)를 제공했다. 이때 한 아파트는 가장 바람직한 것으로 묘사했고, 또 하나는 가장 바람직하지 않은 것으로 묘사했다. 나머지 둘은 중립적으로 묘사했다. 이런 정보가 주어진 다음, 한 조건의 참가자들은 그 즉시 여러 아파트를 평가했고, 또 다른 조건의 참가자들은 3분 동안 생각하고 평가했다. 마지막 세 번째 조건의 참가자들은 3분 동안 방해 과제를 함으로써 의식적으로 아파트를 생각하지 못한 채 평가했다. 그 결과, 마지막 무의식적 사고 조건의 참가자들이 가장 정확하게 평가했다. 의식적 사고 조건의 참가자들은 어느 것을 더 좋아해야 할지 판단하기가 어려웠다.

통제적 처리 시스템에서 이루어지는 의식적 사고에는 논리적 추론이나 문제해결 이외에도 또 다른 것이 여럿 있다(Baumeister et al., 2015). 정신적 시뮬레이션은 어떤 목표를 달성하려는 행동 과정을 생각해 보는 것이다. 이것은 특정 행위를 물리적으로 연습하는 것이 아니라 머릿속에서 의식적으로 구현해 보는 것으로, 그것만으로도 실제 행위를 향상할 수 있다(Brouziyne & Molinaro, 2005). 또한 실행 의도를 가지고 계획을 세우는 것은 추상적인 생각을 구체적인 행동 계획으로 바꿈으로써 목표를 달성하기 위한 행위를 하는 데 이바지한다. 사람을 운동하도록 유도할 때, 동기나 정보를 통해 권고하는 것보다 운동하겠다는 실행 의도를 높이는 것이 2배의 효과가 있다(Gollwitzer, 1999). 특히 예기된 후회나 죄책감과 같은 감정은 실행 의도와 행동의 변화에 긍정적인 영향을 준다(Tamir et al., 2008). 이 외에도 의식적 사고에는 과거의 사건에 대한 재고와 성찰, 목표 설정, 타인의 조망에 대한 시뮬레이션, 의사소통 등이 있다.

2) 자동적 처리 시스템

모든 정보처리가 통제적으로만 이루어지는 것은 아니다. 자동적 처리 시스템(automatic process system)은 감각, 지각 그리고 운동과 관련된 정보를 처리하는 시스템으로, 대상에 대한 정보를 의식적 노력이나 형식적 절차에 의존하지 않고 특별한 노력 없이 무의식적으로 처리하는 시스템이다(Smith & DeCoster, 2000). 우리는 신체적으로 매력적인 사람이 옆으로 지나가면 자신도 의식하지 못한 채 그 사람을 쳐다보게 된다. 즐거운 음악을 들으면 자신도 모르게 기분이 좋아지기도 한다. 이와 같은 자동적 처리는 과거의 오랜 훈련이나 경험에 기초해서 이루어진다. 그러한 경험을 통해 우리는 환경의 전형적인 특성을 안정적이고 전반적으로 기억함으로써 특정 자극에 자동으로 반응하게 된다.

자동적 처리 시스템은 특정 대상에 대한 전반적인 표상에 기초한 것으로, 이러한 표상은 그 대상에 대하여 관찰하지 못한 부분을 채워 줌으로써 정보처리를 도와준다. 이때 자동적 처리 시스템은 과거의 많은 경험을 통해 다양한 정보를 서로 연합해서 구축한 지식에 기초하는데, 이 지식은 전반적으로 전형적인 패턴이나 규칙에 관한 것이다(Dijksterhuis & Nordgren, 2006). 가령, 코미디언은 진지하지 못한 사람이라거나 외향적인 사람은 말을 많이 하는 사람이라는 식의 지식은 2개를 하나로 묶는 연합에 따른 것이다. 특정 대상 그리고 그 대상과 연합된 정보를 연결하는 과정은 논리적이고 합리적인 사고나 판단 체계에 기초하는 것이 아니라, 피상적이거나 관련 없는 유사성에 기초해서 이루어진다.

자동적 처리 시스템은 특성 대상을 인지할 때 직관에 기초한다. **직관**(intuition)은 어떤 것을 암묵적이면서 빠르고 자동으로 아는 능력으로, 정신적 가용성과 접근성에 기초한다. **정신적 가용성**(mental availability)은 특정 지식이나 정보가 우리의 마음속에 저장되어 있는 것을 말하고, **정신적 접근성**(mental accessibility)은 어떠한 생각이 마음속에 쉽게 떠오르는 정도를 말한다. 예를 들면, 대낮에 한 택시가 여러 차선을 오가며 곡예 운행을 하는 것을 보면, 우리의 뇌는 기사가 음주했다고 생각하거나 건강에 문제가 발생했다고 생각할 수 있다. 이것이 정신적 가용성이다. 이 중에서 건강에 문제가 생겼다는 아이디어가 더 쉽게 떠오른다면, 그것의 정신적 접근성이 더 크기 때문이다. 경험은 정신적 접근성을 높여 주는 역할을 한다.

직관은 최소한의 인지적 노력이 필요한 정신 과정이다. 우리의 사고 시스템은 한 번에 처리할 수 있는 정보의 양, 즉 **인지적 부하**(cognitive load)에 한계가 있다. 그래서 우리가 환경을 지각하고 이해하는 것부터 행동하는 것에 이르기까지 모든 것을 의식적으로 사고하고 통제한다면, 우리의 정신 과정은 제대로 작동하지 못할 것이다. 의도적 선택, 적극적 반응, 자기조절 그리고 여타의 의지적 행위는 우리의 내적 자원에 기초해서 이루어진다. 그래서 이와 같은 활동을 지나치게 많이 하면 내적 자원이 모두 고갈되어, 우리는 더 이상 정상적인 활동을 할 수 없다. 이런 점에서 자동적 처리는 적응적이고 효율적이다.

Baumeister 등(1998)은 참가자들에게 앞에 놓여 있는 초콜릿 쿠키나 맛없는 무를 먹도록 한 다음, 풀 수 없는 과제로 선 따라 긋기 퍼즐을 하도록 요청했다. 그 결과, 초

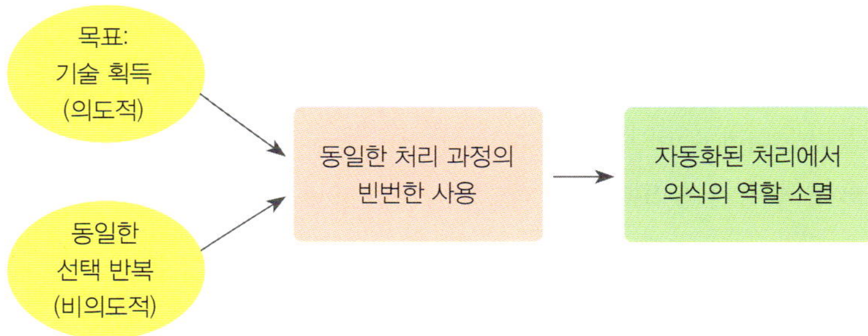

그림 4-2 **의도적 과정을 통한 자동성 획득.** 목표하는 행동을 반복적으로 하면 나중에는 의식적인 관여 없이 자동적으로 그 활동을 수행할 수 있게 된다.
출처: Smith & DeCoster (2000).

콜릿 쿠키를 먹은 집단보다 무를 먹느라고 자기조절을 더 많이 한 집단이 퍼즐을 더 빨리 포기했다. 그 이후에 수업료 인상을 지지하는 홍보 동영상을 만들도록 했을 때나 자신의 감정을 억제하도록 했을 때도, 무를 먹은 집단은 과제에 대한 끈기와 수행 성적에서 뒤떨어졌다. 이러한 결과는 모두 개인의 의지력은 한정되어 있어서 고갈될 수 있음을 보여 주는 것이다.

정보처리에서 자동성의 획득은 두 가지 과정을 통해 이루어진다(Smith & DeCoster, 2000). 그중 하나는 의도적인 과정이다. [그림 4-2]에서 보듯이 피아노 연주와 같은 특정 기술을 획득하고자 할 때 같은 행동을 반복적으로 수행하면 정신적으로 그 행동과 관련된 같은 처리 과정을 반복해서 사용하게 된다. 이것이 어느 수준에 도달하면 의식적으로 그 행동을 선택해서 수행할 필요가 없을 정도로 자동화된다. 또 다른 과정은 비의도적인 과정으로, 이것을 통해서도 자동성을 획득할 수 있다. 어머니의 은혜에 보답하기 위해 교수가 되고자 결심하고 열심히 공부할 수 있다. 이때 반복적으로 열심히 공부하면, 이러한 행동은 어머니 은혜를 생각나게 만드는 정신적 과정을 활성화한다. 그래서 이후에는 공부만 하면 자동으로 어머니 은혜를 생각하게 된다.

자동적 처리 시스템은 우리의 삶에 적응적인 기능을 한다. 비행기 조종사는 끊임없는 조종 훈련을 통해서 익숙해짐으로써 숙련된 조종사로 거듭난다. 실생활에서 아주 단순한 행위인 걷는 것부터 신발 끈의 매듭을 묶는 것이나 복잡한 행위인 차를 운전하기 위해 페달을 밟는 것, 컴퓨터의 키보드 자판을 치는 것과 같은 행위는 소위 적응적 무의식을 통해 이루어진다(Greenwald, 1992). **적응적 무의식**(adaptative unconsciousness)은 무의식 수준에서 자동으로 하는 행위가 우리의 적응에 도움이 되는 것이다. 즉, 이것은 의식적으로 다른 무엇인가를 생각하면서도 자동으로 주변 자극을 평가하고 목표를 설정해서 행동하는 등 자기의 일을 능숙하게 수행하는 것이다. 우리는 때로 사무실에서 컴퓨터로 보고서를 작성하면서 동시에 전화로 통화한다.

자동적 처리 시스템이 작동하는 많은 영역 중 하나가 **암묵적 동기**(implicit motivation)다. 이때 '암묵적'이라는 용어는 자동적, 무의식적, 간접적 등과 같은 용어와 종종 상호교환적으로 사용된다(Banji et al., 2003). 의식적 동기와는 달리 개인의 의식적 자각 밖에서 작용하는 암묵적 동기는 자동적 처리 과정에 개입하여 작동할 수 있다. Gramzow 등(2008)의 연구에서 대학생 참가자들은 자신의 전체 평균 학점, 학기 중 성적 그리고 학업 경력에 대해 연구자와 개별적으로 면담을 했다. 또한 연구자는 면담하는 동안 참가자들의 호흡성 동성부정맥(Respiratory Sinus Arrhythmia: RSA) 반응을 측정했다. 그 결과, 자신의 GPA(학점)를 과장한 참가자일수록 RSA가 증가했고 그다음 학기의 학업 수행이 좋아졌다. 이러한 결과는 동기도 무의식적 수준에서 작동할 수 있음을 보여 주는 사례다.

이처럼 자동적 처리 시스템은 직관에 기초해서 이루어지는 정보처리 시스템으로, 의도적이거나 비의도적인 과정을 통해 이루어진다. 무의식적인 과정에서 이루어지는 이 시스템은 인지적 과부하를 막아 주는 기능을 한다. 또한 우리가 가지고 있는 암묵적 동기의 영향을 받기도 한다. 자동적 처리에서 이루어지는 연합의 과정은 새로운 것을 만드는 것이 아닌 기존의 것을 재구성하는 것이다. 통제적 처리 시스템이 **정확성 욕구**에 기초하지만, 자동적 처리 시스템은 **인지적 종결 욕구**(need for cognitive closure)에 기초한다. 이 욕구는 어떤 사안에 관한 판단이나 결정을 빨리 내림으로써 더 이상 불확실하거나 혼란스러운 불편한 느낌을 피하려는 욕구다.

2. 도식

1) 도식의 특징

우리는 미국 사람보다 한국 사람이 더 사교적이고 관계 지향적이며, 다른 사람을 정서적으로 배려하는 공감 능력이 더 뛰어나다고 생각할 수 있다. 또는 개인적으로 다른 사람과 달리 자기는 외향적이고 적극적이며 새로운 과업에 도전하는 것을 좋아하는 유형의 사람이라고 판단할 수 있다. 이와 같은 지식은 특정 대상에 대한 과거의 경험이나 학습을 통해 만들어진 구조화된 지식이다. 이와 같은 구조화된 지식을 도식이라고 한다.

도식(schema)은 어떤 자극이나 상황 혹은 개념에 대하여 한 개인이 가지고 있는 지식을 나타내는 인지적 구조로, 이 구조는 각 대상에 대한 속성과 그 속성 간의 관계를 내포하고 있다(Fiske & Taylor, 2008). 또한 대상에 대한 도식은 서로 연결해서 영향을 주고받는다. 가령, 자기를 믿지 못하는 사람이 정치인은 믿을 수 없다고 지각한다면, 그 가능한 원인으로 자신에 대한 지각이 정치인에 대한 지각에 영향을 미쳤기 때문이다. 이처럼 하나의 연결망으로 연합되어 있는 도식은 한 개인이 세상을 추상적으로 단순화시킨 것으로, 그 개인이 세상에 대해 가지고 있는 구조화된 전체 지식이다.

도식에 기초한 정보처리는 통제적 처리 시스템과 자동적 처리 시스템 모두에 관여한다. 통제적 처리 시스템에서는 특정 대상에 대한 정보를 의식적인 수준에서 합리적이고 체계적으로 처리하는데, 이러한 처리는 그 대상에 대한 이전의 지식, 즉 도식에서 출발한다. 한 친구가 평소와는 달리 오늘 별일 아닌 것으로 나에게 화를 냈다면, 우리는 전반적으로 친구라는 개념에 대한 도식, 그 친구에 대한 도식 그리고 당시 상황에 대한 도식 등 여러 도식에서 출발해서 이 사건과 관련된 정보를 처리할 것이다. 이처럼 도식은 우리의 의식적 사고를 이끌어 가는 안내자의 역할을 한다(Dijksterhuis & Nordgren, 2006). 이때 정보처리에 필요한 역량이나 자원이 제한적이면, 도식에만 의존해서 처리하는 자동적 처리 시스템이 작동하게 된다.

도식에 의존한 정보처리에는 장단점이 모두 있다(Fiske & Taylor, 2008). 도식은 관련 대상에 대한 회상을 쉽게 함으로써, 그것에 기초해서 주어진 상황에 있는 다양한 정보를 분류하고 조직화할 수 있게 해 준다. 그래서 도식은 새로운 정보가 갖는 의미를 파악하는 데 이바지한다. 도식은 주어진 대상에 대하여 관찰하지 못한 부분을 채워 줌으로써 세상에 대한 이해를 돕는다. 또한 도식은 특별히 의식적인 노력 없이도 상황을 신속히 파악할 수 있도록 도와주기 때문에, 인지적 자원이 부족한 상황에서 유용한 지식 구조다. 반면에 도식은 실제 자료를 왜곡하거나 복잡한 현상을 과잉 단순화할 수도 있고, 잘못된 고정관념과 편견을 촉발할 수 있는 한계도 있다.

연구자들은 특정 도식이 반영하고 있는 지식의 종류에 따라 그 도식을 다양한 이름으로 불러 왔다(Greenberg et al., 2015). 각본(script)은 일정한 순서를 가지고 이루어지는 사건에 관한 도식으로, 행위가 시간에 따라 전개되는 순서를 담고 있다. 식당에 가서 음식을 먹기 위해서는 그와 관련된 도식, 즉 먹고 싶은 것을 메뉴에서 고른 다음, 주문하고 식사를 한 후 돈을 지불하는 일련의 과정을 알아야 한다. 또 다른 유형의 도식으로 자기에 대한 도식이 있다. 우리는 성격, 가치관, 포부, 능력 등 자기에 대한 다양한 지식이 있는데, 이것을 보통 자기개념(self-concept)이라고 부른다. 우리는 또한 자기 배우자의 성격, 신체적 매력, 직업 등 타인에 대한 도식이 있는데, 이러한 도식을 인상형성(impression formation)이라고 한다.

도식에 근거한 자동적 정보처리가 가져오는 효과에는 점화 효과, 프레이밍 효과, 대비 효과와 순서 효과 등이 있다. 그리고 점화 효과와 관련된 현상이나 이론에는 체화된 인지와 해석 수준 이론이 있다. 또한 프레이밍 효과는 전망 이론과 밀접한 연관성을 가지고 있다. 여기서는 이러한 내용을 좀 더 자세히 알아본다.

2) 점화 효과

노숙자로 위장한 사람이 강도로 돌변하여 지나가는 사람을 협박하는 영화를 조금 전에 보았다면, 거리에서 보이는 노숙자를 위장한 강도로 볼 가능성이 커진다. 하얀 옷을 입은 귀신이 나오는 공포소설을 도서관에서 읽고 있는 도중에 흰옷을 입고 지나가는 여성을 보고는 깜짝 놀라기도 한다. 이처럼 어떤 자극에 대한 최근의 경험이 그것과 같거나 유사한 자극에 대한 이후의 정보처리를 촉진 또는 억제하는 것을 **점화 효과**(priming effect)라고 한다(Fiske & Taylor, 2008; VandenBos, 2015).

점화 효과가 나타나는 것은 우리의 기억에 저장된 정보가 **연합 연결망**(associative network)으로 연결되어 있기 때문이다. [그림 4-3]에서 보듯이 우리는 '서울'이라는 단어를 들으면 그것과 가깝게 연결된 '경복궁'이나 '혼잡'과 같은 단어를 쉽게 떠올리게 된다. 그러나 좀 더 멀리 떨어져 있는 '박물관'이나 '다양한 가게'는 좀 덜 쉽게 떠오른다. 이러한 결과는 우리가 서울이라는 도시와 그것과 연관된 여러 특징을 과거의 경험을 통해 서로 다른 강도로 연합했기 때문이다. 즉, 점화 효과가 나타나는 것은 최근의 경험이 그와 관련된 도식에 대한 접근성을 높여 줌으로써 그 도식을 가장 두드러지게 만들기 때문이다.

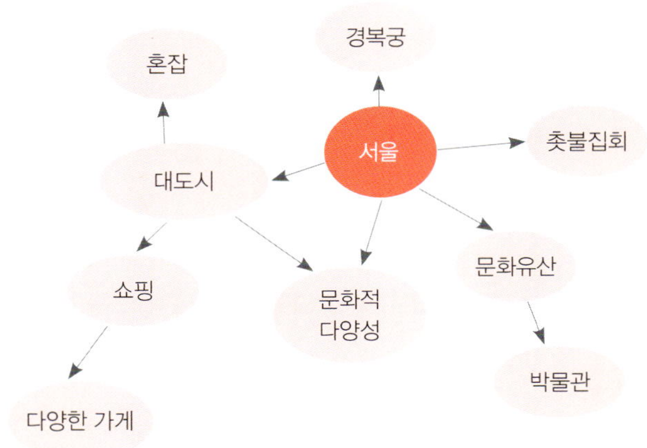

그림 4-3 **연합 연결망의 사례.** 서울에 대한 정보가 가까운 것부터 먼 것까지 있다.

점화 효과는 의식적인 수준에서뿐만 아니라 자동적인 정보처리 과정에서도 나타난다. Hamilton 등(1980)은 참가자들에게 특정 행위자의 여러 행동을 보게 한 후, 한 집단에게는 그 행위자에 대한 인상형성을 요청했고 다른 집단에게는 그 행동을 기억하도록 했다. 그 결과, 인상형성 조건의 참가자가 상대적으로 더 많은 행동을 회상했으며, 그러한 행동을 '사교적인', '지적인'과 같은 더 많은 성격 특질로 범주화했다. Chartrand와 Bargh(1999)는 이 두 조건을 의식적인 지시가 아니라 무의식적으로 점화시켰다. 즉, 그들은 '판단하다', '평가하다'처럼 '평가'와 뜻이 같은 말이나, '보유하다', '가지고 있다'와 같이 '기억'과 뜻이 같은 말을 포함하고 있는 그럴듯한 언어 검사를 각 집단에게 실시했다. 그 결과, 회상과 기억의 범주화 측면에서 이전과 같은 결과가 나왔다.

점화는 고정관념이나 그와 관련된 수행에도 영향을 미친다. 한 연구(Shih et al., 1999)에서 연구자들은 아시아계 미국인 여성을 대상으로 두 가지 서로 다른 점화를 실시했다. 즉, 한 집단의 여성에게는 동양인이라는 점을 점화시켰지만, 다른 집단에게는 여성이라는 점을 점화시켰다. 그다음, 모든 참가자에게 수학 문제를 풀도록 요청했다. 그 결과, 동양인 정체성이 점화된 집단이 여성 정체성이 점화된 집단보다 수행이 더 우수했다. 이러한 결과는 동양인은 수학을 잘한다는 고정관념과 여성은 성취 수준이 떨어진다는 일반적인 고정관념을 점화시키면, 그것이 수행에도 영향을 미칠 수 있음을 잘 보여 준다.

(1) 체화된 인지

체화된 인지를 연구하는 학자들(예: Barsalou, 1999; Wilson, 2002)의 주장에 따르면, 인간의 마음은 그들이 가지고 있는 특별한 형태의 신경계와 몸의 구조(형태, 감각 및 운동 시스템) 그리고 이러한 특성을 지닌 개인과 물리적 환경과의 상호작용으로 결정된다. 이것은 우리의 신체적 경험이 세상을 이해하는 인지적 기능과 연결되어 있다는 것을 의미하는데, 이런 현상을 **체화된 인지**(embodied cognition)라고 한다. 이러한 입장은 20세기 말 언어학, 철학, 인지과학 등에서 등장했다. 최근에는 사회심리학에서도 특별히 정서적 경험과 관련된 다양한 주제를 체화 이론(embodiment theory)에 근거해서 다룬 연구가 다수 등장하고 있다.

체화 이론에서 다루는 하나의 주제는 행동이 특정 대상의 긍정성-부정성 평가와 갖는 상호작용에 관한 것이다. Chen과 Bargh(1999)는 참가자들에게 사랑이나 혐오 등 다양한 단어를 하나씩 제시하고, 그 단어가 긍정적인지 아니면 부정적인지를 앞으로 당기거나 뒤로 밀 수 있는 레버를 이용해서 반응하도록 했다. 보통 사람들은 자신이 좋아하지 않는 것을 표현하거나 회피하고자 할 때 밀어내는 행동을 하지만, 자신이 좋아하는 대상을 다른 사람에게 알리기 위해서는 앞으로 당기는 몸짓을 한다. 연구 결과, 신체적 행동의 의미와 평가해야 할 단어의 긍정성–부정성이 서로 일치하지 않을 때보다 일치할 때 그 반응속도가 더 빨랐다.

신홍임과 김주영(2015)은 원을 그리는 과제를 한 집단에게는 마우스를 느리게 움직여 수행(느린 움직임 조건)하도록 하고, 다른 집단에게는 빠르게 움직여 수행(빠른 움직임 조건)하도록 했다. 그다음, 노인에 대한 부정 단어(예: 외로운)와 젊은이에 대한 긍정 단어(예: 활기찬)를 제시(고정관념 일치 조건)하거나, 노인에 대한 긍정 단어(예: 경험 많은)와 젊은이에 대한 부정 단어(예: 게으른)를 제시(고정관념 불일치 조건)하고, 각 단어를 마우스를 이용해서 컴퓨터 화면의 특정 장소로 가능한 한 빠르게 이동하도록 했다. 이 두 조건의 과제 수행 시간 편차를 노인/젊은이에 대한 암묵적 고정관념 측정치로 삼았다. 그 결과, 빠른 움직임 조건보다는 느린 움직임 조건의 참가자들이 노인에 대한 암묵적 고정관념이 더 적었다. 반면, 빠른 움직임 조건에서는 젊은이에 대한

글상자 4-2 **의자의 쿠션이 범죄자 양형에 영향을 준다**

그림 4-4 의자

체화된 인지에 관한 연구는 다양한 감각을 다루고 있다. 그 하나가 촉각인데, 이희진(2019)은 촉각 중에서 '딱딱한 정도'가 범죄 유형별 범죄자의 처벌에 미치는 영향을 탐색했다. 체화된 인지에서 자극과 대상 간에 존재하는 의미의 연결성이 강력할수록 체화의 효과 또한 강력하다. 이 연구에서는 '엄격한 처벌 판단'과 의미 연결성이 높은 것으로 촉각 자극 중 하나인 '딱딱한 정도' 차원을 조작했다. 등받이와 팔걸이가 없지만 앉으면 딱딱한 느낌을 주는 의자(딱딱함 조건)와 부드러운 털로 감싼 의자(부드러움 조건)에 앉아서 참가자들은 모니터에 나오는 범죄 내용을 읽고 그 범죄자에 대한 처벌의 정도를 결정했다.

연구 결과, 절도죄에 대한 양형 판단에서는 조건 간 차이가 없었지만, 폭행죄에 대한 양형 판단에서는 딱딱함 조건의 집단이 더 높은 형량을 내렸다. 또한 귀인에서도 절도죄에 관한 판단에서는 차이가 없었지만, 폭행죄에 대해서는 딱딱함 조건의 참가자들이 범죄 행동에 대해 기질적 귀인을 더 많이 한 반면, 부드러움 조건의 참가자들은 상황적 귀인을 더 많이 했다. 이러한 결과는 법관이 어떤 의자에 앉아서 판결하느냐에 따라 폭행을 저지른 범죄자에 대한 형량이 달라질 수 있음을 시사한다.

암묵적 태도가 더 긍정적이었다. 이것은 몸의 움직임 속도가 나이에 대한 고정관념과 관련해서 긍정 혹은 부정의 의미를 내포하고 있음을 의미한다.

정서와 관련된 또 다른 연구는 신체적 경험이 타인의 표정에 나타난 정서 재인과 어떤 관련성이 있는지를 다루고 있다. 체화 이론은 우리가 타인의 얼굴에 드러난 미소나 찡그림과 같은 표정을 재인하는 것도 자기의 표정에 영향을 받는다고 본다. 많은 연구에서 사람들은 상대방의 얼굴에서 재인해야 할 정서와 일치하는 표정을 자신이 모방하고 있을 때 그 재인 과제를 더 잘했다. 예를 들면, 정서 표현과 관련된 얼굴의 근육을 사용하지 못하게 했을 때, 사람들은 그 근육과 관련된 정서를 재인하는 과제에서 상대적으로 성적이 떨어졌다(Oberman et al., 2007). 이러한 결과는 표정과 관련된 근육의 움직임이 그 자체로 정서적인 정보를 가지고 있음을 보여 준다.

또 다른 일련의 연구는 개념이 지각에 영향을 준다는 사실을 입증하고 있다. 한 연구(Halberstadt et al., 2009)에서 참가자들에게 표정이 애매한 몇 사람을 보여 준 다음, 각 사람이 왜 행복한지 혹은 화나 있는지 생각하도록 했다. 이때 각 사람에게 부여한 정서는 임의로 정한 것이었다. 이와 함께 참가자들이 보이는 얼굴 근육의 움직임을 근전도 검사를 통해 측정했다. 그 후 참가자들에게 각 사람이 어떤 정서를 표현했는지 회상하도록 요청했다. 그 결과, 참가자들은 자신이 본 사람의 표정을 임의로 부여된 명칭과 일치하는 방향으로 회상했으며, 이것은 그들이 보인 얼굴 근육의 움직임과도 일치했다. 이러한 결과는 개념이 특정 운동을 야기하고 그것이 지각을 결정한다는 점을 시사한다.

비슷한 맥락에서 Bargh 등(1996)은 특정 인지적 활동이 실제 행동에 미치는 영향을 입증했다. 그들은 한 집단의 참가자에게는 노인과 관련된 여러 단어를 분류하도록 요청했지만, 다른 참가자에게는 나이와 관련이 없는 단어를 분류하도록 했다. 과제를 마친 후 그들의 걷는 속도를 측정한 결과, 노인 과제를 수행한 집단의 보행 속도가 상대적으로 더 떨어졌다. 이러한 발견은 심리적 상태가 물리적 지각이나 행동 간에 밀접한 관련성이 있음을 보여 준다.

Leander 등(2012)은 다른 사람과의 심리적 거리가 물리적 온도를 지각하는 데 미치는 영향을 탐구했다. 연구자들은 한 집단의 참가자에게는 자기가 타인에게 거부당한 경험을 회상하도록 했고, 다른 집단의 참가자에게는 사회적으로 수용된 경험을 회상하도록 했다. 그 결과, 거부를 회상한 참가자가 수용을 회상한 참가자보다 방 온도를 더 낮게 평가했다. 이러한 연관성은 본질적으로 쌍방향적이다. 즉, 체감온도와 같은 생리적인 경험이 사회적 유대감에 영향을 준다. Lee 등(2014)은 방 온도에 따라 사람들의 소비 행위가 달라진다는 것을 입증했다. 즉, 방의 온도가 낮은 조건의 참가자들은 사회적으로 배제나 외로움을 경험했고, 이것을 조절하기 위해 다른 사람들과 함께 식사하기를 원했다. 반대로, 방의 온도가 높은 조건의 참가자들은 사회적으로 따뜻함을 경험함으로써 혼자 식사하는 것을 선호했다.

(2) 해석 수준 이론

흔히 사람들은 지금은 잘하지 못하더라도 나중에는 잘할 것으로 생각하거나, 지금 경제가 어렵지만 언젠가는 좋아질 것으로 생각한다. 지금 만나는 이성 친구와는 잘 지내지 못하지만, 다시 새롭게 만나는 사람하고는 잘 사귈 것으로 생각한다. 이처럼 사람들은 심리적으로 거리가 멀 때와 가까울 때 특정 사건이나 대상에 대한 지각이 달라진다. 이처럼 **해석 수준 이론**(construal level theory)은 시간적 · 공간적 · 사회적 · 확률적 차원에서 심리적 거리가 있을 때, 사람들은 직접 경험할 수 없는 정신적 모형을 구축함으로써 지금과는 다른 판단을 한다는 이론이다(Trope & Liberman, 2012). 그래서 특정 대상이 자신에게 멀리 떨어져 있을수록 그 대상에 대한 정신적 해석 수준은 추상적으로 된다. 결국 대상에 대한 심리적 거리감은 해석 수준에 달려 있다([그림 4-5] 참조).

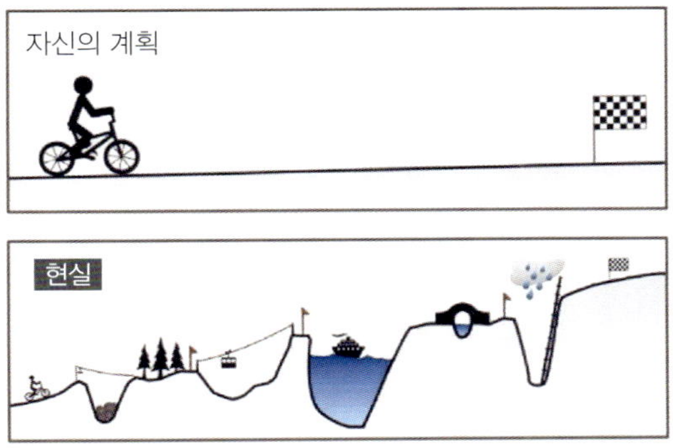

그림 4-5 해석 수준 이론. 심리적으로 거리가 먼 사건에 대해서는 좀 더 추상적으로 해석함으로써 낙관적으로 판단하기 쉽다.

이 이론에 따르면, 〈표 4-3〉에서 보는 것처럼, 해석 수준에는 상위 수준과 하위 수준이 있다(Trope & Liberman, 2000). 상위 수준의 해석은 도식적이고 탈맥락적이며 일관적이다. 시시각각으로 변하는 어떤 사건을 이해하고자 할 때, 우리는 그 사건이 갖는 핵심적이고 불변하는 특성을 상위 수준에서 파악하는 것이 중요하다. 왜냐하면

표 4-3 상위와 하위 해석 수준의 특징

상위 수준 해석 대 하위 수준 해석		
• 추상적 대 구체적	• 체계적 대 비체계적	• 핵심적 대 부수적
• 단순한 대 복잡한	• 탈맥락적 대 맥락적	• 목표 관련 대 목표 무관
• 구조적 대 비구조적	• 근본적 대 표면적	• 바람직성 대 실현 가능성

출처: Trope & Liberman (2000).

대상이 갖는 특징을 전체 맥락 속에서 파악함으로써, 지금 이용 가능한 정보 이외의 것을 고려할 수 있기 때문이다. 반면, 하위 수준의 해석은 맥락적이기 때문에 구체적이고 복잡하며 비구조적이다. 또한 대상이 갖는 우발적인 특성이나 표면적인 특성을 반영하기 때문에 비구조적이고 비일관적이다. 이러한 해석은 현재에 기초해서 판단하고 행동할 수 있도록 도와준다.

시간적 차원에서 심리적 거리가 있을 경우, 사람들은 미래의 계획을 짤 때 자신에 대한 과신과 미래에 대한 낙관으로 무리한 계획을 짠다. 이것을 계획 오류(planning fallacy; Kahneman & Tversky, 1979)라고 하는데, 이것은 낙관적 편향(optimistic bias)의 하나다. Liberman과 Trope(1998)는 학생들에게 다음 주 혹은 몇 달이 지난 후 수업 참석이나 운동과 같은 활동에 어느 정도의 시간을 할애할 것인지 계획하도록 했다. 그 결과, 일주일 후의 계획에 포함된 활동의 총 시간이 몇 달 후의 계획에 포함된 활동의 총 시간보다 상당히 적었다. 또한 다음 주의 계획에서는 이 두 종류의 활동 간에는 부적 상관이 있었지만, 먼 미래의 한 주 계획에서는 둘 사이에 아무 상관이 없었다. 이것은 학생들이 먼 미래를 계획할 때 상위 수준에서 해석함으로써, 시간적 제약과 같은 구체적인 요인을 고려하지 않았음을 시사한다.

Fiedler 등(1995)의 연구에서 참가자들은 먼 미래에 수행할 활동의 목표를 정할 때는 구체적 단어보다 추상적 단어를 더 많이 사용했고, 가까운 미래에 수행할 활동에 대해서는 추상적 단어보다 구체적 단어를 더 많이 사용했다. 또한 상위 수준의 해석은 바람직성과 관련성이 크지만, 하위 수준의 해석은 실현 가능성과 관련성이 크다(Liberman & Trope, 1998). 행동의 바람직성은 행위가 가져오는 최종 결과와 관련이 있어서, 전체적인 맥락에서 보는 상위 수준의 해석에 기초한다. 그러나 실행 가능성은 그러한 최종 결과를 가져오기 위한 구체적인 수단과 관련되기 때문에, 하위 수준의 해석과 밀접하게 관련된다. 실제로 선택이 갖는 핵심적이고 상위적인 측면의 가치는 먼 미래의 선택에서 더 영향력이 컸고, 부수적이고 주변적인 측면의 가치는 가까운 미래의 선택에 더 많은 영향을 주었다(Trope & Liberman, 2000). 마찬가지로 심리적 거리가 증가하면 바람직하지만 획득하기 힘든 대안의 매력은 커지고, 획득하기 쉽지만 덜 바람직한 대안의 매력은 감소한다(Todorov et al., 2007).

해석 수준 이론으로 설명할 수 있는 또 하나의 현상이 시간 할인(time discounting 혹은 temporal discounting)이다. 이것은 사람들이 한 대상이 갖는 현재의 가치를 미래의 가치보다 더 높게 평가하는 현상이다. 가령, 사람들은 1년 뒤에 10만 원을 받는 것보다 지금 8만 원을 받는 것을 더 선호한다. 결과물에 대한 심리적 거리가 증가할수록, 그 결과물이 갖는 가치는 감소한다는 것이 일반적인 가정이다(Trope & Liberman, 2012). 이와 같은 감소는 한 대상이 갖는 가치 혹은 나에게 주는 보상이 적을 때 더 빠르게 일어난다. 또한 해석 수준 이론에 따르면, 우리는 어떤 사건에 대해 상위 수준의 해석을 할 수도 있다. 예를 들면, 손에 넣기는 쉽지만 덜 바람직한 대안의 매력은 거리가 멀수록 떨어지지만, 손에 넣기는 어렵지만 바람직한 대안의 매력은 거리가 멀수록 증가한다. 그래서 좀 더 거리가 있는 내기에서는 사람들은 많은 돈을 딸 수 있지만 그 확률이 낮은 경우를 선택한다. 이처럼 시간 할인은 맥락에 따라 다를 수 있다.

공간적 거리(spacial distance)는 발생하는 사건이 특정 개인과 떨어져 있는 물리적 거리를 말한다. 어떤 사건이 내가 사는 아파트에서 발생했다면, 우리는 그 사건을 하위 수준에서 처리한다. 반면에 그 사건이 다른 나라에서 발생했다면, 우리는 그것을 상위 수준에서 처리한다. 사회적 거리(social distance)는 개인이나 집단 간 거리를 말하는 것으로, 다수의 개인이나 집단 간 상호작용 방식과 느낌에 관한 것이다. 우리는 자기와 유사해서 자신의 일부라고 생각하는 개인이나 집단에 대해서는 안전감을 느끼면서, 그들의 행위를 하위 수준에서 처리한다. 반대로, 자기와 유사하지 않아서 거리가 먼 개인이나 집단에 대해서는 불안을 느끼면서, 그들의 행위를 상위 수준에서 처리한다. 확률적 거리(hypothetical distance)는 어떤 사건이 발생할 확률에 관한 것으로, 발생 확률이 큰 사건일수록 확률적 거리가 짧다. 그래서 이러한 사건에 대해서 우리는 하위 수준에서 처리한다.

3) 프레이밍 효과

컵에 물이 1/2 정도 있을 때, 우리는 그것을 물이 반이나 있다고 볼 수도 있고 반밖에 없다고 볼 수도 있다. 이처럼 우리가 주어진 대상을 어떤 관점에서 보느냐에 따라 그 의미는 달라진다. 실제 다른 사람에게 뇌물이라고 말하면서 돈을 주었을 때보다 상여금이라고 말하면서 주었을 때, 그들은 그 돈을 더 많이 사용했다(Epley & Gneezy, 2007). 이처럼 프레이밍 효과(framing effect)는 여러 선택권이 있는 사안을 긍정적인 방식으로 제시하느냐 아니면 부정적인 방식으로 제시하느냐에 따라 사람들의 결정이 달라지는 인지적 편향을 의미한다([그림 4-6] 참조). 특정 사안을 긍정적인 프레임으로 제시하면, 사람

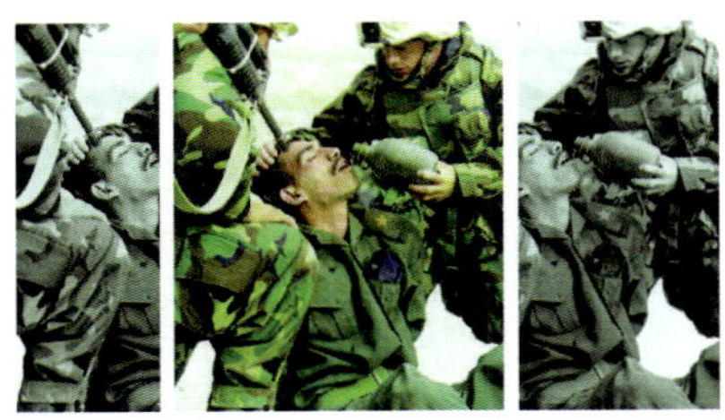

그림 4-6 프레이밍 효과. 가운데 원본 사진을 편집해서 좌측이나 우측만 보도하는 것은 완전히 다른 결과를 가져온다.

들은 모험을 회피하는 경향을 보인다. 반면에 그것을 부정적인 프레임으로 제시하면, 사람들은 손실을 회피하는 경향을 보인다.

프레이밍 효과는 다양한 주제에서 찾아볼 수 있다. 사람들이 건강에 대한 메시지를 이익 프레임으로 보느냐 아니면 손실 프레임으로 보느냐에 따라 그 메시지 효과가 다르다. 이익 프레임은 건강 메시지가 추천하는 특정 행동이 자신을 얼마나 더 건강하게 만드는지에 초점을 맞추고 있다. 반면에 손실 프레임은 그 메시지가 전달하는 건강 행동을 하지 않았을 때 발생할 질병과 같은 부정적 측면에 주목하는 프레임이다. 한 연구(Rothman et al., 2006)에 따르면, 사람들이 이익 프레임에 초점을 맞추는 것은 질병 예방 행동을 촉진하는 데 효과적이고, 손실 프레임에 초점을 맞추는 것은 질병을 탐색하는 행동에 더 효과적이다.

전망 이론(prospect theory)은 프레이밍 효과와 깊은 관련이 있다. 전망 이론은 의사결정에 관한 하나의 이론으로, 위험, 불확실성, 손실 및 이득에 대한 사람들의 태도가 그들의 의사결정에 미치는 영향을 설명하고자 한다(Kahneman & Tversky, 1979). 일반적으로 전망 이론의 주장에 따르면, 사람들은 확률을 정확하게 계산할 수 있는 능력이 없고, 대부분의 경우에는 앞으로 얻을 수 있는 이득보다는 손실에 대한 두려움이 사람들의 의사결정에 더 큰 영향을 미친다. [그림 4-7]은 전망 이론에서 제시한 가치 함수다. 이 그림에서 보듯이 이익과 손실에 대한 사람들의 가치 판단이 직선으로 나타나지도 않고 대칭적이지도 않다. 이것은 이익과 손실에 대한 사람들의 판단 체계가 서로 다르다는 것뿐만 아니라, 이익이나 손실의 증가분이 갖는 가치도 일정하지 않다는 것을 의미한다.

전망 이론에 따르면, 사람들은 확률상의 이득보다는 확실한 이득을 선호하고, 확실한 손실보다는 확률상의 손실을 선호한다. 예를 들면, 사람들은 100%의 확률로 90만 원을 벌 수 있는 경우와 90%의 확률로 100만 원을 벌 수 있는 경우 중 후자보다는 전자를 선택하기 쉽다. 위험 요소를 내포하고 있는 판단 과제에서 이득을 보는 경우, 사람들은 그

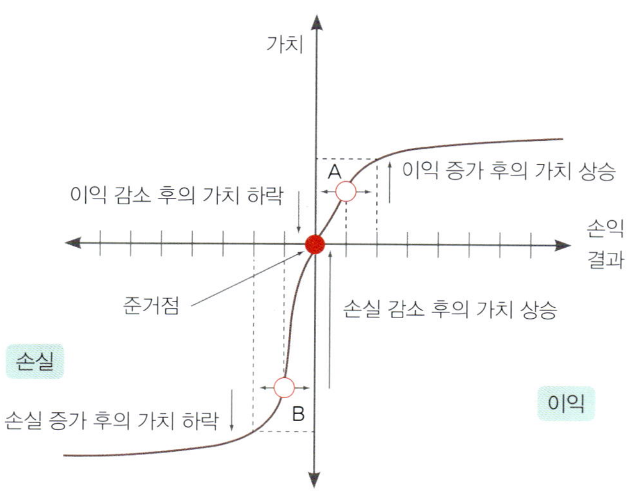

그림 4-7 전망 이론에 따른 가치함수. 일정 시점이 지난 후, 이익을 보는 경우에는 그 증가분의 가치가 점점 감소하고, 손해를 보는 경우에는 그 손실분의 가치가 점점 감소한다.

상황을 이익 프레임으로 지각해서 확보한 이익을 지키는 것을 더 중시함으로써 모험을 회피하는 경향이 있기 때문이다. 반대로, 100%의 확률로 90만 원을 손해 볼 수 있는 경우와 90%의 확률로 100만 원을 손해 볼 수 있는 경우, 사람들은 전자보다는 후자를 선택하기 쉽다. 손실을 보는 상황에서 사람들은 그 상황을 손실 프레임으로 지각함으로써 확정된 손실을 회피하기 위해 모험적인 선택을 하는 경향이 있기 때문이다.

또 다른 사례로, Tversky와 Kahneman(1981)은 참가자들에게 치명적인 질병에 걸린 600명을 치료하는 두 대안 중 하나를 선택하도록 했다. 긍정 프레임 조건에서는 치료법 A가 200명을 살릴 수 있고, 치료법 B는 600명을 모두 살릴 수 있는 확률이 33%이고 아무도 살리지 못할 확률이 66%라고 제시했다. 반면에 부정 프레임 조건에서는 치료법 A를 사용하면 400명이 사망할 것이고, 치료법 B는 아무도 죽지 않을 확률이 33%이고 600명이 모두 죽을 확률이 66%라고 제시했다. 연구 결과, 긍정 프레임 조건의 참가자들은 72%가 치료법 A를 선택했지만, 부정 프레임 조건의 참가자들은 22%만이 치료법 A를 선택했다.

4) 대비 효과와 순서 효과

키가 보통인 스포츠 기자가 다른 기자들과 있으면 비슷하게 보이지만, 키가 큰 농구 선수를 인터뷰할 때는 왜소해 보인다. 차가운 물에 손을 담근 다음 미지근한 물에 손을 담글 때와 뜨거운 물에 손을 담근 다음 미지근한 물에 손을 담글 때 느끼는 물의 온도는 다르다. 5kg의 역기를 든 후에 15kg의 역기를 들 때와 30kg의 역기를 든 뒤 15kg의 역기를 들 때 느끼는 무게도 다르다. 이처럼 두 자극이나 감각을 동시에 혹은 순차적으로 즉시 경험하면 그 둘 간의 강도 차이를 더 크게 지각하게 된다. 이것을 대비 효과(contrast effect)라고 한다.

Groesz 등(2002)은 마른 외모를 강조하는 미디어가 사람들, 특히 여성들에게 미치는 영향을 알아보기 위해 이와 관련된 기존의 25개 연구 결과를 메타분석했다. 그 결과, 미디어에서 보통 체중의 모델, 과체중 모델 그리고 자동차나 집과 같은 무생물 상품을 본 경우보다 마른 모델을 본 여성들은 자기의 신체에 대한 무의식적 인상이 더 부정적으로 나타났다. 이것은 자기의 신체 이미지를 마르고 이상적인 신체 이미지에 대비시켜 평가함으로써 자기의 몸을 더 부정적으로 보게 된다는 점을 입증한다.

글상자 4-3

영화 속의 숨겨진 비밀: 쿨레초프 효과

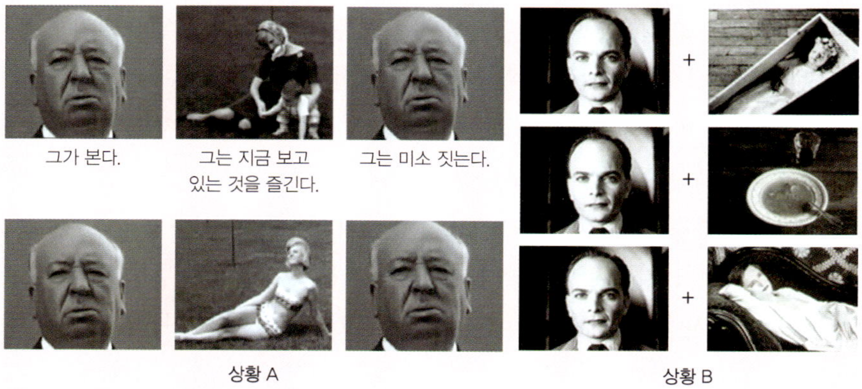

그림 4-8 쿨레초프 효과를 보여 주는 두 사례

상황 A에서 왼쪽에 등장하는 남자가 가운데 있는 여성을 본 다음, 오른쪽 사진에서는 미소를 짓는 것처럼 보인다. 또한 그러한 미소가 갖는 의미가 다른 듯하다. 상황 B에서 위쪽 남자의 표정은 슬픔, 중간은 배고픔, 아래는 갈망을 나타내는 것으로 보인다. 그러나 사실 각 상황에 등장하는 남자의 표정은 동일하다. 쿨레초프(Kuleshov) 효과는 1910~1920년대 소련의 영화 제작자 쿨레초프가 입증한 하나의 몽타주(혹은 짜깁기) 효과다. 이 효과는 정신적 현상으로, 사람들은 개별적인 사진에서보다는 2개의 연속적인 사진에서 더 많은 의미를 끌어낸다. 쿨레초프는 필름의 편집이 가지는 유용성과 효과성을 입증하고자 실험을 했다. 그 결과, 영화 관람객은 연속적인 이미지에 자신의 감정을 끌어들였으며, 배우의 무표정한 얼굴에 자신의 감정을 투영하기도 했다. 쿨레초프의 몽타주 실험은 소련 몽타주 영화의 이론적 기틀을 구축했다.

한편, 설문지를 통해 사람들의 행복을 측정할 때 "당신은 지금 얼마나 행복한가?"라는 질문과 "최근 일주일 동안 즐거운 일을 몇 번이나 경험하였는가?"라는 질문 중에서 어떤 질문을 먼저 하느냐에 따라 첫 번째 질문에 대한 대답이 다르다. 전자보다는 후자의 질문을 먼저 했을 때, 대부분의 사람은 지금 더 행복하다고 보고할 가능성이 크다. 왜냐하면 먼저 후자의 질문에 답해 봄으로써, 자신의 지금 행복 정도를 평가할 때 긍정적인 근거를 더 많이 떠올릴 수 있기 때문이다. 이처럼 **순서 효과**(order effect)는 정보를 제시하는 순서에 따라 그 정보를 다르게 처리하는 효과를 말한다.

이미아와 이유재(2014)는 가격은 같지만 질이 다른 세 종류의 스웨터를 질이 높은 것부터 ABC와 질이 낮은 것부터 XYZ의 두 상품군을 만들었다. 그다음, 소비자에게 XYZ 상품군을 먼저 제시한 뒤, 그들이 XYZ의 각 스웨터를 클릭할 때마다 ABC 상품군의 스웨터를 X-A, Y-B, Z-C와 같이 쌍으로 같은 화면에 나타나도록 했다. 그 결과, 소비자들은 X 상품과 A 상품의 비교에서 A 상품이 질적 우위에 있음에도 먼저 제시한 X 상품을 더 많이 선택했다. 이것은 소비자의 선택이 제품의 질보다는 제시 순서에 더 큰 영향을 받았음을 보여 준다. 또 다른 연구자(유승현, 정태연, 2021)는 다른 사람의 성격을 평가할 때 얼굴과 목소리의 제시 순서 효과를 알아보기 위해, 그들의 얼굴과 목소리 정보를 서로 다른 순서로 제시했다. 그 결과, 외향성, 우호성, 성실성에서 먼저 제시한 정보가 인상형성에 더 큰 영향을 미쳤다.

3. 휴리스틱

사람들은 자신이 처한 모든 상황에서 체계적이고 합리적인 판단을 시도하지는 않는다. 어느 음식점에서 식사할지, 어떤 브랜드의 제품을 구매할지 혹은 새로 만난 사람이 어떤 사람인지 판단할 때 모든 정보를 이용하고자 하면, 그러한 정보를 모으는 것도 불가능하고 그 정보를 처리하는 데 인지적으로 상당한 부담을 느낄 것이다. 또한 통제적 처리를 하려면 모든 사용 가능한 정보에 주의를 기울여야 하고 깊게 사고하며 추론해야 한다. 이처럼 통제적 처리를 위해서는 상대적으로 많은 인지적 노력이 필요하다(Chaiken & Ledgerwood, 2012).

이와는 달리 **휴리스틱**(heuristic)은 의식적 혹은 무의식적으로 특정 아이디어에 대한 정신적 접근성을 촉진함으로써, 어려운 문제를 쉽게 해결하도록 해 주는 정신적 지름길이다. 휴리스틱은 정보처리를 위한 인지적 노력이나 지식과 같은 능력 그리고 물리적 시간이 덜 필요하고, 경험에 기초하기 때문에 문제해결에 효율적이지만, 최적이거나 완벽한 해결책은 아니기 때문에 정확한 판단을 보장하지는 못한다(Chaiken & Ledgerwood, 2012). 휴리스틱은 쉽게 눈에 띄고 이해하기 쉬운 단서에 초점을 맞춘다. "전문가가 가장 잘 안다." 혹은 "내가 속한 집단은 믿을 수 있다."와 같은 사례가 해당한다.

이처럼 휴리스틱은 생각할 능력이나 시간이 부족하고 최대한 빨리 결정하고자 할 때 유용하다. 이와 함께 휴리스틱이 주어진 상황에서 영향력을 발휘하려면, 그 상황이 특정 휴리스틱을 점화하는 등 접근할 수 있고 적용 가능해야 하며, 휴리스틱이 의사결정에 도움이 될 것이라고 사람들이 생각하고 있어야 한다(Chaiken et al., 1992). 휴리스틱에는 대표성 휴리스틱, 가용성 휴리스틱, 닻 내림과 조정 휴리스틱, 절정-종결 휴리스틱 등이 있다.

1) 대표성 휴리스틱

특정 사건이 전형적인 사례와 닮은 정도에 따라 그 사건의 빈도나 발생 확률을 추론하는 전략이 **대표성 휴리스틱**(representativeness heuristic)이다(Kahneman et al., 1982). 동남아의 다문화 출신자로 이루어진 어느 회사에는 베트남 출신이 70%다. 이 회사에서 일하는 한 직원을 보니 그 생김새가 전형적으로 필리핀 사람의 모습을 하고 있다. 이 사람은 베트남 사람일까, 아니면 필리핀 사람일까? 이 사람이 베트남 출신일 확률이 더 높지만, 많은 사람은 그가 필리핀 출신일 확률이 더 높은 것으로 판단한다.

이것은 주어진 사례의 대표성이 커서 **기저율**(base rate)을 아예 이용하지 않거나 이용하더라도 덜 고려하기 때문이다. 기저율은 주어진 사건이 전체 집단에서 자연적으로 발생하는 빈도나 비율을 의미한다. 앞의 사례에서는 베트남 출신이 70%라는 비율이 기저율이다. 보통 사람들은 기저율 정보가 있을 때 그 정보를 기꺼이 사용하지만, 대표성 정보를 주면 이 정보는 기저율 정보를 무시하도록 할 만큼 우리의 판단에 강력한 영향력을 발휘한다(Gilovich & Griffin, 2010).

또 다른 사례로 대상자 A가 범주 B에 속할 확률이 얼마인지 추론할 때, A가 B라는 범주를 얼마나 잘 대표하는지, 즉 A가 B의 전형적인 사례와 얼마나 비슷한지 그 정도에 따라 확률을 추론할 수 있다. 이때 사람들은 A가 B를 잘 대표하면 A가 B에 포함될 확률이 높고, 그렇지 않으면 포함될 확률이 낮다고 판단한다. 대표성 휴리스틱은 기본적으로 A의 속성이 범주 B와 일치하는 정도, 즉 적합성에 기초하여 확률을 추측하는 전략이다. 다음의 예시를 보자.

> 홍길동은 외향적이며 총명한 27세의 남성이다. 대학에서 심리학을 전공했고, 우리 사회의 양극화 문제해결에 관심이 있으며, 반미시위에 가담하기도 했다.
>
> 홍길동에 관한 다음 진술 중 더 그럴듯한 것은?
> (a) 홍길동은 은행원이다.
> (b) 홍길동은 은행원이며 적극적인 사회운동가다.

대표성 휴리스틱을 사용하면, 앞의 두 진술 중 두 번째 진술이 더 그럴듯해 보인다. 홍길동은 은행원보다는 사회운동가를 더 많이 닮았기 때문이다. 그러나 두 번째 진술의 가능성이 첫 번째 진술의 가능성보다 더 클 수는 없다. 사회운동에 참여하는 은행원은 은행원의 일부분에 불과하기 때문이다. 즉, 사회운동에 참여하지 않는 은행원은 사회운동에 참여하는 은행원보다 더 많아서, 어떤 사람이 은행원일 가능성은 그 사람이 은행원이면서 사회운동가일 가능성보다 확률적으로 더 크다. 그런데도 사람들은 대개 홍길동이 그냥 은행원일 가능성보다 사회운동가이면서 은행원일 가능성이 더 크다고 판단한다.

그 원인을 공접 오류(junction fallacy)에서 찾을 수 있다. [그림 4-9]에서 보듯이 공접 오류는 불확실한 두 가지 사건이 겹쳐서 일어날 확률이 각각의 사건이 따로 일어날 확률보다 크다고 잘못 판단하는 것이다. 때로 대표성에 관한 정보가 믿을 만하면 적합성을 기반으로 한 대표성 휴리스틱이 효과적일 수 있다. 그러나 해당 직업을 가진 사람들 자체가 매우 적은 경우처럼 대표성 정보가 빈약할 때, 대표성 휴리스틱의 사용은 의사결정의 정확도를 떨어뜨릴 수 있다(Fiske & Taylor, 2008). 그래서 이 휴리스틱을 사용할 때는 적절한 확률 정보를 간과하지 않았는지, 대표적인 특징 이외의 다른 특징도 있는지 등을 고려해야 한다.

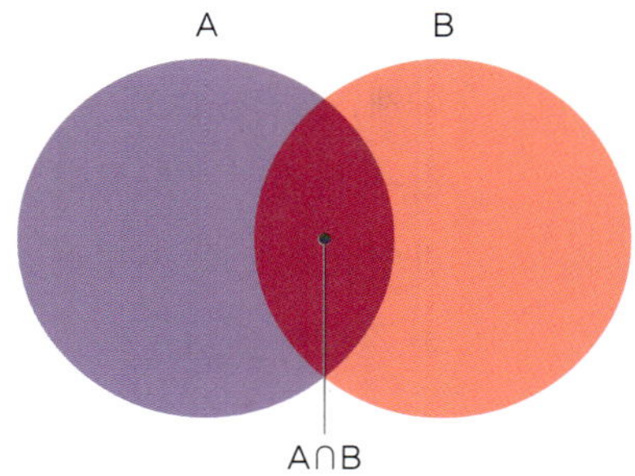

그림 4-9 공접 오류. A의 확률이 A∩B의 확률보다 큼에도 불구하고 그 반대로 지각하는 현상을 의미한다.

대표성 휴리스틱의 또 다른 사례로 도박사의 오류를 들 수 있다. 비슷한 실력의 도박사 3명 A, B, C가 네 판의 도박을 한 결과, A와 B가 각각 두 번씩 이겼다면 다섯 번째 판에서 C가 이길 확률은 얼마일까? 동전을 여섯 번 던졌을 때 모두 앞면이 나왔다면, 일곱 번째 던진 동전이 뒷면이 나올 확률은 얼마일까? 정답은 순서대로 1/3과 1/2이지만, 사람들은 그 확률을 이보다 더 크게 지각하는 경향이 있다. 왜냐하면 다섯 번째 판에서 C가 이기고 일곱 번째 던진 동전의 뒷면이 나오는 것이 더 일어날 법한 사건처럼 보이기 때문에, 즉 우연성을 더 대표하는 것처럼 보이기 때문이다(Tversky & Kahneman, 1974).

2) 가용성 휴리스틱

특정 사건과 관련된 사례를 마음속에 떠올리기 쉬운 정도에 따라 그 사건의 빈도나 발생 확률을 추론하는 전략이 가용성 휴리스틱(availability heuristic)이다(Kahneman et al., 1982). 관련된 사례가 마음속에 쉽게 떠오르는 정도는 그 사건의 빈도뿐만 아니라, 현저성이나 생생함과 같은 요인의 영향을 받기도 한다. 사람들은 자신의 마음속에 쉽게 떠오르는 사건의 빈도나 확률을 과대평가한다. 그들은 이러한 정보를 크게 신뢰하고, 그와 비슷한 사건이 미래에도 발생할 것이라고 그 가능성을 과도하게 추정한다.

사람들은 중년기 뇌출혈의 발생 확률을 자기 주변에서 발생한 빈도를 고려하여 추정한다. Fischhoff(1975)는 참가자들에게 천식, 간염, 당뇨, 살인, 화재, 홍수 등 다양한 사망 원인의 빈도를 추정하도록 했다. 그 결과, 사람들은 사망의 원인으로 살인, 화재, 홍수처럼 머릿속에 쉽게 떠오르는 사건의 빈도를 천식, 간염, 당뇨처럼 그렇지 않은 사건의 빈도보다 더 높게 잘못 추정했다. 살인이나 화재로 인한 사망은 당뇨나 간염으로 인한 사망에 비해 더 특이하고 더 주목을 받기 때문에 생생하게 기억에 남는 경향이 있다.

가용성 휴리스틱의 또 다른 사례로, 미국에서 자동차 사고로 사망할 확률이 비행기 사고로 인한 사망 확률보다 훨씬 높음에도 불구하고, 사람들은 자동차보다 비행기 여행이 더 위험하다고 생각한다(Myers, 2013; [그림 4-10] 참조). 이러한 현상이 나타나는 이유는 위험 부담이 인지 과정에 중요하게 작용하기 때문이다. 위험 부담은 발생할 확률은 낮지만 일단 발생하면 한번에 많은 사람의 생명을 앗아 가는 재난 사고에서 높다. 그런 사건은 발생하면 직접적인 손해는 물론 그 사건에 대한 심리적 스트레스 등 간접적 손해도 크기 때문에 사람들의 기억 속에 오래 남는다.

그림 4-10 가용성 휴리스틱. 사람들은 자동차 사고보다 비행기 사고에 따른 사망 확률이 더 크다고 생각한다.

이 외에도 일상생활에서 가용성 휴리스틱의 사례를 많이 찾아볼 수 있다. 예를 들면, 뉴스에서 우울증으로 자살한 사건을 많이 접한 사람은 이 세상에 우울증 환자가 많다고 과대 추정할 것이다. 매스컴을 통해 우리 사회에 대한 부정적인 뉴스를 지나치게 많이 접한 사람들은 우리 사회에 대해 과도하게 비판적이고 나쁘게 평가할 수 있다. 주변에서 주식으로 돈을 많이 벌었다는 사람들을 많이 보면, 자기도 주식을 통해 이득을 얻기가 매우 쉽다고 과신해서 주식에 투자하게 될 수도 있다.

3) 닻 내림과 조정 휴리스틱

이 세상에서 가장 비싼 자동차는 그 가격이 얼마쯤 할까? 우리가 갑자기 이런 질문을 받으면 쉽게 대답하기 어렵다. 그런데 이때 질문한 사람이 그 가격은 서울에 있는 10층 건물 하나쯤의 가격이라고 말해 주면, 우리는 대략 수백억 원이라고 대답할 것이다. 반대로, 그 가격이 서울 중심부에 있는 20층 건물 하나쯤이라고 말하면, 우리 대답은 수천억 원으로 올라갈 수 있다. 또 다른 예로, 상점에서 가격을 흥정할 때 상점 주인과 손님 중 어느 한쪽이 먼저 기준 가격을 제시하면, 그 기준 가격을 중심으로 조정하여 최종 가격을 결정하기 마련이다. 이처럼 불확실한 상황에서 판단할 때, 사람들은 어떤 특정한 값에서 시작하여 그 값을 조정한 뒤 최종적인 답을 산출하는 전략을 사용한다. 이러한 방법을 **닻 내림과 조정 휴리스틱**(anchoring-and-adjustment heuristic)이라 한다(Tversky & Kahneman, 1974).

이 휴리스틱을 검증하기 위해 Tversky와 Kahneman(1974)은 '행운의 바퀴(wheel of fortune)'를 돌린 다음 UN 회원국 중에서 아프리카 국가의 비율이 지금 나온 숫자보다 더 클지, 아니면 작을지를 참가자들에게 물었다. 참가자들이 대답한 다음, 연구자는 그들에게 UN에서 아프리카 국가가 차지하는 실제 비율을 추정하도록 요청했다. 그 결과, 임의로 고정된 값이 참가자들의 반응에 의미 있는 영향력을 행사했다. 즉, 행운의 바퀴에서 큰 숫자를 만난 참가자는 작은 숫자를 만난 참가자들에 비해 그 비율을 더 높게 추정했다. 이것은 수행할 과제와 전혀 관계없는 이전의 판단이 닻 내림 효과를 가져왔음을 보여 주는 것이다.

닻 내림과 조정 휴리스틱을 검증한 또 다른 연구(Wright & Anderson, 1989)에서는 과제의 친숙성과 닻 내림 효과를 함께 검증했다. 연구자들은 친숙성이 낮은 과제로 회사에서 구성원들의 사기를, 친숙성이 높은 과제로 제조업 회사 사장의 연봉과 학업 성적을 이용했다. 그들은 참가자들에게 사장의 연봉이 30만 달러를 넘을 확률이 .75(높은 닻 내림 조건) 혹은 .25(낮은 닻 내림 조건)보다 클지, 작을지 판단하게 했다. 그 다음, 이 사장의 연봉이 실제로 30만 달러를 넘을 확률을 추정하도록 요청했다. 그 결과, 닻 내림 효과가 매우 강하게 나타나서 높은 닻 내림 집단이 그 확률을 더 크게 추정했다. 또한 닻 내림 효과가 매우 강력해서 친숙성을 증가시켜도 감소하지 않았다. 그러나 정확한 판단에 대한 물리적 보상은 닻 내림 효과를 떨어뜨렸다.

닻 내림과 조정 효과가 크게 나타나는 하나의 원인은 닻을 내려 고정한 이후에 충분한 조정을 하지 않기 때문이다. Epley와 Gilovich(2001)는 사람들이 고정된 값, 특히 자신이 스스로 정한 고정된 값을 충분히 조정하지 않는다는 것을 발견했다. 또한 대답하는 동안 고개를 끄덕였거나, 인지적으로 바쁘거나 혹은 정확한 반응에 대한 유인가가 충분하지 않은 사람들은 자신이 설정한 값을 충분히 조정하지 않았다.

또 다른 원인으로, 닻 내림과 조정 효과는 고정된 값과 일관적인 정보에 대한 접근성을 높이기 때문일 수도 있다(Mussweiler & Strack, 2000). "나일강이 1,500km(혹은 700km)보다 긴가, 아니면 짧은가?"라는 질문을 받은 사람은 먼저 그 강이 1,500km(혹은 700km)인지를 평가하고자 한다([그림 4-11] 참조). 이러한 과정이 고정된 값과 일치하는 증거를 부당하게 많이 양산함으로써 닻 내림 효과가 나타난다.

그림 4-11 닻 내림과 조정 휴리스틱. 서로 다르게 제시한 나일강의 길이가 이후의 과제를 수행하는 데 영향을 준다.

마지막으로, 닻 내림과 조정 효과는 순전히 수의 점화에 따른 것일 수도 있다. Wong과 Kwong(2000)의 연구에서 참가자들에게 홍콩 비행장의 활주로가 7.3km 혹은 7,300m보다 긴지 아니면 짧은지를 물어본 후, 이와 상관없는 프로젝트의 경비를 추정하도록 했다. 그 결과, 미터 단위로 질문을 받은 참가자들이 경비를 더 크게 추정했다. 이처럼 닻 내림과 조정 효과가 나타나는 원인에는 여럿이 있다.

4) 기타 휴리스틱

절정-종결 휴리스틱(peak-end heuristic)은 우리가 어떤 경험을 최고점에서 그리고 마지막 순간에 어떻게 느꼈는지에 기초해서 판단하는 경향성을 말한다. Kahneman 등(1993)은 참가자들에게 첫 번째 시행에서 자기의 한 손을 14℃의 찬물에 60초 동안 담그고 있으라고 요청했다. 두 번째 시행에서는 자기의 한 손을 14℃의 찬물에 60초 동안 담그고 난 다음, 물의 온도가 15℃까지 올라가는 30초 동안을 더 담그고 있으라고 요청했다. 두 번의 시행이 끝난 후, 연구자는 참가자들에게 다시 한다면 어떤 시행을 더 하고 싶은지 물었다. 그 결과, 참가자들은 찬물에 손을 담근 시간이 50%나 더 긴 두 번째 시행을 선호했다. 이것은 물의 온도가 올라가는 두 번째 시행의 마지막 30초가 첫 번째 시행의 마지막 30초보다 참가자들에게 덜 불쾌했을 수 있기 때문이다. 이처럼 마지막에 경험한 느낌이 사건을 평가하는 데 중요한 역할을 할 수 있다.

특정 사건을 머릿속으로 그려 보기 쉬운 정도에 따라 그 사건의 빈도나 발생 확률을 추론하는 전략이 시뮬레이션 휴리스틱(simulation heuristic)이다. 그래서 가까스로 목표 달성에 실패한 상태나 사건(near misses)처럼, 사람들은 해당 사건을 마음속으로 그려 보기 쉬울수록 그 사건에 대해 후회를 더 많이 한다. 다음의 사례를 살펴보자.

> A와 B는 같은 시간에 출발하는 서로 다른 비행기를 타고 목적지로 떠나기로 예정되어 있었다. 그들은 같은 리무진을 타고 공항으로 오던 중 교통체증에 걸려 자신들의 비행기 출발시간보다 30분 늦게 공항에 도착했다. A는 그의 비행기가 제시간에, 즉 30분 전에 떠났다는 말을 들었다. B는 자신이 탈 비행기의 이륙이 지연되었지만 5분 전에 떠났다는 말을 들었다. A와 B 중 누가 더 화가 났을까?

대부분의 사람은 B가 더 화가 났다고 추측했다(Kahneman et al., 1982). 겨우 5분 차이로 비행기를 놓친 B는 5분만 더 빨리 왔으면 비행기를 놓치지 않고 탈 수 있었을 것이라고 그 가능성을 더 쉽게 상상할 수 있기 때문이다. 즉, B는 차가 조금만 더 일찍 도착했거나 비행기가 조금만 더 지연되었다면 비행기를 탈 수도 있었지만, A는 어떤 일이 일어나든 비행기를 탈 확률이 높지 않았다고 판단한 것이다(Baumeister & Bushman, 2016). 이처럼 시뮬레이션 휴리스틱에서 사용하는 특정 사건의 발생 확률에 대한 주관적인 판단은 기억 속에 있는 관련 사례를 불러일으키는 것이 아니라, 대신에 일어나지 않은 상황을 머릿속으로 상상하거나 모의 실험해 보는 것이다. 이런 점에서 시뮬레이션 휴리스틱은 가용성 휴리스틱과는 다르다.

친숙성 휴리스틱(familiarity heuristic)은 우리가 친숙한 사물이나 사람, 장소에 대해 더 우호적인 태도를 보이는 경향을 말한다. **감정 휴리스틱**(affect heuristic)은 우리가 긍정적인 기분이나 정서 상태에 있을 때는 어떤 결정이 가져올 가능한 이득에 초점을 두지만, 부정적인 상태에서는 그 결정이 가져올 부정적인 측면에 더 초점을 두는 경향성을 지칭한다. **희소성 휴리스틱**(scarcity heuristic)은 우리가 희소해서 이용하기가 쉽지 않은 물건의 가치를 더 높게 평가하는 것이다. 상업광고에서는 이런 휴리스틱을 활용해서 가격 할인을 시간의 제한을 두고 실시하거나 상품의 개수를 제한해서 판매한다. **시행착오 휴리스틱**(trial and error heuristic)은 어떤 문제의 해답을 찾을 때까지 이것저것 다양하게 시도해 보는 것을 말한다. 아무거나 여러 번 해 보면 답을 찾을 수 있다는 생각에 기초한 것이다.

표 4-4 휴리스틱의 종류

휴리스틱	내용
대표성 휴리스틱	어떤 사건의 빈도나 발생 가능성을 그것이 전형적인 사례와 닮은 정도에 따라 판단하는 전략
가용성 휴리스틱	어떤 사건과 관련된 사례를 마음속에 떠올리기 쉬운 정도에 따라 그 사건의 빈도나 발생 확률을 추론하는 전략
닻 내림과 조정 휴리스틱	초기의 특정 가치나 값에 기초해서 시작하고 그 값을 조정한 뒤 최종적인 결정에 도달하는 전략
절정-종료 휴리스틱	어떤 경험을 최고점에서 그리고 마지막 순간에 어떻게 느꼈는지에 기초해서 판단하는 경향성
시뮬레이션 휴리스틱	특정 사건을 머릿속으로 그려 보기 쉬운 정도에 따라 그 사건의 빈도나 발생 확률을 추론하는 전략
친숙성 휴리스틱	친숙한 사물이나 사람, 장소에 대해 더 우호적인 태도를 가지는 경향성
감정 휴리스틱	긍정적 기분에서 하는 결정은 이득에 초점을 두고, 부정적인 정서에서는 손실 같은 부정적 측면에 초점을 두는 경향성
희소성 휴리스틱	희소해서 이용하기가 쉽지 않은 물건의 가치를 상대적으로 더 높게 평가하는 경향성
시행착오 휴리스틱	문제의 해답을 찾을 때까지 이것저것 아무거나 여러 번 해 보면 된다고 생각하는 경향성

4. 인지적 편향과 영향 요인

사람들은 주어진 대상이나 사건에 항상 객관적이고 정확하게 반응하지는 않는다. 말하자면 그들은 세상을 이해할 때 여러 왜곡을 불러일으킨다. 사람들의 사회적 판단에서 잘못된 결론에 도달하게 만드는 사고방식을 **인지적 편향**(cognitive bias)이라고 한다. 사람들이 인지적 오류나 왜곡을 범하는 원인에는 크게 두 가지가 있다. 그중 하나로, 사람들이 정보를 수집하고 증거를 찾는 과정에 편향이 있을 수 있다. 가령, 자기의 생각을 지지하는 증거나 정보만 수집할 수 있다. 우울증과 불안장애를 지닌 사람은 자신의 장애와 관련된 자극에 더 많은 주의를 기울임으로써, 자신의 상태를 더 심각한 것으로 잘못 해석하는 경향이 있다(박문규, 손정락, 2010). 또 다른 원인은 사람들의 직관적 사고와 감정에 기초한 문제해결에서 찾을 수 있다. 직관은 자동으로 활성화하는 빠른 인지 과정이기 때문에 별다른 노력이 필요 없지만, 오류를 범할 가능성은 늘 있다. 이러한 인지적 편향에는 사후 가정 사고, 착각 상관, 기타 여러 편향이 있고, 이러한 편향에 영향을 미치는 요인도 있다.

1) 사후 가정 사고

때로 사람들은 사랑하는 사람과 싸워 헤어진 후 그 일을 되돌아보며 후회한다. 대학교 시절을 돌아보면서 그때 하고 싶은 여행을 더 많이 했으면 좋았겠다고 생각할 때도 있다. 이처럼 사람들은 어떤 사건을 경험한 후에 그 사건을 되돌아보는 경향이 있다. [그림 4-12]에서 보듯이 이때 이미 일어난 사건과는 다르면서 미래에 다른 결과를 가져올 수 있는 가상의 대안적인 사실이나 사건을 상상해 보는 것을 **사후 가정 사고**(counterfactual thinking)라고 한다(Kahneman & Miller, 1986). 이것은 자기 삶에서 발생한 사건이 실제와는 다르게 나타났다면 어떠했을까, 혹은 '만약 ……했다면 ~했을 텐데.'와 같은 조건문 형태로 나타나는 사고다. 또한 이런 사고는 **마술적 사고**(magical thinking), 즉 사실에 근거하지 않는 가정에 기초한 믿음 중의 하나다. 이 외에도 마술적 사고에는 앞에서 살펴본 낙관적 편향도 있다.

그림 4-12 사후 가정 사고. 지금 온 길이 아닌 다른 길로 갔다면?

사후 가정 사고는 실제 사건보다 긍정적 결과를 가정하는지 아니면 부정적 결과를 가정하는지에 따라 크게 두 유형이 있다(Roese & Olson, 1993). 상향적 사후 가정 사고는 '~라면 더 좋았을 텐데.'처럼 실제 상황보다 좀 더 긍정적인 결과를 상상하는 것이다. 이런 사고에는 일반적으로 후회 같은 부정적 감정이 뒤따라오게 된다. 그러나 이러한 감정이 꼭 나쁜 영향만을 주는 것은 아니다. 지금의 결과에 만족하지 않고 좀 더 나은 결과를 위해 노력하게 하는 동기를 끌어낼 수 있기 때문이다.

반면에 하향적 사후 가정 사고는 '~라면 큰일 날 뻔했다.'처럼 실제 상황보다 더 부정적인 결과를 상상하는 것이다. 이런 사고에는 일반적으로 안도감과 같은 긍정적 감정이 뒤따라오는데, 이러한 감정은 현재 상황을 유지하려는 동기와 관련이 있다. 즉, 하향적 사후 가정 사고는 현실의 사건보다 더 나쁜 대안적 결과에 대한 가능성을 지각하게 함으로써, 상대적으로 긍정적인 감정을 느끼게 하는 기능을 한다(허태균, 2002).

Kruger 등(2005)은 사후 가정 사고가 객관식 시험의 답을 수정하는 것에 미치는 효과를 알아보았다. 그들은 대학생들의 답안지에서 수정한 문항을 조사하여 틀린 답에서 옳은 답으로, 옳은 답에서 틀린 답으로 그리고 틀린 답에서 틀린 답으로 바뀐 비율을 계산했다. 또한 이러한 수정으로 이득을 본 학생과 손해를 본 학생 그리고 변동이 없는 학생을 조사했다. 그 결과, 수정한 답안 중 51%가 틀린 답에서 옳은 답으로 고친 것이고, 54%의 학생이 이러한 수정으로 이득을 보았다. 그러나 답을 수정해서 이득을 볼 것으로 예측한 학생은 33%에 불과했다. 이것은 학생들의 인식이 답을 '고쳐야 하는데 고치지 않은 경우'보다 '고치지 말았어야 했는데 고친 경우'에 더 고정되어 있음을 시사한다.

사후 가정 사고는 대비 효과로 설명할 수 있는데, 이 사고는 현재의 사건과 일어날 수 있던 다른 사건을 대비시켜 개인의 인지적 활동과 정서 경험을 변화시킨다. 올림픽에서 A팀이 금메달, B팀이 은메달 그리고 C팀이 동메달을 딴 상황을 보자. 동메달을 딴 C팀보다 은메달을 딴 B팀이 금메달을 따지 못한 것을 더 아쉬워하기 쉽다. B팀은 결승에서 한 번만 더 이겼으면 금메달을 딸 수 있었기 때문이다. B팀은 A팀과 비교하는 상향적 사후 가정 사고를 경험하기 쉽다. 반면에 동메달을 딴 C팀은 3 · 4위 결정전에서 이겼기 때문에, '메달을 받지 못했을 수도 있었는데.'와 같이 하향적 사후 가정 사고를 할 가능성이 크다. 실제 올림픽 경기의 동영상을 분석한 결과는 이러한 가능성을 지지했다(Medvec et al., 1995). 이처럼 B팀과 C팀 모두 금메달을 따지 못했지만, 자신을 어떤 사건과 대비시키느냐에 따라 경험하는 정서가 다르다.

사람들은 주로 어떤 일에 대해 사후 가정 사고를 많이 할까? 한 연구(Roese & Hur, 1997)에서 사람들은 보통 긍정적 사건보다는 부정적 사건을 겪은 후에 사후 가정 사고를 많이 했고, 이때 후회와 같은 부정적인 감정을 경험했다. 또한 부정적 사건을 겪었을 때는 상향적 사후 가정 사고가 잦지만, 긍정적 사건을 경험했을 때는 하향적 사후 가정 사고가 많았다(Markman et al., 1993). 과거에 대한 후회 경험은 동서양 문화에 상관없이 행동한 것보다는 행동하지 않은 것에서 더 많았다(Chen et al., 2006). 한 국내 연구(남궁재은, 허태균, 2009)에 따르면, 한국 대학생들은 교육, 애정, 자신, 친구 그리고 직무 순으로 후회를 많이 했다. 또한 기존의 연구와 마찬가지로, 전체적으로는 행동한 것보다는 행동하지 않은 것에서 후회를 더 많이 했다. 그러나 관계적인 영역에서는 이와 달리 행동한 것에 대한 후회 경험이 더 많아 문화적인 독특성도 나타났다.

2) 착각 상관

우리는 두 사건이 실제로는 아무런 상관이 없는데도 서로 관련이 있는 것처럼 잘못 생각하는 경우가 많다. 수학능력시험을 보는 날은 날씨가 춥다는 믿음, 하나를 보면 열을 알 수 있다는 믿음은 사실이 아니거나 사실과는 좀 거리가 있다. 이처럼 아무런 관계가 없거나 약한 관계가 있는 두 사건 사이에 강한 관계가 있다고 잘못 생각하는 것을 착각 상관(illusory correlation)이라고 한다(Hamilton & Gifford, 1976). 착각 상관은 여러 요인 때문에 발생한다(Fiske & Taylor, 2008). 먼저, 두 사건이 논리적으로 관련이 있어야 한다는 믿음, 즉 실제 관계가 없어도 관계가 있기를 바라는 기대가 한 원인이다. 흑인에 대한 고정관념을 가진 사람은 흑인과 범죄를 연결하는 토대를 이미 가지고 있을 수 있다. 또한 백인과 같은 다수집단은 지위가 낮은 흑인의 부정적 행동을 지나치게 부각해 보도하는 미디어 때문에 그러한 행동만을 과도하게 접했을 수도 있다.

착각 상관의 또 다른 원인으로 정보의 식별력(distinctiveness)을 들 수 있다. 소수집단과 같이 다수집단에 비해 수가 작은 집단은 눈에 잘 띄고, 일상적인 행동에 비해 발생 빈도가 낮은 폭행과 같은 행동에 대한 정보가 눈에 더 잘 띈다. 그래서 사람들은 소수집단이 하는 부정적 행동이 다수집단이 하는 부정적 행동보다 빈도가 더 높은 것처럼 지각한다(Hamilton & Sherman, 1989; McConnell et al., 1994). 미국에서 흑인의 수는 백인보다 훨씬 적고, 흑인의 부정적 행동도 긍정적 행동에 비해 수적으로 매우 적다. 눈에 띄는 이 두 특성이 쌍을 이룸으로써, 흑인의 부정적 행동이 상대적으로 훨씬 더 눈에 잘 띄고, 그래서 사람들은 이 행동의 빈도를 과대 지각하게 된다.

Hirshleifer와 Shumway(2003)는 날씨가 주식시장에 미치는 영향을 살펴보았다. 26개국의 주요 도시 날씨와 주식시장의 상황을 조사한 결과, 주요 도시의 날씨가 맑은 경우 주가가 오를 가능성이 컸다. 이것은 맑은 날씨 덕분에 기분이 고양된 투자자들이 미래 경제를 낙관적으로 바라본 결과일 수 있다. 마찬가지로 최기홍과 윤성민(2018)의 연구에서는 습도가 국내 주식시장에 가장 많은 영향을 주었고, 수익률 움직임에는 날씨가 큰 영향을 미쳤으며, 이러한 요인이 강세장보다는 약세장에서 더 큰 영향을 미쳤다. 또한 거래량, 회전율, 변동성에도 날씨 효과가 있었다.

3) 확증 편향

사람들은 때로 논리적이고 합리적이기보다는 자기가 보고 싶은 것만 보고 믿고 싶은 것만 믿는다. [그림 4-13]에서 보듯이 사람들은 혈액형에 대한 자기의 고정관념에 부합하는 정보만을 이용해서 자기나 타인의 혈액형을 확증한다. 자신이 솔직하니까

O형이라거나 마음에 담아 두는 성격이니까 AB형이라는 식이다. 반대로, 사람들은 자신의 신념이나 생각과 다른 이야기를 들을 때 불편해한다. 자신과 종교가 다른 사람이 와서 새로운 종교로 전향하라고 설득할 때, 혹은 정치적 견해가 다른 사람이 와서 상대방 정당의 후보를 지지해야 한다고 주장할 때, 사람들은 보통 그러한 말을 거부하고 듣지 않는다.

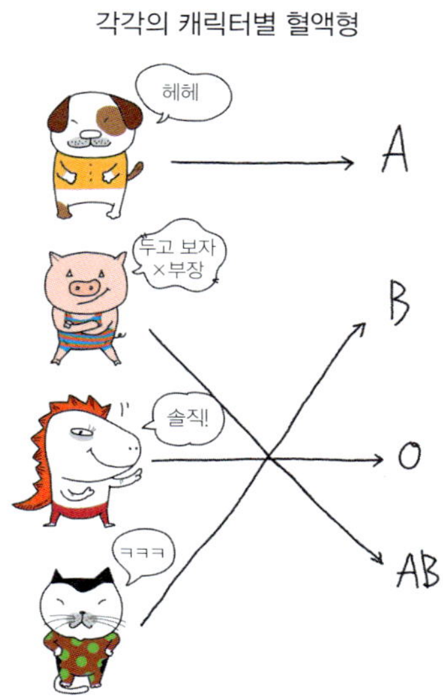

그림 4-13 **확증 편향.** 사람들은 자신의 혈액형과 일치하는 정보만 이용하여 그것을 확증한다.

이처럼 자신의 신념이나 가치를 지지하거나 확증하는 방식으로 정보를 해석하거나 선호하고 회상하는 인지적 경향성을 **확증 편향**(confirmation bias)이라고 한다. 이러한 편향은 중세의 마녀사냥, 특정 정책을 정당화하는 정치적 합리화 등 다양한 사례에서 관찰할 수 있다(Nickerson, 1998). 확증 편향은 다양한 현상을 설명할 수 있다. 먼저, 태도가 다른 사람들은 같은 증거를 접하더라도 점점 더 극단적으로 의견을 달리하게 된다. 이러한 현상을 태도의 극단화라고 하는데, 이것 역시 확증 편향에 따른 결과다. 또한 때로 사람들은 자기의 신념이 틀리다는 것을 보여 주는 증거에도 아랑곳하지 않고 그 신념을 포기하지 않는다. 인상형성에서 처음 제시된 정보가 큰 영향을 미치는 초두 효과(제3장 참조)나 앞에서 살펴본 착각 상관도 확증 편향으로 설명할 수 있는 현상이다.

확증 편향의 한 유형은 정보를 편향해서 찾는 것으로, 이것은 사람들이 자신의 이론이나 가설을 지지하는 증거를 찾아 일방적으로 그것을 검증하려는 경향을 말한다. 예를 들면, 우리가 상대방에게 예/아니요 질문을 해서 문제의 정답이 5라는 숫자를 맞혀야 하는 과제를 생각해 보자. 이때 어떻게 묻든 상대방의 대답은 차이가 없음에도, 사람들은 "그 숫자는 짝수인가요?"라는 부정형 질문보다 "그 숫자는 홀수인가요?"라는 긍정형 질문을 더 선호했다(Kida, 2006). 때로는 이와 같은 형태의 질문이 성공하기도 하는데, 질문을 약간만 바꿔서 하더라도 상대방의 대답은 크게 달라질 수 있기 때문이다. 예를 들면, 한 연구(Kunda et al., 1993)에서 "당신의 사회생활은 행복합니까?"라는 질문이 "당신의 사회생활은 행복하지 않습니까?"라는 질문보다 만족한다는 대답을 더 끌어냈다.

확증 편향은 우리가 가지고 있는 도식의 영향을 받는다(Greenberg et al., 2015). 도식은 그것과 부합하는 정보는 추구하고 그렇지 않은 정보는 무시하는 식으로 우리의 정보처리를 유도한다. 또한 도식은 애매한 자극을 그 도식에 부합하는 방식으로 해석하도록 이끌기 때문에 이와 같은 편향을 유발한다. 한 고전적인 연구(Langer & Abelson, 1974)에서 한 남성을 면담한 내용의 비디오테이프를 두 집단의 심리치료사에게 보여 주었다. 이때 한 집단에는 이 면담이 정신질환을 검진하기 위한 것이라 소개하고, 다른 집단에는 직업면접이라고 소개했다. 그 결과, 후자보다 전자의 치료사 집단은 이 남성의 면담에서 정신질환 증후를 더 많이 찾아냈다. 이 남성이 과거 직장 상사와 겪은 불화에 대해 전자의 치료사 집단은 그것을 방어적 태도나 억압으로 해석했고, 후자의 치료사 집단은 그러한 행동을 통찰력이 있는 현실적인 행동으로 해석했다.

확증 편향이 강력하더라도 우리가 항상 이러한 편향을 가지고 세상을 바라보는 것은 아니다. 가령, 자신의 기대와 실제 현실과의 차이가 매우 커서 이러한 간극을 인식하게 되면, 사람들은 무조건 자신의 신념이나 의견을 지지하는 식으로 현실을 왜곡해서 인식하기는 어렵다. 자신이 편향되어 있다는 인식을 하게 되면, 사람들은 통제적 시스템을 작동시켜 그러한 편향을 바로잡으려는 특성을 보이기도 한다. 이것이 자신의 정확성 욕구를 충족하는 방법이기 때문이다. 또한 확증 편향에는 개인차가 있다. 그 하나의 요인으로, 지능보다는 합리적으로 생각할 수 있는 능력이 뛰어난 사람은 반대편의 입장을 효과적이고 논리적으로 평가할 수 있어서 확증 편향의 영향을 덜 받는다(Stanovich et al., 2013). 훌륭한 논쟁은 사실에 기초한 것이라는 믿음이 강한 사람도 이러한 편향에 덜 취약하다(Wolfe & Britt, 2008).

4) 확신 관련 편향

또 다른 편향으로 **사후 확신 편향**(hindsight bias)을 들 수 있다. 이것은 과거에 일어난 일의 결과를 알고 난 후에 마치 처음부터 그 결과를 알고 있었던 것처럼 믿는 현상이다(Fischhoff, 1975). 교육 수준이 높은 사람이 전쟁에 잘 적응했다는 연구 결과를 본 사람들은 교육을 많이 받으면 스트레스 해소 능력이 좋아져서 적응력이 높아지는 것은 당연하다고 판단한다. 반대로, 교육 수준이 낮은 사람이 전쟁에 잘 적응했다는 연구 결과를 본 사람들은 생각이 너무 많으면 적응하는 데 힘드니까 단순한 것이 최고라고 판단한다. 이처럼 사후 확신 편향은 실생활의 다양한 영역에서 경험할 수 있는 현상으로, 축구 경기나 선거 결과에 대한 설명 등이 대표적인 사례다(Leary, 1981, 1982).

사후 확신 편향은 자신이 세상을 통제하고 있다는 생각과, 더 나아가 아직 일어나지 않은 미래의 일들을 예측할 수 있다는 믿음을 반영한다. 이것은 자기의 삶을 시간적인 차원에서 모두 통제할 수 있다는 주관적인 느낌을 제공함으로써 긍정적인 이바지를 할 수 있지만, 특정 현상의 발생에 대한 실질적인 지식이나 통찰을 제공하지는 못한다. 이러한 편향을 줄이는 한 방법은 참가자들에게 특정 사건과 관련해서 검증되지 않은 또 다른 원인을 고려하도록 유도하는 것이다(최인철, 2004).

과잉 확신(overconfidence)은 자기의 생각이나 믿음이 실제보다 더 정확하다고 지각하는 현상이다. 집을 나설 때 분명히 열쇠를 챙겼다고 생각했는데 찾지 못해 당황했던 경험, 모임에서 상대방이 분명 이런 말을 했다고 확신하는데 나중에 보면 그렇지 않았을 때 등 과잉 확신은 매우 흔한 현상이다. 이와 관련된 가장 대표적인 문제 중 하나는 범죄를 목격한 사람들의 확신이 정확성을 제대로 반영하는가다. 사람들은 자신 없어 하는 목격자보다는 확신에 차서 말하는 목격자의 말을 더 잘 믿는 경향이 있다. 그러나 실제 목격자의 확신이나 자신감이 그들 진술의 정확성이나 타당성을 보장하지는 않아 이 둘 사이에는 관련성이 없다(Bothwell et al., 1987).

흥미롭게도 무능력이 과잉 확신의 주된 요인 중 하나일 수 있다. 사람들은 많은 사회적 영역이나 지적 영역에서 자기의 능력을 더 호의적으로 보는 경향이 있는데, 이것은 부분적으로는 이 영역에서 자기의 능력이 떨어진다는 것을 인식할 수 있는 능력이 없기 때문이다. 실제 Kruger와 Dunning(1999)은 참가자들에게 30개의 농담을 제시하고 그 농담이 얼마나 재미있는지를 평정하도록 했다. 그들의 평정을 코미디언과 같은 전문가들이 평정한 값과 비교해서 그들의 인지 능력을 측정했다. 또한 참가자들은 자기가 다니는 대학교의 전체 학생 중에서 자기 점수가 어느 정도에 위치할지 백분위로 평정하도록 했다. 그 결과, [그림 4-14]에서 보듯이 성적이 하위 1/4에 해당하는 사람들은 실제 12 백분위에 속하는데 스스로는 58 백분위에 속한다고 평정했다. 이와 같은 경향은 논리적 추론이나 문법과 같은 능력에서도 매우 유사하게 나타났다. 이런 결과는 자기의 능력이 떨어지는 사람일수록 그 능력을 과대평가할 수 있음을 의미한다.

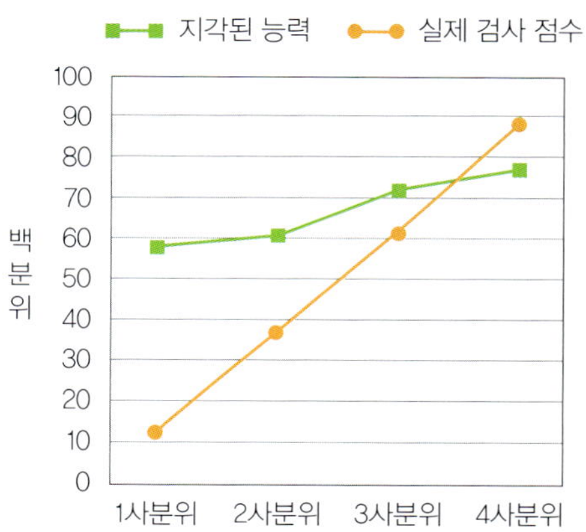

그림 4-14 실제 검사 점수에 따른 지각된 유머 평가 능력. 능력이 떨어지는 사람일수록 자신의 능력을 과대평가하는 특성이 있었다.
출처: Kruger & Dunning (1999).

5) 영향 요인

사회인지에 영향을 주는 요인에는 많은 것이 있다. 제2장에서 살펴본 것처럼, 자기고양 동기, 자기일관성 동기 등 우리가 가지고 있는 많은 동기가 외부 대상에 대한 인지에 영향을 준다. 그뿐만 아니라, 우리가 경험하는 기분이나 느낌도 인지적 정보처리에 영향을 준다.

(1) 동기

사람들은 사회인지를 통해 다양한 욕구를 충족하고자 한다. 때로는 세상을 정확하게 이해하고자 하고, 또 다른 때는 문제에 대한 해답을 빨리 찾아 더 이상 그 문제에 신경을 쓰고 싶어 하지 않아 한다. Kruglanski(2004)는 인간의 인지적 동기를 두 가지로 분류하여 제시하고 있다. 그 하나가 **정확성에 대한 욕구**다. 이것은 주어진 사람이나 대상을 사실에 맞고 타당하게 이해하려는 동기다. 이러한 동기를 충족하기 위해서는 정보의 충분한 수집과 그 정보의 체계적 분석이 필요하다.

또 다른 동기는 **인지적 종결 욕구**(need for cognitive closure)로, 문제를 인지적으로 해결하여 더 이상의 사고를 하지 않으려는 욕구다. 이러한 욕구에는 특정 결정을 선호하는 경우와 선호하는 결정이 없는 경우도 있다. 여러 후보 중 어떤 후보를 선택할 것인지 정할 때, 자신이 선호하는 후보가 있으면 그 후보를 지지하는 정보를 선별적으로 취함으로써 선호하는 방향으로 결정할 수 있다. 반면에 어떤 후보가 뽑히든 상관이 없다고 생각하면, 아무나 투표하면 된다는 식으로 결정을 내릴 수 있다. 정확성을 추구하는 작업에는 시간과 노력 및 자원이 필요해서, 궁극적으로는 어느 시점에서는 인지적 종결을 해야 할 필요가 생긴다(Kruglanski & Webster, 1996).

인지적 정확성 욕구와 종결 욕구는 어느 정도 상충적인 특징을 가지고 있다. 현재 자신의 지식이 바람직한 지식의 상태와 일치하면 새로운 지식이 불필요하다. 즉, 지금의 지식으로 외부의 대상을 만족할 만큼 이해할 수 있을 때, 새로운 지식을 구축하는 과정이 불필요하다. 그러나 이 둘이 불일치하면, 그것을 해소하기 위해서 새로운 지식을 구축할 필요가 생기고 그래서 지식 형성 시스템이 활성화된다. 이때 새로운 지식을 구축하는 작업은 통제적 혹은 체계적 정보처리 시스템을 통해 이루어진다(Baumeister et al., 2015; Chaiken & Ledgerwood, 2012).

인지적 종결 욕구에는 개인차가 있다(Kruglanski & Webster, 1996). 특정 주제에 대한 확실성의 욕구가 큰 사람은 가능한 한 빨리 문제에 대한 해답을 찾고자 한다. 그래서 그들은 모호한 문제에 부딪혔을 때 정확하고 타당한 해답을 얻는 것보다는 빠른 해답을 얻어 냄으로써, 그 문제로 생기는 불편함이나 불안감을 종결하려는 성향을 가지고 있다. 그래서 인지적 종결 욕구는 신중한 정보처리를 방해하는 요인이 있을 때 증가하는 경향이 있다. 또한 높은 종결 욕구는 정치적 보수주의, 집단 규범의 안정적 유지와 같은 개인적 경향성을 예측할 수 있다.

(2) 기분

우리의 정신활동은 인지와 감정 그리고 의도와 같은 요소로 구성되어 있다. 이들은 서로 독립적이기보다는 유기적으로 관련되어 있으면서 인간의 정신활동과 행동에 영향을 미친다(Cohen & Areni, 1991). 특히 우리의 정서적 상태에 따라 정보처리가 달라질 수 있다는 점에서, 정서는 인간의 사고와 불가분의 관계에 있다. 이를 **기분 효과**(mood effects)라고 하는데([그림 4-15] 참조), 긍정적 기분은 상황을 좀 더 낙관적으로 지각하게 하고 도식 기반 처리를 촉진하는 반면, 부정적 기분은 주어진 정보를 좀 더 세밀하게 분석하도록 유도한다. 한 연구(Finucane et al., 2000)에서는 참가자들이 분석적 사고를 할 수 없도록 그들에게 의도적으로 시간 압박을 가했다. 그러자 그들은 이성적 분석이 아닌 감정에 의존해서 이익과 위험을 판단하는 경향이 강했다. 그래서 위험은 과소평가하고 이익은 과대평가했다.

그림 4-15 기분 효과. 우리는 기분에 따라 정보처리를 달리한다.

같은 맥락에서, 우리가 느끼는 기분이나 느낌은 판단을 하는 데 정보로서 가치가 있다. 거의 출석을 부르지 않는 수업이지만, 오늘은 왠지 출석을 부를 것 같은 기분이 들어서 결석을 하면 안 될 것 같은 때가 있다. 사람들은 보통 행복한 기분일 때는 긍정적인 판단을 내리고, 슬픈 기분일 때는 부정적 판단을 내리기 쉽다. Schwarz와 Clore(1983)는 참가자에게 행복하거나 슬픈 사건을 회상하도록 했다. 그다음, 기이하게 보이는 작은 방을 활용해서 한 집단의 참가자에게는 행복한 느낌을, 다른 집단의 참가자에게는 슬픈 느낌을 유도한 후 삶의 만족도를 평정하도록 했다. 연구 결과, 슬픈 사건을 회상해서 기분이 슬퍼진 참가자들은 행복한 느낌을 유도하는 방 조건에서 삶의 만족도를 매우 낮게 평가했다. 이것은 이 조건의 참가자들이 자기의 슬픈 기분에 대해 상황적 요인에서 그 원인을 찾을 수 없었기 때문으로 보인다. 반면에 행복한 사건을 회상한 조건에서는 방에 따른 삶의 만족도에 차이가 없었다. 즉, 그들은 행복한 느낌이나 슬픈 느낌을 유발하는 상황의 영향을 받지 않았다. 이것은 느낌이 긍정적인 기분과는 달리 부정적인 기분을 판단하는 데 정보로서 가치가 있음을 보여 준다.

느낌은 판단의 기초적 정보를 제공할 뿐만 아니라 정보처리 과정에도 영향을 미친다. 어떤 일을 할 때 순조로운 느낌이 들면, 우리는 과거에 잘 작동한 지식 구조와 행동 방식에 의존하기 쉽다. 반면에 문제가 있다는 느낌이 들면, 우리는 평상시 사용한 방식을 버리고 무엇이 잘못되었는지 파악하기 위해 구체적인 정보에 주의를 기울인다. 따라서 긍정적인 기분과 부정적인 기분은 체계적으로 다른 정보처리 전략을 사용하도록 유도할 수 있다. 긍정적 기분은 일반적인 지식 구조에 의존하여 세부 사항에 덜 집중하는 하향식 처리 과정을 촉발한다. 그래서 이때 사람들은 사건이나 사람에 관한 판단에서 휴리스틱이나 고정관념과 같은 자동적 처리에 더 많이 의존한다 (Forgas, 1998a). 반면에 부정적인 기분은 왜 우리의 기분이 좋지 않은지 파악하기 위해 세부 사항에 좀 더 많은 주의를 두는 상향식 처리 과정을 촉발한다(Forgas et al., 2005). 앞의 Schwarz와 Clore(1983)의 연구에서 참가자들은 슬픈 기분일 때 그 원인을 분석하기 위해 적극적으로 추론함으로써 오귀인 효과가 나타나지만, 행복한 기분일 때는 그러한 추론이 없었기 때문에 같은 효과가 나타나지 않는다.

요약

- 인간은 필요에 따라 합리적 사고를 하는 동시에 절약적 사고도 하는 존재다. 같은 맥락에서, 이중 처리 모형은 인간의 정보처리를 통제적 처리 시스템과 자동적 처리 시스템으로 설명한다.
- 통제적 처리 시스템은 정보를 의식적인 수준에서 합리적이고 체계적으로 처리하는 시스템으로, 논리에 기초한 정확한 정보처리를 지향한다. 자동적 처리 시스템은 의식적인 노력 없이 무의식적으로 처리하는 시스템으로, 효율적인 정보처리를 지향한다.
- 도식은 어떤 자극이나 상황 혹은 개념에 대하여 한 개인이 가지고 있는 지식을 나타내 주는 인지적 구조다. 도식은 관련 대상에 대한 빠른 정보처리를 가능하게 하지만, 실제 자료를 왜곡하거나 복잡한 현상을 과잉 단순화할 수 있다.
- 도식과 관련한 현상으로 점화 효과, 프레이밍 효과, 대비 효과, 순서 효과 등이 있다. 점화 효과는 기억에 저장된 정보가 연합적 연결망으로 연결되어 있기 때문에 나타난다. 여기에는 체화된 인지, 해석 수준 이론이 관련된다. 프레이밍 효과와 밀접한 것이 전망 이론이다.
- 휴리스틱은 시간이나 정보가 충분하지 않거나 합리적인 판단을 할 수 없는 상황, 혹은 그러한 판단을 필요로 하지 않을 때 유용한 어림짐작이다. 휴리스틱은 효율적 정보처리를 가능하게 하지만, 체계적이고 예측 가능한 오류를 야기할 수 있어 정확한 결과를 보장하지는 않는다.

- 특정 사건의 발생 빈도를 추론할 때, 대표성 휴리스틱은 그 사건의 전형적인 사례와 닮은 정도에 따라 추론하는 것이다. 가용성 휴리스틱은 그 사건과 관련된 사례를 마음속에 떠올리기 쉬운 정도에 따라 추론하는 전략이다. 닻 내림과 조정 휴리스틱은 어떤 특정한 값에서 시작하여 그 값을 조정한 뒤 최종적인 답을 산출하는 전략이다.
- 인지적 편향에는 이미 일어난 사건과는 다른 행동이나 결과를 생각해 보는 사후 가정 사고, 아무런 관계가 없거나 약한 관계가 있는 두 사건에 대하여 서로 관계가 있다고 잘못 생각하는 착각 상관이 있다.
- 자신의 신념에 부합하는 정보만을 취하고 신념에 부합하지 않는 정보는 무시하는 확증 편향, 과거에 일어난 일의 결과를 알고 난 후에 마치 처음부터 그 결과를 알고 있었던 것처럼 믿는 사후 확신 편향, 자신의 생각이나 믿음이 실제보다 더 정확하다고 지각하는 과잉 확신이 있다.
- 사회인지에 영향을 주는 동기에는 정확성에 대한 욕구와 인지적 종결 욕구가 있다. 또한 긍정적 기분은 상황을 좀 더 낙관적으로 지각하게 하고 도식 기반 처리를 촉진하는 반면, 부정적 기분은 주어진 정보를 좀 더 세밀하게 분석하도록 유도한다.

제5장

태도와 태도 변화

1. 태도의 특징
2. 태도의 형성과 행동과의 관계
3. 태도 변화에 대한 이론
4. 설득에 의한 태도 변화

"일을 잘하는 데는 무엇보다도 태도가 중요하다."라거나 "모 연예인이 공개석상에서 관중에게 보인 태도가 논란이 되고 있다."라는 말처럼, 우리는 평소에 태도라는 말을 자주 접한다. 그렇다면 태도라는 말은 무슨 의미일까? 우리가 일상적으로 사용할 때 갖는 태도의 의미가 심리학자들이 학문적으로 정의하고 있는 의미와는 다를 수도 있다. 또한 앞의 사례에서처럼 우리는 어떤 대상에 대해 태도를 지니고 있을 수 있다. 그렇다고 해서 우리가 모든 대상에 대하여 태도를 갖추고 있는 것은 아니다. 가령, 우리가 처음 보는 사람에 대해서는 어떤 태도도 없을 수 있다. 더군다나 미디어를 통한 광고에서처럼 어떤 경우에는 태도를 변화시키고자 하는 다양한 시도도 있다. 이처럼 태도는 여러 측면을 지닌 개념으로 일찍이 사회심리학자들의 주요 관심 주제였다. 이에 여기서는 태도의 일반적 특징을 알아본 다음, 태도와 행동과의 관계 그리고 태도 변화의 여러 기제를 살펴본다.

1. 태도의 특징

특정 대상에 대한 태도는 인지적, 정서적 그리고 행동적 요소로 이루어져 있다. 태도의 구조는 이러한 구성 요소가 특정 방식으로 조직화한 산물로, 태도는 우리가 살아가는 데 매우 다양한 기능을 한다. 이와 같은 태도를 측정하는 방식도 다양하다.

1) 태도의 의미

(1) 구조

태도(attitude)에 대한 구조는 크게 두 가지 측면에서 살펴볼 수 있다. 그 하나는 특정 태도 내 구조인데, 이것은 특정 대상에 대한 하나의 태도를 구성하는 여러 요소가 서로 연결된 방식을 의미한다. [그림 5-1]에서 보듯이 한 태도를 이루는 구성 요소에는 인지적, 정서적 및 행동적 요소가 있다(Fishbein & Ajzen, 1974).

인지적 요소는 태도 대상에 대한 사람들의 신념이나 지식이다. 예를 들면, 우리는 어떤 친구의 대인관계와 관련한 성격에 대해 많은 정보를 가지고 있을 수 있다. 외향적이면서 적극적이고, 친절하고 배려심이 많은 따뜻한 사람이라는 지식은 모두 인지적 요소에 해당한다. 일반적으로 이러한 인지적 요소는 다양하고 복잡하다는 특징을 가지고 있다. 또한 우리가 그 친구와의 교류를 통해 새로운 사실을 알게 되면서, 그에 대한 기존의 지식 구조는 쉽게 달라질 수 있다. 말하자면, 복잡한 인지적 요소는 경험과 학습을 통해 수시로 변할 수 있다.

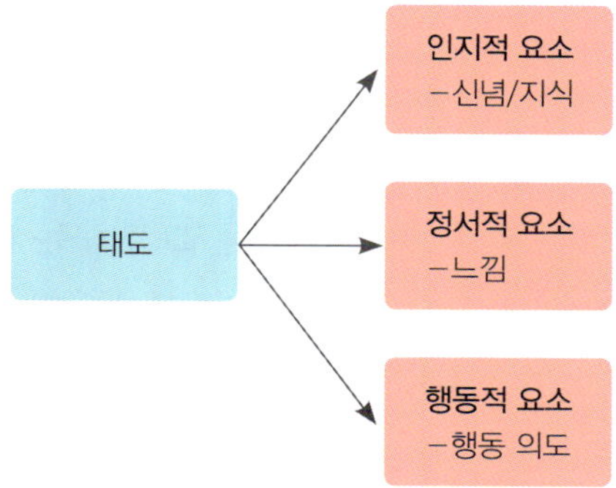

그림 5-1 태도의 구성 요소. 태도는 인지적, 정서적 그리고 행동적 요소로 이루어져 있다.

정서적 요소는 태도 대상에 대한 느낌이나 호불호(好不好)를 포함하는 평가적 반응이다. 특정 대상에 대한 감정은 '좋다–싫다'라는 한마디로 표현할 수 있을 만큼 단순하다. 사람들은 자기 친구에 대하여 그를 좋아하는 긍정적 정서나 싫어하는 부정적 정서를 느낄 수 있다. 이러한 정서적 측면은 인지적 요소가 사라진 후에도 계속 남아 행동에 지속해서 영향을 미친다(Olson & Fazio, 2004). 이처럼 태도에서 정서적 요소가 갖는 중요성이 매우 크기 때문에, 태도를 사물이나 대상, 사람에 대한 평가로 정의하기도 한다(Ajzen, 2001).

태도의 **행동적 요소**는 대상에 대한 태도와 일관적인 행동을 하려는 의도다. 사람들은 대상에 대한 인지적이고 정서적인 내용과 일치하는 행동을 하고자 한다. 그래서 대상에 대해 호의적으로 생각하고 느낀다면 호의적인 행동을 하고자 하고, 대상에 대하여 부정적으로 생각하고 느낀다면 부정적인 행동을 하고자 한다. 흡연에 대하여 긍정적으로 생각하고 좋게 느끼는 사람은 흡연하고자 할 것이고, 그 반대인 사람은 흡연하지 않으려 할 것이다. 그러나 사람들이 모든 경우에 태도와 일치하는 행동을 하는 것은 아니다.

태도에 영향을 미치는 주요 요소가 **신념**(belief)이다. 신념은 특정 대상과 그 대상의 속성 사이의 관계에 대한 인식으로, 그것이 사실이든 아니면 주관적 견해이든 상관없이 우리는 그것을 진실이라고 믿는다(Eagly & Chaiken, 1993). 흡연이 건강을 악화시킨다는 신념을 가진 사람은 흡연에 대한 부정적인 태도를 지니면서 흡연을 하지 않을 것이다. 이처럼 신념은 특정 대상에 대한 태도에 영향을 주고, 이것이 행동의 의도나 목표를 형성한다. 이러한 과정이 특정 대상을 향하면 그 대상에 국한한 태도와 행동이 이루어지지만, 여러 다양한 대상을 향하면 전반적인 태도나 행동 패턴을 보이게 된다. 우리는 어떤 한 사람에 대해 신념과 태도, 의도를 가지면서 그에 따라 행동할 수 있다. 이와 함께 세상의 모든 사람에 대해 회의적인 신념을 가질 수도 있고, 이것은 여러 맥락에 걸쳐 전반적으로 회의적이거나 불만족스러운 태도와 행동 패턴으로 이어진다.

또 하나의 입장은 태도의 구조를 여러 태도 간 관계로 보는 것인데, 이것은 한 개인이 가지고 있는 여러 태도의 군집을 말한다. 우리는 대인관계와 관련해서 한 친구의 성격에 대한 태도가 있을 수 있고, 그의 일하는 방식, 지적인 특성과 관련한 태도도 있을 수 있다. "그 친구는 대인관계는 따뜻하게 잘해서 좋지만, 일은 실수를 자주 해서 맡겨 두기가 불안하고, 지적인 측면도 아주 뛰어나다고는 할 수 없다."처럼, 우리는 특정 대상에 대해 여러 태도를 지닐 수 있다. 또한 태도는 시간이나 상황 등 맥락에 따라 다양할 수 있다. 예를 들면, 독감 백신에 대한 우리의 태도는 일반적으로 무더운 여름보다 선선한 가을에 더 호의적이다. 이것은 독감 백신에 대한 우리의 태도가 시간이나 상황과 연결되어 여럿이라는 것을 의미한다.

이와 함께 사람들은 여러 태도 대상을 하나의 태도로 묶을 수도 있다. 보수주의자나 진보주의자는 자신이 선호하는 태도 대상의 군집이 있다. 보수주의자는 자신의 가치나 신념에 부합하는 특정 정당, 시민단체, 방송, 국가를 선호할 것이고, 진보주의자는 보수주의자들이 좋아하는 것과는 다른 정당, 시민단체, 방송, 국가를 선호할 것이다. 이처럼 태도가 같은 여러 대상이 모이면, 이것은 하나의 이념으로 나타난다. 우리가 전반적인 수준에서 특정 자극을 좋아하거나 싫어하는 태도를 **성향적 태도**(dispositional attitude)라고 한다. 성향적 태도를 확인하는 한 가지 방법은 자신이 좋아하거나 싫어하는 대상의 목록을 작성해 보는 것이다. 성향적 태도를 통해 추후 행동을 예측할 수도 있다. 한 연구에서 흡연과 음주를 선호하고 신체 활동을 선호하지 않는 성향적 태도는 건강 악화 행동을 잘 예측했다(Morris et al., 2016).

(2) 기능

특정 대상에 대한 우리의 태도는 다양한 기능을 수행한다. 예를 들면, Smith와 그 동료들(1956)은 태도의 세 가지 기능을 제시했다. 첫 번째는 태도의 대상을 평가하는 기능이다. 이것은 특정 대상에 대해 긍정적이거나 부정적인 태도를 요약하는 기능이다. 사람들은 각 대상에 대한 태도를 통해 자신에게 도움이 되는 것을 취하고 해로운 것을 피할 수 있다(Maio et al., 2004). 두 번째는 사회적 조정의 기능으로, 이것은 우리가 좋아하는 사람과는 동일시하고 싫어하는 사람과는 멀리하는 것이다. 사람들은 자신이 좋아하는 가수가 어떤 음료를 좋아하면, 본인도 그 사람과 동일시하여 그 음료를 좋아하게 된다. 반면에 자신이 싫어하는 사람이 좋아하는 음료는 평소 자기가 즐겨 마시던 음료라도 싫어질 수 있다. 세 번째는 내적인 갈등으로부터 자신을 보호하는 외재화의 기능이다. 골프 실력이 낮은 사람은 상대적으로 내기 골프를 싫어할 것이다. 형편없는 골프 실력이 자존감에 상처를 입힐 수 있기 때문이다.

[그림 5-2]에서 보듯이 Katz(1960)도 태도의 네 가지 기능을 제시했다. 실용적 기능은 태도를 통해 이익을 최대화하고 비용을 최소화하는 기능이다. 사람들은 긍정적 태도 대상에는 접근하고 부정적 태도 대상은 회피함으로써, 자기의 비용 대비 이득을 높일 수 있다. 가치표현 기능은 태도가 자기개념과 같은 중심적 가치를 표현하는 기능이다. 우리는 자전거로 출근함으로써 건강과 환경 보호를 중요시하는 자기의 의사를 표현한다. 자기방어 기능은 자신의 태도를 부정하거나 깎아내리는 사건에 저항하여 자신의 신념을 유지함으로써 자신을 보호하는 기능이다. 마지막으로, 지식 기능은 특정 대상에 대한 정보를 조직화하는 기능이다. 태도의 여러 인지적 요소는 개별적으로 존재하는 것이 아니라 하나의 틀 속에서 연결과 조직화를 통해 태도 대상에 대한 인지적 구조를 구축한다.

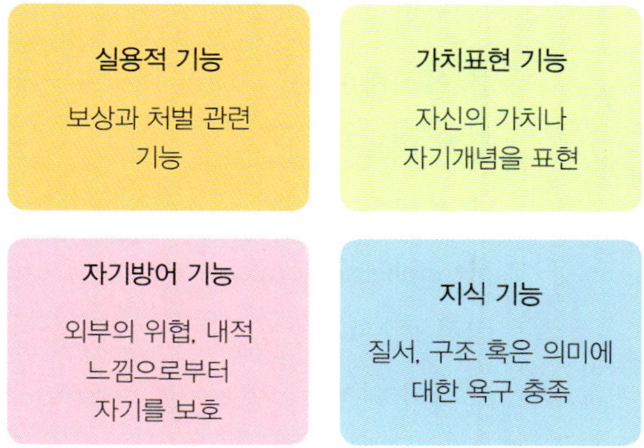

그림 5-2 태도의 기능. 태도는 크게 네 가지 기능을 한다.

태도의 기능, 구성 요소 및 구조는 서로 연결되어 단일한 차원의 태도를 만들어 낸다(Maio & Haddock, 2004). 태도의 구성 요소와 구조는 서로 연결되어 있어, 한 개인이 특정 대상에 대하여 긍정적인 인지, 정서 및 경험을 하면 그 대상에 대하여 하나의 긍정적 태도를 지닌다. 태도의 구성 요소와 기능 간의 연결도 중요한데, 자동차에 대한 태도는 차의 연비를 강조하는 신념에 기초할 수 있다. 옷 스타일에 대한 태도는 대인관계를 향상하고자 하는 심리적 욕구와 연관될 수 있다. 이처럼 태도는 그것을 지지하는 신념이나 욕구의 내용에 따라 달라질 수 있다.

2) 태도의 측정

태도는 의식적 수준과 무의식적 수준에서 존재할 수 있다. **명시적 태도**(explicit attitude)는 특정 대상에 대한 선호 정도 또는 찬성 여부와 같이 의식적으로 보고할 수 있는 태도다. **암묵적 태도**(implicit attitude)는 자기보고의 형태로 측정할 수 없는 비자발적이고 통제할 수 없으며 때로는 무의식적인 태도다.

명시적 태도는 참가자들에게 특정 태도를 직접 질문하는 방식으로 측정한다. 가령, "동성애는 생활방식의 차이로 비난받아서는 안 된다."라는 문항에 얼마나 동의하는

지 리커트 척도를 이용해서 측정할 수 있다. 이때 우리는 이와 같은 의식 수준의 태도를 인식하고 통제할 수 있다(Gawronski & Bodenhausen, 2006; Nosek, 2007). 그러나 암묵적 태도는 의식의 통제 밖에 있어서, 우리는 그런 태도와 관련된 경험을 기억하거나 보고하지 못한다(Fazio & Olson, 2003). 그래서 암묵적 태도는 주로 암묵적 연합 검사(Implicit Association Test: IAT; Greenwald et al., 1998)로 측정한다. IAT는 특정 대상에 대한 태도나 고정관념이 연합 학습으로 이루어지기 때문에, 그 학습 강도가 강할수록 그것이 더 빨리 자동으로 마음속에 떠오른다는 가정하에 태도를 측정하는 도구다.

이 검사는 긍정적/부정적 정서가(價, valence)를 가진 대상과 긍정적/부정적 단어를 조합한 과제에 대하여 사람들이 반응하는 속도로 그들의 암묵적 태도의 강도를 측정한다. 대상과 단어의 정서가가 유사한 조합에서는 반응이 빠르지만, 그렇지 않은 조합에는 반응이 느린 원리를 이용한 것이다. 그래서 과제 수행의 속도가 빠를수록 연합의 강도가 강하고, 속도가 느릴수록 연합의 강도가 약하다고 간주한다. [그림 5-3]에서 보듯이 흑인과 백인에 대한 암묵적 태도를 다룬 Greenwald 등(1998)의 연구에서 백인 참가자는 흑인보다 백인 얼굴을 보았을 때 긍정적 단어에 대한 반응 속도가 더 빨랐고, 부정적 단어에 대한 반응 속도는 흑인 얼굴을 보았을 때 더 빨랐다.

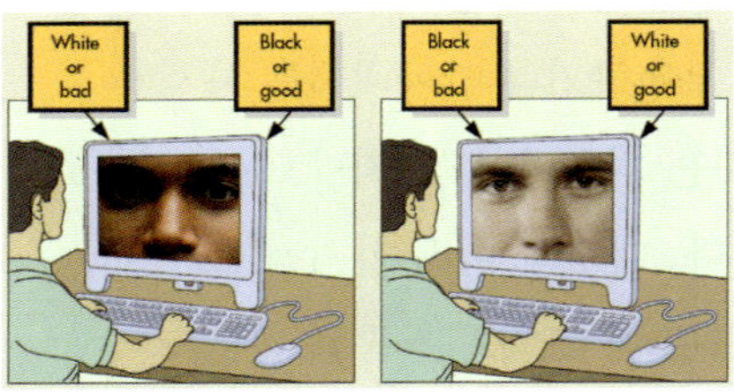

그림 5-3 암묵적 연합 검사(IAT). 흑인이나 백인의 얼굴과 긍정적 또는 부정적 단어를 연합할 때 걸리는 속도를 측정해서 무의식적 태도를 측정한다.

특정 대상에 대한 명시적 태도와 암묵적 태도는 공존할 수 있는가? 한 연구(Hofmann et al., 2005)에서 이를 알아보기 위해 메타분석을 실시한 결과, 명시적 태도와 암묵적 태도 간에는 약한 상관($r=.24$)이 있었다. 동성애에 대한 편견을 측정한 국내 연구(윤이현 외, 2016)에서는 레즈비언에 대한 명시적 편견과 암묵적 편견 간에는 의미 있는 상관이 없었다. 이러한 결과는 암묵적 태도와 명시적 태도가 존재하지만 서로 같지는 않을 수 있음을 보여 준다. **이중 태도 모형**(dual attitude model; Wilson et al., 2000)에 따르면, 같은 대상에 대한 암묵적 태도와 명시적 태도는 공존할 수 있다. 이중적 태도가 존재할 때 암묵적 태도는 자동으로 활성화되지만, 명시적 태도는 기억에서 인출하기 위한 인지적 역량과 동기가 필요하다. 사람들은 이러한 역량과 동기가 충분하지 않을 때 암묵적 태도를 보고하지만, 충분할 때는 명시적 태도를 보고한다. 그러나 명시적 태도가 기억에서 인출될 때, 암묵적 태도는 자동으로 활성화되어 행동에 영향을 줄 수 있다. 또한 명시적 태도는 상대적으로 쉽게 바뀌지만, 암묵적 태도는 천천히 바뀌는 경향이 있다.

2. 태도의 형성과 행동과의 관계

어떤 대상에 대한 태도는 선천적으로 주어지기도 하고, 후천적인 경험이나 학습을 통해 형성되기도 한다. 이렇게 형성된 태도는 행동과 밀접하게 연결되어 있을 수도 있고 그렇지 않을 수도 있다. 여기서는 이와 같은 점을 자세히 고찰한다.

1) 태도의 형성

태도의 형성은 유전과 같은 선천적인 요인과 함께 후천적인 학습을 통해 이루어진다. 학습은 크게 고전적 및 조작적 조건 형성과 관찰학습, 변별 학습이라는 기제를 통해 이루어진다.

(1) 유전적 요인

때로 특정 대상에 대한 태도는 선천적으로 타고 태어난다. 예를 들면, 태어난 지 어느 정도 지난 영아들은 뱀, 어둠 또는 갑자기 접근하는 자극에 대하여 선천적으로 두려움을 보인다(Bourgeois, 2002). 또한 영유아를 대상으로 한 연구에 따르면, 태어난 지 몇 분 되지 않은 신생아는 [그림 5-4]에서처럼 무질서한 얼굴 패턴보다 사람 얼굴과 비슷한 패턴을 더 선호한다(Goren et al., 1975). 그들은 또한 매력적이지 않은 얼굴보다 매력적인 사람과 동물 얼굴을 더 선호한다(Quinn et al., 2008; Ramsey et al., 2004). 이러한 결과는 '아름다운 것이 좋은 것'이라는 고정관념이 생애 초기부터 형성된다는 사실을 보여 준다.

그림 5-4 신생아의 지각 선호에 사용한 자극 패턴. 신생아들은 무질서한 얼굴 패턴(오른쪽)보다 질서를 갖춘 얼굴 패턴(왼쪽)을 더 선호한다.

출처: Goren et al. (1975).

특정 대상에 대한 태도도 유전의 영향을 받는다. 일란성 쌍생아를 대상으로 태도의 유전율을 조사한 여러 연구에서 안락사, 종교, 성범죄의 처벌, 여성의 역할, 정치적 성향(Eaves et al., 1989), 사형제도, 이혼, 사회주의, 재즈, 검열(Tesser, 1993)에 대한 태도의 유전율은 높게 나타났다. Abrahamson 등(2002)은 정치적인 태도의 유전 가능성을 검증했다. 그들은 부모, 10대 친자녀와 입양된 10대 자녀의 보수주의적 태도에 유전과 환경이 미치는 영향력을 알아보았다. 그 결과, 보수주의적 태도는 유전과 공유된 가족 환경의 영향을 모두 받았다.

유전이 태도에 영향을 미치는 방식에는 여럿이 있다. 특정 태도와 유전의 관계가 직접적일 수도 있지만, 유전과 태도 사이에 관여하는 또 다른 변수가 있을 수도 있다. 성인 쌍생아를 대상으로 한 연구에 따르면, 유전은 리더십, 운동 능력 그리고 지적 능력이라는 기질적 요소에 영향을 미치고, 이러한 기질적 요소는 롤러코스터, 팀 스포츠, 독서에 대한 태도의 유전적 경향성에 영향을 미쳤다(Olson et al., 2001).

유전의 영향을 많이 받는 태도는 그 변화가 거의 발생하지 않는다. 즉, 유전율이 높은 태도일수록 설득에 저항적이며, 개인적 논의나 집단적 토론 이후에도 태도의 변화가 거의 나타나지 않는다. 그러면서 자신과 유사한 태도를 가진 사람에게 더 큰 매력을 느낀다(Bourgeois, 2002; Schwab, 2014). 유전율이 높은 태도가 안정적인 이유는 그것이 도덕적 신념과 연관되어 있기 때문이다(Brandt & Wetherell, 2012). 사람들은 사형제도나 안락사, 정치적 신념 같은 측면에서 자신의 태도가 도덕적으로 옳고 타당하다고 생각함으로써, 자신의 태도를 바꾸려는 설득에 저항하고 해당 태도를 공유하지 않는 사람들을 배척한다. 이러한 전략은 유전적 태도의 안정성을 견고하게 한다.

(2) 학습

태도는 후천적인 학습을 통해서도 형성된다. 그 대표적 기제 중의 하나가 **고전적 조건 형성**(classical conditioning)이다. 특정 반응을 유발하는 무조건 자극을 그 반응과 관계없는 중립 자극과 함께 반복적으로 제시하면, 이후에는 중립 자극만으로도 그 반응을 유발할 수 있다. 이와 같은 과정을 통해 우리는 중립 자극에 대한 태도를 형성한다([그림 5-5] 참조). 어머니와 맛있는 김치찌개가 조건화되면, 우리는 맛있는 김치찌개를 먹을 때마다 어머니의 따뜻함과 아늑함을 느낀다. 고전적 조건 형성을 통한 태도의 형성은 무의식적 연합을 통해서도 가능하다. 한 실험(Gibson, 2008)에서 참가자들에게 코카콜라와 펩시콜라는 긍정적 이미지(꽃, 엄마와 아이)와 짝지어 보여 주고, 또 다른 브랜드의 음료들은 부정적 이미지(묘지, 끔찍함)와 짝지어 보여 주었다. 그 결과, 처음에는 특별히 선호하는 브랜드가 없던 참가자들이 부정적 이미지와 연합된 음료보다 긍정적 이미지와 연합된 콜라를 선호하게 되었다.

그림 5-5 유명인을 이용한 화장품 광고. 고전적 조건 형성의 한 사례다.

태도에 대한 학습은 **조작적 조건 형성**(operational conditioning)을 통해서도 이루어진다. 이것은 특정 행위가 발생한 다음에 강화물이 주어지면, 이후에 그 행동이 발생할 가능성이 커지는 원리다.

우리가 어떤 교수가 가르치는 과목에서 A^+를 받았다면, 그 교수가 강의하는 다음번 과목에서도 좋은 성적을 받기 위해 노력할 것이다. 반대로, 그 교수가 가르치는 과목에서 매번 나쁜 성적을 받았다면, 좋은 점수를 받고자 열심히 노력하지는 않을 것이다. 마찬가지로 우리는 자기의 행동에 대하여 강화를 제공하는 사람에게 더 긍정적인 태도를 형성한다. 실제 한 연구(Berg & McQuinn, 1986)에서 칭찬하기, 심부름해 주기, 선물 주고받기를 하는 커플은 이와 같은 보상적 행위를 하지 않는 커플보다 4개월 정도 더 오래 사귀었다.

우리는 **관찰학습**(observational learning)을 통해, 즉 특정 대상에 대한 다른 사람의 행동을 관찰하고 모방함으로써 그 대상에 대한 태도를 형성할 수 있다. 때로 사람들은 어떤 대상에 대하여 다른 사람이 하는 행동을 바탕으로 그 대상에 대한 태도를 형성한다. 한 여성이 특정 소수집단을 혐오하는 아버지의 모습을 보고 자랐다면, 그녀 역시 그 집단에 대해서 아버지와 똑같은 태도를 지니기 쉽다. 태도는 또한 관찰을 통해 바뀔 수도 있다. 한 연구(Bandura et al., 1966)에서 개를 무서워하는 아이들에게 개와 노는 소년의 모습이 담긴 20분짜리 영상을 4일간 보여 주었다. 그 후 개 공포증이 있던 아이들 가운데 67%는 개와 편안하게 놀 수 있게 되었다.

글상자 5-1 뻐꾸기는 알을 맡길 상대를 어떻게 결정하는가

어떤 동물은 생애 초기 결정적 시기에 외부의 특수한 자극에 종 특유의 반응을 배우는데, 이것을 **각인**(imprinting)이라고 한다. Lorenz는 갓 부화한 새끼 거위가 자신을 어미로 여기며 따라오는 것을 관찰했는데, 이때 새끼 거위는 Lorenz에게 각인된 것이다. 뻐꾸기의 탁란(托卵, 다른 새의 둥지에 알을 맡겨 기르게 하는 행동) 역시 생애 초기 둥지의 주인 어미 새에게 각인된 결과다(Yang et al., 2018).

그림 5-6 **탁란.** 뻐꾸기는 자기의 알을 다른 새의 둥지에 넣어서 부화시킨다.

딱새와 파랑딱새는 비슷한 시기에 중국 가옥의 틈새에 이끼로 둥지를 지어 번식하는데, 둥지가 매우 유사해서 어느 새의 둥지인지 구별하기 어렵다. 딱새는 알에 민감하여 뻐꾸기의 알을 골라내어 둥지 밖으로 밀어낸다. 그러나 운 좋게 뻐꾸기가 부화하면, 새끼 뻐꾸기는 다른 알을 밀어 버린다. 반면에 파랑딱새는 자기 둥지에 남이 알을 낳는 것에 신경 쓰지 않는다. 대신에 새끼에게 딱딱한 키틴질 곤충을 먹이는데, 뻐꾸기 새끼는 이 먹이로는 살아남지 못한다. 그래서 살아남은 뻐꾸기는 모두 딱새 둥지에서 자란 새끼들이다.

이때 새끼 뻐꾸기가 둥지에 각인됐다면, 이후에 자라서는 딱새의 둥지와 파랑딱새의 둥지 모두에 탁란할 것이다. 이와 달리, 새끼 뻐꾸기가 둥지의 주인 어미 새에 각인됐다면, 이후에는 딱새의 둥지에만 탁란할 것이다. 연구 결과, 뻐꾸기가 딱새의 둥지에 탁란하는 비율은 16.2%이었지만 파랑딱새의 둥지에 탁란하는 비율은 0%였다. 즉, 뻐꾸기의 탁란은 생애 초기 둥지의 주인 어미 새를 각인한 결과다.

학습은 조건 형성에서처럼 두 자극의 연합을 통해서만 이루어지는 것은 아니다. 우리는 대상이나 사건, 환경을 지각하면서 세상을 이해하고 배운다. 이때 우리가 그것에 대해 학습할수록 관련 정보는 점점 더 세분화하고 구체화한다. 이와 같은 입장이 Eleanor Gibson의 지각을 통한 학습 이론의 핵심이다(Benjafield, 2015; Gibson, 1969). 그녀는 지각을 통한 학습 과정은 **분화 또는 변별**(differentiation)을 통해 이루어진다고 보았다. 예를 들면, 피아노의 음을 조율하는 사람은 일반인과는 달리 음의 미세한 차이를 다 변별할 수 있다. 숨은그림찾기에서도 우리는 주어진 그림을 학습할수록 다양한 대상을 처음과는 달리 잘 구분해 낼 수 있게 된다. 인간은 처음에는 비슷하게 보이는 모든 대상을 하나로 범주화하는 경향이 있다. 이와 같은 과잉일반화는 대상들 간의 차이를 구분함으로써 해결된다. 처음에는 날아다니는 것은 모두 새라고 부르지만, 우리가 새를 더 학습하게 되면 그들을 참새, 비둘기, 독수리 등으로 구분할 수 있게 된다.

(3) 균형 이론

내가 좋아하는 연예인이 특정 회사의 TV를 광고하면, 우리 자신도 그 TV에 대하여 긍정적인 태도를 형성할 가능성이 크다. 반대로, 내가 싫어하는 연예인이 광고하면, 우리는 그 TV에 대해 부정적인 태도를 형성하기 쉽다. 왜냐하면 우리는 어떤 대상에 대해 자기가 좋아하는 연예인과 같은 태도를 가지고 있을 때 마음이 편안하고, 그 대상에 대해 자기가 좋아하지 않는 연예인과 반대의 태도를 가지고 있을 때 마음이 편안하기 때문이다. 같은 맥락에서 우리는 어떤 대상에 대하여 내가 좋아하는 사람과 태도가 다르면 불편함을 느낀다. 그래서 이런 상황에서는 나의 태도를 바꾸든가 해서 비슷하게 만든다. 예를 들면, 우리는 지지하는 정당이나 믿는 종교가 연인과 다르면 보통은 불편함을 느낀다. 그래서 자신이 지지하는 정당이나 믿는 종교를 연인과

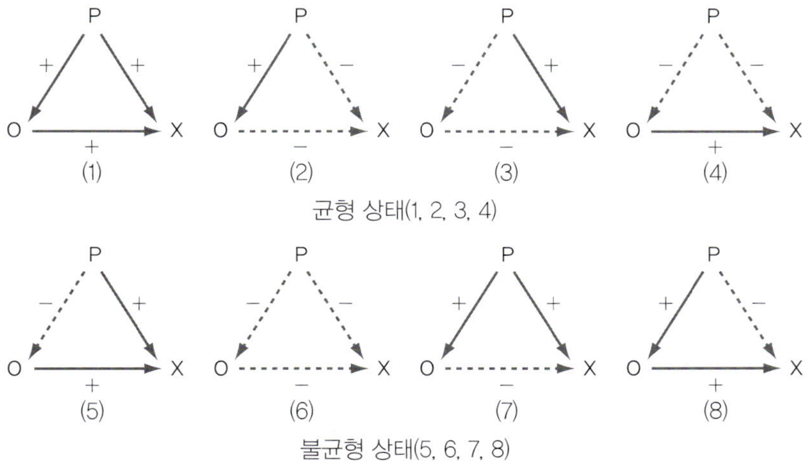

그림 5-7 **P-O-X 관계의 균형 상태와 불균형 상태.** 개인(P), 타인(O), 대상이나 사건(X) 간 관계의 긍정성 및 부정성에 따라 균형적이거나 불균형적일 수 있다. +로 표시된 실선은 긍정적 관계, -로 표시된 점선은 부정적 관계를 나타낸다.

일치하는 방향으로 바꾼다.

이와 같은 현상은 Heider(1946)의 **균형 이론**(balance theory)으로 가장 잘 설명할 수 있다. [그림 5-7]에서 보듯이 이 이론은 지각자 혹은 개인(P), 타인(O) 그리고 특정 대상(X) 간의 관계를 설명한다. 이때 P, O, X 세 요소 간 관계는 개인이 지각하는 태도로, 긍정적(+ 표기된 실선)이거나 부정적(- 표기된 점선)이다. 균형 상태는 세 요소 간의 관계가 조화를 이룬 상태로, 세 요소 간의 관계가 모두 긍정적일 때 혹은 두 관계는 부정적이고 한 관계는 긍정적일 때 나타난다. 반면, 불균형 상태는 요소 간의 관계가 부조화를 이루는 상태로, 세 요소 간의 관계가 모두 부정적일 때 혹은 두 관계는 긍정적이고 한 관계는 부정적일 때 나타난다. 사람들은 불균형 상태에 있을 때 심리적 불편함을 경험하게 된다. 이러한 불편함을 느끼지 않기 위해 특정 대상에 대하여 균형 상태를 유지하는 방향으로 태도를 형성한다. 또한 그 대상에 대하여 불균형 상태에 있으면, 그것을 균형 상태로 바꿔 불편함을 해소한다. 이때 태도 변화가 일어난다.

2) 태도와 행동의 관계

우리는 자신을 도덕적인 사람이라고 생각하면서도 무단횡단을 심심치 않게 한다. 내일 있을 학교 축제에 참여하고 싶지만, 제출해야 할 과제 때문에 그러지 못할 수도 있다. 이처럼 우리는 자신의 태도와 일치하지 않는 행동을 빈번하게 하곤 한다. 그러면 태도와 행동의 일치에 영향을 주는 요인은 무엇일까? 그러한 요인에는 태도의 강도, 구체성, 접근성, 태도의 이해관계, 사회적 규범 등이 있다.

(1) 태도의 강도

강한 태도는 약한 태도보다 행동을 더 잘 예측할 수 있다(Kraus, 1995). 그 한 가지 이유는 강한 태도가 상대적으로 더 중요하기 때문이다. 우리가 특정 대상에 대한 태도를 중요하게 여길수록 그 태도와 일관적으로 행동할 가능성이 크다. 가령, 종교적 신념이나 정치적 이념을 중시하는 사람은 그렇지 않은 사람보다 그러한 신념이나 이념을 더 철저하게 지킨다. 실제 한 연구(Visser et al., 2003)에서도 지구 온난화를 중요하게 생각하는 사람 중 23.7%는 관련 기금에 기부했지만, 이를 중요한 문제로 여기지 않는 사람들은 8%만 기부했다.

또한 직접적 경험에 근거한 태도는 그 강도가 상대적으로 커서 행동을 더 잘 예측한다. 직접적 경험에 기초한 태도는 영구적으로 기억에 남아 쉽게 회상할 수 있기 때문이다. Fazio와 Zanna(1981)는 한 집단에게는 실제로 퍼즐을 풀도록 했고, 나머지 집단에게는 다른 사람이 문제를 푸는 것을 지켜보도록 했다. 그다음, 퍼즐에 대한 두 집단의 태도를 측정한 후, 그들이 15분 동안 퍼즐을 직접 풀도록 했다. 그 결과, 태도와 행동 간의 연관성은 퍼즐을 실제로 푼 집단이 지켜보기만 한 집단보다 더 강했다.

직접적 경험은 동기 요인과도 관련이 있어 보인다. 한 연구(Millar & Tesser, 1986)에서 비디오 게임을 통해 단순히 즐거운 경험을 한 참가자에게 자기개발과 관련된 게임(예: 영어 학습 게임, 직업 기술 향상 게임 등)을 하도록 유도했으나 실패했다. 처음부터 이 참가자는 즐기기 위해 게임을 하겠다는 태도를 지니고 있었기 때문에, 자기개발을 위한 게임에는 흥미를 보이지 않은 것이다. 또한 특정 대상에 대한 직접적 경험을 반복하면, 그러한 경험은 획득한 태도를 더욱 견고하게 만든다(Reed et al., 2002). 이것은 소위 확증 편향이라고 할 수 있다(자세한 것은 제4장 참조). 일단 특정 대상에 대한 태도가 형성되면, 그 태도를 더욱 공고히 하는 정보만을 취사선택함으로써 태도가 더 견고해진다. 보고 싶은 것만 보고 듣고 싶은 것만 듣는 것이 좋은 예다.

Haugtvedt와 Petty(1992)는 인지 욕구의 차이가 태도의 강도에 미치는 영향을 연구했다. 그들은 주제와 관련해서 깊이 있는 사고를 선호하는 인지 욕구 고(高) 집단과 주제의 주변적 측면에 더 집중하는 인지 욕구 저(低) 집단을 구성했다. 이 두 집단에게 새로 나온 자동응답기에 대한 광고를 보여 주고 이 상품에 대한 긍정적 태도를 형성하도록 한 다음, 이틀 뒤 두 집단의 참가자를 대상으로 상품에 대한 태도를 측정했다. 그 결과, 인지 욕구가 높은 집단이 낮은 집단에 비해 이 상품에 대한 긍정적인 태도를 더 잘 유지하고 있었다. 이것은 태도 대상에 대한 정교화가 그에 대한 태도를 더 견고하게 만든다는 것을 의미한다.

태도 대상에 대한 지식이 많을수록 태도의 강도도 높다. 작업 지식은 태도 대상에 대한 기억에서 인출할 수 있는 정보의 양이다(Wood et al., 1995). 작업 지식이 많은 사람은 태도와 관련된 신념이나 경험에 대한 기억에 더 쉽게 접근함으로써 태도를 더 잘 유지할 수 있다. 한 연구(Woods et al., 1995)에서 참가자들에게 환경 보호에 대한 자신의 태도를 평가하고 신념을 열거하며 관련된 행동을 회상하도록 했다. 그다음, 환경 보호를 반대하는 메시지에 그들이 어느 정도 저항하는지 측정했다. 그 결과, 환경 보호에 대한 신념과 행동을 더 많이 열거한 참가자들이 자신의 태도에 반하는 메시지에 더 크게 저항했다. 이처럼 어떤 대상에 대한 태도 형성의 기반이 되는 배경지식은 태도 변화에 영향을 준다.

(2) 태도의 구체성

특정 대상에 대한 포괄적인 태도는 일반적인 데 비해, 그 대상에 대한 행동은 구체적이다. 행동은 보통 구체적인 상황과 연계해서 이루어지기 때문이다. 이를 **구체성 정합 원리**(specificity matching principle)라고 한다. 태도와 행동의 일관성 정도는 태도와 행동의 구체성에 따라 결정된다. 구체적 태도는 구체적 행동을 더 잘 예측할 수 있다. 대학생에게 "축구를 얼마나 좋아합니까?"라고 물을 때와 "대학 아마추어 축구팀에 참가하는 것에 호의적입니까?"라고 물을 때, 그들의 답변은 상당히 다를 수 있다. 전자보다는 후자의 질문에 대한 답이 좀 더 구체적일 것이다. 마찬가지로 '어려운 이웃을 위해 기부하는 것'에 대한 사람들의 태도가 '어려운 이웃에 관한 생각'을 물어보는 것보다 기부 행동을 더 잘 예측한다(Schwarz & Bohner, 2001).

구체적인 태도가 행동을 예측한다는 것을 여러 연구가 확인했다([그림 5-8] 참조). 콘돔에 대한 구체적인 태도는 콘돔 사용을 강하게 예측하였고(Albarracin et al., 2001), 재활용에 대한 구체적 태도는 재활용 의도와 분리수거 행동을 예측했다(Nigbur et al., 2010). 구체성 정합 원리는 자기개념에도 적용할 수 있다. 보편적인 자아존중감보다 구체적인 학문적 자기개념이 구체적인 학문적 성취를 예측할 뿐만 아니라, 일반적인 학문적 성취도 예측한다(Hansford & Hattie,

그림 5-8 **자원봉사자.** 자원봉사에 대한 태도를 구체적으로 측정할 때 그 활동을 더 잘 예측할 수 있다.

1982; Valentine et al., 2004). 한 예로, 수학적 자기개념은 수학 성적, 수학 표준화 성취도 점수, 고급 수학 클래스 선택과 정적인 관련이 있었다(Marsh & Craven, 2006). 이 원리는 자기개념을 암묵적으로 측정했을 때도 똑같이 적용된다(McWilliams et al., 2013).

(3) 태도의 접근성

머리에 빨리 떠올라 쉽게 접근할 수 있는 태도는 그렇지 않은 태도에 비해 행동과 더 큰 관련성을 가진다(Krosnick, 1989). **접근성**이 떨어지는 태도의 경우, 그 태도를 생각하기 전에 행동할 수 있기 때문이다. 같은 맥락에서 자기에 대한 인식을 높이면 태도에 대한 접근성이 증가하고, 이것이 태도와 일치하는 행동을 유발할 수 있다. 예를 들면, 태도를 표출하기 전에 과거의 행동을 생각할 시간이 주어진 참가자들은 그 태도와 더 일치하는 행동을 했다(Zanna et al., 1981). 또한 자신의 태도를 반복적으로 표현함으로써 접근성이 증가한 태도는 행동을 더 잘 예측한다(Holland et al., 2003).

반대로, 자기인식이나 인지적 능력이 떨어지면, 태도와 행동의 연관성도 떨어질 수 있다(MacDonald et al., 2000). MacDonald 등(1996)은 남자 대학생 54명을 두 집단으로 나누어 술에 취한 조건과 취하지 않은 조건에 할당한 다음, 그들에게 똑같은 영상을 보여 주었다. 그 영상에서 'Mike와 Rebecca는 술을 마신 뒤 Rebecca의 아파트에서 밤을 보내기로 했다. 가까운 편의점이 문을 닫은 상황에서 콘돔을 사용할 것인지 이야기가 오갔다.' 그 결과, 두 조건의 참가자들은 모두 안전하지 않은 성관계는 어리석다는 태도를 보였다. 그러나 술에 취하지 않은 참가자 중 21%가 이런 상황에서도 성관계를 가질 것 같다고 반응했지만, 술에 취한 집단은 77%가 성관계를 가질 것 같다고 응답했다. 이처럼 태도에 대한 접근성이 이후의 행동에 영향을 줄 수 있다.

글상자 5-2 **도덕적 태도는 도덕적 행동을 예측하는가**

도덕에 대한 사람들의 태도는 그들의 도덕적 행동을 예측할 수 있을까? Batson 등(1997)은 참가자에게 '30달러를 받을 수 있는 매력적인 과제'와 '보상이 없는 지루한 과제' 중 하나를 선택하도록 했다. 선택받지 못한 나머지 과제는 두 번째 참가자가 할 것이라고 알려 주었다. 이와 함께 어떤 선택이 더 도덕적인지에 대

그림 5-9 **이타 행동.** 종종 이타 행동에 대한 태도와 실제 수행은 다르다.

해서도 질문했다. 참가자 중 95%는 지루한 과제를 선택하는 것이 더 도덕적이라고 응답했으나, 참가자의 80%는 매력적인 과제를 선택했다. 도덕적으로 보이길 원하나 실질적으로는 자기의 이익을 위한 쪽으로 행동하는 사람들의 특성을 연구자들은 **도덕적 위선**(moral hypocrisy)이라고 칭했다.

도덕적 위선을 감소시킬 수 있는 한 방법은 자의식을 고취하는 것이다. Batson 등(2002)은 참가자들에게 거울 앞에서 과제를 선택하도록 하였을 때, 그들은 더 공정하게 과제를 할당하는 모습을 보였다. 또한 도덕적인 것이 자신의 자기개념에서 중요한 부분이라면, 그들은 좀 더 도덕적으로 행동할 것이다(Hertz & Krettenauer, 2016).

(4) 태도의 이해관계

사람들은 보통 자신에게 유리한 결과를 가져오는 태도를 강화하고, 그와 같은 태도를 부정하는 메시지에는 저항한다. 그러면서 그러한 태도에 부합하는 행동을 계속해서 할 가능성이 크다. Sivacek과 Crano(1982)는 음주 허용 연령을 18세에서 21세로 개정하는 법안에 대하여 대학생이 어떻게 생각하는지 조사했다. 이때 19세, 20세 그리고 21세의 세 집단에 이 법안에 반대하는 운동에 참여할 것인지 물었다. 그 결과, [그림 5-10]에서 보는 것처럼 21세 집단은 12%, 20세 집단은 26% 그리고 19세 집단은 47%가 이 운동에 참여하겠다고 응답했다. 이러한 발견은 태도 대상과의 **이해관계**를 통해 사람들의 행동을 예측할 수 있음을 보여 준다. 가령, 속쓰림 때문에 고생하는 사람들에게 '이 제품이 속쓰림을 완화하는 가장 완벽한 제품'이라고 광고하며 제품에 대한 확신을 심어 주면, 그 사람들이 그 제품을 구매할 확률이 높아진다(Aronson et al., 2015).

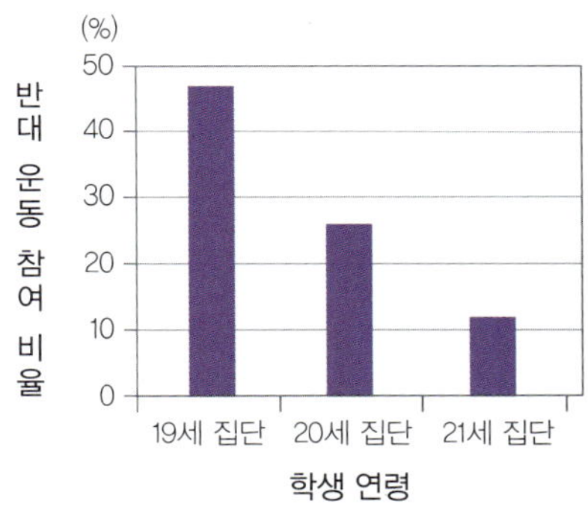

그림 5-10 **음주 허용 연령의 변경에 대한 반대 운동 참여 비율.** 행동은 개인의 이해관계와 관련이 있다.
출처: Sivacek & Crano (1982).

이해관계와 관련된 태도에는 인지적 요소와 정서적 요소가 결합해 있다. Lawton 등(2009)은 참가자들에게 건강을 증진하는 아홉 가지 행동(양치, 운동, 과일과 채소 섭취 등)과 건강을 위협하는 다섯 가지 행동(폭음, 매일 음주, 약물, 흡연, 과속)에 대해 정서적으로 느끼는 유쾌한 정도와 그러한 행동의 유익한 정도를 인지적으로 평가하게 했다. 그다음, 이와 관련한 참가자들의 행동을 4주 뒤에 측정했다. 그 결과, 유해하지만 유쾌한 요소가 폭음, 약물, 흡연과 같은 행동을 예측하였고, 유쾌하지 않지만 유익한 요소가 운동, 과일과 채소 섭취, 비타민 섭취 행동을 예측했다.

(5) 사회적 규범

흡연에 대하여 부정적인 태도를 가진 청소년도 또래들이 흡연하면 같이 흡연할 가능성이 크다. 같이 흡연하지 않으면 그들로부터 소심한 사람으로 낙인찍히거나 소외될 수 있기 때문이다. 실제로 친구들이 성행위를 한다고 믿는 10대일수록 1년 뒤 자신도 성행위를 할 것이라고 보고했다(Martino et al., 2005). 이처럼 사회적 규범은 집단 구성원이 가지고 있는 명시적이거나 암묵적인 규칙으로, 개인적 태도와 행동의 일관성에 큰 영향을 미칠 수 있다(Trafimow & Finlay, 1996). 또한 사회적 규범은 사람들의 관계망을 통해 유지되기 때문에, 그것과 강하게 연관된 태도는 변화에 저항적이다(Visser & Mirabile, 2004).

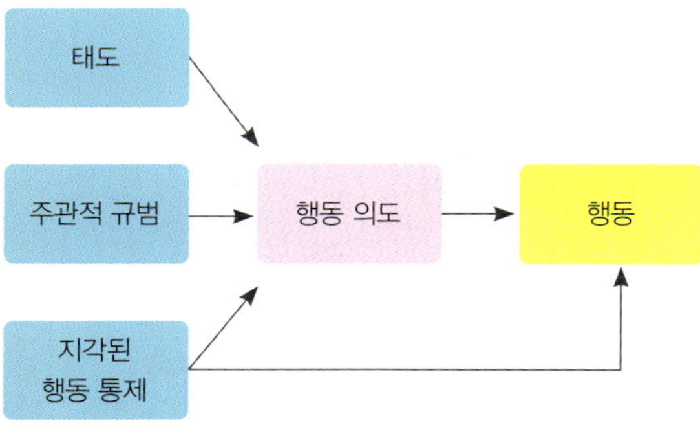

그림 5-11 계획된 행동 이론. 이 이론은 태도, 주관적 규범 그리고 지각된 행동 통제라는 세 요인이 행동 의도나 행동에 영향을 미친다고 본다.
출처: Ajzen (1985).

[그림 5-11]에서 보듯이 **계획된 행동 이론**(theory of planned behavior; Ajzen, 1985)에 따르면, 태도, 주관적 규범과 지각된 행동 통제가 행동 의도를 결정하고, 이것이 행동을 결정한다. 이때 태도는 특정 대상에 대한 신념이나 평가에 근거하고, 주관적 규범은 특정한 맥락에 주어진 사회적 규범 및 그러한 규범을 준수하려는 동기에 기초한다. 지각된 행동 통제는 자신이 행동을 얼마나 통제할 수 있는지 그 정도에 대한 주관적 믿음이다. 지각된 행동 통제는 시간, 돈, 기술, 자원과 같은 요인에 따라 제약을 받을 수 있다. 새해 목표를 세워 본 사람들은 행동 의도가 항상 행동을 예측하는 것이 아니라는 것을 안다. 과체중인 사람들은 체중 감량을 위해 적게 먹고자 하지만, 이것이 늘 뜻대로 되는 것은 아니다. 계획된 행동 이론은 비타민 챙겨 먹기, 투표하기, 건강검진처럼 상대적으로 통제하기 쉬운 행동을 잘 예측할 수 있다(Madden et al., 1992).

3. 태도 변화에 대한 이론

세상에는 우리의 태도를 바꾸려는 시도가 차고 넘칠 정도로 많다. 그런데도 우리는 보통 자신의 태도를 바꾸지 않으려고 한다. 이처럼 태도 변화가 잘 일어나지 않는 이유 중 하나는 개인이 기존의 태도를 유지하려는 방어적 동기가 강해서, 외부에서 오는 정보에 **선택적 노출**(selective exposure)로 대응하기 때문이다. 그들은 자신의 태도와 반대되는 정보는 최대한 회피하고, 자신의 태도를 지지하는 정보만을 선택적으로 추구하면서 기존의 태도를 유지한다(Olson & Stone, 2005). 심지어 자신이 선택한 정보가 틀리다는 것을 알아도 그렇다. 그러나 늘 그런 것은 아니다. 사람들은 종종 자신의 태도를 바꾼다. 지난번에 지지하던 정당을 이번 선거에서는 바꾸기도 하고, 전에 선호하던 상품을 더 이상 구매하지 않기도 한다. 그러면 사람은 언제 자신의 태도를 바꾸는가? 태도 변화는 사회심리학자들이 많은 관심을 가져온 연구 주제다. 여기에서는 인지 부조화 이론과 정교화 가능성 모형, 휴리스틱-체계적 모형을 중심으로 살펴본다.

1) 인지 부조화 이론

일반적으로 우리는 자신이 좋아하는 사람에게는 애정을 표현하는 행동을 하고, 자신의 가치관에 부합하지 않는 정당에는 찬성 투표를 하지 않는다. 그러나 때로 우리는 자기 상사 앞에서는 속마음과 달리 그를 매우 좋아하고 존경한다고 말하기도 하고, 자신이 좋아하지 않는 정당을 지지하는 투표를 한다. Festinger(1959, 1964)의 **인지 부조화 이론**(cognitive dissonance theory)에 따르면, 우리는 자신의 신념, 느낌 혹은 가치와 일치하지 않는 행동을 함으로써 부조화 상태에 놓이게 된다. 이때 우리는 때로 태도를 행동과 일치하도록 변경함으로써 인지적 조화를 추구한다. 맛있다는 음식점을 열심히 찾아 한 시간 기다린 다음에 먹은 음식이 실제 맛이 없는 경우, 우리는 자신의 노력과 그 결과가 일치하지 않는 부조화 상태에 놓이게 되고 그로 인해 심리적 불편을 느낀다. 이러한 부조화는 불편한 감정을 해소하기 위한 행동을 촉발한다는 점에서 동기적 힘을 가지고 있다(Wood, 2000).

부조화에 따른 심리적 불편을 해소하는 한 방법은 대상에 대한 기존의 태도를 바꾸는 것이다. 음식이 생각보다 맛있다고 태도를 바꿈으로써 부조화를 해소할 수 있다. 혹은 대상과의 인지 부조화가 중요하지 않은 것처럼 생각하는 것도 하나의 방법이다(Simon et al., 1995). 이처럼 부조화가 태도를 변화시키기 위해서는 충족해야 할 조건이 있다(Festinger, 1964). 첫째, 행동을 취소할 수 없어야 한다. 행동을 없던 것으로 취소할 수 있으면, 그 사람의 태도 변화는 일어나지 않을 수도 있다. 둘째, 행동이 자발적으로 이루어져야 한다. 어떤 행동을 강압적인 이유로 했다면, 행위자는 그 행동의 원인을 외적인 요인에 귀인함으로써 태도를 변화시킬 필요성을 느끼지 못할 수 있다. 셋째, 행동의 결과를 예측할 수 있어야 한다. 때로는 우리의 행동이 전혀 뜻밖의 결과를 초래할 수도 있는데, 이때는 부조화에 따른 태도 변화가 나타나지 않을 수 있다. 가령, 시험 기간에 학생 나름대로 열심히 공부해서 훌륭한 시험 결과를 기대했는데 결과가 예상과 달리 좋지 않게 나왔다면, 시험문제의 부당성을 탓하거나 시험 출제자를 의심함으로써 공부에 대한 기존의 태도가 변화하지 않을 수도 있다. 이러한 조건에서 부조화가 태도 변화를 가져오는 몇 가지 경우를 살펴보자.

(1) 불충분한 정당화

자신의 태도와 일치하지 않는 행동을 했을 때 그러한 행동을 한 이유나 구실을 태도가 아닌 다른 외적인 요인에서 충분히 찾을 수 있다면, 우리는 굳이 태도를 바꿀 필요가 없다. 우리가 개인적으로 24시 편의점에서 일하는 것을 좋아하지 않지만 다른 곳보다 수입이 훨씬 더 커서 거기서 일을 했다면, 우리는 그 일을 한 것을 정당화할 수 있는 외적인 요인, 즉 큰 수익이라는 요인이 있다. 그래서 행동과 태도, 즉 24시 편의점에서 일하는 것이 그것을 좋아하지 않는 태도와 불일치하더라도, 우리는 심리적으로 불편함을 느낄 필요가 없다.

Festinger와 Carlsmith(1959)는 대학생 참가자들에게 지루한 과제를 수행하게 한 다음, 실험 참여를 위해 대기 중인 다른 대학생들에게 이 과제가 매우 재미있다고 거짓으로 말할 것을 부탁했다. 참가자들의 절반에게는 거짓말의 대가로 20달러를 주었고, 다른 절반에게는 1달러만 주었다. 그다음, 이 과제가 실제로 어느 정도 재미있었는지를 보고하도록 했다. 20달러는 거짓말을 한 이유를 돈이라는 외적인 요인으로 합리화하는 데 충분한 액수이지만, 1달러는 거짓말한 행동을 정당화하기에는 불충분한 금액이다. 그래서 1달러 집단은 이 과제에 대한 태도와 행동 간의 부조화를 겪었고, [그림 5-12]에서 보는 것처럼 이러한 부조화를 줄이기 위해 과제에 대한 평가를 바꾸었다. 즉, 그들은 "과제가 정말로 재미있었다. 이런 과제의 실험에 또 참여하고 싶다."고 말했다. 반면, 20달러 집단은 과제에 대한 평가를 바꾸지 않았다. 그들은 여전히 "과제가 재미없고 거짓말은 돈 때문에 했다."고 보고했다. 이처럼 사람들은 외적인 보상이나 이유가 자기의 행동을 정당

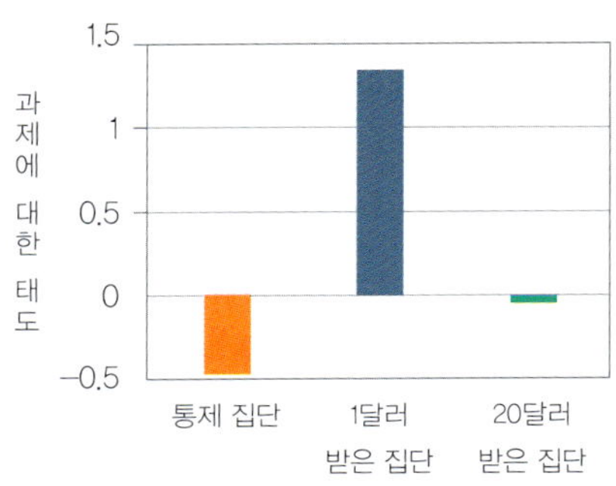

그림 5-12 보상과 태도 변화. 20달러를 받은 학생보다 1달러를 받은 학생의 태도가 더 많이 변했다.
출처: Festinger & Carlsmith (1959).

화하기에 충분하지 않을 때는 자신의 태도를 바꿈으로써 부조화를 해소한다.

(2) 노력의 정당화

열심히 한 것에 비해 얻은 것이 적다면 우리는 큰 부조화를 경험할 수 있다. 이러한 부조화를 감소하기 위해서는 들인 노력을 통해 얻은 결과를 더욱 긍정적으로 평가할 필요가 있다. 즉, 자신의 노력을 정당화할 필요가 있다. Aronson과 Mills(1959)는 여대생들을 대상으로 토론 모임 입단식이 그 모임에 대한 태도에 어떤 영향을 미치는지 알아보았다. 그들은 참가자에게 성에 관한 토론을 할 예정이고, 토론의 활성화를 위해 성에 관한 이야기를 하면서도 당황하지 않는 능력이 필요하다고 설명했다. 또한 이를 위해 볼의 붉어짐과 주저함 정도를 측정할 것이라고 설명했다. 이때 힘든 입단식 조건에서는 실험자 앞에서 성과 관련된 외설스러운 단어(예: fuck, cock)를 큰 소리로 읽게 하고, 지저분할 정도로 생생한 성적 묘사를 읽도록 했다. 반면, 간단한 입단식 조건에서는 성과 관련된 다소 평범한 단어들(예: 애무, 동정녀 등)을 큰 소리로 읽게 했다. 그 결과, 힘든 입단식을 치른 참가자 집단이 토론 모임과 그 회원이 되는 것을 더 호의적으로 평가했다. 이것은 그들 자신이 들인 힘든 노력을 정당화하기 위해 토론 모임과 그 회원이 되는 것을 더 좋게 평가한 것으로 해석할 수 있다.

이런 사례를 우리들의 일상생활에서도 흔하게 찾아볼 수 있다. [그림 5-13]에서 보듯이 피부 관리를 위해 많은 돈을 투자하는 사람들은 완전한 성공을 하지 못하더라도 만족감을 느낄 수 있다. 제품 사용 전의 피부에 대한 기억을 왜곡해서 이후 좋아진 정도를 과대평가하기 때문이다. 비슷하게, 정당화는 과거의 기억을 수정하여 부조화를 감소시킬 수도 있다(Conway & Ross, 1984). 시험공부를 열심히 했지만 성적이 좋지 않은 학생은 자신의 노력이 무의미하고 무가치하다고 생각하지는 않는다. 대신에, 비록 시험을 잘 보지 못했지만 시험공부를 통해 많은 것을 배워서 그나마 다행이라고 생각한다. 이와 같은 현상은 노력하면 거기에 합당한 보상을 받는 것이 합리적이라는 생각에 자기의 행동이 어긋날 때 느끼는 불편함을 바로잡기 위한 시도다.

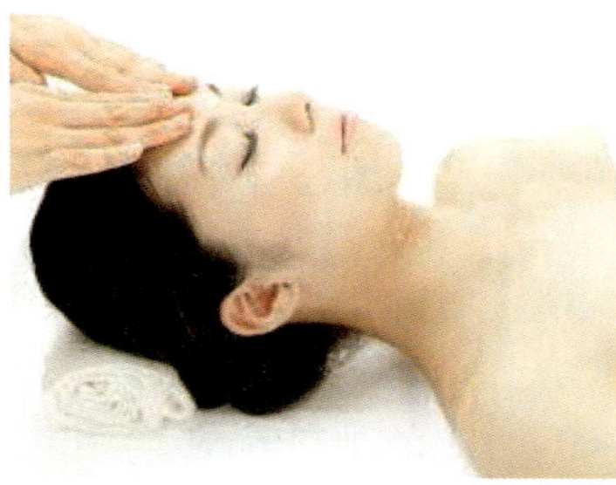

그림 5-13 피부 관리. 사람들은 피부 관리의 결과가 완벽하지 않아도 만족감을 느낄 수 있다.

(3) 맞불 효과

특정 대상에 대한 자신의 태도와 행동이 일치하지 않는다는 사실을 상기시키면, 사람들은 자신이 위선자라고 느끼게 된다. 대부분의 사람은 자신이 진실한 사람이라는 자기개념을 가지고 있어서, 이와 같은 느낌은 그들을 부조화 상태에 놓이게 한다. 가령, 사람들은 환경 보호에 대한 태도와 행동 간의 부조화를 경험할 수 있다. 이때 그 부조화를 해소하기 위해 행동을 바꿀 수 없는 경우, 때로 사람들은 긍정적 태도를 부정적 태도로 바꾸어 부조화를 감소시킨다. 이것을 **맞불 효과**(backfire effect)라고 한다. Fried(1998)는 재활용을 제대로 하지 않은 참가자들을 익명 집단, 기명 집단 그리고 기록하지 않은 집단으로 구분했다. 그다음, 이것을 참가자들 앞에서 큰 소리로 읽었다. 그 결과, 자신의 이름이 불린 두 번째 집단의 사람들은 자기 행동의 위선을 자각하게 되었다. 또한 자신의 위선적 행동을 바꿀 수 없는 상황에서 그들은 재활용의 중요성을 과소평가함으로써 부조화를 줄였다.

그러나 사람들은 이런 유형의 부조화를 해결하기 위해 때로는 자기의 행동을 태도와 일치하도록 바꾸기도 한다. 이것이 **위선 유도**(hypocrisy induction) **전략**이다. 한 연구(Dickerson et al., 1992)는 샤워할 때 물을 많이 쓰는 것을 환경 보호 측면에서 불편하게 느끼는 사람들을 대상으로 이 전략을 검증했다. 실험자는 일부 참가자에게 본인의 지나친 물 사용을 회상하면서 물의 절약을 권고하는 공공 연설을 준비하라고 요청했다. 그 결과, 이런 요청을 받은 참가자는 그렇지 않은 참가자에 비해 샤워 시간을 줄였다. 이 전략을 사용하기 위해서는 특정 대상(예: 환경 보호)에 대해 긍정적인 태도를 보이면서 그 태도와 반하는 행동(예: 과도한 물의 사용)을 했다는 사실을 참가자에게 확인시켜야 한다.

최근의 연구는 위선 유도 전략을 이용하여 코로나19 방역 수칙 행동(예: 사회적 거리두기, 마스크 착용, 백신 접종)을 증가시킬 수 있음을 보여 준다. 코로나19 방역 수칙 행동을 잘 지키지 않는 사람들에게 개인적으로 방역 수칙의 준수가 중요하다는 글을 쓰게 하고 한 주 후의 행동을 관찰한 결과, 평소 방역 수칙을 잘 지키는 사람들보다도 지침을 더 잘 지켰고, 백신 접종률도 급격히 증가했다(Pearce & Cooper, 2021). 이처럼 위선 유도 전략은 다양한 상황에서 사회적으로 바람직한 행동을 유도할 때 활용할 수 있다.

(4) 의사결정 후 부조화

어떤 물건에 대한 태도는 우리가 그것을 선택하기 전과 후에 달라질 수 있다. 때로 여러분은 백화점에서 마음에 드는 두 코트를 보고 어느 것을 살지 고민하다가 하나를 선택한 뒤에, 자신이 선택한 것을 더 좋게 평가한 적이 있을 것이다. 이처럼 사람들은 의사결정 후 부조화(postdecisional dissonance)를 경험하기도 한다. 이때 그들은 선택한 대상을 더 긍정적으로 평가하고 선택하지 않은 것을 덜 긍정적으로 평가함으로써 부조화를 감소시킨다. Brehm(1956)은 여학생들에게 토스터, 커피메이커 등과 같은 여덟 가지 가정용 전자기기의 매력도를 평가하게 한 후, 그중 한 가지를 선물로 줄 테니 선택하라고 했다. 그들이 선택한 이후 각각의 기기에 대한 매력도를 재평가하도록 했다. 그 결과, 참가자들은 자신이 선택한 기기를 이전 평가보다 더 매력적으로 평가하였고, 선택하지 않은 기기를 덜 매력적으로 평가했다. 이러한 효과는 심지어 그들이 선택한 아이템을 기억하지 못하는 기억상실증 환자들에게도 나타났다(Lieberman et al., 2001). 즉, 그들이 선택 후에 보인 평가의 변화는 무의식적 수준에서 일어났다.

글상자 5-3 **'2003년 미국의 이라크 침공'에 숨겨진 의사결정 후의 부조화**

의사결정 후 부조화 관점에서 보면, 우리는 일상에서 무엇을 선택하든 그것을 더 호의적으로 평가한다. 이러한 점에서 볼 때, 우리가 어떤 선택을 해도 그것이 우리에게는 크게 문제가 되지는 않는다. 그러나 우리의 선택이 다른 사람과 관련되어 있을 때, 특히 그 선택이 폭력적이거나 파괴적인 행동일 때는 문제가 그렇게 간단하지 않다. George Bush 미국 전 대통령은 이라크에 대량파괴무기가 있다는 미국 CIA의 허술한 보고서를 접한 뒤, Hussein 정부가 보유한 이러한 무기를 격파하기 위해 2003년 이라크를 침공했다([그림 5-14] 참조). 그러나 미군은 궁극적으로 이라크에서 대량파괴무기를 발견하지 못했다.

그림 5-14 **이라크 전쟁.** George Bush 미국 정부는 이라크 침공의 명분이 사라졌을 때 부조화를 겪었을 것이다.

이러한 상황은 George Bush 전 대통령과 참모진에게 의사결정 후 부조화를 가져왔을 것이다. 그럼 그들은 이 부조화를 어떻게 해결했을까? Bush 정부는 자신들이 일으킨 전쟁을 정당화하기 위해 '이라크를 테러리스트로부터 해방하는 정의의 전쟁(just war)'이라는 새로운 의미를 이 전쟁에 부여했다. 이를 통해 Bush 정부는 "이라크에는 비록 대량파괴무기가 없었지만, 이 전쟁은 이라크 국민에게 민주 정부를 선사한 정의로운 임무"였다고 합리화했다.

(5) 대안적 해석

인지 부조화 이론에서는 우리가 특정 대상에 대하여 이미 태도를 형성하고 있다고 가정한다. 이러한 태도가 있을 때 태도와 행동 간의 조화나 부조화를 경험할 수 있기 때문이다. 그러나 몇몇 연구자는 행동에 따른 태도 변화를 인지 부조화 이론의 가정과는 다른 시각으로 설명한다.

그중 하나가 Bem(1972)의 자기지각 이론(self-perception theory)이다. 이 이론에 따르면, 많은 경우 사람들은 여러 대상이나 쟁점에 대해서 명확한 태도를 지니고 있지 않다. 그래서 사람들은 자기의 행동과 그 행동이 일어난 상황을 관찰하여 자신의 태도를 추론한다. 즉, 사람들은 명확하지 않은 태도를 결정하기 위해 자기관찰을 시도하는 것이다. 예를 들면, 첫 산행에서 좋은 기분을 경험한 사람은 자신이 산을 좋아한다고 생각한다. 특히 이 행동이 외부적 제약을 받지 않았을 때 태도는 더 명확해진다. 사람들은 공상과 같은 내적 행동의 관찰을 통해 자신의 태도를 추론하기도 한다. 즉, 과제를 하는 동안 과제와 정반대되는 내용의 공상, 과제와 관련 없는 긍정적 공상 또는 여러 잡다한 공상을 하는 것은 지금 하는 과제가 지루하다는 태도를 반영하는 것으로 추론하여 과제의 불만족으로 이어질 수 있다(Critcher & Gilovich, 2010).

자기일관성 이론(self-consistency theory; Aronson, 1969, 1999)은 자신이 중요하게 여기는 가치나 신념 또는 자기개념과 모순되는 행동을 할 때 인지 부조화를 경험하게 된다고 본다. 대부분의 사람은 자기가 도덕적이고 유능하며 일관적이라는 자기개념을 가지고 있다. 그래서 무능하거나 비논리적이고 부도덕한 행동을 했을 때, 그들은 부조화를 경험한다. 이 부조화를 감소시키기 위해 행동을 수정하여 자기개념과 일치시키거나(Peterson et al., 2008), 자기의 행동으로 피해당한 대상을 깎아내리는 태도를 보임으로써 자기개념의 훼손을 방지하기도 한다(Glass, 1964). 이 이론에 따르면, 자아존중감이 낮은 사람이 높은 사람보다 부조화를 덜 경험한다. 일반적으로 부조화 실험은 긍정적인 자기개념과 모순되는 행동을 하도록 요구하기 때문이다. Peterson 등(2008)의 연구에서 위선 유도 전략을 이용하여 자아존중감의 효과를 확인한 결과, 자아존중감이 높은 사람들에게서 부조화 감소를 위해 행동을 수정하려는 의도가 더 높은 것으로 나타났다.

2) 정교화 가능성 모형

Petty와 Caccioppo(1986, 1990)가 제시한 정교화 가능성 모형(elaboration likelihood

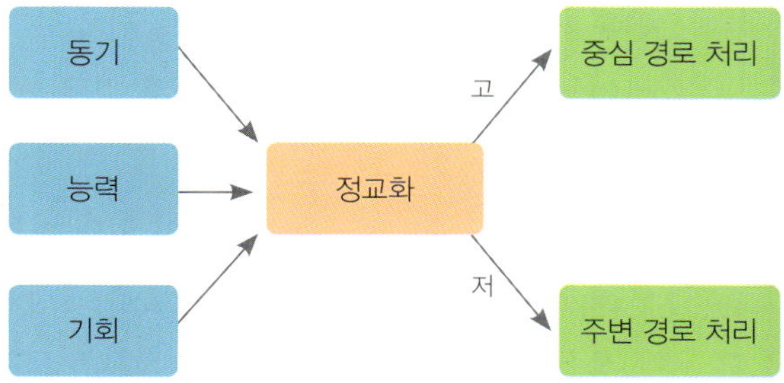

그림 5-15 정교화 가능성 모형. 동기, 능력, 기회가 정교화에 영향을 주고, 그 결과에 따라 서로 다른 처리 과정을 거친다.

model)은 태도 대상에 대한 정보를 처리하는 방식에 따라 그 정보가 태도 변화에 미치는 영향이 달라진다고 가정한다. 이 모형에 따르면, 정보처리 방식에는 중심 경로 처리와 주변 경로 처리가 있다. **중심 경로 처리**(central route)는 정보가 갖는 논리성이나 타당성을 분석해서 처리하는 것이다. 이러한 처리는 인지적인 노력을 요구하는 방식이다. 반면, **주변 경로 처리**(peripheral route)는 정보원의 지각된 신뢰도나 매력, 정보 전달의 방식 등 정보 그 자체보다는 주변의 환경이나 맥락 정보에 근거해서 처리하는 방식이다.

[그림 5-15]에서 보듯이 두 처리 방식이 태도 변화에 미치는 효과는 여러 요인에 달려 있다. 첫 번째는 사람들이 주장에 주의를 기울이려는 동기의 여부다. 관여도는 주장에 주의를 기울이려는 동기에 영향을 미친다. 관여도(involvement)는 특정 상황이나 대상에 대해 개인이 지각하는 중요성 또는 흥미 정도를 말한다. 사람들은 중요하거나 흥미 있는 대상일수록 그에 대한 정보를 중심 경로로 처리하는 반면, 중요하지 않거나 흥미가 떨어지는 대상일수록 그에 대한 정보를 주변 경로로 처리한다. 한 연구(Petty et al., 1983)에서 관여도를 고/저 집단으로 조작하여 광고에 따른 태도 변화를 실험한 결과, 고-관여도 집단은 상품의 기능을 강조하는 메시지에 태도 변화가 발생했지만, 저-관여도 집단은 유명한 모델이 광고할 때 태도 변화가 발생했다.

개인적 관련성 역시 어떤 주장에 주의를 기울이려는 동기에 영향을 미친다. 개인적 관련성이 높은 주제일수록 사람들은 메시지가 전하는 주장의 실제 내용에 더 영향을 받아 중심 경로로 처리하는 반면, 개인적 관련성이 낮은 정보는 주변 경로로 처리하는 경향이 더 높아진다(Petty et al., 1981). Petty 등(1981)의 연구에서 한 집단의 대학생 참가자에게 그들의 이해력을 검증하는 시험 제도를 10년 안에 만들겠다는 공적 자료를 보여 주었고(낮은 관련성 집단), 다른 집단에게는 올해부터 실시하겠다는 공적 자료를 보여 주었다(높은 관련성 집단). 이때 공적 자료의 출처는 상부 교육기관(전달자의 높은 신뢰성)이거나 지역사회 내 고등학교 공문(전달자의 낮은 신뢰성)이라고 알려 주었다. 그 결과, 개인적 관련성이 낮은 참가자들은 전달자의 신뢰성을 중시하는 주변 경로로 처리했지만, 개인적 관련성이 높은 참가자들은 주장의 강도와 타당성을 중시하는 중심 경로로 처리했다. 이처럼 사람들은 자신에게 중요한 주제는 전달자의 주장과 같이 내용 중심으로 판단하지만, 개인적인 관련성이 없다면 '권위 있는 출처는 믿을 만한 것'이라는 주변 경로를 취하는 것과 같이 정신적 지름길을 선택한다(Chen & Chaiken, 1999).

인지 욕구도 주의를 기울이고자 하는 동기에 영향을 미친다. 인지 욕구(need for cognition)는 합리적 · 경험적으로 대상이나 세계를 이해하고자 하는 욕구로, 특정 대상을 인지적으로 처리하려는 경향성을 말한다. 인지 욕구가 높은 사람은 생각하는 것을 좋아해서 설득 메시지를 처리할 때 중심 경로로 처리하고자 한다. 반면에 인지 욕구가 낮은 사람들은 설득 메시지를 인지적으로 분석하려는 동기가 낮아 주변 경로로 처리하는 경향이 있다(Petty & Briñol, 2012).

정보처리 경로에 영향을 주는 두 번째 요인은 주장을 처리할 수 있는 능력이다. 사람들은 관련 주장에 대해 충분한 배경 정보를 가지고 있거나 전문적 지식을 가지고 있으면, 메시지의 내용을 이해할 수 있으므로 중심 경로로 처리할 수 있다. 반면, 관련 주제와 관련 지식이 부족하거나 이해할 수 없으면 주변 경로로 처리한다. 모의재판 연구에서 생물학자의 증언을 제시하면서 이 생물학자를 초보 생물학자 또는 저명한 생물학자로 소개했다. 그 결과, 실험참가자들은 생물학자의 증언을 쉽게 이해할 수 있으면 생물학자의 자격보다 주장의 강도에 초점을 두어 이해한 반면, 생물학자의 증언을 이해하기 어려우면 메시지를 생물학자의 자격에 따라 서로 달리 처리했다(Cooper et al., 1996).

정보처리 경로에 영향을 주는 세 번째 요인은 주장을 처리할 수 있는 기회다. 능력이 수신자가 통제할 수 있는 선행 조건이라면, 기회는 수신자가 통제할 수 없는 선행 조건이다(Batra & Ray, 1986). 수신자가 자기에게 주어진 메시지에 충분히 주의를 기울일 만한 동기도 있고 그것을 이해할 수 있는 능력도 있지만, 주의를 분산시킬 만한 요소가 주변 환경에 있거나 현재 인지적으로 과부하 상태에 있을 때 또는 스트레스나 피로를 느끼는 신체적 상태에 있을 때 메시지를 주변 경로로 처리하기 쉽다(Petty & Wegener, 1991).

중심 경로로 처리한 설득 메시지는 깊이 숙고해서 적극적으로 처리한 메시지이므로 확고한 태도 변화로 이어진다. 그래서 이러한 변화는 미래 행위에 대한 예측이나 판단 또는 행동의 기준이 될 수 있다. 반면, 주변 경로로 처리한 설득 메시지는 메시지 자체보다 주변 단서에 따라 처리한 것이어서 일시적이고 단편적인 태도 변화를 보여 준다. 따라서 해당 태도는 쉽게 변할 가능성이 있다(Petty & Briñol, 2012).

3) 휴리스틱-체계적 모형

Chaiken(Chaiken, 1980; Chaiken & Ledgerwood, 2012)은 태도 변화에 관한 휴리스틱-체계적 모형(Heuristic-Systematic Model: HSM)을 제시했다. 이 모형은 개인의 정보처리 과정을 이중 처리 모형으로 설명한다는 점에서 정교화 가능성 모형과 유사하다(Zhang et al., 2010). 휴리스틱-체계적 모형은 개인의 정보처리 과정을 체계적 정보처리와 휴리스틱 정보처리로 구분한다. 체계적 정보처리는 정교화 가능성 모형의 중심 경로 처리와 비슷하다. 이 처리는 자신이 접한 정보의 질적인 측면을 중시하여 단서에 대한 주의력, 깊은 사고, 강력한 추론을 통해 정보를 철저히 이해하는 데 집중하는 과정이다. 휴리스틱 정보처리는 정교화 가능성 모형의 주변 경로 처리와 유사하다. 여기서는 정보의 질보다는 전달자의 전문성, 제시된 주장의 수, 청중들의 반응과 같은 주변적인 정보에 비중을 둔다. 그래서 정보를 심사숙고하기보다는 자동적으로 처리하는 과정이다. "전문가의 주장은 늘 믿을 만하다."고 생각하는 심리적 지름길을 사용하는 것이 그 예다.

정교화 가능성 모형은 두 정보처리 전략 각각을 사용하는 조건을 설명한다. 그러나 휴리스틱-체계적 모형은 두 정보처리 전략이 상호작용하여 작동하는 원리를 설명한다. 이 모형에 따르면, 두 정보처리 전략 중 특정 전략의 선택은 최소 노력 원리(least effort principle)와 충분 원리(sufficiency principle)로 결정된다. 최소 노력 원리에 따르면, 인간은 최소한의 노력을 들여 자신의 판단에 대한 확신을 얻고자 한다. 충분 원리에 따르면, 인간은 때로 확실한 판단에 도달하기 위해 추가적인 인지적 노력을 한다. 태도를 결정하기 위해서는 이 두 원리 간에 균형이 필요한데, 이러한 균형은 충분 역치에 따라 결정된다. 충분 역치란 주어진 판단 상황에서 자신이 원하는 확신 정도다. 즉, 자신이 가지고 있는 정보가 충분해서 더 이상의 추가 정보가 필요 없다고 생각하는 정도다.

정보처리 전략은 주어진 설득 상황에서 정보에 대한 확신 수준과 자신이 원하는 확신 수준, 즉 충분 역치 간의 차이로 결정된다. 정보에 대한 확신 수준이 자신의 판단에 충분한 확신을 제공하지 못하면 체계적 정보처리를 하고, 정보의 확신 수준이 자신의 판단에 충분한 확신을 제공할 정도로 둘의 차이가 좁으면 휴리스틱 정보처리를 한다. 즉, [그림 5-16]에서 보듯이 정보의 확신 수준과 충분 역치 간 차이가 작으면(그림 a) 휴리스틱 정보처리를 하고, 정보의 확신 수준이 낮거나(그림 b) 충분 역치 수준이 높으면(그림 c), 확신 차이가 커서 이 차이가 줄어들 때까지 체계적인 정보처리

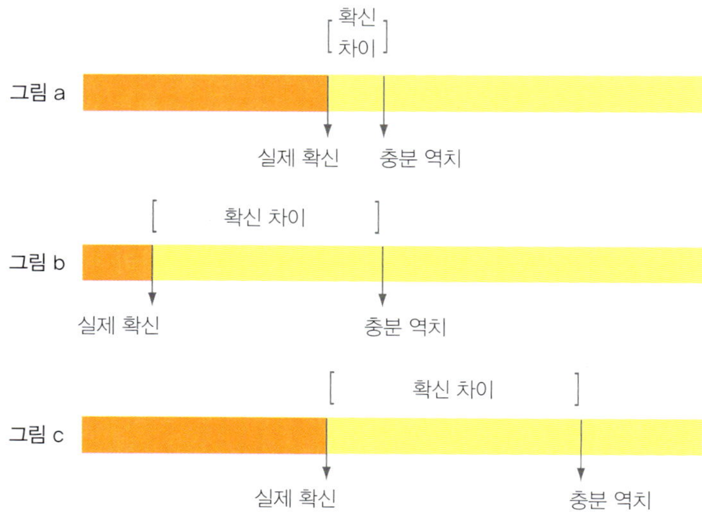

그림 5-16 **휴리스틱/체계적 정보처리.** 정보에 대한 확신 수준과 충분 역치 간 간격이 정보처리의 유형을 결정한다.

를 한다(Jonas et al., 1997).

이 이론에 따르면, 두 가지 처리 방식은 배타적으로 작동하는 것이 아니고, 동기, 메시지 전달자, 메시지의 내용 등에 따라 휴리스틱 정보처리와 체계적 정보처리가 동시에 발생할 수 있다. 예를 들면, 메시지 전달자의 신뢰도가 높고 메시지의 강도도 강할 때, 사람들은 메시지 전달자의 신뢰도 정보는 휴리스틱으로 처리하고, 메시지의 내용은 체계적으로 처리했다(Eagly & Chaiken, 1993). 정보처리의 유형에 영향을 미치는 또 다른 요인으로, 정서는 그 자체로 태도를 결정하는 휴리스틱 역할을 한다. 특정 대상에 대한 긍정적인 기분은 휴리스틱 정보처리를 통해 그 대상에 대해 긍정적인 태도를 갖도록 한다(Forgas, 2013). 동기와 능력도 정보처리 유형에 영향을 준다. 가령, 협상을 하는 사람의 동기가 중간 정도이거나 인지적 자원이 부족하면 제로섬 게임 원칙이나 고정관념과 같은 휴리스틱 단서에 의존하지만, 동기와 능력 수준이 높은 사람은 체계적 정보처리를 사용했다(De Dreu, 2004).

4. 설득에 의한 태도 변화

설득은 전달자가 수신자에게 메시지를 보내 자신의 목적을 달성하려는 소통 행위다. 설득적 의사소통은 특정 대상에 대한 사람들의 생각과 행동을 변화시키고자 한다. TV, 모바일, 인터넷, 전화와 같은 대중매체를 통한 설득 메시지도 마찬가지다. 이 절에서는 설득적 의사소통과 관련된 요소로 전달자, 메시지, 수신자 및 상황의 특성을 살펴본다.

1) 전달자

전달자는 상대방을 설득하기 위해 메시지를 보내는 개인이나 집단이다. 이때 전달자가 가지는 매력, 전문성, 신뢰성, 유사성과 같은 여러 특성이 메시지의 설득력에 영향을 미친다.

(1) 매력

설득적 의사소통에 영향을 미치는 한 요인이 전달자의 매력이다. 화장품이나 전자제품 등 다양한 제품을 선전하는 광고에는 매력적인 연예인이 등장하듯이, 신체적으로 매력적인 사람이 메시지를 전달할 때 그 영향력이 커진다(Chaiken & Eagly, 1983; Khan & Sutcliffe, 2014). 한 연구(Chaiken, 1979)에서는 "학생 식당 메뉴로 아침 식사는 고기를 제외한 음식을 제공해야 하고, 점심 식사는 영양이 다양한 메뉴를 제공해야 한다."는 주장과 그 근거가 포함된 탄원서를 학생들에게 보여 주었다. 그다음, 학생들에게 이 탄원서에 서명하고 설문에 참여할 것인지 물었다. 그 결과, 신체적으로 매력적인 전달자가 더 설득력이 있었다. 전달자가 매력적일 때, 설문 요청에 대한 거절 수준이 상대적으로 더 낮았고(7점 척도에서 3.89 대 4.37), 탄원서 서명에 응한 비율은 더 컸다(41% 대 32%). 또한 청중은 전달자가 매력적인 사람이라는 이유로 그들을 더 신뢰한다(Corcos et al., 2012). 그러나 이러한 매력은 전달자의 의견에 동의하도록 하고 광고하는 물품을 구입하도록 설득할 수 있지만, 총기류 통제나 낙태 문제 등과 같이 심각한 주제에 대한 설득에는 한계가 있다(Aronson & Aronson, 2018).

(2) 전문성

일반적으로 전문성이 높은 사람의 말이 더 설득적이다. 일찍이 아리스토텔레스(Aristotle)는 "말하는 사람의 훌륭함이 가장 효과적인 설득 수단이다."라고 언급했다. 사람들은 특정 대상에 대하여 전문적인 지식과 경험을 가진 사람의 말을 더 잘 믿고 받아들이는 경향이 있다. 의약품 광고에는 주로 유명한 의사가 등장하고, 어떤 사회문제에 대한 뉴스에는 관련 분야를 전공한 교수가 나온다. 전문가는 정확한 정보를 전달할 수 있는 지식과 능력을 가지고 있는 사람이다. 전문가의 정식 명칭, 학위, 자격증 그리고 그가 사용하는 전문적 언어는 높은 신뢰성과 권위를 보여 준다.

예를 들면, 한 연구(Bochner & Insko, 1966)에서 학생들에게 8시간 이상 숙면이 갖는 효과를 다룬 칼럼을 읽게 했다. 이때 한 집단의 학생에게는 저명한 심리학자가 쓴 글이라고 알려 주었고, 다른 집단의 학생에게는 YMCA 위원이 쓴 글이라고 알려 주었다. 그 결과, 저명한 심리학자가 쓴 글이라고 믿은 학생들이 기고문에 더 잘 설득되었다. 비슷한 맥락에서, 사람들은 흰 가운이나 정장처럼 전문가로 보이는 의상을 갖춰 입은 사람에게 설득되기 쉽다. 한 연구(Furnham et al., 2013)에서는 성별과 의복 차림에 따른 전문성 지각의 효과를 알아보았다. 그 결과, 사람들은 정장을 입은 남성 치과의사와 남성 변호사를 가장 전문성이 높은 사람으로 인식했다. 그러나 사람들이 지각한 전문성은 치과의사나 변호사의 실질적인 전문적 능력과 무관했다. 이처럼 제복이나 유니폼과 같은 특정 형태의 의복은 전문성을 보여 주는 하나의 상징물로 작용하기 쉽다.

(3) 신뢰성

전달자의 신뢰성 역시 설득에 영향을 미친다. 신뢰성의 핵심은 전달자의 이면에 상대방을 설득하고자 하는 동기가 없는 것으로 보이는 것이다. 신뢰성을 높이는 한 가지 방법은 자신의 개인적 이득에 반하는 주장을 하는 것이다. 한 고전적인 연구(Walster et al., 1966)에서 사회 질서를 유지하기 위해서는 범죄자의 인권보다 경찰의 권한이 더 중요하다는 주장을 경찰이 하는 것보다는 유죄를 선고받은 범죄자가 하는 것이 더 설득적이었다. 이러한 결과로 볼 때, 사람들은 자신의 이익에 반하는 주장을 더 믿을 만한 것으로 생각하는 경향이 있다.

또 다른 연구(Eagly & Warren, 1976)에서 청중들은 예측 불가능한 주장을 하는 사람들을 더 신뢰롭게 여겼다. 참가자에게 지역의 하천을 오염시키는 대기업을 비난하는 정치적 연설을 들려주었다. 이때 한 집단에게는 연설자가 환경 보호 단체에 속한 입후보자라고 설명했고, 다른 집단에게는 기업 서포터스로 활동하고 있는 친기업 입후보자라고 설명했다. 그 결과, 친기업 후보의 연설이 더 설득적이었다. 이것은 자신의 배경에 반하는 주장이 청중들에게 가장 진실하고 신뢰롭게 보였기 때문이다.

전달자가 청중을 설득하려고 시도하지 않는 것처럼 보일 때, 그 사람은 역설적으로 청중을 효과적으로 설득할 수 있다(Aronson & Aronson, 2018). 두 사람 중 한 사람이 제품 정보를 상대방에게 몰래 전달하는 상황을 가정한 광고를 제작했다면, 이 광고는 이러한 전략을 활용한 것이다. 한 연구에서 대학원생들에게 연구할 주제를 토론하도록 하고, 옆방에서는 학부생이 이것을 엿듣도록 허용했다. 이때 한 대학원생 집단에게는 옆방에서 학부생이 엿듣고 있다는 것을 알려 주었고, 다른 한 집단에게는 이 사실을 알려 주지 않았다. 그 결과, 후자의 조건에서 대학원생들의 토론이 학부생들에게 더 설득적이었다(Walster & Festinger, 1962). 전자의 조건에서 대학원생은 학부생을 설득시키기 위한 의도를 표현했을 수 있고, 이것이 설득에 부정적이었을 수 있다.

글상자 5-4 수면자 효과

인터넷이 발달하면서 연예인의 사생활이나 스캔들과 같은 정보가 빠른 속도로 퍼지고 있다([그림 5-17] 참조). 대부분의 사람은 처음에는 출처가 불분명한 메시지의 내용에 의구심을 갖지만, 시간이 지나면서 그것을 믿게 된다. 이것이 수면자 효과의 한 예다. **수면자 효과**(sleeper effect)는 신뢰성이 낮은 출처로부터 나온 메시지의 설득력이 시간이 지나면서 증가하는 현상을 말한다. 이것은 시간이 경과할수록 메시지의 출처에 대한 정보는 망각하고 그 내용만 기억하기 때문에 발생하는 현상이다.

그림 5-17 가짜 뉴스. 인터넷에 떠도는 그럴듯한 뉴스의 출처를 의심하지 않으면 그 내용을 믿기 쉽다.

고전적인 한 연구(Hovland & Weiss, 1951)에서는 200명의 참가자에게 처방전 없는 항히스타민제 약품의 판매, 1950년대 원자력 잠수함 개발 가능성이라는 두 주제에 어느 정도 동의하는지 측정하고 4주 후에 다시 측정했다. 이때 두 주제의 출처를 신뢰성이 높은 경우(예: 권위 있는 저널지)와 신뢰성이 낮은 경우(예: 자유기고가의 글 등)로 조작했다. 그 결과, 각 주제별로 신뢰성이 높은 메시지에 대한 동의는 처음보다 6.5%와 16% 감소했지만, 신뢰성이 낮은 메시지에 대한 동의는 6.7%와 13.9% 증가했다.

(4) 유사성

우리는 자신과 비슷한 사람의 말을 더 잘 믿는 경향이 있다. 전달자와 수신자의 유사성이 높을 때, 전달자의 말이 더 설득적일 수 있다([그림 5-18] 참조). 한 연구(Silvia, 2005)에서 학생들에게 같은 학교의 학생들이 쓴 에세이를 읽게 했다. 이 에세이는 학생을 대하는 대학의 부정적 태도를 설명하면서 특정 부분에 강력한 의미의 어구를 사용하기도 했다(예: "나는 이 부분에서 독자들을 설득시키려고 한다."). 한 집단의 학생들에

그림 5-18 **유사성에 근거한 설득.** 이 광고는 일반인을 모델로 사용하여 바쁜 일상 속에서도 아름다움을 지켜 주는 화장품을 홍보하고 있다.

게는 에세이를 쓴 학생의 이름과 생일이 자기와 같다고 알려 주었고, 다른 집단의 학생들에게는 자기와 다르다고 알려 주었다. 참가자들에게 에세이에 대하여 얼마나 동의하는가를 물은 결과, 자신의 이름과 생일이 같다고 믿은 학생들이 그렇지 않은 학생들에 비해 더 많이 동의했다. 즉, 전달자가 수신자와 유사한 경우 더 설득적이었다. 전달자의 유사성은 수신자의 현실적 자기에만 국한되지 않는다. 제품을 홍보하는 연예인의 이미지와 고객이 추구하는 이상적 자기개념이 유사할 때도, 설득의 효과는 강력하게 나타난다(Choi & Rifon, 2012).

2) 메시지

전달자의 특성과 더불어 메시지의 특성도 태도 변화에 영향을 미칠 수 있다. 여기에서는 메시지를 청중에게 제시하는 전략과 주장의 양과 질 그리고 정서적 측면에 호소하는 메시지가 설득에 미치는 영향을 알아본다.

(1) 주장의 방향과 양

특정 사안에 대한 메시지의 내용이 일방적일 수도 있고 쌍방적일 수도 있다. 흡연이 해로운 이유만을 설명한다면 일방적이지만, 이것 외에도 흡연이 스트레스를 해소할 수 있다는 긍정적 이유도 설명하면 쌍방적이다. 이 두 가지 방식은 언제 가장 효과적일까? 그것은 청중에게 달려 있다. 청중이 메시지의 주장, 가령 흡연은 해롭다는 주장에 이미 동의하고 있다면, 그의 의견과 일치하는 내용만을 제시하는 일방적 방식이 더 효과적이다. 그러나 청중이 메시지의 입장과 반대 입장을 가지고 있다면, 쌍방적 주장이 더 효과적이다. 그래서 전달자가 메시지를 통해 제시하는 주장에 반하는 내용을 먼저 설명한 뒤에 이를 반박하는 형식이 효과적이다(McGuire, 1964). 쌍방적 주장은 특히 청중이 주장 내용을 반박하고자 할 때 더욱더 효과적이다(Cornelis et al., 2014).

메시지의 입장이 청중의 입장과 다른 정도가 메시지의 설득력에 영향을 미칠 수 있다. 일반적으로 이 둘 간의 차이가 지나치게 크면 청중의 태도 변화가 덜 일어난다. 이를 **상위 효과**(discrepancy effect)라고 한다. 상위(相違)란 전달자의 메시지와 수신자 간 태도의 차이를 말한다. 청중의 태도가 메시지와 매우 다를 때, 오히려 청중들은 그 메시지를 무시할 가능성이 높다. 사람들은 자신의 태도와 지나치게 다른 설득 메시지를 반박하고자 하기 때문이다. 연구자들(Lord et al., 1979)은 학생들에게 사형제도가 살인을 억제한다는 연구 결과와 그러한 효과가 없다는 연구 결과를 모두 제시했다. 그다음, 사형제도에 대한 학생들의 태도 변화를 측정했을 때, 그들의 태도는 더 극단적으로 바뀌었다. 즉, 사형제도에 대하여 다소 호의적이던 학생들은 더 호의적으로 변한 반면, 약간 반대하던 학생들은 더 강하게 반대하는 쪽으로 달라졌다. 이러한 극단화는 사람들이 자신의 태도와 일치하는 근거는 취하고 불일치하는 근거는 무시하기 때문에 생긴다(Pomerantz et al., 1995).

배심원의 결정을 이용한 전통적 설득 연구에서는 주장의 근거가 많을수록 더 설득적인 것으로 알려졌다(Calder & Sternthal, 1980). 그러나 사람들이 늘 메시지의 양에 따라 설득이 되는 것은 아니다. 소비자를 대상으로 한 Shu와 Carlson(2014)의 연구에 따르면, 메시지를 판단할 동기나 능력이 있는 청중은 주장의 질적인 측면을 더 고려하지만, 그렇지 않은 청중은 주장의 양적인 측면을 더 고려한다. 또한 주장을 지지하는 메시지 개수가 3개일 때와 그 이상을 초과할 때의 설득의 효과를 알아보았다. 그 결과, 메시지를 전달하는 사람이 설득을 하고자 할 때, 주장의 개수가 3개일 때까지 설득력은 증가했지만, 그것이 4개로 증가할 때부터 설득 효과는 감소했다. 청중들은 메시지에 대한 긍정적 정교화를 덜했고 그에 대한 반론을 늘렸다. 또한 3개의 메시지를 제공할 때, 처음부터 3개의 메시지를 제공하는 것보다는 2개의 메시지를 제공한 후에 1개의 메시지를 추가적으로 제공하는 것이 훨씬 더 설득적이었다.

(2) 정서적 호소

때로 메시지는 정서적으로 호소하는 내용을 기반으로 청중을 설득하고자 한다. 특히 공포심과 같은 부정적 정서를 유발하는 것이 일반적인 전략이다([그림 5-19] 참조). 가령, 텔레비전의 에이즈 공익광고 중 약 26%는 공포심을 유발한다(Freimuth et al., 1990). 공포심을 사용하는 메시지는 주로 흡연, 음주, 콘돔 미사용, 안전벨트 미착용과 같은 행동이 야기하는 위험을 상기시키고자 한다. 그러나 이러한 접근이 늘 효율적이지는 않다. 예를 들면, 호주에서 공포심을 유발하는 전략을 활용하여 콘돔 사용 공익광고를 방송하였으나 대중의 행동 및 인식 변화를 꾀하지 못했다(Janis & Feshbach, 1953).

그림 5-19 **금연 광고**. 금연 광고가 공포심 유발에 기초한 대표적인 광고다.

그러나 때로 공포심 유발 전략은 청중들이 관련 정보를 더 심사숙고하도록 한다(Baron & Richardson, 1994). 한 연구(Das et al., 2003)에서 참가자들이 스트레스로 겪은 질병 정도를 측정한 후, 스트레스 관리 훈련의 장점을 설명하는 논문의 요약본을 읽도록 했다. 스트레스로 인한 질병을 앓는 것에 큰 불안을 지닌 참가자들은 그렇지 않은 참가자보다 논문의 주장에 더 설득되어 스트레스 관리 훈련에 더 많이 참가하겠다고 보고했다. 비슷하게, 폐암에 대한 무서운 영상을 시청한 참가자 중 86%는 금연이나 흡연을 줄이겠다고 보고했지만, 중립적 영상을 본 참가자들은 33%만이 그렇게 하겠다고 보고했다(Sutton & Eiser, 1984). 이처럼 공포 유발은 메시지의 설득력을 높여 청중들의 행동을 변화시키는 데 기여할 수도 있다.

공포심 유발 메시지는 특정 문제에 대한 실제 이미지를 제시할 때 더 효과적이다. 한 에이즈 공익광고에서는 매력적인 히스패닉 남성이 등장해서 "내가 에이즈에 걸린 사람처럼 보이나요? 물론 아니에요. 나는 졸업 후에 좋은 직장에 들어가서 가족을 부양하고 있습니다. 나 같은 사람이 에이즈에 걸릴 리가 없잖아요! 음…… 나는 에이즈에 걸렸고 이것이 내 삶을 망쳐 놨다고 당신에게 말하고 싶습니다."(Freimuth et al., 1990, p. 788) 이처럼 실제 인물을 이용한 접근은 청중들에게 에이즈에 대한 불안감을 고취시켰고, 에이즈는 가난하고 건강하지 않은 사람만 걸린다는 고정관념을 변화시켰다. 유사하게, 공포심 유발 메시지가 애매모호한 메시지(예: "올해 독감으로 수천 명이 사망할지도 모릅니다.")보다 더 설득적이고 즉각적이면서 의도적으로 부정적인 결과를 낳을 수 있다는 적극적 메시지(예: "올해 독감은 수천 명을 죽일 것입니다.")가 더 설득적이다(McGlone et al., 2013).

또한 공포심 유발 메시지는 객관적인 진술보다는 개인적 경험에 기초할 때 더 효과적이다. 연구자들(de Wit et al., 2008)은 동성애자들의 접촉이 간염을 옮길 위험이 있다는 두 메시지의 효과를 비교했다. 한 메시지는 간염 바이러스 발병률에 대한 통계적 진술로, 동성애자들의 간염 비율이 높다고 설명했다. 다른 메시지는 한 동성애 남성이 간염에 걸린 과정을 사적으로 설명했다. 그 결과, 후자의 메시지를 접한 참가자들이 동성애의 위험을 더 높게 지각했고, 간염 백신주사를 맞겠다고 더 많이 보고했다.

긍정 정서를 이용하는 메시지도 효과적이다(Janis et al., 1965). 맛있는 음식을 먹었을 때나 즐거운 음악을 듣고 있을 때, 우리는 기분이 좋아진다. 이렇게 기분이 좋아지면 기분이 좋지 않을 때보다 사람들은 더 쉽게 설득된다. 왜 긍정 정서는 설득에 효과적일까? 기분이 좋은 사람은 그 기분을 유지하기 위해 정보를 주의 깊게 처리하려고 하지 않는다. 따라서 그들은 메시지를 평가할 때 주장의 효용성과 같은 주변적 단서에 의존하는 경향이 있다(Ruder & Bless, 2003). 주변적 처리를 하는 이러한 경향성은 메시지의 내용이 기분을 망치게 할 때보다 기분을 좋게 할 때 더 잘 나타난다

(Wegener et al., 1995). 기분이 좋은 학생들은 긍정적 메시지를 들었을 때 약한 주장보다 강한 주장을 더 확신하는 경향이 있었다. 반대로, 슬프거나 중립적인 기분의 사람은 중심 경로를 더 사용하는 경향이 있었고, 설득 메시지의 내용을 주의 깊게 평가하는 경향이 있었다(Bless et al., 1990). 이처럼 긍정 정서를 이용한 메시지도 그 나름의 정보처리의 독특성에 기초하여 설득적일 수 있다.

3) 수신자 및 상황

동일한 메시지라도 듣는 사람의 특성에 따라 그 메시지가 갖는 설득 효과는 달라진다. 가장 대표적인 수신자 특성은 지적 수준 및 여러 동기와 관련이 있다.

(1) 지능과 자아존중감 그리고 반발 심리

중간 정도의 지적 수준을 가진 수신자가 가장 잘 설득된다. 이들은 메시지의 내용을 충분히 이해하면서 짧은 시간 동안 메시지를 비판할 능력을 갖추지 못했기 때문이다(McGuire, 1968). 반면, 지적 수준이 낮은 사람들은 메시지를 이해하지 못하며, 지적 수준이 높은 사람들은 설득 메시지를 비판할 수 있다. 자아존중감 역시 중간 정도인 사람들이 가장 잘 설득된다(Jost et al., 2003). Rhodes와 Wood(1992)는 태도 변화에 대한 연구 결과를 메타분석한 결과, 메시지에 대한 수신자의 자아존중감과 설득 효과 간에 ∩형 관계가 있었다. 자아존중감이 낮은 사람은 불안이나 주의결핍으로 메시지를 잘 수용하지 못해 설득 효과가 떨어졌다. 반대로, 자아존중감이 높은 사람은 자신을 설득하려는 시도에 반발하기가 쉬워 설득 효과가 떨어졌다. 이러한 결과는 자아존중감이 중간 정도인 사람에게 설득 효과가 가장 크다는 것을 보여 준다.

이처럼 전달자가 설득을 한다고 해서 수신자가 늘 설득당하는 것은 아니다. 그 이유 중의 하나가 반발 심리다. 수신자는 설득 메시지가 자신의 자유의지를 침해한다고 느낄 때 그러한 설득에 저항하고자 한다. 그래서 때로 설득 메시지는 원래 의도한 것과는 정반대의 결과를 가져올 수도 있다. 부모가 하지 말라는 행동을 더 하고 싶을 때가 있는데, Brehm(1966)은 이러한 현상을 반발 이론(reactance theory)으로 설명한다. 반발 이론에 따르면, 사람들은 자신의 자유의지가 위협받는다고 느낄 때 자유를 침해하는 입장과 반대로 행동함으로써 자유를 되찾고자 하는 심리적 경향성을 갖는다.

한 연구(Meagher, 2004)는 약물 반대 캠페인이 때로 심리적 저항을 일으킬 수 있음을 보여 준다. 53명의 대학생에게 정부가 주관한 약물 반대 캠페인을 보여 준 뒤 약물에 대한 생각을 물었다. 그 결과, 참가자의 3/4은 캠페인을 본 후 약물에 대해 호의적인 인상을 갖게 되었다고 응답했다. 그들은 광고가 과장되고 비현실적이어서 메시지의 내용과 출처를 신뢰할 수 없었다고 기술했다. 이처럼 약물 반대 캠페인은 학생들에게 약물이 나쁘다는 메시지를 전달하고자 하였으나, 결과적으로 학생들에게 약물은 나쁘지 않다는 믿음을 초래했다. 금연(Erceg-Hurn & Steed, 2011)이나 건강 증진을 위한 행동(Dillard & Shen, 2018)과 같은 건강 메시지 또한 강력한 심리적 반발을 초래했다. 이것은 설득의 의도를 숨기는 것이 수신자의 심리적 반발을 예방하는 데 중요하다는 것을 보여 주는 결과다.

심리적 반발은 TV프로그램의 상단에 뜨는 미성년자 관람불가 또는 '19금' 표시가 오히려 만 19세 미만 시청자의 시청률을 올리는 이유를 설명할 수 있다. 유아 및 청소년의 등급 제한 효과를 설명하는 연구자들(Bushman & Cantor, 2003)은 폭력, 성, 현란한 그래픽 등을 담고 있는 등급의 프로그램이 8세 이하의 유아들에게는 제지 효과가 있지만, 11세 이상의 남아와 청소년에게는 오히려 유혹하는 효과가 있음을 보여 주고 있다.

(2) 면역 효과

다양한 설득에 넘어가지 않게 하는 또 다른 방법으로 면역 효과가 있다(McGuire & Papageorgis, 1961). 질병에 대한 면역력을 키우기 위해 백신을 맞듯이, 설득에 대항하는 면역력을 키우기 위해 자신의 입장과 반대되는 미약한 주장에 지속해서 노출될 필요가 있다. 매우 강력한 주장은 사람들의 기존 태도를 변화시킬 수 있다. 그래서 사람들이 미약한 주장에 노출되면서 자신의 기존 태도를 방어하도록 훈련하는 것이다. 즉, 사람들은 미약한 설득적 주장을 방어하는 경험을 통해 미래에 있을 수 있는 강력한 설득적 주장에 대항할 준비를 할 수 있다.

한 연구(McGuire & Papageorgis, 1961)에서 정기적으로 칫솔질을 하는 것에 찬성하는 사람들에게 그에 반대하는 메시지를 제공했다. 그 결과, 칫솔질에 반대하는 미약한 주장에 노출된 사람들은 이후 정기적인 칫솔질에 대하여 더 강력하게 찬성했다. 이러한 결과는 사람들이 자신의 생각을 유지하려면 그러한 생각을 변화시키려는 시도를 무시하기보다는, 적절한 반대 주장을 들으면서 자신의 주장을 강화할 필요가 있다는 것을 보여 준다(McGuire, 1964). 최근 이러한 면역 효과는 설득 메시지뿐만 아니라, 음모론 또는 가짜 뉴스 선전에도 적용될 수 있다. 가령, 미국 9·11 테러 사건에 대한 여러 음모론에 면역된 사람들은 비극에 대한 이후의 여러 음모론 선전에 더 저항했다(Banas & Miller, 2013).

요약

- 특정 대상에 대한 태도는 그 대상에 대한 인지적, 정서적 그리고 행동적 요소로 이루어져 있다. 태도는 실용성, 가치표현, 자기방어, 지식과 같은 기능을 한다. 태도는 크게 의식적 수준인 명시적 태도와 통제할 수 없고 무의식적인 암묵적 태도로 구분하여 측정한다.
- 태도의 형성은 유전적 요인이나 연합, 보상과 처벌, 관찰학습 또는 변별 학습과 같은 후천적 경험을 통해서 이루어진다. 또한 태도는 특정 타인과의 관계적 속성에 따라 형성되기도 하고 변화하기도 한다.
- 때로 태도는 특정 행동을 예측할 수 있다. 이때 강한 태도는 약한 태도보다 행동을 더 잘 예측하고, 직접적 경험을 바탕으로 형성된 태도도 행동을 더 잘 예측한다. 또한 구체적인 태도, 즉 개인의 특정 상황에 맞추어진 태도는 행동을 잘 예측한다. 접근성이 높은 태도 역시 행동을 잘 예측하며, 개인과 관련성이 높은 태도도 행동을 잘 예측한다. 사회적 규범은 태도가 행동을 예측하는 정도에 영향을 미칠 수 있다.
- 인지 부조화는 의사결정이나 행동을 한 후 또는 이전의 신념이나 느낌, 가치와 반대되는 정보를 들었을 때 겪는 심리적 갈등이다. 사람들은 태도와 행동 간의 부조화가 클 때 생기는 불편한 감정을 해소하기 위해 태도를 바꿔 부조화를 감소하기도 한다.
- 정교화 가능성 모형에 의하면, 인간은 설득 메시지를 처리하는 경로로 중심 경로와 주변 경로를 가지고 있다. 이때 어떤 경로를 사용하느냐에 따라 그에 적합한 설득 메시지가 달라질 수 있다. 동기, 능력, 기회가 정보처리 경로에 영향을 준다.
- 태도 변화에 관한 휴리스틱-체계적 모형은 휴리스틱 처리 과정과 체계적 처리 과정이 상호작용하여 작동하는 원리를 설명한다. 이 모형에서는 최소 노력 원리, 충분 원리, 충분 역치와 같은 개념으로 어떤 처리 과정을 선택할 것인지를 설명한다.
- 설득은 타인의 태도를 변화시키는 것이다. 설득에는 전달자, 메시지, 수신자 및 상황이라는 네 가지 요인이 관여한다. 전달자는 권위가 있을수록, 매력적일수록, 신뢰가 있을수록 그리고 수신자와 유사할수록 효과적이다.
- 메시지는 주장의 양과 질, 일방적 메시지와 쌍방적 메시지, 정서적 호소 전략 등에 따라 설득의 효과에 차이가 나타난다. 수신자가 전달 내용을 이해하고 수용하는 정도, 설득에 대한 저항 그리고 면역 효과와 같은 상황적 요인도 설득의 효과를 결정하는 요인이다.

제6장

친밀한 관계

1. 대인관계의 특징
2. 대인관계에 관한 이론
3. 대인관계의 주요 측면
4. 낭만적 사랑

우리는 대부분의 시간을 가족이나 친구, 동료와의 관계 속에서 살아간다(Robinson & Godbey, 1997). 그러면서 우리의 사고와 정서 그리고 행동은 자신과 관계하고 있는 다른 사람의 행동에 영향을 받는다. 특히 대인관계는 개인의 정신적 · 신체적 건강과 행복을 결정하는 중요한 요인이다. 따라서 이러한 측면에서 대인관계의 특징과 원리를 제대로 이해할 필요가 있다. 이 장에서는 대인관계의 일반적 특징, 매력의 결정 요인, 관계의 발전 그리고 낭만적 사랑을 알아본다.

1. 대인관계의 특징

우리는 평소에도 대인관계라는 말을 자주 사용한다. 또한 가정, 학교 또는 직장에서 대인관계를 잘하는 것이 우리들의 삶에 매우 중요하다는 것도 잘 알고 있다. 이와 관련해서 여기서는 대인관계라는 개념이 학문적으로 어떤 의미인지 그리고 대인관계가 구체적으로 우리 삶에서 차지하는 중요성과 그 근거는 무엇인지를 알아본다.

1) 대인관계의 의미

우리가 다른 사람과 관계를 맺는다는 것을 다음과 같이 설명할 수 있다. "한쪽의 변화가 다른 쪽의 변화를 불러온다는 측면에서 두 사람이 서로에게 영향을 주고받으며 상호의존하고 있다면, 이때 두 사람은 서로 관계하고 있는 것이다."(Kelley et al., 1983) 혹은 "관계는 인지적 · 정서적 · 행동적 측면을 수반하는 것으로, 서로 알고 있는 두 사람 사이에 이루어지는 일련의 상호작용이다."(Hinde, 1979) 이처럼 관계는 상호의존적인 두 사람이 상호작용하는 것으로, 대인관계의 핵심 특징은 **상호의존**(interdependence)이다. 이것은 한쪽의 행동이 다른 쪽에 영향을 주지 않을 수 없다는 것을 의미한다([그림 6-1] 참조).

그림 6-1 상호의존. 벌과 꽃의 관계처럼 모든 생명체는 서로 연결되어 의존하면서 살아간다.

우리가 서로 의존하는 존재라는 것은 몇몇 중요한 의미가 있다. 첫째, 그것은 우리가 한 개인으로서 고정된 존재가 아니라는 것을 의미한다. 우리가 고정되어 불변하는 존재라면 자신과 상호작용하는 사람의 영향을 받지 않을 것이고, 그러면 우리는 그와 상관없이 항상 일정한 모습을 보일 것이다. 반대로, 우리가 고정되어 있지 않고 상대방의 영향을 받는 존재라면, 우리의 행동은 상대방이 누구냐에 따라 다를 수 있다. 상대방에 따라 그가 우리에게 주는 영향이 다를 수 있기 때문이다.

둘째, 우리가 서로에게 의존한다는 것은 우리가 한 개인으로서 독립적이거나 완전한 존재가 아니라는 점을 의미한다. 다시 말하면, 우리가 가지고 있는 많은 욕구는 대부분 우리 혼자서 충족할 수 없고 다른 사람과의 관계 속에서만 충족이 가능하다. 나의 외로움을 혼자서 해결할 수 없고, 협력이 필요한 일은 다른 사람이 없으면 성취할 수 없다. 즉, 나의 욕구에 대한 충족은 다른 사람에게 달려 있고 그래서 그의 영향을 받지 않을 수 없다. 우리는 다른 사람과 상관없이 독립적으로 살 수 없기 때문에 그 사람에게 의존할 수밖에 없다.

이러한 측면에서 보면, 상대방은 나의 욕구 충족을 위한 도구적 기능을 한다. 사람들은 자신의 목표 달성을 위한 방향으로 다른 사람과의 관계를 조절한다. **도구성 원리**(instrumentality principle; Fitzsimons & Shah, 2008)에 따르면, 사람들은 도구적으로 중요한 사람에게 더 가까이 다가가고 더 기꺼이 접근하며, 그들을 좀 더 긍정적으로 평가하는 경향을 보인다. 또한 사람들은 자신의 욕구나 목표를 성취하는 데 도움을 주는 대상이나 사람에게 더 매력을 느끼고, 그러지 못한 사람과는 관계를 유지할 필요성을 느끼지 못한다. 상대방도 마찬가지다. 상대방도 나와의 관계를 통해서 자신의 욕구를 충족하고자 하고, 그렇지 못하다면 나와의 관계를 유지할 필요가 없다. 우리가 관계를 잘 유지하기 위해서는 자신뿐만 아니라 상대방의 욕구도 동일하게 배려해야 한다. 이런 점에서 우리는 서로에게 도구이면서 동시에 주체인 것이다.

2) 대인관계 욕구

대인관계가 우리의 삶에 매우 중요한 영향을 주는 만큼, 우리는 다른 사람과 관계를 맺으려는 강한 경향성을 일정 부분 선천적으로 가지고 태어난다. 그러면서 우리는 다른 사람과 적절한 수준의 친밀감을 유지하면서 살아간다.

(1) 소속감 욕구 이론

사람들은 관계를 통해 소속감을 추구하려는 욕구가 있다. **소속감 욕구 이론**(need-to-belong theory; Baumeister & Leary, 1995)은 진화론에서 그 욕구의 기반을 찾는다. 이 이론에 따르면, 소속감 욕구는 인간의 기본적인 욕구 중 하나로, 사람들은 타인과의 관계를 통해 소속감을 추구한다. 우리가 집단 속에서 사회적 유대를 형성하고 유지하는 것이 생존에 매우 유리하기 때문이다. 즉, 집단 속에서 사회적 유대를 형성하고 유지하려는 욕구는 생존과 재생산(혹은 번식)이라는 이익을 가져온다(Kenrick & Trost, 1997). 예를 들면, 낭만적 사랑은 기본적으로 성적 욕구를 충족시켜 주고, 자손의 재생산에 필요한 유대감을 형성하는 기능을 한다. 또한 집단을 이루는 것은 자원을 위한 경쟁 상황에서도 유리하고, 외부의 위협으로부터 자신을 보호하는 데도 유리하다.

소속감 욕구가 인간의 기본적 욕구 중 하나라는 증거는 많다. Baumeister와 Leary (1995)에 따르면, 사람들은 일상적인 생활에서 쉽게 사회적 유대를 형성하고, 특히 어려운 상황에서는 사회적 애착을 더 잘 형성한다. 사람들의 사고도 내 · 외집단, 친밀한 관계 등 사회적 관계에 대한 내용을 상당히 많이 반영하고 있다. Sedikides 등 (1993)은 관계가 정보를 분류하는 자연적인 범주로 기능한다는 것을 보여 주었다. 연구 참가자들은 상대방의 정보를 기억 속에 저장할 때, 친한 사람과 단순한 지인의 정보를 구분할 뿐만 아니라 친한 사람의 정보를 더 잘 저장했다. 앞으로 더 살펴보겠지만, 대인관계의 결핍은 사람들의 건강과 사망, 범죄 등에 매우 심각한 영향을 미친다. 이처럼 모든 사람은 적어도 일정한 수준의 관계를 유지할 때 심리적으로 행복하고 건강할 수 있다.

(2) 돌봄 · 친화 이론

다른 사람과 친밀한 관계를 형성하려는 욕구는 생물학적인 수준에서도 작동한다. **돌봄 · 친화 이론**(tend and befriend theory)은 인간이 다른 동물과는 달리 위협에 처했을 때 '싸우거나 도망가는(fight or flight) 반응' 이외에도 서로 연합하여 친밀한 관계를 형성한다는 점에 주목한 이론이다(Taylor, 2012; Taylor et al., 2000). [그림 6-2]에서 보듯이 이 이론에 따르면, 인간은 환경의 요구에 적합한 수준의 사회적 접촉을 점검하고, 필요할 때 관계 행동을 촉진하는 생물학적 신호 시스템이 있다. 즉, 우리가 환경에 있는 어떤 위협을 감지하면, 옥시토신(oxytocin)과 오피오이드 펩타이드(opioid peptide)가 분비되어 친화적인 행동을 촉진한다. 그다음, 이러한 행동이 스트레스를 줄임으로써, 교감 신경계의 활동이 감소하고 코르티솔(cortisol)이라는 스트레스에 대항하는 호르몬 분비도 함께 줄어들어 긍정 정서가

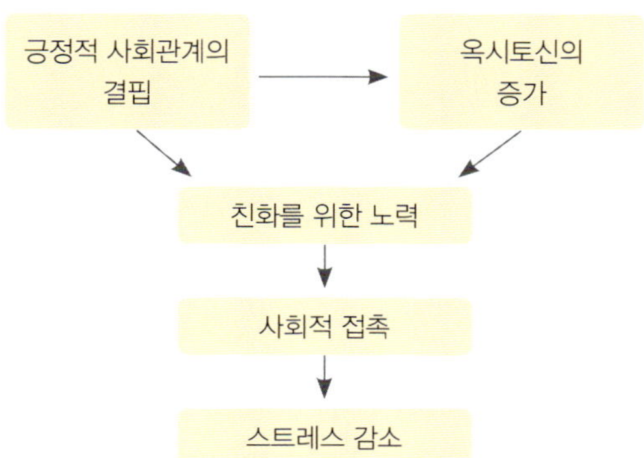

그림 6-2 돌봄 · 친화 이론. 인간은 위협에 처했을 때 도망가거나 싸우는 행동 외에 친화를 위한 노력을 통해 위협을 해결한다.

증가한다.

돌봄 · 친화 이론을 지지하는 경험적 연구 결과가 많이 있다. Taylor 등(2006)의 연구에 따르면, 사회적 관계의 결핍으로 생긴 부정적 정서를 느끼는 여성의 옥시토신 수준이 상대적으로 높았다. 또한 배우자가 지지해 주지 않고 감정을 이해해 주지 않을뿐더러 좋아해 주지 않는 경우처럼, 상대방과 긍정적인 관계에 있지 않은 여성도 옥시토신의 수준이 높았다. 이것은 우리의 사회적 관계가 충분하지 않거나 부정적인 상태에 있을 때, 옥시토신의 분비가 증가하여 이러한 상태의 해소를 촉진한다는 점을 시사한다. 실제 동물에게 옥시토신을 주입하거나 그 분비를 자극할 때, 교감신경의 활동, 혈압, 고통에 대한 민감성 등 스트레스에 대한 생물학적 반응이 낮아지는 것으로 나타났다(Carter, 1998). 인간의 경우에도 스트레스 상황에서 옥시토신을 주입하면, 불안과 코르티솔 호르몬 분비의 수준이 낮아졌고, 특히 친구로부터 사회적 지지를 받으면 코르티솔 수준이 낮아졌다(Heinrichs et al., 2003). 이러한 연구 결과는 인간이 친밀한 관계를 맺고 그 속에서 사회적 접촉을 하는 행동 이면에는 생물학적 원리가 작동하고 있음을 강력하게 입증하는 것이다.

(3) 사회적 친화 모형

O'Connor와 Rosenblood(1996)가 제시한 **사회적 친화 모형**(social affiliation model)에 의하면, 사람들은 자신이 원하는 타인과의 만남 수준이 있고 그 수준만큼의 만남을 유지하고자 한다. 타인과의 관계는 항상성의 원리를 따르기 때문에, 사람들은 만남의 수준을 안정적으로 유지하며 자신이 원하는 수준에 맞는 가능한 정도의 친밀도를 유지한다. 연구자들은 무선 호출기를 이용하여 4일 동안 대학생들이 만나는 사람들의 수와 친밀도를 측정했다. 그 결과 대부분의 참가자는 다른 사람들과 자신이 원하는 수준의 상호작용을 하고 있었다(O'Conner & Rosenblood, 1996). 또한 친화 욕구에는 개인차도 있다. 예를 들면, 내향적인 사람은 외향적인 사람보다 자극에 대한 역치 수준이 낮다. 다시 말하면, 외향적인 사람보다 내향적인 사람은 동일한 자극에도 중추 신경계가 더 크게 각성함으로써 상대적으로 더 쉽게 흥분한다(Johnson et al., 1999). 그래서 그들은 불편한 수준까지 각성되는 것을 피하기 위해 타인과의 상호작용을 조절하지만, 외향적인 사람은 중추 신경계의 각성 수준이 낮기 때문에 좀 더 큰 흥분을 경험할 수 있는 사회적 상황에 더 주목한다.

이처럼 사회적 친화 모형은 사람들이 최적의 범위 내에서 사회적 접촉을 유지한다고 가정한다. 소속감 욕구 이론 역시 한 개인의 사회적 접촉이 일정 수준을 넘어서면 그 동기가 감소한다고 예측한다. 실제로 대부분의 사람은 자신의 삶에서 평균 4~6명의 친밀하고 중요한 관계를 선호한다(Baumeister, 2005). 대학생들도 자기의 대인관계 목표가 더 많은 친구를 갖는 것보다는 가깝고 돌봐 주는 소수의 친구를 갖는 것이라고 생각한다(Reis, 1990). 이처럼 우리는 타인들과 다양한 심리적 거리를 유지하면서 살아간다. 그래서 우리는 심리적으로 매우 가까운 사람에서부터 전혀 모르는 사람에 이르기까지 매우 다양한 사람과 함께 살아간다. 또한 그들과의 심리적 거리가 고정된 것은 아니어서, 우리는 친한 사람과 멀어질 수도 있고, 모르는 사람과도 가까워질 수 있다.

글상자 6-1 다양한 사람, 다양한 관계

몇몇 심리학자는 인간관계를 차원이나 범주로 구분했다. 특정 차원에 따른 구분은 관계의 양적 차이를 보여 주는 반면, 범주에 따른 구분은 관계의 질적 차이를 보여 준다.

- **차원에 따른 유형**: Marwell과 Hage(1970)는 사람 간의 역할관계를 구성하는 차원으로 친밀감, 투명성, 규제 요인을 확인했다. Triandis와 Vassiliou(1972)는 양자 관계를 문화 비교를 통해 연구한 결과, 결속–분리, 지배–종속, 친밀성의 세 요인을 확인했다. Wish 등(1976)은 대학생을 대상으로 연구한 결과, 협동–우호적 대 경쟁–적대적, 대등한 대 차등적인, 깊은 대 피상적인, 사회 정서–비공식적 대 과업 지향–공식적 등 4개의 차원을 확인했다. 이러한 요인 중에서 친밀성, 권력관계, 협동 대 경쟁의 차원은 상당히 보편적이다.

공통 차원	핵심 내용
친밀성	• 양자 간 사회적–정서적 거리의 정도 • 양자 간 다양한 장소, 시간, 감정 등을 공유한 양과 질의 정도
권력관계	• 타인에게 영향을 주는 정도와 타인에게 영향을 받는 정도의 차이 • 절차나 분배의 균등한 정도
협동 대 경쟁	• 협력하여 양자가 원하는 것이나 공동의 목표를 성취하는 정도 • 양자 간 경쟁하여 자신이 원하는 것이나 목표를 성취하는 정도

- **범주에 기반한 유형**: Alan Page Fiske는 관계 모형 이론(relational models theory)에서 대인관계를 네 가지 범주로 구분했다(Fiske, 1992). 사람들은 자신이 속한 문화권의 관계 모형에 기초하여 관계를 맺고, 다른 사람의 행동을 이해하며, 사회적 상호작용을 조직하고 평가한다(Fiske & Haslam, 2005).

범주	핵심 내용
공동의 소유 (communal sharing)	• 상호 간 동등하고 미분화된 사람들의 집단 모형에 기반함 • 서로의 공통점에 집중하며 개별적 특성을 간과함 • 친한 친구, 연인
권위적 서열 (authority ranking)	• 위계적 차원에 따라 서열화되는 비대칭 모형에 기반함 • 상급자는 존경, 특권을 받고 하급자는 보호와 충고를 받음 • 군대
평등한 조합 (equality matching)	• 평등적 분배 정의와 같은 균형과 일대일 대응의 모형에 기반함 • 이 관계의 사람들은 동일한 양을 받을 자격이 주어지고 균형 잡힌 교환을 중시함
시장 가격 (market pricing)	• 관계의 사회적 가치를 비율로 계산한다는 모형에 기반함 • 가격, 임금, 임대료, 이자, 비용-이득 비율의 계산

3) 대인관계의 영향

원만한 대인관계는 우리의 삶에 매우 긍정적인 영향을 미친다. 충분한 대인관계는 건강과 강하게 연결되어 있다는 것을 많은 연구가 입증해 왔다(Loving & Sbarra, 2015). Uchino 등(1996)은 가까운 사람이 제공하는 사회적 지지와 생리적 혜택과의 관계를 다룬 81편의 연구를 검토했다. 그 결과, 사회적 지지는 심혈관 건강 및 면역 기능과 관련되어 있었고, 정서적 지지가 긍정적 건강에 특히 중요했다. 성인 중에서도 적극적으로 관계를 맺는 사람들은 높은 건강을 유지했다(Cott & Fox, 2001; Loucks et al., 2006).

대인관계는 수명에도 영향을 미친다. House 등(1988)의 연구에서 노르웨이에 거주하는 75세 이상 334명의 노인 중 3년 후 생존해 있는 노인은 사망한 노인에 비해 더 많은 사회적 접촉을 했다. Pinquart과 Duberstein(2010)은 암환자의 생존 관련 87개의 문헌을 검토했다. 그 결과, 사회적 지지를 많이 받고 있고 많은 사람과 관계를 맺고 있으면서 결혼을 한 환자의 수명이 그렇지 않은 사람보다 길었다. Holt-Lunstad 등(2010)은 30만 명 이상이 참가한 148개의 연구를 대상으로 대인관계가 사망률에 미치는 영향을 분석했다. 그 결과, 사회적 관계를 충분히 하는 사람은 그렇지 않은 사람에 비해 생존 가능성이 50% 이상 높았다. 이러한 효과는 금연 효과와 비슷하고 비만이나 운동 결여가 사망에 미치는 효과보다 더 큰 것이다.

긍정적 대인관계가 우리의 삶에 미치는 또 다른 측면으로 행복을 들 수 있다. 한국 사람들 중에서 행복한 사람은 하루의 72%를, 불행한 사람은 48%를 다른 사람과 함께 보냈다. 미국 사람 중 행복한 사람은 65%를, 불행한 사람은 32%를 다른 사람과 함께 보냈다(서은국, 2014). 무엇보다도 대인관계는 행복을 포함한 우리 삶의 안녕에 영향을 미치는 가장 강력한 요인일 수 있고(Argyle, 2001), 지지적인 사회적 연결망이 행복에 미치는 영향이 나이, 성별, 수입과 같은 요인의 영향보다 더 크다(Myers, 2000). 이처럼 다른 사람과 함께 공유된 활동을 통해 소속감 욕구를 충족하고 여러 측면에서 사회적 지지를 받는 것이 우리가 더 행복해지는 데 기여한다.

이와는 달리, 원하는 만큼 대인관계를 하지 못하는 사람은 사회적으로 고립되고 거부당해 외로움을 겪기 쉽다. 외로움은 원하는 만큼의 친밀한 관계가 없을 때 느끼는 정서다([그림 6-3] 참조). 외로움에는 사회적 외로움과 정서적 외로움이 있다(Green et al., 2001). 사회적 외로움은 친밀한 관계와 사회적 네트워크가 부족한 경우다. 이런 사람들은 모임이 적거나 없고 친구와의 교류도 부족하다. 정서적 외로움은 낭만적 파트너가 없을 때 생기는 느낌이다. 그들은 친구는 있어도 애인은 없는 사람들이다. 어떤 형태든 외로움은 면역력 저하, 고혈압 및 높은 스트레스 호르몬 수준과 관련되어 있다(Pressman et al., 2005).

그림 6-3 외로움. 외로운 사람은 건강과 행복 등 여러 측면에서 불리하다.

외로운 사람들은 보통 사회적 기술이 부족하다. 그들은 자기노출을 많이 하지 않거나 상대방도 자기노출을 하지 않게 만든다(Rotenberg, 1997). 외로운 사람은 자신을 부정적으로 인식할 뿐만 아니라(Christensen & Kashy, 1998), 불안, 우울, 부끄러움과 같은 부정적 정서를 경험하고, 타인과 친밀해지는 것에 두려움을 느낀다(Jones et al., 1985). 또한 그들은 타인과의 상호작용에서 부정적인 예측을 한다(Bruch et al., 1995). 상대방이 자신에 대해 부정적인 인상을 형성할지도 모른다는 생각 때문에 긴장하고 방어적 자세를 취하는 경향이 있다.

거부는 외로움 이외에도 여러 부정적 결과를 초래한다. 많은 연구는 거부가 분노와 함께 성폭력, 살인, 조직폭력, 마약, 학교폭력 등 다양한 반사회적 행동을 증가시킨다는 것을 보여 주고 있다(Leary & Acosta, 2018). 가령, 진지하게 만나고 있는 연인들의 폭력 사건 중 15% 그리고 동거하는 연인들의 경우는 11%가 거부 때문에 발생했다(Makepeace, 1989). 심지어 한 연구(Crawford & Gartner, 1992)에서 남편이 배우자를 살해한 551건 중 45%가 실질적인 거부나 임박한 거부 때문이었다. 또한 거부를 당한 사람은 친사회적이고 긍정적인 행위를 통해 관계를 회복할 수 없다고 판단할 때 그러한 행동을 덜 하는 경향이 있다. Twenge 등(2007)의 연구에서 수용 받는 조건이나 중립적인 조건의 참가자들에 비해 배제된 조건의 참가자들은 실험 참가의 대가로 받은 돈을 학생들을 위한 기금 마련에 덜 기부했다.

사회 불안은 원만한 대인관계를 방해하는 요인으로, 특정 관계에서 자신에 대한 다른 사람의 평가에 신경을 쓰면서 경험하는 부정적 감정이다. 사회 불안은 말을 덜하거나 더듬는 행동으로 나타나고, 타인과의 상호작용을 피하고 싶은 욕구와 행동으로 이어지기도 한다. 한 연구(Pishyar et al., 2004)에 의하면, 사회 불안이 높은 사람은 상대방의 거절을 더욱 잘 예측했으며, 화를 내는 표정 등 부정적인 표정에 더욱 민감한 경향을 보였다. 이처럼 사회적으로 불안한 사람은 상호작용을 하는 동안 부정적 피드백에 더 주의를 기울이기 때문에, 긴장 속에서 행동할 가능성이 높다. 이것은 또한 오히려 상대로부터 부정적 피드백을 받는 데 기여함으로써 궁극적으로 원만한 대인관계를 방해할 가능성이 크다.

2. 대인관계에 관한 이론

대인관계에 관한 이론은 어떠한 측면을 다루느냐에 따라 내용적으로 다양하다. 그 중에서 특히 관계의 발달 측면을 다루고 있는 상호의존 이론, 사회적 침투 이론, 자기확장 이론 그리고 상호작용 단계 모형과 변증법적 이론을 알아본다.

1) 상호의존 이론

Kelley와 Thibaut(1978)의 **상호의존 이론**(interdependence theory)은 대인관계의 본질을 상호작용이라고 가정한다. 이때 상호작용이란 서로의 경험, 즉 사고와 감정, 동기, 기호, 행동과 그 결과에 영향을 주고받는 쌍방적 과정이다. 모든 사람은 특정 상호작용에서 할 수 있는 행동 목록을 가지고 있다. 두 사람 간의 상호작용에서 한 사람의 행동은 상대방에게 영향을 주고, 영향을 받은 상대방의 반응은 영향을 준 사람의 그다음 반응에 영향을 준다. 이처럼 둘의 상호작용은 순차적으로 서로에게 영향을 준다는 점에서 상호의존적이고, 각 개인은 상호의존적인 행동의 흐름 속에서 일관적으로 자신의 목표를 달성하고자 한다.

이 이론의 가정에 따르면, 사람들은 관계에서 최대의 보상과 최소의 비용을 추구한다. 이러한 입장에서 대인관계는 바람직한 보상의 교환, 즉 **사회 교환**(social exchange) 과정이다. 보상은 한 개인이 타인과의 상호작용을 통해 얻는 만족이다. 보상에는 가치, 능력, 재정, 유사성, 근접성과 같이 관계와는 무관하게 보상적 가치를 갖는 외적 요인과 두 사람의 상호작용에 따라 보상을 얻는 내적 요인이 있다. 따라서 보상은 선물과 같이 가시적이거나 애정과 따뜻함과 같이 비가시적이고 상징적이다(Rusbult & Van Lange, 2003). 반면, 비용은 상호작용 중에 발생하는 부정적 산물로 시간이나 에너지, 갈등의 발생 등이다.

어떤 관계에서 비용보다 보상이 **비교 수준**(Comparison Level: CL)보다 높으면 그 개인은 만족하고 그것보다 낮으면 불만족할 것이다. 이때 비교 수준은 우리가 다른 사람과의 관계에서 기대하는 결과의 가치를 의미하는데, 자신의 과거 경험이나 다른 사람과의 비교를 통해 설정된다. 가령, 이전의 연인관계나 자신과 비슷한 친구들과 비교해서 개인적 비교 수준이 만들어진다. 한편, 지금의 관계 이외에 새로운 관계를 맺을 수도 있다. 새로운 대안적 관계가 줄 수 있는 보상이 지금의 관계가 주는 보상보다 클 경우에 그럴 수 있다. **대안적 비교 수준**(comparison level for alternatives: CLalt)은 새로운 관계를 통해 얻을 수 있는 최소한의 보상으로, 지금의 비교 수준보다 높아 더 보상적일 때, 사람들은 현재의 관계를 정리할 수도 있다(Van Lange & Rusbult, 2012).

그러나 모든 관계의 사람들이 보상과 비용을 근거로 더 나은 대안을 선택하는 것은 아니다. Rusbult 등(2012)의 **투자 모형**(investment model)에 따르면, 사람들은 자신이 관계에 투자한 시간이나 돈과 같은 물질적 요인과 사랑과 존경, 배려와 같은 심리적 요인을 고려한다. 그래서 지금의 관계가 대안적 관계보다 만족도가 높지 않더라도 지금의 관계에 많은 자원을 투자했으면, 사람들은 지금의 관계에 더 헌신함으로써 그 관계를 유지한다. 많이 투자한 관계가 해체되면 그에 따른 비용이 더 증가하기 때문이다. 또한 지금의 관계에 만족하는 사람은 자신에게 좀 더 바람직한 대안을 찾는 데 관심이 없을 수 있고, 자신의 대안적 비교 수준이 주는 보상을 낮게 평가하기도 한다(Miller, 2008). 이것이 지금의 관계를 유지하는 데 기여한다.

그림 6-4 교환 관계(위)와 공동체 관계(아래). 우리는 자신의 이득을 극대화하고자 하면서도, 때로 상대방의 안녕과 행복을 먼저 배려하기도 한다.

또한 우리가 맺는 관계의 유형에 따라서도 추구하는 목표가 다를 수 있다. [그림 6-4]에서 보듯이 두 사람이 상호작용하는 방식에는 크게 교환 관계와 공동체 관계가 있다(Clark & Mills, 2012). **교환 관계**(exchange relationship)에서는 단기간의 상호호혜성이 중요해서 관련 당사자들은 보상과 비용을 공평하게 분배하는 것을 중시한다. 이때 형평(equity)이란 각자가 한 투입에 비례해서 산출물을 할당받는 것을 말한다. 불공정한 분배로 불이익을 당한 사람은 분노를 느끼거나 우울을 경험하는 반면, 혜택을 받은 사람은 죄책감을 느끼게 된다(Keith & Schafer, 1980). 반면에 **공동체 관계**(communal relationship)의 사람은 이익과 비용을 따지지 않고 자기의 몫이라도 상대방의 행복이나 필요를 위해서 조건 없이 줄 수 있다. 혜택을 받는 사람도 상대방에게 도움이 되는 행동을 생각하지만 의무적으로 꼭 갚아야 한다는 생각을 하지는 않는다. 친구, 가족, 애인이나 배우자 등의 밀접한 관계가 이러한 특성을 가진다.

이 두 관계는 몇 가지 대조적인 특징을 지닌다(Clark & Mills, 2012; Mills & Clark, 1994). 교환 관계에서는 받은 혜택에 대한 보답이 호감을 증가시키지만, 공동체 관계에서는 호감을 감소시킨다. 공동체 관계와 달리, 교환 관계의 사람들은 제공한 혜택에 대하여 보답을 받지 못하면 착취당했다고 느낀다. 공동체 관계의 사람들은 상대방의 욕구에 더 많이 주목하고, 정서 표현을 더 많이 하며, 상대방의 정서 표현에 더 긍정적으로 반응한다. 마지막으로, 공동체 관계를 지향하는 사람과 교환 관계를 지향하는 사람 간에는 개인차가 존재한다. 공동체 관계를 지향하는 사람은 공동의 노력으로 성공했을 때 상대방에게 더 많은 공을 돌리고 실패했을 때 상대를 덜 비난한다. 반면, 교환 관계를 지향하는 사람은 형평성을 강조할 때 만족도가 높다.

한 연구(Clark et al., 1989)에서 참가자들은 친한 친구나 낯선 사람과 짝이 된 후 각각 다른 방에서 실험 과제를 수행했다. 한 집단에게는 상대방이 문제 풀이에 도움이 필요하다는 의미로 불빛 신호를 보낼 것이라고 알려 주었고, 다른 집단에게는 상대방이 문제를 잘 풀고 있어서 도움이 필요 없고 함께 상을 받을 것이라는 의미로 불빛 신호를 보낼 것이라고 알려 주었다. 이후 상대로부터 오는 신호를 참가자들이 얼마나 확인하는지 관찰했다. 그 결과, 상대가 낯선 사람일 때(교환 관계) 신호의 의미를 보상으로 알고 있던 참가자들은 전구 불빛을 자주 확인한 반면, 상대가 친한 친구인 참가자들은(공동체 관계) 신호를 도움의 의미로 알고 있는 경우에 불빛을 더 많이 확인했다. 이처럼 관계의 친밀도에 따라 상대방의 행동에 대한 해석과 그에 대한 관심의 본질이 달라질 수 있다.

관계의 이러한 구분이 단기 관계와 장기 관계의 구분을 의미하는 것은 아니다(Clark & Mills, 2012). 실제 단기간이거나 장기간 관계 각각에서 이 두 유형을 모두 찾아볼 수 있다. 또한 공동체 관계가 반드시 쌍방적인 것은 아니다. 부모는 공동체 관계를 지향하지만, 자녀는 교환 관계를 지향할 수도 있다. 게다가 특정 관계가 교환적이면서 동시에 공동체적일 수 있다. 마지막으로, 교환 관계는 이기적이고 공동체 관계는 이타적이라고 가정하지는 않는다(Mills & Clark, 1994). 이 두 관계는 한 사람이 다른 사람을 이용하는 착취관계나 서로 경쟁하는 관계와는 다르다.

2) 사회적 침투 이론

관계가 얕은지 아니면 깊은지를 가늠해 보는 방법은 서로를 얼마나 잘 알고 있는지 따져 보는 것이다. 사람들은 관계가 깊어질수록 상호작용의 빈도와 양이 증가하고 그러면서 자기를 더 개방하게 된다. 자기노출은 자신에 대한 정보와 감정을 의도적으로 드러내서 공유하는 것이다. 자기노출에 관한 가장 설득력 있는 이론 중의 하나가 **사회적 침투 이론**(social penetration theory; Altman & Taylor, 1973)이다. 이 이론은 관계가 피상적인 수준에서 친밀한 수준으로 발전하는 과정을 폭과 깊이의 개념으로 설명한다. 여기에서 사회적 침투는 상호작용에서 일어나는 대인 간 행동 그리고 그 행동과 관련된 개인의 내적인 주관적 과정을 지칭하는 개념이다. Altman과 Taylor(1973)는 한 개인의 성격이 자신과 타인에 대한 생각, 느낌, 믿음과 정서로 구성되어 있다고 가정한다. 또한 [그림 6-5]에서 보는 것처럼, 성격은 공과 같은 형태의 다층 구조로 이루어져 있다고 가정한다.

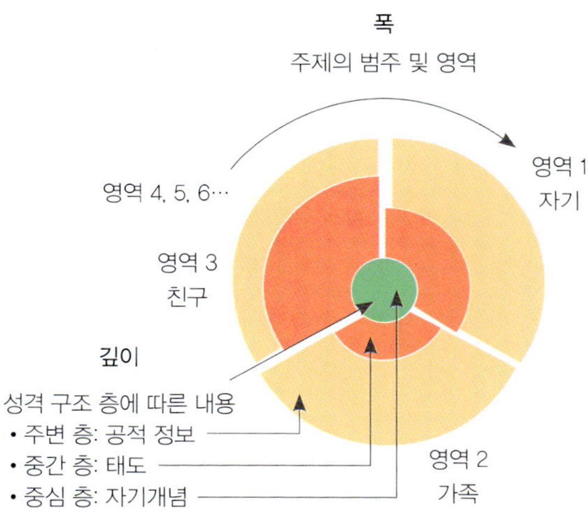

그림 6-5 **사회적 침투 이론**. 사람들은 상호작용을 통해 성격의 외층에서 내층으로 침투하면서 자기를 노출한다.
출처: Altman & Taylor (1973).

성격 구조의 일반적인 특징이 **폭**(breadth)과 **깊이**(depth)다. 폭은 성격의 구조에 들어 있는 주제의 범주 및 영역의 수를 의미하는 개념으로, 직업, 친구, 애인, 가족, 종교, 여가 등이 여기에 해당한다. 깊이는 성격 구조의 외층과 내층의 내용이나 정보의 차이를 지칭한다. 나이나 성별과 같은 주변적이고 공적인 정보는 주변의 층에 위치하고, 태도나 의견은 중간의 층 그리고 두려움이나 자기개념과 같은 내용은 중심의 층에 위치한다. 중심에 위치한 영역이 주변에 위치한 영역보다 더 많은 영향력을 행사하고, 내부로 갈수록 좀 더 독특하고 관찰하기 어려운 내용이 위치한다. 성격의 취약성은 깊이가 깊어질수록 커지고, 사회적으로 덜 바람직한 특성이 중심의 층에 자리한다. 또한 성격의 중심적 측면은 주변적 측면보다 더 일반적이기 때문에 구체적인 상황보다는 전체적인 자아에 더 기여한다.

관계가 발전한다는 것은 공유하는 주제도 많아지면서 동시에 특정 주제에 관한 내용도 더 깊어진다는 것을 의미한다. 그래서 사회적 침투는 주변적인 수준에서 중심적인 수준으로 점진적으로 나아간다. 그러면서 긍정적 · 부정적 정보를 모두 공유하면서 비밀 없이 어떤 주제도 개방한다. 침투를 결정하는 요인은 개방에 따른 보상과 비용의 상대적인 비율로, 자기노출의 비용이 크지 않는 한 침투는 지속되고 이와 함께 관계 만족도도 증가한다. 사회적 관계는 현재 알고 있는 영역뿐만 아니라 미지의 영역으로 확장되어 점차 모르던 영역을 서로 알아 가게 된다. 이 이론은 여러 경험적 연구의 지지를 받았다(Altman & Taylor, 1973). 예를 들면, Altman과 Haythorn(1965)은 미해군 신병을 두 명씩 짝지어 외부와의 접촉이 제한된 방에 10일간 있도록 했다. 그 결과, 참가자들은 통제 집단에 비해 자기노출을 더 많이 했고, 관계 만족도도 더 높았다.

이 이론에 따르면, 자기노출은 호혜성의 규범을 따른다. 한 사람이 개방하면 상대방도 그와 비슷한 수준으로 자신을 개방한다. 그래서 개방의 속도가 서로 비슷하게 이루어진다. 또한 자기노출과 호감은 상호적인 경향이 있다(Hinde, 1997). 사람들은 다른 사람에게는 개방할 수 없는 내면의 비밀을 자기가 좋아하는 사람에게는 털어놓고, 점진적으로 자신을 개방하는 상대방을 좋아하는 경향이 있다(Altman & Taylor, 1973). 그러나 자기노출이 항상 긍정적인 결과를 가져오는 것은 아니고, 오히려 관계를 악화시킬 가능성도 있다(Derlega et al., 2008). 예를 들면, 상호적으로 이루어지는 부정적 노출은 관계의 만족도 감소와 연결되고 관계의 해체를 초래한다(Salazar, 2015). 또한 내면에 있는 부정적인 특성과 같은 내용을 개방하면, 상대방에게 거절을 당하거나 부정적인 인상을 줄 수 있다. 자신의 약점을 밝히거나 심지어 사랑을 고백하는 경우에도 상대방에 대한 영향력을 상실할 수 있다.

3) 자기확장 이론

밀접한 관계에 있는 두 사람은 지속적인 상호개방과 광범위한 상호작용을 통해 상대방의 내면에 점차 다가간다. 그러면서 서로에 대하여 많은 것을 알게 되고 서로의 차이가 줄어들면서 점점 더 닮아 간다. 또한 상대방의 행동, 생각과 감정의 이면을 이해할 수 있게 되고, 각각의 바람이 서로에게 영향을 미치게 된다(Ickes & Simpson, 1997). 자기와 상대방의 인지적 틀도 점점 비슷해지면서, 상대방에 대한 이해는 점차 자기에 대한 이해처럼 변화된다. 이러한 과정을 **자기확장 이론**(self-expansion theory)으로 설명할 수 있다(Aron et al., 1995). 이 이론에 따르면, 우리는 관계가 발전하면서 상대방을 자신의 일부로 받아들여 서로 닮아 가고, 자기와 타인의 경계가 무너지면서 서로를 '한 쌍'으로 인식하게 된다(Mashek et al., 2003).

관계가 발전하면서 이루어지는 자기확장을 [그림 6-6]에 있는 척도를 이용하여 측정할 수 있다. 자기-타인 포함 척도(Inclusion of Other in the Self Scale: IOS; Aron et al., 1992)에는 자기와 상대방을 지칭하는 두 원이 겹쳐져 있다. 상대방과의 관계가 더 친밀하다고 생각할수록 두 원이 더 많이 겹쳐진 경우를 선택하면 된다. 부부를 대상으로 자기확장을 검증한 한 연구(Aron et al., 1991)에서, 연구자들은 부부가 자기를 여러 성격 특질 차원에서 평정하는 동안 각 문항에 대한 반응 시간을 측정했다. 그래서 부부가 서로 유사한 특질과 서로 다른 특질에 반응하는 속도를 비교했다. 그 결과, 참가자들은 배우자와 다르다고 생각하는 자신의 성격 특질에 더 느리게 반응했다. 가능한 한 가지 이유로, 자기와 배우자에 대한 표상은 서로 복잡하게 얽혀 있기에, 강한 자기확장이 자기의 특정 측면을 보고할 때 혼란을 가져왔기 때문이다.

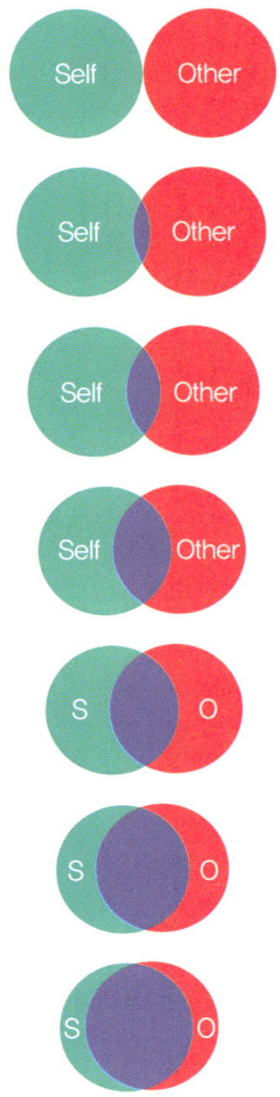

그림 6-6 **자기-타인 포함 척도의 문항.** 자기와 타인이 가깝다고 생각할수록 더 많이 겹쳐진 원을 선택한다.
출처: Aron et al. (1992).

4) 상호작용 단계 모형과 변증법적 이론

Knapp(Knapp, Vangelisti et al., 2014)은 대인관계의 발달이 특정 패턴을 보이면서 선형적이고 직선적으로 이루어진다고 본다. 그의 **상호작용 단계 모형**(model of interaction stages)은 이러한 패턴을 총 10개의 단계로 구분하였으며, 크게는 처음의 5단계를 결합하기와 이후의 5단계를 분리하기로 구분했다([그림 6-7] 참조). 이러한 단계는 완전히 구분되어 있기보다는 어느 정도 중첩되어 있어서, 각 단계가 강조하는 측면이 다르다는 점에 초점을 둘 필요가 있다.

결합하기는 두 사람이 처음 만나 하나가 되는 과정이다. 시작하기(initiating)는 우리

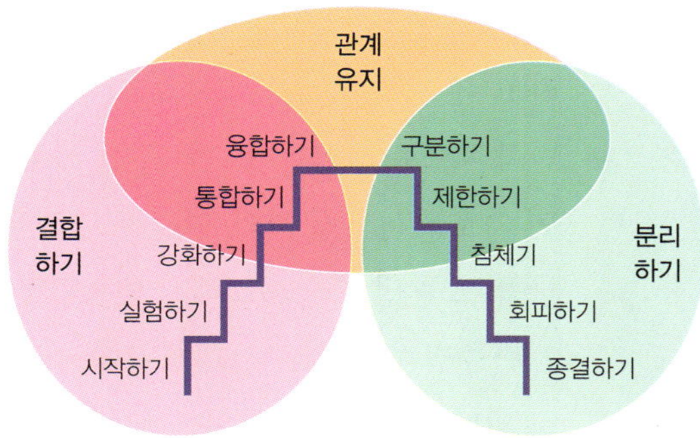

그림 6-7 상호작용 단계 모형
출처: Knapp, Vangelisti et al. (2014).

가 다른 사람을 처음 만났을 때 하는 모든 행동을 포괄하는 단계다. 날씨나 교통 등 피상적인 대화를 하면서 자신이 괜찮은 사람이라는 인상을 주고자 노력한다. 또한 매력적인 상대방에게는 자신의 관심을 전달하고자 한다. 실험하기(experimenting)는 새로운 사람에 대한 불확실성을 줄이는 단계다. 인구학적인 정보, 사고방식, 취미와 선호, 의견 등에 대한 대화가 이루어진다. 이를 통해 상대방의 특성, 자신과의 유사성, 관계의 지속 여부에 필요한 정보를 얻는다. 강화하기(intensifying)는 서로가 친밀하고 몰입하고 있음을 보여 주는 단계다. 사랑의 고백, 첫 성관계, 여러 비밀과 다양한 활동의 공유를 통해 관계에 질적으로 다른 변화가 일어난다. 통합하기(integrating)는 두 사람이 더욱 하나로 융합하고 합쳐지는 단계다. 자신들을 특별한 하나의 단위로 보는 정체성이 발달하고, 남들도 이들을 한 쌍으로 보기 시작한다. 융합하기(bonding)는 약혼이나 결혼처럼 서로에게 헌신할 것을 제도적으로 공식화하는 단계다.

분리하기는 하나가 된 두 사람이 다시 개별적인 둘로 떨어지는 과정이다. 구분하기(differentiating)는 관계가 멀어지거나 해체하는 단계다. 개인 간 거리가 증가하면서 관계가 우리 중심에서 나 중심으로 변화하고 갈등이나 다툼이 생긴다. 제한하기(circumscribing) 단계에서는 서로 교환하는 정보가 양적으로나 질적으로 감소한다. 상대방에 대한 관심이나 몰입, 공유하는 활동이 줄어든다. 침체기(stagnating)는 움직임 없이 소극적인 상태로 남아 있는 단계다. 대화의 문이 닫혀 있어 관계에 대한 이야기는 거의 없고, 비언어적 행동을 통해 서로에 대해 느끼는 여러 불쾌한 감정만이 서로 주고받는 것의 전부다. 회피하기(avoiding)는 상대방에게 거리를 두고 어떤 상호작용도 하지 않으려는 단계로, 장기적인 분리의 신호다. 종결하기(terminating)는 서로를 묶어 주던 유대가 약해져서 마침내 끊어지는 단계다.

상호작용 단계 모형은 관계가 발달하는 순차적인 과정을 이해하는 데 도움을 준다. 그러나 모든 관계가 이러한 단계를 거치면서 예측 가능한 방식으로 나아가는 것은 아니다. 어떤 관계는 여러 단계의 특성을 동시에 가질 수도 있고, 또 어떤 단계는 건너뛰기도 하며, 여러 단계를 왔다 갔다 할 수도 있다. 이에 단계 모형과는 달리 변증법적 관계 이론(relational dialectics theory; Baxter & Montgomery, 1996; Baxter &

Norwood, 2016)은 사회생활이 서로 다른 힘이나 욕구를 가진 사람들의 역동적 관계라고 본다. 즉, 우리는 서로 반대되는 욕구를 가지고 상호작용하면서 변화와 안정을 반복적으로 경험한다. 가령, 한 사람에게 묶여 있으면 자유롭고 싶고, 너무 자유로우면 외로워서 누군가와 연결하고 싶은 욕구가 생긴다. 이처럼 우리는 상충적인 두 욕구를 모두 달성하려고 해서 **변증법적 긴장**(dialectical tension)이 발생한다.

변증법적 이론은 사회생활에서 발생하는 서로 상반되는 욕구로 세 가지를 제시하고 있다. 그 하나가 다른 사람과의 **연결 대 분리**라는 상충적 욕구다. 우리는 다른 사람과 연결해서 긍정적 애정과 친밀감, 유사함을 누리고 싶을 뿐만 아니라, 그들과 분리하고 싶은 자율성의 욕구도 있다. 우리는 자신이 원하는 것을 스스로 결정하고자 하는 욕구를 강하게 가지고 있기 때문이다(Soenens et al., 2018).

또 다른 욕구는 **확실성 대 불확실성**에 대한 욕구다. 우리는 관계가 발전하면서 상대방을 더 잘 알게 되고, 그러면서 호감과 친밀감은 증가하고 관계는 안정되고 예측 가능해진다. 그러나 때로 우리는 불확실성, 비예측성, 이색적인 자극을 원하기도 한다. 한 연구(Planalp et al., 1988)에서 대학생 참가자들의 40%가 불확실한 사건이 관계의 친밀감을 증가시킨다고 응답했다. 어떤 관계가 새로움이나 색다름을 수반하지 못하면, 그 관계는 단조롭고 지루해서 불만스러울 수 있다.

마지막으로, 우리는 **개방 대 폐쇄**라는 상충적 욕구를 가지고 있다. 우리는 상대방과 적절한 자기노출을 통해 안정적이고 신뢰하며 친밀한 관계를 만들어 간다. 그러나 때로는 자신만의 사적인 영역을 지키려는 욕구도 있다. 과거에 자신이 한 너무 부끄러운 행동이나 상대방에 대한 부정적인 감정을 있는 그대로 드러내는 것은 관계를 친밀하게 만들기보다는 위험에 빠뜨릴 가능성이 크다. 그래서 사람들은 자신의 노출 욕구와 사생활 욕구 사이의 균형을 유지하면서 의사소통의 경계를 관리하고자 한다.

3. 대인관계의 주요 측면

대인관계 이론에서 살펴본 것처럼, 우리의 관계는 처음부터 끝까지 일정한 것이 아니라 시간이 지나면서 지속적으로 변화하는 특성을 가지고 있다. 그래서 여기에는 관계를 시작하게 만드는 매력 요인이 있고, 그 관계를 유지하는 데 기여하는 요인도 있다. 그 과정에서 직면하는 갈등을 완화하고 극복하는 데 관련된 요인도 있다. 여기서는 이러한 요인을 구체적으로 고찰한다.

1) 매력의 결정 요인

우리는 어떤 사람과는 가깝게 지내지만 다른 사람과는 그렇지 않다. 이처럼 관계의 형성과 유지에 영향을 미치는 요인으로 매력을 들 수 있다. 지금까지 밝혀진 매력 요인에는 신체적 매력, 근접성, 유사성, 보상, 상호성 등이 있다(Berscheid & Reis, 1998).

(1) 신체적 매력

우리는 아름다운 사람을 보거나 그러한 사람과 교류하는 것에서 즐거움을 느낀다. 게다가 우리는 매력적인 사람이 따뜻하고 친절하며 자신감이 있다는 고정관념을 가지고 있다(Eagly et al., 1991). Dion 등(1972)은 대학생에게 남녀 사진의 매력 정도를 평가하게 하고 그들의 성격을 예측하도록 했다. 그 결과, 대학생들은 매력적인 사람일수록 그의 성격도 쾌활하고 지적이며 사교적일 것이라고 예상했다. 이처럼 사람들이 보이는 미에 대한 이러한 편향을 **후광 효과**(halo effect) 혹은 '아름다움은 좋은 것이라는 가설(what is beautiful is good hypothesis)'이라고 한다.

미에 대한 이와 같은 믿음은 단지 고정관념 이상일 수 있다. 가령, 일반인들이 생각하는 아름다운 사람들의 성격 특질은 자기충족적 예언의 산물일 수 있다. 예를 들면, Snyder 등(1977)은 한 집단의 남학생에게는 매력적인 여성의 사진을 보여 주고, 다른 한 집단에게는 덜 매력적인 여성의 사진을 보여 주었다. 그다음, 그들에게 사진 속의 여성과 통화할 것이라고 알려 주었다. 그러나 사실, 참가자들은 같은 여성과 10분가량 통화했다. 그 결과, 매력적인 여성의 사진을 본 남성은 더 사교적이고 생기가 있으며 자신감 있게 통화했다. 여성도 남성의 이러한 대화에 상응하는 식으로 반응할 가능성이 크다. 그래서 결국 아름다운 여성은 자신에 대한 다른 사람의 기대를 실현하는 식으로 행동할 수 있다.

현실적으로도 아름다운 사람은 그렇지 않은 사람에 비해 여러 측면에서 유리하다. 가령, Frieze 등(1991)은 MBA 학위를 받은 700명의 매력을 평가하고 그들의 10년간 취업 이력을 추적했다. 그 결과, 신체적 매력이 큰 남성과 작은 남성 사이의 첫 연봉 차이가 약 260만 원이었다. 여성의 경우 매력과 초봉은 관련성이 없었지만, 그 이후에는 평균 이상으로 매력적인 여성과 그 이하인 여성 간 연봉의 차이가 약 500만 원이었다. 이처럼 신체적으로 매력적인 사람은 사회·경제적인 측면에서도 유리하다. 이러한 편향은 아동기부터 노년기까지 광범위하게 존재한다(Larose & Standing, 1998).

그러면 신체적 매력의 기준은 어떠한 것이 있는가? 그 하나의 기준이 **평균적인 얼**

굴이다. 다수의 연구는 평균적인 얼굴이 성별이나 인종에 상관없이 매력적이라는 것을 입증했다(Rhodes, 2006). 그러나 매력적인 여성의 얼굴은 평균보다 더 높은 이마, 더 도톰한 입술, 더 짧은 턱 그리고 더 작은 턱과 코를 가지고 있다(Knapp, Hall et al., 2014). 미의 또 다른 기준은 얼굴의 대칭성이다. Rhodes(2006)는 대칭성이 매력의 지각과 정적 상관이 있다는 것을 입증했다. 다수의 연구는 얼굴의 대칭성이 유전적, 신체적 및 정신적 건강과 정적 관련이 있음을 보여 준다(Thornhill & Gangestad, 1999). 그러나 사람들은 완벽하게 대칭보다는 약간 비대칭의 자연스러운 얼굴을 더 선호하기도 했다(Zaidel & Choi, 2007). 또 다른 기준으로 동안이 있다. 실제 사람들이 선호하는 여성의 얼굴은 도톰한 입술, 큰 눈, 작은 턱, 눈과 코와의 짧은 거리, 넓은 이마처럼 동안의 특징을 가지고 있었다(Johnston & Franklin, 1993).

신체적 매력의 기준은 문화에 따라서도 다를 수 있다. 몇몇 인류학자가 약 200개 비서구권 사회를 조사한 결과, 그들은 어디에서든 매력적으로 여겨지는 단일한 특징을 발견하지 못했다(Ford & Beach, 1951). 예를 들면, 어떤 사회는 날씬한 여성을 매력적으로 보았지만, 어떤 부족은 풍만함을 더 매력적인 요인으로 여기기도 했다. 또한 근대 이전 한국 사람들이 선호한 미인과 최근에 선호하는 미인은 많은 차이가 있다. [그림 6-8]에서처럼 과거에는 동그란 얼굴, 작은 코와 입술을 가진 여성이 미인으로 평가받았지만, 현재는 서양인처럼 눈이 크고 코는 높으며 갸름한 얼굴의 여성을 더 선호한다(Rhee, 2006).

그림 6-8 조선시대 미인과 21세기 한국의 미인. 왼쪽 그림은 신윤복의 미인도, 중간 사진은 한류 연예인 10명을 합성한 얼굴, 오른쪽 사진은 한류 연예인 13명을 합성한 옆모습이다.
출처: Rhee (2006).

글상자 6-2

미의 기준: WHR과 Phi

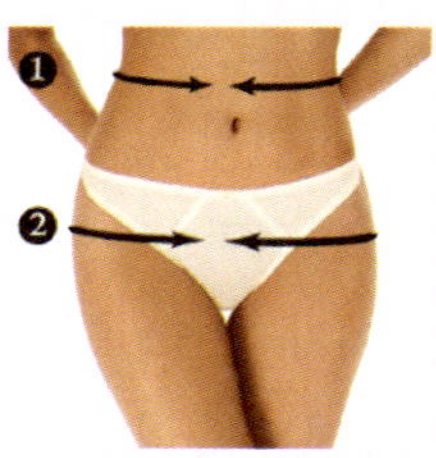

그림 6-9 WHR. 이것은 ❶:❷의 비율이다.

신체적 미의 한 기준이 허리 대 엉덩이 비율(Waist-to-Hip Ratio: WHR), 즉 [그림 6-9]에서 ❶의 길이와 ❷의 길이의 비율이다. 이러한 주장은 미에 대한 진화론적 입장을 취하는 학자들이 내놓은 것으로, 다양한 국가의 남성들은 약 0.7의 비율을 가진 여성을 선호한다(Buss, 1994). 이러한 비율은 건강과 생식력과 관련되어 있다(Guerrero & Floyd, 2006). 또한 이 학자들은 WHR이 0.9에서 1.0인 남자가 가장 매력적으로 보인다고 주장한다.

미의 또 다른 기준인 **황금률**(Golden Ratio 혹은 Phi)은 1:1.618의 비율을 의미한다. Phi의 발견에 일조한 사람이 Pythagoras다. 이 비율을 계산하는 방법에는 여럿이 있다. 가령, [그림 6-10]에서 H:W의 비율이 1.618인 얼굴은 길고 좁은 형태의 미인이다. 또한 이상적인 몸은 배꼽에서부터 발바닥까지의 거리가 머리 꼭대기부터 배꼽까지 거리의 1.618배다. 또한 머리 꼭대기부터 팔꿈치까지의 거리는 팔꿈치에서 중간 손가락까지 거리의 1.618배다. 게다가 특별히 아름다운 얼굴의 입의 크기는 코의 1.618배이고, 이 경우 입, 코, 눈 사이의 공간, 광대뼈로 이루어진 일련의 삼각형이 만들어진다. 이 삼각형의 영역이 서로 비슷한 얼굴이 매력적이다.

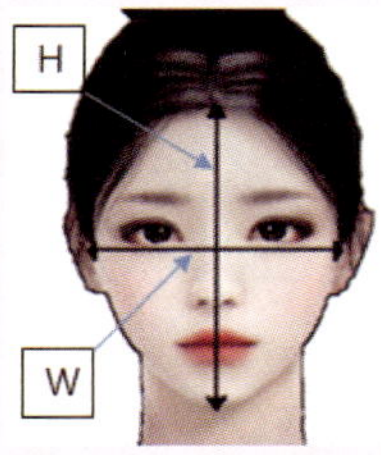

그림 6-10 **황금률**. 이 값은 H:W의 비율이다.

(2) 근접성

친구나 연인 관계에서 매력에 강력한 영향을 미치는 상황적 요인이 **근접성**이다. 가까운 거리에서 자주 상호작용하는 사람들은 한정된 자원을 공유하는 경쟁자일지라도 서로에게 호감을 갖게 된다. 기혼 대학생을 위한 아파트에 거주하는 사람들을 대상으로 한 고전적 연구(Festinger et al., 1950)에서도 그들은 가장 가깝게 거주하는 사람들과 우정관계를 맺었다. 가장 인기 있는 거주자는 계단 근처나 우편함 근처에 사는 사람들이었다. 한 강좌에서 교수가 수강생들의 자리를 임의적으로 배정한 지 1년 후, 그들이 옆자리, 같은 열, 혹은 먼 거리에 앉은 학생들에게 느끼는 친밀감을 측정했다. 그 결과, 대학생들은 멀리 앉은 학생보다 옆이나 같은 열에 앉은 학생에게 더 큰 친밀감을 느꼈다(Back et al., 2008).

근접성에 따른 매력은 빈번한 상호작용을 통해 나타나는 **친숙성**에 근거한다(Harmon-Jones & Allen, 2001). 어떤 것에 자주 노출될수록 그것을 좋아하게 되는 현상을 **단순 노출 효과**(mere exposure effect)라고 한다(Zajonc, 1968). 한 연구(Moreland & Beach, 1992)는 단순 노출이 대인관계의 매력에 미치는 효과를 검증했다. 이 연구에서 나이와 생김새가 비슷한 4명의 여성이 사회심리학 수업에 임의로 참석했다. 3명의 여성은 각각 5주, 10주 혹은 15주 동안 참석하였고 1명의 여성은 한 번도 참석하지 않았다. 그들은 교실의 뒤로 들어와서 모든 학생이 자기들을 볼 수 있도록 앞자리로 걸어와 앉았다. 수업에 참여한 학생들은 수업 마지막 주에 이 4명의 여성에 대한 매력도를 평가했다. 그 결과, 수업에 자주 참석한 여성일수록 더 매력적으로 평가받았다. 즉, 빈번한 노출이 매력을 증가시킨 것이다.

그러면 왜 친숙성이 매력을 증가시킬까? 우리는 익숙하지 않은 대상이 우리에게 어떻게 행동할지 예측하거나 통제할 수 없기 때문에, 그 대상에 대해 불안을 느끼고 경계하는 것은 생존에 적응적이다(Zajonc, 1998). 이때 낯선 대상과 지속적으로 접촉하면서 그들이 해롭지 않다는 것을 확인하게 되면, 우리는 그들에게 경계심을 낮추고 친밀감을 발달시킨다. 또한 근접성은 다른 사람과의 상호작용을 통해 보상을 받을 기회를 더 많이 제공한다(Sprecher et al., 2015). 이와 함께 사람들은 타인과의 상호작용을 통해 세상을 이해할 수 있다. 그래서 자신의 상황을 명확히 이해하고 대처 방안에 대해서 생각할 수 있게 된다(Rofé, 1984). 또한 반응적인 타인과의 상호작용을 통해서 상호 간 연결되어 있다는 긍정적 느낌을 받는다(McAdams & Bryant, 1987; Reis & Patrick, 1996).

친숙성은 이러한 장점과 함께 그 한계도 있다. 우리는 싫어하는 사람은 회피함으로써 접촉으로부터 오는 불쾌한 경험을 하지 않을 수 있다. 그런 사람을 계속 만나는 것은 그에 대한 부정적인 인식을 심화시킨다(Norton et al., 2013). 또한 자주 만나는 사람이 모두 우호적인 것은 아니다. 콘도 거주자를 대상으로 한 Ebbesen 등(1976)의 연구에서 대부분 거주자의 친구와 적은 모두 가까이 있었다. 자신과 멀리 떨어진 곳에 사는 사람을 정말로 싫어하는 사람은 매우 드물었다. 가까이 있는 사람과 이해관계가 얽힐 가능성이 상대적으로 더 커서, 그들과 관계가 나쁠 가능성도 그만큼 크다.

(3) 유사성

사람들은 음식이나 여가 활동에서부터 종교나 이념에 이르기까지 다양한 측면에서 자신과 유사한 사람을 좋아한다. Ireland 등(2011)의 연구에서 40쌍의 스피드 데이트 커플이 대명사, 관사, 전치사, 조동사와 같은 기능어를 비슷하게 사용할수록 그들은 서로에 대해 이성으로서 관심을 더 많이 가졌다. 또한 86쌍의 커플이 즉흥적인 메시지에서 사용한 기능어의 유사성이 3개월 후 그들 관계의 안정성을 예측했다. 부부들을 21년 동안 추적한 종단 연구(Gruber-Baldini et al., 1995)에 의하면, 부부는 연구의 시점부터 서로 유사했고 시간이 흐르면서 능력과 태도가 더 비슷해졌다([그림 6-11] 참조).

그림 6-11 닮은 부부. 부부는 처음부터 유사하고 살면서 더 비슷해진다.

커플에 대한 전반적인 연구 결과(Watson et al., 2004)에 따르면, 나이의 유사성이 가장 커서, 남성이 여성에 비해 약간 더 나이가 많았다. 그다음으로 유사성이 높은 요인이 정치적 이념과 종교에 대한 태도다. 그 뒤를 이은 요인이 가치관, 교육 수준, 지능, 여러 인지적 능력으로, 이런 요인도 상당히 높은 유사성을 보였다. 반면에 성격에 대한 유사성은 매우 낮은 편이었다. 또한 유사성에는 사실상 비슷한 정도를 나타내는 실제 유사성과 비슷하다고 주관적으로 생각하는 지각된 유사성이 있다. 이때 상대방에 대한 호감은 지각된 유사성이 더 큰 영향을 미치는 것으로 보인다(Montaya et al., 2008).

이처럼 유사성이 관계에 미치는 긍정적 효과는 포괄적이고 강력하지만, 그 크기가 비유사성이 미치는 부정적 효과보다 큰 것은 아니다(Singh & Ho, 2000). 말하자면 부정성이 가지는 효과가 더 크다. 또한 서로 다른 유형의 행동이 잘 맞는 상보성(complementarity)도 매력의 한 요인이다. 캠핑을 갈 때 한쪽은 음식을 준비하고 다른 한쪽은 필요한 장비를 챙기면, 이 둘은 상보적인 관계에 있다. 이때 중요한 점은 이 둘이 추구하는 목표가 동일할 때, 서로 다른 특성이 매력으로 작용한다는 점이다. 반대로, 큰 차원에서의 유사성이 없는 상보성은 매력이기보다는 갈등의 원천일 가능성이 크다.

그럼 자신과 유사한 사람은 왜 매력적일까? 공통적인 관심사는 상호작용할 기회를 제공한다(Hill et al., 1976). 학문적 동기가 높은 학생들은 도서관이나 공부 모임에서 만나고, 골프를 좋아하는 사람들은 골프장에서 만난다. 또한 비슷한 사람은 자신의 신념과 태도의 타당성을 제공한다. 한 연구(Byrne, 1971)에서 참가자들에게 다른 학생들이 작성한 특정 사회정치적 에세이를 읽게 한 뒤 저자와의 태도 유사성과 심리적 거리감을 측정했다. 그 결과, 참가자들은 저자와 자신의 생각이 유사할수록 모르는 사람일지라도 그들과 가깝다고 느꼈다. 사람들은 자신의 관점이나 태도를 바람직하다고 생각하기 때문에 신념이나 태도가 유사한 사람을 좋아하게 된다(LaPrelle et al., 1990).

(4) 보상

우리는 즐거움과 관련된 사람에게는 접근하고 고통과 관련된 사람은 회피한다. 우리는 우리 자신을 칭찬하고 지지해 주며 물리적으로 보상을 주는 사람을 좋아하고, 우리를 비난하고 배척하며 처벌하는 사람을 싫어하고 회피한다. 이와 같은 인간의 쾌락주의 경향성은 매우 보편적이다. 보상이나 강화는 단순한 칭찬부터 값비싼 선물까지 다양하다(Aronson et al., 2007). 또한 사람들은 자기가 되고 싶거나 닮고 싶은 사람에게도 매력을 느낀다(LaPrelle et al., 1990). 그러나 이러한 경우 상대방에 대한 인지적 매력은 증가하지만, 정서적 매력은 감소한다. 아마도 이러한 상대방은 사람들에게 위화감을 조성하기 때문인 것으로 보인다(Herbst et al., 2003).

또한 사람들은 자기에게는 없지만 가치 있고 중요한 특성을 가진 사람을 매력적이라고 생각할 수 있다. 이것은 자신의 어떤 특성과 반대적인 것에 느끼는 매력이 아니라, 자신에게는 없지만 갖고 싶은 것에 대하여 느끼는 매력이다. 약 30년 전 Buss(1989)는 37개국의 자료를 통해서 남성들은 더 젊은 여성을 선호하는 반면, 여성들은 약간 더 나이가 많은 남성을 선호한다는 것을 발견했다. 남성들에게 여성의 아름다움은 자기들에게는 없지만 다른 요인에 비해 상대적으로 더 중요하고 가치 있는 요인인 반면, 여성들에게 남성의 사회적 지위는 자기들에게는 없지만 다른 요인에 비해 더 중요한 매력 요인이다.

(5) 상호성

상호성(reciprocity)은 우리가 자신을 좋아해 주는 사람은 좋아하고, 자신을 싫어하는 사람은 싫어하는 경향성을 말한다([그림 6-12] 참조). 한 연구(Finkel & Eastwick, 2009)에서 참가자들을 한 쌍씩 짝지어 주면서 한 집단에게는 상대가 자신을 좋아한다고 믿도록 했고, 다른 집단에게는 상대가 자신을 싫어한다고 믿도록 했다. 그 결과, 상대가 자신을 좋아한다고 믿은 참가자들은 상대방에게 자기노출을 더 많이 하고, 상대방의 말에 반론을 거의 하지 않았으며, 더 따뜻하고 즐거운 모습을 보였다. 실제로 상대방은 이후에 이 참가자들을 더 호의적으로 평가했다. 사람들은 자신을 좋아한다고 생각하는 사람과 상호작용할 때 더 친절하게 행동하고, 이것이 실제로 상대방의 호감을 사도록 한다.

그림 6-12 상호성. 도움을 주고받는 것도 호감의 주요 원천이다.

이처럼 우리는 상대방이 나를 좋아한다고 생각할 때 그 상대방을 좋아하기 쉽다. 특히 자아존중감이 낮은 사람들은 더 그렇다. 일찍이 Dittes(1959)는 한 집단의 참가자들에게는 상대방이 수용적인 행동을 하도록 했고 다른 집단에게는 거부적인 행동을 하도록 했다. 그 결과, 자아존중감이 낮은 참가자들은 수용적으로 행동하는 사람에게 호감을 보인 반면, 부정적으로 행동하는 사람에게는 거부감을 보였다. 그러나 자아존중감이 높은 사람은 두 조건 간에 차이가 없었다.

종합하면, 두 사람 사이의 호감은 매우 상호적이어서, 우리가 상대방을 특별히 좋아하면 그 사람도 나를 특별히 좋아할 가능성이 높다. 특히 친밀한 사이에서는 이러한 상호성이 더 크다(Kenny, 2020).

2) 갈등의 원인과 대처

밀접한 관계를 맺고 있는 사람들 대부분은 몇 가지 갈등을 가지고 있다. 결혼한 부부들은 한 달에 평균 2~3개의 갈등을 겪고(McGonagle et al., 1992), 10대들도 친구, 형제자매 혹은 부모와 하루에 1~2개 정도의 갈등을 겪는다(Jensen-Campbell & Graziano, 2000). 이처럼 갈등은 꽤 보편적이지만, 갈등이 일어나는 이유나 갈등을 다루는 방식은 관계마다 다양하다.

(1) 갈등의 의미와 원인

갈등은 일이나 사정이 복잡하게 뒤엉켜 서로 화합하지 못하는 상황 혹은 서로의 이해나 의견이 달라 생기는 충돌을 의미한다. 대인관계에서 발생하는 갈등은 한쪽의 생각이나 신념, 욕구나 소망, 흥미와 이익, 행동이 다른 쪽과 부합하지 않을 때 나타나는 과정이다. 이때 관계를 맺는 사람들은 서로에게 의존하고 있기 때문에, 그들 사이의 갈등은 대개의 경우 불가피한 일이다. 생각이나 가치관, 선호와 같은 측면에서 사람들은 기본적으로 다르기 때문이다. 함께 여행할 곳에 대한 의견이 애인과 다를 수 있고, 과업을 수행할 방식이 팀원들과 다를 수도 있다. 이러한 점에서 볼 때, 갈등을 피하는 것만이 능사는 아니고, 중요한 점은 갈등을 어떻게 해결하느냐다.

갈등을 보는 입장에는 두 가지가 있다(Hocker & Wilmot, 2018). 갈등을 부정적으로 보는 사람은 기본적으로 갈등은 무익하기 때문에 피할수록 좋다고 생각한다. 그들에게 조화는 정상적인 것이고 갈등은 비정상적인 것으로, 갈등은 개인의 여러 병리적인 특성 때문에 생기는 것이다. 이러한 사람들에게 갈등은 혼돈이고 전쟁이기 때문에, 그들은 갈등을 고조시키지 말아야 하고 갈등 해소를 위한 옳은 방법을 미리 정해 놓아야 한다고 생각한다. 반면, 갈등을 긍정적으로 보는 사람들은 갈등 속에는 부정적인 측면과 함께 긍정적인 면도 있다고 느낀다. 그들은 인생에서 갈등은 필연적인 것이기 때문에, 중요한 것은 갈등을 없애는 것이 아니라 건설적으로 해결하는 것이라고 생각한다. 또한 그들은 갈등이 문제가 되는 점을 잘 다루게 해 줌으로써 관계의 발전에 기여한다고 생각한다.

대인 간 갈등은 매우 많은 원인으로 발생한다. 예를 들면, 친밀감의 문제나 권력, 개인적 결함, 가치관의 충돌, 불신 등 다양한 문제로 갈등이 발생한다(Kurdek, 1994). 때로는 헌신에 대한 불확실성이나 시기와 질투, 기대에 대한 어긋남, 또는 성격 차이로 갈등이 발생한다(Siegert & Stamp, 1994). 이 밖에도 다양한 문제가 관계 갈등을 촉발한다. Baxter(1986)는 갓 이별한 사람들에게 이별의 이유를 물은 뒤 그 내용을 범주화했다. 그 결과, 남성과 여성은 자율성에 대한 열망과 상대방의 부족한 심리적 지지를 이별의 이유로 들었다. 개방성과 친밀감의 부족은 남성(8%)보다 여성(31%)에게 더 큰 문제가 된 반면, 낭만과 열정의 결여는 여성(3%)보다 남성(19%)에게 더 큰 문제가 되었다.

관계적 요인 이외에도 외부적 요인이 친밀한 사람들 사이에 스트레스와 갈등을 유발한다. 가령, 직장이나 가족에 대한 책임감이 높아지면, 상대방에게 투자하는 시간과 에너지는 감소한다. 이것이 관계의 만족도를 낮추고 스트레스의 원인으로 작용한다. 또한 자녀의 출생 이후 남편은 독립적인 행동을 하는 시간이 줄고, 부부가 함께하는 활동은 아내의 선호를 훨씬 더 많이 반영하는 식으로 바뀌게 된다(Crawford & Huston, 1993). 이러한 상황에서 남편은 스트레스와 갈등을 경험하기 쉽다. 사회적 규범 또한 스트레스와 갈등을 유발한다. 전통적으로 여성은 직업이 있는데도 집안일의 대부분을 해야 하는 압력을 받는다(Biernat & Wortman, 1991). 대다수 여성은 전일제로 근무하는 남성 연봉의 2/3 정도의 연봉을 받는다. 이때 가사분담을 어떻게 할 것인가에 대한 갈등은 결혼한 부부 혹은 동거 연인이 헤어지는 가장 중요한 원인이다(Blumstein & Schwartz, 1983).

(2) 갈등에 대한 반응

커플이나 부부처럼 친밀한 관계에 있는 사람들이 갈등에 대해 보이는 반응은 매우 다양할 수 있다. [그림 6-13]에서 보듯이, Rusbult와 Zembrodt(1983)는 적극적-소극적 차원과 건설적-파괴적 차원의 조합으로 갈등에 대한 네 가지 반응을 제시했다. 첫째, 이탈(exit)은 물리적으로 갈등의 현장을 벗어나거나 심리적으로 물러서는 반응이다. 이러한 유형은 문제에 대한 대화를 꺼리고 직접 문제를 다루지 않기 때문에, 별거, 이혼, 학대와 같은 파괴적인 반응을 보인다. 이탈은 여러 이유 때문에 발생한다(Caughlin & Golish, 2002). 갈등이 발생하면 누구에

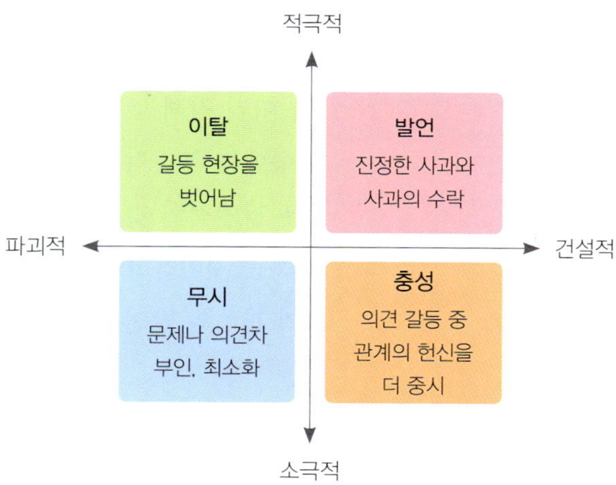

그림 6-13 갈등에 대한 네 가지 반응. 갈등에 대한 반응은 그것을 다루는 적극성과 건설성 차원에 따라 네 가지 유형으로 구분할 수 있다.
출처: Rusbult & Zembrodt (1983).

게도 이롭지 않다는 생각, 갈등을 해결할 수 없다는 생각 혹은 관계에 대한 불만으로 이탈이 나올 수 있다.

둘째, 무시(neglect)는 분명히 갈등으로 이어질 수 있는 문제나 의견차를 부인하거나 최소화하는 것이다. 무시는 긴장을 해소하지 않는다는 점에서 파괴적이며, 갈등 해소를 피한다는 점에서 수동적이다. 여기에는 파트너를 무시하거나 함께 보내는 시간을 줄이는 것, 파트너를 정서적으로나 물리적으로 나쁘게 대하고, 상대방을 부당하게 비난하는 행위도 포함된다. 그러나 때로 문제를 다룸으로써 발생할 수 있는 갈등이 관계를 악화시킨다면, 그 문제를 다루지 않고 무시하는 것이 더 적절할 수도 있다.

셋째, 충성(loyalty)은 의견이 불일치하지만 여전히 관계에 대한 헌신을 유지하는 것이다. 이런 반응은 갈등을 적극적으로 다루지 않는다는 점에서 수동적이지만, 관계를 유지하고자 한다는 점에서 단기적으로는 건설적일 수 있다. 여기에는 좀 더 시간을 들이면서 과거의 좋았던 기억을 회상하고, 상황이 나아지기를 낙관적으로 기다리며 희망하는 행동 그리고 앞으로 좀 더 나아지도록 기도하는 행동이 포함된다. 그러나 충성은 표현을 덜하기 때문에 상대방이 인정받지 못한다는 느낌을 갖게 만들 가능성이 있다.

넷째, 발언(voice)은 갈등을 직접적으로 다루어 해결하려는 반응이다. 이 유형의 사람들은 문제나 긴장을 확인하고 그것을 다루고 싶다고 말한다. 발언은 관계에서 잘못되고 있는 점을 알고 관계를 향상시키기 위해 무언가 해야 한다는 것을 의미한다. 따라서 발언 반응은 친밀한 관계에서 갈등을 다루는 가장 적극적이고 건설적인 방법이다. 발언은 상대방에게 상처를 준 행동에 대한 진정한 사과나 상대방의 사과에 대한 분명한 수락의 형태를 띨 수도 있다(Fincham & Beach, 2002). 관계를 유지하기 위해 문제에 대해 대화하기, 상황이 나아질 때까지 차분하게 기다리기, 상대방을 용서하기 등이 있다(McCullouth et al., 1997).

발언과 충성처럼 건설적인 반응은 커플의 기능을 향상시키는 반면, 이탈이나 무시와 같은 파괴적인 반응은 커플의 기능을 떨어뜨릴 수 있다. 그렇지만 발언이나 충성과 같은 건설적인 반응이 관계에 미치는 긍정적 효과에 비해, 이탈이나 무시와 같은 부정적 행동을 하지 않는 것이 관계에 미치는 긍정적 영향이 더 크다(Bissonnette et al., 1997). 또한 갈등에 대한 반응에는 남녀 차이가 존재한다. 몇몇 연구에서는 여성이 남성보다 더 건설적으로 관계의 문제를 해결하는 경향이 있었다(Rusbult et al., 1991). 이러한 결과는 여성이 남성에 비해 자신의 생각에 대한 개방성과 관계에 대한 관심이 더 높은 반면, 남성은 자신의 느낌을 말로 덜 표현하고 비언어적인 신호로 표현하는 것에 더 익숙하기 때문이다(Levenson & Gottman, 1985).

갈등에 대한 또 하나의 반응 유형으로 요구-철회(demand-withdraw) 패턴을 들 수 있다. 한쪽은 요구하는 사람으로, 상대방의 행동에 대해 불만을 표출하고 비판하며 문제를 토론해서 해결하고자 한다. 다른 쪽은 철회하는 사람으로, 갈등에 대한 토론에서 물러나고 문제를 제기하면 회피하며 심지어 그 장면에서 나가 버린다(Eldridge & Baucom, 2012). 요구하는 쪽은 상대방의 철회하는 행동에 좌절해서 주어진 문제를 해결해야 한다고 계속 주장한다. 그러면 철회하는 쪽은 이와 같이 요구에 더욱 저항해서 더 뒤로 물러서게 된다. 이러한 패턴의 연속은 어느 쪽도 만족을 주지 못하는 결과를 초래한다. 요구하는 사람은 무시당한다고 느끼고, 철회하는 사람은 지나치게 간섭을 받거나 이해받지 못한다고 느낀다.

커플에 대한 몇몇 연구는 여성이 요구하고 남성이 철회하는 패턴을 보인다는 결과를 제시하고 있다. Kobak와 Hazan(1991)의 연구 결과, 남편은 아내의 요구가 자신을 심리적으로 불편하게 만든다고 생각하면서 회피한다. 반면, 아내는 남편의 회피를 자신을 무시하는 것으로 해석하면서 더 집요하게 문제를 제기하는 경향을 보인다. 이에 대한 한 설명으로, 여성의 요구는 사회의 기대에 따라 친밀함을 추구한 결과인 반면, 남성의 철회는 자신의 자율성을 지키기 위한 행동이라는 것이다(Afifi et al., 2012). 또 다른 설명으로, 여성은 사회적으로 불리한 현재의 상태를 바꾸기 위해 변화를 요구하는 반면, 권력이 많은 남성은 자신의 기득권을 유지하기 위해 회피한다는 것이다(Eldridge & Baucom, 2012).

그러나 요구-철회 패턴이 성차에만 기인하는 것은 아니다. Vogel과 Karney(2002)의 연구에서 남편이 중요하다고 생각해서 선택한 주제에서는 요구-철회에서의 성차가 없었다. 또한 한쪽에서 요구하면 다른 쪽도 요구하고, 한쪽에서 철회를 하면 다른 쪽도 철회하는 패턴을 보이기도 했다. 또 다른 연구(Kluwer et al., 1998)에서는 변화를 희망하는 쪽이 상대방에게 요구하는 행동을 하고, 그 상대방은 철회하는 행동을 보였다. 비슷하게, 상대방과의 관계에서 불만족하는 사람이 더 요구하는 경향을 보인다. 남편이 아내의 특정 행동에 대해 만족하지 못하면, 그것과 관련해서 더 많이 요구하는 행동을 보인다.

(3) 갈등 해결 전략

밀접한 관계에서 건강한 방식의 갈등 다루기 전략을 학습할 필요가 있다. 갈등을 겪는 동안 상대방에게 상처를 주지 않기 위해 노력하는 사람은 긍정적 전략을 주로 사용하고자 한다. 긍정적 전략이란 갈등을 기꺼이 다루고자 하고, 문제를 해결하겠다는 의지를 보이며, 자신의 관계가 갈등 때문에 소원해지지 않기를 바라는 마음을 표현하는 것이다. 그러기 위해서는 갈등에 대한 책임을 수용하고 자신의 행동을 바꾸겠다는 의지를 보여야 한다. 또한 상대방에 대한 비난은 피하고 수용적인 방법으로 갈등을 해결하는 것이 중요하다. 예를 들어, 상대방의 성격을 비난하기보다는 불만의 원인이나 내용 중심으로 이야기하는 것이 중요하다. "너 정말 둔하다."라고 말하기보다 "네가 보통은 그렇지 않지, 지금 바빠서 그런 거 알아. 그런데 있지……."라고 말하는 것이 더 효과적이다(Cauglin et al., 2009).

상대방의 관점을 공감해서 이해하기 위해 노력하고 상대방의 입장이 되어 보는 것 역시 중요하다(Honeycutt et al., 1993). 상대방이 어떻게 생각하고 느끼는지를 재빨리 알아서 반응하는 사람은 관계에 대한 만족 수준이 상대적으로 더 높다. 연인과 부부를 대상으로 연구한 결과(Arriaga & Rusbult, 1998), 상대방의 관점에서 생각하는 사람들일수록 더 긍정적인 정서를 경험했고, 관계를 향상시키는 귀인을 많이 사용하였으며, 갈등에 더 건설적으로 반응했다.

갈등과 다툼은 밀접한 관계에 필수불가결한 부분이기 때문에, 사람들은 상대방에게 자신의 잘못을 사과할 수 있어야 하고, 파트너로부터 자신의 행동에 대한 용서를 받아야 한다(Fincham et al., 2000). 사과는 관계를 개선하는 데 매우 효과적이다. 적절한 사과는 부정적인 행위에 대한 책임을 수용하는 것이며, 이후 부정행위를 하지 않겠다는 다짐이 포함되어 있어야 한다. 또한 상대방이 갈등의 과정에서 상처받은 마음을 헤아려 주는 것도 필요하다. 사과는 갈등을 최소화할 수 있고 용서를 이끌어 내며 관계의 친밀감을 재정립하도록 돕는다.

바람직하지 않은 행동을 한 상대방을 용서하는 것도 중요하다([그림 6-14] 참조). 용서는 바람직하지 않은 행동을 한 상대방에 대하여 갖는 부정적 감정을 감소시키고 긍정적 감정을 증가시키는 작업이 포함되어 있다(Kachadourian et al., 2004). 용서를 잘하는 배우자는 질적으로 더 높은 수준의 결혼 생활을 한다(Paleari et al., 2005). 용서는 관계 만족도가 높은 부부에게 더 많이 나타나며, 관계를 인내해 온 시간과 관련이 있다(Fincham & Beach, 2002). 또한 용서는 자신의 신체적 및 심리적 건강에 긍정적인 영향을 미친다. 비용서는 분노나 복수심처럼 우리가 스트레스를 겪을 때와 같은 부정적인 정서와 생리적 반응을 야기한다. 이

그림 6-14 용서. 상대방을 용서하는 것은 자기의 마음을 자유롭고 편안하게 해 준다.

러한 반응은 우리의 건강을 해치기도 한다(Harris & Thoresen, 2005). 이에 비해 용서함으로써 경험하는 긍정 정서는 면역체계와 같은 생리적인 측면에 직접적으로 긍정적인 영향을 미칠 뿐만 아니라, 사회적 지지를 가져올 수도 있고 건강 관련 행동을 촉진하기도 한다. 이와 함께 용서는 가해자에 대한 반추를 감소시킴으로써 행복과 같은 정신 건강의 수준을 높여 준다(Toussaint & Webb, 2005).

3) 관계 만족도

우리가 서로에게 매력을 느껴 만남을 시작하더라도, 모든 만남이 계속 이루어지는 것은 아니다. 어떤 사람과는 그 관계가 일찍 끝나기도 하고, 또 다른 관계는 서로에 대한 만족도가 높아 오랫동안 이어지기도 한다. 이때 서로에 대한 만족을 높여 관계를 유지하는 데 기여하는 요인이 있다.

(1) 친밀감

친밀감은 사람들이 서로 정서적으로 매우 가까워서 상대방에게 불쾌감이나 부담을 주지 않으면서 서로의 개인적 공간을 넘나들 수 있는 상태를 의미한다. 친밀감은 관계상 가깝고 친숙하며 애정 어린 특징을 가지고 있고, 서로에 대한 자세한 지식과 깊은 이해에 기초하고 있다(VandenBos, 2015). 친밀한 관계에서는 상대방의 행복을 위해 시간과 돈, 노력 그리고 정서적 투자를 대가 없이 하고자 한다. 이때 상대방을 정확히 이해하는 것이 중요하다. 한 연구(Swann et al., 1994)에 따르면, 연인관계에서는 상대방이 나를 이상적으로 볼 때 더 만족하지만, 부부관계에서는 배우자가 나를 있는 그대로 볼 때 더 행복했다. 성격이나 욕구의 차이에 대한 정확한 이해는 상호 간의 적응을 용이하게 하고, 미래에 발생할 수 있는 어려움을 방지하여 지속적인 만족감을 보장해 주기 때문이다. 상대방을 이상화하는 것은 시간이 갈수록 위험을 야기하고 그 유용함도 희미해진다.

친밀감을 결정하는 하나의 요인이 **자기노출**이다. 앞에서 살펴본 것처럼, 일반적으로 우리는 심리적으로 가깝고 편안하며 신뢰할 수 있는 사람에게 자신의 내적인 측면을 더 잘 드러낸다. 이와 같은 자기노출은 순환적으로 다시 둘 간의 친밀감을 증가시킨다. 또 다른 요인이 **사회적 지지**다. 사회적 지지는 상대방에게 도움이나 위로를 제공하는 것으로, 전형적으로 생물학적, 심리적 그리고 사회적 스트레스에 대처할 수 있도록 도움을 제공하는 것이다. 사회적 지지는 가족, 동료, 이웃, 종교단체, 친구, 애인 등 한 개인의 사회적 연결망 속에 있는 모든 형태의 대인관계에서 이루어질 수 있다(VandenBos, 2015).

반응성도 친밀감을 결정하는 한 요인이다. 반응성은 상대방의 감정을 민감하게 알아차리고, 상대방이 편안함을 느끼며 보호와 이해를 받고 있다고 느끼기를 원하는 마음이나 믿음이다(Gable & Reis, 2006). 반응성은 상호적이기 때문에, 우리는 상대방이 자신에게 반응적이라고 느끼면 자신도 상대방에게 반응적이고자 한다(Lemay & Clark, 2008). 따라서 밀접한 관계는 상호 간에 민감한 반응을 주고받으면서 관계의 안정성을 유지하고 관계의 질을 향상시키는 관계다. 하지만 그렇다고 해서 모든 관계에서 반응성이 상호대칭적인 것은 아니다. 부모-자녀관계에서처럼 때로는 부모가 더 반응적일 수 있다.

반응성은 어떻게 표현될까? 상대방이 스스로 충족할 수 없는 욕구가 생겼을 때, 우리는 상대방에게 도움을 제공할 수 있다. 또한 상대방과 삶의 대부분을 공유하면서 삶의 목표, 시간과 공간을 함께 활용하고 성취를 함께 축하하는 것도 반응성을 표현하는 방식이다(Feeney, 2004). 반면, 상대방의 독립적 행위에 대한 격려, 상대방의 부정적 결과나 행위를 덮어 두는 것과 같이 상대방의 안녕을 위해 조용히 참고 희생하고 용서하는 것도 반응적 행동이다(Rusbult et al., 2005). 때로 반응성은 상대방에게 도움을 주지 않거나 건설적인 비판을 함으로써 표면적으로는 부정적으로 보일 수도 있다. 반응적 행위의 핵심은 상대방의 안녕을 촉진하는 것이다.

또한 친밀한 사람은 상대방의 다양한 행동에 대해서 애정과 관심, 인정과 감사, 다양한 형태의 지지, 걱정과 우려 혹은 건전한 비판 등을 언어적인 형태로 제공한다. 게다가 그들은 서로에 대해서 비언어적으로도 반응한다([그림 6-15] 참조). 그들은 상대방과 많은 눈 맞춤을 하고, 몸을 상대방을 향해 기울이며 자주 고개를 끄덕이고 신체적으로 가깝게 다가가며, 다양한 얼굴 표정을 짓고 길게 대화하면서 자주 강렬한 개입과 비언어적 반응(예: 발화 속도, 목소리의 톤, 침묵, 웃음, 맞장구 등)을 보인다. 사람들은 친밀한 관계에서 상대방의 특정 행동을 자신에 대한 인정, 이해, 돌봄, 즉 반응성의 신호로 해석한다(Maisel et al., 2008).

그림 6-15 친밀한 관계에서 보이는 비언어적 행동. 가까운 사람들끼리는 눈 접촉을 많이 한다.

(2) 긍정 착각

사람들은 자기 자신을 더 긍정적으로 볼 뿐만 아니라, 자신과 애정관계를 맺고 있는 상대방도 더 긍정적으로 지각한다(Neff & Karney, 2005). 사람들은 자기 연인이 스스로를 평가하는 것에 비해 그를 더 매력적이고 지적이라고 생각한다. 상대방의 부정적 특징을 지각할 때조차도 이러한 경향이 나타난다. 가령, 사람들은 상대방의 고집부리는 모습을 확신에 찬 모습이라고 해석하는 것이다. 또한 자신의 애정관계를 다른 사람의 그것보다 더 낭만적이고 훌륭하다고 생각한다. 그들은 자신의 애정관계를 우정관계보다 더 긍정적으로 평가하고, 부모가 걱정하는 여러 잠재적인 문제를 중요치 않게 여긴다(Rusbult et al., 2000). 이처럼 긍정 착각(positive illusion)은 상대방이나 상대방과의 관계를 실제보다 더 긍정적이고 바람직한 방향으로 평가하는 경향성을 일컫는다. 이렇게 상대방과의 관계가 우수하다고 지각하는 사람들은 더 행복하며, 그 관계를 좀 더 지속하고자 하고 실제로도 관계가 더 오래 지속된다.

긍정 착각은 다른 이성에 대한 평가에도 영향을 미친다. 한 연구(Simpson et al., 1995)에서는 남녀 연인 각자에게 6명의 이성 사진을 보여 주고, 그들과 이성적으로 만날 수 있는지를 측정하고 면접을 실시하여 녹화했다. 그다음, 자기의 연인이 이성 사진에 대하여 어떻게 생각할 것 같은지 평가하도록 했다. 그 결과, 밀접하고 안정적인 관계를 맺고 있는 남성 참가자는 상대방의 생각을 정확하게 평가하지 못했다. 즉, 자기의 연인이 사진 속의 남성에게 크게 관심을 보일 것이라고 잘못 판단했다. 이러한 부정확성은 연인에게 좀 더 신경을 쓰거나 애정을 표현하는 것과 같은 행동을 통해 관계의 위협을 조기에 방어하는 데 기여한다. 유사한 연구(Simpson et al., 1990)에서 연인이 있는 대학생과 없는 대학생을 대상으로 매력적인 이성을 평가하도록 했다. 그 결과, 연인이 없는 대학생보다 있는 대학생이 이성을 신체적 및 이성적으로 덜 매력적이라고 평가했다.

(3) 귀인

사람들은 행복한 관계와 그렇지 않은 관계에서 상대방의 특성과 행동을 매우 다르게 해석한다. 상대방에 대한 귀인은 관계의 기능과 질에 영향을 준다(Bradbury & Fincham, 1990). 여기에는 크게 원인 귀인과 책임 귀인이 있다. 원인 귀인은 상대방의 행동의 원인을 어디에서 찾는가의 문제다. 책임 귀인은 상대방의 행동에 대한 책임을 추론하는 것이다. Bradbury와 Fincham(1990)에 따르면, 관계에 만족하는 사람은 상대방의 긍정적 행동을 안정적인 그의 내적인 특성에 귀인한다. 또한 그들은 긍정적 행동을 자유롭게 의도적으로 선택한 것으로 지각해서 칭찬할 만한 가치가 있다고 생각한다. 동시에 그들은 부정적 행동을 외부적인 상황이나 상대방의 일시적 상태에 귀인한다. 또한 그들은 부정적인 행동에 의도가 없다고 판단해서 상대방을 비난하지 않는다.

관계에서 귀인은 스트레스 사건에 대처하는 방식에 중요한 영향을 미친다. Graham과 Conoley(2006)는 결혼한 부부를 대상으로 지난 1년 동안 상대방에게 받은 스트레스의 수준, 배우자의 부정적 행동에 대한 귀인 그리고 결혼의 질을 측정했다. 그 결과, 관계의 귀인 방식은 결혼의 질과 스트레스 수준을 매개했다. 즉, 부부가 경험하는 스트레스 수준과 결혼의 질과의 관계는 부분적으로 상대방의 행동에 대한 귀인 양식에 따라 달라졌다. 특히 배우자의 부정적 행동을 안정적이고 일반적인 특성에 귀인하는 부부는 그렇지 않은 부부와는 달리 스트레스를 받을 때 결혼의 질이 떨어졌다. 결국 부정적 방식의 귀인은 스트레스를 받는 상황에서 관계를 더 취약하게 만들지만, 긍정적 방식의 귀인은 관계를 지켜 주는 보호 요인으로 작용할 수 있다.

(4) 의사소통

의사소통과 관계의 특성은 서로 영향을 주고받아서, 의사소통의 방식이 특정한 관계를 형성하고, 그 관계의 특성에 따라 의사소통이 결정된다(Baxter & Montgomery, 1996). 특히 일상의 반복적인 대화는 관계를 발전시키고 유지하는 데 중요한 기능을 한다(Duck, 1995). 전반적으로 볼 때, 가깝고 친밀한 관계의 사람은 그렇지 않은 사람에 비해 더 긍정적이고 바람직한 소통을 하는 것으로 보인다([그림 6-16] 참조). 예를 들면, 밀접한 관계를 대상으로 한 연구(Knapp & Taylor, 1994)에서 장기간 상대방에게 헌신한 부부는 그렇지 않은 부부보다 미래지향적인 대화를 더 자주 하고, 미래에 관한 대화를 상호헌신의 지표로 해석했다.

그림 6-16 친밀한 의사소통. 의사소통을 잘할수록 관계의 질도 높아진다.

자기들이 맺고 있는 관계에 대한 설명은 관계의 질을 드러내고 관계에 영향을 미친다. 난관을 함께 극복한 이야기를 하는 기혼 부부는 그렇지 않은 부부보다 관계가 더 안정적이고 관계에 더 만족한다고 보고했다(Buehlman et al., 1992). 반면, 자기들 관계에 혼란을 느낀다고 설명한 참가자들은 관계에 대한 불만족 수준이 상대적으로 더 높았다(Flora & Segrin, 2003). 자기들 관계에 대한 설명은 상대방의 행동 방식에도 영향을 미칠 수 있다. 서로 사랑하고 갈등이 있더라도 자신의 관계를 회복할 수 있다고 평가하는 사람들은 상대방의 행동을 해석할 때 관계를 유지하기 위한 관점을 고려하는 경향이 있고, 상대방 역시 그러한 해석에 부합하는 방식으로 행동하면서 관계를 지켜 간다(Sternberg, 1996).

의사소통에서 생기는 모호성도 관계의 만족도에 영향을 줄 수 있다. 가령, 상대방이 전하는 메시지의 의도를 추론하기 위해서는 그의 목표, 태도, 공유한 관계의 역사 등을 고려해야 한다. 이러한 관계적 요인에 따라 "우리는 한동안 말하지 않았잖아."라는 상대방의 메시지를 요청, 비판 혹은 시비 걸기로 해석할 수 있다. 친밀한 사람들은 그렇지 않은 사람들보다 서로에 대해 많은 정보를 알고 있어서 모호성이 적을 수 있고(Altman & Taylor, 1973), 이것이 소통의 문제를 덜 일으킬 수 있다. 그렇다고 해서 항상 그런 것은 아니다. 사람들은 서로를 잘 알고 있어서 더 잘 이해할 것이라고 믿는데, 오히려 이것이 메시지의 모호성을 간과하게 만든다. 가령, 친밀한 관계에서 서로의 행동을 해석하는 관점에서 차이가 있을 수 있는데(Simpson et al., 1995), 친밀한 사람들은 이러한 점을 무시할 수 있다.

4. 낭만적 사랑

사람들 간의 밀접한 관계 중에서도 주로 남녀 사이의 성적 관계, 즉 낭만적 사랑은 그 나름의 독특한 특성이 있다. 이 절에서는 낭만적 사랑의 다양한 유형 그리고 성행동 관련 성차를 알아본다.

1) 사랑의 유형

사랑은 어떠한 심리적 요인으로 구성되어 있을까? 그리고 사랑의 유형에는 어떠한 것이 있을까? 여기서는 이러한 점들을 알아본다.

(1) 사랑의 삼각형 이론

Sternberg(1986)는 사랑이 친밀감, 열정 그리고 헌신으로 이루어져 있다는 **사랑의 삼각형 이론**(triangular theory of love)을 제안했다. 이때 친밀감은 상호이해와 온정 그리고 상대방을 향한 배려를 의미한다. 열정은 사랑의 동기적인 측면으로 강렬한 감정, 열망, 성적인 바람 및 끌림과 관련된 생리적 각성 상태를 의미한다. 헌신은 오랫동안 관계를 지키고자 하는 의식적인 결정을 의미한다. 즉, 관계를 위해 헌신하고자

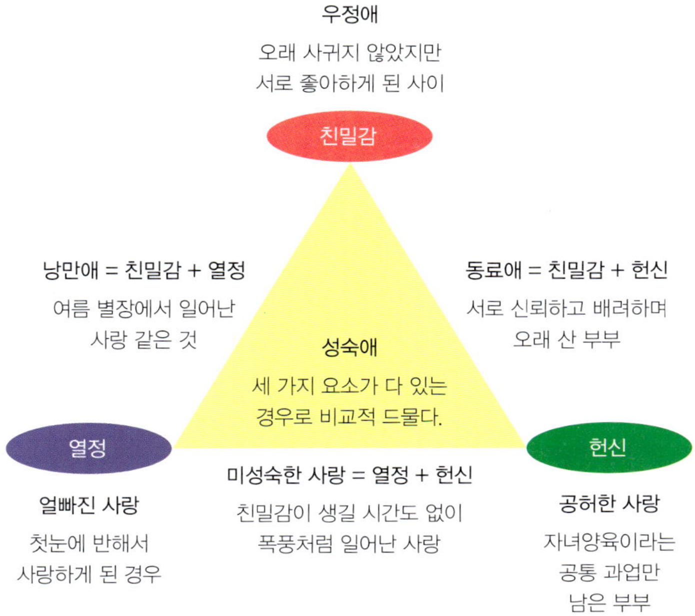

그림 6-17 **Sternberg의 사랑의 삼각형 이론.** 친밀감, 열정, 헌신의 조합에 따라 사랑의 유형이 구분된다.

하는 의지와 노력이다. [그림 6-17]에서 보듯이 사랑의 삼각형 이론은 이 세 요소가 어떤 조합을 이루는가에 따라 다양한 종류의 사랑이 존재할 수 있다고 설명한다.

낭만애는 친밀감과 열정이 조합된 사랑으로, 신뢰, 성적 매력, 수용, 시간 공유하기, 생각과 비밀 공유하기 등 다섯 요인의 영향을 받는다(Regan et al., 1998). 동료애는 친밀감과 헌신이 조합된 사랑으로, 애정 어린 우정에 기초함으로써 지속적이면서도 성공적인 관계를 만든다. 미성숙한 사랑은 열정과 헌신이 조합된 사랑이며, 얼빠진 사랑은 열정만 가지고 있는 사랑이다. 이 두 사랑은 미성숙하거나 비합리적인 사랑이다. [그림 6-18]에서 보듯이 열정은 시간이 지나면 시들기 때문에 지속되기 어렵다. 헌신만 있는 사랑은 공허한 사랑이다. 관계를 지속해야 한다는 이유로 친밀감 없이 관계만 남아 있다. 가장 성숙한 사랑은 친밀감과 열정 그리고 헌신이 모두 높은 경우다.

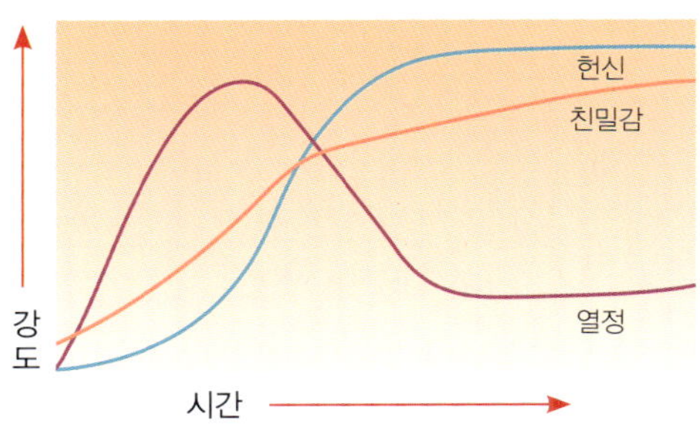

그림 6-18 **시간에 따른 사랑의 변화.** 열정은 관계 초기에 강하다가 이후에 급격히 감소하는 반면, 친밀감과 헌신은 시간이 흐르면서 점차 강해지는 경향을 보인다.

한편, 몇몇 학자는 사랑의 핵심적 유형을 동반자적 사랑과 낭만적 사랑으로 구분하기도 한다(Hatfield & Rapson, 1987; Sprecher & Regan, 1998). 이때 동반자적 사랑은 친밀감과 헌신이 조합된 사랑이지만, 낭만적 사랑은 친밀감과 열정이 조합된 사랑이다. 동반자적 사랑은 오랫동안 함께 살아오면서 서로의 삶에 깊이 몰입하게 되고, 그 속에서 친밀감과 다정함을 경험하는 사랑이다. 반면, 낭만적 사랑은 서로가 하나가 되고자 하는 강렬한 열망을 느끼는 상태의 사랑이다. 이러한 사랑은 동반자적 사랑에 비해 관계 초기에 볼 수 있는 형태의 사랑이다. 비슷한 맥락에서, 자애적 사랑도 있다. 이런 사랑의 핵심은 상대방의 행복에 대한 이타적인 관심과 걱정이다. 이것은 상대방과의 친밀감, 상대방에 대한 자비와 돌봄을 합친 사랑이다.

글상자 6-3 물고기의 성(sex)도 변할 수 있다

일반적으로 우리는 수컷이나 암컷의 성이 고정되어 있다고 생각한다. 이러한 선입견에 대한 가장 극적인 반전이 물고기의 성전환이다. 2만여 종의 물고기 중에서 정해진 성으로 살지 않고 환경에 따라 암수를 달리하는 물고기가 무려 400여 종이나 있다(http://cafe.daum.net/mostob). 예를 들면, 흰동가리(yellow tailed anemone fish; [그림 6-19])는 15cm 정도 크기로, 새끼를 낳는 암컷이 세력을 가지고 있다. 그래서 무리 중 암컷은 한 마리이고 나머지는 모두 수컷이다. 수컷 가운데 가장 힘센 수컷이 암컷이 낳은 알에 수정한다. 암컷이 죽으면 가장 힘센 그 수컷이 암컷으로 변한다. 암컷으로 변한 수컷은 4~9주가 지나면 알을 낳을 수 있다. 그러면 두 번째로 힘센 수컷이 수정하는 일에 참여한다. 흰동가리는 부족한 먹이와 공간 등 불리한 조건에 이러한 식으로 적응하며 종족을 유지한다.

그림 6-19 흰동가리. 이 물고기는 수컷이 암컷으로 변한다.

(2) 사랑의 색깔

캐나다의 사회학자 Lee(1973)는 원색 물감이 어우러지면서 다양한 색상이 만들어지듯, 1차적 사랑이 합쳐지면 2차적 사랑이 나타날 수 있다고 보았다. [그림 6-20]에서 보듯이 **1차적 사랑**은 세 가지의 원형적 사랑, 즉 에로스(Eros), 루더스(Ludus), 그리고 스토르게(Storge)다. 에로스 유형은 첫눈에 강하게 끌리는 사랑으로 보통 신체적 매력에 끌린다. 이런 유형의 사람은 매력적인 데이트 상대에게 초점이 맞춰져 있다(Campbell et al., 2002). 루더스 유형은 다양한 낭만적 상대와 심리적 거리를 두면서

진지하지 않게 놀이를 하듯 만나는 유희적 사랑이다. 스토르게 유형은 동반자적 사랑과 유사하게 연인과 안정적이고 신뢰하는 우정을 나눈다.

세 원형적 사랑이 혼합되면 2차적 사랑인 마니아(Mania), 프라그마(Pragma) 그리고 아가페(Agape) 유형이 나타난다. 마니아 유형은 소유적이고 의존적인 사랑으로, 상대방에게 끊임없이 사랑을 확인하고자 한다. 프라그마 유형은 현실적이면서 실용적인 사랑이다. 이런 유형의 사람은 사랑을 조건적 거래라고 생각해서, 학력, 배경, 외모, 사회·경제적 수준에서 공정한 거래를 하고자 한다. 아가페 유형은 이기적이지 않은 헌신적 사랑이다. 이 유형의 사람은 사랑을 주는 것으로 생각하면서, 자신을 희생해서라도 상대방의 행복을 추구한다.

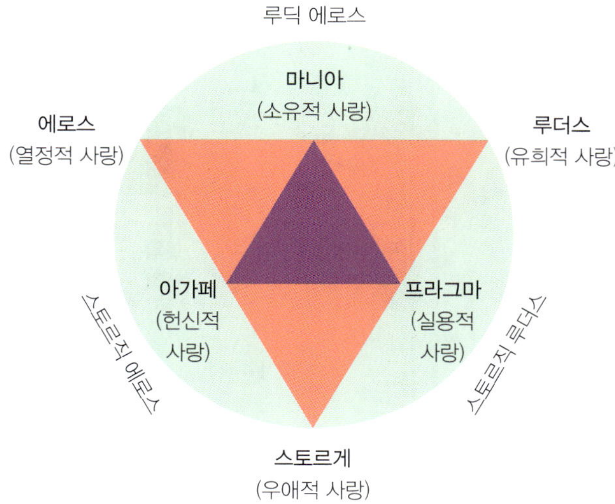

그림 6-20 Lee의 사랑의 색깔. 에로스, 루더스, 스토르게는 원형적 사랑이며, 이 세 유형이 조합된 2차적 사랑 유형으로 마니아, 아가페, 프라그마가 있다.

사랑의 유형에 따라 선호하는 상호작용, 만족 그리고 관계의 유지 정도가 다르다. 때로 사람들은 자신과 유사한 유형의 사람을 선호한다. 한 연구(Hahn & Blass, 1997)에서 여섯 가지 사랑을 대표하는 파트너를 글로 참가자에게 제시한 후 누구와 데이트하고 싶은지 알아보았다. 그 결과, 사람들은 자신의 사랑 유형과 유사한 이성과의 데이트를 선호했다. 또 다른 연구(Hendrick et al., 1988)에서는 57쌍의 연인을 대상으로 사랑의 유형과 관계 만족도를 측정했다. 그 결과, 남성은 에로스 점수가 높고 루더스 점수가 낮을 때 그리고 여성은 에로스 점수가 높고 마니아 점수가 낮을 때 만족도가 높았다. 두 달 후 관계를 여전히 잘 유지하는 연인은 그렇지 않은 연인에 비해 에로스 점수가 높고 루더스 점수가 낮았다. 이처럼 관계에 만족하는 사랑의 유형이 남녀와 관계에 따라 다를 수 있다.

(3) 애착 유형

성인 애착은 자기와 타인에 대한 지각에 달려 있다(Bartholomew, 1990). 즉, 자신이 사랑받을 만한 가치가 있는지 그리고 타인은 믿을 만한지의 두 차원에 좌우된다. 이때 불안은 버림받을 수 있다는 두려움, 낮은 자존감과 부정적 자기개념으로 나타난다. 회피는 타인에 대한 불신과 의심 또는 자기에 대한 지나친 자신감으로, 친밀한 관

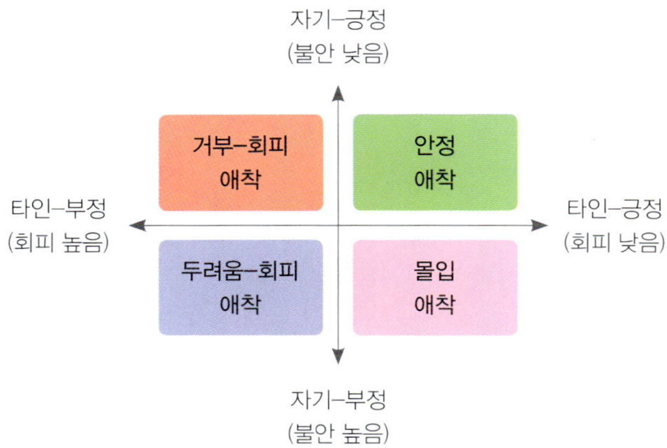

그림 6-21 성인 애착의 유형. 성인 애착은 자기 및 타인에 대한 지각 차원에 따라 네 가지 유형으로 구분된다.

계를 불필요한 것으로 지각하는 방식으로 드러난다. 불안과 회피 이 두 차원을 고 · 저로 구분하여 조합하면 [그림 6-21]과 같이 총 네 가지의 애착 유형이 나타난다.

안정 애착의 성인은 관계에 대한 불안과 회피가 낮고 긍정적 자기개념을 가지고 있다. 이들은 신뢰 수준과 친밀도가 높고 긍정적 정서를 더 많이 경험하며, 질투 수준이 낮고 결혼 만족도와 결혼 적응도가 높다(Brennan & Shaver, 1995). 반면, 몰입 애착의 성인은 타인과 친밀해지기를 원해 회피 수준은 낮지만, 자존감도 낮아 거부에 대한 불안 수준은 높다. 상대방의 요구에 민감한 것처럼 보이지만, 이들은 버림받을지 모른다는 두려움 때문에 타인을 통제하고자 하거나 질투를 많이 느낀다(Brennan & Shaver, 1995).

두려움-회피 애착 성인은 회피와 불안 수준이 높다. 이들은 거부에 대한 두려움 때문에 타인과의 친밀함을 피하면서, 자신은 사랑받을 자격이 없다고 생각한다. 따라서 이들은 타인을 믿지 못하고 타인에게 실망한다. 이들은 분노와 슬픔을 느낄 때 그것을 강렬한 표정으로 드러내고(Niedenthal et al., 2002), 그 결과 부정적인 상황에서 더 많은 어려움을 겪는다(McNally et al., 2003).

마지막으로, 거부-회피 애착의 성인은 회피 수준은 높고 불안 수준은 낮다. 이들은 높은 자존감과 자기신뢰 그리고 독립성에 대하여 자부심이 있고, 타인을 자신과 무관한 존재로 생각한다. 따라서 관계에서 오는 즐거움, 헌신 및 친밀감 수준이 낮다. 또한 이들은 사람들의 따뜻한 표현을 알아차리는 데 어려움을 겪으며, 그들과의 갈등을 해결하기보다는 그것으로부터 도망가려는 경향이 강하다(Mikulincer, 1998).

이와 같은 애착 유형은 갈등 관리에 영향을 줄 수 있다. 안정 애착의 성인은 갈등 해소를 위해 더 개방적이고 지지적이다. 화가 난 상황에서도 더 적응적인 반응을 보이고, 더 긍정적인 정서를 표현하며, 타인의 행동을 적대적으로 해석하지 않는다(Creasey & Ladd, 2005). 또한 그들은 상대방의 잘못을 더 잘 용서하며, 화가 날 때 그 상황을 자기 상황에서 생각하기보다는 합리적인 분석을 통해서 건설적인 반응을 하려고 노력한다(Kachadourian et al., 2004).

반면, 나머지 세 유형인 불안정 애착의 성인은 대인 간 갈등을 관리하는 데 어려움을 경험한다. 한 연구(Simpson et al., 1996)에서 123쌍의 연인에게 관계에서 직면하는 주요 문제를 논의하도록 했다. 그 결과, 이 유형의 사람들은 논의 후에 관계를 더 부정적으로 지각했다. 여성들은 스트레스와 불안 반응을 더 많이 보였고, 남성들은 따뜻함이나 지지를 보이지 않았다. 또 다른 연구(Collins et al., 2006)에서는 참가자들에게 가상 연인의 부정적 행동(예: 낯선 장소에 홀로 남겨 두기, 포옹에 대한 부정적 반응)에 대한 글을 읽도록 했다. 그 결과, 불안정 애착의 성인은 부정적 행동을 더 부정적으로 지각했다. 그들은 부정적 행동에 더욱 부정적으로 반응하면서 갈등을 유발했으며, 이것은 시간이 지날수록 관계 만족을 감소시켰다.

2) 남녀 차이

(1) 배우자 선택

부모의 양육 투자와 성선택 이론에 따르면, 번식을 최대화하는 전략에는 성차가 있다. Trivers(1972)의 부양 투자 이론(parental investment theory)에 따르면, 남성은 자녀의 양육을 그 어머니가 담당할 것이라고 생각해서, 자신이 부모로서 자식에게 부양 투자하는 것에 부담이 적다. 그래서 짧은 시간에 양적으로 많은 아이를 가지는 것이 유리하다. 반면, 여성은 9개월 동안 임신이라는 비용과 아이의 생존을 위해 수년을 더 투자해야 한다. 그래서 여성은 적은 수의 아이를 선호하며, 대신 좋은 유전자를 남성으로부터 받는 것이 유리하기 때문에 배우자 선택을 까다롭게 한다.

여성은 자신과 자식에게 투자할 수 있는 배우자를 선호한다(Buss et al., 1990). 여성은 남성의 투자 능력의 지표로 재정, 사회적 지위, 더 많은 나이, 근면성, 건강한 신체, 운동 능력 등을 고려한다. 또한 투자 의향은 신뢰와 안정성, 헌신, 아이들과의 긍정적 상호작용 등으로 평가한다. 실제 전 세계 여성들은 배우자 선택 시 사랑 다음으로 배우자의 정서적 안정성과 성숙함, 신뢰감 등을 고려 요인으로 꼽았다(Buss et al., 1990). 이에 비해 남성은 번식에 성공하기 위해서 아이를 낳을 수 있는 여성과 결혼해야 한다. 남성은 생식 능력의 지표로 여성의 신체적 특성을 고려한다. 그들은 가임기의 젊은 여성들을 더 선호하고, 깨끗한 피부, 맑은 눈, 윤기가 흐르는 머리카락, 탄력 있는 근육, 기운이 넘치는 걸음걸이, 활기찬 표정, 넘치는 에너지를 가진 여성을 더 선호한다. 이러한 특징을 가진 여성이 질병과 유전적 손실에서 유리할 것으로 판단하기 때문이다(Buss, 1994).

한편, Stewart-Williams와 Thomas(2013)는 남녀의 성행동에 대해 기존과는 다른 진화론적인 입장을 제시했다. 그들의 주장에 따르면, 수컷이 경쟁하고 암컷은 선택하는 모형(males-compete/females-choose model)이 대부분의 종에서는 맞지만 인간에게는 적합하지 않다. 그 이유로, 인간의 뇌가 커지면서 어린 자녀들은 점진적으로 더 의존적으로 되어, 남성의 부양 투자가 재생산에 필수적인 요인이 되었다. 그래서 남녀 모두 장기적인 짝을 선택할 때는 까다롭게 선택한다. 그들은 이러한 입장에 기초한 **상호 배우자 선택 모형**(mutual mate choice model)을 제시했다. 다른 한편, 성행동에 대한 경험적이고 문화적인 접근은 성적 욕망과 행동이 생물학적으로 엄격하게 프로그래밍되어 있는 것이 아니라, 구체적인 맥락에서 하는 경험을 통해 형성된다고 주장한다. 실제로 Pfaus 등(2012)은 성적 욕망과 행동에서 학습의 과정이 중요하다는 것을 입증했다.

글상자 6-4 동성애자의 성적 특성

동성애자의 성적 취향은 이성애자와는 다르다. 그들은 정형화된 성행동이 없는 대신, 서로가 선호하는 정도에 따라 협상해서 그 수위를 정한다(Lever, 1994, 1995). 동성애자는 가사노동이나 의사결정과 같은 성과 무관한 영역에서도 평등하다. 그들은 흥미와 욕구에 따라서 책임을 적절하게 분배한다(Solomon et al., 2004). 또한 한 사람이 생계를 책임진다고 해서 성행동에서도 그가 더 능동적 역할을 하는 것은 아니다(Blumstein & Schwartzs, 1983). 또한 남성 동성애자는 성적으로 타인에게 배타적이지 않아, 그들의 1/3~2/3은 파트너가 여럿인 상태다(LaSala, 2004). 남성들이 여성들보다 정서적 친밀감에서 성행동을 더 잘 분리시킬 수 있지만(Banfield & McCabe, 2001), 성격, 이념, 개인적 선호, 상황에 따라서 성적 개방성은 달라질 수 있다(Crawford et al., 2003; Ramirez & Brown, 2010).

그림 6-22 동성애자: 성적 취향의 한 유형

(2) 열정적 사랑과 성행동

사람들은 낭만적 관계에서 열정을 느낀다. 열정은 빠르게 생기며 성적인 열망이나 행동과 깊게 연관된다. 열정적 감정은 롤러코스터를 타는 것과 같이 절정과 바닥이 있다. 연인들이 첫눈에 사랑에 빠졌다고 말할 때, 그들은 열정에 빠진 것이다. 열정적 사랑에 빠진 사람은 성적인 감정과 함께 상대방을 강렬하게 열망한다. 또한 관계가 잘 되면 극도의 도취감과 희열 및 쾌감을 느끼지만, 그렇지 않으면 불안과 절망을 느낀다(Hatfield & Rapson, 1993). 열정적 감정에 쉽게 빠지는 사람은 자기 삶이 외부의 힘에 이끌릴 수 있다고 믿기 때문에, 자기 삶을 통제할 수 있다고 생각하는 사람보다 열정적 사랑을 경험할 가능성이 크다(Dion & Dion, 1988). 또한 일반적으로 남성이 여성보다 열정적 사랑에 빠질 가능성이 크다(Dion & Dion, 1988).

성행동 관련 진화심리학에 의하면, 남성들이 취하는 단기간의 성행동 전략은 번식을 위해 많은 여성과 만나는 것이다. 그러나 여성은 남성의 좋은 유전자를 받아 생존력이 높은 번식을 해야 하므로 남성과 반대 전략을 사용한다. 한 연구(Schmitt et al., 2001)에서는 참가자들에게 장기적 혹은 단기적 만남의 선호를 측정한 뒤 만남을 주선했다. 한 집단에게는 성적으로 쉽게 접근하는 이성을 소개했고, 다른 집단에게는 한 사람 이외의 관계는 관심을 두지 않는 이성을 소개했다. 그다음, 이성에 대한 매력 정도를 측정한 결과, 단기적 만남을 선호하는 사람 중에서 여성보다 남성은 성적으로 쉽게 접근한 이성을 더 매력적으로 평가했다. 반면, 장기간 만남을 선호하는 참가자는 남녀 모두 관계적 배타성을 추구하는 이성을 선호했다.

남성이 여성보다 성관계를 맺을 수 있는 이성을 더 많이 추구한다는 사실은 여러 연구에서 지지받은 결과다. 한 연구(Pedersen et al., 2002)에서 평생 적절한 성관계 파트너의 수로 남성은 평균 7.69명이 적절하다고 말했지만, 여성은 2.78명이 적절하다고 응답했다. 적절한 성관계 대상에 대한 수의 성차는 모든 문화에서 보편적으로 나타나는 현상이다(Schmitt et al., 2003). 그러나 장기적 만남 맥락에서는 성차가 나타나지 않는다. 남성과 여성에게 30년 동안 함께할 이상적인 파트너의 수를 물어본 결과, 남성과 여성의 99%는 궁극적으로 한 명의 상대방과 함께하고 싶다고 응답했다(Schmitt et al., 2003). 이러한 연구는 성행동 전략이 남녀에 따라 그리고 만나는 기간에 따라 다르다는 것을 잘 보여 준다.

성적 욕망 관련 성관계 빈도를 다룬 여러 연구 결과에 따르면(Baumeister, Catanese et al., 2001), 사귄 기간이나 나이에 상관없이 남성은 여성보다 매우 일관적으로 더 빈번한 성관계를 원했다. 결혼한 지 20년 된 부부를 대상으로 한 연구에서 여성은 지금의 성관계 횟수에 만족했지만, 남성은 지금보다 50% 정도 더 늘어난 횟수를 원했다(Ard, 1977). 또한 남성은 여성보다 성적 공상을 더 많이 하는 경향이 있다. 예외적인 연구도 있지만, 다수의 연구에 따르면 남성이 여성보다 성관계에 대해 더 자주 생각하고, 더 다양한 주제로 더 자주 성적 환상을 하며, 즉흥적으로 성적 흥분과 욕망을 더 자주 경험한다(Baumeister, Catanese et al., 2001).

요약

- 대인관계의 핵심 특징은 상호의존으로, 원만한 관계를 위해서는 상대방을 자기의 욕구를 충족하기 위한 도구이면서 행위의 주체자로 인식하는 것이 필요하다. 즉, 자신과 상대방에 대한 배려 사이에 적절한 균형이 중요하다.
- 소속감 욕구 이론, 돌봄 · 친화 이론 그리고 사회적 친화 모형은 관계적 욕구가 인간의 기본적인 욕구이면서 삶의 적응을 돕는다고 설명한다. 실제 대인관계는 수명, 행복, 외로움, 반사회적 행동에 영향을 준다.
- 대인관계에 관한 이론에는 상호의존 이론, 사회적 침투 이론, 자기확장 이론, 상호작용 단계 모형과 변증법적 이론이 있다. 이 이론은 대인관계가 발달하면서 보이는 다양한 변화에 대하여 의미 있는 정보를 제공한다.
- 관계의 매력 요인에는 후광 효과를 수반하는 신체적 매력, 친숙성에 근거한 근접성, 상보성과 관련이 있는 유사성, 인간의 쾌락주의 성향과 관련된 보상 그리고 상호성이 있다. 이러한 요인의 효과는 시간에 따라 달라질 수 있다.
- 관계에서 발생하는 갈등은 내적 및 외적 요인에 의해 발생하며, 사람들은 이탈, 무시, 충성, 발언과 같은 반응을 보인다. 갈등에 대한 대처방식에는 적극적–소극적 차원과 건설적–파괴적 차원의 조합에 따른 네 가지 반응이 있다. 또 다른 형태로 요구–철회 패턴이 있다.
- 갈등을 해결하는 전략에는 상대방의 입장에 대한 공감이나 상대방의 잘못을 용서하는 방법이 있다. 관계에 만족하는 사람들은 자기노출, 사회적 지지, 반응성을 특징으로 하는 친밀감, 상대방을 약간은 비현실적으로 좋게 평가하는 긍정 착각, 상대방의 행위에 대한 우호적 귀인 그리고 기능적 의사소통과 같은 특징이 있다.
- Sternberg의 사랑의 삼각형 이론에 따르면, 사랑은 친밀감과 열정, 헌신으로 이루어져 있고 이들의 구성에 따라 여러 유형의 사랑이 있다. Lee는 사랑의 유형을 여섯 가지로 구분하여 제시했다. 사랑에 대한 애착의 관점에 따르면, 자기와 타인에 대한 관점에 따라 네 가지 성인 애착 유형이 있다.
- 사랑에는 남녀 차이가 있어서 배우자 선택의 기준이 남녀에 따라 다르고, 남성이 여성보다 더 낭만적인 경향이 있으며, 더 다양한 성적 대상을 추구하는 경향이 있다. 그러나 전반적으로 볼 때, 성적 취향이나 행동에서 남녀 차이가 매우 크지는 않다.

제 7 장

긍정 심리와 행복

1. 긍정심리학의 소개
2. 주관적 안녕감의 경험과 접근
3. 주관적 안녕감의 영향 요인
4. 심리적 안녕감: 역경과 삶의 의미

우리 사회는 해방 이후 경제와 정치 측면에서 매우 빠른 속도로 성장해 왔다. Noam Chomsky와 같은 세계적인 석학은 제2차 세계대전 이후 정치적 민주주의와 경제적 성장을 동시에 달성한 제3세계 국가는 대한민국이 유일하다고 평가하기도 했다. 맞는 말이다. 독재 정권을 청산하고 민주 정권을 수립한 것도 해방 후 반세기 만이다. 경제적인 성장도 이루 다 말할 수가 없다. 1970년도 우리나라의 1인당 GDP는 286달러로 세계 169개국 중 100위였다. 이때 북한은 385달러로 82위였고, 일본은 2,160달러로 29위였다. 2022년도에는 우리나라의 1인당 GDP가 32,250달러로 세계 194개국 중에서 31위였다. 북한은 1,134달러로 168위였고, 일본은 33,821달러로 27위였다. 우리가 앞으로 지금보다 더 잘살면 더 행복할까? 대한민국의 GDP는 1980년대부터 지금까지 가파르게 증가했지만, 이 기간 동안 우리 삶의 만족도는 약간 증가했다가 다시 원래 수준으로 돌아왔다. 이와 같은 우리의 경우를 보더라도, 행복은 경제적인 수준과 꼭 일치하는 것은 아니다. 그렇다면 인간의 행복을 결정하는 요인은 무엇일까? 이 장에서는 이러한 질문에 대한 답을 찾아보고자 한다.

1. 긍정심리학의 소개

행복한 삶에 대한 심리학자들의 관심은 긍정심리학의 등장과 그 궤를 같이한다. 오랫동안 심리학은 인간의 부정적인 상태를 예방하고 치료하기 위해 많은 노력을 기울여 왔고, 그에 따라 괄목할 만한 발전을 이루어 왔다. 그러나 인간은 문제를 해결하는 것만 추구하는 것이 아니라, 그 이상의 기쁨이나 즐거움, 의미나 가치를 추구하는 존재다. 인간의 삶과 존재의 의미를 이와 같은 영역으로 확장하기 위한 노력 중 하나가 바로 긍정심리학의 발전이다([그림 7-1] 참조). 긍정심리학은 인간의 긍정적인 기능과 번영을 위해 이처럼 확장된 영역을 생물학적 수준뿐만 아니라, 개인적, 관계적, 조직적 그리고 문화적 수준에서 과학적으로 연구하는 학문이다(Seligman & Csikszentmihalyi, 2000).

그림 7-1 행복. 행복은 긍정심리학의 핵심 주제다.

1) 긍정심리학의 등장과 입장

심리학자는 오랜 학문적 역사 속에서 주로 인간의 약점, 장애, 부적응에 초점을 맞춰 연구해 왔다. 특히 두 번의 세계대전을 겪으면서 인간의 비합리적이고 폭력적인 특성은 많은 심리학자에게 인간의 합리성에 대한 의심을 품게 했다. 이는 흥미로우면서도 자극적인 발견으로 세간의 이목을 끌기에 충분했다. 또한 심리학자들은 참전의 후유증으로 심리적 장애를 가진 사람을 치료하는 데 집중해 왔다. 실제 1990년대까지 인간의 부정적 측면을 다룬 심리학 연구가 긍정적 측면에 대한 연구보다 17배나 더 많았다(Myers & Diener, 1995). 이러한 노력의 결과로, 다양한 정신장애의 원인이 밝혀지고 효과적인 치료법이 나올 수 있었다. 그러나 심리학자들은 인간의 강점, 역경 속에서 한 개인이 보여 주는 성장, 삶의 의미 등 더 나은 삶을 사는 데에는 큰 관심을 두지 않았다. 그래서 인간의 긍정적 측면과 부정적 측면에 대한 심리학의 관심과 학문적 결실은 그 균형을 잃게 되었다(Simonton & Baumeister, 2005).

질병과 건강, 불행과 행복의 구분점이 '0(zero)'이라고 할 때, 질병을 치료하여 건강을 회복하고 불행하지 않게 해 주는 것은 '0 이하'의 수준에서 '0'의 수준을 회복하는 것이다. 이런 점에서 그동안 심리학자들은 주로 '0 이하'의 삶을 다루면서 '0 이상'의 삶은 충분히 연구하지 못했다고 할 수 있다(Baumgardner & Crothers, 2009). 문제는 인간이 추구하는 삶이 단순히 질병이나 불행이 없는 '0'의 삶이 전부가 아니라는 점이다. 대신에, 인간은 '0' 이상의 삶, 즉 슬픔과 괴로움 속에서도 기쁨과 행복을 경험하기도 하고, 그 속에서 의미와 목적이 있는 삶을 추구한다. 이처럼 인간은 단지 문제가 없는 삶이 아니라 궁극적으로 성장하는 삶을 지향하는 능동적인 존재다.

"심리학은 약점과 손상에 대한 연구뿐만 아니라, 강점과 덕목에 관한 연구를 포함한다. 치료는 망가져 버린 것을 단지 고치는 것에 국한되는 것이 아니라, 우리 안에 있는 최선의 것을 함양하기 위한 것이다."라는 Martin Seligman의 말처럼, **긍정심리학**(positive psychology)은 인간의 삶에 대한 기존 심리학의 불균형을 바로잡기 위한 움직임 속에서 등장하고 발전했다(Seligman, 2000). 구체적으로, 긍정심리학은 평범한 인간의 강점과 덕목을 연구하고, 더 나아가 사람, 집단, 기관의 기능을 풍요롭고 최적화할 수 있는 조건이나 과정을 과학적으로 연구하기 위해 심리학의 한 영역으로 등장한 것이다.

이처럼 인간의 삶에 대한 전통적인 입장과 긍정심리학 입장 간에 차이가 있는 것처럼, 그들은 심리적 건강에 대해서도 서로 다른 입장을 취하고 있다. **질병 모형**(disease model)을 취하는 학자들은 심리적 장애가 신체적 질병과 같은 속성을 가지고 있다고 가정한다(Seligman, 2002). 이 모형에 따르면, 심리적 장애는 뇌의 손상이나 생화학적 물질의 이상, 병균 등에 따른 결함이나 손상으로 생기는 질병이다. 따라서 이 모형의 학자들은 질병의 원인을 제거함으로써 정신장애를 치료하고자 한다. 질병 모형은 지난 50여 년간 정신장애 분야를 주도하면서 다양한 장애에 대한 진단과 치료법을 발전시켰다. 그 결과, 정신 건강의 분야는 장애 중심, 병원 중심, 치료 중심 그리고 약물 중심으로 이루어지게 되었다(권석만, 2008).

반면, 성장 모형(growth model)은 정신 건강의 개념이 질병 모형을 넘어서야 한다는 점에 초점을 둔다(Seligman, 2002). 성장 모형에 따르면, 진정한 정신 건강은 질병이나 장애가 없거나 결점을 교정한 상태를 넘어서, 자신의 강점과 능력을 함양하고 환경을 잘 활용하여 행복하고 최대한 번영하는 자기실현의 삶을 사는 것을 의미한다. 성장 모형은 정신장애의 예방, 질병이 없는 상태인 '0'의 삶이 아니라, '0 이상의 삶'에 초점을 맞춘다. 또한 성장 모형에서는 인간이 가진 강점이 정신장애의 발병을 억제할 수 있도록 그들의 강점을 찾아 길러 주는 것이 연구의 주요 목적이다. 예를 들면, 우리는 무기력을 학습하기도 하지만 낙관성을 학습할 수도 있다. 그렇기 때문에 학습된 낙관주의를 증가시켜 우울증의 발병률을 줄일 수 있다(Seligman et al., 1995).

글상자 7-1 행복의 역사

Solon
(BC 630~BC 560)

Eid와 Larsen(2008)에 따르면, 인류의 행복 추구는 역사적으로 매우 오래된 일이다. 고대 그리스의 Solon은 인간의 행복 추구에는 언제나 반전의 위험이 있다고 보았다. 그가 주장한 '붙잡기 어려운 것'이 바로 행복이다. 반면, Socrates, Plato, Aristotle 등은 행복을 철학적 숙고와 덕행을 통해 얻을 수 있다고 보았다.

St. Aurelius Augustinus
(354~430)

중세의 Augustinus는 인간은 신의 은혜 없이는 행복할 능력이 없기 때문에, 행복 추구 자체가 처벌의 한 형태라고 보았다. 육체적이고 세속적인 욕망은 죄악을 초래하기 때문에, 인간은 쾌락 추구를 포기해야 한다고 주장했다.

Jean-Jacques Rousseau(1712~1778)

이와 반대로, 17세기 계몽주의 시대에는 개인을 강조하면서 '이 땅에서 행복은 삶의 권리이며, 인간이 즐거움과 행복을 추구하는 것은 의미가 있다.'라는 방향으로 행복에 대한 생각이 변화했다. 한편, Rousseau는 인간의 행복 추구는 당연한 일이라고 보았다. 그러나 상업주의 사회에서 인간의 다양한 힘과 가능성 그리고 욕구가 커짐으로써, 인간은 자기의 능력을 넘어서는 행복을 추구하게 되었다고 주장했다.

19세기 Mill에 따르면, "사람들은 자기초월을 통해 행복을 발견할 수 있다. 인간은 불행이 없는 상태를 원하는 것이 아니라, 현재의 환경을 넘어서서 성장하는 삶을 원한다". 마찬가지로, Csikszentmihalyi는 "행복은 의식적인 추구가 아니라 의미 있는 활동에 헌신할 때 도달할 수 있다." 라고 제안했다. 즉, "행복은 순간의 기쁨과 즐거움을 통해 얻어지는 것이 아니라, 목적이 있는 계획적인 활동을 추구하고 헌신할 때 천천히 도달할 수 있는 것이다."라고 주장했다.

John Stuart Mill (1806~1873)

2) 긍정심리학의 주제

긍정심리학은 사람들이 자기의 역량을 개발하고 좀 더 충만한 삶을 사는 데 이바지하기 위해 인간의 긍정적인 경험에 관심을 둔다. 구체적으로, 긍정심리학은 세 가지 전반적인 영역, 즉 긍정 상태, 긍정 특질 그리고 긍정 조직(〈표 7-1〉 참조)에 초점을 둔다(Seligman & Csikszentmihalyi, 2000). 첫째, 긍정심리학은 주관적인 수준에 초점을 두어, 사람들이 경험하는 긍정적이고 주관적인 상태를 연구한다. 즉, 긍정심리학에서는 행복, 기쁨, 삶의 만족, 사랑, 친밀감과 같은 **긍정 정서**를 연구하고, 이러한 긍정 정서가 우리의 삶에 미치는 다양한 긍정적인 효과를 검증한다. 여기에는 미래에 대한 희망, 낙관주의, 활력, 자존감, 자신감 등의 주제도 들어 있다.

둘째, 긍정심리학에서 다루는 또 다른 영역은 개인적의 안정적인 **긍정 특질**에 관한 것이다. 이것은 상황에 따라 변화하는 일시적인 상태와는 다른 것으로, 긍정심리학에서는 용기, 정직, 인내, 지혜와 같은 덕목의 성격 강점과 이를 함양하는 방법을 연구한다. 마지막으로, 집단과 사회적 수준에서 긍정심리학이 다루는 영역은 **긍정 조직**으로, 긍정적인 조직의 발달과 유지에 초점을 맞추고 있다. 시민 덕목, 건강한 가족과 학교, 건강하고 긍정적인 직무 환경 등을 구체적으로 연구하여, 개인을 둘러싼 집단

표 7-1 긍정 경험의 세 가지 하위 유형

하위 유형	긍정 정서	긍정 특질	긍정 조직
수준	주관적	개인적	집단적/사회적
특징	• 긍정적인 주관적 상태를 연구 • 행복, 기쁨, 삶의 만족, 사랑, 친밀감 같은 긍정 정서 초점 • 자기/미래에 대한 건설적인 생각, 낙관주의/희망, 활력, 자신감, 긍정 정서가 구성 요소	• 개인의 긍정적인 성격 특질을 연구 • 용기, 정직, 인내, 지혜 등 안정적이고 긍정적인 행동 패턴을 보이는 특질에 초점 • 성격 강점 혹은 덕목으로 부르는 긍정적인 행동과 성격 특질이 구성 요소	• 긍정적인 조직의 발달과 유지를 연구 • 시민 덕목, 건강한 가족, 건강한 직무 환경 등에 초점 • 가족과 직장의 건강함, 시민에 대한 공동체의 지원, 건강한 시민 양성 등이 구성 요소

의 환경을 개선하는 방법을 제시한다.

긍정심리학은 인간의 긍정적인 경험과 함께 좋은 삶과 충만한 삶을 다룬다. 그래서 긍정심리학에서는 좋은 삶의 구성 요소와 그러한 삶을 예측해 주는 요인을 연구한다. 이때 좋은 삶(good life)에 대한 정의는 사람마다 다를 수 있다. 보통은 많은 재산, 권력, 명성, 미모와 같은 것을 소유하는 것이 좋은 삶이라고 생각하겠지만, 학술적으로 좋은 삶은 가치 있는 삶과 관련된 문제다. 다시 말하면, 좋은 삶이란 우리가 잘 살고 충만한 삶(fulfilling life)을 사는 데 도움을 주는 삶, 즉 행복한 삶에 기여하는 삶이다. 좋은 삶의 특징은 우리의 삶을 풍요롭게 해 주고, 삶을 가치 있게 만들어 주며, 우리의 강점을 육성해 주는 것이다. 가령, Seligman(2002)은 좋은 삶을 '매일 자기의 핵심 강점을 활용해서 진정한 행복과 풍요로운 만족감을 누리는 삶'으로 보았다.

좋은 삶은 타인과의 연결성, 긍정적인 성격 특질 그리고 삶의 조절 능력이라는 세 가지 요인의 조합으로 볼 수 있다(Compton & Hoffman, 2020). 타인과의 연결성은 사랑을 주고받을 수 있는 능력, 용서할 수 있는 힘, 삶의 깊은 의미와 목적을 추구할 수 있는 영적인 초월 등을 포함한다. 긍정적인 성격 특질은 통합감, 창조성 그리고 용기나 겸손과 같은 덕목을 가지고 있는 것을 의미한다. 마지막으로, 삶의 조절 능력은 본인의 목적을 달성하기 위해 자기 행동을 조절하는 특성으로, 자율성, 건강한 자기통제감 그리고 행동의 지침이 되는 지혜 등의 역량과 관련된다.

그러면 우리는 어떻게 좋은 삶을 이룰 수 있을까? 그것은 바로 인생 전체에 걸쳐서 관련 덕목과 성격 강점을 개발함으로써 가능하다. 이때 긍정심리학의 핵심 주제인 덕목(virtues)은 적응적인 삶에 도움을 주는 이상적인 상태로, 한 개인을 완전한 존재로 이끌어 준다(Emmons & Crumpler, 2000). 왜냐하면 덕목 속에는 자기의 행동이 본인, 타인 그리고 공동체에 미치는 영향에 대한 관심이 들어 있고, 자기의 삶을 더 큰 틀과 관점에서 바라보는 인식이 들어 있기 때문이다(Emmons & Paloutzian, 2003). 이러한 점에서 볼 때, 대부분의 덕목은 우리가 한 개인으로서 갖추어야 할 이상적인 마음 상태나 행동 기준이라기보다는, 사회의 한 구성원으로서 다른 사람과의 관계 속에서 어떻게 행동해야 하는지에 관한 기준이다.

『정신장애(정신질환) 진단 및 통계 편람(DSM)』이 인간의 심리적 약점과 병리적 특성을 체계적으로 정리한 것처럼, VIA 강점 검사(Values In Action Inventory of Strengths: VIA–IS; Peterson & Seligman, 2004)라고 하는 포괄적인 분류 체계가 인간의 긍정적 강점과 덕목을 정리하고 있다. DSM은 0 이하(below zero)의 삶을 기술하지만, VIA–IS는 0 이상(above zero)의 삶을 기술한다. 여기서 Peterson과 Seligman(2004)은 역사적 · 철학적 · 종교적 · 문화 보편적으로 기술하고 있는 덕목과 강점을 검토해서 24개의 성격 강점을 추출하고 그것을 6개의 덕목으로 유목화했다. 6개의 덕목은 지혜와 지식, 용기, 인간애, 정의, 절제 그리고 초월이다(〈표 7–2〉 참조).

표 7–2 6개의 덕목과 24개의 성격 강점

덕목	정의와 성격 강점
지혜와 지식	• 정의: 호기심, 세상에 대한 관심, 지식의 획득과 사용의 인지적 강점 • 성격 강점(5개): 창의성, 호기심, 개방성, 학구열, 통찰력
용기	• 정의: 역경에 직면했을 때 의지에 관한 정서적 강점 • 성격 강점(4개): 진실, 용감성, 인내, 열정
인간애	• 정의: 타인을 돌보고 관계 맺는 것과 관련된 내적 강점 • 성격 강점(3개): 친절, 사랑, 사회적 지능
정의	• 정의: 건강한 공동체 생활과 관련되는 시민적 강점 • 성격 강점(3개): 공정, 리더십, 팀워크
절제	• 정의: 지나침과 유혹을 억제하는 강점 • 성격 강점(4개): 용서, 겸손, 신중, 자기통제
초월	• 정의: 더 큰 세상과 연결되고, 의미를 만드는 것과 관련된 강점 • 성격 강점(5개): 심미적 감성, 감사, 희망, 유머, 종교/영성

출처: Seligman et al. (2005).

이와 같은 성격 강점은 삶의 만족 및 실현과 관련되어 있다. 예를 들면, 성격 강점은 여러 역기능적인 심리의 출현을 막거나 그 증상을 완화하고, 행복을 추구할 수 있는 전략을 실행하는 데 도움을 준다(Littman-Ovadia & Lavy, 2012). 특히 이 강점 중에서도 희망, 열정, 감사, 사랑, 호기심 그리고 유머는 삶의 만족과 더 큰 관련성이 있다(Park et al., 2004).

3) 행복의 두 종류

좋은 삶 혹은 행복한 삶에 대한 입장에는 크게 두 가지가 있다. 역사적으로 볼 때, 고대 그리스의 에피쿠로스학파는 삶의 주요 목표가 쾌락을 최대화하고 고통을 최소화하는 것, 즉 행복과 즐거움을 추구하는 것이라고 보았다. 이러한 입장의 행복은 쾌락주의적 행복(hedonism)으로, 현대의 주관적 안녕감(subjective well-being) 연구로 이어졌다(Diener, 1984; Diener et al., 1999). 주관적 안녕감은 주어진 환경이나 조건에 대해 주관적으로 느끼는 만족감이나 행복감이다. 이것은 긍정 정서를 많이 느끼면서 상대적으로 부정 정서는 적게 느끼는 것 그리고 전반적인 삶에 대한 만족도를 통해 측정할 수 있다.

쾌락주의적 행복은 우리가 추구하는 행복과 상당 부분 일치한다. 그러나 때로는 쾌락주의적 행복을 증진하는 행동이 우리 삶의 의미와 활력을 증진하지는 않는다. 가장 극단적인 사례가 마약과 같은 약물의 복용이다. 마약은 쾌락을 극대화하지만 우리의 삶을 의미 있고 가치 있게 만들지는 않는다. 반대로, 자녀 양육은 밤잠을 설치며 양육해야 하는 매우 힘든 일이다. 부모는 그 속에서 정서적으로 쾌락보다는 힘들고 고통스런 감정을 더 많이 경험한다. 그러나 그들은 자녀 양육을 통해 가장 깊은 만족과 삶의 의미를 느낀다. 이처럼 쾌락은 없지만 의미를 느낄 수 있는 양육을 기꺼이 수행하는 현상을 '부모 됨의 역설(parenthood paradox)'이라고 한다(Kahneman et al., 2004).

일찍이 아리스토텔레스(Aristotle)는 진정한 자기(true self 혹은 diamon)의 발현, 즉 자기실현을 통해 좋은 삶이 가능하다고 보았다. 이와 같은 맥락에서 자기실현적 행복(eudaimonia)은 쾌락주의적 행복과는 달리 쾌락 이상의 삶의 의미, 생동감과 활력 그리고 건강한 기능을 강조하는 입장으로(Ryan & Deci, 2001), 자기의 진정한 잠재력을 깨닫고 그것을 온전히 표현할 때 오는 행복이다. 이때 자기표현은 자신의 존재감을 표현하고, 자기의 중요한 가치와 일치하는 삶의 활동에 온전히 참여하는 것이다. 이러한 표현을 통해 사람들은 삶에 대한 충만감, 존재의 의미, 진정으로 살아 있는 자신

표 7-3 심리적 안녕감의 구성 요소

구성 요소	의미
자기수용	자신의 긍정적인 특성과 함께 부정적인 특성을 수용하고, 과거의 삶을 긍정적으로 평가함
개인적 성장	지속적인 자기계발과 새로운 경험이나 도전에 대한 개방적인 태도. 시간이 경과하면서 자신의 발전된 면을 발견함
삶의 목적	삶의 방향을 제시해 주는 개인적인 목표와 신념을 가지고 있고, 삶이 보다 높은 수준에서 의미와 목적을 가지고 있다고 믿음
환경 통제감	외부의 환경을 잘 통제할 수 있다는 믿음과 숙달감. 자신에게 잘 맞는 생활환경을 만들고, 주변의 기회를 효과적으로 사용하고 선택함
자율성	삶에 대한 자기주도성, 내적 기준을 통한 결정, 부정적인 사회 압력에 대한 저항 그리고 행동에 대한 자기조절
타인과의 긍정적 관계	따뜻하고 신뢰로운 관계 그리고 공감과 친밀감에 대한 역량이 있음. 타인에게 강한 공감과 애정을 느낌

출처: Ryff (1989).

을 강렬하게 느낀다. 이것은 인본주의 심리학에서 말하는 자기실현(Maslow, 1968)과 충분히 기능하는 사람(Rogers, 1961)의 개념과 공통점이 있고, 현대의 심리적 안녕감 연구로 이어졌다.

쾌락의 경험으로 나타나는 주관적 안녕감과는 대조적으로, 심리적 안녕감(psychological well-being)은 자신의 진정한 잠재력을 깨닫고 그것을 온전히 표현하는 삶을 추구할 때 이루어진다(Ryff & Keyes, 1995). 심리적 안녕감은 〈표 7-3〉에서 보듯이 자기수용, 개인적 성장, 삶의 목적, 환경 통제감, 자율성 그리고 타인과의 긍정적 관계로 이루어져 있다(Ryff, 1989). 즉, 심리적 안녕감으로서 행복은 자기를 수용하고, 삶의 목적을 가지고 지속적으로 성장하며, 자율성과 통제감을 가지고 있으면서, 타인과 따뜻하고 친밀한 관계를 맺음으로써 가능하다. 이를 통해 우리는 삶의 의미를 경험하고, 진짜 자기 자신이 되어 가는 자기실현적 행복을 경험할 수 있다.

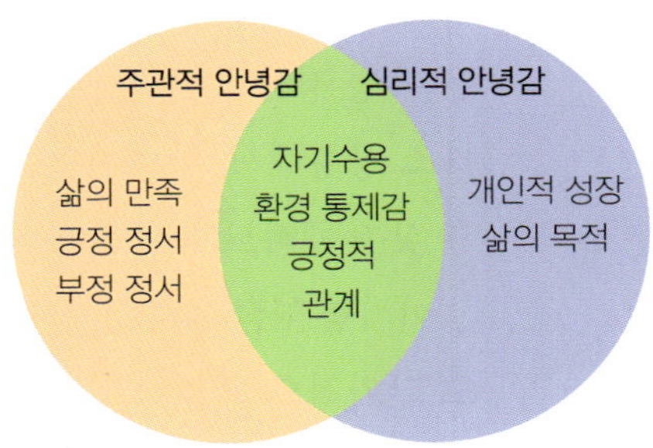

그림 7-2 두 가지 안녕감의 관계. 각 안녕감은 독특한 특성도 있으면서 동시에 공통적인 측면도 가지고 있다.

쾌락주의적 행복과 자기실현적 행복은 그 의미가 서로 다르고 개별적으로 연구되었지만, 이 둘은 서로 밀접한 관련성을 가지고 있다(Ryan & Deci, 2001). Keyes 등(2002)은 25~74세의 미국인 3,032명의 주관적 안녕감과 심리적 안녕감 자료를 이용해서 요인분석을 했다. 그 결과, [그림 7-2]에서 보듯이 삶의 만족, 긍정 정서 그리고 부정 정서 등 3개의 요인은 주관적 안녕감에만 속해 있었고, 개인적 성장과 삶의 목적이라는 2개의 요인은 심리적 안녕감에만 속했다. 반면, 자기수용, 환경 통제감 그리고 타인과의 긍정적 관계 등 3개 요인은 두 유형의 안녕감에 모두 들어 있었다. 이러한 결과는 두 가지 안녕감이 서로 다르면서도 같은 측면이 있음을 보여 준다.

2. 주관적 안녕감의 경험과 접근

주관적 안녕감의 핵심 요소는 긍정 정서와 부정 정서의 경험이다. 이러한 경험이 이루어지는 방식에는 크게 상향식 접근과 하향식 접근이 있다. 여기서는 긍정 정서와 부정 정서의 특징을 살펴보고, 그다음 주관적 안녕감에 대한 두 가지 접근 방식을 살펴본다.

1) 긍정 정서와 행복

우리의 주관적 안녕감은 긍정 정서를 많이 경험하고 부정 정서를 적게 경험하면 높아진다. 그렇다고 해서 우리가 늘 긍정 정서만 경험할 수는 없다. 또한 우리는 긍정적인 사건보다는 부정적인 사건에 상대적으로 더 많은 에너지를 쓴다. 일상에서 겪는 크고 작은 사건이나 역경은 우리에게 스트레스를 유발한다. 이때 우리는 분노, 공포, 수치심, 죄책감, 슬픔, 혐오와 같은 다양한 부정 정서를 경험한다. 공포나 분노와 같은 부정 정서는 심혈관 활동을 증가시킨다. 이것은 싸움-도주 반응을 일으키는 스트레스 상황에서 골격근에 보다 많은 혈액을 보냄으로써, 위기 상황에 대한 준비 태세를 갖춰 재빠르게 반응할 수 있도록 유도한다.

이처럼 부정 정서는 위협 사건에 선택적 주의를 기울이게 함으로써, 매우 구체적이고 단기적으로 인간의 사고-행동의 레퍼토리를 축소시켜 대응하도록 한다. 우리는 화가 나거나 우울하면 일종의 터널비전을 경험한다. 이것은 한편으로는 다양하고 창의적인 생각을 방해하고, 터널 안에서 외부를 보는 것과 같이 눈앞에 닥친 제한된 것만을 생각하게 한다. 하지만 다른 한편으로는, 해결해야 할 문제에 집중하게 하는 기능을 하기도 한다. 부정 정서는 주어진 문제해결을 촉진하고, 그래서 궁극적으로 우리가 부정 정서에서 빨리 벗어나도록 도와준다([그림 7-3] 참조). 이때 지나치게 자기에 집착하는 사고 때문에 다양한 외부 상황을 수용하기보다는 자기의 생각에 갇혀, 과거의 부정적 사건이나 자기의 부정적 측면을 끊임없이 반추할 수도 있다(Fredrickson, 2001).

그림 7-3 부정 정서. 부정 정서는 주어진 문제의 해결을 촉진한다.

이에 비해 긍정 정서는 행동과 주의의 범위를 확장시킴으로써 새로운 관심과 행동을 유도한다(Fredrickson, 2001). 긍정 정서에 대한 225개의 연구를 메타분석한 결과, 긍정 정서는 삶의 건강 측면, 사회적 측면 그리고 과업 측면에서 부정 정서보다 더 나은 결과를 가져왔다(Lyubomirsky, King et al., 2005). 긍정 정서는 통증, 면역 기능, 스트레스 호르몬 분비 등 주로 생물학적 측면에서 건강에 유의미한 효과가 있었다. 즉, 신체적으로 건강하고 질병에 잘 저항하며 장수하는 것과 관련되는 것으로 나타났다(Diener & Chan, 2011). 또한 긍정 정서를 자주 경험하는 사람들은 만족스러운 관계를 형성할 뿐만 아니라, 어려움에도 효과적으로 대처하고 수입 역시 높았다(Lyubomirsky, King et al., 2005).

물론 이러한 결과를 반대로도 해석할 수 있다. 즉, 관계가 원만하고 수입이 많은 사람들이 긍정 정서를 더 잘 느낄 수 있다. 그러나 기존의 종단 연구와 실험 연구는 긍정 정서가 다양한 삶의 영역에 긍정적인 영향을 준다는 인과성을 보여 주고 있다. 구체적으로, 사회적 측면에서 긍정 정서는 관계의 만족, 사회적 지지 및 외로움의 해소와 관련된다(Diener & Larsen, 1984). 즉, 긍정적인 정서 상태의 사람은 사교적으로 행동하고 다른 사람들과 더 친밀하게 접촉하고 교류함으로써 외로움을 잘 극복할 수 있고, 그들의 미소나 웃음 그리고 긍정적인 태도는 다른 사람의 도움 행동과 지지를 잘 이끌어 낸다(Frijda & Mesquita, 1994; Keltner & Kring, 1998). 그뿐만 아니라, 과업적인 측면에서도 인지적 유연성과 창의적 사고 덕분에 문제를 폭넓게 바라보고 해결할 수 있다(Estrada et al., 1997).

또한 긍정 정서는 부정 정서가 일으킨 각성으로부터 우리가 회복하는 데 도와주는 회복 효과(undoing effect)가 있다. 한 연구(Fredrickson et al., 2000)에서 참가자들에게 "나는 왜 좋은 친구인가?"라는 제목의 짧은 연설을 하도록 했다. 그 후, 이 연설을 동영상으로 촬영하여 친구들에게 보여 주고 그들의 평가를 받는다고 공지하는 것으로 참가자들의 불안을 유발했다. 불안해진 참가자들은 혈압과 심장박동이 증가했다. 잠시 후 연설할 필요가 없어졌다고 알린 뒤, 한 집단에게는 기쁨이나 만족을 느낄 수 있는 동영상, 다른 집단에게는 슬픔을 느낄 수 있는 동영상 그리고 통제 집단에게는 중립적인 동영상을 보여 주었다. 그 결과, 긍정 정서를 유도하는 동영상을 본 집단이 심혈관계의 생리적 변화를 더 빨리 회복했다.

Fredrickson(2001)의 확장-구축 이론(broaden-and-built theory)에 따르면, 부정 정서와 달리 긍정 정서는 행동과 주의의 범위를 확장함으로써 새로운 관심과 행동을 유도한다(Fredrickson, 2001). 구체적으로, 즐거움, 만족, 사랑과 같은 긍정 정서가 네 가지 방식을 통해 건강과 행복의 선순환을 만든다([그림 7-4] 참조). 첫째, 긍정 정서는 사고와 행동을 확장하기 때문에, 우리는 즐거울 때 더 많은 대안을 고려함으로써 효율적인 해결책을 찾을 수 있다. 둘째, 긍정 정서의 회복 효과는 부정 정서를 상쇄시킨다. 셋째, 긍정 정서는 탄력성을 증진시켜 우리가 스트레스 사건의 나쁜 영향으로부터 벗어날 수 있도록 도와준다. 마지막으로, 다양한 놀이, 즐거운 운동 및 관계 지향적인 행동을 통해 사회적 자원을 구축하여 궁극적으로 행복감을 증진한다.

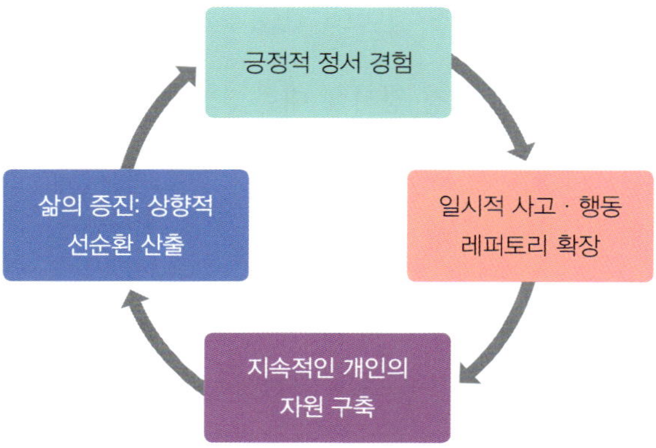

그림 7-4 긍정 정서의 선순환 과정

출처: Fredrickson (2001).

2) 주관적 안녕감의 두 접근

뒤에서 자세히 알아보겠지만, 우리의 주관적 안녕감을 결정하는 요인에는 사회 · 경제적 요인과 같은 외적인 요인 그리고 심리적 요인과 같은 내적인 요인이 있다. 이와 같은 요인이 어떠한 방식으로 우리의 주관적 안녕감을 결정하는가? 이에 대한 접근에는 크게 상향식 접근과 하향식 접근이 있다.

(1) 상향식 접근

사람들은 흔히 많은 돈, 높은 사회적 지위, 좋은 집과 자동차 등 외부 상황이 나아지면 자기가 지금보다 더 행복해질 것이라 믿는다. 이처럼 외부적인 상황이나 사건 또는 사회 · 경제적인 요인과 같은 객관적 요인이 인간의 보편적 욕구를 모두 충족할 때 우리가 행복할 것이라는 입장이 상향식 접근(bottom-up approach)이다. 기존 연구(Andrew

& Withey, 1976; Campbell et al., 1976; Diener et al., 1999)에 따르면, 이러한 요인이 행복에 미치는 영향은 8%에서 최대 20% 정도였다. 이것은 애석하게도 객관적인 조건과 환경이 나아진다고 해도 주관적 안녕감은 크게 증가하지 않는다는 것을 의미한다.

그 이유는 무엇일까? 한 가지 원인을 환경에 대한 인간의 적응에서 찾을 수 있다. 예를 들면, 사람들은 연봉이 오르면 그 당시에는 매우 기뻐하지만, 시간이 지나면 더 이상 기뻐하지 않는다. 간절히 바라던 고가의 물건을 구매하고 나서는 매우 기뻐하지만, 얼마 시간이 지나지 않아 식상해 한다. 시간이 흐름에 따라 행복은 원래의 수준으로 되돌아오는데, 이러한 쾌락의 적응 현상을 **쾌락의 쳇바퀴**(hedonic treadmill)라고 부른다. 사람들은 대부분의 환경 변화에 비교적 단기간인 3개월 이내에 적응함으로써, 매우 빨리 원래의 행복 수준으로 복귀한다(Suh et al., 1996).

Brickman 등(1978)은 복권 5만~1백만 달러에 당첨된 22명과 1년 이내의 사고로 하반신이나 전신이 마비된 29명 그리고 일반인 22명에게 사건 전(일반인에게는 6개월 전) 과거에 얼마나 행복했는지, 요즘은 얼마나 행복한지, 2년 후 미래에 얼마나 행복할 것 같은지 그리고 친구와의 담소, TV 시청, 옷 쇼핑 등 일상 활동의 즐거움을 평가하도록 했다. 그 결과, [그림 7-5]에서 보듯이 사고 희생자들은 현재 행복 수준은 가장 낮으면서 돌아갈 수 없는 과거에 대한 강한 향수가 있었다. 반면, 복권 당첨자는 사고 희생자보다 현재 더 행복하다고 보고했지만, 미래의 행복에 대한 예측에는 둘 간의 차이가 없었다. 더욱이 일상적인 활동에서 느끼는 즐거움은 복권 당첨자가 가장 낮았고, 사고 희생자가 오히려 그들보다 높았다. 이러한 결과는 극단적인 즐거운 사건이 오히려 일상의 즐거움을 방해하고, 극단적인 역경의 경험자들이 일상에서 느끼는 행복이 다른 사람들과 크게 다르지 않다는 것을 보여 준다.

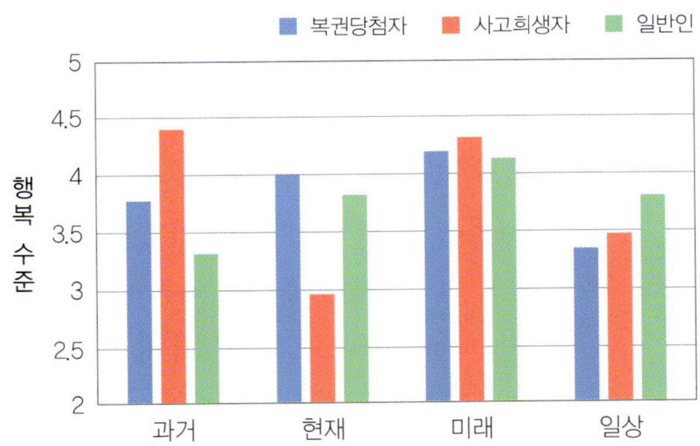

그림 7-5 다양한 사건이 행복에 미치는 영향. 불행이나 행복을 가져올 것 같은 사건이 늘 그런 것은 아니다.
출처: Brickman et al. (1978).

그러나 쾌락의 쳇바퀴가 모든 현상에 동일하게 적용되는 것은 아니다. 수감 생활이나 수입의 증가에 대한 적응은 매우 빠르지만, 소음으로 인한 고통에는 거의 적응하지 못할 수도 있다. 특히 사랑하는 사람의 죽음에 대한 적응은 매우 느릴 뿐 아니라 불완전하다. 심지어 사별과 같은 충격적인 상실 사건이나 기본적인 의식주가 해결되지 않는 가난의 고통은 주관적 안녕감의 수준을 장기적으로 변화시키기도 한다. 사랑하는 사람과 사별한 사람은 2년 후에도 여전히 상대적으로 높은 우울 증상을 보였다(Winter et al., 1999).

앞의 긍정 정서 부분에서도 언급한 것처럼, 하나의 외적인 사건인 성공이 주관적 안녕감과 갖는 관계는 일방적이 아니라 쌍방적이다. 그래서 성공 경험이 주관적 안녕감을 증진시킬 뿐만 아니라, 높은 주관적 안녕감이 성공을 이끄는 데 이바지한다(구재선 외, 2009). Lyubomirsky 등(Lyubomirsky, King et al., 2005)은 다양한 영역에서 성공한 사람과 그들의 행복 사이에 양방향적 인과관계가 있는지 검증하기 위해, 225개의 행복 연구에서 25만 5천 명을 대상으로 모은 자료를 메타분석했다. 그 결과, 주관적 안녕감이 높은 사람이 결혼, 친밀한 관계, 수입, 직업, 건강과 같은 다양한 삶의 영역에서 성공했을 뿐 아니라, 긍정 정서 상태가 이와 같은 삶의 영역에서 성공을 돕는 것으로 나타났다.

(2) 하향식 접근

상향식 접근의 한계를 직면한 연구자들은 개인 내적 요인이 주관적 안녕감에 중요할 수 있다는 하향식 접근(top-down approach)에 주목했다. 이 관점에 따르면, 쾌락 경험은 생물학적 · 유전적 영향을 받는 긍정 · 부정 정서성, 성격 특질, 접근-회피 경향성 그리고 사건을 해석하는 심리 내적 과정에 따라 결정된다(DeNeve & Cooper, 1998; Diener & Lucas, 1999). 특히 심리 내적 과정 중에서 개인이 세상을 해석하고 이해하는 방식과 낙관적인 성향이 매우 중요하다.

이러한 관점에 따르면, 행복은 단순히 삶의 외부 상황이나 사건보다는 그러한 사건을 해석하는 것과 관련된다. 약 2,500년 전에 Gautama Buddha는 "우리가 생각하는 것이 곧 우리다. 우리의 모든 것은 우리의 생각과 함께 발생하며, 우리가 생각하는 것을 통해 세상을 만든다."라고 말하면서 사고의 중요성을 강조했다(Byrom, 1993). 즉, 인지와 사고는 인간의 행복과 정서에 영향을 미친다. 그래서 우리가 동일한 상황도 어떻게 해석하고 사고하는지에 따라 삶의 결과는 달라질 수 있다.

행복한 사람은 자기, 타인 그리고 상황을 더 긍정적으로 바라보는 경향이 있다. 행복한 사람들은 사건을 긍정적인 방식으로 부호화하는데, 앞서 살펴본 대로 긍정적인 기분을 느끼는 것은 상황을 긍정적으로 해석하도록 이끄는 힘이 있다(Robinson & Compton, 2008; Seidltiz & Diener, 1993). 앞으로 좀 더 자세히 살펴보겠지만, 낙관주의자들은 힘든 상황에서도 긍정적인 기대를 하는 특성을 가지고 있다. 그래서 그들은 비관적인 사람에 비해 스트레스 상황에 더 잘 대처하고 타인과의 관계도 더 잘 형성한다(Carver et al., 2010; Mens et al., 2021).

3. 주관적 안녕감의 영향 요인

주관적 안녕감은 연령, 성, 수입, 건강, 직업, 교육 수준, 결혼과 같은 객관적 조건이나 타인의 평가가 아니라, 자기 삶에 대해 본인이 좋게 느끼는 정도를 의미한다(Diener et al., 1999). 실제로 많은 연구가 객관적 조건이나 지표보다는 그 조건에 대한 주관적 느낌이나 평가가 행복에 더 큰 영향을 미친다는 점을 밝히고 있다(Argyle, 1987). 이러한 느낌이나 평가에 영향을 미치는 요인에는 크게 개인적 요인, 관계적 요인, 사회와 문화 그리고 공동체 요인이 있다.

글상자 7-2 지속적 행복의 결정 요인

Lyubomirsky 등(Lyubomirsky, Sheldon et al., 2005)은 쾌락주의 관점에서 지속적인 행복(또는 주관적 안녕감)의 수준을 결정하는 통합 모형을 제시했다. 이 모형에 따르면, 지속적인 행복을 유전(또는 성격이나 기질), 환경(또는 객관적 조건) 그리고 의도적 활동(또는 태도와 동기)의 합으로 분석한 결과, 부정적 정서 성향이나 각성 성향과 같은 유전적 기질이 행복의 50%를 결정한다(Lykken & Tellegen, 1996). 환경은 연령, 성, 인종, 결혼, 수입, 종교, 건강, 직업 등의 인구학적 요인과 사회 · 경제적 요인, 불행한 사고나 아동기의 상처, 복권 당첨 등의 생활 사건을 포함한다. 환경적 요인이 행복을 결정하는 정도는 대략 10%다. 마지막으로, 규칙적 운동, 부정적 상황의 긍정적 재구성, 감사, 목표 추구, 봉사활동과 같은 의도적 활동이 행복의 40%를 결정한다. 이러한 결과에 따르면, 우리가 자기의 행복을 위해 독자적으로 할 수 있는 일은 의도적 활동으로, 우리는 이러한 활동을 통해 자기의 행복을 40% 정도 통제할 수 있다.

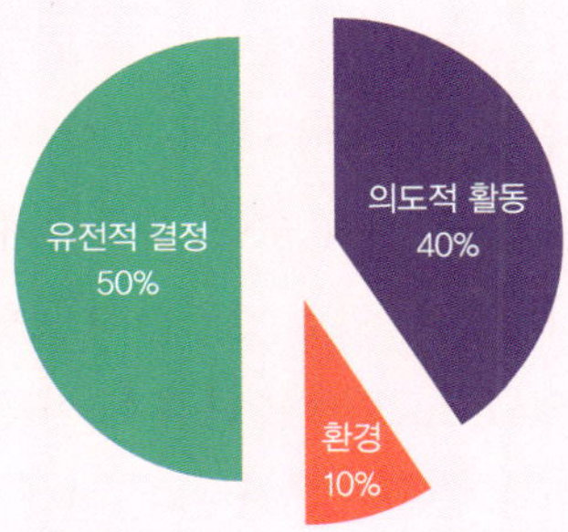

그림 7-6 지속적 행복 수준을 결정하는 주요 3요인

출처: Lyubomirsky, Sheldon et al. (2005).

1) 개인적 요인

(1) 유전적 요인

개인적 요인 중 유전적 요인은 행복 수준에서 선천적인 개인차를 설명해 준다. 여기에는 정서 경향성, 기질, 성격, 접근-회피 경향성 등이 있다. 정서 경향성(affect style)은 개인이 경험하는 정서의 독특한 특성을 말한다. 어떤 사람은 긍정 정서와 부정 정서 모두 많이 경험하지만, 또 어떤 사람은 이와 반대이거나 어느 한쪽을 더 많이 경험한다(Watson et al., 1988). 사람들이 경험하는 정서를 장기간에 걸쳐 측정하면, 긍정 정서 경향성과 부정 정서 경향성을 발견할 수 있다. Watson과 Walker(1996)는 대학생 참가자들의 정서를 현재, 2개월 후 그리고 6~7년 후에 반복해서 측정했다. 그 결과, 처음 점수는 2개월 후의 점수와 높은 상관을 보였고, 7년 후의 점수와는 중간 크기의 상관을 보였다. 이처럼 정서 경험은 상당히 안정적인 경향을 보인다. 이러한 경향성은 보상과 처벌의 신호에 대한 민감성과 연결된다(Tellegen, 1985).

Tellegen 등(1988)은 서로 같거나 다른 환경에서 자란 일란성 혹은 이란성 쌍생아를 조사했다. 그 결과, 성격의 50%, 긍정 정서성의 40% 그리고 부정 정서성의 55%가 유전에 따른 것이었다. Lykken과 Tellegen(1996)은 2,310명의 20~30대 쌍생아에게 "현재 나쁜 일과 좋은 일을 모두 고려할 때, 당신은 타인과 비교해서 얼마나 행복하고 만족합니까?"라는 질문과 함께 그들의 주관적 안녕감을 측정했다. 그 결과, 사회 · 경제적 수준, 교육 수준, 가족의 수입, 결혼 여부, 종교적 헌신 중 어떤 요인도 주관적 안녕감을 30% 이상 설명하지 못했다. 그러나 주관적 안녕감의 44~52%가 유전과 관련이 있었다. 또한 10년 후에 이들의 주관적 안녕감을 다시 측정한 다음, 처음에 측정한 점수와 상관을 계산했다. 이때 쌍생아들의 점수를 교차해서 계산했다. 예를 들면, 이란성 쌍생아 A와 B의 경우, A의 현재 점수와 10년 후 B의 점수 간의 상관을 구했고, B의 현재 점수는 A의 10년 후 점수와 상관을 계산했다. 그 결과, 이란성 쌍생아의 점수는 서로 아무런 상관이 없었다. 그러나 일란성 쌍생아의 두 점수는 약 80% 일치했다. 이것은 유전이 정서 경험에 크게 관여하고 있음을 보여 주는 것이다.

성격 5요인(Big 5)은 전 생애에 걸쳐 상당히 안정적이다(McCrae & Costa, 1997). 성격 특질은 주관적 안녕감과 큰 관련성이 있는데, 그중에서도 외향성은 행복과 가장 관련성이 크다. 보통 외향성은 사람들과 어울리는 것을 즐기는 등 사회적인 측면과 관련이 있는 특질이다. 외향성 수준이 높은 사람은 긍정적인 정서를 계속 유지하는 능력이 뛰어나고(Lischetzke & Eid, 2006), 과거의 행복한 기억을 더 많이 기억하는 경향이 있다(Mayo, 1990). 반면, 신경증은 정서적 불안정성을 나타내는 특질로, 만성적인 불안, 우울, 적대감, 높은 자의식 등과 관련이 있다. 신경증 수준이 높은 개인은 부정 정서를 더 잘 느끼고, 지나치게 민감하며, 사소한 문제도 쉽게 지나치지 못하는 등 과민 반응을 보이고 스트레스를 자초하는 경향이 있다(Magnus et al., 1993).

마지막으로, 접근-회피 경향성도 주관적 안녕감에 영향을 주는 유전 관련 요인이다. 우리 뇌의 행동 활성화 시스템과 행동 억제 시스템은 접근-회피 경향성과 밀접한 관련성을 가지고 있다(Gray, 1991). 강화 민감성 이론(reinforcement sensitivity theory; Gray, 1987)에 따르면, 충동적인 사람은 환경에 존재하는 보상에 민감하고, 불안한 사람은 처벌의 위협에 민감하다. 접근 경향성이 높은 사람은 목표 지향적으로 행동함으로써 성공하기 쉽고, 그래서 긍정 정서를 경험할 가능성이 높다. 즉, 그들은 외향성이 높은 사람들처럼 보상 상황에 민감하고, 그래서 애매한 상황에서도 과제에 접근해서 능동적으로 관여한다. 이러한 특성이 그들을 더 행복하게 만들 수 있다(Carver & White, 1994). 반면, 회피 경향성이 높은 사람은 처벌과 관련된 자극을 회피하려는 동기가 강하다. 그들은 상황의 잠재적인 위협을 감지하고 그것을 피하기 위해 조심스럽게 행동한다. 신경증이 높은 사람들은 혹시 발생할지 모르는 위협을 회피하기 위해 지나치게 활동을 억제하는 경향이 있어서, 그들이 삶을 긍정적으로 경험하기가 어렵다(Canli et al., 2001).

(2) 심리적 요인

사람들은 자기의 경험을 있는 그대로 보기보다는 나름의 기준에 따라 해석하고 평가한다. 이와 같은 심리적 작용은 특정 경험과 주관적 안녕감 간의 관계에 영향을 미칠 수 있다. 이러한 요인 중 하나가 사회 비교(social comparison)다. 보통 사람들은 자신의 능력이나 의견 또는 심리적 상태를 다른 사람과 비교해서 평가한다. 우리는 이러한 비교 과정을 통해 자기 개념을 형성하기도 하고, 자신이 얼마나 잘 살아가고 있는지를 판단할 수 있다. 이런 점에서 사회 비교는 유익한 심리적 과정이다. 그렇지만 지나치거나 비현실적인 사회 비교는 사람을 피로하게 하고 불행하게 만든다.

일반적으로 자기의 비교 기준과 현실과의 차이가 작을수록 사람들은 행복해한다(Diener et al., 1999). 또한 행복한 사람은 불행한 사람에 비해 사회 비교에 덜 민감하고, 특히 나쁜 정보에 덜 민감하다. Lyubomirsky와 Ross(1997)는 대학생들의 자기보고를 이용해서 그들을 행복한 집단과 불행한 집단으로 구분하고, 그들에게 철자 바꾸기 과제를 부여했다. 그다음, 참가자들에게 자기의 수행 점수와 함께 자기보다 더 잘

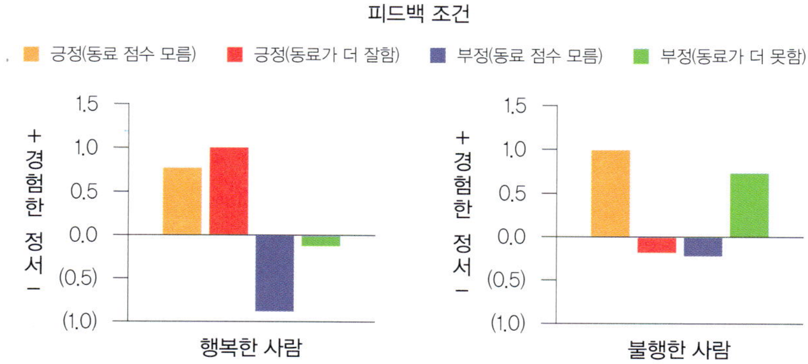

그림 7-7 행복한 사람과 불행한 사람의 사회 비교. 행복한 집단의 기분은 타인의 성적에 큰 영향을 받지 않지만, 불행한 집단은 자기의 성적보다도 타인의 성적에 더 큰 영향을 받았다.
출처: Lyubomirsky & Ross (1997).

한 동료와 더 못한 동료의 점수를 알려 주었다. 그 결과, [그림 7-7]에서 보듯이 동료의 수행에 대한 정보가 없을 때, 자기가 수행을 잘한 조건에서는 두 집단 모두 긍정적인 정서를 느꼈다. 행복한 사람은 동료가 나보다 더 잘했다는 것을 알더라도 그것에 큰 영향을 받지 않았지만, 불행한 사람은 그 영향을 크게 받아 긍정 정서의 수준이 현저히 떨어졌다. 비슷하게, 동료의 수행 성적을 모를 때, 행복한 사람은 자신이 수행을 잘하지 못했으면 불행한 사람보다 부정적인 정서를 더 크게 느꼈다. 그러나 동료가 자기보다 못했다는 것을 알면, 행복한 사람은 강도는 약하지만 여전히 부정적인 정서를 느꼈고, 불행한 사람들은 긍정적인 정서를 느꼈다. 이를 통해 알 수 있는 것은 불행한 사람들은 자신의 수행 그 자체보다 타인과의 비교에 더 민감하다는 것이다.

주관적 안녕감에 영향을 주는 또 다른 개인적 요인으로 목표(goal)를 들 수 있다. 사람들은 특정 목표를 추구함으로써 자기 삶에 대한 주인의식과 의미를 느낀다. 또한 이 목표는 어려움을 극복할 수 있게 함으로써 궁극적으로 주관적 안녕감의 증진을 가져온다. 그러나 중요한 점은 목표 그 자체보다는 목표의 유형과 성취 여부다. 자기의 내적인 가치에 부합하고 자발적으로 선택한 목표의 추구는 주관적 안녕감을 증진한다(Harackiewicz & Sansone, 1991). 또한 당연하게도, 목표를 성취하면 행복감을 느끼고 실패하면 부정 정서를 느낀다(Emmons, 1996). 그래서 기본적으로는 목표의 성취가 행복의 증진에 필수적이다. 객관적인 환경과 조건도 목표 달성에 중요한데, 자원 그 자체보다는 목표 달성을 위해 그 자원을 유용하게 사용하는 것이 중요하다(Diener & Fujita, 1995). 결론적으로 자원이 많다고 해서 그것이 반드시 목표 달성을 용이하게 하는 것도 아니고, 궁극적으로 행복을 증진시키는 것도 아니다.

마지막으로, 행복한 사람과 불행한 사람은 세상을 해석하는 방식이 다르다. 비관주의자와는 달리, 낙관주의자는 현재 이용 가능한 것에 주의를 기울이고 긍정적인 입장과 태도를 취한다 ([그림 7-8] 참조). 낙관주의(optimism)에는 여러 유형이 있는데, 그 하나가 기질적 낙관주의다. 이것은 어떤 상황이나 사건이 앞으로 잘될 것이라는 전반적인 기대와 관련된다(Scheier & Carver, 1987). 기질적 낙관주의가 높은 사람일수록 자아존중감이 높고, 역경을 마주했을 때 건강과 행복을 유지하는 경향이 있다 (Scheier et al., 2002). 또 다른 낙관주의는 설명 방식 혹은 사람들이 과거 사건의 원인을 해석하는 방식과 관련되는 낙관주의다 (Peterson & Steen, 2002). 또한 사람들은 자기 삶의 사건을 좀 더 낙관적으로 설명하는 방법을 학습할 수 있는데, 이것이 학습된 낙관주의다(Seligman, 1998). 이것은 우리가 삶에서 반복된 부정적인 경험을 통해 무기력을 학습하는 것처럼 낙관성도 학습할 수 있다는 것이다.

그림 7-8 낙관주의(위)와 비관주의(아래). 낙관주의자와 비관주의자가 느끼는 행복 수준이 다르다.

낙관주의가 삶에서 진정한 힘을 발휘하기 위해서는 현실적인 사고가 필수적이다. 현실적 낙관주의는 자신이 마주한 상황을 왜곡하지 않고 있는 그대로 인정하고 부정적인 피드백을 수용하면서, 미래를 더욱 건설적으로 준비할 수 있도록 한다. 하지만 무조건적으로 인생을 장밋빛으로 보는 것은 오히려 현실 파악을 방해하고 미래를 적절히 대비하지 못하게 해서 위험할 수 있다. 때로 낙관적인 사람들은 자기에게 암, 실연, 사고, 이혼과 같은 부정적 사건이 닥칠 가능성을 비현실적으로 낮게 지각한다 (Weinstein, 1982). 편향된 낙관주의는 부정적 사건에 대한 예방을 소홀하도록 만들어 잠재적 위험을 초래할 수 있다. 이처럼 낙관적 기대가 현실과 크게 동떨어져 있는 경우를 비현실적 낙관주의라고 한다.

반대로, 방어적 비관주의는 주관적 안녕감을 어느 정도는 증진할 수 있다(Norem & Cantor, 1986). 방어적 비관주의(defensive pessimism)는 미래에 대해 불안해하고 최악의 결과를 예상하는 사고와 행동이다. 이러한 사람은 실패를 대비하는 정신적 훈련을 통해 자신감을 높이고 불안을 낮추며 상황에 대한 통제감을 키워서 성공의 기회를 최대화할 수 있다(Norem & Chang, 2002).

Norem과 Chang(2002)은 낙관주의자와 비관주의자의 수행을 다룬 기존의 연구를 고찰했다. 그 결과, 다양한 상황, 과제 그리고 참가자로 이루어진 수행에서는 두 집단 간 차이가 없었다. 한편, 방어적 비관주의자들은 긍정적 기분 상태에 있을 때 수행 수준이 떨어지고, 부정적 결과의 가능성을 고려할 때 수행이 높았다(Norem, 2002). 그러나 수행과는 무관하게, 낙관주의자들의 만족과 행복 수준이 비관주의자보다 더 높았다(Spencer & Norem, 1996). 비관주의자들은 성공과는 별도로 불안 수준이 높고, 자아존중감이 떨어지며, 부정적 사고와 불안으로 주변 사람과의 대인관계가 힘들 수 있기 때문이다. 요약하면, 낙관주의자와 비관주의자 사이의 수행 차이는 연구마다 다르지만, 삶에 대한 만족과 행복 수준은 낙관주의자들이 더 높을 가능성이 크다.

(3) 사회 · 경제적 요인

수입, 직업과 같은 요인 역시 개인의 행복에 일정 부분 영향을 미친다. 경제적 수준과 행복의 관계를 보면(Diener et al., 1985), 가난을 벗어날 수 있는 지점까지는 수입이 증가할수록 행복 수준도 높아지지만, 그 이상 경제적 수준의 향상은 더 이상 행복 수준을 끌어올리지 못한다. 매우 부유한 사람들은 그렇지 않은 사람들보다 단지 약간만 더 행복할 뿐이다. 때로는 갑자기 많아진 돈 때문에 감당해야 할 대가가 더 커서 오히려 행복 수준이 낮아질 수도 있다. 도박으로 큰돈을 거머쥔 사람들은 일을 그만두고, 이전의 사회적 관계가 단절되고, 성취감도 낮아지며, 도움을 기대하는 주변인과의 갈등으로 스트레스가 커질 수 있다(Smith & Razzell, 1975). 또한 갑작스러운 큰돈은 소소한 즐거움을 경시하게 함으로써, 실제 행복은 증가하지 않거나 심지어 감소할 수도 있다(Brickman et al., 1978).

국가 간 비교 연구(Inglehart et al., 2008)에 따르면, 국가의 GNP와 행복 수준은 약 .50의 상관이 있었다. 그러나 부유한 나라는 가난한 나라보다 더 민주적이고 평등한데, 이러한 요인도 행복에 영향을 줄 수 있다. 다시 말해, 국가의 부와 주관적 안녕감의 높은 상관은 부 자체의 영향보다는 부유한 국가의 국민이 누리는 자유, 통제감 그리고 사회적 관용 때문일 수 있다. 실제로 몇몇 구공산권 국가는 시장 경제를 채택하면서 경제 수준은 나아졌지만, 국민들이 국가에 대해 갖는 자부심이나 만족감이 떨어지면서 그들의 삶의 만족도도 함께 떨어졌다.

사회 · 경제적 측면과 관련된 중요한 변인 중의 하나가 직업이다. 직업은 사람들의 경제적 수준을 결정하는 중요한 요인이면서, 그 일의 내용이나 특성이 사람들의 행복에 영향을 미칠 수 있다. Argyle(1989, 2001)의 연구에 따르면, 직업을 가진 사람이 실업자보다 더 행복했고, 전문직과 숙련직 종사자들이 상대적으로 더 행복했다. 또한 직업은 긍정 정서, 삶의 만족, 자아존중감, 공감, 돈에 대한 만족, 건강, 주거 만족 등 다양한 차원에 긍정적인 영향을 미쳤다. 그러나 단순히 직업 그 자체보다는 직업에 대한 만족도나 직무 만족이 삶의 만족에 더 큰 영향을 미친다(Diener et al., 1999). 즉, 어떤 직업인가의 문제보다는 자신에게 맞고 만족스러운 직업을 갖는 것이 주관적 안녕감에 더 중요하다. 그러나 직업 만족과 삶의 만족은 양방향의 인과관계가 있다(Lyubomirsky, Sheldon et al., 2005). 행복한 사람은 자신의 일에 흥미를 느껴 더 만족할 수 있기 때문이다.

글상자 7-3 돈으로 행복을 살 수 있을까

돈이 많다고 해서 꼭 행복한 것은 아니다. [그림 7-9]에서 보듯이 경제적으로 풍요로운 국가일수록 그들의 행복 수준도 높아지지만, 경제적 풍요가 일정 수준에 도달할 때까지만 그렇다. 그럼 이런 결과는 돈으로 행복을 살 수 없다는 의미인가?

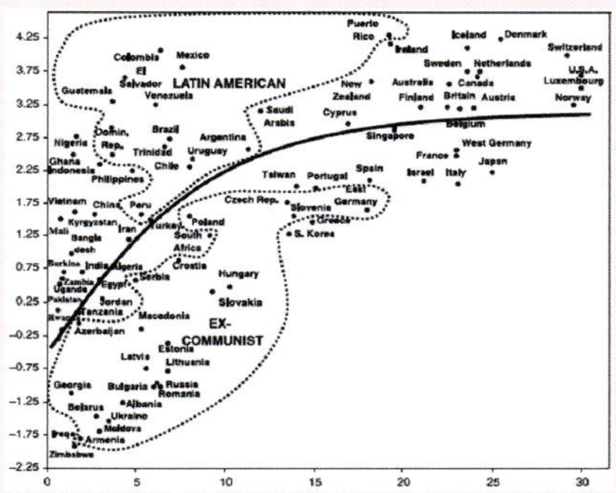

그림 7-9 **경제적 수준(가로축)과 주관적 안녕감(세로축)의 관계.** 경제 수준이 높아진다고 해서 그에 따라 주관적 안녕감도 선형적으로 높아지는 것은 아니다.
출처: Inglehart et al. (2008).

Dunn 등(2008)은 632명(55%가 여성)의 행복 수준, 연봉, 매달 지출 내역을 파악했다. 그 결과, 자신을 위한 지출은 행복과 무관했지만, 타인을 위한 지출이 많을수록 행복 수준도 높았다. 연구자들은 또 다른 16명에게 상여금(평균 4918.64달러)을 주었다. 참가자들은 상여금을 받기 1개월 전, 받았을 때 그리고 받고 6~8주 후에 자신의 행복 수준을 평가했고, 상여금을 어떤 영역에 얼마나 지출했는지도 보고했다. 사용 영역은 개인적 영역(일반적인 지출, 임대료, 자신에게 필요한 물건 구매)과 친사회적 소비(타인을 위한 물건 구매, 자선 단체 기부)로 나누어 분석했다. 회귀분석 결과, 타인을 위한 지출이 많을수록 행복 수준도 증가했다. 그런데도 사람들은 왜 타인을 위한 지출을 덜 하는 것일까? 이들의 연구 결과에 따르면, 사람들은 돈이 행복에 미치는 영향을 잘못 믿고 있었다. 그들은 자신을 위해 돈을 쓰는 것이 더 큰 행복을 가져다줄 것이라고 믿고 있었다.

2) 관계적 요인

행복에 영향을 미치는 많은 외부 요인 중에서 문화 보편적인 유일한 요인이 긍정적인 인간관계다. 우리는 근본적으로 타인과 관계를 맺으려는 욕구를 가지고 있어서, 이러한 욕구를 충족하는 것이 주관적 안녕감에 결정적이다(Diener & Lucas, 1999). 실제 긍정적인 대인관계를 맺고 있는 사람은 높은 자아존중감, 성공적인 대처 능력, 신체적 건강 그리고 낮은 심리적 문제를 보고한다(Berscheid & Reis, 1998). 이는 스트레스 상황에서 타인으로부터 받는 사회적 지지가 스트레스의 부정적 효과를 완충하기 때문이다. 완충 가설(buffering hypothesis)에 따르면, 자기의 부정적인 사건을 친밀한 사람에게 개방하는 것은 스트레스 수준을 낮추고, 스트레스로 인한 면역계의 억제를 감소시킨다(Cohen, 2004). 반면, 직접 효과 가설(direct effects hypothesis)에 따르면, 사회적 지지는 스트레스 수준과는 독립적으로 개인의 건강에 도움을 줄 수 있다(Stroebe et al., 1996).

결혼과 가족은 삶의 만족과 행복에 지대한 영향력을 행사한다. 성, 연령, 소득, 교육, 인종과 상관없이, 기혼자는 미혼자보다 더 행복하고 더 만족스러운 삶을 산다(Myers, 2000). 그러나 우리 주변에 불행한 기혼자들이 있듯이, 결혼 자체가 행복 수준을 높이기보다는 결혼의 질이 중요한 요인이다. 불행한 결혼은 미혼보다 행복에 더 부정적 영향을 미친다(Argyle, 2001; Reis & Gable, 2003). 즉, 결혼 그 자체보다는 부부관계가 지지적이고 안정적일 때, 결혼이 신체적으로나 정서적으로 만족을 준다(Berscheid, 2003).

축하받을 일이 있는데 쓸쓸하게 혼자 저녁 식사를 하는 것만큼 외로운 일은 없을 것이다. 친밀한 관계가 행복에 긍정적인 영향을 주는 이유 중 하나가 자본화(capitalization)다. 이것은 좋은 일을 함께 나누면 그 일이 주는 혜택 이외에 또 다른 이득이 생기는 경우를 의미한다. 우리는 힘든 일을 친밀한 사람에게 노출함으로써 위로를 받을 수 있다. 마찬가지로 우리의 기쁜 사건에 대한 상대방의 적절한 반응 역시 관계의 질을 높이는 데 중요하다. Pagani와 동료들(2020)은 커플을 대상으로 일상의 다이어리 연구를 수행했다. 그 결과, 파트너가 나의 긍정적인 사건에 적극적이고 건설적으로 반응했다고 지각할 때(예: 파트너가 나보다 그 일을 더 기뻐한다), 사람들은 더 높은 커플 정체성을 느꼈다. 즉, 나의 기쁜 일을 마치 자신의 일처럼 기뻐해 주는 파트너와 좋은 일을 나눌 때, 우리는 더욱 강한 연결감과 행복을 경험할 수 있다.

이처럼 관계는 우리의 행복에 매우 중요하지만, 역설적으로 관계는 때로 우리에게 큰 고통을 준다. 관계가 우리의 삶에 긍정적으로 작동하기 위해서는 상당한 수준의 노력과 절제가 필요하다. 그중 하나가 적절한 **자기노출**(self-disclosure)이다. 이것은 자기의 감정, 생각, 신념, 과거의 경험, 미래의 계획 등 자기의 중요한 정보를 의도적으로 노출하는 것이다. 인간은 인생에서 가장 기억에 남는 것을 타인에게 이야기하고자 하는 욕구가 있다. 실제 결혼한 부부와 가족은 규칙적으로 자기의 경험을 공유한다(Pasupathi et al., 2002). 또한 자기노출은 인간의 1차적 욕구 충족과 관련된 동기와 보상을 담당하는 뇌 영역의 활성화와 관련이 있고, 수면의 질과 심리적 안녕감에도 긍정적인 영향을 미친다(Holt-Lunstad et al., 2015; Kane et al., 2014). 하지만 자기노출은 무작정 자신의 생각과 감정을 쏟아 내는 것이 아니라, 상대와 적절한 상호적 관계 속에서 이루어질 때 긍정적인 역할을 한다.

사회적 지지(social support) 역시 개인의 행복에 중요한 요인이다([그림 7-10] 참조). 사회적 지지란 개인이 친밀한 사람으로부터 실제 사랑과 돌봄을 받는 경험뿐만 아니라, 그러한 돌봄을 받고 있다고 지각하는 것이다(Wills, 1991). 만족스러운 수준의 사회적 지지를 받는 사람은 심리적 · 신체적으로 건강하고, 우수한 면역 기능 덕분에 질병에서 더 빠르게 회복할 뿐만 아니라, 심혈관 질환, 암, 여러 스트레스성 생활사건, 노화 그리고 사망률에서도 유리하다(Taylor, 2011).

그림 7-10 사회적 지지. 사회적 지지는 개인의 행복을 증진한다.

한 실험 연구에 따르면, 파트너에게 개인적인 걱정을 털어놓을 때 상대방이 적절한 반응과 지지를 해 주면, 이러한 지지를 받는 사람은 정서적으로 나아지는 경험을 한다(Collins & Feeney, 2000). 이러한 결과는 반응적인 사회적 지지가 스트레스를 줄이고 관계의 질을 높임으로써 개인의 안녕감에 긍정적인 영향을 미친다는 것을 의미한다. 한편, 사회적 지지는 지지의 수혜자뿐만 아니라 제공자에게도 유익하다. 사랑하는 사람을 지지하고 보살피는 것과 같은 돌봄 행동은 심혈관 질환과 같은 신체적 건강(Piferi & Lawler, 2006)뿐만 아니라 심리적 건강에도 긍정적인 영향을 준다(Deci et al., 2006).

혹자는 관계가 마치 정원을 가꾸는 것과 같다고 한다. 이것은 친밀한 관계를 유지하기 위해서는 그만큼이나 세심한 주의와 정성이 필요하다는 것을 의미한다. 관계가 우리의 삶에 긍정적인 안녕감의 원천으로 작동하려면, 가깝고 친밀한 관계일수록 더 큰 절제와 자기조절이 필요하다는 것을 기억해야 한다(Finkel & Campbell, 2001; Rawn & Vohs, 2006).

3) 사회와 문화 그리고 공동체 요인

사람들의 안녕감과 행복은 단순히 개인의 문제에 국한되지 않는다. 우리는 사회적 동물로서 타인과 더불어 살아가기 때문에 공동체의 특성에 영향을 받는다. 특히 우리 사회의 제도와 환경 그리고 다양한 문화적 요인은 우리의 삶 곳곳에 깊숙이 침투해 있으면서 우리의 생각, 행동 그리고 행복에 큰 영향을 미친다. 그렇기 때문에 우리는 사람들의 행복을 위해서 단순히 개인에게만 초점을 둘 것이 아니라, 그들을 둘러싼 사회적 환경에도 관심을 둘 필요가 있다(Biglan et al., 2012).

그중 첫 번째로 고려할 요인은 국내총생산(GDP)이다. 삶의 만족도가 높은 국가는 평균 소득과 국내총생산이 높은 경향이 있다(Diener et al., 2010). 특히 국가의 부가 사람들의 행복과 삶의 만족에 미치는 영향력은 빈곤한 국가에서 상대적으로 더 크다. 이것은 한편으로 부유한 국가일수록 기본적인 음식, 식수, 교육 환경, 의료 제도를 갖추고 있기 때문이다(Diener & Suh, 2000). 이러한 점에서 보면, 국가의 부 수준과 함께 그것을 통해 사람들의 의식주와 같은 기본적인 욕구를 얼마나 잘 충족하는지가 중요하다.

두 번째로 고려할 요인은 사회가 사람들의 심리적인 욕구를 얼마나 잘 충족해 주는지와 관련이 있다. 앞서 살펴본 것처럼, 소득은 국가 간 안녕감의 차이에서 매우 중요한 요인이다. 하지만 개인이 경험하는 긍정 정서는 소득과 비교적 작은 관련성이 있을 뿐이다. 대신에, 행복은 자신의 능력을 활용할 수 있는 기회, 학습, 자율성, 존중 등과 같이 심리적 욕구의 충족과 더 크게 관련이 있다. 그래서 사회의 번영을 단순히 경제적인 측면에서만 볼 것이 아니라, 사회・심리적인 측면에서도 살펴볼 필요가 있다.

세 번째로 고려할 요인은 민주주의와 평등이다. 사회가 개인에게 자유로운 선택을 허락하는 정도는 행복에 영향을 미치는 주요한 요인이다(Inglehart et al., 2008). 또한 사람들의 행복은 민주주의, 타인에 대한 관용 그리고 통제감과 관련이 있다. 정부와 타인에 대한 신뢰 수준과 사회에서 받는 공정한 대우는 주관적 안녕감과 강한 정적 상관이 있다(Tov et al., 2009). 그래서 사회의 공정성이 낮을수록, 주관적 안녕감과 삶의 만족도는 낮아진다. 흥미롭게도, 국가의 부패 수준을 높게 지각하는 사람들은 행복을 소득과 부에서 찾는 경향이 있다(Tay et al., 2014). 또한 사회적 불평등(Wilkinson & Pickett, 2009)과 정치적 불안정(Inglehart, 2000)은 낮은 주관적 안녕감과 관련이 있다.

높은 시너지 문화는 사람들이 서로를 강화하고 개인적 안녕감을 높이는 활동을 할 수 있는 문화를 의미한다. 반면, 낮은 시너지 문화는 개인의 목표가 사회의 전반적인 안녕감과 상충하는 문화를 의미한다(Benedict, 1956). 이때 건강한 공동체는 개인과 환경을 배타적으로 보지 않으면서 개인-환경 적합성(the person-environment fit)을 중요시한다. 개인과 환경의 적합성이 낮으면 여러 개인적이거나 사회적인 문제가 발생할 수 있지만, 반대로 그 적합성이 높으면 개인과 사회가 함께 번영할 가능성이 높아진다. 높은 개인-환경 적합성을 가능하게 하는 한 요인이 사회적 자본(social capital)이다. 사회적 자본이 많은 사회는 사람들 사이에 높은 신뢰, 상호성, 도움 행동, 시민 활동 참여 그리고 강한 사회적 연대를 가진다.

이처럼 인간의 삶에서 사회적 환경의 역할을 강조하는 학문이 **공동체심리학**(community psychology)인데, 이 학문은 문화 상대주의, 다양성 그리고 생태학에 기초한다(Rappaport, 1987). 문화 상대주의는 사회적 규칙, 관습 그리고 기준의 문화 간 차이를 비교해서 평가할 수 있는 객관적인 기준이 없다는 입장이다. 다양성은 많은 하위 집단 간에 계속해서 차이가 존재한다는 것을 인식하고 인정하는 태도다. 생태학은 인간을 둘러싼 환경을 물리적 자연에 국한하기보다는 그런 환경이 인간 유기체에게 갖는 의미를 포함하는 개념이다. 즉, 인간은 고립되어 있는 존재가 아니고, 그들의 환경과 복잡한 상호작용 속에 존재한다는 것을 보여 주는 개념이다([그림 7-11] 참조). 이처럼 사람들의 행복을 사회적이고 공동체적인 입장에서 볼 때, 공동체 구성원들의 집단 활동은 그들에게 사회적 연대감과 공유된 목표를 추구하게 함으로써, 궁극적으로 구성원 각자의 안녕감을 높일 수 있다(Klar & Kasser, 2009). 공동체심리학의 핵심은 집단 효능감이다. 이것은 공동체 안에서 느끼는 응집성과 결속력으로, 구성원들이 더 살기 좋은 공동체를 만들기 위해 능동적으로 참여하고 개입하고자 하는 의지와 같다. 집단 효능감이 높을 때, 사람들은 더 나은 사회를 위해 노력하고 그 속에서 각자는 높은 안녕감을 누릴 수 있다.

그림 7-11 공동체. 공동체와의 연결성은 우리의 안녕감에 중요한 영향을 준다.

4. 심리적 안녕감: 역경과 삶의 의미

앞서 살펴본 주관적 안녕감(SWB)은 정서 상태, 즉 긍정적인 정서 경험은 높이고 부정적인 정서 경험은 낮추는 것에 초점을 둔다. 그러나 우리의 행복을 이러한 관점으로 전부 설명할 수는 없다. 인간은 살아가면서 희로애락을 경험하고, 때로는 즉각적인 긍정 정서의 경험을 포기하면서까지 스스로 도전적인 일을 수행해서 자기를 확장하고 실현하며, 그 속에서 삶의 의미와 행복을 경험하기 때문이다. 즉, 역설적으로 우리는 인생에서 마주하는 크고 작은 역경 속에서 삶의 의미를 찾게 된다.

1980년에 미국정신의학회(American Psychiatric Association)가 흔히 PTSD라고 부르는 외상 후 스트레스 장애를 소개한 후, 심리학자들은 역경 후 나타나는 여러 부정적인 측면을 많이 연구했다. 이와 함께 성폭행 피해자, 재난 피해자, 사별 경험자, 참전 군인 등 인생의 역경을 경험한 사람들이 오히려 긍정적인 변화를 보인다는 점도 1980년대 이후 심리학자들의 관심을 끌기 시작했다. 이러한 현상을 설명하기 위해 1990년대에 등장한 대표적인 용어가 역경 후 성장(Post-Traumatic Growth: PTG)이다(Tedeschi & Calhoun, 1996). 이 절에서는 심리적 안녕감 측면에서 역경이 우리에게 미치는 두 가지 영향을 살펴보고, 역경 속 삶의 의미와 자기성장을 살펴본다.

1) 역경의 두 얼굴

우리는 살아가면서 크고 작은 역경을 마주한다. 이러한 사실은 누구도 피할 수 없는 실존의 문제다. 역경의 내용과 강도는 사람에 따라 다양하겠지만, 역경이 우리의 삶을 고단하게 만든다는 것은 누구에게나 동일한 사실이다. 그렇지만 이러한 역경 상황이 모두에게 동일한 영향력을 행사하는 것은 아니다. 즉, 역경을 겪은 후 누군가는 극복하기 힘든 외상(trauma)을 경험하고, 다른 누군가는 그것을 딛고 더욱 성장한다([그림 7-12] 참조). 그 이유는 무엇일까?

우리는 살면서 예기치 않게 원치 않는 사건을 마주하게 된다. 특히 상실, 학대, 성폭행, 전쟁, 질병, 실패와 같은 스트레스 사건을 겪게 되는데, 이것을 역경(adversity)이라고 한다. 또한 우리가 대처할 수 없을 정도로 자기, 타인 그리고 미래에 대한 기대나 가정을 위협하는 충격적인 경험을 심리적 외상(trauma)이라고 한다. 보통 역경에 처한 사람은 우울, 불안, 두려움, 낙심, 불면, 소화불량, 일상의 부적응 등 심리적이거나 신체적인 적응의 문제를 보인다. 이것을 외상 후 스트레스 장애(Post Traumatic Stress Disorder: PTSD)라고 한다. 역경이나 불행은 기존의 신념 체계를 무너뜨리기 때문에, 대부분의 사람은 그러한 사건을 직면해서 생각하는 것을 회피하거나 거부한다. 실제 회피나 거부는 자기를 보호하는 하나의 정상적인 방법이다.

그러나 외상 사건에 대한 회피나 거부는 문제의 궁극적 해결책은 되지 못한다. 반대로, 사건에 대한 의미 만들기를 통해 그 사건을 재구성하고, 그것을 기존의 의미 체계와

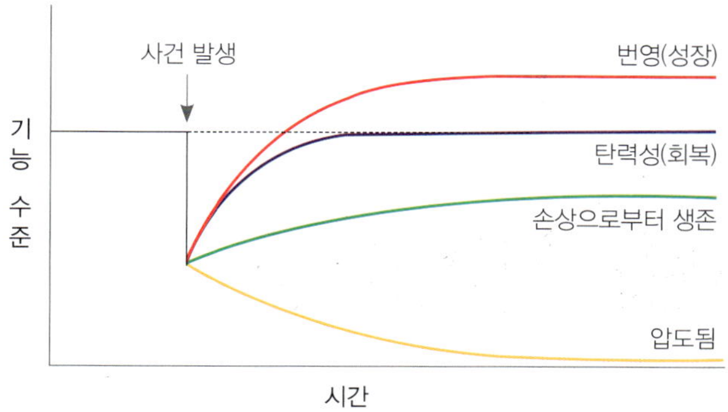

그림 7-12 역경에 대한 다양한 반응. 역경에 직면한 사람들은 그것으로부터 회복하여 성장할 수도 있지만 그 사건에 압도되어 기능이 크게 저하될 수도 있다.
출처: Carver (1998).

통합하고 수용할 때 비로소 역경은 끝난다(Baumeister, 1991; Baumeister & Vohs, 2002). 이처럼 불행한 사건에서 새로운 의미 발견하기, 즉 새로운 자기를 발견하고 인간관계나 세상을 새롭게 인식하며 그 속에서 지혜를 얻는 것이 역경이 우리에게 주는 또 다른 영향이고 기회다([그림 7-12] 참조). 특히 전생애 발달 과정에서 약 60%의 성인은 삶의 어느 시점에서 주된 위기와 역경에 직면한다(Greve & Staudinger, 2006). 이런 점에서 위기는 우리 삶에서 매우 자연스러운 것이고, 우리는 이것을 극복하고 회복하기 위한 방법을 터득하면서 성장한다. 오히려 역경이 없는 삶은 아주 작은 도전에도 대처할 능력을 키우지 못하게 한다(Seery, 2011). 역경 속에서 사람들은 적응을 위한 여러 방법을 깨닫게 되고, 기존의 인지 체계를 고수하기보다는 조절 과정을 통해 상황에 적응하고, 자기를 확장할 수 있다(King & Hicks, 2007).

2) 역경 후 성장

역경을 경험하는 사람은 그 속에서 의미 만들기와 이로움 찾기를 통해 그것을 극복할 수 있다(Nolen-Hoeksema & Davis, 2002). 즉, 우리가 역경이라는 객관적인 상황을 주관적으로 어떻게 이해하고 평가하는지에 따라, 우리는 역경을 다르게 경험하게 된다. 이때 의미 만들기(meaning-making)는 주어진 사건을 스스로 이해하고 납득하는 것이고, 이로움 찾기(benefit finding)는 역경 사건이 주는 이로움이나 긍정적인 결과를 발견하는 것이다(Thompson, 1985).

이러한 인지적 재평가의 과정은 마치 '컵에 물이 반이 차 있는 것'인지 혹은 '반이 비어 있는 것'인지에 대한 해석의 차이와 같은 것이다. 동일한 상황을 긍정적으로 볼 것인지 아니면 부정적으로 볼 것인지는 상황 그 자체보다는 개인에게 달려 있다. 이것은 일종의 회복탄력성(resilience)으로, 역경이나 중대한 부정적 사건에 건설적이고 긍정적으로 적응하는 개인의 광범위한 능력으로 볼 수 있다(Masten & Reed, 2002). 이

그림 7-13 역경. 역경은 고통의 원천이면서 성장의 동력이기도 하다.

와 같은 적응 능력이 있는 사람은 역경 사건에 긍정적으로 반응함으로써 어려운 상황에서 더 잘 회복한다([그림 7-13] 참조).

이러한 입장은 실제 가족의 죽음을 앞두고 호스피스 프로그램에 참가한 200명을 대상으로 의미 만들기 과정을 탐구한 연구 결과와도 일치한다(Davis et al., 1998). 연구자들은 참가자에게 사랑하는 사람의 죽음을 이해할 수 있는지 그리고 그러한 상실에서 긍정적인 것을 발견했는지 질문했다. 그 결과, 약 70%의 참가자가 상실을 이해할 수 있었고, 약 80%의 참가자는 긍정적인 이로움을 찾았다고 보고했다. 또한 상실에 대한 이해는 상실 후 첫 1년 동안의 고통을 줄이는 데 도움이 되었고, 그 이후에는 영향을 미치지 않았다. 그러나 긍정적인 이로움을 발견한 사람들은 상실 후 18개월까지도 더 적은 고통을 겪었다. 이처럼 상실과 같은 외상 사건에서 나름의 의미와 이로움을 발견하는 것은 그것을 극복하는 데 기여할 수 있다는 점에서 일종의 자기보호적인 기능을 한다. 한편, 이로움 찾기는 유사-성장(pseudo-growth)으로, 정서적인 안도감은 제공하지만 역경을 지속적으로 조절하지는 못한다는 점에서, 심리적인 안녕감을 증진하는 데는 한계가 있다는 입장도 있다(Helgeson et al., 2006). 이들에 따르면, 이로움 찾기를 넘어서 그러한 역경 경험을 자신의 정체성으로 통합하는 것이 필요하다.

이처럼 회복탄력성의 정도는 이로움 찾기에서부터 역경 후 성장까지 하나의 연속선상에서 찾을 수 있다. 진정한 역경 후 성장은 단순히 이로움을 찾는 것을 넘어서, 자기의 개인적 목표와 삶의 우선순위를 재설정할 때 나타난다(Davis & Nolen-Hoeksema, 2009). 이것은 기존의 활동이나 노력에서 벗어나서 내적으로 동기화되고 개인적으로 의미 있는 새로운 목표와 우선순위를 만들어 내는 것을 포함한다. 이를 통해 사람들은 의미와 목적을 새롭게 인식할 수 있다. 그것은 삶의 목표와 같은 중대한 변화를 통

표 7-4 역경 후 긍정적 변화와 관련한 세 영역

자기관	인간관	인생관
자신의 취약성과 약점에 대한 수용을 바탕으로 자기의 회복력, 지혜와 강점에 대한 지각	타인에 대한 공감과 연민 그리고 가족이나 친구 등 친밀한 관계의 소중함에 대한 인식의 증가	일상에 대한 감사와 인생에서 중요한 문제가 무엇인지 그것에 대한 재평가를 포함한 삶의 철학 변화

출처: Tedeschi & Calhoun (1996).

해 자기의 정체성이나 삶에 대한 인식에서도 큰 변화를 가져오는 것이다.

그중에서도 특히 자기, 대인관계 그리고 삶의 철학에서 생기는 변화가 중요하다(Tedeschi & Calhoun, 1995; 〈표 7-4〉 참조). 자기에 대한 인식은 사건의 희생자에서 자기의 강점과 역량을 인정하는 생존자로 바뀐다. 역경 후 성장한 사람들은 다양한 역경 사건으로부터 새로운 것을 배우고, 전보다 더 강한 자기 이미지와 더 높은 자기효능감을 갖게 된다. 그들은 또한 자기의 취약성도 알게 되는데, 자기의 연약함이나 인생의 불완전성 또는 운명의 불가항력성에 대해서도 높은 지각력을 보인다. 그래서 역경 후 성장한 사람들은 대인관계 측면에서 사회적 지지를 더 추구할 뿐만 아니라, 적절한 수준의 자기노출과 정서 표현 그리고 타인에 대한 공감과 공유를 더 많이 한다(Tedeschi et al., 1998).

게다가 인생에서 중요한 가치와 그렇지 않은 가치를 구분함으로써, 인생의 우선순위와 평가가 달라지고 삶에 대한 철학이 변화한다(Tedeschi & Calhoun, 1995). 이들은 가까운 사람을 위해 더 많은 시간을 쓰는 것, 매일 작은 즐거움에 감사하는 것의 중요성을 깨닫는다. 또한 존재론적인 의미를 갖게 된다. 말하자면, 죽음을 동반하는 인생의 의미와 목적을 숙고하게 된다(Yalom & Lieberman, 1991). 이와 함께 신의 존재에 대한 믿음, 자신의 종교에 대한 헌신, 현실을 초월하는 신념 등 영적인 변화가 일어나기도 한다. 마지막으로, 자신과 타인에 대한 깊은 이해, 평범한 경험에 대한 평범하지 않은 이해와 감사 그리고 균형과 판단 및 소통에서 뛰어난 능력과 같은 지혜가 발달한다.

역경을 경험한 사람들이 겪는 현실의 문제와 심리적 고통이 해소되지 않을 수 있다는 점에서, 역경은 쾌락주의적 행복의 관점에서 보면 그렇게 바람직한 경험은 아니다. 그러나 행복을 보는 관점을 심리적 안녕감의 시각으로 확장하면, 역경 후 성장의 경험은 우리를 목적과 의미로 가득한 좀 더 풍요로운 삶으로 이끌 수 있다(Calhoun & Tedeschi, 2006).

3) 삶의 의미의 원천과 변화

Baumeister(1991)에 따르면, 의미(meaning)란 사물, 사건, 사람들 간의 관계에 대한 정신적 표상으로, 그들 사이의 연결성을 말한다. 의미는 삶에서 경험하는 대상을 다른 대상과 연결함으로써 복잡한 상황을 이해할 수 있게 해 주는 해석의 틀로 작용한다. 예를 들면, 포수와 노루는 원래 개별적 존재이지만, 우리는 경험을 통해 이 둘을 의미적으로 연결할 수 있고, 이러한 연결 속에서 사냥이라는 상황을 이해하고 판단하

그림 7-14 삶의 의미. 우리 모두는 삶의 의미를 찾고자 한다.

게 된다. 실제 인간은 매우 다양한 맥락과 수준에서 복잡하고 풍부한 의미를 만들어 사용한다.

또한 사람들은 자신의 삶에 대한 의미도 찾고자 한다([그림 7-14] 참조). 즉, 자신이 산다는 것을 그 외의 어떤 것과 연결시키고자 한다. 그 속에는 "내 삶은 어떤 의미가 있는가?"에서부터 "내 삶에서 어떻게 의미를 만들어 낼 수 있는가?"에 이르기까지 다양한 질문이 들어 있다(Baumeister, 1991; Yalom, 1980). 특히 사람들은 부정적인 사건을 긍정적으로 보는 방식으로 기억 속에서 그 의미를 재구성하고, 그럼으로써 거칠고 예측 불가능한 세상을 안정적이고 일관적으로 이해하게 된다(전경숙 외, 2013). 이런 점에서 의미는 삶에서 경험하는 역경 상황에서 특히 중요하다(Frankl, 1985). 이처럼 우리는 삶의 의미를 통해 상황을 해석하고 미래를 예측하며, 행동을 결정하고 정서를 조절한다(Bauemister, 1991). 이러한 기준이 없다면, 우리는 충동적이고 본능적으로 행동하게 될 것이다.

(1) 전반적 의미와 상황적 의미

삶의 의미는 존재론적 의미와 상황적 의미(Reker & Chamberlain, 2000), 혹은 전반적 의미와 구체적 의미(Park & Folkman, 1997)로 구분할 수 있다. 이때 존재론적 의미는 전반적 의미(global meaning)라고 부르기도 하는데, 우리가 살아가야 하는 이유에 대한 답이다. 이것은 자신의 삶과 관련된 신념이나 목표, 주관적 가치를 포함하고 있으며, 우리가 일관적이고 예측 가능한 방식으로 사고하고 판단하고 행동하도록 이끌어 가는 인지적 틀이다(Janoff-Bulman & Frantz, 1997; Mischel, 2003). 반면, 상황적 의미(situational meaning)는 구체적 의미라고 부르기도 하는데, 특히 고통스러운 사건에 대한 평가적 의미를 말한다. 이때 그 사건의 의미와 기존의 전반적 의미 사이에 생기는 불일치가 경험하는 고통의 수준을 결정한다(Everly & Lating, 2004; Park, 2010). 이런 불일치가 큰 상황에서 사람들은 그 사건에 대한 의미를 만들고자 한다(Carver, 1998; Park, 2010). 즉, 기존의 전반적 의미와 현재 발생한 사건의 의미 간 차이를 줄이는 노력을 통해, 우리는 불일치로 인한 고통을 경감한다. 성공적 의미 만들기는 힘든 상황에 대한 성공적 적응을 의미한다.

심각한 스트레스 사건은 삶에 대한 기존의 의미 체계를 붕괴시킬 수 있다. 이때 우리는 그 사건에 대한 의미와 자신의 전반적 의미 체계 간의 불일치를 인식하면서 의미 만들기를 시도한다(Park & Folkman, 1997). 이것은 스트레스 상황에 대한 적응 과

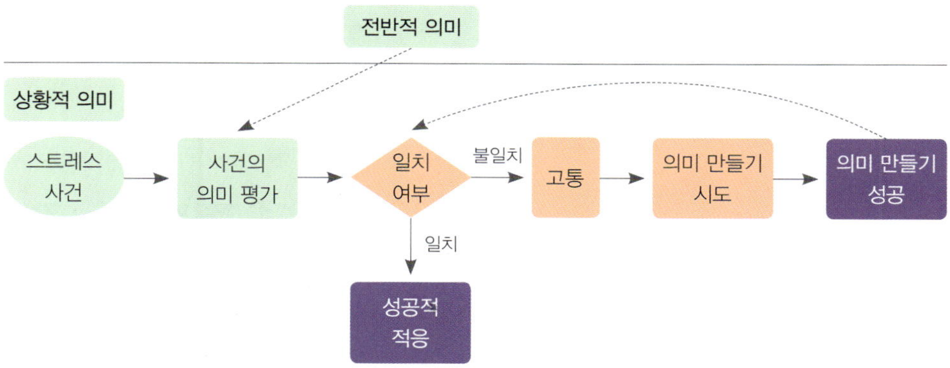

그림 7-15 **의미 만들기 모형.** 사람들은 심각한 스트레스 사건에 대해 새로운 의미를 만듦으로써 삶의 의미를 회복한다.
출처: Park & Folkman (1997).

정으로, 의미 체계를 재구성하여 존재의 가치를 회복하는 데 기여한다. 의미 만들기의 자동적 과정은 스트레스 사건에 대한 생각과 암시를 무의식적으로 회피하여 불일치 및 그에 따른 고통을 줄이는 것이다. 반면, 숙고적 과정은 이전에 간과한 자원을 재평가하거나 목표를 수정하는 등 전략적으로 상황을 이해하려는 포괄적인 노력이다([그림 7-15] 참조). 의미 만들기가 가져온 새로운 의미는 보통 '무언가 깨달은 느낌'이다. 사건에 대한 내적 경험은 대개는 불분명하지만, 새로운 기회, 목표, 성장, 수용을 보고하는 경우가 많다. 이것은 사건에 대한 재평가와 인과관계의 이해, 성장과 긍정적인 삶의 변화에 대한 지각으로 이루어진다. 의미 만들기를 한 사람들은 삶의 의미가 회복되거나 증가하는 변화를 경험한다.

(2) 일관성에 대한 인식

일관성에 대한 인식(Sense of Coherence: SOC)은 성인 초기 이후로 나타나는 성격의 전반적인 안정성으로, 이것은 우리가 세상을 지각하고, 판단하고, 통제하고, 의미를 추구하는 수단으로 작동한다(Antonovsky, 1987). SOC는 서로 연결된 3개의 구성 요소, 즉 이해 가능성, 관리 가능성, 의미성으로 이루어져 있다. 이해 가능성(comprehensibility)은 개인이 충격적 사건을 예측할 수 있고 의미가 있다고 지각하는 정도다. 개인의 초기 경험이 일관적일수록 충격적 사건에 대한 이해 가능성은 높아진다. 일관적이고 예측 가능한 경험은 주어진 상황에서 발생 가능한 사건을 잘 이해하고 예측하도록 해 줌으로써 그 상황에 잘 적응하도록 도와준다.

관리 가능성(manageability)은 개인이 스트레스에 직면하고 대처하는 데 필요한 개

글상자 7-4 마음의 고통과 마음챙김

우리가 자비나 연민심으로 번역하는 영어의 compassion은 '고통하는'이라는 뜻의 라틴어 pati와 그리스어 pathein 그리고 '함께'라는 뜻의 라틴어 com이 합해져서 만들어진 단어다. 그래서 이 말은 '함께 고통하기'라는 뜻을 가진다. 모든 종교가 인간의 고통에 관한 문제를 다루면서 그에 대한 해답을 내놓는다. 불교 역시 예외는 아니어서, 고통의 가장 근본적인 원인을 구체적이고 고정 불변하는 자아에 대한 환상 그리고 그런 자아에 대한 집착과 혐오에서 찾는다. 그러면서 불교는 개인적 고통을 완화하고 평화를 위한 수단으로 연민심을 강조한다.

그림 7-16 명상을 통한 마음챙김

이때 마음챙김(mindfulness)은 경험의 현 시점, 즉 현재 중심적 주의집중이라고 정의할 수 있다. 마음챙김은 욕망과 소망으로 생기는 지각의 왜곡을 방지하고, 삶에서 실제로 일어나는 것을 명료하게 보도록 지각의 명료성을 증진한다. 마음놓음(mindlessness)은 현 시점에서 일어나고 있는 것을 자각하지 못하는 의식 상태로, 자동적 사고의 상태다. 반면, 마음챙김은 과거에 사로잡혀 반추하거나 미래에 대한 불안이나 욕망에 사로잡히지 않고 현재를 살아가는 것이다. 이를 통해 우리는 기존의 고정관념, 습관적인 자동적 반응과 사고방식에 의존해서 판단하거나 평가하지 않고, 세상에 대해 보다 개방적인 자세를 가질 수 있다(Brown & Ryan, 2004). 불교심리학은 우리가 고통을 이해하기 위해서는 매 순간 우리의 마음이 구성하는 세상을 먼저 이해해야 한다고 강조한다. 마음챙김의 렌즈를 통해 심리적 과정을 추적함으로써, 우리는 고통에서 벗어나 이해, 연민, 기쁨으로 향하는 길을 발견할 수 있다.

마음챙김 여덟 가지 방법(Carson & Langer, 2004)

- 환경의 새로운 부분을 적극적으로 관찰하기
- 지금 일어나고 있는 현재의 것에 집중하기
- 삶에서 경험하는 역설에 대해 인정하기
- 유머 감각을 더하기
- 다양한 관점에서 상황을 해석하기
- 자신이 겪는 문제를 유익한 측면으로 바라보기
- 기쁜 순간의 목록을 작성하기
- 마음챙김 일기를 쓰기

인적 · 사회적 자원을 가지고 있다고 믿는 정도를 의미한다. 이는 주로 삶의 경험을 통해 형성되는데, 대처 기술에 대한 높은 자기효능감에서 오는 통제감이다. 인간은 삶의 경험을 통해 다양한 수준의 과업을 성공적으로 대처할 수 있다는 것을 배울 수 있다. 이처럼 이전의 성공적 대처 경험은 관리 가능성 수준에 영향을 미친다.

의미성(meaningfulness)은 자기가 직면한 상황이 자기의 에너지와 헌신을 투자할 만큼의 가치가 있다고 지각하는 것이다. 높은 수준의 의미성은 주로 그 사람이 자유롭게 자신의 목표와 가치를 선택하고, 그들의 활동 결과를 통제할 수 있으며, 자신의 선택을 통해 삶을 만들어 감으로써 형성된다. 특히 의미성은 SOC의 3개 요소 중에서 가장 중요한 요소로, 상황에서 의미와 질서를 발견하게 해 주고, 살면서 마주하는 피할 수 없는 실망을 수용하게 해 준다. SOC는 심리적 안녕감과 연결될 뿐만 아니라(Jeges & Varga, 2006), 정신 건강 및 신체 건강과도 관련이 있다(Feldt et al., 2007).

한편, 이러한 삶에 대한 일관성을 느끼는 것은 인생 이야기를 통해 가능하다. 인생 이야기(narrative)는 단순히 객관적인 사건에 대한 설명을 나열하는 것이 아니라, 실제 사건에 기초해서 구성한 창조적인 이야기다. 개인은 살아가면서 경험한 많은 사건의 조각으로부터 일관성 있는 이야기를 만들 수 있다. 이러한 자서전적 이야기는 우리의 삶을 정의하도록 도울 수 있다. 왜냐하면 이야기는 우리의 정체성과 자기에 대한 인식을 도울 뿐만 아니라, 의미성을 만들도록 돕기 때문이다(McLean et al., 2007).

4) 심리적 안녕감의 확장

앞서 살펴본 것처럼, 긍정심리학은 인간에 대한 기존의 이해가 지나치게 부정적인 측면에 초점을 둔 것을 넘어, 인간의 강점과 긍정적인 면에 초점을 맞추면서 지금까지 괄목할 만한 연구 성과를 달성했다. 그러나 단순히 부정적인 것에서 긍정적인 것으로 눈을 돌리는 것만으로는 충분하지 않다. 우리가 늘 경험하듯이, 현실에서는 인생의 어두운 측면을 쉽게 간과하기 어렵다. 우리의 삶에는 실존적으로 마주하는 여러 도전과 역경이 있기 때문이다. 또한 죄책감, 후회, 좌절 그리고 분노와 같은 부정적인 정서 역시 문제해결과 긍정적 변화의 원동력이 될 수 있어서, 역경 상황에서 긍정 정서만을 강조하는 것은 현실적이지 못하다(Wong, 2011).

대신에, 우리의 삶을 통합적으로 이해하기 위해서는 긍정 정서와 부정 정서를 이분법적으로 나누기보다는, 이 두 종류의 정서가 복잡하게 엮여 있다는 것을 인정할 필요가 있다(Ryff & Singer, 2003). 이러한 맥락에서 볼 때, 우리가 행복해지기 위해서는 단순히 긍정적인 정서의 빈도를 높여 주관적 안녕감을 높이는 것 이외에도, 역경이나 삶의 의미와 같은 맥락을 고려한 심리적 안녕감을 높이는 것이 필수적이다. 이에 Wong(2011)은 덕목, 의미, 회복탄력성 그리고 안녕감의 심리학을 미래 긍정심리학 2.0의 핵심 개념으로 제시하고 있다.

먼저, 덕목(virtue)은 우리가 되고 싶은 부류의 사람, 가치 그리고 소유하고 싶은 성격 강점에 관한 것이다. 이것은 어떻게 우리가 살아야 하고, 어떻게 공정하고 공감하는 사회를 만들어야 하는지 그 의무에 관한 도덕적인 지도를 제공한다.

그림 7-17 PURE의 의미. 이 단어가 갖는 의미도 의미 만들기의 산물이다.

의미(meaning)의 획득은 인간의 존재에 가장 핵심적인 요소이며, 의미를 찾고자 하는 의지는 우리 삶의 가장 근본적인 동력이다(Frankl, 1985). Wong(2010)에 따르면, 의미 있는 삶을 위해 'PURE'라는 네 가지 요소를 고려할 필요가 있다([그림 7-17] 참조).

- 'P'는 목적(purpose)으로, 전반적인 삶의 방향성, 목적 그리고 핵심 가치와 관련된다. 1차적인 수준에서 목적은 보상이 있는 대상, 목표 그리고 계획을 의미하며, 좀 더 깊은 수준에서는 실존적인 가치를 의미한다. 즉, 삶에서 무엇이 중요한지 그리고 이상적인 삶을 위해 무엇을 해야 하는지 등에 관한 것이다. 가장 높은 수준에서 목적은 자기보다 더 큰 무언가를 위해 헌신하며 더 넓고 높은 것을 위한 관심과 고려를 포함한다.
- 'U'는 이해(understanding)로, 일관성에 대한 인식과 같다. 일관성을 경험하지 못하면, 우리는 세상이 어떻게 작동하는지 이해할 수 없다. 또한 여러 경험을 통해 구성한 나의 정체성에서 일관성을 이해하지 못하면, 내가 누구인지 그리고 삶에서 무엇을 해야 하는지 알기 어렵다. 구체적인 수준에서 이해는 사건의 원인과 대처 방안에 대한 파악을 요구하고, 깊은 수준에서는 삶과 죽음에 대한 통찰 그리고 더 큰 삶의 틀에서 자신을 이해하는 것이 필요하다.
- 'R'은 책임 있는 행동(responsible action)이다. 자기결정성은 좋은 삶과 행복의 핵심이지만, 이러한 자율성에는 책임이 뒤따른다. 우리가 삶의 목적을 가지려면 상황에 대한 정확한 이해가 필요하며, 자신과 타인에 대한 균형 잡힌 고려가 필요하다. 즉, 우리는 자기와 함께 타인에 대한 책임도 필요하다.
- 'E'는 즐김과 평가(enjoyment and evaluation)로, 최상위 목적의 관점에서 옳은 일을 했을 때 좋은 감정을 느끼는 것이다. 우리는 현재 처한 상황에 대한 평가를 통

해 만족 또는 불만족을 느낄 수 있으며, 결과가 부정적이라면 자기 삶에 대해서 재평가를 하면서 새로운 방식으로 적응하고자 노력한다.

회복탄력성은 적응에 관한 용어로, 역경 전 상황으로 돌아오는 것뿐만 아니라 오히려 더 강해지는 것이고, 힘든 일을 극복하고 조절해 가는 과정과 관련된다. 이것은 삶에서 경험하는 어려움을 인내하고 이전의 상태를 회복하는 것 그리고 그것을 넘어서 실존적인 불안과 역경 안에서 성장하는 것을 포함한다. 당연히 이것은 삶에서 발생하는 어려움에 대처할 수 있는 충분한 내적 그리고 외적 자원에 의존한다. 특히 단순히 개인의 내적인 전략뿐만 아니라, 개인을 둘러싼 생태학적이고 문화적인 요인이 회복탄력성에 중요하다(Armitage et al., 2012).

안녕감의 심리학(psychology of well-being)은 개인적 수준뿐만 아니라, 국가적 수준에서 행복, 건강, 번영 그리고 최적의 기능을 포함하는 용어다. 안녕감은 긍정성에서 부정성을 빼다거나 긍정성에 부정성을 더하는 수학 공식이 아니다. 부정적인 정서는 강점뿐만 아니라 안녕감과도 정적으로 연관되어 있다. 그렇기 때문에 안녕감의 심리학은 부정적인 정서가 갖고 있는 긍정적이고 초월적인 잠재성에 초점을 맞추어야 한다.

향후 긍정심리학이 나아가야 할 방향은 안녕감을 증진하고, 정신적인 질병의 감소를 위해 긍정성을 높이면서, 이와 함께 부정성을 관리하는 것을 포함해야 한다. 즉, 마치 음과 양의 조화처럼 긍정과 부정의 균형 잡힌 접근이 필요하다. 이것이 부정할 수 없는 인간의 실존적 문제를 외면하지 않으면서 진정한 긍정의 삶에 도달할 수 있는 길이다.

요약

- 긍정심리학은 인간의 약점, 장애, 부적응과 같은 부정적인 측면을 연구하던 전통 심리학의 불균형을 회복하고자 영 이상의 삶, 즉 인간이 가진 강점, 성장 지향성, 기쁨과 행복에 초점을 맞추는 학문이다.
- 긍정심리학은 인간의 긍정적 정서 상태, 개인의 안정적인 긍정 특질 그리고 긍정적인 조직과 공동체를 연구하면서 기존 심리학의 연구 영역을 확장했다. 또한 좋은 삶과 충만한 삶, 덕목과 성격 강점을 다루어 왔다.

- 행복에는 크게 두 가지가 있다. 하나는 쾌락주의적 행복이고, 다른 하나는 자기실현적 행복이다. 전자는 주관적 안녕감과 그 맥을 같이하고, 후자는 심리적 안녕감과 연결되어 있다.
- 주관적 안녕감에 대한 접근은 크게 상향식 접근과 하향식 접근으로 나눌 수 있다. 상향식 접근은 외부의 객관적인 요인을, 하향식 접근은 개인의 내적 특성의 중요성을 강조한다. 정도의 차이는 있지만, 이 두 접근이 어느 정도는 그 타당성을 가지고 있다.
- 주관적 안녕감에 영향을 미치는 개인적 요인으로는 낙관주의, 외향성, 목표, 직업, 돈 등이 있으며, 관계적 요인으로는 자본화, 적절한 자기노출 그리고 사회적 지지가 중요하다. 또한 사회·문화적인 측면에서 민주주의와 평등 그리고 사람들 사이의 신뢰, 도움 행동, 시민 활동과 같은 공동체적 환경이 영향을 미친다.
- 인간은 모두 삶에서 크고 작은 역경 상황에 직면하지만, 그 상황에 대한 개인의 반응은 다양하다. 불행한 사건에서 단순히 긍정적인 이로움을 찾을 수도 있지만, 자신이 마주한 사건의 의미를 재구성하여 그것을 기존의 의미 체계나 자아정체성과 통합할 수도 있다.
- 역경 상황에서 자기관, 인간관 그리고 인생관이 변화할 수 있다. 우리가 역경을 통해 새로운 의미를 만들어 자기의 관점을 긍정적으로 확장하면 역경 후 오히려 성장을 경험할 수 있다.
- 심리적 안녕감의 확장과 관련해서, 향후 긍정심리학은 인간이 경험하는 실존적인 문제를 외면하지 않고 그것을 수용함으로써 오히려 긍정적인 변화에 동력이 되는 방향으로 나아갈 필요가 있다.
- 진정한 행복을 추구하기 위해서는 긍정 정서와 부정 정서를 이분법적으로 이해하기보다는 통합적으로 접근할 필요가 있다. 이를 위해 덕목, 의미, 회복탄력성 그리고 안녕감의 심리학이 중요한 요소다.

제8장

인간의 공격성

1. 공격성의 특징
2. 공격성의 기원
3. 공격성 유발 요인
4. 공격성 감소 방안

인류의 역사는 전쟁의 역사라는 표현처럼, 인간의 삶에서 공격 행동은 매우 일반적인 현상이다. 우리는 일상에서도 매우 다양한 형태의 공격 행동을 볼 수 있다. 뉴스에 나오는 다양한 폭력 행위나 살인, 국제적으로 발생하는 테러뿐만 아니라, TV 드라마나 코미디 프로그램에서도 여러 공격 행동을 접한다. 직장으로 향하는 길에서는 시끄럽게 울리는 경적뿐만 아니라, 운전자들끼리 언성을 높이거나 심지어 몸싸움하는 것도 볼 수 있다. 그렇다면 인간은 왜 이러한 행동을 하는 것일까? 이 장에서는 먼저 공격성의 전반적인 특성을 알아보고, 인간이 공격 행동을 하는 원인이나 이유를 이론과 관련해서 알아본다. 그다음, 다양한 맥락에서 발생하는 인간의 공격성을 살펴보고, 마지막으로 이와 같은 공격성을 줄이는 방안을 고찰한다.

1. 공격성의 특징

이 절에서는 우선 공격성의 개념적 특징과 다양한 형태를 알아본다. 그다음, 공격성의 발달적 추세와 성차를 살펴본다.

1) 공격성의 정의

우리는 일상에서 '공격'이라는 말을 흔하게 사용한다. 상대방에게 상해를 입히는 행위를 공격 행동이라고 말하는 것은 물론이고, 경쟁 상대를 누르고 승리하기 위해 교묘한 방법으로 상대방을 속이거나 궁지에 몰아넣는 행위도 공격적이라고 표현한다. 운동경기에서 상대방의 공을 빼앗기 위해 매우 적극적으로 수비하는 선수에게 '공격적인 플레이'를 한다고 말한다. 또한 경쟁사보다 우위를 점하기 위해 손해가 날 만큼의 할인행사를 벌이는 회사를 두고 '공격적 마케팅'을 한다고 말한다. 이처럼 일반인들은 자신의 이익을 위해 주도적이고 적극적으로 행동할 때도 긍정적인 의미로 공격적이란 표현을 사용한다.

공격성의 일상적 의미가 다양한 것처럼, 학술적 정의 역시 다양하다. 우선, 공격성을 관찰할 수 있는 행동에만 국한하는 정의가 있다. 이러한 입장의 대표적인 학자인 Eron(1987)은 공격성을 '타인에게 상처를 입히고 화나게 하는 행동'으로 정의했다. 이 정의는 특정 행동의 결과에 초점을 두어 공격성을 정의한 것이다. 이러한 접근은 공격성을 객관적으로 측정할 수 있게 함으로써 좀 더 과학적으로 접근하게 한다. 그러나 이 정의에 따르면, 의사가 아이에게 예방 주사를 놓는 행위도 공격성으로 분류할 수 있다. 공격성을 이렇게 정의하는 것은 의도치 않게 타인에게 피해를 준 행동도 모두 공격성으로 분류함으로써 다양한 행동을 제대로 변별해 주지 못하는 한계가 있다.

또 다른 정의는 행동과 함께 행위자의 의도나 동기도 모두 고려한다. Aronson(2014)은 공격성을 '타인에게 상처나 고통을 주려고 의도적으로 하는 행위'라고 정의했다. 이때 주목할 점은 행동이 상대방에게 실제 고통을 주지 않았더라도 그와 같은 의도가 있는 행동은 공격성에 해당한다는 점이다. 앞의 두 입장과는 다르게, Bandura(1973)는 어떤 행동의 공격성 여부를 결정하기 위해서는 '관찰자의 사회적 명명'을 고려해야 한다는 입장이다. 이 정의는 사람들이 생각하는 공격성의 판단 기준을 중시하는 것으로, 그들이 공격적이라고 명명하는 행동은 공격 행동이 된다.

이처럼 공격성에 대한 정의는 다양하지만, 오늘날 사회심리학에서 가장 폭넓게 받아들이는 정의는 행동과 의도를 모두 포함하고 있다. 즉, 상대방을 괴롭히고 해친 어떤 사람의 행동 이면에 그를 괴롭히고 해치며 파괴하고자 하는 의도가 있었을 때, 그 행동을 **공격성**(aggression)이라고 한다(Baron & Richardson, 1994). 공격성에 대한 이러한 정의는 몇 가지 중요한 특징을 지닌다(Bushman & Huesmann, 2010). 첫 번째 특징은 공격성이 관찰 가능한 행동이라는 점이다. 우리는 시비 끝에 다른 사람을 때리거나 모욕하는 사람을 볼 수 있다. 또한 타인의 평판을 깎아내리는 뒷이야기를 할 수도 있다. 그러나 타인을 해치는 상상이나 분노처럼 머릿속에서만 일어나는 일은 관찰할 수 없고 그래서 공격성이 아니다.

글상자 8-1

인간의 공격성이 특히 위험한 이유

인간만 같은 종의 구성원들끼리 잔인하게 싸우는 것은 아니다. 킹코브라는 같은 종의 뱀을 먹이로 삼고, 황소개구리도 다른 개구리를 잡아먹는다. 그렇지만 평소에 대부분의 맹수는 우리가 생각하는 것처럼 같은 종족을 죽을 때까지 잔인하게 공격하지는 않는다. 반대로, 매우 평화를 사랑하고 온순할 것 같은 물고기나 비둘기는 실제로 영토 경쟁에서 상대방이 죽을 때까지 공격하기도 한다. 그렇다면 왜 사자나 호랑이와 같은 맹수는 상대방을 심하게 공격하지 않을까?

그림 8-1 인간이 만든 무기. 인간은 무기를 개발함으로써 자신의 신체적 공격력을 훨씬 능가하는 공격력을 갖게 되었다.

동물행동학자 Lorenz(1986, 2003)에 따르면, 맹수처럼 공격성이 높은 동물은 그와 비례해서 그것을 억제할 수 있는 능력도 진화적으로 함께 발달시켰다. 그래서 영토나 서열 경쟁에서 상대방의 항복을 받아 낼 만큼만 공격할 정도로 자신의 공격성을 절제할 수 있다.

그러나 인간은 적어도 신체적인 측면에서 강한 힘을 가진 종이 아니다. 그렇기 때문에 인간은 맹수처럼 엄청난 공격력을 가지고 있지 못하고 그에 비례해서 자신의 공격력을 조절할 수 있는 강한 절제력을 발달시킬 필요도 없었다. 그러나 인간은 높은 지적 능력 덕분에 다양한 도구를 개발하여 상대방을 공격할 수 있는 힘을 엄청나게 증가시켜 왔다. 특히 오늘날의 대량살상무기는 인간의 공격력을 기하급수적으로 증대시켰다. 문제는 인간이 이러한 공격력의 증가와 비례해서 그것을 절제할 수 있는 능력은 발달하지 않았다는 점이다. 이것이 인간을 맹수보다 더 위험한 존재로 만드는 요인이다. 인간은 무분별하게 공격 행동을 할 가능성이 높기 때문에 그러한 공격력을 저지할 필요가 있다.

두 번째 특징은 공격성이 사회 행동이라는 점이다. 공격하는 사람과 공격당하는 사람처럼 최소한 두 사람 이상이 관여할 때, 특정 행동은 공격적인 행동이 될 수 있다. 허공을 향해 주먹을 휘두르거나 발길질로 분노를 표출하는 사람을 생각해 보자. 우리는 이 사람이 무언가에 몹시 화가 난 공격적인 사람이라고 생각할 수 있지만, 공격성에 대한 이 정의에 따르면 그의 행동은 공격성으로 분류되지 않는다. 세 번째 특징은 타인에게 해를 입히고자 하는 의도는 공격성을 정의하는 데 충분조건이 아니라 필요조건이라는 것이다. 즉, 타인에게 상처나 고통을 주는 모든 행동이 공격성은 아니다. 아이에게 주사를 놓는 의사는 그 아이에게 고통을 주지만 해하려는 의도가 없어서, 어느 부모도 의사의 행동을 공격적이라 비난하지 않는 것과 같다.

2) 공격성의 형태

타인에게 의도적으로 해를 입히는 공격성은 타인을 때리거나 언어적으로 모욕하는 것 혹은 뒤에서 비난하기와 같이 매우 다양한 형태로 나타날 수 있다. 이때 공격성

의 형태는 공격성을 표현하는 방식에 따른 구분이다. 타인을 공격할 때 사용하는 수단 혹은 가하는 상해에 따라 공격성을 구분할 수 있다(Buss, 1961). 물리적 공격은 상대방을 손이나 발로 때리고 차거나 밀치는 등 일부러 몸으로 해를 가하는 행동이다. 반면, 고함을 지르거나 별명을 불러 놀리거나 모욕하는 등 말로 상대방에게 해를 입히는 행동은 언어적 공격이다. 이 두 유형 이외에 타인의 사회적 관계에 의도적으로 해를 입히는 관계적 공격도 있다. 상대방을 험담하거나 따돌리는 것 혹은 그 사람을 투명 인간처럼 완전히 무시하는 것이 여기에 해당한다. 관계적 공격은 물리적 공격 이상으로 상대방을 장기간 괴롭힐 수 있다(Chen et al., 2008).

공격성은 직접적 공격과 간접적 공격으로도 구분할 수 있다(Buss, 1961). 타인에게 주먹을 휘두르거나 눈앞에서 욕설을 내뱉는 것은 모두 직접적 공격으로, 공격의 피해자가 직접적으로 존재한다. 반면, 상대방이 없는 장소에서 그에 대한 나쁜 소문을 퍼뜨리거나 그의 새 차에 흠집을 내는 것과 같은 행동은 간접적 공격에 해당한다. 때로 공격성은 전혀 무관한 사람에게로 향할 수도 있는데 이것을 전이된 공격이라고 한다(Marcus-Newhall et al., 2000). 회사에서 상사에게 심한 질책을 받은 회사원이 가족에게 화를 내는 것이 이러한 공격의 한 예다. 전이된 공격은 공격 대상을 직접 공격하기가 어렵거나 보복의 가능성이 있을 때 발생하기 쉽다.

공격성에는 능동적 공격과 수동적 공격이 있다(Buss, 1961). 능동적 공격은 공격자가 대상자에게 적극적으로 상해를 가하는 것이다. 직접 상대방을 때리거나 상대방이 없을 때 흉을 보는 것, 그를 모임이나 조직에서 배제하는 것이 그 예다. 수동적 공

표 8-1 공격성의 형태에 따른 분류

공격성 형태	공격성 종류
수단	• 물리적 공격: 상대방에게 일부러 신체적 해를 가하는 행동
	• 언어적 공격: 말로 상대방에게 해를 입히는 행동
	• 관계적 공격: 타인의 사회적 관계에 의도적으로 해를 입히는 행동
직접성	• 직접적 공격: 직접 때리거나 눈앞에서 욕하는 등의 행동
	• 간접적 공격: 상대방이 없는 장소에서 욕하는 등 해를 입히는 행동
능동성	• 능동적 공격: 공격자가 대상자에게 적극적으로 상해를 가하는 행동
	• 수동적 공격: 상대방에게 도움을 주는 반응을 일부러 하지 않는 행동
기능	• 적대적 공격: 공격의 대상자를 해치려는 목적으로 하는 행동
	• 도구적 공격: 다른 목적을 이루기 위한 수단으로 하는 공격 행동

격은 상대방에게 도움을 주는 반응을 의도적으로 외면하는 것이다. 예를 들면, 상대방에게 중요한 메시지를 전달해 줘야 하는데 그것을 고의로 전달하지 않으면서 '깜박 잊었다'고 핑계를 대는 경우가 여기에 해당한다. 수동적 공격은 피해자가 공격자를 섣불리 비난하기 어려운데, 왜냐하면 그러한 행동이 실수인지 아니면 의도적인지 구별하기 어렵기 때문이다.

공격성은 그 표현 방식에 따른 구분 이외에도 기능에 따라 적대적 공격과 도구적 공격으로 구분할 수 있다(Buss, 1961; Dodge & Coie, 1987). 적대적 공격의 목적은 공격의 대상자를 해치는 것으로 '뜨거운(hot)' 공격이라고 불린다. 자신을 기분 나쁘게 하는 친구에게 보복하는 것이나, 자신을 좌절시킨 익명의 다수에게 무차별적으로 총격을 가하는 행동이 여기에 속한다. 반면, 도구적 공격의 목적은 다른 목적을 이루기 위한 수단, 즉 도구로 공격 행동을 이용하는 것이다. 그래서 도구적 공격은 '차가운(cold)' 공격이라고 불린다. 조직폭력배들이 돈을 벌기 위해서 노점상을 협박하는 것이나 비행 청소년들이 골목길을 지나는 학생들을 공격해서 돈을 빼앗는 것이 여기에 해당한다.

3) 공격성의 발달

사람들의 공격성은 평생 일정하기보다는 태어나 성장하면서 변화한다. 사람들이 발달하면서 단순히 공격성 정도만 달라지는 것이 아니라, 공격성의 유형도 변화한다. 여러 연구(Broidy et al., 2003; Côté et al., 2006)에 따르면, 공격성은 매우 빠른 시기부터 나타난다. 생후 4개월에서 7개월 사이의 아기들은 마음에 들지 않는 상황에서 허리를 들어 올리고 얼굴이 새빨개지도록 화를 낸다. 친구에게 장난감을 빼앗기거나 맞았을 때 공격적으로 보복하는 것은 1세부터 3세 사이의 유아에게 흔히 나타나는 일이다. 이 시기의 유아는 그들의 인생 전체를 통틀어 그 어떤 시기보다 가장 빈번하게 신체적 공격을 사용한다. 유아의 상호작용을 관찰하면, 신체적 공격을 포함한 상호작용이 25%나 차지한다.

일반적으로 아이들이 자라면서 신체적 공격은 점차 줄어드는 대신 언어적 공격과 간접적 공격 행위는 증가한다(Tremblay & Nagin, 2005). 또한 아이들의 언어 기술이 발달하면서 언어적 공격과 간접적 공격은 더욱 정교해진다. 실제로 한 연구(Björkqvist et al., 1992)에서 아동의 언어적 기술이 성숙함에 따라 공격 행동은 신체적 표현에서 언어적 공격으로 점차 바뀌었고, 사회 · 인지적 기술이 발달함에 따라 언어적 공격도 간접적 공격으로 바뀌었다. 또 다른 연구(Broidy et al., 2003)에서도 영유아기의 신체적

그림 8-2 공격성의 안정성. 268명의 남성을 대상으로 40년간 공격성을 추적한 결과, 그 상관이 .50으로 나타났는데 이는 공격성이 발달 과정에서 매우 지속적이었음을 의미한다.
출처: Huesmann et al. (2009).

공격은 30개월일 때 정점에 이르렀다가 점차 감소했다.

대부분의 아이는 영유아기를 거쳐서 7, 8세 정도가 되면 점차 공격성이 감소한다. 그러나 일부 아이들은 시간이 지날수록 공격성이 증가해서 사춘기 후반과 성인기 초기에 정점에 이르기도 한다. 이때 아동기 초기(6~9세경)에 보이는 공격성은 그 이후의 공격성을 상당히 정확하게 예측한다(Huesmann et al., 2002, 2009). 실제 아동기 초기에 측정한 공격성과 1년 후 측정한 공격성은 .76의 매우 높은 상관을 보였고, 10년 후의 공격성과도 .60이라는 높은 상관이 남녀 모두에게서 나타났다(Brame et al., 2001; Huesmann & Eron, 1984). 또 다른 연구(Huesmann et al., 2009)에서는, [그림 8-2]에서 보듯이 8세 때 측정한 공격성이 40년이 지난 후 측정한 공격성과 .50이라는 매우 높은 상관을 보였다. 이러한 결과는 공격성 수준이 낮은 아동은 성인기에서도 지속적으로 낮은 공격성을 보이는 반면, 공격성 수준이 높은 아동은 성인이 된 후에도 여전히 높은 공격성을 보인다는 것이다. 이처럼 공격성의 개인차는 발달적으로 상당히 안정적이다.

공격성의 발달은 성별에 따라서도 다른 형태를 보인다. 공격성 연구에서 가장 일관적인 연구 결과는 남자아이가 여자아이보다 신체적 공격을 더 많이 한다는 것이다(Henriksen et al., 2022). 전반적으로 물리적 공격에서 이와 같은 성차는 생후 17개월부터 보이고 학령기와 청소년기까지 지속적으로 이어진다. 반면, 유치원 가기 전의 여자아이는 남자아이에 비해 간접적 공격을 더 많이 한다(Vaillancourt et al., 2007). 초등학교 고학년이 되면서 사춘기에 접어들면 아이들의 공격성은 남녀 모두에서 증가하지만(Crick & Grotpeter, 1995; Vaillancourt, 2005), 간접적 공격은 남학생에 비해 여학생에게서 훨씬 더 크게 증가하고, 신체적 공격은 여학생에 비해 남학생에게서 더 크게 증가한다. 언어적 공격은 남학생과 여학생 모두 비슷하다.

이런 성차는 성인기 이후에도 이어진다. 가령, 기혼의 남성은 기혼의 여성보다 더 높은 신체적 공격성을 보고한 반면, 기혼의 여성은 기혼의 남성보다 더 높은 언어적 공격성을 보였다(Sadiq & Shafig, 2020). 또한 살인과 가중처벌을 받는 폭행처럼, 극단적 폭력 행동에서도 남녀의 공격성이 다르다. 미국의 경우 살인을 저지르는 남녀 비율은 10 대 1로 남자가 훨씬 많다(Archer, 2000; Straus, 1997). 그러나 여성들은 사회적 상황에서 다른 여성의 도발에 직면할 때 신체적 공격을 사용하는 경향이 있다. 또한 자신의 배우자에게 폭력을 사용하는 비율도 남성보다 여성이 약간 더 높다. 다만, 남성이 입히는 폭력의 결과가 여성보다 훨씬 더 심각할 뿐이다.

2. 공격성의 기원

공격성은 인간의 선천적 본성인가 아니면 환경의 산물인가? 공격성의 생물학적 기원에 관심을 둔 연구자들은 공격성을 생존을 위해 발달해 온 인간의 본성으로 이해한다. 반면, 공격성의 사회적 기원에 관심을 둔 연구자들은 공격성이 개인의 학습과 경험에 따른 산물이라고 설명한다.

1) 생물학적 근원

Freud(1962)는 정신분석 이론에서 인간의 모든 행동의 원인을 무의식에서 찾으면서, 인간의 공격성 역시 그 근원이 무의식에 있다고 주장했다. Freud(1920)는 **이중-본능 이론**(dual-instinct theory)에서 인간의 무의식 속에는 삶에 대한 충동이라 불리는 리비도(libido)와 죽음에 대한 충동이라 불리는 타나토스(thanatos)가 존재한다고 보았다. 또한 그는 개인의 모든 행위는 길항적인 이 두 충동 간의 특별한 상호작용의 결과로 볼 수 있으며, 죽음의 충동은 일반적으로 개인의 삶을 붕괴시키는 방향으로 나아가는 힘이라고 설명했다. Freud는 죽음의 충동은 타고 태어난 것으로 인위적으로 제거할 수 없기 때문에 자주 배출해 주어야 한다고 주장했다.

동물행동학(ethology)도 인간의 공격성을 다른 동물과 마찬가지로 본능으로 설명한다. 동물행동학은 다른 동물과의 비교를 통해 인간의 특성을 밝히고자 하는 학문으로, 동물의 행동을 그들이 본래 살고 있는 물리적이고 사회적 환경 속에서 연구해야 한다는 입장을 취하고 있다. 이러한 입장을 취하는 연구자들은 모든 종의 개체는 종 특유의 본능 혹은 **고정된 행동 패턴**(fixed action pattern)을 가지고 있다고 생각한다. Lorenz(1986)는 동물에게 공격 행동은 생존을 위해 중요한 기능을 하는 것으로 외부 자극에 의해 유발된다고 보았다. 예를 들면, 큰가시고기(Stickleback)의 수컷은 다른 개체의 붉은색 배를 보면 공격 행동을 한다. [그림 8-3]에서 보듯이 큰가시고기의 수컷은 번식기가 되면 배에 붉은 반점이 나타나는데, 영토를 지키고 있던 수컷은 붉은 반점을 가진 다른 수컷을 발견하면 쪼아서 쫓아 버린다. 물론 붉은 반점을 가지지 않은 암컷에 대해서는 이러한 공격 행동을 보이지 않는다. 따라서 붉은 배는 큰가시고기의 공격 행동을 초래하는 유발 자극이다.

그림 8-3 큰가시고기. 수컷은 붉은 반점을 가진 다른 수컷을 발견하면 공격한다.

또한 Lorenz에 따르면, 공격성은 종의 생존을 위해 필수적이다. 동물은 자기 영역을 침범하는 다른 동물을 공격함으로써 자신의 영토를 지켜 먹이를 확보한다. 이것은 동물 개체의 수와도 밀접한 관련성이 있다. 일정한 지역에 존재하는 동물 개체의 수가 필요 이상으로 늘어나면, 서로 간에 공격 행동이 급격히 증가하게 된다. 즉, 필요한 먹이를 확보하기 위해, 좋은 짝짓기 상대를 선택하기 위해 그리고 필요한 공간을 확보하기 위해 상대방을 공격하는 행동이 증가하는 것이다. 이처럼 동물행동학에서는 공격성을 개체의 생존에 기여하는 것으로 본다. 이러한 점에서 공격은 우리가 보통 부정적으로 생각하는 것과는 달리 긍정적인 역할을 한다.

진화 사회심리학(evolutionary social psychology) 역시 이와 비슷한 입장을 취하고 있다. 이 입장에 따르면, 생존에 유리한 행동과 관련된 유전자는 살아남아 다음 세대로 전달된다. 이때 공격성은 유기체의 궁극적 목적인 생존과 유전자의 후손 전달을 위한 중요한 전략 중 하나다(Buss, 2000; Gilbert, 1994). 동물 사회에서 지배 서열이 존재한다는 것은 특정 집단의 일부 세력이 핵심 자원에 접근할 수 있는 기회를 더 많이 누리고 있음을 뜻한다(Cummins, 1998). 지위가 높은 수컷은 먹이와 같은 핵심 자원에 손쉽게 접근할 수 있고, 자신의 유전자를 보존하는 데 필요한 암컷과의 짝짓기도 다른 경쟁자보다 훨씬 용이하다. 가령, 한 집단의 우두머리 침팬지는 그 집단의 암컷 중 절반 이상과 짝짓기를 한다(de Waal, 2007). 이러한 행동은 종 전체적인 측면에서 볼 때 더 강한 유전자의 번식을 보장해 준다.

이때 공격 행동은 사회적 지위를 획득하기 위한 주요 수단으로, 인간의 생존과 번식에 유리한 기능을 한다(Buss, 2008). 인류 역사에서도 높은 지위를 가진 남성이 하렘(일부다처가 허용되는 이슬람 국가에서 부인들이 거처하는 방을 일컫는 말)을 만들거나 많은 여성을 배우자로 삼은 예를 볼 수 있다. 유전자에 관한 한 연구는 높은 지위가 더 많은 번식의 기회를 제공한다는 것을 과학적으로 입증했다. 아시아 지역을 16군집으로 나누어서 Y염색체를 분석한 결과, 8%의 남성이 단일 부계 후손인 것으로 나타났다(Zerjal et al., 2003). 즉, 1,600만 명의 남성이 한 남성의 자손으로 볼 수 있다는 것이다. 연구자들은 변이가 발생할 수 있는 시간을 고려하여 그 한 명의 남성을 약 1천 년 전의 인물로 추정했다. 그 시대는 바로 칭기즈칸의 몽골 제국이 전 세계를 누비던 시기로, 연구자들은 칭기즈칸을 바로 1,600만 명의 후손(같은 비율로 여성이 있다고 가정할 경우 약 3,200만 명)을 가진 아버지라고 추정했다.

이처럼 공격성을 본능이나 생존을 위한 진화의 산물로 보는 것은 공격성을 일정 부분 설명하지만 그 한계도 있다. Kuo(1930)의 고양이 실험은 이러한 입장을 반박하는 대표적인 연구다. 고양이는 쥐를 잡아먹는 대표적인 천적이지만, 이 실험은 고양이의 이러한 속성도 자란 환경에 따라 달라질 수 있음을 보여 준다. 이 연구자는 태어난 지 얼마 안 된 새끼 고양이를 세 가지 조건에서 키웠다. 한 조건에서는 새끼 고양이를 쥐를 잡아먹는 어미 고양이와 같이 키웠다. 또 다른 조건에서는 새끼 고양이를 고립된 상태에서 키웠다. 마지막 조건에서는 새끼 고양이를 쥐와 함께 키웠다. 이 새끼 고양이들은 성장한 후 쥐에 대하여 다른 반응을 보였다. 어미 고양이와 같이 자란 고양이의 85%가 쥐를 공격했다. 그러나 쥐와 함께 사육된 고양이는 17%만이 쥐를 공격했다([그림 8-4] 참조). 이 같은 결과는 공격성에 대한 생물학적 설명과 배치된다.

그림 8-4 쥐와 고양이. 이 둘의 관계는 환경의 영향을 받는다.

2) 사회적 근원

인간의 공격성을 설명할 때 환경과 사회적 맥락을 강조하는 입장에는 좌절-공격 가설, 인지 신연합 이론, 사회학습 이론이 있다.

(1) 좌절-공격 가설

Dollard 등(1939)이 제안한 좌절-공격 가설(frustration-aggression hypothesis)은 공격 행동이 좌절 때문에 발생하고 공격 행동 이면에는 반드시 좌절이 있다는 입장이다. 이 가설은 당시 정신분석학과 학습 이론의 영향을 받았다. 정신분석학에 따르면, 사람들은 충동이 생겨 심리적 에너지 수준이 올라가면 적절한 행동을 통해 그 수준을 낮추고자 한다. 이를 통해 심리적 평형을 되찾는 것을 정화(catharsis)라고 한다. 이

때 이런 행동이 방해받으면, 그들은 좌절을 경험하게 된다. 일찍이 Harris(1974)는 우리가 영화관이나 도서관 혹은 터미널 등에서 줄을 서서 무엇인가를 기다리는 상황에서 좌절이 공격 행동을 유발하는지를 실험했다. 사람들이 줄을 서서 기다리는 동안, 실험협조자가 맨 앞에서 두 번째 사람 앞에 끼어들었을 때와 열두 번째에 끼어들었을 때 그들의 반응을 관찰했다. 그 결과, 열두 번째 사람보다는 두 번째 사람에게 끼어들기를 했을 때, 그 사람은 더 크게 반발했다. 자신의 줄 바로 앞에서 끼어드는 것은 좌절을 불러일으키고, 그것이 공격 행동을 유발한 것이다.

좌절-공격 가설 역시 인간의 공격성을 일정 부분 설명하지만 그 나름의 약점도 있다. 공격성이 생득적이라는 주장과는 달리, 좌절과 공격성의 관계는 학습을 통해 이루어진다는 지적이 있다(Feshbach, 1964; Sears, 1958). 좌절에 부딪혔다고 해서 반드시 공격적 반응을 유발하는 것은 아니고, 목표를 방해하는 장애물을 피해 돌아갈 수 있는 방법을 찾거나 회피하는 등 다양한 반응이 나올 수 있다(Miller, 1941). 이처럼 좌절에 대한 반응으로 공격 행동을 할 것인가 비공격 행동을 할 것인가는 경험을 통해 학습될 수 있다(Bandura, 1973). 또 다른 비판은 좌절이 공격 행동의 필요조건이 아니라는 것이다(Berkowitz, 1962). 운동선수는 좌절하지 않아도 경기에서 승리하기 위해 공격 행동을 보인다. 또한 군인이나 경찰 등은 좌절과 무관하게 명령에 따라 공격 행동을 보이기도 한다.

글상자 8-2

집단 학살

20세기에는 조직적인 대량 학살로 약 1억 6천 9백만 명의 희생자가 발생했고, 희생자 수는 시간이 갈수록 증가했다(Rummel, 1994). 민간인이 집단 학살에 참여하기도 했고, 강간, 영아 살해, 고문, 사지 절단 등 야만적 폭력도 발생했다.

1994년 아프리카 중부의 르완다에서 발생한 투치족 학살이 그런 사례다. 벨기에 식민지에서 1962년 독립한 르완다는 식민 기간 동안 경제 상황은 매우 심각한 수준이었고, 후투족과 투치족 간의 원한과 정치적 갈등도 극에 달해 있었다. 당시 르완다는 후투족이 1973년부터 1994년까지 정권을 차지하면서 투치족을 탄압했다. 투치족이 벨기에 식민 기간 동안 부당하게 혜택을 받으며 후투족을 핍박했다는 이유에서다. 후투족 권력에 밀려 망명한 투치족 난민들이 르완다 애국전선을 결성하여 르완다 북부를 침입하면서 종족 갈등이 격화되었다. 이러한 상황에서 1994년

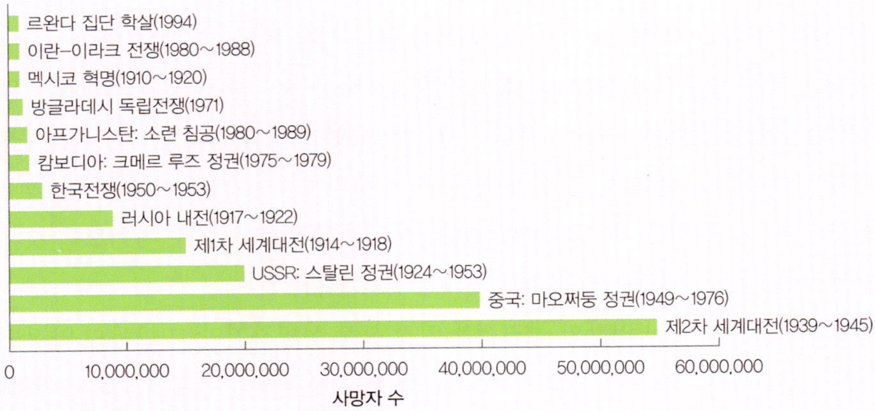

그림 8-5 20세기 동안 벌어진 전쟁, 학살 그리고 잔혹행위

출처: White (2004).

4월 후투족 출신 르완다 대통령이 탄 비행기가 폭파되는 사고가 발생하면서, 투치족 학살의 도화선에 불이 붙었다.

후투족은 투치족을 외집단으로 낙인찍어 희생양으로 삼았다. 투치족은 외형적으로 후투족보다 좀 더 키가 크고 피부색이 밝았다. 또한 법과 행정적으로도 부족 구별이 가능했다. 후투족은 투치족이 자신들을 위협한다고 지각했으며, 자신들의 도덕적 우위에 대해 의심하지 않았다. 집단 학살이 시작된 후 폭력성은 더욱 진화했다. 타인에 대한 공격을 금지하고 서로를 보호하던 기존의 도덕 규범은 무너졌으며, 사람들은 외집단에 대한 배척과 폭력을 당연하게 정당화했다. 남녀노소를 가리지 않고 후투족은 그들의 이웃이던 투치족을 살해하고 강간했다. 1994년 4월 시작된 학살은 투치족에게 온건한 입장을 취하던 일부 후투족에게까지 확산되었다. 그 결과, 약 50만의 투치족과 30만의 후투족이 살해되었다. 50만은 투치족 전체의 77퍼센트에 해당하는 인구였다(Human Rights Watch, 1994).

(2) 인지 신연합 이론

Berkowitz(1989)는 좌절-공격 가설을 수정하면서 **인지 신연합 이론**(cognitive neoassociation theory)을 제안했다. 그는 좌절의 결과로 공격이 발생하기 위해서는 적절한 상황적 단서가 필요하다고 제안했다. 이 이론에 따르면, 사람들은 좌절이나 타인의 도발, 높은 불쾌지수 등 혐오 자극으로 인해 부정적 정서를 경험하게 된다. 부정적 정서 경험은 자동적으로 싸움과 도주(fight and flight) 경향성을 활성화시킨다. 이 경향성에는 생리적 반응, 운동 반응과 인지적 요소가 들어 있으며, 도주 경향성은 공포를 야기하고 싸움 경향성은 분노를 야기한다. 이때 초기의 혐오 자극은 부정 정서를 경험하게 할 뿐 특정 반응을 결정하지는 않는다. 대신에, 그 반응은 유전적 요인, 과거의 경험, 상황 등의 영향을 받는다.

이처럼 인지 신연합 이론은 공격 행동에서 인지의 중요성을 강조한다. 또한 초기의 원시적 반응은 나중의 고차적인 인지적 사고 처리(가령, 평가나 귀인)로 바뀔 수도 있다고 본다. 즉, 자신이 어떤 감정을 경험하는지 인식하고 그런 감정을 초래한 원인이 무엇인지 판단하는 것과 같은 숙고의 결과로, 분노와 공포는 더욱 분명하게 분화되고 행동은 강화되거나 억제될 수 있다. 예를 들면, 아이들이 보는 폭력적인 장면은 그것과 연합해 있는 공격적 사고와 행동 경향성을 활성화시킨다. 우리가 목격하는 주인공의 폭력 행위는 우리에게 합리화의 빌미를 제공한다. 그렇다고 해서 이것이 반드시 공격 행동과 연결되는 것은 아니다. 이후에 이 상황을 인지적으로 어떻게 처리하느냐에 따라서, 공격 행동은 증가할 수도 있고 감소할 수도 있다.

환경 자극이 공격 행동과 연합해 있다는 사실을 보여 주는 연구가 있다. Berkowitz와 LePage(1967)는 실험 중에 실험참가자를 도발하도록 실험협조자에게 지시했다. 그다음, 참가자는 자신을 도발한 실험협조자의 수행 결과에 따라 다양한 강도의 전기충격을 그에게 가했다. 이때 실험 집단의 참가자에게는 총이나 칼과 같은 공격용 무기를 주변에 제시했다. 통제 집단에는 배드민턴 라켓과 같이 공격과 상관없는 도구를 제시했다. 그 결과, 실험 집단의 참가자들이 더 강한 전기충격을 주었다. 이 결과는 공격적 의미를 가진 단서는 흥분 상태의 사람들에게 공격 행동을 더욱 강하게 촉발할 수 있다는 것을 의미한다. 이와 같은 **무기 효과**(weapon effect)는 공격적인 사고, 정서 및 행동 경향성이 모두 기억 속에서 함께 연합되어 있음을 시사한다.

인지 신연합 이론에 따르면, 폭력 게임에 반복적으로 노출되는 것 역시 공격성을 증가시킬 수 있다. 폭력적인 이미지에 반복 노출됨으로써, 시청자의 공격성 연합 네트워크가 더욱 복잡하고 풍부해지기 때문이다. Hasan 등(2013)은 참가자들을 폭력적이지 않은 게임 집단과 폭력적인 게임 집단으로 구분하여 각 참가자에게 3일 연속 하루에 20분씩 비디오 게임을 하도록 했다. 그 후 참가자들은 실험협조자와 경쟁 게임을 25회 수행했다. 게임에서 진 쪽은 헤드폰을 통해 소음을 듣는 벌칙을 받아야 했다. 참가자들은 상대방이 받게 될 소음의 크기와 시간을 직접 결정했다. 실험 결과, 폭력적인 게임을 수행한 참가자들은 시간이 갈수록 상대방에게 더욱 큰 소음을 더욱 오래 듣도록 했다. 이것은 폭력적인 비디오 게임에 오래 노출될수록 공격성은 더욱 증가한다는 것을 보여 주는 결과다.

(3) 사회학습 이론

인간은 직접적인 시행착오를 통해 특정 행동과 결과 간의 연계성을 학습하기도 하지만, 다른 사람들이 하는 행동의 관찰과 모방을 통해서 이와 같은 연계성을 학습하기도 한다. **사회학습 이론**(social learning theory)의 핵심 주장은 사람들이 행동과 결과 간의 연계성을 관찰과 모방을 통해서도 습득한다는 것이다(Bandura & Walters, 1963). 이와 같은 모방의 능력은 종 특유의 능력이다. 예를 들면, 앵무새는 인간의 언어를 모방할 수 있다. 새들은 같은 종의 나이 든 새들을 모방하여 완벽하게 지저귄다. 침팬지는 서로의 운동과 몸짓을 모방한다. 아이들은 그들의 부모가 말하는 것을 듣고 말을 배운다. 사회학습 이론가들은 아동이 다른 사람의 행동을 지각하고 그 행동을 재생할 수 있는 능력을 선천적으로 가지고 있다고 본다. 그들은 공격도 다른 사람을 모델로 삼아 모방한 결과라고 본다.

Bandura와 Walters(1963)는 유치원 아이들에게 동영상을 보여 주었다. 한 조건의 아이들에게는 한 성인 모델이 (보보 인형이라고 부르는) 비닐 오뚝이 인형을 발로 차거나 고함을 지르는 등 난폭하게 가지고 놀고 그에 따라 보상을 받는 동영상을 보여 주었다. 다른 조건의 아이들에게는 모델이 동일한 행동을 한 후 보상을 받지 못하는 동영상을 보여 주었다. 시청이 끝난 후 아이들에게 다른 방에서 많은 장난감을 가지고 놀 수 있는 기회를 제공했다. 그 결과, 공격적 모델의 행동을 본 아동이 그렇지 않은 아동에 비해 동일한 보보 인형을 더 공격적인 방식으로 가지고 놀았다. 이러한 결과는 공격 행동이 모방을 통해 증가한다는 것을 보여 준 고전적인 자료다.

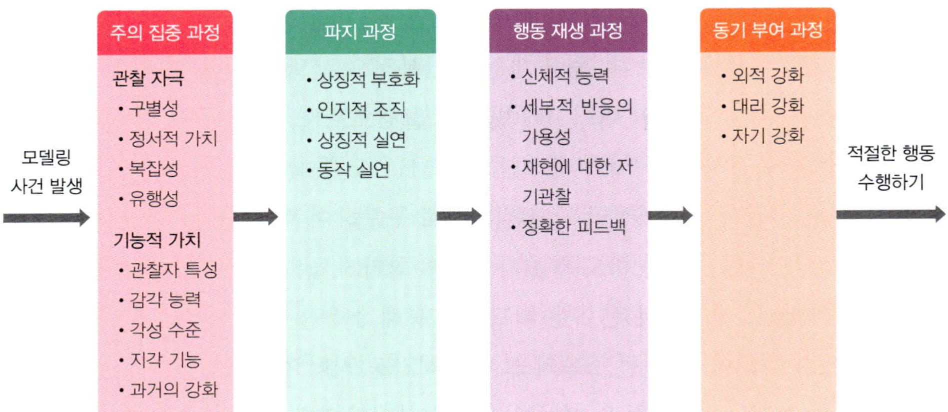

그림 8-6 사회학습 이론에서 설명하는 관찰학습 과정

출처: Bandura (1977a).

[그림 8-6]에서 보듯이 Bandura(1965)는 관찰학습이 이루어지는 네 가지 과정을 제시했다. 제1단계는 주의 집중 과정으로, 학습자가 관찰하는 행동에 주의를 기울여 가장 중요한 측면에 대한 정보를 끄집어내는 과정이다. 즉, 모델의 공격 행동에 주의를 기울이고 관찰하는 과정을 의미한다. 제2단계는 파지(retention) 과정으로, 학습자가 모델의 행동을 기억 속에 부호화하여 저장하는 과정이다. 그 행동에 대한 기억 없이 관찰의 효과가 나타날 수 없기 때문이다. 제3단계는 행동 재생 과정이다. 이것은 반응을 인지적으로 재조직하는 과정으로, 행동을 재생해서 그 성과를 잘 관찰한 후 자신의 행동을 수정한다. 제4단계는 동기 부여 과정이다. 행동 수행 후에 뒤따라오는 효과에 따라 그 행동의 빈도가 증가하거나 감소한다. 모방한 행동의 결과가 가치 있으면, 학습자는 그 행동을 다시 수행하고자 한다.

아이들은 TV나 영화에 나오는 폭력 장면을 자주 시청함으로써 이전에는 몰랐던 새로운 공격 방법을 보고 배운다. 실제로 이와 같은 모방 학습은 이후의 공격 행동을 증가시켰다(Bandura, 1983; Bandura & Walters, 1963). 그러면 아이들은 어떤 사람의 행동을 잘 모방할까? 특별히 모방이 잘 일어나는 경우가 있을 수 있다(Hogg & Vaughan, 2010). 가령, 모델의 행동이 긍정적인 결과나 보상을 가져오는 것으로 보이는 경우, 모델이 지위가 높고 호감이 가며 존경받고 성공한 경우, 관찰자와 비슷한 점이 있는 경우, 모델의 행동이 눈에 잘 띄는 경우 등이다. 그 밖에 모델이 신뢰성이 있어 보일 때, 자신감이 있어 보일 때, 행동이 생생하고 자세할 때, 그 효과는 더욱 크다.

3. 공격성 유발 요인

앞서 살펴본 공격성의 기원에서는 인간의 공격 행동이 어떠한 심리적 요인이나 기제를 통해 발생하는지를 설명하고 있다. 이와 같은 심리적 요인이나 기제와 관련해서 공격 행동을 유발하는 요인이 있을 수 있다. 여기서는 그러한 유발 요인으로 성격과 같은 개인차에 따른 요인, 일시적으로 영향을 주는 상황적 요인 그리고 공격 행동에 장기적이거나 포괄적으로 영향을 주는 환경적 특성을 살펴본다.

1) 개인 요인

(1) 성격 특질

공격성에 영향을 미치는 성격 특질 중 하나가 사이코패스(psychopath) 성향이다. 이 성향은 타인의 고통에 무감각하고 죄책감을 느끼지 않으며 공감 능력이 결여되어 있다. 이런 성향의 사람은 누군가를 해치는 것보다 주로 자신의 목적을 이루는 것에 초점을 맞추기 때문에 주로 도구적 공격 행동을 보이지만(Nouvion et al., 2007), 자신의 목적이 방해받는 좌절 상황에서는 적대적 공격도 한다(Blair, 2010). 또한 이런 기질의 아동은 가족 환경에 큰 영향을 받지 않는 것으로 보인다. 가령, 사이코패스 수준이 낮은 아동에게는 강압적이고 가혹한 부모의 양육 태도와 문제 행동 간에 정적 상관이 있었지만, 이 수준이 높은 아동에게는 부모의 양육 태도가 그들의 문제 행동과 관련성이 없었다(Yeh et al., 2011). 비록 이런 기질의 사람들은 정서적 반응이 약하고 타인에 대한 공감 능력이 떨어지지만, 피해자 관점에서 생각하도록 주입시키면 그들의 공격 수준도 감소할 수 있다(van Baardewijk et al., 2009).

공격성과 관련한 또 다른 성격 요인이 자기애(narcissism)다. 자기애 성향이 높은 사람은 자기의 가치와 성취를 과대평가하는 경향이 있다. 이러한 사람은 자신의 자아가 위협받을 때 공격적으로 변한다. 특히 공적인 상황에서 모욕을 당할 경우 더욱 공격적 반응을 보인다. 실제 폭력적인 사람들은 전형적으로 높은 자기애 성향을 보이며, 스스로를 우월하다고 생각하고, 자신이 위대한 사람이라는 과장된 신념을 가지고 있으며, 자기보다 상대적으로 뒤처진 사람들을 공감하는 수준이 낮다(Baumeister et al., 1996). 실험실 연구(Lobbestael et al., 2014)에서도 높은 자기애 성향을 가진 사람은 적대적 공격과 도구적 공격을 모두 보였으며, 높은 테스토스테론 수준을 지니고 있었다.

이 외에도 다른 사람보다 쉽게 분노하는 사람은 사소한 도발에도 더 공격적으로 반응할 수 있다(Robinson & Wilkowksi, 2010). 또한 적대적인 성향이 강한 사람은 타인에 대한 공감과 연민을 덜 느끼고, 갈등 상황에서 친사회적 행동 대신 공격적 행동을 선택하며, 부정적인 정서와 사고를 조절하는 데 어려움을 겪는다(Jensen-Campbell et al., 2002). 충동성 역시 공격성과 연관 있는 성격 특질 중 하나다. 정서적 각성 수준이 높아졌을 때 자신의 충동을 억제하기 어려운 사람은 그만큼 공격성을 보일 확률이 높아진다. 충동성과 공격성은 학대와 관련이 있는데, 학령기 아동이 받은 학대 경험은 부정적 행동과 감정을 억제하고 조절하는 뇌의 능력을 감소시킨다(Braquehais et al., 2010).

글상자 8-3

테러리스트를 보는 두 가지 입장

그림 8-7 **테러리스트.** 이들의 심리에 대한 설명은 간단하지 않다.

보통 테러리즘은 사회 · 정치적 목적을 달성하기 위한 하나의 수단으로 폭력을 사용하거나 사용하겠다는 위협을 포함한다(Horgan, 2014). 따라서 개인적 폭력과는 달리, 테러리스트의 행위에는 정치적 측면이 들어 있다. 그들의 목표는 테러에 대한 대중의 걱정과 불안을 지속시켜 정부를 압박함으로써 자신들과의 협상을 이끌어 내는 것이다. 그러나 대중의 각성은 시간이 지나면 감소하기 때문에, 그 유지를 위해 테러리스트들은 다수의 포로 처형, 유적지 폭파, 아동의 전투 훈련 및 처형 참여 등 폭력의 수준을 더 높인다.

테러리스트들에 대한 심리학자들의 설명은 일반적으로 그들을 사이코패스 혹은 이념에 지나치게 몰입한 광신분자로 치부한다. 그러나 이런 시각에는 몇 가지 제한점이 있다. 일단, 테러리스트들이 사이코패스 성향을 가지고 있다는 근거가 빈약하다. 자신이 속한 테러 조직에 대한 그들의 강한 충성심은 사이코패스의 특성인 자기중심성과는 거리가 멀다. 또한 사이코패스가 자신의 개인적 판타지를 충족할 수 있는 희생자를 선택하는 반면, 테러리스트들은 임의의 희생자를 대상으로 한다는 것 역시 다른 점으로 볼 수 있다.

1981년 227명의 독일 테러리스트에 대한 연구(Crenshaw, 1986; Taylor, 1988)에 따르면, 테러 조직의 리더 중 일부는 매우 불안정하고 이기적이며 감정에 메마른 성격 특질을 보였다. 또 다른 리더는 매우 신경질적이고 비판을 수용하지 못하며 공격적인 성향을 보였다. 테러리스트들이 자기애적 성격을 가지고 있고 경계선 성격장애와 유사한 특징을 보인다는 결과도 있다. 이러한 계통의 연구들은 테러리스트들을 심리적으로 비정상적인 성격의 소유자임을 입증하려는 시도에서 나온 것이다. 그러나 이런 주장을 뒷받침할 만한 이론적 및 경험적 증거가 모두 미약한 편이다.

테러리즘을 단계적 과정으로 설명하는 입장(Horgan, 2014)에 따르면, 테러리스트들은 테러 집단에 참가, 테러 행위에 관여 그리고 이탈이라는 과정을 겪는다. 테러 집단의 일원이 되면, 사람들은 그 집단의 역사와 함께 외부 세력의 위협에 대한 시각을 공유하며, 극단주의적 이념과 신념을 발달시킨다. 이런 과정은 집단에 대한 몰입과 테러리스트로서 사회화를 촉진한다. 또한 테러를 수행하는 역할은 매우 엄격한 선발을 통해 소수의 사람에게만 주어진다. 이런 기회의 제한과 테러 행위 이후 부여하는 높은 지위는 그 행위의 가치를 드높인다. 그러나 안전이 보장되지 않는 점, 추후 역할 변동이나 박탈, 고립된 관계망 속에서 반복적으로 수행하는 과업에 대한 환멸 등으로 일부는 조직으로부터 이탈한다.

(2) 생물학적 특성

생물학적으로 낮은 각성 수준의 사람이 더 공격적으로 행동하는 경향을 보인다. 반사회성 성격장애나 사이코패스 성향을 가진 사람은 심장 박동, 혈압, 피부 전도로 측정한 각성 수준에서 일반 사람보다 낮았다(Hare, 1978; Raine, 1993). 15세 소년을 대상으로 한 연구(Raine et al., 1995)에서도 낮은 각성 수준과 10년 후 범죄에 가담할 확률 간에 관련성이 있었다. 이에 관한 사회 · 인지적 해석에 따르면, 각성 수준이 낮은 사람은 공격 행동 각본을 평가하는 동안 부정적 정서를 경험할 확률이 낮아 그 각본대로 행동할 가능성이 높다(Anderson & Heusmann, 2003). 개인의 각성 수준은 선천적으로 타고나는 면도 있지만, 후천적인 학습의 영향도 무시할 수 없다. 가령, 매체 폭력에 반복적으로 노출된 사람은 생활 속 폭력을 경험할 때 반응하는 각성 수준이 낮다(Smith & Donnerstein, 1998).

남성의 성호르몬인 테스토스테론(testosterone)의 높은 수준과 세로토닌(serotonin)의 낮은 수준도 공격성과 관련 있는 요소다. 세로토닌은 뇌의 신경 세포를 오가며 정보를 전달하는 신경전달물질 중 하나인데, 이 수준이 낮으면 기분은 저하되고 공격 행동이 증가한다(Miczek et al., 1994). 한 연구(Berman et al., 2009)에서 실험 집단의 참가자에게는 선택적 세로토닌 재흡수 억제제를 투여하여 신경 세포들 간의 세로토닌 수준을 높게 유지한 반면, 통제 집단에게는 아무런 효과가 없는 위약을 투여했다. 그리고 참가자들에게 가상의 경쟁자와 반응 시간 과제를 수행하도록 하면서 승자가 패자에게 전기충격을 가하도록 했다. 통제 집단 참가자 중에서 과거 공격 행동의 전력이 있는 승자들은 이전 수행에서 상대방으로부터 강한 전기충격을 받을수록 그것에 보복하는 경향을 보였다. 그러나 선택적 세로토닌 재흡수 억제제를 투여한 참가자들은 보복적인 공격을 하는 경향이 상대적으로 낮았다.

2) 상황 요인

(1) 불쾌 사건

사람들은 불쾌한 사건을 접하면 부정적인 인지나 정서와 함께 공격적으로 행동하기 쉽다. 이와 같은 불쾌 사건에는 물리적인 것과 사회적인 것이 있다. 물리적인 사건에는 고통을 초래하는 경우가 있다. 보통 고통은 즉각적으로 공격 행동을 일으킨다. 얼음처럼 찬물에 손을 넣어서 발생하는 급성 통증은 사람들을 짜증 나게 만들고, 표적 인물을 다치게 할 가능성을 증가시킨다(Berkowitz, 1993). 고통-공격 반응은 인간과 함께 쥐, 햄스터, 너구리, 고양이, 여우, 악어 등 다양한 종에서 나타난다. 이러한 공격은 매우 빠르고 일관적이다. 공격 반응은 자신을 고통스럽게 한 대상에게만 그대로 향하는 것은 아니다. 고통을 경험한 후 고통의 원인과 무관한 다른 사람을 공격할 기회가 주어지면, 그들의 공격 강도는 고통을 경험하지 않은 사람들에 비해 더 강하다(Wang et al., 2022).

그림 8-8 고온의 날씨. 날씨가 더울수록 공격 행동이 증가할 수 있다.

불쾌한 날씨와 같은 사건도 공격성을 유발한다([그림 8-8] 참조). 기상청은 6월부터 9월까지 기온과 습도를 조합하여 사람들이 느끼는 생활기상지수, 즉 불쾌지수를 제시한다. 불쾌지수가 80이 넘으면 누구나 불쾌감을 느낄 수 있다. 1950년부터 1995년까지 미국의 50개 도시를 대상으로 평균 연기온과 폭력 범죄 발생률을 비교한 결과, 절도 등 금전과 관련된 범죄를 제외하고는 기온이 높을수록 폭력 사건의 발생이 늘었다(Anderson & Anderson, 1996; Anderson et al., 1997). 그러나 Rotton과 Cohn(2000)의 연구는 기온과 공격성 관계에 한계가 있음을 보여 주는데, 실제 사람들의 공격 행동은 정오보다 저녁에 더 많이 발생했다. 극도의 더위 속에서 그들은 시원한 장소를 찾아 자신의 불쾌감을 감소시키기 위해 노력할 뿐 타인을 공격하지는 않았다. 이러한 결과는 어느 정도 수준까지는 기온이 올라갈수록 공격성도 증가하지만, 온도가 지나치게 높은 경우에는 공격성이 증가하지 않을 수 있음을 시사한다.

사회적으로 불쾌한 사건으로, 사람들은 비판이나 공격을 당하면 종종 공격적으로 반응한다. 즉, 도발은 우리가 타인에게 공격성을 보이는 가장 강한 원인 중 하나이며, 상대가 의도적으로 자신에게 피해를 주었다고 생각할 때 공격 반응은 더욱 강해진다. 다양한 도발 중에서도 업신여김이나 모멸감은 매우 강력한 효과를 가지고 있다(Harris, 1993). 부당한 비난 역시 공격적 반응을 일으키는 강력한 도발 중 하나다(Baron, 1993).

타인에게 거절당하는 사회적 상황 역시 강한 스트레스와 함께 공격 반응을 유발한다. 직장이나 가정에서 경험하는 사회적 거절은 때론 끔찍한 결과를 낳는다. 가령, 직장에서 동료들에게 거절당한 우체국 직원은 상사, 동료 직원, 경찰관 및 일반 시민에게까지 총을 쏘고 다수의 사상자를 냈다(Barling et al., 2009). 실험 연구(Leary et al., 2006)에서도 사회적 거절은 사람들을 더욱 공격적으로 만들었다. 실험참가자들은 투표를 통해 자신이 속한 집단에서 배제되었다고 들었다. 그 결과, 그들은 매운 것을 싫어하는 실험협조자들에게 매우 매운 양념을 먹도록 하거나 헤드폰으로 한바탕 큰 소리를 듣도록 하는 등 공격적으로 행동했다. 이처럼 사회적 고립은 공격 행동을 초래하는 강력한 요인 중 하나다.

(2) 각성 상황

각성 수준이 올라가면 사람들은 더욱 공격적으로 변한다. 도발이나 폭력 매체뿐만 아니라 스포츠도 사람들의 각성 수준을 높인다. 결승전의 결승골은 사람들의 심장 박동과 혈압을 증가시킨다. 이런 각성 상태에서 상대방 팀의 도발은 종종 더 강한 공격 행동을 유발한다. Zillmann(1983)은 이러한 현상을 **흥분 전이 이론**(excitation transfer theory)으로 설명한다. 이 이론에 따르면, 어떤 사건으로 발생한 흥분은 쉽게 수그러들지 않고 그다음에 발생하는 사건으로 넘어가 영향을 미친다. 이때 이후의 사건이 도발적인 특성을 가지고 있으면, 전이된 흥분은 공격적 반응을 증가시킬 수 있다. 즉, 우리가 이전의 흥분 상태를 인지하지 못하고 현재 각성 상태를 지금 발생한 사건에 귀인할 때, 우리는 더 공격적이 된다(Zillmann, 1994).

우리의 각성 수준은 다양한 요소의 영향을 받는다. 예를 들면, 빨간색에 대한 노출은 각성 수준을 높인다는 연구가 있다. Guéguen 등(2012)은 차의 색깔이 운전자의 공격 행동에 미치는 영향을 현장 실험을 통해 알아보았다. 신호등이 녹색 불로 바뀌었는데 움직이지 않는 앞차에 대한 뒤차의 공격 행동을 측정했다. 이때 앞차의 색깔로 동종 모델의 빨간색, 파란색, 초록색, 검은색 그리고 흰색의 차를 사용했다. 뒤차의 공격 행동은 처음 경적을 울리기까지의 잠재기 시간과 경적을 울리는 빈도로 측정했다. 그 결과, 빨간색 앞차를 향한 운전자들의 공격 행동은 다른 색의 차보다 유의미하게 높았다.

(3) 알코올

도발적이거나 각성 수준을 높이는 상황이라고 하더라도 대부분의 사람은 자신의 공격 충동을 잘 억제한다. 그러나 술은 이러한 억제를 약화시킨다([그림 8-9] 참조). 음주와 공격성의 관계에 대한 여러 연구를 메타분석한 결과, 둘 사이에는 정적 상관이 있었다(Bushman & Cooper, 1990). 술에 취한 실험참가자는 통제 집단에 비해 도발에 더욱 공격적으로 반응했다. 이에 대해 가능한 설명 중 하나는 음주로 인해 공격성 통제가 약해진다는

그림 8-9 알코올. 과도한 음주는 공격성을 증가시킬 수 있다.

것이다. 자아고갈 이론(ego-depletion theory; Gailliot & Baumeister, 2007)은 인간의 뇌가 자기통제를 하기 위해서는 많은 포도당을 필요로 하는데, 알코올이 그런 포도당을 감소시켜 자기통제가 약화된다고 설명한다. 또한 알코올은 판단의 시야를 좁히는 특성이 있어 술에 취한 사람들은 눈에 띄는 도발적 상황에 더욱 민감하게 반응한다(Giancola & Corman, 2007).

또한 알코올은 사람들의 자기인식(self-awareness)을 감소시켜 공격에 대한 자기의 기준을 망각하도록 한다(Hull, 1981). 술에 취한 사람들은 당장 눈앞에 닥칠 미래를 생각하지 못하는 것처럼 보일 때가 있다. 한 연구(Bushman et al., 2012)에서는 음주를 한 참가자들 중 미래에 대한 고려가 부족한 참가자들이 가장 공격적이었다. 알코올 효과는 직접적으로 술을 마시지 않더라도 나타날 수 있다. 참가자들에게 알코올에 대한 점화(priming)를 시키는 것만으로도 그들의 공격성은 증가했다(Pedersen et al., 2014). 참가자들은 알코올에 대한 점화를 받은 후 명백한 도발이 아닌 불분명한 상황을 도발로 판단해서 공격적으로 반응했다. 이처럼 알코올은 자신에 대한 의식을 떨어뜨리거나 애매한 상황을 도발로 해석하게 만듦으로써 공격성을 증가시킨다.

3) 환경 요인

(1) 가정 및 또래 환경

아이들에게 가장 가까운 역할 모델은 부모인데, 아동의 공격성과 부모의 부적절한 양육 방식 간에 관련성이 있다고 보고하는 연구가 많다. 한 종단 연구(Eron et al., 1991)에서 부모가 아동을 비일관적으로 훈육하거나, 차갑게 대하거나 혹은 심한 신체적 처벌을 한 가정에서 자란 아동은 지속적으로 공격성을 보였다. 또 다른 연구(Stover et al., 2012)에서는 부부간의 적대적 관계가 부모의 적대적 양육 태도와 관계가 있었다. 이 연구자들은 유전적 요인 이외에 환경이 공격성에 미치는 효과를 알아보기 위해, 유아를 입양한 양부모의 부부관계와 양육 태도 그리고 유아의 공격 행동 사이의 관계를 분석했다. 그 결과, 부부 간의 적대적 관계는 아버지와 어머니 모두의 적대적인 양육 그리고 유아의 공격 행동과 관련되어 있었다.

아동은 성장하면서 가족뿐만 아니라 또래와 상호작용하면서 그들로부터 많은 영향을 받는다. 공격적 성향을 보이는 아동은 폭력을 거부하는 또래 집단에게는 거절당하고, 비슷한 성향을 지닌 친구들과는 어울리게 된다. 공격적 성향의 아동이 모여 만든 또래 집단에서 아이들은 그들 간의 상호작용과 모방 학습을 통해 더욱더 공격적으로 자란다(Huesmann, 1986). 그러나 상당수의 연구는 또래 집단에서 아동의 지위와 공격 행동이 양방향으로 연합되어 있음을 암시한다(Boivin et al., 2005). 가령, 학기 초 아이들이 보이는 적대적 공격과 도구적 공격 수준은 학기 말 또래관계에서 그들의 지위를 떨어뜨렸다(Dodge et al., 1990). 또 다른 연구(Dodge, 1983)는 또래 집단에서 받은 거절 경험이 공격성을 낳는다는 증거를 제공한다. 이 연구에서 친구들로부터 거절당한 아이들은 더 자주 공격 대상이 되었으며, 다른 아이들에게 더 공격적으로 반응했다.

(2) 문화 차이

문화는 보다 더 큰 맥락에서 사람들의 공격성에 영향을 미칠 수 있다. 심리학자들은 개인주의와 집단주의 문화에서 공격성이 어떻게 다른지에 대해 많은 흥미를 가지고 있다. 동료에 대한 공격 행동을 국가별로 비교한 연구(Bergeron & Schneider, 2005)에서 개인주의 문화가 강한 국가일수록 공격 행동의 지표에서 더 높은 순위를 차지했다. 개인주의 문화에 비해 집단주의 문화에서는 여러 사회적 관계나 맥락이 개인의 행동에 더 많은 영향을 미치기 때문에, 공격과 같이 타인에게 해를 가하는 행동을 억제하는 요인이 더 많기 때문이다. 그러나 Bond(2004)의 연구에서는 개인주의와 폭력범죄 간의 관련성이 경제적 수준의 영향을 받았다. 즉, 경제적 어려움을 많이 겪는 국가보다 상대적으로 부유하고 산업화된 나라에서 타인에 대한 폭력 행동과 개인주의 지표 간의 관련성이 낮았다. 이러한 발견은 개인주의와 공격성의 관련성이 간단하지 않음을 보여 준다.

문화에 따라 공격성에 대한 인식이 다를 수 있고, 이것이 공격 행동과 연관될 수 있다. 가령, 한 연구(Bushman & Huesmann, 2010)에 따르면, 말레이시아의 젊은이들은 체면이 깎이는 것과 같은 상황에서 충동적인 공격을 통제할 수 없다고 생각한다. 이런 문화에서 젊은이들은 자신의 공격 행동이 가져오는 결과로부터 좀 더 자유로울 수 있다. 반면, 영국의 젊은이들은 폭력을 통제할 수 있으며 자신의 행동에 대한 책임 역시 져야 한다고 생각한다. 영국의 식민 통치 동안 말레이시아 젊은이들은 자신의 충동적 행동에 처벌을 받았고, 그 결과 그들의 충동적인 공격 행동은 거의 사라졌다. 이와 같은 결과는 문화가 공격 행동에 그 영향력을 발휘하고 있음을 보여 준다. 또한 문화는 폭력에 대한 어떤 긍정적인 가치를 부여하지 않으면서도 폭력을 조장할 수 있다. 말레이시아 문화처럼, 특정 상황에서 사람들이 통제력을 잃는 것은 당연하고 정상적이기 때문에 폭력이 뒤따르는 것을 당연하다고 여긴다면, 이러한 문화에서는 폭력적 행동이 더 빈번할 수 있다.

명예를 중시하는 문화는 공격성과 관련해서 재미 있는 특성을 보인다. 미국 남부는 북부에 비해 위협이나 모욕을 받는 상황에서 그것에 대항해 폭력적으로 대응할수록 명예롭다고 생각한다(Hackney, 1969; [그림 8-10] 참조). 또한 명예 문화는 최근까지도 미국 남부 중 도시화가 덜 되고 백인이 주로 거주하는 지역일수록 여전히 남아 있다(Lee et al., 2007; Nisbett & Cohen, 1996). 명예 문화에 대한 신념은 남부 지역이 아니더라도 남부 출신 백인들이 많이 거주하는 그 밖의 지역까지 퍼져 있다. 이 지역에서는 논쟁으로 시작된 살인 범죄의 비율이 높다. 명예 문화에 대한 신념은 자신의 가족을 지키기 위해 필요하면 마땅히 폭력을 사용해야 한다는 태도를 포함하고 있다.

그림 8-10 명예를 중시하는 문화. 자신과 가족의 명예를 최고의 가치로 여기는 문화에서는 때로 자신과 타인을 죽음에 이르게 하는 결투 문화를 높게 평가한다.

(3) 대중매체의 영향

폭력적인 내용의 미디어 시청이 공격 행동을 증가시키는지의 문제는 오랫동안 연구자들의 관심을 끈 주제다. 이에 좌절-공격 가설은 폭력적인 미디어 시청을 통해 공격성을 대리적으로 해소할 수 있다고 주장한다. Freud의 본능 이론에 기반을 둔 정화 가설(catharsis hypothesis; Dollard et al., 1939)에 따르면, 좌절 때문에 내부에 쌓인 공격 에너지를 폭력 매체의 시청과 같은 대리적 방식으로 해소함으로써, 이후에 그 좌절을 야기한 사람을 공격할 가능성이 낮아진다. 이 이론이 타당하다면 누구나 일정한 시간마다 폭력 매체를 접하게 함으로써 폭력을 감소시킬 수 있다. 반대로, 앞서 살펴본 것처럼 사회학습 이론은 학습이나 경험을 통해 공격 행동이 획득된다고 설명한다(Bandura, 1965). 이 이론에 따르면, 폭력적인 매체의 노출이 많을수록 공격성은 증가한다. 두 입장은 폭력 매체 시청의 효과를 정반대로 예측하고 있다.

경험적인 연구는 전반적으로 사회학습 이론의 예측을 지지한다. 일부 연구는 정화 가설을 지지하고 있다. 예를 들면, 신체적으로 체력을 소모하는 일에 참여하는 것은 흥분을 감소시켰다(Zillmann, 1979). 사회학습 이론을 지지하는 연구(Bandura, 1973, 1983; Bandura & Walters, 1963)에서는 아동이 모델의 공격 행동을 모방했다. 또한 대학생에게 폭력적 비디오 게임을 하도록 했을 때, 게임의 폭력 수준이 그들의 적대성과 공격성 그리고 심리적 각성과 정적 상관이 있었다(Barlett et al., 2008; Giumetti &

Markey, 2007). 더구나 이러한 연구를 메타분석한 결과, 폭력적 미디어나 게임이 공격 행동의 증가에 미치는 효과는 연령에 따른 차이도 없었다(Anderson et al., 2010).

폭력 매체의 시청은 다양한 방식으로 공격성을 증가시킨다. 매체의 폭력에 대한 노출은 공격의 새로운 기법을 제공한다(Bandura, 1977a). 특히 사람들은 주어진 상황에서 어떻게 행동해야 하는지 그에 대한 공격적 각본(script)을 배울 수 있다(Huesmann, 1998). 특정 상황에서 각본이 반복되면, 기억 속에서 각본을 활성화시키는 수많은 경로가 만들어지면서 상황과 각본을 연결시키는 강도 역시 강화된다(Anderson & Bushman, 2002). 비슷한 맥락에서, 폭력물의 시청은 사람들의 인지 체계

글상자 8-4

공격성은 정화되는가

그림 8-11 공격적인 스포츠. 이러한 스포츠의 관람이 정화 효과가 있는가?

"대화를 하다가 서로 감정이 상한 부부가 이종 격투기와 같이 상대방을 깔고 앉아 두들기는 스포츠를 본다. 이들은 감정이입한 특정 선수가 승리하자 크게 기뻐한다." 이런 공격적 스포츠 관람이 부부의 공격적 감정을 해소해 줄까? Hornberger(1959)는 실험협조자가 실험참가자에게 일종의 모욕을 주도록 했다. 그다음, 한 집단의 참가자들은 10분 동안 망치로 못을 두드리고, 다른 한 집단은 아무것도 하지 않았다. 이후 참가자들에게 자신을 모욕한 실험협조자를 비판할 기회를 주었다. 실험 결과, 10분 동안 망치질을 한 집단이 통제 집단보다 협조자에게 훨씬 더 적대적인 비판을 퍼부었다. 또 다른 연구에서 매우 공격적인 가사의 노래를 들은 참가자 집단은 비공격적인 노래를 들은 집단에 비해 인지적으로 더 적대적이고 공격적인 특성을 보였다(Anderson et al., 2003).

이것은 정화 효과와는 정반대의 결과로, 공격성은 표현할수록 더욱 커진다는 것을 보여 준다. 왜 그럴까? 사람들은 자신이 입은 피해를 생각할수록 더 분노하는 경향이 있다. 이때 폭력적인 장면을 보거나 그런 노래를 듣는 것, 폭력적인 행동을 하는 것, 복수를 꿈꾸는 것과 같은 행동은 보다 더 공격적인 사고와 감정을 불러일으킬 수 있다. 물론 분노를 표출한 후 기분이 더 나아진 사람도 있지만, 그것이 그 사람들의 공격성을 감소시키지는 못한다. 오히려 기분이 좋아진 사람들이 더 공격적이 되었다(Bushman et al., 1999). 정화 이론에 대한 믿음은 신화에 가까운 것으로 보인다.

내 공격적 사고와 기억을 점화시켜 그것을 행동으로 표현하게 할 가능성을 높인다(Berkowitz, 1984). 마지막으로, 매체 폭력에 대한 노출은 폭력 및 그것이 가져오는 해로운 결과에 정서적으로 둔감하게 만든다(Huesmann & Kirwil, 2007). 이것은 피해자들의 고통 신호에 감정이입을 어렵게 만들고, 그래서 공격 행동에 대한 자제도 어렵게 한다.

4. 공격성 감소 방안

진화심리학 입장에서 인간의 공격성은 생존을 위해 매우 기능적인 역할을 담당해 왔음을 부인할 수 없다. 그러나 역설적이게도 현대 사회에서 공격성은 인간의 생존을 위협하는 위험하고 경계해야 할 대상이 되었다. 그래서 대부분의 문화에서는 공격성을 반사회적 행동으로 보고 있다. 사회심리학자도 공격성을 감소할 수 있는 여러 방안을 모색해 왔다. 여기서는 행동적 접근, 정서적 접근 그리고 인지적 접근을 살펴본다.

1) 행동적 접근

행동적 접근은 주로 행동주의의 원리에 기초한 것으로, 이 접근을 취하는 연구자들은 원하는 행동의 빈도를 늘리고 원하지 않는 행동의 빈도를 줄이기 위해 다양한 기법을 개발해 왔다. 여기에는 처벌이나 행동 개입과 같은 전략이 있다.

(1) 처벌

다수의 사회는 공격성을 줄이기 위한 전략으로 처벌(punishment)을 사용해 왔다([그림 8-12] 참조). 이것은 특정 행동 뒤에 즉시 뒤따라오는 자극 때문에 그 행동의 빈도가 감소하는 과정이다. 친구들과 싸운 학생에게 요구하는 반성문에서부터 범죄자를 교도소에 보내는 것까지 다양한 장면에 다양한 처벌이 존재한다. 처벌하는 한 가지 이유는 공격 행동으로 누군가에게 피해를 준 가해자 역시 처벌을 통해 피해를 받는 것이 당연하다고 생각하기 때문이다(Baron et al., 2006). 이런 논리에 따르면, 공격성의 피해가 클수록 가해자의 처벌 역시 그에 비례해서 커져야 한다. 시비 끝에 상대방의 뺨을 때리는 행동과 상대방을 칼로 찌르는 행동의 처벌은 같을 수 없다. 처벌하

그림 8-12 처벌. 처벌이 늘 공격성을 줄이는 것은 아니다.

는 또 다른 이유는 공격 행동의 예방과 관련이 있다. 자신의 공격 행동이 발각되어 처벌받을 수 있다고 생각할 때, 사람들은 그 행동을 자제할 가능성이 높기 때문이다. 이러한 맥락에서 보면, 쉽게 잡아내기 어려운 공격 행동을 더 강하게 처벌하는 것이 타당해 보인다(Baron et al., 2006).

한 연구(Carlsmith et al., 2002)는 처벌의 두 이유, 즉 보복과 예방 중 어떤 것이 더 정당한지를 알아보았다. 연구자들은 참가자들에게 피해의 심각성과 범죄 파악의 용이성 측면에서 각각 다른 범죄 시나리오를 읽도록 했다. 그다음, 각 범죄가 어느 정도의 처벌을 받아야 하는지 참가자들에게 평가하도록 했다. 그 결과, 대부분의 참가자는 피해가 클수록 처벌도 강해야 한다고 판단했다. 반면, 범죄 파악의 용이성은 처벌의 강도에 영향을 미치지 않았다. 이러한 결과를 종합하면, 참가자들은 처벌을 범죄의 예방보다는 범죄 행동에 대한 보복의 수단으로 사용하는 것을 더 중요하게 생각했다.

처벌의 효과를 극대화하기 위해 충족할 조건이 있다(Berkowitz, 1993). 첫째, 처벌은 공격 행동이 발생한 후 가능한 한 즉시 주어져야 한다. 둘째, 처벌은 처벌 대상에게 혐오감을 줄 만큼 충분히 강력해야 한다. 셋째, 처벌은 대상자에 상관없이 일관적으로 적용되어야 한다. 넷째, 처벌은 그 당사자에게 정당한 것으로 지각되어야 한다. 마지막으로, 처벌을 받는 공격 행동을 대체할 수 있는 바람직한 행동을 제시할 수 있어야 한다. 그러나 이러한 조건을 충족하는 처벌을 집행하는 것은 오늘날 사법 체계에서는 극히 어려운 일이다. 보통 처벌은 공격 행동 이후 몇 달에서 몇 년까지 지연된다. 또한 동일한 형태의 범죄라고 하더라도 그 형량은 범죄의 내용과 범죄자의 특성 등에 따라 다르기 때문에, 처벌에 대한 일관성과 정당성을 확보하는 것 또한 어렵다.

이상적인 조건에서 시행된 처벌조차도 공격성을 일시적으로 억누르는 임시방편뿐일 수 있다. 한 종단 연구(Lefkowitz et al., 1978)에 따르면, 집에서 부모에게 물리적 처벌을 받으며 자란 아이는 학교에서 다른 아이들에게 더 공격적으로 행동했다. 또한 사형과 같은 처벌이 실제 범죄 예방에 도움이 되는지도 의문의 여지가 많다. 미국에서 사형제도가 있는 주와 없는 주를 비교했을 때, 사형제도는 범죄 예방에 도움이 되지 않았다(Archer & Gartner, 1987). 더군다나 잘못된 재판이라 하더라도 이미 집행된 사형은 되돌릴 수 없다. 이것은 명백히 매우 심각한 문제다.

(2) 행동 개입

앞서 살펴본 것처럼, 처벌이 효과가 있기 위해서는 대체 가능한 바람직한 행동을 제시하는 것이 좋다. 일반적으로 공격 행동은 우리가 자신의 목적을 빨리 달성하기 위한 가장 쉬운 수단 중 하나다. 또한 협상이나 타협과 같은 비공격적 수단과 달리, 공격 행동은 숙련이나 자기통제의 필요 없이 즉각적으로 나온다. 그래서 아동뿐만 아니라 성인도 공격 관련 맥락에서 공격적으로 행동할 가능성이 높다. 이와 같은 행동 경향성을 줄이기 위해서는 비공격적 행동이 더욱 효과적이라는 점을 배우게 할 필요가 있다.

행동 수정(behavior modification)은 체계적인 시도를 토대로 일련의 행동을 교정하는 기법으로, 비공격적 행동을 강화하는 하나의 원리다. 이 원리를 사용한 프로그램이 **좋은 행동 게임**(good behavior game: GBG)이다. 이것은 집단 개입 프로그램 중 하나로, 교실에서 부적절한 행동을 교정하고 학업 수행을 향상시키는 데 사용되어 왔다. Kleinman과 Saigh(2011)는 26명의 다인종 청소년으로 이루어진 9학년 역사 수업에 이 프로그램을 실시했다. 그들은 수업 시간에 돌아다니거나 고함을 지르고 욕설을 해서 정상적으로 수업을 받을 수 없었다. 이 게임을 시작하면서 학생들에게 수업 시간 중 금지할 세 가지 표적 행동으로 언어 방해, 신체(공격적) 방해 그리고 자리뜨기를 지정했다. 이런 행동을 하지 않을 경우 사탕과 피자가 강화물로 주어졌다. [그림 8-13]에서 보듯이 6주간 시행 후 학생들의 금지 행동은 눈에 띄게 개선되었으며, 사

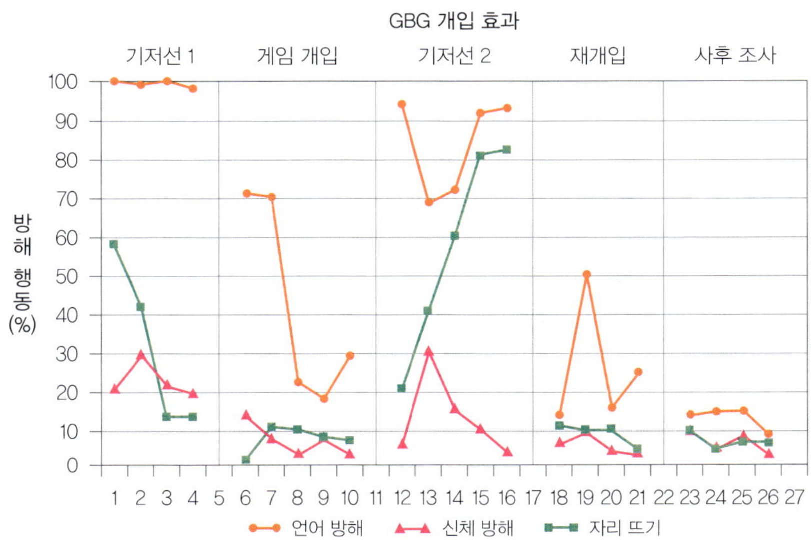

그림 8-13 **좋은 행동 게임(GBG)의 효과.** 개입 후 점차적으로 세 가지 유형의 방해 행동이 감소하는 것을 볼 수 있다.

출처: Kleinman & Saigh (2011).

후 관찰에서도 그 효과는 유지되었다.

비공격적 행동을 촉진하는 또 다른 방법이 **사회적 기술 훈련**(social skills training)이다. 공격 행위자들은 사회적 상황에서 필요한 분노 조절이나 협상과 같은 기술이 부족하다. 그들이 이러한 사회적 기술을 습득하면, 그들의 공격성은 감소할 수 있다. Schneider와 Byrne(1987)이 개발한 프로그램에서는 아이들에게 약 12주 동안 다양한 훈련을 실시한다. 아이들은 장난에 비공격적으로 반응하기, 좌절 상황에서 과도하게 행동하지 않기 그리고 다른 사람의 감정과 반응을 정확하게 읽기 등의 기술을 배운다. 또한 대인관계에서 의사소통 방법, 거절에 대한 대처 및 스트레스 관리도 훈련받는다. 이런 기술은 보통 모델링, 역할 놀이, 수행 피드백 그리고 실제 상황에서 기술 적용이라는 절차를 통해 습득된다.

글상자 8-5 화가 날 때 포도당을 섭취하라

상대방의 도발에 물리적 공격으로 대응하는 것은 자신의 사회적 고립이나 배척을 초래할 수 있다. 그래서 대부분은 상대의 도발에 대한 분노를 억누르는 식의 정서 조절을 선택한다. 보통 10~15분만 참으면 우리의 정서 상태는 정상으로 돌아가기 때문이다. 그러나 때로는 시간이 흘러도 정서 조절이 어려울 때가 있다. 이럴 때 포도당을 섭취하면 분노 조절이 더 쉬워진다(Denson et al., 2011).

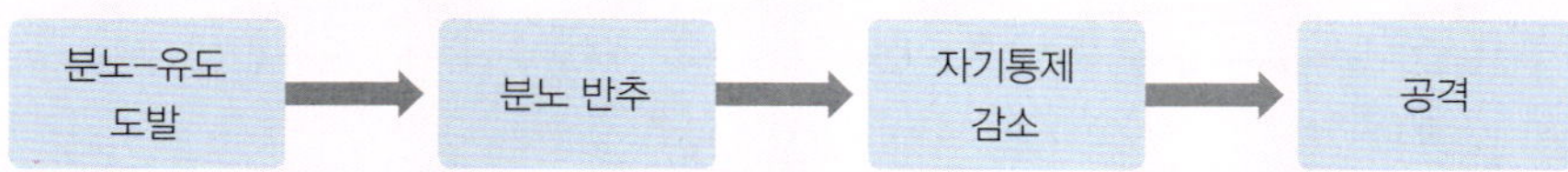

그림 8-14 도발로 인한 분노와 공격 행동 관계에 개입하는 시간 모형

출처: Denson et al. (2011).

이 그림은 상대방의 도발 이후 분노를 반추하면서 그 분노를 통제할 힘이 떨어져서 공격한다는 시간적 차원의 모형이다. 분노의 통제에는 분노의 완급 조절, 화와 관련된 생각의 억제, 공격 충동의 억제가 필요하고 이를 위해 자원이 필요하다(Baumeister et al., 2007; Hagger et al., 2010). 분노를 반추하면서 이런 자원의 소비가 심해지면 결국 공격을 통제하는 데 필요한 자원이 없어서 공격 행동을 하게 된다. 이때 포도당을 섭취하면 고갈된 자기통제의 자원이 회복된다(DeWall et al., 2008). 즉, 공격 행동을 억누를 수 있는 힘을 다시 얻게 된다. 사탕과 과자, 달콤한 음식은 우리가 충동적으로 공격하는 것을 막아 준다. 무엇보다도, 솔직한 사과가 상대방의 분노를 가라앉히는 최고의 포도당일지 모른다.

공격 행동을 하는 사람들의 정서적 각성 수준을 낮추기 위한 행동 개입에는 **이완법**(relaxation techniques)이 있다. 이 기법은 사람들의 분노와 각성 수준을 감소하고 이완하는 훈련을 통해 적대적인 공격성을 줄이는 기법이다. 여기에는 이완 훈련, 체계적 둔감법 등을 인지적 개입과 연계한 인지-행동 기법이 있다(DiGiuseppe & Tafrate, 2003). 대부분의 이완 훈련은 깊은 호흡, 평화로운 초원처럼 이완에 도움을 주는 이미지의 시각화, 몸의 모든 근육을 긴장시켰다가 이완시키기 등을 수반한다. 훈련 참가자들은 누군가의 도발을 경험하거나 상상함으로써 고조된 긴장 상태를 이완 훈련을 통해 낮추고, 흥분이나 분노의 수준을 낮추는 연습을 한다. 흥분 상태가 가라앉는 만큼 상대방을 공격할 가능성 역시 줄어든다.

교육 현장에서 정서 · 행동 장애 아동의 신체적 공격을 줄이는 것은 중요한 이슈 중 하나다. 점진적 근육 이완법은 직접적으로 생리적 반응을 완화시킴으로써 공격 반응을 감소시키고자 한다. 바닥에 등을 붙이고 누워서 두 팔을 자연스럽게 늘어뜨린다. 그 후 지시에 맞춰서 이마, 얼굴, 팔 등 각 근육을 짧은 기간 긴장시켰다가 완화하는 것을 반복한다. 이러한 훈련법은 치료 기간 동안 학생들의 심장 박동수, 혈압 그리고 신체적 공격을 유의미하게 감소시키는 결과를 가져왔다(Lopata et al., 2006).

행동 개입의 또 다른 형태가 **자기지시 훈련**(self-instructional training; Novaco, 2007)이다. 이 훈련은 도발을 당한 사람이 마음속으로 자신에게 이야기를 건네도록 하는 것이다. 이 기법은 충동성을 통제하는 보편적인 치료법 중 하나다. 훈련을 통해 학습자는 자기의 진술을 적절한 진술로 바꾸고, 그것으로 자기지시를 함으로써 공격 행동을 통제하게 된다(이길전, 손정락, 2001). 가령, 상대방이 도발할 것 같은 때 "나는 이 상황을 다스릴 수 있어." 상대방의 도발에 직면하는 순간에는 "진정하고 일단 긴장을 풀자. 넌 이런 상황에서 자신을 증명할 필요가 없어." 도발을 받은 후에는 "이완하고 모든 것을 느리게 할 때가 왔어. 나는 자제력을 잃지 않겠어."라는 말을 자신에게 한다. 갈등이 해결된 후에는 "이 문제는 내가 생각한 만큼 어렵지 않았어."라고 스스로에게 이야기할 수 있다. 갈등이 해결되지 않은 상태에서는 "이 상황이 해결되려면 어느 정도 시간이 걸리는 것이 당연해."라고 스스로를 진정시킬 수 있다. 이런 자기지시 훈련은 상대방의 도발 후 따라오는 분노나 흥분을 감소시키는 데 도움이 되며, 분노나 각성 수준을 낮추는 인지 기술과 이완법의 결합이 특히 효과적이다(DiGiuseppe & Tafrate, 2003).

마음챙김(mindfulness) 훈련은 도발적인 상황에서 주의를 내면으로 옮기고 심신을 이완함으로써 공격 행동을 억제하도록 도와준다. 마음챙김은 자기 내면의 상태와 주변의 상황을 있는 그대로 인식하는 것으로, 주어진 상황에서 자기의 생각, 정서, 지금 하는 여러 경험을 판단이나 그것에 대한 반응 없이 관찰하는 것이다. 이러한 훈련은 주어진 상황에 대해 파괴적이거나 습관적으로 반응하는 것을 막아 준다. 마음챙김 훈련 중 하나인 '발바닥' 훈련 절차는 다음과 같다(Singh et al., 2003). 첫 번째 단계에서 피훈련자는 언어적 혹은 신체적 공격을 유발하는 지금 상황에 대해서 인식한다. 그다음 단계는 발바닥 명상 단계로, 피훈련자는 주의를 발바닥에 기울이면서 긴장을 이완하는 자연스러운 자세와 깊은 호흡을 하도록 훈련을 받는다. 마지막 단계에서 피훈련자는 공격을 유도하는 지금 상황에 적절한 비공격적 반응을 하면서 상황을 마무리한다.

2) 정서적 접근

(1) 양립 불가능한 정서 유도

모든 유기체는 양립 불가능한 2개의 반응을 동시에 할 수는 없다. 높은 각성 상태에서 신체적 이완을 기대할 수 없고 기분이 들떠 있으면서 우울을 느낄 수는 없다. 이처럼 동시에 발생할 수 없는 반응을 통해 공격 행동을 방지하거나 통제하려는 시도를 **양립 불가능한 반응 가설**(incompatible response hypothesis)이라고 한다(Baron, 1993). 감정적 공격 행동은 상대방에게 깊은 분노와 적대감을 가지면서 그에게 해를 가하고자 할 때 나타난다. 이때 공격 행동을 하는 가해자에게 분노와 양립 불가능한 감정이나 정서 또는 기분을 유도하여 공격성을 감소시킬 수 있다.

Baron(2006)의 연구에서는 교차로에서 녹색 불일 때 차를 움직이지 못한 실험협조자 때문에 120명의 운전자가 15초 동안 지연되었다. 세 집단의 참가자들은 이러한 불편을 겪기 전에 분노나 분명한 공격 행동과 양립하기 어려운 반응, 즉 공감, 유머 그리고 약한 성적 흥분을 각 집단별로 하나씩 경험했다. 연구 결과, 세 집단에 있는 참가자는 이러한 처지를 받지 않은 집단의 참가자들에 비해 경적을 덜 울렸고 짜증을 덜 드러냈다. 이러한 연구는 양립 불가능한 반응을 통해 공격 행동을 줄일 수 있음을 보여 준다.

(2) 공감

일반적으로 가해자와 피해자의 물리적 거리가 멀 때보다는 가까울 때 공격 행동이 덜 일어난다. 전투기 안에서 미사일 투하 버튼을 누르는 것보다 가까운 거리의 적군에게 소총 방아쇠를 당기는 것이 더 어렵다. 거리가 가까울 때 상대방의 고통을 직접 볼 수 있고, 이것이 가해자에게 죄책감과 같은 심리적인 고통을 초래할 수 있기 때문이다. 또한 피 흘리는 상대방의 고통스러운 몸부림에 감정이입을 하면서 그를 향해 더 총을 쏜다는 것은 매우 힘든 일이다. 이처럼 피해자에 대한 **공감**(empathy; [그림 8-15] 참조)은 공격성을 감소시키는 역할을 할 수 있다(Miller & Eisenberg, 1988).

그림 8-15 **공감.** 상대방에 대한 공감은 공격성을 감소시킨다.

성인은 물론 아동을 대상으로 한 다수의 연구가 공감의 효과를 입증하고 있다. 대부분의 연구에서는 정서를 유도하는 상황을 만들어 놓고 그 상황에 대한 아동의 자기보고, 공감적인 표정이나 몸짓을 통해 공감을 측정한다. 한 연구(Chaux et al., 2009)에서는 콜롬비아의 5학년 학생과 9학년 학생을 대상으로 학교 폭력에 관한 조사를 실시했다. 연구자들은 사회 · 정서적 요인, 가족과 학교 요인, 가난이나 불평등, 지역사회의 폭력 수준 등 환경 요인이 학교 폭력에 미치는 영향을 알아보았다. 그 결과, 사회 · 정서적 능력 중 하나인 공감 수준이 낮은 학생은 그 수준이 높은 학생에 비해 공격성 수준이 더 높았다.

공감은 피해자의 고통스러운 반응과 연합되어 나타나지만, 모든 고통스러운 반응이 가해자에게 공감을 유발하는 것은 아니다. 가해자가 극도의 분노 같은 강렬한 정서 상태에 있거나 자신의 행위에 대하여 강한 신념과 정당성을 가지고 있을 때, 피해자의 고통은 가해자에게 정적 강화물의 역할을 한다. Baron(1974)의 연구에서 분노 조건의 참가자에게는 그들이 수행한 사전 과제에 대하여 각 파트너가 부정적이고 무례한 피드백을 준 반면, 중립 조건의 참가자에게는 중립적인 피드백을 주었다. 그다음, 자신의 파트너에게 다양한 강도의 전기충격을 줄 수 있는 기회가 참가자들에게 주어졌다. 이때 각 조건의 절반은 전기충격을 줄 때 피해자의 고통 단서에 노출된 반면, 나머지 절반은 이러한 단서에 노출되지 않았다.

그 결과, 분노 조건의 참가자들은 피해자의 고통 단서가 있을 때 더욱 큰 공격성을 보였다. 반면, 중립 조건의 참가자들은 피해자의 고통 단서가 있을 때 더 약한 공격성을 보였다. 참가자의 정서 반응 역시 분노 조건과 중립 조건 간에 유의미한 차이가 있었다. 분노 집단은 피해자의 고통 단서가 있을 때 큰 기쁨을 느꼈고 기분이 편안해졌다고 보고했다. 그러나 중립 조건의 참가자들은 고통 단서에 노출되었을 때 부정적 정서를 느꼈다고 보고했다. 이러한 결과는 피해자의 고통 단서는 가해자의 분노 수준에 따라 서로 다른 공격 수준을 초래한다는 점을 입증한다.

그러면 공격 행동의 발생을 공감의 결핍이나 부족 때문이라고 할 수 있을까? 공감과 공격성의 관계를 다룬 많은 연구자는 반사회적 행동이나 폭력 혹은 성폭력을 저지른 가해자들은 모두 공감이 결핍되어 있음을 지적하고 있다(Hogan, 1973; Marshall et al., 1995). 좀 더 최근에 수행한 한 메타분석 연구에서 공격성과 공감은 부적 상관이 있지만, 그 크기는 예상과 달리 −.11로 매우 작았다(Vachon et al., 2014). 이 분석에서 이용한 여러 자료가 서로 다른 측정 도구를 사용하여 공감을 측정했기 때문에 이런 결과가 나왔을 수도 있다고 연구자들은 지적한다.

3) 인지적 개입

우리가 공격성을 제어하기 위해서는 자신의 행동이 초래할 결과를 생각할 수 있어야 하지만, 정서적 각성 상태는 우리를 행동의 결과에 대한 두려움에서 벗어나도록 한다. 또한 정서적 각성은 빠르고 성급하게 정보를 처리하게 만듦으로써, 분노나 짜증의 원인과는 무관한 사람을 공격하도록 유도할 수도 있다(Baron et al., 2006). 공격성은 종종 기억, 추론, 귀인과 같은 중요한 인지 요소를 포함한다. 가령, 사람들은 잘못된 추론이나 귀인 때문에 목표 달성을 위한 수단으로 공격 행동을 채택할 수 있다. 그래서 이런 요소에 대한 개입 역시 공격성의 확률이나 강도를 줄이는 데 효과적이다.

글상자 8-6

적과의 거리와 공격성

인류 역사상 가장 큰 피해를 낸 제2차 세계대전에서 약 2천만 명의 군인과 3천만 명의 민간인이 죽었다. 그렇지만 접전 중에 적군을 향해 자신의 무기를 사용한 군인은 100명 중 15~20명에 불과하다(Grossman, 2011). 군인들은 명령에 따르도록 훈련받았지만 적을 향해 무기를 발사하는 행위를 거부했다. 미국의 남북 전쟁 때에도 군인들은 소총을 발사하지 못했다. 왜 그랬을까? 사람들은 눈에 보이는 대상을 직접 공격하는 것에 대해 강한 거부감을 가지고 있기 때문이다.

적군과 대치하는 일대일 상황보다 수류탄, 기관총을 사용하는 상황과 같이 물리적 거리가 클 때, 군인들의 심리적 부담은 감소한다. 전투기 조종사들은 하늘 위에서 빌딩을 조준해서 사격하는 데 거부감을 느끼지 않는다. 반대로, 상대의 호흡이나 표정을 읽을 수 있는 근거리에서는 심리적 부담이 크다. 이때 피해자와의 큰 심리적 거리는 살해에 대한 거리감을 극복하는 중요한 역할을 한다. 피해자를 자신과 동등한 하나의 인격체로 볼 때 공격자의 의지는 꺾일 수밖에 없다.

문화적 거리는 상대가 '우리'와 다른 이질적 존재이며 '열등'한 존재라는 논리로 그의 인간성을 부정하는 것이다. 히틀러는 독일 군인들에게 자신들이 문화적으로나 인종적으로 우월하다는 선전과 선동을 했다. 또한 군인들은 적군에게 도덕적 거리를 확보하기도 한다. 진주만 공습은 많은 미군에게 '복수'라는 명분을 처방했다. 적군을 전쟁을 개시한 범죄자로 지각함으로써 자신의 공격 행동에 정당성을 부여한다. 전쟁의 역사에서 적군은 언제나 범죄를 저지른 범죄자이며, 아군은 그에 맞서는 도덕의 수호자로 포장되어 왔다.

그림 8-16 **전투기를 이용한 공격.** 비행기의 조종사는 자신이 공격하는 마을과 사람을 보지 못하기 때문에 자신의 행위에 대한 죄책감을 느끼지 않는다.

공격자와 피해자 간의 심리적 거리뿐 아니라 장교와 사병 간의 사회적 거리 역시 전투에 중요한 역할을 한다. 지휘관은 그의 부하와 깊은 유대를 맺어야 하지만, 동시에 망설임 없이 그를 사지로 보내야 하는 임무를 지닌다. 장교와 사병 사이의 사회적 거리는 이러한 모순을 메울 수 있는 심리적 방어의 역할을 한다. 비슷하게, 현대 과학은 근접 전투에서도 인간성을 철회하는 기계적 거리를 제공한다. 열영상 장비나 야간투시 장비에는 야간 전투를 가능하게 하는 효율성과 함께 적군의 모습에서 인간의 형체를 제거하는 효과가 있다.

(1) 귀인

우리는 끊임없이 타인이 한 행동의 동기나 원인을 추론한다. 이와 같은 귀인은 공격 행동을 할 것인지 결정하는 상황에서도 일어난다. 상대 업체와 전화로 협상을 하다가 갑자기 전화가 끊어졌을 때, 우리는 그것을 기계적인 문제로 귀인할 수도 있고 아니면 점차 높아지는 상대방의 목소리 톤이나 전화를 끊기 전 작게 들린 욕설에 귀인할 수도 있다. 중요한 것은 우리가 귀인을 어디에 하느냐에 따라 전화가 연결되었을 때의 반응도 달라질 수 있다는 점이다. 실제 많은 연구(Ferguson & Rule, 1983; Johnson & Rule, 1986)가 공격성에 미치는 귀인의 영향을 다루었다.

한 연구(Ohbuchi & Kambara, 1985)에서 참가자들은 한 쌍을 이루어 서로 전기충격을 주고받았다. 이때 파트너가 가하는 전기충격의 강도와 의도를 참가자들에게 알려주었다. 절반의 참가자들은 파트너의 의도에 상응하는 강도의 전기충격을 받았지만,

나머지 절반은 파트너의 의도와 반대되는 강도의 전기충격을 받았다. 즉, 나머지 절반 중 일부는 자신이 강한 전기충격을 받아 고통스럽지만 파트너는 약한 충격을 주고자 했다고 알고 있었다. 나머지 일부는 자신이 약한 전기충격을 받았지만 파트너는 강한 충격을 주고자 했다고 알고 있었다. 차례가 바뀌었을 때, 참가자들은 자신이 받은 전기충격의 강도보다 파트너의 의도를 더 중시했다. 자신에게 약한 충격을 주고자 한 파트너에게는 실제 받은 충격이 컸더라도 약한 충격을 주었지만, 자신에게 강한 충격을 주려고 한 파트너에게는 받은 충격이 약했더라도 강한 충격을 주었다.

이와 같은 발견을 고려할 때, 공격성을 감소시킬 수 있는 한 가지 방법은 상대방의 행동을 의도치 않은 것으로 귀인하는 것이다(Baron et al., 2006). 예를 들면, 우리는 거래처 직원이나 가까운 지인을 만나기 전에 그 사람의 개인적인 성향이 우리의 기분을 상하게 할 수 있음을 환기할 수 있다. 또한 그것이 결코 그 사람이 우리를 화나게 하려고 의도한 것이 아니라는 점도 인식할 수 있다. 왜냐하면 사람들이 가지고 있는 성향은 많은 부분 그 당사자도 어쩔 수 없기 때문이다. 상대방의 행동이 의도하지 않은 것임을 미리 아는 것만으로도 우리의 보복 의도는 감소할 수 있다.

공격성을 감소시키는 또 다른 인지 요소로 사과(apology; [그림 8-17] 참조)가 있다. 대형 마트에서 카트로 우리를 부딪친 사람이 사과를 하면 그 사람을 공격하기가 쉽지 않다. 이때 사과가 진실하게 보이고 사과하는 사람의 설명이 납득이 갈 경우, 우리의 반응은 덜 공격적으로 된다(Schumann, 2014). 한 연구(Ohbuchi et al., 1989)에서 참가자들은 조교의 실수로 과제를 잘못 수행하게 되었고, 그 결과 연구자로부터 부정적인 평가를 받았다. 이후 한 집단은 조교로부터 사과를 받았지만, 또 다른 집단은 사과를 받지 못했다. 나머지 한 집단은 조교의 사과는 없었지만 연구자로부터 과제를 다시 수행할 수 있는 기회를 부여받았다. 실험 결과, 사과를 받지 않은 참가자보다 사과를 받은 참가자가 조교에 대하여 더 낮은 공격성을 드러냈다. 그러나 재수행 기회를 받은 집단은 사과를 받지 않은 집단과 차이가 없었다.

그림 8-17 사과. 진정한 사과는 공격성을 감소시키는 효과적인 방법 중의 하나다.

(2) 용서

상대방의 공격 행동이 자신에게 매우 큰 해를 입혔을 때에도, 우리는 그의 행동을 비의도적인 것으로 귀인해서 보복하지 않을 수 있다. 그러나 상대가 의도하지 않았더라도 자신이 입은 피해가 클 경우, 우리는 자연스럽게 복수하고 싶어진다. 그러면서 복수가 자신을 좌절감으로부터 일으켜 세워 주고 정의를 세우는 마땅한 방법이라고 생각하게 된다. 그러나 상대방에 대한 보복이 자신에게 늘 유리하지만은 않다. 복수를 한 당사자는 그 순간은 기분이 더 나아질 수 있지만, 복수는 또 다른 복수를 불러올 수도 있다.

한 가지 방법은 나에게 상처를 준 상대방을 용서(forgiveness)하는 것이다. 용서는 나에게 피해를 입힌 사람을 처벌하려는 욕구를 버리고, 대신에 그에게 도움을 주는 방향으로 행동하려는 의도다(McCullough et al., 2003). 용서를 한다는 것은 무엇보다도 공격성의 감소를 포함한다. 용서는 상대방에 대한 자신의 공격성 욕구를 감소시킬 뿐 아니라, 본인의 심리적 안녕감도 강화시킨다(McCullough et al., 2003). 실제 다른 사람이 나를 공격했을 때 그 사람을 용서한 사람은 그렇지 않은 사람보다 자존감은 더 높았고 부정적 정서 수준은 더 낮았다(Karremans et al., 2003).

그러나 용서가 모든 맥락에서 동일하게 작동하는 것은 아니다(Eaton & Struthers, 2006). 한 연구(Karremans et al., 2003)에서 연구자들은 107명의 참가자에게 직장 동료, 친구, 애인이나 배우자가 최근에 규칙을 위반한 경우를 기술하게 했다. 그 결과, 규칙을 위반한 상대방이 후회와 유감을 표현할 때 용서할 가능성은 더 커졌고 공격성은 감소했다. 그러나 규칙 위반자가 누구인가에 따라 용서에도 미세한 차이가 있었다. 참가자의 직장 동료는 애인이나 친구만큼 사과하지 않아도 용서받았다. 또한 친구들이 규칙을 위반한 경우에 참가자들의 공격성이 가장 적었다. 이처럼 용서는 관련 맥락에 따라 그 효과가 달라질 수 있다.

용서의 긍정적 효과에도 불구하고, 모든 사람이 같은 정도로 상대방을 용서할 수 있는 것은 아니다. 가해자를 용서하지 못하는 사람보다 용서하는 사람은 적어도 부분적으로는 성격 특질에서 차이가 있다. 용서하는 사람들은 호감성과 정서적 안정성 수준이 매우 높았으며 부정적인 기분에 대한 취약성이 낮았다(Baron et al., 2006). 용서에 이르는 한 가지 방법으로 공감이 있다. 용서하는 사람들은 자신을 공격한 가해자의 기분이나 환경을 이해하고자 노력하며, 그들의 행동에 대하여 관대한 귀인을 한다. 무엇보다 중요한 것은 과거의 잘못에 대해 반추하지 않는다는 것이다. 그들은 최대한 공격당한 상황에서 빠져나와 다른 곳에 자신을 몰두하게끔 한다(McCullough et al., 2003).

요약

- 공격성은 타인에게 해를 입히려는 의도를 가진 관찰 가능한 사회 행동으로 정의할 수 있다. 공격성은 공격 수단에 따라 물리적, 언어적 그리고 관계적 공격으로 분류하며, 공격 대상의 유무에 따라 직접적 공격과 간접적 공격, 능동성에 따라 능동적 공격과 수동적 공격, 기능에 따라 정서적 공격과 도구적 공격으로 분류한다.
- 공격성은 발달의 시기에 따라 차이가 있어서, 아동기 이후에는 점차 감소하는 추세를 보인다. 그러나 이때 공격성이 높은 아동은 이후 성인기 때까지 높은 공격성을 유지하는 경향이 강하다. 전반적으로 남성은 여성에 비해 물리적 공격을 많이 하는 특성이 있다.
- 공격성의 기원으로 프로이트의 본능 이론, 동물행동학, 진화론은 공격성을 생물학적 근원에 기초해서 설명한다. 그러나 본능에 기초한 설명은 인간의 공격성이 내적 상태가 동일하더라도 상황에 따라 다르게 나타날 수 있다는 점을 잘 설명하기 어렵다.
- 좌절-공격 가설은 좌절과 공격이 서로 필요충분조건이라고 가정하지만, 이 가설에 부합하지 않는 많은 사례가 있어서 여러 비판을 받았다. 인지 신연합 이론은 좌절-공격 가설의 이러한 문제점을 보완한 이론이다.
- 사회학습 이론은 공격성을 사회적 근원에 기초해서 설명한다. 이 이론은 아동이 외부의 공격적인 자극에 많이 노출될수록 이후에 더 공격적으로 행동한다고 주장한다. 반대로, 좌절-공격 가설은 다른 사람의 공격 행동을 보면 공격성이 감소한다는 '정화 가설'을 주장했다. 전반적으로, 지금까지의 경험적인 연구는 사회학습 이론을 지지한다.
- 공격성을 유발하는 요인으로는 사이코패스, 자기애 등의 성격 특질과 각성 수준, 테스토스테론과 세로토닌 수준의 차이 등 생물학적 특성을 포함하는 개인 요인이 있다. 또한 불쾌 사건, 각성 상황, 알코올 등의 상황 요인과 가정 및 또래 환경, 문화, 대중매체 등의 환경 요인이 있다.
- 공격성을 감소시키는 방안으로 행동적 접근, 정서적 접근 그리고 인지적 접근이 있다. 행동적 접근은 행동주의 원리에 기초한 접근으로 처벌과 행동 개입이 있다. 정서적 접근은 잠정적 공격 행위자에게 양립 불가능한 반응을 발생시켜 공격 행동을 감소시키는 것으로 공감을 사용한다. 인지적 접근에는 귀인과 용서가 있다.

제9장

갈등과 협동 그리고 친사회적 행동

1. 갈등의 원인
2. 갈등의 진행과 악화
3. 딜레마 상황에서 협동
4. 친사회적 행동

갈등은 우리가 일상생활에서 매우 흔하게 겪는 일이다. 종종 우리는 상대방과 생각이 다를 때나 상대방보다 더 많은 것을 원할 때 충돌한다. 이러한 상황에서 우리는 서로 경쟁하게 된다. 경쟁은 특정 목표를 달성하기 위한 한 사람의 행동이 그 목표를 달성할 다른 사람의 가능성을 떨어뜨릴 때 생긴다. 그렇다고 해서 우리가 늘 경쟁만 하는 것은 아니다. 우리는 때로 공동의 목표를 달성하기 위해 서로 협력하기도 하고, 자신을 희생하면서까지 다른 사람을 돕기도 한다. 갈등과 협력은 집단 사이에서도 발생할 수 있고, 집단 내 구성원들 사이에서도 일어날 수 있다. 여기서는 갈등의 여러 원인을 알아본 다음, 갈등이 커지는 과정과 그 결과를 알아본다. 협동과 관련해서는 딜레마 상황에서 사람들이 보이는 행동과 협동에 영향을 주는 요인을 살펴본다. 마지막 절에서는 친사회적 행동의 기원과 도움 행동에 영향을 주는 요인을 살펴본다.

1. 갈등의 원인

갈등(conflict)은 행동, 목표 혹은 생각의 불일치로 인해 상대방이 다른 개인이나 집단의 이해관계와 양립할 수 없는 식으로 행동할 때 나타난다. 갈등의 원인은 크게 물리적이고 환경적인 측면을 반영하는 외적 요인과 개인의 심리적인 측면을 반영하는 내적 요인으로 구분할 수 있다. 이러한 두 유형의 요인은 명확한 경계를 가지기보다는 특정 맥락 속에서 서로 영향을 주고받는다. 그러면서 사람들이 협동 대신 경쟁을 선택하게 만들어서 궁극적으로 서로 갈등하게 한다. 이 절에서는 외적 요인으로 자원의 부족과 관련된 현실적 요인, 내적 요인으로는 갈등을 야기하는 동기적 요인 그리고 상황의 특성에 따라 경쟁하거나 협동하는 상황적 요인을 살펴본다.

1) 현실적 요인

사람들은 자신이 원하는 만큼의 자원을 소유하고자 한다. 왜냐하면 우리는 누구나 주어진 목표를 달성하기 위해서 인력이나 자원이 필요하기 때문이다. 그래서 자원이 부족하거나 희소할 경우, 사람들은 가능한 한 자신이 더 많은 자원을 소유하고자 한다. 그래서 자원을 어떻게 분배할지와 관련해서 갈등이 생길 수밖에 없다([그림 9-1]

그림 9-1 갈등. 우리는 부족한 자원을 두고 부딪히는 경우가 많다.

참조). **현실 (집단) 갈등 이론**[realistic (group) conflict theory]은 이처럼 희소한 자원을 두고 개인이나 집단이 서로 경쟁함으로써 갈등이 발생한다는 입장이다(Jackson, 1993). 이 이론은 서로 상충하는 목표와 제한된 자원을 위한 경쟁의 결과로 두 집단 사이의 적대감이 어떻게 발생하는지를 잘 설명한다.

집단 간 경쟁은 사회심리학자들이 많이 연구한 주제로, 내집단의 결속은 강화하고 외집단에 대한 적대감은 증가시킨다(Sherif & Sherif, 1969, 1979). 즉, 갈등이 발전함에 따라 내집단 연대감과 우월의식은 커지는 반면, 외집단에 대해서는 적대감과 비호의적 태도 그리고 고정관념과 편견, 차별이 증가하면서 궁극적으로 갈등이 생긴다. 분노는 상황을 제로섬(zero-sum), 즉 한쪽이 이기면 다른 쪽은 반드시 질 수밖에 없다는 식으로 볼 때 생긴다. 경쟁하는 자원이 가치가 크고 부족할 때, 갈등은 더 심하고 더 오래 지속된다.

집단 내 구성원들 간의 갈등은 낮은 성과 때문에 발생할 수도 있다. 낮은 성과는 궁극적으로 그 집단이 이용할 수 있는 자원의 양을 낮추는 결과를 초래한다. 그래서 빈약한 성과와 그에 대한 부정적 피드백은 집단 구성원들을 위협하고 서로 불만을 갖도록 만들어 갈등을 증폭시킨다. Peterson과 Behfar(2003)는 특정 과목을 팀 단위로 수강하는 대학생들을 대상으로 그들이 경험한 갈등의 정도를 측정했다. 이 과목의 담당자는 각 팀이 수행한 성적을 보여 준 후 그들이 겪는 갈등을 알아보았다. 그 결과, 좀 더 부정적인 피드백을 받은 집단이 그 후에 더 많은 갈등을 겪었다. 또한 피드백을 받기 전부터 원래 갈등 수준이 높던 집단은 그 이후에 더 많은 갈등을 겪었다. 이러한 갈등을 감소시키려는 능동적인 조치가 취해지더라도, 학생들은 그와 같은 조치에 저항하는 것으로 나타났다.

자원의 부족이 한 개인에게 국한된 경우에도 그것과 관련된 갈등이 발생할 수 있다. 예를 들면, 한 개인이 두 가지 이상의 과업을 수행할 수 있을 만큼 충분한 자원을 가지고 있지 못할 때, 그것은 사람들 간의 갈등을 유발하는 요인이 되기도 한다. 한 직장인이 가정과 직장에서 주어진 과업을 제대로 수행하기에는 능력이나 시간과 같은 자원이 부족할 수 있다. 이러한 부족은 직장 동료들과의 업무 분담이나 업무 수행 관련 갈등을 초래할 수 있다. 한 연구(Harris et al., 2015)에서는 컴퓨터를 기반으로 일을 하는 직장인들이 상사와의 관계가 좋지 않으면서 사적으로나 업무와 관련해서 처리해야 할 전자우편이 많아 소통상의 과부하가 높으면, 직장-가정 간 갈등이 증가했다.

2) 동기적 요인

사람들이 협동하지 않고 경쟁하는 심리적 동기를 구성하는 요인으로 가장 많이 언급하는 것이 탐욕과 배신에 대한 두려움이다(Coombs, 1973). **탐욕**은 자신이 마땅히 기대할 수 있는 것 이상을 요구하거나 소망하는 것이다([그림 9-2] 참조). 사람들은 자신이 타인이나 과업에 들인 노력의 양을 실제보다 크게 지각하고, 그래서 그 노력이 자신에게 가져다줄 수 있는 이익의 양을 지나치게 크게 평가한다. 즉, 탐욕은 자신이 투자한 것과 그에 따라 받아야 하는 것을 객관적으로 평가하는 것이 아니라 과대평가함으로써 협동하지 못하는 결과를 초래한다(Coombs, 1973). 이처럼 한 개인이 다른 사람들과의 관계 속에서 상대방의 이익을 부당하게 뺏고자 할 때 갈등이 발생할 수 있다. 몇몇 연구자는 사람들의 공격 행동의 원인을 탐욕에서 찾고자 했다(Pruitt & Rubin, 1986).

그림 9-2 **탐욕.** 지나친 욕심은 갈등을 불러일으킨다.

그러나 이러한 입장은 탐욕에 따른 갈등이 관계적 맥락에 따라 달라질 수 있다는 점을 잘 설명하지 못한다. 즉, 외부 상황에 대한 개인의 해석에 따라 탐욕은 달라질 수 있다. 이에 또 다른 연구자들은 사람들이 자신의 이익을 추구하면서 보이는 공격 행동을 대인 간 혹은 집단 간 맥락 속에서 설명하고자 했다(Pruitt & Rubin, 1986). 그들의 설명에 따르면, 대인 간 갈등은 한 개인이 상대방과의 상호작용에서 발생하는 개인적 박탈감 때문에 발생한다. 또한 집단 간 갈등은 상대 집단의 방해로 자신이 속한 집단이 정당한 이득을 받지 못한다는 집단적 박탈감 때문에 생긴다.

Cozzolino 등(2009)의 연구는 탐욕이 상황에 따라 달라질 수 있음을 잘 보여 준다. 연구자들은 대학생 참가자들의 외적 가치 지향성과 함께 자기중심적인 탐욕을 돈이나 미와 같은 지표로 측정했다. 그들은 참가자들에게 가족과 함께 관광과 쇼핑을 한 후 아파트에 가서 저녁을 먹고 잠을 자는 시나리오를 상상하도록 했다. 이때 한 집단에게는 이러한 일이 내일 일어나는 것처럼 상상하도록 했지만, 다른 집단에게는 75세 때 일어나는 것처럼 상상하도록 했다. 그다음, 주어진 봉투에 있는 복권을 원하는 만큼 가져가도록 했다. 이때 자신이 많이 가지고 가면 나중 사람들이 가져갈 복권이 적다는 사실도 알려 주었다. 연구 결과, 삶의 시간이 많이 남아 있는 조건에서만 외적 가치를 지향하는 사람들이 상대적으로 더 많은 복권을 가져갔다. 이것은 사람들이 삶의 시간이 얼마 남지 않았다고 지각할 때 자기중심적인 외적 가치를 덜 지향한다는

글상자 9-1

배신의 심리학

그림 9-3 배신

배신(betrayal)은 신뢰하는 사람이 우리의 합리적인 기대와는 달리 저지른 불쾌하고 상처를 주는 행위를 말한다. 우리는 중요한 관계에서 당사자들이 서로에게 어떻게 행동해야 하는지 그것에 대한 규칙과 기대가 있다. 이러한 규칙과 기대가 깨지면, 배신한 사람에 대한 신뢰가 깨진다. 배신을 하는 사람은 보통 자신의 이익을 위해서 파트너의 이익을 희생한다. 특히 친밀한 관계에서 이루어지는 배신의 결과는 매우 파괴적이다.

반복해서 배신하는 사람은 심리적으로 불행하고 부적응적이며, 화를 잘 내고 복수심이 강하며, 의심이 많다. 그들은 또한 질투하고 냉소적인 특성이 강하며 정신병적 문제가 있는 경향이 강하다. 그러면서 다른 사람도 자신과 똑같은 이유로 배신할 수 있다고 잘못 판단하면서 그들을 믿지 않는다(Couch & Jones, 1997). 동시에, 그들은 자신의 행위에 악의가 없다고 생각한다(Stillwell et al., 2008). 이와 같은 경향 때문에 그들은 자신의 배신이 친밀한 파트너에게 가져오는 피해를 과소평가한다.

반면에 배신을 당한 사람은 고통과 상처를 받는 등 상당한 피해를 본다. 이러한 고통의 강도를 악화시키는 하나의 요소가 **굴욕감**이다. 배신을 당한다는 것은 자신이 상대방으로부터 인정과 존중을 받지 못하고 무시당한다는 메시지를 줄 수 있다. 자신이 열등하고 우스운 사람 취급받았다고 생각하면, 배신당한 사람의 자아존중감과 사회적 지위는 큰 타격을 받게 된다. 피해자가 느끼는 무력감과 함께 이와 같은 굴욕감은 배신한 파트너에 대한 증오, 물리적 폭력 등 파괴적이고 보복하는 행위를 증가시킨다.

것을 보여 준다.

경쟁심의 또 다른 요인은 상대방의 **배신에 대한 두려움**이다. 협동하면 전체적으로는 이익이 커진다는 것을 알지만, 상대방에 대한 신뢰의 문제가 제기될 때 배신에 대한 두려움이 생긴다(De Dreu et al., 1995). 이것은 상대방이 배신할 때 자신이 떠맡아야 할 손실에 대한 두려움으로, 이러한 두려움이 클수록 협동보다는 경쟁을 선택할 확률이 높다. 사람들은 이러한 불상사를 막기 위해 상대방의 도덕성과 같은 내적인 특성을 고려한다. 그러나 상대방이 전반적으로 도덕적이라 하더라도 자기와의 특정 관계 속에서도 그렇게 행동할 것이라고 보장할 수는 없다. 대신에, 주어진 관계에서 상대방이 믿을 만하게 행동하도록 함으로써 자신의 협동에 보답하게 하는 것이 중요하다(Ostrom, 1998). 즉, 배신에 대한 두려움은 서로에 대한 신뢰를 어떻게 형성하느냐에 따라 해결할 수 있다. 결국 경쟁심을 구성하는 탐욕과 배신에 대한 두려움은 상대방과의 상호작용에 따라 결정되는 경향이 있다. 이러한 점에서 볼 때, 갈등은 한 개인의 독립적인 특성보다는 서로의 관계에 따라 결정된다고 할 수 있다.

또한 갈등은 문제 상황에서 사람들이 사용하는 전략에도 영향을 받는다. Pruitt와 Rubin(1986)은 **이중 관심 모형**(dual concern model)에서 당사자들 간의 차등적 이득이 갈등의 근본적인 원인이지만, 협력과 경쟁은 두 사람 간의 관계가 아니라 특정 개인이 사용하는 전략에 따라 결정된다고 가정한다. 이때 개인이 선호하는 전략은 자기에 대한 관심(혹은 자기주장)과 타인에 대한 관심(혹은 공감)이라는 두 차원에 기초해서 결정된다. [그림 9-4]에서 보듯이 서로의 이득에 차이가 있다는 점을 인식한 사람은 자기주장과 공감이라는 두 차원의 조합에 따라 강요, 문제해결, 양보, 무반응 그리고 타협 등 다섯 가지 전략 가운데 하나를 선택한다.

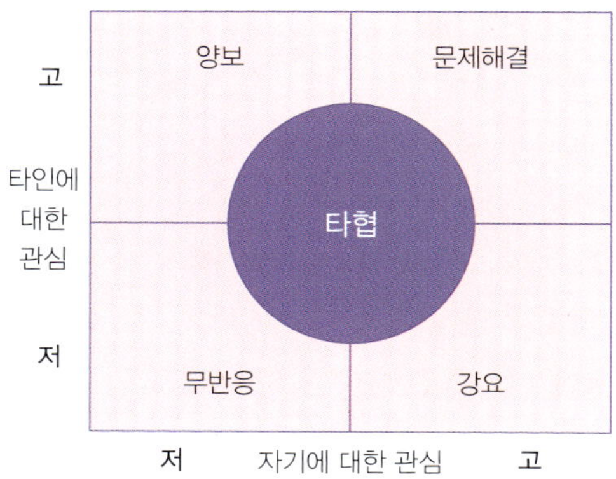

그림 9-4 **이중 관심 모형**. 자기와 타인에 대한 관심의 정도가 대처 전략을 결정한다.
출처: De Dreu et al. (2001).

자기 자신이 얻을 결과와 타인이 얻을 결과에 모두 관심이 낮을 때, 사람들은 무반응 (혹은 회피) 전략을 사용한다. 이 전략을 쓰는 사람은 갈등에 대해 불편함을 느끼고, 문제를 다루는 것을 소홀히 하면서 갈등을 그냥 지켜보는 식으로 대처하고, 문제가 존재하는 것 자체를 부인하기도 하는 특징이 있다. 타인이 얻을 결과에는 관심이 많지만 자기가 얻을 결과에 관심이 낮은 사람은 양보 (혹은 수용) 전략을 선택한다. 이 전략은 타인의 요구를 충족하면서 안정적인 관계를 유지하는 것에 만족하는 특징이 있다. 자기가 얻을 결과에 관심이 높고 타인이 얻을 결과에 관심이 낮은 사람은 강요 (혹은 경쟁) 전략을 사용한다. 이러한 전략을 쓰는 사람은 문제를 제로섬으로 보면서 위협하거나 겁을 주는 방식으로 문제를 해결하려는 경향이 강하다. 자기가 얻을 결과와 타인이 얻을 결과에 모두 관심이 높은 사람은 문제해결 (혹은 협동) 전략을 사용한다. 이 전략은 갈등에 처한 모두의 만족을 높이는 쪽으로 문제를 해결하려는 특징이 있다. 자기와 타인에 중간 정도로 관심이 있는 사람이 취하는 전략이 타협이다. 이것은 양쪽이 공정하게 조금씩 양보해서 중간 수준에서 문제를 해결하는 전략이다.

협상에 관한 초기 연구는 이 모형의 예측을 지지했다(Pruitt & Lewis, 1975). 28개의 연구를 메타분석한 결과도 이 모형을 지지했다(Holt & De Vore, 2005). 또한 개인주의에 반대하는 친사회적인 참가자들은 문제해결 전략을 더 많이 사용하고 논쟁을 더 적게 함으로써 더 많은 이익을 이끌어 냈다(De Dreu et al., 2000; Holt & De Vore, 2005). 비슷하게, 여러 문헌에서 문제해결 전략은 나머지 전략에 비해 갈등의 해결에 가장 효과적인 것으로 보인다. 이때 서로가 자기주장을 하면서 상대방을 방어하거나 경계하지 않는 사람들이 문제해결 전략을 활용하기 쉽다(Jarboe & Witteman, 1996). 이러한 결과는 이중 관심 모형이 갈등의 원인과 그에 대한 대응 전략을 설득력 있게 설명하고 있음을 보여 준다.

3) 상황적 요인

상호의존이란 둘 이상의 개인이나 집단이 자신의 목표를 달성하는 데에 상대방의 도움이 필요한 상황을 말한다. 각자의 독립성이 줄고 상호의존이 커지면 갈등도 커질 수 있다. 한 개인이나 집단의 역할과 지위에 따라 자원 배분이 달라질 수 있고, 이것이 각자에게 영향을 미치기 때문이다. 반대로, 자원이 희소하더라도 상호의존 없이 서로 독립적인 상태에 있다면, 갈등은 발생하지 않을 것이다. 때로 집단 간 상호작용은 협동적인 관계로 발전할 가능성도 있다(Schelling, 1980). **상호의존 이론**(interdependence theory; Kelley & Thibaut, 1978)은 개인이나 집단 간 교환 관계를 모델로 한다. 이 이론은 사람들이 협동하거나 경쟁하는 데 영향을 미치는 요인을 밝히고자 한다. 이 이론에서는 상호의존의 형태를 다음의 몇 가지로 구분한다.

그중 하나가 **제로섬**으로, 이것은 순전히 경쟁적 관계를 의미한다. 이 유형은 자기에게 유리한 결과를 추구할수록 상대방은 필연적으로 손해를 보기 때문에, 이러한 관계에서는 갈등이 발생하기 쉽다. 예를 들면, 같은 물건을 판매하는 두 상점이 가까운 거리에서 영업할 경우에는 한쪽의 이익이 높아지면 다른 쪽의 이익은 줄어들 수밖에 없다. 이러한 경쟁적 상황에서 한쪽이 불공정한 행동을 하거나 부적절한 권력을 남발하고 사실과 다른 내용을 유포하는 등 악의적인 행동을 하면, 갈등이 발생한다.

다른 유형으로는 자신의 이득을 최대화하기 위해서 당사자들 간에 협동해야 하는 공생적 관계의 **단순 협동**이 있다. 예를 들면, 2인 3각 경기에서는 두 사람이 협력하지 않으면 어느 한쪽도 결승점에 도달할 수 없다. 이처럼 완전히 협력하는 관계에서는 상대방의 이익을 뺏고자 하는 동기가 약하고, 상대방의 이득이 곧 자신의 이득이기 때문에 갈등이 쉽게 발생하지는 않는다. 그러나 상대방이 협력을 제대로 하지 못하거나 상호작용의 결과가 만족스럽지 못할 때, 그 원인을 상대방의 무지나 무능으로 돌리는 등 편향적 귀인을 하면 갈등이 생겨날 수 있다.

또 다른 유형은 딜레마(dilemma)로, 이것은 선택할 수 있는 두 대안 중 어느 것을 선택해도 바람직하지 않은 상황을 의미한다. 개인이나 집단의 상호의존 상황에서 제로섬이나 단순 협동처럼 완전히 경쟁하거나 협력해야 하는 경우는 매우 드물다. Schelling(1980)이 지적했듯이, 대부분 상황에서 사람들은 서로 협력할 때 자기에게 더 많은 이득을 가져다주면 협력을 선택하고, 상대가 경쟁하면 자신도 경쟁을 선택하는 혼합된 동기를 가지고 있다. 이러한 넌제로섬(nonzero-sum)은 전쟁의 위협, 파업, 협상, 가격 할인 경쟁 등의 장면에서 쉽게 찾아볼 수 있다. 딜레마와 관련된 사람들의 행동에 대해서는 뒤에서 좀 더 자세히 살펴볼 것이다.

2. 갈등의 진행과 악화

갈등은 고정되어 있기보다는 사람들의 상호작용 속에서 여러 국면을 거치면서 변화한다. 그런 와중에 갈등을 심화하는 여러 요인이 작동한다. 그렇다고 해서 갈등이 초래하는 결과가 반드시 부정적인 것은 아니다. 여기서는 이러한 측면을 좀 더 자세히 살펴본다.

1) 갈등 과정

갈등 과정 모형(Forsyth, 1983)에 따르면, 갈등은 역동적인 주기 형태를 띠면서 진행한다. [그림 9-5]에서 보듯이 일반적으로 갈등은 의견 불일치, 대결, 격화, 진정 그리고 해소의 순서를 거친다. 먼저, 갈등의 당사자들은 서로의 의견이 다르다는 것을 알고 난 후(의견 불일치 국면), 자기 생각이 옳고 상대방이 틀렸다고 가정하면서 자신을 지지하는 증거나 세력을 확보하고자 한다(대결 국면). 어느 정도 자신의 의견에 대한 합리화가 이루어지고 증거가 수집되면, 상대방을 공격하면서 자신의 감정을 폭발한다(격화 국면). 그다음, 감정이 가라앉으면서 갈등은 소강 상태로 들어간다(진정 국면). 마지막으로, 자기 입장을 되돌아보면서 서로의 차이를 이해하고 갈등을 해결하고자 한다(해소 국면).

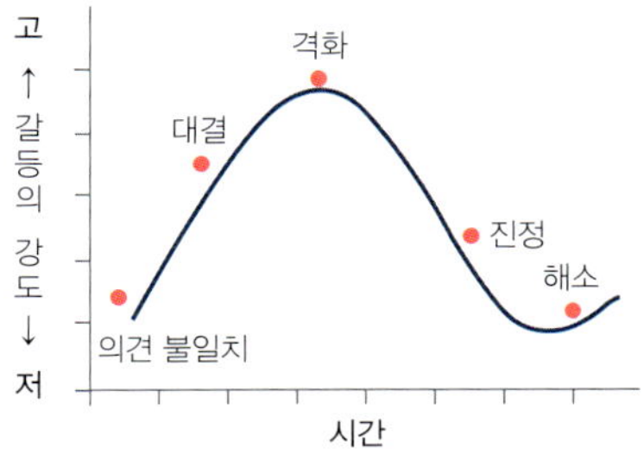

그림 9-5 갈등 과정 모형. 갈등은 의견 불일치에서 시작해서 해소까지의 과정을 거친다.
출처: Forsyth (1983).

그러나 때로 갈등은 이와는 다른 진행을 보이기도 한다(Pinkley, 1990). 즉, 인지적으로나 감정적으로 갈등적인 관계에 있는 사람들은 종종 그와 같은 갈등을 잠정적인 상태로 가지고 있을 수 있다. 그러다가 특정 사건이나 문제를 계기로 그동안 표출되지 않고 잠복하고 있던 갈등이 행동으로 나타난다. 이때 두 당사자는 충돌하거나 충돌을 회피하면서 의식적으로 멀리하는 행동을 보인다. 또한 이러한 갈등은 어느 정도 시간이 지나면서 다시 잠잠해져 소강 상태를 보인다. 그러다가 또 다른 사건으로 인해 소강 상태에 있던 갈등이 다시 폭발하여 충돌이 벌어진다. 이처럼 갈등은 표출과 소강 상태를 반복하는 양상을 보이면서 진행한다. 그래서 갈등의 정도가 고조되어 서로 간에 극단적인 파괴 행위를 보이기도 하고, 때로는 갈등 상황이 서서히 약화하여 소멸할 수도 있다.

이처럼 갈등은 즉흥적으로 나타나기보다는 축적되었다가 특정 사건을 계기로 서로 충돌하는 경우가 대부분이다(Pruitt & Rubin, 1986). 즉, 감정적으로 비호의적 관계에 있거나 인지적으로 의견을 달리하고 있더라도, 그것이 반드시 갈등으로 이어지지는 않는 이유는 갈등의 발생을 저지하는 요인이 있기 때문이다. 가령, 가치관, 성격, 태도, 욕구와 같은 내적인 특성이나 집단의 규범, 외부에 알려지는 것에 대한 두려움, 시간적 제약, 사회적 위치 등과 같은 외적이거나 관계적인 요인이 있을 수 있다. 그러나 때로는 이러한 요인이 지속해서 작용하지만, 특정 사건을 계기로 갈등이 발생한다. 사소한 의견 대립이나 상대방을 자극하는 말 또는 행동이 갈등을 촉발할 수 있다. 이처럼 갈등의 출발점은 대개 갈등을 저지하는 요인이 약화했을 때, 아니면 문제가 너무나 명백해서 서로 간의 대립을 피할 수 없을 때다.

때로 갈등을 표출하는 하나의 행위는 전체 갈등 중 단지 빙산의 일각일 수도 있다. 그동안 갈등을 촉진하는 요인과 저지하는 요인의 상호작용 속에서 후자의 힘이 상대적으로 더 강하게 작용했기 때문에, 갈등은 잠복한 상태로 계속 축적되어 왔다고 할 수 있다(Mikolic et al., 1997). 따라서 갈등을 자극하는 요인과 저지하는 요인은 무엇인지 그들을 구체적으로 분석하고 이해하는 것은 갈등을 관리하는 데 중요한 열쇠가 될 수 있다. 이러한 요인에 대한 분석은 갈등이 발생할 수밖에 없는 기본적인 이유를 밝히는 데도 도움이 된다. 또한 이러한 분석은 어떠한 요인이 갈등을 약화하는지 혹은 갈등의 해결점을 찾는 데 도움을 주는지 알 수 있게 해 줌으로써 충돌을 미연에 방지하는 데 이바지한다.

어떤 사건으로 갈등이 생기면, 그 갈등은 점차 다른 문제와 얽혀서 복잡해지는 경향이 있다(Pinkley, 1990; Pruitt, 2008). 예를 들어, 감정적인 측면에서 출발한 갈등은 특정 문제에 이견을 보이는 인지적 갈등으로 발전할 수 있다. 가령, 상대방에 대한 자신의 부정적 감정을 특정한 문제에 대하여 그와 다른 의견을 보이는 것으로 표현할 수도 있다. 이렇게 되면 감정적인 문제와 특정 문제에 대한 이견이 서로 뒤엉키면서 갈등은 복잡해진다. 반대로, 어떤 문제에 대한 이견이 감정적으로 불편한 관계를 만들어 감정싸움으로 번질 수도 있다. 만약 문제 자체가 서로 간의 견해차에서 출발했다면, 타협이나 협상을 통해 문제를 해결할 수 있다. 반면에 갈등의 출발점이 감정적이라면 서로에 대한 오해를 풀고 화해하는 작업이 선행되어야 한다.

2) 갈등의 악화

갈등의 과정에서 살펴본 것처럼, 갈등은 처음의 수준이나 강도를 그대로 유지하는 것이 아니라 시간이 흐를수록 더 격화하는 추세를 보인다. 이처럼 갈등을 악화시키는 요인에는 여럿이 있다. 여기에서는 심리적 요인, 개인차 요인 그리고 집단 요인을 살펴본다.

(1) 갈등을 부추기는 심리적 과정

대부분의 갈등 악화는 상대방을 공격하거나 처벌하기 위한 보복을 수반한다. 보복하려는 심리는 이전에 자신을 공격한 사람에게 분노를 표현하거나 더 이상 공격을 하지 못하도록 하려는 바람에 근거할 수 있다. 또한 보복을 통해서 자신의 훼손된 지위나 권력, 물질적 안녕감 등을 회복하기 위한 것일 수도 있다. 갈등을 악화시키는 심리적 과정에는 자신의 경쟁적인 행동에 대한 지나친 몰입, 적대적 귀인, 순진한 사실주의와 왜곡된 지각, 상호성과 갈등의 소용돌이 등이 있다(De Dreu, 2010; Forsyth, 2010).

갈등을 부추기는 한 가지 심리적 과정은 당사자들이 자신의 경쟁적이고 도발적인 행동에 점점 더 과도하게 몰입하는 것이다. 갈등 당사자들이 점점 더 피할 수 없는 늪에 빠져들수록, 그들은 자기 행동에 점점 더 몰두하게 된다. 한 회사가 다른 회사와 같은 종류의 제품을 두고 출혈 경쟁을 할 때, 심각한 손해를 감수하면서까지 그러한 경쟁을 지속하는 것을 볼 수 있다. 요즘 전쟁을 하고 있는 러시아와 우크라이나 어느 쪽도 전쟁을 그만두기에는 이미 너무 많이 온 것으로 보인다. 말하자면, 그만두기에는 너무나 많은 투자를 한 것이다. 몰입의 고조는 부분적으로는 자신이 입은 손실을 회복하기 위한 것이지만, 대부분은 **매몰 비용 오류**(sunk cost fallacy) 때문이다([그림 9-6] 참조). 이것은 과거에 발생한 비용을 향후 제대로 회복할 수 없음에도 사람들이 그러한 비용을 무시하지 못하는 것을 의미한다. 경쟁적인 행동이 이득이 되지 않음에도 불구하고 과거에 투자한 비용이 아까워서 그만두지 못하는 심리가 갈등을 부추기기 쉽다.

그림 9-6 매몰 비용 오류. 배 바닥에 매달려 있는 추가 아까워서 버리지 않으면 배는 가라앉고 만다.

갈등을 악화시키는 또 다른 심리적 과정은 상대방의 행동에 대한 잘못된 귀인이다. 잘못된 귀인이란 상대방의 행동 뒤에 숨겨진 의도를 잘못 유추하는 것을 말한다(Baron, 1989). 사람들은 자신의 이해관계가 좌절되었을 때 왜 그런 일이 일어났는지 알고자 한다. 이때 그 원인을 상대방이 고의로 방해했기 때문이라고 귀인하면, 그 사람에게 보복하려는 욕구가 강하게 생긴다. 보통 사람들은 갈등 상황에서 상대방의 사소한 위반 행위도 지나치게 중요하게 여기면서, 상대방이 그와 같은 적대적인 행동을 의도적으로 했다고 사실과 다르게 판단한다. 이것을 **적대적 귀인 오류**(hostile attribution error; Baron, 1997)라고 한다. 이러한 식의 귀인을 하는 사람은 상대방을 덜 도덕적이고 덜 믿을 만하다고 생각하는 반면, 더 위험하고 더 비합리적이라고 판단한다. 이와 같은 판단은 자신의 보복 행위를 정당화하고 강화하는 역할을 한다.

갈등을 부추기는 또 다른 심리적 과정을 순진한 사실주의와 왜곡된 지각에서 찾아볼 수 있다. 사람들은 자신의 지각이 객관적이기 때문에 다른 사람들도 합리적이라면 자신의 지각에 동의할 것이고, 동의하지 않는 사람은 잘못 알고 있거나 비논리적이고 편향되어 있다고 결론짓는 경향이 있다. 이처럼 타인에 대한 자신의 주관적인 지각이 객관적인 사실을 반영한다고 보는 경향을 **순진한 사실주의**(naive realism)라고 한다(Ross & Ward, 1996). 이러한 경향성이 강한 사람은 자기와 의견이 다른 사람을 이해하지 못할 뿐만 아니라 부정적으로 평가한다. 또한 그들을 사실보다 더 극단적이고 획일적으로 자신과 의견이 다르다고 평가하는 소위 **거짓 극단화**(false polarization) 경향을 보인다(Molouki & Pronin, 2015). 이러한 경향성 때문에 사람들은 상대방과의 차이를 더 크게 왜곡해서 지각하고, 그래서 서로 협력할 지점이 없다고 느낀다. 이러한 경향성은 의견이 다른 상대방과의 협상을 어렵게 만들고, 상대방에 대한 고정관념과 편견 그리고 심하면 폭력을 유발할 수도 있다.

사람들은 협동과 마찬가지로 경쟁에서도 상호성의 원칙에 따라 행동하는 경향이 강하다. 즉, 한쪽이 경쟁적으로 나오면 다른 쪽도 경쟁적으로 반응한다. 그러면서 투쟁은 투쟁을 낳고, 그 투쟁은 더 많은 투쟁을 낳는다. 이처럼 갈등은 쌍방적으로 악화하는 수순을 밟아 가면서, 복수와 그 복수에 대한 복수를 초래하는 반복적인 방식으로 갈등의 소용돌이를 통해 발달한다. 이때 사람들은 갈등에 대처하기 위해 처음에는 부드러운 전략을 사용하지만 점차적으로 더 강한 전략을 사용하는 방식으로 바뀐다. 예를 들면, 한 사람이 자신이 일하는 직장에 대해서 비판하면, 그 직장의 책임자들이 이 사람에 대해서 처벌을 하고, 그러면 이 사람은 그 처벌이 부당하다고 소송을 한다. 그러면 이 회사는 이 사람을 해고하는 식으로 처벌을 강화한다. 상대방에게 제재를 가하는 식의 국가 간 갈등도 이와 같은 과정을 따르는 경우가 많다.

사람들은 또한 일방적으로 갈등을 심화시키는 특성이 있다. 가령, 한쪽이 다른 쪽에 좋은 말로 변화를 요구했는데 아무런 변화나 대응이 없으면, 그다음에는 화를 내면서 요구하고, 그래도 변화가 없으면 물리적인 폭력을 행사할 수도 있다. 비슷한 맥락에서, 일반적으로 사람들은 갈등 상황에서 차분하고 이성적이며 침착한 상태를 유지하는 것이 어렵다. 사람들은 일단 자신의 입장에 몰입하면 논리적인 토론보다는 감정적으로 되어 자신의 분노를 드러낸다(De Dreu et al., 2007). 그러면 이러한 표현은 전염이 되어 상대방도 분노하게 되면서 갈등은 점점 더 심화된다.

(2) 갈등 악화의 개인차와 집단 요인

갈등의 악화에 영향을 주는 요인에는 앞서 살펴본 심리적 요인과 함께 A 유형 성격, 권력 동기, 자아존중감, 마인드세트와 같은 개인적 특성과 집단 수준에서 나타나는 대리적 보복과 같은 요인이 있다(De Dreu, 2010; Forsyth, 2010). 먼저, B 유형의 성격보다 A 유형의 성격을 지닌 사람은 상대적으로 성격이 급하고 시간에 쫓기며, 경쟁적이고 많은 일을 하며, 성취욕이 강하기 때문에, 대립하고 보복하는 반응을 보임으로써 갈등을 악화시킬 가능성이 크다. 피고용자들을 대상으로 직장에서 일어나는 공격 행동을 조사한 결과, A유형의 성격 소유자가 직장에서 다양한 형태의 공격 행동을 더 많이 하는 것으로 나타났다(Baron et al., 1999).

또 다른 개인차 요인으로, 권력 동기가 높은 사람은 다른 사람에게 영향력을 행사하고 공식적으로 사회적 권력과 명성을 얻는 데 관심이 많다. 이들은 협상에서 대립하고 착취하는 방식으로 임하고, 갈등 상황에서 언어적으로나 물리적으로 공격적으로 행동하는 경향성이 강한 반면, 친애 동기가 높은 사람은 협동적이고 우호적으로 행동하는 경향성이 강하다(Winter, 2007). 'Settlers of Catan' 게임(게임 참가자들은 정착민으로서 자원을 거래하고 획득하면서 재산을 구축하고자 한다. 그들은 자기의 정착지가 커지면 점수를 획득하는데, 가장 먼저 정해진 점수, 일반적으로 10점에 도달하는 사람이 승리한다.)을 이용한 Wolff와 Keith(2019)의 연구에서 권력 동기가 높은 사람에 비해 친애 동기가 높은 참가자들은 더 협동적이고 덜 이기적으로 행동했다. 이러한 점은 높은 권력 동기는 갈등을 악화시킬 수 있다는 점을 시사한다.

앞의 제2장에서도 살펴본 것처럼, 자아존중감이 높으면서, 특히 불안정한 사람이 그렇지 않은 사람에 비해 공격적일 가능성이 크다(Baumeister et al, 1996). 그들은 자신의 자아존중감을 위협하는 정보나 사건을 정당하지 않은 것으로 보는 경향이 강하고, 분노를 표출하거나 상대방을 비난하는 경향이 크다. 실제 역량은 없으면서 비현실적으로 거대한 자기를 가지고 있는 자기도취자들도 자신의 가치를 위협하는 사람에게 적대감, 방어, 분노와 같은 부정 정서의 경험과 함께 공격적이고 적대적인 방식으로 대응한다(Kugle et al., 1983). 비슷한 맥락에서, 자기개념의 명료성이 높은 사람에 비해 낮은 사람이 보복하는 경향이 강하다(Stucke & Sporer, 2002). 이러한 유형의 사람들은 다른 사람들로부터 무시를 당하거나 할 때 자기에 대해 의심하는 특성을 공유하고 있다.

인간의 속성과 능력의 본질에 대한 사람들의 마인드세트(mindset; Bernecker & Job, 2019)가 갈등의 악화에 영향을 줄 수 있다([그림 9-7] 참조). 성장 마인드세트[혹은 증가 이론(incremental theory)이라고 부름]를 가진 사람은 인간의 속성과 능력이 시간에 따라 변할 수 있어서 충분한 노력과 결단으로 발전시킬 수 있다고 생각한다. 반면, 고정 마인드세트[혹은 실체 이론(entity theory)이라고 부름]를 가진 사람은 인간의 속성과 능력이 변하지 않고 타고나는 것이라고 믿는다. Kammrath와 Dweck(2006)의 연구에 따르면, 대인관계 맥락에서 갈등이 심각할 때, 증가 이론가들은 문제를 개선하기 위해서 개방적이고 건설적으로 자신을 표현했다. 반면에 실체 이론가들은 그와 같은 소통이 효과가 없다고 생각해서 이와 같은 표현을 회피했다. 비슷하게, 증가 이론가들은 범죄자들에 대한 처벌을 그들의 재활을 위해 지지했지만, 실체 이론가들은 보복하기 위해 지지했다(Confino et al.,

그림 9-7 마인드세트. 여기에는 고정 마인드세트와 성장 마인드세트가 있다.

2022). 이와 같은 결과는 실체 이론가들이 갈등을 악화시킬 수 있음을 시사한다.

개인 차원과는 달리 집단 차원에서도 갈등을 심화시키는 요인이 있다. 부족한 자원에 대한 내·외집단 간 경쟁, 내집단에 대한 자부심과 충성심 그리고 이러한 것과 관련해서 외집단에 대한 고정관념과 불신, 편견(이 책의 제12장에서 자세히 논의) 이외에도 **대리적 보복**이 집단 간 갈등을 키울 수 있다. 외집단의 몇몇 구성원이 내집단 구성원을 도발하거나 해를 입혔을 때, 내집단의 다른 구성원들이 외집단 구성원들을 공격하는 것이 대리적 보복이다. 이때 공격의 대상이 되는 외집단 구성원은 최초의 도발에 관여한 사람뿐만 아니라 그렇지 않은 사람들까지 포함한다. "애들 싸움이 어른 싸움 된다."는 말이나 조직폭력배들 간의 패싸움이 이와 같은 사례에 해당한다. Lickel 등(2006)의 분석에 따르면, 내집단에 대한 동일시가 커서 충성심과 자부심이 강할 때, 외집단 구성원을 하나같이 똑같은 존재라고 지각할 때, 대리적 보복이 공적인 맥락에서 이루어질 때 그리고 내집단이 더 힘이 셀 때, 대리적 보복에 따른 갈등은 내·외집단 전체로 급속하게 확산한다.

3) 갈등의 결과

보통 갈등은 부정적인 결과를 초래하기 쉽다. 먼저, 갈등은 당사자들의 건강과 행복을 위협할 수 있다. 기본적으로 갈등 상황은 대부분의 사람에게 스트레스를 야기하며, 이러한 스트레스는 면역 체계의 기능을 악화시키고, 불안과 걱정, 긴장 등을 불러일으켜, 결국 정신적으로 과민하고 소진하게 만들어 심리적 안녕감을 떨어뜨린다(Spector & Bruke-Lee, 2008). 게다가 갈등은 사람들 간의 불화와 반목을 유발함으로써 다양한 형태의 공격 행동을 초래할 수 있다. 사람들은 서로를 비난하고 불평하며 서로에 대한 유대감을 해체한다. 그러면서 심하면 공격 행동을 통해 자신의 감정을 표출한다. 학교나 병원, 공공기관이나 기업체에서 나타나는 집단따돌림은 이와 같은 갈등의 극단적 결과 중 하나다.

그러나 갈등이 반드시 나쁜 결과만을 가져오는 것은 아니다. 이 책의 제10장에서 자세히 살펴보겠지만, 소수집단이 다수집단과 다른 의견을 가지고 대립할 때, 소수자의 의견은 다수의 의견을 가진 사람들에게 발산적인 사고와 창조적인 정보처리를 하도록 함으로써 학습의 효과가 있다는 것을 다수의 연구가 입증하고 있다. 즉, 소수자의 의견에 노출된 사람들은 새로운 문제해결책을 만들어 내고, 더 좋은 과제 전략을 제시하며, 인지적 복잡성이 증가하는 등 문제를 여러 입장에서 고려하고 새로운 해결책과 좀 더 맞는 답을 찾는다(NeMeth, 1986). 이와 같은 결과는 브레인스토밍이나 주어진 문제의 해결책 찾기 등 다양한 과제나 상황에서 상당히 일관적으로 나타나는 현상이다.

여러 연구를 종합해 볼 때, 갈등 상황에서 사람들이 친사회적인 동기와 협동적인 정신 자세를 가지고 있으면, 갈등은 학습을 촉진하고 창조적인 사고를 발달시킨다. 반대로, 경쟁적인 정신 자세는 협소하고 흑백 논리에 기초한 사고, 인지적 경직성, 창조성의 감소를 초래한다. 이것은 희소한 자원을 분배할 때뿐만 아니라 의견이 다를 때에도 해당하는 것으로 보인다(De Dreu, 2010). 친밀한 대인관계에서도 갈등은 긍정적인 결과와 부정적인 결과를 초래할 수 있다. 갈등이 서로의 욕구와 사고의 차이를 알게 해 줌으로써, 사람들이 이러한 차이를 배려하는 방식으로 관계를 개선하면 궁극적으로 관계의 만족도는 높아진다. 반대로, 갈등에 대해 파괴적으로 대처하면, 그것은 관계를 악화하거나 해체하는 부정적 결과를 초래한다.

집단 내에서 갈등은 집단의 의사결정을 해치고 생산성을 떨어뜨리는 등 부정적인 결과를 가져오지만 항상 그런 것은 아니다. 예를 들면, 각자가 선호하는 대안이 매우 강해서 결정하는 데 갈등이 있으면, 사람들은 결정하기보다는 그것을 미루는 식으로 행동하기도 한다. 또한 집단 구성원들이 자기중심적인 견해를 밝히면 최선의 해결책을 찾기 어렵다. 그러나 그들이 특정 대안에 집착하지 않고 함께 결정하겠다는 협동적 자세를 가지고 있을 때, 갈등은 의사결정에 긍정적인 효과를 가진다(Wittenbaum et al., 2004). 생산성에 대한 메타분석 결과, 팀의 수행성적은 과업에서나 관계에서 갈등이 클수록 저조했다(De Dreu & Weingart, 2003). 그러나 과업이 복잡하고 판에 박혀 있지 않으며, 팀이 신뢰가 높고 심리적으로 안전할 때, 과업 관련 갈등은 수행 수준을 높였다(Simon & Peterson, 2000). 이처럼 갈등이 집단 의사결정이나 수행에 미치는 효과는 조건에 따라 다를 수 있다.

3. 딜레마 상황에서 협동

협동은 공동의 목표나 상보적인 목표를 달성하기 위해서 둘 이상의 사람이 함께 일하는 과정을 의미한다. 앞에서 살펴본 것처럼, 우리는 제로섬 상황에서는 경쟁하지만, 단순 협동 상황에서와 같이 경쟁보다는 서로의 힘을 합치는 것이 서로에게 유리한 경우에는 협력한다. 그러면 사람들은 딜레마 상황에서는 어떻게 행동할까? 여기서는 이러한 점을 살펴본 다음, 협동에 영향을 미치는 요인을 알아본다.

1) 딜레마 상황

딜레마 상황에 따라 사람들이 협력할 수 있는 여지가 달라서, 그에 따라 사람들이 보이는 반응 역시 다를 수 있다. 이에 게임 이론에 기초한 연구자들은 다양한 갈등 상황을 반영하는 게임을 개발하여 사람들의 반응을 연구했다. 여기에서는 그중에서도 가장 대표적이라고 할 수 있는 죄수 딜레마 게임, 트럭 운송 게임 그리고 치킨 게임을 살펴본다.

(1) 죄수 딜레마 게임

전형적인 **죄수 딜레마 게임**(prisoners' dilemma game)은 다음과 같다. 어떤 범죄에 대한 물적 증거는 없고 오직 범인의 자백에 의해서만 죄를 입증해야 하는 상황에서, 범죄를 함께 저지른 것으로 의심되는 두 명의 용의자 A와 B를 검거하여 심문한다. 두 사람은 서로 의견 교환을 할 수 없도록 분리된 곳에서 각자 심문을 받는다. 이때 심문자는 〈표 9-1〉에서처럼 "만약 당신이 범죄를 부인하고 당신 친구가 자백한다면 당신 혼자만 징역 10년 형에 처할 것이고, 당신과 당신 친구 모두가 자백한다면 징역 5년 형에 처할 것이오. 그리고 두 사람 모두 범죄를 부인하고 버티면 수사 방해죄로 징역 2년 형에 처할 것이오."라고 제안한다.

이 경우 대다수 용의자는 자백한다. 왜 그들은 범죄를 부인함으로써 더 적은 처벌을 받을 수 있는 기회를 놓치는 것일까? 왜냐하면 용의자 A는 용의자 B가 범죄를 부인할 때와 자백할 때 자신은 어떻게 해야 하는가를 생각하면서 확률적으로 자신에게 덜 위협이 되는 경우를 선택하기 때문이다. A 자신이 부인하고 B도 부인하면 모두 2년 형이라는 가장 이상적인 결과가 나오지만, B가 부인할 것이라고 보장할 수 없다. 이때 B가 자백을 할 경우, A 자신은 10년 형

표 9-1 죄수 딜레마 게임에서 이득/손실 구조

용의자 A＼용의자 B	부인	자백
부인	(A) 징역 2년 / (B) 징역 2년	(A) 석방 / (B) 징역 10년
자백	(A) 징역 10년 / (B) 석방	(A) 징역 5년 / (B) 징역 5년

이라는 무거운 처벌을 받아야 한다. 반대로, A는 자신이 자백할 경우 B가 부인을 하면 석방되거나, B가 자백을 해도 자신이 부인할 때 받는 10년 형보다는 적은 5년 형을 받게 된다. 그래서 자백이 부인보다 덜 위협적이다. 물론 두 사람을 분리하지 않고 협상하도록 하면, 그들은 모두 부인함으로써 가장 효과적인 결과를 가져올 것이다.

여기에서는 두 용의자가 협력하거나 배신할 때 동등한 이익을 얻거나 피해를 겪는 것으로 가정한다. 그러나 당사자들의 힘이 불균형 상태에 있을 때도 있다. 가령, 한 쪽이 다른 쪽의 운명을 결정하는 데 더 큰 영향력을 발휘할 수 있다. 상대방의 운명에 대한 통제는 처벌이나 위협과 관련된 능력으로, 힘의 중요한 원천이다(Bacharach & Lawler, 1981). 또한 한 개인이 상대방에게 의존하는 정도가 다를 수 있다. 피고용인이 직장을 찾을 경우나 결혼한 부부가 이혼할 때 등이 그렇다. 이 경우에는 선택권이 한 쪽에게만 주어질 수도 있다. 예를 들면, 고용주는 고용할 수 있는 사람들의 대안이 많아 선택권이 많지만, 피고용주는 그러한 선택권이 없을 수 있다. 이처럼 상대방에 대한 의존 정도는 힘의 또 다른 원천이다. 이때 영향력이 큰 쪽이 적은 쪽에 비해 더 많은 이득을 얻거나 더 적은 피해를 볼 가능성이 크다.

사람들이 상호의존 조건에서 협동보다 경쟁을 더 많이 하는 가장 큰 이유는 단일하거나 단기적인 상황에서는 경쟁이 더 유리하기 때문이다. 용의자들은 상대방이 협력과 배반 가운데 어떠한 선택을 하든지 간에 자신은 배반을 선택하는 것이 확률적으로 더 유리하다. 그러나 장기적으로 보면 협동은 협동을 낳고 경쟁은 경쟁을 낳기 때문에, 결국 경쟁 전략은 서로에게 손해를 가져올 뿐이다(Deutsch, 1982). 이와 같은 현상을 죄수 딜레마의 또 다른 유형인 **공유지의 비극**(the tragedy of the commons)에서 찾아볼 수 있다. 공유지의 비극은 지하자원이나 수자원처럼 공동체가 함께 사용해야 할 자원을 시장의 기능에 맡겨 두면, 사람들은 계속 경쟁함으로써 궁극적으로 자원이 고갈될 수 있음을 보여 준다.

가령, 마을의 모든 사람이 고기를 잡을 수 있는 인근 해역 공유지를 한 어촌이 가지고 있다고 가정해 보자. 마을 사람들이 자기 이익을 최대화하기 위해 물고기를 남획하면 인근 해역의 물고기는 곧 고갈된다. 그래서 그들은 서로 협조해서 어획량을 규제하기로 약속했다. 이때 다른 사람들이 모두 어획량 규제를 지킬 때 어느 한 사람만 마음껏 고기를 잡는다면, 그는 큰 이익을 얻을 것이다. 그럼 나머지 사람들은 어떠한가? 특정인이 규정을 어기면서 마음껏 고기를 잡아 큰 이익을 얻는다면, 나머지 사람들도 규정을 어기고 조업하는 것이 최선의 전략이 될 수 있다. 왜냐하면 규정을 지키는 사람보다는 지키지 않는 사람이 적어도 단기적으로는 더 많은 이득을 얻을 수 있기 때문이다.

그러나 마을의 모든 사람이 규칙으로 정한 양보다 더 많은 양의 고기를 잡는다면, 결국 이 어촌의 공유지는 점점 회복할 수 없을 만큼 황폐화할 것이다. 즉, 장기적으로는 모두가 고기를 잡지 못함으로써 손해를 보게 된다. 그래서 마을 전체적으로 보면 모두 협력하여 정해진 어획량을 지키는 것이 장기적으로 이익이다. 결론적으로, 자신의 이익만 챙기는 것이 단기적으로는 유리할 수 있지만, 장기적으로는 인근 해역에 물고기가 멸종할 수 있어서 자신에게도 손해다.

글상자 9-2

일상 속의 죄수 딜레마

우리 주변에는 죄수 딜레마로 설명할 수 있는 일상적인 현상이 매우 많다. 함께 식사할 때 비용을 사람 수대로 나누어 똑같이 낸다면, 다른 사람들이 시킨 음식과 같은 것을 시키거나 그보다 비싼 것을 시키는 것이 자신에게 이득이다. 함께 식사하는 사람들 모두가 이렇게 생각해서 결국 더 비싼 음식을 시킨다면, 결국에는 모두가 더 큰 비용을 지급하게 된다.

그림 9-8 **더치페이.** 식사 비용의 지급 방식이 갈등을 일으킬 수 있다.

오늘날 산업화로 인한 환경 오염과 파괴가 심각한 국제적 문제로 부상하고 있다. 이에 여러 나라에서는 환경 보호를 위해 이산화탄소 배출량을 제한하자는 의견이 나오고 있다. 이 경우에서도 어떤 국가가 그런 규제에 반대하면, 규제에 찬성하는 국가는 손해를 입게 된다. 왜냐하면 이산화탄소를 배출하는 자국의 기업을 규제하게 되면 그 기업의 생산 활동은 위축될 수밖에 없고, 그것은 결국 해당 국가에 손실을 초래하기 때문이다. 그래서 국제사회에서 이에 대한 제대로 된 조치가 이루어지기 힘들다.

우리나라 사교육 시장은 그 규모가 2022년 기준 26조 원에 달할 정도로 어마어마하게 큰데, 우리가 IMF 금융 위기를 겪을 때도 사교육 비용은 줄어들지 않았다. 학부모들은 과도한 사교육 비용으로 어려움을 겪고 있고, 과도한 사교육이 공교육을 무력화하는 등 많은 문제가 있다는 것도 알고 있다. 그러면서도 그들은 자기 자녀만 사교육을 시키지 않으면 성적에서 불리하다고 생각해서 너도나도 사교육 열풍에 동참한다. 그래서 결국 그들의 자녀는 과도한 경쟁의 수렁에 내던져지고 만다.

(2) 트럭 운송 게임

사람들 간의 갈등을 해소하는 한 가지 방법이 협상이다. 협상은 관련된 두 사람이 상충적인 이해관계를 가지고 있지만 의견 일치를 보는 것이 그렇지 않은 것보다 모두에게 더 유리하다고 느낄 때 이루어진다. 즉, 협상은 협력과 경쟁 상황에서 갈등의 요소를 찾고 그것을 해소할 수 있는 하나의 방법인데, 이것을 다룬 대표적인 연구가 **트럭 운송 게임**(trucking game)에 관한 것이다.

오래전에 Deutsch와 Krauss(1960)는 직장 여성을 대상으로 이 게임을 이용한 실험을 했다. [그림 9-9]에서 보듯이 상품을 트럭에 실어 서로 다른 위치의 목적지로 옮겨야 하는 회사를 각자 떠맡고 있다고 Acme와 Bolt로 불리는 한 쌍의 참가자에게 알려 주었다. 각자는 자신의 목적지로 갈 수 있는 우회로가 있지만, 그것은 공통 구간이 있는 도로보다 경로가 길어서 시간이 오래 걸린다. 반면, 짧은 경로는 1차선 도로여서 공통 구간에서 두 트럭이 만나면 동시에 지날 수 없으므로, 한쪽이 후진해서 길을 터 주어야 다른 쪽이 움직일 수 있다. 또한 참가자들에게는 상대방의 트럭이 어디로 움직이고 있는지 그 위치나 방향에 대한 정보를 주지 않았으며, 다만 공통 구간에서 서로 부딪히는 경우는 불빛으로 알려 주었다.

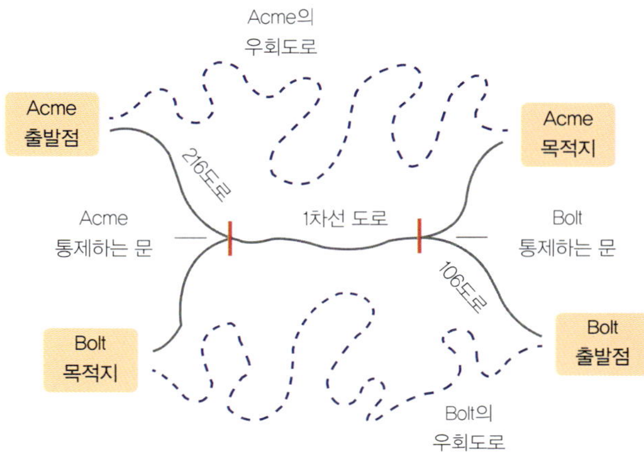

그림 9-9 **트럭 운송 게임.** 두 사람이 각자 자신의 목적지로 짐을 가능한 한 많이 옮기는 게임으로, 연구자들은 이 게임에서 여러 조건을 조작하여 협동과 경쟁에 영향을 미치는 요인을 검증했다.

게임의 목적은 각자가 자신의 트럭을 가능한 한 빨리 목적지로 이동하는 것이다. 트럭을 목적지로 이동할 때마다 매번 경비에서 60센트의 비용을 절감해 주었다. 특정 시기에서 트럭을 이동시키는 데 60초 이상이 걸리면, 참가자가 받는 돈은 하나도 없다. 우회로를 이용해서 목적지로 가는 데에는 70초가 걸리게 되어 있었다. 또한 참가자들에게는 상대방보다 더 많은 돈을 버는 것보다는 자신이 가능한 한 많은 돈을 버는 것에 관심을 두라고 요구함으로써, 게임에 대하여 경쟁적인 태도가 아니라 개인주의적인 태도를 갖도록 했다. 게임을 시작하기 전에 참가자들 각자에게 기본 자금으로 4달러를 지급했으며 총 20회의 게임을 실시했다. 이 실험은 세 가지 조건에서 이루어졌다. 쌍방적 위협 조건에서는 두 참가자가 상대방의 트럭이 1차선 도로에 접근하지 못하도록 통제할 수 있는 문을 가지고 있었다. 일방적 위협 조건에서는 Acme만 상대방을 통제할 수 있는 문을 가지고 있었다. 비위협 조건에서는 아무도 상대방을 통제할 수 있는 문을 가지고 있지 않았다.

실험의 결과는 각 쌍의 두 사람이 함께 벌어들인 돈의 양으로 측정했다. 쌍방적 위협 조건에서 참가자들이 번 돈의 양은 나머지 두 조건에서의 양보다 일관적으로 적었다. 비위협 조건의 참가자들은 많은 시행에서 교대로 1차선 도로를 이용했지만, 쌍방적 위협 조건에서는 이와 같은 패턴이 거의 나타나지 않았다. 또한 일방적 위협 조건에서는 Acme가 번 돈의 양이 Bolt의 양보다 더 많았다. 이것은 협상에서 상대방을 위협할 수 있는 수단을 가지고 있는 것이 없는 것보다 더 유리하다는 것을 나타낸다. 그러나 Bolt는 쌍방적 위협 조건보다 일방적 위협 조건에서 수행 성적이 더 좋았다. 서로 위협할 수 있는 능력이 있을 때 상대방이 그것을 사용할 것이라고 예측함으로써 그에 대한 적대감을 느끼게 되고, 이것이 경쟁적인 동기를 강화함으로써 이러한 결과가 나왔을 수 있다. 결국 협상에서 무기를 가지고 있는 것은 위험하고, 보복할 수 있는 능력이 있는 것은 더 위험하다고 할 수 있다.

(3) 치킨 게임

영화 〈이유 없는 반항(Rebel without a Cause)〉에서 Jim과 Buzz는 Judy 앞에서 자신의 용기를 증명하기 위해 자동차를 몰고 절벽을 향해 나란히 질주한다. 아이들에게 이런 행동이 얼마나 절박한지는 몰라도 어른이나 제3자가 보면 분명 미친 짓이다. 만일 똑같은 조건이라면, 절벽에 떨어졌을 때 잃을 것이 많은 쪽이 먼저 핸들을 틀 것이다. 치킨 게임(chicken game)이란 원래 미국의 젊은이들이 하던 두 대의 자동차가 마주 보고 정면으로 돌진하다 위험을 피하고자 먼저 핸들을 돌리는 사람이 지게 되는 게임에서 유래한 말이다. 이 말은 무모한 출혈 경쟁을 벌이는 기업에 빗대어 쓴다. 즉, 어떤 사안에 대해 대립하는 두 집단 중 한쪽이 그것을 포기하면 상대방보다 더 손해를 보게 되지만, 양쪽 모두 포기하지 않는 경우 최악의 결과가 벌어지는 상황이다. 이 용어는 냉전 시절 미국과 소비에트 연방 간의 군비경쟁을 빗대어 말할 때도 사용되었다. IT업계에서도 삼성과 SK하이닉스 및 여러 일본 기업 간에 컴퓨터 메모리 가격을 인하하는 치킨 게임이 벌어져 많은 기업이 고사하기도 했다.

〈표 9-2〉에서 보듯이 치킨 게임도 죄수 딜레마와 같이 선택에 따른 이득/손실 구조를 도식으로 표시할 수 있다. 먼저, 이 게임에 참가한 두 사람 A와 B가 핸들을 틀 경우를 회피(C) 그리고 그대로 진행할 경우를 직진(D)이라고 하면, 여기에서도 네 가지

경우의 수가 나온다. A와 B 모두 핸들을 틀었을 때는 무승부(C, C), A만 핸들을 틀었을 경우 B가 승리(C, D), B만 핸들을 틀었을 때는 A가 승리(D, C)한다. 두 사람 모두 그대로 직진했을 때(D, D), 차량이 충돌하는 결과를 가져온다. 이때 회피를 0점, 승리를 5점, 패배를 −5점, 충돌을 −10점이라고 하면 〈표 9−2〉와 같은 결과를 얻는다. 치킨 게임은 제로섬 게임의 성향이 강하기 때문에, 상대방과 협력할 여지가 크지 않다. 그래서 경쟁이 심하면 어느 한쪽 혹은 둘 다 파국으로 치달을 가능성이 크다. 마주 보고 달리는 두 차가 핸들을 돌리지 않는다면, 남는 것은 충돌하는 길밖에 없다는 것은 분명한 사실이다.

표 9−2 치킨 게임에서 이득/손실 구조

운전자 A / 운전자 B	회피(C)	직진(D)
회피(C)	비김(0) / 비김(0)	승리(5) / 패배(−5)
직진(D)	패배(−5) / 승리(5)	충돌(−10) / 충돌(−10)

2) 협동의 영향 요인

인간을 포함한 대부분 유기체의 삶에서 협동은 경쟁만큼 필수적이다. 자연계의 많은 동물은 먹이를 구하기 위해 협동한다. 인간이 사회를 이루어 함께 살면서 그 속에서 무수히 많은 집단을 운영하고 있다는 것은 우리의 삶이 생각하는 것보다 더 많이 상호의존적이라는 점을 보여 준다(Deutsch, 1982). 그러나 협동은 여러 상황적 요인의 영향을 받을 수 있다. 또한 우리가 갈등에 어떻게 대처하느냐에 따라 그것은 긍정적인 결과를 가져올 수도 있다. 즉, 갈등 자체가 부정적인 것이 아니라 갈등에 대처하는 전략에 따라 그 결과가 달라질 수 있다. 이 절에서는 협동과 관련된 다양한 요인을 알아본다.

(1) 보상 구조

일반적으로 사람들은 상호관계에서 보이는 보상 구조(reward structure)에 따라 다르게 행동한다. 협동적 보상 구조는 개인의 성취보다는 집단의 성취에 기초해서 보상을 주고, 각 구성원의 성공이 구성원 전체를 아우르는 집단의 성공을 촉진하는 상황을 말한다. 대부분 경우에 이러한 구조는 집단의 신뢰와 의사소통을 개선하고 성취를 높일 가능성이 크다. 이와 반대로, 경쟁적 보상 구조는 집단의 성취보다는 개인의 성취에 기초해서 보상을 주고, 한 개인의 성공은 다른 구성원이 받는 보상을 감소시키는 상황을 말한다. 혼합적 보상 구조는 협동적인 측면과 경쟁적인 측면을 모두 반영하는 상황이다. 개별적 보상 구조는 개인의 성취에 기초해서 보상을 주고, 각자의 성공이나 실패가 다른 사람의 성공이나 실패와 무관한 상황을 말한다.

한 연구(Rubin & Brown, 1975)에서 두 사람의 이해가 상충되지 않는 비경쟁 상황(개별적 보상 구조)에서는 협동을 선택하는 비율이 80% 정도였지만, 치킨 게임(경쟁적 보상 구조) 상황에서는 협동의 비율이 50~60%로 감소했고, 죄수 딜레마 게임(혼합적 보상 구조)에서는 30% 안팎으로 나타났다. 즉, 죄수 딜레마 상황에서 사람들이 보이는 지배적인 반응은 협동보다는 경쟁이었다. 흥미로운 점은 사람들이 자신의 이득을 최대화하기보다는 상대방과 비교하여 더 많은 이득을 얻고자 한다는 것이다. 한편, 의사결정 관련 팀별 과제 수행에 대한 Beersma 등(2017)의 실험 연구에서는 경쟁적 보상 구조는 수행의 속도를 높였지만, 협동적 보상 구조는 수행의 정확성을 높였다. 이와 같은 보상 구조의 효과는 수행 성적이 뛰어난 구성원보다는 떨어지는 구성원에게 더 큰 영향을 미쳤다. 이 결과는 보상 구조의 효과가 여러 요인에 따라 달라질 수 있음을 함축한다.

(2) 맞대응 전략

딜레마 상황에서 한쪽의 선택은 상대방 선택의 영향을 받는다. 흔히들 볼 수 있듯이 사람들은 상대방이 도발하면 같이 공격해서 싸우고, 상대방이 협동적으로 나오면 이쪽에서도 좀 양보하고 덜 경쟁하는 경향이 있다. 일찍이 한쪽의 선택을 프로그램화하여 각 전략에 참가자들이 보이는 반응을 살펴본 결과(Bixenstein & Wilson, 1963; Harford & Solomon, 1967), 'All D 전략'으로 불리는 완전 경쟁 전략(100% 경쟁)보다 완전 협동 전략(100% 협동)이 더 많은 협동 반응을 가져왔다. 또한 80% 협동 전략이 완전 협동 전략보다 참가자의 더 높은 협동 수준을 이끌었다. 이것은 참가자들이 상대방의 완전 협동 전략을 선의로만 해석하는 것이 아니라, 나약하거나 순진한 것으로 여겨 오히려 이용하는 것으로 보인다. 또한 초기에 협동한 이후 경쟁으로 변하는 경우보다 경쟁에서 협동으로 변하는 경우가 상대방의 협동을 더 잘 끌어냈다.

딜레마 상황에서 사용할 수 있는 완전 경쟁 전략은 궁극적으로 불리하다. 상대가 이 전략을 채택할 때 내가 할 수 있는 최고의 선택은 배신이기 때문이다. 이러한 상황에서 협력하는 것은 나에게 전혀 유리하지 않다. 문제는 협동이 필수적인 상황에서

그림 9-10 맞대응 전략(tit-for-tat tactic). 이 전략은 상대방이 한 대로 똑같이 하는 것이다.

경쟁은 장기적으로는 모두에게 불리한 결과를 가져온다는 점이다. 또 다른 전략이 맞대응 전략(tit-for-tat tactic; [그림 9-10] 참조)이다. 이 전략은 초기에 협동을 한 후 그다음부터는 상대가 이전 시행에서 선택한 것을 그대로 밟아 가는 것으로, 상대가 협력하면 계속 협력하고 배신하면 같이 배신하는 전략이다. 사회적 갈등이 진행하는 과정에 대하여 Deutsch(1982)가 제시한 대략적 규칙(crude law), 즉 "협력은 협력을 낳고 경쟁은 경쟁을 낳는다."라는 규칙도 이 맞대응 전략과 일맥상통한다.

맞대응 전략은 모두가 늘 배신하지 않을 때 합리적이지만, 어느 한쪽의 배신은 뒤이어 배신을 낳음으로써 누구도 복수의 소용돌이에서 벗어날 수 없다는 한계를 가지고 있다. 이러한 문제를 해결할 수 있는 또 다른 전략이 관대한 맞대응 전략이다. 이것은 상대의 처음 배신은 용서하고 계속해서 두 번 혹은 세 번 배신할 때 보복하는 전략이다. 이 전략은 맞대응 전략이 가지는 복수의 무한궤도에서 벗어날 수 있는 용서의 장치를 하고 있다. 지금까지 다수의 연구에서 이 세 전략의 효과를 경험적으로 검증했다. 그들의 전반적인 결론은 관대한 맞대응 전략이 공동의 이득을 극대화하는 데 가장 유리하다는 것이다(Axelrod, 2006).

(3) 의사소통

협동과 경쟁에 영향을 미치는 또 다른 요인으로 의사소통을 들 수 있다. 상당수의 갈등은 서로에 대한 인식의 차이나 소통상의 문제에 기인한다. 가령, 각 집단은 독자적인 정보원에 의지하거나 독특한 정보 전달 경로를 가지고 있어서 현실에 대하여 각기 다른 관점을 가질 수 있다. 의사소통의 왜곡 또한 갈등의 중요한 원인 가운데 하나다. 의사소통의 왜곡은 일반적으로 사람들이 사용하는 단어의 차이, 불충분한 정보의 교환 및 폐쇄적 의사소통 경로 때문에 발생한다(Habermas, 2015). 각 집단의 구조적 특성과 상황이 다를 때는 그들이 사용하는 단어의 의미가 갖는 난해성 때문에 의사소통에 곤란을 겪기도 한다.

이러한 상황에서 우리는 문제에 관한 토론이 협동을 향상할 것으로 생각한다. 그러나 놀랍게도 연구의 결과는 일관적이지 않다. 많은 상황에서 집단 구성원들의 토의가 협동을 증가시키지 않았으며, 반대로 이러한 기회는 상대를 위협하는 수단으로 이용되었다(Deutsch & Krauss, 1960; Stech & McClintock, 1981). 최근에 이루어진 Barnes 등(2016)의 연구도 의사소통이 늘 유익한 것은 아님을 입증하고 있다. 그들은 하와이 어장에서 고기를 잡는 배의 선주와 선장이 그들끼리 그리고 고위 공무원이나 기업체 사장과 어느 정도 정보를 공유하는지 측정했다. 또한 유럽계, 베트남계 그리고 한국계 미국인 등 서로에 대한 신뢰 수준이 낮은 민족들을 연결하는 중개 활동도 측정했다. 그 결과, 같은 민족 내에서 이루어지는 의사소통은 생산성을 높이는 데 이바지했지만, 다른 민족 간의 의사소통은 생산성을 떨어뜨렸다.

실제 적절한 조건이 갖추어진 경우에만 구성원들 간의 의사소통이 협동을 증가시킨다(Kerr & Kaufman-Gilliland, 1994; Sally, 1995; [그림 9-11] 참조). 특히 협동이 유익한 결과를 가져옴으로써 집단 구성원들이 서로 협력하고자 전념하고 이러한 헌신이 강하게 지지받을 때, 협동을 촉진하는 사회 규범이 생긴다. 반대로, 불공정하고 비호의적이며 파괴적인 비판을 하는 것은 그러한 피드백을 받은 사람들이 보복심을 갖도록 해서, 개인이나 집단 간에 이해관계가 없더라도 갈등이 생긴다(Baron, 1990; Cropanzano, 1993).

그림 9-11 의사소통과 협동. 의사소통이 협동을 증가시키려면 갖추어야 할 조건이 있다.

한편, 의사소통의 경로도 갈등을 다루는 데 큰 영향을 미칠 수 있다. Chen과 Tseng(2016)은 학생들에 대한 정책과 관련하여 모두가 협력해서 방안을 모색하는 맥락과 자기 입장과는 확고하게 반대적인 사람과 토론해야 하는 경쟁 맥락에서, 대면 소통과 컴퓨터 기반 문자로 하는 소통의 효과를 알아보았다. 그 결과, 협력 맥락에서는 대면 소통이 문자 메시지보다 더 효과적이지만, 경쟁 맥락에서는 문자 메시지의 효과가 더 컸다. 이것은 대면 상황에서는 서로에 대해 부정적인 내용을 소통하는 것이 상대적으로 큰 부담이 되기 때문이다.

(4) 개인적 특성

죄수 딜레마에 빠진 사람들은 대개 자신의 이익을 극대화하는 선택을 하지만 누구나 다 그런 것은 아니다. 사람마다 대인관계에서 지향하는 바가 다를 수 있다. 여기에는 자신의 이익을 최대화하는 개인주의적 유형, 쌍방의 이익을 최대화하는 협동적 유형 그리고 상대방보다 더 많은 이익을 추구하는 경쟁적 유형이 있다. Kuhlman과 Marshello(1975)는 각 유형의 사람들에게 맞대응 전략을 사용하는 상대방과 죄수 딜레마 게임을 하도록 했다. 그 결과, 협동주의자, 개인주의자 그리고 경쟁주의자 순위로 협동을 선택했다. 경쟁주의자들은 상대방의 행위에 관계없이 협동 반응을 거의 보이지 않았다. 이와 달리 협동주의자들은 상대의 행위에 따라 자신의 선택을 민감하게 바꾸는 유연성을 보였다. 경쟁주의자들은 다른 사람들도 경쟁주의자라고 여기는 반면, 협동주의자들은 타인을 협동주의자라고 여기면서도 그들의 변화에 따라 융통성 있게 대처한다(Kelley & Stahelski, 1970).

개인의 자기효능감도 협동 관련 행동에 영향을 미칠 수 있다. 앞서 언급한 공유지의 비극 딜레마에서는 집단 구성원의 자기효능감 수준이 낮은 경우에 더 파괴적인 결과를 가져왔다(Hardin, 1968). 이것은 그들이 낮은 자기효능감 수준을 높이기 위한 단기적인 방안으로 자신의 이득을 다른 사람들보다 더 높이는 전략을 선호하기 때문으로 보인다. 더군다나 집단의 크기가 커지면, 사람들의 자기효능감은 감소하는 경향이 있다. 이것은 관계가 복잡해질수록 상대방의 선택을 확신할 수 없기 때문이다(Wit & Kerr, 2002).

Luft(1961)에 따르면, 개인의 성격 특질 중에서 자신이나 타인에게 잘 알려진 개방 영역에서는 갈등이 드문 반면, 자신만 알고 있는 비밀 영역이나 타인만 알고 있는 무지 영역에서는 갈등이 발생할 수 있고, 자신과 타인 모두가 모르는 미지 영역에서는 갈등이 있다. 이 모형은 대인관계에서 자신을 다른 사람에게 노출하고 그로부터 피드백을 받을수록 개방 영역이 확장되어 갈등이 감소한다고 가정한다. 여기에 중요한 한 요인이 사회적 기술이다. 사회적 기술이 뛰어난 사람은 자기노출을 잘할 뿐만 아니라, 다른 사람과의 소통을 잘할 수 있다는 점에서 유리하다. Wu 등(2015)의 연구에서 목표를 달성하는 데 상사와 상호의존성이 클 때, 사회적 기술이 높은 부하는 낮은 부하보다 상사의 배척을 덜 받았다. 이것은 그만큼 상사와 갈등을 덜 겪었다는 것을 의미한다.

4. 친사회적 행동

친사회적 행동은 위급한 상황에 놓인 타인을 도와주는 것 이외에도 여러 다양한 형태로 나타난다. 떨어진 펜 주워 주기, 불쌍한 강아지 돌보기, 학대받는 사람 보호하기, 기부하기, 장기 기증하기 등이 이러한 행동의 일부다. 일반적으로, **친사회적 행동**(prosocial behavior)은 다른 사람이나 사회에 이로움을 주는 행동의 범주를 지칭하는 개념이다. 반면, **도움 행동**(helping behavior)은 다른 사람에게 혜택을 주거나 그의 행복을 증진하는 행동이다. 이 절에서는 도움 행동을 중심으로 친사회적 행동에 대한 다양한 관점, 즉 진화론 관점, 발달심리학 관점, 사회문화심리학 관점 그리고 개인차 관점을 살펴본다.

1) 진화론 관점

(1) 친족 선택

진화심리학은 종의 생존이 궁극적으로 유전자의 생존이며, 생명체는 생존과 번식에 유리한 기능을 하는 유전자를 후손에게 남김으로써 개체와 종의 생존에 이바지한다고 주장한다. 이러한 입장에서 보면, 자신의 생존에 도움이 되지 않는 친사회적 행동과 관여된 유전자는 유전자 경쟁에서 생존하기 어려울 수 있다. 그러나 개체의 생존만을 우선시하는 이기주의적 유전자만 존재하면 결국 그 종은 멸종할 수밖에 없어서, 이타주의는 자기 유전자 보존을 위해서 필수적이다.

이때 중요한 하나의 개념이 친족이다. 자기 유전자를 이어받은 자녀를 돌보는 부모는 돌보지 않는 부모보다 자기 유전자를 후대에 남길 가능성이 더 크다. 어린 자녀는 환경의 위협에서 자기를 보호하기 어려워서 자신에게 헌신하는 부모가 있을 때 생존할 가능성이 더 크기 때문이다. 이뿐만 아니라 유전자를 공유한 다른 친척 역시 유전자의 생존을 위해 중요한 존재다. **포괄적 적합성**(inclusive fitness)은 친척의 후손들이 우리의 유전자를 보존할 확률을 의미한다. 인간은 형제와 약 50%의 유전자를 공유하고 사촌과는 12.5%의 유전자를 공유한다. 그래서 사람들은 자신과 유전자를 공유하는 사람들을 편애하고 그들에게 더 이타적 행동을 하는데, 이것을 **친족 선택**(kin selection)이라고 한다.

인류학 연구에 따르면, 인간은 일반적으로 낯선 사람보다 친척을 돕고, 먼 친척보다는 가까운 친척을 돕는다(Nolin, 2010). 친인척 간의 협력은 외부의 적으로부터 동맹을 형성하고, 어린 자손들을 공동으로 양육하는 등 다양한 맥락에서 중요한 역할을 한다(Kurzban et al., 2015). 사람들은 밀접하게 관계된 사람들을 위해서 기꺼이 도덕적으로 잘못된 행동에 참여하고, 사망 후에도 더 큰 가중치를 부여해서 유산을 양도하는 경향이 있다(Kurzban et al., 2012).

친족 선택의 주요 기제에는 **근접 정서 시스템**이 있다(Neyer & Lang, 2003). 이 시스템은 친족에 대한 정서적 친밀감을 생성하고 도움 행동을 하는 데 중요한 역할을 한다. 유전적 관련도와 주관적 친밀감은 중간 정도의 상관을 가진다. 우리가 먼 친척보다 사촌을, 사촌보다 형제를 돕는 것은 결국 그들과 매우 가깝다는 정서적 친밀감을 가지고 있기 때문이다. 그러나 정서적 친밀감이 반드시 친족에게만 우선하는 감정은 아니며, 유전적 관계와 상관없는 지인과도 잦은 접촉으로 정서적 친밀감을 경험한다 (Burton-Chellew & Dunbar, 2011). 그래서 친족이 반드시 호의나 도움 행동의 우선 대상자가 되는 것은 아니다.

글상자 9-3

포괄적 적합성과 Hamilton의 규칙

그림 9-12 **바다거북.** 바다거북이 산란을 위해 코스타리카 해안으로 몰려든다.

Darwin(1859)의 자연 선택 이론과 인간의 이타적 유전자는 공존이 가능하다. 생존과 번식은 환경에 대한 개인의 적합성이며, 그 적합성을 증가시키는 유전자는 개체군에 축적되어 유기체가 개체와 종의 적합성을 최대화하도록 설계된 행동을 하게 된다. Hamilton의 불균등(inequality) 규칙에 따르면, 친사회 행동은 r x b가 c보다 클 때 일어난다. 여기에서 r은 두 사람이 같은 유전자를 공유할 확률(가령, 부모-자녀 사이나 형제 사이에는 1/2, 사촌 사이에는 1/4 등), b는 도움 행동이 도움을 받는 사람에게 주는 이득, c는 도움 행동을 하는 사람이 치러야 하는 비용을 의미한다.

포괄적 적합성은 가장 일반적으로 사용되는 적합성으로, 직접 적합성과 간접 적합성을 합산한 것이다(Kurzban et al., 2015). 직접 적합성은 개체 자신의 번식 성공을 의미하며, 간접 적합성은 개체의 협력을 통한 친척의 번식 성공을 의미한다. 포괄적 적합성 이론에 따르면, 간접적으로 번식에 유리한 결과를 얻을 수 있는 가장 쉽고 일반적인 방법은 가까운 혈연을 돕는 친족 선택이다.

이처럼 포괄적 적합성은 인간의 협력에 대하여 적합성 개념을 사용하여 설명함으로써, 자연 선택 이론과 충돌하지 않고 그것을 보완한다. 또한 포괄적 적합성은 친족 선택에만 적용되는 것은 아니다. 이것은 가장 일반적인 형태의 다윈의 적합성을 현대적으로 해석한 것이다(West & Gardner, 2013). r = 0인 경우(혈연관계가 아닌 타인)는 개인의 적합성을 극대화하는 특별한 경우를 의미한다.

(2) 상호성

친족이나 직계 가족만이 협력의 대상은 아니고, 친구관계도 인간의 사회적 삶에서 중요한 가치를 지닌다. 자기와 유전자를 공유하지 않는 타인을 돕는 행위는 그를 위해 희생한 자신의 비용을 장기적으로 회복할 수 있어야 진화할 수 있다(Kurzban et al., 2015). 이때 직접적 상호성(direct reciprocity)은 타인을 돕기 위해서 희생한 자기의 비용을 장기적 관점에서 그 타인으로부터 돌려받는 것이다. 반복적인 상호작용을 통해 상대의 협동이 주는 이득이 내가 협력을 위해 치르는 비용보다 큰 것을 알게 되면, 사람들은 이전에도 도움을 준 상대와 협력하는 것을 더욱 선호하게 된다. 만약 상대가 나의 도움을 받기만 하고 돌려주지 않으면 그 관계는 유지되지 않는다.

인류는 오랜 기간 넓은 지역에서 다양한 사람과 교류하기보다 자신이 거주하는 한정된 지역에서 한정된 사람들과 재화를 교환하는 생활 방식을 고수했으며([그림 9-13] 참조), 이러한 생활 방식은 직접적 상호성이라는 심리 시스템을 진화시키기에 적합하다(Cosmides & Tooby, 1992). 실제로 직접적 상호성은 대도시보다 시골 지역에서 더 강하게 드러난다. 대도시에서는 편지를 분실하거나, 설문 면접관의 조사에 협조하거나, 길을 잃은 아이를 도와주는 협력이 소규모의 도시와 시골 지역보다 덜 일어난다(Hedge & Yousif, 1992). 직접적 상호성으로 생기는 장기적인 희생을 만회하려면, 과거부터 미래까지 자신과 타인이 주고받는 비용과 이익을 계산하고 그 타인을 인식할 능력이 필요하다.

그림 9-13 한국의 촌락. 사람들은 일정한 공간에 거주하면서 정해진 사람들과 상호작용을 한다.

타인을 위한 희생은 직접적인 비용의 회복이 아니더라도 개인의 평판과 명성을 드높이는 데 기여하고, 이것은 사회적 동물인 인간에게 장기적 관점에서 유리하다. 이처럼 간접적 상호성(indirect reciprocity)은 우리가 타인을 도움으로써 평판과 명성을 드높일 수 있어서 그를 돕는 것을 말한다. 이러한 관점에서 보면, 장기적으로 비용을 회복할 가능성이 적은 경우라도 사람들이 타인을 도울 수 있다. 이때 타인을 돕는 것이 좋은 평판을 줄지 혹은 나쁜 평판을 줄지는 그 결과에 관여하는 사람에 따라 다르다. 우리가 착하고 좋은 사람을 돕는 것은 우리의 평판에 유리하지만, 이기적인 사람을 돕는 것은 오히려 우리의 평판에 해가 될 수 있다. 오히려 남을 돕지 않는 사람을 돕지 않고 거부하는 것이 좋은 평판을 준다(Uchida & Sigmund 2010).

동물학자 Wilkinson(1990)의 연구에 따르면, 코스타리카에 거주하는 흡혈박쥐는 피를 마시지 않고 60시간 동안 있으면 죽을 위기에 처한다. 그래서 집단이 함께 살아남으려면, 그들은 필요 이상의 피를 빨아 두었다가 필요한 다른 박쥐에게 나눠 주어야 한다. 그는 흡혈박쥐를 관찰하여 그들이 가장 피가 필요한 다른 박쥐에게 자신이 먹은 피를 나눠 준다는 것을 발견했다. 또한 그들은 친족의 박쥐에게만 피를 나눠 주는 것은 아니었다. 이때 그들은 상호성 전략을 구사했는데, 과거에 다른 박쥐에게 피를 나눠 준 박쥐만이 그 박쥐로부터 보답을 받았다. 연구 결과에 따르면, 그들은 서로의 깃털을 정리해 줄 때 배 부위에 특별히 주의를 기울인다. 그래서 피를 빤 박쥐의 볼록해진 배를 확인함으로써, 흡혈박쥐는 속임수를 쓰는 동료 박쥐를 쉽게 알아차릴 수 있다.

2) 발달심리학 관점

발달심리학은 친사회적 행동의 시작과 패턴 그리고 이 행동과 관련된 인지, 정서, 행동의 선행 요인과 발달 과정을 탐구해 왔다. Schroeder와 Graziano(2015)는 친사회적 행동에 대한 발달심리학의 접근을 기질 접근, 사회화 접근, 사회인지 발달 접근 등 세 가지로 제시하고 있다. 기질(temperament) 접근(예: Rothbart & Hwang, 2005)의 핵심 아이디어는 우리 각자가 갖고 태어나는 기질은 사교성이나 불안과 같은 소수의 성격 특질로 이루어져 있다는 것이다. 기질 접근의 주요 초점은 충동성, 사회적 불안, 회피 경향성, 적극적 통제와 같이 유전적으로 타고 태어난 정서적 측면이 심리적으로 하는 기능을 밝히는 것이다. 같은 맥락에서, 이 접근은 일반적으로 친사회적 행동을 정서 조절과 통제로부터 파생된 산물로 본다(예: Rothbart & Hwang, 2005). 기질적으로 적극적 통제를 잘하는 사람은 좌절이나 실망, 부정적인 경험을 하는 상황에서도 좀 더 긍정적이고 친사회적으로 행동한다(Tobin & Graziano, 2011).

Rushton 등(1986)은 일란성 쌍둥이와 이란성 쌍둥이 성인들의 공감을 측정했다. 그들은 공감에서 사람들 간 차이의 50% 정도는 유전에 따른 것으로 보았다. Davis 등(1994)은 일란성 쌍생아와 이란성 쌍생아의 긍정적 정서 공감(다른 사람의 고통에 대한 연민과 관심), 부정적 정서 공감(다른 사람의 고통에 관한 불편함과 스트레스) 그리고 인지적 공감(다른 사람의 입장에서 사건을 볼 수 있는 능력)을 측정했다. 그 결과, 긍정적 정서 공감(유전 가능성: 28%)과 부정적 정서 공감(유전 가능성: 32%)에서 이란성에 비해 일란성 쌍둥이 간에 유사성이 더 컸다. 그러나 인지적 공감에서는 집단 간 차이가 없었다. Zahn-Waxler 등(1992)은 14개월 된 일란성 쌍생아와 이란성 쌍생아의 정서적 공감을 측정했다. 그 결과, 공감에서 아이들 간의 차이 중 약 30%가 유전에 의한 것이었다. 그러나 이들이 20개월 되었을 때 다시 측정한 결과, 이와 같은 유전의 효과는 어느 정도 감소하는 것으로 나타났다.

사회화(socialization) **접근**은 친사회적 행동을 포함한 인간의 행동이 직접적인 경험뿐만 아니라, 부모나 교사 등 주변의 성인을 모델로 하여 그들의 친사회적 행동을 관찰함으로써 학습한다고 본다(Bandura, 1977a). Rushton(1976)은 성인 모델이 볼링 게임을 한 후 받은 상금 중 일부를 불우유아모금에 기부하는 것을 7~11세 아동의 한 집단에게만 보여 주었다. 그다음, 아동들에게 볼링 게임을 하게 한 후 받은 상금을 기부하도록 했더니, 모델을 본 아동이 그렇지 않은 아동보다 더 많이 기부했다. Williamson 등(2013)은 한 집단의 2세 유아에게 고통을 받는 사람을 돕는 행동을 비디오로 보여 준 다음, 비디오에서 본 도움 행동을 부모의 신체적 고통에 대하여 모방할 수 있는 기회를 제공했다. 그 결과, 이 비디오를 본 집단의 유아는 그렇지 않은 유아에 비해 이 행동을 더 많이 모방했고 도움 행동도 더 많이 했다.

우리는 멀리 떨어져 있는 대륙의 모르는 누군가가 심각한 재해로 고통 받고 있을 때 그들을 돕고자 한다. 이처럼 우리는 여러 역할뿐만 아니라 사회적으로 바람직하게 여기는 가치와 규범도 학습을 통해 내면적으로 수용한다(Roberts et al., 2005). 그러한 규범 중 하나가 **사회적 책임 규범**(social responsibility norm)이다. 이 규범은 어려움에 놓인 사람을 도와서 이 세상을 좀 더 낫게 만드는 것이 우리 각자의 의무라는 인식이다. 우리는 도움이 필요한 상황에서 사회적 책임을 다함으로써, 자신이 사회적으로 가치 있는 사람이라는 것을 확인한다. 이러한 점에서 볼 때, 타인의 도움 요청에 적절하게 반응함으로써 경험하는 기쁨(Barclay, 2004)과는 별도로, 사회적 이상이나 가치를 실현함으로써 경험하는 자기가치감도 친사회적 행동의 주요 동기일 수 있다.

그림 9-14 상호성 규범. 주는 것과 받는 것이 비슷해야 한다는 규범이다.

친사회적 행동과 관련된 또 다른 사회적 규범이 **상호성 규범**(reciprocity norm)이다([그림 9-14] 참조). 이것은 나를 도와준 사람에게는 나 역시 도움을 되돌려 줘야 한다는 규범이다. 이 규범은 근친상간 금기만큼이나 여러 문화에 걸쳐 보편적인 규범이다(Gouldner, 1960). 여러 실험과 일상에서 상호성 규범이 적용되는 것이 밝혀졌다(Burger et al., 2006; Cialdini, 2001). 음료수나 사탕을 받은 사람들은 그렇지 않은 사람들보다 표를 사 달라는 요청에 더 많이 순응했다(Regan, 1971). 마트의 시식코너에서 판매원이 미소와 함께 건네준 음식은 예상치 못한 소비를 야기한다. 상호성 규범은 왜 이렇게 강력하게 작용할까? Cialdini(2001)는 이 현상을 자기제시(self-presentation)로 설명하는데, 우리는 타인의 호의에 보답하지 않았을 때 자신이 무임승차자로 보이는 것을 우려하기 때문이다.

사회인지 발달(social-cognitive development) 접근은 사회적 환경과 물리적 환경을 표상하고 이해하는 역량의 발달이 친사회적 행동과 관련이 있다고 본다. 이 관점에 따르면, 아동은 환경과 영향을 주고받는 능동적인 존재로, 친사회적 행동은 유아의 인지적 발달과 환경적 요인의 상호작용에 따라 발달한다. Piaget의 발달 이론에서 볼 때, 전조작기의 유아는 자기중심적이고 인지 수준이 제한되어 있어서, 다른 사람의 견해를 생각하거나 상황을 고려하기 어렵다. 따라서 아동이 구체적 조작기에 들어서는 7~8세경이 되어서야 자기중심적 견해에서 벗어나는 탈중심화 현상이 일어나고, 다른 사람의 요구나 견해, 역할 등을 받아들이는 능력이 커지며, 곤경에 처한 사람의 요구를 정확하게 해석하고 느낄 수 있게 된다(Honing & Charney, 1982). 이러한 유아의 인지 능력 발달은 친사회적 행동의 선행 조건이다. 유아는 연령이 증가함에 따라 타인의 관점과 감정 및 입장을 이해하는 인지 능력이 발달하고 타인의 반응에 민감해지면서 친사회 행동도 함께 발달한다.

3) 사회문화심리학 관점

사회문화심리학 분야에서도 친사회적 행동에 관한 연구가 다수 이루어졌다. 그들은 친사회적 행동에 영향을 미치는 개인의 동기와 정서 같은 심리적 요인, 그 개인이 처한 즉각적인 상황이나 상대방과의 관계 그리고 더 큰 차원에서 문화의 영향을 다루었다. 여기서는 이러한 요인을 차례대로 살펴본다.

(1) 동기와 정서 요인

우리가 느끼는 정서가 친사회적 행동에 영향을 준다. 때로 긍정 정서는 다른 사람을 도우려는 경향을 증가시킨다(Forgas, 1998b). 사람들은 코미디언의 쇼를 보고 기분이 좋아졌을 때나 날씨 좋은 날 야외에서 시간을 보낼 때 낯선 사람에게 도움을 주려는 마음이 더 크다(Wilson, 1981). 우리는 기분이 좋을 때 자신보다는 주변의 사회적 상황에 좀 더 주의를 기울이는데, 이때 다른 사람이 도움이 필요하다는 것을 알게 되면 좀 더 도와주기 때문으로 보인다. 그러나 때로는 긍정 정서가 친사회적 행동을 감소시킬 수 있다. 긍정 정서를 가진 목격자는 애매모호한 위급 상황을 위급하지 않은 것으로 해석하는 경향이 있다(Isen, 1984). 또한 명백하게 위급한 상황에서도 그 상황이 어렵고 불쾌한 문제와 관련될 때, 기분이 좋은 사람들은 도움 행동을 하지 않는 경향이 있다(Rosenhan et al., 1981).

반면, 분노 및 혐오와 같은 부정 정서는 친사회적 행동을 줄인다. 자기의 문제에 골몰하게 만드는 우울 역시 마찬가지다(Amato, 1986). 그러나 죄책감은 도움 행동이 증가하게 할 수 있고, 특히 다른 사람에게 해를 끼쳐 죄책감을 느끼는 사람은 도움 행동을 할 가능성이 높다(Salovey et al., 1991). 그들은 직접 해를 입은 사람뿐만 아니라 도움이 필요한 사람이면 누구라도 돕기 쉽다. 또 다른 정서인 슬픔은 부당한 해를 당하는 사람을 목격할 때 느끼는 정서로, 슬픔 역시 사람들이 도움 행동을 하도록 유도할 수 있다(Cialdini et al., 1981).

Cialdini 등(1982)은 부정 정서가 도움 행동에 미치는 효과에 대하여 포괄적인 설명을 제공하기 위해 **부정적 상태 해소 모형**(negative state relief model)을 제안했다. 이 모형에 따르면, 다른 사람에게 해를 끼치거나 다른 사람이 해를 당하는 것을 보면, 우리는 죄의식이나 슬픔과 같은 부정적인 느낌을 경험한다. 그러면서 그러한 느낌을 줄이려고 하는데, 그 한 가지 방법이 타인을 돕는 것이다. 도움 행동이 우리를 기분 좋게 한다는 것을 경험과 학습을 통해 배웠기 때문이다. 예를 들면, 다른 사람을 돕는 것은 자아존중감을 높여 주고 자신이 덕이 있고 의롭다는 인식을 높여 준다. 이와 같은 도움 행동의 기본적인 동기는 자기중심적이다. 왜냐하면 도움을 베푸는 사람의 궁극적 목표가 그 행위를 통해 자신의 상태를 개선하는 것이기 때문이다.

이처럼 도움 행동을 유발하는 중요한 동기적 요인 중 하나가 그 행동에 따른 **심리적 보상**이다. 한편으로, 도움 행동은 타인에게 실질적으로 도움을 주겠다는 동기를 반영한다. 다른 한편으로, 그 행동을 통해 얻게 되는 만족감과 자존감의 고양도 도움 행동을 계속하게 만드는 동기적 요인이다. 실제 한 연구(Dunn et al., 2008)에서 참가자들에게 일정량의 돈을 나눠 주고 그 돈을 자신이나 타인을 위해 쓰도록 했다. 그다음, 그들이 각각에 관하여 쓴 돈의 양과 심리적 만족도를 조사한 결과, 타인을 위해 더 많은 돈을 쓴 사람들이 상대적으로 더 행복했다. 이처럼 도움 행동이 주는 심리적 만족은 그 행동을 강화하는 요인으로 작용한다.

인간의 도움 행동을 경제적인 시각으로 보는 **비용-보상**(cost-reward) **관점**에서 분석할 수 있다(Piliavin et al., 1981). 이 관점은 사람들이 상대적으로 자신의 이익에 더 관심이 많다고 본다. 그래서 사람들은 도움 행동을 했을 때와 그렇지 않았을 때 각각의 비용과 보상을 계산해서 자기에게 가장 이득이 되는 결정을 내린다. 도움 행동의 비용에는 시간과 노력, 돈, 해를 당할 수 있는 위험, 불쾌한 상황에서 느끼는 불쾌와 당혹, 자기가 하던 활동의 중단이 있다. 도움 행동의 보상에는 잠정적인 물질적 보상, 명성, 자기칭찬, 죄의식의 회피, 피해자의 감사, 도움 행동이 주는 내재적 즐거움이 있다. 반면에 도움 행동을 하지 않았을 때의 비용에는 죄책감이나 비난, 잠정적 무책임성, 불쾌한 각성이 있고, 보상은 그런 행동을 할 때 드는 비용을 감수하지 않아도 되는 것이다. 이 분석의 장점은 일단 도움 행동에 대한 비용과 보상을 확인하면 그것이 도움 행동에 미치는 영향을 잘 예측할 수 있다는 것이다(Dovidio et al., 2010).

Piliavin 등(1981)은 각성: 비용-보상 모형(arousal: cost-reward model)에서 도움 행동에 대한 동기를 두 과정을 통해 좀 더 포괄적으로 설명하고 있다. 그 하나는 각성으로, 사람들은 도움이 필요한 사람을 보면 불쾌나 고통과 같은 혐오스러운 각성을 경험한다. 피해자가 겪는 피해의 심각성, 관찰자와 피해자의 관계, 피해자의 심리적 특성 등이 부정적 각성의 강도에 영향을 준다. 사람들은 이 강도가 클수록 그것을 제거하려는 동기를 더 강하게 갖게 된다. 그다음, 이와 같은 혐오 정서를 제거하는 대안을 결정하는 과정이 비용-보상에 대한 분석이다. 이 모형은 도움 행동을 했을 때와 하지 않았을 때의 두 비용을 고려한다. 전자의 비용은 앞에서 언급한 것과 같고, 후자의 비용에는 두 가지가 있다. 개인적 비용은 죄책감이나 수치심, 비난과 같은 것이고, 공감적 비용은 피해자가 도움을 받지 못해 계속해서 겪게 되는 고통, 피해자에 대한 동정심, 걱정과 같은 것을 포함한다.

두 가지 종류의 비용을 고저로 구분해서 조합하면 총 네 가지 유형이 나온다(Piliavin et al., 1981). 도움 행동에 대한 비용이 적고 도움 행동을 하지 않았을 때의 비용이 크면, 피해자를 직접 도울 가능성이 크다. 그러나 이와 반대이면, 도움 행동을 할 가능성이 적다. 두 비용이 모두 많이 들면, 경찰을 부르는 등 간접적으로 개입하거나 상황을 위험하지 않은 것으로 평가하거나 피해자를 비인간화하는 등 그 상황을 떠나는 것과 같은 방식으로 대처할 것이다. 두 비용이 모두 낮으면, 사람들은 그 상황에서 지켜야 할 행동의 규범이나 기준에 따라 반응할 가능성이 커 그 반응이 일정하지 않다. 여러 연구가 이 모형이 예측하는 바를 지지해 주고 있다(Dovidio et al., 1991; Piliavin et al., 1981).

그림 9-15 공감. 공감은 이타적 도움 행동의 중요한 결정 요인이다.

도움 행동과 관련된 또 다른 요인이 공감(empathy)이다([그림 9-15] 참조). 공감은 다른 사람을 우리라는 운명 공동체의 틀 속에서 보게 함으로써, 타인을 돕는 행동을 곧 자신을 위한 행동으로 생각하게 만든다. 그래서 공감은 양자 관계에서 상대방을 그의 관점에서 이해하는 것이다. 즉, 공감은 다른 사람의 감정에 대한 정서적 ·

인지적 반응으로 이루어져 있으며, 그에 대한 연민과 문제를 해결하려는 욕구 그리고 그의 관점에서 바라볼 줄 아는 능력을 포함한다(Batson et al., 2003). 반면에 **동정심**(sympathy)은 자기 관점에서 타인을 지각하는 것이다. 예를 들면, 내 주위의 누군가가 불의의 사고로 인해 한쪽 다리를 다쳐서 어렵게 걸어가고 있다면, 동정심은 그 사람을 불쌍하게 여기는 마음이고, 공감은 그 사람과 그의 노력을 당사자의 입장에서 공유하는 것이다.

Batson과 동료(Batson, 1991; Toi & Batson, 1982)는 **공감-이타주의 가설**(empathy-altruism hypothesis)을 제시하면서 도움 행동이 이기적인 동기에 근거한 것뿐만 아니라, 순전히 상대방의 복지와 행복을 위한 이타적인 도움 행동도 있다고 주장한다. 이 가설에서도 부정적 상태 해소 모형에서처럼 사람들은 불쌍하고 어려운 사람을 보면 슬픔이나 걱정, 긴장, 불쾌감을 느낄 수 있지만, 어떤 상황에서는 연민이나 공감의 감정을 느낀다고 제안한다. 그러면서 이와 같은 공감적 걱정은 다른 사람의 고통을 줄이고자 하는 이타적인 동기를 가져온다고 주장한다. 이러한 동기가 실제 도움 행동으로 이어지기 위해서는 우리가 도움을 줄 수 있어야 하고, 그러한 도움이 상대방에게 실제 이득과 혜택이 될 것으로 생각해야 하며, 다른 사람보다 우리의 도움이 더 유익할 것으로 지각해야 한다.

이 가설을 검증한 한 연구(Toi & Batson, 1982)에서 도움이 필요한 사람과 공감한 참가자들 중 다수는 도움이 필요한 장면을 떠나는 것이 그 사람을 돕기보다 더 쉽든 그렇지 않든 그리고 도움 행동이 자기에게 이득이 되든 그렇지 않든 상관없이 도움 행동을 했다(71% 대 81%). 반면, 이기적으로 동기화된 참가자들은 상대방을 돕는 것이 그 장면을 외면하고 떠나는 것보다 더 유리할 때만 도움 행동을 보였다(76% 대 33%). 이 가설이 등장한 이후에 순전히 이타적인 동기에 근거한 도움 행동이 존재하는지에 대한 논쟁이 많이 있었다. 그러나 시간이 흐르면서 축적된 많은 증거는 이와 같은 동기가 존재한다는 것을 강하게 지지하고 있다(Dovidio et al., 2010).

그림 9-16 Kitty Genovese

(2) 상황과 피해자 그리고 문화 요인

뉴욕 시내에서 바텐더로 일하던 20대 여성 Kitty Genovese([그림 9-16] 참조)는 늦은 밤 귀가하던 중 오전 3시쯤 자기 아파트에 도착했다. 이때 한 남성이 그녀를 쫓아와 칼로 두 번 찔렀다. 그녀가 비명을 지르며 도움을 요청하자, 이 남성은 달아났다가 몇 분이 지난 후 돌아왔다. 그러고는 그녀를 여러 차례 더 찌르고 성폭행을 하고 40달러를 훔친 다음, 피를 흘리는 그녀를 복도에 남겨 둔 채 떠났다. 이와 같은 30분 동안의 공격이 끝난 후, 그녀는 1시간 후에 사망했다. 이 살인 사건이 주목받게 된 주된 이유는 주변에 목격자가 37명이나 있었는데, 그녀가 공격받는 것을 보거나 도와달라는 비명을 들었음에도 아무도 신고도 하지 않는 등 그녀를 도와주지 않았다는 『New York Times』의 보도 때문이었다.

이 사건이 큰 반향을 불러일으키기는 했지만, 그 자초지종은 보도된 이야기와는 달랐다(Manning et al., 2007). 이후의 조사에 따르면, 몇몇 이웃 주민은 경찰에 전화를 걸었고, 한 사람은 공격하는 남성에게 소리를 질러 그녀를 두고 자리를 떠나도록 했다. 나머지 이웃 사람들을 면담한 결과, 그들은 무슨 소리를 듣기는 했는데 그것이 살인 사건이 아니라 말다툼을 하는 커플이거나 술에 취한 한 무리의 친구들이라고 생각했다고 말했다. 이처럼 세세한 내용에서는 틀린 부분도 있지만, 몇몇 사회심리학자는 이 사건을 계기로 도움 행동의 동기를 학문적으로 분석하고자 했다.

그럼 긴급 상황에 있는 사람은 주변에 다른 사람이 많을수록 도움을 받을 가능성이 커질까? 우리는 보통 그럴 것으로 생각하지만, 일반적인 사실은 그렇지 않다. 이에 대한 하나의 설명이 **도시 과부하 가설**(urban overload hypothesis)이다. 도시에 사는 사람들은 매일 그들이 만나는 사람의 숫자에 압도당해서 낯선 사람들과의 상호작용을 회피한다는 것이 이 가설의 아이디어다(Milgram, 1970). 많은 연구가 이와 같은 가설을 지지했다. 35개의 연구를 고찰했을 때, 지방에 거주하는 사람들이 도시에 거주하는 사람들에 비해 친사회적 행동을 더 많이 했고, 이것은 그들이 어린 시절을 어디에서 보냈는지와는 상관이 없었다(Steblay, 1987).

Latané와 Darley(1970)는 Genovese 사건에서 목격자가 너무 많아 아무도 돕지 않았다고 판단했다. 그 하나의 원인으로 책임감 분산을 꼽았는데, 이것은 주변에 도울 사람이 많을 때는 각자가 반드시 자신이 도와야 한다는 책임감이 줄어드는 것이다. 가령, 가상공간에서 괴롭힘을 목격한 사람의 수가 많을수록 각자가 느끼는 책임감과 개입하려는 의도는 줄어들었다(Obermaier et al., 2016). 이처럼 긴급 상황에서 도움을 받을 가능성이 그 상황을 목격한 사람의 수와 반비례하는 현상을 **방관자 효과**(bystander effect)라고 한다(Latané & Darley, 1970). 그러나 항상 그런 것은 아니다. 비디오 게임이 친사회적 행동과 공격 행동에 미치는 영향을 다룬 98개의 연구를 분석한 결과, 한 사람이 아닌 다수의 사람으로부터 도움을 받아야 할 상황에서는 책임감 분산이 감소했다(Greitemeyer & Mügge, 2014). 또한 위험하게 보이는 자전거 도둑을 제지할 때, 주변에 여러 사람이 있으면 불안을 덜 느껴 그런 행동을 할 가능성이 크다(Fischer & Greitemeyer, 2013).

이 현상에 대한 또 다른 설명이 **다원적 무지**(pluralistic ignorance)다. 이것은 다른 사람들이 자신의 의견과 다르다고 잘못 믿음으로써 생기는 현상이다. 집단에 있는 대부분의 사람은 자신이 동의하지 않는 의견에 동조하는데, 나머지 대부분의 사람이 그 의견에 동의할 것이라고 잘못 생각하기 때문이다. 이것은 사람들이 자신이 속한 집단의 소수 의견을 다수 의견이라고 잘못 생각하거나 다수 의견을 소수 의견이라고 잘못 인식하는 상황이다. Zenovese 사건에서 사람들은 옆집에서 들리는 요란한 소리를 주변 이웃의 반응을 통해 잘못 판단했을 수 있다. 즉, 그들은 아무런 행동을 취하지 않는 이웃 사람을 보면서, 그들 역시 '별일 아니겠지.'라고 생각해서 그 상황을 긴급한 것으로 판단하는 데 실패했을 수 있다(Latané & Darley, 1970).

방관자 효과를 방지하는 하나의 방법으로, Latané와 Darley(1970)는 도움 행동에

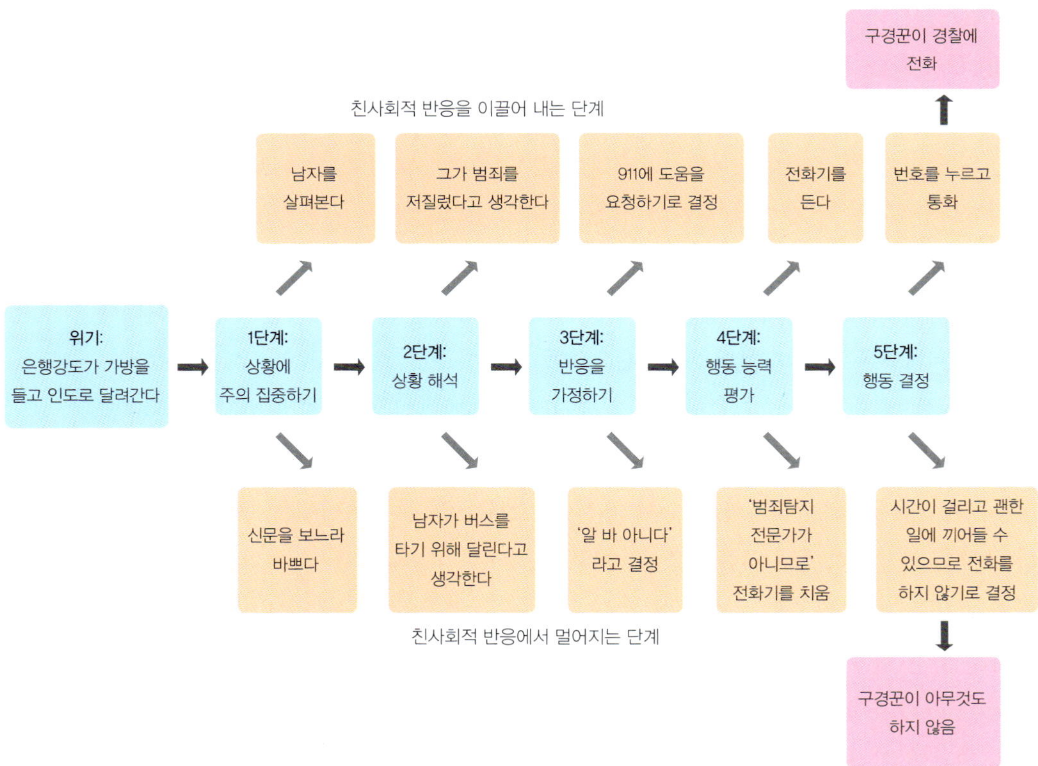

그림 9-17 **도움 행동을 결정하는 5단계.** 위기 상황에 대한 도움 행동은 여러 번의 선택이 필요하다.
출처: Latané & Darley (1970).

대한 5단계 모형 또는 **의사결정 나무 모형**(decision-tree model)을 제시했다([그림 9-17] 참조). 1단계는 사건에 주목하는 단계로, 예상하지 못한 위기의 순간에 우리는 무슨 일이 일어났는지 그리고 어떻게 해야 하는지 확신하기 어렵다. 그래서 상황에 주의할 필요가 있다. 2단계는 상황을 정확하게 긴급한 것으로 파악하는 단계다. 이때 다른 사람의 존재가 영향을 줄 수 있다. Latané와 Darley(1968)는 방에서 참가자 혼자 혹은 셋이 있으면서 설문지를 하도록 했다. 몇 분 후 환기구를 통해 방으로 연기가 들어오자, 혼자 참가한 사람의 75%는 하던 일을 멈추고 방에서 나와 이 문제를 알렸다. 그러나 셋이 있는 경우는 38%만이 이 문제를 알렸고, 나머지는 방에 연기가 자욱해도 설문지를 계속했다.

3단계는 도와야 할 책임을 떠안는 단계로, 많은 위기 상황에서 책임은 명백하다. 소방관은 건물에 난 불을 진압할 책임이 있고, 경찰관은 발생한 교통사고를 해결해야 한다. 책임이 명백하지 않은 상황이라면, 사람들은 리더가 책임을 져야 한다고 생각한다(Baumeister et al., 1988). 4단계는 필요한 지식과 기술을 결정하는 단계로, 사람들이 돕겠다고 결정하더라도 어떻게 도와야 할지 모른다면 친사회적 행동이 나타나지 않는다. 가령, 사람이 물에 빠졌다면 수영을 잘하는 사람만이 도움을 줄 수 있고, 의료 위급 상황에서는 역사 교수보다 간호사가 더 도움이 된다(Cramer et al., 1988). 5단계는 도움 행동을 결정하는 단계다. 사람들은 자신의 도움 행동이 피해자에게 긍정적 결과를 가져온다고 판단할 때 그리고 도움 행동에 대한 비용보다 보상이 더 크다고 판단할 때, 그와 같은 행동을 할 가능성이 커진다.

도움이 필요한 피해자가 사람들의 도움 행동에도 영향을 준다. 우리는 자기 가족이나 친구를 낯선 사람보다 더 많이 돕듯이, 사람들은 자신이 좋아하고 호감(attraction)을 느끼는 사람을 도울 가능성이 더 크다. 외모도 친사회적 행동에 영향을 미치는데, 신체적으로 매력적인 사람이 좀 더 쉽게 도움을 받을 수 있다(Benson et al., 1976). 이러한 호감은 외모 이외에도 성격이나 친절한 행동에도 기초한다. 또 다른 영향 요인으로 **유사성**(similarity)을 들 수 있다. 사람들은 자신과 비슷한 사람을 도와줄 가능성이 상대적으로 더 높다. 사람들은 나이와 인종이 자신과 비슷한 사람에게 더 쉽게 도움을 베푼다(Shaw et al., 1994). 비슷한 가치관도 도움 행동에 기여하는데, 종교가 없는 사람이 성적 취향, 혼전 성교, 신에 대한 믿음과 관련된 종교적 가치를 무시하면 근본주의자들에게 도움을 받기 어렵다(Jackson & Esses, 1997).

친사회적 행동과 관련된 또 다른 요인이 도움을 필요로 하는 사람의 책임 정도다. 당신이 이른 아침에 걸어가는데 한 남자가 도로가에 의식을 잃은 채 누워 있다면 그를 도울 것인가? 이때 그 남자의 옷이 찢어진 채 더럽혀져 있고 종이봉투에는 빈 술병이 들어 있다면, 당신은 아마도 이 사람이 실의에 빠져 길을 걸어가며 술을 마셨다고 생각할 것이다. 반대로, 비싼 옷을 입고 이마에 심하게 베인 상처가 있다면 어떨까? 이러한 단서는 그가 출근하는 길에 강도를 당했다고 생각하게 만든다. 그래서 이 사람을 도와줄 가능성이 크다. 길가에 의식을 잃고 쓰러진 원인을 어디에서 찾느냐에 따라 사람들의 행동은 달라질 수 있다. 일반적으로 희생자가 궁지에 몰린 것에 대하여 그 당사자를 비난할 만하다고 생각할 때, 도움을 줄 가능성은 낮아진다(Higgins & Shaw, 1999).

친사회적 행동은 문화에 따라서도 다를 수 있다. 일반적으로 개인주의 문화에 비해 집단주의 문화에서 친사회적 행동이 더 많다는 것을 여러 연구가 보여 주고 있다(Barrett et al., 2004). 특히 집단주의 문화에 있는 사람들은 자신이 속하지 않은 외집단보다는 자신이 속한 집단의 구성원을 도울 가능성이 매우 크다(Kemmelmeier et al., 2006). 또한 자기가 속한 집단의 구성원을 돕는 것에 초점을 둔 문화는 가족을 도울 가능성은 크지만 낯선 사람을 도울 가능성은 떨어진다(Chen et al., 2012). 이러한 결과는 특정 문화의 가치나 행위 규범이 친사회적 도움 행동에 영향을 미칠 수 있음을 보여 준다.

(3) 도움 행동의 결과

도움 행동은 그 행위자와 그 수혜자에 어떤 영향을 줄까? 보통은 도움 행동이 당사자 모두에게 긍정적인 효과를 줄 것으로 기대하지만 늘 그런 것은 아니다. 예를 들면, 한 연구(Rosen et al., 1987)에서 참가자는 자기가 제공한 도움을 상대방이 거절하면, 자신의 기대가 깨지면서 상당한 심리적인 긴장을 경험했다. 그러면서 상대방을 고집스럽고 자만심이 강하고 신뢰할 수 없다는 식으로 깎아내렸다. 이와 반대로 상대방이 도움 행동을 수용하면, 도움을 준 사람은 기분이 더 좋아질 것이다. 실제로 대부분의 사람은 자기가 다른 사람을 도우면 기분이 좋을 것이라고 믿는다는 많은 증거가 있다(Wuthnow, 1991). 그러나 여러 연구를 고찰한 문헌을 볼 때(Dovidio et al., 2010), 실제 상황에서 도움을 제공한 사람들이 기분이 더 좋아지는지는 그 연구 결과가 일정하지 않고, 다만 헌혈한 사람들은 그전에 비해 좀 더 긍정적인 느낌을 갖는 것으로 보인다.

비슷한 맥락에서, 우리는 사람들이 도움을 받으면 자신의 어려움을 해결하고 욕구를 충족했기 때문에 즐거워할 것이라고 기대한다. 그러나 사람들이 도움을 받을 때 항상 즐거워하거나 감사하는 것은 아니다. 도움을 받은 사람이 불쾌하게 반응할 수 있고 심지어 화를 낼 수도 있다. 가령, 신체적으로 장애가 있는 사람은 도움을 몹시 필요로 할 수 있지만, 도움을 받았을 때 다소 불쾌할 수 있다(Newsom, 1999). 이처럼 도움 수혜자의 반응에 대한 하나의 모형이 **자아존중감 위협 모형**(threat to self-esteem model; Nadler & Fisher, 1986)이다. 이 모형에서는 도움을 받는 사람의 반응은 궁극적으로 도움이 자기를 위협하는지 아니면 지지하는지 그 상대적인 양에 따라 결정된다고 가정한다.

이 모형에 따르면, 도움이 수혜자의 자유와 자율성에 도전할 때, 호의를 갚아야 하는 의무를 상기시키면서도 그러한 기회를 제공하지는 않을 때, 수혜자가 도움 제공자보다 열등하고 그에게 의존해 있다는 것을 의미할 때, 수혜자의 자기개념 중에서 긍정적인 측면과 일치하지 않을 때, 도움을 받는 사람은 그것을 위협으로 볼 가능성이 크다([그림 9-18] 참조). 특히 자신과 나이나 교육 수준, 그 외의 특징이 비슷한 사람으로부터 도움을 받으면 상처를 입기 쉽다(DePaulo et al., 1981). 젊은이가 노인에게 좌석을 양보하면, 그 노인은 고맙게 받아들일 수 있다. 그러나 다른 노인의 양보는 "나는 당신보다 더 건강하니 당신이 자리에 앉으시오."와 같은 우월감의 표현으로 보일 수 있어서, 양보를 받은 사람이 그것을 거절하기 쉽다. 흑인 학생이 백인 학생으로부터 요청하지 않은 도움을 받으면, 그것을 잘난 체하는 모욕으로 받아들일 수 있고 그래서 부정적으로 반응할 수 있다(Schneider et al., 1996).

그림 9-18 **도움에 대한 거절.** 사람들은 자아존중감을 훼손하는 도움을 거절하기 쉽다.

이와 같은 유형의 도움은 수혜자에게 방어하려는 마음과 부정적인 감정을 느끼게 한다(Dovidio et al., 2010). 먼저, 수혜자가 본인이 의존적이고 빚을 졌다고 느끼게 되면, 그는 자신의 자율성이 침해되었다는 심리적 반발을 경험하게 된다. 또한 되돌려줄 수 없는 도움을 받은 사람은 자신이 부당하게 더 많이 받았다고 느끼게 된다. 이와 같은 도움은 수혜자 자신이 역량이 부족하다는 식의 부정적 귀인이나, 도움을 준 사람의 의도를 부정적으로 보게 만들기도 한다. 위협적인 도움에 대한 반응으로, 통제감이 높은 수혜자는 스스로 문제를 해결하겠다는 동기를 갖게 되면서 다른 사람에게 도움을 덜 구하게 된다(Lehman et al., 1995). 반대로, 통제감이 낮은 수혜자는 도움과 도움 제공자에 대해서 부정적으로 생각하면서도 계속 도움을 구하여 자립할 가능성이 떨어진다.

도움을 받을 때 최선은 자신이 필요해서 도움을 받는다고 긍정적으로 생각하는 것이다(Ames et al., 2004). 자신이 받은 도움이 자기를 지지해 준다고 판단할 때, 수혜자는 도움을 긍정적으로 본다. 보통 지지적인 도움은 수혜자 자신과 필적할 수 없는 사람이 제공할 때다. 이것은 수혜자의 자아존중감을 높이고 기분을 좋게 만들며, 도움과 도움 제공자에 대해서도 긍정적인 감정을 갖게 하고, 이후에 자립이나 자기개선을 덜 하게 한다. 또한 이러한 유형의 도움을 받은 사람은 상호성의 규범에 따라 나중에 똑같이 친절한 행동으로 보답하겠다는 동기를 갖게 된다. 그러나 경찰처럼 도움을 제공하는 사람이 당연히 그런 역할을 해야 하는 사람이거나 돕는 사람이 그런 행위를 통해 잃는 것보다는 얻는 것이 많다고 지각할 때, 도움을 제공한 사람에게 보답하겠다는 수혜자의 동기는 줄어든다.

4) 개인차 관점

주어진 위급 상황에서 모든 사람이 똑같이 도움 행동을 하는 것은 아니다. 많은 요인이 이와 같은 차이에 관여할 수 있다. 그 하나가 **친사회적 성격**(prosocial personality)으로, 이와 같은 성격 특질을 가진 사람은 그렇지 않은 사람보다 도움 행동을 더 많이 할 가능성이 크다. 이에 대한 한 가지 접근으로, Penner 등(1995)은 친사회적 행동과 관련이 있는 성격 변수를 모아 통계적으로 요인분석을 했다. 그 결과, 그들은 두 요인으로 구성된 친사회적 성격 검사(Prosocial Personality Battery)를 구축했다. 이 검사의 한 요인은 '타인 지향 공감'으로, 사회적 책임감, 정서적 공감, 인지적 공감 그리고 도덕 추론으로 이루어져 있다. 또 다른 요인은 '도움이 됨'으로, 과거의 도움 행동과 개인적 고통으로 이루어져 있다. 이러한 성격 특질은 친사회적 행동과 관련된 요인과 정적인 관계가 있는 것으로 여러 문헌을 통해 밝혀졌다(Schroeder & Graziano, 2015).

친사회적 행동과 관련이 있는 성격 특질 중의 하나가 '성격 5요인(Big 5)' 성격 차원(외향성, 성실성, 신경증, 경험에 대한 개방성과 함께)의 하나인 호감성(agreeableness)이다. 이것은 관대한, 용서하는, 도움을 주는, 공감하는 등의 성향과 함께, 조화로운 사회관계와 호감과 같은 행동적 특징을 포함한 핵심 특질이다. Graziano 등(2007)의 연구에 따르면, 일상적인 상황(길가에 어떤 사람의 차가 고장 난 상황)에서 자기 친구와 형제를 도울 확률은 전반적으로 컸지만, 호감성이 낮은 사람보다 높은 사람이 좀 더 컸다. 반면, 낯선 사람을 도울 확률은 호감성의 정도에 상관없이 상당히 작았다. 특이한 상황(불이 난 집에서 거주자를 구출해야 하는 상황)에서는 낯선 사람을 도울 확률이 전반적으로 크지는 않지만, 호감성이 낮은 사람에 비해 높은 사람이 도울 확률이 더 높았다. 친구와 형제를 도울 확률은 호감성에 상관없이 상당히 높았다. 이러한 결과는 친사회 행동이 성격과 환경의 상호작용에 따른다는 점을 잘 보여 준다.

친사회적 행동과 관련된 또 다른 성격 특질로 **마키아벨리즘**(machiavellism)이 있는데, 다른 사람의 조종과 착취, 도덕에 대한 무관심, 정서의 결여와 자기 이득에 대한 과도한 관심이라는 특징을 가지고 있다. 이 성격 특질의 핵심 특징에는 네 가지가 있다(Christie & Geis, 2013). 우선, 이러한 성격 특질을 가진 사람은 대인관계에서 공감과 같은 감정이 없다. 그래서 피해자의 입장을 알지 못한다. 또한 그들은 속임수나 거짓말과 같은 전통적인 도덕의 위반에 무신경하다. 그러면서도 정신 병리적인 특징이 없어 이성적으로 보이면서 세상을 정상적으로 이해한다. 또한 정치적인 이념에 크게 몰입하지 않고 자신이 추구하는 목표를 달성하는 데 관심을 둔다. 이러한 성격 특질은 성격 5요인(Big 5) 성격 차원의 호감성과 부적으로 관련되어 있고(Paulhus & Williams, 2002), 개인이나 사업체, 정부 인사가 돈을 목적으로 저지르는 범죄와 정적으로 연결되어 있다(Tang et al., 2008).

종교성도 도움 행동과 관련이 있을 수 있다. 내재적 종교성이 높은 사람은 그들의 종교 가르침을 내면화해서 그것에 따라 살고자 한다. 반면, 탐구적 종교성이 강한 사람은 가치와 믿음에 문제를 제기하고, 의심하고, 재검토하기 위해 종교를 활용한다. Batson과 Gray(1981)의 연구에서 내재적 종교성이 높은 사람은 정서적으로 고통을 받는 사람이 도움을 요청하든 그렇지 않든 상관없이 자신의 신념에 따라 무조건 도움을 제공했다. 그러나 탐구적 종교성이 높은 사람은 원하는 사람에게만 도움을 제공했다.

도움 행동에는 남녀차도 있을 수 있다. 보통 남성과 여성은 서로 다른 사회적 기대를 하고 있다. 성 사회화(gender socialization)는 남성에게는 주체성(agency)을 강조해서 지배적이고 자기주장적이며 경쟁적일 것을 요구한다. 반면, 여성에게는 공동체성(communion)을 강조해서 우호적이고 이타적이며 타인 지향적일 것을 요구한다(Eagly, 2009). 이와 같은 사회적 기대에 따라 남성보다 여성은 높은 도덕적 추론과 공감을 갖도록 양육되는데, 이것이 여성들에게 더 많은 도움 행동과 친사회적 행동을 유도할 가능성이 있다(Kumru et al., 2012). 그러나 사회화에서 이와 같은 성차가 있다고 해도, 그것이 바로 도움과 친사회적 행동에 성차를 가져오는지는 불분명하다. 가령, 도움 행동에 대하여 메타분석한 연구의 62%에서는 남성이 여성보다 도움 행동을 더 많이 했다(Eagly & Crowley, 1986). 이처럼 친사회적 행동에서 남녀 차이가 있다고 하더라도 그 차이가 크지 않을 수 있고, 남녀에 대한 사회화가 점점 비슷해지면서 그 차이도 줄어들 가능성이 크다(Jackson, 2006).

요약

- 갈등은 관여하고 있는 당사자들 간의 상호의존성 때문에 발생한다. 갈등의 원인에는 제한적인 자원에 근거한 현실적 원인, 탐욕이나 배신에 대한 두려움, 이중 전략 모형에서처럼 동기적 원인, 단순 협동, 제로섬, 딜레마와 같은 상황적 원인이 있다.
- 갈등 과정 모형은 갈등이 시간이 지나면서 거치는 변화의 주기를 보여 준다. 이와 함께 갈등을 악화하는 심리적인 과정에는 매몰 비용 오류, 적대적 귀인 오류, 순진한 사실주의, 거짓 극단화 등이 있다.
- 갈등을 악화하는 개인차와 집단 요인에는 A 유형의 성격, 권력 동기, 자아존중감, 자기개념의 명료성, 마인드세트, 대리적 보복 등이 있다. 갈등의 결과는 서로의 욕구를 알게 해 주는 긍정적 효과도 있고, 불안이나 스트레스, 생산성의 저하와 같은 부정적 효과도 있다.
- 사회적 딜레마 상황에 따라 협동과 경쟁이 가져오는 결과는 다르다. 게임 이론가들은 이와 같은 상황을 통해 사람들이 보이는 행동의 특성을 연구했다. 가장 대표적인 게임에는 죄수 딜레마 게임, 트럭 운송 게임 그리고 치킨 게임이 있다.
- 협동은 서로의 이익을 증진할 수 있는 가장 원만한 행동 대처이면서 쌍방적인 과정을 통한 전략이다. 보상 구조, 맞대응 전략, 의사소통 그리고 여러 개인적 특성이 협동에 영향을 미치는 요인이다. 개인적인 측면에서는 대인관계를 대하는 입장, 자기효능감 등도 협동과 관련된 요인이다.
- 친사회적 행동에 대한 진화론 관점은 포괄적 적합성이라는 개념을 통해 친족 선택을 강조하고, 직접적 상호성과 간접적 상호성과 같은 상호성을 강조한다. 발달심리학 관점에서는 충동성이나 자기통제와 같은 기질이나 여러 유형의 학습, 탈자아중심성이나 공감과 같은 인지 발달을 중시한다.
- 사회문화심리학 관점에서는 도움을 주는 사람의 동기와 정서 요인, 상황과 피해자 그리고 문화 요인을 중시하고 도움 행동의 결과가 늘 긍정적인 것은 아니라는 점을 보여 준다. 개인차 관점은 친사회적 성격이나 호감, 마키아벨리즘, 종교성, 성차를 중심으로 친사회 행동을 연구한다.

제10장

사회적 영향

1. 동조의 유형
2. 동조의 원인
3. 복종
4. 순응

우리는 때로 자신의 개인적인 생각이나 판단과는 다르게 타인의 행동을 따라 하는 경우가 있다. 그뿐만 아니라 매우 불합리해 보이는 상사의 명령에도 특별한 저항이나 거부감 없이 복종한다. 이처럼 우리는 **사회적 영향**(social influence), 즉 개인의 사고, 감정 및 행동을 변화시키는 사람들 간의 과정 속에 있다. 선거에서 자신이 지지하는 후보자를 바꾸는 유권자, 부모의 정치적 견해를 좇아가는 자녀들, 다른 손님이 하는 대로 음식을 먹는 손님 모두 이러한 사회적 영향의 사례다. 이 장에서 우리는 사회적 영향과 관련된 대표적인 현상인 동조와 복종 그리고 순응을 차례로 알아본다.

1. 동조의 유형

동조(conformity)는 우리가 타인의 행동이나 의견을 자발적으로 받아들이는 경향성을 말한다. 유행하는 패션 스타일을 따라 하거나 친구들이 가는 PC방에 따라가는 것, 다른 사람의 생각이나 의견을 자기 것으로 받아들이는 것도 모두 동조다([그림 10-1] 참조). 일반적으로 동조라는 용어가 부정적인 의미로 쓰이는 경향이 있지만 반드시 그런 것만은 아니다. 동조는 도로를 무단으로 횡단하는 사람을 따라 건너는 사람의 경우처럼 부정적이기도 하지만, 태안 기름 유출 사건이나 세월호 사건 당시 많은 사람이 자원봉사에 나선 경우처럼 긍정적이기도 하다. 또한 특정 기업에서는 모든 사람이 유니폼을 착용하고 작업하는 것처럼 중립적인 경우도 있다. 보통 동조는 다수가 소수에게 사회적 영향을 행사함으로써 소수가 동조하는 경우다. 그러나 때로는 소수가 다수에게 영향을 줌으로써 다수가 동조하기도 한다. 이 절에서는 다수의 영향과 소수의 영향을 다룬 고전적인 연구의 결과와 동조에 영향을 미치는 요인을 살펴본다.

그림 10-1 **동조.** 동조의 한 사례는 다른 개체의 행동을 따라 하는 것이다.

1) 다수의 영향

(1) 암실 실험

일찍이 Sherif(1935)는 암실에서 이루어진 실험에서 개인이 다른 집단 구성원들의 판단에 동조해서 자신의 의견을 바꾸는 현상을 입증했다. 그는 이 실험을 위해 암실에 하나의 전등을 고정시켜 놓고 그 불빛이 움직인 거리를 실험참가자에게 추정하도록 했다. 이때 암실에 고정되어 있는 불빛을 보면 그것이 일정하지 않게 움직이는 것처럼 보이는데, 이러한 착시를 **자동 운동 현상**(autokinetic movement)이라고 한다. 즉, 암실에서 지각할 수 있는 것은 작은 불빛뿐이고 그것과 비교할 수 있는 준거가 없기 때문에, 실제로는 고정되어 있는 불빛이 움직이는 것처럼 보인다.

실험은 두 조건에서 이루어졌다. 개인 조건의 참가자들은 자신의 추정치를 타인과 공유하지 않았다. 반면, 집단 조건의 참가자들은 자신의 추정치를 큰 소리로 말해서 다른 참가자들과 공유했다. 모든 참가자는 이와 같은 방식으로 과제를 반복적으로 수행했다. 그 결과, 불빛의 움직임을 상대적으로 비교할 수 있는 기준이 전혀 없기 때문에, 모든 조건의 참가자들은 처음에는 매우 다양한 응답을 했다. 또한 개인 조건에서는 이와 같은 반응이 이어졌다. 그러나 불빛의 이동거리를 타인과 함께 공유한 집단 조건에서는 [그림 10-2]에서 보듯이, 참가자들의 추정치가 점차 비슷해졌고 나중에는 하나의 수치로 수렴했다.

매우 흥미롭게도 Sherif(1935)는 연구의 마지막 부분에서 집단 조건의 참가자들에게 홀로 암실에 있으면서 불빛의 움직임을 추정하도록 했다. 그 결과, 그들은 타인과 함께 있을 때 공유한 추정치를 계속 따르고 있었다. 더군다나 이러한 자동 운동의 집

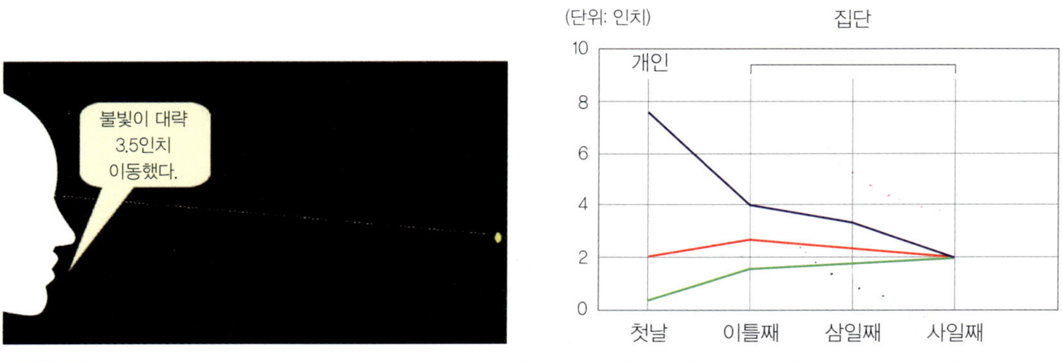

그림 10-2 Sherif(1935)의 실험: 실험 상황(왼쪽)과 집단 조건에서 얻은 결과(오른쪽). 집단 조건의 참가자들은 불빛의 이동거리를 점차 비슷하게 추정했다.

단 규범은 이전의 집단 구성원들이 지켜보지 않더라도 1년이 지난 후에도 지속해서 작동하고 있었다(Rohrer et al., 1954). 이처럼 거리 추정치에 미치는 타인의 영향은 매우 강력했고 계속해서 이어졌다. 이와 같이 답이 모호한 상황에서 발생하는 동조 현상을 일상생활에서도 쉽게 찾아볼 수 있다. 격식을 차려야 하는 낯선 레스토랑에서 식사할 때 타인의 행위를 보며 따라 하거나, 터미널에서 매표소를 찾는데 타인이 줄 서 있는 곳이 매표소라고 생각하고 그곳으로 향해 가는 것 등이다.

이러한 현상의 원인은 참가자들이 타인의 의견을 참조하여 자신의 기준을 정하기 때문이다. 애매한 상황에서 타인의 행동은 유용한 정보가 된다. 이때 사람들은 타인을 통해 얻은 정보를 사실로 여기기 때문에, 시간이 지나고 상황이 달라져도 그러한 믿음은 그대로 유지되는 경향이 있다. 이러한 특징 때문에 규범은 한 세대에서 다음 세대로 이어질 수 있고, 규범을 만든 원래의 집단이 더 이상 존재하지 않아도 오랫동안 사람들에게 영향을 미친다(Insko et al., 1980). 결론적으로, Sherif(1935)의 실험은 어떻게 규범이 만들어지고 공고하게 되는지 그 과정을 잘 보여 준다.

(2) 선분 길이 실험

Asch(1951, 1956)는 Sherif(1935)의 연구에서처럼 정답이 불확실한 상황에서는 누구나 동조할 수밖에 없다고 보고, 정답이 분명한 상황에서도 이와 같은 동조 현상이 나타나는지 확인하고자 했다. 실제 Asch는 이 연구를 시작하면서 실험참가자들이 집단의 동조 압력에 저항함으로써 다수의 틀린 견해에 따르지 않고, 자신이 생각하는 정답을 말할 것이라고 생각했다(Leyens & Corneille, 1999). 말하자면, 각 개인은 독립적이고 자율적인 특성을 가진 존재라고 생각하고 있었다.

연구자는 간단한 시력검사 실험으로 알고 지원한 참가자들에게 선분 과제를 실시

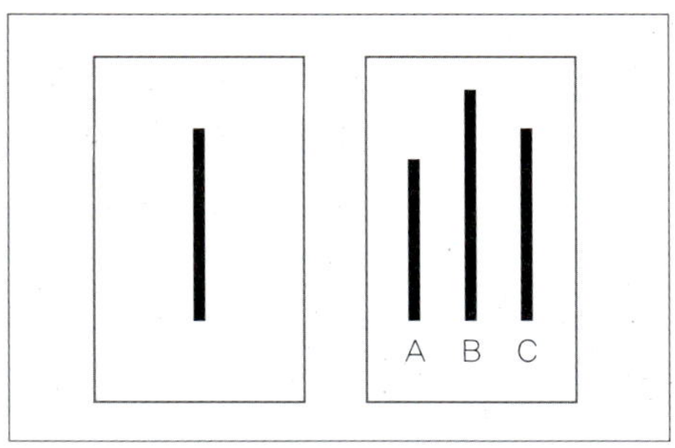

그림 10-3 Asch(1956)가 사용한 실험 상황(왼쪽)과 실험 자극(오른쪽). 실험 자극에서 왼쪽의 선분이 기준이 되고 오른쪽의 선분이 비교 대상이 된다.

했다. [그림 10-3]의 오른쪽 그림에서 보듯이 이 과제는 기준이 되는 선분이 그려진 카드와 3개의 선분이 그려진 카드를 이용하여 기준 선분과 길이가 같은 선분을 3개 중에서 하나를 고르는 것이었다. 이때 길이가 다른 다양한 선분을 개발하여 이와 같은 판단 과제를 참가자들에게 여러 번 실시했다. 매 시행에서 실험자는 2개의 카드를 참가자들에게 제시하고 대답하도록 했다.

[그림 10-3]의 왼쪽 사진에서처럼 1명의 진짜 참가자는 여러 명의 실험협조자와 함께 테이블에 둘러앉아 과제를 수행했다. 이때 실험자는 진짜 참가자가 가장 나중에 대답할 수 있도록 앉는 자리를 배정했다. 처음 몇 번의 시행에서 모든 사람이 실수 없이 대답하는 것을 지켜본 후, 실험자는 미리 짜 놓은 각본대로 모든 실험협조자에게 똑같이 틀린 답을 하게끔 했다. 그 결과, 진짜 참가자의 76%가 적어도 한 번 이상 틀린 답에 동조했다. 또한 진짜 참가자가 한 수행의 41%가 틀린 답이었다. 실험 종료 후 참가자들에게 개인적인 판단을 다시 요구했을 때는 모두가 정답을 선택했다. 또한 집단 압력이 없는 통제 집단의 참가자도 98% 이상 정확한 답을 선택했다. 이러한 결과는 연구자가 예측한 것과는 상당히 거리가 먼 결과다.

참가자들이 동조한 것은 그들이 실제로 선분의 길이를 잘못 지각했기 때문이 아니라는 점을 이러한 연구 결과가 분명히 말하고 있다. 즉, 너무나 명백한 상황에서도 많은 사람이 다수의 의견에 동조한다는 것을 이 연구는 보여 주고 있다. 더군다나 다른 답을 말하더라도 큰 불이익이 주어지지 않는 실험실 상황에서도 뚜렷한 동조 행위가 나타났다. 이것은 집단의 압력이 이보다 훨씬 더 강한 현실에서는 더 많은 동조 현상이 나타날 수 있음을 시사한다. 이러한 상황에서 동조가 발생하는 이유는 무엇보다도 자기가 속한 집단으로부터 수용과 인정을 받고자 하는 욕구 때문이다. 이때 집단의 의견에 따르지 않는 사람은 배척과 따돌림을 받을 수 있다(Schachter, 1951).

2) 다수의 영향 결정 요인

Asch(1956)의 연구에서처럼 동조는 사회적 압력의 산물이라는 점에서 그러한 압력의 수준에 따라 동조의 크기도 달라질 수 있다. 동조의 크기에 영향을 미치는 요인에는 만장일치, 집단의 크기, 집단 응집성과 문화, 지위 그리고 개인차 요인이 있다.

(1) 만장일치

어느 학급에서 1명을 제외한 나머지 모든 학생이 A상표 교복을 입고 있다면, 그

그림 10-4 만장일치. 모든 사람이 같은 의견을 낼 때 그것을 혼자 거부하기는 쉽지 않다.

1명도 같은 상표의 교복을 입어야 한다는 강한 사회적 압력을 받을 것이다. 반대로, 학생들이 입은 교복의 상표가 여러 개로 나뉜다면, 이러한 압력은 줄어들 것이다. Asch(1956)의 실험에서 집단 내 단 1명의 이탈자라도 있을 때 동조 수준은 만장일치인 경우에 동조 수준의 1/4로 줄어들었다([그림 10-4] 참조). 이때 그 이탈자가 진짜 참가자의 생각과 다른 제3의 대답을 한 경우에도 마찬가지였다.

만장일치가 깨졌을 때 동조가 줄어드는 이유는 무엇일까? 첫째, 자기 혼자 다수와 의견을 달리하게 되면, 본인이 집단의 모든 압력을 감당해야 하지만, 의견을 달리하는 또 다른 타인이 있을 때, 그 압력은 분산된다. 둘째, 또 다른 이탈자의 존재를 알게 되면, 다수의 의견에 대한 맹목적 신뢰가 떨어지고 그래서 자신의 의견을 주장하기가 더 쉬워진다. Asch(1956)의 연구에서 참가자들은 정답이 분명한 과제에서 남들과 다른 대답을 하면 자기가 지각 없는 바보 같은 사람이라고 생각하게 된다(Ross et al., 1976). 그러나 또 다른 이탈자가 나타나면 문제를 좀 더 합리적으로 바라보게 된다(Morris & Miller, 1975). 셋째, 소수집단의 크기가 커질수록 다수집단의 크기는 작아지므로, 동조 압력이 그만큼 줄어든다. 이러한 결과는 집단 의사결정을 할 때 최소한 한 사람이라도 다수의 의견과 다른 견해를 제시하는 것이 논의에 도움이 된다는 것을 시사한다.

(2) 집단의 크기

집단의 크기 또한 동조의 정도에 영향을 미친다. Asch(1951)는 집단의 크기에 따라 동조 수준이 어떻게 달라지는지 알아보고자 다수집단의 규모를 2명에서 16명까지 다양하게 변화시켰다. 그 결과, [그림 10-5]에서 보듯이 집단의 크기가 3~4명일 때 동조 효과가 최고치에 이르렀다. 집단 크기가 커질수록 일정 수준까지는 다수집단의 영향력이 증가한다는 Asch의 연구 결과는 Latané(Latané, 1981; Latané & L'Herrou, 1996)의 사회 충격 이론(social impact theory)과 일치한다. 이 이론

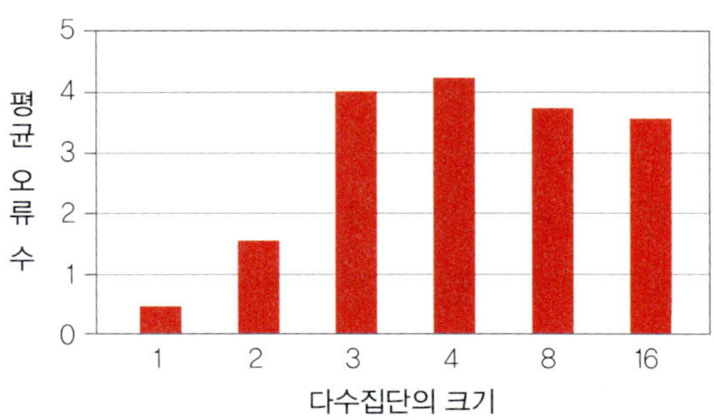

그림 10-5 집단의 크기와 오류의 수. 집단이 3~4명일 때 동조량이 가장 컸다

출처: Asch (1951).

은 사회적 영향이 그 출처의 강도(예: 그 사람의 지위나 권력)와 심리적 즉각성 혹은 그 사람이 목표 인물에게 바로 영향력을 행사할 수 있는 근접성 정도 그리고 영향력을 행사하는 사람의 수에 따라 결정된다고 주장한다. 이 이론에 따르면, 주어진 자극이 강할수록 더 강력한 심리적 반응을 유발하는데, 이때 주변 사람들이 모두 동일한 형태의 자극을 제시하더라도 후반에 주어지는 자극의 영향은 상대적으로 약해진다. 그래서 동조 압력은 집단의 크기에 따라 증가하지만, 그 증가율은 점차로 줄어들게 된다.

그러나 집단의 크기와 영향력 간의 관계는 여러 가지 상황 요인에 따라 달라진다. 주변 사람이 하늘을 쳐다보고 있을 때 실험참가자가 어떤 반응을 보이는지 살펴본 연구(Milgram et al., 1969)에서, 하늘을 올려다보고 있는 집단의 인원이 많을수록 동조는 곡선 형태로 계속 증가했다. 또 다른 연구(Bond & Smith, 1996)에서는 미국에서 이루어진 97개의 연구를 메타분석했다. 그 결과, 집단의 크기와 동조의 양과는 의미 있는 관련성이 없었다. 이러한 상반된 연구 결과에 대해 Wilder(1977)는 집단의 크기는 동조의 정도와 직접적인 관련이 없고, 집단 내의 독립적인 의견의 수가 동조의 양에 더 큰 영향을 미친다는 점을 입증했다. 즉, 전체 인원은 동일하더라도 집단을 여러 소집단으로 나누어 각 소집단이 일치된 의견을 내는 것이 하나의 큰 집단이 통일된 의견을 낼 때보다 더 많은 동조를 일으켰다. 이러한 결과는 집단의 물리적 크기가 사회적 영향에 미치는 효과가 결정적이지는 않을 수 있음을 시사한다.

(3) 집단 응집성

집단 구성원들이 자신이 속한 집단에 대해 느끼는 매력 혹은 집단에 대한 소속감과 과업에 대한 몰입을 지칭하는 개념이 **집단 응집성**(group cohesiveness)이다(Beal et al., 2003). 좀 더 구체적으로, 응집성은 집단이 목표를 달성하기 위해 하나가 되려는 경향성 혹은 그 구성원들의 정서적 욕구를 충족하려는 경향성으로 정의할 수 있다. 집단 응집성의 선행 요인에는 집단 구성원들이 서로에게 느끼는 매력이 있다. 이러한 매력의 강화는 사람들이 결합해서 만든 집단을 응집성이 높은 집단으로 변화시킬 수 있다. 또 다른 선행 요인에는 소속감, 주어진 목표를 달성하기 위해 기꺼이 협력해서 일하고자 하는 태도, 긍정 정서의 공유와 같은 것이 있다.

사람들은 자신이 좋아하거나 호감을 얻고 싶은 집단에게 거부당하는 것을 원하지 않는다. 그래서 응집성이 높은 집단일수록 그 구성원들에 대한 동조 압력이 강하고, 구성원들 역시 그러한 집단의 압력에 더 잘 따른다. 예를 들면, 사회적 지위와 명예가 보장되는 고위 공직자 집단은 그 지위를 유지하기 위해 자신이 속한 정권에 반대하는 의견이나 행동을 드러내지는 않을 것이다. 또한 응집성이 높은 집단에서는 그 구성원들이 빈번하게 상호작용하면서 서로 영향을 주는 기회를 더 많이 만들고, 이것이 동조 압력을 증가시킨다(Giordano, 2003). 이와 함께 응집성이 높은 집단의 구성원은 자신이 다른 구성원과 유사하다고 지각하고, 그래서 그 구성원은 동조 압력에 기꺼이 따르고자 할 수 있다.

불법 행위도 집단의 동조 압력에 따른 경우가 많다. 예를 들면, 청소년 비행에서 한 개인의 친구들이 모두 불법 행위에 가담하고 있으면, 그 개인도 불법 행위에 가담할 가능성이 높았다(Haynie, 2001). 이때 중요한 요인이 친구 연결망의 밀도인데, 응집성이 크고 밀도가 큰 집단이 한 개인의 비행에 미치는 영향도 컸다. 학교에서 발생하는 폭력이나 집단따돌림도 집단에서 오는 압력의 영향을 받을 수 있다. 가령, 학급에서 특정 학생을 따돌릴 생각이 없는 학생도 다른 학생과의 친분 관계를 유지하기 위해 다수의 의견에 따라 따돌림에 동참할 수도 있다. 예를 들면, 이미영과 장은진(2015)의 학교 폭력에 관한 연구에서 또래 집단에 심리적으로 의존하고 있는 학생은 그 집단의 또래 친구를 자신과 동일시함으로써 자신의 생각을 적극적으로 주장하지 못하고 가해자에 합류하는 특성을 보였다.

(4) 문화, 지위 그리고 개인차

문화에 따라 동조를 다소 다르게 지각하는 경향이 있다. 개인과 집단의 정서적 거리에 따라 동조 압력에 차이가 있다. 흔히 북미와 유럽을 포함한 서구권의 문화를 개인주의 문화로 지칭하고, 동아시아권의 문화를 집단주의 문화라고 지칭한다(Hofstede, 1980b; Triandis, 1989). 일반적으로 아시아와 아프리카 등 집단주의 문화권에서 동조의 정도가 북미, 서유럽과 같은 개인주의 문화권에서보다 더 크다(한규석, 1991; Triandis, 1995). Bond와 Smith(1996)는 Asch(1956)의 실험 절차를 이용하여 동서양 17개국에서 이루어진 133개의 연구 결과를 종합적으로 살펴보았다. 그 결과, 노르웨이와 같은 집단주의 문화권의 사람들이 프랑스와 같은 덜 집단주의적인 사람들보다 더 많이 동조했다.

좀 더 최근의 연구(Smith et al., 2006)에서는 Asch(1956)의 실험 절차를 사용하여 서로 다른 국가에서 이루어진 동조 연구를 조사했다. 그 결과, 동조 수준은 평균적으로 31.2%로 나타났다. 이때 북미나 북유럽과 같은 개인주의 문화권에서는 25.3%의 참가자가 동조한 반면, 아프리카, 아시아, 남미, 오세아니아와 같은 집단주의 문화권에서는 37.1%의 참가자가 동조했다. 이처럼 집단주의 문화권 사람들이 더 동조하는 이유로, 집단주의 문화는 개인보다는 집단의 목표를 우선시하고, 다른 사람과의 조화와 그들에 대한 배려, 타인의 기대에 대한 부응처럼 자기 개인보다는 관계나 집단을 중시한다. 이러한 문화적 특성이 개인주의 문화처럼 개인의 독립성이나 독특성을 강조하기보다는 외적 기준이나 요구에 자기를 맞춰 행동하는 것을 더 중시하기 때문이다.

그림 10-6 개인의 사회적 지위. 지위의 차이가 동조에 영향을 미친다.

개인의 지위도 동조에 영향을 미친다([그림 10-6] 참조). 일반적으로 지위가 높은 사람은 낮은 사람보다 더 큰 영향력을 가지고 있기 때문에(Driskell & Mullen, 1990), 타인의 동조를 더 쉽게 유도할 수 있다. 반대로, 사람들은 낮은 지위를 가진 사람의 의견에 동의하기를 거부하기도 한다. 여기에서 말하는 지위는 공식적인 지위와 함께 명성이나 인기 등 무형의 지위도 포함한다. 앞으로 살펴볼 Milgram(1974)의 권위에 대한 복종 연구에서처럼, 사람들은 자기보다 지위가 높은 사람의 요구에 매우 잘 동조한다. 공식적 지위 이외에도 사람들이 흔히 유명 연예인의 패션을 따라 하는 것처럼, 무형의 지위가 미치는 영향력도 상당하다.

사회적 압력에 반응하는 방식은 사람마다 달라 개인차가 있다. Asch(1951, 1956)의 연구에서 매 시행마다 항상 동조한 참가자가 있었지만, 집단 압력에 전혀 굴복하지 않은 참가자도 있었다. 다수집단에 쉽게 동조하는 사람들의 한 유형이 권위주의적 성격을 가진 사람들이다(Adorno et al., 1950). 이들은 인습과 보수적 가치를 존중하고 권위를 가진 사람에게 맞서지 않고 무조건 복종하는 태도를 보이는데, 이러한 특성이 다수의 의견을 받아들이려는 경향성을 높인다. 이런 성격을 지닌 사람은 또한 자신의 부하에게 가혹하고 강압적이며, 특히 기존의 가치 체계를 위반한 사람에 대응하기 위해 강압적으로 행동한다.

쉽게 동조하는 사람 중에는 자기의 지각, 의견과 전망에서 자신이 처한 상황이나 타인의 영향을 쉽게 받는 사람이 있다. 예를 들면, 자기검색(self-monitoring)에서 보이는 개인차는 동조 수준에 영향을 미칠 수 있는 요인이다(Snyder, 1974). 자기검색이란 자기의 행동이 타인의 눈에 적합한 것으로 보이도록 만들기 위해 의식적으로 자기관찰, 자기통제 및 자기관리를 하는 전략이다(자세한 내용은 제2장 참조). 자기검색 수준이 높은 사람은 타인의 기대나 요구, 사회적 규범 등 상황의 기준에 부합하는 식으로 자신을 적절하게 표현함으로써 타인의 호의적인 평가를 얻고자 한다. 그래서 자신의 의도나 태도와는 달리 상황의 행동 기준에 부합하는 방식으로 동조할 가능성이 크다.

동조 관련 또 다른 개인차 요인으로 통제 욕구를 들 수 있다. 통제 욕구가 강한 사람은 자기가 상황을 통제하고 있다는 느낌을 가지려는 동기가 강하고, 통제하지 못한다고 느낄 때 우울과 같은 정서를 더 강하게 느낀다(Burger, 1987). 이러한 점에 입각해서 Burger는 통제 욕구가 낮은 사람이 더 동조하기 쉽다는 것을 입증했다. 첫 번째 연구에서 그녀는 대학교 체육부가 선수 모집 규정의 위반과 선수들의 부정행위를 다룬 사설에 실험참가자들이 어느 정도 동의하는지 측정했다. 이때 이 사설에 대한 여론조사 결과를 제시한 조건과 그렇지 않은 조건이 있었다. 그 결과, 통제 욕구가 낮은 사람은 여론조사 결과를 제시했을 때 사설에 더 동의했지만, 통제 욕구가 높은 사람은 그 반대였다. 두 번째 연구에서 실험참가자들은 주어진 만화가 얼마나 재미있는지 평가했다. 이때 Asch의 실험 방식을 모방해서 진짜 피험자는 3명의 실험협조자에 이어 마지막에 자기의 평가를 큰 소리로 발표했다. 그 결과, 통제 욕구가 낮은 사람이 높은 사람보다 실험협조자의 평가에 더 동조했다.

3) 소수의 영향

(1) 색 지각 실험

여기서 살펴볼 Moscovici 등(1969)의 소수 영향에 관한 연구가 나오기 전까지, 사회적 영향에 관한 연구자들은 거의 모두 다수가 소수에게 미치는 영향에 관심을 가져 왔다. 이때까지 그들은 사회적 영향은 곧 다수가 소수에게 미치는 영향이라고 생각했다. 소수가 다수에게 미치는 영향은 상상하지 못한 것이다. 그러나 뛰어난 소수가 다수에게 영향을 미치는 경우도 쉽게 볼 수 있다. 오래전 아무도 믿지 않던 지동설을 끈질기게 주장한 코페르니쿠스나 미술계에 새로운 변화를 이끈 피카소와 같은 역사적 인물 이외에도, 새로운 이론이나 법칙을 제시한 사람들은 대부분 기존의 다수와 다른 의견을 제시하여 그들에게 영향을 준 소수였다. 이와 같은 **소수의 영향**(minority influence)이 없었다면, 역사상 새로운 변화나 변혁을 기대하기는 쉽지 않았을 것이다.

소수가 다수에게 주는 영향을 가장 먼저 입증한 Moscovici 등(1969)은 Asch(1951, 1956)의 실험 방식을 그대로 빌려서 이 주제를 연구했다. 그들은 6명의 집단으로 이루어진 참가자들에게 밝기가 다른 청색 슬라이드를 보여 주고, 그것이 무슨 색인지를 돌아가면서 말하도록 했다. 이때 실험에 참가한 6명 중 2명은 실험협조자이고 4명이 진짜 참가자였다. 실험협조자들은 청색 슬라이드를 녹색 슬라이드라고 일관적으로 대답했다. 이와 같은 과제를 여러 번 반복한 결과, 진짜 참가자들의 1/3이 적어도 한 번 이상 소수의 응답에 동조했다. 또한 그들의 전체 수행 중 8% 정도가 소수에 동조한 반응이었다. 이와 같은 동조의 크기는 Asch(1951, 1956)의 연구에서 얻은 다수에 대한 소수의 동조 크기보다는 상대적으로 작지만, 이것이 소수가 다수에게 상당한 영향을 주었다는 증거임에는 틀림없다.

(2) 결정 요인

다수의 영향과 마찬가지로 소수의 영향도 여러 요인에 의해 달라질 수 있다(Maass & Clark, 1984). 그 한 요인은 높은 일관성으로, 소수가 영향력을 행사하기 위해서는 자기의 주장을 일관적으로 제시해야 한다. 왜냐하면 소수의 일관적인 행동은 다수에게 그들의 자신감과 확실성을 보여 주는 하나의 신호이기 때문이다. 일관적인 소수는 다수가 좋아하지는 않지만 유능하고 정직하다고 평가받는 경향이 있다(Bassili & Provencal, 1988). Moscovici 등(1969)의 연구에서도 소수가 시행의 1/3에서는 청색이라고 대답하고 나머지 2/3 시행에서는 녹색이라고 주장했을 때, 동조 반응이 2%에도 미치지 못했다. 또한 일관성이 있는 소수집단이 헌신적이고 유능하며, 집단 중심적

글상자 10-1 **피카소, 홀로 미술계를 바꾸다**

19세기 미술계는 인상주의 학파가 주류였지만, 20세기 초반 전통적인 기법을 완전히 깨뜨리는 야수주의가 나타났다. 4원색과 굵고 힘찬 붓놀림으로 대담하고 개성적인 표현을 한 이들의 목표는 전통의 이탈이었다. 그때부터 미술은 인습이나 전통에 얽매이지 않고 자유롭게 발전해 갔다.

그림 10-7 아비뇽의 처녀들 (1970)

이런 분위기 속에서 피카소(Picasso)는 최초의 입체주의 작품이라 할 수 있는 〈아비뇽의 처녀들〉(1970)을 제작했다. 피카소는 새로운 표현법으로 캔버스 전면에 인간의 신체적 특징을 거칠고 공격적인 방식으로 표현했다. 그러나 대상을 그대로 재현하는 전통 회화 기법을 거부한 피카소의 그림은 당시에는 '모든 것을 입방체로 변형하려 한다'는 거센 비판을 받았다.

그러나 이후 피카소의 영향을 받은 수많은 화가가 자신의 작품에서 독특한 개성을 드러냈고, 이것은 훗날 추상 미술 발전에 큰 영향을 끼쳤다. 피카소의 입체주의는 독일과 이탈리아에는 표현주의적 접근 방식을 제공했고, 네덜란드와 러시아에는 추상 미술을 향한 기초를 제공했다. 또한 미국에서는 사실주의에 대한 새로운 정보를 제공하여 끊임없는 실험을 유도했다.

이고 팀을 위해 일하는 사람이라고 인정받을 때, 그 집단의 영향력이 더 컸다(Levine et al., 1987).

소수의 영향에 관여하는 또 다른 요인이 논리성이다. 소수가 다수에게 영향을 주기 위해서는 완고하거나 독선적으로 보이는 행동을 피해야 한다. 소수가 논리적 주장을 통해 다수의 의견을 효율적으로 정당하게 반박할 수 있어야 한다(Clark, 1990). 정연한 논리나 합리적인 근거 없이 다수의 입장을 무조건 공격하는 것은 효과가 없다. 또한 논리적이고 일관적이지만 융통성이 없는 주장은 완고하다는 평가를 받기 쉽다. 그래서 소수집단이 자신의 입장을 반복적으로 주장하는 것보다는 어느 정도 융통성을 가지는 것이 더 설득적이다.

소수의 영향에 관여하는 또 다른 조건이 사회적 추세다. 소수의 주장이 사회적 추세와 일치할 때 더 큰 영향력을 가진다. 맥락적인 조건이 소수의 주장을 현실적으로 타당하고 바람직한 것으로 보이게 함으로써, 다수가 쉽게 거부할 수 없게 만들기 때문이다. 가령, 프랑스의 예언자 노스트라다무스는 1999년에 인류가 멸망할 것이라고 예언했다. 그래서 1999년에 외친 종말론이 1980년에 외쳤던 종말론보다 더 큰 영향력을 행사할 수 있다. 최근 미국에서 지속적으로 발생하고 있는 총기난사 사건으로 인해 총기 규제에 관한 목소리가 힘을 얻고 있는 것도 이러한 경우로 볼 수 있다.

소수 영향의 또 다른 조건으로 문제에 대한 개인적 관련성 혹은 이해관계를 들 수 있다. Trost 등(1992)은 소수의 구성원들이 자신의 이해관계와 반대되는 입장을 옹호할 때 더 설득적인지를 검증했다. 그들은 대학생들에게 졸업하기 위해 필수적으로 종합시험을 치르도록 하는 안에 대해 얼마나 찬성하는지를 물었다. 이때 소수 조건에서는 11명의 학생 중에 2명이 이 안에 찬성했다고 알려 주었고, 다수 조건에서는 11명 중 9명이 찬성했다고 알려 주었다. 또한 절반의 참가자들에게는 이 시험이 다음 학년도에 시작할 것이라고 말해서 학생들의 졸업에 영향을 주는 것으로 조작했고, 나머지 절반의 참가자들에게는 9년 후에 실시할 것이라고 말해서 그들과 무관한 것으로 조작했다. 그 결과, 개인적 관여도가 높은 조건에서 이 법안에 대한 선호도는 상대적으로 더 낮았다. 또한 개인적 관여도가 낮은 조건에서는 소수집단의 영향력이 다수집단보다 더 컸지만, 높은 조건에서는 둘 사이에 차이가 없었다.

소수의 영향과 관련된 또 다른 요인이 다수와의 유사성이다. 소수가 의견의 차이를 보이고 있는 특정 행동이나 태도를 제외하고 다른 대부분의 측면에서도 다수와 차이가 있을 때보다 유사할 때, 소수의 영향력은 더 커진다(Volpato et al., 1990). 문제가 되는 부분에서만 다수와 차이를 보이는 소수를 단일 소수라고 하고, 그뿐만 아니라 다른 부분에서도 다른 소수를 중복 소수라고 한다. 이때 단일 소수는 중복 소수에 비해 더 큰 영향력을 행사할 수 있다. 예를 들어, 동성애자의 권리를 이성애자들에게 주장할 때, 그러한 주장을 동성애자가 하는 것보다 이성애자가 하는 것이 더 큰 설득력을 가진다(Maass & Clark, 1984). 이 외에도 소수의 크기도 그 영향력에 관련이 있다. 2명이 1명보다는 영향력이 더 큰데, 2명이 일관적으로 주장하는 것이 덜 이상하고 더 신뢰할 만하기 때문이다(Arbuthnot & Wayner, 1982).

2. 동조의 원인

그렇다면 사람들은 왜 동조하는가? 전통적으로 사회심리학자들은 동조의 주요 원인을 타인이 제공하는 정보적 영향과 규범적 영향에서 찾았다(Deutsch & Gerard, 1955). 이때 정보적 영향은 올바른 판단을 하는 데 참조할 수 있는 정보를 제공함으로써 행사하는 힘을 의미하고, 규범적 영향은 집단의 판단에 동조하도록 집단이 다양한 보상과 처벌을 통해 행사하는 힘을 의미한다. 이러한 영향과 관련해서 최근에는 정확성, 긍정적 자기개념, 소속감과 같은 명시적이거나 암묵적인 목표가 개인의 의사결정에 미치는 영향을 강조하고 있다.

1) 정보적 영향

정보적 영향(informational influence)은 타인에게 얻은 정보를 참조의 기준으로 받아들여 타당하고 신뢰할 만한 정보의 원천으로 수용하게 하는 힘이다(Deutsch & Gerard, 1955). 정보적 영향은 동조 현상에서 타인이 제공한 정보를 수용하는 과정을 설명하는 데 유용하다. 우리는 쉽게 판단할 수 없는 애매한 상황에서는 타인의 행동을 정보의 원천으로 삼아 자신의 행동을 결정한다. 이에 대한 고전적 실험은 앞서 살펴본 Sherif(1935)의 실험이다. 캄캄한 암실 상황은 불빛의 거리를 추정할 만한 객관적 준거가 없기 때문에, 참가자들은 타인의 의견을 기준으로 자신의 의견을 결정했다. 이처럼 타인의 의견을 수용해서 자신이 타당하다고 생각하는 판단을 내리는 것은 긍정적 자기개념을 유지하는 데 중요하다. 왜냐하면 자신이 합리적이고 객관적으로 세상을 지각하고 있다는 인식은 자기를 평가하는 데 중요한 차원이기 때문이다.

(1) 정확성 추구

인간은 타인과의 관계 속에서 적절한 행동을 하고자 노력하는데, 주어진 상황에서 가장 정확하게 판단하는 것이 중요할 때가 있다. 사람들의 **정확성 추구** 동기는 매우 강해서, 타인이 고정관념을 사용할 때도 정확한 판단을 위해 그의 의견을 참조한다([그림 10-8] 참조). Castelli 등(2001)의 연구에서 실험참가자들로 이루어진 내집단의 한 구성원이 흑인에 대해 쓴 고정관념적인 글과 그렇지 않은 글을 나머지 내집단 구성원들에게 제시했다. 그다음, 그들에게 흑인에 대한 인상형성 과제를 수행하도록 했다. 그 결과, 내집단 구성원이 흑인에 대해 고정관념적인 글을 썼을 때, 참가자들은 그에게 더 동조하는 경향을 보였다.

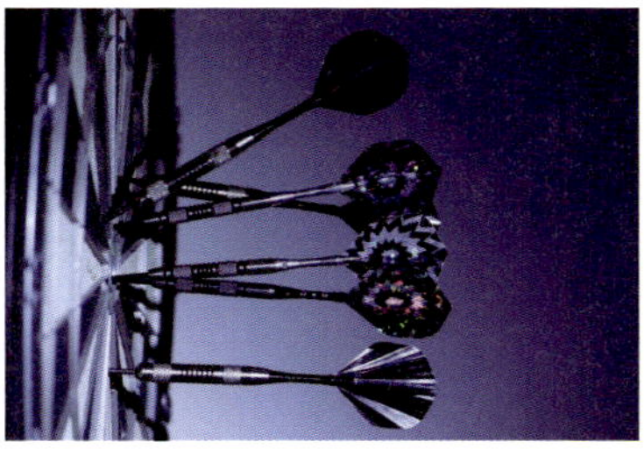

그림 10-8 정확성 추구. 정확성 추구는 정보적 영향과 연관성이 크다.

앞서 언급한 것처럼 사람들은 과제가 애매모호해서 어려우면 타인에게 동조하기 쉽다. 그러나 그 과제가 중요하지 않으면, 사람들의 동조 수준은 낮아질 수 있다. Baron 등(1996)은 참가자들에게 범인의 슬라이드를 보여 준 후, 그들 앞에 줄지어 서 있는 4명 중에서 그 범인을 큰 소리로 지목하도록 했다. 슬라이드의 제시 속도를 통해 과제의 난이도를 조작했다. 이때 3명의 실험협조자와 1명의 진짜 참가자로 이루어진 집단 상황에서 실험협조자는 모두 오답을 말했다. 높은 중요성 조건의 참가자에게는 이것이 실제 범인을 구분하는 과제로 정확히 범인을 찾는 것이 중요하다고 알려 주었다. 반면, 낮은 중요성 조건의 참가자들에게는 이것이 증인 파악을 위한 첫 시도로 슬라이드 과제는 현재 개발 중에 있다고 알려 주었다. 마지막으로, 수행을 잘한 참가자에게는 20달러의 보상을 준다고 말했다. 그 결과, 어려운 과제에서 높은 중요성 조건의 참가자들은 51%(7회 중 평균 3.60회) 동조했지만, 낮은 중요성 조건의 참가자들은 35%(7회 중 평균 2.47회) 동조했다.

또한 자기가 어떤 문제를 타인에게 설명하는 책임을 져야 할 때, 사람들은 강한 정확성 목표를 달성하기 위해서 자기가 직면하는 규범적 압력에 대항한다(Quinn & Schlenker, 2002). 보통 사람들은 문제를 설명하는 상황에서 청중의 지지를 얻고 싶은 욕구 때문에 그들의 입장에 동조하기 쉽다. 그러나 자기의 행동에 책임을 져야 하는 상황에서는 본인의 문제를 제대로 해결하는 것이 중요해서, 사람들은 정확한 결정을 하고자 하고 그래서 틀린 의견에 대한 다수의 동조 압력에 저항한다. 사람들은 한 사람만을 책임지는 상황뿐만 아니라, 전체 집단을 책임지는 상황에서나 반대하는 타인과 입장 차이가 클 때에도 독립적인 의사결정을 하고자 한다(Cialdini & Goldstein, 2004).

(2) 인지적 과정

연구자들은 개인이 다수나 소수의 메시지를 처리하는 방식에 따라 그 메시지가 미치는 정보적 영향이 다른지 알아보고자 했다. 전향 이론(conversion theory; Moscovici, 1980)은 다수와 소수가 서로 다른 두 과정을 통해 개인에게 영향을 미친다고 가정한다. 즉, 소수의 영향은 개인 내면의 변화를 가져오지만, 다수의 영향은 단순히 행동 차원에서 순응을 가져온다고 주장한다. 이 이론에 따르면, 사람들은 다수의 의견이 자신의 의견과 일치하는지 비교하는 데 주의를 집중한다. 이 비교 과정에서는 다수의 생각이 기초하고 있는 세부적인 이유보다는 그것이 자기 의견과 일치하는지 여부가 중요한 판단 근거가 된다. 이때 다수 의견이 자신의 의견과 다르면, 사람들은 다수의 의견을 그대로 수용함으로써 자신의 태도를 변화시킨다. 이것은 개인의 사적인 변화가 거의 없이 이루어지는 공적인 순응을 가져온다.

글상자 10-2 영화 <12인의 성난 사람들>

그림 10-9 영화 〈12인의 성난 사람들〉 중 한 장면

1954년에 Sidney Lumet 감독이 만든 Henry Fonda 주연의 이 영화는 살인 혐의를 쓴 한 소년에 대한 배심원들의 판결 과정을 그리고 있다. 소년은 유색 인종이고 비행 소년이었으며, 증거물인 칼 또한 발견되어 누가 보아도 유죄의 가능성이 높아 보였다. 그러나 금방 유죄로 끝날 것 같던 배심원 회의는 Henry Fonda의 반대로 점점 길어진다. 배심원들 가운데 유일하게 '유죄가 아님(Not Guilty)'에 투표한 주인공은 그가 '무죄'라고 확신할 수도 없지만 '유죄'라고는 더욱 확신할 수 없다고 주장한다. 그는 짜증을 내는 다른 배심원들에게 "이야기를 해 봅시다."라고 말한다. 이후 영화가 끝날 때까지 한 개인이 나머지 다수의 의견을 하나하나 반박하며 1명씩 바꾸어 가는 내용이 계속 이어지고, 결국 소년은 만장일치로 무죄 판결을 받게 된다. 사회적 영향이라는 측면에서 이 영화는 소수가 다수에게 영향을 미치는 상황을 보여 주는 대표적인 사례다.

이와는 대조적으로, 소수의 의견은 개인의 내적인 변화를 가져올 가능성이 높다. 일반적으로 소수는 집단에서 벗어난 일탈자로 보여서, 대부분의 사람은 자기 의견이 소수일 때 그것을 밝히려고 하지 않는다. 이러한 상황에서 소수가 자기의 의견을 일관적으로 주장하는 것은 이와 같은 일반적인 추세와는 대조적이다. 그래서 소수의 의견을 접한 사람들은 자기의 신념이나 믿음이 타당한지 신중하게 검토하게 된다. 이러한 심화된 인지 처리는 내면화로 이어져, 소수의 의견에 드러내 놓고 동의할 수는 없어도 어느 정도 내적인 태도의 변화는 발생한다. 이러한 변화는 이후에 겉으로 드러나게 된다.

많은 연구가 전향 이론의 가설을 지지하고 있다(Martin & Hewstone, 2008). 즉, 다수의 영향과 소수의 영향은 모두 일어나지만, 후자의 영향이 상대적으로 더 오래 지속된다. 무시할 수 없는 소수의 일관된 입장을 접할 때, 사람들은 그들의 입장을 이해하려는 생각을 가지게 된다. 소수의 입장은 구성원들이 문제를 진지하게 고려해서 체계적 정보처리(Cacioppo & Petty, 1984)를 하도록 한다. 그래서 소수의 영향은 내면적 태도의 변화를 가져오지만, 다수의 영향은 일탈의 두려움 때문에 규범에 부합하려는 외현적인 행동만을 변화한다(Maass et al., 1982; Nemeth, 1986). 여러 연구를 메타분석한 결과, 소수는 주로 정보적 영향을 통해 다수의 개인적 변화를 유도하지만, 규범적 영향을 통해 그들의 동조를 이끌어 내는 것은 거의 불가능했다(Wood et al., 1994).

소수의 영향에 관한 또 다른 설명을 수렴-발산 이론(convergent-divergent theory; Nemeth, 1986)에서 찾을 수 있다. 이 이론에 따르면, 다수의 영향은 수렴적 사고를 촉진하지만, 소수의 영향은 발산적 사고를 촉진한다. 사람들은 보통 대다수 사람의 태도가 자기의 태도와 같을 것으로 기대하는 경향이 있다. 그래서 그들은 다수의 태도가 자기와 다르다는 것을 알게 되면 놀라고 힘들어한다. 이것이 자기보호를 위해 주의의 초점을 좁게 하고, 그래서 대안을 고려할 가능성을 차단하는 수렴적 사고를 촉발한다. 이처럼 다수의 영향은 새로운 생각을 촉발하지는 못한다. 반대로, 사람들은 자기와 의견이 같은 사람이 소수라고 생각하지 않아서, 소수의 태도가 자기와 다르더라도 놀라거나 힘들어할 필요가 없다. 그래서 다양한 대안적 견해를 고려할 수 있는 발산적 사고가 가능해진다. 소수의 의견은 이와 같은 식으로 개혁과 창조를 자극하고 좀 더 나은 생각과 우수한 의사결정을 가져온다.

여러 연구가 수렴-발산 이론을 지지하고 있다. 다수의 영향에 비해 소수의 영향은 발산적 사고가 유리한 과제에서 수행 수준을 향상시켰으며, 창조적이고 새로운 판단을 더 많이 내놓도록 했다(Nemeth & Wachtler, 1983). 또한 소수집단의 영향은 사람들이 문제해결을 위한 새로운 전략을 탐색하도록 유도하는 반면, 다수집단의 영향은 다수가 인정한 전략을 고려하는 것에 국한하는 특성을 보였다(Peterson & Nemeth,

1996). 이와 같은 연구 결과는 소수의 영향과 다수의 영향이 전반적인 수준에서 질적으로 다를 수 있음을 보여 준다.

2) 규범적 영향

사람들은 대부분의 장소에서는 신호등에 따라 횡단보도로 길을 건너지만, 어떤 장소에 가면 무단횡단을 아주 쉽게 한다. 같은 도시 내에서도 쓰레기가 많은 곳이 있는가 하면, 쓰레기가 전혀 없는 곳도 있다. 이처럼 장소와 상황에 따라 사람들의 행동이 달라지는 이유는 무엇일까? 각 상황에는 사람들이 따라야 할 사회적 규범이 있기 때문이다. 이때 규범이란 행위에 대한 규칙으로, 집단 구성원들이 적법하다고 수용해 온 행위 방식이다. 그래서 집단 규범은 구성원들이 행동하거나 판단할 때 마땅히 따르고 지켜야 할 가치 판단의 기준이 된다.

이러한 특성을 가진 규범을 지키지 않는 것은 곧 자신이 속한 집단의 부정적 평가와 거부를 초래할 수 있다. 집단은 규범을 잘 지키면 보상을 주고 규범을 어기면 처벌을 한다. 그래서 사람들은 특히 공적인 상황에서 타인들에게 배척당하지 않기 위해 그들의 입장을 따르곤 한다. 이처럼 **규범적 영향**(normative influence)은 타인이 우리 자신을 인정하고 수용하기를 바라는 마음에서 우리가 그들의 기대에 따르도록 하는 힘을 의미한다(Deutsch & Gerard, 1955). 평소 정장을 입지 않는 사람이 결혼식에 참석할 때 격식을 갖춰 옷을 입는 것, 우측보행 운동을 수용하고 따르는 것 모두 규범적 영향의 사례다. 이때 중요한 점은 규범의 옳고 그름을 따지는 것보다 그 규범을 따르는 것이다. 누군가 규범을 따르지 않으면, 많은 사람들은 그를 곱지 않은 시선으로 보기 때문이다.

특히 규범적 영향은 사람들의 심리적 거리가 먼 사안에 대해 더 클 수 있다. 사람들은 보통 의사결정을 할 때 상황의 특수성과 같은 외부의 영향을 받지 않고 자신의 원칙에 근거해서 합리적으로 하고자 한다(Eyal et al., 2008; Ledgerwood et al., 2010). 그러나 심리적 거리가 먼 사안에 대한 의사결정은 사회적 영향을 더 많이 받을 수 있다. 가령, Ledgerwood와 Callahan(2012)의 연구에서 참가자들은 특정 사회정책의 선호도에 대한 의사결정에서 시간상 심리적 거리가 가까운 조건(예: 1개월 후)보다 먼 조건(예: 1년 후)에서 타인의 영향을 더 많이 받았다. 이러한 결과는 심리적 거리가 멀 때 사람들은 규범적 영향에 더 민감할 수 있음을 보여 준다.

그러면 우리는 어떻게 사회적 규범을 인식하는가? 사람들은 사회적 상황 속에서 타인의 행동을 결정하는 일반적인 기준을 참조하여 자신의 행동을 선택한다. 이때 타인의 행동을 자세히 관찰함으로써 참조가 되는 규범을 파악할 수도 있고, 그들과의 의사소통을 통해서 선호하는 태도나 행동을 파악할 수도 있다(Cullum, Okdie et al., 2011). 또한 가까운 타인의 행동에 계속해서 노출되는 과정에서 그 행동의 기준을 자연스럽게 알 수도 있다(Capone et al., 2007). 한편, 어떤 문화에서 옳다고 생각한 행동이 다른 문화에서는 규범에 어긋나는 행동이 될 수도 있다(Axtell, 1993; DeVito, 2020). 미국에서는 비즈니스 미팅을 하는 동안 신체 접촉을 하지 않지만, 아랍 국가에서는 우정의 제스처처럼 서로 손을 잡는 행동이 일반적이다. 이러한 과정을 통해 타인의 행동에 대한 지식이 생기면, 우리 자신도 특정 상황에서 그들이 인정하는 행동을 자동적으로 수행할 수 있게 된다.

글상자 10-3 청소년 마약 방지 홍보의 역효과

그림 10-10 청소년의 약물 남용

오늘날 청소년들의 마약 사용이 여러 국가에서 늘어나면서 큰 사회적 문제로 등장하고 있다. 이를 방지하기 위한 하나의 시도로, 학교는 학생들에게 왜 마약을 거부해야 하고 어떻게 거부할 수 있는지 그 이유와 방법을 훈련시키고 있다. 이러한 접근은 또래의 리더들에게 자기의 성공적인 마약 거부를 같은 또래들에게도 알리도록 강력히 추천한다. 그러나 이러한 시도는 청소년들에게 마약 사용이 매우 보편적이라는 메시지도 함께 줌으로써, 사실과 달리 마약 사용이 보편적이라는 서술적 규범을 형성하게 만든다. 이것은 결국 청소년들의 마약 사용을 부추기는 역효과를 낼 수 있다. 실제 몇몇 연구자는 이와 같은 부메랑 효과를 보고하기도 했다. 관련 연구를 모아 종합적으로 분석한 결과(Tobler, 1986), 가장 설득적인 접근은 마약에 저항할 수 있는 기술을 가르치는 것뿐만 아니라, 마약 사용을 사회적으로 승인한다는 그들의 인식, 즉 서술적 규범도 바꿔 주는 것이다.

(1) 규범의 종류

개인의 행동에 영향을 미치는 사회적 규범에는 크게 서술적 규범과 명령적 규범이 있다. **서술적 규범**(descriptive norm)은 대부분의 사람이 특정 상황에서 어떻게 행동하는지를 보여 주는 규범으로, 이것은 그 상황에서 효과적이고 적응적인 행동의 단서를

제공한다(Cialdini et al., 1990). 우리는 애매한 상황이나 새로운 상황에서 타인의 행동을 보고 적절한 행동에 관한 정보를 얻는다. 이때 어떤 상황에서 많은 사람이 똑같이 행동하면, 우리는 그 행동이 바로 적합한 행동이라는 것을 좀 더 정확하게 알 수 있다. 이처럼 타인이 주어진 상황에서 하는 행동이 그 상황에 대한 우리의 해석과 반응을 규정한다.

Cialdini 등(1990)은 서술적 규범이 쓰레기 투기에 미치는 영향을 현장 연구로 알아보았다. 연구자들은 특정 지역의 쓰레기양을 통제하는 것으로 서술적 규범을 조작했다. 또한 학생들에게는 손쉽게 버릴 수 있는 광고지가 주어졌다. 그 결과, 실험협조자가 이미 쓰레기가 있는 곳에 쓰레기를 버리는 행동을 본 학생들은 쓰레기가 버려진 환경에 초점을 맞춤으로써 그들도 쓰레기를 버릴 가능성이 컸다. 반면, 실험협조자가 쓰레기가 없는 곳에 쓰레기를 버리는 것을 본 학생들은 깨끗한 환경에 초점을 둠으로써 쓰레기를 버릴 확률이 적었다. 즉, 쓰레기 투기에 대한 서술적 규범이 작동한 것이다.

또 다른 연구(Nolan et al., 2008)에서는 미국 캘리포니아 거주자들을 대상으로 에너지 절약에 관한 동기를 조사했다. 그 결과, 참가자들은 타인의 행동에 관한 정보가 자신의 환경보호 행동에 가장 중요하지 않은 요인이라고 지각했다. 그런데도 에너지 절약에 관한 여러 신념, 가령 환경보호, 사회에 주는 혜택이나 돈의 절약에 관한 신념보다도 서술적 규범이 가장 큰 영향을 미쳤다. 또한 참가자들의 주관적 판단과는 정반대로, 규범적 영향이 환경보호 관련 행동의 변화를 가장 많이 가져왔다.

특히 서술적 규범이 자신과 유사한 특성을 반영하고 있을 때 그 효과가 크다. Goldstein 등(2008)은 호텔에서 수건 재사용 관련 서술적 규범을 제시했을 때 나타나는 사람들의 행동 변화를 관찰했다. 그 결과, [그림 10-11]에서 보듯이 전형적인 환경보호 메시지("환경을 보호합시다.")를 제시했을 때보다 서술적 규범("75%의 손님이 재사용합니다.")을 제시했을 때, 더 많은 손님이 그 규범을 따랐다. 또한 제시 문구를 약간 변경하여 이전에 다녀간 손님과 지금 사용하는 자기와의 상황적 유사성을 강조하였을 때("이 방을 사용한 사람의 75%가 재사용"), 더 효과적으로 변화가 나타났다.

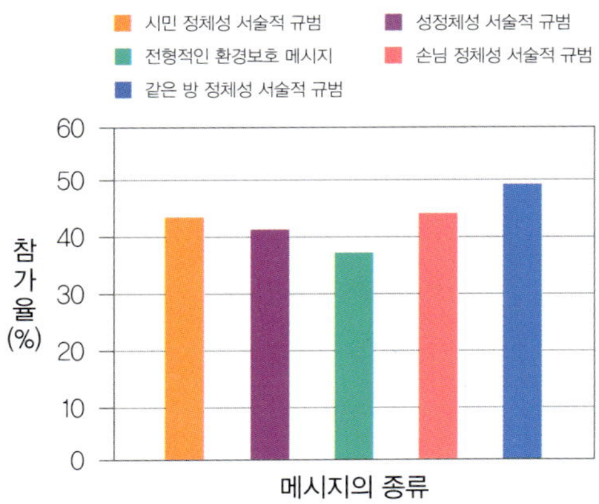

그림 10-11 유사성에 따른 서술적 규범의 효과 차이. 서술적 규범이 자신과 유사할수록 사람들은 그 규범에 더 동조했다.
출처: Goldstein et al. (2008).

앞서 알아본 것처럼 사람들은 자신과 친숙하거나 비슷한 대상에 대해 더 큰 호감을 느끼고 따르려는 경향이 있다. 사회적 규범이 관여한 상황에서도 이러한 특성이 규범의 효과에 영향을 미칠 수 있다.

서술적 규범과 관련한 또 다른 상황적 특성으로 접근성이 있다. Berger 등(2008)은 후보자의 공약이 투표 장소와 관련이 있으면, 그러한 공약에 대한 지지가 늘어날 수 있음을 확인했다. 즉, 학교에서 투표를 실시한 사람들은 학교에 투자하는 정책에 대해 더 많은 지지를 보냈다. 일상의 물리적 환경과 사회적 규범이 연합하여 행동에 영향을 미치기도 한다. Aarts와 Dijksterhuis(2003)의 연구에서는 사람들에게 도서관 사진을 보여 주었을 때 조용히 하는 규범이 활성화되고, 레스토랑 사진을 보여 주었을 때 비스킷을 흘리지 않고 먹는 좋은 예절 규범이 활성화되었다. 그래서 도서관 사진을 보고 그곳의 방문을 예상한 참가자들이 그렇지 않은 참가자들에 비해 목소리 크기가 작았다.

명령적 규범(injunctive norm)은 사람들에게 특정 상황에서 어떻게 행동해야 하는지 규정해 주는 규범이다. 이것은 사람들이 무엇을 해야 하는지 구체적으로 정해 준다는 점에서 집단의 도덕적 규칙이기도 하다. 이것은 승인과 거부 그리고 그에 따른 사회적 보상이나 처벌로 사람들을 동기화하는 규범이다. 앞에서 자세히 살펴본 Asch(1951, 1956)의 연구에서 참가자들이 동조한 것은 서술적 규범에 따른 것도 있지만 대부분은 명령적 규범에 따른 것이다. 즉, 이 연구에서 적절한 행동이 무엇인지를 모를 정도로 상황이 애매하거나 낯설지는 않았다는 점에서 서술적 규범의 영향이 크지 않다고 할 수 있다.

또 다른 고전적 연구는 Newcomb(1943)의 베닝턴대학교 학생들의 정치적 태도에 관한 것이다. 이 대학교 학생들은 부모가 정치적으로 보수적인 입장을 가진 부유한 집안 출신이 대부분이다. 그러나 젊고 진보적인 교수들 사이에서 정치적으로 좌파를 지지하는 규범이 생기면서 이것이 학생들에게 퍼져 나갔다. 많은 학생이 이러한 규범을 받아들였고, 심지어 좌파적 입장을 표명하지 않는 학생들에게는 제재를 가하기도 했다. 이것은 정치적 태도에 대한 명령적 규범이 학생들의 행동에 강력한 영향력을 행사한다는 점을 잘 보여 주고 있다.

(2) 규범과 동기

사람들은 누구나 타인과 밀접한 관계를 맺고 유지하려는 **동기**가 있다. 우리는 학교, 직장, 지역사회 등 여러 단위의 집단 속에서 타인과 좀 더 강한 유대관계를 유지할 때 더 안정적인 소속감과 심리적 만족을 느끼기 때문이다. 반대로, 자신이 속한 집단의 구성원에게서 부정적인 평가를 받거나 거부당할 때, 사람들은 심리적으로 불편한 상태를 경험한다. 그래서 사람들은 자신이 가치 있다고 생각하는 집단을 동일시하고 그 집단의 수용을 받음으로써 긍정적 자기평가를 유지하고자 한다(Jones, 2000). 이처럼 타인의 인정과 수용을 바라는 동기 때문에, 규범은 우리가 타인의 기대에 부응하도록 하는 힘을 발휘할 수 있다. 즉, 이러한 동기는 우리가 집단의 규범과 일치하는 방향으로 느끼고 생각하며 행동하도록 만든다.

이때 우리는 규범을 위반할 때 발생하는 여러 부정적 결과 때문에, 규범과 일치하는 식으로 행동해야 한다는 의무감을 느낀다. 한 연구(Milgram et al., 1992)에서 참가자들은 지하철에 앉아 있는 승객에게 자리를 양보하라고 요청함으로써 지하철 좌석의 '선착순 혜택' 규범을 어겼다. 많은 승객이 자리를 양보해 주었지만, 여기에서 중요한 것은 자리를 양보해 줄 것을 요청한 참가자들이 일부러 상황적 규범을 어겼음에도 불구하고 불안, 긴장, 창피와 같은 부정적 정서를 느꼈다는 것이다. 규칙 위반 과제를 몸소 실행한 Milgram(Milgram et al., 1992) 자신도 규범 위반이 마음을 괴롭혔다고 말하면서, "이러한 불안이 평소 우리가 사회적 규범을 어기지 못하도록 억제하는 힘이 상당히 크다."고 결론지었다.

다른 구성원이 집단의 규범을 위반하면, 사람들은 그 사람이 집단의 규범을 따르도록 가르치고 규범을 더 이상 위반하지 말라고 경고한다. 규범을 위반한 사람은 나머지 사람들에게 배척당하거나 한직으로 물러나고 심하면 집단에서 쫓겨난다(Schachter, 1951). 공익신고자 대부분이 파면된다는 사실이 이러한 집단의 특성을 잘 보여 준다. 공익신고는 조직의 공정성과 건전성을 유지하기 위해 필요하지만, 실제 그 조직이 그러한 행동을 부정적으로 보는 규범을 가지고 있으면 그런 행위자를 배척할 가능성이 높다. 이것은 조직의 규범이 외부 세계와 구분되지 않는 단순한 제약이 아니라 내면화된 기준이라는 것을 의미하며, 그 집단 구성원들이 규범의 합법성을 인정한다는 뜻을 내포하고 있다.

규범적 영향은 기본적으로 자기가 속한 집단에서 나온다(Alvaro & Crano, 1997). 사람들은 자기가 속한 집단에 기초해서 자기를 범주화함으로써, 자신의 정체성을 개인이 아닌 집단에 기초해서 형성한다. 집단이 제공하는 정보가 규범적인 영향을 발휘할 수 있는 근거가 바로 이러한 사회 정체성이다. 예를 들면, 집단에 대한 사회 정체성이 강한 사람은 그 집단의 음주 규범을 더 따르고자 한다(Aquino et al., 2007). 반대로, 이러한 사람들은 자기와 다른 외집단의 행동에 대한 정보의 영향을 받지 않는다.

이처럼 정보처리 전략을 결정하는 요인 가운데 하나인 정보의 원천도 중요한 요인이라고 할 수 있다(David & Turner, 2001).

규범적 영향의 크기를 결정하는 요인에는 개인차 변인도 있다. **자존감**이 낮은 사람일수록 사회적 소외나 고립에 대한 두려움이 더 커서, 사회적 승인을 얻는 것에 더 민감하다(Williams et al., 2000). 이러한 사람들은 집단에 대한 소속감 욕구가 높아 타인에 대한 동조 경향성도 상대적으로 더 크다. 또한 **소속감 동기**를 위협받는 개인은 그렇지 않는 개인보다 규범에 동조하려는 경향이 더 강하다(Cullum, O'Grady et al., 2011). 또한 사람들은 타인과의 **친밀감**을 추구하는 동기가 높은 상태에서는 그들을 모방하는 행동을 더 많이 한다(Lakin & Chartrand, 2003). 요약하면, 자존감 수준, 소속감의 위협 정도, 친밀감 동기 같은 개인적 요인도 규범적 영향의 정도를 결정하는 데 관여한다.

글상자 10-4

침묵의 나선 이론

사람들은 다른 사람의 의견이 자기와 비슷하면 자기 생각을 잘 드러내지만, 자기와 다르면 자기의 의견을 숨겨 갈등을 피하고 결속을 유지하고자 한다(Noelle-Neumann, 1974). 특히 자기 의견이 소수라고 생각할수록 그것을 숨기는 침묵의 소용돌이에 빠지게 된다. **침묵의 나선 이론**(spiral of silence theory)을 만든 Noelle-Neumann에 따르면, 사람들은 다른 사람들에게 고립되는 것을 두려워하기 때문에 그러한 고립을 피하고자 침묵한다. 예를 들면, 친구 10명 중 8명이 야당 후보를 지지하고 2명이 여당 후보를 지지하면, 그 2명은 고립을 피하기 위해서 침묵한다.

그림 10-12 **침묵.** 침묵이 늘 동의를 의미하는 것은 아니다.

소수의 경우가 아니더라도 침묵의 나선 효과는 발생할 수 있다. 대체로 권력이나 도덕적 권위가 높은 사람들과 의견을 달리할 때 이 효과가 강하게 나타난다. 교회 목사의 설교가 마음에 들지 않는다고 손을 들고 반론을 펴지는 않는다. 이런 현상의 시사점은 자신의 의견에 대놓고 반대하는 의견이 없다고 해서 모두가 찬성하는 것은 아니라는 점이다. 특히 지위가 높은 사람의 의견에 대한 침묵은 어쩌면 강한 반대의 표시일 수 있다.

3) 동조에 대한 저항

때로는 정보적 영향과 규범적 영향이 강력해서 누구도 그것에 저항하지 못할 수도 있다. 그러나 어떤 사람은 이와 같은 동조 압력에 저항한다. Asch(1951, 1956)의 연구에서도 이러한 사실을 손쉽게 찾아볼 수 있다. 이 실험에서 다수의 사람이 동조 압력에 굴복했지만, 여전히 끝까지 자신의 의견을 고수한 24%의 사람이 있었다. 동조 압력에 저항하는 모습은 의외로 우리 주위에서 쉽게 찾아볼 수 있다. 많은 사람이 사회 규범을 지키지만, 몇몇 사람은 그렇지 않다. 또한 우리가 모든 사회 규범을 지키면서 사는 것도 아니다. 오히려 우리는 상황에 따라 사회 규범에 따를 것인지 거부할 것인지 선택한다. 그러면 우리는 어떻게 동조 압력에 저항할 수 있을까? 관련 요인 중에는 자신의 개성을 유지하려는 욕구와 자신의 삶을 스스로 통제하려는 욕구가 있다.

동조에 저항하는 사람은 특히 자기 개성을 유지하려는 욕구가 강하다. 우리는 타인과 비슷하게 보이기를 원하지만, 자신의 정체성을 잃을 정도로 닮기를 원하는 것은 아니다. 한편으로는 다수를 따르고 싶은 욕구가 있지만, 다른 한편으로는 그들과 달라지고 싶은 욕구도 있다(Maslach et al., 1987). 그래서 개성이 강한 사람은 강한 동조 성향을 가진 사람보다 집단의 압력이나 규범에 저항하는 경향이 크다. 타인과 다르고자 하는 욕구가 강한 사람은 규범적 영향을 덜 받는 반면, 집단의 의견과 일치하고자 하는 욕구가 큰 사람은 규범적 영향을 더 많이 받는다(Cialdini et al., 2007).

개인이 집단 압력에 저항하는 또 다른 이유는 자기의 삶에 중요한 사건을 통제하려는 욕구와 관련된다(Daubman, 1993). 대부분의 사람은 자기에게 일어나는 일이 무엇인지 판단하고 결정하고자 하는데, 때로 사회적 압력이 이러한 욕구를 제압할 때 그들은 다수에게 순응하게 된다. 이처럼 특정한 방식으로 행동하는 집단에 동의하는 것은 때로는 정상적인 선택이라기보다는 개인의 자유를 제한하는 것으로 볼 수 있다. 자기통제에 대한 욕구가 높은 사람이 사회적 압력에 순응하는 경향이 더 적다는 것을 많은 연구가 보여 준다(Daubman, 1993).

지금까지 살펴본 사람들은 동조할 수 있지만 그렇게 하지 않는 사람들이다. 이와는 달리, 신체적, 법적 혹은 심리적 이유로 동조할 수 없는 사람도 있다. 신체적으로 장애가 있는 사람은 경제적으로나 일상적으로 아무런 문제가 없더라도, 특정 신체적 한계로 어떤 사회적 규범에서 배제되기도 한다. 장애가 있어서 군대를 갈 수 없는 사례가 여기에 해당한다. 동성애자들 또한 사회적 규범에 동조하는 데 어려움을 겪는다. 이들도 결혼에 관한 사회적 규범을 따르면서 살고 싶어 한다. 그러나 이것은 많은 국가에서 불가능한 일이다. 동성애에 대한 과학적 관점과는 별도로, 동성애자들은 현재의 규범에 동조하지 못함으로써 이성애자들은 겪지 않을 법한 여러 어려움과 갈등에 직면한다.

3. 복종

2004년 4월 18일 자신을 경찰이라고 밝힌 한 남성이 미국 켄터키주 외곽에 있는 한 패스트푸드점 관리자에게 전화를 걸었다. 이 남성은 매장 여직원이 손님의 지갑을 훔쳤는데 경찰이 도착할 때까지 그 여직원을 수색하라고 관리자에게 명령했다. 관리자는 여직원을 뒷방으로 끌고 가 전화를 건 남성이 명령한 대로 옷을 벗기고 훔친 돈을 찾기 시작했다. 이 남성은 관리자에게 수색 과정을 전화로 보고하게 하면서, "의자 위 아래로 폴짝폴짝 뛰게 하라. 반항하면 엉덩이를 때려라."와 같은 이상한 명령을 내리기 시작했다. 관리자는 이 남성의 명령을 그대로 따랐다. 세 시간 동안 계속된 알몸 수색은 진짜 경찰이 출동하고 나서야 막을 내렸다. 여직원은 돈을 훔친 적이 없고 전화를 건 남성은 경찰이 아니었다. 이 같은 사기극은 미국 32개 주에 있는 70여 개 패스트푸드점에 걸쳐 자행되었다.

이처럼 지위가 낮은 사람이 상관이나 웃어른과 같이 지위가 높은 사람의 지시나 명령에 따르는 행위를 복종(obedience)이라고 한다. 패스트푸드점 관리자는 경찰이라는 권위에 그저 복종할 수밖에 없었다. 사람들은 어이없는 지시를 따른 관리자가 어리석다고 생각하겠지만, 실제 대다수 사람도 이와 유사한 상황에 처하면 같은 행동을 한다. 왜 사람들은 이와 같은 행동을 할까? 합법적 권위를 가진 사람이 동조를 강하게 요구할 때, 사람들은 그 행위가 본인의 신념이나 가치와 모순되더라도 어렵지 않게 수행한다. 제2차 세계대전 당시 일어난 유대인 학살 사건으로 유명한 홀로코스트, 일본이 만주에서 자행한 731부대 생체 실험, 르완다 종족 몰살 사건, 코소보 인종 청소, 일명 '킬링필드'라고 불리는 크메르 루즈(Khmer Rouge)의 캄보디아 대학살 등 인류 역사상 가장 잔혹한 사건 모두 사회적 권위에 책임을 전가시킬 수 있는 상황에서 발생한 일이다.

1) Stanley Milgram의 복종 실험

Milgram(1963, 1974)은 사람들이 권위를 가진 사람의 요구에 어떻게 반응하는지 알아보기 위해 일련의 실험을 실시했다. 그는 기억에 관한 연구에 참여할 사람을 모집한다는 신문광고를 통해 교사, 회사원, 기술자, 노동자 등 다양한 직업의 일반인을 모집했다. 그중 2명을 뽑아 실험협조자로서 1명에게는 실험자 역할을 하도록 했고, 또 다른 1명은 학생 역할을 하도록 했다. 나머지 모든 참가자는 진짜 실험참가자로 교사 역할을 하도록 했다. 진짜 참가자와 학생 역할의 실험협조자는 한 조를 이루어 학습 과제를 수행했다. 교사가 학생에게 가르쳐야 할 것은 쌍으로 결합된 과제다. 교사는 학생에게 일련의 단어 쌍을 읽어 준 다음, 그 쌍의 첫 단어와 4개의 낱말을 읽어 준다. 예를 들면, 푸른 하늘, 좋은 날씨, 야생 오리 등을 읽어 준 다음, 평가할 단어로 푸른: 하늘, 잉크, 상자, 램프를 읽어 준다. 그러면 학생은 그 첫 번째 단어와 원래 쌍을 이룬 낱말을 가려내야 한다. 앞의 예에서는 하늘이 정답이고 학생은 4개의 버튼 중에서 이것에 해당하는 버튼을 누르면 된다.

교사는 학생이 단어 쌍을 맞히면 "맞았어요."처럼 응답하고, 학생이 틀린 답을 할 때마다 전기충격을 주도록 지시받았다. [그림 10-13]에서 보듯이 전기충격기의 계기판 위에는 스위치 30개가 가로로 늘어서 있다. 각 스위치는 15~450볼트 범위의 전압을 표시한 라벨이 붙어 있다. 또한 왼쪽에서 오른쪽으로 4개의 스위치마다 미약한 쇼크, 중간 쇼크, 극심한 쇼크 등으로 충격 수준을 표시해 두었고, 마지막 두 단계는 XXX로 표기했다. 실험자는 학생의 답이 틀릴 때마다 전기충격을 한 단계씩 높이라고 교사에게 지시했다. 또한 교사는 전기충격을 주기 전에 전압의 수치를 말하라는 지시를 받았다. 또한 진짜 참가자는 교사 역할을 수행하기 전에 시험적으로 전기충격을 받아 봄으로써 전기충격기가 진짜라고 믿도록 유도했다.

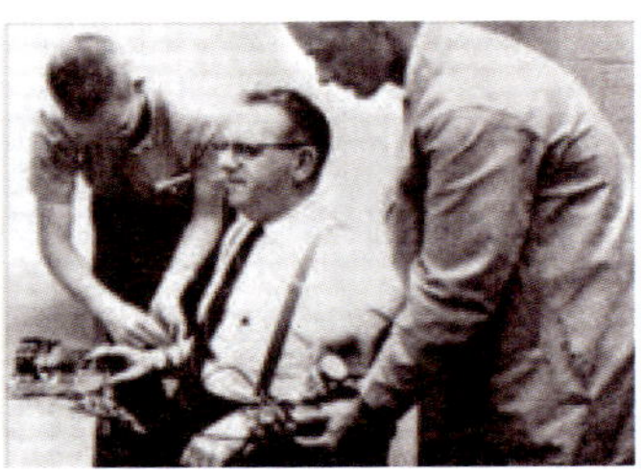

그림 10-13 Milgram의 실험. 전기충격기(왼쪽)와 학생 역할을 하는 실험협조자(오른쪽)

학생 역할을 맡은 실험협조자는 단어 쌍 검사에서 미리 정해 놓은 대로 대답했는데, 거의 틀린 답 세 번에 올바른 답 한 번꼴이었다. 또한 이 실험협조자는 교사가 스위치 단계를 올릴 때마다 전기충격을 받는 것처럼 신음소리 내기, 소리 지르기, 울부짖기, 그만하겠다고 절규하기 등의 연기를 했다. 이때 실험자는 교사 역할을 맡은 참가자와 같은 방에서 실험 상황을 참관했다. 실험의 다양한 시점에서 진짜 참가자는 전기충격을 계속 가할 것인지 실험자에게 조언을 구하거나 더 이상 실험을 계속하고 싶지 않다고도 했다. 이때 실험자는 "계속하세요."(문장 1), "실험을 위해 계속해야 합니다."(문장 2), "반드시 계속해야 합니다."(문장 3), "당신은 어떤 선택권도 없습니다. 계속해야만 합니다."(문장 4)의 네 문장을 차례로 필요한 만큼 사용했다. 네 번째 명령에도 참가자가 지시를 거부하면 실험은 종료되었다.

연구자는 정신과 의사, 대학생, 중산층 성인 등 110명에게 이 실험을 개괄적으로 설명한 후, 어느 시점에서 실험자에게 불복종할지를 예상해 보고 설명하도록 했다. 그들의 대답은 상당히 유사했다. 그들은 실제로 모든 참가자(혹은 미국인 100명)가 실험자에 대한 복종을 10단계 정도(150볼트)에서 거부할 것이라고 예측했고, 마지막 단계까지 갈 수 있는 사람은 병리적인 문제를 가진 1~2% 미만의 극단적인 사람들일 뿐이라고 생각했다. 그러나 실제로는 총 40명의 참가자 가운데 26명(65%)이 XXX 표시가 된 최종 스위치까지 눌렀다(Milgram, 1963, 1974). 모든 참가자는 학생 역할을 하는 실험협조자에게 300볼트까지의 전기충격을 주었다. 이 연구에 대한 반복 실험이 전 세계에서 이루어졌는데 그 결과는 매우 유사했다(Smith et al., 2006). 이처럼 사람들은 권위에 대해 복종하려는 강한 경향성을 보였다. 결론적으로, Milgram의 복종 실험은 권위자의 요구에 대한 인간의 취약함을 극적으로 보여 주었다.

2) 복종에 영향을 주는 요인

명령을 내리는 사람의 권위가 사회적으로 인정받고 분명할 때, 사람들은 그에게 더 복종하려는 경향을 보인다(French & Raven, 1959). 그러나 명령이 이루어지는 과정이나 상황의 특징도 복종에 영향을 미칠 수 있다. Milgram(1963, 1974)의 연구에서도 복종 실험을 조금씩 달리해서 총 18개의 실험을 실시한 결과, 참가자들이 보인 복종은 여러 실험 상황에 따라 차이가 있었다.

(1) 근접성

근접성에는 두 가지가 있다. 먼저, 교사 역할을 하는 진짜 참가자와 학생 역할의 희생자 간의 근접성 정도가 복종에 큰 차이를 가져왔다. 원격 반응 조건은 다른 방에 있는 희생자의 음성을 들을 수 없는 경우로, 이때 40명 중 26명(65%)이 실험자의 명령에 끝까지 복종했다. 음성 반응 조건에서는 다른 방에 있는 희생자의 불만을 실험실 벽을 통해 명확히 들을 수 있었다. 이때 25명(62.5%)이 끝까지 복종했다. 근접성 조건에서는 참가자와 희생자를 같은 방에 몇 미터 떨어뜨려 놓아 희생자의 목소리를 듣고 그를 볼 수 있었다. 이때는 16명(40%)이 복종했다. 접촉-근접성 조건에서는 근접성 조건과 동일하지만 참가자는 희생자의 손을 잡아 직접 전기충격판 위에 올려놓아 처벌을 가하도록 했다. 이 경우에는 12명(30%)이 끝까지 복종했다.

참가자는 희생자뿐만 아니라 실험자와의 근접성에 따라서도 복종을 달리했다. 새로운 장소에서 이루어진 실험에서 실험자가 참가자에게서 몇 걸음 떨어진 거리에 앉아 있었을 때, 40명 중 26명(65%)이 실험자의 명령에 끝까지 복종했다. 이와 달리, 실험자가 처음 지시를 한 후 실험실에서 나와 전화로 명령을 했을 때 9명(22.5%)만이 복종했다. 이 상황에서 몇몇 참가자는 요구대로 전기충격을 높이고 있다고 답하면서도 실제는 낮은 전기충격을 가했으며, 정해진 실험 절차를 벗어나고도 보고하지 않았다. 반면, 희생자에게 전기충격을 가하는 행동을 참가자가 아닌 다른 참가자가 대신하는 실험에서는 37명(92.5%)이나 끝까지 복종했다.

이와 같은 물리적 거리의 영향은 전쟁과 같은 공격 장면에서도 잘 나타난다. 제8장에서 살펴본 것처럼, Grossman(2011)은 여러 문헌을 검토하여 물리적 거리가 살인에 직접적인 영향을 미친다고 주장했다. 남북 전쟁에서 회수한 머스켓 소총의 유효 사거리는 70m 정도인데, 이 총의 약 90%는 총알이 그대로 장전된 채로 있었다. 말하자면, 살인을 의도적으로 피한 것인데, 살인은 강한 정신적 충격과 심리적 죄책감을 일으키기 때문이다. 물리적 거리의 한쪽 끝에는 포격과 폭격이 있고, 다른 한쪽 끝에는 총검이나 격투기가 있다. 총검으로 찔러 죽이거나 목을 졸라 죽이는 근거리 살해는 그 책임으로부터 벗어나기가 쉽지 않다. 반면, 멀리 있는 적을 폭격이나 포격하는 것은 정서적 거리가 멀다. 자신의 행위가 가져오는 끔찍한 결과를 체험하지 않아도 되고 고통 속에 있는 희생자의 눈을 직면하지 않아도 된다.

(2) 신분과 역할의 관계

권위를 가진 사람은 특정 지위와 그에 해당하는 신분에 맞는 역할을 수행함으로

그림 10-14 권위를 가진 사람. 권위는 지위와 신분에서 나온다.

써, 사람들은 그런 신분을 가진 사람에게 복종한다([그림 10-14] 참조). Milgram(1963, 1974)은 실험자와 학습자의 역할을 바꾸는 실험을 실시했다. 한 실험에서 학습자에게 150볼트의 전기충격이 가해진 후 실험자가 학습자의 건강을 위해서 더 이상 이 실험을 진행하지 않겠다고 말했을 때, 학습자는 자신의 실험을 계속하고 싶다고 주장했다. 그 결과, 단 1명의 교사도 학습자의 요구를 들어주지 않았다. 또 다른 실험에서 실험자가 실험실을 떠난 후 일반 참가자로 위장한 실험협조자가 학습자에게 전기충격을 가하라는 명령을 진짜 참가자에게 내렸을 때, 20명의 진짜 참가자 중 4명만이 그 명령에 복종했다. 또한 진짜 참가자가 전기충격을 가하지 않아 명령을 내린 실험협조자가 직접 전기충격을 주고자 했지만, 진짜 참가자 16명 중 5명은 이들의 행동을 물리적으로 막았다.

Milgram(1963, 1974)은 전기충격을 받는 학습자의 신분을 바꾸면 어떤 결과가 나오는지 알아보았다. 한 실험에서 실험자가 학습자의 역할을 하고 학습자가 실험자의 역할을 했다. 150볼트의 전기충격이 가해진 후, 학습자는 더 이상 못하겠다고 주장하면서 자신을 풀어 달라고 말했고, 실험자는 계속 전기충격을 가하라고 요구했다. 그 결과, 아무도 실험자의 역할을 한 학습자의 명령을 따르지 않았다. 또한 2명의 권위자 중에서 1명은 전기충격을 계속 가하라고 명령하고 나머지 1명은 그만둘 것을 명령했을 때, 어떤 참가자도 끝까지 전기충격을 주지 않았다. 또 다른 실험에서 두 권위자 중 1명은 학습자의 역할을 하고 나머지 1명은 실험자의 역할을 하도록 했다. 이때 학습자는 150볼트에서 이제 실험을 그만두게 해 달라고 요청했다. 그러한 요청은 거의 무시되어 20명 중 13명이 끝까지 실험자의 명령에 복종했다. 종합하면, 이러한 결과는 어떤 신분의 사람이 어떤 역할을 하느냐에 따라 사람들의 복종 정도가 달라진다는 것을 보여 준다.

(3) 집단의 압력

명령에 따르는 것이 부적절하다는 명백한 지침을 제공하면, 사람들은 그러한 명령에 덜 복종한다. 이와 같은 방법 중 하나가 불복종 모델, 즉 권위자의 명령에 복종하기를 거부하는 사람을 관찰할 수 있는 기회를 제공하는 것이다. 실제로 불복종 모델은 아무런 의문도 갖지 않고 권위에 복종하는 사람들의 경향성을 크게 감소시켰다(Rochat & Modigliani, 1995). 권위자의 명령을 거부하는 사람을 1명이나 그 이상 보면,

사람들은 그 사람들과 함께하고자 하는 강한 경향성을 보여 궁극적으로 권위자의 권력은 약해진다.

Milgram(1963, 1974)의 한 실험에서 1명의 진짜 참가자와 2명의 실험협조자로 이루어진 3명이 교사 역할을 했다. 이때 실험협조자인 교사 1은 짝지어진 단어 쌍의 목록을 읽고, 실험협조자인 교사 2는 학생의 답변이 맞는지 틀리는지를 진짜 참가자인 교사 3에게 말해 준다. 학생의 대답이 들리면, 교사 3은 처벌을 가한다. 이때 교사 1과 교사 2는 어느 정도 실험이 진행된 후 서로 다른 시점에서 더 이상의 참가를 거부했다. 그 결과, 40명의 진짜 참가자 중에서 4명(10%)만이 끝까지 복종했으며, 30단계 중 이들이 누른 최종 단계도 평균 16.45였다. 즉, 진짜 참가자들은 불복종하는 교사를 모델로 삼아 권위에 대한 복종을 덜했다.

문화에 따라 복종의 정도가 다를 수 있다는 생각이 있어 왔다. 일반적으로 집단주의 문화의 사람들은 자신을 공동체의 일부로 생각하면서 다른 사람과의 협력과 조화를 중시하고, 집단의 요구나 기대에 부응하려는 경향성이 강해서, 개인주의 문화의 사람들보다 권위자의 요구에 더 복종할 가능성이 크다(Triandis, 1989). Blass(1991)는 이와 같은 가능성을 검증하기 위해 미국 이외의 국가에서 이루어진 복종 연구를 살펴보았다. 전체 9개의 연구가 이탈리아, 남미, 독일, 호주, 요르단, 스페인, 인도, 오스트리아 등 8개국에서 이루어졌다. 이 연구에서 참가자들의 복종 비율은 65.95%로, 미국인의 복종 비율과 차이가 없었다. 이 연구 결과로 볼 때, 복종에서 문화적 차이는 없을 가능성이 높다.

3) 복종에 대한 평가

권위자에 대한 복종은 긍정적인 측면과 부정적인 측면이 있다. 먼저, 복종을 수반하는 **위계 구조**는 긍정적인 측면으로 생존의 가치를 가지고 있다(Milgram, 1974). 우리가 한 개인으로서 제대로 기능하고 살아남기 위해서는 스스로 결정하고 행동하는 능력을 갖춘 주체적 존재가 되어야 한다. 언제 어떻게 행동해야 할지 스스로 판단하고 결정하지 못하면, 그런 사람은 이 사회에 제대로 적응하기 어렵다. 그러나 혼자서는 달성 불가능한 공동의 목표를 달성하기 위해 주체적인 개인들이 모여 집단을 형성하면, 상황은 크게 달라진다. 집단 내에서 모든 개인이 다 주체적으로 판단하고 의사결정을 하면, 그들은 집단 차원의 결정을 내리지도 못하고 그래서 공동의 목표를 위해 모두가 효율적으로 움직일 수가 없다. 그래서 집단 구성원들은 자신의 결정권을 소수의 대표에게 위임할 필요가 생긴다. 그래야 권한을 위임받은 소수는 결정을 하고 권한을 위임한 다수는 그의 명령에 따라 행동하게 된다.

위계 구조를 가진 집단은 물리적 환경의 위협, 경쟁하는 종의 위협 그리고 내부의 잠재적인 분열에 대처하는 데 큰 장점을 가지고 있다(Milgram, 1974). 인간이 미력한 한 개인으로 이러한 위협에 개별적으로 대처하면 살아남지 못했을 것이다. 집단을 형성하여 명령과 복종이라는 위계 구조를 갖춘 조직은 비단 인간이 아닌 조류나 포유류와 같은 종에서도 흔히 찾아볼 수 있다(Marler, 1967). 또한 위계 구조는 집단 내 구성원 사이의 관계에 안정과 조화를 줄 수 있다. 사자 떼가 먹이를 먹을 때, 우두머리 사자가 첫 번째 특권을 누리고 서열상 두 번째 사자가 그 뒤를 잇는 식으로 서열을 따라 아래로 내려간다. 이는 집단으로 살아가는 동물의 무리에서 쉽게 찾아볼 수 있다. 이러한 원리는 인간에게도 적용된다. 모든 구성원이 자기의 지위와 역할을 받아들일 때 집단의 안정과 조화가 보장된다.

권위에 대한 복종은 부정적인 측면도 있다. 그중 하나인 **책임 전가**(transfer of responsibility)는 비도덕적이거나 어리석은 명령에 복종한 사람들이 자기의 행위에 대한 책임을 명령을 내린 권위자에게 전가하는 행위다. Milgram(1963, 1974)의 연구에서 실험자의 냉혹하고 어리석은 명령에 복종한 사람들은 "나는 단지 명령에 따랐을 뿐입니다."라고 자기방어를 했다. 현실에서도 책임을 타인에게 전가하는 행동을 확인할 수 있다. 경찰이나 군인 등 책임 서열이 확실한 조직에서는 이러한 행동을 더 쉽게 관찰할 수 있다. 2004년 미군 3명이 이라크 죄수를 학대하고 고문한 사건이 그 대표적인 사례다. 사건 조사 과정에서 그들은 "나는 단지 명령에 따랐을 뿐입니다. …… 나는 죄수를 심문하라는 명령을 받았고 훌륭한 군인이란 항상 명령에 복종하는 군인입니다."라고 말했다.

이러한 상황에서 권위자의 명령에 노출된 사람에게 자신이 남에게 피해 주는 일에 책임이 있다는 것을 상기시킬 때 맹목적 복종은 감소한다(Kilham & Mann, 1974). 또한 우리가 권위자의 명령에 맹목적으로 복종할 수 있다는 것을 단순히 알기만 하더라도 그러한 복종은 줄어들 수 있다. 한 연구(Richard et al., 2003)에서 참가자들에게 복종에 대한 사회심리학 연구의 결과를 배우고 그 중요성을 인식하게 했을 때, 이러한 새로운 지식을 통해 자기의 행동을 바꾸는 사람도 있었다. 이러한 발견은 개인에 대한 교육이나 훈련이 파괴적인 복종에 대한 개인적 저항을 높일 수 있음을 시사한다.

그러나 **불복종**은 때로 권위의 정당성을 훼손하는 항의로 볼 수도 있고, 권위자의 요구가 갖는 정당성을 통제하는 도구로 볼 수도 있다. 이에 Passini와 Moprselli(2009)는 복종과 마찬가지로 불복종을 건설적이고 파괴적인 측면으로 구분해서 봄으로써, 개인과 권위자의 관계를 새롭게 보는 관점을 제시했다([그림 10-15] 참조). 그들에 따르면, 반사회적 불복종은 자기가 속한 집단을 위해 권리를 획득하고자 하고 분배의 정책을 바꾸고자 한다. 단지 다른 집단의 권리에 대항하여 자기 개인이나 자기가 속한 집단의 권리를 주장하는 것은 이기적이면서 집단 간 갈등을 심화할 수 있다. 반대로, 친사회적 불복종은 사회 전체에 존재하는 불평등이나 부도덕을 문제시함으로써 공동체 전체의 이득과 혜택을 지향한다. 이러한 불복종은 전체 사회의 변화를 촉진함으로써 궁극적으로 넓은 의미에서 사회의 발전에 기여한다.

그림 10-15 촛불집회. 이것은 권위에 대한 대표적인 불복종 행위다.

4. 순응

우리는 살아가면서 다른 사람의 부탁을 들어주기도 하고 그들에게 부탁하기도 한다. 사람들은 크게 부담이 되지 않으면 내키지 않더라도 타인의 요구를 들어주는 경향이 있다. 이와 같이 타인이나 집단의 요청이나 압력에 응하는 행위를 순응(compliance)이라고 한다(Taylor et al., 2000). 순응에 관한 연구는 사람들이 타인의 요구를 들어주는 과정과 순응의 가능성을 높일 수 있는 기법에 집중해 왔다. 사람들은 다양한 방법으로 타인에게 영향을 주어 순응을 이끌어 낸다. 이러한 방법에는 물리적인 실체를 가진 것도 있고, 폭력이나 정보, 명성 등 물리적이지 않은 것도 있다.

1) 호감 원칙을 이용한 전략

사람들은 자신이 좋아하는 사람의 요구에 응하기가 더 쉽다. 호감을 높이는 요인에는 신체적 매력, 유사성, 친숙성 그리고 보상과 같은 요인이 있다(제6장 참조). 신체적 매력이 높은 사람은 타인으로부터 긍정적인 평가를 받기 때문에, 자신의 부탁을 들어주도록 그들을 설득하기가 쉽다. 실제로 매력적인 사람은 위급 상황에서 도움을 받을 확률이 더 컸다(Benson et al., 1976).

유사성도 순응에 이바지한다. 한 보험회사의 계약 기록을 분석한 결과, 보험에 가입한 사람들은 자기와 나이, 종교, 정치적 성향, 흡연 습관이 비슷한 영업사원과 계약을 맺을 확률이 높았다(Evans, 1963). Garner(2005)는 우편으로 설문을 요청할 때 조사자의 이름을 응답자의 이름과 비슷하게 바꿔 놓음으로써 응답률을 높일 수 있었다. 교사는 학생에게 호감의 전략을 사용하여 그들의 동기 부여에 이바지하기도 했다(Myers & Zhong, 2004).

친숙성도 호감을 유발하는 요인 중의 하나다. 사람들은 익숙한 것을 좋아하기 때문에 단순 노출만으로도 순응 가능성이 커진다. 사람들의 이러한 성향은 선거를 비롯한 거의 모든 분야의 의사결정에 영향을 끼친다(Grush, 1980). 친숙성은 무의식적으로도 형성된다. 한 실험(Bornstein et al., 1987)에서 참가자들에게 기억할 수 없을 정도로 빠른 속도로 몇몇 사람의 얼굴을 보여 주었다. 그 이후 스크린에 얼굴을 비춘 사람들을 실제로 만났을 때, 참가자들은 화면에 얼굴이 자주 나타난 사람에게 더 큰 호감을 보였다.

보상의 한 형태인 칭찬 또한 호감을 얻을 수 있는 간단한 전략 중 하나다. 한 연구(Drachman et al., 1978)에서 연구자는 실험참가자에게 세 가지 종류의 말을 했다. 첫 번째 집단에게는 긍정적인 말만 했고, 두 번째 집단에게는 부정적인 말만 했으며, 세 번째 집단에게는 긍정적인 말과 부정적인 말을 함께 했다. 그 결과, 참가자들은 긍정적인 말만 해 준 사람을 제일 선호했으며, 그 사람이 자기에게 뭔가 얻어 낼 것이 있어서 아부한다는 사실을 알고도 좋아했다. 즉, 사람들은 칭찬이 진실인지 여부와 상관없이 자신을 칭찬해 준 사람을 좋아했다. 그래서 평소에 아부나 좋은 말로 자신의 인상을 관리하는 것이 순응에 도움이 된다.

때로 사람들은 자신이 원하는 것을 가진 상대방을 설득하기 위해 아부(ingratiating)한다. Gordon(1996)에 따르면, 이와 관련된 기술 가운데 아첨(flattery)이 가장 좋은 방법이다. 이것은 상대방이 어떤 일을 잘했거나 완성했을 때 그를 과도하게 칭찬하는 것이다. 상대의 외모에 대한 칭찬, 긍정적인 비언어적 단서 제시, 작은 호의를 베푸는 것 등이 있다. 상대방의 호감을 높이는 또 다른 방법은 자신과 상대방 사이에 우연히 존재하는 유사성을 계속 확인하는 것이다. 이것은 부탁하려는 내용과는 상관없이 사소하고 작은 부분에서 상대방과 나 사이에 비슷한 점이 있다는 것을 계속 확인함으로써 상대방의 호의를 끌어올리는 전략이다. 더 나아가 체면 고양 갈등 전략(face-enhancing conflict strategy; DeVito, 2020)에 따르면, 상대방이 유능하고 신뢰할 수 있으며 좋은 사람이라는 긍정적인 이미지를 지켜 주면, 나중에 우리가 그 상대방과 갈등을 겪을 가능성은 낮아지고 관계를 회복할 가능성은 높아진다(Donahue & Kolt, 1992).

2) 일관성 원칙을 이용한 전략

사람들은 자신의 기존 입장과 행동을 유지하려는 경향이 있어서 그것과 일치하는 일에 더 쉽게 순응한다(Cialdini & Trost 1998). 즉, 사람들은 일단 어떤 선택을 하거나 입장을 취하게 되면 그것을 계속 유지해야 한다는 **일관성** 압력을 받는다. 그런 압력 때문에 우리는 이미 내려진 결정을 정당화하고 자신이 옳은 결정을 내렸다고 확신한다. Moriarty(1975)는 도둑이 해변에 있는 사람의 물건을 훔쳐 가는 상황을 목격한 참가자들이 어떤 반응을 보이는지 관찰했다. 대부분의 참가자는 위험을 감수하면서까지 도둑을 잡겠다고 하지는 않았다. 그러나 한 집단의 참가자에게는 옆에 앉은 사람이 "제 물건을 봐 주세요."라는 간단한 부탁을 미리 하도록 했다. 그 결과, 대부분의 참가자는 그 부탁을 승낙했으며 20명 중 19명이 도둑을 쫓아가 육탄전을 벌여 물건을 찾아왔다.

그렇다면 일관성은 어디에서 시작되는 것일까? 사회심리학자들은 **헌신**(commitment)에서 그 답을 찾았다. 일단 사람들에게 상대방에 대한 어떤 입장이나 태도를 취하도록 만들면, 그들이 그 상대방에게 자동적이고 무조건적으로 행동하도록 유도하기가 쉽다. Sherman(1980)은 사전에 주민에게 전화를 걸어 미국 암협회에서 3시간 동안의 기금 모금 자원봉사를 요청하면 어떻게 하겠냐고 물어봤다. 대부분의 사람은 이 연구자에게 인정 없는 사람으로 보이거나 자기를 그렇게 생각하고 싶지 않아 참여하겠다고 대답했다. 며칠 후, 미국 암협회 회원이 직접 전화를 걸어 기금 모금 자원봉사를 요청하자, 여기에 헌신한 주민의 지원율이 그렇지 않은 주민보다 7배나 높았다. Brown 등(2005)의 연구에서는 연령이 높을수록 일관성 선호 경향이 강했고, 특히 50세 이상 참가자에게서 가장 강했다.

일관성을 이용한 한 전략이 **문간에 발 들여놓기 기법**(foot-in-the-door-technique)이다([그림 10-16] 참조). 이것은 사람들에게 처음에는 작은 요구를 해서 응하게 한 다음, 점차적으로 더 큰 부탁을 하는 것이다. 사람들은 작은 요구에 응하면 이후에 더 큰 요구에 응할 가능성이 높아진다. Freedman과 Fraser(1966)는 주택가의 집들을 방문해 앞마당에 "안전 운전 하세요!"라는 공익광고 간판을 세울 수 있도록 허락해 달라고 요청했다. 이 간판은 주변의 아름다운 전망을 망치기 때문에, 대다수의 주민이 거절할 만한 요청이었다. 이

그림 10-16 문간에 발 들여놓기 기법. 사람들은 일단 작은 요구에 응하면 그다음 큰 요구에도 응하기 쉽다.

요청을 받은 집단에서 76%의 주민이 순응했다. 이 집단은 2주 전 자원봉사자들이 방문해 '안전 운전'이라고 쓰인 가로세로 3인치짜리 작은 간판을 설치해 달라고 부탁했을 때 응한 사람들이다. 이때 "하지만 당신에게는 선택의 자유가 있습니다."라는 말을 함께 사용하면 그들을 더 효과적으로 설득할 수 있다(Guéguen et al., 2010).

문간에 발 들여놓기 기법은 사이버 공간에서도 효과가 있다. Guéguen(2002)은 전체 참가자 중 절반에게 이메일을 보내 문서를 텍스트 파일로 저장하는 방법을 알려 달라고 가명의 대학생 이름으로 요청했다. 그다음, 같은 사람 명의로 모든 참가자에게 이메일을 보내 식습관에 관한 40문항 설문지를 해 달라고 요청했다. 그 결과, 처음 요청에 응한 집단의 76%가 두 번째 요청에도 응했지만, 두 번째 요청만 받은 사람은 44%만이 이 요청에 응했다. 비슷하게, Eastwick과 Gardner(2009)는 아바타가 가상공간에서 참가자에게 화면 사진을 찍어 달라고 요청했다. 그들이 순응한 다음, 가상세계의 또 다른 부분을 찍어서 아바타에게 보내 달라고 요청했다. 그 결과, 처음 요청을 들어준 참가자는 두 번째 요청을 들어줄 가능성이 더 컸다.

일관성의 원칙을 이용한 또 다른 전략이 **낮은 공 기법**(low-ball-technique)이다. 야구에서 많은 타자가 자기 근처에서 뚝 떨어지는 낮은 공이 스트라이크처럼 보여 현혹되는 현상에서 이 기법의 이름을 따왔다. 이 기법은 불완전한 정보를 제시하여 동의를 얻은 다음, 우연을 가장해서 완전한 정보를 알려 주는 기법이다. 휴대폰 대리점에서 무료라고 선전해서 사람들을 들어오게 한 다음, 일단 들어오면 가입비나 기타 비용에 대해 이야기를 한다. "외제차를 5천만 원에 판매하고 있습니다."라고 한 다음 고객이 사기로 결정하면, "죄송합니다. 제가 착각을 했는데 가격이 5천 6백만 원이라고 합니다."라고 가격을 올리는 것이다. 이 경우 고객은 이미 사겠다고 마음을 먹었기 때문에 비싸졌으니까 사지 않겠다고 거절하기가 힘들다.

Cialdini 등(1978)은 대학생 참가자에게 매우 이른 시간에 시작하는 귀찮고 불편한 실험에 참여할 것을 요청했다. 한 집단의 학생에게는 연구가 오전 7시에 시작한다고 바로 알려 준 다음 참여 여부를 물었다. 다른 집단의 학생에게는 '사고 과정' 연구라는 점을 먼저 알려 주고 참여 여부를 물었다. 그다음, 참여하겠다고 동의한 학생들에게 실험이 오전 7시에 시작한다는 것을 알려 주고 다시 참여 여부를 물었다. 그 결과, 첫 번째 통제 집단에서는 24%만 실험에 참여하겠다고 동의했지만, 두 번째 집단(낮은 공 집단)에서는 56%가 동의했다.

또 다른 연구자(Burger & Cornelius, 2003)는 참가자들에게 대학생의 자치 기금 마련을 위해 5달러를 기부하면 그에 대한 답례로 학교 이름이 적힌 커피 잔을 주겠다고 했다. 이때 낮은 공 조건에서는 참가자들이 기부를 한 후 커피 잔이 품절됐다고 알려 주고, 그런데도 계속 기부하기를 원하는지 물었다. 통제 조건의 참가자들은 답례품으로 받는 커피 잔에 대해 어떠한 이야기도 듣지 않았다. 방해 조건의 참가자들은 기부하기 전에 커피 잔이 품절되었다는 말을 먼저 들었다. 그 결과, 낮은 공 집단의 기부 비율이 77.6%로 통제 집단이나 방해 집단에 비해 월등히 높았다. 이것은 낮은 공 절차가 더 높은 순응을 가져온다는 것을 명백히 보여 준다.

3) 희귀성 원칙을 이용한 전략

사람들은 제한적이거나 한정된 대상에 더 큰 가치를 부여하는 경향이 있다. 이것은 결핍이라는 정보에 초점을 두기 때문에 나타나는 현상이다. Worchel 등(Worchel, Lee et al., 1975)은 참가자들에게 과자 단지에서 과자를 꺼내 맛본 다음에 그 맛을 평가하도록 했다. 참가자의 절반에게는 10개의 과자가 들어 있는 단지를 주었고, 나머지 절반에게는 2개의 과자가 들어 있는 단지를 주었다. 예상대로 10개의 과자를 공급받은 집단보다 2개의 과자를 받은 집단이 그 품질을 더 높게 평가했다. 구하기 어려운 것은 보통 그 가치가 높아, 사람들은 얻기 어려운 물건의 질이 높다고 생각하고 결정하기 때문이다(De Dreu & McCusker, 1997). 또한 사람들은 얻기 어려운 대상에 대해 선택의 자유를 잃었다는 느낌을 받는다. 이런 자유의 상실은 심리적 반발(psychological reactance) 원리(Brehm & Weinraub, 1977)에 따라 자유를 유지하려는 욕구를 강화시켜 그 대상을 더 간절히 원하게 만든다.

희귀성 원칙은 상품의 가치 이외에 정보의 가치를 평가하는 데에도 영향을 준다. 사람들은 제한된 정보를 더 원하는 특성이 있어서, 어떤 정보를 검열하고 금지하면 그 전보다 해당 정보에 더 많은 호감을 보이면서 열렬히 원한다(Worchel & Arnold, 1973). 이것은 사람들이 정보를 접하지 못한 상태에서도 그 정보로 그들을 설득할 수 있음을 의미한다. 대학생들에게 남녀 공용 기숙사를 반대하는 연설을 금지시키자, 그들은 남녀 공용 기숙사를 전보다 더 강하게 반대했다(Worchel, Arnold et al., 1975). 반대 연설을 듣지 못하자, 그들은 오히려 반대하는 의견에 더 순응하게 된 것이다.

할인 기간에 한정된 상품을 두고 타인과 경쟁하는 상황에서 자주 볼 수 있듯이, 희귀성 원칙은 타인과 희귀한 자원을 두고 경쟁할 때 특히 효과적이다(Worchel, Lee et al., 1975). 또한 전에는 흔하던 것이 귀해지면 그 가치가 높아진다. Davies(1962, 1969)에 따르면, 사회 · 경제적 조건이 꾸준히 좋아지다가 갑자기 악화할 때 혁명이 발생할 가능성이 높다. 그래서 혁명가 중에는 착취를 심하게 당한 하층민이 아니라, 윤택하게 살다가 갑자기 어려워진 사람이 많다. 그는 남북 전쟁, 1960년대 흑인 폭동, 프랑스 혁명, 러시아 혁명 등 다양한 혁명과 반란, 내전을 조사했다. 그 결과, 대부분은 한동안 삶의 질이 나아지다가 갑자기 나빠지면서 폭력적인 반란이 발생했다. 같은 맥락에서, 일관성 없이 자녀를 키우는 부모가 더 반항적인 자녀를 만든다(Lytton, 1979; O'Leary, 1995). 부모의 애정을 받아 본 자녀는 부모가 애정을 주지 않을 때 부모의 애정을 더 갈구하고 그 과정에서 더 반항적으로 된다.

이 원칙을 이용한 또 다른 하나의 기법이 **비싸게 굴기 기법**(playing-hard-to-get technique)이다. 이 기법은 상대방이 원하는 것을 갖기 어렵게 만들어 구매하도록 만드는 전략이다. 상품 판매에서 자주 쓰는 한정 판매 전략이 이 원칙을 이용한 것이다. 이 기법은 남녀관계에서도 종종 효과적으로 사용되곤 한다(Walster et al., 1973). 전화를 늦게 받는다거나 일부러 몇 번은 전화를 받지 않는 것 혹은 약속을 잡아도 상대가 모든 계획을 짜도록 요구하는 것처럼, 남녀관계에서 어느 한쪽이 종종 보이는 행동이 여기에 해당한다. 이 방법은 구직자들이 사용할 수도 있다. 자신을 원하는 기업이 또 있다는 것을 고용주에게 알리면, 그는 이 구직자가 채용할 만한 매력이 있는 사람이라고 인식하게 된다(Williams et al., 1993).

또 다른 전략으로 **급하게 끝내기 기법**(fast approaching deadline technique)이 있다. 사람들은 쉽게 얻을 수 있는 것보다 구하기 어려운 것을 더 가치 있게 여기는 경향이 있다. 이 기법은 사람들의 이러한 성향을 이용한 전략이다. 이것은 백화점이나 쇼핑몰에서 흔히 사용하는 방법이다. 그들이 사용하는 **마감 기법**(deadline technique)은 특별 세일과 같은 문구를 이용해서 특정한 날 하루 24시간만 세일을 실시함으로써, 사람들의 소비를 유도하는 전략이다([그림 10-17] 참조). 이 전략은 제품의 수량이나 시간에 제한이 있다는 인상을 주어, 사람들이 구매 요구에 순응하도록 만든다. 물건이 팔리지 않으면 이 문구는 종종 다른 날에도 계속 걸려 있지만, 사람들은 그 사실보다는 문구 자체에 집중하는 경향이 있기 때문에 관심을 가지게 된다.

그림 10-17 한정 세일. 이것은 마감 기법을 활용한 전략이다.

4) 상호성 원칙을 이용한 전략

우리는 이전에 나에게 호의를 베푼 사람에게 더 순응하는 경향이 있다. 즉, 상대방의 호의에 대한 부채의식으로 그의 요구를 받아들이게 된다. 상호성(reciprocity)은 상대방이 나에게 한 만큼 나도 상대방에게 해 주는 경향을 말한다. 이것은 타인과 신뢰를 구축하고 관계를 공정하게 만드는 과정을 통해서 상대방이 나를 믿고 따를 수 있도록 하는 과정이다(Kellen & Ellard, 1999). 상호성 원칙에는 인류 문화의 보편적이고 기본적인 규범이 담겨 있다. 상호성의 원칙에 따라 사람들은 무언가를 받으면 갚아야 할 의무감을 느낀다. 그렇기에 우리는 웃는 사람을 더 좋아하는데, 그의 미소가 우리를 좋아한다고 말해 주기 때문이다. 심지어 사람들은 보통 호감을 표현하는 사람을 그렇지 않은 사람보다 좋아한다(Eastwick & Finkel, 2009). 그래서 상호성 원칙에 내재된 미래 지향적 의무감 덕분에, 다양한 종류의 지속적인 인간관계, 상호작용 및 교환이 가능하다(Tiger & Fox, 1989). Kunz와 Woolcott(1976)은 생면부지의 사람들에게 크리스마스 카드를 발송했다. 그 결과, 많은 사람에게서 엄청난 양의 답장이 왔다. 답장을 보내온 사람들 중 정체불명의 교수에게 신원을 묻는 사람은 거의 없었다. 그저 카드를 받으면 무조건 답장을 해야 한다는 자동화된 반응에 따라 행동했을 뿐이다.

상호성 원칙을 이용한 전략 중 하나는 먼저 호의를 제공한 후 그 보답을 요구하는 것이다. 상호성 원칙은 그 영향력이 강력해서 순응에 영향을 주는 호감의 원칙보다도 더 강하게 작동한다. Regan(1971)은 참가자에게 실험협조자와 함께 미술 작품을 평가하도록 했다. 한 조건에서는 휴식 시간에 실험협조자가 콜라를 사 와 참가자에게 나눠 주었지만, 다른 조건에서는 아무것도 사 오지 않았다. 작품 평가가 끝난 후 실험협조자가 참가자에게 25센트짜리 복권 구매를 부탁했을 때, 실험협조자의 호의를 받은 참가자들이 그렇지 않은 참가자보다 2배나 더 많이 구매했다. 또한 실험협조자의 호감이 높을수록 복권 구매량도 늘어났다. 그러나 실험협조자에게 콜라를 받은 참가자에게서는 호감과 순응 사이의 정적 상관관계가 사라졌다. 상호성의 원칙이 호감의 원칙을 압도한 것이다.

상호성 원칙은 자신이 원치 않는 호의에도 적용되기 때문에, 결국 선택권은 먼저 호의를 베푼 사람에게 넘어간다. 사람들은 원치 않는 호의를 받았을 때에도 부채 의식을 갖게 된다(Paese & Gilin, 2000). 상호성 원칙은 불평등한 교환을 일으킬 수 있다. 부채 의식에 따른 불편한 느낌에서 빨리 벗어나기 위해, 사람들은 간혹 자신이 받은 호의보다 훨씬 더 큰 호의를 요구하는 부탁도 승낙한다(Wedekind & Milinski, 2000).

다만, 상호성 원칙은 가족이나 오랜 친구 같은 친밀하고 장기적인 관계에는 적용되지 않을 수 있다. 이런 공동체 관계에서는 돈에 대한 비용과 상관없이 상대가 필요로 하는 것을 자발적으로 제공하는 형태의 상호성만 나타난다(Clark et al., 1989).

이 원칙을 이용한 하나의 전략이 먼저 양보함으로써 상대의 양보를 끌어내는 방법이다. 문전 박대 기법(door-in the-face technique)으로 불리는 이 기법은 상대가 양보를 하면 자신도 양보를 해야 한다는 심리적 부담감을 이용한다. 처음에 무리한 큰 요구를 받은 사람은 면전에서 문을 쾅 닫아 버린다는 의미에서 이 기법을 문전 박대 기법이라고 한다. 거절 후 양보 기법(rejection-the-retreat technique)으로도 불리는 이 기법은 먼저 터무니없는 큰 요구를 해서 상대방이 거절하도록 만든 다음, 그보다 받아들이기 쉬운 작은 요구를 제안하는 방법이다. 처음에 무리한 요구를 해서 거절당한 후 한발 물러나 원래 바라던 작은 요구를 하면, 이것이 양보한 것처럼 보여 상대방의 승낙을 받아 낼 확률이 커진다.

한 연구 결과(Cialdini et al., 1978)에 따르면, 이 기법은 상대방이 승낙할 확률을 높일 뿐 아니라, 합의 사항을 실천할 확률 그리고 미래에도 유사한 요구에 응할 확률까지 높인다. 연봉 협상 초기에 선수 측은 연봉을 매우 높게 부른 다음 협상을 진행하면서 자신의 요구 수준을 낮춘다. 이 기법이 효과적인 이유는 요구 수준을 낮추면 상대방에게 타협할 줄 아는 사람이라는 인상을 주고, 요구량도 더 작게 느껴지는 경향이 있으며, 상대방이 처음의 요구를 거절한 데 대한 미안함을 가지기 때문이다.

마트에서 과일을 팔 때 5개 한 묶음에 만 원이라고 파는 것과 4개를 사면 1개를 덤으로 준다고 하는 것 가운데 어느 쪽이 더 많은 수익을 올릴까? 덤 기법(that's-not-all technique)은 높은 가격의 제품을 보여 주고 바로 추가적인 제품을 주거나, 조금 더 싼 가격으로 거래할 수 있다고 제안해서 구매하게 만드는 기법이다. Burger(1986)는 한 조건의 참가자에게는 높은 가격의 제품을 보여 주고 바로 추가적인 제품을 공짜로 주겠다고 제안했다. 다른 조건의 참가자에게는 같은 금액으로 그 제품과 추가 제품을 모두 살 수 있도록 제안했다. 그 결과, 추가적인 제품을 주겠다고 제안한 조건의 참가자들이 더 많이 구매했다. 이처럼 덤 기법은 어떤 제품을 비싼 가격으로 제시하여 고객이 가격에 대해서 생각하도록 한 다음, 다른 제품을 덤으로 제공해서 호의적인 조건을 제시하는 방법이다. 온라인 판매에서 물건을 구입하면 사은품 몇 종을 추가로 지급하거나, 편의점에서 도시락을 구입하면 음료수를 공짜로 제공하는 판매 기법, 또는 원 플러스 원이나 투 플러스 투 기법도 여기에 해당한다.

5) 사회적 증거 원칙을 이용한 전략

사회적 증거 원칙에 따르면, 사람들은 특정 상황에서 무엇을 믿고 어떻게 행동해야 할지 결정하기 위해 타인을 관찰한다. 그들은 일반적으로 '가장 많이 팔린' 상품을 '가장 좋은' 상품이라고 생각한다. 타인이 많이 하는 행동을 옳은 행동으로 보는 경향은 대체로 적응적이다. 사회적 증거에 부합하는 행동을 할수록 실수할 확률이 크게 줄어들기 때문이다. 예를 들면, Festinger 등(1964)은 종말론을 믿는 종교집단이 세상의 종말 예정일 이후 자신의 신념을 더욱 확고히 하면서 포교 활동을 하는 현상을 연구했다. 대재앙 예정일에 외계인도 나타나지 않고 홍수도 터지지 않자, 이전까지는 기자들을 피하고 대중의 관심을 고통스러워하던 신자들이 자신들의 홍보에 열을 올렸다. 그들의 급격한 태도 변화는 무너진 자신의 신념 체계를 뒷받침해 줄 다른 유형의 증거, 즉 사회적 증거를 만들어 내려고 노력한 결과였다.

사회적 증거 원칙은 상황이 불확실할 때 강하게 작용한다. 사람들은 애매모호한 상황에서 확신이 없을 때 타인의 행동을 기준으로 의사결정을 한다(Sechrist & Stangor, 2007; Zitek & Hebl, 2007). 도움이 필요해 보이는 상황을 목격한 행인은 반응하지 않는 다른 행인의 행동을 보고 그 상황을 별일 아닌 것으로 판단해 조치를 취하지 않을 가능성이 크다. 또한 사람들은 자신과 비슷한 사람을 따라 할 확률이 높다. 한 기금 모금 실험에서 모금원이 모금 대상자와 비슷한 사람인 척하려고 "저도 이 학교 학생이에요."라고 말하면, 모금액이 2배로 증가했다(Aunel & Basil, 1994). 대대적인 자살 보도가 이루어지고 나면, 여러 면에서 자살자와 유사점이 많은 사람들이 자살을 결심할 확률이 높아졌다(Phillips, 1974).

6) 권위의 원칙을 이용한 전략

앞에서 살펴본 것처럼 우리 사회는 보통 위계 구조 속에서 권위를 확립해야 존속할 수 있다. 그래서 사람들은 합법적 권위를 가진 사람에게 더 쉽게 순응하는 경향을 보인다. 합법적 권위란 타인에게 어떤 식으로 행동하도록 요구할 수 있도록 규범이나 제도적으로 인정된 권한이나 권위를 의미한다. 이처럼 합법적 권위가 기존의 제도에 의존한다는 점에서 강한 전략(harsh strategy)이라 할 수 있고, 좀 더 합리적이고 수긍할 수 있는 전문성에 의지하는 권위를 부드러운 전략(soft strategy)이라고 할 수 있다(Koslowsky et al., 2001). 우리가 권위자에 대한 복종을 당연시하면, 전혀 합리적이지

그림 10-18 경찰관 제복. 제복은 권위를 나타내는 대표적인 상징이다.

않은 명령에도 그대로 따르는 사태가 벌어진다. 미국의학협회에 따르면, 입원 환자에 대한 투약 실수가 하루 평균 최소 한 번씩 발생한다(Szabo, 2007). 이것은 상황을 직접 파악하는 대신 의사라는 권위자의 말에 무조건 따랐기 때문이다.

권위에 자동으로 순응하다 보면, 권위의 실체가 아니라 그들의 직함과 복장 또는 자동차와 같은 단순한 상징에 순응하는 경향도 보인다([그림 10-18] 참조). Bickman(1974)은 거리를 지나가는 행인들에게 버려진 종이봉투를 줍거나 버스 정류장 반대편에서 있으라는 식의 이상한 부탁을 했다. 절반의 사람들에게는 일상복 차림의 남성이 부탁을 했고, 나머지 절반에게는 보안요원의 제복 차림을 한 남성이 부탁했다. 연구 결과, 부탁의 내용과는 상관없이 보안요원 제복 차림일 때 더 많은 사람이 부탁을 들어주었다. 이 결과는 여성 연구자가 보안요원 제복을 입고 부탁했을 때도 마찬가지로 나타났다(Bushman, 1988). 이러한 현상을 방지하려면 권위의 상징이 아니라 진짜 권위의 증거를 찾을 필요가 있다. 특정 분야에 지식이 풍부한 전문가의 말이더라도 진실성이 부족해 보이거나 불리한 정보만을 제공할 때는 설득당하지 않도록 주의해야 한다(Van Overwalle & Heylighen, 2006).

요약

- 동조는 사람들이 다른 사람의 행동이나 의견을 자발적으로 따라 하는 경향을 말한다. 다수가 소수에게 미치는 영향은 Sherif(1935)의 자동 운동 현상을 이용한 암실 실험, Asch(1951, 1956)의 선분 길이 실험이 잘 보여 준다. 다수의 영향에 관여하는 요인에는 만장일치, 집단의 크기, 집단 응집성, 문화, 지위, 개인차 등이 있다.
- Moscovici 등(1969)의 연구는 소수가 다수에게 미치는 영향을 처음으로 밝힌 연구다. 소수의 영향에 관련된 요인에는 일관성, 논리성, 사회적 추세, 개인적 관련성, 다수와의 유사성, 소수의 크기 등이 있다.
- 동조가 일어나는 한 원인에는 타인이 주는 정보적 영향이 있다. 사람들은 주어진 상황을 정확하게 이해하려는 동기가 있는데, 이때 집단 구성원들의 의견은 현실을 정확하게 판단하는 데 주요 단서로서 작용할 수 있다. 다수와 소수의 정보적 영향의 차이를 전향 이론, 수렴-발산 이론으로 설명할 수 있다.

- 동조의 또 다른 원인으로 타인이 주는 규범적 영향이 있다. 사람들은 집단에 소속되어 타인과 관계를 맺고, 처벌을 피하고 보상을 얻고자 하는 동기가 있다. 그래서 집단은 그 구성원들에게 규범에 따르도록 하는 영향력을 행사할 수 있다. 규범에는 서술적 규범과 명령적 규범이 있다.
- Milgram의 복종 실험에서 대부분의 사람은 권위자의 명령에 복종했다. 복종의 정도는 참가자 요인과 실험자 요인에 따라 달랐다. 참가자는 희생자나 권위자와의 물리적 거리가 클수록, 집단 압력이 적을수록 복종 수준이 낮았고, 실험자의 권위가 클수록 더 많이 복종했다. 권위에 대한 복종은 집단의 공동 목표를 달성하기 위해서 필수적이지만, 때로 사람들은 책임감 회피로 인해 불합리한 명령에도 복종한다.
- 순응이란 타인 또는 집단의 요청이나 압력에 응하는 행위를 말한다. 순응의 원칙에는 호감, 일관성, 희귀성, 상호성, 사회적 증거, 권위 등을 이용한 것이 있다. 이러한 원칙에 기초해서 개발한 순응 전략에는 문간에 발 들여놓기 기법, 낮은 공 기법, 문전 박대 기법, 덤 기법, 비싸게 굴기 기법, 급하게 끝내기 기법 등이 있다.

제 11 장

집단 행동

1. 집단의 구조
2. 집단 수행
3. 집단의 의사결정
4. 집단과 리더십

사람들은 시대와 장소를 불문하고 다양한 집단에 속해 있다. 역사적으로 인간은 혼자서는 해결할 수 없는 여러 욕구를 자신이 속한 가족, 공동체, 지역사회, 또는 씨족 등 다양한 형태의 집단 속에서 충족해 왔다. 인간은 집단으로 뭉쳐 위험과 재난으로부터 자신과 가족을 보호해 왔고, 지식과 경험을 구성원과 공유하면서 문제를 해결해 왔다. 이런 점에서 집단은 우리의 삶에 필수적인 공간이다. 학술적인 측면에서도 집단에 관한 연구는 사회심리학에서 중요한 위치를 차지하고 있다. 이러한 점을 염두에 두고, 이 장에서는 집단의 구조를 살펴본 다음, 집단 수행, 집단의 의사결정 그리고 리더십을 차례로 알아본다.

1. 집단의 구조

집단에 관한 정의 중 Alderfer(1977)의 포괄적 정의에 따르면, **집단**(group)은 "경계가 있으면서 특정 목적을 달성하기 위해 구성원들에게 상호의존적이고 서로 다른 역할이 주어지는 하나의 자연적인 사회적 시스템"이다. 즉, 집단은 그 집단에 속한 사람을 구별 짓는 범위가 있어, 집단 구성원에게는 자신이 속한 내집단과 그렇지 않은 외집단이라는 경계가 존재한다. 역할에 기초한 집단 구성원의 행동은 공동의 목표를 달성하기 위한 것으로, 서로 영향을 주고받는 상호의존적인 특징을 보인다. 이러한 상호작용은 조직적이고 예측 가능한 방식으로 이루어진다. 또한 집단은 하나의 사회적 시스템으로, 특정 집단의 구성원이거나 그렇지 않은 사람 모두 그 집단을 하나의 실체로 지각한다(Hamilton et al., 2004). 3명 이상으로 이루어진 집단에 비해 두 사람의 관계는 수명이 짧고 단순할 수 있으며, 사회적 영향력도 집단에 비해 미미할 수 있다(Levine & Moreland, 2012). 집단 속에서 이루어지는 구성원들 사이의 안정된 관계를 **집단 구조**(group structure)라고 한다. 집단의 구조에는 집단 규범, 역할, 지위, 권력, 응집성 등 여러 측면이 있다.

1) 집단 규범

집단 규범(group norm)은 집단 구성원들의 행위에 대한 규칙으로, 구성원들이 적법하다고 수용하는 행위 방식이다. 그래서 집단 규범은 구성원들이 행동하거나 판단할 때 마땅히 따르고 지켜야 할 가치 판단의 기준이 된다([그림 11-1] 참조). 내용적인 측면에서 규범의 종류에는 지시적 규범, 금지적 규범, 기술적 규범, 강제적 규범이 있다(Cialdini & Trost, 1998). 지시적 규범은 구성원이 해야 할 행동에 대한 기준을 설정해 주고, 금지적 규범은 하면 처벌을 받는 행동을 제시해 준다. 기술적 규범은 특정 상황에서 사람들이 전형적으로 생각하고 느끼고 행동하는 방식을 알려 주는 기준이다. 강제적 규범은 특정 상황에서 행동의 옳고 그름에 대한 기준을 제공하는 규범이다.

그림 11-1 집단 규범. 집단 구성원은 집단의 규범에 따라 적절한 방식으로 행동한다.

형태적인 측면에서도 규범의 종류는 다양하다. 헌법이나 학사 내규처럼 성문화된 서면 규칙(written rules)은 공식적으로 진술한 규칙으로, 조직 차원에서 제재를 가하거나 보호하기 위한 것이다. 서면 규칙 중 일부는 낙태의 법적 처벌처럼 적용하기 쉽지 않아 오래 시행되지 않은 예도 있다. 명시적 규범(explicit norms)은 집단 구성원이 서면이나 구두로 규칙을 공유하고 쉽게 인식할 수 있는 규범이다. 가령, 모든 직원은 출근 시간이 9시라는 사실을 알고 있다. 그러나 이 역시 모두가 지키는 것은 아닐 수 있다. 집단에는 비명시적이고 비공식적인 규범(nonexplicit, informal norms)도 있다. 병원의 모든 구성원은 매주 월요일 회의에 참석해야 한다는 명시적 규범이 있음에도, 급한 수술을 해야 하는 의사는 회의에 불참하는 대신 나중에 회의록을 통해 정보를 얻는 것이 용인된다. 암묵적 규범(implicit norms)은 회사 동료의 결혼식에는 참가해야 한다는 규범처럼, 집단 구성원들이 명시적으로 공유하고 있지는 않고 암암리에 그들의 행동을 통제하는 규범이다.

집단 규범은 집단이 발달하는 과정에서 만들어진다. 보통 갓 형성된 집단의 구성원들은 주어진 과제를 하는 절차와 목표, 권한에 대하여 갈등을 겪는다. 이러한 갈등을 해결하는 방식이 집단 규범으로 작용하면서, 집단은 목표, 역할, 권한에 대한 불확실성을 해소한다(Tuckman, 1965). 일반적으로 규범의 통제를 받는 행동은 집단의 유지를 보장하는 행동, 구성원의 행동을 예측하게 하는 행동, 난처한 대인관계 상황을 방지하는 행동, 집단의 핵심적 가치를 드러내는 행동 등이다(Feldman, 1984).

보통 집단 규범은 상사나 동료의 명시적 진술, 집단의 역사에서 중요한 사건, 집단의 우선순위, 이전에 한 행동에서 발달한다(Feldman, 1984). 집단이 구성원들에게 규범을 따르도록 압력을 가하거나 구성원들이 다른 사람의 행동을 조정하는 과정은 사회적 영향(제10장 참조)과 연관된다. 사람들은 집단 규범을 내면화함으로써 규범에 부합하는 행동을 안정적이고 자발적으로 하고자 한다. 특히 자신이 특정 집단에 소속되고자 할 때, 집단 안에서 자신의 지위가 상대적으로 낮다고 지각할 때(예: 성별, 위계적 지위, 소수 민족 등), 자신이 특정 집단의 분명한 소속원임이 두드러질 때(예: 종교인, 공무원 등), 응집성이 높은 집단에 소속되어 있을 때, 사람들은 해당 집단의 규범에 부합하는 행동을 하려는 경향이 높아진다.

구성원들이 규범을 중요하게 여길수록 규범을 위반하는 행동은 제재받을 수 있다. 실제 집단은 구성원의 일탈 행동을 파악하면 일련의 과정을 통해 제재를 가한다(Napier & Gershenfeld, 1999). 먼저, 집단은 일탈 행위자와 상호작용을 증진하고 그 사람의 지위를 분명히 설명함으로써 그런 행동을 줄이고자 한다. 해당 일탈 행동이 감소하면 그 사람의 역할과 지위를 유지해 주지만, 그렇지 않으면 그와의 경계를 재설정하여 소통을 단절하는 등 집단으로부터 고립시킨다. 게다가 마지막까지 일탈 행동을 하면, 그를 집단에서 추방하는 방식으로 처벌을 한다. 그러나 집단에 오래 충성하고 공헌한 구성원은 일탈 행동을 하더라도 구성원들로부터 양해를 받아 집단 규범에 의한 처벌을 면제받는다. 이것을 **이단 특혜**(idiosyncrasy credits)라고 한다(Hollander, 1960).

규범이 구성원들 사이의 공유된 신념이라는 점에서 규범적 행동의 교환과 육성은 규범 유지에 필수적이다. 이와 같은 작업은 학교와 같은 공식적인 기관을 통해서 이루어지기도 하고, 가족이나 중요한 타인을 통해 비형식적으로 이루어지기도 한다. 규범은 그 전승을 통해 특정 집단의 전통으로 남는다. 이런 점에서 규범은 구성원들의 행위를 규제할 뿐 아니라 집단 그 자체를 유지하는 역할도 한다(Collins, 2004; Rimal & Real, 2005). 다른 한편으로, 규범은 고정된 실체가 아니기 때문에 사회 변화나 문화변동에 따라 바뀌기도 한다. 가령, 비효율적이거나 현실과 맞지 않는 규범은 사라진다(Schaller & Latané, 1996).

2) 역할

집단 구성원이 맡는 **역할**(role)은 집단이라는 특정 사회적 맥락에서 그들이 수행해야 할 임무와 같이 특정 행동을 의미한다(Forsyth, 2018). 사람들은 혼자서 자신의 모든 욕구를 충족시킬 수가 없다. 이러한 욕구 중에서 공동의 욕구 혹은 목표를 달성하기 위해서는 집단 구성원이 서로 다른 역할을 할 필요가 있다. 이처럼 분화된 역할은 사람들에게 그에 맞는 행동을 수행하도록 하고, 다른 사람들과 정해진 방식대로 상호작용하게 한다. 집단 구성원들 간의 행동은 각자 취향이나 성향보다는 자신의 역할을 더 많이 반영한다([그림 11-2] 참조). 또한 그들은 여러 역할을 담당하기도 하고 그 역할을 그만두기도 하며 역할과 관련하여 나름의 협상도 한다. 때로는 원하는 역할을 부여받지 못하거나 원치 않는 역할이 주어진 사람은 그 집단을 떠나기도 한다.

그림 11-2 **집단 규범과 역할.** 집단 규범에 따라 각자에게 주어지는 역할이 다양하고, 구성원은 그 역할을 하도록 요구받는다.

역할에는 크게 **과업적 역할**과 **관계적 역할**이 있다(DeVitio, 2012). 과업적 역할은 일과 관련된 과제를 달성하기 위한 역할로, 집단이 과제를 원활히 수행하도록 과업을 배정, 지도 및 조언하는 것을 말한다. 이런 역할을 하는 사람은 집단의 목표와 과제의 수행에 초점을 두며, 이를 위해 구성원들이 서로를 지지하도록 유도하는 데에도 초점을 둔다. 반면, 사회 및 정서적 역할이라고도 하는 관계적 역할은 구성원 간 긍정적 관계를 도모하기 위한 역할로, 집단 구성원들 간의 긴장이나 스트레스를 조정하고 그들의 정서적 욕구를 충족시켜 준다. 이러한 역할을 하는 사람은 집단 구성원들이 좋은 인간관계를 유지하는 데 이바지한다.

또한 역할은 **기대되는 역할**과 **지각된 역할**로 나눌 수 있다(Nijstad, 2009). 기대되는 역할은 집단이나 타인의 관점에서 특정 구성원이 수행하기를 기대하는 역할이다. 리더는 중요한 의사결정과 조직의 비전 제시와 같은 역할을 하도록 기대되고, 회계사원은 입출금이 제대로 이루어졌는지 계산해서 확인하는 역할을 하도록 기대된다. 따라서 외부의 기대를 잘 파악하는 것은 자기의 역할을 더욱 효과적으로 하는 데 도움이 된다. 반면, 지각된 역할은 특정 구성원이 자신에 대한 타인의 기대를 어떻게 지각하는지에 관한 것이다. 기대되는 역할과 지각된 역할이 일치할 때 갈등이 적을 수 있다.

때로 집단 구성원은 여러 가지 이유로 역할 스트레스를 겪는다(Forsyth, 2018). 예를 들면, 특정 개인에게 기대하는 역할이 불분명할 경우 그것은 스트레스를 일으킨다. **역할 모호성**은 역할이 갖는 일관성이나 명확성이 낮아, 그 역할을 맡은 사람이 분명히 이해하지 못하여 계획에 따라 그것을 수행하기 어려운 상황을 말한다. **역할 갈등**은 하나의 역할이 요구하는 내용이 서로 상충적일 때 발생한다. 가령, 어떤 역할은 신속한 결정과 실행을 요구하면서도 시간이 드는 창의적 아이디어도 함께 요구할 수 있다. 또한 한 개인에게 요구하는 역할 간의 충돌 때문에 역할 간 갈등도 생길 수 있다. 한 연구(Moura et al., 2014)에서 1년 이상 기업에 근무한 사람을 대상으로 연구한 결과,

역할 모호성과 역할 갈등이 근로자의 사기를 떨어뜨리고 직무 스트레스를 높여 직무 만족도를 낮추고 이직률을 높이는 결과를 초래했다.

3) 지위

집단에서 한 사람의 지위(status)는 그의 사회적 신분에 따르는 위치나 자리를 의미한다(Forsyth, 2018). 한 조직에서 사용하는 과장, 부장, 상무와 같은 명칭은 모두 사람들의 지위를 일컫는 말이다. 사회적 지위는 개인이 사회 전체의 위계 구조 속에서 차지하는 위치로, 일반적으로 재산, 직업, 출신, 가문, 혈연, 교육, 인종, 성별 등이 기준이 된다. 또한 사회적 지위는 성과 나이처럼 본인의 의사나 노력과는 관계없이 주어지는 귀속적 지위와 사장, 대표 등 본인의 노력으로 성취하는 성취적 지위로 구분한다(권태환 외, 2011). 지위는 또한 상대적 우위와 권한의 차이를 지칭하는 이름으로 권한, 권력 혹은 지휘 계통과 연관이 있다. 그래서 지위는 역할 및 권한과 함께 결합하여 위계 구조(hierarchical structure)를 형성한다(Aronson, 2004). 이 구조에서 상위의 사람은 결정과 책임 등 높은 권력을 갖고, 하위에 속한 사람은 상위 사람들의 지위와 권위를 인정하고 그들의 지시와 명령에 복종한다.

그러면 위계적 구조에서 어떤 사람이 더 높은 지위를 갖게 되는가? 기대 상태 이론(expectation-states theory; [그림 11-3] 참조)에 따르면, 집단 구성원들은 특정 구성원의 성별, 연령, 능력 또는 과거의 성공 경험에 근거하여 그 사람에게 과업에 대한 성공적 수행을 기대한다. 그러면 이러한 기대는 자기충족적 예언으로 작용하여, 해당 구성

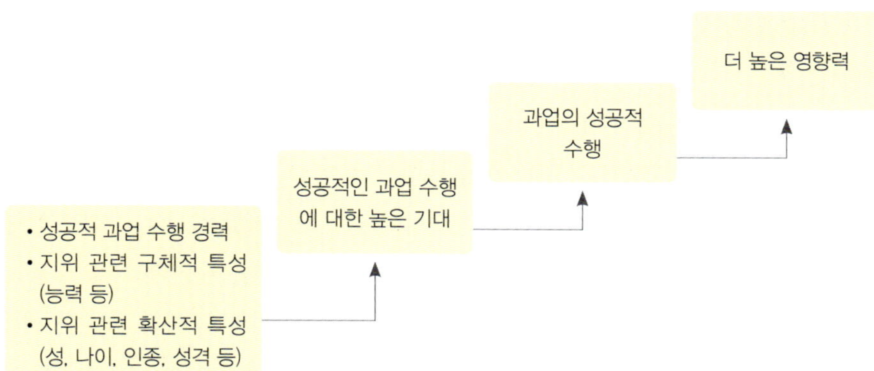

그림 11-3 지위와 권력의 분화에 대한 기대 상태 이론. 특정 구성원에 대한 과업 성공의 기대는 자기충족적 예언으로 작용하여 실제로 과업의 성공적 수행으로 이어지고, 이것이 지위의 격차를 만든다.

원이 실제로 과업을 잘 수행하게끔 하고, 그 결과 그의 지위가 상승하고 영향력이 커진다(Berger et al., 1980). 기대 상태 이론이 함축하는 것 중 하나는 기존에 남성들이 차지하고 있던 높은 지위를 여성들이 도전해서 확보하는 것은 그만큼 어려울 수 있다는 것이다. 집단 구성원들은 높은 지위에 적합한 인물로 기존에 그와 같은 역할을 성공적으로 수행한 남성들을 생각하기 쉽기 때문이다.

조직의 위계적 구조는 빠른 의사결정과 특정 구성원에게 주어지는 정보의 과부하를 줄여 줌으로써 조직의 효율성을 높이기도 하지만, 자유로운 의사소통을 저해하는 역기능을 보이기도 한다. 그중 하나가 **함구 효과**(mum effect)인데, 이것은 사람들이 다른 사람들에게 나쁜 소식을 함구하고 전달하지 않는 것이다. 위계적 구조 안에서 부하는 조직이나 과업 수행을 향상할 수 있는 정보나 의견을 의도적으로 표현하지 않을 수 있다(Morrison & Milliken, 2000). 조직 침묵은 조직 혁신을 방해하거나 건설적 의사결정에 필요한 정보를 왜곡하는 결과를 초래할 수 있다(Eisenberger et al., 2003). 또한 위계적 구조를 지닌 조직에서 대인관계는 상하 위치에 따라 권력을 남용하는 가해자와 그러한 권력 남용의 피해자가 발생하기도 한다. 한국 사회에서 장애인, 저학력 근로자 및 외국인 근로자에 대한 차별은 집단의 지위와 관련한 심각한 차별의 전형적인 사례들이다(김혜숙, 박수미, 2006).

4) 권력

학자마다 권력에 대한 정의는 매우 다양하다. 가령, Weber(1947)는 권력을 사회적 관계에서 갑이 을의 저항에도 불구하고 자신의 의지를 실현할 가능성으로 보았다. 반면에 Mechanic(1962)은 권력을 강제력이 없었다면 발생하지 않았을 행동을 유발할 수 있는 어떤 힘으로 보았다. 비슷하게, Luckes(1974)는 권력을 갑이 을을 압도할 수 있는 능력 차원으로 정의하고 있다. 이러한 점을 고려해서 볼 때, 통상적으로 **권력**(power)은 사회적 관계에서 지위나 위치 등을 통해서 남을 복종시키거나 지배할 수 있는 공인된 권리와 힘이라고 할 수 있다(Reeve, 2011). 권력의 분화는 지위와 밀접하게 관련되어 있어, 지위가 높은 사람이 다른 사람에게 행사할 수 있는 영향력이 상대적으로 크다. 이때 권력은 공식적 형태의 권위와 비공식적 형태의 영향력이라는 두 가지 모습을 띠고 있다. 권위는 남을 지휘하거나 통솔하여 따르게 하는 힘이다. 명령하는 사람의 지위가 사회적으로 인정받고 신분이 뚜렷한 합법적인 권위자일 때, 사람들은 권위에 자발적으로 복종한다.

집단이 형성되면 권력 구조도 함께 만들어진다(〈표 11-1〉 참조). 집단 구성원 중에서 누가 가장 인기 있고 책임을 맡을 만한 사람인지가 집단의 형성 과정에서 결정된다. 집단은 구성원 각자에게 최선의 이익을 안겨 주면서 피해는 최대한 덜어 줄 사람, 즉 선(善)을 증진하는 사람에게 권력을 부여하는 경향이 있다(Keltner, 2016). 학교, 기업체, 군 조직에서 권력을 갖는 사람은 성격 5요인(Big 5) 성격 특질과 모두 정적 관련성이 있었다(Judge et al., 2002). 즉, 그들은 열정적으로 구성원의 이익을 옹호하고 관대하며, 정서적으로 안정되어 있고, 열린 마음으로 참신한 관점을 제시하는 사람들이다.

권력은 자신이 권위가 있고 환경에 대한 통제권이 있다는 믿음에서 출발한다(Forsyth, 2018). 사람들은 자신이 과거에 권력을 행사한 경험을 상기하는 것만으로도 주도적인 행동을 한다(Galinsky et al., 2003). 권력을 가진 사람들은 더 낙관적이고 스트레스를 더 잘 극복한다(Scheepers et al., 2012). 반면, "권력은 부패하고 절대 권력은 절대 부패한다."라는 격언처럼, 권력을 가진 사람들은 권력을 남용할 우려가 있다. 권력 남용은 제어되지 않는 절대 권력 상태로, 다른 사람에게 공감하지 못하고 자기의 이익을 먼저 취할 때, 다른 사람을 인정하기보다 무력화시킬 때, 자신과 타인을 이중 잣대로 평가하면서 그들과 거리를 둘 때 발생한다(Keltner, 2016). 또한 지위가 높거나 권력이 많은 사람은 타인의 정서에 대한 공감 정확도가 떨어진다. 가령, 사람들의 사회·경제적 지위를 조작했을 때, 지위가 높은 사람은 지위가 낮은 사람보다 공

표 11-1 권력의 원천

강압적 권력	• 한 사람이 다른 사람을 처벌할 수 있는 권력 • 이 권력이 목적 달성의 유일한 방법이라고 생각할 때 사용 • 더 강한 요구가 필요하다고 생각하는 사람들이 사용
보상적 권력	• 리더가 부하 직원에게 보상을 줌으로써 영향력을 행사 • 부하 직원은 보통 리더에게 받는 보상을 더 중요하고 가치 있게 생각
합법적 권력	• 조직 내에서 리더가 차지하고 있는 지위로부터 발생 • 부하 직원에게 무엇을 요구할 수 있는 합법적인 권한
전문적 권력	• 부하가 리더를 특정 분야의 전문가로 여길 때 생기는 권력 • 특정 분야에 월등한 기술과 능력이 있는 사람들에게 주어지는 권력
참조적 권력	• 부하가 리더를 좋아해서 그가 원하거나 요구하는 것을 할 때의 권력 • 집단 내 대인관계에서 그 중심에 있는 사람 • 이러한 권력을 가진 사람을 대중들은 추종

출처: French & Raven (1959).

감의 정확도가 상대적으로 낮았다(Kraus et al., 2010).

상사가 권력을 통해 부하의 행동에 영향력을 행사할 때, 그들은 순응, 동일시, 개인적 수용, 저항과 같은 반응을 보인다(Baron et al., 1992; Reeve, 2011). 이때 순응은 부하가 자신의 의지와는 상관없이 상사의 요구에 따라 행동하는 것을 말한다. 가령, 부하는 싫으면서도 상사의 지시 사항이니까 어쩔 수 없이 안전 장비를 착용할 수 있다. 동일시는 부하가 자신을 상사나 그의 특성 혹은 견해와 밀접하게 연합시키는 과정이다. 이런 경우 부하는 상사가 원하는 것을 있는 그대로 수용해서 실행할 가능성이 크다. 개인적 수용, 즉 내면화는 상사의 요구가 옳고 타당하다고 믿을 때 일어난다. 순응이나 동일시에 비해 개인적 수용은 그 효과가 장기적이다. 저항은 앞의 경우와는 달리 부하가 상사의 요구에 따르지 않는 것이다.

5) 집단 응집성

집단 응집성(group cohesion)은 집단 구성원이 서로 긴밀하게 결합하여 하나의 집단을 유지하는 힘을 의미한다. 응집성은 구성원의 과업에 대한 헌신과 대인관계에서 갖는 매력을 중심으로 설명한다. 응집성이 높은 집단의 구성원은 서로 강한 연대감을 바탕으로 집단 그 자체와 집단의 공동 목표에 계속해서 헌신함으로써 결속되어 있다. 응집성이 높은 집단은 단일체로서 다양한 상황에 걸쳐 오랫동안 유지되지만, 응집성이 낮은 집단은 구성원, 과정 및 절차가 자주 바뀐다(Forsyth, 2018).

집단 구성원 사이의 응집성은 집단의 매력, 소속감, 조정, 공유된 감정과 같은 여러 요소의 조합을 통해 발전한다. 내집단 동료에 대한 호감이 높을수록 집단 응집성도 높다(Dion, 2001). 또한 집단 동일시 정도가 높은 집단은 집단 응집성이 높다. 가령, 스포츠팀의 높은 집단 동일시는 선수 간 사회적 연결감과 소속감을 증진하고 팀을 개인의 삶에 중요한 의미가 있는 존재로 만든다(Wann et al., 2017). 치료 집단의 구성원을 대상으로 한 연구에서도 집단 응집성과 집단 동일시는 매우 높은 정적 상관관계가 있으며(Marmarosh et al., 2005), 집단 내 관계, 과제 및 과정상의 갈등이 발생하면 집단 동일시가 감소한다(Johnson & Avolio, 2019).

응집성이 높은 집단은 소속감을 바탕으로 모든 구성원이 하나가 되고자 융합한다. 집단 구성원들은 집단을 동일시하고 외집단과는 다른 명칭을 사용해서 집단 소속감을 표현한다. 또한 집단의 공동 목표를 달성하기 위해 함께 노력하고자 하는 의지를 공유한다. 따라서 자신의 역할에 따라 과업을 민첩하게 조정해서 집단의 목표를 달성한다(Siebold, 2007). 마지막으로, 구성원 간 반복적인 교류를 통해 긍정적인 정서를 경험하면서 응집성의 수준이 높아진다. 특히 모든 구성원이 집단 목표를 달성하기 위해 서로 행동을 조절해서 발맞추어 간다고 느낄 때, 그들은 성취감과 유쾌함을 경험하고, 이것이 집단의 목표 성취로 이어질 수 있다(Lawler et al., 2014).

일반적으로 응집성이 높은 집단이 낮은 집단에 비해 더 기능적이다. 응집성이 높은 집단일수록 집단 생산성 수준이 높다. 6,000개 이상의 집단을 대상으로 한 132개 연구를 메타분석한 결과, 응집성과 생산성 간에 .21~.25의 안정적인 정적 상관이 있었다(Castaño et al., 2013). 특히 상호의존성이 높은 과제를 수행할 때 집단 응집성이 생산성에 미치는 긍정적인 효과가 더 컸는데, 응집성은 일하는 과정에서 발생하는 여러 손실이나 비효율성을 최소화하는 윤활유 역할을 하기 때문이다(Beal et al., 2003). 또한 높은 집단 응집성은 동기 수준을 높여 줌으로써 사회적 태만을 줄이는 효과가 있다(Karau & Williams, 1997).

관계적인 측면에서도 집단 응집성은 여러 가지의 적응적인 기능을 한다(Van Dyne et al., 1995). 응집성이 강한 집단에서는 구성원들 간의 인간적인 유대감이 강하여 바람직한 사회적 교환을 더 빈번하게 한다. 또한 응집성이 높은 집단 구성원들은 서로를 수용하고 도와주며 집단에서 의미 있는 관계를 형성한다. 이러한 집단에서 구성원들의 삶의 만족도와 집단 참여율이 높고 구성원들 사이의 의사소통도 활발하다. 특히 구성원들 간에 안정적인 공감이 이루어질 때 집단에 대한 소속감이나 매력이 증가할 수 있다(이하연, 최훈석, 2014).

이러한 장점에도 불구하고, 응집성이 높은 집단의 구성원들은 그렇지 않은 집단의 구성원들보다 동조 압력을 더 받는 경향이 있다. 집단 내 동조 압력은 구성원 간 빈번한 상호작용 및 사회적 영향을 주고받는 과정에서 구성원 개개인이 집단 의사결정 사안에 대한 비판적 사고를 할 수 있는 기회를 방해하기 때문이다(Giordano, 2003). 또한 사람들은 자신이 구성원들과 유사하다고 생각하면서 집단 목표를 달성하기 위해 그리고 구성원 간의 결속을 다지기 위해 동조 압력에 기꺼이 순응한다.

글상자 11-1

집단 역학의 연구에 유용한 도구, SYMLOG

Bales(1983)는 집단 구성원들의 상호작용을 관찰하여 그들의 활동을 유형화하는 검사 도구인 **SYMLOG**를 개발했다. SYMLOG는 개인을 지위, 친소관계 그리고 역할의 3차원으로 구분한다. 지위(U–D)는 지배(Up) 대 복종(Down)으로, 지배적인 구성원은 능동적이고 사교적이며 말이 많고, 복종적인 구성원은 수동적이며 말이 적다. 친소 관계(N–P)는 우호(Positive) 대 비우호(Negative)로, 우호적인 구성원은 따뜻하고 개방적이고, 비우호적인 구성원은 차갑고 부정적이다. 역할(F–B)은 과업 지향(Forward) 대 감정 지향(Backward)으로, 과업 지향적인 구성원은 공식적 권한을 수용하는 행위를 선호하는 반면, 감정 지향적인 구성원은 공식적 권한을 거부하는 행위를 하거나 집단의 방식을 변경하려고 한다.

SYMLOG의 측정 지표는 입방체 모형([그림 11–4] 참조)의 27개 공간 중 정중앙에 있는 중립적인 칸을 제외한 26개 공간의 특성을 정형화한 문항이고, 이를 토대로 2차원 다이어그램에 개인의 위치를 표시할 수 있다([그림 11–5] 참조). 한 연구(이학석, 2018)에서 효율적인 팀은 팀원의 역할과 팀 내 위치가 다양하고, 팀을 주도적으로 이끌어 가는 리더를 바탕으로 권력과 지위가 구분되지 않은 수평적 상호작용을 하며, 각자의 역할이 명확히 구분되어 있었다. 반면, 비효율적인 팀은 팀원의 역할과 팀 내 위치가 비슷하고, 권력과 지위가 명확한 수직적 상호작용을 하며, 불필요한 문제가 자주 발생하고, 각자의 역할이 명확히 구분되어 있지 않았다.

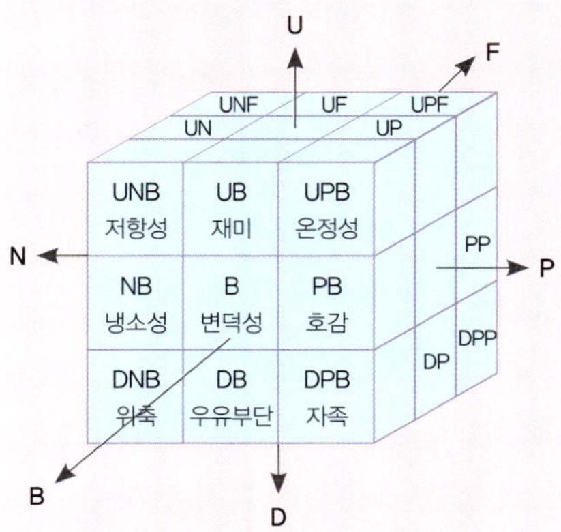

그림 11–4 SYMLOG의 입방체 모형

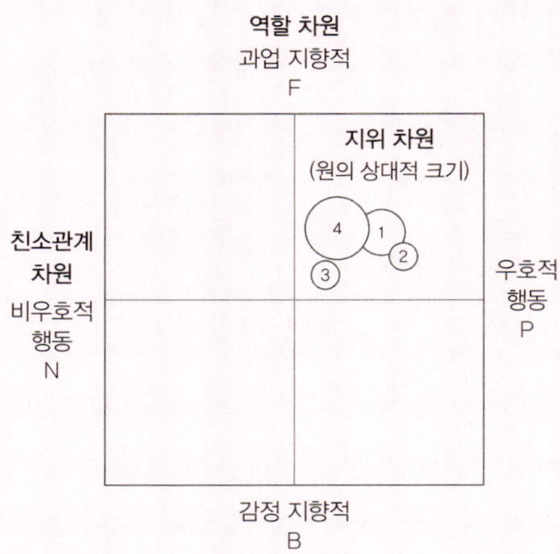

그림 11–5 SYMLOG 2차원 벤다이어그램

2. 집단 수행

Nijstad와 Paulus(2003)는 집단 수행에 관한 일반 모형으로 집단 구성원, 집단 상호작용의 과정, 집단 산출 그리고 집단 맥락으로 이루어진 모형을 제안했다([그림 11-6] 참조). 이 모형에 따르면, 집단 구성원은 자신의 지식, 기술, 능력과 함께 동기, 정서 그리고 성격과 같은 요인을 집단 장면으로 가지고 온다. 이러한 요인은 집단마다 다르고 그 차이가 집단의 수행에 영향을 미친다. 집단 과정은 개별 구성원이 투입한 노력을 어떻게 집단 차원의 수행으로 조합하는가의 문제다. 때로 집단의 실질적 수행은 잠재적 수행보다 낮거나 높을 수 있다. 가령, 집단 구성원들이 개별적으로 수행할 때보다 여럿이 함께 수행할 때 그 수행 수준이 높을 수도 있고 낮을 수도 있다.

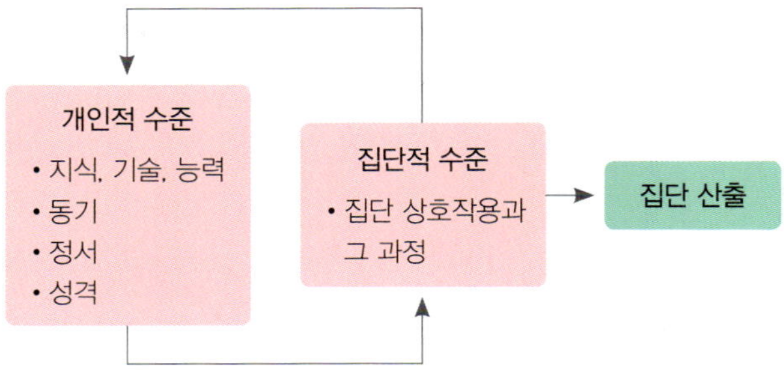

그림 11-6 집단 수행에 관한 일반 모형. 집단 산출에는 집단 구성원의 개인적 요인과 집단적 차원의 요인이 영향을 미친다.
출처: Nijstad & Paulus (2003).

1) 사회적 촉진

때로 우리는 혼자서 일할 때보다 여럿이 모여서 할 때 혹은 다른 사람이 보고 있을 때 개인 성적이 더 좋은 때도 있다. 이와 같은 현상을 **사회적 촉진**(social facilitation)이라고 한다(Aronson et al., 2015; Zajonc, 1965). 일찍이 Triplett(1898)은 사람들이 혼자서 자전거를 탈 때보다 여럿이 탈 때 더 빠르다는 것을 발견했다. 또한 아이들에게 낚싯줄 감기 과제를 주었을 때, 그들은 혼자 할 때보다 여럿이 모여서 할 때 더 빨리 감았다. 이런 현상에 대한 주요 설명으로, 활성화 이론, 평가 이론, 주의 이론이 있다. 활성화 이론은 생리적 각성을 강조하는 접근이고, 평가 이론은 사회적 상황에서 평가 압력에 따른 동기적 측면을 강조하는 접근이며, 주의 이론은 사회적 상황에서 과제와 타인에게 주의가 분산되는 인지적 측면을 강조한다.

(1) 활성화 이론

Zajonc(1980)는 **단순 존재 가설**(mere presence hypothesis)을 기초로 청중이든 함께

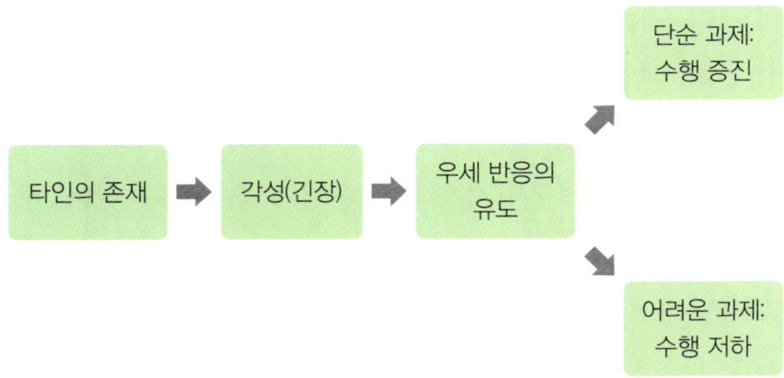

그림 11-7 Zajonc의 단순 존재 가설. 타인의 존재는 각성을 불러오고 이것이 우세 반응을 일으킨다는 이론

행동하는 사람이든 타인의 단순한 존재는 선천적으로 유기체의 추동(drive), 즉 행동을 동기화하는 일반적인 준비 상태의 수준을 높이고, 이것이 과제에 대한 우세 반응을 유도한다고 보았다. 우세 반응은 본능적인 행동 또는 오랜 시간 학습했거나 습관화된 행동으로 수행 가능성이 큰 반응인 반면, 비우세 반응은 익숙하지 않거나 연습이 충분히 되지 않은 행동으로 수행 가능성이 낮은 반응이다. 그래서 과제의 난이도에 따라 과제 수행의 정도는 달라지는데, 쉬운 과제에서는 수행 수준이 증가하지만, 어려운 과제에서는 수행 수준이 감소한다(Zajonc, 1965). 쉬운 과제에서 우세 반응은 적절한 수행일 가능성이 커, 수행 수준이 증가하는 사회적 촉진이 발생한다. 반대로, 어렵고 낯선 과제에서 우세 반응은 부적절한 수행일 가능성이 커, 수행 수준이 감소하는 사회적 억제가 발생한다([그림 11-7] 참조).

(2) 평가 이론

Cottrell(1972)의 평가 불안 이론(evaluation apprehension theory)에 의하면, Zajonc의 단순 존재 가설과는 달리 추동은 자신이 타인의 평가를 받고 있다는 과업 수행자의 인식 때문에 생긴다고 설명한다. 청중 앞에서 하는 수행은 타인의 강화나 처벌이라는 결과를 낳는다. 그래서 사람들은 사회적 상황에 대해 평가와 연관해서 평가 불안을 경험하는데, 이때 단순 과제의 수행은 나아지고 어려운 과제의 수행은 저하된다.

평가 우려가 과제 수행에 미치는 영향은 과제의 난이도나 평가의 구체적 특징에 따라 다르다. Bartis 등(1988)은 한 집단의 참가자들에게는 칼을 사용할 수 있는 여러 방안을 찾으라는 쉬운 과제를 제시했지만, 다른 집단의 참가자들에게는 창의적으로 칼을 사용할 수 있는 방안을 찾으라는 어려운 과제를 제시했다. 또한 각 집단의 일부에게는 개인 성적을 평가한다고 알려 주었지만, 나머지 일부에게는 개인 성적에 상관없이 전체 집단의 성적을 평가한다고 알려 주었다. 그 결과, 개인 성적 조건의 참가자들은 집단 성적 조건의 사람들에 비해 쉬운 과제에서는 성적이 높았으나 어려운 과제에서는 성적이 나빴다.

또한 주변에 있는 사람이 누구인지가 과제 수행에 중요할 수 있다. 한 연구(Allen et al., 1991)에서 평가자와 함께 있는 조건의 참가자들은 수행 성적이 저조했지만, 자신을 적극적으로 지지해 주는 사람이 옆에 있을 때는 각성하지도 않고 스트레스를 받는 어려운 과제를 계속하더라도 수행 성적이 떨어지지 않았다. 또 다른 연구(Seitchik et al., 2014)에서는 다른 사람의 평가에 대한 기대가 과제 수행에 영향을 주었다. 여러 사람 앞에서 기억 과제를 수행할 때 그들로부터 좋은 평가를 받을 것으로 기대한 상황에서는 참가자들의 성적이 혼자 수행할 때보다 좋았지만, 부정적 평가를 받을 것으로 기대한 상황에서는 성적이 나빴다.

(3) 주의 이론

사회적 촉진 현상에 대한 **주의 이론**은 과제를 수행할 때 주의를 기울이는 것과 그렇지 않은 것을 구분하는 것이 중요하다고 본다. **분산-갈등 이론**(distraction-conflict theory)에 따르면, 사람들이 과제를 수행할 때 다른 사람의 존재나 현저한 환경적 자극(예: 시계의 째깍 소리) 등이 그의 주의를 분산시킴으로써 수행 수준에 영향을 줄 수 있다. 혼자서 과제를 수행할 때에는 다른 것에 주의할 필요 없이 과제에만 집중할 수 있다. 그러나 누군가가 옆에 있으면 주의가 과제와 그 사람에게 분산되는데, 사람들은 과제와 타인에게 모두 집중하려는 갈등 때문에 생리적 각성이 발생한다(Sanders & Baron, 1977). 이때 단순 과제를 주면 사회적 촉진이 발생하지만, 복잡한 과제를 주면 사회적 억제가 발생한다.

이와 달리, Baron(1986)은 타인이 존재하는 상황에서 주의 분산의 갈등이 각성을 유발하기보다는 주의력의 소진과 같은 인지 과부하가 발생한다고 보았다. 복잡한 과제는 집중을 요구하는 요소가 많아서, 주의 분산은 수행 수준을 떨어뜨린다. 반면에 단순한 과제는 정확한 해결 요소가 있는 과제다. 그래서 인지 과부하 상황에서도 과제와 무관한 자극에는 주의를 기울이지 않음으로써 수행 수준이 나아진다. Huguet 등(1999)은 파란색이라는 단어를 빨간색 펜으로 쓴 것처럼, 색의 이름과 색깔이 다른 자극을 제시하고 색깔을 답해야 하는 과제를 사용하여 관중이 과제 수행에 미치는 효과를 알아보았다. 그 결과, 관중이 없는 조건에서는 반응 시간과 오류가 증가했지만, 관중이 있는 조건에서는 오류와 반응 시간이 감소했다. 이것은 관중의 존재가 수행자에게 과제에 집중할 수 있도록 유도한 것으로 보인다.

2) 사회적 태만

사람들은 때로 사회적 촉진과는 반대로 혼자 일할 때보다 다른 사람과 함께 일할 때 덜 노력한다. 이러한 현상을 **사회적 태만**(social loafing; Latané et al., 1979)이라고 한다. 사회적 태만 현상을 처음 발견한 Ringelmann(1913)의 연구에서 학생들은 개별적으로 밧줄을 당길 때에는 평균 85kg의 힘을 썼으나 7명이 동시에 당길 때에는 65kg, 14명이 동시에 당길 때에는 61kg의 힘을 썼다. 이러한 결과는 집단 구성원의 수가 증가함에 따라 개인이 쏟는 힘의 크기가 감소한다는 것을 보여 준다([그림 11-8] 참조). 이러한 현상을 **링겔만 효과**(Ringelmann effect)라고 한다.

Williams 등(1981)은 사람들에게 가능하면 큰소리로 마이크에 소리를 지르도록 했다. 그 결과, 6명이 함께 소리를 질렀을 때의 평균 크기는 혼자서 소리를 지른 평균 크기의 36%에 불과했다. 이와 같은 사회적 태만은 인지적 과제에서도 나타난다. Weldon과 Gargano(1988)는 참가자들에게 여러 종류의 시간제 일자리를 제시하고 이를 몇 개의 차원(시간적 융통성, 과업의 다양성 등)에서 평가하도록 했다. 어떤 참가자에게는 그들이 유일한 평가자라고 알려 준 반면, 다른 참가자에게는 그들이 평가자 16명 중의 한 사람이라고 알려 주었다. 그 결과, 참가자들은 혼자 평가한다고 믿고 있을 때 자신의 과업을 더 열심히 했다.

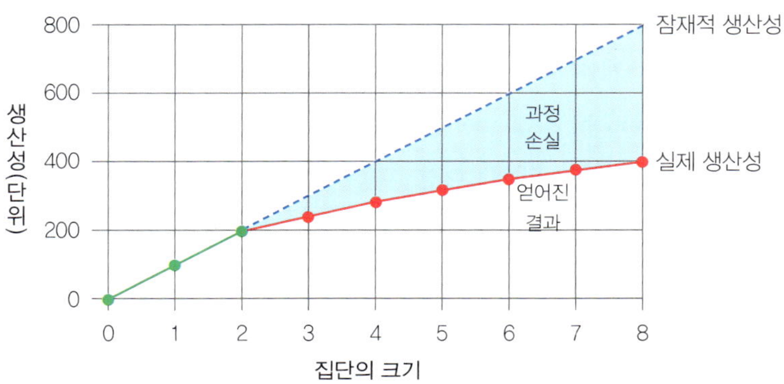

그림 11-8 **링겔만 효과.** 개인이 혼자 할 때보다 집단으로 할 때 개인의 평균적 기여도가 떨어진다.

출처: Ringelmann (1913).

(1) 원인과 결과

무엇보다도, 사회적 태만의 주요 원인은 과제 자체의 특성에 있다. 줄다리기나 고함지르기, 손뼉치기처럼 흥미가 떨어지는 과제에서 사회적 태만이 상대적으로 더 많이 일어났다. 이처럼 과업 자체가 참가자들의 동기를 감소시킴으로써 집단 상황에서 수행 수준을 낮추는 데 이바지한다(Harkins & Szymanski, 1988). 같은 맥락에서, 사회적 태만은 참가자들이 긴장을 필요로 하는 복잡한 과제보다는 나태해지기 쉬운 단순한 과제에서 주로 나타난다(Sheppered & Wright, 1989).

사회적 태만의 또 다른 이유는 주어진 과제에서 자신의 개인적 수행 정도를 다른 사람들과 비교할 수 없기 때문이다(Williams et al., 1981). 이처럼 재미가 덜한 과제에서 개인적 수행에 대한 익명성은 자기의 비용을 최소화하는 방향으로 참가자들의 행동을 유도할 가능성이 크다. 물론 집단 수행에 대한 개인적 보상이 클 경우나 개인이 강한 소속감을 느끼는 집단에서 수행할 때는 링겔만 현상이 더 적게 나타난다(Davis & Greenless, 1992; Sheppered & Wright, 1989).

집단 구성원들의 노력을 하나로 통합하지 못함으로써 수행 수준이 떨어질 수 있다(Plaks & Higgins, 2000). 집단 조건에서는 혼자가 아닌 여러 사람이 동시에 과제를 수행한다. 이때 최대의 효과를 얻기 위해서는 줄다리기나 고함지르기처럼 구성원들의 힘과 노력을 동시에 모을 필요가 있는데, 각자가 노력이나 힘을 투자하는 시점이 일치하지 않아 통합력이 상실된다. 이럴 때 성과의 최대치는 개인의 성과보다 평균적으로 낮을 수밖에 없다.

팀 작업 중에 발생하는 사회적 태만은 수행에 부정적인 영향을 미친다(Deleau, 2017). 때로 사람들은 무임승차자를 사회적 혐오 대상으로 인식하면서, 이들 때문에 자신이 업무를 부당하게 떠안게 될 것이라는 생각으로 팀워크에 대해 부정적인 태도를 보이기도 한다(Mihelič & Culiberg, 2019). 그래서 자신이 다른 사람보다 더 열심히 노력하여 '호구(sucker)'가 되기보다는, 다른 구성원만큼만 일하거나 덜 하려는 마음이 생긴다. 이것을 호구 효과(sucker effect)라고 한다(Kerr, 1983). 어떤 경우에는 무임승차자가 나타나면 다른 구성원들은 그 사람 때문에 발생한 공백을 보완하려고 한다. 무임승차자의 부진을 지적하기도 하고, 다른 구성원이 나서서 그 일을 대신하는 모습도 보인다(Jassawalla et al., 2009).

(2) 대처 전략

사회적 태만을 줄이기 위해서는 개인적으로 열심히 하는 것이 과제를 성공적으로 수행하는 데 중요하다는 팀 구성원들의 인식을 고취해 그 과제에 몰입하도록 유도할 필요가 있다(Weldon & Mustari, 1988). 아울러 개인적인 기여도를 집단의 다른 구성원들에게 알려 준다는 사실을 공지할 필요가 있다(Williams et al., 1981). 명확한 기준을 통해 각 개인의 기여도나 집단 전체의 기여도를 측정하고, 이 측정치를 다른 집단과 상대적으로 비교하여 평가할 수 있는 기회가 있으면 사회적 태만이 상당히 줄어든다(Liden et al., 2004).

팀 수준에서 명확하고 도전적이며 성취할 수 있는 현실적 목표를 가진 집단은 성과가 더 좋고 사회적 태만도 덜 일어난다(Kleingeld et al., 2011). 또한 팀 구성원들이 팀과 동일시할수록 사회적 태만이 감소한다(Haslam, 2004). 팀 과제를 수행하기 전 팀 이름과 구호를 정하는 것과 같이 정체성의 형성을 돕는 활동도 사회적 태만을 감소하고 팀 수준의 노력을 증진하는 효과가 있다(Høigaard et al., 2013).

교육 관련 무임승차자에 대처하기 위해서는 학생이 주도해서 팀을 형성하는 것이 유리하다. 한 연구에서 교수가 아닌 학생 주도적 팀을 형성하게 했을 때, 무임승차자의 부진에 따른 다른 팀원의 보완 노력이 작업의 질을 개선했다. 특히 학생 주도적 팀은 구성원 간 사회적 단절의 발생 정도가 적었고, 개선 노력을 위한 상호작용이 활발하게 나타났다(Rajaguru et al., 2020). 이러한 결과는 팀 과제 상황에서 초기 모임을 자주 갖는 것이 팀 구성원을 알아 가고, 무관심한 행동을 식별할 수 있는 기회를 주며, 추후 과제의 보완에 도움이 된다는 것을 시사한다(Jassawalla et al., 2009).

사회적 태만은 문화 특수적인 측면도 있다. Hong과 동료들(2008)은 중국인과 미국인 참가자들에게 개인별 기여도를 파악할 수 없으면서 집단으로 과제를 수행하는 시나리오를 제시한 다음, 각자가 이 과업에서 어느 정도 수행할 것인지를 보고하도록 했다. 그 결과, 미국인들보다는 중국인들이 더 높은 과업 수행을 할 것이라고 보고했다. 특히 중국인 참가자들 중에서도 집단주의 특성이 강할수록 자신의 과업 수행 정

표 11-2 사회적 태만의 발생 원인과 대처 전략

발생 원인	대처 전략
• 과제 자체의 특성(지루하거나 단조로운 과제) • 수행 결과의 불분명한 평가(개인적 수준의 평가 피드백 결여) • 집단의 노력의 통합 실패	• 개인의 동기를 유발할 수 있는 과제 • 명확한 기준에 따른 개인의 기여도 평가 • 팀 수준의 명확하고 현실적인 목표 형성 • 구성원 주도적인 팀 형성 • 문화적 요인을 고려한 접근

도를 타인의 수행 수준에 맞추는 경향을 보였다. 이 결과는 다른 사람과의 관계나 조화 그리고 집단의 목표를 중시하는 집단주의 문화가 사회적 태만의 경향성을 완화할 수 있음을 보여 준다.

3) 집단 생산성

이처럼 집단 맥락에서 일을 하면 사회적 태만이나 평가 압력으로 개인적 수행의 생산성이 감소하더라도, 집단의 생산성 측면에서 볼 때 어떤 과제는 집단으로 해야 목표를 달성할 수 있다. 줄다리기와 같은 협동이 필요한 과제에서 개인의 생산성은 감소하더라도, 집단으로 수행해야 목표를 성취할 수 있다. 외과 수술과 같은 작업은 수술 실력이 뛰어난 의사라 하더라도 혼자만으로 목표를 달성하기는 불가능에 가깝다. 그러면 성과의 측면에서 집단 수행이 더 효과적인 조건은 무엇인가? 이를 위해 집단 생산성 관련 모형을 살펴보고, 집단 생산성 증진에 영향을 미치는 요인을 살펴본다.

(1) 팀 효과성 모형

Campion과 동료들(1993)은 팀 효과에 대한 여러 실증 연구를 메타분석해서 얻은 결과를 바탕으로 **팀 효과성 모형**(work team effectiveness model)을 제시했다([그림 11-9 참조]). 이 연구자들은 팀의 효과성에 영향을 미치는 다섯 가지 결정 요인을 다음과 같

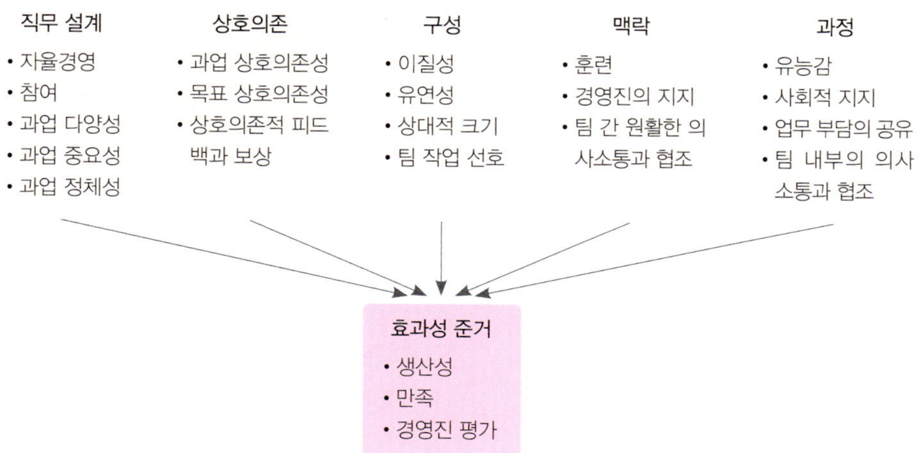

그림 11-9 **팀 효과성 모형.** 팀 효과성에 직접적인 영향을 미치는 요소를 직무 설계, 상호의존, 구성, 맥락, 과정으로 구분하여 제시했다.

출처: Campion et al. (1993).

이 제안했다. 첫째, 직무 설계(job design)는 집단이 수행하는 과업의 특성과 운영 방식을 의미한다. 구성원 각자가 수행하는 과업이 다양하고, 집단의 목표를 위해 이 과업의 수행이 중요하며, 명확한 과업 정체성을 구성원들이 공유하고 있고, 구성원의 자율 경영과 참여가 적극적일수록 집단 생산성은 증가한다.

둘째, 상호의존(interdependence)은 집단의 목표, 과업의 특성, 피드백, 보상의 구성원 간 상호의존 정도를 의미한다. 이러한 영역에서 상호의존이 높을수록 집단 생산성은 증가한다. 높은 상호의존은 상호협력을 촉진하고, 구성원들 간의 조화와 조정을 용이하게 한다. 셋째, 구성(composition)은 팀을 구성하는 사람들이 갖는 특징을 의미한다. 팀 구성원이 다양한 기술을 보유하고 있고, 팀의 크기가 적당해서 유연하게 서로를 보완하면서 업무를 수행할 수 있으며, 구성원들이 팀으로 작업하는 것을 선호할 때, 그 팀의 생산성은 증가한다.

넷째, 맥락(context)은 집단 또는 팀이 속한 조직의 특성을 의미한다. 구성원들에게 충분한 훈련 기회가 주어지고, 지위가 높은 경영진들이 해당 팀을 지지하며, 팀 간 의사소통과 협조가 원활하게 이루어질수록 집단 생산성은 증가한다. 마지막 요인은 과정(process)으로, 집단 생산성에 영향을 미치는 팀 내 지속 가능성을 반영한다. 구성원들이 팀의 잠재력을 믿고, 상호 간 높은 사회적 지지와 더불어 사회적 태만을 최소화할 수 있도록 업무 부담을 공유하며, 구성원 간 의사소통과 협동의 수준이 높을 때, 집단 생산성이 증가한다. 이런 요인 중에서 과제의 성격, 집단 목표, 조직의 구성에 대해 좀 더 알아본다.

(2) 과제의 성격

Steiner(1972)는 집단이 시도하는 과제를 구성원 간 상호의존성을 바탕으로 다섯 가지 유형으로 구분했다(〈표 11-3〉 참조). 첫째, 가산 과제(addictive task)는 줄다리기나 함께 눈 치우기처럼 구성원의 수행을 합산 또는 누적하여 완료하는 과제나 계획을 의미한다. 가산 과제는 사회적 태만이 가장 두드러지게 나타나 집단 내 개인의 수행 정도는 감소하지만, 집단 성과는 한 개인의 생산성을 능가한다. 둘째, 상보 과제(compensatory task)는 구성원의 독립적 수행이나 의견을 평균해서 답을 구하는 과제다. 여론, 네이버 지식인, Quora 등 대중의 지혜에 의존하는 과제가 대부분 상보 과제에 속한다. 이러한 집단적 지식은 다수의 응답과 의견 때문에 잡음이 발생할 수 있지만, 다수의 응답을 평균하면 이러한 잡음의 상쇄가 가능하다(Yi et al., 2012).

셋째, 분리 과제(disjunctive task)는 유능한 구성원의 성과가 집단 전체의 성과로 이

표 11-3 과제 유형별 특성과 집단의 잠재적 생산성

과제 유형	과제 특성과 집단의 잠재적 생산성
가산 과제	• 구성원의 수행을 합산 또는 누적하여 완료하는 과제 • 집단은 가장 우수한 개인보다 뛰어남
상보 과제	• 구성원의 독립적 수행 또는 의견 등을 평균해서 결정하는 과제 • 집단은 대부분 개인의 수행보다 우수함
분리 과제	• 유능한 구성원의 성과가 집단 전체의 성과로 이어지는 과제 • 집단의 생산성은 구성원 평균 이상 또는 가장 우수한 개인과 동일
결합 과제	• 모든 구성원이 기여해야 완수할 수 있는 과제 • 집단의 생산성은 가장 열등한 개인과 동등함
자유재량 과제	• 집단 구성원이 과제 수행의 방식을 결정하는 과제 • 집단이 선택하는 조합 규칙에 따라 집단의 성과가 달라짐

출처: Forsyth (2018).

어지는 과제다. 주어진 문제의 정답을 구하는 것처럼, 단일한 해결책을 만들어야 하는 집단의 과제는 대부분 분리 과제다. 넷째, 산악 등반에서 팀원 모두가 정상에 오르는 것과 같은 결합 과제(conjunctive task)는 모든 구성원이 기여해야 완수할 수 있는 과제다. 이러한 과제에서 집단 성과는 가장 열등한 집단 구성원의 수행 성적으로 결정된다. 마지막으로, 자유재량 과제(discretionary task)는 집단 구성원 스스로 과제 수행의 방식을 결정할 수 있는 과제다. 눈을 치우는 과제에서 구성원 모두 눈을 치울 수도 있고, 청소를 잘하는 한 사람이 치울 수도 있으며, 청소부에게 과제를 맡길 수도 있다.

(3) 집단 목표

집단 수준의 목표는 집단 생산성에 영향을 미친다(O'Leary-Kelly et al., 1994). 팀 수준에서 명백한 목표 설정은 팀의 능률을 올리는 데 영향을 미친다(Lee, 1989). 명백한 **집단 목표**를 설정하는 것은 목표 달성을 위한 집단과 개인의 성취 동기를 이끌어 낼 수 있다. 집단 목표가 긍정적이고 목표 달성을 위해 팀의 자원을 쉽게 사용하고 운용할 수 있을 때 집단의 능률이 높아진다(Johnson et al., 1989).

목표의 난이도 역시 팀 수행에 영향을 미친다. 일반적으로 어려운 목표일 때 팀 응집력과 매력 및 자기평가가 증가한다. 어려운 목표는 팀에 대한 구성원들의 애착을 증가시켜 그들이 하나로 뭉치도록 함으로써 팀 수행 증진에 영향을 미친다(Whitney, 1994).

그러나 성공적인 집단은 현실적인 포부를 지니는 경향이 있으므로, 집단 목표는 현실적으로 성취할 수 있는 수준에서 어려운 목표일 때 집단 생산성을 증진시킨다(Waung et al., 1995).

목표의 유형 역시 집단 생산성에 영향을 미친다. 집단의 목표가 구성원들의 경쟁을 기초로 할 때, 그들은 정보를 공유하지 않고 적대적인 감정을 표출하면서 자신이 우위에 서기 위한 행동을 한다(Klein, 1956). 경쟁적 조건은 한 사람이 목표에 도달하면 다른 사람은 그 목표에 도달할 기회가 없어지기 때문에 자기중심적 행동을 할 가능성이 높다. 반면, 협력적인 집단 목표는 구성원 전체가 함께 목표를 성취해야 하기 때문에, 구성원들은 자원을 공동으로 사용하고 개인의 노력을 상호조정하며 협력한다. 협력 목표 상황에서 사람들은 자기의 목표에 도달하면 다른 구성원의 목표 도달에 도움을 주는 행동을 보인다.

협력적인 목표는 집단의 성과에 긍정적인 영향을 미친다. 약 100여 년 동안 수행한 520개의 실험 연구와 100개 이상의 상관 연구를 검토한 결과(Johnson & Johnson, 1987), 공동의 목표를 위해 함께 일하는 것이 혼자 일하는 것보다 팀원 각자가 더 노력하고 더 높은 성취와 집단 생산성을 가져왔다. 협력적인 집단의 구성원들은 서로 정보를 주고받고, 일에 임하는 태도와 그 결과에 영향을 주고받으며 동기화된다. 또한 구성원 간 관계의 질이 우수해서 서로를 돌보고 타인의 성공을 위해 헌신한다. 하급자는 상급자에 대해 더 좋은 태도를 보이고, 팀원들은 자신의 업무뿐만 아니라 조직 자체를 좋아한다. 마지막으로, 구성원의 사회적 기술과 역량이 개인 중심적인 집단의 구성원보다 발전하는 경향이 있다(Johnson & Johnson, 1991).

그림 11-10 테니스 경기. 테니스 선수의 개인적 목표는 자신의 경기에서 승리하는 것이고, 집단적 목표는 자신이 속한 팀이 이기는 것이다.

집단 수준의 목표가 집단 생산성을 모두 결정짓지는 않는다. 집단 수준의 목표와 개인 수준의 목표는 다를 수 있기 때문에([그림 11-10] 참조), 두 목표 간 역동이 집단 생산성에 영향을 미칠 수 있다. 집단 지향적인 사람들은 자신에게 혜택이 즉시 오지 않아도 집단의 목표를 받아들이고 집단에 유리한 결과를 더 중시한다. 반면, 자기 지향적인 사람들은 자신에게 최소 비용 대비 최대 이익이 되는 목표를 지향할 가능성이 있다. 이러한 구성원이 모인 집단의 회의 시간은 상대적으로 더 긴 반면, 논의한 의제의 수는 더 적고, 관계 갈등을 해결하는 과정과 그 결과에 대해 덜 만족하는 경향이 있다(Hinsz, 1991;

Weingart & Weldon, 1991). 그러나 개인 수준의 목표가 집단 수준의 목표와 양립할 때, 집단 목표는 구성원들을 동기화하고 팀 수행에도 긍정적인 영향을 미친다. 가장 대표적인 사례가 보상 체계로, 팀 수준의 보상 체계와 개인 수준의 보상 체계를 함께 가지고 있는 것이다(DeMatteo et al., 1998).

(4) 조직의 구성

집단 성과는 역량이나 기술 수준이 높은 구성원들로 이루어진 팀일수록 높다(Hackman, 1987). 구성원의 인지 능력과 팀 수행 간 연관성을 검토한 결과, 과업 수행에 익숙하지 않은 구성원들이 포함되어 있을 때 집단 성과가 저하되었다(Phillips, 2012). 그렇다고 유능한 구성원만 포함된 집단의 성과가 항상 높은 것은 아니다. 월스트리트의 주식 분석 팀의 성과를 조사한 결과, 하나의 팀에 성취도가 높은 개인이 너무 많은 것은 팀 성과에 부정적인 영향을 미쳤다(Groysberg et al., 2011). 구성원 간 동일한 지위로 인한 충돌은 개인의 에너지와 노력을 개인 간 경쟁에 소모하게 하여 팀의 성과를 저하시킬 수 있기 때문이다.

집단 내 구성원 간 **위계적 구조**는 집단 성과를 증진시킨다. 집단의 위계적 구조는 인간 사회 조직의 보편적 현상으로, 집단의 형성과 동시에 최소한의 사회적 상호작용만 있어도 형성되고 대부분 지속하는 경향이 있다(Anderson & Kilduff, 2009; Magee & Galinsky, 2008). 위계적 구조의 기능적 관점에 따르면, 위계적 구조는 모든 집단 구성원의 생존 가능성을 높인다(Van Vugt, 2006). 이 관점의 핵심 원칙은 집단 내 권력의 불평등한 분배가 개인적 수행의 조정을 촉진함으로써 집단 전체에 이익이 된다고 본다. 즉, 명확한 위계질서가 있는 집단 안에서 노동 분담의 갈등이 감소하고 협동이 용이해서 궁극적으로 집단 생산성을 향상시킨다(Halevy et al., 2011; Van Vugt et al., 2008).

Ronay 등(2012)은 집단의 위계 구조가 집단 성과에 미치는 영향을 검증했다. 그들은 참가자들에게 통제하는 상황과 통제 받는 상황, 권력과 무관한 상황을 점화시킴으로써 권력 상태를 조작했다. 그다음, 3명으로 이루어진 집단은 절차적 상호의존성이 높은 과제, 즉 3명이 각자에게 주어진 16개의 단어 중에서 한 단어씩 제시하여 문장을 만드는 과제를 수행했다. 5분 동안 완성한 문장의 개수를 집단 성과의 측정치로 삼았다. 또한 그들은 절차적 상호의존성이 낮은 과제로 신문, 클립, 벽돌에 대한 새로운 용도를 최대한 많이 제시하도록 요청받았다. 성과의 수준은 집단이 제안한 총 개수로 측정했다. 연구 결과, 절차적 상호의존성이 낮은 과제에서는 집단 간 차이가 없었지만, 절차적 상호의존성이 높은 과제에서는 위계적인 집단의 성과가 상대적으로 더 컸다.

3. 집단의 의사결정

우리는 보통 중요한 결정을 할 경우 여러 사람의 토론을 거친다. 아무리 많은 권력을 가진 사람도 중요한 결정을 내리기 전에는 참모들의 의견을 듣는다. 이처럼 여러 구성원의 의견에 기초해서 이루어지는 집단 차원의 의사결정을 **집단 의사결정**(group decision making)이라고 한다. 사람들이 집단 의사결정을 하는 이유는 집단이 개인보다 더 합리적이고 올바른 결정을 할 수 있다고 생각하기 때문이다. 그러나 집단 의사결정이 개인의 결정보다 늘 효율적이거나 올바른 것은 아닐 수도 있다. 집단 의사결정이 가지는 비합리적 측면을 검토하고 이를 예방할 수 있는 방안에 대해 알아본다.

1) 집단 극화

사람들은 개인적으로 결정할 때보다 집단으로 결정할 때 더 극단적으로 결정하는 경향을 보인다([그림 11-11] 참조). 이러한 현상을 **집단 극화**(group polarization)라고 하는데, 여기에는 모험적 이행과 보수적 이행이 있다(Moscovici & Zavalloni, 1969). 특정 주제에 대하여 집단 구성원들의 최초 의견이 평균적으로 모험적이면 그 집단의 의사결정은 더 모험적으로 되는 반면, 최초에 신중한 쪽이면 그 집단은 더욱 신중한 쪽으로 결정을 내린다(Myers & Lamm, 1976). Myers와 Bishop(1970)은 인종 편견이 심한 학생과 그렇지 않은 학생을 집단으로 나눈 다음, 인종 문제와 관련된 주제로 재산권 보호와 거주지 자유 중 어느 것을 우선시해야 하는지 각 집단별로 토론하게 했다. 그 결과, 편견이 심한 집단은 토론 후 편견이 더 강해진 반면, 편견이 약한 집단은 더욱 약한 쪽으로 의사결정을 함으로써 두 집단 간의 격차는 더욱 커졌다.

그림 11-11 집단 극화. 집단 의사결정은 더 극단적으로 되는 경향이 있다.

Schkade 등(2007)의 연구에서도 집단 토론은 집단 극화를 초래했다. 미국 콜로라도의 두 지역에 거주하는 20~75세의 주민 63명을 대상으로 동성 간 결혼을 인정해야 하는가, 인종주의자에게 채용 우선권을 부여해야 하는가, 미국 정부가 지구 온난화 국제 조약에 서명해야 하는가와 같은 주제를 지역별로 토론하게 했다. 그 결과, 토론 이전에는 이러한 주제에 대한 참가자들의 보수적 태도와 진보적 태도가 지역 간 전반적으로 비슷한 수준이었지만, 토론 이후에는 지역 간 차이가 더 크게 벌어졌다. 결과적으로, 집단 토론은 상대방과의 격차를 심화시켰으며 집단 내부의 다양성을 저하시켰다.

집단 극화에 대한 설득 주장 이론(persuasive arguments theory; Brauer et al., 1995)의 설명에 따르면, 집단은 토론을 통해 초기의 지배적 의견을 지지하는 새롭고 다양한 의견을 제시함으로써 구성원들에게 기존에 없던 정보를 제공하게 된다. 이러한 정보에 근거해서 구성원들은 자신의 태도를 더 확신하게 되고, 이것이 그들의 태도를 좀 더 극단적으로 유도해 간다. 특히 서로 유사한 의견을 가지고 있는 사람들이 토론을 하면, 원래 가지고 있던 의견이 더 강해지는 경향이 있다. 결국, 집단 토론을 통해 그 구성원들이 스스로 설득됨으로써 집단 극화가 발생한다.

집단 극화에 대한 사회 비교 이론(Sanders & Baron, 1977)의 설명은 각 개인의 태도가 다른 사람과의 비교를 통해서 결정된다는 점을 강조한다. 이때 중요한 점은 유사성에 대한 욕구로, 같은 집단에 속한 사람들은 그 집단에서 중요한 가치를 가지는 사안에 대해서는 서로 동일한 태도를 가지게 된다. 또한 사람들은 집단 토론 과정에서 다른 사람들보다 자신의 의견이 더 좋은 의견으로 채택되기를 바란다. 이때 극단적인 태도를 보이는 사람은 자신 있어 보이고 확신에 찬 모습으로 보인다는 점에서 사회적으로 바람직하게 보인다. 그래서 사람들은 자신의 의견을 좀 극단적인 쪽으로 바꿈으로써 집단 극화가 발생한다.

세 번째 설명은 다원적 무지(pluralistic ignorance)다. 다원적 무지는 어떤 주제에 대한 다른 사람들의 태도나 신념을 잘못 인식하는 것이다(Fields & Schuman, 1976). 즉, 소수의 의견을 다수의 의견으로 파악하거나 다수의 의견을 소수의 의견으로 인식하는 현상이다. 다원적 무지 현상은 왜 발생할까? 한 가지 이유는 거울반사 지각(looking-glass perception)으로, 사람들이 자신의 의견을 다른 사람에게 투사하여 그들도 자기와 생각이 같을 것이라고 잘못 추정하기 때문이다(Major, 2000). 다원적 무지로 자신의 의견이 다수에 속한다고 판단하면 의견 표명을 강화하고, 자신의 의견이 소수에 속한다고 판단하면 의견 표명을 자제하는 침묵의 나선 효과가 나타난다(Noelle-Neumnn, 1974).

마지막으로, 집단 극화를 사회 정체성 이론에 근거해서 설명할 수 있다. 이 설명에 따르면(Hogg et al., 1990), 사람들이 집단에 속하면 자기 집단의 전형적인 신념과 가치관을 수용하는 경향이 강해진다. 여기서 내집단의 의견 차이를 최소화하고 외집단과의 의견 차이를 극대화하는 방향으로 정체성이 형성된다. 그래서 자신을 다른 집단과 좀 더 구별하기 위해서 기존의 입장보다 더 보수적으로 되거나, 반대로 더 모험적으로 된다.

2) 집단 사고

Janis(1972)는 Kennedy 정부의 쿠바 피그만 침공사건, 일본의 진주만 공습에 대응하는 Roosevelt 정부의 방식, 워터게이트 도청 사건에 대응하는 Nixon 정부 등 역사적 사례에 나타난 의사결정 사례를 일기, 메모, 편지, 보고서와 같은 2차적 자료를 이용해 분석함으로써 집단 의사결정의 과정과 질을 밝히고자 했다. 집단 사고(groupthink)란 집단 의사결정 과정에 존재하는 동조 압력 때문에 사안에 대한 충분한 논의가 이루어지지 못한 상태에서 합의에 도달하는 현상이다(Janis, 1982). 일반적으로 집단 구성원 간에 강한 응집력을 보일 때 의사결정을 만장일치로 가려는 비합리적인 사고가 나타난다. [그림 11-12]에서 보듯이 집단 사고에 영향을 주는 조직의 다양한 구조적 결함이 있고, 그 속에서 집단 사고의 여러 증후를 보여 궁극적으로 잘못된 의사결정을 내리게 된다.

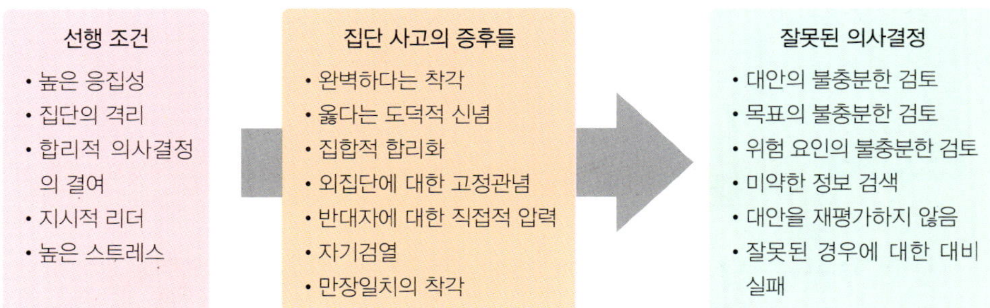

그림 11-12 집단 사고의 모형. 이 모형은 잘못된 의사결정을 가져오는 선행 조건과 증후를 제시하고 있다.
출처: Janis & Mann (1977).

(1) 원인

Janis(1982)가 제시한 집단 사고의 한 원인은 보다 나은 결정에 도움이 되는 정보를 고려하지 않고 합의가 이루어지기 때문이다. 만장일치에 대한 압력이 너무 강해서 가장 합리적인 방안을 찾고자 노력하기보다는 합의에 이르는 것 자체가 목적이 되는 것이다. 그래서 집단 구성원들은 만장일치를 깨는 정보를 제시하지 못하도록 압력을 받거나 그런 정보의 제공에 따른 불편함을 느낄 수가 있다.

집단 사고의 또 다른 원인으로, 집단이 고립된 채 비슷한 사람으로만 이루어질 경우 그들의 합의가 잘못될 가능성은 높아진다. 왜냐하면 그런 집단은 외부의 영향이나 다른 관점으로부터 격리되어 있기 때문에, 그들이 편향적인 시각을 공유할 경우 그것을 바로잡을 수 있는 기회가 없어짐으로써, 결국 그 의사결정이 잘못될 가능성이 높아진다. 가령, Kennedy와 그의 참모진은 1960년 대통령 선거를 승리로 이끈 긴밀하고 동질적인 집단이었지만, 합리적 의사결정을 유도할 수 있는 시스템을 갖추지는 못했다. 침략을 선호한다는 Kennedy의 입장이 분명히 드러난 상황에서, 그의 참모진은 침략을 할 것인지 말 것인지를 묻기보다 어떻게 침략을 할 것인지에 대한 방법만을 고려했다.

Janis(1982)가 지적한 것처럼, 특히 응집성이 강한 집단의 구성원들은 비판적이거나 부정적인 자신의 의견을 개진하지 않고 자신의 불만족을 억누르기 쉽다. 그러면서 자신 이외의 나머지 모든 사람이 집단의 입장을 받아들인다고 생각하게 되고, 모든 사람이 합의했기 때문에 집단의 결정이 옳다고 받아들인다. 이때 집단은 스스로 자신들이 옳다고 생각하고 윤리적으로도 우수하다고 생각하게 된다.

글상자 11-2 **미국의 쿠바 피그만 침공은 집단 사고의 결과**

1961년 4월 17일 미국은 John F. Kennedy 대통령을 비롯한 각계의 엘리트들로 구성된 자문회의에서 쿠바의 피그만 침공을 결정했다. 미국 중앙정보부가 수립한 피그만 침공 계획에 따르면, 미국은 자국에 망명 중인 반카스트로 쿠바인들을 쿠바의 피그만으로 침투시켜 쿠바의 공산 정권을 무너뜨리고자 했다. 합리적 의사결정 연

그림 11-13 **미국의 쿠바 침공.** 미군이 훈련하는 모습

구로 유명한 학자 출신의 국방장관을 비롯한 의사결정자들은 자신이 선택하고 결정한 방안이 잘못될 수 없다고 확신에 차 있었다. 그래서 쿠바를 침공하겠다는 결정에 어느 누구도 문제점이나 부정적 정보를 제시하지 않았다. 그러나 유능한 엘리트들이 내린 이 결정은 미국 역사에서 최악의 결정 중 하나로 기록될 만큼 참담한 실패로 끝나고 말았다. 침투 장소로 지목된 피그만(Bay of Pigs)은 늪지대로 전진하기가 상당히 어려워 침공 장소로 적절하지 않았으나, 누구도 이러한 지형에 대한 정보를 찾아보지도 않았고 언급하지도 않았다. 쿠바의 침공에 대한 실패는 사실상 예견되어 있었던 것이다.

(2) 예방

Janis(1982)는 집단 사고를 방지하기 위한 방법을 제시하고 있다. 우선, 여러 방안을 적절히 고려하기 위해서 개방적인 토론과 반대 의견의 제시를 적극적으로 촉구해야 한다. 즉, 집단이 선호하는 입장의 단점이나 반대 의견을 들을 준비가 되어야 한다. 또한 대다수의 집단 구성원이 공유하고 있는 편견이나 선입견을 견제하기 위해 집단에 속하지 않은 외부 전문가들이 결정의 옳고 그름을 판단할 수 있도록 해야 한다. 또한 상이한 구성원들로 이루어진 여러 집단이 같은 문제를 동시에 토론하도록 하여, 서로 다른 관점이 나올 수 있는 장치를 마련할 필요가 있다. 게다가 동조 압력을 피하기 위해서 공개적인 투표는 피해야 하고, 집단의 리더가 자신의 생각과 입장을 토론 전에 밝히기보다는 구성원들이 견해를 충분히 표명한 다음 제시하는 것이 필요하다. 마지막으로, 집단 결정이 이루어졌다 하더라도 최종 결정을 내리기 전에 의문스러운 사항과 문제를 전체적으로 재고할 수 있는 기회를 마련하는 것이 필요하다.

Smith와 Mackie(1997)는 집단 사고를 방지하기 위한 이러한 방안을 적용한 예를 제시하고 있다. 이 사례에서 Kennedy 대통령은 피그만 침공이 실패로 끝난 후 집단 사고에 따른 잘못된 결정을 막기 위해 참모들의 조언 방식을 변화시켰다. 먼저, 어떤 제안에 대한 의문점과 부정적 측면을 거리낌 없이 제시하도록 격려했다. Kennedy 대통령은 자신의 형제인 Robert Kenndy를 회의적 의견을 조장하는 사람(devil's advocate)으로 비공식적으로 지명하여 집단 의사결정의 단점이나 실수를 찾도록 했다. 또한 집단 구성원들이 공유하고 있는 편견이나 선입견이 퍼지지 않도록 참모들을 2개의 소집단으로 나누어 토론하도록 했다. 따라서 그 두 집단 간에 의견이 불일치하면 그 결정안이 잘못되었거나 문제가 있다는 신호로 받아들일 수 있다. 게다가 Kennedy 대통령은 회의의 전반부에 자신의 의견이나 입장을 제시하기보다는 다른 구성원들의 의견이 모두 나온 뒤에 자신의 입장을 표명했다. 따라서 다수의 동조 압력으로 생기는 만장일치의 환상을 제거할 수 있었다. 마지막으로, 많은 대안을 살펴보고 전문가들의 의견을 구하도록 했으며, 최종 선택 전에 몇 번의 회의를 연 후에야 비로소 최종 선택을 하도록 했다.

3) 공유 정보 편향

집단 의사결정이 강점이 되기 위해서는 구성원 간 소통을 통해 각자 알고 있는 정보를 상호 공유하여 정보를 통합해야 한다. 중요한 결정을 집단에 위임하는 이유는 문제에 대한 관련 정보를 더 많이 알고 합리적 결정을 내릴 수 있을 것이라고 가정하기 때문이다. 그러나 집단은 공유 정보 편향(shared information bias)을 보여 준다. 즉, 집단 구성원들은 모든 구성원이 이미 알고 있는 공유된 정보를 논의하는 데에는 더 많은 시간을 쓰고, 몇몇 구성원만 알고 있는 공유되지 않은 정보를 검토하는 데에는 시간과 에너지를 적게 사용하는 경향성이 있다(Gigone, 2010; Stasser, 1992).

Stasser와 Titus(1985)는 대학생들을 4명 크기의 집단으로 나눈 다음, 각 집단에게 학생회장을 뽑는 가상적인 과제를 제시했다. 〈표 11-4〉에서 보듯이 집단 구성원들은 3명의 지원자에 대한 정보를 제공받았다. 이때 각 후보자의 정보 중 일부는 집단 구성원 모두가 공유한 반면, 나머지 정보는 구성원들이 각자 나누어 가지고 있었다. 그다음, 참가자들에게 후보자 중 가장 적합한 후보자를 집단 토론 이전과 이후 각각 선정하도록 했다. 공유되지 않은 정보를 모두 공유할 수 있는 방식으로 집단 토론이

표 11-4 후보자에 대한 정보 구조

	총 정보	공유 정보	비공유 정보
후보자 A			
긍정	8	2	6
중립	4	4	0
부정	4	4	0
후보자 B			
긍정	4	4	0
중립	8	5	3
부정	4	1	3
후보자 C			
긍정	4	1	3
중립	8	8	0
부정	4	1	3

출처: Stasser & Titus (1985).

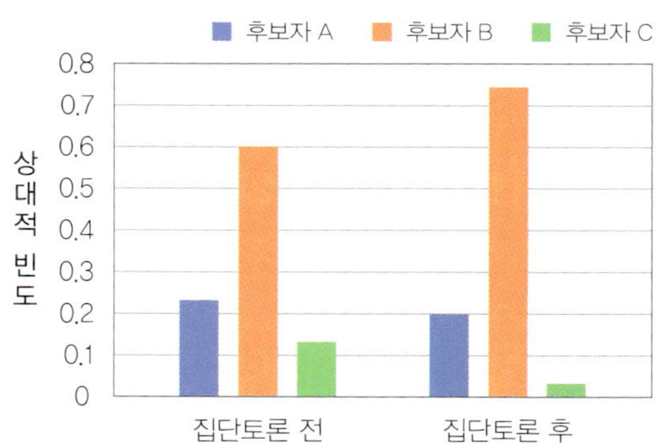

그림 11-14 후보자에 대한 상대적 선호도

출처: Stasser & Titus (1985).

이루어진다면, 토론 후에는 후보자 A가 가장 좋은 평가를 받을 것이다. 그러나 [그림 11-14]에서 보는 것처럼, 실제로는 후보자 B가 토론 후에도 여전히 가장 좋은 평가를 받았다. 이 편향의 문제는 모든 구성원이 알고 있는 공유된 정보가 참이거나 진실한 정보와는 무관하다는 것이다. 그러나 사람들은 모든 구성원이 알고 있는 공유된 정보를 유용한 또는 진실한 정보로 오인하는 경향이 있다.

(1) 원인

집단 토론은 구성원들이 서로 공유하지 않은 정보를 통합하기 위한 목적으로 진행하기도 하지만, 구성원이 모두 공유한 정보를 바탕으로 한 논의는 집단이 합의에 이르는 데 도움이 된다. 따라서 구성원이 토의를 종결하려는 욕구가 강하거나 시간의 제약을 받는 상황에서 판단을 해야 하는 경우, 또는 문제가 복잡하고 추상적이거나 판단을 모호하게 하는 집단일수록 공유 정보 편향이 두드러진다(Postmes et al., 2001; Reimer et al., 2010). 왜냐하면 이와 같은 상황에서 그들의 1차 목표는 올바른 해결책을 구하는 것보다 집단 합의에 도달하는 것이기 때문이다.

공유 정보 편향은 구성원의 심리적 욕구를 반영한다. 집단 의사결정 과정에서 선호가 분명한 구성원은 다른 구성원들에게 자신의 의견에 대한 지지를 구하는 경향이 있는데, 초기 공유된 정보는 집단의 선호와 연결되는 경향이 있다(Greitemeyer & Schulz-Hardt, 2003). Stasser와 Titus(1985)의 연구에서 보듯이 후보자 B의 긍정적 정보는 모두 초기 공유된 정보로, 이러한 정보는 집단 토론 이후 후보자 B의 선호가 더 강해지는 결과를 낳았다. 이처럼 집단 의사결정 과정에서 처음의 판단은 이후에도 이어질 가능성이 크다.

공유 정보 편향은 구성원의 대인관계 욕구도 반영한다. 집단 토론 상황에서 구성원들은 자신의 평판을 관리하고, 타인과 긴밀한 유대감을 확보하고자 하며, 타인과의 경쟁에서 자신의 우월성을 표출하고 싶어 한다(Mojzisch et al., 2014). 따라서 어떤 상황에서 누구에게 정보를 공개할 것인지 선택적으로 행동한다. 집단 구성원들은 비공유 정보를 언급하는 사람보다 공유 정보를 논의하는 사람들을 더 긍정적으로 평가하는 경향이 있다(Wittenbaum et al., 1999). 따라서 사람들은 집단에 좋은 인상을 주기 위해 모두가 아는 공유 정보를 바탕으로 논의를 이끌어 갈 가능성이 높다.

(2) 예방하기

공유 정보만을 바탕으로 토론이 이루어질 때에는 그것이 의사결정의 질에 영향을 미치지 않았지만, 비공유 정보가 다루어지는 토론의 경우에는 의사결정의 질이 더 높아졌다(Winquist & Larson, 1998). 따라서 집단 토론 시 비공유 정보를 논의하는 상황을 만드는 것이 중요하다. 의례적으로 집단 토론은 공유 정보를 바탕으로 논의를 시작하지만, 회의가 길어질수록 공유되지 않은 정보를 검토할 가능성도 있다. 이를 위해서는 집단 의사결정을 할 때 편파를 유도하는 시간적 압박이나 시간적 제약을 두지 않는 것이 유용하다(Bowman & Wittenbaum, 2012).

집단 내 의견의 다양성을 높이는 또 다른 방법으로, 해당 과제의 전문가나 숙련가가 포함되어 있는 집단은 공유 정보뿐만 아니라 비공유 정보도 더 다루는 경향이 있다(Wittenbaum, 1998). 또한 집단 토론을 운영하는 과정에서 논의한 항목으로 돌아가기보다 새로운 주제로 논의를 이끌어 가는 것(Reimer et al., 2010), 다양한 의견 제시를 가치 있게 여기는 것도 의견의 다양성을 높이는 방법이다(Klocke, 2007).

최근에는 발달한 과학기술을 활용함으로써 집단 의사결정의 질을 높일 수 있다. 예를 들면, SNS, 클라우드 서비스, 팀원 간 공동 작업을 지원하는 다양한 유틸리티를 이용하여 집단 구성원들이 논의해야 하는 정보를 목록화할 수도 있다. 이러한 도구는 의사결정 과정을 구조화하면서 구성원 간 의사소통을 촉진하는 데 도움이 된다(Ng, 2020).

4) 몰개성화

Le Bon(1895)에 따르면, 집단에 속한 개인은 집단에 깊이 몰입함으로써 자신의 정체성을 상실하고 행동에 대한 통제력을 잃어 충동적이고 극단적으로 행동하게 된다. Zimbardo(1969)는 이와 같은 현상을 몰개성화(deindividuation)라고 했다. 몰개성화는 대규모 집단과 같은 군중 속에서 익명성이 높을 때 개인의 내면화된 도덕성으로 억제하고 있던 반규범적 행동 표현의 역치 수준이 낮아지는 현상을 의미한다. 결과적으로, 몰개성화된 사람들은 반규범적인 행동, 즉 감정적 · 충동적 · 비이성적 · 퇴행적이며 격한 행동을 할 가능성이 높다.

Zimbardo(1969)는 몰개성화를 유발하는 요인과 이로 인한 행동을 구조화하여 설명했다. 개인보다는 대규모의 집단 상황, 익명성, 감각의 과부하, 새롭고 구조화되어 있지 않은 상황에서 자의식의 감소, 즉 자기감찰, 사회적 자기평가에 대한 관심이 최소화되면서 반규범적 행동이 나타난다고 설명했다. Zimbardo(1969)의 연구에서 실험복을 입고 서로의 이름을 모르는 조건의 집단이 그렇지 않은 집단보다 표적 인물에 대한 전기충격을 더 강하게 주었다. 이러한 결과는 현장 연구에서도 동일하게 나타났다. 1990년대 북아일랜드의 폭동에서 신원을 확인할 수 있는 사람들의 폭동과 신원을 감추기 위해 위장한 사람들의 폭동이 발생했다. 스스로를 위장하여 익명성이 높은 사람들이 그렇지 않은 폭동 참여자들보다 더 많은 사람을 공격하였고 더 심한 상해를 입혔다(Silke, 2003).

글상자 11-3

악마 효과

사회심리학자 Philip Zimbardo는 그 유명한 '스탠퍼드 교도소 실험'을 통해 몰개성화 현상을 극적으로 입증했다. 그는 24명의 백인 학생에게 교도관과 죄수 역할을 무작위로 부여하고 옷과 장비를 갖추도록 했다. 실험 1일차에 교도관은 폭력적으로 그리고 죄수는 수동적으로 변했다([그림 11-15] 참조). 2일차 새벽에 교도관들이 갑작스럽게 점호를 취하고 이에 죄수들이 반란을 일으키자, 교도관들은 소화기를 사용하여 그들을 제압했다. 4일차에는 죄수들이 신청한 가석방을 교도관들이 무시하면서 교도소 분위기는 악화되어 갔다. 5일차에는 교도관들이 죄수를 고문하고 성적으로 학대하기도 했다. 교도관은 점점 더 가혹해졌고, 이에 Zimbardo는 2주로 계획한 실험을 6일 만에 중단했다. 인간의 이러한 변화를 그는 '악마 효과(Lucifer Effect)'라고 불렀다.

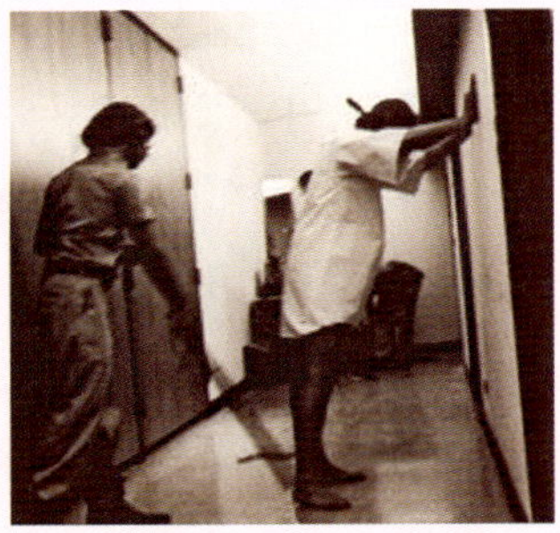

그림 11-15 스탠퍼드 교도소 실험.
교도관이 죄수를 학대하고 있다.

한편, 군중 행동과 몰개성화 효과가 새로운 집단 규범의 산물일 수 있다. 즉, 군중 행동은 특정 맥락에서 나타나는 규범에 따라 발생할 수 있다(Turner & Killian, 1972). 몰개성화 행동이 집단 특수적 규범의 결과일 수 있다는 생각은 Zimbardo의 실험을 변형한 Johnson과 Downing(1979)의 연구 결과를 통해 나타났다. 참가자들에게 KKK를 연상시키는 마스크와 멜빵바지 유니폼을 입거나 간호사 제복을 입게 하여 익명성을 부여한 다음에, 표적 인물에 대한 전기충격을 가하게 했다. 그 결과, KKK 복장보다 간호사 복장 조건에서 덜 공격적인 행동이 나타났다. 이러한 결과는 참가자들이 자신의 의복과 관련된 규범적 단서에 민감하게 반응한다는 것을 보여 준다.

한편에서는 몰개성화 현상을 특정한 맥락에서 두드러지는 규범의 민감성을 고려하여 사회 정체성 이론으로 설명하는 시도가 있어 왔다. Reicher 등(1995)의 주장에 따르면, 몰개성화가 단지 개인 정체성을 상실하게 만드는 것이 아니라 사회 정체성을 더욱 특출하게 만듦으로써, 내집단 규범이 개인의 태도와 행동에 더 큰 영향을 미친다. 그래서 내집단 규범이 반사회적 행동을 허용하면 그 구성원들은 반사회적 행동을 하고, 반대로 친사회적 행동을 장려하면 그들도 그것과 일치하는 행동을 한다. 결국, 몰개성화가 반드시 사회 규범을 어기는 부정적 태도와 행동으로만 나타나는 것이 아니라, 집단의 규범과 가치에 따라서 구성원들의 행동도 긍정적으로 나타날 수 있다.

몰개성화는 자의식 감소로 인한 반규범적 행동인가 아니면 상황 특수적 규범을 준수하는 행위인가? Postmes와 Spears(1998)는 몰개성화를 주제로 한 연구 60편을 메타분석했다. 연구자들은 몰개성화 행동을 유발하는 투입 변인으로, 개인 대 집단 상황, 내집단 내 익명성(참가자들끼리는 익명성이 보장되나 실험자는 피험자를 식별할 수 있는 조건) 대 외집단 내 익명성(참가자와 실험자 모두 피험자 개인을 식별할 수 없는 조건), 사적 자의식 감소(거울을 볼 수 없는 조건) 대 공적 자의식 감소(CCTV나 대중의 감시가 없는 조건) 차원을 고려했다. 또한 몰개성화 행동을 반규범적 행동(예: 폭력적 행동, 전기충격 또는 심한 소음을 유발하는 행동) 대 상황 특수적 규범을 준수하는 행동(예: 실험자가 시키는대로 하는 행동)으로 구분했다. 분석 결과, 대규모 집단적 상황이면서 외집단 내 익명성과 공적 자의식이 감소하는 조건에서 반규범적 행동이 증가했다. 이 외의 다른 투입 변인은 반규범적 행동을 유발하지 않았으며 상황 특수적 규범 준수에 영향을 미쳤다.

4. 집단과 리더십

우리는 앞에서 집단이 효과적으로 의사결정을 할 수 있는 방안을 공부했다. 문제해결은 집단 안에서 발생한 문제, 긴장, 불확실성, 어려움 등을 해결하는 새로운 방법의 행동과 시스템을 개발하는 것이다. 이러한 과정에서 몇 가지 해결 방법에 대한 선택지를 선정하고 최종적인 의사결정을 내린다. 이때 집단의 리더는 "내가 이 결정을 내려야 하는가, 아니면 결정을 집단 구성원에게 위임하는 위험을 감수할 것인가?"라는 중요한 질문을 하게 된다. 리더는 자신의 영향력에 대한 경계를 명확히 하지 않을 때 곤경에 빠진다. 이러한 리더는 때로는 임의로 어떤 결정을 내리기도 하고, 때로는 집단 구성원에게 한없이 권한을 줄 수도 있다. 궁극적으로, 리더의 비일관성은 집단 내 불확실성, 의심 또는 의존의 분위기를 조성하게 된다.

효과적인 리더는 집단 내 자기 영향력의 영역을 분명히 하고, 자신이 어떤 결정을 내리고 무엇을 책임질 것인가에 대해 집단 구성원들이 이해할 수 있도록 한다. 리더가 집단 구성원에게 의사결정을 위임하는 경우에는 특정한 의사결정 방법을 이해하고 논의할 수 있어야 한다. 이처럼 집단 의사결정 과정에서 리더는 매우 중요한 역할을 하고 있다. 리더가 어떤 특성을 가지고 있는지 그리고 그 리더가 상황에 적합한지에 따라 집단이 보이는 특성도 달라진다. 리더십에 대한 다양한 정의 중에서 Chemers(2001)의 정의에 따르면, '리더십(leadership)은 사회적 영향력을 통해 구성원들을 소집하고 그들의 도움을 결집시킴으로써 집단의 공동 목표를 달성하는 과정'이다. 대략 1900년대부터 시작된 리더십에 대한 연구는 매우 다양한 입장에서 이루어져 왔다. 이 절에서는 리더십에 대한 대표적인 이론을 살펴본다.

1) 특성 이론과 행동 이론

리더십에 대한 특성 이론(trait theory)은 리더에게 고유한 자질이나 특성이 있다고 가정한다. 이러한 관점은 리더는 일반인과 다른 특성을 가지고 있으며 효과적인 조직 운영을 위해서는 리더로서 특정 자질을 갖춘 사람이 필요하다고 본다. 그러나 초기의 연구들은 효과적인 리더십과 성격 특질과의 높은 상관을 발견하지 못했다(Hogg, 2009).

그럼에도 기존의 연구를 종합해 볼 때, 리더의 공통적 특성으로 지능, 자신감, 결단력, 성실성과 사교성을 들 수 있다(Northouse, 2010). 또한 성격 5요인(Big 5)과 리더십 간의 상관관계를 알아보기 위해 78개의 연구를 메타분석한 결과, 성격 5요인(Big 5)은 리더십과 상당히 높은 상관(R=.58)이 있었다. 특히 외향성, 성실성 그리고 개방성이 가장 효과적인 예측 요인이었다(Judge et al., 2002). 그 밖에 리더의 특성으로 자기주장, 진실성, 지배성, 자기도취 성향, 높은 자기검색, 높은 성취 지향성과 친애 지향성이 있다(Ames & Flynn, 2007; Bedeian & Day, 2004).

특성 이론은 리더십의 구성 요소 중 하나인 리더에 초점을 맞춤으로써 리더에 대한 심층적인 이해를 제공해 주었고, 리더 개개인에게 자신의 리더십 속성을 평가할 수 있는 기준을 제공해 주었다는 점에서는 효과적이다. 그러나 이러한 발견은 군이나 정부, 조직에 있는 사람보다 학생들을 대상으로 연구했을 때 두드러지게 나타나는 연구 결과이기 때문에, 이러한 특성을 가진 사람들이 실제 효과적인 리더십을 발휘하는

그림 11-16 리더십. 리더는 나름의 행동 특성을 가지고 있다.

가에 대해서는 예측하지 못했다(Judge et al., 2002).

리더십에 대한 **행동 이론**(behavioral theory)은 훌륭한 리더는 나름의 독특한 행동 특성이 있다고 가정한다([그림 11-16] 참조). 행동 이론은 리더가 보이는 행동에는 두 가지 종류, 즉 과업적 행동과 관계적 행동이 있다고 본다. 과업적 리더는 자신의 의견을 제시하고 나아갈 방향을 지시하는 등 집단의 과업 활동에 적극적으로 관여하는 반면, 관계적 리더는 집단 내 대인관계에 초점을 두며 사회정서적 만족과 팀워크에 주의를 기울여 반응한다. 많은 후속 연구를 통해서 리더 행동의 2요인 모형은 과업 지향 대 관계 지향(DeRue et al., 2011), 생산 지향 대 종업원 지향(Bowers & Seashore, 1966), 행동 기술 대 대인관계 기술(Mann, 1965), 구조 주도 행동 대 배려 행동(Stogdill, 1974)과 같이 반복적으로 확인되었다. 연구가 거듭될수록 과업적 행동과 관계적 행동은 독립적 차원임이 밝혀졌다.

두 유형의 리더십 행동은 리더가 모든 집단 상황에서 수행해야 하는 행동이지만, 모든 상황에서 무조건적으로 요구되지는 않는다. **리더십 대체 이론**(leadership substitutes theory)에 따르면, 부하, 과제, 집단이나 조직이 가지고 있는 특수한 리더십의 대체 요인은 리더의 과업적 지지 또는 관계적 지지를 제공할 필요성을 감소시킨다고 설명한다(Kerr & Jermier, 1978). 가령, 관계적 응집성이 높은 집단 구성원에게 리더의 관계적 지지는 덜 필요하고, 경험과 전문성이 높은 집단 구성원에게 리더의 과업적 지지는 덜 필요하다.

종합적으로 볼 때, 리더십의 행동 이론은 리더십을 성격 특질로 보던 관점에 행동을 포함시켜 다양한 상황에서 리더가 어떤 행동을 하는가에 초점을 확장시킨 계기가 되었다. 또한 리더의 행동에서 과업적 행동과 관계적 행동의 중요한 두 가지 요소를 발견함으로써, 두 가지 행동의 조합이 유능한 리더십 과정의 핵심이 될 수 있음을 발견했다.

2) 상황 이론

리더십에 대한 **상황 이론**(situational theory)은 리더의 적합한 특성이나 행동이 상황에 따라 다를 수 있다고 가정한다. 따라서 유능한 리더가 되려면 리더십 유형을 다양한 상황의 요구에 적합하도록 맞추어야 한다. 상황 이론에 따르면, 리더십은 과업 행동과 관계 행동으로 구분한다(Hersey et al., 2013). 과업 행동은 공동 목표를 설정하고 평가 방법, 작업 시간, 구성원의 역할, 목표 달성을 위한 구체적 방법을 제안하고 지시한다. 관계 행동은 구성원을 도와 개개인의 직무 만족을 느끼도록 하는 행동이다.

리더십 행동은 집단 구성원의 성숙 수준에 따라 달라진다(Blanchard et al., 2013). 집단 구성원이 낮은 유능성–높은 헌신성을 가진 상황인 경우, 높은 과업–낮은 관계 행동인 지시적 리더십이 효과적이다. 그다음, 집단 구성원들이 약간 높은 유능성–낮은 헌신성을 가진 상황인 경우, 높은 과업–높은 관계 행동인 코치형 리더십이 효과적이다. 코치형 리더는 집단 구성원들의 참여를 고무하고 모두 참여하는 팀 정신을 촉구한다. 그다음, 집단 구성원이 높은 유능성–비일관적인 헌신성을 가진 상황인 경우, 낮은 과업–높은 관계 행동인 지지적 리더십이 효과적이다. 지지적 리더는 일상적 의사결정의 책임을 구성원들에게 위임하며, 그들의 우수한 업적을 인정하고 사회적 지원을 제공한다. 그러나 최종적인 결정에 대한 책임은 여전히 리더가 갖는다. 마지막으로, 집단 구성원의 성숙 수준이 가장 높은 단계인 높은 유능성–높은 헌신성을 가진 상황에는 낮은 과업–낮은 관계 행동인 위임형 리더십이 가장 효과적이다. 위임형 리더는 과업 완수를 위한 지시적 행동과 지원적 행동을 최소화한다.

따라서 효과적인 리더는 집단의 성숙 수준에 따라 지시형, 코치형, 지지형, 위임형 리더십 방식을 구사할 수 있어야 한다. 국내의 한 연구에서도 이와 비슷한 결과를 보고하고 있다. 부하의 성숙도가 높은 경우에 리더의 관계 중심적 행동이 그들의 성과를 향상시켰다(김경수 외, 2006). 전체적으로 볼 때, 리더십의 상황 이론은 실무적인 관점에서 리더십 훈련 프로그램에 다양하게 활용되었을 뿐만 아니라 상황에 맞는 리더십 행동을 처방할 수 있다는 점에서 유효하지만, 구성원의 발달 수준에 대한 이론상의 모호성, 체계적인 검증 연구가 부족하다는 점에서 비판의 여지가 있다(Chemers, 2001).

3) 거래적 리더십과 변혁적 리더십

효과적인 리더는 업무를 선도하고 촉진하며 집단 구성원에게 인간적 지지 활동을 통해 집단에 큰 공헌을 해야 한다. 학자들은 이러한 리더의 특질로 카리스마를 강조했다. 카리스마는 특정 사람에게 비범한 능력(힘)을 부여하는 특별한 성격 특질로(Weber, 1947), 카리스마 리더는 다른 사람에게 영향을 미치며 도덕적 가치에 대한 강한 신념을 가지고 있는 사람이다(House, 1976). 구체적으로, 이러한 리더는 부하에게 비전을 제시하고, 그러한 비전을 전달할 수 있는 능력을 갖고 있다. 또한 그들은 부하의 신뢰를 얻고 개인적인 매력을 갖고 있으며, 눈, 제스처, 표정, 억양 등 다양한 비언어적 행동으로 감정을 표현한다.

그러나 실제 많은 리더는 **거래적 리더십**(transactional leadership)을 채택한다(Burns, 1978). 이는 리더와 구성원 간에 각자 필요한 것을 교환하는 조건으로 공동의 목표를 추구하려는 전통적 형태의 리더십이다. 리더는 조직의 목표를 달성하기 위해서 구성원들의 노동력을 필요로 하고 그 대가로 그들에게 보수와 승진을 제공한다. 결국, 리더와 구성원 간의 이해 관계와 교환 관계가 리더십의 중심이 된다. 그래서 이 관계에는 보이지 않은 계약관계 속에서 책임감, 호혜성, 정직성 그리고 공정성을 원칙으로 하기 때문에 깊은 결속력을 유지하기는 어렵다.

반면, **변혁적 리더십**(transformational leadership)은 리더와 집단 구성원 간의 타협이나 거래 및 교환의 거래적 관점을 비판하면서, 높은 이상과 비전 제시를 바탕으로 하고 있다. 변혁적 리더십에 따르면(Bass, 1990; Burns, 1978), 리더가 집단 구성원을 전인격체로 대우하면서 지속적으로 동기화시키고 그들의 의식 수준을 높이면 기대 이상의 직무 성취를 해낼 수 있다. 이를 위해서 리더는 미래의 비전을 제시할 뿐만 아니라 구성원들과의 신뢰를 구축해야 한다. 자신이 하는 과업의 중요성과 가치를 크게 지각할 때, 사람들은 집단을 위해 개인적 이익을 초월할 수 있고 자신의 잠재력을 최대한 발휘할 수 있다. 결국, 변혁적 리더십의 핵심은 외부 상황의 변화를 예측하고 감지하여 그 흐름이 집단에 유리하게 전개될 수 있도록 비전을 제시하고 제도화하는 것이다.

글상자 11-4

다양한 리더십

진성 리더십(authentic leadership)은 리더의 진정성과 윤리성을 강조하는 리더십이다. 진정성은 한 개인이 자기 내면의 생각과 감정 그리고 가치관과 일치하는 방식으로 행동하는 것을 의미한다. 진성 리더십을 발휘하는 리더는 자신이 어떻게 행동하고 생각하는지 충분히 알고 있다. 또한 그들은 자신이나 타인의 가치관이나 도덕적 관점, 지식 및 강점을

그림 11-17 **서번트 리더십**. 이 리더십에서는 타인에 대한 봉사에 초점을 둔다.

알고 있으며 자신감과 낙관성 그리고 높은 도덕적 특성을 가지고 있다. 진성 리더십은 직원들의 삶의 즐거움과 만족을 넘어서서 자신들의 잠재력을 발견하고 자아를 찾는 과정에서 경험하는 심리적 안녕감의 수준을 높였다(최우재, 조윤형, 2013).

서번트 리더십(servant leadership)에서 서번트는 다른 사람을 돕고자 하는 천성적인 욕구다([그림 11-17] 참조). 이 리더십은 타인을 위한 봉사에 초점을 두며, 종업원, 고객 및 공동체를 우선시하고, 그들의 욕구를 만족시키기 위해 헌신하고, 그들의 잠재력을 발휘할 수 있도록 조력하는 리더십이다(최수형 외, 2011). 여기에는 자기인식, 감정이입, 개념화 및 통찰에 관한 기술이 많이 들어 있다(Smith et al., 2004).

한편, 기업의 윤리 의식을 높이기 위해서는 최고경영진의 올바른 기업관과 가치가 필수조건이다. 이를 정립하기 위해서 윤리적 역할 모델을 제시하는 것이 중요하다. 따라서 **윤리적 리더십**(ethical leadership)은 규범적으로 적절한 행위를 의사소통, 강화 및 의사결정을 통해 구성원들에게 촉구하는 리더십이다. 국내의 한 연구에 따르면, 윤리적 리더십은 조직 구성원의 직무 만족, 조직 몰입 그리고 직무 몰입을 높이는 효과가 있었다(김윤정, 양인실, 2015).

변혁적 리더십을 구성하는 네 가지 요소가 있다(Bass, 1990). 첫째 요소는 높은 도덕성이다. 리더는 영향력 있는 이상형의 모습을 갖춤으로써 구성원들에게 역할 모델이 되어야 한다. 리더가 높은 도덕성과 윤리 의식을 갖추고 있을 때, 사람들은 리더를 신뢰함으로써 개인적 위험을 기꺼이 감수한다. 둘째 요소는 개별적인 배려다. 리더는 구성원 각자의 차이에 민감하게 반응해서 그들이 잠재력을 발휘할 수 있도록 피드백과 방향을 제공해야 한다. 셋째 요소는 비전 제시다. 리더는 설득력 있는 비전을 창출하고 공유함으로써 구성원들의 동기를 유발해야 한다. 리더는 상징적 이미지와 긍정적 표현을 통해서 구성원들이 자신의 능력과 신념을 최상으로 끌어올리게 할 필요가 있다. 넷째 요소는 지적 자극이다. 리더는 구성원들이 새로운 접근을 시도하고 조직의 쟁점을 다루는 혁신적인 방법을 개발하도록 지원할 수 있어야 한다.

한 연구(황미영, 2009)에서 거래적 리더십과 변혁적 리더십을 비교한 결과, 기업경영자들이 변혁적 리더십보다 구성원들의 행위에 대한 교환과 보상을 제공하는 거래적 리더십을 발휘할 때, 조직의 목표 달성이나 부하들의 만족도가 훨씬 더 높았다. 반면, 사회 지도자들은 거래적 리더십보다는 변혁적 리더십을 발휘할 때, 구성원들의 직무 몰입, 셀프 리더십, 조직 효능성 그리고 성과 만족의 수준이 더 높았다. 이러한 결과는 집단의 목표나 특성에 따라 이 두 유형의 리더십 효과가 달라질 수 있음을 보여 준다.

4) 문화와 리더십

우리는 집단을 이루는 순간부터 집단 구성원 중 누가 리더가 될 만한 사람인지를 판단하고, 그에게 리더로서의 모습을 기대하며 집단 내 영향력을 발휘할 수 있도록 허용하는 경향이 있다. **암묵적 리더십 이론**(implicit leadership theory: ILT)에 따르면, 사람들은 리더의 원형(leader prototype), 즉 리더의 자질 또는 리더십에 대해 갖는 기대나 신념과 같은 인지적 구조를 암묵적으로 가지고 있다(Lord & Maher, 1991). 사람들이 생각하는 리더의 원형에는 민감성, 지능, 헌신, 역동성이 있으며, 과업 수행 기술(적극성, 결단력, 영향력, 통솔력)과 대인관계 기술(배려, 진실성, 개방성) 관련 자질이 포함되어 있는 반면, 리더가 아닌 사람의 원형에는 독재, 남성성과 같은 특성이 들어 있는 것으로 나타났다(Epitropaki & Martin, 2004).

모든 사람은 리더의 원형을 가지고 있지만, 이는 자신의 경험이나 문화에 따라 다르게 만들어진다. 경영학자 House와 동료들(2004)은 리더 원형의 문화 보편성과 특수성을 확인하기 위해, 10개 지역 문화권(유럽, 아메리카, 아시아)의 62개 국가 출신 총 17,000명의 관리자를 대상으로 질문, 인터뷰, 집단 토론, 국가별 미디어 등을 바탕으로 리더십 행동을 연구했다. 연구진들은 각기 다른 문화권의 사람들이 이상적인 리더를 어떻게 생각하는가를 규명하기 위해 암묵적 리더십 이론과 문화적 가치를 토대로 리더십 행동을 여섯 가지로 구분했다.

먼저, 카리스마/가치 중심 리더십은 팀 구성원에게 영감을 불어넣고 동기를 유발하며, 조직의 핵심 가치를 실현하기 위해 팀 구성원들에게 업적 달성을 요구할 수 있는 리더십으로, 보통 변혁적 리더십으로 알려져 있다. 둘째, 팀 지향 리더십은 팀 구축과 팀 구성원 간의 공동 목표를 강조한다. 협동적 노력, 통합적 노력, 협상 능력, 악의 없는 행동, 행정력을 포함한다. 셋째, 참여적 리더십은 리더가 의사결정과 그 실행에 팀원이 함께 참여하도록 하는 리더십으로, 참여적이고 비독재적인 행동을 포함한다. 넷째, 인간 지향 리더십은 지원, 배려, 동정심, 관대한 행동을 강조하는 리더십이다. 다섯째, 자율적 리더십은 자주적이고 독자적인 리더십으로, 자율적이고 독특하며 창의적인 행동을 포함한다. 여섯째, 자기방어적 리더십은 리더와 집단의 지위와 안정을 확보하려는 행동을 기반으로 하는 리더십으로, 자기중심적 행동, 지위 보존 행동, 갈등 유발, 체면 유지, 절차 존중 행동이 포함된다.

또한 House와 동료들(2004)은 문화 보편적인 리더의 상을 발견했다. 사람들은 리더에게 효과적인 협상과 문제해결 능력의 외교력, 정직함과 공정함의 도덕성, 비전과 영감의 카리스마, 팀 소통과 조정 및 육성 등 팀 지향, 지능, 결단력, 행정 능력을 기대하는 반면, 리더는 자기중심적, 반사회적, 부정직한, 독재적 특성을 가지고 있지 않아야 한다고 생각한다(Dorfman et al., 2004).

House와 동료들(2004)의 연구에서 문화 보편적인 리더의 자질도 있지만, 문화권마다 중요하게 여기는 리더의 특성은 차이가 있었다. 개인주의적 성향이 높은 유럽 문화권은 카리스마/가치 중심적 리더십과 팀 지향적 리더십을 가장 이상적으로 여기지만, 자기방어적 리더십은 선호하지 않는다. 유럽 문화권에서 이상적인 리더는 팀원의 동기를 유발하며 타인을 배려하는 행동이지만, 리더가 지위나 신분을 의식하여 체면을 유지하는 것은 비효과적인 결과를 가져온다고 믿는 것과 연관되어 있다. 반면, 유교문화의 영향을 받은 동아시아와 남아시아, 중동 문화권은 자기방어 리더십을 가장 이상적으로 여기며, 인간 지향적 리더십을 선호하는 것으로 나타났다. 집단주의 문화권의 리더십 특성은 집단 구성원을 배려하며 함께하는 것을 중시하면서도, 리더의 지위를 이용하여 독자적인 의사결정을 내리는 것을 효과적인 것으로 여긴다. 이러한 결과는 다문화권의 사람들로 구성된 팀을 이끄는 리더는 모든 팀 구성원이 선호하는 리더는 아닐 수도 있다는 점을 함의한다.

요약

- 집단의 구조에는 집단 규범, 역할, 지위, 권력, 집단 응집성이 있다. 집단 규범은 집단 구성원의 행위에 대한 규칙으로, 구성원들이 적법하다고 수용하는 행위 방식이다. 역할은 집단의 특정 사회적 맥락에서 구성원 각자가 수행해야 할 특정 행동이다. 지위는 집단에서 한 사람의 사회적 신분에 따르는 위치나 자리다. 권력은 사회적 관계에서 지위나 위치 등을 통해서 남을 복종시키거나 지배할 수 있는 공인된 권리와 힘이다. 집단 응집성은 집단 구성원이 긴밀하게 결합하여 하나의 집단을 유지하는 힘이다.
- 집단 수행에서 보이는 사회적 촉진은 혼자보다는 여럿이 수행할 때 개인의 수행 수준이 높아지는 현상이다. 이에 대한 주요 설명으로 활성화 이론, 평가 이론, 주의 이론이 있다.
- 사회적 태만은 혼자 일할 때보다 다른 사람과 일할 때 덜 노력하는 현상이다. 사회적 태만은 발생하는 원인과 대처 전략을 중심으로 논의되어 왔다. 성과의 측면에서 집단 수행에 영향을 미치는 요소로 직무 설계, 상호의존, 구성, 맥락, 과정이 중요하다.

- 집단 의사결정은 구성원들의 평균적인 의견과 다를 수 있다. 집단 극화는 집단의 의사결정이 구성원들의 개별적 의사결정의 평균보다 더 극단적인 현상을 말한다. 집단 사고와 같은 현상도 집단의 의사결정이 불합리할 수 있음을 보여 준다.
- 집단 의사결정에서 공유 정보 편향은 구성원이 모두 알고 있는 정보보다 공유되지 않은 정보를 검토하는 데 시간과 에너지를 적게 사용하는 경향 때문에 불합리할 수 있다.
- 몰개성화는 집단에 속한 개인은 집단에 깊이 몰입하면서 자신의 정체성을 상실하고 통제성을 잃어버려, 극단적이고 충동적으로 하는 행동을 의미한다. 몰개성화를 집단 규범의 산물로 보는 대안적 시각도 있다.
- 리더십은 사회적 영향력을 통해 구성원을 소집하고 도움을 결집시켜 집단의 공동 목표를 달성하는 과정이다. 리더십을 설명하는 이론으로 특성 이론, 행동 이론, 상황 이론, 거래적 리더십, 변혁적 리더십 등이 있다. 또한 리더십은 문화 보편적 리더십과 문화 특수적 리더십으로 구분할 수 있다.

제12장

집단 간 관계

1. 집단에 대한 애착
2. 편견의 원인
3. 성 · 인종 · 민족에 대한 편견과 차별
4. 집단 간 관계 개선

우리는 사회에서 여러 집단의 구성원으로 살아간다. 그 사회는 가족, 친구, 동호회나 국가와 같은 집단이 될 수 있다. 일단 특정 집단의 구성원이 되면, 사람들은 그 집단을 자기와 동일시해서 정체성을 형성하고 소속감을 느낀다. 집단에 대한 이러한 심리적 변화는 내가 속하지 않은 소위 외집단과의 행동이나 관계에 영향을 미친다. 이 장에서는 개인이 집단에 속함으로써 나타나는 심리적 특성을 정체성의 측면에서 살펴본다. 그다음, 집단 간 관계에서 나타나는 개인의 인지와 정서의 측면으로 고정관념과 편견을 다룬다. 또한 현실적으로도 심각한 문제가 되는 외집단 구성원에 대한 차별과 억압의 문제를 살펴본다. 마지막으로, 집단 간 갈등을 해소할 방안을 제시한다.

1. 집단에 대한 애착

사람들은 자기가 속한 집단에 왜 애정을 느끼는가? 그리고 그것을 어떤 식으로 표현하는가? 집단에 관한 여러 이론은 이와 같은 두 가지 질문에 초점을 두고 있다. 여기서는 먼저 사람들이 집단을 형성하는 이유를 동기와 인지 측면에서 살펴본다. 그다음, 내가 속한 집단을 그렇지 않은 집단과 구분하는 범주화와 그것이 가져오는 효과를 사회 정체성 이론을 중심으로 살펴본다.

1) 집단 애착의 이유

사람들이 집단을 만들어서 함께 살려는 동기는 수천 년에 걸친 인간의 기본적인 생존과 생식의 욕구와 밀접하게 관련되어 있다. 인간은 야생의 물리적 환경에서 나약한 한 개인으로 살아가기에는 매우 불리하다. 맹수와 같은 포식자와 대적해서 이길 힘도 없고, 부족한 식량을 혼자서 조달하기도 어렵다. 이처럼 불리하고 위험한 상황에서 우리가 자기를 보호하거나 배우자를 선택하고자 할 때, 집단은 이에 대한 다양한 형태의 기회를 제공한다. 그래서 집단 생활에 잘 적응한 사람은 이러한 혜택을 누리게 된다(Caporael, 2005). 즉, 인간은 필연적으로 다른 사람들과 상호의존적인 상황에 직면하게 되고 그 속에서 자기의 삶을 영위하게 된다. 이처럼 집단은 개인과 물리적 환경 사이의 완충 역할을 하게 된다.

인간의 뇌 역시 사회적 활동을 위해 진화해 왔다. 보통은 신체가 큰 동물일수록 뇌도 크지만, 인간은 신체 대비 뇌의 상대적 크기가 가장 큰 동물로 다른 영장류의 거의 2배에 달한다(Roth & Dicke, 2006). 어떤 사회가 얼마나 복잡한 사회인지를 보여 주는 지표 중의 하나가 집단의 크기인데, 집단의 크기를 가장 잘 예측하는 요인이 뇌의 **신피질 크기**다(Dunbar, 1992). 즉, 규모가 큰 집단 속에서 다양하고 복잡한 사회생활을 많이 하는 종일수록 뇌의 신피질 영역이 크다는 것이다. 인간이 자신의 신피질 크기에 비례해서 형성할 수 있는 집단의 최대 크기는 150명이다(Dunbar, 2008). 이 숫자는 기원전 6천 년 전부터 1700년대까지 존재한 마을의 크기와 비슷하다(Dunbar, 1993). 이처럼 인간은 상당 부분 다른 사람들과 집단을 형성하면서 살도록 고안되어 있다.

그렇다고 해서 인간이 모든 사람과 친밀한 접촉을 공유하지는 않는다. 그들은 자기와 친밀하게 상호작용할 사람을 선택해서 결정한다. 선천적으로 인간은 **소속감의 욕구**(need-to-belong)를 충족하기 위해 빈번한 접촉과 지속적인 보살핌을 유지할 수 있는 최소한의 관계를 맺고자 한다(Baumeister & Leary, 1995). 사회적 접촉이 만족스럽기 위해서는 그러한 접촉이 낯선 사람보다는 친밀한 파트너와 장기간에 걸쳐 이루어질 필요가 있다. 실제로 사람들은 일을 중심으로 하는 느슨한 관계보다는, 가족이나 친구 집단처럼 크기가 작으면서 개인 간 상호작용을 많이 하는 집단을 더 가치 있게 여긴다(Deaux et al., 1995; Lickel et al., 2000). 그래서 우리는 세상의 여러 사람을 자기와 가깝고 친밀한 집단, 즉 내집단이나 자기와 관련이 적거나 없고 낯선 집단, 즉 외집단으로 자연스럽게 구분하게 된다.

이처럼 사람들에게 내집단이 절대적으로 중요한 이유는 그것이 생존과 재생산에 필요한 여러 기회를 제공하기 때문이다. 이와 함께 내집단은 다음과 같은 이유로 세상에 대한 통제감을 제공하고 그래서 개인의 자율성을 높여 준다. **불확실성 관리 모형**(uncertainty management model)에 따르면, 사람들은 기본적으로 자기가 속한 세계에 대해 확실하다고 느끼고자 하고, 세계가 불확실하다고 느끼면 그 불확실성에 대한 위협을 줄이고자 한다(Lind & van den Bos, 2002; [그림 12-1] 참조). 이때 자기의 죽음에 대한 공포는 통제감을 줄이고 불확실성을 높이는데, 내집단에 대한 애착과 소속감은 이와 같은 세상의 불확실성을 줄여 준다(Fritsche et al., 2011).

그림 12-1 **불확실성.** 인간은 불확실성을 줄이려는 욕구를 가지고 있다.

또한 우리는 자기의 주관적인 불확실성을 줄이기 위해 자기에 대한 평가를 하거나 자기의 세계관을 검증하기 위해 다른 사람과 비교한다. 이때 외집단이 아니라 내집단 구성원이 그러한 비교의 대상이 된다(Guimond, 2006). 이와 함께 내집단은 자기평가에 대한 수단을 제공해 준다. Hogg (2000)의 **불확실성 감소 이론**(uncertainty reduction theory)에 따르면, 자기나 세상에 대한 인식이 불확실할 때 사람들은 특정 집단과 동일시해서 자기의 정체성을 규정하고, 그 집단에 기초해서 자기의 신념을 형성하고 행동을 유도한다. 이처럼 내집단은 인지적인 측면에서 구성원들이 느끼는 다양한 측면의 불확실성을 줄이는 데 도움을 준다.

2) 집단에 기초한 자기인식

사람들은 한 개인으로 있을 때와 특정 집단에 속해 있을 때 서로 다른 심리적 상태를 경험한다. 무엇보다도, 우리는 자기를 다른 사람과 분리된 개별 존재가 아니라 특정 집단의 구성원이라는 전체 중 일부로 본다. 그러면서 외부 세계를 집단 대 집단으로 보면서 내가 속한 내집단과 그렇지 않은 외집단이라는 인식을 부각하게 된다. 이러한 인식은 외집단에 대한 고정관념, 편견 그리고 차별의 심리적인 기초가 된다. 집단에 기초한 이러한 자기인식은 사회 정체성의 개념으로 가장 잘 설명할 수 있다.

(1) 사회 정체성 이론

한 사람의 자기개념은 여러 유형의 정체성으로 이루어져 있다. 그중에는 개인 정체성과 사회 정체성이 있다(Hogg et al., 1995; Tajfel & Turner, 2001). **개인 정체성**(personal identity)은 성격, 학력, 외모 등과 같이 다른 사람과는 구별되는 그 개인의 고유한 특성에 기초해서 자기를 개념화하는 것이다. 반면, **사회 정체성**(social identity)은 자신을 자기가 속한 집단과 동일시함으로써 집단 구성원으로 자기를 인식하는 것을 말한다. Hogg 등(1995)은 이 두 정체성과 함께 **자기 정체성**(self-identity)을 제시했다. 한 여성이 자기를 어머니, 딸, 사회심리학자, 헌혈자 등의 역할을 하는 것처럼, 자기 정체성은 특별한 역할이나 행동을 수행하는 사람으로서 자기를 규정하는 한 개인의 자기인식 혹은 자기정의다.

다양한 유형의 정체성을 개별적으로 접근하는 것과는 달리, Erikson(1956)의 **자아 정체성**(ego identity) 개념은 앞에서 살펴본 여러 형태의 자기를 통합해서 우리에게 연속성과 동일성을 제공하고, 자신이 누구인지를 인식하고 그것에 따라 행동하게 해 주는 자기의 정체성에 대한 인식이다. 이것은 서로 다른 여러 개의 자기가 분열하고 갈등할 수 있는 상황에서 그들을 하나의 체계적이고 일관적인 정체성으로 통합함으로써, 개인이나 상황 요인으로 갑작스럽게 생긴 변화에 직면해서 그 개인을 보호하는 역할을 한다.

Tajfel(1978a)이 정의한 사회 정체성은 자신이 어떤 집단의 구성원이라는 인식, 집단 소속감에 따른 가치 그리고 정서적 의미를 지각하는 것에서 나오는 자기개념이다. 즉, 개인은 국가, 학교, 정당, 지역, 직업 등 다양한 사회적 범주에 속함으로써, 그 집단을 기초로 자신과 세상을 지각하는 인식의 틀을 구성한다. 따라서 한 사람의 자기개념은 개인을 강조하는 상황에서는 개인 정체성에 근거하지만, 소속 집단이 두드러지는 상황에서는 사회 정체성에 기초해서 이루어진다. 사람들이 어떻게 사회 정체성을 형성하고 그것에 기초해서 행동하는지를 설명하는 것이 사회 정체성 이론(social identity theory; Tajfel & Turner, 1979)의 기본 접근이다. 이 이론은 사회 정체성이 개인의 지각과 행동, 개인이나 집단 간의 관계에 어떠한 영향을 미치는지 밝히고자 한다. 사회 정체성은 몇 가지 과정을 거쳐서 이루어진다(Ellemers & Haslam, 2015; Tajfel, 1978a).

그 첫 번째 과정이 사회 범주화다([그림 12-2] 참조). 이것은 개별적인 사람들을 특정 집단으로 묶는 과정이다. 이때 같은 범주에 속한 사람들은 그 집단을 규정하는 속성을 똑같이 가지고 있다고 생각한다. 가령, 한국 사람들은 출신 지역을 중심으로 사람들을 묶는 경향이 강한데, 각 지역 출신의 사람들이 모두 같은 특징을 공유하고 있다고 여기는 경향이 있다. 이처럼 우리는 한 집단의 구성원 사이에 존재하는 유사성에 초점을 두고, 이러한 특징을 다른 집단에 속한 사람과 비교하면서 강조한다.

그림 12-2 사회 범주화. 우리는 때로 사람들을 성별에 따라 구분한다.

두 번째 과정은 사회 비교 과정이다. 사람들은 자신이 속한 집단의 특성을 다른 집단과 비교하면서 해석하고 평가한다. 사람들은 자기가 속한 집단의 특성이 좋은지 혹은 나쁜지를 개인적인 특성을 평가하는 것과 같은 방식으로 다른 집단과 비교해서 결정한다. 예를 들어, 우리는 자신과 같은 출신 지역의 사람들이 신뢰할 만하거나 솔직한지를 다른 지역 출신의 사람들과 비교해서 판단한다. 세 번째 과정은 사회적 동일시 과정이다. 출신 지역을 중심으로 사람들을 범주화할 때 자신이 어느 범주에 속하는지 아는 것처럼, 사람들은 범주화 과정을 통해 자기가 어느 집단의 구성원인지 깨닫게 된다. 또한 자기가 속한 집단의 독특한 특성이 가치 있다고 판단할 때, 사람들은 그 집단에 정서적인 중요성을 부여한다.

사람들은 자신이 속한 집단에 관심을 둘수록 그 집단에 기초한 사회 정체성을 더욱 강조한다. 이와 함께 그들은 내집단을 외집단보다 더 긍정적으로 평가하려는 경향성을 강하게 보인다(Brewer, 1979; Tajfel, 1978a). 즉, 자신이 그 집단과 얽혀 있어서 자기 집단을 다른 집단보다 더 긍정적인 방향으로 차별화할 방안을 강구하고 싶어 한다. 또한 강한 사회 정체성을 가진 사람은 개인적 의사결정보다는 자신이 속한 집단의 결정에 자발적으로 따르려는 동기도 강하다(Turner, 1985). 이러한 특성이 나중에 좀 더 자세히 살펴볼 외집단에 대한 폄하와 차별의 근원이 되기도 한다.

(2) 자기범주화 이론

사회 정체성 이론은 사람들이 내집단 구성원을 외집단 구성원보다 더 편애하는 현상을 잘 설명하는 이론이다. **자기범주화 이론**(self-categorization theory)은 개인의 인지적 관점에서 기존의 사회 정체성 이론을 보완하는 이론이다(Turner et al., 1987). 이 이론은 사람들이 자신을 특정 집단 구성원으로 정의하는 조건을 설명하는 데 초점을 두고 있다(Otten & Epstude, 2006). Tajfel(1978b)은 인간의 행동이 개인 간의 행동과 집단 간의 행동을 양 끝으로 하는 연속선 위의 어딘가에 놓여 있다고 보았다. 즉, 이러한 연속체는 개인적 측면에서 행동하거나 집단적 측면에서 행동하는 것에 관한 내용이다. 이때 중요한 문제는 우리가 개인으로 혹은 집단으로 행동하는 것을 언제 어떻게 결정하는가다. 즉, 자기를 언제 어떻게 범주화할 것인가가 핵심이다([그림 12-3] 참조).

그림 12-3 **자기범주화.** 자기를 어떻게 범주화하느냐에 따라 개인일 수도 있고, 출신 지역이나 국가 등 다양한 집단에 속할 수도 있다.

우리는 서로 다른 기준에 따라 매우 다양한 범주에 속한다. 국가라는 기준으로는 한 나라의 국민이고, 대학교를 기준으로는 대학생일 수 있으며, 다양한 대인관계 차원에서는 특정 집단에 속한 개인이기도 하다. 자기범주화 이론에 따르면, 특정 범주 내 구성원들 간의 차이보다 범주 간 차이가 클 때, 이 범주에서 자기에 대한 범주화가 이루어진다(Turner & Oakes, 1989). 자신을 경기도 출신이라는 범주에 포함하는 것은 이 지역 출신들 간의 차이가 강원도와 같은 다른 지역 출신들 간의 차이보다 적기 때문이다. 일단 특정 수준에서 자기범주화가 이루어지면, 사람들은 그 범주 내 구성원들 간의 유사성과 함께 두 범주 간의 차이점을 더 크게 지각한다(Turner, 1985). 그래서 같은 범주 내에 있는 사람들은 자기를 분리된 독특한 개인이 아니라 서로를 대체할 수 있는 동질적인 구성원으로 지각한다. 이것을 **탈개인화**(depersonalization)라고 하는데, 이것은 집단적 행동을 가능하게 할 뿐만 아니라 집단 응집력, 대인 간 매력 그리고 사회적 협동의 근간이 된다(Hogg, 1992; Turner, 1982).

(3) 범주의 적합성

자기범주화 이론에서는 주어진 상황에서 자기의 어떤 범주가 가장 적합한지 결정하는 기제로 범주의 상대적 접근 가능성과 범주의 적합성을 들고 있다(Bruner, 1957; Oakes, 1987). 범주의 **상대적 접근 가능성**(relative accessibility)은 어떤 상황에서 특정 범주를 이용하기 쉬운 정도에 따라 범주화가 달라질 수 있다는 것을 의미한다. 이 개념은 주어진 상황을 많이 고려한다는 점에서 매우 맥락적이다. 스포츠 경기를 관람하는 상황에서는 자신을 우리 팀과 상대방 팀으로 범주화하기가 가장 쉽다. Doise 등(1978)은 참가자들에게 아이들의 사진을 보여 주고 성격을 평가하도록 요청했다. 이때 한 조건에서는 소년과 소녀의 사진을 평가한다고 얘기해 준 반면, 다른 조건에서는 그런 설명을 제공하지 않았다. 그 결과, 참가자들은 성별 범주를 부각한 조건에서 소년과 소녀 간 성격은 덜 유사하게 평가했고, 동성의 아이들끼리는 더 유사하게 평가했다.

범주의 적합성(category fit)은 특정 범주가 지각자의 현재 목표나 욕구 그리고 목적에 얼마나 잘 부합하는가의 문제다. 즉, 지각자가 주어진 범주에 얼마나 개인적 의미를 부여하는가의 문제다. 어떤 사람은 대학 농구 대회에서 남녀 대학생 사이에 응원 방식이 다른지 알아보고자 할 수 있다. 그러면 주어진 상황을 이와 같은 기준으로 범주화하고 그에 따른 차이에 의미를 부여할 수 있다. 혹은 그는 이 대회에서 대학별 응원 방식의 차이를 알아보기 위해 대학을 범주의 단위로 사용할 수도 있다. 그러면 그는 각 대학이 사용하는 소품이나 응원가, 응원단원의 행동에서 보이는 차이에 의미를 둘 수 있다.

이때 각 목적에 따른 상대적 접근성은 다를 수 있다. 보통 남녀 대학생들이 함께 어울려 같이 응원하는 상황에서는 남녀 간 응원 방식의 차이를 파악하기는 쉽지 않다. 그러나 대학별 응원석은 구분되어 있어 대학별 응원 방식의 차이를 파악하기는 쉬울 것이다. 이처럼 주어진 상황에 적합한 범주화는 지각자가 상황 혹은 자극을 이해하는 데 필요한 정보를 원할 때 제공할 수 있어야 한다. 이것은 특정 상황에서 범주화가 그런 범주화를 하는 사람의 현재 과제나 목표 등에 따라서 달라질 수 있음을 의미한다(Brown, 2000).

3) 사회 정체성의 효과

일단 사람들이 주어진 상황을 범주화해서 자신을 특정 범주에 포함시키면, 그들의 행동은 그 범주에 기초한 사회 정체성의 영향을 크게 받는다. 그들은 상황을 더 이상 개별적인 차원이 아니라 집단 수준에서 이해하고 판단하는 경향을 보인다. 또한 내집단을 외집단보다 비교 우위에 두려는 욕구가 강하게 생김으로써, 내집단 편애와 다양한 사회 정체성 관리 전략이 나타난다.

(1) 내집단 편애

사회 범주화 과정에서 내집단과 외집단에 대한 구분이 이루어지면서, 사람들은 자신의 자존감을 고양하기 위해 내집단을 긍정적으로 인식하고 외집단을 부정적으로 인식한다. 이 과정에서 내집단의 긍정적인 특성을 더 많이 드러내기 위해 내집단을 편애하고 외집단을 폄하하게 된다. 이렇게 외집단보다 개인이 속한 내집단에 대해서 상대적으로 호의적인 태도를 보이는 것을 **내집단 편애**(in-group favoritism)라고 한다(Tajfel, 1976). 즉, 외집단과 비교해서 내집단의 구성원, 특성 그리고 생산성을 더 좋게 평가하는 경향성이다. 이것이 종교, 문화 및 국가 등의 거시적 수준에서 이루어질 때 그것을 **자민족 중심주의**라고 부른다. Mullen 등(1992)은 내집단 편애에 대한 지난 30여 년간의 연구를 분석했다. 그 결과, 참가자 중 75%가 내집단을 외집단에 비해 더 호의

글상자 12-1 최소집단 패러다임

최소집단 패러다임(minimum group paradigm)이란 상호의존이 거의 없고, 익명의 사람들로 구성되어 있으며, 특정한 사람에게 혜택을 베풀거나 손해를 입힌다고 해서 자신에게 아무런 이해관계가 작용하지 않는 일시적으로 구성한 집단, 즉 최소집단을 활용하여 집단 간 편향을 연구하는 방법이다. 최소집단에서 그 구성원들은 서로 모르고, 앞으로도 함께 일하지 않을 것이며, 집단에 대한 소속감도 전혀 없는 집단이다. 이러한 집단에서도 사람들은 자신이 속한 내집단을 편애하는 현상을 보인다.

그림 12-4 Paul Klee의 작품

Tajfel 등(1971)은 14~15세 청소년을 대상으로 화가 Klee와 Kandinsky의 추상화 작품 중 어떤 작품을 선호하느냐에 따라 두 집단을 구성했다. 그다음, 상대방의 수행에 대해 어느 정도의 보상과 처벌을 할 것인지 결정하도록 했다. 그 결정은 매트릭스에 있는 위아래 숫자 쌍 중 하나를 선택하는 것으로 이루어졌다. 이때 각 쌍에서 위의 수는 보상 점수이고 아래의 수는 처벌 점수다. 가령, 참가자는 특정 시행에서 18/5의 쌍을 선택할 수도 있고, 10/13의 쌍을 선택할 수도 있다. 참가자는 상대방이 어느 집단의 구성원인지만 알고 있었다.

그림 12-5 Wassily Kandinsky의 작품 〈Blue Segment(1921)〉

보상(위)과 처벌(아래) 매트릭스 사례													
18	17	16	15	14	13	12	11	10	9	8	7	6	5
5	6	7	8	9	10	11	12	13	14	15	16	17	18

실험 결과, 70% 이상의 참가자가 내집단 구성원들을 편애하는 선택을 했다. 참가자들은 내집단 구성원들에게는 평균 14/9와 13/10 사이를 선택한 반면, 외집단 구성원에게는 평균 13/13과 11/12 사이를 선택했다. 즉, 참가자들은 나름대로는 공평한 분배를 하고자 했지만, 그럼에도 불구하고 내집단을 선호하는 경향성을 뚜렷이 보였다. 이것은 사회 범주화만으로도 내집단 편애를 가져오기에 충분하다는 것을 보여 주는 결과다.

적으로 평가하려는 편향을 보였다. 중요한 점은 내집단 편애와 같은 이러한 심리적 요인이 집단 간 갈등의 원인이 될 수 있다는 것이다.

자기범주화에 따라 긍정적인 사회 정체성을 유지하기 위해서는 내집단을 편애하는 것만큼 외집단을 폄하할 필요가 있다. 많은 연구에서 사람들은 내집단 편애와 외집단 폄하를 동시에 보인다(Dovidio & Gaertner, 2009). Tajfel 등(1971)의 실험에서 집단 구성원들은 서로 상호작용이 없고, 자신의 관계가 일시적이며, 실험의 결과가 자기에게 이익이 되지 않는다는 것을 알고 있었다. 그런데도 그들은 단지 집단이 구분되어 있다는 사실만으로도 내집단 구성원을 일관되게 더 선호했고 외집단을 차별했다. 더욱이 집단의 구분은 집단 간 차별을 초래할 뿐만 아니라, 자존감이 낮은 구성원의 자존감을 높이는 심리적 효과도 가져왔다.

같은 맥락에서, 외집단에 대한 폄하 행동은 자신의 자존감을 높이는 하나의 수단일 수 있다. Fein과 Spencer(1997)는 비유대인 대학생들을 대상으로 지능검사를 실시하여 한 집단에게는 높은 점수를 그리고 다른 집단에게는 낮은 점수를 알려 주었다. 그 다음, 취업에 응시한 유대인 여성과 이탈리아 여성을 그들의 이력서와 사진을 보고 심사하도록 요청했다. 그 결과, 낮은 지능검사 점수를 받아 자아존중감이 떨어진 참가자들은 그렇지 않은 참가자들에 비해 고정관념의 희생자인 유대인 여성을 더 부정적으로 평가했다. 또한 이러한 참가자들은 평가 전에 비해 평가 후 자아존중감의 수준이 높아졌다.

때로는 자아존중감이 높은 사람이 외집단을 폄하할 수도 있다. Roth와 Steffens(2014)의 연구에서는 자아존중감이 낮은 집단보다 높은 집단이 집단 간 편향을 더 많이 보였고, 특히 집단에 대한 동일시가 높은 구성원이 더 편향적이었다. 이러한 결과는 집단에 대한 편향적 태도가 낮은 자존감을 높이기 위한 **자기고양의 동기**에 따른 것일 수도 있지만, 높은 자존감을 유지하기 위한 전략일 수도 있음을 시사한다. 또한 Crocker와 Luhtanen(1990)은 참가자들에게 주어진 과제에 대한 성공이나 실패 피드백을 제공했다. 그다음, 참가자들에게 내집단과 외집단의 구성원들을 평가하도록 요청했다. 그 결과, 외집단에 대한 평가는 두 집단 간에 차이가 없었고, 성공 피드백을 받은 집단이 내집단을 상대적으로 더 호의적으로 평가했다.

이처럼 **내집단 편애**와 **외집단 폄하**는 사회 정체성으로 인해 나타나는 주요 행동 개념이다. 그러나 내집단을 좋아하는 경향이 외집단을 미워하는 경향보다 더 본질적이고 더 강할 수 있다. 실제 사람들은 외집단 구성원을 부정적으로 평가한 정도보다 내집단 구성원을 더 많이 좋게 평가했다(Brewer, 1979). 즉, 외집단에 대한 폄하의 정도보다는 내집단에 대한 편애의 정도가 더 컸다. 이것을 **사회적 차별의 긍정–부정 비대칭성**이라고 한다(Otten & Mummendey, 2000). 내・외집단의 비교 없이도 내집단에 대한 소속감이나 애착이 발달할 수 있기 때문에, 단순히 내・외집단이 있다고 해서 외집단을 나쁘게 혹은 고정관념에 기초해서 평가하는 것은 아니다. 집단 간 경쟁이나 위협이 심할 때처럼 집단이 서로 중요한 관계를 맺고 있거나 두드러질 때, 외집단에 대한 폄하를 포함한 집단 간 편향이 심하다(Mullen et al., 1992).

(2) 사회 정체성 관리 전략

사람들은 일단 특정 집단에 속하면 그 집단이 다른 집단보다 우수하고 뛰어나길 바란다. 우수한 집단에 속한 사람들은 긍정적인 사회 정체성을 계속 유지하려는 동기를 가지고 있다. 그러나 지위가 낮거나 열등한 집단에 속한 사람들은 다양한 방식으로 자기의 사회 정체성을 긍정적으로 유지하고자 한다(Ellemers & Haslam, 2015; Tajfel, 1981). 그 하나의 방법이 개인적 이동이다. 이것은 개인이 내집단을 떠나는 것이다. 이는 자신이 원래 속한 집단과 상호작용을 그만두거나 심리적으로 최대한 거리를 두고 더 우월한 집단에 속하고자 시도하는 것이다. 예를 들면, 사회 계층이 낮은 부모는 자녀의 교육에 큰 투자를 함으로써 현재 계층에서 벗어나려고 노력한다. 다문화 국가에서 소수 민족의 2세들은 자기의 낮은 사회·경제적 지위를 벗어나 좀 더 상위 계층에 속하고자 노력한다. 이와 같은 전략은 원래 소속된 집단의 **다른 구성원과 차별화**를 추구하는 것으로, 민족, 인종, 출신 국가와 같이 개인적 선택의 여지가 없는 경우에는 집단을 바꾸기가 어렵다.

이처럼 다른 집단으로 개인적 이동이 힘들거나 불가능할 때 사람들이 취할 수 있는 또 다른 방법이 여러 심리적 전략을 사용하는 것이다. 예를 들면, 사람들은 자신이 속한 집단이 특정 차원에서 지위가 낮거나 열등할 때, 내집단이 상대적으로 우월한 다른 특성을 찾거나 만들어서 비교하고자 한다. 물질적 소유에서 불리한 집단은 자기에게 유리한 심리적 행복감이라는 차원에서 비교하고자 시도할 수 있다. 실제 한 연구(Van Knippenberg & Van Oers, 1984)에 의하면, 정규 간호사들은 자신이 보조 간호사보다 전문적으로 우월하다고 인식하는 반면, 보조 간호사들은 정규 간호사들보다 환자를 인격적인 측면에서 더 잘 대우한다고 인식함으로써 자신들에게 유리한 기준으로 비교했다.

또 다른 방법은 비교 대상을 자기보다 열등한 집단으로 바꿈으로써 긍정적 사회 정체성을 유지하는 것이다. 프로야구 팀 중에서 자기가 지지하는 팀의 성적이 중위권일 때, 상위권 팀보다는 하위권 팀과 비교함으로써 심리적 불편함을 덜 수 있다. 동남아 출신의 이주 여성이 자기 삶의 수준을 주류 사회의 여성이 아닌 같은 출신 지역의 여성들과 비교함으로써 심리적 만족을 유지할 수 있다. 또 다른 방법으로, 내집단의 열등한 특성을 열등하지 않게 재해석할 수 있다. 예를 들면, 우리 팀에서는 후보 선수들의 경기력을 점검하기 위해 그들을 많이 투입해서 경기에 진 것이기 때문에, 우리 팀이 상대보다 잘 못하는 것은 아니라고 해석한다.

또 하나의 방법은 내집단을 열등하게 하는 비교 기준의 의미를 다르게 해석하는 것이다. 가령, 검은색은 싫거나 추한 것이 아니라 아름다운 것이라거나, 우리 민족은 게으른 것이 아니라 삶의 여유와 풍류를 즐길 줄 아는 것이라고 재해석하는 것이다. 이와 함께 특정 비교 차원에서 내집단이 상대적으로 열등할 때, 사람들은 집단 간 경쟁과 갈등을 통해 내집단의 현재 지위를 바꾸기 위해 노력할 수 있다. 프로야구에서 그

해 성적이 좋지 않은 팀은 다음 시즌 순위를 끌어올리기 위해 부단히 훈련하고 노력한다. 이와 같은 사회적 변화는 개인 수준이 아니라 집단 수준에서 이루어진다는 점에서 개인적 이동과는 다르다. 또한 사회적 변화는 문제를 직접적으로 변화시키고자 한다는 점에서 심리적 전략과도 다르다.

2. 편견의 원인

어떤 사람은 상대방이 동성애자라는 사실에 비위가 상하기도 하고, 특정 지역 출신이라는 말에 거부감을 느끼기도 한다. 이러한 경험은 편견의 전형적인 사례로, 편견(prejudice)은 사전 접촉이 없는 다른 사람이나 집단에 대하여 가지는 부정적인 태도다. 여기에는 고정관념을 포함해서 그 집단에 대한 신념과 가정으로 이루어진 인지적 요소, 가벼운 짜증에서부터 증오에 이르는 정서적 요소 그리고 차별이나 폭력과 같은 부정적 행동을 하려는 행동적 요소가 들어 있다. 편견은 대상에 대한 정보를 왜곡해서 지각하게 만듦으로써, 편견을 가진 사람은 변화에 저항하는 경향성을 보인다. 여기서는 편견의 원인으로 고정관념, 현실적인 문제로 생기는 집단 간 위협이나 상호작용의 방식에 따라 경험하는 집단 간 정서 그리고 사람들의 특성에 따른 개인차 요인을 알아본다.

1) 고정관념

우리는 흔히 흑인은 대개 지적 능력이 떨어지고 거칠다고 생각하는 경향이 있다. 또한 이슬람국가(IS) 대원의 무차별적 테러와 공격으로 이슬람 사람들은 모두 그들과 같다고 생각하는 사람도 있다. 이처럼 사람들은 특정 집단의 사람에 대해 고정관념을 가지고 있다. 고정관념(stereotypes)은 특정 집단이나 사회적 범주 내 구성원들이 가지는 특성이나 성질, 가령 사회적 역할이나 성격 특질을 인지적으로 일반화시킨 신념이나 기대다(Schneider, 2004; van den Bos, 2015; [그림 12-6] 참조). 또한 고정관념은 그와 같은 특성이나 성질이 그 집단을 다른 집단과 구분하게 해 주고, 그 집단의 구성원들이 모두 그러한 특성이나 성질을 일관적으로 공유하고 있다는 신념이다. 고정관념은 보통 부정적이며 변화에 대한 저항력이 크고 편견의 강력한 근거 중 하나다.

어떤 차원에서 범주화가 이루어지면, 사람들은 범주화 이전보다 집단 내 구성원 사이의 유사성을 더 크게 보는 반면, 집단 간 차이점은 더 크게 과장한다(Turner, 1985). 가령, 사람들은 남녀라는 집단을 지각할 때 같은 남자나 여자끼리는 매우 비슷하다고 보지만, 남자와 여자 사이에는 큰 차이가 있다고 지각한다. 게다가 범주화가 두드러질수록 이와 같은 왜곡은 더 심해지고, 처음에 구분한 범주의 차원을 넘어서서 성격 특질과 같은 다른 차원으로 확대된다. 사람들은 타인을 남녀라는 집단으로 범주화하면, 처음에는 그들이 생물학적인 차원에서만 다르다고 지각한다. 그러나 그 이후에는 사교성, 지적 능력과 같은 다른 차원에서도 다르다고 지각한다.

그림 12-6 고정관념. 우리가 사람들을 특정 집단으로 범주화하면, 그 집단에 대한 고정관념이 생길 수 있다.

이와 함께, 사람들은 외집단 구성원에 비해 내집단 구성원들에 대한 정보처리와 귀인을 좀 더 자기 입장에서 하고, 내집단 구성원들이 자신과 같은 가치관과 태도를 더 많이 공유하고 있을 것으로 생각한다. 그래서 사람들은 내집단 구성원들의 긍정적이고 성공적인 행동을 그들의 내적 특성에 귀인할 가능성이 높은 반면, 외집단 구성원들의 경우 부정적인 결과를 그들의 성격에 귀인할 가능성이 높다(Hewstone, 1990). 또한 사람들은 내집단에 대하여 이러한 편향을 보이는 내집단 구성원들을 더 좋아한다(Castelli et al., 2008). 이처럼 사람들은 내·외집단에 대한 정보를 다른 식으로 처리하고, 자기와의 유사성도 내·외집단에 따라 다르게 지각한다.

고정관념을 촉진하는 또 다른 요인은 집단 내 획일성 지각과 관련된 편향이다. 사람들은 내집단 구성원들을 좀 더 독특하고 개별적으로 지각하여 내집단이 다양하고 복잡하게 구성되어 있지만, 외집단 구성원들은 서로 획일적인 것으로 지각한다. 이것을 외집단 동질성 편향(out-group homogeneity bias)이라고 한다(Judd & Park, 1988). 이러한 편향으로 인해 사람들은 외집단 구성원 한 사람의 행동을 나머지 모든 구성원들에게 일반화할 수 있다. 그러나 지금까지 많은 연구를 보면, 외집단 동질성에 대한 지각은 상당히 많은 요인의 영향을 받는다. 그래서 이 현상은 보편적이기보다는 맥락에 따라서 많이 달라질 수 있다(Rubin & Badea, 2007).

집단의 동질성 편향에 영향을 미치는 하나의 요인이 고정관념 성격 특질이다. Simon과 Pettigrew(1990)의 연구에 따르면, 외집단 동질성 편향은 외집단에 대하여 고정관념 성격 특질에서만 발생하고, 내집단 동질성 편향은 내집단의 고정관념에 해당하는 성격 특질에서만 발생한다. 그렇다고 해서 모든 고정관념 성격 특질에 이러한 효과가 있는 것은 아닐 수 있다. 집단 동질성에 대한 사회 정체성 설명에 따르면,

내집단에 대한 동질성은 부정적인 성격 특질이 아니라 긍정적인 성격 특질에 기초해서 이루질 때에만 긍정적 사회 정체성에 도움이 된다. 반대로, 외집단에 대한 동질성은 긍정적인 성격 특질이 아니라 부정적인 성격 특질에 기초해서 이루어질 때에만 긍정적 사회 정체성에 도움이 된다. 이러한 사회 정체성 설명을 지지하는 증거도 여럿 있다(Haslam et al., 1995).

내 · 외집단의 동질성 지각에 영향을 미치는 또 다른 요인이 집단 간 외부의 위협이다. 이것은 한 개인이 특정 집단에 소속되어 있다는 이유로 외부의 위협을 받는 것이다. 이러한 위협에 직면하면, 사람들은 내집단 구성원들이 동질적이지 않고 다르게 분화되어 있다고 지각한다(Simon et al., 1995). 그러나 내집단을 강하게 동일시하는 사람들은 자기의 사회 정체성을 긍정적으로 유지하기 위해 내집단의 동질성을 더 크게 지각하고, 자기가 외집단보다는 내집단과 더 유사하다고 지각한다(Rothgerber, 1997). 또한 내집단에 대해 강한 정체성을 가진 사람은 집단 간 차이를 더 크게 지각한다. 이

글상자 12-2

긍정적 고정관념의 고통

우리는 일반적으로 부정적 고정관념이 고통을 준다고 생각한다. 그러나 긍정적 고정관념도 고통을 줄 수 있다. 미국에는 동양인이 수학을 잘하고 여성이 양육을 잘한다는 문화적 고정관념이 있다. 이러한 긍정적 고정관념은 어떤 효과가 있을까? 한 연구(Steele et al., 2002)에서 아시아계 미국인이 백인 참가자(실험협조자)와 함께 시험 문제를 푸는 과제를 수행하도록 했다. 실험에서 두 참가자는 시험 문제에는 수학 문제와 언어 문제가 있다는 것을 확인한다. 그다음, 누가 어떤 문제를 풀 것인지를 결정할 사람을 동전 던지기를 통해 결정했다. 이때 무조건 백인 참가자가 특정 시험 문제를 풀 사람을 결정하는 권한을 갖도록 조작했다. 그다음, 백인은 아시아계 참가자에게 수학 문제를 내밀면서 "너는 이 문제를 가져가는 것이 좋겠어."라고 제시한다. 그러면서 "아시아계 사람들과 아시아인들은 수학을 정말 잘하는 것 같아."라는 긍정적 고정관념이 섞인 대화를 한다. 시험 문제를 모두 푼 다음, 아시아계 참가자들에게 자신의 기분을 평가하도록 했다. 그 결과, 아시아계 참가자들은 백인 참가자가 싫고 비인격적이며 자기를 화나게 만들었다고 설명했다. 양육이나 협동에 관한 연구에서도 같은 연구 결과가 나왔다.

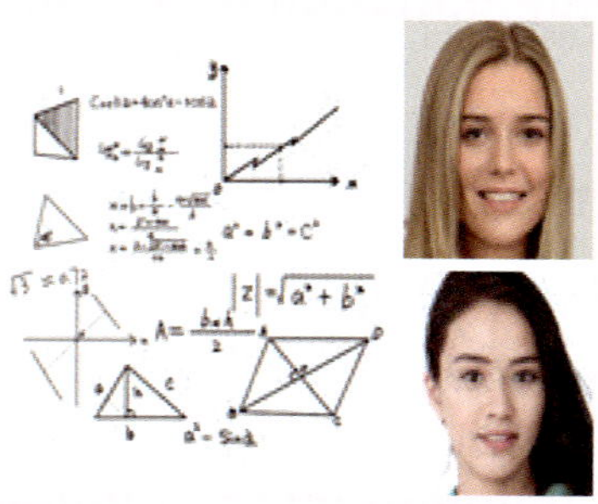

그림 12-7 긍정적 고정관념에 따른 고통

처럼 위협 상황에서 집단 동질성 지각은 집단 동일시 정도에 따라 달라질 수 있다.

내 · 외집단에 대한 지각에서 나타나는 또 다른 차이로, 사람들은 내 · 외집단 구성원의 행동을 서로 다른 추상적 수준에서 이해한다(Wigboldus et al., 2005). 한 연구(Moscatelli et al., 2014)에서는 상대적 박탈과 상대적 만족 조건의 참가자들이 외집단 구성원을 기술한 언어를 분석했다. 그 결과, 조건에 상관없이 참가자들은 내집단 구성원의 긍정적 행동(예: 자비로운)과 외집단 구성원의 부정적 행동(예: 공격적인)을 더 추상적인 단어로 기술했다. 반면, 내집단 구성원의 부정적 행동(예: "그때 화가 나서 상대방을 한 대 쳤다.")과 외집단 구성원의 긍정적 행동(예: "이번 불우이웃돕기 행사에 기부한 것")을 더 구체적인 단어로 기술했다. 이것을 **집단 간 언어 편향**이라고 한다. 추상적인 단어는 포괄적이면서 그 대상에게 고유하고 고정된 특징을 기술한다. 이런 점에서 추상적 단어로 내집단 구성원의 긍정적 행동을 기술하고 외집단 구성원의 부정적인 행동을 기술하는 것은 집단 간 편향을 드러내는 하나의 지표가 된다.

특정 고정관념이 사회적으로 바람직하지 않게 보일 때, 사람들은 흔히 그것을 의식적으로 통제하고 억압한다. Devine(1989)은 억압된 고정관념을 알아보기 위해 **식역하 점화 자극**(subliminal priming stimuli)을 이용했다. 이 자극은 사람들의 무의식적 반응을 자동적으로 이끌어 내는 자극이다. 연구자는 한 집단에게는 흑인에 대한 고정관념을 나타내는 '검둥이' '검은(black)'과 같은 단어를 짧은 시간 동안 제시하고, 다른 집단에게는 고정관념과 무관한 단어를 제시했다. 그다음, 참가자들에게 인종을 알 수 없는 인물이 수행하는 몇 가지 활동을 글로 제시하고 그가 얼마나 적대감을 가지고 있는지 평가하게 했다. 그 결과, 흑인에 대한 고정관념을 점화시킨 집단의 참가자들이 이 인물의 적대감을 더 높게 평가했다. 흑인은 적대감이 강하다는 고정관념의 점화가 영향을 미친 것으로 보인다. 이처럼 고정관념은 의식적인 수준이 아닌 무의식적인 수준에서도 판단에 영향을 주는데 이를 **암묵적 편향**(implicit bias; Blair, 2001)이라고 한다.

사람들은 자기에 대한 타인의 고정관념에 대해서도 고정관념적인 믿음을 가지고 있다(Shelton et al., 2005). 이것을 **메타고정관념**(meta-stereotypes)이라고 한다. 주변 사람들이 자신을 어떻게 평가하는지를 어느 정도 인지하고 있을 때, 사람들은 그러한 수준에 맞게 자기의 행동을 조정하고, 그와 같은 사회적 기대에 벗어나는 행동을 하지 않으려는 경향이 있다(Galinsky et al., 2005). 이러한 특성은 **고정관념 위협**(stereotype threat)으로 나타나기도 한다. 이것은 사람들이 내집단에 대한 고정관념을 직면할 때 스스로 위협을 느끼게 되는 상황적 어려움을 의미한다. Steele과 Aronson(1995)은 흑인과 백인 참가자들에게 일련의 언어검사를 실시했다. 이때 한 집단에게는 이 검사가 지능을 측정한다고 공지하고 다른 집단에게는 실습이라고 알려 주었다. 그 결과, 지능을 측정한다고 알려 준 집단에서는 흑인이 백인보다 수행 성적이 떨어졌다. 그러나 실습이라고 공지한 집단에서는 인종 간 차이가 없었다.

고정관념 위협과 반대되는 현상이 고정관념 증진(stereotype boost)이다(Shih et al., 2011). 이것은 사람들이 자기의 내집단에 대한 긍정적 고정관념에 노출되었을 때, 그들의 수행 성적이 그렇지 않았을 때보다 좋아지는 것을 의미한다. 고정관념 증진의 변형된 형태가 고정관념 상승(stereotype lift)이다. 이것은 사람들이 다른 집단의 부정적 고정관념에 노출되면, 그들의 수행 수준이 높아지는 현상을 의미한다. 이처럼 고정관념 위협과 관련된 여러 유형의 현상을 고려할 때, 고정관념과 수행 간의 관계는 간단하기보다는 고정관념의 내용이나 대상과 같은 여러 요인의 영향을 받는 것으로 보인다.

2) 집단 간 위협

집단 간 위협은 다른 집단의 행동이나 신념이 내집단의 목표 달성에 영향을 미친다고 인식할 때 발생한다(Riek et al., 2006). 사람들은 자신이 원하는 만큼의 자원을 소유하고자 한다. 그러나 보통 자원은 부족하거나 희소해서 모든 사람의 욕구를 충족하기에는 부족하기 마련이다. 그래서 제9장에서 살펴본 현실적 집단 갈등 이론(realistic group conflict theory; Levine & Campbell, 1972)이 지적하듯이 자원을 어떻게 분배할 것인지와 관련해서 경쟁과 갈등이 생길 수밖에 없다. 이때 두 집단이 경쟁적이거나 적대적이면서 상호의존적인 상태에 있으면, 외집단은 내집단의 목표 달성을 방해하는 심각한 위협 요인으로 지각된다. 또한 실제 외집단 때문에 내집단의 목표가 실패하면, 사람들은 그 외집단에 대하여 강한 분노, 좌절, 공포, 불안과 같은 부정적 정서를 경험하게 된다.

그림 12-8 Robbers Cave 주립공원. 미국 오클라호마주에 있는 공원으로 Sherif(1966)의 현장 실험이 이루어진 곳이다.

집단 간 위협과 그에 따른 편견의 발달을 가장 극적으로 보여 주는 사례가 Sherif(1966)의 현장 실험 연구다([그림 12-8] 참조). 이 연구에는 중류층 개신교 가정 출신의 11세 소년 22명이 참가했다. 연구자는 그들을 여름 야영장에 참가하는 형식으로 모집한 다음, 2개의 집단으로 나누어 내집단을 형성하도록 유도했다. 그다음, 두 집단 간에 다양한 경쟁 구조, 가령 야구경기, 줄다리기, 터치풋볼 경기, 텐트 치기 등을 도입했다. 또한 캠핑 관리요원이 오두막 검사, 촌극과 노래, 보물찾기 등을 실시하여 두 집단을 별도로 평가하기도 했다. 이와 같은 방식을 통해 경쟁을 도입함으로써, 두 집단 간의 관계를 부정적이면서 상호의존적인 상태로 만들었다. 그 결과, 참가자들은 외집단에 대한 적대감, 폄하 및 공격 행동을 강하게 드러냈다. 그들은 상대팀을 상징하는 깃발을 불태우거나 오두막을 습격하여 그 안을 파괴하는 행위뿐만 아니라, 그들을 비난하거나 조롱하는 말이나 구호를 만들기도 했다. 또한 식사나 여가 활동을 철저히 집단별로 함으로써 상호교류도 완전히 단절했다.

이러한 사례에서 보듯이 사람들은 다른 사람보다 더 우수하고 중요한 자원을 더 많이 갖기를 원한다. 또한 자신이 속한 내집단이 외집단에 비해 여러 중요한 차원에서 비교 우위에 있기를 원한다. 그러나 때로 이러한 바람과는 반대로, 현실은 우리가 개인적으로나 집단적으로 타인이나 외집단보다 상대적으로 열등한 위치에 있을 수 있다. 이때 사람들은 **상대적 박탈감**(relative deprivation)을 느낄 수 있다. 이것은 다른 사람이나 다른 집단의 구성원들과 비교하여 자신이 원하는 것을 덜 가지고 있다고 느끼는 상실감이다(Walker & Pettigrew, 1984). 상대적 박탈감 개념은 객관적인 상실로 생긴 절대적 박탈감보다 다른 사람과의 비교를 통한 박탈감이 개인의 행동에 더 큰 영향을 미친다는 점을 강조하는 개념이다.

일찍이 Runciman(1966)은 집단 비교 수준에서 느끼는 상대적 박탈감을 네 가지 종류로 구분했다(〈표 12-1〉 참조). 사람들은 내집단 구성원들 사이에서 서로를 비교할 수 있고, 그러한 비교에 따라 만족감이나 박탈감을 경험할 수 있다. 또한 자기의 집단을 외집단과 비교해서 이러한 경험을 할 수 있다. 그중에서 외집단과의 비교에서는 만족하지만 내집단 속 비교에서는 불만족을 느낄 수 있다. 이 개인적 박탈감은 집단 내 문제를 야기하는 주요 원인이 될 수 있지만 집단 간 갈등의 주원인은 아니다. 그러

표 12-1 집단 비교에 따른 네 가지 유형의 결과

비교 집단과 비교 결과		외집단: 상대적 만족	외집단: 상대적 박탈
내집단	상대적 만족	이중적 만족감	집단적 박탈감
	상대적 박탈	개인적 박탈감	이중적 박탈감

출처: Runciman (1966).

나 내집단에서는 상대적으로 만족하지만 외집단과의 비교에서 불만족을 느끼는 집단적 박탈감은 집단 간 갈등을 일으키기 쉽다. 이러한 박탈감은 사회 정의에 대한 요구와 정치적 행동을 야기하는 주원인이 된다(Wallker & Mann, 1987).

집단 수준에서 겪는 상대적 박탈감은 사회 정체성과 밀접한 관련성이 있을 수 있다(Tajfel, 1981). 한 연구(박군석, 한덕웅, 2003)에서는 두 지역 출신의 사람을 대상으로 지역에 기초한 상대적 박탈감과 사회 정체성을 측정했다. 그 결과, 전체적으로 상대적 박탈감이 높을수록 사회 정체성도 증가했다. 또한 상대적 박탈감이 높은 지역은 사회 정체성도 높았다. 또 다른 연구(Moscatelli et al., 2014)에서는 상대적 박탈이 큰 집단뿐만 아니라 상대적 만족이 큰 집단에서도 내집단 편애와 외집단 폄하가 나타났다. 즉, 상대적 만족이나 상대적 박탈의 조건에 상관없이 참가자들은 내집단 구성원을 더 긍정적으로 기술했고 외집단 구성원을 더 부정적으로 기술했다. 이러한 연구는 상대적 박탈감이 사회 정체성과는 관련이 있지만, 내·외집단 편파와는 큰 관련성이 없을 수 있음을 시사한다.

3) 집단 간 정서

우리가 개별적인 존재로 있을 때와 집단의 구성원으로 있을 때 경험하는 정서가 다를 수 있다. **집단 간 정서 이론**(intergroup emotion theory; Smith, 1993)에 의하면, 집단 맥락에서 사람들은 개인이 아닌 집단 구성원으로서 상황을 평가하고 외집단과의 관계에서 발생하는 정서를 경험하며 행동한다. 왜냐하면 이러한 과정에서는 개인 정체성보다는 사회 정체성이 더 두드러지기 때문이다. 이때 사람들은 내집단의 구성원이 지닌 견해를 참조 기준으로 삼는다. 더군다나 집단 간 상호작용은 한 번으로 끝나는 것이 아니기 때문에, 그 과정에서 이루어지는 일련의 행동이 구성원들에게 계속해서 영향을 준다. 따라서 집단 간 상호작용에서 사람들이 경험하는 정서는 외집단에 대한 편견 이상이면서 그 편견에 영향을 준다.

내집단에 대한 평가는 외집단에 대한 정서 경험에 영향을 미친다. 한 연구(Mackie et al., 2000)에서는 불법 마약을 사용한 사람을 사회 질서를 위해 엄하게 처벌해야 한다고 주장하는 집단과 개인적 자유를 위해 덜 엄하게 처벌해야 한다고 주장하는 집단으로 참가자를 범주화했다. 그 결과, 참가자들이 내집단의 주장을 전체적으로 지지하고 내집단에 대한 동일시가 높을수록, 그들은 외집단에 대한 분노와 경멸을 더 많이 경험했다. 또한 분노는 외집단을 직접 공격하려는 행동 경향성을 유발했지만, 경멸은 외집단을 회피하려는 행동 경향성을 이끌었다.

집단 정체성이 낮은 사람은 내집단의 불법적 행위에 대하여 부정적인 정서를 더 쉽게 경험한다. Doosje 등(1998)은 집단 죄의식에 대한 연구에서 네덜란드 사람들에게 인도네시아 식민 지배의 역사에 대해 전적으로 긍정하지도 부정하지도 않는 모호한 글을 읽도록 했다. 그 결과, 내집단에 대한 몰입 수준이 낮은 참가자들은 그런 역사에 대해 집단적 죄책감을 느꼈으며 그들과의 관계를 기꺼이 개선하고자 했다. 그러나 네덜란드인이라는 정체성이 강한 사람들은 이와 같은 죄책감을 덜 경험했다.

집단 간에 현실적인 이유로 갈등이 발생하면, 양쪽 집단은 서로 접촉하는 것에 대해 불안을 느낄 수 있다. 경쟁적인 구도 속에 있는 집단은 지배와 착취, 폭력이나 억압과 같은 부정적 정서를 경험할 가능성이 높다. 이때 사람들은 상대방과의 만남을 상상하는 것만으로도 거부에 대한 공포, 자신의 이익이 침해당할 수도 있다는 생각, 외집단의 착취, 서로에 대한 부정적 평가 가능성 등 다양한 이유로 불안을 경험할 수 있다. **집단 간 불안 모형**(group anxiety model; Stephan & Stephan, 1985)에 따르면, 이와 같은 불안이 외집단에 대한 편견을 촉발하는 요인이 된다. 그래서 대개 사람들은 집단 사이의 원만한 관계를 위해서 스스로를 조절하는 전략을 사용한다. 실제로 백인들은 흑인과의 상호작용에서 은연중에 편견을 드러낼까 봐 조심했고 편견이 없음을 보이려고 노력했다(Shelton et al., 2005).

집단 간 관계에서 구성원들이 경험하는 정서는 지배와 피지배 등 집단의 지위와 관련이 있다. 예를 들면, 지배 집단의 구성원들은 내집단이 합법적으로 외집단을 지배했다고 인식할 때는 자긍심을 느끼지만, 그렇지 않다고 생각하면 죄책감과 수치심 같은 부정적 정서를 경험할 수 있다. 집단 정체성이 높은 사람들은 내집단의 행동을 옹호하기 위해 내집단의 책임을 줄이고 외집단을 비난하거나 외집단에 준 피해를 합법화한다(Wohl & Branscombe, 2008). 또한 이들은 내집단 구성원들의 다양성을 강조하면서 잘못을 저지른 사람들은 내집단의 진정한 구성원이 아니라고 평가한다(Marques et al., 1988).

이처럼 문제를 일으킨 사람이 외집단이 아니라 내집단 구성원일 때, 사람들은 그를 더 부정적으로 평가한다. 이러한 경향성을 **검은 양 효과**(black sheep effect)라고 말한다(Marques et al., 1988). 이것은 자신의 집단 정체성을 위협하는 내집단 사람들에게 더 부정적으로 반응하는 것으로, 궁극적으로 긍정적 사회 정체성을 유지하기 위한 반응이다. Marques 등(1988)은 참가자들에게 두 사람이 연설하는 내용을 녹음해서 들려준 다음, 두 연설자의 우수성을 전반적으로 평가하도록 했다. 이때 연설의 질적 수준을 높거나 낮게 그리고 연설자를 내집단 구성원과 외집단 구성원으로 조작했다. 그 결과, 참가자들은 연설의 수준이 높은 경우에는 내집단 편애를 보였지만, 질이 낮은 연설을 한 조건에서는 내집단 구성원을 더 나쁘게 평가했다.

지위가 낮은 피지배 집단의 구성원들이 지배 집단의 구성원에게 갖는 감정은 단순하거나 획일적이지 않다(Yzerbyt & Demoulin, 2009). 두 집단이 협동적인 맥락에 있으면, 피지배 집단의 사람들은 지배 집단 사람들에게 신뢰와 존경, 선망을 가질 수 있다. 그러나 경쟁 관계에 있으면, 부러움, 질투, 좌절, 분노와 같은 감정을 경험할 수 있다. 이때 그들의 지배가 합법적인지 여부가 피지배 집단 구성원의 정서 반응에 큰 영향을 준다. 특히 불공정한 대우는 상대적 박탈감을 느끼게 하고, 이것이 분노와 좌절을 경험하게 한다(Klandermans, 1997). 그러나 이러한 분노나 좌절의 경험이 생각만큼 빈번하지 않다. 또한 이러한 경험이 이후의 집단 행동으로 이어지기 위해서는 불공정한 대우, 효능감 그리고 강한 내집단 정체성이 필요하다(van Zomeren et al., 2008).

4) 편견의 개인차

외집단에 대한 편견은 사람에 따라 그 정도가 다를 수 있다. 그러한 개인차 요인 중 하나가 직접적 접촉이다(Fiske, 1998). 사람에 따라 외집단 구성원과 직접적으로 접촉한 정도가 다르고 그들에 대한 정보도 동일하지 않다. 직접적 접촉의 차이는 외집단에 대한 태도 전반에 영향을 미칠 수 있다. 예를 들면, 사람들은 외집단에 속한다는 이유만으로 그 구성원과의 접촉을 처음부터 기피할 수 있다. 그 외집단 구성원은 내집단의 목표 달성을 잠정적으로 저해하거나, 그들이 내집단의 문화와 너무 이질적이어서 상호작용이 어렵다고 생각하기 때문이다. 혹은 사람들은 처음에는 외집단 구성원과 친밀한 관계를 형성하지만, 어느 시점에서 그 외집단에 대한 편견으로 더 이상의 친밀한 관계를 거부할 수 있다. 즉, 그들은 처음에는 편안함, 유사성, 능력과 같은 요인에 초점을 두면서 외집단 구성원과 접촉할 수 있다. 그다음, 외집단 구성원과의 성관계, 결혼, 외집단 출신을 상사로 모시는 것과 같은 친밀한 관계를 모두 거부하는 것이다(Pettigrew & Meertens, 1995).

또 다른 개인차 요인이 사회적 지배 성향(social dominance orientation; Sidanius & Pratto, 1999)이다. 이것은 내집단이 외집단을 지배하고 그들보다 우월하기를 바라는 성향을 의미한다. 이러한 성향은 자기 집단이 최고가 되어야 한다는 요소 그리고 종속된 집단은 그 상태로 남아 있어야 한다는 불평등 지향 요소로 이루어져 있다. 그래서 이러한 성향이 강한 사람은 세상은 무자비할 정도로 경쟁적인 곳이기 때문에 강한 집단이 약한 집단을 지배하는 것은 당연하고 적절하다고 생각한다. 또한 그들은 사회의 위계적 구조를 인정하면서 외집단에 대한 내집단의 권한, 지배 및 우월성을 유지하고자 한다. 그들은 자기의 우월한 지위에 대해 도전하고 자원의 공정한 분배를 주장하는 집단의 구성원들에게 편견을 가지고 있다. 또한 그들은 종속된 집단의 불리한 지위를 정당화하기 위해 능력주의, 개신교의 노동관, 고정관념과 같은 신화를 이용한다(Whitley, 1999).

권위주의 성격(Adorno et al., 1950)도 편견을 유발하는 요인이다. 권위주의 성격에는 권위자에 대한 맹목적 순종, 경직된 사고방식, 관습주의와 보수주의, 애국주의, 자신의 기준에 동조하지 않는 사람에 대한 공격성과 같은 특징이 있다([그림 12-9] 참조). 이러한 성격의 소유자는 특정 대상에 대한 적대감과 공격 행위를 정당화하기 위해 고정관념과 편견을 이용한다. 민경환(1989)의 연구에서는 대학생들을 권위주의 성향이 높은 집단과 낮은 집단으로 구분한 다음, 호남인과 하류 계층 그리고 여성에 대한 태도에서 집단 간 차이가 있는지를 분석했다. 그 결과, 권위주의 성격을 가진 사람이 상대적으로 호남인에 대한 불신이 높았고 여성과 하류 계층에 대한 호감도가 낮았다. 그들은 또한 내집단에 대한 우월의식과 편애 성향도 높았다.

그림 12-9 권위주의 성격. 이런 성격은 편견을 유발하기 쉽다.

권위주의 성격의 최근 형태가 우익 권위주의(right-wing authoritarianism; Altemeyer, 1996)이다. 이것은 합법적 권위자에 대한 굴복과 순종, 사회문제를 야기하거나 권위에 도전하는 사람에 대한 권위주의적 공격 그리고 전통적인 도덕에 동조하는 관습주의와 같은 특징을 포함한다. Yzerbyt와 Demoulin(2009)의 연구에 따르면, 이러한 성향이 강한 사람들은 세상을 흑백 논리나 내·외집단으로 구분해서 지각하고, 복잡하거나 새로운 문제나 사건에 관심이 적고, 인내심과 흥미가 낮아 종결에 대한 욕구가 강하다. 또한 그들은 세상을 위험하고 위협적인 곳으로 지각하기 때문에, 그들의 가장 우선적인 관심은 안전을 확보하는 것이다. 그래서 그들은 내집단이 자신을 보호해 주고 권위적인 인물이 지도해 주기를 바란다. 이러한 태도는 소수집단에 대한 고정관념에 근거하기보다는 가치관의 차이에 따른 것이다(Fiske, 1998). 그래서 그들은 전통적인 가치관에 도전하는 종교적 근본주의자, 동성애자 등에 대한 편견이 심하다. 또한 그들은 자신이 한 만큼 받는다는 신념을 가지고 있어서, 성폭행 피해자에 대해서도 그들이 원해서 그 일을 겪게 되었다는 강간 신화를 적용한다.

우리가 흔히 볼 수 있는 편견의 대표적인 사례 중 하나가 **종교**에 따른 것이다. 종교 갈등에서 비롯된 국제적인 분쟁뿐만 아니라, 국내에서도 서로 다른 종교 간에 폄하하고 비난하는 사건이 흔하다. 한 조사(Batson et al., 1993)에 의하면, 종교가 있는 사람은 그렇지 않은 사람에 비해 편견과 불관용의 태도를 더 강하게 가지고 있었다. 지난 50여 년간 이루어진 38개의 연구를 검토해 본 결과, 종교는 다른 사람에 대한 사랑과 동정심을 유도하기보다는 타인에 대한 고정관념, 편견 그리고 차별과 더 연관되어 있었다. 흥미롭게도 사람들에게 종교에 대한 정보로 이루어진 자극을 점화시켰을 때, 그들의 친사회적 욕구뿐만 아니라 반사회적 욕구도 증가했다(Pichon et al., 2007). 종교와 편견의 문제는 함께 고려해야 할 요인이 매우 많아 복잡한 문제이지만, **근본주의**(fundamentalism)를 고수하는 태도가 편견으로 이어질 가능성이 크다(Spilka et al., 2003). 이것은 본질적인 것의 절대적 진리를 강조하는 종교운동으로, 특히 기독교의 성서나 이슬람교의 코란과 같은 성스러운 문헌에 근거한 신앙의 근본적인 측면을 강조하는 종교적 입장이다.

3. 성 · 인종 · 민족에 대한 편견과 차별

사람들은 다른 여러 사람을 특정 기준으로 범주화하고, 자기가 속하지 않은 외집단에 대해 편견을 갖고 그들을 차별한다. 그러한 외집단은 성이나 인종, 민족과 같은 요인에 따라 매우 다양하다. 여기서는 이러한 범주화에 따른 편견과 차별이 어떠한지 알아본다.

1) 편견

사람들은 성과 인종처럼 생물학적 특징으로 나뉘는 집단, 민족이나 국가와 같이 범주화에 기초한 집단에 대해 고정관념과 편견을 발달시킨다. 그 내용은 대상에 따라 매우 다양한데, **고정관념 내용 모형**(stereotype content model; Fiske et al., 2002)은 고정관념을 따뜻함(warmth)과 역량(competence)이라는 두 차원에 따라 분석할 수 있다고 보았다. 이 이론에 따르면, 사람들은 낯선 사람이 자기를 도와주거나 해칠 것인지(따뜻함 차원)를 먼저 평가한다. 그다음, 그 사람이 그와 같은 의도를 실행할 수 있는 능

표 12-2 고정관념 내용 모형에 따른 고정관념 유형

		역량	
		저	고
따뜻함	고	**온정** 낮은 지위 + 낮은 경쟁 집단 (주부, 노인, 장애인)	**감탄** 높은 지위 + 낮은 경쟁 집단 (내집단, 가까운 협력자)
	저	**혐오** 낮은 지위 + 낮은 경쟁 집단 (복지 수혜자, 가난한 사람)	**질투** 높은 지위 + 높은 경쟁 집단 (외집단, 부자, 여성주의자)

출처: Fiske et al. (2002).

력이 있는지(역량 차원)를 평가한다. 이 두 차원의 조합에 따라 집단을 구분하면, 〈표 12-2〉와 같은 네 가지 고정관념 유형이 나타난다. 이때 사람들은 자원을 두고 자기와 경쟁하는 다른 사람이나 외집단에 대해서는 그들의 따뜻함 수준을 낮게 평가해서 적대감이나 위협을 느낀다. 반면, 사회적 지위가 높은 사람이나 외집단에 대해서는 그들의 역량 수준을 높게 지각한다. 이 모형은 이 두 차원에 따라 구분한 다양한 집단에 대하여 사람들이 보이는 정서적 반응을 잘 예측해 준다(Cuddy et al., 2008).

이와 같은 고정관념의 대상이 되는 집단 중 하나가 남녀에 따른 집단이다. **성 고정관념**(gender stereotype)은 특정 문화에서 남성과 여성이 가져야 할 정상적이고 적합한 태도와 행동이 무엇인지를 규정하는 꽤 단순하고 고정된 개념이다. 성 고정관념 중 가장 전형적인 것으로, 여성은 동정심이 강하고 관계 중심적이며 말이 많은 반면, 남성은 공격적이고 외향적이며 역량을 갖추고 있다는 것이 있다(Matlin, 2012). 그래서 여성은 친절하지만 무능하고, 남성은 유능하지만 친절하지는 않은 것으로 보여, 사람들은 남성보다는 여성을 좋아하지만 그렇다고 그들을 존경하는 것은 아니다.

특히 역량에 대한 성 고정관념은 여성보다 남성의 성취 수준이 높다는 것인데, 이러한 고정관념이 현실로 이어질 수 있다. **기대 상태 이론**(expectation states theory; Berger et al., 1977; 제11장 참조)에 따르면, 집단 구성원들이 다른 사람의 수행에 대해 갖는 기대에 따라 집단의 위계적 구조가 만들어진다. 이러한 기대는 나이, 경력, 성별 등 외부의 지위 특성에 기초한다. 남녀로 된 집단에서 보통 남성은 수행 수준이 높을 것이라는 기대를 받는다. 그래서 그들은 더 많은 기회를 부여받고 궁극적으로 집단에 대한 영향력이 커진다. 또한 지배적인 사람은 더 높은 지위와 수행을 보일 것이라는 기대를 받는다. 실제 사람들은 남성 집단은 위계적인 구조를 구축하는 반면, 여성

집단은 평등한 구조를 구축한다는 고정관념을 가지고 있다(Schmid Mast, 2004). 이러한 고정관념이 현실이 되면서 남성의 성취 수준이 상대적으로 더 높아지게 된다.

한국 사회에서도 성 고정관념이 심하다. 양육에 대한 고정관념은 여성들이 양육을 해야 한다는 인지적인 영역과 더불어 온정적 고정관념의 관점을 포함하고 있다. 즉, 여성들이 양육을 더 잘한다는 긍정적 고정관념과 밀접하게 연관되어 있다. 이와 같은 고정관념은 당사자에게 심리적 불편감이나 스트레스와 같은 부정적 결과를 초래할 수 있다. 김경민과 조은영(2019)의 연구에서 아내의 양육 고정관념은 남편의 양육 스트레스에 영향을 미치지 않았지만, 남편의 양육 고정관념은 아내의 양육 스트레스에 영향을 미쳤다. 비슷하게, 스포츠 영역에서도 에어로빅은 여성이 참여하는 종목이라는 성 고정관념이 있다. 그래서 이 종목에 참여한 남성 선수들은 이러한 고정관념 때문에 심리적으로 불편함을 느낀다(홍지은, 임용석, 2018).

사람들은 성뿐만 아니라 인종이나 민족에 대한 고정관념과 편견도 발달시킨다. 북미와 유럽은 물론이고 아프리카에서도 민족이나 인종 간 갈등이 첨예한 것을 볼 때, 인종이나 민족에 대한 고정관념과 편견은 지구상의 대부분 지역에 분포해 있다. 인종에 대한 편견을 다룬 연구는 상당수가 흑인에 대한 백인의 편견을 다루었다. 흑인에 대한 고정관념은 역사적인 유산으로, 그들이 노예의 신분으로 육체노동을 한 것과 관련이 있다. 이것에 근거한 고정관념이나 편견이 게으른, 무지한, 어리석은, 시끄러운, 음악적인, 가난한, 지지분한, 신체적으로 운동 기술이 뛰어난 등이다(Fiske, 1998). 최근에 생긴 것 중에는 폭력적인, 범죄를 저지르는, 적대적인 등이 있다(Kruger, 1996).

Correll 등(2002)은 총 쏘는 비디오 게임을 백인 대학생들에게 하도록 요청했다. 이 게임은 화면에 등장한 표적 인물이 총을 들고 있으면 그에게 총을 쏘는 단추를 누르고, 총이 아닌 다른 물건을 들고 있으면 쏘지 않는 단추를 누르는 게임이다. 표적 인물은 흑인이나 백인이고, 점수를 올리기 위해서는 매우 짧은 시간 내에 정확한 반응을 할 필요가 있다. 실험 결과, 참가자들은 표적 인물이 백인이면 총을 든 표적을 안 쏘거나 총을 들지 않은 표적을 쏘는 실수가 비슷했다. 그러나 표적 인물이 흑인이면, 총을 들지 않은 표적을 쏘는 실수가 총을 든 표적을 쏘지 않는 실수보다 2배 이상 많았다. 또한 총을 든 흑인 표적에 대한 반응 시간이 가장 짧았고, 총을 들지 않은 흑인 표적에 대한 반응 시간이 가장 길었다. 이 결과는 흑인은 범죄자 혹은 공격적이라는 고정관념과 상당히 일치한다.

한국 사람들도 여러 인종이나 민족에 대한 고정관념과 편견을 가지고 있다. 한 연구(김동수 외, 2011)에서 대학생들은 외모, 성격, 생활습관, 유능성과 같은 차원에서 미국인, 일본인, 중국인, 북한이탈주민, 조선족 그리고 동남아인에 대해 서로 다른 편견을 가지고 있었다. 그들은 중국인과 동남아인에 대해서는 부정적인 고정관념을 상대적으로 많이 가지고 있었다. 반면, 미국인과 일본인에 대해서는 좀 더 우호적인 인식을 가지고 있어서, 인종이나 민족에 따른 집단 차이가 상당히 뚜렷했다. 또한 조선족과 북한이탈주민에 대한 인식에서는 특별히 뚜렷한 특성을 보이지 않았다.

외집단에 대한 고정관념과 편견은 여러 방식으로 부정적인 결과를 초래한다. 무엇보다도, 이것은 때로 외집단 구성원에 대한 비인간화(dehumanization)나 인간성 격하(infrahumanization)를 가져온다. 비인간화는 외집단 구성원을 인간성을 결여한 존재로 보는 경향이다. 백인 미국인은 흑인 미국인을 공격적인 유인원과 동일시해 왔다. 그러면서 그들은 유인원 관련 단어가 식역하 자극으로 점화되면, 흑인 용의자에 대한 물리적 강제력의 사용이 정당하다고 생각했다(Goff et al., 2008). 비슷하게, 내집단이 외집단에게 대량학살과 같이 비도덕적 행동을 하면, 사람들은 외집단을 비인간화함으로써 그런 행동에 대한 내집단의 책임을 줄인다(Castano & Giner-Sorolla, 2006). 인간성 격하는 언어, 이성, 수치심, 후회, 동정심과 같이 인간에게만 있는 자질을 외집단 사람이 갖고 있지 않다고 보는 경향이다.

고정관념과 편견은 그 대상자의 과업 수행에 영향을 준다. Kaye와 Pennington(2016)은 여성에 대한 게임 관련 부정적 고정관념이 그들의 온라인 게임에 미치는 영향을 연구했다. 성 고정관념 조건의 참가자들에게 그들이 게임을 잘하지 못한다는 정보로 점화시킨 결과, 이 조건의 여성 참가자들은 남자들로 이루어진 통제 집단에 비해 수행 수준이 낮았다. 또 다른 연구(Peterson et al., 2016)에서 연구자들은 여러 민족의 학업 성취에 대한 교사들의 편견과 기대를 학년 초에 측정했다. 또한 그들의 수업을 듣는 유럽, 동아시아, 마오리족, 태평양섬 그리고 기타 출신의 7~13세 학생들의 읽기와 수학 성적을 학년 말에 측정했다. 그 결과, 민족에 상관없이 전반적으로 교사가 우호적인 고정관념을 가진 학생들이 수행에서 가장 큰 혜택을 받았다.

고정관념과 편견은 정보처리 편향을 초래할 수 있다. 한 연구(김범준, 2002)에서 출신 지역을 이용하여 사람들을 내 · 외집단으로 구분하고, 각 집단에 대한 정보를 긍정적 혹은 부정적 기술문으로 컴퓨터 화면에 일정 시간 제시했다. 그 결과, 참가자들은 내집단을 더 긍정적으로 평가했으며 내집단의 긍정적 기술문 빈도를 더 크게 지각했다. 또한 고정관념과 편견은 외집단과의 상호작용을 회피하게 만들 수 있다. Paladino와 Castelli(2008)는 컴퓨터 화면에 인종과 나이에 대한 자극으로 흑인과 백인 그리고 젊은이와 노인 사진을 제시하고, 백인 대학생에게 그 자극이 내집단에 속하는지를 판단하도록 했다. 그 결과, 참가자들은 백인과 젊은이 사진, 즉 내집단 구성원에 대해 보인 반응보다 흑인과 노인 사진, 즉 외집단 자극에 대한 반응을 더 빨리 했다. 이것은 고정관념과 편견이 외집단 구성원을 빠르게 회피하게 만들 수 있음을 시사한다.

글상자 12-3

편견과 수행 그리고 사회 정체성 관리

고정관념이나 편견의 대상이 되는 집단의 구성원은 다양한 방식으로 자기의 사회 정체성을 관리할 수 있다. 먼저, 고정관념 위협과 사회 정체성 위협에 반복적으로 노출되는 사람은 그런 위협의 대상이 되는 영역에서 달성하는 성취를 더 이상 중시하지 않음으로써, 그 영역의 성공에 더 이상 신경 쓰지 않게 된다. 이것을 **탈동일시**(disidentification)라고 한다. 흑인이나 소수집단의 아이들은 학교와 더 이상 동일시하지 않음으로써 학업에 대한 관심을 상실한다. 여성은 과학이나 수학 능력에 대한 부정적 고정관념으로 더 이상 이 분야에 진출하는 것을 고려하지 않게 된다.

이와 반대로, 편견은 편견의 대상이 되는 집단의 구성원들이 열심히 노력하도록 만들 수 있다. 이들은 집단에 기초한 차별을 싫어할 뿐만 아니라, 내집단이 자기가 좋아하는 일의 성취를 방해하는 것을 좋아하지 않는다. 그들은 자기의 성취가 특정 집단의 구성원이 아니라 개인으로서 그 가치를 인정받기를 원한다. 그래서 이러한 사람들은 내집단의 편견을 극복하고 개인적 능력과 수행 성적을 통해 자기 가치를 입증할 수 있다고 생각한다.

그림 12-10 **탈동일시.** 이것은 고정관념의 위협으로부터 벗어나는 하나의 방법이다.

다른 한편, 개인적으로 성공한 피지배 집단의 구성원은 내집단 구성원과의 유사성보다는 차별성을 강조하고자 한다. 그들은 자신이 이룬 성취는 내집단과는 무관하게 자기 노력과 능력에 따른 결과라고 인식하고 싶기 때문이다. 또한 그들은 내집단의 구성원보다 더 나은 주류 집단의 구성원으로 정체성을 이동하고자 한다. 예를 들면, 사회적으로 성공한 여성은 자신을 다른 여성과는 다른 특별한 개인으로 인식하고 있었고, 자신을 여성보다는 남성적인 특성을 더 많이 가진 것으로 표현하고자 했다(Ellemers et al., 2008).

또 다른 한 연구(Mallett et al., 2008)에서 참가자들은 자신과 성적 취향이나 인종이 다른 상대방과 상호작용했다. 이때 한 집단에게는 상호작용 이전에 그 상대방에 대해 어떤 감정을 느낄지 적도록 했고, 나머지 집단에게는 상호작용 후에 느낀 감정을 기록하도록 했다. 그 결과, 예상한 감정이 실제보다 더 부정적이었다. 또 다른 실험에서 2명의 백인에게 일대일로 흑인과 상호작용하도록 했다. 이때 1명은 자기와 흑인의 유사성 그리고 흑인과의 상호작용에 대한 기대를 상호작용 전에 평가했고, 나머지 1명은 상호작용 후에 평가했다. 그 결과, 상호작용 이전에 평가한 흑인과의 유사성과 상호작용에 대한 기대가 더 낮았다.

2) 차별

때로 사람들은 외집단에 대한 편견을 가지고 있을 때 그것을 불공정한 행동으로 실행한다. 보통 사람들은 집단에 소속되면 내집단 구성원들에게 더 많은 자원을 제공하고 그들을 더 좋게 평가하거나 사람을 뽑거나 임원을 선출할 때 내집단 구성원을 선호한다. 그에 비해서 외집단 구성원들은 이와 같은 기회나 혜택으로부터 배제되기 쉽다. 이처럼 **차별**(discrimination)은 자기와 다른 인종, 종교 및 국가의 구성원을 불공정하게 대하는 것이다. 차별은 보통 편견을 행동으로 표출한 것으로, 거부된 집단의 구성원들을 부정적이고 적대적으로 그리고 해를 주는 방식으로 대한다. 부정적인 취급에는 직접적인 피해, 비협조, 비언어적 무시나 배척, 평가절하 등 다양한 형태가 있다. 특히 집단의 힘이 동등하지 않고 균형이 깨져 있을 때, 지배 집단이 소수집단의 구성원들을 차별할 기회가 증가한다.

차별이 상대적으로 쉽게 감소하거나 사라지지 않는 이유 중의 하나는 그것이 주로 집단적인 범주를 수반하고 있기 때문이다. 집단 간 수준에서 이루어지는 사람들의 행동은 개인적 수준에서 하는 행동과는 질적으로 다르다. **개인 간-집단 간 불연속 효과**(interindividual-intergroup discontinuity effect)에 따르면, 사람들은 개인 간 수준보다 집단 간 수준에서 훨씬 더 경쟁적이고 덜 협조적이다(Insko et al., 2001). 이에 대해 가능한 설명으로(Wildschut & Insko, 2007), 사람들은 개인적 수준보다 집단적 수준에서 더 큰 탐욕과 더 큰 두려움을 느끼기 때문이다. 외집단에 대한 신뢰 수준이 낮은 상황에서 외집단이 경쟁적으로 나올 때 내집단이 협동하면, 사람들은 자기들이 가장 적은 몫을 받을 것이라는 두려움이 있다. 또 다른 이유는 협동과 경쟁의 동기가 혼합된 상황에서 집단 의사결정이 경쟁적 반응을 촉발하기 때문이다.

불리한 외집단에 대한 차별 중 가장 극단적인 한 형태가 증오 범죄(hate crime)다. 이것은 증오하는 집단의 개별 구성원에게 개인적 원한이 없음에도 범죄에 해당하는 차별 행동을 하는 것이다. 한국처럼 동질적인 민족으로 이루어진 국가에서는 드물지만, 전통적으로 다문화 국가에서는 인종 및 민족 간의 증오 범죄가 흔하게 발생한다. 그들은 자신의 집단 소속감에 기초해서 범죄를 저지르는데 때로 쾌감과 재미를 위한 사례도 있다. 그들은 자기의 행동을 집단에 대한 신념을 근거로 정당화한다(Lickel et al., 2006). 특히 피지배 집단의 구성원들도 증오 범죄의 가해자가 될 수 있다. 보통 피지배 집단 구성원들은 지배 집단의 편견과 차별 때문에 외집단에 대하여 불안을 느끼기 쉽다(Stephan & Stephan, 1985). 이때 피지배 집단 구성원들은 심한 스트레스, 불안, 분노, 불신 및 공포 속에서 지배 집단 구성원들을 대상으로 증오 범죄를 감행할 수 있다. 때로 이러한 범죄는 지배 집단뿐 아니라 내집단의 구성원을 겨냥하기도 한다(McDevitt et al., 2001).

때로는 차별적 행동이 미묘하거나 분명하지 않은 형태로 드러남으로써, 편견의 대상자들이 그것을 잘 알아차리지 못할 수도 있다. 이러한 행동은 부정적이거나 애매모호할 수도 있고 때로는 긍정적이다. 강한 편견을 가진 사람은 그렇지 않은 사람에 비해 흑인 여학생으로부터 상당히 멀리 떨어져 앉았으며, 대부분의 학생도 자기와 같은 생각이라고 믿게 했을 때 그 거리는 더 멀어졌다(Sechrist & Milford, 2007). 이처럼 편견이 강한 사람은 다른 사람들도 자기와 의견이 같다고 생각하면 그러한 편견을 좀 더 강하게 행동으로 드러내는 경향이 있다.

같은 맥락에서, 사람들이 차별을 좀 덜 직접적으로 드러내는 것이 회피 행동이다. 그들은 편견의 대상이 되는 집단 구성원들과 상호작용하는 것을 회피한다. 그러한 회피가 문제 행동으로 보이거나 외집단 구성원들을 회피하기 어려운 상황에서는, 자신의 편향적 행동이 큰 잘못도 아니고 그 영향도 크지 않다는 식으로 그 심각성을 희석시키고자 한다. 회피 행동은 주로 혐오적 인종주의자들에게서 일반적으로 나타나는 형태로, 그들은 자신이 다른 인종에 대한 편견이 없고 평등주의 가치를 지지한다고 생각하면서도 무의식 수준에서 다른 인종에 대한 부정적인 정서, 불편함, 불안 등을 드러낸다(Dovidio & Gaertner, 2004; Vorauer, 2006).

상호작용이 불가피한 상황에서는 때로 위장 전략(camouflage strategy)이 등장하기도 한다. 이것은 편견을 숨기면서도 사회적 오점 보유자에 대해 암묵적으로 가지고 있는 부정적 인식을 드러내는 것이다. 이것을 가능하게 하는 요인에는 이념이나 종교적 신념, 고정관념, 다양한 합리화 과정 등이 있다. 이 요인은 심한 편견을 불분명하게 만들거나 그것에 대한 수용 가능한 설명을 제공한다. 예를 들면, 동성애자에 대한 편견이나 차별의 이유를 자신이 믿는 종교의 교리나 신념에서 찾을 수 있고, 피지배 집단의 사회적으로 불리한 지위나 대우의 원인을 자본주의 이념과 원리에서 찾을 수 있다. 또한 직업 장면에서 이루어지는 여성에 대한 차별을 사회적으로 공유하고 있는 고정관념에 근거해서 합리화할 수도 있다.

한 연구(Snyder et al., 1979)에서 비장애 참가자에게 장애를 가진 사람과 영화를 볼 것인지, 아니면 장애가 없는 사람과 영화를 볼 것인지를 물었다. 이때 비장애인들은 2개의 방에서 동일한 영화를 상영한다는 공지를 받으면 장애인들과 함께 영화를 보는 것을 더 많이 선택했다. 2개의 방에서 각각 다른 영화를 상영한다는 말을 들었을 때에는 장애인들을 피해 다른 방을 선택하는 경우가 압도적으로 많았다. 영화에 대한 선호가 비장애인들을 회피할 구실을 제공해 주었기 때문이다.

글상자 12-4

푸른 눈과 갈색 눈

1984년 교사인 제인 엘리엇은 미국의 오하이오주에 있는 한 작은 초등학교에서 “흑인은 더럽고 나쁜 사람들이에요.”라고 말하는 아이들을 보고, 그들을 대상으로 한 가지 실험을 했다. 우선, 아이들을 파란 눈과 갈색 눈의 두 집단으로 나눈 후 “파란 눈을 가진 아이가 갈색 눈을 가진 아이보다 더 똑똑하고 더 잘생긴 아이들이다.”라고 말했다. 그리고 파란 눈의 아이들에게는 수업시간에 칭찬을 자주 해 주고 급식을 먼저 하게 하는 등 다양한 특권을 주었다. 반대로 갈색 눈의 아이들을 대할 때에는 차가운 태도로 일관했다. 그 후 갈색 눈의 아이들은 열등하다는 편견이 빠르게 확산되어, 파란 눈의 아이들은 갈색 눈의 아이들을 무시하고 괴롭혔다. 그다음, 이 교사는 하루아침에 말을 바꿔 “갈색 눈이 파란 눈보다 더 우월하다.”고 말하자 상황은 정반대가 되었다. 그리고 나서 이 교사는 아이들에게 눈의 색깔에 대한 이러한 생각은 전혀 근거 없는 것이고, 피부색으로 사람을 차별하는 것 또한 마찬가지라고 가르쳤다.

그림 12-11 눈의 색깔에 따른 차별

성차별에는 적대적 성차별(hostile sexism)과 우호적 성차별(benevolent sexism; Glick & Fiske, 2001)이 있다. 적대적 성차별은 여성이 남성에 비해 능력이 모자라고 의존적이라는 식으로 여성에 대한 부정적 고정관념을 지칭한다. 반면, 우호적 성차별은 여성이 남성에 비해 친절하고 호의적이며 이해심이 많다는 식의 여성에 대한 긍정적 고정관념을 말한다. 한 연구(Barreto et al., 2010)에서는 남성과 여성의 지위에 관한 최근의 연구 결과를 여성 참가자들에게 읽도록 했다. 우호적 성차별 조건에서는 여성은 순수하고 도덕적이며, 여성의 도움 없이 남성은 성공할 수 없고, 남성은 여성을 보호해야 한다는 식의 내용을 제시했다. 반대로, 적대적 성차별 조건에서는 여성은 솔직하게 말하는 사람을 성차별주의자라고 생각하며, 공정한 경쟁에서 남성들에게 지면 자신들이 차별 받았다고 주장한다는 식의 내용을 읽도록 했다. 그다음, 참가자들은 자신을 과업적 영역과 관계적 영역에서 평가했다. 그 결과, 우호적 성차별 조건의 여성들이 자신을 더 관계적이면서 덜 과업 지향적이라고 기술했다. 이처럼 우호적 고정관념이 '여성은 관계 지향적이라는 고정관념'을 더욱 강화시켜 과업과 관련하여 여성들의 자기인식을 저하시킬 수 있다.

4. 집단 간 관계 개선

집단 간 관계는 범주화에 기초한 다양한 심리적 · 상황적 요인을 수반함으로써 경쟁적이고 갈등적으로 발전할 가능성이 크다. 특히 고정관념, 편견 그리고 이러한 요소에 기초한 차별과 같은 부정적이고 적대적인 측면이 집단 간 관계를 악화하는 데 큰 몫을 차지하고 있다. 이러한 집단 간 관계를 개선하기 위한 방안으로 집단 간 접촉, 범주화 기법 그리고 상위 목표의 설정 등이 있다.

1) 집단 간 접촉

일반적으로 집단 구성원 간의 직접적인 접촉을 증가하는 것만으로 편견이 감소하는 효과가 있다(Brewer & Miller, 1984). 두 집단의 구성원들이 접촉할 기회가 많을수록 상대방에 대한 이질감과 불안감이 감소하고, 부정확한 정보를 통해서 형성된 고정관념을 바로잡을 수 있는 기회가 증가하기 때문이다. 따라서 단지 물리적으로나 시간적으로 근접해 있는 것만으로도 이러한 정서적 및 인지적 측면에서의 불리한 여건을 상당 부분 개선할 수 있다. 실제 그동안 **집단 간 접촉 가설**(intergroup contact hypothesis; Allport, 1954)에 기초한 연구가 다수 이루어졌다. 그 전반적인 결과는 접촉이 집단 간 편견을 줄이는 데 효과가 있다는 것이다. Pettigrew와 Tropp(2006)은 집단 간 접촉이 태도의 변화에 미치는 효과를 검증하기 위해 500개 이상의 연구를 이용하여 메타분석을 실시했다. 그 결과, 집단 간 접촉은 실제로 집단 간 편견을 감소시키는 데 기여했다.

그렇지만 집단 간 접촉 경험이 고정관념과 편견의 감소로 이어지지 않는 상황도 있다. 미국에서는 인종 간 분리에 따른 편견과 차별이 심화되자 1957년에 인종통합정책을 입법화해서 인종 간 혼합을 시도했다. 그래서 집과 학교의 거리가 다소 멀더라도 인종 통합을 위해서 흑인과 백인 학생이 함께 학교 교육을 받도록 했다([그림 12-12] 참조). 그러나 이러한 정책은 편견을 해소하는 데 그다지 효과적이지 않은 것으로 나타났다(Aronson & Gonzalez, 1988). 인종 분리의 폐지 효과를 검증한 한 연구(Stephan, 1978)에 따르면, 25%의 연구에서는 인종 분리 폐지 후 흑인들의 자존감이 저하되었고, 그들의 자존감이 높아졌다고 보고한 연구는 없었다. 또한 34%의 학생들은 흑인에 대한 편견이 달라진 것이 없다고 보고했고, 심지어 53%의 학생들은 편견이 증가했다고 보고했다. 이러한 결과는 단순히 접촉을 증가시키는 것만으로는 편견을 해소하는 데에 한계가 있음을 시사한다.

그림 12-12 **통합 교육.** 인종 간 접촉의 적절한 조건의 충족은 편견을 줄인다.

이에 연구자들(Allport, 1954; Cook, 1988)은 집단 간 접촉이 편견의 감소를 가져오기 위한 몇 가지 선행 조건을 제시했다. 그중 하나가 **동등한 지위** 조건으로, 접촉이 위계적 상황이 아닌 서로 동등한 입장에서 이루어져야 한다는 것이다. 지위와 권력에서 집단 간 우열의 관계가 형성된 조건에서 이루어지는 접촉의 증가는 오히려 상대방에 대한 불신을 증가시킨다. 이런 때는 집단 간 상호작용이 동질감에 의한 공감보다 경쟁과 힘에 따라 이루어지기 때문에, 상대방을 더욱 이질적이고 적대적인 대상으로 평가하도록 만들기 쉽다. 또한 지위가 다른 상황에서는 집단 간 접촉의 빈도가 늘더라도 형식적이거나 긴밀하지 않기 때문에, 그것이 오히려 기존의 편견을 더 확대할 수도 있다. 따라서 접촉의 증가에 따른 편견의 감소는 양쪽 구성원이 정서적인 동일시와 공감을 형성할 수 있는 상황에서 가능하다.

또 다른 조건은 두 집단 구성원 사이에 상호협조적인 관계를 형성할 수 있도록 **공동의 목표**를 세우는 것이다(Sherif et al., 1961). 이를 통해 두 집단의 차이점을 부각하기보다 공동으로 추구해야 할 가치를 동일시하게 함으로써, 집단 간 경계를 보다 더 약화할 수 있다. 또한 공동의 목표는 집단 간 상호의존성을 높임으로써 경쟁보다는 협동을 추구하려는 동기를 고취시킨다. 이처럼 두 집단이 함께 달성하기 위한 목표를 가지고 장기적으로 상호작용할 때 집단 간 편견이 감소할 수 있다. 한 연구(최광선, 안상수, 1991)에서도 두 집단이 협동하는 상황에서 집단 간 경계가 약화되고 집단 간 편견이 감소했다. 특히 두 집단 간의 협동 과제가 실패보다는 성공하여 보상을 받게 되었을 때 집단 간 편견이 더 적었다.

마지막으로, 접촉하는 집단 구성원들 모두에게 편견과 고정관념이 잘못된 것이며 상호 간에 협동하는 것이 중요하다는 것을 사회적 규범, 권위자 그리고 관습을 통해 분명히 하면서 집단 간 평등을 지지하고 장려할 필요가 있다. 이러한 조건이 충족될 때, 사람들은 집단 간 평등과 협동을 자신의 가치와 신념으로 내면화함으로써, 집단 간 접촉에 따른 편견 감소의 효과가 향상된다(Clore et al., 1978). 즉, 고정관념과 편견이 부정적이며 이를 극복하는 것이 바람직한 가치라고 인식하고 그것을 내면화할 때, 사람들은 그것을 극복하려는 노력을 기꺼이 할 수 있다. 이것이 고정관념과 편견을 해소하기 위한 교육적 및 제도적 장치가 필요한 이유다.

이와 같은 조건을 고려해 볼 때, 인종 통합을 위해 이루어진 학교 교육이 그다지 효과적이지 않은 이유를 파악할 수 있다(Stephan, 1978). 단순하게 흑인 학생과 백인 학생을 모아 놓는 것으로는 위계적 지위 구조가 전혀 달라질 수 없었다. 또한 두 집단이 추구할 만한 공동의 목표가 없는 상황에서 상호의존적이고 친밀한 상호작용이 이루어지기를 기대할 수 없었다. 게다가 집단 간 평등을 강조하고 지지하는 사회적 규범이나 제도적 장치가 미비한 상태에서 협동보다는 경쟁과 편견이 더 심해졌을 수 있다. 이러한 상황에서 통합 교육이 흑인 학생의 자존감을 상승시키기는 어려웠다.

이와 함께, 때로는 직접적인 대면 접촉이 거센 분열의 분위기로 무산되기도 한다. 그래서 간접적인 방식이 더 효과적일 수도 있다. 그 하나의 방식으로, 확장 접촉 가설(extended contact hypothesis; Wright et al., 1997)은 우리가 내집단의 어떤 구성원이 외집단의 구성원과 친밀한 관계를 맺고 있다는 것을 알게 되면, 우리 자신도 외집단에 대해 좀 더 긍정적인 태도를 갖게 된다는 것이다. 지난 20년간 100여 편 이상의 논문은 확장 접촉 가설이 편견을 줄이는 데 긍정적인 효과가 있음을 보여 주고 있다(Zhou et al., 2018). 또 다른 방법으로, 상상 접촉 가설(imagined contact hypothesis; Crisp & Turner, 2009)은 외집단 구성원과의 긍정적인 만남을 상상하는 것만으로도 집단 간 태도를 개선할 수 있다는 것이다. 또한 상상 접촉은 집단 간 사회적 접촉을 더 원하도록 만들고, 장애인, 성소수자 등 소수집단에 대한 편견을 줄이는 데도 기여한다(Turner & West, 2012). 전자기기를 이용한 전자 접촉(electronic-contact 혹은 e-contact)은 인터넷 상에서 내·외집단이 접촉하는 것이다. 여러 연구를 보면, 이러한 접촉은 종교 집단 간 편견, 성적 편견 등을 줄이는 데 효과가 있다.

2) 범주화 기법

사회 정체성 이론이 지적하듯이, 단지 내·외집단으로 범주화하는 것만으로도 집단에 대한 편향과 함께 집단 간 갈등이 발생한다. 같은 맥락에서, 이와 같은 집단의 구별과 관련된 범주화를 다른 방식으로 유도함으로써 기존의 집단 간 이질감이나 갈등을 줄일 수 있다([그림 12-13] 참조). 첫째, 이와 관련한 대표적인 방안 중의 하나가 재범주화(recategorization)다. 이것은 갈등을 겪는 내·외집단을 상위의 더 큰 집단으로 통합해서 범주화함으로써 집단 간 편견과 갈등을 감소하는 방법을 의미한다. 공동 내집단 정체성 모형(common ingroup identity model; Gaertner & Dovidio, 2005)에 따르면, 두 집단의 구성원들은 보다 더 큰 하나의 집단에 모두 속하는 것으로 자신들을 재범주화할 수 있다. 이것은 특정 수준에서 이루어진 범주화 때문에 구분된 내·외집단을 상위의 수준에서 하나의 집단으로 묶음으로써, 상위 집단의 소속감을 공유하도록 하는 방법이다. 그래서 보다 작은 규모의 내집단 구성원들에 대하여 가지는 긍정적 신념과 감정 및 행동을 외집단 구성원들에게도 동일하게 적용할 수 있게 된다.

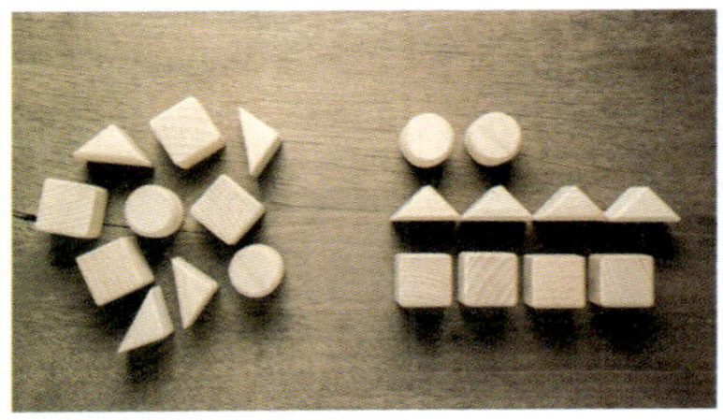

그림 12-13 범주화의 종류. 주어진 자극을 묶는 방법에는 여럿이 있다.

예를 들면, 성별에 따라 내·외집단으로 범주화한 남녀를 그들이 속한 사회라는 범주로 묶음으로써, 그들을 하나의 범주에 속하는 구성원으로 재범주화할 수 있다. Kane과 동료들(2005)의 연구에 의하면, 집단에 새로 들어온 인물이 기존의 구성원들과 공유할 수 있는 상위의 정체성을 가지고 있을 때, 기존의 구성원들은 새로운 인물을 더 수용했고 그의 새로운 아이디어도 긍정적으로 생각했다. 또 다른 연구(Gaertner et al., 1993)에서는 다인종 학교의 학생들에게 집단 간 접촉에 대한 인상, 학생회에 대한 인식(가령, 한 집단으로서 아니면 여러 분리된 집단으로서 갖는 인식 등) 그리고 주요 인종 집단에 대한 정서 반응을 질문했다. 그 결과, 정서적으로 덜 편향된 반응을 보인 학생들은 학교에서 집단 간 분위기를 더 좋게 지각했으며, 학생회를 분리된 여러 집단이 아닌 하나의 집단을 대표하는 것으로 지각했다. 더군다나 소수 인종 집단의 구성원들 중에서 자신을 더 큰 범주의 미국인이라는 정체성을 가지고 있는 사람들이 내집단 편향을 가장 적게 보였다.

이처럼 재범주화는 집단 간 편견을 감소하는 데 효과가 있다. 그러나 하나의 한계점은 두 집단이 상위 범주가 아닌 다른 수준에서 자신을 범주화할 때, 집단 간 반목과 갈등이 재점화할 수 있다는 것이다. 자기범주화 이론이 지적하듯이, 사회적 맥락에 따라 가장 적합한 수준의 범주화는 달라지기 때문이다(Bruner, 1957; Oakes, 1987). 둘째, 이러한 문제를 해결할 수 있는 방법이 **교차 범주화**(cross categorization)다. 이 방법은 현재 내·외집단 간에 긴장을 일으키는 집단의 정체성과는 관련이 없으면서, 내·외집단 모두에게 공통적인 차원이나 주제에 기초하여 새로운 공동의 집단 정체성을 만드는 것이다. 모든 집단에 걸친 공통의 범주가 범주 내에서나 범주 간에 동시에 작동함으로써, 원래의 범주에 따른 차이가 감소할 수 있다(Doise, 1978). 즉, 공통점을 강조함으로써 차이점이 갖는 차별화 효과를 상쇄할 수 있다.

예를 들면, 우리는 인종 차원에서 서로 다른 집단에 속하더라도, 성별, 연령, 종교, 직업 등 여러 다른 차원에서 동일한 사회적 범주에 속함으로써 하나의 집단 정체성을 구성할 수 있다. 이런 때 우리는 다중적인 정체성을 가지게 된다. 이처럼 여러 수준에서 서로 교차하는 다수의 정체성을 동시에 가지는 것은 집단 간 편향과 차별을 줄이고 긍정적인 집단 간 관계를 형성하는 데 기여할 수 있다. 실제 한 연구(Vanbeselaere, 1991)에서 사람들은 자신과 적어도 하나의 차원에서 공통된 범주에 속한 사람을 평가할 때 자신의 내집단 편향을 덜 보였다.

셋째, 범주화와 관련된 또 다른 기법으로, 외집단의 구성원을 그 집단의 전형적인 구성원으로 지각하기보다는 그 집단과 무관하게 하나의 개인으로 보는 **탈범주화**(decategorization)가 있다(Brewer & Brown, 1998). 이것은 집단 정체성이 두드러지는 것을 감소하는 것으로, 우리와 그들이 아닌 나와 너라는 서로 구별되는 개인으로 서로를 지각하는 것이다. 즉, 이것은 내·외집단의 구성원을 분리된 개인으로 보고 거기에 맞게 개별화된 반응을 요구하는 것이다. 가령, 서로 다른 집단이 공동의 목표를 달성하고자 할 때, 각 구성원이 속한 내집단보다는 그 개인이 가진 역량이나 장점이 공동의 목표 성취에 더 중요할 수 있다(Bettencourt et al., 1992). 이런 상황에서는 범주화를 통한 집단 간 차이는 덜 중요하고 개인의 특성이 더 중요해짐으로써, 외집단 구성원에 대한 편견과 집단 간 갈등이 낮아질 수 있다. 예를 들어, 우리가 지역감정으로 발생하는 집단 간 갈등을 해소하기 위해서는 출신 지역으로 개인을 평가하기보다는 개인적 속성으로 그들을 평가하는 것이 효과적이다.

Gaertner 등(1989)은 참가자들을 재범주화를 통해 하나의 범주로 과업을 수행하게 만든 조건, 구성원들을 개별적인 개인으로 과제를 수행하게 만든 탈범주화 조건 그리고 참가자들을 두 집단으로 나누어 과제를 하게 만든 범주화 조건을 만들었다. 그 결과, 참가자들을 두 범주로 나누었을 때보다는 하나의 집단이나 개별적으로 과제를 수행하도록 했을 때 내집단 편향이 감소했다. 탈범주화의 효과는 우리가 이전에는 외집단 구성원이라는 하나의 시각으로만 보던 다른 사람을 좀 더 호의적으로 보게 함으로써 나오는 효과다.

넷째, 범주화와 관련된 또 다른 모형으로 **집단 간 상호 차별화 모형**(mutual intergroup differentiation model; Hewstone & Brown, 1986)이 있다. 이 모형은 서로가 각자의 독특한 집단 정체성을 가지고 있으면서 협동적인 관계를 유지할 때, 집단 간 편향이 감소할 것이라고 가정한다. 또한 이 이론에 따르면, 협동적인 관계 속에서 이루어지는 집단 간 접촉은 외집단에 대한 태도의 변화를 가져오고, 이러한 변화는 집단 간 경계가 두드러지고 분명할 때 외집단의 모든 구성원에게 일반화될 수 있다. 반대로, 개인의 사회 정체성을 없애고자 하면 오히려 그것이 저항을 불러일으켜 더 심한 집단 간 편향을 가져올 수 있다고 이 모형은 가정한다.

예를 들면, 대학 평가 과정에서 하버드와 MIT 집단의 우열을 비교하는 것보다, 서

표 12-3 범주화 모형의 종류와 그 특징

모형의 종류	특징
재범주화 모형	내·외집단을 상위의 단위로 통합하여 범주화함으로써 집단 간 편견을 감소하는 방법
교차 범주화 모형	내집단과 외집단의 차이점과는 별개로, 두 집단이 공통으로 가지고 있는 특성에 기초하여 또 다른 범주를 만듦으로써 집단 간 편견을 줄이는 방법
탈범주화 모형	집단에 대한 범주를 약화시켜 외집단의 구성원을 하나의 독특한 개인으로 보고 지각함으로써 편견을 줄이는 기법
집단 간 상호 차별화 모형	각 집단이 가지고 있는 내집단 정체성을 확실히 유지하면서 이와 함께 상호협동적인 분위기를 조장하여 상호작용함으로써 집단 간 편향을 줄이는 방법
개인화 모형	외집단의 구성원이 가지는 자기와의 유사성에 기초하여 그를 개별적이고 분화된 방식으로 지각함으로써 외집단에 대한 차별을 해결하는 방법

출처: Forsyth (2018).

로가 이질적인 집단 정체성을 가지고 있다는 조건을 부각시킴으로써 직접적인 갈등 상황에서 벗어날 수 있다. Brown과 Wade(1987)는 두 집단의 학생들에게 잡지에 실을 글을 작성하는 과제를 주었다. 이때 각 집단이 자신을 구별할 수 있는 독특한 역할을 부여받지 않았을 때보다 각자 분리된 팀으로서 역할을 맡았을 때, 학생들은 다른 집단 구성원에 대해서 더 긍정적인 정서를 경험했다.

다섯째, Brewer와 Miller(1984)는 개인화 모형(personalization model)을 제시했다. 이 모형은 자기와 비교했을 때 외집단 구성원이 가지는 유사성에 기초해서 그를 좀 더 개인으로 지각함으로써 외집단에 대한 차별을 해결하려는 모형이다. 즉, 개인화는 외집단의 구성원을 더 개별적이고 분화된 방식으로 볼 뿐만 아니라, 외집단 구성원으로서 그 개인이 가지고 있는 자기와 관련된 정보에 대해서도 초점을 맞춘다. 또한 개인화된 상호작용에서는 집단 구성원의 특성보다는 한 개인의 특성이 더 두드러진다. 그래서 외집단 구성원을 지각할 때 그의 개인적 인상이 집단 고정관념보다 더 큰 영향력을 행사한다(Brewer & Miller, 1984).

이때 개인화가 외집단 구성원이라는 정보 없이 이루어진다면, 외집단의 특정 구성원에 대한 지식이나 인상을 다른 구성원에게 일반화할 수 없다. 그래서 개인화는 외집단에 대한 사회 정체성이 어느 정도 현저한 상태에서 이루어질 필요가 있다(Miller, 2002). 많은 경험적 연구는 개인화 모형이 집단 간 편향을 해소하는 데 효과가 있음을 입증했으며, 특히 집단 간 관계에서 업무보다는 사람에 중점을 둔 상호작용이 외집단 구성원에게 더 긍정적인 태도를 갖도록 만들었다(Miller et al., 1985).

3) 상위 목표의 설정

내·외집단이 대립적이거나 경쟁적인 목표가 아니라 하나의 공동의 목표를 가지고 있을 때, 그들은 서로 접촉을 증가하고 정보를 교류하며 공동의 가치를 가지게 되는데, 이것이 집단 간 갈등을 완화할 수 있다(Sherif, 1966). 이때 공동의 상위 목표는 한 집단의 노력과 자원만으로는 달성하기 불가능하고, 내·외집단이 동시에 참여할 때 달성할 수 있는 목표를 말한다. 물론, 그 성과 역시 공동의 이익을 창출할 경우에 해당한다. 상위 목표가 집단 간 편견을 줄이고 협동을 가져온다는 점을 가장 잘 보여 주는 연구가 Sherif(1966)의 현장 실험 연구다. 앞에서 살펴본 것처럼, 10대 소년들을 두 집단으로 범주화해서 몇 가지 경쟁적인 목표를 추구하도록 했다. 이처럼 한쪽 집단의 승리가 곧 다른 쪽 집단의 실패를 의미하는 상황에서는 집단 간 편견과 차별이 첨예하게 드러났다. 그다음, 연구자들이 두 집단의 구성원들에게 한 집단의 힘만으로는 해결할 수 없는 공동의 과제를 주었을 때, 비로소 갈등은 줄고 협동이 증가하는 변화가 일어났다([그림 12-14] 참조).

그림 12-14 상위 목표와 집단 간 협동. 음식 조달(위)과 급수 장치 고치기(아래)
출처: Sherif (1966).

예를 들면, 연구자들이 도입한 상위 목표 중의 하나가 식수와 관련된 것이었다. 두 집단이 거주하는 야영장에 물을 공급하는 물탱크가 야영장 북쪽 산 끝에 있었다. 연구자들은 이 커다란 물탱크의 밸브를 잠근 다음, 2개의 큰 돌로 밸브를 덮어 놓았다. 또한 탱크 반대편 밸브 끝부분에 있는 수도꼭지를 헝겊 조각으로 막아 밸브를 돌려도 물이 나오지 않게 했다. 그다음, 연구자들은 급수 장치가 완전히 고장 나서 물이 나오지 않는다고 공지했다. 또한 이 문제를 해결하기 위해서는 각 집단의 수보다 많은 25명이 필요하다고 알렸다. 이런 상황에서 두 집단의 구성원들은 모두 갈증에 직면해 있어서 식수 문제를 해결하는 것이 급선무였다. 결국, 두 집단은 그 동안의 적대적인 관계에서 벗어나 서로 협동함으로써 이 문제를 해결했다.

또 다른 상위 목표 중의 하나가 시동이 걸리지 않는 트럭을 움직이게 하는 일이었다. 아이들이 먹을 음식을 트럭이 가져와야 하는 상황에서, 트럭이 시동이 걸리지 않는 것처럼 상황을 연출했다. 또한 아이들이 쉽게 볼 수 있는 곳에 줄다리기 밧줄을 놓아두었다. 트럭이 움직이지 않자 이것을 본 몇몇 아이가 트럭을 밀어서 움직이도록 하자고 제안했다. 그러나 트럭이 언덕을 마주 보고 있었기 때문에 불가능한 일이었다. 그러자 한 아이가 트럭에 줄을 연결해서 그들 모두가 잡아당길 것을 제안했다. 이와 같은 공동의 노력은 결국 트럭을 움직이게 하는 데 성공했다.

이와 같은 사례 외에도 Sherif(1966)는 상위 목표로 보고 싶은 영화 비디오를 구입하기 위해 두 집단이 함께 그 비용을 충당해야 하는 상황, 각 팀이 가지고 있는 연장을 공유하지 않으면 호수에서 야영을 할 수 없는 상황, 식사를 준비하고 텐트를 치기 위해서는 두 집단이 협동할 수밖에 없는 상황 등 다양한 사례를 도입했다. 이러한 연구에서 얻은 결과를 통해 연구자는 공동의 상위 목표가 편견의 감소와 협동의 증진에 미치는 강력한 효과를 입증했다.

요약

- 사람이 집단에 애착을 갖는 이유는 인간의 생존과 기본적인 욕구를 충족하는 데 유리하기 때문이다. 인간 뇌의 신피질이 큰 것도 복잡한 사회생활과 밀접하게 관련되어 있다. 집단은 소속감을 주고 불확실성을 감소하는 데 이바지한다.
- 사회 정체성 이론에 따르면, 사람들은 외집단에 비해 내집단을 더 좋게 보려는 경향성을 보인다. 자기범주화 이론은 어느 수준에서 범주화가 이루어질 것인지를 설명하는 이론으로, 탈개인화, 범주의 상대적 접근 가능성 그리고 범주의 적합성이라는 개념으로 이것을 설명한다.
- 사람들은 주어진 상황을 내·외집단으로 구분하면 내집단 편애와 외집단 폄하를 보인다. 이때 사회적 차별의 긍정-부정 비대칭성이 나타난다. 또한 사람들은 자기의 사회 정체성을 긍정적으로 유지하기 위해 다양한 전략을 사용한다.
- 편견은 사전 접촉이 없는 다른 사람이나 집단에 대하여 가지는 부정적인 태도다. 편견의 원인 중 하나인 고정관념에는 외집단 동질성 편향, 집단 간 언어 편향, 외집단 획일성 편향 등이 있다.
- 편견의 또 다른 원인에는 현실 갈등, 상대적 박탈감과 관련된 집단 간 위협, 집단 간 불안, 지배-피지배 집단 간 정서, 검은 양 효과와 같은 집단 간 정서 그리고 개인차 변인으로 직접적 접촉, 권위주의 성격, 우익 권위주의, 사회적 지배 성향, 종교적 근본주의가 있다.
- 편견의 대표적인 내용에는 인종이나 성별 그리고 민족에 대한 편견이 있다. 고정관념 내용 모형은 여러 집단에 대한 고정관념을 따뜻함과 역량 차원의 조합으로 설명한다. 편견은 외집단을 비인간화하기도 한다. 또한 편견은 정보처리나 성취에도 영향을 준다.
- 차별은 외집단에 대한 편견을 행동으로 실행한 것이다. 차별적인 행위 중 증오 범죄는 가장 눈에 띄는 행위이지만, 그 외에도 위장 전략이나 회피 전략을 사용해서 은연중에 드러나는 차별적 행위도 많이 있다. 또한 적대적 성차별과 우호적 성차별도 존재한다.
- 집단 간 관계를 개선하기 위한 하나의 방법은 접촉을 증가하는 것이다. 집단 간 접촉이 편견을 줄이는 데 효과적이기 위해서는 공동의 목표, 장기적 접촉, 친밀한 교류, 규범적·제도적 지원 등이 필수적이다.
- 범주화 기법, 가령 재범주화, 교차범주화, 탈범주화, 집단 간 상호 차별화 모형, 개인화 모형이 집단 간 편향을 줄이는 데 기여할 수 있다. 이 외에 상위 목표의 설정도 집단 간 관계를 개선하는 데 유용하다.

제 13 장

사회 정의

1. 사회 정의의 기초
2. 사회 정의의 종류
3. 정의의 방해물
4. 불공정성에 대한 반응

오늘날 우리는 적어도 물질적으로는 풍요로운 사회에서 살고 있다. 2022년 기준 우리나라의 국내 총생산량은 약 1조 6,643억 달러로 세계 10위에 올랐고, 1인당 국민소득도 3만 2,237달러에 이른다. 6·25 전쟁이 휴전된 1953년 우리나라의 국민 총생산량이 13억 달러였고 1인당 국민소득이 67달러였음을 생각하면, 이러한 경제적 성장은 상상을 초월하는 것이다. 더구나 이러한 규모는 기존의 선진국과 어깨를 나란히 하는 수준이다.

그러나 이러한 지표 뒤에는 우리 사회의 어두운 면이 자리하고 있음을 부인할 수 없다. 우리나라의 소득 양극화는 심각한 수준이다. 2021년 종합소득세 기준으로 상위 0.1% 소득자가 차지하는 소득의 비중은 10%이며, 상위 1%는 24%, 상위 10%는 56%를 차지하는 것으로 나타났다. 소득 불평등의 한 지수인 지니계수로 비교했을 때, 우리나라는 OECD 국가의 평균치보다도 높다. 한마디로 우리 사회는 경제적으로는 매우 풍요롭지만, 그 내면에는 심각한 고통과 갈등이 존재한다고 할 수 있다.

이에 여기서는 거시적 차원의 사회 정의 문제를 다루고자 한다. 우선, 사회 정의의 개념과 그러한 정의를 지향하는 인간의 기본적인 동기를 살펴본다. 그다음, 사회 정의에는 어떠한 유형이 있는지 그 세부적인 종류 그리고 그 기저에 자리하고 있는 인간의 심리적 특성을 알아본다. 마지막으로, 사회 정의를 방해하는 심리·사회적인 요인을 살펴본다.

1. 사회 정의의 기초

이 절에서는 정의가 무엇인지 그 개념적인 의미를 살펴본 다음, 정의를 추구하고자 하는 인간의 동기를 알아본다. 마지막으로, 정의에 대한 인식이 어떻게 발달하는지 그와 관련되는 과정을 검토한다.

1) 사회 정의의 의미

사회 정의(social justice)가 무엇인지 그 개념적 의미를 구체화하는 것은 결코 쉬운 일이 아니다. 이 문제는 매우 철학적이고 종교적인 논리와 판단을 수반하는 것으로, 이에 대한 논쟁은 역사적으로 끊임없이 있었고 현재도 진행형이다. '옳음과 그름', '윤리와 비윤리', '도덕과 부도덕', '정의와 불의'에 관한 논쟁은 종교, 정치, 법을 비롯한 여러 기준에 따라 서로 다른 논리적 입장으로부터 나온다(Tyler & Smith, 1998). 한정된 자원을 어떻게 분배하는 것이 정의로운 일인가? 악을 행한 사람에게 어떻게 대응하는 것이 정의로운 것인가? 이러한 논쟁이 있다는 것 자체가 타인과 함께 공동체를 이루며 살아가는 인간에게 사회 정의는 매우 중요한 문제라는 의미다([그림 13-1] 참조).

그림 13-1 **공정성.** 공정성은 사회 정의를 구성하는 보편적인 개념이다.

여기서는 사회 정의에 대한 몇 가지 대안을 살펴볼 것이다. 먼저, 정치철학자인 Rawls(2001)는 사회 정의를 정의할 때, "모든 사람이 완벽하게 자유를 누릴 수 있어야 한다."라는 평등한 자유의 원칙을 제시했다. 그의 입장에 따르면, 이런 정의는 전체 사회를 위한 복지조차도 우선할 수 없는 것으로, 모든 개인에게는 불가침 영역이 있다. 이러한 이유로, 누군가의 자유의 상실이 다른 사람들에게 더 큰 이득이 된다고 해서 옳은 것은 아니다. 또한 그의 입장에서는 자유, 소득, 기회, 인간의 존엄성 등 모든 사회적 가치의 평등한 분배가 정의로운 것이다. 가치의 불평등한 분배, 즉 차등의 원칙이 정의로울 때는 그것이 사회적으로 최소한의 혜택을 받는 사람들에게 최대한의 이득을 줄 때다. 이와 관련해서 Rawls(2001)는 "가장 빈곤한 사람의 복지를 우선으로 고려해야 하고, 모든 사람에게 기회가 균등하게 제공되어야 한다."라고 제안했다. 이와 같은 정의의 개념은 오늘날 사회심리학 분야에서 다루고 있는 분배 정의와 특별히 밀접하게 관련되어 있다.

글상자 13-1 아프가니스탄의 염소치기

우리는 살면서 종종 도덕적 딜레마에 빠지곤 한다. 이러한 도덕적 딜레마가 생명과 관련되어 있다면, 우리의 선택은 더욱 어려워진다. 2005년 미 해군 특수부대원들은 아프가니스탄에서 오사마 빈 라덴의 측근인 탈레반 지도자를 찾기 위해 비밀 정찰을 수행하고 있었다. 그러던 중 그 마을 민간인 농부 2명이 약 100마리의 염소를 몰고 나타났다. 일행에는 열네 살가량의 남자아이도 끼어 있었다. 그들은 아무런 무장도 하지 않은 사람들이었지만, 그들을 풀어 줄 경우 탈레반에게

그림 13-2 **아프가니스탄의 염소치기 딜레마**

미군의 소재를 알려 줄 위험이 있었다. 이럴 경우 아무런 죄도 없는 무고한 민간인을 아군의 생명과 안전을 위해 희생시켜야 하는가? 아니면 위험을 감수하더라도 민간인의 생명을 존중해야 하는가? 미군은 몇 가지 선택을 놓고 고민했는데, 이들을 묶어 놓고 다른 은신처를 찾을 수도 없었다. 이들을 죽이든가 아니면 풀어 주든가 둘 중 하나였다. 미군은 결국 그들을 풀어 주었다. 그 다음 한 시간 반쯤 지나 탈레반의 공격을 받아 다수의 대원이 생명을 잃었다(Sandel, 2010).

국제연합 혹은 UN(United Nations)은 사회 정의를 국가 내 그리고 국가 간에 평화롭고 번영하는 공존의 뿌리를 이루는 원리라고 본다(World Day of Social Justice, 20 February). 특히 정의를 경제 성장의 결실을 공정하고 어진 마음으로 분배하는 것으로 이해하고 있다. 그러면서 사회 정의가 이루어지기 위해서는 강력하고 일관적인 분배 정책과 그것을 실행할 수 있는 공공기관이 있어야 한다고 역설하고 있다. 이러한 점에서 볼 때, UN이 주장하는 사회 정의는 John Rawls의 경우처럼 분배 정의에 치중하고 있다는 것을 알 수 있다.

이 외에도 사회 정의에 관한 다수의 입장이 있는데, 이러한 입장의 공통적인 요소를 통합해 볼 수 있다. 결론적으로 사회 정의에 대한 일반적인 정의는, 사회 속의 이익과 부담은 특정 분배의 원리에 따라 사람들에게 나눠 주고, 정치적이거나 그 외 의사결정을 이끄는 절차, 규범 그리고 규칙은 개인과 집단의 기본적인 권리, 자유 그리고 자격을 보호하고, 지위가 높은 사람이든 동료 시민이든 누구든 상관없이 인간을 존엄과 존경으로 대하는 상태를 의미한다. 요약하면, 이 정의는 앞으로 좀 더 자세히 살펴볼 분배 정의, 절차 정의 그리고 상호작용 정의에 해당한다.

2) 사회 정의에 대한 동기

우리가 다른 사람과 완전히 독립적인 상태에서 살아갈 수 있다면 우리의 삶에서 어떠한 경쟁이나 갈등도 없을 것이다. 그러나 현실적으로 우리는 타인과 상호작용하면서 살 수밖에 없기 때문에, 그에 따른 경쟁과 갈등은 피할 수 없다(Deutsch, 2012). 같은 논리로, 우리가 독자적으로 생존할 수 있다면 어떠한 협동이나 희생도 필요 없을 것이다. 그러나 우리는 매우 다양한 맥락에서 인간의 이타적이고 도덕적인 행위를 관찰할 수 있다(Fehr & Fischbacher, 2003; Gintis et al., 2008).

인간이 경쟁하고 갈등하는 주요 원인 중의 하나는 한정된 자원 때문이다. 우리는 한정된 자원을 가지고 상호의존하면서 살아가야 해서, 누군가가 상대적으로 더 많은 자원을 가져가면 다른 누군가는 필연적으로 더 적은 자원을 가질 수밖에 없다. 그래서 더 많은 자원을 위한 경쟁과 갈등이 발생할 수밖에 없다. 그렇다면 우리는 이러한 상황에서 자신의 이기적인 욕구만을 충족하고자 하는가? 아니면, 때로 다른 사람에 대한 공정한 대우도 중요한 요인으로 고려하면서 협동을 추구하는가? 즉, 타인이 받아야 할 공정한 대우를 향상하고자 하는 동기, 즉 **정의 동기**(justice motive; Jost & Kay, 2010; Tyler & Smith, 1998)를 가지고 있는가? 지금까지의 많은 연구는 인간이 이러한 두 가지 측면을 모두 고려하고 있음을 시사하고 있다(Tyler, 2012).

(1) 진화론적 관점

진화심리학적 관점에서 보면, 협동과 도덕성은 인간 생존에 중요한 요인이다. 이 관점에 따르면, 이기적인 집단보다는 이타적인 집단이 생존에 더 적응적이기 때문에 도덕적 행동이 발달해 왔다(Gintis et al., 2008). 도덕적 감정과 신념은 주어진 맥락에서 이루어지는 타인과의 상호작용에서 중요한 역할을 한다(Hodgson, 2014). 즉, 강력한 포식자들의 위협이나 불리한 환경적 조건 혹은 또 다른 무리의 침략으로부터 자신을 보호해야 할 때, 미약한 혼자의 힘으로 이러한 위험에 대처하기보다는 협동을 통해 집단적으로 대처하는 것이 더 유리하다. 이때 도덕적으로 발달한 집단은 상대적으로 협동할 확률이 더 높고 이것이 생존의 확률을 높이는 데 기여하는 것이다.

같은 맥락에서, 우리가 살면서 직면하는 갈등을 생존에 도움이 되는 적응적인 방법으로 해결하기 위해서는 서로 협력할 필요가 있다. 왜냐하면 갈등을 파괴적인 방식으로 해결하면, 궁극적으로는 그것이 모두에게 불리하게 작용함으로써 당사자들이 모두 도태될 수 있기 때문이다(Gintis et al., 2008). 실제 인간이 보이는 협동은 매우 빈번하고 때로는 유전적으로 전혀 관련이 없는 사람도 포괄하는 수준에서 협동하며, 개인적 이익이 없어도 타인을 위해 부담을 감수하면서 이타적 행동을 한다(Fehr & Fischbacher, 2003). 결국 인간은 집단과 조직 그리고 사회에서 이기적으로만 행동하는 것은 아니다. 옳고 그름이나 공정과 불공정에 대한 판단도 일정 부분 그들의 사고와 감정 그리고 행동에 영향력을 행사해 왔다(Tyler, 2012).

그림 13-3 **벌집.** 이것은 특정 종 내의 다양한 개체가 협동을 통해 이룬 산물이다.

개미와 꿀벌에서부터 유인원에 이르기까지 다양한 유기체가 협동한다(Wagner, 2009). 예를 들면, 꿀벌 집이나 개미들이 땅속에 만든 미로는 수천 혹은 수백만 개체의 협동에 따른 산물이다([그림 13-3] 참조). 늑대나 사자와 같은 포식자들도 집단으로 사냥함으로써 자신들보다 체구가 더 큰 먹이를 잡을 수 있고, 반대로 사냥감들은 군집을 이룸으로써 포식자의 희생양이 될 가능성을 줄인다. 침팬지 역시 함께 먹이를 잡아 서로 나누고 영역을 지키기 위해 보초를 서는 등 협동 행동을 한다(Boesch & Boesch, 1989; Goodall, 1963). 이기심과 친사회성을 의미하는 서로 다른 색의 토큰을 이용한 실험에서(Horner et al., 2011), 침팬지가 이기심 토큰을 선택하면 자신에게만 먹이가 주어지고, 친사회성 토큰을 선택하면 자신뿐만 아니라 다른 침팬지에게도 먹이가 주어졌다. 놀랍게도 침팬지는 이기심 토큰보다는 친사회성 토큰을 더 많이 선택했다.

인간의 경우 생애 초기에도 사회 정의의 기초가 되는 친사회성이 나타난다는 것을 여러 연구(Hamline & Wynn, 2011; Premack & Premack, 1997)가 밝힘으로써, 사회 정의에 대한 심리적 특성이 어느 정도는 선천적일 수 있다는 주장이 설득력을 얻고 있다. Dunfield 등(2011)은 18개월과 24개월 된 영아들의 친사회적 행동을 알아보았다. 실험자들은 영아가 보는 앞에서 탁자에서 떨어진 장난감을 줍기 위해 "어머나!" 하는 소리와 함께 손을 뻗어 주우려고 하면서 장난감과 영아를 번갈아 응시했다. 또한 실험자에게는 쿠키가 없는 빈 그릇을 주고 영아에게는 4개의 쿠키가 들어 있는 그릇을 주었다. 이때 실험자는 말없이 슬픈 표정을 지으며 팔을 쭉 뻗어 쿠키에 대한 자신의 욕구를 드러냈다. 실험 결과, [그림 13-4]에서 보듯이 실험자가 팔짱을 끼고 무표정한 조건이나 2개의 쿠키를 가지고 있는 조건에 비해 도움과 나눔이 필요한 조건에 있을 때, 영아들은 더 많은 친사회적 행동을 보였다. 그들은 타인이 도움이나 먹을 것이 필요해 보일 때 장난감을 주워 주기, 안아 주기, 자기의 쿠키를 나눠 주기 등 타인 지향적인 행동을 보였다.

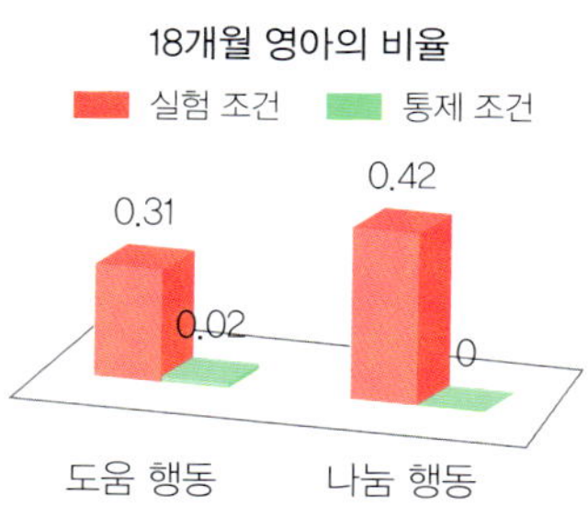

그림 13-4 영아의 친사회적 행동. 18개월 영아는 타인이 도움과 나눔을 필요로 할 때 그들의 요구에 부합하는 행동을 했다.
출처: Dunfield et al. (2011).

(2) 합리적 선택 이론 접근

사회과학에 해당하는 학문 분야에서 제시한 몇몇 이론은 사회 정의와 관련한 설명을 제공하고 있다. 그러한 이론 중 하나인 합리적 선택 이론(rational choice theory)은 인간의 사회 행동이나 경제적 행동을 설명하기 위한 이론이다. 이 이론은 개인이 문제 상황에서 의사결정할 때 이기적이고 경제적인 관점을 취한다고 가정한다. 즉, 사람들은 자기의 비용과 이득을 고려하여 비용은 최소화하고 이득은 최대화함으로써, 궁극적으로 자기의 이익을 극대화하는 식으로 의사결정 한다고 가정한다. 따라서 이 이론에 따르면, 진정한 이타 행동은 있을 수가 없다.

앞의 제9장에서 다룬 친사회적 행동에서도 언급한 것처럼, 순수하게 타인을 위한 이타 행동이 존재하는지의 논쟁은 정의의 문제에도 그대로 적용된다. 즉, 이것은 사람들이 자기의 이득과 무관하게 다른 사람의 안녕을 위해 정의를 추구하는지의 문제다. 합리적 선택 이론에 따르면, 인간은 자신의 복지를 최대화하는 행동과 선호를 우선시할 것이다. 그래서 자기의 이득을 위한 행동을 더 많이 하는 것이 당연하다. 사람이 때로는 비합리적인 행동을 할 수도 있지만, 그것은 정보나 물질적 자원의 제약에 따른 것이지 일반적인 것은 아니다. 이 이론은 결국 인간의 정의 동기에 대한 가정을 인정하지 않는다.

이러한 입장에 대한 하나의 비판은 인간이 생각만큼 합리적이지 않을 수 있다는 것이다. 예를 들면, Simon(1957)은 **제한된 합리성**(bounded rationality) 개념을 통해 불완전한 정보, 불확실성 그리고 시간의 압박으로 우리의 합리성에는 한계가 있다고 주장한다. 그래서 인간은 최대한의 이득이 아니라 가장 만족스러운 결과를 가져오는 방식으로 행동한다고 주장한다. 인간의 합리성에는 많은 결함이 있다는 이와 같은 주장은 인지적인 측면에만 국한하지 않는다. 가령, 인간의 행동 이면에는 매우 복잡한 동기가 있어서, 단순히 자기 이득의 극대화로만 설명할 수 없다는 것을 입증하기도 했다(Fiske, 2004).

(3) 사회 교환 이론 접근

사회 교환 이론(social exchange theory; Thibaut & Walker, 1975)은 타인과의 상호작용에서 사람들은 기본적으로 자신의 이익을 극대화하고자 한다고 가정한다. 그러면서 인간관계를 주고받는 교환적 방식으로 이해한다. 개인은 자신의 이익을 지키기 위해서 공정한 규칙을 준수하고자 하고 타인 역시 이러한 규칙을 지킬 것을 요구한다. 그래서 서로가 이해할 만한 상호작용을 위해서는 공정한 규칙이 필요하고, 각 당사자는 그러한 규칙을 따를 필요가 있으며, 상대방도 그 규칙을 지킬 것이라는 기대와 신뢰가 필요하다. 정의 동기는 이러한 규칙의 준수와 공정한 행동이 장기적으로 개인의 이익을 증가시킬 것이라는 믿음에 근거한다(Tyler, 1994).

이러한 맥락에서 볼 때, 사람들이 형평(equity)을 공정의 기준으로 삼아 추구한다면, 상호작용하는 사람마다 각자가 투자한 것과 받은 이득의 비율이 다른 관계는 공정하지 못한 것이다. 이때 사람들은 불공정성을 바로잡아 공정성을 회복하고자 할 것이다. 공정하지 못한 대우를 받은 사람은 형평을 요구할 권리가 있고, 제3자도 불리한 대우를 받은 사람을 위해 형평을 회복하도록 요구할 것이다. 또한 과도한 이득을 받은 사람도 도덕적으로 형평을 회복할 의무가 있다. 사람들이 정의에 관심을 두는 이유를 Thibaut과 Walker(1975)는 논쟁 중인 현안에 대해 자기 목소리를 냄으로써 권력자의 의사결정에 영향을 주려는 것 혹은 사회 교환에서 자기의 공정한 몫을 받기 위한 것에서 찾고 있다.

이처럼 사회 교환 이론에서는 정의 동기의 기원을 자신이 마땅히 받아야 할 보상을 지키기 위한 자기보호의 욕구에서 찾을 수 있다(Brosnan, 2006). 또한 이러한 설명은 이타적인 행동이 그 행위자에게 만족감의 경험이나 죄책감의 감소와 같은 정서적 보상을 준다고 봄으로써, 다른 사람에 대한 배려 속에도 일정한 이기심이 있다고 본다. 불공정한 대우를 받은 사람은 그에 따른 상대적 박탈감을 경험할 수 있는데(Tyler & Smith, 1998), 이런 사람들이 제기하는 정의의 문제를 사회 교환 이론은 잘 설명할 수 있다. 그러나 이 이론의 가장 큰 한계점은 정의의 내재적 동기를 설명하지 못한다는 점이다(Tyler, 2012). 자기의 이익을 극대화하기 위한 동기만으로 정의 동기를 설명하면, 정의의 원칙에 대한 다수의 합의를 끌어내기 어렵다(Tyler, 2015).

(4) 사회 정체성 이론 접근

정의 동기에 대한 또 다른 설명을 **사회 정체성 이론**(social identity theory; Tajfel, 1982)에서 찾을 수 있다. 이 이론은 사람들이 자기를 특정 집단에 속한 존재로 이해함으로써 그 집단의 다른 구성원과 공유하는 정체성이 자기개념의 일부가 된다는 것을 입증하고 있다. 이 이론에 따르면, 사람들은 여러 사회적 상황에서 자신과 타인을 하나의 개별적 존재가 아닌 그들이 속한 특정 집단의 구성원으로 지각한다. 또한 사람들은 자신을 정의하고 행동을 결정할 때 그들이 처한 사회적 맥락을 중요시한다(Ellemers & Haslam, 2012). 그래서 특정 상황에서 같은 집단의 구성원으로 범주화된 사람들은 그 집단의 핵심적인 특징을 공유함으로써 그렇지 않은 타인들과는 구분된다(Tajfel, 1978a). 이때 자신의 정체성이 집단과 강하게 연결되면, 자신이 속한 집단에서 한 경험이 개인의 자기인식에 강한 영향을 미친다(De Cremer & Tyler, 2005).

사람들이 자기가 속한 집단에서 과업이나 관계 등 다양한 측면에서 정의가 살아 있음을 경험하면, 그들의 사회적 관계도 질적으로 나아진다(Tyler & Lind, 1992). 즉, 사람들이 자신의 정체성을 특정 집단의 구성원으로서 정의할 때 그 집단으로부터 올바르고 공정한 대우를 받으면, 그들은 자신의 가치를 느끼고 긍정적인 정체성을 갖게 된다([그림 13-5] 참조). 그러면서 그 집단의 다양한 사회적 욕구나 기대, 규범을 자발적으로 준수하고자 하는 동기가 생긴다. 이것은 결국 그 집단이 추구하는 공정과 규범을 더 많이 수용하고 실천하게 만든다. 이와 같은 입장은 이타적 행동에 대한 내재적 동기를 설명할 수는 있지만, 그것이 내집단 구성원에 국한한다는 한계점을 가지고 있다.

그림 13-5 긍정적 사회 정체성. 집단으로부터 공정한 대우를 받을 때, 그 집단에 대한 소속감이 커진다.

(5) 게임 이론 접근

사회 정의에 대하여 게임 이론(game theory)에 기초한 연구도 있다. 게임 이론은 보통 서로 경쟁하는 참가자들이 관여하는 사회적 상황을 상정하는 하나의 이론적 틀이다. 또한 게임 이론은 전략적 상황에서 행위자들의 최적의 의사결정 혹은 전략을 다루는 과학이다. 이 이론의 초점은 당연히 게임에 있는데, 게임은 합리적인 참가자들이 상호작용하는 하나의 모형으로 기능한다. 이때 게임 이론은 행위자들이 자기 이득의 극대화를 추구하는 존재라고 가정하고, 게임에서 행위자들이 어떻게 행동하는 것이 가장 이득이 되는지를 분석해 준다. 게임 이론가들의 예측에 따르면, 인간은 자기의 이득을 최대화하는 이기적 동기에 따라 행동하고, 다른 사람이 마땅히 받아야 하고 받을 자격이 있는 것에 대해서는 큰 관심이 없는 존재다.

실제 게임을 활용한 연구 결과도 게임 이론가들의 예측과 일치할까? 최후 통첩 게임(ultimate game; Güth et al., 1982)에 참가하는 두 사람 A와 B는 고정된 금액의 돈을 어떻게 나눌지 논의한다. 분배자 A는 돈을 어떻게 분배할 것인지 제안하고, 수용자 B는 A의 제안을 수용할지 아니면 거절할지 결정한다. B가 거절하면 A와 B는 모두 어떠한 돈도 받을 수 없다. 반면에 B가 수용하면 분배자 A가 제안한 대로 돈을 분배하게 된다.

이때 분배자가 수용자의 몫으로 전체 액수의 25% 이하를 배정하면, 수용자는 이처럼 낮은 비율의 분배를 받아들일까? 경제적인 관점이나 게임 이론 관점에서처럼 인간을 개인적 이득을 극대화하려는 존재로 보면, 분배자가 제안한 비율이 0%가 아닌 이상 얼마를 나눠 주든 수용자는 그 액수를 받아들이는 것이 자기의 이득을 최대화하는 방법이다. 왜냐하면 분배자가 제안한 분배 방식을 거절하면, 수용자는 액수에 상관없이 일정한 금액의 돈을 받지 못해 궁극적으로 그만큼 손해를 보기 때문이다.

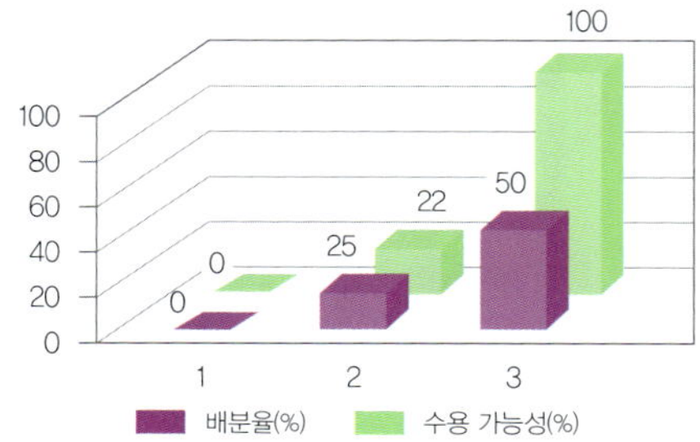

그림 13-6 분배자의 배분율에 따른 수용자의 반응. 분배자의 배분이 불공정해 보이면, 상대방은 그것을 거부할 가능성이 크다.

출처: Fehr & Fischbacher (2003).

그러나 실제 게임에서 수용자는 그렇게 행동하지 않았다(Fehr & Fischbacher, 2003). [그림 13-6]에서 보듯이 가령 분배자가 수용자의 몫으로 제안한 비율이 25%일 때, 오직 22%의 수용자만이 그 제안을 받아들였고 나머지 78%는 거절했다. 다시 말하면, 분배자가 불공하게 돈을 분배하면, 대부분의 수용자는 자신의 이익을 포기하면서까지 분배자를 처벌하고자 했다. 이 게임의 결과는 사람들이 불공정한 행동을 제재하거나 불공정한 결과의 발생을 예방하기 위해 자기 비용을 감수하면서까지 규범을 어긴 사람을 처벌한다는 것을 보여 준다.

이와 유사한 사례를 제3자 처벌 게임(a third party punishment game)에서 찾아볼 수 있다. 이 게임에는 각각 다른 양의 돈을 할당받은 3명의 참여자, 즉 분배자(100MUs; MUs는 Monetary Units의 머리글자로 화폐단위), 수용자(0MUs) 그리고 제3자(50MUs)가 존재한다. 분배자는 무일푼의 수용자에게 자신이 원하는 만큼의 돈을 할당할 수 있다. 제3자는 분배자가 수용자에게 얼마만큼의 돈을 주는지 관찰한 후, 그 분배가 공정하지 않다고 생각하면 분배자를 처벌할 수 있다. 다만, 처벌을 할 때는 자기 돈을 내야 한다. 최후 통첩 게임에서와 마찬가지로 제3자가 이기적이고 자신의 이득만 생각한다면, 불공정한 분배자를 처벌하지 않을 것이다. 아무 상관이 없는 수용자를 위해 자기 돈을 쓰는 것은 경제적이지 않기 때문이다.

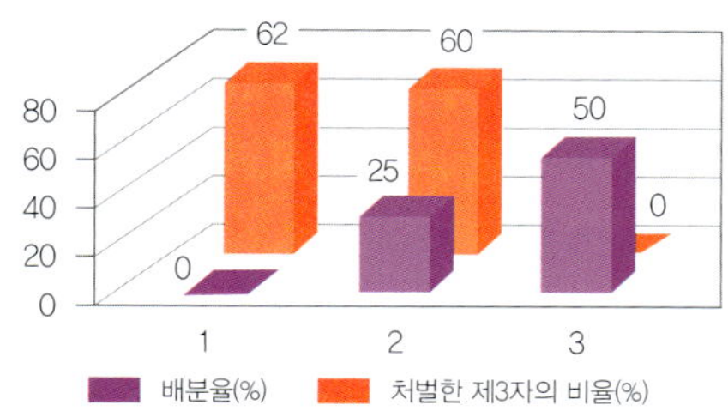

그림 13-7 분배자를 처벌한 제3자의 비율. 분배자의 배분율이 적을수록 제3자는 손해를 보면서도 그를 처벌하고자 한다.

출처: Fehr & Fischbacher (2004).

게임의 결과가 [그림 13-7]에 제시되어 있다. 이 그림에서 보듯이 분배자가 수용자의 몫으로 0%나 25%를 할당했을 때, 제3자의 60% 정도가 자기의 돈을 내면서까지 분배자를 처벌했다. 전반적으로 분배자가 50% 이하로 불공정하게 분배할수록, 제3자는 그를 처벌하기 위해 자기 돈을 더 많이 쓰는 경향이 있었다(Fehr & Fischbacher, 2004). 이러한 결과는 규범에 어긋나는 행동을 처벌하기 위해 자신의 이익을 희생하는 인간의 특성을 보여 준다. 자신의 이익과 아무 상관이 없을지라도 어떤 사람이 다른 사람을 불공정하게 대하면, 사람들은 자기의 손해를 감수하더라도 공정성을 회복하고자 노력한다.

(6) 학습 관점

몇몇 연구자는 학습 관점(learning perspective)으로 공정성을 설명한다. Lerner(1974)는 자원의 분배와 관련한 정의는 사회적 맥락이나 문화에 따라 매우 다양하다는 점에 주목했다. 예를 들면, 시장 경제의 문화적 특징을 가진 미국인들은 이 세상이 공정해서 사람들은 자기가 받을 자격이 있는 만큼 받는다고 믿고자 한다. 즉, 그들은 세상은 공정하다는 믿음을 가지고 있다. 또한 이러한 사회의 아이들은 능력 면에서 사람들은 서로 동등하지 않기 때문에 능력에 따라 차등적으로 분배하는 것이 공정하다는 생각을 배운다.

한 연구(Lerner, 2003)에서 미국인에게 공정한 것이 무엇인가를 진지하게 숙고하도록 요청하면, 그들은 능력에 기초한 차등적 분배가 공정하다고 판단했다. 즉, 그들은 공정에 대하여 자기가 속한 문화의 주류 신념을 따랐다. 그러나 무고한 피해자에 대해 깊이 몰입하거나 부당함이 매우 심각한 상황에서는, 미국인들도 피해자에 대해 걱정하고 정의를 회복하고자 했다. 이러한 점에 기초해서 Lerner(2003)는 인간에게 정의에 대한 동기가 있다고 주장한다.

이와 비슷하게, Furby(1986)는 이루지 못한 기대는 부당하고 공정하지 못하다는 인식을 갖게 할 수 있다고 주장한다. 즉, 사람들이 부당하거나 공정하지 않다고 느끼는 것은 자기의 실현되지 못한 기대로 설명할 수 있다는 것이다. 정의와 만족 간에 밀접한 관련이 있다는 연구(Brockner & Wiesenfeld, 1996; Vermunt, 1989)를 고려하면, 사람들은 자기가 만족하지 못할 때 사회가 정의롭지 못하다고 생각할 수 있다. 그리고 이 둘 간의 관련성은 미국 사람들에게만 국한하는 것은 아니다. 또한 기대는 사회적으로 학습에 따른 것이다. 가령, 부모들은 아이들에게 자기의 기대를 실현하기 위해서 어떤 식으로 행동해야 하는지 그것에 대해 교육을 한다. 그래서 아이들은 가치 있는 결과는 특정 행동을 통해 얻어진다는 것을 사회학습이나 시행착오를 통해 배운다. 이런 상황에서 특정 행동이 특정 결과를 가져오지 못하면, 그것은 공정하지 못하고 부당한 것이라고 판단하게 된다.

2. 사회 정의의 종류

사회 정의에는 크게 분배 정의, 절차 정의, 상호작용 정의, 응보 정의 그리고 회복 정의가 있다. 또한 각 정의에 관여하는 심리적 원리나 특성도 독특하고 다양하다. 이 절에서는 이 다섯 종류의 정의를 자세히 살펴본다.

1) 분배 정의

사람들은 자신에게 주어진 결과물이 타당하고 공정한지를 적절한 기준과 비교하고 평가해서 판단하는데, 이것이 분배 정의(distributive justice)에 관한 문제다(Walster et al., 1978). 이것은 우리가 정의와 불의를 판단할 때 자기가 얻은 결과물이 공정성 판단의 기준이 된다는 것을 의미한다. 때로 사람들은 주어진 일에 자신이 직접 투자한 양(예: 노력)과 받은 결과물(예: 임금) 사이의 비율을 고려해서 자신이 받은 것이 공평한지를 판단한다. 형평 이론(equity theory; Adams, 1965; Walster et al., 1978)에 따르면, 투자한 양과 받은 결과물의 비율이 당사자들 간에 비슷할 때(즉, Output A/Input A = Output B/Input B), 사람들은 그것을 공정하다고 생각한다. 또한 사람들은 일반적으로 자기와 유사하거나 적절한 타인과 자신을 비교하기도 하고, 지금의 자신을 과거의 경험이나 기대와 비교하기도 한다(Adams, 1965; Festinger, 1954). 그래서 분배에 따른 만족감이나 분배 관련 행동은 단순히 객관적인 결과물에만 의존하기보다는 공정함에 대한 개인의 주관적 평가와도 관련이 있다(Tyler & Smith, 1998).

이러한 비교를 통하여 공평하지 못하다고 지각하면, 사람들은 심리적인 불편을 느끼고 공정성을 회복하고자 동기화된다(Greenberg, 1982). 예를 들어, 자신이 기대한 것보다 받은 이익이 적을 때, 사람들은 분노나 화와 같은 부정적인 감정을 느낀다. 이처럼 불이익을 받아 형평성 측면에서 심리적 불편을 느낀 사람은 자기의 투자를 평가절하함으로써 본인이 받은 이득의 정도를 정당화할 수도 있다. 반대로, 자신의 노력에 비해 더 많은 이익을 받았을 때도, 사람들은 죄책감과 같은 부정적 감정을 느낀다(Tyler, 2012). 이처럼 기준 이상의 혜택을 받아 심리적으로 불편한 사람은 때로 자기가 투자한 양을 실제보다 크게 지각함으로써 그와 같은 불편함을 해소하고자 한다.

결혼 생활에도 형평의 원리가 작동한다. Guerrero 등(2008)은 결혼한 지 약 10년 된 92쌍의 부부에게 결혼 생활의 형평성, 결혼 만족도, 분노, 죄책감, 슬픔의 경험과 표현에 관한 설문을 했다. 예상한 것처럼, 결혼 생활에서 더 많은 혜택을 받는다고 지각한 사람은 죄책감을 느꼈지만, 더 적은 혜택을 받는다고 지각한 사람은 분노를 경험했다. 중요한 점은 분노를 느끼는 그 자체가 아니라 그 표현 방법인데, 건설적으로 표현한 사람들이 반사회적으로 표현한 사람들에 비해 결혼 만족도가 더 높았다.

게다가 타인과의 비교는 우리가 내는 세금의 공정성 지각에도 중요한 역할을 한다. 국내의 연구자들(이진안 외, 2013)은 한국인들이 조세의 공정성을 지각할 때 타인과 사회 비교를 하는 것이 어떤 역할을 하는지 관찰했다. 연구자들은 사람들에게 자기가 내는 세금 관련 정보와 함께, 자기와 소득 구간이 다른 사람들이 내는 세금의 정보를 함께 제시했다. 그 결과, 다른 사람에 대한 정보를 함께 제시하기 전보다 제시한 후에, 사람들은 자기가 부담하는 세금의 적정성과 공정성을 더 높게 평가했다. 이처럼 사람들은 자신이 내는 세금과 타인이 내는 세금의 비교를 통해 세금 제도의 공정성을 인식하는 것으로 보인다.

형평 이론이 함축하는 것처럼 공정성 판단은 상대적인 측면이 강하다. 그래서 자신이 불공정한 처우를 받았다고 지각한 사람들은 소위 상대적 박탈감(제12장 참조)을 느낄 수 있다([그림 13-8] 참조). **상대적 박탈감**(relative deprivation; 제12장 참조)은 다른 사람과의 비교를 통해 자기가 상대적으로 차별을 받았다고 지각할 때 경험하는 심리적인 상태다. 이 이론은 미국 군인들의 진급 제도 만족도를 살펴보던 중, 그들이 자신의 현재 계급이나 진급 상황보다는 유사한 계급의 다른 동료들과 비교함으로써 만족도가 달라지는 것을 관찰하면서 발달하기 시작했다(Olson & Hazlewood, 1986).

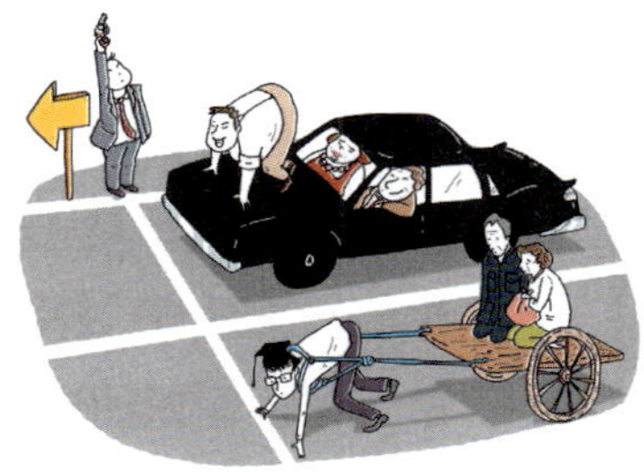

그림 13-8 상대적 박탈감. 출발선이 같더라도 불리한 조건에 있는 사람들은 경주의 결과를 받아들이기 어렵다.

상대적 박탈감 이론에서 중요한 또 하나의 개념이 자격 혹은 당위성(deservingness)이다. 이것은 박탈감이나 불일치 지각에 핵심적인 선행 요인으로 작용한다. 그래서 자기가 특정 처우를 받을 자격이 있는데 그렇지 못했다고 판단할 때, 사람들은 상대적 박탈감을 느낄 수 있다. 이러한 여러 개념을 고려할 때, 상대적 박탈감은 주관적인 감정이나 판단이 반드시 객관적인 조건을 반영하는 것은 아닐 수 있음을 함축한다. 오히려 사람들은 객관적으로 불충분한 상황에서 만족을 느낄 수 있고 또는 더 만족할 만한 결과에 불만족할 수도 있다. 이러한 설명은 개인이 그들의 경험을 어떻게 해석하는지가 중요하다는 점을 시사한다(Tyler & Smith, 1998).

형평 이론과 상대적 박탈감 이론은 그 나름의 설득력이 있지만 그와 함께 여러 한계점도 있다(Jost & Kay, 2010; Tyler & Smith, 1998). 먼저, 이들 이론에서 투자와 결과에 대한 정의가 개인에 따라 매우 주관적일 위험성이 있다. 또한 이 이론을 검증한 연구가 주로 기여도와 보상 정도가 비교적 명확하게 확인 가능한 작업 현장에서 이루어졌기 때문에, 이 이론을 복잡한 현실 상황에 적용하기가 어렵다. 더구나 물질적인 자원에만 국한해서 설명함으로써 여러 심리적인 측면을 고려하지 못하는 점 역시 한계점이다.

글상자 13-2 이누이트의 고래잡이와 분배 정의

이누이트는 알래스카, 그린란드, 캐나다 북부와 시베리아 극동에 사는 원주민이다. 이누이트 문화에서 바다 포유류의 사냥은 그들 사회를 유지하는 데 필수적이다. 고래, 물개, 바다코끼리 등은 식량 자원이면서 그들의 기름은 난방에 필요한 소중한 연료다. 그들은 작살을 사용하는 전통적인 방법으로 고래를 잡는다. 그들은 자기들이 기술이 뛰어나 고래를 잡은 것이 아니라 고래가 잡혀 준 것이라고 생각한다. 그래서 고래 고기의 가장 값비싼 부위를 바닷새들과 함께 나눠 먹는 것이 당연하다고 생각한다. 이와 함께, 마을의 구성원들과 고래를 분배하는 방식도 독특하다. 일반적으로 고래를 잡는 데 많이 기여한 사람이 많은 양을 가져가는 것이 아니라, 고래 잡는 일에 참여하지 못한 가구까지 모두 균등하게 고기를 나눈다. 또한 어떤 가정에 아픈 사람이나 노약자가 있으면 그들에게 잡아온 고기를 기꺼이 더 많이 분배해 준다. 이것은 우리가 살펴본 균등과 필요의 원리에 기초해서 정의를 실현하는 좋은 사례다.

그림 13-9 이누이트가 사는 사오라팔룩 마을

형평의 원리 이외에 중요한 원리로 균등의 원리(equality principle)가 있다(Deutsch, 1975). 균등의 원리는 개인이 결과물을 창출하기 위해 투자한 능력이나 노력과 같은 특성에 상관없이 모두에게 동등한 보상과 결과물을 제공하는 원리다. 이와 같은 방식으로 자원을 분배하는 것은 구성원들 간의 분쟁을 줄이고 사회적 조화를 추구하는 데 도움이 될 수 있다. 특히 기회의 균등은 인종, 성별, 종교 등에 상관없이 동일한 출발선에서 시작할 수 있도록 하는 원리이기도 하다. 이것은 개인의 생산성에 따라서 사람들 간에 결과물이나 보상에 차이를 두는 형평의 원리와는 차이가 있다.

마지막으로, 분배 정의의 또 다른 원리는 필요의 원리(need-based principle)다. 이것은 더 많이 필요로 하는 사람에게 더 많은 자원을 할당한다는 원리다. 즉, 문자 그대로 사람들의 필요를 충족하는 것이 정의라고 보기 때문에, 삶을 살아가는 데 갖추어야 할 의식주와 같은 기본적이고 필수적인 조건을 충족하는 것을 중시한다(진시원, 2014). 그래서 굶지 않게 하는 것, 쉴 수 있는 곳을 제공하는 것이 정의의 주요 원칙이 된다(진시원, 2014). 우리 사회에서 이루어지고 있는 저소득층과 장애인에 대한 여러

복지제도가 그 사례가 될 수 있다. 요약하면, 이러한 다양한 정의의 원칙은 사회적 상호작용의 목적에 의존하며, 형평 원리는 생산성, 균등 원리는 사회적 조화, 필요의 원리는 사회복지와 밀접한 관련이 있다(Deutsch, 1975).

2) 절차 정의

절차 정의(procedural justice)는 어떤 결과물이 나오기까지 그 방법과 절차가 얼마나 공정한지에 관한 정의다. 즉, 자기에게 주어진 보상이나 처벌과 같은 결과물이 공정한 절차와 방식을 통한 것인지에 대한 평가를 의미한다(Thibaut & Walker, 1975). 사람들은 자신이 받은 결과물이 얼마나 공정한지뿐 아니라, 일을 처리하는 방법과 절차 측면에서 자신이 얼마나 공정한 대우를 받는지도 중시한다(Jost & Kay, 2010; Tyler, 1994). 이와 같은 절차 정의에 영향을 주는 요인에는 권위자의 역할 요인, 의사결정 과정 요인 등이 있다.

사람들이 절차적으로 공정하다고 느끼는 데 권위자의 역할이 중요한 영향을 미친다. 권위자의 중립성, 시스템에 대한 신뢰, 권위자로부터 존중을 경험할 때, 사람들은 자신이 공정한 대우를 받고 있다고 느낀다(Tyler, 1994). 예를 들면, 운동경기를 할 때 심판이 특정한 선수나 팀에게 편중되지 않고 중립적인 태도로 판정할 것이라는 믿음, 체계적인 규칙을 가지고 평가할 것이라는 믿음이 있을 때, 선수들은 절차의 공정성을 더 높게 지각할 수 있다. 다시 말해, 권위자가 공정성에 대한 객관적인 기준을 적용한다는 사람들의 믿음과 지각이 중요하다(Walster et al., 1978). 결론적으로, 권위자의 의도를 고려하는 것이 사람들에게는 중요한 사항이며, 이것은 집단에서 안정성을 찾고자 하는 욕구와 연결된다. 왜냐하면 권위자의 공정한 태도가 향후 발생할 사건을 예측할 수 있게 해 주기 때문이다(Tyler & Lind, 1992).

이뿐만 아니라 사람들은 신뢰할 만한 결과를 얻기 위해 의사결정에 영향을 미치고자 한다(Ambrose & Arnaud, 2005). 의사결정 과정에서 자신의 감정과 의견을 표현할 수 있는 기회를 갖는 것은 절차 공정성을 더 높게 지각하는 데 도움을 주고, 의사결정에 대한 긍정적 감정을 증가시킬 수 있다. 이러한 현상을 발언 효과(voice effect)라고 한다(Folger, 1977). 이것은 자기의 의견을 표현할 수 있는 기회를 가진 사람은 발언을 통해 의사결정자가 더 공정한 결정을 내릴 수 있도록 영향력을 행사할 수 있고, 그래서 자기가 결과를 통제할 수 있다는 기대를 함으로써 절차 공정성을 더 높게 지각하게 된다는 것을 의미한다(Lind et al., 1990).

흥미로운 한 연구(Tyler et al., 1985)에 따르면, 자기의 발언이 의사결정에 거의 혹은 전혀 영향을 미치지 못했다는 것을 알더라도, 발언의 기회가 주어진 사람들은 결과를 더 공정한 것으로 지각하는 경향이 있다. 경범죄로 재판을 받은 121명을 대상으로 한 이 연구에 따르면, 자기가 사건에 대한 증거를 제시할 기회를 얼마나 가졌는지 그리고 증거를 제시하는 방식을 얼마나 통제할 수 있었는지에 대한 참가자들의 지각이 공정성 지각에 중요한 역할을 했다. 실제로는 결과에 대한 통제를 거의 실행하지 못한 경우에도, 높은 절차적 통제력을 가지고 있다고 지각한 사람들은 사건에 대한 판결을 보다 더 공정하다고 느끼는 경향을 보였다.

이와 같은 발언 효과는 집단 구성원들과 권위자 간의 사회적 연결성과 관련이 있다(Tyler, 2015). 구성원들이 발언을 원하는 이유에는 결과에 영향을 주고 싶은 의도도 있지만, 이것은 많은 이유 중 하나일 뿐이다. 권위자가 자기의 의견을 경청하고 고려한다고 느낄 때, 즉 사람들은 권위자가 자기들을 한 집단의 구성원으로서 갖는 권리를 인정하고 지위를 존중한다고 느낄 때, 자신의 발언 기회를 가치 있는 것으로 여긴다(Tyler, 1987).

이런 점에서, 절차 정의는 단순히 교환적이고 도구적이기보다는 관계적인 특징을 더 많이 가지고 있는 것으로 보인다(Tyler & Lind, 1992). 타인과 상호작용하는 사회적 상황이 절차 정의가 관여하는 현장이기 때문이다(Tyler & Blader, 2003). 우리는 정책, 법, 경찰, 상사, 교사와 같은 공식적인 권위자의 공정함과 함께 자기가 속한 집단에서도 공정한 절차와 대우를 원한다(Jost & Kay, 2010). 각 개인은 자기가 속한 집단의 지위를 평가하고, 그 집단에 기초하여 자기의 정체성을 확립하며, 집단에서 한 경험을 통해 자아존중감을 획득한다(Tajfel & Turner, 1986). 그래서 그 속에서 누군가로부터 부당한 대우를 받는 것은 사회적 소속감이 주는 심리적 이득을 위협할 수 있다(Baumeister & Leary, 1995).

Tyler와 Blader(2003)의 **집단 관여 모형**(group engagement model)은 절차 정의가 협력적이고 친사회적인 행동을 촉진하는 과정을 보여 준다. [그림 13-10]에서 보듯이 개인이 집단에서 받는 공식적 혹은 비공식적 처우의 질과 의사결정의 질이 절차 정의를 판단하는 데 영향을 미친다. 절차 정의에 대한 지각은 자부심과 존중감으로 이루어진 개인의 정체성에 영향을 준다. 여기서 자부심은 자신이 속한 집단의 지위나 명성에 대한 평가로, 사람들은 집단의 지위가 높으면 자신의 지위도 높은 것으로 판단한다. 자부심은 한 집단에 속한 사람들이 공유하고 있는 공통적인 특성으로, 이것은 집단의 가치와 규칙 그리고 권위에 충성하도록 동기화함으로써 집단이 요구하는 의

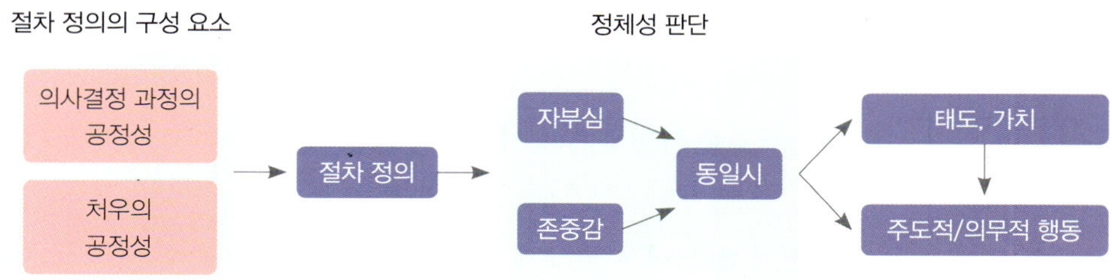

그림 13-10 **집단 관여 모형.** 개인이 절차 정의를 높게 지각할 때, 그 집단에 대한 정체성이 높아지고, 이것이 친사회 행동을 촉진한다.
출처: Tyler & Blader (2003).

무적 행동을 하도록 촉진한다. 한편, 존중감은 집단 안에서 자기의 지위에 대한 판단 혹은 집단 내 사회적 평판이다. 이때 개인이 집단으로부터 존중받고 있다고 느끼면, 그 집단을 위해 자발적으로 헌신하게 된다. 즉, 자신이 속한 집단으로부터 가치 있고 고유한 개인으로서 존중받을 때, 그 개인은 자발적으로 집단에 헌신하게 된다.

이 모형에 따르면, 집단이 공정한 절차를 통해 문제를 해결하면 구성원들은 그 집단에 속함으로써 자기의 정체성이 더욱 안전하다고 느끼게 된다. 왜냐하면 절차 정의는 부정적인 결과물을 얻을 수 있다는 개인의 우려를 약화시키고, 이러한 안정감이 심리적으로 그리고 행동적으로 집단에 관여하도록 만들기 때문이다(Tyler & Blader, 2003). 결론적으로, 절차 정의는 그 집단에 대한 개인의 태도, 가치 그리고 행동에 영향을 미친다. 이것은 절차 정의가 단순히 의무적 행동과 함께 자발적인 행동에도 영향을 미친다는 것을 의미한다. 또한 절차 정의는 결정의 수용과 규칙의 준수를 촉진하여 사회적 갈등을 해결하는 데 도움이 되고, 조화로운 사회를 만들고 협력적이고 친사회적인 행동을 유도하는 데 핵심적인 역할을 할 수 있다(Tyler, 2012).

3) 상호작용 정의

우리는 사회 속에 살면서 법이나 규정 등 공식적인 측면의 영향도 받지만, 예의, 관습, 도리와 같은 비공식적인 측면의 영향도 받는다. 우리의 삶을 둘러싸고 있는 사회적 요인이 매우 다양하기 때문이다. 그래서 어느 사회가 공정하기 위해서는 공식적인 측면과 함께 비공식적인 측면에서도 공정해야 한다(Frankena, 1962). 다시 말하면, 정의는 행정가, 판사, 교수, 검사와 경찰로부터 공정한 대우를 받을 때 그리고 일반 사람들끼리도 서로를 공정하게 대우할 때 가능해진다. 반대로, 우리가 서로를 차별하거나 권위적으로 억압하는 등 대인관계에서 공정하지 못하면, 그것도 우리에게 불공정하다는 인식을 갖게 한다(Jost & Kay, 2010). 이처럼 상호작용 정의(interactional justice)는 일반 사람들이 서로를 차별하거나 억압하지 않고 공정하게 대하는 것에 관한 정의다.

사회적 상호작용에서 공정한 대우는 크게 네 가지 측면으로 구분해 볼 수 있다(Bies & Moag, 1986). 여기에는 무시하거나 차별하지 않고 솔직하고 진정한 마음으로 서로를 대하는 것, 의사결정에 대해 시의적절하게 충분히 설명하는 것과 같이 존중, 진실성, 정당성의 요인이 있다. 또한 민감성, 적절성, 편견의 배제와 같은 예절이 있다. 여기에 더해서 피고용주에 대한 피드백과 배려와 같은 존엄성(Greenberg et al., 1991)도 있을 수 있다. 또한 상호작용 정의를 정보적 정의와 대인 간 정의로 구분할 수도 있다(Bies, 2005). 여기에서 정보적 정의는 진실성이나 정당성과 같은 의사소통의 측면을 강조하는 것이다. 대인 간 정의는 존중하고 요구에 민감하고 적절하게 대우하는 것과 같은 측면을 강조한다.

상호작용 정의는 절차 정의와 상당히 밀접한 관련성이 있다. 언급한 것처럼, 절차 정의는 단순히 의사소통의 내용과 함께 관계적인 특징을 많이 가지고 있기 때문이다(Tyler & Lind, 1992). 다수의 연구가 이를 입증하는 증거를 제시하고 있다. 예를 들어, 조직의 절차를 집행할 때 그 절차의 내용이나 구조 이외에도, 관계에서 대우의 질이 절차의 공정성 지각에 영향을 준다(Bies & Moag, 1986). 하나의 논쟁은 상호작용 정의가 절차 정의의 하위에 속하는 하나의 요소인지 아니면 절차 정의와는 독립적인 유형의 정의인지와 관련이 있다. 연구자들마다 다양한 의견이 있지만, 공정한 대우와 관련해서는 절차 정의와 상호작용 정의라는 두 측면이 있다고 가정하는 것이 가장 타당해 보인다(Van den Bos, 2005).

4) 응보 정의

응보 정의(retributive justice)는 규칙을 위반한 행동에 대한 처벌의 공정성과 관련되는 정의다(Tyler & Smith, 1998). 이것은 타인에게 직·간접적으로 해를 가함으로써 도덕적으로 옳지 못한 행동을 한 사람은 그 잘못에 상응하는 처벌을 받아야 한다는 것이다. Tyler(2015)에 따르면, 응보 정의는 집단 안에서 합리적인 행동이 무엇인지를 정의함으로써, 궁극적으로 장기적인 협동을 촉진하려는 동기로부터 발달했다. 그래서 집단은 규칙을 만들고 이러한 규칙을 위반한 사람들을 위반의 정도에 따라서 적절히 처벌함으로써 규칙을 강화하고 사회질서를 유지하고자 한다. 이때 처벌에 대한 입장에는 여럿이 있다.

글상자 13-3 경제력과 응보 정의의 관계

그림 13-11 법의 공정성. 경제력과 권력이 법의 공정성을 훼손한다.

우리나라에서 발생한 범죄 중에서 유명한 하나가 '지강헌 탈주 사건'이다. 1988년 10월 8일에 영등포교도소에서 다른 교도소로 이송되던 25명 중 12명의 죄수가 탈주했다. 그들은 본래 흉악범이 아니고 잡범이었다. 그런데 그들은 보호감호제도 때문에 징역형을 마치고도 보호감호처분을 받아야 했다. 그들은 또한 560만 원 절도를 저지른 자기는 17년을 살아야 되는데, 알려진 것만 70여 억 원을 횡령한 전경환(전두환의 막냇동생)은 7년(실제로는 3년 3개월 만에 풀려남)을 선고받은 사실에 불만을 가졌다. 이런 이유로 탈주한 사람들 중 1명인 지강헌은 같은 해 10월 16일 인질을 잡고 '유전무죄 무전유죄'라는 말을 외치며 경찰과 대치하다 사살되었다.

『오마이뉴스』의 한 기사(2014. 10. 8.)에 따르면, 2004~2011년까지 재벌 총수 일가의 형사 사건은 모두 집행 유예 판결을 받았거나 대통령의 특별 사면 혜택을 받았다. 그들은 사회에 기여했다는 이유로 대부분 실형을 피했다. 또한 일반인이 100억 원 정도의 업무상 횡령이나 배임을 하면 10년 이상의 선고를 받는 것에 반해, 1,000억 원 이상의 업무상 배임을 해도 재벌 총수들은 징역 3년에 집행유예 5년, 혹은 실형도 3~4년만 받았다. 한편, 이들은 하나같이 휠체어를 타고 나타나 '휠체어 맨'이라는 조롱을 받기도 했다.

법에 대한 경외심과 준법에 대한 동기는 법의 공정한 집행과 대단히 밀접한 관련성을 가진다. 그런 면에서 법은 응보 정의의 심장이면서 마지막 보루이다. 법이 제대로 이러한 정의를 수호할 때 일반 국민들도 법을 존중하고 준수할 것이고, 법이 그러지 못할 때는 일반인들도 법을 우습게 여기고 위법을 자행할 것이다. 그래서 법의 위상은 법을 집행하는 사람의 손에 달려 있다고 해도 과언이 아니다.

응보주의(retributicism)는 이미 발생한 범죄와 위반에 대하여 보복을 목적으로 처벌을 가해야 한다는 입장이다. 즉, 잘못에 상응하는 고통을 그 사람에게 가해서 처벌하는 것이다. 이것은 미래의 위반 행위를 예방하기보다는 이미 저지른 죄에 대하여 '눈에는 눈, 이에는 이' 식으로 보복하는 것이 처벌의 목적이라고 본다. 여기서는 범죄의 잔혹성, 의도성이 중요한 고려 사항이다. 그래서 심각한 범죄, 해로운 결과를 예측하고 의도적으로 저지른 범죄는 더 심각한 처벌을 받아야 한다는 입장이다(Carlsmith & Darley, 2008). 응보주의 관점에서 보면, 범죄의 피해를 회복하는 일은 부차적인 문제가 된다. 또한 범죄는 사회 규범을 파괴함으로써 국가를 공격한 것으로 여기기 때문에, 실제적인 피해자를 국가로 간주하게 되고 그래서 더 엄한 처벌을 내려야 한다고 본다(김천기, 2014).

그러나 범죄의 예방이라는 처벌의 또 다른 목적에서 보면, 보복을 목적으로 하는 처벌이 갖는 효과에 대해서는 심각한 의문이 생긴다. 범죄 행위로 구금 등의 형벌을 받는 동안 수용 기간이 길고 통제가 강력할수록, 가해자는 이후에 사회에서 적응하기가 더 힘들어지고 그래서 그들의 재범 확률이 결코 낮지 않기 때문이다(배임호, 2007). 실제로 우리나라의 경우 범죄자는 출소 후 당장 숙식의 문제조차 해결할 수 없고 취업도 어려워, 또다시 재범에 노출될 가능성이 농후한 것으로 보인다(이윤호, 김대권, 2007). 이러한 이유로 응보주의는 보복적인 형태의 고통을 부과하고 자유를 박탈하는 것만 있을 뿐, 가해자가 피해자에 대해 어떠한 책임을 질 것인지, 어떻게 피해를 회복하고 정의를 구현할 것인지 그리고 어떻게 이후의 범죄를 예방할 것인지에 대한 설명이 부족하다는 한계점이 있다(이백철, 2002).

처벌에 대한 **공리주의**(utilitarianism)는 유사한 범죄가 미래에 재발하지 않도록 범죄자를 교화 혹은 사회로부터 격리함으로써 다수의 행복을 유지하려는 입장이다(Carlsmith & Darley, 2008). 이것은 세상을 더 좋은 쪽으로 향상시키는 것을 목적으로 하는 공리주의 철학에 기초한 것이다. 즉, 처벌의 도덕성은 그것이 다수의 행복을 증진시키는가 아니면 약화시키는가에 따라 결정되기 때문에, 가해자를 처벌하는 것이 사회에 더 큰 이익이 될 수 있다면 그렇게 하는 것이 옳다는 입장이다(Carlsmith & Darley, 2008). 이렇듯 처벌에 대한 공리주의는 형벌의 기능주의적 측면을 강조하고 동시에 범법 행위를 억제함으로써 법적 질서를 유지하기 위한 수단으로 형벌을 보는 입장으로, 핵심은 형벌을 통해 가해자들로부터 사회를 보호하는 것이다. 하지만 공리주의는 잠재적 불특정 피해자에 초점을 두기 때문에 실제 피해자는 무시되기 쉽고, 범법 행위로부터 피해자가 입은 불공정성은 복구되지 않는다는 점에서 한계가 있다(이백철, 2002).

5) 회복 정의

회복 정의(restorative justice)는 범죄자에게 강력한 처벌을 한다고 해서 범죄의 문제가 해결된다고 보지 않는다. 대신에, 이 입장은 범죄의 피해자와 범죄자 그리고 지역사회가 범죄 때문에 받은 상처를 회복하고 화해를 위한 해결책을 강구하는 것이 중요하다고 본다. 그래서 반성과 용서, 상호성, 협력 그리고 가해자의 지역사회 복귀와 같은 미래 지향적 문제해결에 초점을 둔다(배임호, 1995). 또한 피해자와 가해자 그리고 지역 사회의 다양한 구성원이 자기들의 의견이나 느낌을 자유롭게 표현해서 발생한 해로움에 대해 의견의 일치를 보고, 정의를 회복하기 위해 어떻게 할 것인지를 결정하도록 권장한다. 이러한 협의를 통해 가해자에 대한 처벌을 결정하고, 가해자가 피해자에게 사과할 기회와 함께 피해자가 가해자에게 자신이 받은 피해를 설명할 기회도 주어진다(Umbreit, 2001). 이처럼 가해자에게 일방적으로 처벌을 가함으로써 정의를 회복하는 응보주의와는 달리, 회복 정의는 피해자에게 발언의 기회를 주기 때문에 사건에 대한 심리적 종결감을 줄 수 있고, 지각된 불공정성 역시 줄어들 가능성이 더 높다(Worthington, 2009).

지금까지 이루어진 연구는 회복 정의가 비행, 괴롭힘, 사무직 종사자의 범죄와 같은 영역에서 재범을 줄이는 데 보통 수준의 효과가 있음을 보여 준다(Jost & Kay, 2010). 회복 정의에 이런 긍정적인 효과가 있는 것은 그것이 수치심과 같은 자의식 정서를 불러일으키기 때문일 수 있다(Ahmed & Braithwaite, 2006). 또 다른 측면에서 보면, 피해자가 가해자를 자기와 같은 집단에 속해 있다고 봄으로써 사회 동일시가 발달하고 그래서 회복 정의가 효과가 있을 수도 있다(Wenzel et al., 2008). 그러나 정의에 대한 회복적 접근은 가해자가 자신이 범한 죄에 대하여 책임을 지는 의미에서 받아야 할 형벌을 제대로 받지 못할 수 있고, 판결 역시 너무 관대하여 이후에 발생할 수 있는 잠재적 가해자를 효과적으로 억제하지 못할 수 있다는 비판 역시 존재한다. 즉, 응보주의 관점과 공리주의 관점에서 볼 때, 사회의 위험한 부류로부터 무고한 시민을 보호하기에 회복적 접근은 역부족이라는 것이다(이백철, 2002).

3. 정의의 방해물

정의의 실현을 방해하는 요인에는 사회 시스템과 같은 외적인 요인도 있고 그런 사회를 구성하는 사람들의 심리적 요인도 있다. 이 절에서는 사람들이 불공정하고 부당한 상황이나 사건에 대하여 어떠한 식으로 이해하고 판단하는지 그 심리적 요인을 주로 고찰한다.

1) 성격 특질

우리는 앞에서 외집단 구성원에 대한 편견을 야기하는 개인차 요인으로 사회적 지배 성향(Sidanius & Pratto, 1999)을 살펴보았다. 사회적 지배 성향은 내집단이 외집단을 지배하고 그들보다 우월하기를 바라는 성향을 의미한다. 이러한 지향성이 강한 사람은 사회의 위계적 구조를 인정하면서 외집단에 대한 내집단의 권한, 지배 및 우월성을 유지하고자 한다. 그들은 자기의 우월한 지위에 도전하고 자원의 공정한 분배를 주장하는 집단의 구성원들에게 편견을 가지고 있다. 이처럼 사회적 지배 성향이 강한 사람은 평등이나 공정, 타인에 대한 배려보다는 우월, 지배, 편견과 같은 특성이 강해 다양한 유형의 정의를 위협하는 특성이 강하다.

또 다른 개인차 요인인 권위주의 성격(Adorno et al., 1950)도 편견을 유발하는 요인이다([그림 13-12] 참조). 이러한 성격의 소유자는 특정 대상에 대한 적대감과 공격 행위를 정당화하기 위해 고정관념과 편견을 이용한다. 이러한 사람의 전형적인 특징은 권위자에게는 매우 순종적이면서, 지금의 체제에서 불리한 입장에 있는 다양한 사람에게는 공격적이고, 현 체제를 유지하려는 것이다. 이런 특성이 강한 사람 역시 다른 사람을 차별하거나 공격하는 등 그들을 존중하거나 진정성 있게 대하지 않는다는 점에서 사회 정의와 민주주의를 위협하는 사람들이다. 비슷한 맥락에서 우익 권위주의가 높은 사람도 인종에 대한 편견, 성차별주의, 이탈자에 대한 처벌, 희생자 비난과 같은 특성이 강하다(Altemeyer, 1996).

그림 13-12 권위주의 성격. 이런 성격의 소유자는 편견이 강하다.

2) 공정한 세상에 대한 신념

사람들은 불공정한 체제를 옹호하는 고정관념을 가지고 있거나, 자신에 대한 외부의 평가를 내면화하기도 한다(Jost et al., 2004; Jost & Kay, 2010). 그중 대표적인 것이 공정한 세상에 대한 신념(belief in a just world)으로, 이것은 누구든 자기가 마땅히 받아야 할 것을 결과물로 받는다는 사람들의 확신이다(Lerner, 1980). 예를 들면, 성폭행 피해 여성들은 자신이 피해자이지만 오히려 타인으로부터 낙인찍히는 경험을 한다. 이 신념을 강하게 지닌 사람들은 자기의 신념을 유지하기 위해 행실이 옳지 못한 여자들만이 성폭력을 당하는 것이라고 믿는다(Sakalli-Uğurlu et al., 2007). 즉, 그들은 피해자들에게 적대적이었으며 성폭력의 원인을 상당 부분 피해자에게 돌렸다. 비슷하게, 이 신념은 가해자를 처벌하는 수준에도 영향을 미친다. 한 연구(Kleinke & Meyer, 1990)에서 상대적으로 공정한 세상에 대한 신념이 약한 사람은 가해자에게 더 중형을 부과했다. 그것은 피해에 대한 책임을 피해자가 아닌 온전히 가해자에게 부과함으로써 엄격한 형벌을 가해야만 정의가 실현된다고 인식하기 때문인 것으로 해석할 수 있다.

글상자 13-4 **부자와 가난한 사람에 대한 아이들의 인식**

만 5세 아동들은 부자와 가난한 사람에 대하여 어떤 이미지와 개념을 가지고 있을까? 아동들을 대상으로 그림 분석과 면담을 실시한 연구(정선욱 외, 2013)인 [그림 13-13]에서 보듯이 아동은 부자와 가난한 사람을 집, 화폐, 의복에서 다르게 인식하고 있었다. 또한 인물의 표정에서 부자는 주로 웃는 표정으로 등장하는 반면, 가난한 사람들은 어두운 색으로 찡그리거나 슬픈 정서를 표현하고 있었다. 신체 특성에서도 가난한 사람은 손발, 입, 몸통이 없거나 전체적인 크기가 부자에 비해 상대적으로 작았다([그림 13-13]의 아래 그림 참조). 특히 부자가 되기 위해 가난한 사람이 해야 하는 노력으로는 '열심히 일하기' '게으르지 않기' '부자처럼 계속 늦게까지 일하기' 등의 답변이 있었는데, 이는 아동이 빈곤의 이유를 개인의 노력 부족 등 개인적 차원으로 귀인한다는 것을 의미한다.

그림 13-13 부자와 가난한 사람에 대한 아이들의 인식

공정한 세상에 대한 신념은 통제 가능성에 대한 인간의 욕구와 관련된다. 사람들은 통제할 수 없게 무작위로 발생하는 사건을 견디기 힘들어하기 때문에, 세상은 질서 있고 통제 가능하게 움직인다고 믿으려 한다(Lerner, 1980). 그렇기 때문에 누군가에게

예측할 수 없고 통제할 수 없는 불행이 닥치더라도, 사람들은 그 사람이 잘못해서 그러한 불운을 겪는다고 믿는다. 이러한 신념이 강한 사람들은 보다 더 순응적이며 안정적인 삶을 중요한 가치로 인식하는 특성을 보인다(Wolfradt & Dalbert, 2003). 다른 한편으로, 공정한 세상에 대한 신념은 사람들이 부정적 사건에 대한 반추를 줄이고 그 사건을 인지적으로 재해석하게 함으로써, 어느 정도는 불공정성이나 그에 따른 상처에 적응할 수 있도록 도와주는 자기보호의 역할을 한다(Dalbert, 2002; Strelan, 2007).

3) 체제 정당화

우리는 현재의 사회 체제가 우리에게 불리하거나 지금의 상태에 만족하지 않더라도, 때로 이러한 체제나 상태를 유지하는 데 기여하는 식으로 행동한다. 체제 정당화는 현재의 사회 · 정치 · 경제 제도와 방식을 의식적 · 무의식적으로 방어하고 강화하며 정당화하는 것을 의미한다(Jost, 2001). 예측과 통제가 불가능한 불공정성은 우리를 심리적으로 위협하기 때문에, 사람들은 지금의 상태에 대한 타당성과 합법성을 찾음으로써 이 세상을 공정하고 정의롭다고 믿고자 한다. 왜냐하면 이러한 믿음은 심리적인 위협을 완화하기 때문이다. **체제 정당화 이론**(system justification theory)에 따르면, 개인차는 있지만 우리는 사회의 여러 사회적 · 경제적 · 정치적 제도의 실패를 합리화하고자 한다(Jost et al., 2009). 현재의 상태를 좋고 합법적이라고 보는 것은 질서와 안정에 대한 우리의 욕구를 충족하기 때문이다.

이 이론에 따르면, 사람들은 자기와 자기가 속한 집단뿐만 아니라, 자신들이 매어 있는 강력한 사회 구조에 대해서도 긍정적인 태도를 갖고자 한다. 이와 같은 태도는 고정관념의 형태로 나타나기도 한다(Kay et al., 2009). 가령, 사람들은 상류층 사람들이 부지런하고 지적이라는 긍정적 고정관념을 가지고 있는 반면, 하류층 사람들은 게으르고 무지하다는 부정적인 **고정관념**을 가지고 있다. 또한 지위가 낮은 사람은 현재의 상태를 정당화하기 위해 자기의 열등함을 그대로 인정한다(Jost & Hunyady, 2002). 가령, 그들은 자기의 능력이 지위가 높은 사람보다 떨어지기 때문에 동등한 급여를 받을 자격이 없다고 생각한다. 이러한 현상을 **침체된 자격**(depressed entitlement)이라고 한다. 결국, 이러한 태도는 상류층과 하류층, 지배층과 피지배층 사이의 권력적 · 경제적 불평등에 대한 문제의식을 갖지 못하게 함으로써, 현재의 불평등을 유지하고, 심지어 강화하는 데 기여한다(Jost, 2001; Jost & Banaji, 1994).

보완적 고정관념(compensatory stereotypes)도 현재 상태에 대한 정당화를 증가할 수 있다. 이것은 특정 고정관념의 부정적인 측면을 상쇄해서 사람들이 지금 체제의 불평등을 정당화하는 데 도움을 주는 고정관념이다(Jost et al., 2004). 가장 흔한 사례 중의 하나가 '가난하지만 행복한' 혹은 '부유하지만 불행한'과 같은 보완적 고정관념이다. Kay와 Jost(2003)는 학생들에게 (a) 돈이 없어서 때로 생활에 고통을 받는 사람, (b) 돈으로 인한 고충이 전혀 없는 사람의 시나리오를 보여 주었다. 그다음, 시나리오 속의 주인공이 얼마나 행복하다고 느끼는지 그리고 자기가 생각한 사회 체제의 공정성과 합법성, 즉 체제 정당화를 측정했다.

그 결과, '가난하지만 행복'하다는 고정관념은 '가난하면서 불행'하다는 고정관념보다 체제 정당화에서 더 높은 점수를 받았다. '부자이면서 행복'하다는 고정관념은 '부자이지만 불행'하다는 고정관념보다 체제 정당화에서 더 낮은 점수를 받았다. 이러한 신념은 정직성에서도 동일하게 나타났다. 이것은 가난하지만 행복/정직하고 부자이지만 불행/부정직하다는 고정관념이 세상을 공정하다고 믿는 신념과 강하게 연결되어 있다는 것을 보여 준다.

하류층의 사람들은 자신과 비슷한 내집단 사람의 열등함과 상대적으로 지위가 높은 외집단 사람들에 대한 긍정적 이미지를 수용하는 소위 **외집단 선호**(outgroup favoritism)를 보인다. Jost(1996)에 따르면, 세상에 대한 지각된 합법성은 상위 계층의 사람과 하위 계층의 사람에게 정반대의 효과를 미친다. [그림 13-14]에서 보듯이 지각된 합법성이 높으면 상위 계층의 사람은 내집단 선호 현상을 보이지만, 하위 계층의 사람은 외집단 선호 현상을 보인다. 이것은 세상이 공정하고 시스템이 합법적이라고 믿음으로써 개인이 외부 현실에 대한 확실성과 예측력을 갖고자 하는 동기와 관련되며, 살면서 직면하는 실존적인 공포와 위협을 이러한 믿음을 통해 효과적으로 다루고자 하는 심리적인 방어와 연관되어 있다(Jost, 2001).

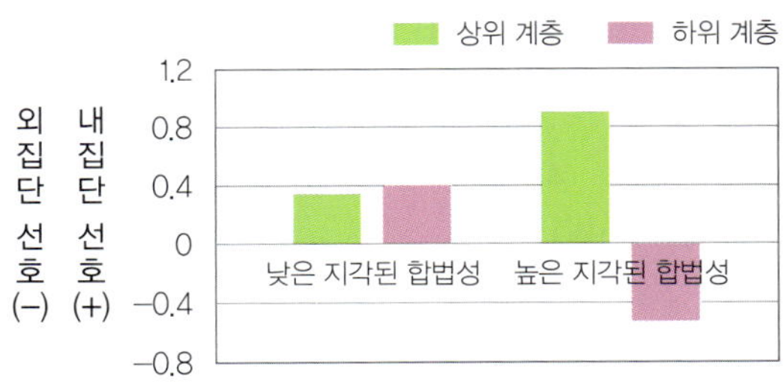

그림 13-14 계층과 지각된 합법성에 따른 내·외집단 선호 차이. 수치가 (+)로 커지면 내집단 선호가 높아지는 것을 의미하고, (−)로 커지면 외집단 선호가 높아지는 것을 의미한다.

국내 연구도 이와 유사한 현상의 증거를 제공하고 있다. 한국의 빈곤 청소년들을 대상으로 빈곤의 대물림에 대한 인식을 조사한 결과(김희성, 2011), 그들은 교육이나 사회보장과 같은 사회 구조적인 요인보다는 가족의 무관심이나 가정폭력 등과 같은 가족 내의 문제를 주된 원인으로 인식하고 있었다. 그들에게 "가족이 게으르게 생활하면 자녀도 가난해진다." 혹은 "국가의 사회보장제도가 부족해서 자녀도 가난해진다.” 등 환경이나 사회 요인과 함께 가족 내적인 요인을 제시하고 가난의 이유를 선택하도록 했다. 그 결과, 그들은 사회 구조적인 원인보다는 일할 의지의 결여, 자녀에 대한 무관심, 가족 간의 불화, 알코올 중독과 같은 가족 내적인 문제를 빈곤의 원인으로 더 많이 꼽았다.

비슷하게, 미국 대학생들을 대상으로 사회 계층이 정체성 형성에 미치는 영향을 조사한 결과(Aries & Seider, 2007), 고소득층에 비해 저소득층의 학생들이 자기의 계층 지위를 경시하는 경향을 보였다. 심지어 자기와 비슷한 처지의 학생들과 빈번히 교류하는 저소득층 학생들은 계층에 따른 정체성을 거의 고민하지 않았다. 즉, 그들은 현재의 사회 구조가 불평등을 초래하고 있다는 생각보다는 돈의 가치를 평가 절하하고 자기의 다른 덕목으로 자존감을 유지하고자 했다. 결과적으로, 그들은 구조적 불평등에 분노하기보다는 현재 자신의 상태에 만족했으며, 오히려 부유층의 학생들이 자기의 사회 계층과 자본이 자기 삶에 많은 긍정적인 영향을 미친다고 인식하고 있었다.

4) 사회적 약자의 특성

사회적 약자들은 불공정한 세상에 대응해서 그것을 좀 더 공정한 세상으로 바꾸는 데 방해가 되는 몇몇 특성을 가지고 있다(Tyler & Smith, 1998). 첫 번째 요인으로 그들은 흔히 자기와 비슷한 처지의 주변 사람들과 사회 비교를 한다. 즉, 그들은 자기처럼 사회적 약자의 위치에 있는 사람과 비교하기 때문에 자기에 대한 사회적 부당함을 지각하기 어렵다. 예를 들면, 흑인들은 백인이 아닌 동일한 흑인을 비교 대상으로 삼는다. 흑인이 백인과 비교를 할 때 자기에 대한 부당한 대우를 인식할 수 있고, 그들과의 경쟁의식을 느껴 상대적으로 좀 더 잘하려는 동기가 생길 수 있다. 그러나 같은 처지의 흑인과 경쟁해서 우위를 점하고자 하는 것은 결과적으로 인종 간의 불공정성을 개선하는 데에는 도움이 되지 않는다.

유사하게, 우리가 상향 비교나 하향 비교를 할 때 중요한 점은 긍정적 자기개념을 유지하려는 강한 동기가 우리에게 있다는 것이다(Taylor & Brown, 1988). 자기보다 우수한 사람과 비교하는 상향 비교를 할 때, 자기의 불리한 처지나 상황을 인식하고 그것을 개선하기 위한 동기가 생길 수 있다. 그러나 불우한 상황을 겪는 사람들이 종종 자기보다 더 불우한 사람과 하향 비교함으로써 자기의 상황을 좀 더 긍정적으로 평가하는 경향이 있다(Wills, 1981). 이것은 궁극적으로 상황을 개선하거나 바꾸는 데는 큰 소용이 없다.

두 번째 요인은 개인의 성공과 실패에 대한 귀인과 관련된다. 제3장에서 살펴본 것처럼, 귀인은 사람들이 행위에 따른 결과의 원인을 추론하는 것으로, 개인의 내적 특성에서 원인을 추론할 수도 있고 환경과 같은 외부적인 요인에서 원인을 추론할 수도 있다. 자본주의와 개인주의 사고가 만연한 현대 사회에서, 개인은 자기의 실패를 자기 탓으로 돌리기 쉽다. 나와 같은 처지의 누군가는 이루었지만, 나는 부지런하지 않아서 이루지 못했다고 스스로를 비난한다. 사람들은 부정적인 사건에 대해 무언가에 책임을 돌리고 싶어 하는 경향이 있는데, 종종 사람들은 자신이 피해자임에도 불구하고 부당한 사건의 원인을 자신에게로 돌린다(Cascardi & O'Leary, 1992). 이것은 앞서 언급한 공정한 세상에 대한 신념 때문으로, 사람들은 자신이 당한 부당한 처우에 대해서도 자기가 부당한 대우를 받을 만해서 받는 것이라고 생각하는 경향을 보인다.

정의를 방해하는 세 번째 요인은 바로 비용의 문제다. 불공정성을 지각하면, 그것을 초래한 가해자를 찾아서 그에 합당한 대가를 치르도록 함으로써 정의를 회복하기 위한 노력을 할 필요가 있다. 그러나 사회적 약자들은 이러한 노력이 수반하는 여러 가지 비용을 감수하기가 어렵다. 가령, 기업의 공익제보자들은 조직의 화합을 깨트린 문제 인물이자 조직에 해를 가한 배신자로 낙인찍혀 해고·파면·전직과 같은 불이익을 감수해야 하는 등 감당하기 힘든 비용을 지불해야 한다(이주희, 2014). 그러나 실제로 국민권익위원회(2014)에 따르면, 공익제보자들이 국민권익위원회에 요구한 89건의 신분보장 조치 중 실제 보장이 이루어진 경우는 29건으로 33%에 그쳤고, 나머지는 기각, 취하, 종결 등으로 처리되었다. 이처럼 사회적 약자들이 불공정성을 회복하는 데 따르는 비용은 그들이 감당하기에는 너무 막대하다.

4. 불공정성에 대한 반응

사람들은 불공정한 사태에 직면했을 때 다양한 반응을 보인다. 거기에는 분노나 부정적 행동과 같은 개인 수준의 반응이 있고 폭동이나 사회 운동과 같은 사회 수준의 반응도 있다. 여기서는 이 두 수준의 반응을 구체적으로 탐구한다.

1) 개인 수준의 반응

개인 수준의 반응에는 다양한 종류의 부정 정서가 있을 수 있다. 또한 세상의 변화

가능성을 어떻게 인식하느냐에 따라 불공정성에 대한 반응은 다를 수 있다. 불공정성에 대해 부정적 조직 행동이나 친사회적 험담과 같은 반응도 나타날 수 있다.

(1) 부정 정서와 행동

절차나 결과의 불공정성에 대하여 사람들이 보이는 전형적인 반응은 여러 **부정 정서**의 경험이다. 특히 그들은 분노와 같은 부정 정서와 함께 그에 따른 행동을 보일 수 있다. 분노한 사람들은 관련 사건에 더 주의하게 되고 각성 수준이 높아져 분노 관련 행동의 강도가 높아진다(Anderson & Bushman, 2002). 분노는 욕구나 목표와 같은 동기적 시스템과 매우 밀접한 관련이 있기 때문이다(Blasi, 1999; Lazarus, 1991). 특히 자기와 비슷한 처지에 있는 사람들과 사회 비교를 함으로써, 사람들은 자기가 부당한 대우를 받고 있다고 주관적으로 지각하고 평가한다. 이것이 이후의 정서 경험과 행동에 결정적이다.

부당한 대우를 받은 사람은 분노 이외에도 우울, 실망, 놀람, 무기력, 질투와 같은 정서와 강한 생리적 각성 상태를 경험할 수 있다(Mikula, 1987). 이처럼 부당한 현실에 대하여 느끼는 정서적 불편함은 이것을 바로잡기 위한 행동을 유발하는 데 필수적인 요소다(Mikula et al., 1998). 가령, 공정성에 대한 신뢰가 없을 때, 사람들은 더욱 반사회적인 방식으로 행동하는 경향성이 있다. Krehbiel과 Cropanzano(2000)의 연구에 따르면, 사람들은 적절치 못한 절차를 통해 결과물을 얻으면 높은 수준의 분노와 좌절을 경험한다. 이러한 정서는 직장 내에서 방해 행동과 일탈 행동으로 이어진다. 또 다른 연구에서(Ambrose et al., 2002) 사람들은 특히 분배 정의에서 부당함을 느끼면, 형평성을 회복하기 위한 목적으로 방해 행동을 했다.

또한 자기가 속한 조직으로부터 부당한 대우를 받으면, 그러한 대우를 받은 사람의 수행 수준, 조직에 대한 몰입과 충성심이 떨어진다. 또한 부당한 대우에 대한 불만은 이탈, 항의, 무관심, 태만 등과 같은 모습으로 나타난다(Farrell, 1983; Rusbult et al., 1988). 예를 들면, 우리 사회에서 비정규직은 정규직에 비해 임금이나 복지 혜택에서 부당한 대우를 받을 가능성이 높고, 이것이 그들의 조직에 대한 동일시와 정서적 몰입을 떨어뜨릴 수 있다(기호익, 2010). 상황의 개선 여지가 있으면 사람들은 어려움을 참고 현재의 상황을 개선하고자 노력할 수 있지만, 그렇지 않은 상황에서는 그 조직을 떠나거나 무관심 혹은 태만할 수가 있다.

조직의 부당한 대우가 초래하는 또 다른 부정적 결과는 **시민 의식**이 결여된 행동을 증가시킨다는 점이다([그림 13-15] 참조). 직장에서 부당한 대우로 불만이 높은 사람일수록 권위에 불복종하는 경우가 많고, 작업 현장에서 회사 물품을 절도하는 빈도도 증가한다(Lind et al., 1998). 이러한 결과는 부당한 대우가 개인 수준뿐만 아니라 사회에도 큰 해악을 초래할 수 있음을 보여 주는 것이다. 조직이나 사회가 공정하지 않으면, 그에 따른 피해자들은 사회의 유지에 필수적인 이타적·도덕적 욕구에는 무관심하면서 자신의 이기적인 욕구의 충족에만 집중하기 쉽다.

그림 13-15 시민 의식. 불공정성은 시민 의식을 떨어뜨린다.

상대방의 불공정성에 보복하는 한 방법은 **친사회적 험담**(pro-social gossip)을 통해서 그들의 평판에 부정적인 영향을 미치는 것이다. 이것은 상대방을 악의적으로 험담하는 것이 아니라, 부당한 행동을 한 사람에 대한 부정적인 평가를 공유하기 위한 목적으로 이루어진다. 보통 험담은 반사회적이지만, 친사회적 험담과 같은 유형은 문제해결의 수단이 될 수도 있다. 가령, 자기의 부당한 행동을 여러 사람이 알고 있다는 사실을 인지하게 되면, 그 사람의 이기적인 행동이 감소할 가능성이 크고(Hardy & Van Vugt, 2006), 이것이 집단의 협동과 공정성을 높이는 데 기여할 수 있다(Feinberg et al., 2012).

한 실험 연구(Feinberg et al., 2012)에서는 참가자들이 자기의 불이익을 감수하면서도 친사회적 험담을 감행할 것인지 알아보았다. 독재자 게임을 바탕으로 한 이 실험에서 돈을 제공하는 A가 수용자 B에게 돈을 한 푼도 주지 않고, 이후 또 다른 수용자 C에게도 돈을 분배하지 않는다. 이때 이를 목격하는 참가자가 다음 수용자 D에게 이기적인 A에 대한 친사회적 험담을 할 것인지를 알아보았다. 참가자가 수용자 D에게 친사회적 험담을 위해 쪽지를 보내면, 자기가 부담해야 할 비용이 발생한다. 결과는 흥미롭게도, 대부분의 실험참가자(약 76%)가 친사회적 험담을 위해 자신이 가진 2달러 중 평균 1.19달러가량을 기꺼이 비용으로 감수했다.

(2) 암묵 이론의 영향

자기에 대한 사회적 대우가 불공정하다고 지각하더라도, 모든 사람이 사회의 변화를 위해 헌신하는 것은 아니다. 그러한 상황을 운명이라고 생각하는 사람들은 그 문제를 해결할 수 없다고 믿어서 변화를 위해 애쓰지 않을 것이다. 반면에 변화 가능하다고 생각하는 사람들은 그에 대응하기 위한 반응을 보일 것이다. **암묵 이론**(implicit theory; Dweck, 2012)에 따르면, 인간과 사회의 변화 가능성에 대한 개인의 신념에 따라 사람들이 추구하는 목표가 다르다. 그래서 성취, 관계, 직업생활, 집단 간 태도에도 차이가 발생한다. 변화 가능성에 대한 신념은 노력과 관련된 동기와 사건에 대한 귀인에서 차이를 만들어 낸다(Hong et al., 1999). 문제에 대하여 고정적이고 불변적인 신념보다는 변화가 가능하다는 신념을 가지고 있을 때 변화를 위한 실제적인 노력을 더 기울일 것이다.

Karafantis와 Levy(2004)는 변화 가능성에 대한 개인의 신념이 사회적 약자나 편견 희생자에 대한 태도와 도움 행동에 미치는 영향을 입증했다. 연구자들은 초등학생을 대상으로 능력, 성격, 행동에 대한 변화 가능성, 노숙 아동에 대한 태도 그리고 기부 경험, 봉사 활동 의향, 친구에게 기부를 추천할 의향을 측정했다. 그 결과, 개인의 특성이 변할 수 있다는 신념을 가진 아동이 사회적 약자에게 더 호감을 느끼고, 그들과 자신을 더 유사하게 지각하는 경향이 있었다. 또한 그들을 위해 모금 활동을 비롯한 여러 봉사 활동에 참여하겠다는 의지를 더 적극적으로 보였다.

이처럼 개인의 암묵적 신념은 하나의 의미 체계로서 그것과 관련된 영역의 지식을 조직화하고 사건의 의미를 파악할 수 있는 틀을 제공한다. 도덕성 영역에서도 개인의 암묵적 신념은 특정 사건에 대하여 어떠한 반응이 적절한지를 판단하는 기준의 역할을 한다(Chiu et al., 1997). 〈표 13-1〉에서 보듯이 세상은 바뀌지 않는다는 신념을 지닌 사람은 변화보다는 현상을 유지하면서 안정적인 사회 시스템이 개인에게 요구하는 의무를 다하는 것을 도덕적이라고 판단한다. 반면, 가변적인 신념을 지닌 사람은 지금의 도덕적인 관습이나 권위가 완전한 것이 아니라는 믿음 속에서 현상을 유지하기보다는 세상을 좀 더 합당하고 올바른 모습으로 바꾸고자 노력한다. 그리고 사회 시스템이 개인에게 요구하는 의무보다는 개인의 권리를 더 중요시한다.

표 13-1 사회적 변화에 대한 불변적 입장과 가변적 입장

불변적 입장	가변적 입장
• 안정적 · 고정적 사회 · 도덕 질서 추구 • 현재 상태의 유지 지지 • 일탈에 대한 무관용 • 개인의 순응과 의무 중시	• 가변적 · 진화적 사회 · 도덕 질서 추구 • 현존하는 도덕 체계의 불완전성 수용 • 더 나은 체계를 위한 노력 • 도덕적 발전 가능성 인정 • 개인의 권리 중시

2) 집단 수준의 반응

불이익을 당하는 집단의 구성원들은 자기의 상황을 개선하기 위해 집단 차원의 행동을 취할 수 있다. 불공정성에 대한 집단 수준의 경험은 개인 수준의 경험보다 훨씬 더 강력한 영향력이 있어서(Lind et al., 1998), 사람들은 혼자서는 할 수 없는 행동을 집단으로는 수행할 수 있다(Kearl & Gordon, 1992). 물론 사회 변화를 위한 운동에서 대부분의 사람은 자신의 노력이 이득을 가져올 것이라는 확신이 없으면 쉽게 비용을 지불하지 않는다(Krosnick et al., 2010).

(1) 여론 형성

현대 사회에서 사람들은 컴퓨터나 스마트 기기를 이용한 사회 연결망 서비스(SNS)를 통해 다른 사람과 쉽게 연결하여 많은 양의 정보를 공유할 수 있다. 이것은 면대면 상황에서 주고받는 정보의 양과는 비교할 수 없는 수준이다. 이런 도구를 통한 시공간적 제약의 극복은 많은 사람이 쉽게 한자리에 모여 공론을 펼칠 수 있도록 도와준다(박상호, 2012). 이처럼 현대 사회에서 대중이 정치적 태도를 형성하는 데 여러 매체와 서비스의 중요성은 이미 우리에게 익숙하다.

대중이 집단적으로 움직이기 위한 필수적인 조건은 어떤 현안에 대하여 다수의 의견을 하나로 모으는 것이다. **여론**(public opinion)은 대중의 공통된 의견으로, 정부가 무엇을 해야 하는지 결정하는 데 중요한 역할을 한다(Page et al., 1987). 여론 형성 과정은 대중이 현안이 되는 메시지를 공유하고 서로 관심사를 교환하는 의사소통 과정으로, 이런 점에서 여론은 민주주의의 가장 중요한 동력이다(박상호, 2012).

정치적 태도를 형성할 때 중요한 영향 요인이 노출이다. 현안이 미디어를 통해 여러 번 등장하면, 대중은 그것을 중요한 것으로 지각하게 된다(Taylor et al., 2003). 이처럼 대중매체에 노출되는 것이 이후의 사고나 해석 방식에 영향을 미친다. 대중매체에는 특정한 문제를 더 쉽게 또는 더 중요하게 지각하도록 하는 **점화 효과**(priming effect)가 있다. 즉, 우리가 어떠한 메시지에 반복적으로 노출되면, 그것이 기존의 특정 인지적 구조를 활성화시켜 이후 우리의 행동이나 판단에 영향을 미친다(Carpentier, 2009).

그러나 사람들의 태도를 바꾸는 것은 매우 어렵다. 어떤 대상에 대한 열정적인 태도는 변화에 저항적이다. 그래서 개인은 변화보다는 기존 신념을 강화하는 쪽으로 선택적 주의를 하는 경향이 있다(Fleming & Petty, 2000). 가령, 사람들은 자기의 태도와 일치하는 기사에 노출되면 그 기사의 영향을 많이 받는다. 그러나 자기의 태도와 불일치하는 기사에 노출되면 그 효과는 줄어든다(Knobloch-Westerwick, 2012). 또한 때로 인간의 합리성보다는 감정과 동기가 그들의 의사결정에 더 큰 영향을 주기 때문에, 태도 변화를 위해서는 그들의 욕구나 가치까지 바꿔야 한다(Jost et al., 2003). 이러한 점을 모두 고려해 볼 때, 태도를 변화시키는 것은 상당히 어렵다.

(2) 집단 정체성과 사회 운동

집단 행동은 개인의 행동과 비교해서 비합리적이고 충동적인 행동이라고 보는 경향이 있다(Zimbardo, 1969). 즉, 사람들은 혼자가 아닌 군중 속 일원일 때 정체성이 약화되어 충동적이고 폭력적으로 행동한다는 것이다. 이것은 우리가 집단 속에서는 개인의 책임감이 분산되고 비난이나 의무로부터 비교적 자유로워지기 때문이다. 그러나 다른 한편으로 우리는 집단 속에 있을 때 자기의 정체성을 상실하는 것이 아니라, 집단의 구성원으로서 새로운 정체성(예: 사회 정체성)을 갖게 된다(Tajfel & Turner, 1979). 그리고 이러한 새로운 정체성이 사회 행동에서 중요한 역할을 한다.

자기개념 속에는 타인과 구별되는 개별화된 독특한 자기와 함께, 자기와 관계를 맺고 있는 다른 사람이나 자기가 소속된 집단의 영향을 받는 사회적 존재로서 자기가 있다. 특히 집단은 우리가 사회적 존재로서 가지는 자기개념의 원천이다(Brewer & Gardner, 1996). 이처럼 자기가 속한 집단에 기초한 정체성은 소속감이나 존중감과 같은 인간의 심리적 욕구를 충족하는 데 기여한다. 이것은 궁극적으로 집단 구성원이 적응적인 사회적 존재가 되도록 한다(Simon & Klandermans, 2001).

집단에 기초한 정체성이 정치화되는 데 필요한 조건 중 하나가 내집단 구성원들의 **공유된 불만**(shared grievances)이다(Simon & Klandermans, 2001). 집단 정체성은 공유된 불만의 인식을 증가시킨다. 또한 공유된 불만은 '우리-그들'의 구분을 더 분명하게 만듦으로써 집단 정체성을 강화한다. 그러면서 외부의 적은 집단의 고통과 불만에 대한 비난의 대상이 된다. 그 속에서 외집단에게 보상을 요구하게 되고, 적절한 보상이 주어지지 않으면 권력 투쟁은 지속된다. 이 과정에서 집단이 제3자(정부 혹은 일반 대중)로부터 지지를 얻는다면 집단 정체성은 완전히 정치화된다. 왜냐하면 상황이 이렇게 되면 집단의 관계는 완전히 사회적인 차원의 관계로 변하기 때문이다.

그림 13-16 사회 운동. 사회 운동은 집단 정체성과 관련된다.

집단 정체성과 밀접한 관련성이 있는 것이 사회 운동이다([그림 13-16] 참조). **사회 운동**(social movement)은 구체적인 사회 문제를 해결하거나 현존하는 사회 체제를 근본적으로 변혁하기 위하여 대중이 자발적으로 하는 조직적이고 집단적이며 지속적인 행위다(국립국어원 표준국어대사전). 집단의 일회적 활동과는 달리 사회 운동은 행위의 지속성 측면에서 좀 더 지속적이라고 할 수 있다(신율, 2001). 또한 사회 운동은 공통적으로 느끼는 문제에 대해 많은 사람이 집합적으로 해결하고자 하는 노력으로 정의할 수 있다(Toch, 1965).

사회 운동의 기저를 이루는 심리적 기제는 무엇일까? Zomeren(2015)에 따르면, 불공정성에 대한 지각, 도덕적 기준의 위반, 도구적 동기 그리고 사회 정체성이 사람들의 사회 운동을 촉진한다. 첫째, 불공정성에 대한 지각은 사회 비교를 통한 상대적 박탈감과 관련된다. 내가 속한 집단이 받는 처우가 다른 집단과 비교해서 부당하다고 생각하면, 이때 느끼는 분노는 사회 운동을 촉발하는 중요한 요인이다. 둘째, 도덕적 기준은 사람들이 도덕적으로 확신을 갖고 있는 신념이나 태도가 일종의 숭고한 가치로 작동하고, 사회나 타인이 그러한 기준을 위반했을 때 사람들은 그것을 보호하기 위해 방어한다는 것을 뜻한다. 셋째, 도구적 동기는 투자 대비 이익의 관점에서 사회 운동이 합리적인 결과를 야기할 수 있는지 고려하는 것이다. 즉, 사람들은 사회 운동을 통해 변화를 가져올 수 있다는 신념이 있을 때 그 운동을 하게 된다. 마지막으로, 개인은 단지 이기적인 목표에 의해 동기화되는 것이 아니라, 자기가 속한 집단과 자기를 동일시함으로써 집단의 관점에서 스스로를 정의하는 사회 정체성을 갖고 있다. 이러한 정체성이 사회 운동을 가져오는 궁극적 요인이다.

3) 폭동

집단 행동의 한 형태가 **폭동**이다. 폭동은 다수의 사람이 집단적으로 폭력을 행사하여 사회적 안녕을 어지럽히는 일로, 다른 집단 행위에 비해 비합법적이고 폭력적인 경향이 있다. 예를 들면, 최기남과 이선제(2006)는 2005년 프랑스에서 발생한 한 폭력 사태를 분석했다. 당시 프랑스는 저출산과 3D산업 인력의 부족으로 많은 외국인 노동자의 이민을 수용했다. 그러나 복지 혜택의 문제, 종교적인 충돌과 문화 간 갈등 등 소수집단과 주류집단 간 많은 갈등 요인이 생겨났다. 게다가 이민 2세는 정체성 혼란과 소외 문제 등으로 불만이 누적되어 갔다. 반면, 이민자에 대한 주류집단의 부정적인 이미지와 반감은 더욱 커졌다. 이러한 상황에서 한 이민자가 프랑스 경찰의 검문에 불응해 도주하다 감전사를 당하는 사건이 발생했다. 이것이 불씨가 되어 수백 명의 이민자 청년이 경찰의 과잉 행동을 비난하며 대치하던 중, 파리 교외에서 차량 수백 대를 방화하는 등 여러 차례의 폭력 행위가 발생했다. 연구자들은 이 사건을 경제 불황, 소외, 배척 그리고 차별에 대해 프랑스 이민 2세대들이 불만을 집단적으로 세력화하여 표출한 것으로 분석했다.

폭동을 포함한 여러 집단 행동에서 익명성(anonymity)은 중요한 역할을 한다. 이것은 자신의 신분을 숨길 수 있는 상황적 특성으로, 이 상황에서 사람들은 자신의 내면적 특성을 억제하지 않고 밖으로 표출하는 경향이 있다. 우리가 흔히 삶에서 경험하듯이, 자신의 말과 행동이 두드러질 때보다 다수의 군중 속에서 묻힐 때 사람들은 안전함을 느낀다. 더욱이 현대 사회에서 인터넷은 사람들의 집단적인 목소리를 더욱 증폭시켰다. 그 예로, 최근 여성 운동을 하는 여러 사이트가 인터넷에서 활성화되어, 여성의 권리를 지키기 위한 자료 제공과 토론의 장을 마련하고 있으며, 환경, 빈곤, 인권 등의 다양한 문제로 관심 범위가 확대되고 있다(신희선, 2005). 하지만 때로 인터넷상에서 집단 행동은 익명성으로 인해 개인의 책임 있는 표현보다는 군중 심리에 따른 비이성적이고 극단적인 형태가 나타나기도 한다(나은영, 차유리, 2012). 그래서 인간의 이러한 심리적 특성을 이해하고 좀 더 성숙한 사회 운동을 위한 연구와 교육이 필요하다.

요약

- 상호의존적으로 살아가는 인간의 삶에서 정의는 단순히 자원의 공정한 분배에 국한하지 않고, 절차, 관계, 응보의 측면까지 포함하는 개념이다. 정의에 대한 개념은 한마디로 정의하기 어렵고 여러 입장과 맥락에 따라 다양하다.
- 사회 정의에 대한 동기를 진화론적인 측면에서 설명할 수 있다. 이 입장에서는 도덕적 행동이 유기체의 생존과 재생산에 미치는 긍정적인 역할을 강조한다. 또한 발달적인 측면에서도 생애 초기에 친사회적 행동이 나타난다.
- 이 외에도 사회 정의를 합리적 선택 이론, 사회 교환 이론, 사회 정체성 이론, 게임 이론, 학습 관점 등으로 이해하고 설명할 수 있다. 이와 같은 이론은 인간의 사회 정의에 대한 동기가 이기적인 속성에 기초할 수도 있고 그렇지 않을 수도 있음을 보여 준다.
- 사회 정의 중 분배 정의에서는 형평 이론에 기초한 형평의 원리와 그와 관련된 상대적 박탈감 개념이 중요하다. 또 다른 입장에는 균등의 원리와 필요의 원리가 있다. 어떠한 원리가 작동할 것인지는 문화나 사회, 맥락의 영향을 받는다.

- 절차 정의에서는 발언 효과가 중요해서 자기의 의견을 표현하는 것만으로도 의사결정에 대한 만족도가 증가한다. 집단 관여 모형은 절차 정의가 사회 정체성과 친사회적 행동에 중요함을 잘 보여 준다.
- 상호작용 정의는 절차 정의와 밀접하게 관련되어 있다. 응보 정의에는 응보주의, 공리주의와 같은 원리가 작동한다. 또한 이와 관련해서 회복 정의가 있다. 이와 같은 다양한 정의나 기준은 그 나름의 장단점을 가지고 있다.
- 정의의 방해물로, 성격적인 특성으로는 사회적 지배 성향, 권위주의 성격 그리고 우익 권위주의를 들 수 있다. 공정한 세상 신념은 불확실성을 피하고 싶은 인간의 바람에 기초한 현상으로, 잘못을 피해자에게 돌리는 한계점이 있다.
- 체제 정당화 이론은 현재 체제에서 불리한 입장에 있는 사람이 오히려 현재의 상태를 유지하고 정당화하는 방식으로 행동하는 것을 설명한다. 여기에는 고정관념, 침체된 자격, 보완적 고정관념, 외집단 선호와 같은 특성이 관련된다.
- 사회적 약자는 사회 비교, 귀인, 비용의 측면에서 자기에게 불리한 현실을 바꾸기보다는 그러한 현실을 유지하는 식으로 행동하는 경향이 있다.
- 불공정성에 대한 반응으로, 개인적으로는 부정 정서와 이를 해소하기 위한 행동, 친사회적 험담이 있다. 또한 개인의 암묵적 신념이 중요하다. 집단적 수준으로는 여론 형성, 집단 정체성과 사회 운동, 폭동 같은 반응이 있다.

제 14 장

응용 사회심리학

1. 범죄 · 법정심리학
2. 건강심리학
3. 사이버심리학
4. 정치심리학

우리는 지금까지 주로 사회심리학의 원리를 탐구하는 데 집중해 왔다. 이 책의 마지막 장에서는 사회심리학의 이론을 특정 주제나 문제에 적용할 수 있는 가능성을 살펴보고자 한다. 실제 사회심리학의 응용 분야는 산업, 조직, 성, 건강, 정치, 법, 범죄, 소비자, 광고, 스포츠, 여가, 환경, 문화에 이르기까지 매우 광범위하다(Fiske et al., 2010). 이런 여러 분야 중에서 여기서는 범죄 · 법정심리학, 건강심리학, 사이버심리학, 정치심리학을 간단히 소개하는 수준에서 알아본다.

1. 범죄 · 법정심리학

오늘날 우리 사회는 다양한 유형의 범죄로 어려움을 겪고 있다. 삶의 경제적인 수준은 과거에 비해 나아졌지만, 범죄율은 줄지 않고 있고 그 심각성도 더 커지고 있다([그림 14-1] 참조). 사회심리학자들도 이 문제를 크게 두 방향으로 연구해 왔다. Bartol과 Bartol(2004)은 사법 판단의 대상이 되는 인간 행동을 연구하는 학문 분야를 **범죄심리학**(criminal psychology)으로 보고, 형사 및 민사 분야를 포함한 사법 시스템 전반에 걸친 심리학의 전문적인 실무 적용을 **법정심리학**(forensic psychology)으로 구분했다. 범죄심리학은 범죄학 혹은 응용심리학의 한 분야로, 범죄자나 용의자의 세계관, 생각, 의도, 행동과 반응에 관한 심리적 원리를 연구하는 학문이다. 범죄심리학자는 법정 내에서는 전문가 증언, 피해자나 범죄 행위에 관련된 사람들의 심리평가를 수행한다. 법정심리학은 심리학을 사법 판단에 적용한 분야로, 과학적인 지식과 방

그림 14-1 한국 사회의 형법 범죄율 변화 추이

법을 적용해서 민 · 형사상의 문제, 계약 및 기타 사법 절차에서 발생하는 법적 문제에 대한 해답을 찾는 데 도움을 주는 학문이다. 심리학-법의 주제에는 배심원의 선택, 목격자 증언, 재판을 받을 수 있는 역량의 평가 등이 있다.

1) 범죄심리학의 이론

범죄에 대한 오늘날 이론에는 크게 사회학적, 생물학적 그리고 심리학적 이론이 있다. 이러한 이론은 실증주의 범죄학에서 발전했다(Greene & Heilbrun, 2022). 실증주의자들은 과학적이고 실증적인 자료를 통해 범죄 행동을 결정하는 요인을 밝히고자 했다. 범죄 이론에 따라 특정 범죄를 설명할 수 있는 정도에서 차이가 있다는 점에서 각 이론의 유용성은 상황에 따라 다르다.

(1) 사회학적 범죄 이론

사회학자들이 제시한 많은 현대 범죄 이론 중 하나가 일찍이 Merton(1938)이 제시한 **긴장 이론**(strain theory)이다. 이 이론에 따르면, 사회는 사람들에게 바람직한 목표, 가령 우수한 대학 진학, 번듯한 취업과 고소득을 성취하도록 압력을 가하는데, 정작 개인은 그러한 목표를 달성할 수단이 없다. 이와 같은 틈이 긴장을 불러옴으로써 사람들은 범죄를 저지른다. 긴장은 구조적일 수도 있고 개인적일 수도 있다. 예를 들면, 특정 사회의 구조가 공정하지 못한 규정으로 사람들을 통제하면, 사람들은 자기의 목표를 성취할 기회가 부당하게 제약받는다고 생각할 수 있다. 또한 어떤 개인은 사회가 강조하는 목표를 특히 중요시해서, 채택하는 방법보다 목표의 달성을 더 중시할 수 있다. 이러한 긴장에 직면한 사람들은 기존의 방법을 통해 목표를 추구하는 동조, 새로운 방법을 찾는 혁신, 기존의 방법으로 좀 현실적이고 낮은 목표를 추구하는 의례주의, 기존의 목표와 수단을 모두 거절하고 도망치는 회피 그리고 기존의 목표와 수단을 모두 거절하고 새로운 대체물을 찾는 반란과 같은 방식으로 반응한다.

긴장 이론은 **아노미**(anomie)에 관해 기술하고 있는데, 이 말은 무규범 상태 또는 사람들이 따라야 할 도덕적 가치, 기준 혹은 지침의 붕괴를 의미한다([그림 14-2] 참조). 이것은 신념 체계의 갈등에서 생기고 개인과 공동체 사이의 사회적 유대를 붕괴시킨다. 이 개념을 처음 기술한 Durkheim(1893)은 한 사회에서 기존의 규범과 새로운

그림 14-2 아노미. 무규범 상태에서 사회는 혼란한 상태에 놓인다.

규범 사이의 괴리로 생기는 사회적으로 혼란한 시기를 아노미라고 보고, 이때 자살과 범죄의 비율이 커진다고 보았다. Merton(1938)은 아노미를 일종의 일탈 행위로 보는데, 이것은 문화적으로 규정한 포부와 그것을 실현할 수 있는 구조적 방법 간의 괴리로 생긴다고 본다(Macionis, 2012). Messner와 Rosenfeld(1997)의 **제도적 아노미 이론**(institutional anomie theory)에 따르면, 이 세상에는 경제제도, 교육제도, 가족제도, 정치제도 등 다양한 제도가 있는데, 이러한 제도가 작동하기 위해서는 일정 부분 사람들을 규제하고 통제해야 한다. 그러나 유독 사람들의 자유를 중시해서 통제하기 힘든 경제제도가 현대 사회에서 가장 지배적인 제도가 됨으로써, 다른 제도와 힘의 불균형 속에서 조화를 이루지 못해 아노미가 발생한다.

여러 이론이 긴장 이론에서 파생되어 나왔다. 1992년에 Robert Agnew는 긴장 이론이 경제적인 이득을 수반하지 않는 범죄 행위를 고려하지 않는다고 지적하면서 **일반 긴장 이론**(general strain theory)을 제시했다. 이 이론의 핵심 아이디어는 사람이 스트레스나 긴장을 경험하면 그것에 대처하기 위해 범죄를 저지를 수 있다는 것이다. 이 이론은 범죄를 일으키는 요인으로 정서를 중시하고, 돈보다는 높은 지위, 기대, 계층을 위한 목표를 중시한다. 이 이론을 지지하는 하나의 사례로, 청소년들은 기분을 좋게 하려고 마약을 하거나 자기를 희롱하는 또래를 공격하기도 한다(Agnew, 2015). 이 이론이 제시하는 긴장의 핵심 세 가지 원천은 긍정적 자극의 상실, 부정적 자극의 출현, 원하는 목표를 달성할 수 없는 무능력이다(Patermoster & Mazerolle, 1994). 한편, Goode(1960)의 **역할 긴장 이론**(role strain theory)에 따르면, 사회 기관은 역할관계를 통해 작동하는데, 사람들은 그 속에서 자신의 의무를 수행하면서 어려움이나 긴장을 경험할 수 있다. 이런 과정에서 사람들이 자신의 의무를 수행하도록 강제할 수 없어서, 어떤 사람들은 자신의 역할에 대한 사회적 기대를 따르지 않는다.

불법적 기회 이론(illegitimate opportunities theory; Cloward & Ohlin, 1960)은 범죄가 합법적인 기회의 부족이 아니라 불법적인 기회의 과다로 발생한다고 주장한다. 이 이론의 가정에 따르면, 범죄 동기와 기법 그리고 합리화는 범죄자 단체를 통해 학습하는 것이다. 일탈 행동은 합법적 수단에 대한 접근이 차단되어 있을 때 나타나는데, 이것은 집단 내 상호작용 과정을 통한 적응의 산물이다. 불법적인 행위는 그런 행위를 할 수 있는 기회가 있을 때 가능하다. 마약을 팔려면 그 공급 책임자를 알고 있어야 하고, 구매자를 접할 수 있는 은밀한 공간이나 소통 창구가 있어야 한다. 그래서 적응에 어려움을 겪는다고 해서 모든 사람이 범죄자가 되는 것은 아니다. 사회적으로 해체된 지역사회나 특정 하위문화의 구조 내에서는 상대적으로 불법적인 기회가 더 많아 범죄가 더 발생할 수 있다.

(2) 생물학적 범죄 이론

생물학적 범죄 이론은 범죄의 근원에는 생물학적 원인이 있다고 보고, 신체적 · 유전적 · 신경학적 특성을 분석해서 범죄의 원인을 설명하고자 한다. 또한 오늘날 몇몇 이론은 범죄의 원인을 설명할 때 환경과 같은 외적인 요인도 고려한다. 먼저, 유전학에 기초한 연구는 주로 쌍둥이를 대상으로 삼는다. 일란성 쌍둥이는 유전적으로 100% 동일하고, 이란성 쌍둥이는 유전적으로 50% 동일하다. 그래서 이란성 쌍둥이보다 일란성 쌍둥이에게서 범죄 일치 정도가 더 크면, 유전이 범죄에 영향을 미친다고 할 수 있다. 또는 서로 다른 환경에서 생활한 쌍둥이의 범죄 일치도가 높아도, 그것을 유전에 따른 것으로 볼 수 있다. Grove 등(1990)은 태어날 때 분리된 32쌍의 일란성 쌍둥이를 대상으로 유전이 알코올이나 약물 남용과 갖는 관련성을 조사했다. 그 결과, 유전은 이러한 반사회적 행동과 관련이 있었다. 쌍둥이, 입양아, 형제자매 등 대규모 스웨덴 자료를 분석한 결과, 폭력 범죄에서 유전율이 .40~.50이었다(Frisell et al., 2012).

범죄에 대한 신경학적 연구는 범죄 행위가 신경 구조나 처리 과정과 연관성이 있는지를 연구한다. 지금까지 연구를 보면, 높은 도파민 수준이나 테스토스테론 수준, 인슐린 분비의 증가는 공격 행동과 연결되어 있고, 낮은 세로토닌 수준은 우울증 환자에게 자해와 같은 공격 행동을 일으킬 수 있다(DiLalla & Gottesman, 1991). 다수의 연구를 고찰한 Brower와 Price(2001)는 전두엽의 손상이 공격성의 증가를 가져온다는 점을 발견했다. 전두엽은 자기조절과 실행 기능을 포함해서 고등 인지 기능의 중추라는 점에 유념할 필요가 있다. 또한 자율 신경계는 우리의 감정과 긴밀하게 연관되어 있어서, 감정적 흥분은 심장 박동, 호흡, 피부 전도, 혈압과 같은 자율 신경계의 반응으로 나타난다. 범죄를 만성적으로 저지르는 일부 사람들은 자율 신경계의 각성 수준이 낮고 자극에 대해 생리적으로 낮은 반응을 보인다(Patrick, 2008).

어떤 연구자는 범죄가 생물학적 요인만으로 발생하는 것이 아니라 사회적 요인과의 조합을 통해 발생한다고 주장한다. 그래서 이들은 앞에서 살펴본 범죄 관련 생물학적 요인과 파괴적인 양육 과정, 또래 따돌림과 같은 사회적 요인도 함께 고려한다. 심지어 어떤 연구자는 이 두 요인에 심리적인 요인, 가령 자기애성 성격장애, 경계성 성격장애, 반사회성 성격장애와 같은 요인을 더해서 범죄를 설명하기도 한다. Brunner 등(1993)은 경계성 지적장애와 충동적 공격성 조절장애를 모두 가진 범죄자는 모노아민 옥시다제 A유형(혹은 MAO-A)의 활동이 전혀 없다는 것을 발견했다. 이후 Caspi 등(2002)은 뉴질랜드에서 출생한 1~3세 소년의 MAO-A 수치와 부모에게서 학대받은 내력을 조사하고 그들의 이후 삶을 추적 조사했다. 그 결과, MAO-A 수치가 낮고 학대받은 경험이 있는 사람들 중에서 12%는 모든 폭력 범죄의 44%를 범했고, 85%는 다양한 형태의 반사회적 행동에 관여했다.

(3) 심리학적 범죄 이론

심리학적 범죄 이론은 범죄가 개인의 마음과 행동의 결과라고 보는데, 구체적으로 여기에는 Eysenck의 성격 이론, 정신분석적 입장, 정신병 접근, 인지적 특성, 학습 이론, 사회적 낙인 이론 등이 있다. 먼저, 범죄에 대한 Eysenck의 성격 이론은 인간이 즐거움을 추구하고 고통을 회피하는 쾌락주의적이라고 가정하면서, 절도, 폭력, 공공시설의 파손과 같은 비행은 즐겁고 행위자에게 이득이 된다고 보았다. 이 이론에 따르면, 범죄자는 범죄를 통해 쾌락을 추구하는 경향성이 강하고 양심은 약하다. 이런 경향성이 강한 성격으로, 외향적인 사람은 자기의 낮은 흥분 수준을 높이기 위해, 신경증적인 사람은 반발하고 변덕이 심하며 충동적이고 공격인 경향이 강해서 그리고 정신증적 경향이 강한 사람은 반사회적이고 공격적이며 다른 사람에게 무관심하기 때문에 범죄 행위에 가담할 수 있다. 어떤 연구는 Eysenck의 이론을 지지하지만(Rushton & Christjohn, 1981), 외향성에 대한 연구 결과는 일관적이지 않다. 그것은 외향성을 구성하는 사교성과 충동성 요소 중 후자만이 범죄와 관련성이 있기 때문일 수 있다(Putwain & Sammons, 2002).

범죄에 대한 정신분석적 입장은 Freud의 정신분석 이론에 기초한 것으로, 인생 초기의 경험이 성인기 발달과 범죄 행동에 미치는 영향을 강조한다. 또한 이 입장은 범죄에 대한 동기를 찾기 위해 성격 그리고 특히 무의식과 같은 정신세계를 조사한다. Freud는 인간의 성격 구조가 원초아(id), 자아(ego), 초자아(superego)로 구성되어 있다고 본다. 이때 범죄자는 자아가 약한 사람일 수 있는데, 그들은 보통 양육자로부터 사랑과 돌봄을 받지 못해 불행한 유년기를 보낸 사람들이다. 초자아가 약하거나 일탈해 있거나 혹은 지나치게 강한 사람도 범죄 행위를 저지를 수 있다(Blackburn, 1993). 가령, 옳고 그름을 구분하는 역량의 결여, 비뚤어진 가치관의 내면화, 처벌에 대한 소망이 범죄의 원인이 될 수 있다.

그림 14-3 정신병. 정신병적 성격장애는 범죄와 관련되어 있다.

범죄에 대한 정신병(psychopathy) 접근은 범죄자들의 반사회적이고 정신병적인 특성 등 다양한 성격장애가 범죄의 원인이라고 본다([그림 14-3] 참조). 정신병자들의 핵심 성격 특질에는 오만하고 기만하면서 자기 본위적인 대인관계 스타일, 후회나 죄의식, 공감과 같은 정서적이고 인지적인 경험의 결여 그리고 충동적이고 억제하지 않으면서 무책임한 생활방식이 있다(Stone & Brucato, 2019). 그들은 또한 불안 수준이 낮고 두려움이 없는 특징도 가지고 있다. 지금까지 많은 연구가 정신병과 범죄와의 관련성을 검증했다. 그 결과, 정신병은 다양한 형태의 범죄, 도구적 공격이나 가정 폭력과 같은 폭력, 성 범죄, 조직화된 범죄, 경제 범죄, 테러리스트 등과 관련되어 있었다. 이와 관련해서, 정신병은 재수감, 경비가 삼엄한 기관에 구금, 규율 위반 그리고 물질 남용과 정적 관련성이 있었다(Patrick, 2018). 구금되어 있거나 유죄 판결을 받은 죄수 중에는 약 5~15%가 정신병을 가지고 있는 것으로 진단받는다(Hare, 2003).

범죄에 대한 학습 이론은 범죄 행동에서 학습의 중요성을 강조한다. 이러한 입장을 취하는 사람들은 고전적 조건형성과 조작적 조건형성을 통해서 특정 자극이 범죄 행위를 연합함으로써 범죄가 일어난다고 주장한다. 또한 모방 학습을 통해서도 단순한 수준에서부터 복잡한 수준에 이르기까지 다양한 범죄 행위를 배울 수 있다고 생각한다. 이러한 학습에는 범죄 행위의 동기나 태도, 합리화 등에 대한 것도 들어 있다. 한편, 범죄 행위에 대해 인지적 접근을 하는 사람들은 타인에 대한 불신이나 권력욕과 같은 범죄자의 사고방식, 자기중심적인 태도나 문제의 원인과 관련하여 타인에 대한 비난, 적대적 귀인 편향과 같은 인지적 왜곡 그리고 도덕의 발달 수준 등을 중요하게 다룬다. 마지막으로, 사회적 낙인 이론(social labeling theory)은 사람들을 부정적인 용어로 낙인찍음으로써 그들이 범죄를 저지른다고 가정한다. 가령, 정직하게 살아가고자 하는 사람도 전과자나 동성애자라는 낙인 때문에 사회적으로 배척됨으로써, 결국 범죄에 가담하지 않을 수 없게 된다.

2) 법정심리학

앞에서 언급한 것처럼 법정심리학은 심리학을 사법 판단에 적용한 분야다. 대부분의 국가는 사법 판단을 위해 나름의 법률 시스템을 구축하고 있다. 여기에는 법이 있고, 다양한 수준의 법원이 있으며, 배심원, 검사, 판사, 변호사, 피고와 원고 같은 다양한 신분의 사람들이 관여하고 있다. 이와 함께 전문가로서 혹은 목격자로서 증언을 하는 사람도 있고, 범죄의 용의자를 분석하는 전문가도 있다. 여기서는 이 중에서 목격자 진술과 범죄 용의자 분석 그리고 배심원 판결에 대해 알아본다.

(1) 목격자 진술

법정에서는 범죄 현장을 둘러싸고 있는 정확한 증거를 확보하는 것이 매우 중요한 사안이다. 이때 목격자 진술과 이를 둘러싼 구체적인 상황은 매우 중요한 단서가 될 수 있다. 문제는 현장의 목격자는 범죄와 그것이 발생한 상황의 일부만을 기억하거나 그것을 왜곡한다는 것이다. 실제 여러 연구를 종합해 보면, 목격자 진술의 정확도는 50% 정도다(이수정, 2008). 한 연구(Loftus & Palmer, 1974)에서 자동차 충돌 사고를 찍은 비디오를 참가자에게 보여 준 후, 충돌과 관련된 동사를 바꿔 서로 다른 질문을 던졌다. 한 집단에게는 "자동차가 부딪쳐 박살났을 때 속도는 얼마인가?"라고 질문하고, 다른 집단에게는 "자동차가 부딪쳤을 때 속도는 얼마인가?"라고 질문했다. 그 결과, 후자보다 전자의 질문에서 참가자들은 자동차의 속도를 더 높게 추정했다.

목격자 진술의 정확성에 영향을 주는 것으로 시간 요인을 들 수 있다, 먼저, 목격자가 범죄자나 사건 현장을 관찰한 시간이 충분하면 그것을 더 정확하게 기억할 수 있다. Shapiro와 Penrod(1986)의 연구에 따르면, 범죄자의 얼굴을 4~12초 동안 관찰했을 때 기억의 정확도가 가장 높다. 관찰 시간이 4초 이하일 때는 시간이 짧을수록 정확성도 떨어지고, 12초 이상이라고 해서 정확성이 높아지지는 않는다. 사건의 목격과 진술 사이의 시간 간격도 중요하다. 예를 들면, 처음 본 얼굴은 5분 이내에 얼굴 정보의 13.5%가 망각되고, 2일 후에는 13.5%가 더 망각되며, 그 후 5일 동안에는 추가적으로 4%만 망각된다(Deffenbacher, 1989). 이는 다른 정보에 비해 사람 얼굴에 대한 기억은 더 오래 유지된다는 것을 의미한다.

목격자 인구학적 특징이 진술의 정확성에 영향을 준다. 연령에 관한 한 연구(Erickson et al., 2016)에서 노년기 목격자보다 젊고 중간 나이대의 성인기 목격자가 여러 용의자의 얼굴을 보고 범인을 알아내거나 범인에 대한 정보를 더 정확히 기억했다. 노인은 세부 사항을 정확히 기억하기보다는 핵심적인 측면에 초점을 두기 때문에, 여러 용의자 사이의 차이를 구별하는 것이 어려울 수 있다. 목격자 진술의 정확성에 성별 효과도 있다. 한 연구(Palmer et al., 2013)에서 여성은 남성의 얼굴보다는 여성의 얼굴을 더 정확히 인식하고, 남성은 여성과 남성의 얼굴을 모두 잘 인식했다. 또한 여러 피의자 중에서 자신이 목격한 범인을 가려내는 과제에서 목격자의 인종과 피의자의 인종이 다르면, 목격자 진술의 정확성도 감소했다(Lindsay et al., 1991). 이것을 타인종 효과(other-race effect)라고 하는데 이 효과는 여러 연구에서 나타났다.

목격자의 다양한 심리적 요인도 진술의 정확성에 영향을 준다. 그 하나의 요인이 목격자의 확신이다. 사람들은 보통 확신에 찬 사람의 말을 더 잘 믿고 그의 말이 더 정확하다고 생각한다. 실제 목격자가 자신의 증언과 진술에 대하여 확신하는 정도와 그것에 대한 사람들의 신뢰 간에는 높은 정적 상관이 있다(Cutler et al., 1988). 그러나 목격자의 확신이 진술의 정확도를 입증하는 것은 아니다. 실제로 연구자들은 목격자의 확신이나 자신감과 진술의 정확성 간에는 어떠한 관계도 없다는 데 동의하고 있다. 중요한 것은 피의자를 지목하는 전체 과정이 타당하고 신뢰롭게 이루어졌다면, 그 이후 목격자의 확신에 찬 진술은 정확성을 담보할 수 있다. 이러한 과정이 보장되지 않은 것이 목격자가 범인을 잘못 지목한 주된 이유다(Smalarz & Wells, 2015).

또 다른 심리적 특성으로 **주의**를 들 수 있다. 범죄 상황에서 범인이 총이나 칼과 같은 위협적인 무기를 가지고 있을 때, 목격자는 그 무기에 주의를 기울임으로써 범인의 얼굴이나 상황을 잘 기억하지 못할 수 있다. 이것을 **무기 초점 효과**라고 한다([그림 14-4] 참조; Loftus et al., 1987). 또한 목격자가 용의자의 사진 목록을 보고 범인을 지목할 때, 용의자 목록에는 범인은 아니지만 목격자에게 친숙한 사람이 있을 수 있다. 이러한 친숙성 때문에 목격자는 무의식적으로 그 사람을 자신이 목격한 범죄자로 착각할 수 있다. 이것을 **무의식적 전이**라고 한다. 범죄 현장에서 경험하는 정서적 동요도 목격자의 기억에 영향을 준다. 범죄나 사고의 현장은 대부분 긴박하고 위험하기 때문에 심한 긴장, 불안, 공포와 같은 정서적 동요를 야기한다. 이러한 정서 상태에서는 지각이나 판단이 왜곡되고 비합리적으로 형성되기 쉽기 때문에 상황에 대한 기억도 부정확할 수 있다.

그림 14-4 무기 초점 효과. 범죄자가 무기를 소지하고 있을 때 목격자는 그 무기 이외의 정보를 기억하기 어렵다.

(2) 범죄 용의자 분석

일단 범죄 용의자가 어떤 특성을 가진 사람인지 특정하고 나면, 심리학자들은 범죄 용의자의 프로파일링, 용의자의 진실성 감정, 자백의 진위와 같은 과정에 개입할 수 있다. 먼저, **범죄 용의자 프로파일링**은 범죄 현장과 증거를 분석하여 범죄 용의자의 성격 유형을 파악하고, 다른 범죄와의 연관성을 밝혀 용의자를 밝혀내는 수사 기법이다(Rossmo, 2014). 범죄 용의자 프로파일링은 1960~1970년대 미국에서 연쇄 살인, 성폭행, 방화 등 강력 범죄가 증가하자 수사의 효율성을 높이기 위해 개발된 기법이다. 프로파일링은 용의자의 정신질환, 교육 수준이나 전과의 유무, 가족 관련 특이사항, 성격 특질 등을 알려 준다. 프로파일링은 용의자가 이상하거나 특이한 행동을 하거나, 시신의 장기를 훼손하거나 잔혹하게 훼손하는 사건, 희생자를 고문하거나 가학적으로 잔인하게 괴롭히는 사건에 특히 유용하다. 이처럼 프로파일링은 범죄 용의

자의 일반적인 심리 특성과 범죄 수법에 대한 분석을 통해 수사에 도움을 줄 수 있다(Monahan & Walker, 2014).

범죄 용의자 분석에서 중요한 요인 중의 하나가 그들이 거짓말하는지 탐지하는 것이다. 용의자의 진술에 대한 신뢰성을 검증하기 위한 하나의 방법이 **진술 신빙성 평가**(Statement Validity Assessment: SVA; Steller & Koehnken, 1989)다. 이 평가의 1단계는 용의자에게 자유회상에 따라 사건에 대한 진술을 받은 다음, 2단계에서는 준거에 근거하여 진술의 표현, 내용, 동기 측면에서 그 특징을 확인한다. 마지막 3단계에서는 진술이 다른 외적인 요소에 의해 영향을 받았는지 그 타당도를 평가해서 최종적으로 진술의 신빙성을 평가한다.

거짓말 탐지의 또 다른 방법은 거짓말을 할 때 나타나는 행동이나 미세한 표정의 변화를 분석하는 것이다. 실제 거짓말은 동공 팽창, 긴장, 목소리 높낮이의 변화와 같은 **행동 단서**와 관련이 있다(DePaulo et al., 2003). 그러나 이러한 행동 단서가 우연 수준 이상의 변별력을 가지고 있지는 못하다(Leach et al., 2009). 비슷하게, 사람들은 거짓말을 할 때 불안이나 긴장감으로 인해 자율 신경계의 반응(심박, 혈압, 호흡량, 피부전기반응), 얼굴의 온도 변화, 목소리 음정 변화와 떨림 및 뇌파의 변화도 나타난다(Ekman & Friesen, 1978). 이처럼 거짓말을 할 때 심리적 불안으로 생기는 자율 신경계 변화를 측정해서 용의자의 거짓말을 탐지하는 기법이 **폴리그래프**(polygraph)다. 그러나 이것은 거짓말을 하는 사람의 불안 반응과 심리적 불안을 겪는 사람들의 반응을 구분하기 어렵고, 거짓말을 할 때 죄책감이나 불안을 느끼지 않는 사람을 분간하지 못한다(Ford, 2006).

폴리그래프 기법이 갖는 한계를 극복하는 대안이 뇌파나 기능적 자기공명영상(functional magnetic resonance imaging: fMRI) 기법이다. 이 방법은 거짓말을 구성하고 수행하는 데 필요한 뇌의 인지적 활동, 즉 뇌의 전기적 변화와 산소 소모량을 측정하기 때문에 정서 변화가 나타나지 않는 사람들의 거짓말을 탐지할 수 있다. 이 외에도 친숙한 이미지와 낯선 이미지를 말로 기술할 때 생겨나는 뇌파를 측정해서 분석하는 기법, 눈 주위의 미세 온도 변화를 측정하는 적외선 열 영상 분석, 후두의 미세 떨림이나 음조를 분석하는 음성 분석, 안구 운동 분석 등이 있다.

그럼 사람들은 얼마나 정확하게 거짓말을 탐지할 수 있을까? 약 2만 5천 명의 일반인을 대상으로 한 연구의 결과를 메타분석한 결과(Bond & DePaulo, 2006), 그들의 거짓말 탐지 정확도는 54%로 우연 수준과 비슷했다. 진실한 진술에 대한 정확도는 61%이었고 거짓 진술에 대한 정확도는 47%이었다. 그러나 다른 사람의 거짓말을 판단하는 데 경험이 많은 사람은 일반인들보다 좀 더 정확할 수 있다. Ekman과 O'Sullivan(1991)은 509명의 참가자에게 10명의 사람이 자신의 감정을 속이거나 사실대로 말하는 영상을 보여 주고 진실 여부를 판단하게 했다. 그 결과, 첩보 기관에서 과학수사연구원으로 일하고 있는 사람들의 정확도는 64.12%로, 경찰, 판사, 폴리그래프 세미나에 참석한 정보요원, 학생 등이 보인 55% 전후의 정확도보다 높았다. 이러한 결과는 거짓말 탐지에 대한 훈련이 어느 정도는 효과가 있음을 시사한다.

글상자 14-1

유도 신문은 죽은 사람이 없는 살인 사건도 만들어 낸다

그림 14-5 유도 신문

2007년 6월 8일 충남 보령경찰서에 여중생 실종신고가 들어왔다. 수사 도중 언니 김유정(가명, 17세)이 여동생 살해 혐의로 체포되었다. 경찰관들은 다른 두 동생(당시 여동생 10세, 남동생 7세)에게 받은 진술서를 기반으로 언니 김유정의 자술서를 받아 냈다. 이 사건은 언니의 자백으로 종결된 것처럼 보였는데, 실종 신고 22일 후 동생 지민이가 집에 돌아오면서 사건은 다른 국면을 맞게 되었다. 실종 신고 당시 부모를 마중 나간 지민이는 납치를 당했고, 22일이 지난 후 납치범에게서 풀려나 집으로 돌아온 것이다. 수사관이 조사 대상자의 특성을 이해하지 못한 채 자신의 가설을 입증하려는 욕구가 너무 강해서 나온 결과다. 당시 형사들은 어린 동생들에게 유도 질문과 반복 질문을 해서 자신들의 가설과 부합하는 방향의 진술을 얻어 낸 것이다(한겨레, 2013. 3. 16.).

범죄 용의자를 분석할 때 중요한 주제 중의 하나가 **자백**(confession)이다. 보통 용의자의 자백은 사실을 시인하는 행위로 다른 증거보다 판결에 더 큰 영향을 미친다. 그래서 배심원들은 자백의 타당성을 거의 의심하지 않는다(Kassin & Sukel, 1997). 한 연구(Kassin & Neumann, 1997)에서는 참가자들에게 네 종류의 범죄(살인, 상해, 강간, 절도)에 대한 재판 기록과 함께 세 가지 증거(자백 증거, 목격 증거, 피고인의 특성에 대한 증언) 중 하나를 제시했다. 그 결과, 세 가지 사건 모두에서 피고인의 자백이 있을 때 유죄 판단 비율이 가장 높았다. 또한 세 가지 증거를 차례로 제시하면서 유죄 여부를 질문할 때에도, 피고인의 자백을 제시한 직후 배심원들이 유죄라고 판단하는 비율이 가장 크게 증가했다.

자백과 관련된 또 다른 문제는 허위로 자백하는 것이다. 무죄를 유죄로 잘못 선고한 사례를 분석한 연구(Garrett, 2008)에 따르면, 사례별로 15~20% 정도의 용의자가 범죄를 저지르지 않고도 범죄를 저질렀다고 보고했다. 심문 과정에서 강압적인 요인 때문이기도 하고 심지어 **자발적 허위 자백**도 있다. 일반적으로 쉽게 상상할 수 있듯이 강압에 따른 허위 자백은 경찰이나 검찰이 상당히 위험한 중범죄 사건을 해결하도록 압력을 받을 때 많이 발생하기 쉽다. 자발적으로 허위 자백하는 이유에는 유명해지고 싶거나 과거의 잘못에 대한 죄책감을 덜고 싶어서, 혹은 진범을 감추고 싶거나 허구와 현실을 구분하지 못해서, 때로는 공격적인 취조를 피하는 것과 같은 단기적인 이득을 위해서 등이 있다(McCann, 1998).

(3) 배심원 판결

판결은 범죄에 대한 책임 능력과 위험성 평가에 근거해서 이루어진다. 이때 전통적으로 영미법을 따르는 국가(미국과 영국)에서는 배심원에 대한 심리학 연구가 활발하다. 배심제는 일반 시민이 재판에 참여하는 사법제도를 의미하고, 배심제에 따라 선발된 시민이 사법적 판단과 결정을 내리는 데 참여하는 재판의 유형을 **배심 재판**(jury trial)이라고 부른다(박재현, 2010). 반면에 전적으로 직업 법관이 사법적 판단과 결정을 내리는 재판은 법관 재판(bench trial)이라고 부른다. 우리나라에서는 2008년부터 국민참여재판이 처음 도입되어 같은 해 2월 대구지방법원에서 국내 최초로 배심에 의한 형사재판이 이루어졌다([그림 14-6] 참조).

그림 14-6 대구지법에서 열린 국민참여재판. 국내에서 처음으로 열린 이 재판에서 배심원들이 선서를 하고 있다.

국민참여재판은 법관 재판의 단점을 보완하기 위해 마련한 배심 재판의 형태다. 국민들이 사법권을 직접 행사할 수 있게 하고, 국민들의 가치와 판단을 사법에 반영함으로써 재판 결과가 국민들의 상식에 부합하고, 또한 사법의 신뢰도도 증진한다. 아울러 일반 시민이 재판에 참여함으로써 법조인 사이의 유착과 담합 등 법조 비리를 개선할 수도 있다. 마지막으로, 시민들의 사회 참여를 돕고 재판 및 사법 전반에 대한 만족도를 증진한다. 그런데도 배심원들이 서로의 견해를 토의하는 평의(deliberation) 과정과 결론을 도출하는 평결(verdict) 과정에 사회적 고정관념과 편견, 정서 등이 영향을 미칠 수 있다(박재현, 2010).

배심제의 공정성을 해치는 요인에는 배심원들의 편견과 고정관념이 있다. 한 연구(Gordon et al., 1988)에서 피고의 인종(흑인 대 백인)과 범죄 유형(육체 노동자 범죄 대 사무직 노동자 범죄)이 판결에 미치는 영향을 알아보았다. 그 결과, 참가자들은 강도 범죄(흑인의 고정관념에 부합하는 범죄)에서는 흑인 피고를 백인 피고보다 더 오래 구속해야 한다고 평가했지만, 횡령 범죄(백인의 고정관념에 부합하는 범죄)에 대해서는 백인 피고를 더 오래 구속해야 한다고 평가했다. 비슷하게, 박희찬과 김혜숙(2010)은 인종(한국인 대 동남아인)과 범죄 유형(절도 범죄 대 사기 범죄)을 조작한 스크립트를 이용하여 이 둘의 관계를 알아보았다. 그 결과, 참가자들은 절도 범죄의 용의자는 동남아인이고 피해자는 한국인, 사기 범죄의 용의자는 한국인이고 피해자는 동남아인이라는 고정관념을 가지고 있었다.

배심제의 공정성을 해치는 또 다른 요인은 **재판 전 홍보 효과**(effects of pretrial publicity)다(Steblay et al., 1999). 이것은 공판 전에 언론이 형성한 편견에 노출된 배심원이 재판에 참여하여 공정성을 저해하는 현상을 가리킨다. 대중의 관심이 집중되는 사건은 공판이 시작되기도 전에 대중매체를 통해 편향된 정보가 알려진다. 이러한 정보에 노출된 배심원은 설령 새로운 증거가 제시되더라도, 그것을 자신의 편견과 일치하도록 왜곡해서 받아들일 가능성이 크다. 고정관념에서 자유로울 수 있는 배심원은 없기 때문에, 이런 영향을 최소화하기 위한 제도가 기피 신청이다. 이것은 배심원 후보자가 편견을 가지고 있어 공정한 판단이 어렵다고 여겨지면 그 사람을 배심원에서 배제를 할 수 있도록 하는 제도다.

객관적이고 공평해야 할 사법적 판단을 흐릴 수 있는 정서적 요인 중의 하나가 동정심이다. Kalven과 Zeisel(1966)의 연구에서 피고인이 고령이거나 어리면, 배심원들은 동정심을 느끼는 경향이 있다. 또한 여성 피고인은 남성 피고인보다 동정심을 받을 가능성이 더 크다. 특히 배심원이 남자들로 이루어져 있고 피고인이 전과 기록이 없는 여성 피고인일 때 더욱 그렇다. 더군다나 피고인이 심각한 신체적 장애나 얼굴 손상 등으로 매우 측은해 보이면, 그들은 배심원들의 동정심을 받을 가능성이 더 크다. 마지막으로, 법정에 피고인의 가족이 피고인과 함께 있을 때, 배심원들은 동정심을 느낄 가능성이 크다.

2. 건강심리학

오늘날 기대 수명과 노인 인구의 증가로 건강에 대한 사회적 관심이 매우 높다. 건강심리학(health psychology)은 질병에 대한 감염과 그 원인, 질병의 치료와 예방 그리고 건강의 증진을 심리학적인 측면에서 연구하고 이해하는 학문이다. 이와 같은 여러 측면에 생물학적 요인이 중요하지만, 심리적 요인도 그것 못지않게 중요하다. 가령, 건강에 대한 개인적인 태도와 신념이 건강 관련 행동에 영향을 미칠 수 있고, 이것이 궁극적으로 건강에 영향을 미칠 수 있다. 또한 대인관계는 심리적 건강과 함께 신체적 건강에도 중요한 기능을 한다(Brown et al., 2003; Ryff & Singer, 2000). 이렇듯 건강한 삶을 유지하기 위해서는 물리적 환경을 넘어서 사회적 환경도 중요하다. 지금까지 건강심리학자들은 스트레스와 통증에 대한 이해와 대처, 만성 질환과 행동의 문제, 건강 행동 등 다양한 주제를 연구해 왔다. 여기서는 그중에서 건강 행동에 대한 사회심리학적 접근을 중점적으로 살펴본다.

1) 건강 행동에 대한 접근

건강은 개인적 관심사이면서 사회적 문제다. 개인은 좋은 건강 습관을 만들어 유지함으로써 건강을 지키고자 한다. 사회심리학자들은 건강 행동을 실천하고 건강에 해가 되는 행동을 변화시키는 데 도움을 주는 연구를 수행한다. 그들은 건강 행동 변화의 모형들을 개발하고 검증하는 일에 깊이 관여하고 있다. 이러한 모형은 사람들이 자신의 건강 습관을 변화시키도록 유도하는 설득 메시지를 개발하는 데 널리 쓰이고 있다. 또한 사회심리학적 연구는 건강 행동에 관련된 태도-행동 불일치를 이해하는 데 도움을 준다.

(1) 태도 변화 접근

제5장에서 살펴본 것처럼 설득 메시지를 통한 태도 변화의 원리를 건강 행동에 적용할 수 있다. 이때 의사소통이 설득력이 있으려면, 의사소통자, 메시지, 청중 등 관련 요인이 갖추어야 할 조건이 있다. 예를 들면, 의사소통자는 전문성, 명성, 신뢰성과 호감 그리고 청중과의 유사성이 있을 때, 그런 사람이 전하는 건강 메시지가 더 설득력이 있다. 또한 메시지는 짧고 분명하며 직접적으로 건강 행동의 혜택을 이야기

할 때 그리고 극단적이지는 않지만 강한 주장을 담고 있을 때 설득력이 있다. 통계나 전문 용어보다는 사례를 들어 설득하는 것이 효과적이다. 또한 청중이 건강 습관의 변화에 수용적이면 그것에 대한 우호적인 측면만을 제시하는 것이 효과적이고, 그렇지 않을 때는 긍정적인 면과 부정적인 면을 모두 제시하면서 부정적인 측면을 논박하는 것이 효과적이다.

건강 습관을 바꾸기 위한 태도 변화 접근은 종종 공포 유발(fear appeals) 전략을 이용한다([그림 14-7] 참조). 이 전략은 사람들이 건강을 해치는 것을 두려워할 때 그 공포를 줄이기 위해 행동을 바꿀 것이라고 가정한다. 상식적으로는 공포와 행동 변화 간에 직접적인 관계가 있을 것 같지만 항상 그렇지는 않다. 지나치게 공포를 유발하는 설득 메시지는 실제로 건강 관련 행동 변화를 약화할 수 있다(Becker & Janz, 1987). 연구자들은 공포만으로는 행동을 바꾸기에 충분하지 않다고 지적한다. 대신에 공포는 건강 행동을 변화시키려는 의도에는 영향을 미칠 수 있다고 생각한다(Sutton & Eiser, 1984). 또한 그들은 건강 행동의 효과에 대한 정보나 구체적 행동 방식이 제시되지 않으면, 공포가 장기적인 건강 습관의 변화를 가져오지는 않는다고 주장한다(Self & Rogers, 1990).

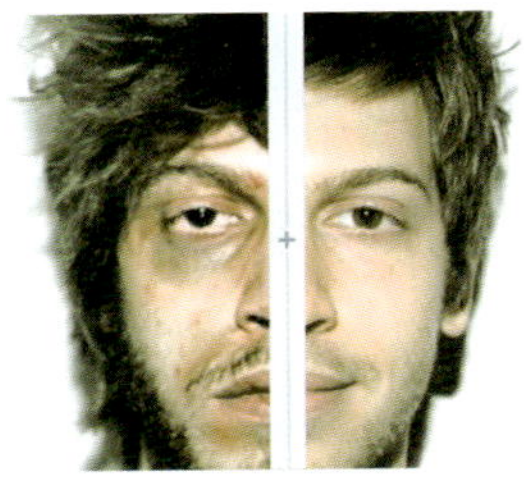

그림 14-7 마약 방지 광고. 1년간 마약을 한 얼굴(왼쪽)을 보여 줌으로써 두려움을 일으켜 마약을 방지하고자 한다.

보호 동기 이론(protection motivation theory; Maddux & Rogers, 1983)에서는 공포 유발 전략이 건강 행동의 변화에 미치는 효과는 사람들이 자기를 보호하려는 동기에 달려 있다고 주장한다. 이 이론에 따르면([그림 14-8] 참조), 건강을 위협하는 상황에서

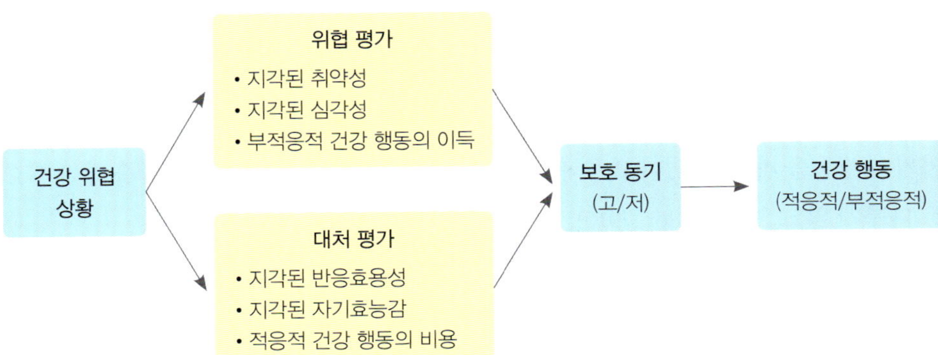

그림 14-8 보호 동기 이론의 모형. 위협적인 사건에 대한 위협 평가와 대처 평가가 보호 동기를 결정하고, 이 동기에 따라 건강 행동이 달라진다.

출처: Rippetoe & Rogers (1987).

공포를 느낀 사람은 그 상황에서 위협 평가와 대처 평가를 한 다음, 그 결과가 보호 동기와 건강 증진 행동으로 이어진다. 이 상황에서 자기의 건강을 위협하는 수준이 높고 그것에 대처할 수 있는 능력이 크며 비용이 적게 든다고 지각할수록 보호 동기는 증가한다. 실제 여학생들은 유방암의 심각성과 취약성이 높고, 유방 자기 검사의 효과와 자기효능감이 높은 여학생은 이 검사에 관한 관심과 검사를 받겠다는 의도가 증가했다(Rippetoe & Rogers, 1987).

메시지 프레이밍(message framing)도 건강 행동에 대한 태도 변화에 영향을 준다. 즉, 행동의 결과가 불확실하면 잠재적인 문제를 강조하는 메시지가 효과적이고, 특정 행동의 결과가 분명하면 긍정적 이득을 강조하는 메시지가 효과적이다. Apanovitch 등(2003)의 연구에서 여성들에게 HIV 검사의 홍보 동영상을 보여 주고 6개월 후 검사를 받았는지 조사했다. 그 결과, 검사의 효과를 확신한 사람은 검사의 이득을 강조할 때 검사를 더 많이 받았고, 검사의 효과를 확신하지 못한 사람은 검사받지 않았을 경우의 손실을 강조할 때 검사를 더 많이 받았다. 또한 목표에 접근하는 것에 중점을 두는 성취 또는 접근 지향적인 사람은 이득에 대한 메시지(예: "칼슘은 당신의 뼈를 튼튼하게 합니다.")에 더 큰 영향을 받았다. 반면, 위험을 최소화하는 예방 또는 회피 지향적인 사람은 건강 행동을 하지 않았을 때 위험을 강조하는 메시지(예: "칼슘 섭취를 적게 하면 골다공증 위험이 증가합니다.")에 더 큰 영향을 받았다(Mann et al., 2004).

기대-가치 이론에 따르면, 사람들은 기대하는 효용성에 근거하여 건강에 도움이 되는 행동을 한다. 여기서 효용성이란 어떤 행동의 결과에 대한 주관적 가치와 그 결과가 일어날 가능성을 곱한 값이다. 흡연을 예로 들어 보자. 흡연의 효용성은 흡연이 주는 즐거움의 중요성에 흡연할 가능성을 곱한 값이다. 반면, 금연의 효용성은 건강 관련 금연의 중요성에 금연할 가능성을 곱한 값이다. 이 둘 중에서 우리는 효용성이 더 큰 선택지를 고른다. 건강 행동과 관련해서는 기존 행동과 새로운 건강 행동을 비교하여 선택한다. 그러나 이 이론은 건강 행동의 변화에서 중요한 요인인 사람들이 자기의 행동을 바꿀 수 있다고 주관적으로 지각하는 정도, 즉 자기효능감을 구체적으로 다루지 않고 있다(Taylor, 2010).

(2) 건강 신념 모형과 계획된 행동 이론

건강 신념 모형(health belief model)에서는 건강 행동의 추구가 2개의 요인, 즉 한 개인이 자기의 건강 위협을 느끼고 있는지 그리고 특정 건강 활동이 그러한 위협을 줄일 수 있다고 믿는지가 결정한다고 본다(Champion & Skinner, 2008). [그림 14-9]에서 보듯이

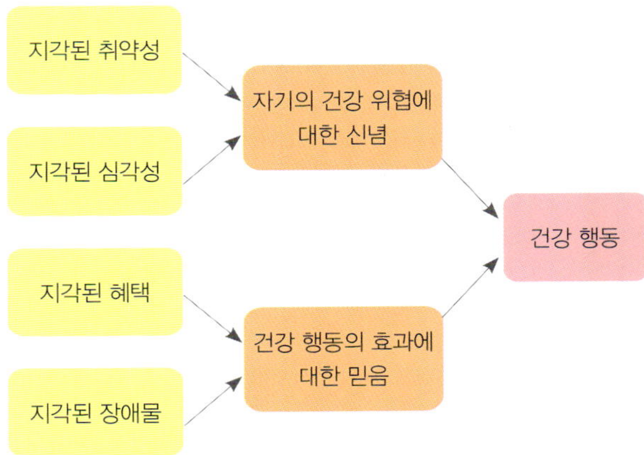

그림 14-9 건강 신념 모형. 이 모형은 건강 행동을 크게 위협에 대한 신념과 특정 건강 행동의 효과로 설명하고 있다.

건강에 대한 위협의 지각은 질병에 대한 자기의 취약성, 질병의 심각성과 같은 요인의 영향을 받는다. 건강 활동의 효과에 대한 지각은 그 활동이 효과적이라고 믿는지 그리고 그러한 활동에 따른 비용이 이득을 초과하는지에 달려 있다. 가령, 다이어트가 비만에 따른 질병을 줄인다고 믿으면서도 이것이 빼앗는 과식의 즐거움이 그 혜택보다 크다고 생각하면, 사람들은 다이어트를 하지 않게 된다. 이 외에도 고통이나 증상과 같은 행동 단서, 자기효능감, 계층과 같은 인구통계학적 요인이 건강 행동에 관련된다.

이 모형은 사람들의 건강 행동을 설명하는 데 수십 년 동안 활용되어 왔다(Taylor, 2009). 가령, 흡연자들은 흡연량이 증가하더라도 암 발생 위험률은 증가하지 않을 것이라고 믿는 비현실적 낙관성이 높다(Weinstein et al., 2005). 이러한 비현실적 낙관성은 금연이라는 건강 증진 행동보다는 흡연이라는 건강 유해 행동을 계속하도록 만든다. 또한 고령의 여성을 대상으로 한 연구(O'Brien Cousins, 2000)에 의하면, 그들은 운동을 통해 얻을 수 있는 이득을 알고 있으면서도 운동하다가 심장마비가 올 수도 있다는 위험을 인식하면 운동을 하지 않으려는 경향을 보였다. 때로 사람들은 신체적 자각 증상이 있더라도 경제적 어려움 때문에 진료비가 부담되는 경우 병원에 가기를 꺼렸다(Abraído-Lanza et al., 2004).

계획된 행동 이론(theory of planned behavior; Ajzen & Madden, 1986)에 따르면, 건강 증진 행동은 행동 의도의 직접적인 산물이고, 행동 의도는 개인의 건강 관련 행동에 대한 태도, 행동에 대한 주관적 규범 그리고 지각된 행동 통제의 상호작용에 따른 결과물이다([그림 5-11] 참조). 이 이론은 건강에 대한 개인적 태도와 실행 능력에 대한 개인적 평가도 중시하지만, 주관적 규범, 즉 건강 증진 행동에 대한 주변 사람들의 태도와 그들의 태도에 따르려는 개인적 동기가 건강 행동에 중요한 요인이라는 점도 강조한다. 건강에 대한 개인적 태도나 평가가 그 개인이 어떤 사람들과 지내느냐에 따라 달라질 수 있다는 점을 지적함으로써, 계획된 행동 이론은 건강에 대한 좀 더 포괄적인 사회심리학적 요인을 제시하고 있다.

20~30대 남녀를 대상으로 한 연구(곽선혜, 정의철, 2015)를 보면, 체중 조절에 대한

개인의 태도도 중요하지만, 주관적 규범, 즉 외모를 중시하는 풍조나 주변 사람들이 체중에 대해 얼마나 민감한 반응을 보이는지가 다이어트 행동의 필요성에 대한 인식을 잘 예측했다. 또한 여대생 음주의 사례에서도 개인이 가지고 있는 음주에 대한 태도도 중요하지만, 주변 사람들이 지니고 있는 여대생의 음주에 대한 기대나 규범이 그들의 음주 행동에 더 큰 영향을 미치는 것으로 나타났다(심성욱 외, 2009). 즉, 여대생 자신은 술을 좋아하지만 가족이나 동료들이 가지고 있는 여대생의 음주에 대한 규범이 호의적이지 않다면, 그녀는 술을 마시지 않거나 적게 마셨다.

(3) 사회적 요인과 대중매체의 효과

건강에 대한 사회·문화적 측면을 강조하는 견해에 따르면, 개인적 노력의 차원을 넘어서는 경제, 사회, 교육 등의 사회·문화적 여건이 건강에 큰 영향을 미친다. 그 대표적인 이론이 **사회적 결정주의 관점**(Clarke & van Amerom, 2008)이다. 이 관점은 개인의 건강에는 사회, 경제, 교육, 문화 등 사회적 요인이 큰 영향을 미친다고 주장한다. 예를 들어, 아프리카의 토착민인 중앙아프리카의 피그미(Pigmy)족과 남아프리카의 산(San)족의 건강 상태가 나쁜 것은 빈곤과 소외 및 제도화된 인종 차별, 실업률, 낮은 임금 수준, 열악한 주거 환경에 기인하는 것으로 설명할 수 있다(Ohenjo et al., 2006). 한 국내 연구(이미숙, 2005)에서도 이와 같은 결과를 보고하고 있다. 20세 이상 2,500명 이상의 자료를 분석한 결과, 고교 학력 이상의 사람, 관리전문직 종사자 그리고 광역시 거주자들의 건강이 상대적으로 더 좋았다.

사회적 결정주의 관점은 건강에 대한 정부나 사회의 책임이 개인의 건강에 대한 노력에 선행하여야 함을 강조하며, 건강에 영향을 주는 요인을 개선함으로써 건강의 격차를 줄이고자 노력할 것을 강조한다(Higgins et al., 2006). 구체적으로, 건강이나 질병이 사회·경제적 수준, 근무 환경과 열악한 삶의 조건, 인종별 생활 전통이나 문화적 특성과 같은 차원에서 건강에 나쁜 영향을 미치는 요인을 파악해서 그것을 개선하고자 한다. 이 이론은 건강에 대한 접근을 개인 차원이 아닌 좀 더 포괄적이고 거시적인 사회·문화적 차원에서 접근해야 하는 근거를 제공한다는 점에서 의의가 있다.

대중매체의 건강 메시지에 관한 입장은 상충적이다. 부정적인 면을 강조하는 입장(Anschutz et al., 2008)에 따르면, 미디어에서 보여 주는 건강에 해로운 행동은 사람들의 실제 행동에 영향을 미칠 수 있다. 물론 대중매체가 건강 행동을 유도하는 메시지를 통해 건강을 증진하는 데 기여할 수 있다. 또한 대중매체에서 건강의 위험 요인을 알리는 메시지는 수백만 명의 의식을 일깨우는 데 효과적일 수 있다. 그러나 실제로

대중매체가 시청자의 행동을 변화시키는지는 의문이다. 인지 · 행동적 개입과 같은 행동 변화 기법 없이 순전히 대중매체 그리고 설득적 메시지 자체로 행동을 변화시킬 수 있는지는 분명치 않다(Taylor, 2009).

대중매체의 긍정적인 측면을 강조하는 견해에서는 대중매체 메시지가 건강 증진 행동에 미치는 효과가 과소평가되었다고 지적한다. 많은 사람이 의학 · 심리학의 개입 없이도 자기의 건강 습관을 고쳤다는 사실은 대중매체의 교육적인 효과가 크다는 것을 시사한다(McBride et al., 2001). TV나 라디오와 같은 대중매체는 강의나 전단지와 같은 방법보다 더욱 성공적으로 행동 변화를 이끌어 낼 수 있다. 대중매체를 통한 태도 변화 캠페인의 또 다른 이익은 건강 문제에 대한 사회적 대응을 유도하는 환경을 조성할 수 있다는 점이다(Taylor, 2010). 이러한 측면에서 볼 때, 일관된 메시지를 매체를 통해 노출하는 것은 누적 효과가 있을 수 있다.

2) 건강을 해치는 행동

건강을 해치는 행동 중에서는 흡연, 알코올 남용이나 건강에 좋지 않은 섭식 행동이 있다. 이러한 행동은 거의 대부분 일회적이기보다는 반복해서 일어나는 습관이다. 지금까지 사회심리학자들은 이러한 행동에 영향을 미치는 요인을 발견해서 건강을 증진하는 방향으로 그러한 요인을 바꾸거나 제거하는 연구를 수행해 왔다.

(1) 흡연

세계적으로 매년 약 6백만 명이 흡연으로 사망한다(American Cancer Society, 2012). 흡연은 폐가 계속해서 해로운 입자에 노출되게 만들어 여러 질병을 일으킨다. 흡연의 요인에는 유전뿐만 아니라, 또래의 압력, 형제나 부모의 사회적 요인, 광고, 체중에 대한 염려 등이 있다(Brannon et al., 2019). 거의 모든 흡연자가 흡연의 잠재적 유해성을 잘 알고 있지만, 그런 위험을 자신과는 상관이 없다고 생각하는 경향이 있다. 흡연의 유해성에 대한 그들의 지식은 낙관적으로 편향되어 있다(Weinstein, 1980). 게다가 많은 사람은 흡연이 스트레스, 불안, 우울을 없애 줄 수 있다고 생각한다(Stevens et al., 2005). 또한 어떤 사람은 니코틴에 중독되어 흡연을 지속하고(Strasser et al., 2007), 또 다른 사람은 체중 증가에 대한 염려로 흡연을 계속한다(Wee et al., 2001).

흡연율은 흡연의 시작을 방지하는 것으로 낮출 수 있다. 학생들이 흡연의 위험성에 대한 정보가 없어 흡연을 하는 것이 아니고, 그래서 그들에게 건강상 흡연의 위험을 경고하는 메시지를 보내는 것도 효과가 없다(Siegel & Biener, 2000). 학교 기반 예방 프로그램도 그 효과가 제한적이다. 예방 프로그램이 효과적이려면 상호작용을 강조하고, 흡연의 권유를 거절할 수 있는 기술을 가르쳐야 하며, 학교 보건교육 교과 과정에 관련 과목이 있어야 하고, 지역사회와도 협력이 이루어져야 한다(Flay, 2009). 대부분의 사람은 혼자서 금연을 시도하지만, 어떤 사람들은 약물치료나 심리적 개입 프로그램을 이용하기도 하고, 금연을 유도하는 대중매체와 지역사회 캠페인을 접하기도 한다.

흡연율을 낮추는 또 다른 방법은 흡연자들의 금연을 유도하는 것이다. 니코틴을 섭취하지 않으면 금단 증상이 나타날 수 있기 때문에, 성공적인 금연 프로그램에서는 니코틴 패치나 니코틴 껌 같은 니코틴 대체물 그리고 흡연과 관련된 뇌의 화학적 작용에 영향을 미치는 약물을 활용한다. 이 두 가지 방식 모두 위약이나 아무 치료도 받지 않는 것보다 더 효과적이다(Cahill et al., 2013). 금연을 위한 또 다른 접근은 금연을 위한 심리적 개입 프로그램에 참가하는 것이다. 이때 실제 치료사와의 접촉의 양이 금연 효과와 긍정적으로 관련되어 있는데(Stead et al., 2008), 중요한 점은 흡연의 위험성보다는 금연을 위해 준비해야 할 것에 대한 정보를 제공하는 것이다. 이러한 측면에서 볼 때, 컴퓨터 기반 접촉도 효과가 있다(Myung et al., 2009).

많은 사람이 몇 개월 혹은 1년 동안 금연에 성공하지만, 22%의 사람들은 재발하여 이전에 비해 흡연량이 증가했다는 연구도 있다(Yong et al., 2008). 특히 스스로 금연한 사람들의 재발 비율이 높아 금연 후 2일 내에 2/3의 사람들이 재발했고, 75%의 사람들은 6개월 내에 다시 담배를 피우게 되었으며, 금연 후 1년 후부터는 재발률이 급격하게 감소했다(Herd et al., 2009). 영국 보건당국의 금연 서비스 프로그램 조사 연구에 의하면, 행동주의적 개인 및 집단 상담 프로그램이 금연 후 1~3개월간 재발 방지 프로그램으로 각광을 받았고, 금연 후 취약한 1년간 약물치료를 병행하는 것이 효과적이었다(Agboola et al., 2010).

(2) 음주

가벼운 음주가 심장병으로 인한 사망률을 감소시키는 것(Mukamal et al., 2010)과 같이 건강에 도움이 되는 측면이 있지만, 지속적이고 과도한 음주는 간경화, 뇌 기능 장애, 암, 태아 알코올 증후군, 범죄나 사고 등의 위험 요인이다. 음주에 관한 설명으로, **질병 모형**은 과도한 음주자는 알코올 중독이라는 질병에 걸렸기 때문이라고 가정한다(Jellinek, 1960; [그림 14-10] 참조). 이후 질병 모형에 반대하는 Griffith Edwards

그림 14-10 알코올 중독. 과음이 건강에 해롭다는 것을 알아도 단주는 쉽지 않다.

와 동료들(Edwards & Gross, 1976)은 알코올 중독이라는 용어 대신 알코올 의존 증후군이라는 용어를 사용하면서, 알코올에 의존한 사람들은 통제력이 없는 것이 아니라, 내성의 증가, 금단 증상 및 그런 증상의 회피와 같은 증후군을 겪으면서 통제력에 결함이 생겨서 과음한다고 설명한다.

음주에 대한 인지 · 생리적 모형은 알코올이 인지 기능을 변화시켜 긴장을 감소시키고, 부정적인 자기평가에서 벗어나게 하는 작용을 한다고 제안한다. 긴장 감소 가설은 음주의 이유를 알코올이 이완과 느린 반응을 유발하는 진정제 효과에서 찾는다. 그러나 경험적 결과는 알코올 자체보다는 긴장 감소에 대한 기대가 이런 효과를 내는 것으로 나타났다(Kambouropoulos, 2003). 알코올성 근시안(alcohol myopia)이란 알코올은 정서와 행동에 불균형적인 영향을 행사함으로써, 경험을 즉각적이고 피상적으로 이해하게 만든다는 것이다(Steele & Josephs, 1990). 즉, 알코올은 이성적 사고를 방해하고 자기, 스트레스나 불안과 관련된 사고를 변화시킨다. 여기에는 억제된 감정이나 행동의 과장된 표현, 자기에 대한 과장된 지각, 음주 후 안도 및 불안 감소 등이 있다(Phillips & Ogeil, 2007).

음주에 대한 사회학습 이론은 다른 행동을 학습하는 것과 마찬가지로 술을 마시는 것도 학습되는 것이라고 가정한다. 이 이론에 의하면, 사람들은 최소한 세 가지 이유로 술을 마시기 시작한다. 첫째, 술의 맛과 그 즉각적 효과가 개인에게 즐거움을 준다. 둘째, 술을 마심으로써 개인이 불쾌한 상황에서 벗어날 수 있다. 셋째, 다른 사람들을 관찰함으로써 술을 마시는 것을 배우게 된다. 이 세 가지 경우 모두 경험적 연구의 지지를 받았다(Bergmark & Kuendig, 2008; Lowman et al., 2000; Orford et al., 2004). 이와 같은 세 모형은 모두 사람들이 왜 지속적으로 술을 마시는지를 설명해 주지만, 왜 어떤 사람은 적당하게 술을 마시고 또 어떤 사람은 과도하게 마시는지를 충분히 설명해 주지는 못한다.

전통적인 알코올 치료 프로그램은 단주를 목표로 하지만 성공률은 높지 않다. 1935년에 시작한 '익명의 알코올 중독자(Alcoholics Anonymous: AA)' 프로그램은 12단계로 구성되어 있는데, 문제성 음주에 대한 접근법 중 가장 대중적인 방식으로 자리 잡고 있다. 문제는 이 프로그램의 효과를 평가하기 어렵다는 것인데, 왜냐하면 구성원들의 익명성 때문에 추적 조사가 어렵기 때문이다. 이와 함께 다양한 형태의 심리치료, 디설피람(disulfiram)이나 날트렉손(naltrexone)과 약물을 사용한 화학치료, 통제된 음주 전략 등이 있다. 최근에는 행동적 치료나 재발방지 프로그램이 의학적 치료 과정에 포함되어 있다(Huebner & Kantor, 2011). 많은 문제성 음주자는 공식적인 치료 프로그램에 참여하지 않고도 술을 끊을 수 있지만 흡연과 마찬가지로 재발이 문제다. 대부분의 재발은 프로그램 종료 후 90일 이내에 발생하고 1년 후에는 35%만이 단주한다(Camí & Farré, 2003).

(3) 식사와 체중

체중은 음식 섭취로 흡수한 칼로리 양 그리고 신진대사와 신체 활동으로 소비한 칼로리의 양에 달려 있다. 체중 증가는 전자가 후자보다 많을 때 생기고 체중 감소는 그 반대다. 제2차 세계대전 당시 36명의 자원자를 대상으로 진행한 기아 실험에서(Keys et al., 1950), 정상적인 칼로리의 식사를 제공한 3개월 후에 배급량을 절반으로 줄였다. 그 결과, 체중이 처음에는 빠른 속도로 줄었으나 점차 그 비율은 감소했다. 이와 함께 짜증, 공격성, 무감각, 성에 대한 무관심, 음식에 대한 집착 증상을 보였다. 이와 비슷하게, 수형자를 대상으로 한 과식 실험(Sims, 1976)에서 처음에는 쉽게 체중이 증가했으나 그 비율이 곧바로 감소했다. 이와 함께 참가자들은 점차 과식에 대해 불쾌감을 느꼈으며 음식에 대해 역겨움을 느끼게 되었다.

현대 사회는 날씬한 몸매를 지나치게 강조해서 과잉 다이어트를 초래한다. 문제는 이것이 안전하지도 않고 그 효과가 영구적이지도 않다는 점이다. 보통 체중을 감소하기보다 감소된 체중을 유지하기가 더 어렵다. 또한 다이어트가 모든 사람에게 유익한 것도 아니다. 병적으로 비만이거나 복부 비만인 사람은 체중을 줄여야 한다. 그러나 미용 목적으로 다이어트를 하는 사람은 대부분 다이어트를 하지 않으면 더 건강할 수 있다. 심지어 어떤 사람은 거의 통제력을 벗어나서 완전히 단식하는 체중 감소 프로그램을 시작한다. 이런 거식증(Anorexia)은 젊고 성취욕이 높은 여성에게 많이 나타난다(Thomas et al., 2005). 그들은 신체에 대한 불만족이 크고 마른 몸이 자신의 문제를 해결해 줄 것으로 믿는다. 그러면서 식사 습관을 변화시키려는 동기가 부족해 치료가 어렵다(Keel & Brown, 2010).

신경성 폭식증(Bulimia Nervosa)은 보통 죄책감을 수반하는 통제할 수 없는 폭식 그리고 구토나 약을 사용해서 장의 내용물을 비우는 특징을 가진 식사장애다(American Psychiatric Association, 2000). 일반적으로 이 장애를 지닌 사람은 다른 사람에 비해 더 우울하고 충동적이며, 알코올과 다른 약물을 남용하고, 물건을 훔치는 행동을 보인다. 더욱이 이들은 아동기에 가족의 학대나 성적 학대의 피해자일 가능성이 높고, 자신의 신체에 불만족하며 대처 전략으로 음식을 사용할 가능성이 높다. 폭식을 하는

사람은 종종 과체중이거나 비만이고, 신경성 폭식증인 사람에게 공통적으로 나타나는 충동 통제와 그 밖의 심리적 문제를 함께 보인다. 남성에 비해 여성이 폭식을 할 가능성이 더 높다. 치료는 부적응적인 식사 형태와 신체상을 변화시키고 체중 감소의 문제를 다루어야 한다.

3) 성격 요인과 사회적 지지

한 사람의 건강은 그의 성격 특질과 함께 사회적 지지의 영향도 받는다. 먼저, 사람들은 자신의 성격에 따라 스트레스에 대처하는 방식이 다르고 그에 따라 건강에도 차이가 생긴다. 그 한 요인인 낙관성은 자신이 겪는 실패가 일시적이고 역경에 맞서 견디면 극복할 수 있다는 믿음이다(Seligman et al., 1990). 낙관적인 사람은 신체적 질병이 적고 병원도 덜 방문하며 건강 관련 문제의 예방에서 효능감이 크다(Peterson, 2000). 그러나 과도하게 낙관적인 사람은 자신의 건강을 지나치게 확신한 나머지, 건강을 소홀하게 관리하여 건강을 잃을 확률이 높다(Davidson & Prkachin, 1997).

성격 특질 중 통제 소재(locus of control)도 스트레스 상황에서 건강 증진 행동에 차이를 가져온다(Wallston & Wallston, 1982). 통제 소재란 사건의 통제에 대한 신념으로, 내적 통제의 사람은 사건의 결과가 자신에게 달려 있다고 생각하고, 외적 통제의 사람은 사건의 결과가 자신의 노력보다는 우연이나 외부의 영향에 달려 있다고 생각한다(Rotter, 1966). 내적 통제의 사람은 외적 통제의 사람보다 더 적극적으로 건강 관련 정보를 찾고, 건강을 유지하기 위해 적극적인 활동(예: 금연, 운동, 정기검진 등)을 더 많이 하는 경향이 있다(Wallston & Wallston, 1982). 내 건강은 내 손에 달렸다고 생각하는 사람이 건강은 타고난 팔자소관이라고 생각하는 사람보다 더 건강하다는 의미다.

자아존중감은 자신에 대한 종합적 평가로, 스트레스를 성공적으로 극복하는 데 중요한 역할을 한다. 자아존중감이 높은 사람에 비해 낮은 사람은 불안, 우울, 소외감, 수줍음 등 여러 정서적 문제를 보인다(Hoyle et al., 1999). 그러나 스트레스 수준이 매우 낮거나 매우 높을 때는 자아존중감의 효과가 나타나지 않을 수 있다(Whisman & Kwon, 1993). 또한 자아존중감을 고양시키는 훈련이나 교육이 스트레스 사건에 대한 반응을 향상시킬 수 있다. 한 연구(Creswell et al., 2005)에서 A 집단에게는 자기에게 중요한 가치를 적도록 하고, B 집단에게는 자기에게 덜 중요한 가치를 적도록 했다. 그다음, 모르는 사람 앞에서 연설을 하는 등 스트레스 상황을 직면했을 때, A 집단이 스트레스를 덜 받았다.

성격 5요인(Big 5)과 **주관적 안녕감** 간의 관계를 다룬 249개의 연구를 메타분석한 결과, 신경 과민성이 높은 사람은 주관적 안녕감이 낮았다(Steel et al., 2008). 국내 연구(김수안, 민경환, 2006)에서 정서적으로 압도된 사람은 신경증 성향이 높았고 자존감과 주관적 안녕감이 낮았다. 20개의 연구를 대상으로 수행한 메타분석에 의하면(Kern & Friedman, 2008), 성실성이 생애 전반에 걸쳐서 건강을 예측하는 강력한 요인이었다. 성실한 사람들은 해로운 상황을 회피하고 좋은 건강 습관을 잘 실천하기 때문에 더욱 건강한 것으로 볼 수 있다.

사회적 지지 역시 건강에 중요한 영향을 미칠 수 있다([그림 14-11] 참조). 사회적 지지는 사회적 관계 속에서 배우자나 가족, 친구와 같이 친밀한 사람이 제공하는 정서적 안정감과 물질적 도움 등을 의미한다(Cobb, 1976). 정서적 지지는 스트레스를 완화해서 면역 체계에 긍정적인 효과를 준다(Cohen et al., 2009). 이뿐만 아니라 친밀한 대인관계를 맺고 있는 사람은 관계적 책임감 때문에 자신의 건강관리에 더 주의할 수 있다. 예를 들면, 배우자나 자녀가 있는 사람은 그렇지 않은 사람에 비해 흡연이나 음주를 자제하고 건강에 더 신경을 쓴다(Hajema & Knibbe, 1998).

그림 14-11 사회적 지지. 주변의 친밀한 사람들은 건강을 증진하는 데 큰 도움을 준다.

반대로, 사회적 지원의 결핍이나 부족은 건강에 좋지 않은 영향을 미친다. Ornish(1998)의 연구에 의하면, 고독과 고립은 질병과 조기 사망의 가능성을 200%에서 500% 이상으로 증가시켰다. 이와 함께 Brown과 그 동료들(2003)의 연구에 따르면, 자기의 배우자나 친구에게 사회적 지지를 더 많이 제공한 기혼자는 그렇지 않은 사람에 비해 5년이나 더 살았다. 이러한 점은 사회적 지지를 받는 것만큼이나 제공하는 것도 중요하다는 점을 입증한다. 사회적 지지가 건강과 밀접한 관련이 있다는 점은 인간관계의 단절이 사람들에게 큰 고통을 준다는 사실을 통해서도 알 수 있다. 흔히 실연이나 배신감 혹은 이별과 같은 사회적 관계에서 나타나는 고통을 '**사회적 고통**(social induced pain)'이라고 부른다(Eisenberger et al., 2003). 보통 이러한 고통을 "가슴에 멍이 든다." "뼈에 사무친다."와 같이 신체적인 부위를 통해 표현한다. 실제 사회적 고통에 대한 뇌 영상 사진 결과를 보면, 사회적 고통은 신체적 고통을 처리하는 뇌의 부위와 동일한 부위에서 일어난다.

3. 사이버심리학

오늘날 우리는 이동전화나 컴퓨터와 같은 첨단기술의 혜택을 엄청나게 누리고 있다. 이와 같은 혜택은 불과 한 세대 전만 해도 상상하기 힘든 것이다. 그 당시에는 전화를 통한 의사소통을 제외하고는 나머지 모든 일은 현실 세계에서 대면을 통해 이루어졌다. 그러나 지금은 우리 삶의 상당 부분이 가상공간에서 이루어진다. 다른 사람과의 일상적인 소통뿐 아니라 직업 관련한 전문적인 활동도 마찬가지다. 이처럼 과학기술의 발달과 함께 우리 삶은 크게 달라지고 있다. 그만큼 이러한 변화가 우리의 삶에 미치는 영향도 적지 않다. 이에 그러한 영향을 제대로 살펴보는 것은 향후 좀 더 바람직한 삶을 추구하는 데 도움이 될 것이다.

1) 사이버심리학의 연구 분야

사이버심리학은 가상공간에서 사람들이 보이는 심리적인 특징과 행동을 설명하기 위한 하나의 학문 영역이다. 첨단의 과학기술은 우리가 특정 장소에 있지 않아도 계속 활동할 수 있게 해 준다. 물리적으로 멀리 떨어져 있어도 직장의 업무를 탈 없이 수행할 수 있다. 때로는 이러한 발달이 우리의 사생활을 침해하거나 범죄의 도구를 제공하기도 한다. 그래서 디지털 시대가 우리의 심리적 건강에 부정적인 영향을 미칠 수도 있다(Lapidot-Lefler & Barak, 2012). 이처럼 디지털 환경에서 나타날 수 있는 변화는 매우 다양하다. 이 중에서도 사이버심리학자는 특히 새로운 상호작용에 등장하는 요소, 다양한 영역에서 인간과 과학기술의 접목, 가상공간에 적합한 행동 규범에 큰 주안점을 두고 연구하고 있다.

첫째, 사이버심리학은 과학기술을 활용한 새로운 형태의 상호작용에 초점을 두고 있다. 가상공간에서 이루어지는 사람들의 상호작용은 특히 소셜미디어의 출현 이후 더 많은 관심과 흥미를 끌어 왔다. 인간이 여러 사람과 상호작용하는 데 과학기술을 활용해 온 역사는 오래되었지만, 이메일이나 웹사이트와 같은 기술을 활용하여 의사소통하는 것은 기존의 방식과는 큰 차이가 있다(Walther, 2007). 과거에는 전화를 걸어 직접 이야기하거나 편지로 소통했다면, 오늘날에는 문자 메시지나 이메일, 영상통화를 통해 소통할 수 있다. 게다가 여러 사람이 동시에 접속해서 가상공간에서 소통할 수도 있다. 이러한 형태의 상호작용은 과거와는 질적으로 다른 결과를 가져올 수 있다.

둘째, 사이버심리학은 우리의 필요나 목표를 달성하기 위해 적합한 과학기술을 접목하는 데 초점을 두고 있다. 이러한 관심은 인간과 컴퓨터의 상호작용(Human-Computer Interaction: HCI)이라는 관점에서 발전해 왔다(Voiskounsky, 2008; Webster et al., 1993). 예를 들면, 우리가 텔레비전에 나오는 영상을 녹화하는 프로그램을 만든다고 할 때, 한 세대 전까지만 해도 이것은 매우 복잡한 문제였다. 이를 위해서는 비디오테이프를 비디오카세트 녹화기에 넣어 날짜, 시간, 채널 등의 정보를 입력해야 했다. 그러나 이제는 기술의 발달로 이와 같은 일은 매우 간단하고 편리하게 할 수 있다.

셋째, 사이버심리학은 가상공간에서 이루어지는 부적절한 행동과 그것을 개선하는 방안이나 규범에 초점을 두고 있다. 예를 들면, 가상공간에서는 사이버 괴롭힘, 트롤링(trolling, 콘텐츠 소비자에게 불쾌하거나 자극적인 내용을 보내는 것), 악성 댓글과 같은 다양한 형태의 공격 행동이 발생하고 있다(March & Marrington, 2019). 게다가 가상공간에서 하는 게임이 인간에게 어떤 부정적인 영향을 주는지에 대한 논쟁은 여전히 진행형이다(Csikszentmihalyi, 1990). 이러한 부정적 행동을 낮추기 위해서는 디지털 환경에서 이루어지는 상호작용의 특징이나 원리를 세부적으로 연구할 필요가 있다(Jeffrey et al., 2020). 그러한 지식에 기초할 때, 안전하고 적절한 행동에 필요한 기준이나 규범을 제공할 수 있기 때문이다.

2) 가상공간의 특징

가상공간은 현실 세계와는 여러 측면에서 차이가 있다([그림 14-12] 참조). 그러한 차이를 익명성, 편리성, 유사성, 상호성 등의 측면에서 찾아볼 수 있다. 먼저, **익명성**은 한 개인이 사회 관계망에서 다른 사람과 상호작용할 때, 그 개인이 누구인지 다른 사람이 확인할 수 없는 상황을 의미한다. 사람들은 가상공간이 갖는 이러한 익명성 덕분에 다른 사람들의 압력이나 감시를 받는다는 느낌 없이 그들과 상호작용을 할 수 있다. 익명성은 크게 두 가지 측면을 가질 수 있다. 첫째, **기술적 익명성**(Chen et al., 2016)은 온라인 시스템 자체의 특성으로, 타인에 대하여 식별할 수 있는 정보가 없어 그 사람의 정체성을 알 수 없을 때를 의미한다. 예를 들면, 우리가 자신을 로그인 아이디나 이메일 주소로 표현할 때, 기계적 익명성은 무척 높은 편이다. 둘째, **사회**

그림 14-12 가상공간. 가상공간은 현실 세계와는 여러 면에서 차이가 있다.

적 익명성(Zimmerman & Ybarra, 2016)은 개인이 인식하는 익명성으로, 온라인상에서 자기와 타인의 정체성을 확인할 수 없어 타인이 자기를 모를 것이라고 인식하는 정도를 의미한다. 가령, 온라인 동아리에서 회원들이 다른 사람도 누군지 모르고 자기도 남들이 모를 것이라고 생각하면, 사회적 익명성이 높은 것이다.

긍정적인 측면에서 익명성은 불특정 다수와 자유롭게 소통할 수 있는 기회를 제공함으로써 상호작용의 빈도를 높일 수 있다. 어떤 사람은 자기가 숨기고 싶은 고민을 현실 상황에서는 주변인에게 쉽게 말하지 못하지만, 온라인상에서는 모르는 사람에게도 쉽게 표현할 수 있다. 알코올 중독이나 성적인 문제처럼 쉽게 드러내기 어려운 문제도 솔직하게 이야기하고 상담을 받을 수 있다. 또한 사생활이 없으면 공격성이나 반사회적 행동이 증가하지만(Grigg, 2010), 사생활은 심리적 안녕감을 높여 준다는 점에서 익명성은 긍정적이다(Stuart et al., 2019). 익명성은 자율성도 제공하는데, 사람들은 결과에 대한 두려움이나 보복에 대한 두려움 없이 새로운 행동을 시도할 수 있다.

가상공간이 갖는 익명성은 여러 부정적인 측면도 가지고 있다. 일찍이 Zimbardo (1969)와 Mann(1981)과 같은 사회심리학자들은 익명성의 부정적인 효과를 공격 행동의 증가와 관련해서 강조한 바 있다. 마찬가지로 가상공간에서도 익명성 때문에 여러 형태의 부정적인 행위가 발생한다. 그 하나인 속임수는 메시지를 보내는 사람이 상대방에게 거짓된 믿음이나 결론을 부추기는 행위다. 전화 금융 사기나 허위 매물을 통한 사기가 그 대표적인 사례다. 또 다른 사례가 가상공간에서 발생하는 다양한 형태의 범죄다. 불법 내려받기, 마약 거래와 같은 불법 행위가 가상공간에서 자주 발생한다. 게다가 증오범죄, 사이버 전쟁, 사이버 성희롱, 아동 성 착취와 같은 범죄 행위도 드물지 않다. 이와 같은 불법 행위는 대부분 가상공간이 가지는 익명성의 특성에 기초한 것이다.

가상공간의 또 다른 특징은 편리성이다. 어떤 행동을 현실 세계에서 하려면 다양한 형태의 비용이 든다. 친구와 만나려면 특정 장소로 정해진 시간에 가야 하는 물리적인 노력과 시간이 든다. 또한 이동하는 동안 다양한 형태의 위험에 노출될 수도 있고, 일정량의 금전적인 비용도 감수해야 한다. 이와 같은 개인적인 비용과 손실이 특정 행동을 억제하는 요인으로 작용할 수 있다. 그러나 디지털 공간에서는 타인과의 상호작용 행동이 상대적으로 쉽고 간단하다. 디지털 환경에 필요한 기술과 통신망만 설치되어 있으면, 어느 시간에나 자유롭게 활동할 수 있고 장소나 물리적 거리와 같은 제약이 없다. 이와 같은 높은 접근 가능성(accessibility)은 언제 어디서나 다른 사람들과 연결된 상태로 있을 수 있다. 또한 이러한 행동이 초래할 수 있는 신체적인 해나 위험 정도는 상대적으로 낮다. 이처럼 가상공간이 주는 편리성은 익명성과 매우 밀접하게 관련되어 있으면서 다양한 행동을 촉진하는 기능을 한다.

가상공간과 현실 세계의 차이를 유사성 측면에서도 찾아볼 수 있다. 현실 속에서 이루어지는 행동은 의사소통하는 사람의 외모나 연령, 성, 인종, 민족과 같은 신체적 측면에서 갖는 유사성의 영향을 받는다(Williams & Pimentel, 2016). 그래서 사람들은 이러한 점에서 자신과 유사한 사람들과 상호작용을 더욱 빈번하게 한다. 이와 달리 디지털 공간에서는 서로의 신체적 유사성을 확인할 수 있는 단서가 많지 않기 때문에, 상호작용은 이와는 다른 차원의 유사성에 기초해서 이루어진다. 즉, 디지털 공간에서 사람들이 활용하는 유사성 정보는 상호작용하는 내용이나 관심 사항에 맞추어져 있다. 그래서 디지털 상호작용 과정에서 확인할 수 있는 유사성의 준거 요소는 취미, 연애 관점, 사회적 관점, 정치, 전공, 건강, 생활양식 등을 중심으로 이루어지고 있다. 디지털 공간에서 서로의 문제를 논의하고 관련 정보를 교환하거나 취미나 관심을 중심으로 이루어지는 동아리 활동은 디지털 공간이 갖는 유사성의 특성을 특히 잘 반영한 것으로 볼 수 있다.

상호성은 내가 상대방에게 한 만큼 상대방도 나에게 그만큼 하는 것을 말한다. 호감이나 도움 행동과 같은 차원에서 상호성은 사람들의 대인관계에서 상당히 일반적인 원칙이다. 사회적 상호작용에서 발언의 양에도 상호성의 원칙이 작용할 가능성이 크다. 그러나 현실 세계에서는 힘의 불균형이나 지위의 격차, 또는 특정 상황에서 작동하는 사회적 규범과 같은 요인 때문에, 한쪽이 상호작용을 독점하거나 원하지 않는 상호작용을 해야 하는 것과 같은 상태에 놓일 수 있다. 이러한 요인이 의사소통의 과정에서 갈등을 가져올 수 있다(Littlejohn & Domenici, 2007). 가령, 이러한 불균형으로 어느 한쪽은 부정적인 감정을 경험할 수 있고, 자신이 원하지 않는 상호작용으로 불편함을 겪을 수 있다.

글상자 14-2 디지털 시차

디지털 시차(digital lag)는 디지털 시대에 뒤처져 있다는 의미다. 디지털 소외 현상이라고도 불리는 이것은 특히 노년층에게 빈번하게 나타난다. 복잡한 금융 업무에서부터 간단한 문 잠금장치에 이르기까지 다양한 디지털 시차 현상이 나타날 수 있다. 요즘은 음식을 주문하거나 기차표를 예매하는 소비 행동에도 디지털 기술을 도입함으로써, 낯선 사람들은 매우 큰 불편을 겪게 되었다. 이렇게 디지털 시차 현상이 만연하면서 나타나는 현상이 디지털 격차(digital divide)다.

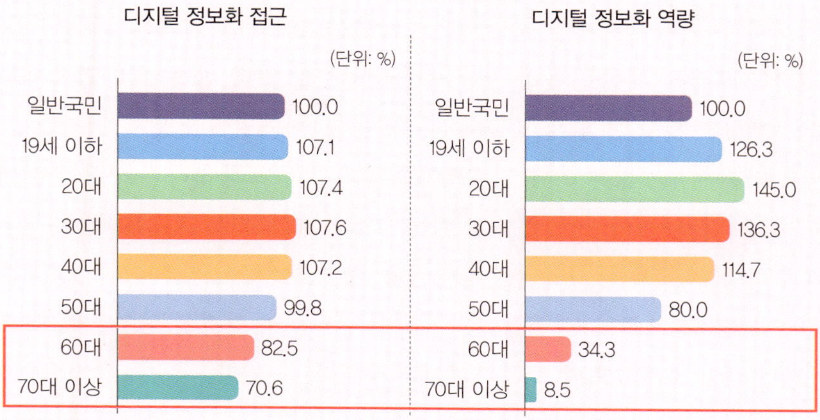

그림 14-13 디지털 시차

HCI(Human-Computer Interaction) 관점에서 이 문제를 해결하려는 사람들은 인간과 컴퓨터가 소통하는 기술에 초점을 맞추고 있다. 특히 오늘날 대부분의 사람이 활용하고 있는 스마트폰을 잘 활용하도록 함으로써 디지털 소외 문제를 해결하고자 한다. 그러나 인간의 사고방식이나 문제해결 전략 같은 심리적 특성을 바꾸는 것은 현실적으로 어렵다. 그래서 은행은 고령자를 대상으로 하는 창구를 개설하거나 영업점에 도우미를 고용하는 식으로 대처하고 있다. 이와 함께 소외 계층 당사자들도 달라진 시대에 적용하기 위해 노력할 필요도 있다. 스마트 기기 사용법을 배우거나 디지털 문해력(digital literacy)을 강화하는 등 나이가 들수록 디지털에 적응하려고 노력하는 디지털 노화(digital aging) 전략이 필요하다.

그러나 디지털 공간에서는 상호성이 좀 더 잘 이루어질 수 있다. 예를 들면, Ellison 등(2006)의 연구에서 온라인 데이트 참여자들은 자기 자신을 보여 주고 다른 사람들과 의사소통하는 사회적 활동을 많이 구사했다. 또한 현실 세계보다 디지털 공간에서는 자기에 대한 역할 정체성이 더 쉽게 발달하면서 그에 따른 활동을 지속하게 된다. 예를 들면, 기부 사이트에서 자신의 친사회적 행동에 대한 피드백은 적어도, 자기의 역할 정체성이 발전하면서 사회적 활동은 커지는 경향이 있다(Butler et al., 2005). 이처럼 가상공간에서는 자기를 표현하는 것이 상대적으로 좀 더 자유로운데, 이것이 상호작용을 촉진함으로써 궁극적으로 상호성을 높이는 결과를 가져온다.

가상공간에서는 현실 세계보다는 외모에 대한 통제가 쉽고 다른 사람과의 상호작용도 통제하기가 쉽다. 오프라인에서 사람들은 나에 대한 외모를 끊임없이 평가하고, 신체적 매력이나 외모에 대한 고정관념에 따라 도움 행동과 같은 차원에서 다르게 행동한다. 그러나 온라인에서는 자기 외모의 노출을 자유롭게 선택해서 할 수 있고, 자신이 원하는 모습의 사진을 올려 인상을 관리할 수도 있다. 또한 온라인에서는 상호작용을 통제하는 것도 현실 세계에서보다 더 쉽다. 이메일이나 문자, 카카오톡 등 온라인에서 이루어지는 많은 의사소통은 비동시적이다. 그래서 다른 사람의 말에 즉시 반응하지 않아도 되고 불편한 주제일 때는 그곳을 떠나면 된다. 이와 같은 온라인의 특성이 우리에게 상호작용에 대한 큰 통제감을 준다(Riva, 2002). 게다가 가상공간의 또 다른 특징은 평등성으로, 가상공간에는 지위를 나타내는 상징은 적으면서, 이 공간은 누구에게나 개방되어 있으며, 모든 장소에서 접근할 수 있다.

3) 가상공간과 인간 행동

가상공간이 인간의 심리나 행동에 미치는 영향은 매우 다양하다. 사회심리학의 주제와 밀접하게 관련 있는 현상으로, 우리는 디지털 공간에서는 현실 세계에서와는 다른 자아 정체성을 가질 수 있다. 또한 사람들은 가상공간에서 다양한 사람과 관계를 맺기도 하고 집단의 구성원으로 행동하기도 한다. 이런 긍정적인 활동과는 달리 가상공간에서 여러 유형의 범죄가 발생하기도 한다. 여기서는 이와 관련된 주제를 살펴본다.

(1) 온라인에서 자기표현

자기(self)는 우리에게 자아 정체성을 부여하는 심리적이고 생리적인 모든 특징을 일컫는다. 이것은 다양한 상황에서 우리가 어떻게 생각하고 느끼는지, 어떻게 해석하는지, 어떻게 반응하고 행동하는지에 관한 것이다. 오프라인에서와 마찬가지로, 온라인 자기도 주어진 과업을 달성하는 데 상황이나 시간의 규범에 맞게 융통성을 발휘하면서 작동한다. 가령, 온라인에서도 우리는 개인적 자기, 관계적 자기, 집단적 자기 등 다양한 형태의 자기를 활용해서 자기가 맡은 역할을 하고 다른 사람과 관계를 맺는다. 이와 같은 공통점과 함께 차이점도 있을 수 있다. 앞에서 살펴본 가상공간의 여러 특징은 온라인에서 이루어지는 사람들의 행동과 그와 관련된 자기에 대한 정체성에 오프라인과는 다른 영향을 줄 수 있다.

Goffman(1997)은 인상 관리 이론(impression management theory)을 통해 일상에서 우리가 가지는 사회적 관계와 상호작용에 대하여 연극적 분석을 시도했다. 그는 사람을 연극을 하는 배우로 보고, 자기를 등장인물이면서 연극배우로 보았다. 여기서 등장인물은 그 개인의 내적 자기를 나타내는 것이고, 연극배우는 사회적 산물이면서 동시에 부분적으로는 이러한 내적 자기를 외부로 표현하는 것이다. 여기에서 사회적 산물이란 주변 사람들의 기대나 요구, 상황적 압력이나 적합성 등을 포함하고, 내적 자기는 자신이 추구하는 진정한 목표나 성격 특질 등을 지칭하는 개념이다. 이러한 측면에서 볼 때, 현실 세계와 가상공간은 사회적 상황 측면에서 서로 다른 특성을 지닐 수 있다.

가상공간에서 문자나 약어, 아바타를 중심으로 하는 의사소통에는 상황과 같은 다양한 사회적 단서, 정서, 몸짓 언어와 같은 여러 비언어적 단서가 빠져 있다. 이러한 맥락에서 사람들은 자기의 인상을 원하는 대로 좀 더 쉽게 조정하고 관리할 수 있다. 그래서 사람들은 온라인에서 자기의 이상적인 모습을 더 잘 보일 수 있다(Turkle, 1995). 예를 들면, Bessiére 등(2007)은 다수가 참여하는 온라인 역할놀이 게임에서 참가자들에게 그들이 선택한 등장인물이 그들의 현실적인 자기나 이상적인 자기와 얼마나 유사한지 평가하도록 했다. 그 결과, 참가자들은 게임에서 자기가 선택한 등장인물이 이상적인 자기의 모습과 더 유사하다고 보고했다. 특히 이와 같은 특성은 우울하거나 자아존중감이 낮은 사람들에게 더 두드러졌다.

그러면 사람들은 자기의 내면에 있는 실제 자기(real me)를 언제 더 잘 표현할까? 일반적으로 현실 세계에서는 사람들의 신분이 드러나서, 그들은 사회적인 기대나 규범의 범위 내에서 자기를 표현하기 쉽다(Nason et al., 2018). 그러나 익명성이 큰 환경에서는 자신의 신분이 드러나지 않아서, 그들은 현실적인 제약을 무시하고 자기가 바라는 대로 행동하는 경향이 있다(Cinnirella & Green, 2007). 그래서 사람들은 자기의 이상적인 모습을 표현하기도 하고, 자신의 내면에 있는 실제 모습, 가령 반규범적인 행동도 한다. 그러나 가상공간 중에서도 인터넷 데이트 사이트처럼 이름을 밝히는 사이트에서, 참가자들은 자기의 정체성을 분명하게 드러내는 경향이 적고, 개인적 정체성보다는 집단적 정체성을 더 강조했다(Zhao et al., 2008). 이처럼 가상공간의 익명성 특성이 자기의 표현에 중요한 역할을 하는 것으로 보인다.

(2) 가상공간에서 대인관계

가상공간에서 대인관계는 그 나름의 특징이 있다. 예를 들면, Granovetter(1973)의 유대감 강약 이론(strong and weak tie theory)에 따르면, 시간, 정서적 강도, 친밀감 그리고 상호성이 관계의 강도를 결정한다. 주로 대면에서 이루어지는 몇몇의 강한 유대는 서로의 연결을 많이 공유하고 있고 서로의 사회적 네트워크가 많이 겹친다. 그 속에서 사람들은 서로를 지지해 주고 중시하지만 외부의 사람들에게는 배타적이다. 반면, 온라인에서처럼 사람들 사이의 유대가 약한 공간은 공통점이 적은 사람들끼리 정보 공유를 위해 연결해 주는 기능을 한다. 시간이나 에너지의 투자를 요구하지 않아서 여러 사람과 빨리 관계를 맺고 해체할 수 있다. Putman(2000) 역시 이 둘의 차이를 가교(Bridging)와 결합(Bonding)으로 설명한다. 가상공간에서 이루어지는 가교관계는 다양한 사람과 연결을 맺는 것으로 포괄적이고 임시적이며 얕은 관계다. 이러한 관계 속에서 사람들은 친밀하지 않은 사람들과 정보와 자원을 공유할 기회를 갖는다. 현실세계에서 이루어지는 결합관계는 이와는 정반대의 특징을 가지고 있는 관계다.

Walther(1996)는 CMC에 대한 과잉 사적 모형(hyperpersonal model of computer mediated communication)에서 대면에 비해 온라인, 특히 문자에 기초한 의사소통에서 친밀한 표현을 더 많이 한다고 주장한다. 온라인에서는 외모에 대한 단서가 없어서 그것에 대한 평가에 신경 쓰지 않고 의사소통에 집중할 수 있다. 또한 온라인의 비동시적 특성 때문에, 사람들은 자기를 긍정적으로 보일 수 있는 정보를 선별해서 제시할 수 있다. 그래서 사람들은 상대방을 이상적으로 지각해서 그에게 친밀감과 애정을 갖게 된다. 그러나 이 모형을 검증한 11편의 연구 결과는 다양해서 연구마다 편차가 컸고, 전반적으로는 온라인과 오프라인에서 사람들의 친밀감에 대한 표현은 차이가 없었다(Kim & Dindia, 2011). 심지어 Rosen 등(2008)의 연구에서는 온라인 데이트 상황에서 초기에 자기노출과 정서적 표현을 많이 하면, 그것이 인상형성에 부정적인 영향을 미쳤다.

그림 14-14 사이버 공간에서 자기표현. 이러한 상황에서 자기표현은 솔직하지 않을 수 있다.

때로 사람들은 온라인에서 자신을 솔직하게 드러내지 않는다([그림 14-14] 참조). 그들은 자신의 좋은 점만 제시하거나 자신을 사실과 다르게 제시해서 다른 사람에게 긍정적인 인상을 주고자 한다. 이것이 직장을 구하거나 원하는 친구와 데이트 상대를 얻는 데 유리하기 때문이다. 이와 같은 온라인에서의 속임수는 대면 상황에서보다 더 흔하다. Hancock(2007)은 온라인에서의 속임수를 정체성에 기초한 속임수와 메시지에 기초한 속임수로 구분했다. 전자는 나이, 성별, 인종, 성적 취향, 건강, 신체적 매력 등을 속이는 것이고, 후자는 게으름을 피우다 약속 시간에 늦었음에도 교통 상황을 탓하는 메시지를 보내는 것과 같은 것이다. 보통 남자들은 자신의 키나 사회적 지위를 부풀리고, 여성은 자신의 몸무게와 연령을 줄여서 제시하는 경향이 있다.

이처럼 사람들이 온라인에서 자기를 현실과 다르게 묘사하는 것은 상대방도 그렇게 하고 있다는 지각에 기초하는 경향이 크다. 그래서 사람들은 다른 사람이 자기를 과장하거나 속이고 있다고 느끼는 만큼 자기도 그러한 과장을 하고자 한다(Fiore & Donath, 2005). 특히 남성은 디지털 공간에서 이러한 거짓말을 더 광범위하게 했고(Zuckerman & Kuhlman, 2000), 오프라인에서도 남학생이 여학생보다 자기중심적인 거짓말을 더 많이 했다(DePaulo et al., 1996). 그들이 한 거짓말 중 대부분은 자기를 잘 보이기 위한 것이었다. 또한 사람들이 '선의의 거짓말'이라고 말하는 것 사이에는 아주 큰 차이가 있었고, 여기에는 다른 사람들을 완전히 속이려 하는 것이 들어 있었다.

(3) 가상공간과 집단 행동

사람들의 집단 행동을 설명하는 대표적인 개념 중 하나가 사회 정체성(제12장 참조)이다. 사회 정체성은 자기개념 중에서 자기가 특정 집단의 구성원이라는 인식에서 나오는 부분이다. 사회 정체성 이론(social identity theory; Tajfel & Turner, 1979)은 집단 간 행동을 사회 정체성 개념으로 설명하는 이론이다. SIDE 효과(social identity model of deindividuation effects)는 이 이론을 확장해서 온라인에서의 정체성과 행동을 설명해 왔다. 제11장에서 살펴본 Philip Zimbardo나 Ed Diener가 제시한 몰개성화 이론은 사람이 군중 속에 있을 때 자기인식과 책임감이 감소해서 억제를 덜하고 반규범적으로 행동한다고 설명한다. 이와는 달리, SIDE 모형은 집단에 대한 몰입과 익명성이 개인 정체성과 사회 정체성의 현저성을 변화시킴으로써, 자기에 대한 동일시는 개인 정체성보다는 집단 정체성에 근거한다고 설명한다. 그래서 익명성이 크고 자기인식이 작을 때, 사람들은 그 집단의 규범에 동조해서 행동하기 쉽다(Reicher, 1982). 몰개성화도 이러한 현상 중의 하나다.

연구자들은 온라인 상황에서 익명으로 이루어지는 의사소통에서 집단 규범의 영향을 입증했다. 예를 들면, Spears 등(1990)은 집단 정체성이 두드러진 조건에서는 참가자들의 의사소통 스타일을 집단을 단위로 해서 연구한다고 말했고, 개인 정체성이 두드러진 조건에서는 참가자 개인의 의사소통 스타일을 연구한다고 말했다. 또한 각 집단의 절반은 개별적인 방에서 인터넷으로 소통했고, 나머지 절반은 서로를 볼 수 있는 하나의 방에서 소통했다. 연구자들은 토론 주제와 관련해서 참가자들의 규범을 피드백으로 제공했다. 그 결과, 집단 정체성이 두드러진 조건의 참가자들이 집단의 규범 쪽으로 더 극단화되었고, 이와 같은 경향은 익명성이 높은 조건에서 상대적으로 더 컸다.

한편, 사람들은 다른 사람이 존재할 때 희생자를 도와줄 가능성이 떨어진다. 이것을 방관자 효과(bystander effect; 제9장 참조)라고 한다. 이 현상은 방관자의 수, 모호성, 집단 응집성, 책임감 분산과 같은 다양한 요인에 따라 다를 수 있다. 이와 같은 효과는 온라인상에서도 흔히 관찰할 수 있는 현상이다. 특히 온라인상에서 방관자 효과는 주로 부정적인 사건, 가령 자살을 암시하는 단서를 온라인에서 노출한 사람에 대한 극단적인 비방, 수신자의 동의 없이 음란물을 유포하는 행위, 사이버불링(cyberbullying)과 같은 형태로 나타난다. 이와 함께, 방관자 개입 모형(bystander intervention model; Latané & Darley, 1970)을 활용하여 방관자들이 이와 같은 다양한 온라인 상황에 적절히 개입함으로써 문제를 해결하거나 방지할 수 있는지에 대한 연구도 상당히 많이 이루어지고 있다(Lytle et al., 2021).

(4) 사이버범죄

온라인에서 이루어지는 사람들의 행동이 모두 바람직하고 합법적인 것만은 아니다. 사이버범죄(cybercrime)는 디지털 기술을 이용한 모든 형태의 범죄라고 할 수 있다([그림 14-15] 참조). 사이버범죄에는 여러 유형이 있다(Kirwan, 2019). 그중 하나가 온라인 암시장이다. 이것은 정상적인 방법으로는 얻기 어렵거나 불법인 상품이나 서비스를 판매하는 것으로, 특히 마약, 악성 소프트웨어, 무기 등으로 유명하다. 또한 아동을 이용한 음란물은 아동 포르노, 아동 착취물, 아동 학대물과 같이 다양한 이름으로 불리는데, 이것 역시 불법적인 범죄다. 온라인 의사소통을 이용해서 아동에게 성행위를 하도록 조종하는 범죄도 발생한다.

그림 14-15 사이버범죄. 가상공간에서는 여러 형태의 범죄가 발생한다.

Malware로 불리는 악성 소프트웨어는 매우 다양한 동기와 접근을 통해 개발되는데, 사용한 기술에 따라 바이러스, 벌레, 트로이 목마 바이러스(trojan), 논리 폭탄(logic bomb) 등으로 불린다. 이러한 소프트웨어는 사용자의 행동을 감시하기도 하고, 그들의 은행 계좌번호나 개인 정보를 빼 가기도 한다. 악의적인 해킹은 컴퓨터 시스템에 불법으로 침입해서 피해를 입히거나 파괴하는 행위를 일컫는다. 또한 신원

도용(identity theft)은 개인의 은행 계좌번호, 비밀번호 등 개인의 신분을 확인할 수 있는 정보를 훔치는 행위다. 온라인에서는 많은 형태의 사기도 이루어진다. 건강에 해로운 물질을 건강식품으로 판다거나 판매할 물건의 선금만 받고 물건을 보내지 않는 것 등이 모두 여기에 해당한다. 온라인상에서 저작권을 침해하는 행위도 범죄에 해당한다.

사이버성희롱(cyberharassment)은 가상공간에서 전자기기를 이용해서 피해자의 입장에서 원치 않거나 불쾌한 성적 행동을 하는 것이다. 성희롱은 특정 성을 폄훼하는 말이나 그림, 지저분한 농담 등의 성적 언급과 같은 행동이다. 원하지 않는 성적 관심은 허락 없이 만지는 것, 성적인 욕설과 희롱에서부터 강간과 성폭력에 이르기까지 다양하다. 사이버스토킹(cyberstalking)은 가상공간에서 상대방을 강박적으로 감시하거나 그 사람과의 관계를 강박적으로 추구하는 것이다. 사이버스토커들은 주로 남성으로, 그들의 과거 애인을 감시하는 경우가 많다(DreBing et al., 2014). 사이버불링은 가상공간에서 전자기기를 이용해서 다른 사람을 괴롭히는 것을 말한다. 사이버스토킹, 사이버성희롱, 사이버불링은 보통 한 사람이나 소수의 사람을 대상으로 하는 행위인 반면, 증오 연설(hate speech)은 어떤 집단 전체나 그들을 대표하는 하위집단을 목표로 하는 좀 더 포괄적인 행위다.

몇몇 연구자는 가상공간에서 일어나는 다양한 범죄를 유형론으로 분류했다. 예를 들면, Gordon과 Ford(2006)는 사이버범죄를 유형 I과 유형 II로 구분했다. 여기에서 유형 I은 악성 소프트웨어, 사기, 신원 도용, 해킹과 같이 대개 기술적인 형태로 이루어지는 사이버범죄다. 유형 II는 사이버스토킹이나 사이버불링, 아동 착취, 주식시장 조작과 같이 사람의 요소를 좀 강하게 내포하고 있는 사이버범죄다. Wall(2007)의 유형론에 따르면, 첫 번째 유형은 컴퓨터와 통합된 범죄로, 해킹, 악성 소프트웨어를 포함해서 서비스 거부, 간첩 활동을 포함해서 네트워크의 안전성을 공격하는 범죄다. 두 번째 유형은 컴퓨터 보조에 따른 범죄로, 신원 도용, 사기와 같은 것이 여기에 해당한다. 세 번째 유형은 컴퓨터 내용에 기초한 범죄로, 증오 범죄나 음란물과 같이 불법적인 내용을 온라인에 유포하는 범죄다.

4. 정치심리학

인간은 정치적인 동물인 만큼 정치에 대한 그들의 관심은 변함없이 크다. 우리 사회에서도 대통령 선거, 정치적 이념, 국방과 외교 등 정치와 관련된 사안에 국민들의 관심과 갈등이 상당히 크다. 사회심리학자들 역시 정치 관련 주제를 꾸준히 연구해 왔다. 그 학문 분야가 정치심리학이다. 정치심리학(political psychology)은 정치, 정치가 그리고 정치적 행위를 사회정치적 관점을 활용해서 심리학적 관점과 과정으로 이해하려는 다학제적 학문 영역이다. 이 분야는 심리학과 함께 인류학, 경제학, 사회학, 정치학, 언론학, 국제관계, 철학, 역사 등 다수의 학문에서 나온 여러 이론과 개념을 차용하고 있다. 이 절에서는 정치적 리더십에 대한 이해, 정치적 태도 그리고 정치적 행위에 관해 알아본다.

1) 정치적 리더십에 대한 이해

리더십은 한 개인이 집단의 목표 달성에 필요한 기능을 수행하기 위해 다른 사람들보다 더 많은 영향력을 지속해서 행사하는 것을 말한다. 만약 모든 사람이 집단의 결과물을 결정하는 데 역량이 동등하고 서로 대체 가능하다면 리더십이 필요 없을 것이다. 이러한 특징은 모든 리더십의 공통점이지만, 정치적 리더십은 종교나 교육, 사업 리더십과는 다른 독특한 특성도 있다. 정치의 목표는 크게 두 가지인데, 그 하나가 현존하는 체제의 개혁이나 전복 혹은 그러한 시도에 대한 저항이다. 나머지 하나는 보상과 자원의 분배에 대한 의사결정이다. 그래서 정치적 리더십은 이런 결정과 관련이 있다. 또한 정치적 리더십은 자신의 추종자들과 다른 경쟁 집단 간에 존재하는 갈등이나 이해관계를 조정하고 해결하는 역할을 한다. 이때 정치적 리더의 역할을 담당하고자 하는 사람의 특징이 있을 수 있다([그림 14-16] 참조). 이에 대한 관점은 여러이 있는데, 이 절에서는 이것을 개인적 관점과 집단적 관점으로 나누어서 살펴본다.

그림 14-16 정치적 리더. 누가 정치가로서 리더십을 발휘하는가?

(1) 개인적 관점

정치적 행위에 대한 개인적 관점에는 인지를 강조하는 견해와 동기를 강조하는 견해가 있다. 먼저, 사회 현상에 관한 다수의 연구가 인지심리학 접근으로 이루어지면서 정치적 인지에 관한 관심도 확산하고 있다(Van Bavel et al., 2021). 인지적 관점에 따르면, 개인은 사회 현실을 이해하기 위해 정보를 수집하고 조직화하며 때때로 새로운 정보를 생산하여 통합하는 과정을 거친다. 정치적 행위(political behavior)도 이러한 정보처리 과정을 반영하는데, 그 가운데 인지적 조직화는 한 개인의 정치적 행위를 비교적 논리적으로 예측할 수 있도록 도와준다. 정치적 인지 관점에서 리더십을 연구하는 사람들은 주로 지도자의 인지적 특성에 관심을 둔다(Gerpott et al., 2019).

인지적 관점은 정치적 지도자의 인지적 구조, 즉 **운영 코드**(operational code)라는 개념으로 그들의 정치적 행위를 설명한다. 운영 코드는 특정 리더가 갖는 가치와 태도의 집합체로, 가장 일반적인 것에서부터 가장 특수한 것에 이르기까지 위계적으로 구성되어 있다. 또한 운영 코드에는 한 개인의 정치적 신념 체계, 특히 정치와 정치 갈등의 본질에 대한 신념을 담고 있다. 운영 코드 개념은 철학적 신념("정치적 삶의 본질은 무엇인가?")과 도구적 신념("목표를 위해 가장 효과적인 수단은 무엇인가?")으로 구분할 수 있다. 철학적 신념은 정치의 본질에 관한 개념이고, 도구적 신념은 현실 세계에서 실행하기에 타당한 전략과 기술에 대한 개념이다. 이러한 개념은 정치 지도자가 펼치는 정책의 방향을 가늠하는 데 매우 유용하다.

한 개인의 정치적 행위를 그의 욕구 관점에서 보면, 정치적 행위는 자기의 정치적 욕구를 충족하기 위해 지지자들에게서 무엇인가를 얻어 내려는 행위라고 할 수 있다(Urbinati, 2019). 정치인은 정치적 지도자로서 자기의 정치적 행위에 대해 추종자들에게 인정받고 싶은 욕구를 가진다. 이때 정치적 행위에 대한 **학습된 욕구 관점**은 몇 가지 가정을 공유한다. 첫째, **정치적 욕구**는 개인의 행동을 유발하는 내재화된 잠재력이다. 둘째, 개인은 어떤 행동이 정치적 보상을 가져오는지 그리고 어떤 상황과 보상이 연관되어 있는지를 학습하면서 자기의 정치적 욕구를 충족해 나간다. 셋째, 정치인은 특정 상황에서 자기의 욕구가 충족된다는 것을 알면 그 욕구를 정치적 행동으로 표현한다.

이처럼 욕구의 학습은 자기의 욕구를 충족해 주는 환경의 특성을 탐색하는 과정을 통해 이루어진다. 같은 맥락에서 지도자와 추종자가 서로의 욕구를 충족시키는 과정을 통해 지도자-추종자 관계의 역동이 이루어진다. 정치심리학자들은 이러한 욕구 중에서 친교와 소속감, 성취, 권력이라는 세 종류의 욕구를 중시하여 이에 관한 연구를 집중적으로 했다(Sterling et al., 2020). 이때 친교와 소속감은 타인과의 우호적인 상호작용 그리고 사회적 활동과 관계된 정치적 만족을 말한다. 성취는 일정한 기준의 실력이나 일련의 고유한 업적을 달성하려는 정치적 기대다. 마지막으로, 권력이란 타인에게 영향을 줄 수 있는 방법을 통제할 수 있는 정치적 힘을 의미한다.

이와는 달리, Reynolds(2018)는 Maslow의 **위계적 욕구 이론**(hierarchy of needs theory)을 적용하여 정치적 행위를 설명했다. 위계적 욕구 이론에 따르면, 인간은 다양한 유형의 욕구를 위계적 형태로 가지고 있어서 충족하고자 하는 욕구의 우선순위가 있다. 즉, 가장 기초적인 수준에 생리적 욕구가 있고, 그다음 수준에 안전 욕구가 있다. 그 위 수준에는 소속감과 같은 사회적 욕구, 인정이나 존경과 같은 자아존중감의 욕구가 순서대로 있고, 욕구 위계의 맨 위에는 자아실현의 욕구가 있다. 이 이론을 정치적 행위에 적용하면, 가령 생리적 욕구를 추구하는 단계의 사람들은 일반적으로 폐쇄적이고 강한 위협을 느끼고 있다. 그래서 이런 수준의 사람은 정치 참여도 덜하고 정치 지도자의 지위를 추구하지 않는다. 이러한 사람이 정치 지도자가 되면, 비교적 하위 수준에 해당하는 생리적 욕구나 안전의 욕구에 최우선 가치를 둘 가능성이 크다.

Reid와 Dold(2018)는 정치적 행위에 대한 욕구 위계 관점에 기초해서, 지도자는 추종자가 추구하는 욕구가 어느 단계에 있는지 제대로 파악해서 그에 적절히 반응하는 것이 중요한 리더십이라고 주장했다. 또한 추종자들의 욕구 수준을 한 단계씩 발전시킬 수 있는 리더십을 높이 평가했다. 그들은 이러한 사례로 마하트마 간디(Mahatma Gandhi)를 제시했다. 간디는 수많은 인도인의 희망과 욕구를 불러일으켰고, 그 단계를 향상시켜 그들의 욕구를 수준 높고 고상하게 만들었다. 간디의 삶과 인격 역시 이러한 과정을 통해 향상되었다. 결과적으로, 초월적 지도자는 추종자들과 함께 상위 단계의 욕구 실현을 추구하도록 이끄는 정치적 과정을 구현한다.

(2) 집단적 관점

정치적 행위에 대한 개인적 접근은 이러한 행위를 각 행위자의 인지적 혹은 동기적 특성으로 설명함으로써, 그들이 가지고 있는 개인적 특성을 이해하는 데 크게 이바지한다. 그렇지만 지도자와 추종자의 개인적 특성만을 고려함으로써 그들 간의 상호작용이나 그들 관계의 역동성을 이해하는 데는 한계를 보인다(Gerpott et al., 2019). 또한 개인적 접근으로 정치적 지배와 피지배의 상호 관계의 본질을 다루기는 쉽지 않다. 이에 리더십에 대한 집단 역학적 접근은 일반적으로 집단 내에는 개별 구성원의 특성을 초월하는 하나의 실체가 존재한다고 가정하면서, 리더십을 집단이 직면하는 문제를 해결하는 한 가지 방법이라고 본다(Ryan, 2021). 특히 문제해결을 위한 행동은 집단 전체에게 배분해서 주어지고, 한 집단 내에서도 리더십에 서로 반대되는 영향을 미치는 문제가 상존할 수도 있다.

예를 들면, 한 국가가 강력한 외부의 적으로부터 위협을 받으면, 그 국가는 이러한 위협을 다루기 위해 자원을 동원하여 군대를 조직화할 것이다. 반면, 한 국가가 비교적 풍요롭고 특별한 외부 문제가 없다면, 내부 긴장을 해소하고 집단의 임무를 수행하는 것이 훨씬 더 집중해서 해결해야 할 중요한 문제가 될 수 있다. 그러다가 외부의 문제가 집단의 중요한 쟁점으로 떠오르면, 외부 문제에 정통한 지도자가 집단 구성원의 관심과 지지를 받을 수 있다. 반대로, 내부 문제가 점점 중요해지는 상황이 되면 외부 문제 중심의 지도자는 그 영향력을 덜 발휘하게 되고, 구성원들은 내부에 정통한 지도자의 영향력에 점점 더 큰 관심을 가지게 될 것이다.

기존의 많은 리더십 연구자가 구분한 것처럼, Marcus(1960)는 지도자의 유형을 **도구적** 지도자와 **사회 · 정서적** 지도자로 구분했다. 이때 전자는 집단의 임무 수행을 위해 조직화의 책임을 지고, 후자는 주로 구성원들 사이의 긴장 수준에 관심을 가진다. 이것은 외적 · 내적 문제와도 상관이 있다. 다시 말해서, 집단의 외적 문제를 해결하는 작업은 도구적 지도자의 역할이며, 내적 문제를 해결하는 작업은 사회 · 정서적 지도자의 역할이라고 할 수 있다. 이때 사회적 상황에 따라 그 시기에 필요한 지도자의 유형은 달라질 수 있다. 이러한 사례는 Winston Churchill의 경력에서 찾을 수 있다.

Churchill은 영국 역사상 가장 위기의 시기에 수상의 직책을 맡아 권력을 확보했다. 1940년에 영국은 독일과 전쟁 중이었다. 이전 정부는 특별히 약했으며 커지는 독일의 위협에 대처하는 능력이 부족했다. 반면, Churchill은 이 문제에 대해 강력한 발언권을 가지고 있었다. 그는 강력하고 웅변적인 어조로 영국인들을 규합했으며, 신속히 조국을 전쟁의 소용돌이에서 구해 내고자 했다. 그는 주어진 상황에서 인식, 공식화, 이행, 평가를 훌륭히 해냈다. 그는 이러한 성공으로 영국인들로부터 칭송과 사랑을 받았다. 그러나 전쟁이 끝날 무렵의 영국인들은 Churchill을 하야시켰고, 중산 계급과 노동자 계급을 위한 강력하고 포괄적 사회 프로그램에 전념한 노동당 정부를 선택했다.

무슨 일이 일어났는가? Churchill은 구조 기능적 관점에서 총명한 외적 지도자였다. 전쟁이 끝날 때 이러한 외적 문제는 해결된 것처럼 보였다. 그러나 전시의 영국인들은 많은 고통을 받았으며 수많은 희생을 치러야 했다. 그래서 국민들은 내부 문제, 특히 사회 구조를 개선하는 데 큰 관심을 가졌다. 노동당의 리더십은 내적 문제와 직접적으로 관련된 대안을 내놓았다. 반면, Churchill에게 이러한 문제는 중요한 것이 아니었다. 결과적으로, 영국의 국민들은 내부 지도자에게는 매력을 느꼈지만, 외부 지도자에게서는 반감을 느꼈을 가능성이 크다.

2) 정치적 태도

사람들이 정치에 대해 갖는 태도는 그와 관련된 많은 요인의 영향에 따른 것이다. 그중 하나는 역사 · 발달적 요인의 효과이고, 다른 하나는 사회 · 맥락적 요인의 효과다([그림 14-17] 참조).

그림 14-17 정치적 태도. 한 개인의 정치적 태도는 많은 요인의 영향을 받는다.

(1) 역사 · 발달적 요인

사람들의 정치적 생각과 행동에는 그가 살아온 시대의 문화적 특징과 그가 속한 세대에서 독특하게 경험한 다양한 사건 그리고 그의 발달적 시기 등 다양한 요인이 영향을 준다. 이처럼 개인의 특징과 그가 속한 거시적 사회 · 문화적 환경의 특징이 상호작용하여 그 개인의 사회화 과정에 영향을 준다. 그래서 이와 관련해서 인간의 행동에 영향을 줄 수 있는 공통된 요인을 찾아보는 것이 필요하다(Dubois & Blank, 2018). 이 중에서도 정치적으로 주목받는 것은 시대 효과, 세대 효과 그리고 인생 주기 효과다.

시대 효과(period effects)는 그 시대를 산 모든 연령의 사람들에게 영향을 미치는 당대의 사건에 주안점을 둔다(Gray et al., 2019). 예를 들면, John F. Kennedy 암살과 같은 정치적 사건은 당대의 모든 사람에게 큰 영향을 미치는 사건으로 남아 있다. 당시 그 주변에 있었거나 그 사건의 중요성을 충분히 이해할 만한 나이의 사람에게 물어보면, 그들은 암살이 발생했을 당시 자기가 어디에서 무엇을 하고 있었는지 정확하게 대답할 수 있었다. 이러한 영향은 미국 내 사람들뿐만 아니라, 구소련 사람들과 같이 이 사건과 물리적으로는 거리가 멀지만 심리적으로는 밀접한 사람에게도 찾아볼 수 있다.

세대 효과(generational effects)는 정치적 행위에 대한 특정 태도가 어떤 세대나 연령 집단의 대표적인 특징이 되고, 이러한 태도가 삶의 전체를 통해 이어지는 효과를 의미한다(Weiss, 2020). 예컨대, 제2차 세계대전 때 인격 형성기(formative ages)를 보낸 집단은 미국의 베트남전 참전을 긍정적으로 보는 경향이 있다. 이 집단의 전쟁에 대한 시각은 베트남전 말기나 그 이후에 인격 형성기를 보낸 집단에 비해 훨씬 더 긍정적이다. 왜냐하면 베트남전 말기에 인격 형성기를 보낸 세대들의 눈에는 전쟁이 단순히 애국적 행위로 보이지 않을 수 있었기 때문이다. 이러한 세대 간의 차이로 1960년대 당시 미국의 부모 세대들은 자식 세대들의 베트남전에 대한 항의 운동을 이해할 수 없었다.

인생 주기 효과(life cycle effects)는 인구학적인 연령이나 개인이 위치한 인생 주기 단계에 따라 사회화 과정의 차이가 발생한다는 것을 의미한다(Nielsen et al., 2020). 예를 들면, 10대 소년은 퇴직 이후의 삶에 대해 퇴직한 노년만큼 고민하지는 않을 것이다. 10대는 퇴직이라는 단어가 자신과 무관한 것으로 느낄 수 있기 때문이다. 비슷한 논리로 10대의 소년들이 사회 보장 정책에 대해 심각하게 고민하는 일도 드물 것이다. 그러나 대부분의 중장년층은 사회 보장 정책이 자기의 인생과 큰 연관성이 있다고 인식할 것이다. 또한 그들은 사회 보장에 따른 이익의 분배에 영향을 주는 정책에 대해 10대의 소년들보다 더 큰 관심을 가질 것이다.

(2) 사회 · 맥락적 요인

가족이나 또래집단, 소속집단, 대중매체 등과 같은 정치 사회화 장치는 사람들의 정치적 태도에 큰 영향을 미친다. 먼저, 가족이 정치 사회화 과정에서 중요한 역할을 한다(Hyman, 1959). 한 개인은 가족과 많은 시간을 보내면서 나머지 구성원들을 관찰하고 그들과 상호작용하면서 정치적 행위에 대해 많은 것을 보고 배운다. 또한 대부분의 가족은 강한 정서적 유대감을 유지하고 있어, 가족 구성원 간 갈등보다는 일체감을 주는 구심점 역할을 한다. 인지 발달적 차원에서도 가족은 구성원들에게 기존의 가치관을 전수해 주는 역할을 한다. 일찍이 Dalton(1982)은 부모-자식 간 일치도를 연구했다. 그 결과, 당파심, 인종적 가치관, 정치적 지식, 정치적 효능감, 정치에 대한 신뢰, 시민의 관용에 대해 부모-자식 간에 일치도가 높아, 가족이 구성원의 정치적 태도에 매우 큰 영향을 준다는 것을 보여 주고 있다.

개인의 정치 사회화 과정에 영향을 주는 또 다른 요인이 동료 집단이다. 동료 집단은 때로 한 개인이 가정에서 배운 것과는 반대로 행동하거나 자신의 신념을 고수하는 데 이바지할 수 있다(Frank, 1998). 1960년대 베트남 전쟁 시기에 청소년들이 반대 시위를 한 것이 대표적인 사례다. 초등학교 학생들과 사춘기 아이들은 자신의 역할 모델을 설정하고 그 역할 모델과의 일체감을 추구하는 경향을 보인다(Cook & Bird, 2011). 이러한 과정에서 접촉 전염이 나타난다. 즉, 또래와의 접촉을 통해 그들의 태도나 가치관, 행동이 그 집단 속에 확산한다. 동료 집단의 영향은 모든 발달 시기에 나타난다. 유년기에는 단순한 놀이 집단을 통해 접촉하고, 사춘기에는 다양한 동아리와 같은 모임으로 접촉의 기회가 커진다. 성인기의 사람들은 친목 집단과 동호회 같은 곳에서 활동하면서 동료 집단의 영향을 받는다.

글상자 14-3

잘 모르는 사람이 목소리가 크다!

더닝 크루거 효과(Dunning–Kruger effect)는 인지 편향 중의 하나로, 특정 분야의 과업이나 지식에서 능력이나 경험, 전문성이 떨어지는 사람은 자기의 능력을 과대평가하는 경향이 있다. 어떤 연구자는 유능한 사람이 자기의 능력을 과소평가하는 경향을 이 효과에 포함하기도 한다. 이 효과는 특정 영역에서 능숙하지 못한 사람의 과잉 확신에 관한 것이지, 지능이 낮은 사람의 전반적인 과잉 확신에 관한 것이 아니다. 이 효과는 논리적 추론, 사업, 정치, 약학, 운전, 비행, 공간 기억, 학교 시험, 문해력 등 다양한 측면에서 검증되었다.

그림 14-18 더닝 크루거 효과

최근에는 Anson(2018)이 정치에 관한 지식을 소재로 연구해서 이 효과가 매우 타당하다는 결과를 제시했다. 즉, 정치적인 쟁점에 대한 평가에서 정치를 잘 모르는 사람은 오히려 자신이 정치를 잘 안다고 착각하는 현상이 매우 두드러지게 나타났다. 더군다나 이것이 종교적인 입장과 맞물리면 더 강하게 나타났다. 이 현상에 대한 메타인지 설명에 따르면, 수행 수준이 낮은 사람은 우수한 수행과 그렇지 못한 수행을 분간할 수 있는 능력이 부족해서 자기의 능력을 과대평가한다. 통계적 모형은 이 현상을 평균 이상 효과(better–than–average effect)와 평균으로의 회귀로 설명한다. 즉, 우리의 점수는 평균과 비슷한 수준으로 나아가는데, 자신이 평균보다 더 낫다고 평가함으로써 결국 자기를 과대평가하게 된다. 리더가 이와 같은 효과에 취약하면, 그 피해는 이루 말할 수 없을 정도로 심각할 수 있다.

정치 사회화를 추구하는 조직은 흔히 독재 국가에서 볼 수 있고, 그 외의 국가에서는 이것과는 다른 기능이나 목표를 추구하는 조직이 더 많은 편이다(Neundorf & Pop-Eleches, 2020). 미국에서 정치 사회화를 목적으로 활동하는 단체나 조직은 걸 스카우트, 보이 스카우트, 미국 재향 군인회, 여성 유권자 연맹 등이 있다. 이런 조직의 주된 목적은 미국 젊은이들의 애국심을 고취하는 것이지만 이외에도 다른 여러 목적이 있다. 반면에 소련공산당 중앙위원회 선전선동국(AGITPROP)은 전적으로 성인의 정치 사회화를 목표로 하는 대표적인 사례다. 일반적으로 사회화 장치의 유형 중에서 그 영향력이 가장 큰 유형이 조직이다(Nugmanovna, 2022). 특히 조직을 통해 개인이 아닌 특정 행정 기관을 통제하고자 할 때 그 효과가 매우 강력하다. 가령, 정부나 지방의 기관이 학교를 평가하는 제도를 통제한다면, 학교는 그 기관의 지배적인 가치관을 학생들에게 교육하는 노력을 할 가능성이 크다.

한 개인의 정치적 태도는 그가 속한 다양한 사회 집단의 영향을 받는다. 이러한 집단은 유년기의 또래 집단보다는 더 다양하고 그 수도 많다. 사회 집단의 특징은 나이, 성별, 인종, 사회적 지위, 종교, 민족에서 서로 비슷하다는 것이다(Alanen & Mayall, 2001). 사람들은 성장하면서 활동 범위가 넓어지고 경험의 선택적 기회가 많아진다. 그러면서 자기와 유사한 사람들과 관계를 형성하는 경향이 나타난다. 그 속에서 사람들은 자신의 정치적 태도를 형성하기도 하고 이익집단을 만들어서 다른 사람들에게 정치적 영향력을 행사한다. 사람들은 어린 시기에는 자신과 물리적으로 가까이 있으면서 나이가 비슷한 또래와 접촉하고 그 속에서 집단과의 동질성을 느낀다. 그러나 성인이 되면서 이러한 유사성은 단순히 생물학적인 측면에 국한하지 않고 다양한 가치관이나 신념 등으로 다양해진다.

마지막으로, 현대 사회는 대중매체(mass media)라는 정치 사회화 장치의 영향을 크게 받는다(Ohme et al., 2020). 그래서 과거와 달리 현대 사회에서는 대부분의 연구자가 대중매체의 중요성을 인정한다(Samsonova & Naumova, 2020). 특히 문해력이 떨어지는 청소년들이 정치적 담론과 관련된 정보를 인쇄 매체를 통해 접하는 데에는 한계가 있다. 이러한 상황에서 이외의 다양한 매체는 청소년들의 정치적 태도에 큰 영향을 줄 수 있다. 사춘기의 아이들뿐만 아니라 성인들 역시 정치에 대한 대부분 정보를 TV와 같은 대중매체에 의존하고 있는 것이 사실이다. 또한 방송이나 인쇄물을 통해 전달되는 정보는 의제 설정(agenda-setting)과 같은 편집상의 결정에 영향을 받을 수 있다. 예를 들면, 독재 정권에서는 통제가 훨씬 더 중앙 집권화나 제도화를 통해 이루어질 가능성이 크다(Neundorf & Pop-Eleches, 2020). 그러면 이러한 장치가 매체의 내용이나 편집에 영향을 주고, 그것이 다시 매체 이용자들에게 영향을 줄 것이다.

3) 정치적 행위

사람들이 수행하는 정치적 행위에는 다양한 종류의 투표 행위, 특정 정당에 가입하기, 정부의 정책에 반대하기, 입법을 촉구하는 행위 등 여러 가지가 있다. 여기에서는 투표 행위와 특정 정당에 대한 동일시를 살펴본다.

(1) 투표 행위

우리 사회는 특정 시기에 대통령 선거, 국회의원 선거, 지방 자치단체 관련 선거 등 다양한 선거를 치른다. 선거의 종류에 따라 투표율이 다르지만, 그래도 사람들은 다양한 이유로 투표를 한다. 어떤 사람은 자신이 지지하는 후보자나 정당이 선거에 이기도록 돕기 위해 투표하고, 또 어떤 사람은 자신의 정치적 신념과 가치를 표현하기 위해 투표하기도 한다. 심지어 어떤 사람은 선거에서 무효표를 던짐으로써 정치에 대한 불신이나 혐오를 드러내기도 한다. 이러한 투표에 영향을 미치는 요인으로 교육 수준, 수입, 직업, 나이, 성별과 같은 인구통계학적 변인, 이웃, 결혼, 신뢰와 같은 사회적 · 심리적 요인 등이 있다([그림 14-19] 참조).

그림 14-19 투표 행위. 투표는 대표적인 정치적 행위다.

먼저, 인구통계학적 요인으로 교육 수준과 수입이 있다. 일반적으로 교육 수준이 높을수록 투표할 가능성이 크다 (Gerber et al., 2008). 이것은 아마도 교육 수준이 높은 사람이 공적인 일의 진행 과정이나 절차를 잘 이해함으로써 투표의 기능이나 중요성을 더 잘 알고 있을 수 있기 때문이다. 그리고 교육은 시민으로서 의무감을 불어넣거나, 정치의 과정에 관한 관심을 높일 수도 있기 때문이다(Krosnick et al., 2010). 또한 사회과학 과목을 더 많이 수강한 대학 졸업생들이 그렇지 않은 졸업생에 비해 시민으로서 의무감을 더 크게 가지고 있고 투표 또한 더 많이 했다(Hillygus, 2005). 이것은 사회과학에서 다루는 내용이 사회, 정치, 투표, 민주주의와 같은 사회적 현상에 대한 것을 더 많이 다루기 때문으로 보인다. 수입도 투표율과 관련이 커서, 수입이 높은 사람의 투표율이 그렇지 않은 사람보다 높다(Gerber et al., 2008). 수입이 높은 사람은 교육 수준이 높을 가능성이 커서 투표율이 높을 수 있다. 또한 수입이 높은 사람은 투표할 물리적 조건에서 더 유리할 수 있다.

직업, 나이, 성별도 투표율에 영향을 준다. 우리는 보통 직장의 관리자들이 사회적으로 권한이 커서 더 많이 투표할 것으로 생각한다. 그러나 경제 수준이 같을 때 관리자들이 상대적으로 투표를 덜 하지만, 공무원들은 다른 직종의 사람들보다 훨씬 더 높은 투표율을 보인다(Wolfinger & Rosenstone, 1980). 그들은 투표의 결과에 따라 상당히 큰 영향을 받기 때문일 수 있다. 또한 투표에 관한 압력을 동료나 소속 공공기관으로부터 많이 받을 수 있다. 나이도 투표율에 영향을 주는데, 성인 초기부터는 나이가 증가할수록 투표율도 증가하지만, 75세 이상의 사람은 투표할 가능성이 줄어든다(Gerber et al., 2008). 2022년 3월 9일에 실시한 우리나라의 제20대 대통령 선거에서 20대는 선거인 구성비 14.8% 대비 투표율 13.7%, 30대는 15.0% 대비 13.7%, 40대는 18.4% 대비 17.7%, 50대는 19.4% 대비 20.55, 60대는 16.4% 대비 18.6%, 70대는 8.6% 대비 9.7%, 80대는 5.1% 대비 4.1%로 나타났다. 선거인 수 대비 투표자 수의 비율을 보면, 50~70대가 상대적으로 투표에 참여하는 비율이 높다. 또한 여성은 77.5%, 남성은 76.8%로 여성의 비율이 더 높았다.

투표에 영향을 주는 사회적·심리적 요인으로 이웃의 특성을 들 수 있다. 지위가 높은 사람들과 이웃해서 사는 것은 사회·경제적 수준이 높은 사람들의 투표를 촉진하지만, 교육 수준이 낮은 사람들의 투표 참여는 감소시킨다(Huckfeldt, 1979). 또한 자기가 지지하는 정당과 이웃이 지지하는 정당이 같을 때, 투표율이 높다(Gimpel et al., 2004). 이것은 아마도 사회적 지지가 없을 때, 사람들은 투표할 동기를 갖기 어렵기 때문이다. 또 결혼한 사람이 미혼인 사람보다 더 투표를 많이 한다(Stoker & Jennings, 1995). 투표에 좀 더 적극적인 사람이 투표에 열의가 부족한 배우자를 설득해서 투표에 참여하도록 만들기 때문일 수 있다. 기존의 연구를 고찰한 문헌에 따르면(Krosnick et al., 2010), 이외에도 많은 요인이 투표 행위에 영향을 준다. 가령, 자기의 삶이 다른 사람들의 삶과 밀접하게 연결되어 있다고 믿는 사람, 다른 사람이나 정치 시스템을 신뢰하는 사람, 자신을 특정 정당과 강하게 동일시하는 사람, 정치적 효능감이 높은 사람, 시민으로서 투표에 대한 의무감이 강하거나 습관화된 사람, 종교를 가지고 있는 사람 등이 그렇지 않은 사람에 비해 더 많이 투표한다.

(2) 정당 동일시

사람들은 특정 정당을 자기와 동일시해서 그 정당의 당원으로 가입하고, 심리적으로는 그 정당에 강한 유대감을 느낀다. 이러한 행동에 영향을 미치는 요인 중에는 아동기의 사회화가 있다. 일찍이 Campbell 등(1960)에 따르면, 대부분의 사람은 자기의 참조집단과 동일시하는데, 그러한 집단 중의 하나가 정당이다. 이러한 동일시가 정치적 사고와 행동에 강력한 영향을 준다. 또한 정당과의 동일시는 아동기 동안 사회화 과정을 통해 발달한다. 아동은 특정 정당과의 동일시를 부모로부터 배우고, 그 이후에는 새로운 정보를 적어도 어느 정도는 편향적으로 처리함으로써 기존의 정당에 대한 유대감을 유지해 나간다. 기존의 많은 연구가 이와 같은 정치 사회화 입장을 지지한다. 예를 들면, 한 연구(Jennings & Niemi, 1978)에서 10대 후반의 아이들을 면담하고, 그들이 20대 중반일 때 다시 면담했다. 그 결과, 부모와 자녀가 지지하는 정당의 일치도는 93%에 이르렀다. 오직 7%만이 서로가 지지하는 정당이 달랐다. 이와 같이 정당에 대한 정체성에서 부모–자녀 간의 일치성은 이후 수십 년 동안 안정적으로 유지되는 것으로 나타났다(Green & Palmquist, 1994).

이와 같은 정치 사회화 견해에 따르면, 정당 동일시는 잘 변하지 않는 것으로, 정치적 현안과 사건을 보는 방법을 결정하는 하나의 고정된 성향과 같은 것이다(Johnston, 2006). 반면에 정당 동일시가 변화한다는 견해에 따르면, 특정 개인의 정당 동일시에 영향을 주는 또 다른 요인은 그 당시 두드러진 현안, 사건 그리고 사람들에 대한 그 개인의 평가다. 즉, 사람들은 특정 정당이 어떠한 정책을 펼치는지를 보고, 그러한 정책이 자기의 선호와 일치하는지를 효율적으로 평가한 다음, 일치도가 높은 정당을 지지한다. 그래서 사람들은 새로운 정보를 얻으면 새로운 태도를 형성하고 그것에 따라 정당에 대한 동일시를 바꾼다(Achen, 1992). 이처럼 서로 다른 두 견해 중 어떤 견해가 더 타당할까? 지금까지 여러 연구를 보면, 이 두 견해가 모두 타당하지만 그래도 정당 동일시는 상당히 안정적으로 유지되는 것으로 보인다. 가령, 정당 동일시는 상당히 긴 시간 동안 정치적 환경이 다양하게 변하더라도 안정적이라는 것이 분명해지고 있다(Carsey & Layman, 2006).

요약

- 범죄심리학은 범죄자나 용의자의 세계관, 생각, 의도, 행동과 반응에 관한 심리적 원리를 연구하는 학문이다. 사회학적 범죄 이론에는 긴장 이론과 아노미 관련 이론, 일반 긴장 이론과 역할 긴장 이론, 불법적 기회 이론이 있다.
- 생물학적 범죄 이론은 범죄의 근원을 유전학, 신경학, 또한 생물학적 요인과 사회적 요인의 조합에서 찾는다. 심리학적 범죄 이론에는 성격 이론, 정신분석적 입장, 정신병 접근, 학습 이론, 인지적 접근, 사회적 낙인 이론 등이 있다.
- 법정심리학은 심리학적 지식과 방법을 사법 판단에 적용한 분야다. 구체적으로, 시간 요인, 연령, 성별, 인종, 확신, 주의 등 목격자 진술의 정확성 관련 요인을 연구한다. 범죄 용의자 프로파일링, 거짓말 탐지 등을 통해 용의자를 분석하고, 배심 재판, 국민참여재판, 재판 전 홍보 효과 등 배심원 판결 관련 변인을 연구한다.
- 사회심리학자들은 건강 행동 관련 모형을 개발하여 행동의 변화를 설명하고자 한다. 건강 행동에 대한 태도 변화 접근에는 설득 메시지, 공포 유발 전략, 보호 동기 이론, 메시지 프레이밍과 관련성이 크다. 건강 신념 모형 그리고 계획된 행동 이론은 건강 행동을 여러 요인의 조합으로 설명한다. 사회 요인과 대중매체도 건강 행동에 영향을 준다.

- 건강을 해치는 행동에는 흡연이 있고, 질병 모형, 인지·생리적 모형, 사회학습 이론으로 설명할 수 있는 음주가 있으며, 식사와 체중의 문제가 있다. 낙관성, 통제 소재, 자아존중감 같은 성격 요인과 사회적 지지가 건강 행동에 영향을 미친다.
- 사이버심리학은 가상공간에서 사람들이 보이는 심리적인 특징과 행동을 설명하기 위한 하나의 학문 영역이다. 사이버심리학은 과학기술을 활용한 새로운 형태의 상호작용, 인간과 컴퓨터의 상호작용 그리고 가상공간에서 이루어지는 부적절한 행동과 그것을 개선하는 방안이나 규범을 연구한다.
- 가상공간은 익명성, 편리성, 유사성, 상호성, 통제 가능성, 평등성과 같은 특징을 가지고 있다. 이러한 공간에서 사람들이 보이는 자기표현과 대인관계, 집단 행동은 대면 상황에서와 비슷한 점도 있지만, 그렇지 않은 그 나름의 독특한 특성도 있다. 이와 함께 사이버범죄도 발생한다.
- 정치심리학은 정치, 정치가 그리고 정치적 행위를 사회·정치적 관점을 활용해서 심리학적 관점과 과정으로 이해하려는 다학제적 학문 영역이다. 정치적 리더십에 대해서는 그 원천을 개인의 인지적 특성이나 욕구에서 찾는 개인적 관점과 집단 역학과 같은 측면에서 그 원천을 찾는 집단적 관점이 있다.
- 한 개인의 정치적 태도는 시대, 세대, 인생 주기와 같은 역사적이고 발달적인 요인, 가족, 동료집단, 조직, 사회집단, 대중매체 등 현재의 사회적이고 맥락적인 요인의 영향을 받아 형성된다. 사람들의 투표 행위는 여러 인구통계학적 요인에 따라 다르고, 정당 동일시는 시간이 흘러도 상당히 안정적인 특성을 보인다.

참고문헌

고재홍(1994). 가해자의 외모와 형량판단 간의 매개과정. 한국심리학회지: 사회, 8(1), 68-84.

곽선혜, 정의철(2015). 다이어트 행동의 이해: 확장된 계획된 행동이론을 중심으로. 언론과학연구, 15(4), 5-56.

구재선, 이아롱, 서은국(2009). 행복의 사회적 기능: 행복한 사람이 인기가 있나? 한국심리학회지: 문화 및 사회문제, 15(1), 29-47.

국민권익위원회(2014). 2013 국민권익백서. https://www.acrc.go.kr

권석만(2008). 긍정심리학: 행복의 과학적 탐구. 서울: 학지사.

권태환, 홍두승, 설동훈(2011). 사회학의 이해. 서울: 다산출판사.

기호익(2010). 고용형태에 따른 조직태도와 조직시민행동에 관한 연구. 대한경영학회지, 23(4), 2127-2148.

김경민, 조은영(2019). 부부의 성역할 고정관념과 양육참여가 양육스트레스에 미치는 영향: 자기-상대방 상호의존 매개 모형(APIMeM)의 적용. 열린유아교육연구, 24(4), 49-65. doi: 10.20437/KOAECE24-4-03

김경수, 김공수, 김순영(2006). 상황적 리더십이론의 검증: 변수 간 관계와 분석수준을 중심으로. 경영학연구, 35(6), 1823-1851.

김동수, 김도환, 정태연(2011). 외국인에 대한 한국인의 인식: 6개 외국인 집단을 대상으로. 한국심리학회지: 사회 및 성격, 25(1), 1-23.

김명진, EBS 다큐멘터리 동과 서 제작팀(2012). EBS 다큐멘터리 동과 서: 동양인과 서양인은 왜 사고방식이 다를까? 서울: 예담.

김범준(2002). 사회적 범주화가 지역감정 형성에 미치는 영향. 한국심리학회지: 사회 및 성격, 16(1), 1-18.

김성태(1960). 4 · 19 학생 봉기의 동인. 성대논문집, 5.

김수안, 민경환(2006). 자신의 감정에 압도된 사람들의 성격, 정서특성 및 주관적 안녕감. 한국심리학회지: 사회 및 성격, 20(3), 45-66.

김윤정, 양인실(2015). 윤리적 리더십의 선행요인과 성과에 관한 연구. 한국비즈니스리뷰, 8(1), 29-69.

김천기(2014). 학교폭력에 대한 인정 이론적 이해와 정책적 함의 탐색. 교육종합 연구, 12(2), 133-155.

김혜숙(1993). 신체 매력이 대인지각과 인상평정에 미치는 영향. 한국심리학회지: 사회, 7(2), 46-62.

김혜숙, 박수미(2006). 성차별과 학벌차별을 중심으로. 한국심리학회지: 사회 및 성격, 20(4). 71-95.

김혜숙, 한규석(1999). 2000년대 심리학의 전망과 과제: 사회심리학 연구의 최근 동향, 앞으로의 연구에 대한 전망과 과제. 한국심리학회 춘계심포지엄자료집, 단일호, 145-180.

김희성(2011). 빈곤의 대물림에 관한 빈곤가정 청소년의 인식 연구: Q 방법론적 분석을 중심으로. 청소년학연구, 18(2), 51-72.

나은영, 차유리(2012). 인터넷 집단극화를 결정하는 요인들: 공론장 익명성과 네트워크 군중성 및 개인적, 문화적 요인을 중심으로. 한국심리학회지: 사회 및 성격, 26(1), 103-121.

남궁재은, 허태균(2009). 한국 대학생들은 무엇을 후회하는가?: 후회와 지각된 기회 간의 관계를 중심으로. 한국심리학회지: 사회 및 성격, 23(1), 181-194.

민경환(1989). 권위주의 성격과 사회적 편견: 대학생집단을 중심으로. 한국심리학회지: 사회 및 성격, 4(2), 146-168.

박군석, 한덕웅(2003). 영호남인의 사회구조 요인 지각과 사회정체성이 상대박탈과 집합전략에 미치는 영향. 한국심리학회지: 사회 및 성격, 17(2), 59-72.

박문규, 손정락 (2010). 신체화 집단의 주의 편향, 기억 편향 및 인지특성. 스트레스硏究, 18(2), 69-79.

박상호(2012). SNS의 여론형성과정과 참여행태에 관한 고찰. 한국언론정보학보, 통권 58, 55-73.

박재현(2010). 배심제와 법심리학. 서울: 오래.

박희찬, 김혜숙(2010). 범죄자에 대한 고정관념과 처벌 관련 판단. 한국심리학회지: 사회 및 성격, 24(2), 27-49.

배임호(1995). 21세기를 향한 새로운 도전: 회복적 정의(Restorative Justice). 교정연구, 5, 227-251.

배임호(2007). 회복적 사법정의(Restorative Justice)의 배경, 발전과정, 주요 프로그램 그리고 선진교정복지. 교정연구, 37, 137-169.

서은국(2014). 행복의 기원. 서울: 21세기북스.

신율(2001). 한국 시민운동의 개념적 위상과 문제점. 한국정치학회보, 35(2), 159-180.

신홍임, 김주영(2015). 신체의 유도된 움직임과 노인/젊은이에 대한 암묵적 태도: 마우스 추적 기법을 중심으로. 한국심리학회지: 일반, 34(1), 205-223.

신희선(2005). 디지털 시대와 사이버 페미니즘. 아시아여성연구, 44(1), 226-267.

심성욱, 손영곤, 이진우(2009). 여대생 절주 캠페인 전략 수립을 위한 음주행동 영향 요인 분석. 한국광고홍보학보, 11(1), 205-248.

오마이뉴스(2014. 10. 8.). 기업총수면 범죄도 용인되는 이상한 나라.

월간산(2022. 5. 25.). [그린란드를 가다] 이누이트는 고래의 가장 값비싼 부위를 새와 나누었다.

유승현, 정태연(2021). 온라인에서 목소리와 얼굴 정보가 성격 평가에 미치는 효과. 문화와 융합, 43, 625-649.

윤이현, 유민희, 류재희, 박선웅(2016). 동성애자에 대한 외현적 및 암묵적 태도. 한국심리학회지: 문화 및 사회문제, 22(3), 343-362.

이길전, 손정락(2001). 자기지시훈련이 비행청소년의 역기능적 충동성과 연속수행검사 반응에 미치는 효과. 한국심리학회지: 임상, 20(2), 229-244.

이미숙(2005). 한국 성인의 건강불평등: 사회계층과 지역 차이를 중심으로. 한국사회학, 39(6), 183-209.

이미아, 이유재(2014). 온라인 쇼핑상황에서 웹페이지 상품 구성이 소비자선택에 미치는 영향: 맥락효과를 중심으로. 마케팅 연구, 29(4), 1-26.

이미영, 장은진(2015). 학교폭력 가해자가 경험한 학교폭력 맥락에 관한 질적 연구. 한국심리학회지: 발달, 28(3), 115-140.

이백철(2002). 회복적 사법: 대안적 형벌체제로서의 이론적 정당성. 한국공안행정학회보, 13(단일호), 137-171.

이수정(2008). 최신 범죄 심리학. 서울: 학지사.

이윤호, 김대권(2007). 전과자들의 사회적 차별에 관한 경험 연구. 사회과학연구, 13(2), 27-60.

이주희(2014). 연구논문: 기업범죄와 내부고발에 관한 법정책적 고찰. 법과 정책연구, 14(2), 487-511.

이진숙(1959). 팔도인의 성격에 대한 선입관념. 사상계 12월호.

이진안, 최승혁, 허태균(2013). 남들은 세금을 얼마나 낼까? 한국심리학회지: 사회 및 성격, 27(3), 193-207.

이하연, 최훈석(2014). 집단 내 공감 구조의 효과. 한국심리학회지: 사회 및 성격, 28(3), 93-109.

이학석(2018). SYMLOG를 활용한 효율적인 문제해결 팀과 비효율적인 문제해결 팀의 특징 분석. 충남대학교 대학원 석사학위논문.

이희진(2019). 촉각이 범죄유형별 처벌 판단에 미치는 영향: 체화된 인지를 바탕으로. 중앙대학교 대학원 석사학위논문.

장민희(2019). 자기중심성과 자기초월성이 삶과 죽음태도에 미치는 영향: 자아존중감의 확장적 개념 고찰. 중앙대학교 대학원 박사학위논문.

전경숙, 장민희, 정태연(2013). 한국사회 노년 후기 여성의 삶의 재평가와 자아통합. 한국노년학, 33(2), 275-292.

정명선, 김혜진(2009). 체면 민감성, 과시 소비 성향, 패션 명품 선호도가 패션명품 복제품의 구매 행동에 미치는 영향. 복식문화연구, 17(2), 189-202.

정선욱, 황명진, 이병호(2013). 부자와 가난한 사람에 대한 만 5세 유아의 인식: 이미지 분석을 중심으로. 유아교육학논집, 17(5), 291-309.

조긍호(2003). 한국인 이해의 개념틀. 서울: 나남출판.

조긍호(2006). 이상적 인간형론의 동서비교: 새로운 심리학의 가능성 탐색. 서울: 지식산업사.

조긍호(2017). 유학심리학의 체계 1. 서울: 서강대학교출판부.

조긍호(2019). 문화, 유학사상 그리고 심리학. 서울: 학지사.

조긍호(2021a). 유학심리학의 체계 2. 서울: 학지사.

조긍호(2021b). 유학심리학의 체계 3. 서울: 학지사.

진시원(2014). 정의(正義), 어떻게 가르칠 것인가? 법교육연구, 9(3), 187-228.

차재호(1996). "사회문제연구학회". 한국심리학회(편), 한국심리학회 50년사 (pp. 323-332). 경기: 교육문학사.

최광선, 안상수(1991). 협동과제 수행에서 범주화와 성과정보가 내집단 편파감소에 미치는 영향. 한국심리학회지: 사회 및 성격, 6(1), 122-131.

최기남, 이선제(2006). 한국내 외국인 이주 및 체류자집단 인종문제의 폭동가능성에 관한 시론적 연구. 경호경비연구, 11, 245-274.

최기홍, 윤성민(2018). 한국 주식시장에서의 날씨효과: 시장상황, 수익률과 거래활동의 일중패턴. *Journal of the Korean Data Analysis Society, 20*(3), 1227-1242.

최상진(2000). 한국인의 심리학. 서울: 중앙대학교출판부.

최수형, 조덕영, 조태현(2011). 경영자의 서번트 리더십이 기술경영 성과에 미치는 영향에 관한 연구: S기업의 통신망 구축/운용을 중심으로. 인적자원관리연구, 18(2), 85-101.

최우재, 조윤형(2013). 진성리더십이 부하의 심리적 웰빙과 적응적 수행성과에 미치는 영향: 자기권능감의 매개효과. 인사조직연구, 21(1), 185-228.

최인철(2004). 사후 과잉 확신 편향과 인과 추론. 한국심리학회지: 일반 23(1), 137-152.

한겨레(2013. 3. 16.). 17살 여고생이 "죽였다"던 동생이 살아 돌아왔다.

한규석(1991). 사회심리학 이론의 문화특수성: 한국인의 사회심리학 연구를 위한 고찰. 한국심리학회지: 사회, 6(1), 132-155.

한규석(1996a). "사회심리학회". 한국심리학회(편), 한국심리학회 50년사 (pp. 157-190). 경기: 교육문학사.

한규석(1996b). 사회심리학에서의 문화비교 연구: 현황 및 「세계화」속의 과제. 한국심리학회 〈세미나〉. 1996(1), 5-58.

한덕웅(2003). 한국유학심리학. 서울: 시그마프레스.

허태균(2002). 사후가정사고의 심리적 기능과 응용적 가치. 한국심리학회지: 문화 및 사회문제, 8(2), 171-190.

홍지은, 임용석(2018). 스포츠 속 구현된 젠더고정관념에 대한 소고: 성과 상반된 젠더유형 스포츠 참여 경험을 중심으로. 문화와 사회, 26(2), 161-215.

황미영(2009). 리더십에 대한 국내 연구동향. 부산교육학연구, 22, 125-154.

Aarts, H., & Dijksterhuis, A. (2003). The silence of the library: Environment, situational norm, and social behavior. *Journal of Personality and Social Psychology, 84*, 18-28.

Abelson, R. P. (1981). Psychological status of the script concept. *American Psychologist, 36*(7), 715-729.

Abrahamson, A. C., Baker, L. A., & Caspi, A. (2002). Rebellious teens? Genetic and environmental influences on the social attitudes of adolescents. *Journal of Personality and Social Psychology, 83*(6), 1392-1408.

Abraído-Lanza, A. F., Vásquez, E., & Echeverría, S. E. (2004). En las manos de Dios [in God's hands]: Religious and other forms of coping among Latinos with arthritis. *Journal of consulting and clinical Psychology, 72*(1), 91-102.

Achen, C. H. (1992). Social psychology, demographic variables, and linear regression: Breaking the iron triangle in voting research. *Political Behavior, 14*(3), 195-211.

Adams, J. S. (1965). Inequity in social exchange. *Advances in Experimental Social Psychology, 2*, 267-299.

Adolphs, R., Tranel, D., Hamann, S., Young, A. W., Calder, A. J., Phelps, E. A., & Damasio, A. R. (1999). Recognition of facial emotion in nine individuals with bilateral amygdala damage. *Neuropsychologia, 37*(10), 1111-1117.

Adorno, T. W., Frenkel-Brunswick, E., Levinson, D. J., & Sanford, R. N. (1950). *The authoritarian personality*. New York, NY: Harper.

Afifi, T. D., Joseph, A., & Aldeis, D. (2012). The "standards for openness hypothesis": Why women find (conflict) avoidance more dissatisfying than men. *Journal of Social and Personal Relationships, 29*, 102-125.

Agboola, S., Mofolasayo, O., Wats, B., & Aluko, R. (2010). Functional properties of yellow field pea (Pisum sativum L.) seed flours and the in vitro bioactive properties of their polyphenols. *Food Research International, 43*, 582-588.

Agnew, R. (2015). General strain theory and delinquency. In M. D. Krohn & J. Lane (Eds.), *The handbook of juvenile delinquency and juvenile justice* (pp. 237-256). Hoboken, NJ: John Wiley & Sons. doi:10.1002/9781118513217.ch16

Ahmed, E., & Braithwaite, V. (2006). Forgiveness, reconciliation, and shame: Three key variables in reducing school bullying. *Journal of Social Issues, 62*, 347-370.

Ajzen, I. (1985). From intentions to actions: A theory of planned behavior. In J. Kuhland & J. Beckman (Eds.), *Action control: From cognitions to behavior* (pp. 11-39). Heidelberg, Germany: Springer.

Ajzen, I. (2001). Nature and operation of attitudes. *Annual Review of Psychology, 52*(1), 27-58.

Ajzen, I., & Madden, T. J. (1986). Prediction of goal-directed behavior: Attitudes, intentions, and perceived behavioral control. *Journal of Experimental Social Psychology, 22*, 453-474.

Alanen, L., & Mayall, B. (2001). *Conceptualizing child-adult relations*. East Sussex, UK: Psychology Press.

Albarracin, D., Johnson, B. T., Fishbein, M., & Muellerleile, P. A. (2001). Theories of reasoned action and planned behavior as models of condom use: A meta-analysis. *Psychological Bulletin, 127*, 142-161.

Alderfer, C. P. (1977). Group and intergroup relations. In J. R. Hackman & J. L. Suttle (Eds.), *Improving life at work* (pp. 227-296). Santa Monica, CA: Goodyear.

Alicke, M. D. (2000). Culpable control and the psychology of blame. *Psychological Bulletin, 126*(4), 556-574.

Alicke, M. D., & Govorun, O. (2005). The better-than-average effect. In M. D. Alicke, D. A. Dunning, & J. I. Krueger (Eds.), *The self in social judgment* (pp. 85-106). New York, NY: Psychology Press.

Allen, K. M., Blascovich, J., Tomaka, J., & Kelsey, R. M. (1991). Presence of human friends and pet dogs as moderators of autonomic responses to stress in women. *Journal of Personality and Social Psychology, 61(4)*, 582-589.

Allport, F. H. (1924). *Social psychology*. Boston, MA: Houghton Mifflin.

Allport, G. W. (1954). The historical background of modern social psychology. In G. Lindzey & E. Aronson (Eds.), *Handbook of social psychology* (Vol. 1, pp. 3-56). London, UK: Addison-Wesley Reading.

Altemeyer, B. (1996). *The authoritarian specter*. Cambridge, MA: Harvard University Press.

Altman, I., & Haythorn, W. W. (1965). Interpersonal exchange in isolation. *Sociometry, 23*, 411-426.

Altman, I., & Taylor, D. A. (1973). *Social penetration: The development of interpersonal relationships*. New York, NY: Holt, Rinehart & Winston.

Alvaro, E. M., & Crano, W. D. (1997). Indirect minority influence: Evidence for leniency in source evaluation and counterargumentation. *Journal of Personality and Social Psychology*, 72, 949-964.

Amato, P. R. (1986). Marital conflict, the parent-child relationship and child self-esteem. *Family Relations, 35*(3), 403-410.

Ambady, N., & Rosenthal, R. (1993). Half a minute: Predicting teacher evaluations from thin slices of nonverbal behavior and physical attractiveness. *Journal of Personality and Social Psychology, 64*, 431-441.

Ambrose, M. L., & Arnaud, A. (2005). Are procedural justice and distributive justice conceptually distinct? In J. Greenberg & J. A. Colquitt (Eds.), *Handbook of organizational justice* (pp. 59-84). Mahwah, NJ: Erlbaum.

Ambrose, M. L., Seabright, M. A., & Schminke, M. (2002). Sabotage in the workplace: The role of organizational injustice. *Organizational Behavior and Human Decision Processes, 89*(1), 947-965.

American Cancer Society. (2012). *Cancer facts and figures 2012*. Atlanta, GA: American Cancer Society.

American Psychiatric Association. (2000). *Diagnostic and statistical manual of mental disorders* (4th ed., text rev.). Washington, DC: Author.

Ames, D. R., & Flynn, F. J. (2007). What breaks a leader: The curvilinear relation between assertiveness and leadership. *Journal of Personality and Social Psychology, 92(2)*, 307-324.

Ames, D. R., Flynn, F. J., & Weber, E. U. (2004). It's the thought that counts: On perceiving how helpers decide to lend a hand. *Personality and Social Psychology Bulletin, 30*(4), 461-474.

Anderson, C., & Kilduff, G. J. (2009). Why do dominant personalities attain influence in face-to-face groups? The competence-signaling effects of trait dominance. *Journal of Personality and Social Psychology, 96*, 491-503.

Anderson, C. A., & Anderson, K. B. (1996). Violent crime rate studies in philosophical context: A destructive testing approach to heat and Southern culture of violence effects. *Journal of Personality and Social Psychology, 70*, 740-756.

Anderson, C. A., & Bushman, B. J. (2002). Human aggression. *Annual Review of Psychology, 53*(1), 27-51.

Anderson, C. A., Bushman, B. J., & Groom, R. W. (1997). Hot years and serious and deadly assault: Empirical tests of the heat hypothesis. *Journal of Personality and Social Psychology, 73*, 1213-1223.

Anderson, C. A., Carnagey, N. L., & Eubanks, J. (2003). Exposure to violent media: The effects of songs with violent lyrics on aggressive thoughts and feelings.

Journal of Personality and Social Psychology, 84, 960-971.

Anderson, C. A., & Heusmann, L. R. (2003). Human aggression: A social cognitive view. In M. A. Hogg & J. Cooper (Eds.), *Handbook of social psychology* (pp. 296-323). London, UK: Sage.

Anderson, C. A., Miller, R. S., Riger, A. L., Dill, J. C., & Sedikides, C. (1994). Behavioral and characterological attributional styles as predictors of depression and loneliness: Review, refinement, and test. *Journal of Personality and Social Psychology, 66*, 549-558.

Anderson, C. A., Shibuya, A., Ihori, N., Swing, E. L., Bushman, B. J., Sakamoto, A., Rothstein, H. R., & Saleem, M. (2010). Violent video game effects on aggression, empathy, and prosocial behavior in eastern and western countries: A meta-analytic review. *Psychological Bulletin, 136*, 151-173.

Anderson, D. D. (1991). *Defendant's past criminal record: Effects of attributional information and judicial instructions on verdict-related judgements*. Unpublished Ph. D. thesis. Ohio State University, Columbus.

Anderson, N. H. (1981). *Foundations of information integration theory*. New York, NY: Academic Press.

Andrew, F. M., & Withey, S. B. (1976). *Social indicators of well-being: Americans' perception of life quality*. New York, NY: Plenum Press.

Anschutz, D. J., Van Strien, T., & Engels, R. C. M. E. (2008). Exposure to slim images in mass media: Television commercials as reminders of restriction in restrained eaters. *Health Psychology, 27*, 401-408.

Anson, I. G. (2018). Partisanship, political knowledge, and the Dunning Kruger effect. *Political Psychology, 39*(5), 1173-1192.

Antonovsky, A. (1987). The salutogenic perspective: Toward a new view of health and illness. *Advances, 4*(1), 47-55.

APA: American Psychological Association. (2013). *Diagnostic and statistical manual of mental disorders* (5th ed.). Washington, DC: APA Press.

Apanovitch, A. M., McCarthy, D., & Salovey, P. (2003). Using message framing to motivate HIV testing among low-income, ethnic minority women. *Health Psychology, 22*, 60-67.

Aquino, K., Reed, A., Thau, S., & Freeman, D. (2007). A grotesque and dark beauty: How moral identity and mechanisms of moral disengagement influence cognitive and emotional reactions to war. *Journal of Experimental Social Psychology, 43*, 385-392.

Arbuthnot, J., & Wayner, M. (1982). Minority Influence: Effects of size, conversion, and sex. *The Journal of Psychology: Interdisciplinary and Applied, 111*(2), 285-295. doi:10.1080/00223980.1982.9915370

Archer, D., & Gartner, R. (1987). *Violence and crime in cross-national perspective*. New Haven, CT: Yale University Press.

Archer, J. (2000). Sex differences in aggression between heterosexual partners: A meta-analytic review. *Psychological Bulletin, 126*, 651-680.

Ard, B. N. (1977). Sex in lasting marriages: A longitudinal study. *Journal of Sex Research, 13*, 274-285.

Argyle, M. (1987). *The Psychology of happiness*. London, UK: Methuen.

Argyle, M. (1989). *The social psychology of work* (2nd ed.). London, UK: Penguin.

Argyle, M. (2001). *The psychology of happiness* (2nd ed.). New York, NY: Rouledge.

Argyris, C. (2004). *Reasons and rationalizations: The limits to organizational knowledge*. Oxford, UK: Oxford University Press.

Aries, E., & Seider, M. (2007). The role of social class in the formation of identity: A study of public and elite private college students. *The Journal of Social Psychology, 147*(2), 137-157.

Armitage, D., Béné, C., Charles, A. T., Johnson, D., & Allison, E. H. (2012). The interplay of well-being and resilience in applying a social-ecological perspective. *Ecology and Society, 17*(4), 15. doi.org/10.5751/ES-04940-170415

Arnett, J. J. (2008). The neglected 95%: Why American psychology needs to become less American. *American Psychologist, 63*(7), 602-614.

Aron, A., Aron, E. N., & Smollan, D. (1992). Inclusion of Other in the Self Scale and the structure of interpersonal closeness. *Journal of Personality and Social Psychology, 63*(4), 596-612.

Aron, A., Aron, E. N., Tudor, M., & Nelson G. (1991). Close relationships as including other in the self. *Journal of Personality and Social Psychology, 60,* 241-253.

Aron, A., Paris, M., & Aron, E. (1995). Falling in love: Prospective studies of self-concept change. *Journal of Personality and Social Psychology, 69,* 1102-1112.

Aronson, E. (1969). The theory of cognitive dissonance: A current perspective. In L. Berkowitz (Ed.), *Advances in experimental social psychology* (Vol. 4, pp. 1-34). New York, NY: Academic Press.

Aronson, E. (1999). Dissonance, hypocrisy, and the self concept. In E. Harmon-Jones & J. Mills (Eds.), *Cognitive dissonance: Progress on a pivotal theory in social psychology* (pp. 103-126). Washington, DC: American Psychological Association.

Aronson, E. (2004). *Readings about the social animal.* New York, NY: W.H. Freeman & Co.

Aronson, E. (2014). 인간, 사회적 동물: 사회심리학에 관한 모든 것(박재호 역. 원저: *The social animal*). 서울: 탐구당. (원저는 2007년에 출판).

Aronson, E., & Aronson, J. (2018). *The social animal* (12th ed.). New York, NY: Worth Publishers.

Aronson, E., & Gonzalez, A. (1988). Desegregation, jigsaw, and the Mexican-American experience. In P. A. Katz & D. A. Taylor (Eds.), *Eliminating racism* (pp. 301-314). New York, NY: Plenum Press.

Aronson, E., & Mills, J. (1959). The effect of severity of initiation on liking for a group. *The Journal of Abnormal and Social Psychology*, *59*(2), 177-181.

Aronson, E., Wilson, T. D., & Akert, R. M. (2007). Social perception: How we come to understand other people. Social psychology, 90-123.

Aronson, E., Wilson, T. D., Akert, R. M., & Sommers, S. R. (2015). *Social psychology* (9th ed.). Boston, MA: Pearson Higher Ed.

Arriaga, X. B., & Rusbult, C. E. (1998). Standing in my partner's shoes: Partner perspective taking and reactions to accommodative dilemmas. *Personality and Social Psychology Bulletin, 24*(9), 927-948.

Asch, S. E. (1946). Forming impressions of personality. *Journal of Abnormal Social Psychology, 41*, 258-290.

Asch, S. E. (1951). Effects of group pressure upon the modification and distortion of judgments. In H. Guetzkow (Ed.), *Groups, leadership, and men*. Pittsburgh, PA: Carnegie Press.

Asch, S. E. (1955). Opinions and social pressure. *Scientific American, 193*(5), 31-35.

Asch, S. E. (1956). Studies of independence and conformity: A minority of one against a unanimous majority. *Psychological Monographs, 70*, 1-70.

Aunel, R. K., & Basil, M. D. (1994). A relational obligations approach to the foot in the mouth effect. *Journal of Applied Social Psychology, 24*, 546-556.

Averill, J. R. (1983). Studies on anger and aggression: Implications for theories of emotion. *American Psychologist, 38*(11), 1145-1160.

Axelrod, R. (2006). *The evolution of cooperation*. New York, NY: Basic Books.

Axtell, R. E. (1993). *Do's and taboos around the world* (3rd ed.). New York, NY: Wiley.

Bacharach, S. B., & Lawler, E. J. (1981). *Bargaining: Power, tactics and outcomes*. Greenwich, CT: JAI Press.

Back, M. D., Schmukle, S. C., & Egloff, B. (2008). Becoming friends by chance. *Psychological Sicence, 19,* 439-440.

Balabanis, G., & Stathopoulou, A. (2021). The price of social status desire and public self-consciousness in luxury consumption. *Journal of Business Research, 123*, 463-475. doi.org/10.1016/j.jbusres.2020.10.034

Baldwin, J. M. (1897). *Social and ethical interpretations in mental development: A study in social psychology*. London, UK: The Macmillan company.

Bales, R. F. (1983). *The SYMLOG key to individual and organizational values*. San Diego, CA: SYMLOG Consulting Group.

Banas, J. A., & Miller, G. (2013). Inducing resistance to conspiracy theory propaganda: Testing inoculation and metainoculation strategies. *Human Communication Research, 39*(2), 184-207.

Bandura, A. (1965). Influence of models' reinforcement contingencies on the acquisition of imitative responses. *Journal of Personality and Social Psychology, 1*, 589-

595. doi.org/10.1037/h0022070

Bandura, A. (1973). *Aggression: A social learning analysis*. Englewood Cliffs, NJ: Prentice-Hall.

Bandura, A. (1977a). *Social learning theory*. Englewood Cliffs, NJ: Prentice-Hall.

Bandura, A. (1977b). Self-efficacy: Toward a unifying theory of behavioral change. *Psychological Review, 84*(2), 191-215.

Bandura, A. (1982). The assessment and predictive generality of self-percepts of efficacy. *Journal of Behavior Therapy and Experimental Psychiatry, 13*(3), 195-199.

Bandura, A. (1983). Psychological mechanisms of aggression. In R. G. Geen & E. I. Donnerstein (Eds.), *Aggression: Theoretical and empirical reviews* (Vol. 1, pp. 1-40). New York, NY: Academic Press.

Bandura, A. (1986). The explanatory and predictive scope of self-efficacy theory. *Journal of Social and Clinical Psychology, 4*(3), 359-373.

Bandura, A. (1992). Self-efficacy mechanism in psychobiologic functioning. In R. Schwarzer (Ed.), *Self-efficacy: Thought control of action* (pp. 355-394). Washington, DC: Hemisphere.

Bandura, A. (2004). Health promotion by social cognitive means. *Health Education & Behavior, 31*(2), 143-164.

Bandura, A., Grusec, J. E., & Menlove, E. L. (1966). Observational learning as a function of symbolization and incentive set. *Child Development, 37*, 499-506.

Bandura, A., & Walters, R. H. (1963). *Social learning and personality development*. New York, NY: Holt, Rinehart and Winston.

Banfield, S., & McCabe, M. P. (2001). Extra relationship involvement among women: Are they different from men? *Archives of Sexual Behavior, 30*(2), 119-142.

Banji, M. R., Lemm, K. M., & Carpenter, S. J. (2003). The social unconscious. In A. Tesser & N. Schwarz (Eds.), *Handbook of social psychology: Intraindividual processes* (pp. 134-158). Malden, MA: Blackwell.

Barclay, P. (2004). Trustworthiness and competitive altruism can also solve the "tragedy of the commons." *Evolution and Human Behavior, 25*(4), 209-220.

Bargh, J. A., Chen, M., & Burrows, L. (1996). Automaticity of social behavior: Direct effects of trait construct and stereotype activation on action. *Journal of Personality and Social Psychology, 71*(2), 230-244.

Bargh, J. A., & Williams, E. L. (2006). The automaticity of social life. *Current Directions in Psychological Science, 15*(1), 1-4.

Barlett, C. P., Harris, R. J., & Bruey, C. (2008). The effect of the amount of blood in a violent video game on aggression, hostility, and arousal. *Journal of Experimental Social Psychology, 44*, 539-546.

Barling, J., Dupré, K. E., & Kelloway, E. K. (2009). Predicting workplace aggression and violence. *Annual Review of Psychology, 60*, 671-692.

Barnes, M., Kalberg, K., Pan, M., & Leung, P. (2016). When is brokerage negatively associated with economic benefits? Ethnic diversity, competition, and common-pool resources. *Social Networks, 45*, 55-65.

Baron, R. A. (2006). The reduction of human aggression: A field study of the influence of incompatible reactions 1. *Journal of Applied Social Psychology, 6*, 260-274. doi:10.1111/j.1559-1816.1976.tb01330.x

Baron, R. A. (1974). Aggression as a function of victim's pain cues, level of prior anger arousal, and exposure to an aggressive model. *Journal of Personality and Social Psychology, 29*, 117-124.

Baron, R. A. (1989). Personality and organizational conflict: Effects of the Type A behavior pattern and self-monitoring. *Organizational Behavior and Human Decision Processes, 44*(2), 281-296.

Baron, R. A. (1993). Reducing aggression and conflict: The incompatible response approach, or why people who feel good usually won't be bad. In G. C. Brannigan & M. R. Merrens (Eds.), *The undaunted psychologist* (pp. 203-218). Philadelphia, PA: Temple University Press.

Baron, R. A. (1997). Positive effects of conflict: Insights from social cognition. In C. K. W. De Dreu & E. Van de Vliert (Eds.), *Using conflict in organizations* (pp. 177-191). London, UK: Sage.

Baron, R. A., Byrne, D., & Branscombe, N. R. (2006). *Social psychology* (11th ed.). Boston, MA: Pearson/Allyn & Bacon.

Baron, R. A., Neuman, J. H. & Geddes, D. (1999). Social

and personal determinants of workplace aggression: Evidence for the impact of perceived injustice and the Type A behavior pattern. *Aggressive Behavior, 25*, 281-296.

Baron, R. A., & Richardson, D. R. (1994). *Human aggression* (2nd ed.). New York, NY: Plenum.

Baron, R. M., & Boudreau, L. A. (1987). An ecological perspective on integrating personality and social psychology. *Journal of personality and social psychology, 53*(6), 1222-1228.

Baron, R. S. (1986). Distraction-conflict theory: Progress and problems. *Advances in Experimental Social Psychology, 19,* 1-40.

Baron, R. S., Kerr, N. L., & Miller, N. (1992). *Group process, group decision, group action*. Buckingham, UK: Open University Press.

Baron, R. S., Vandello, J. A., & Brunsman, B. (1996). The forgotten variable in conformity research: Impact of task importance on social influence. *Journal of Personality and Social Psychology, 71,* 915-927.

Baron, R. S., Logan, H., Lilly, J., Inman, M., & Brennan, M. (1994). Negative emotion and message processing. *Journal of Experimental Social Psychology*, *30*(2), 181-201.

Barreto, M., Ellemers, N., Piebinga, L., & Moya, M. (2010). How nice of us and how dumb of me: The effect of exposure to benevolent sexism on women's task and relational self-descriptions. *Sex Roles, 62*(7-8), 532-544.

Barrett, D. W., Wosinska, W., Butner, J., Petrova, P., Gornik-Durose, M., & Cialdini, R. B. (2004). Individual differences in the motivation to comply across cultures: The impact of social obligation. *Personality and Individual Differences, 37*(1), 19-31.

Barsalou, L. W. (1999). Perceptual symbol system. *Behavioral and Brain Sciences, 22,* 577-660.

Bartholomew, K. (1990). Avoidance of intimacy: An attachment perspective. *Journal of Social and Personal Relationships*, *7*(2), 147-178.

Bartis, S., Szymanski, K., & Harkins, S. G. (1988). Evaluation and performance: A two-edged knife. *Personality and Social Psychology Bulletin, 14(2)*, 242-251.

Bartol, C. R., & Bartol, A. M. (2004). *Psychology and law: Theory, research, and application*. Boston, MA: Thomson/Wadsworth.

Bass, B. M. (1990). From transactional to transformational leadership: Good, better, best. *Organisational Dynamics, 3(3),* 26-40.

Bassili, J. N., & Provencal, A. (1988). Perceiving minorities: A factor-analytic approach. *Personality and Social Psychology Bulletin,* 14, 5-15.

Batra, R., & Ray, M. L. (1986). Affective responses mediating acceptance of advertising. *Journal of Consumer Research, 13* (2), 234-249.

Batson, C. D. (1991). *The altruism question: Toward a social-psychological answer.* Hillsdale, NJ: Lawrence Erlbaum.

Batson, C. D., Chang, J., Orr, R., & Rowland, J. (2002). Empathy, attitudes, and action: Can feeling for a member of a stigmatized group motivate one to help the group? *Personality and Social Psychology Bulletin, 28*(12), 1656-1666.

Batson, C. D., & Gray, R. A. (1981). Religious orientation and helping behavior: Responding to one's own or the victim's needs? *Journal of Personality and Social Psychology, 40*(3), 511-520.

Batson, C. D., Lishner, D. A., Carpenter, A., Dulin, L., Harjusola-Webb, S., Stocks, E. L., Gale, S., Hassan, O., & Sampat, B. (2003). "... As you would have them do unto you": Does imagining yourself in the other's place stimulate moral action? *Personality and Social Psychology Bulletin*, *29*(9), 1190-1201.

Batson, C. D., Polycarpou, M. P., Harmon-Jones, E., Imhoff, H. J., Mitchener, E. C., Bednar, L. L., Klein, T. R., & Highberger, L. (1997). Empathy and attitudes: Can feeling for a member of a stigmatized group improve feelings toward the group? *Journal of Personality and Social Psychology, 72,* 105-118.

Batson, C. D., Schoenrade, P., & Ventis, W. L. (1993). *Religion and the individual: A social-psychological perspective*. New York, NY: Oxford University Press.

Bauer, J. J., & Wayment, H. A. (2008). The psychology of the quiet ego. In H. A. Wayment & J. J. Bauer (Eds.),

Transcending self-interest: Psychological explorations of the quiet ego (pp. 7-19). Washington, DC: American Psychological Association.

Baumeister, R. F. (1991). *Meanings of life*. New York, NY: Guilford Press.

Baumeister, R. F. (1999). *The self in social psychology*. Philadelphia, PA: Psychology Press.

Baumeister, R. F. (2005). *The cultural animal: Human nature, meaning, and social life*. New York, NY: Oxford University Press.

Baumeister, R. F., Bratslavsky, E., Finkenauer, C., & Vohs, K. D. (2001). Bad is stronger than good. *Review of General Psychology, 5*, 323-370.

Baumeister, R. F., Bratslavsky, E., Muraven, M., & Tice, D. M. (1998). Ego depletion: Is the active self a limited resource? *Journal of Personality and Social Psychology, 74(5)*, 1252-1265.

Baumeister, R. F., & Bushman, B, J. (2016). *Social psychology and human nature* (2nd ed.). Kallang Place, Sygnapore: Cengage Learning.

Baumeister, R. F., Campbell, J. D., Krueger, J. I., & Vohs, K. D. (2003). Does high self-esteem cause better performance, interpersonal success, happiness, or healthier lifestyles? *Psychological Science in the Public Interest, 4*(1), 1-44.

Baumeister, R. F., Catanese, K. R., & Vohs, K. D. (2001). Is there a gender difference in strength of sex drive? *Personality and Social Psychology Review, 5*, 242-273.

Baumeister, R. F., Chesner, S. P., Sanders, P. S., & Tice, D. M. (1988). Who's in charge here? Group leaders do lend help in emergencies. *Personality and Social Psychology Bulletin, 14*, 17-22.

Baumeister, R. F., & Heatherton, T. F. (1996). Self-regulation failure: An overview. *Psychological Inquiry*, 7(1), 1-15.

Baumeister, R. F., & Leary, M. R. (1995). The need to belong: Desire for interpersonal attachments as a fundamental human motivation. *Psychological Bulletin, 117*(3), 497-529.

Baumeister, R. F., & Vohs, K. D. (2002). The pursuit of meaningfulness in life. In C. R. Snyder & S. J. Lopez (Eds.), *Handbook of positive psychology* (pp. 608-617). New York, NY: Oxford University Press.

Baumeister, R. F., & Vohs, K. D. (2012). Self-regulation and the executive function of the self. In M. R. Leary & J. P. Tangney (Eds.), *Handbook of self and identity* (2nd ed., pp. 180-197). New York, NY: Guilford Press.

Baumeister, R. F., Heatherton, T. F., & & Tice, D. M. (1994). *Losing control: How and why people fail at self-regulation*. New York, NY: Academic Press.

Baumeister, R. F., Masciampo, E. J., & Vohs, K. D. (2015). Conscious thought and the causation of behavior. In M. Mikulincer & J. A. Bargh (Eds.), *APA handbook of personality and social psychology*. Washington, DC: American Psychological Association.

Baumeister, R. F., Smart, L., & Boden, J. M. (1996). Relation of threatened egotism to violence and aggression: The dark side of high self-esteem. *Psychological Review, 103*, 5-33.

Baumeister, R. F., Tice, D. M., & Hutton, D. G. (1989). Self-presentational motivations and personality differences in self-esteem. *Journal of Personality, 57*, 547-579.

Baumeister, R. F., Vohs, K. D., & Tice, D. M. (2007). The strength model of self-control. *Current Directions in Psychological Science, 16*, 351-355.

Baumgardner, S. R., & Crothers, M. K. (2009). *Positive psychology*. Boston, MA: Pearson Education.

Baxter, L. A. (1986). Gender differences in the heterosexual relationship rules embedded in break-up accounts. *Journal of Social Psychology Bulletin, 13*, 437-447.

Baxter, L. A., & Montgomery, B. M. (1996). *Relating: Dialogues and dialectics*. New York, NY: Guilford Press.

Baxter, L. A., & Norwood, K. M. (2016). Relational dialectics theory. In C. R. Berger & M. E. Roloff (Eds.), *International encyclopedia of interpersonal communication* (Vol. 2, pp. 1443-1451). Hoboken, NJ: Wiley-Blackwell.

Beal, D. J., Cohen, R., Burke, M. J., & McLendon, C. L. (2003). Cohesion and performance in groups: A meta-analytic clarification of construct relation. *Journal of Applied Psychology, 88*(6), 989-1004. doi:10.1037/0021-9010.88.6.989

Beauregard, K. S., & Dunning, D. (2001). Defining self-worth: Trait self-esteem moderates the use of self-serving social definitions in social judgment. *Motivation and Emotion, 25*, 135-162.

Becker, M. H., & Janz, N. K. (1987). Behavioral science perspectives on health hazard/health risk appraisal. *Health Services Research, 22*(4), 537-551.

Bedeian, A. G., & Day, D. V. (2004). Can chameleons lead? *The Leadership Quarterly, 15(5),* 687-718.

Beersma, B., Hollenbeck, J. R., Humphrey, S. E., Moon, H., Conlon, D. E., & Ilgen, D. R. (2017). Cooperation, competition, and team performance: Toward a contingency approach. *Academy of Management Journal, 46*(5), doi.org/10.5465/30040650

Bem, D. J. (1972). Self-perception theory. In L. Berkowitz (Ed.), *Advances in experimental social psychology* (Vol. 6, pp. 1-62). San Diego, CA: Academic Press.

Benedict, R. (1956). *Patterns of culture*. New York, NY: Mentor.

Benjafield, J. G. (2015). *A History of psychology* (4th ed.). Oxford, UK: Oxford University Press.

Benson, P. L., Karabenick, S. A., & Lerner, R. M. (1976). Pretty pleases: The effects of physical attractiveness, race, and sex on receiving help. *Journal of Experimental Social Psychology,* 12, 409-415.

Berg, J. H., & McQuinn, R. D. (1986). Attraction and exchange in continuing and noncontinuing dating relationships. *Journal of Personality and Social Psychology*, *50*, 942-952.

Berger, J., Fisek, M. H., Norman, R. Z., & Zelditch, M. (1977). *Status characteristics and social interaction: An expectation states approach*. New York, NY: Elsevier.

Berger, J., Meredith, M., & Wheeler, S. C. (2008). Contextual priming: Where people vote affects how they vote. *Proceedings of the National Academy of Sciences, 105*, 8846-8849.

Berger, J., Rosenholtz, S. J., & Zelditch, M. (1980). Status organizing processes. *Annual Review of Sociology, 6*, 479-508.

Bergeron, N., & Schneider, B. H. (2005). Explaining cross national differences in peer directed aggression: A quantitative synthesis. *Aggressive Behavior, 31*, 116-137.

Bergmark, K. H., & Kuendig, H. (2008). Pleasures of drinking: A cross-cultural perspective. *Journal of Ethnicity in Substance Abuse, 7*(2), 131-153.

Berkowitz, L. (1962). *Aggression: A social psychological analysis*. New York, NY: McGraw-Hill.

Berkowitz, L. (1984). Some effects of thoughts on anti- and prosocial influences of media events: A cognitive-neoassociation analysis. *Psychological Bulletin, 95*, 410-427.

Berkowitz, L. (1989). Frustration-aggression hypothesis: Examination and reformulation. *Psychological Bulletin, 106*, 59-73.

Berkowitz, L. (1993). *Aggression: Its causes, consequences, and control*. New York, NY: McGraw-Hill.

Berkowitz, L., & LePage, A. (1967). Weapons as aggression-eliciting stimuli. *Journal of Personality and Social Psychology, 7*, 202-207.

Berman, M. E., McCloskey, M. S., Fanning, J. R., Schumacher, J. A., & Coccaro, E. F. (2009). Serotonin augmentation reduces response to attack in aggressive individuals. *Psychological Science, 20*, 714-720.

Bernecker, K., & Job, V. (2019). Mindset theory. In K. Sassenberg & M. L. W. Vliek (Eds.), *Social psychology in action: Evidence-based interventions from theory to practice* (pp. 179-191). Cham, Switzerland: Springer Nature Switzerland.

Berry, D. S. (1991). Accuracy in social perception: Contributions of facial and vocal information. *Journal of Personality and Social Psychology, 61*, 298-307.

Berry, D. S., & McArthur, L. Z. (1986). Perceiving character in faces: The impact of age-related craniofacial changes on social perception. *Psychological Bulletin, 100*, 3-18.

Berscheid, E. (2003). The human's greatest strength: Other humans. In L. G. Aspinwall & U. M. Staudinger (Eds.), *A psychology of human strength: Fundamental questions and future directions for a positive psychology* (pp. 37-48). Washington, DC: American Psychological Association.

Berscheid, E., & Reis, H. T. (1998). Attraction and close relationships. In D. T. Gilbert, S. T. Fiske, & G. Lindzey (Eds.), *The handbook of social psychology* (4th ed.,

Vol. 2, pp. 193-281). New York, NY: McGraw-Hill.

Berza, A. L., Gannon, K. M., & Skowronski, J. J. (1992). The moment of tenure and the moment of truth: When it pays to be aware of recency effects in social judgments. *Social Cognition, 10*, 397-413.

Bessiére, K., Seay, F., & Kiesler, S. (2007). The ideal self: Identity exploration in World of Warcraft. *Cyberpsychology & Behavior, 10*(4), 530-535.

Bettencourt, B., Brewer, M. B., Croak, M. R., & Miller, N. (1992). Cooperation and the reduction of intergroup bias: The role of reward structure and social orientation. *Journal of Experimental Social Psychology, 28*(4), 301-319.

Beyers, W., Goossens, L., Vansant, L., & Moors, E. (2003). A structural model of autonomy in middle and late adolescence: Connectedness, separation, detachment, and agency. *Journal of Youth and Adolescence, 32*, 351-65.

Bickman, L. (1974). The social power of a uniform1. *Journal of Applied Social Psychology, 4*, 47-61.

Biernat, M., & Wortman, C. B. (1991). Sharing of home responsibilities between professionally-employed women and their husbands. *Journal of Personality and Social Psychology, 60*, 844-860.

Bies, R. J. (2005). Are procedural justice and interactional justice conceptually distinct? In J. Greenberg & J. A. Colquitt (Eds.), *Handbook of organizational justice* (pp. 85-112). Nahwah, NJ: Erlbaum.

Bies, R. J., & Moag, J. S. (1986). Interactional justice: Communication criteria of fairness. In B. Sheppard (Ed.), *Research on negotiation in organizations* (pp. 43-55). Greenwich, CT: JAI Press.

Biglan, A., Flay, B. R., Embry, D. D., & Sandler, I. N. (2012). The critical role of nurturing environments for promoting human well-being. *American Psychologist, 67*(4), 257-271.

Bissonnette, V. L., Rusbult, C. E., & Kilpatrick, S. D. (1997). Empathic accuracy and marital conflict resolution. In W. Ickes (Ed.), *Empathic accuracy* (pp. 251-281). New York, NY: Guilford Press.

Bixensteine, V. E., & Wilson, K. V. (1963). Effects of level of cooperative choice by the other player's choice in a Prisoner's Dilemma game. *Journal of Abnormal and Social Psychology, 67*, 139-147.

Björkqvist, K., Lagerspetz, K. M., & Kaukiainen, A. (1992). Do girls manipulate and boys fight? Developmental trends in regard to direct and indirect aggression. *Aggressive Behavior, 18*, 117-127.

Blackburn, R. (1993). *The psychology of criminal conduct: Theory, research, and practice.* Chichester, UK: Wiley.

Blair, R. J. R. (2001). Neurocognitive models of aggression, the antisocial personality disorders, and psychopathy. *Journal of Neurology, Neurosurgery & Psychiatry, 71*(6), 727-731.

Blair, R. J. R. (2010). Psychopathy, frustration, and reactive aggression: The role of ventromedial prefrontal cortex. *British Journal of Psychology, 101*, 383-399.

Blanchard, K. H., Zigarmi, P., & Zigarmi, D. (2013). *Leadership and the one minute manager: A situational approach to leading others.* New York, NY: William Morrow.

Blasi, A. (1999). Emotions and moral motivation. *Journal for the Theory of Social Behaviour, 29*(1), 1-19.

Blass, T. (1991). Understanding behavior in the Milgram obedience experiments: The role of personality, situations, and their interactions. *Journal of Personality and Social Psychology, 60*, 398-413.

Bless, H., Bohner, G., Schwarz, N., & Strack, F. (1990). Mood and persuasion: A cognitive response analysis. *Personality and Social Psychology Bulletin, 16*(2), 331-345.

Blos, P. (1979). *The adolescent passage.* Madis on, CT: International University Press.

Blumstein, P., & Schwartz, P. (1983). *American couples: Money, work, sex.* New York, NY: William Morrow.

Bochner, S., & Insko, C. A. (1966). Communicator discrepancy, source credibility, and opinion change. *Journal of Personality and Social Psychology, 4*(6), 614-621.

Boesch, C., & Boesch, H. (1989). Hunting behavior of wild chimpanzees in the Tai National Park. *American Journal of Physical Anthropology, 78*, 547-573.

Boivin, M., Vitaro, F., & Poulin, F. (2005). Peer relationships and the development of aggressive behavior in early childhood. In R. E. Tremblay, W. W. Hartup, & J. Archer (Eds.), *Developmental origins of aggression* (pp. 376-397). New York, NY: Guilford Press.

Bond, Jr., C. F., & DePaulo, B. M. (2006). Accuracy of deception judgments. *Personality and Social Psychology Review, 10*(3), 214-234. doi.org/10.1207/s15327957pspr1003_2

Bond, M. H. (2004). Culture and aggression: From context to coercion. *Personality and Social Psychology Review, 8*, 62-78.

Bond, M. H., & Cheung, T. S. (1983). College students' spontaneous self-concept: The effect of culture among respondents in Hong Kong, Japan, and the United States. *Journal of Cross-Cultural Psychology, 14*(2), 153-171.

Bond, R., & Smith, P. (1996). Culture and conformity: A meta-analysis of studies using Asch's (1952b, 1956) line judgement task. *Psychological Bulletin, 119*, 111-137.

Bornstein, R. F., Leone, D. R., & Galley, D. J. (1987). The generalizability of subliminal mere exposure effects: Influence of stimuli perceived without awareness on social behavior. *Journal of Personality and Social Psychology, 53*, 1070-1079.

Bothwell, R. K., Deffenbacher, K. A., & Brigham, J. C. (1987). Correlation of eyewitness accuracy and confidence: Optimality hypothesis revisited. *Journal of Applied Psychology, 72(4)*, 691-695.

Bouchard, Jr., T. J., & Loehlin, J. C. (2001). Genes, evolution, and personality. *Behavior Genetics, 31*, 243-273.

Bourgeois, M. J. (2002). Heritability of attitudes constrains dynamic social impact. *Personality and Social Psychology Bulletin, 28*(8), 1063-1072.

Bowers, D. G., & Seashore, S. E. (1966). Predicting organizational effectiveness with a four-factor theory of leadership. *Administrative Science Quarterly, 11(2)*, 238-263.

Bowman, J. M., & Wittenbaum, G. M. (2012). Time pressure affects process and performance in hidden-profile groups. *Small Group Research, 43(3)*, 295-314.

Bradbury, T. N., & Fincham, F. D. (1990). Attributions in marriage: Review and critique. *Psychological Bulletin, 3*, 3-33.

Brame, B., Nagin, D. S., & Tremblay, R. E. (2001). Developmental trajectories of physical aggression from school entry to late adolescence. *Journal of Child Psychology and Psychiatry, 42*, 503-512.

Brandt, M. J., & Wetherell, G. A. (2012). What attitudes are moral attitudes? The case of attitude heritability. *Social Psychological and Personality Science, 3*(2), 172-179.

Brannon, L., Updegraff, J. A., & Feist, J. (2019). 건강심리학(한덕웅 외 공역. 원저: *Health psychology: An introduction to behavior and health*, 9th ed.). 서울: 학지사. (원저는 2018년에 출판).

Braquehais, M. D., Oquendo, M. A., Baca-García, E., & Sher, L. (2010). Is impulsivity a link between childhood abuse and suicide? *Comprehensive Psychiatry, 51*(2), 121-129. doi.org/10.1016/j.comppsych.2009.05.003

Brauer, M., Judd, C. M., & Gliner, M. D. (1995). The effects of repeated expressions on attitude polarization during group discussions. *Journal of Personality and Social Psychology, 68(6)*, 1014-1029.

Brehm, J. W. (1956). Post decision changes in the desirability of alternatives. *The Journal of Abnormal and Social Psychology*, *52*(3), 384-389.

Brehm, J. W. (1966). *A theory of psychological reactance*. New York, NY: Academic Press.

Brehm, S. S., & Weinraub, M. (1977). Physical barriers and psychological reactance: 2-year-olds' responses to threats to freedom. *Journal of Personality and Social Psychology, 35*, 830-836.

Brennan, K. A., & Shaver, P. R. (1995). Dimensions of adult attachment, affect regulation, and romantic relationship functioning. *Personality and Social Psychology Bulletin, 21*(3), 267-283.

Brewer, M. B. (1979). In-group bias in the minimal intergroup situation: A cognitive-motivational analysis. *Psychological Bulletin, 86*(2), 307-324.

Brewer, M. B. (1988). A dual process model of impression formation. In T. K. Srull & R. S. Wyer, Jr. (Eds.), *Advances in social cognition, Vol. 1. A dual process model of impression formation* (pp. 1-36). Mahwah, NJ: Lawrence Erlbaum.

Brewer, M. B., & Brown, R. (1998). Intergroup relations. In D. Gilbert, S. Fiske, & G. Lindzey (Eds.), *Handbook of social psychology* (Vol. 2, pp. 554-594). Boston, MA: McGraw-Hill.

Brewer, M. B., & Gardner, W. (1996). Who is this "We"? Levels of collective identity and self representations. *Journal of Personality and Social Psychology, 71*(1), 83-93.

Brewer, M. B., & Miller, N. (1984). *Groups in contact: The psychology of desegregation*. New York, NY: Academic Press.

Brickman, P, D., Coates, D., & Janoff-Bulman, R. (1978). Lottery winners and accident victims: Is happiness relative? *Journal of Personality and Social Psychology, 36*, 917-927.

Briggs, S. R., & Cheek, J. M. (1988). On the nature of self-monitoring: Problems with assessment, problems with validity. *Journal of Personality and Social Psychology, 54*, 663-678.

Brochu, P. M., & Morrison, M. A. (2007). Implicit and explicit prejudice toward overweight and average-weight men and women: Testing their correspondence and relation to behavioral intentions. *The Journal of Social Psychology, 147*, 681-706.

Brockner, J., & Wiesenfeld, B. M. (1996). An integrative framework for explaining reactions to decisions: Interactive effects of outcomes and procedures. *Psychological Bulletin, 120*, 189-208. doi.org/10.1037/0033-2909.120.2.189

Broidy, L. M., Nagin, D. S., Tremblay, R. E., Bates, J. E., Brame, B., Dodge, K. A., Fergusson, D., Horwood, J. L., Loeber, R., Laird, R., Lynam, D. R., Moffitt, T. E., Pettit, G. S., & Vitaro, F. (2003). Developmental trajectories of childhood disruptive behaviors and adolescent delinquency: A six-site, cross-national study. *Developmental Psychology, 39*, 222-245.

Brosnan, S. F. (2006). Nonhuman species' reactions to inequity and their implications for fairness. *Social Justice Research, 19*(2), 153-185.

Brouziyne, M., & Molinaro, C. (2005). Mental imagery combined with physical practice of approach shots for golf beginners. *Perceptual and Motor Skills, 11*, 23-211.

Brower, M. C., & Price, B. H. (2001). Neuropsychiatry of frontal lobe dysfunction in violent and criminal behaviour: A critical review. *Journal of Neurology, Neurosurgery & Psychiatry, 71*(6), 720-726. doi.org/10.1136/jnnp.71.6.720

Brown, K. W., & Ryan, R. M. (2004). Fostering healthy self regulation from within and without: A self determination theory perspective. In P. A. Linley & S. Joseph (Eds.), *Positive psychology in practice* (pp. 105-124). New York, NY: Wiley.

Brown, R. (2000). Social identity theory: Past achievements, current problems and future challenges. *European Journal of Social Psychology, 30*(6), 745-778.

Brown, R., & Wade, G. (1987). Superordinate goals and intergroup behaviour: The effect of role ambiguity and status on intergroup attitudes and task performance. *European Journal of Social Psychology, 17*(2), 131-142.

Brown, S. L., Asher, T., & Cialdini, R. B. (2005). Evidence of a positive relationship between age and preference for consistency. *Journal of Research in Personality, 39*, 517-533.

Brown, S. L., Nesse, R. M., Vinokur, A. D., & Smith, D. M. (2003). Providing social support may be more beneficial than receiving it: Results from a prospective study of mortality. *Psychological Science, 14*, 320-327.

Bruch, M. A., Hamer, R. J., & Heimberg, R. G. (1995). Shyness and public self consciousness: Additive or interactive relation with social interaction? *Journal of Personality, 63*, 47-63.

Bruner, J. S. (1957). On perceptual readiness. *Psychological Review, 64*(2), 123-152.

Brunner, H. G., Nelen, M., Breakefield, X. O., Ropers, H. H., & Vanoost, B. A. (1993). Abnormal behaviour associated with a point mutation in the structural gene for monoamine oxidase A. *Science, 262*(S133), 578-580. doi:10.1126/science.8211186

Buchanan, D., & Badham, R. (1999). Politics and organizational change: The lived experience. *Human Relations, 52*(5), 609-629.

Buehlman, K. T., Gottman, J. M., & Katz, L. F. (1992). How a couple views their past predicts their future: Predicting divorce from an oral history interview.

Journal of Family Psychology, *5*(3-4), 295.

Burger, J. M. (1986). Increasing compliance by improving the deal: The that's-not-all technique. *Journal of Personality and Social Psychology, 51*, 277-283.

Burger, J. M. (1987). Desire for control and conformity to a perceived norm. *Journal of Personality and Social Psychology, 53*, 355-360.

Burger, J. M., & Cornelius, T. (2003). Raising the price of agreement: Public commitment and the lowball compliance procedure. *Journal of Applied Social Psychology, 33*, 923-934.

Burger, J. M., Sanchez, J., Imberi, J. E., & Grande, L. R. (2006). The norm of reciprocity as an internalized social norm: Returning favors even when no one finds out. *Social Influence, 4*(1), 11-17.

Burgoon, J. K., Guerrero, L. K., & Floyd, K. (2010). *Nonverbal communication*. Boston, MA: Pearson.

Burns, J. M. (1978). *Leadership*. New York, NY: Harper & Row.

Burton-Chellew, M., & Dunbar, R. (2011). Are affines treated as biological kin? A test of Hughes's hypothesis. *Current Anthropology, 52*(5), 741-746.

Bushman, B. J. (1988). The effects of apparel on compliance: A field experiment with a female authority figure. *Personality and Social Psychology Bulletin, 14*, 459-467.

Bushman, B. J., & Cantor, J. (2003). Media ratings for violence and sex: Implications for policymakers and parents. *American Psychologist, 58*, 130-141.

Bushman, B. J., & Cooper, H. M. (1990). Alcohol and human aggression: An integrative research review. *Psychological Bulletin, 107*, 341-354.

Bushman, B. J., Baumeister, R. F., & Stack, A. D. (1999). Catharsis, aggression, and persuasive influence: Self-fulfilling or self-defeating prophecies? *Journal of Personality and Social Psychology, 76*, 367-376.

Bushman, B. J., Giancola, P. R., Parrott, D. J., & Roth, R. M. (2012). Failure to consider future consequences increases the effects of alcohol on aggression. *Journal of Experimental Social Psychology, 48*, 591-595.

Bushman, B. J., & Huesmann, L. R. (2010). Aggression. In S. T. Fiske, D. T. Gilbert, & G. Lindzey (Eds.), *Handbook of social psychology* (5th ed., pp. 833-863). Hoboken, NJ: John Wiley & Sons.

Buss, A. H. (1961). *The psychology of aggression*. New York, NY: Wiley.

Buss, A. H., & Perry, M. (1992). The aggression questionnaire. *Journal of Personality and Social Psychology, 63*(3), 452-459.

Buss, D. M. (1989). Sex differences in human mate preferences: Evolutionary hypotheses tested in 37 cultures. *Behavioral and Brain Sciences, 12*(1), 1-14.

Buss, D. M. (1994). The strategies of human mating. *American Scientist, 82*, 238-249.

Buss, D. M. (2000). *The dangerous passion: Why jealousy is as necessary as love and sex*. New York, NY: Simon and Schuster.

Buss, D. M. (2008). *Evolutionary psychology: The new science of the mind* (3rd ed.). Boston, MA: Allyn & Bacon.

Buss, D. M., Abbott, M., Angleitner, A., Asherian, A., Biaggio, A., Blanco-Villasenor, A., Bruchonschweitzer, M., Chu, H. Y., Czapinski, J., Deraad, B., Ekehammar, B., Ellohamy, N., Floravanti, M., Georgas, J., Gjerde, P., Guttman, R., Hazan, F., Iwanaki, S., Janakiramaiah, N., … & Yang, K. S. (1990). International preferences in selecting mates: A study of 37 cultures. *Journal of Cross-Cultural Psychology, 21*(1), 5-47.

Butler, L. D., Blasey, C. M., Garlan, R. W., McCaslin, S. E., Azarow, J., Chen, X. H., Desjardms, J. C., Hastings, T. A., Kraemer, H. C., Spiegel, D., Dimiceli, S., & Seagraves, D. A. (2005). Posttraumatic growth following the terrorist attacks of September 11, 2001: Cognitive, coping, and trauma symptom predictors in an internet convenience sample. *Traumatology, 11*(4), 247-267.

Buunk, A. P., & Dijkstra, P. (2014). Social comparison orientation and perspective taking as related to responses to a victim. *Psychology, 5*, 441-450.

Buunk, B. P., Ybema, J. F., Gibbons, F. X., & Ipenburg, M. (2001). The affective consequences of social comparison as related to professional burnout and social comparison orientation. *European Journal of Social Psychology, 31*(4), 337-351.

Byers, P., & Byers, H. (1972). Nonverbal communication and the education of children. In C. B. Cazden, V. P. John, & D. Hymes (Eds.), *Functions of language in the classroom* (pp. 3-31). New York, NY: Teachers College Press.

Byrne, D. (1971). *The attraction paradigm*. New York, NY: Academic Press.

Byrom, T. (1993). *Dhammapada: The saying of the Buddha*. New York, NY: Rider.

Cacioppo, J. T., & Petty, R. E. (1984). The elaboration likelihood model of persuasion. *Advances in Consumer Research,* 11, 1-24.

Cahill, K., Stevens, S., Perera, R., & Lancaster, T. (2013). Pharmacological interventions for smoking cessation: An overview and network meta-analysis. *Cochrane Database of Systematic Reviews, 5,* Article No.: CD009329. doi.org/10.1002/14651858.CD009329.pub2

Calder, B. J., & Sternthal, B. (1980). Television commercial wearout: An information processing view. *Journal of Marketing Research, 17*(2), 173-186.

Calhoun, L. G., & Tedeschi, R. G. (2006). *Handbook on posttraumatic growth: Research and practice*. Mahwah, NJ: Erlbaum.

Camí, J., & Farré, M. (2003). Drug addiction. *The New England Journal of Medicine, 349*(10), 975-986.

Campbell, A., Converse, P. E., & Rodgers, W. L. (1976). *The quality of American life*. New York, NY: Sage.

Campbell, A., Converse, P. E., Miller, W. E., & Stokes, D. E. (1960). *The American voter*. New York, NY: Wiley.

Campbell, D. T. (1975). On the conflicts between biological and social evolution and between psychology and moral tradition. *American Psychologist, 30*(12), 1103-1126.

Campbell, W. K., Foster, C. A., & Finkel, E. J. (2002). Does self-love lead to love for others?: A story of narcissistic game playing. *Journal of Personality and Social Psychology, 83*(2), 340-354.

Campion, M. A., Medsker, G. J., & Higgs, A. C. (1993). Relations between work group characteristics and effectiveness: Implications for designing effective work groups. *Personnel Psychology, 46(4)*, 823-847.

Canli, T., Zhao, Z., Desmond, J. E., Kang, E., Gross, J. J., & Gabrieli, J. D. (2001). An fMRI study of personality influences on brain reactivity to emotional stimuli. *Behavioral Neuroscience, 115*(1), 33-42.

Capone, C., Wood, M. D., Borsari, B., & Laird, R. D. (2007). Fraternity/sorority involvement, social influences and alcohol use among college students: A prospective examination. *Psychology of Addictive Behaviors, 21*, 316-327.

Caporael, L. R. (2005). Psychology and groups at the junction of genes and culture. *Behavioral and Brain Sciences, 28*(6), 819-821.

Caporael, L. R., & Brewer, M. B. (1991). The quest for human nature: Social and scientific issues in evolutionary psychology. *Journal of Social Issues, 47*(3), 1-9.

Carlsmith, K. M., & Darley, J. M. (2008). Psychological aspects of retributive justice. *Advances in Experimental Social Psychology, 40*, 193-236.

Carlsmith, K. M., Darley, J. M., & Robinson, P. H. (2002). Why do we punish?: Deterrence and just deserts as motives for punishment. *Journal of Personality and Social Psychology, 83*, 284-299.

Carlson, L. E., Speca, M., Patel, K. D., & Goodey, E. (2004). Mindfulness-based stress reduction in relation to quality of life, mood, symptoms of stress and levels of cortisol, dehydroepiandrosterone sulfate (DHEAS) and melatonin in breast and prostate cancer outpatients. *Psychoneuroendocrinology, 29*(4), 448-474.

Carpentier, F. R. D. (2009). Effects of priming social goals on personal interest in television news. *Journal of Broadcasting & Electronic Media, 53*(2), 300-316.

Carsey, T. M., & Layman, G. C. (2006). Changing sides or changing minds? Party identification and policy preferences in the American electorate. *American Journal of Political Science, 50*, 464-477.

Carson S., & Langer, E. (2004). Mindful practice for clinicians and patients. In L. Haas (Ed.), *Handbook of primary care psychology* (pp. 173-186). London, UK: Oxford University Press.

Carter, C. S. (1998). Neuroendocrine perspectives on social attachment and love. *Psychoneuroendocrinology, 23*, 779-818.

Carver, C. S. (1998). Resilience and thriving: Issues, models, and linkages. *Journal of Social Issues, 54*(2), 245-266.

Carver, C. S., & Scheier, M. F. (1999). Control theory: A useful conceptual framework for personality-social, clinical, and health psychology. In R. F. Baumeister (Ed.), *Self in social psychology* (pp. 299-316). Philadelphia, PA: Psychology Press.

Carver, C. S., Scheier, M. F., & Segerstrom, S. C. (2010). Optimism. *Clinical Psychology Review, 30*(7), 879-889.

Carver, C. S., & White, T. L. (1994). Behavioral inhibition, behavioral activation, and affective responses to impending reward and punishment: the BIS/BAS scales. *Journal of Personality and Social Psychology, 67*, 319-333.

Cascardi, M., & O'Leary, K. D. (1992). Depressive symptomatology, self-esteem, and self-blame in battered women. *Journal of Family Violence, 7*(4), 249-259.

Caspi, A., McClay, J., Moffitt, T. E., Mill, J., Martin, J., Craig, I. W., Taylor, A., & Poulton, R. (2002). Role of genotype in the cycle of violence in maltreated children. *Science, 297*(5582), 851-854. doi: 10.1126/science.1072290

Castano, E., & Giner-Sorolla, R. (2006). Not quite human: Infrahumanization in response to collective responsibility for intergroup killing. *Journal of Personality and Social Psychology, 90*(5), 804-818.

Castaño, N., Watts, T., & Tekleab, A. G. (2013). A reexamination of the cohesion-performance relationship meta-analyses: A comprehensive approach. *Group Dynamics: Theory, Research, and Practice, 17*(4), 207-231.

Castelli, L., Tomelleri, S., & Zogmaister, C. (2008). Implicit ingroup meta-favoritism: Subtle preference for ingroup members displaying ingroup bias. *Personality and Social Psychology Bulletin, 34*, 807-818.

Castelli, L., Vanzetto, K., Sherman, S. J., & Arcuri, L. (2001). The explicit and implicit perception of in-group members who use stereotypes: Blatant rejection but subtle conformity. *Journal of Experimental Social Psychology*, 37, 419-426.

Caughlin, J. P., & Golish, T. D. (2002). An analysis of the association between topic avoidance and dissatisfaction: Comparing perceptual and interpersonal explanations. *Communication Monograph, 69*, 275-295.

Caughlin, J. P., Scott, A. M., Miller, L. E., & Hefner, V. (2009). Putative secrets: When information is supposedly a secret. *Journal of Social and Personal Relationships, 26*(5), 713-743.

Chaiken, S. (1979). Communicator physical attractiveness and persuasion. *Journal of Personality and Social Psychology, 37*(8), 1387-1397.

Chaiken, S. (1980). Heuristic versus systematic information processing and the use of source versus message cues in persuasion. *Journal of Personality and Social Psychology, 39*(5), 752-766.

Chaiken, S., Axsom, D., Lieberman, A., & Wilson, D. (1992). *Heuristic processing of persuasive messages: Chronic and temporary sources of rule accessibility.* Unpublished manuscript, New York University.

Chaiken, S., & Eagly, A. H. (1983). Communication modality as a determinant of persuasion: The role of communicator salience. *Journal of Personality and Social Psychology, 45*, 241-256.

Chaiken, S., & Ledgerwood, A. (2012). A theory of heuristic and systematic information processing. In P. A. M. Van Lange, A. W. Kruglanski, & E. T. Higgins (Eds.), *Handbook of theories of social psychology* (Vol. 1, pp. 245-266). London, UK: Sage.

Champion, V., & Skinner, C. S. (2008). The health belief model. In K. Glanz, B. Rimer, & K. Viswanath (Eds.), *Health behavior and health education* (4th ed., pp. 45-65). San Francisco, CA: Jossey-Bass.

Chan, T., Wang, I., & Ybarra, O. (2019). Connect and strive to survive and thrive: The evolutionary meaning of communion and agency. In A. E. Abele & B. Wojciszke (Eds.), *Agency and communion in social psychology* (pp. 13-24). New York, NY: Routledge.

Chartrand, T. L., & Bargh, J. A. (1999). The chameleon effect: The perception-behavior link and social interaction. *Journal of Personality and Social Psychology, 76*, 893-910.

Chaux, E., Molano, A., & Podlesky, P. (2009). Socio-economic, socio-political and socio-emotional variables explaining school bullying: A country-wide multilevel analysis. *Aggressive Behavior, 35*, 520-529.

Chemers, M. M. (1997). *An integrative theory of leadership.* Mahwah, NJ: Lawrence Erlbaum Associates.

Chemers, M. M. (2001). Leadership effectiveness: An integrative review. In M. A. Hogg & R. S. Tindale (Eds.), *Blackwell handbook of social psychology: Group processes* (pp. 376-399). Oxford, UK: Blackwell.

Chen, I. S., & Tseng, F. T. (2016). The relevance of communication media in conflict contexts and their effectiveness: A negotiation experiment. *Computers in Human Behavior, 59*, 134-141.

Chen, J., Chiu, C., Roese, N. J., Tam, K., & Lau, I. Y. (2006). Culture and couterfactuals: On the importance of life domains. *Journal of Cross-Cultural Psychology, 37*, 75-84.

Chen, J. M., Kim, H. S., Mojaverian, T., & Morling, B. (2012). Culture and social support provision: Who gives what and why. *Personality and Social Psychology Bulletin, 38*(1), 3-13.

Chen, M., & Bargh, J. A. (1999). Consequences of automatic evaluation: Immediate behavioral predispositions to approach or avoid the stimulus. *Personality and Social Psychology Bulletin, 25*(2), 215-224.

Chen, S., & Chaiken, S. (1999). The heuristic-systematic model in its broader context. In S. Chaiken & Y. Trope (Eds.), *Dual-process theories in social psychology* (pp. 73-96). New York, NY: Guilford Press.

Chen, X., Li, G., Hu, Y., & Li, Y. (2016). How anonymity influence self-disclosure tendency on Sina Weibo: An empirical study. *The Anthropologist, 26*(3), 217-226.

Chen, Z., Williams, K. D., Fitness, J., & Newton, N. C. (2008). When hurt will not heal: Exploring the capacity to relive social and physical pain. *Psychological Science, 19*, 789-795.

Cheng, P. W., & Novick, L. R. (1990). A probabilistic contrast model of causal induction. *Journal of Personality and Social Psychology, 58*, 545-567.

Chirkov, V., Ryan, R. M., Kim, Y., & Kaplan, U. (2003). Differentiating autonomy from individualism and independence: A self-determination theory perspective on internalisation of cultural orientations and well-being. *Journal of Personality and Social Psychology, 84*, 97-109.

Chiu, C. Y., Dweck, C. S., Tong, J. Y. Y., & Fu, J. H. Y. (1997). Implicit theories and conceptions of morality. *Journal of Personality and Social Psychology, 73*(5), 923-940.

Choi, S. M., & Rifon, N. J. (2012). It is a match: The impact of congruence between celebrity image and consumer ideal self on endorsement effectiveness. *Psychology & Marketing, 29*(9), 639-650.

Christensen, P. N., & Kashy, D. A. (1998). Perceptions of and by lonely people in initial social interaction. *Personality and Social Psychology Bulletin, 24*, 322-329.

Christie, R., & Geis, F. L. (2013). *Studies in Machiavellianism*. New York, NY: Elsevier Science.

Cialdini, R. B. (2001). *Influence: Science and practice* (4th ed.). Boston, MA: Allyn & Bacon.

Cialdini, R. B., & Goldstein, N. J. (2004). Social influence: Compliance and conformity. *Annual Review of Psychology, 55*, 591-621.

Cialdini, R. B., Baumann, D. J., & Kenrick D. T. (1981). Insights from sadness: A three-step model of the development of altruism as hedonism. *Developmental Review, 1*, 207-223.

Cialdini, R. B., Cacioppo, J. T., Bassett, R., & Miller, J. A. (1978). Low-ball procedure for producing compliance: Commitment, then cost. *Journal of Personality and Social Psychology, 36*, 463-476.

Cialdini, R. B., Griskevicius, V., Sundie, J. M., & Kenrick, D. T. (2007). Persuasion paralysis: When unrelated motives immobilize influence. *Social Influence, 2*, 4-17.

Cialdini, R. B., Kenrick, D. T., & Baumann, D. J. (1982). Effects of mood on prosocial behavior in children and adults. In H. Beilin & N. Eisenberg-Berg (Eds.), *The development of prosocial behavior* (pp. 339-359). New York, NY: Academic Press.

Cialdini, R. B., Reno, R. R., & Kallgren, C. A. (1990). A focus theory of normative conduct: Recycling the concept of norms to reduce littering in public places.

Journal of Personality and Social Psychology, 58, 1015-1026.

Cialdini, R. B., & Trost, M. R. (1998). Social influence: Social norms, conformity and compliance. In D. T. Gilbert, S. T. Fiske, & G. Lindzey (Eds.), *The handbook of social psychology* (4th ed., pp. 151-192). Boston, MA: McGraw-Hill.

Cinnirella, M., & Green, B. (2007). Does 'cyber-conformity' vary cross-culturally? Exploring the effect of culture and communication medium on social conformity. *Computers in Human Behavior, 23*(4), 2011-2025.

Civitci, N., & Civitci, A. (2015). Social comparison orientation, bardiness and life satisfaction in undergraduate students. *Social and Behavioral Sciences, 205*, 516-523.

Clark, M. S., & Mills, J. R. (2012). A theory of communal (and exchange) relationships. In P. A. M. Van Lange, A. W. Kruglanski, & E. T. Higgins (Eds.), *Handbook of theories of social psychology* (Vol. 2, pp. 232-250). Thousand Oaks, CA: Sage.

Clark, M. S., Mills, J. R., & Corcoran, D. M. (1989). Keeping track of needs and inputs of friends and strangers. *Personality and Social Psychology Bulletin, 15*(4), 533-542.

Clark, R. D. (1990). Minority influence: The role of argument refutation of the majority position and social support for the minority position. *European Journal of Social Psychology, 20*, 489-497.

Clarke, J., & van Amerom, G. (2008). Mass print media depictions of cancer and heart disease: Community versus individualistic perspectives? *Health & Social Care in the Community, 16*(1), 96-103.

Clore, G. L., Bray, R. M., Itkin, S. M., & Murphy, P. (1978). Interracial attitudes and behavior at a summer camp. *Journal of Personality and Social Psychology, 36*(2), 107-116.

Cloward, R., & Ohlin, L. (1960). *Delinquency and opportunity: A theory of delinquent gangs*. Glencoe, IL: Free Press.

Cobb, S. (1976). Social support as a moderator of life stress. *Psychosomatic Medicine, 38*, 300-314.

Cohen, G. L., Garcia, J., Purdie-Vaughns, V., Apfel, N., & Brzustoski, P. (2009). Recursive processes in self-affirmation: Intervening to close the minority achievement gap. *Science, 324*, 400-403.

Cohen, J. B., & Areni, C. S. (1991). Affect and consumer behavior. *Handbook of Consumer Behavior, 4(7)*, 188-240.

Cohen, S. (2004). Social relationships and health. *American Psychologist, 59*, 676-684.

Coleman, L. M., Jussim, L., & Abraham, J. (1987). Students' reactions to teachers' evaluations: The unique impact of negative feedback. *Journal of Applied Social Psychology, 17*(12), 1051-1070.

Collins, L. M. (1996). Is reliability obsolete? A commentary on "Are simple gain scores obsolete?" *Applied Psychological Measurement, 20*(3), 289-292.

Collins, N. L., & Feeney, B. C. (2000). A safe haven: An attachment theory perspective on support seeking and caregiving in intimate relationships. *Journal of Personality and Social Psychology, 78*(6), 1053-1073.

Collins, N. L., Ford, M. B., Guichard, A. C., & Allard, L. M. (2006). Working models of attachment and attribution processes in intimate relationships. *Personality and Social Psychology Bulletin, 32*(2), 201-219.

Collins, R. (2004). Rituals of solidarity and security in the wake of terrorist attack. *Sociological Theory, 22*(1), 53-87.

Compton, W. C., & Hoffman, E. (2019). *Positive psychology: The science of happiness and flourishing*. Thousand Oaks, CA: Sage.

Confino, D., Eyal, N. S., Gur, T., & Falomir-Pichastor, J. M. (2022). Retribution versus rehabilitation as motives for support of offender's punishment: The moderating role of mindsets about malleability. *Comprehensive Results in Social Psychology, 6*(2), 1-20. doi:10.1080/23743603.2022.2026215

Connolly, J. (1989). Social self-efficacy in adolescence: Relation with self concept, social adjustment and mental health. *Canadian Journal of Behavioral Science, 21*, 258-269.

Conway, M., & Ross, M. (1984). Getting what you want by revising what you had. *Journal of Personality and Social Psychology, 47*(4), 738-748.

Cook, J., & Bird, G. (2011). Social attitudes differentially modulate imitation in adolescents and adults. *Experimental Brain Research, 211*(3), 601-612.

Cook, S. W. (1988). Toward a psychology of improving justice: Research on extending the equality principle to victims of social injustice. *Journal of Social Issues, 46*(1), 147-161.

Coombs, C. H. (1973). A reparameterization of the Prisoner's Dilemma game. *Behavioral Science, 18*(6), 424-428.

Cooper, J. J., Ödberg, F., & Nicol, C. J. (1996). Limitations on the effectiveness of environmental improvement in reducing stereotypic behavior in bank voles (Clethrionomys glareolus). *Applied Animal Behaviour Science, 48*(3-4), 237-248.

Corcos, A., Pannequin, F., & Bourgeoisde, S. (2012). Is trust an ambiguous rather than a risky decision? *Economics Bulletin, 32*(3), 2255-2266.

Cornelis, E., Cauberghe, V., & De Pelsmacker, P. (2014). Being healthy or looking good? The effectiveness of health versus appearance-focused arguments in two-sided messages. *Journal of Health Psychology, 19*(9), 1132-1142.

Correll, J., & Park, B. (2005). A model of the ingroup as a social resource. *Personality and Social Psychology Review, 9*(4), 341-359.

Correll, J., Park, B., Judd, C. M., & Wittenbrink, B. (2002). The police officer's dilemma: Using ethnicity to disambiguate potentially threatening individuals. *Journal of Personality and Social Psychology, 83*(6), 1314-1329.

Correll, J., Spencer, S. J., & Zanna, M. P. (2004). An affirmed self and an open mind: Self-affirmation and sensitivity to argument strength. *Journal of Experimental Social Psychology, 40*, 350-356.

Cosmides, L., & Tooby, J. (1992). Cognitive adaptations for social exchange. In J. Barkow, L. Cosmides, & J. Tooby (Eds.), *The adapted mind: Evolutionary psychology and the generation of culture* (pp. 163-228). New York, NY: Oxford University Press.

Côté, S., Vaillancourt, T., LeBlanc, J. C., Nagin, D. S., & Tremblay, R. E. (2006). The development of physical aggression from toddlerhood to pre-adolescence: A nationwide longitudinal study of Canadian children. *Journal of Abnormal Child Psychology, 34*, 68-82.

Cott, C. A., & Fox, M. T. (2001). Health and happiness for elderly institutionalized Canadians. *Canadian Journal on Aging/La Revue canadienne du vieillissement, 20*(4), 517-536.

Cottrell, N. B. (1972). Social facilitation. In C. G. McClintock. (Ed.), Experimental social psychology (pp. 185-236). New York, NY: Holt, Rinehart & Winston.

Couch, L. L., & Jones, W. H. (1997). Conceptualizing levels of trust. *Journal of Research in Personality, 31*, 319-336.

Cozzolino, P. J., Sheldon, K. M., Schachtman, T. R., & Meyers, L. S. (2009). Limited time perspective, values, and greed: Imagining a limited future reduces avarice in extrinsic people. *Journal of Research in Personality, 43*(3), 399-408.

Cramer, R. E., McMaster, M. R., Bartell, P. A., & Dragma, M. (1988). Subject competence and minimization of the bystander effect. *Journal of Applied Social Psychology, 18*, 1133-1148.

Crary, W. G. (1966). Reactions to incongruent self-experiences. *Journal of Consulting Psychology, 30*, 246-252.

Crawford, D. W., & Huston, T. L. (1993). The impact of the transition to parenthood on marital leisure. *Personality and Social Psychology Bulletin, 19*(1), 39-46.

Crawford, I., Hammack, P. L., McKirnan, D. J., Ostrow, D., Zamboni, B. D., Robinson, B., & Hope, B. (2003). Sexual sensation seeking, reduced concern about HIV and sexual risk behaviour among gay men in primary relationships. *AIDS Care, 15*(4), 513-524.

Crawford, M., & Gartner, R. (1992). *Women killing: Intimate femicide in Ontario, 1974-1990*. Toronto, Canada: Women We honour Action Committee.

Creasey, G., & Ladd, A. (2005). Generalized and specific attachment representations: Unique and interactive roles in predicting conflict behaviors in close relationships. *Personality and Social Psychology Bulletin, 31*(8), 1026-1038.

Crenshaw, M. (1986). The psychology of political terrorism. In M. Hermann (Ed.), *Political Psychology* (pp. 379-413). San Francisco, CA: Jossey-Bass.

Creswell, J. D., Welch, W. T., Taylor, S. E., Sherman, D.

K., Greunewald, T. L., & Mann, T. (2005). Affirmation of personal values buffers neuroendocrine and psychological stress responses. *Psychological Science, 16*, 846-851.

Crick, N. R., & Grotpeter, J. K. (1995). Relational aggression, gender, and social-psychological adjustment. *Child Development, 66*, 710-722.

Crisp, R. J., & Turner, R. N. (2009). Can imagined interactions produce positive perceptions? Reducing prejudice through simulated social contact. *American Psychologist, 64*(4), 231-240. doi:10.1037/a0014718

Critcher, C. R., & Gilovich, T. (2010). Inferring attitudes from mindwandering. *Personality and Social Psychology Bulletin, 36*(9), 1255-1266. doi.org/10.1177/0146167210375434

Critcher, C. R., Helzer, E. G., & Dunning, D. (2011). Self-enhancement via redefinition: Defining social concepts to ensure positive views of the self. In M. D. Alicke & C. Sedikides (Eds.), *Handbook of self-enhancement and self-perception* (pp. 69-91). New York, NY: Guilford Press.

Crocker, J., & Canevello, A. (2015). Relationships and the self: Egosystem and ecosystem. In M. Mikulincer, P. R. Shaver, J. A. Simpson, & J. F. Dovidio (Eds.), *APA handbook of personality and social psychology, Vol. 3. Interpersonal relations* (pp. 93-116). Washington, DC: American Psychological Association.

Crocker, J., & Luhtanen, R. (1990). Collective self-esteem and ingroup bias. *Journal of Personality and Social Psychology, 58*, 60-67.

Crocker, J., Thompson, L. L., McGraw, K. M., & Ingerman, C. (1987). Downward comparison, prejudice, and evaluations of others: Effects of self-esteem and threat. *Journal of Personality and Social Psychology, 52*(5), 907-916.

Crocker, J., & Wolfe, C. T. (2001). Contingencies of self-worth. *Psychological Review, 108*, 593-623.

Cropanzano, R. (Ed.). (1993). *Justice in the workplace*. Hillsdale, NJ: Erlbaum.

Csikzentmihalyi, M. (1990). *Flow: The psychology of optimal experience*. New York, NY: Harper & Row.

Csikszentmihalyi, M., & Figurski, T. J. (1982). Self-awareness and aversive experience in everyday life. *Journal of Personality, 50*, 15-28.

Cuddy, A. J. C., Fiske, S. T., & Glick, P. (2008). Warmth and competence as universal dimensions of social perception: The Stereotype Content Model and the BIAS Map. *Advances in Experimental Social Psychology, 40*(1), 61-149. doi:10.1016/S0065-2601(07)00002-0

Cullum, J., O'Grady, M. A., & Tennen, H. (2011). Affiliation goals and health behaviors. *Social and Personality Psychology Compass, 5*, 694-705.

Cullum, J., Okdie, B., & Harton, H. (2011). When my country is at war: Issue importance and interpersonal influence lead Iraq War attitudes to cluster within social networks. *Social Influence, 6*, 231-248.

Cummins, D. D. (1998). Social norms and other minds. In D. D. Cummins & C. Allen (Eds.), *The evolution of mind* (pp. 30-50). New York, NY: Oxford University Press.

Cutler, B. L., Penrod, S. D., & Stuve, T. E. (1988). Juror decision making in eyewitness identification cases. *Law and Human Behavior, 12*(1), 41-55.

Dalbert, C. (2002). Beliefs in a just world as a buffer against anger. *Social Justice Research, 15*(2), 123-145.

Dalton, R. J. (1982). The pathways of parental socialization. *American Politics Quarterly, 10*(2), 139-157.

Darwin, C. R. (1859). *On the origin of the species by means of natural selection*. London, UK: John Murray.

Das, E., de Wit, J., & Stoebe, W. (2003). Fear appeals motivate acceptance of action recommendations: Evidence for a positive bias in the processing of persuasive messages. *Personality and Social Psychology Bulletin, 29*(5), 650-664.

Daubman, K. A. (1993). *The self-threat of receiving help: A comparison of the threat-to-self-esteem model and the threat-to-interpersonal-power model*. Unpublished manuscript, Gettysburg College, Gettysburg, PA.

David, B., & Turner, J. C. (2001). Majority and minority influence: A single process self-categorization analysis. In C. K. W. De Dreu & N. K. De Vries (Eds.), *Group consensus and minority influence: Implications for innovation*. Malden, MA: Blackwell.

Davidson, K., & Prkachin, K. (1997). Optimism and

unrealistic optimism have an interacting impact on health-promoting behavior and knowledge changes. *Personality and Social Psychology Bulletin, 23*, 617-625.

Davies, J. C. (1962). Toward a theory of revolution. *American Sociological Review, 27*, 5-19.

Davies, J. C. (1969). The J-curve of rising and declining satisfactions as a cause of some great revolutions and a contained rebellion. In H. D. Graham & T. R. Gurr (Eds.), *Violence in America*. New York, NY: Signet Books.

Davis, C. G., & Nolen-Hoeksema, S. (2009). Making sense of loss, perceiving benefits, and posttraumatic growth. In S. J. Lopez & C. R. Snyder (Eds.), *Oxford handbook of positive psychology* (pp. 641-649). Oxford, UK: Oxford University Press.

Davis, C. G., Nolen-Hoeksema, S., & Larson, J. (1998). Making sense of loss and benefiting from the experience: Two construals of meaning. *Journal of Personality and Social Psychology, 75*, 561-574.

Davis, L., & Greenless, C. (1992). *Social loafing revisited: Factors that mitigate-and reverse-performance loss.* Paper presented at the Southwestern Psychological Association Convention.

Davis, M. H., Luce, C., & Kraus, S. J. (1994). The heritability of characteristics associated with dispositional empathy. *Journal of Personality, 62*(3), 369-391. doi.org/10.1111/j.1467-6494.1994.tb00302.x

De Cremer, D., & Tyler, T. R. (2005). Am I respected or not?: Inclusion and reputation as issues in group membership. *Social Justice Research, 18*(2), 121-153.

De Dreu, C. K. W. (2004). Motivation in negotiation: A social psychological analysis. In M. J. Gelfand, & J. M. Brett (Eds.), *Handbook of negotiation and culture* (pp. 114-135). Stanford, CA: Stanford University Press.

De Dreu, C. K. W. (2010). Social conflict: The emergence and consequences of struggle and negotiation. In S. T. Fiske, D. T. Gulbert, & G. Lindzey (Eds.), *Handbook of social psychology* (5th ed., pp. 983-1023). Hoboken, NJ: John Wile & Sons.

De Dreu, C. K. W., Beersma, B., Steinel, W., & Van Kleef, G. A. (2007). The psychology of negotiation: Principles and basic processes. In A. W. Kruglanski & E. T. Higgins (Eds.), *Social psychology: Handbook of basic principles* (2nd ed., pp. 608-629). New York, NY: Guilford Press.

De Dreu, C. K. W., Evers, A., Beersma, B., Kluwer, E. S., & Nauta, A. (2001). A theory-based measure of conflict management strategies in the work place. *Journal of Organizational Behavior, 22*, 645-668.

De Dreu, C. K. W., Koole, S., & Steinel, W. (2000). Unfixing the fixed-pie: A motivated information processing account of integrative negotiation. *Journal of Personality and Social Psychology, 79*, 975-987.

De Dreu, C. K. W., & McCusker, C. (1997). Gain-loss frames and cooperation in two-person social dilemmas: A transformational analysis. *Journal of Personality and Social Psychology, 72*, 1093-1106.

De Dreu, C. K. W., & Weingart, L. R. (2003). Task versus relationship conflict, team performance and team member satisfaction: A meta-analysis. *Journal of Applied Psychology, 88*, 741-749.

De Dreu, C. K. W., Yzerbyt, V. Y., & Leyens, J. P. (1995). Dilution of stereotype-based cooperation in mixed-motive interdependence. *Journal of Experimental Social Psychology, 31*(6), 575-593.

de Jong, P. F., Koomen, W., & Mellenbergh, G. J. (1988). Structure of causes for success and failure: A multidimensional scaling analysis of preference judgments. *Journal of Personality and Social Psychology, 55*, 718-725.

de Place, A., & Brunot, S. (2020). Motivational and behavioral impact of possible selves: When specificity matters. *Imagination, Cognition and Personality, 39*(4), 329-347. doi.org/10.1177/0276236619864275

de Waal, F. (2007). *Chimpanzee politics: Power and sex among apes*. Baltimore, MD: JHU.

De Wit, J. B., Das, E., & Vet, R. (2008). What works best: Objective statistics or a personal testimonial? An assessment of the persuasive effects of different types of message evidence on risk perception. *Health Psychology, 27*(1), 110-115.

Deaux, K., Reid, A., Mizrahi, K., & Ethier, K. A. (1995). Parameters of social identity. *Journal of Personality and*

Social Psychology, 68(2), 280-291.

Deci, E. L., LaGuardia, J. G., Moller, A. C., Scheiner, M. J., & Ryan, R. M. (2006). On the benefits of giving as well as receiving autonomy support: Mutuality in close friendships. *Personality and Social Psychology Bulletin, 32*, 313-327.

Deci, E. L., & Ryan, R. M. (1995). Human autonomy: The basis for true self-esteem. In M. Kernis (Ed.), *Efficacy, agency, and self-esteem* (pp. 31-49). New York, NY: Plenum Press.

Deci, E. L., & Ryan, R. M. (2012). Self-determination theory. In P. A. M. Van Lange, A. W. Kruglanski, & E. T. Higgins (Eds.), *Handbook of theories of social psychology* (Vol. 1, pp. 416-437). Thousand Oaks, CA: Sage.

Deffenbacher, K. A. (1989). Forensic facial memory: Time is of the essence. In A. W. Young & H. D. Ellis (Eds.), *Handbook of research on face processing* (pp. 563-570). Amsteram, Netherlands: Elsevier Science Publishers.

DeJong, W. (1980). The stigma of obesity: The consequences of naive assumptions concerning the causes of physical deviance. *Journal of Health and Social Behavior, 21*, 75-87.

Deleau, J. (2017). *Social loafing construct validity in higher education: How well do three measures of social loafing stand up to scrutiny?* Doctoral Dissertations, The University of San Francisco.

DeMatteo, J. S., Eby, L. T., & Sundstrom, E. (1998). Team-based rewards: Current empirical evidence. *Research in Organizational Behavior, 20*, 141-183.

DeNeve, K. M., & Cooper, H. (1998). The happy personality: A meta-analysis of 137 personality traits and subjective well-being. *Psychological Bulletin, 124*, 197-229.

Denson, T. F., Pedersen, W. C., Friese, M., Hahm, A., & Roberts, L. (2011). Understanding impulsive aggression: Angry rumination and reduced self-control capacity are mechanism underlying the provocation-aggression relationship. *Personality and Social Psychology Bulletin, 37*, 850-862.

DePaulo, B. M., Brown, P. L., Ishii, S., & Fisher, J. D. (1981). Help that works: The effects of aid on subsequent task performance. *Journal of Personality and Social Psychology, 41*, 478-487.

DePaulo, B. M., Kashy, D. A., Kirkendol, S. E., Wyer, M. M., & Epstein, J. A. (1996). Lying in everyday life. *Journal of Personality and Social Psychology, 70*(5), 979-995.

DePaulo, B. M., Lindsay, J. J., Malone, B. E., Muhlenbruck, L., Charlton, K., & Cooper, H. (2003). Cues to deception. *Psychological Bulletin, 129*(1), 74-118.

Derlega, V. J., Winstead, B. A., Mathews, A., & Braitman, A. L. (2008). Why does someone reveal highly personal information? Attributions for and against self-disclosure in close relationships. *Communication Research Reports, 25*(2), 115-130.

DeRue, D. S. (2011). Adaptive leadership theory: Leading and following as a complex adaptive process. *Research in Organizational Behavior, 31*, 125-150.

Deutsch, M. (1975). Equity, equality, and need: What determines which value will be used as the basis of distributive justice? *Journal of Social Issues, 31*(3), 137-149.

Deutsch, M. (1982). Interdependence and psychological orientation. In V. Derlega & J. Gezelak (Eds.), *Cooperation and helping behavior* (pp. 15-42). Cambridge, UK: Cambridge University Press.

Deutsch, M. (2012). A theory of cooperation-competition and beyond. In P. A. Van Lange, A. W. Kruglanski, & E. T. Higgins (Eds.), *Handbook of theories of social psychology* (Vol. 2, pp. 275-294). London, UK: Sage.

Deutsch, M., & Gerard, H. B. (1955). A study of normative and informational social influences upon individual judgment. *Journal of Abnormal & Social Psychology, 51*, 629-636.

Deutsch, M., & Krauss, R. M. (1960). The effect of threat upon interpersonal bargaining. *The Journal of Abnormal and Social Psychology, 61*(2), 181-189.

Devine, P. G. (1989). Stereotypes and prejudice: Their automatic and controlled components. *Journal of Personality and Social Psychology, 56*(1), 5-18.

DeVito, J. A. (2012). *The interpersonal communication book* (13th ed.). London, UK: Pearson Education.

DeVito, J. A. (2020). *Essentials of human communication* (10th ed.). Hoboken, NJ: Pearson Education, Inc.

DeWall, C. N., Baumeister, R. F., Gailliot, M. T., & Maner, J. K. (2008). Depletion makes the heart grow less helpful: Helping as a function of self-regulatory energy and genetic relatedness. *Personality and Social Psychology Bulletin, 34*, 1653-1662.

Dickerson, C. A., Thibodeau. R., Aronson, E., & Miller, D. (1992). Using cognitive dissonance to encourage water conservation. *Journal of Applied Social Psychology, 22*, 841-854.

Dickter, C. L., & Bartholow, B. D. (2007). Racial ingroup and outgroup attention biases revealed by event-related brain potentials. *Social Cognitive and Affective Neuroscience, 2*(3), 189-198.

Diener, E. (1984). Subjective well-being. *Psychological Bulletin, 95*, 542-575.

Diener, E., & Chan, M. Y. (2011). Happy people live longer: Subjective well being contributes to health and longevity. *Applied Psychology: Health and Well-Being, 3*(1), 1-43.

Diener, E., & Fujita, F. (1995). Resources, personal strivings, and subjective well-being: A nomothetic and idiographic approach. *Journal of Personality and Social Psychology, 68*, 926-935.

Diener, E., Horowitz, J., & Emmons, R. A. (1985). Happiness of the very wealthy. *Social Indicators, 16*, 263-274.

Diener, E., & Larsen, R. J. (1984). Temporal stability and cross-situational consistency of affective, behavioral, and cognitive responses. *Journal of Personality and Social Psychology, 47*, 580-592.

Diener, E., & Lucas, R. E. (1999). Personality and subjective well-being. In D. Kahneman, D. Diener, & N. Schwarz (Eds.), *Well-being: The foundations of hedonic psychology* (pp. 213-229). New York, NY: Sage.

Diener, E., Ng, W., Harter, J., & Arora, R. (2010). Wealth and happiness across the world: Material prosperity predicts life evaluation, whereas psychosocial prosperity predicts positive feeling. *Journal of Personality and Social Psychology, 99*(1), 52-61.

Diener, E., & Suh, E. M. (2000). Measuring subjective well-being to compare the quality of life of cultures. In E. Diener & E. M. Suh (Eds.), *Culture and subjective well-being* (pp. 3-12). Cambridge, MA: MIT Press.

Diener, E., Suh, E. M., Lucas, R. E., & Smith, H. I. (1999). Subjective well-being: Three decades of progress. *Psychological Bulletin, 125*, 276-302.

DiGiuseppe, R., & Tafrate, R. C. (2003). Anger treatment for adults: A Meta-analytic review. *Clinical Psychology: Science and Practice, 10*, 70-84.

Dijksterhuis, A. (2004). Think different: The merits of unconscious thought in preference development and decision making. *Journal of Personality and Social Psychology, 87*(5), 586-598.

Dijksterhuis, A., & Nordgren, L. F. (2006). A theory of unconscious thought. *Perspective on Psychological Science, 1*, 95-109.

DiLalla, L. F., & Gottesman, I. I. (1991). Biological and genetic contributors to violence: Wisdom's untold tale. *Psychological Bulletin, 109*(1), 125-129. doi.org/10.1037/0033-2909.109.1.125

Dillard, J. P., & Shen, L. (2018). On the nature of reactance and its role in persuasive health communication. *Communication Monographs, 85*(1), 39-57.

Dion, K., Berscheid, E., & Walster, E. (1972). What is beautiful is good. *Journal of Personality and Social Psychology, 24*(3), 285-290.

Dion, K. L. (2001). Group cohesion: From "field of forces" to multidimensional construct: Erratum. *Group Dynamics: Theory, Research, and Practice, 5*(1), 2. doi.org/10.1037/1089-2699.5.1.2

Dion, K. L., & Dion, K. K. (1988). Romantic love: Individual and cultural perspectives. In R. J. Sternberg & M. L. Barnes (Eds.), *The psychology of love* (pp. 264-289). New Haven, CT: Yale University Press.

Dittes, J. E. (1959). Attractiveness of group as function of self-esteem and acceptance by group. *The Journal of Abnormal and Social Psychology, 59*(1), 77-82.

Dodge, K. A. (1983). Behavioral antecedents of peer social status. *Child Development, 54*, 1386-1399.

Dodge, K. A., & Coie, J. D. (1987). Social-information-processing factors in reactive and proactive aggression in children's peer groups. *Journal of Personality and*

Social Psychology, 53, 1146-1158.

Dodge, K. A., Coie, J. D., Pettit, G. S., & Price, J. M. (1990). Peer status and aggression in boys' groups: Developmental and contextual analyses. *Child Development, 61*, 1289-1309.

Doise, W. (1978). Images, représentations, idéologies et experimentation psychosociologique. *Social Science Information, 17*(1), 41-69.

Doise, W., Deschamps, J. C., & Meyer, G. (1978). The accentuation of intra-category similarities. In H. Tajfel (Ed.), *Differentiation between social groups: Studies in the social psychology of intergroup relations* (pp. 159-168). London, UK: Academic Press. Sage.

Dollard, J., Miller, N. E., Doob, L. W., Mowrer, O. H., & Sears, R. R. (1939). *Frustration and aggression*. New Haven, CT: Yale University Press.

Donahue, W. A., & Kolt, R. (1992). *Managing interpersonal conflict*. Thousand Oaks, CA: Sage.

Doosje, B., Branscombe, N. R., Spears, R., & Manstead, A. S. (1998). Guilty by association: When one's group has a negative history. *Journal of Personality and Social Psychology, 75*(4), 872-886.

Dorfman, P. W., Hanges, P. J., & Brodbeck, F. C. (2004). Leadership and cultural variation: The identification of culturally endorsed leadership profiles. *Culture, Leadership, and Organizations: The GLOBE Study of, 62*(1), 669-719.

Dovidio, J. F., & Gaertner, S. L. (2004). Aversive racism. In M. P. Zanna (Ed.), *Advances in experimental social psychology* (Vol. 36, pp. 1-52). San Diego, CA: Academic Press.

Dovidio, J. F., & Gaertner, S. L. (2009). Intergroup bias. In S. T. Fiske, D. T. Gilbert, & G. Lindzey (Eds.), *Handbook of social psychology* (Vol. 2, pp. 1084-1121). Hoboken, NJ: John Wiley & Sons, Inc.

Dovidio, J. F., Piliavin, J. A., Gaertner, S. L., Schroeder, D. A., & Clark, R. D. Ⅲ. (1991). The arousal: Cost-reward model and the process of intervention: A review of the evidence. In M. S. Clark (Ed.), *Review of personality and social psychology, Vol. 12. Prosocial behavior* (pp. 86-118). Newbury Park, CA: Sage.

Dovidio, J. F., Piliavin, J. A., Schroeder, D. A., & Penner, L. A. (2010). *The social psychology of prosocial behavior*. New York, NY: Psychology Press.

Drachman, D., deCarufl, A., & Insko, C. A. (1978). The extra credit effect in interpersonal attraction. *Journal of Experimental Social Psychology, 14*, 458-465.

DreBing, H., Bailer, J., Anders, A., Wagner, H., & Gallas, C. (2014). Cyberstalking in a large sample of social network users: Prevalence, characteristics, and impact upon victims. *Cyberpsychology, Behavior, & Social Networking, 17*, 61-67.

Driskell, J. E., & Mullen, B. (1990). Status, expectations, and behavior: A meta-analytic review and test of the theory. *Personality and Social Psychology Bulletin, 16*, 541-553.

Droney, J. M., & Brooks, C. I. (1993). Attributions of self-esteem as a function of duration of eye contact. *Journal of Social Psychology, 133*, 715-722.

Dubois, E., & Blank, G. (2018). The echo chamber is overstated: The moderating effect of political interest and diverse media. *Information, Communication & Society, 21*(5), 729-745.

Dubois, M., & Pansu, P. (2004). Facial attractiveness, applicants' qualifications, and judges' expertise about decisions in preselective recruitment. *Psychological Reports, 95*, 1120-1134.

Duck, S. (1995). Taking relationships into being. *Journal of Social and Personal Relationships, 12*, 535-540.

Dunbar, R. I. (1992). Neocortex size as a constraint on group size in primates. *Journal of Human Evolution, 22*, 469-493.

Dunbar, R. I. (1993). Coevolution of neocortical size, group size, and language in humans. *Behavioral and Brian Sciences, 16*, 681-693.

Dunbar, R. I. (2008). Why humans aren't just Great Apes. *Issues in Ethnology and Anthropology, 3*, 5-33.

Dunbar, R. I. M. (1998). The social brain hypothesis. *Brain, 9*(10), 178-190.

Dunfield, K., Kuhlmeier, V. A., O'Connell, L., & Kelley, E. (2011). Examining the diversity of prosocial behavior: Helping, sharing, and comforting in infancy. *Infancy, 16*(3), 227-247.

Dunn, E. W., Aknin, L. B., & Norton, M. I. (2008).

Spending money on others promotes happiness. *Science, 319*(5870), 1687-1688.

Dunning, D. (2012). The relation of self to social perception. In M. R. Leary & J. P. Tangney (Eds.), *Handbook of self and identity* (2nd ed., pp. 481-501). New York, NY: Guilford Press.

Durkheim, E. (1893). *The division of labour in society.* Doctoral dissertation.

Duval, S., & Wicklund, R. A. (1973). Effects of objective self-awareness on attribution of causality. *Journal of Experimental Social Psychology, 9*(1), 17-31.

Dweck, C. S. (2006). *Mindset: The new psychology of success.* New York, NY: Random House.

Dweck, C. S. (2012). Implicit theories. In P. A. Van Lange, A. W. Kruglanski, & E. T. Higgins (Eds.), *Handbook of theories of social psychology* (Vol. 2, pp. 43-61). Thousand Oaks, CA: Sage.

Eagly, A. H. (2009). The his and hers of prosocial behavior: An examination of the social psychology of gender. *American Psychologist, 64*(8), 644-658.

Eagly, A. H., Ashmore, R. D., Makhijani, M. G., & Longo, L. C. (1991). What is beautiful is good, but. . . : A meta-analytic review of research on the physical attractiveness stereotype. *Psychological Bulletin, 110*, 109-128.

Eagly, A. H., & Chaiken, S. (1993). *The psychology of attitudes.* San Diego, CA: Harcourt Brace Jovanovich college publishers.

Eagly, A. H., & Crowley, M. (1986). Gender and helping behavior: A meta-analytic review of the social psychological literature. *Psychological Bulletin, 100*, 283-308.

Eagly, A. H., & Warren, R. (1976). Intelligence, comprehension, and opinion channe1. *Journal of Personality, 44*(2), 226-242.

Eastwick, P. W., & Finkel, E. J. (2009). Reciprocity of Liking. In H. T. Reis & S. Sprecher (Eds.), *Encyclopedia of human relationships* (pp. 1333-1336). Thousand Oaks, CA: Sage.

Eastwick, P. W., & Gardner, W. L. (2009). Is it a game? Evidence for social influence in the virtual world. *Social Influence, 4*, 18-32. doi:10.1080/15534510802254087

Eaton, J., & Struthers, C. W. (2006). The reduction of psychological aggression across varied interpersonal contexts through repentance and forgiveness. *Aggressive Behavior, 32*, 195-206.

Eaves, L. J., Eysenck, H. J., & Martin, N. G. (1989). *Genes, culture and personality: An empirical approach.* New York, NY: Academic Press.

Ebbesen, E. B., Kjos, G. L., & Konečni, V. J. (1976). Spatial ecology: Its effects on the choice of friends and enemies. *Journal of Experimental Social Psychology, 12*, 505-518.

Eby, L. T., Cader, J., & Noble, C. (2003). Why do high self-monitors emerge as leaders in small groups? A comparative analysis of the behaviors of high versus low self-monitors. *Journal of Applied Social Psychology, 33*, 1457-1479.

Edwards, G., & Gross, M. M. (1976) Alcohol dependence: Provisional description of a clinical syndrome. *British Medical Journal, 1*, 1058-1061.

Egolf, D. B., & Corder, L. E. (1991). Height differences of low and high job status, female and male corporate employees. *Sex Roles, 24*, 365-373.

Eid, M. & Larsen, R. J. (2008). *The science of subjective well-being.* New York, NY: Guilford Press.

Eisenberger, N. I., Lieberman, M. D., & Williams, K. D. (2003). Does rejection hurt? An fMRI study of social exclusion. *Science, 302*, 290-292.

Ekman, P., & Friesen, W. V. (1978). *Manual for the facial action coding system.* Palo Alto, CA: Consulting Psychologists Press.

Ekman, P., & O'Sullivan, M. (1991).Who can catch a liar? *American Psychologist, 46*, 913-920. dx.doi.org/10.1037/0003-066X.46.9.913

Elder, G. H., & Ardelt, M. (1992). *Families adapting to economic pressure: Some consequences for parents and adolescents.* Paper presented at the Society for Research on Adolescence, Washington, DC.

Eldridge, K. A., & Baucom, B. (2012). Demand-withdraw communication in couples: Recent developments and future directions. In P. Noller & G. C. Karantzas (Eds.), *The Wiley-Blackwell handbook of couple and family relationships* (pp. 144-158). Hoboken, NJ: Wiley.

Ellemers, N., De Gilder, D., & Haslam, S. A. (2008). Motivating individuals and groups at work in the 21st century. In C. Wankel (Ed.), *Handbook of 21st century management* (pp. 182-192). London, UK: Sage.

Ellemers, N., & Haslam, A. (2012). Social Identity Theory. In P. A. Van Lange, A. W. Kruglanski, & E. T. Higgins (Eds.), *Handbook of theories of social psychology* (Vol. 2, pp. 379-398). Thousand Oaks, CA: Sage.

Ellemers, N., & Haslam, S. A. (2015). Social identity theory. In P. A. M. Van Lange, A. W. Kruglanski, & E. T. Higgins (Eds.), *Handbook of theories of social psychology* (Vol. 2, pp. 379-398). London, UK: Sage.

Ellison, N., Heino, R., & Gibbs, J. (2006). Managing impressions online: Self-presentation processes in the online dating environment. *Journal of Computer-Mediated Communication, 11*(2), 415-441.

Elman, D. (1977). Physical characteristics and the perception of masculine traits. *The Journal of Social Psychology, 103*, 157-158.

Emmons, R. A. (1996). Striving and feeling: Personal goals and subjective well-being. In P. M. Gollwitzer & J. A. Bargh (Eds.), *The psychology of action: Linking cognition and motivation of behavior* (pp. 313-337). New York, NY: Guilford Press.

Emmons, R. A., & Crumpler, C. A. (2000). Gratitude as a human strength: Appraising the evidence. *Journal of Social and Clinical Psychology, 19*(1), 56-69.

Emmons, R. A., & Paloutzian, R. F. (2003). The psychology of religion. *Annual Review of Psychology, 54*(1), 377-402.

Epitropaki, O., & Martin, R. (2004). Implicit leadership theories in applied settings: Factor structure, generalizability, and stability over time. *Journal of Applied Psychology, 89*(2), 293-310.

Epley, N., & Gilovich, T. (2001). Putting adjustment back in the anchoring and adjustment heuristic: Divergent processing of self-generated and experimenter-provided anchors. *Psychological Science, 12*, 391-396.

Epley, N., & Gneezy, A. (2007). The framing of financial windfalls and implications for public policy. *The Journal of Socio-Economics, 36(1)*, 36-47.

Epley, N., & Whitchurch, E. (2008). Mirror, mirror on the wall: Enhancement in self-recognition. *Personality and Social Psychology Bulletin, 34*(9), 1159-1170.

Erceg-Hurn, D. M., & Steed, L. G. (2011). Does exposure to cigarette health warnings elicit psychological reactance in smokers? *Journal of Applied Social Psychology, 41*(1), 219-237.

Erickson, W. B., Lampinen, J. M., & Moore, K. N. (2016). Eyewitness identifications by older and younger adults: A meta-analysis and discussion. *Journal of Police and Criminal Psychology, 31*(2), 108-121. doi.org/10.1007/s11896-015-9176-3

Erikson, E. (1956). The problem of ego identity. *Journal of the American Psychoanalytic Association, 4*, 56-121.

Eron, L. D. (1987). The development of aggressive behavior from the perspective of a developing behaviorism. *American Psychologist, 42*, 435-442.

Eron, L. D., Huesmann, L. R., & Zelli, A. (1991). The role of parental variables in the learning of aggression. In D. J. Pepler & K. H. Rubin (Eds.), *The development and treatment of childhood aggression* (pp. 169-188). Hillsdale, NJ: Erlbaum

Estrada, C. A., Isen, A. M., & Young, M. J. (1997). Positive affect facilitates integration of information and decreases anchoring in reasoning among physicians. *Organizational Behavior and Human Decision Processes, 72*(1), 117-135.

Evans, F. B. (1963). Selling as a dyadic relationship - A new approach. *American Behavioral Scientist, 6*, 76-79.

Everly, G. S. J., & Lating, J. M. (2004). *Personality-guided therapy for posttraumatic stress disorder*. Washington, DC: American Psychological Association.

Eyal, T., Liberman, N., & Trope, Y. (2008). Judging near and distant virtue and vice. *Journal of Experimental Social Psychology, 44*, 1204-1209.

Eysenck, H. J. (1973). *Eysenck on extraversion*. New York, NY: John Wiley & Sons.

Farrell, D. (1983). Exit, voice, loyalty, and neglect as responses to job dissatisfaction: A multidimensional scaling study. *Academy of Management Journal, 26*(4), 596-607.

Fazio, R. H., & Olson, M. A. (2003). Implicit measures in social cognition research: Their meaning and uses.

Annual Review of Psychology, 54, 297-327.

Fazio, R. H., & Zanna, M. P. (1981). Direct experience and attitude-behavior consistency. *Advances in Experimental Social Psychology, 14,* 161-202.

Feather, N. T. (1999). Judgments of deservingness: Studies in the psychology of justice and achievement. *Personality and Social Psychology Review, 3*(2), 86-107.

Feeney, B. C. (2004). A secure base: Responsive support of goal strivings and exploration in adult intimate relationships. *Journal of Personality and Social Psychology, 87*(5), 631-648.

Fehr, E., & Fischbacher, U. (2003). The nature of human altruism. *Nature, 425,* 785-791.

Fehr, E., & Fischbacher, U. (2004). Third-party punishment and social norms. *Evolution and Human Behavior, 25*(2), 63-87.

Fein, S., & Spencer, S. J. (1997). Prejudice as self-image maintenance: Affirming the self through derogating others. *Journal of Personality and Social Psychology, 73*(1), 31-44.

Feinberg, M., Willer, R., Stellar, J., & Keltner, D. (2012). The virtues of gossip: Reputational information sharing as prosocial behavior. *Journal of Personality and Social Psychology, 102*(5), 1015-1030.

Feingold, A. (1982). Do taller men have prettier girlfriends? *Psychological Reports, 50,* 810.

Feldman, D. C. (1984). The development and enforcement of group norms. *Academy of Management Review, 9*(1), 47-53.

Feldman, N. S., & Ruble, D. N. (1981). Social comparison strategies: Dimensions offered and options taken. *Personality and Social Psychology Bulletin, 7*(1), 11-16.

Feldt, T., Metsäpelto, R.-L., Kinnunen, U., & Pulkkinen, L. (2007). Sense of coherence and five-factor approach to personality. Conceptual relationships. *European Psychologist, 12*(3), 165-172.

Fenigstein, A. (1979). Self-consciousness, self-attention, and social interaction. *Journal of Personality and Social Psychology, 37*(1), 75-86.

Ferguson, T. J., & Rule, B. G. (1983). An attributional perspective on anger and aggression. *Aggression: Theoretical and Empirical Reviews, 1,* 41-74.

Feshbach, S. (1964). The function of aggression and the regulation of aggressive drive. *Psychological Review, 71,* 257-272.

Festinger, L. (1954). A theory of social comparison processes. *Human Relations, 7*(2), 117-140.

Festinger, L. (1959). *A theory of cognitive dissonance.* Evanston, IL: Row, Peterson.

Festinger, L. (1962). Cognitive dissonance. *Scientific American, 207*(4), 93-107.

Festinger, L. (1964). *Conflict, decision, and dissonance.* Redwood City, CA: Stanford University Press.

Festinger, L., & Carlsmith, J, M. (1959). Cognitive consequences of forced compliance. *The Journal of Abnormal and Social Psychology, 58,* 203-210.

Festinger, L., Riecken, H. W., & Schachter, S. (1964). *When prophecy fails.* New York, NY: Harper & Row.

Festinger, L., Schachter, S., & Back, K. (1950). The spatial ecology of group formation. In L. Festinger, S. Schachter, & K. W. Back (Eds.), *Social pressure in informal groups* (pp. 141-161). Redwood City, CA: Stanford University Press.

Fiedler, K., Semin, G. R., Finkenhauer, C., & Berkel, I. (1995). Actor-observer bias in close relationships: The role of self-knowledge and self-related language. *Personality and Social Psychology Bulletin, 21,* 525-538.

Fields, J. M., & Schuman, H. (1976). Public beliefs about the beliefs of the public. *Public Opinion Quarterly, 40*(4), 427-448.

Fincham, F. D., & Beach, S. R. H. (2002). Forgiveness in marriage: Implications for psychological aggression and constructive communication. *Personal Relationships, 9,* 239-251.

Fincham, F. D., Harold, G. T., & Gano-Phillips, S. (2000). The longitudinal association between attributions and marital satisfaction: Direction of effects and role of efficacy expectations. *Journal of Family Psychology, 14,* 267-285.

Finkel, E. J., & Campbell, W. K. (2001). Self-control and accommodation in close relationships: An interdependence analysis. *Journal of Personality and*

Social Psychology, 81(2), 263-277.

Finkel, E. J., & Eastwick, P. W. (2009). Arbitrary social norms influence sex differences in romantic selectivity. *Psychological Science*, *20*(10), 1290-1295.

Finucane, M. L., Alhakami, A., Slovic, P., & Johnson, S. M. (2000). The affect heuristic in judgments of risks and benefits. *Journal of Behavioral Decision Making, 13*(1), 1-17.

Fiore, A. T., & Donath, J. S. (2005). Homophily in online dating: When do you like someone like yourself? *Conference: Extended abstracts on human factors in computing systems*, (pp. 1371-1374). Portland, OR: ACM.

Fischer, P., & Greitemeyer, T. (2013). The positive bystander effect: Passive bystanders increase helping in situation with high expected negative consequences for the helper. *The Journal of Social Psychology, 153*(1), 1-5.

Fischhoff, B. (1975). Hindsight≠foresight: The effect of outcome knowledge on judgment under uncertainty. *Journal of Experimental Psychology: Human Perception and Performance, 1*, 288-299.

Fishbein, M., & Ajzen, I. (1974). Attitudes towards objects as predictors of single and multiple behavioral criteria. *Psychological Review*, *81*(1), 59-74.

Fiske, A. P. (1992). The four elementary forms of sociality: Framework for a unified theory of social relations. *Psychological Review, 99,* 689-723.

Fiske, A. P., & Haslam, N. (2005). The four basic social bonds: Structures for coordinating interaction. In M. W. Baldwin (Ed.), *Interpersonal cognition* (pp. 267-298). New York, NY: Guilford Press.

Fiske, A. P., Kitayama, S., Markus, H. R., & Nisbett, R. E. (1998). *The cultural matrix of social psychology* (4th ed., pp. 915-981). New York, NY: McGraw-Hill.

Fiske, S. T. (1998). Stereotyping, prejudice, and discrimination. In D. T. Gilbert, S. T. Fiske, & G. Lindzey (Eds.), *The handbook of social psychology* (Vol. 2, pp. 357-411). New York, NY: McGraw-Hill.

Fiske, S. T. (2004). *Social beings: A core motives approach to social psychology.* New York, NY: Wiley.

Fiske, S. T., Cuddy, A. J. C., Glick, P., & Xu, J. (2002). A model of (often mixed) stereotype content: Competence and warmth respectively follow from perceived status and competition. *Journal of Personality and Social Psychology, 82*(6), 878-902. doi:10.1037/0022-3514.82.6.878

Fiske, S. T., Gilbert, D. T., & Lindzey, G. (Eds.). (2010). *Handbook of social psychology*. New York, NY: John Wiley & Sons.

Fiske, S. T., & Neuberg, S. L. (1990). A continuum of impression formation, from category-based to individuating processes: Influences of impression and motivation on attention and interpretation. *Advances in Experimental Social Psychology, 23*, 1-74.

Fiske, S. T., & Tablante, B. (2015). Stereotyping: Processes and content. In M. Mikulincer, & P. R. Shaver (Eds.), *APA handbook of personality and social psychology, Vol. 1. Attitudes and social cognition* (pp. 457-507). Washington, DC: American Psychological Association.

Fiske, S. T., & Taylor, S. E. (2008). *Social cognition*. London, UK: Sage.

Fitzsimons, G. M., & Shah, J. (2008). How goal instrumentality shapes relationship evaluations. *Journal of Personality and Social Psychology, 95*, 319-337.

Flay, B. R. (2009). The promise of long-term effectiveness of school-based smoking prevention programs: A critical review of reviews. *Tobacco Induced Diseases,* 5(1), 7. doi: 10.1186/1617-9625-5-7

Fleeson, W., & Jayawickreme, E. (2019). Perspectives on the person: Rapid growth and opportunities for integration. In K. Deaux & M. Snyer (Eds.), *The Oxford handbook of personality and social psychology* (2nd ed., pp. 35-65). New York, NY: Oxford University Press.

Fleming, M. A., & Petty, R. E. (2000). Identity and persuasion: An elaboration likelihood approach. In D. J. Terry & M. A. Hogg (Eds.), *Attitudes, behavior, and social context: The role of norms and group membership* (pp. 171-199). Hillsdale, NJ: Lawrence Erlbaum Associates Publishers.

Flora, J., & Segrin, C. (2003). Relational well-being and perceptions of relational history in married and dating couples. *Journal of Social and Personal Relationships,*

20(4), 515-536.

Folger, R. (1977). Distributive and procedural justice: Combined impact of voice and improvement on experienced inequity. *Journal of Personality and Social Psychology, 35*(2), 108.

Ford, C. S., & Beach, F. A. (1951). *Patterns of sexual behavior*. New York, NY: Harper.

Ford, E. B. (2006). Lie detection: Historical, neuropsychiatric and legal dimensions. *International Journal of Law and Psychiatry, 29*(3), 159-177.

Forgas, J. P. (1998a). On being happy and mistaken: Mood effects on the fundamental attribution error. *Journal of Personality & Social Psychology, 75*, 318-331. doi.org/10.1037/0022-3514.75.2.318

Forgas, J. P. (1998b). On feeling good and getting your way: Mood effects on negotiator cognition and bargaining strategies. *Journal of Personality and Social Psychology, 74*, 565-577.

Forgas, J. P. (2013). Don't worry, be sad! On the cognitive, motivational, and interpersonal benefits of negative mood. *Current Directions in Psychological Science, 22*(3), 225-232.

Forgas, J. P., Laham, S. M., Vargas, P. T. (2005). Mood effects on eyewitness memory: Affective influences on susceptibility to misinformation. *Journal of Experimental Social Psychology, 41*, 574-588.

Försterling, F. (1992). The kelley model as an analysis of variance analogy: How far can it be taken? *Journal of Experimental Social Psychology, 28*, 475-490.

Försterling, F. (2001). *Attribution: An introduction to theories, research and applications*. New York, NY: Psychology Press.

Forsyth, D. R. (1983). *An introduction to group dynamics*. Monterey, CA: Brooks/Cole.

Forsyth, D. R. (2018). *Group dynamic* (7th ed.). Kallang Place, Sygnapore: Cengage Learning.

Forsyth, P. (2010). *Disaster-proof your career: Tactics to survive, thrive and keep ahead in the workplace*. London: Kogan Page Publishers.

Foster, D. W., & Neighbors, C. (2013). Self-consciousness as a moderator of the effect of social drinking motives on alcohol use. *Addictive Behaviors, 38*, 1996-2002.

Frank, J. A. (1998). *With ballot and bayonet: The political socialization of American civil war soldiers*. Athens, GA: University of Georgia Press.

Frankena, W. K. (1962). The concept of social justice. In R. B. Brandt (Ed.), *Social justice* (pp. 1-29). Englewood Cliffs, NJ: Prentice-Hall.

Frankl, V. E. (1985). *Man's search for meaning*. New York, NY: Washington Square Press. (Originally published 1946).

Frederick, S. (2005). Cognitive reflection and decision making. *Journal of Economic Perspectives, 19*, 25-42.

Fredrickson, B. L. (2001). The role of positive emotions in positive psychology: The broaden-and-build theory of positive emotions. *American Psychologist, 56*, 218-226.

Fredrickson, B. L., Mancuso, R. A., Branigan, C., & Tugade, M. M. (2000). The undoing effect of positive emotions. *Motivation and Emotion, 24*, 237-258.

Freedman, J. L., & Fraser, S. C. (1966). Compliance without pressure: The foot-in-the-door technique. *Journal of Personality and Social Psychology, 4*, 195-202.

Freimuth, F. S., Hammond, S. L., edgar, T., & Monahan, J. L. (1990). Reaching those at risk: A content-analytic study of AIDS PSAs. *Communication Research, 6*, 775-791.

French, J., & Raven, B. (1959). The bases of social power. In D. Cartwright (Ed.), *Studies of social power* (pp. 150-167). Ann Arbor, MI: University of Michigan Press.

Freud, S. (1920). *Beyond the pleasure principle*. London, Uk: The Hogarth Press and the Institute of Psycho-Analysis.

Freud, S. (1962). *The ego and the id* (J. Riviere, Trans.). New York, NY: Norton. (Original work published 1923).

Fried, C. B. (1998). Hypocrisy and identification with transgressions: A case of undetected dissonance. *Basic and Applied Social Psychology, 20*(2), 144-154.

Friedrich, J. (1996). On seeing oneself as less self-serving than others: The ultimate self-serving bias? *Teaching of Psychology, 23*, 107-109.

Frieze, I. H., Olson, J. E., & Russell, J. (1991). Attractiveness and income for men and women in management. *Journal of Applied Social Psychology, 21*, 1039-1057.

Frijda, N. H., & Mesquita, B. (1994). The social roles and functions of emotions. In S. Kitayama & H. Marcus (Eds.), *Emotion and culture: Empirical studies of mutual influence* (pp. 51-87). Washington, DC: American Psychological Association.

Frisell, T., Pawitan, Y., Långström, N., & Lichtenstein, P. (2012). Heritability, assortative mating and gender differences in violent crime: Results from a total population sample using twin, adoption, and sibling models. *Behavior Genetics, 42*(1), 3-18. doi: 10.1007/s10519-011-9483-0

Fritsche, I., Jonas, E., & Kessler, T. (2011). Collective reactions to threat: Implications for intergroup conflict and for solving societal crises. *Social Issues and Policy Review, 5*(1), 101-136.

Funder, D. C., & Fast, L. A. (2010). Personality in social psychology. In S. T. Fiske, D. T. Gilbert, & G. Lindzey (Eds.), *Handbook of social psychology* (Vol. 2, pp. 668-697). New York, NY: John Wiley & Sons.

Furby, L. (1986). Psychology and justice. In R. Cohen (Ed.), *Justice: Views from the social sciences* (pp. 153-204). New York, NY: Plenum.

Furnham, A., Chan, P. S., & Wilson, E. (2013). What to wear? The influence of attire on the perceived professionalism of dentists and lawyers. *Journal of Applied Social Psychology, 43*(9), 1838-1850.

Gable, S. L., & Reis, H. T. (2006). Intimacy and the self: An iterative model of the self and close relationships. In P. Noller & J. Feeney (Eds.), *Close relationships: Functions forms and processes* (pp. 211-225). New York, NY: Psychology Press.

Gaertner, S. L., & Dovidio, J. F. (2005). Understanding and addressing contemporary racism: From aversive racism to the common ingroup identity model. *Journal of Social Issues, 61*(3), 615-639.

Gaertner, S. L., Dovidio, J. F., Anastasio, P. A., Bachman, B. A., & Rust, M. C. (1993). The common ingroup identity model: Recategorization and the reduction of intergroup bias. *European Review of Social Psychology, 4*(1), 1-26.

Gaertner, S. L., Mann, J., Murrell, A., & Dovidio, J. F. (1989). Reducing intergroup bias: The benefits of recategorization. *Journal of Personality and Social Psychology, 57*(2), 239-249.

Gailliot, M. T., & Baumeister, R. F. (2007). The physiology of willpower: Linking blood glucose to self-control. *Personality and Social Psychology Review, 11*, 303-327.

Galinsky, A. D., Gruenfeld, D. H., & Magee, J. C. (2003). From power to action. *Journal of Personality and Social Psychology, 85*(3), 453-466.

Galinsky, A. D., Ku, G., & Wang, C. S. (2005). Perspective-taking and self-other overlap: Fostering social bonds and facilitating social coordination. *Group Processes & Intergroup Relations, 8*(2), 109-124.

Gapinski, K. D., Brownell, K. D., & LaFrance, M. (2003). Objectification and "falk talk": Effects on emotion, motivation, and cognitive performance. *Sex Roles, 48*, 377-388.

Garner, R. (2005). What's in a name? Persuasion perhaps. *Journal of Consumer Psychology, 15*, 108-116.

Garrett, B. L. (2008). Claiming innocence. *Minnesota Law Review, 92*, 1629-1966

Gawley, T., Perks, T., & Curtis, J. (2009). Height, gender, and authority status at work: Analyses for a national sample of Canadian workers. *Sex Roles, 60*, 208-222.

Gawronski, B. (2003). On difficult questions and evident answers: Dispositional inference from role-constrained behavior. *Personality and Social Psychology Bulletin, 29*, 1459-1475.

Gawronski, B., & Bodenhausen, G. V. (2006). Associative and propositional processes in evaluation: An integrative review of implicit and explicit attitude change. *Psychological Bulletin, 132*, 692-731.

Geertz, C. (1975). Common sense as a cultural system. *The Antioch Review, 33*(1), 5-26.

Gerber, A. S., Green, D. P., & Larimer, C. W. (2008). Social pressure and voter turnout: Evidence from a large-scale field experiment. *American Political Science Review, 102*(1), 33-48.

Gergen, K. J. (1973). Social psychology as history. *Journal of Personality and Social Psychology, 26*(2), 309-320.

Gerpott, F. H., Lehmann-Willenbrock, N., Voelpel, S. C., & Van Vugt, M. (2019). It's not just what is said, but when it's said: A temporal account of verbal behaviors and emergent leadership in self-managed teams. *Academy of Management Journal, 62*(3), 717-738.

Giancola, P. R., & Corman, M. D. (2007). Alcohol and aggression: A test of the attention-allocation model. *Psychological Science, 18*, 649-655.

Gibson, B. (2008). Can evaluative conditioning change attitudes toward mature brands? New evidence from the Implicit Association Test. *Journal of Consumer Research, 35,* 178-188.

Gibson, E. J. (1969). *Principles of perceptual learning and development.* New York: Appleton-Century-Crofts.

Gigone, D. (2010). Common knowledge effect. In J. M. Levine & M. A. Hogg (Eds.), *Encyclopedia of group processes and intergroup relations*. Thousand Oaks, CA: Sage.

Gilbert, D., Pelham, B., & Krull, D. (1988). On cognitive busyness: When person perceivers meet persons perceived. *Journal of Personality and Social Psychology, 54*, 733-740.

Gilbert, P. (1994). Male violence: Towards an integration. In J. Archer (Ed.), *Male violence* (pp. 352-389). New York: Routledge.

Gilovich, T. D., & Griffin, D. W. (2010). Judgment and decision making. In S. T. Fiske, D. T. Gilbert, & G. Lindzey (Eds.), *Handbook of social psychology* (Vol. 1, pp. 542-588). Hoboken, NJ: John Wiley & Sons, Inc.

Gimpel, J., Dyck, J., & Shaw, D. (2004). Registrants, voters, and turnout variability across neighborhoods. *Political Behavior, 26*(4), 343-375.

Gintis, H., Henrich, J., Bowles, S., Boyd, R., & Fehr, E. (2008). Strong reciprocity and the roots of human morality. *Social Justice Research, 21*(2), 241-253.

Giordano, P. C. (2003). Relationships in adolescence. *Annual Review of Sociology, 29*(1), 257-281. doi:10.1146/annurev.soc.29.010202.100047

Giumetti, G. W., & Markey, P. M. (2007). Violent video games and anger as predictors of aggression. *Journal of Research in Personality, 41*, 1234-1243.

Glass, D. C. (1964). Cahanges in liking as a means of reducing cognitive discrepancies between self-esteem and aggression. *Journal of Personality, 32*, 530-549.

Glick, P., & Fiske, S. (2001). An ambivalent alliance: Hostile and benevolent sexism as complementary justifications for gender inequality. *American Psychologist, 56*, 109-118.

Goff, P. A., Eberhardt, J. L., Williams, M. J., & Jackson, M. C. (2008). Not yet human: Implicit knowledge, historical dehumanization, and contemporary consequences. *Journal of Personality and Social Psychology, 94*(2), 292-306.

Goffman, E. (1959). *The presentation of everyday life*. New York, NY: Anchor Books.

Goffman, E. (1997). In the presentation of self in everyday life. In C. Lemert & A. Branaman (Eds.), *The Goffman reader* (pp. 21-26). Cambridge, MA: Blackwell.

Goldstein, N. J., Cialdini, R. B., & Griskevicius, V. (2008). A room with a viewpoint: Using social norms to motivate environmental conservation in hotels. *Journal of Consumer Research,* 35, 472-482.

Gollwitzer, P. M. (1999). Implementation intentions: Strong effects of simple plans. *American Psychologists, 54*, 453-493.

Goodall, J. (1963). Feeding behavior of wild chimpanzees: A preliminary report. *Symposium of the Zooloigical Society of London, 10*, 39-48.

Goode, W. J. (1960). A theory of role strain. *American Sociological Review, 25*(4), 483-496. doi:10.2307/2092933

Gordon, R. A. (1996). Impact of ingratiation in judgments and evaluations: A meta-analytic investigation. *Journal of Personality and Social Psychology, 71*, 54-70.

Gordon, R. A., Bindrim, T. A., McNicholas, M. L., & Walden, T. L. (1988). Perceptions of blue-collar and white-collar crime: The effect of defendant race on simulated juror decisions. *The Journal of Social Psychology, 128*(2), 191-197.

Gordon, S., & Ford, R. (2006). On the definition and classification of cybercrime. *Journal in Computer Virology, 2*(1), 13-20.

Goren, C. C., Sarty, M., & Wu, P. Y. (1975). Visual following and pattern discrimination of face-like stimuli by newborn infants. *Pediatrics, 56*(4), 544-549.

Gouldner, A. (1960). The norm of reciprocity: A preliminary statement. *American Sociological Review, 25*, 161-178.

Graham, J. M., & Conoley, C. W. (2006). The role of marital attributions in the relationship between life stressors and marital quality. *Personal Relationships*, *13*(2), 231-241.

Graham, J., Haidt, J., & Nosek, B. (2009). Liberals and conservations rely on different sets of moral foundations. *Journal of Personality and Social Psychology, 96*, 1029-1046.

Gramzow, R. H. (2011). Academic exaggeration: Pushing self-enhancement boundaries. In M. D. Alicke & C. Sedikies (Eds.), *Handbook of self-enhancement and self-protection* (pp. 455-471). New York, NY: Guilford Press.

Gramzow, R. H., Willard, G. B., & Mendes, W. B. (2008). Big tales and cool heads: Academic exaggeration is related to cardiac vagal reactivity. *Emotion, 8*, 138-144.

Granovetter, M. (1973). The strength of weak ties. *American Journal of Sociology, 78*, 1360-1380.

Gray, E., Grasso, M., Farrall, S., Jennings, W., & Hay, C. (2019). Political socialization, worry about crime and antisocial behaviour: An analysis of age, period and cohort effects. *The British Journal of Criminology, 59*(2), 435-460.

Gray, J. A. (1987). *The psychology of fear and stress.* Cambridge, UK: Cambridge University Press.

Gray, J. A. (1991). Fear, panic and anxiety: What's in a name? *Psychological Inquiry, 2*, 77-78.

Graziano, W. G., & Bryant, W. H. (1998). Self-monitoring and the self-attribution of positive emotions. *Journal of Personality and Social Psychology, 74*(1), 250-261.

Graziano, W. G., Habashi, M. M., Sheese, B. E., & Tobin, R. M. (2007). Agreeableness, empathy, and helping: A person × situation perspective. *Journal of Personality and Social Psychology, 93*(4), 583-599. doi.org/10.1037/0022-3514.93.4.583

Green, D., & Palmquist, B. (1994). How stable is party identification? *Political Behavior, 43*, 437-466.

Green, L. R., Richardson, D. S., Lago, T., & Schatten-Jones, E. C. (2001). Network correlates of social and emotional loneliness in young and older adults. *Personality and Social Psychology Bulletin*, *27*(3), 281-288.

Greenberg, J. (1982). Approaching equity and avoiding inequity in groups and organizations. In J. Greenberg & R. L. Cohen (Eds.), *Equity and justice in social behavior* (pp. 389-435). New York, NY: Academic Press.

Greenberg, J., Bies, R. J., & Eskew, D. E. (1991). Establishing fairness in the eye of the beholder: Managing impressions of organizational justice. In R. A. Giacalone & P. Rosenfeld (Eds.), *Applied impression management: How image-making affects managerial decisions* (pp. 111-132). Thousand Oaks, CA: Sage.

Greenberg, J., Schmader, T., Arndt, J., & Landau, M. (2015). *Social psychology: The science of everyday life*. New York, NY: Worth Publishers.

Greene, E., & Heilbrun, K. (2022). 법심리학(한상훈, 손지영, 최이문 공역. 원저: *Wrightsman's psychology and the legal system*). 서울: 정독. (원저는 2019년에 출판).

Greenwald, A. G., (1992). New look 3: Unconscious cognition reclaimed. *American Psychologist, 47*, 766-779.

Greenwald, A. G., McGhee, D. E., & Schwartz, J. L. (1998). Measuring individual differences in implicit cognition: The implicit association test. *Journal of Personality and Social Psychology*, *74*(6), 1464-1480.

Greitemeyer, T., & Mügge, D. O. (2014). Video games do affect social outcomes: A meta-analytic review of the effects of violent and prosocial video game play. *Personality and Social Psychology Bulletin, 40*(5), 578-589.

Greitemeyer, T., & Schulz-Hardt, S. (2003). Preference-consistent evaluation of information in the hidden profile paradigm: Beyond group-level explanations for the dominance of shared information in group decisions. *Journal of Personality and Social Psychology, 84*(2), 322-339.

Greve, W., & Staudinger, U.M. (2006). Resilience in later adulthood and old age: Resources and potentials for successful aging. In D. Cichetti & D. Cohen (Eds.), *Developmental psychopathology* (2nd ed., Vol. 2, pp. 796-840). New York, NY: Wiley.

Griffin, A. M., & Langlois, J. H. (2006). Stereotype directionality and attractiveness stereotyping: Is beauty good or is ugly bad? *Social Cognition, 24*, 187-206.

Grigg, D. W. (2010). Cyber-aggression: Definition and

concept of cyberbullying. *Journal of Psychologists and Counsellors in Schools, 20*(2), 143-156.

Griskevicius, V., Tybur, J. M., Sundie, J. M., Cialdini, R. B., Miller, G. F., & Kenrick, D. T. (2007). Blatant benevolence and conspicuous consumption: When romantic motives elicit strategic costly signals. *Journal of Personality and Social Psychology, 93*(1), 85-102.

Groesz, M. L., Levine, M. P., & Murnen, S. K. (2002), The effect of experimental presentation of thin media images on body satisfaction: A meta-analytic review. *International Journal of Eating Disorders, 31*(1), 1-16.

Gross, J., Lakey, B., Lucas, J. L., LaCross, R. R., Plotkowski, A., & Winegard, B. (2015). Forecasting the student-professor matches that result in unusually effective teaching. *British Journal of Educational Psychology, 85*(1), 19-32.

Gross, J. J., & Thompson, R. A. (2007). Emotion regulation: Conceptual foundations. In J. J. Gross (Ed.), *Handbook of emotion regulation* (pp. 3-24). New York, NY: Guilford Press.

Grossman, D. A. (2011). 살인의 심리학(이동훈 역. 원저: *On killing: The psychological cost of learning to kill in war and society*). 경기: 플래닛. (원저는 2009년에 출판).

Grove, J. R., Hanrahan, S. J., & McInman, A. (1991). Success/failure bias in attributions across involvement categories in sport. *Personality and Social Psychology Bulletin, 17*, 93-97.

Grove, W. M., Eckert, E. D., Heston, L., Bouchard, Jr., T. J., Segal, N., & Lykken, D. T. (1990). Heritability of substance abuse and antisocial behavior: A study of monozygotic twins reared apart. *Biological Psychiatry, 27*(12), 1293-1304. doi: 10.1016/0006-3223(90)90500-2

Groysberg, B., Polzer, J. T., & Elfenbein, H. A. (2011). Too many cooks spoil the broth: How high-status individuals decrease group effectiveness. *Organization Science, 22*(3), 722-737.

Gruber-Baldini, A. L., Schaie, K. W., & Willis, S. L. (1995). Similarity in married couples: A longitudinal study of mental abilities and rigidity-flexibility. *Journal of Personality and Social Psychology, 69*(1), 191-203.

Grush, J. E. (1980). Impact of candidate expenditures, regionality, and prior outcomes on the 1976 Democratic presidential primaries. *Journal of Personality and Social Psychology, 38*, 337-347.

Guéguen, N. (2002). Foot-in-the-door technique and computer mediated *communication. Computers in Human Behavior, 18*, 11-15.

Guéguen, N., Jacob, C., Lourel, M., & Pascual, A. (2012). When drivers see red: Car color frustrators and drivers' aggressiveness. *Aggressive Behavior, 38*, 166-169.

Guéguen, N., Meineri, S., Martin, A., & Grandjean, I. (2010). The combined effect of the foot-in-the-door technique and the "but you are free" techinque: An evaluation on the selective sorting of household wastes. *Ecopsychology, 2*, 231-237.

Guerrero, L. K., & Floyd, K. (2006). *Nonverbal communication in close relationships*. New York, NY: Routledge.

Guerrero, L. K., La Valley, A. G., & Farinelli, L. (2008). The experience and expression of anger, guilt, and sadness in marriage: An equity theory explanation. *Journal of Social and Personal Relationships, 25*(5), 699-724.

Guimond, S. (2006). *Social comparison processes and levels of analysis: Understanding cognition, intergroup relations, and culture*. Cambridge, UK: Cambridge University Press.

Güth, W., Schmittberger, R., & Schwarze, B. (1982). An experimental analysis of ultimatum bargaining. *Journal of Economic Behavior & Organization, 3*(4), 367-388.

Habermas, J. (2015). *Communication and the evolution of society*. New York, NY: John Wiley & Sons.

Hackman, J. R. (1987). *Group-level issues in the design and training of cockpit crews*. NASA, Ames Research Center Cockpit Resource Management Training.

Hackney, S. (1969). Southern violence. *The American Historical Review, 74*, 906-925.

Hagger, M. S., Wood, C., Stiff, C., & Chatzisarantis, N. L. (2010). Ego depletion and the strength model of self-control: A meta-analysis. *Psychological Bulletin, 136*, 495-525.

Hahn, J., & Blass, T. (1997). Dating partner preferences: A function of similarity of love styles. *Journal of Social Behavior and Personality, 12*(3), 595-610.

Hajema, K. J., & Knibbe, R. A. (1998) Changes in social

roles as predictors of changes in drinking behaviour. *Addiction 93*, 1717-1727.

Halberstadt, J., Winkielman, P., Niedenthal, P. M., & Dalle, N. (2009). Emotional conception: How embodied emotion concepts guide perception and facial action. *Psychological Science, 2*, 1254-1261.

Halevy, N. Y., Chou, E. Y., & Galinsky, A. D. (2011). A functional model of hierarchy: Why, how, and when vertical differentiation enhances group performance. *Organizational Psychology Review, 1*(1), 32-52.

Hall, J. A., Coats, E. J., & LeBeau, L. S. (2005). Nonverbal behavior and the vertical dimension of social relations: A meta-analysis. *Psychological Bulletin, 131*, 898-924.

Hall, J. A., Murphy, N. A., & Schmid Mast, M. (2007). Nonverbal self-accuracy in interpersonal interaction. *Personality and Social Psychology Bulletin, 33*, 1675-1685.

Hamermesh, D. S., & Parker, A. (2005). Beauty in the classroom: Instructors' pulchritude and putative pedagogical productivity. *Economics of Education Review, 24*, 369-376.

Hamilton, D. L., & Gifford, R. K. (1976). Illusory correlation in interpersonal perception: A cognitive basis of stereotypic judgments. *Journal of Experimental Social Psychology, 12(4)*, 392-407.

Hamilton, D. L., & Sherman, S. J. (1989). Illusory correlations: Implications for stereotype theory and research. In D. Bar-Tal, C. F. Graumann, A. W. Kruglanski, & W. Stroebe (Eds.), *Stereotyping and prejudice* (pp. 59-82). New York, NY: Springer.

Hamilton, D. L., Katz, L. B., & Leirer, V. O. (1980). Cognitive representation of personality impressions: Organizational processes in first impression formation. *Journal of Personality and Social Psychology, 39(6)*, 15-163.

Hamilton, D. L., Sherman, S. J., & Rodgers, J. S. (2004). Perceiving the groupness of groups: Entitativity, homogeneity, essentialism, and stereotypes. In V. Yzerbyt, C. M. Judd, & O. Corneille (Eds.), *The psychology of group perception: Perceived variability, entitativity, and essentialism* (pp. 39-60). New York, NY: Psychology Press.

Hamlin, J, K., & Wynn, K. (2011). Young infants prefer prosocial to antisocial others. *Cognitive Development, 26*, 30-39.

Hancock, J. (2007). Digital deception. In A. N. Joinson, K. McKenna, T. Postmes & U. D. Reips (Eds.), *Oxford handbook of internet psychology* (pp. 289-301). Oxford, UK: Oxford University Press.

Hansford, B. C., & Hattie, J. A. (1982). The relationship between self and achievement/performance measures. *Review of Educational Research, 52*(1), 123-142.

Harackiewicz, J. M., & Sansone, C. (1991). Goals and intrinsic motivation: You can get there from here. In M. L. Maehr & P. R. Pintrich (Eds.), *Advances in motivation and achievement* (Vol. 7, pp. 21-49). Greenwich, CT: JAI Press.

Hardin, G. (1968). The tragedy of the commons. *Science, 162*(3859), 1243-1248.

Hardy, C. L., & Van Vugt, M. (2006). Nice guys finish first: The competitive altruism hypothesis. *Personality and Social Psychology Bulletin, 32*(10), 1402-1413.

Hare, R. D. (1978). Electrodermal and cardiovascular correlates of psychopathy. In R. D. Hare & D. Schalling (Eds.), *Psychopathic behavior: Approaches to research* (pp. 107-144). New York, NY: Wiley.

Hare, R. D. (2003). *Manual for the revised psychopathy checklist* (2nd ed.). Toronto, Canada: Multi-Health Systems.

Harford, T., & Solomon, L. (1967). 'Reformed sinner' and lapsed saint strategies in prisoner's dilemma game. *Journal of Conflict Resolution, 11*, 104-109.

Harkins, S. G., & Szymanski, K. (1988). Social loafing and self-evaluation with an objective standard. *Journal of Experimental Social Psychology, 24*(4), 354-365.

Harmon-Jones, E., & Allen, J. J. (2001). The role of affect in the mere exposure effect: Evidence from psychophysiological and individual differences approaches. *Personality and Social Psychology Bulletin, 27*(7), 889-898.

Harris, A. H. S., & Thoresen, C. E. (2005). Forgiveness, unforgiveness, health, and disease. In E. L. Worthington, Jr. (Ed.), *Handbook of forgiveness* (pp. 321-333). New York, NY: Routledge.

Harris, K. J., Harris, R. B., Carlson, J. R., & Carlson, D. S. (2015). Resource loss from technology overload and its impact on work-family conflict: Can leaders help? *Computers in Human Behavior, 50*, 411-417.

Harris, M. B. (1974). Mediators between frustration and aggression in a field experiment. *Journal of Experimental Social Psychology, 10*, 561-571.

Harris, M. B. (1993). How provoking! What makes men and women angry? *Journal of Applied Social Psychology, 23*, 199-211.

Harris-McKoy, D. (2016). Adolescent delinquency: Is too much or too little parental control a problem? *Journal of Child and Family Studies, 25*, 2079-2088.

Harrré, N., Brandt, T., & Houkamau, C. (2004). An examination of the actor-observer effect in young drivers' attributions for their own and their friends' risky driving. *Journal of Applied Social Psychology, 34*, 806-824.

Harter, S. (1998). The development of self-representations. In W. Damon (Series Ed.) & N. Eisenberg (Vol. Ed.), *Handbook of child psychology, Vol. 3. Social, emotional, and personality development* (5th ed., pp. 553-617). New York, NY: Wiley.

Hasan, Y., Bègue, L., Scharkow, M., & Bushman, B. J. (2013). The more you play, the more aggressive you become: A long-term experimental study of cumulative violent video game effects on hostile expectations and aggressive behavior. *Journal of Experimental Social Psychology, 49*, 224-227.

Haslam, S. A. (2004). *Psychology in organizations*. Thousand Oaks, CA: Sage.

Haslam, S. A., Oakes, P. J., Turner, J. C., & McGarty, C. (1995). Social categorization and group homogeneity: Changes in the perceived applicability of stereotype content as a function of comparative context and trait favourableness. *British Journal of Social Psychology, 34*, 139-160.

Hatfield, E., & Rapson, R. L. (1987). Passionate love: New directions in research. *Advances in Personal Relationships, 1*, 109-139.

Hatfield, E., & Rapson, R. L. (1993). *Love, sex, and intimacy: Their psychology, biology, and history*. New York, NY: Harper Collins.

Haugtvedt, C. P., & Petty, R. E. (1992). Personality and persuasion: Need for cognition moderates the persistence and resistance of attitude changes. *Journal of Personality and Social Psychology, 63*(2), 308-319.

Haynie, D. L. (2001). Delinquent peers revisited: Does network structure matter? *American Journal of Sociology, 106*(4), 1013-1057. doi:10.1086/320298

Hedge, A., & Yousif, Y. H. (1992). Effects of urban size, urgency, and cost on helpfulness. *Journal of Cross-Cultural Psychology, 23*, 107-115.

Heider, F. (1946). Attitudes and cognitive organization. *The Journal of Psychology, 21(1)*, 107-112.

Heider, F. (1958). *The psychology of interpersonal relations*. New York, NY: John Wiley.

Heinrichs, M., Baumgartner, T., Kirschbaum, C., & Ehlert, U. (2003). Social support and oxytocin interact to suppress cortisol and subjective responses to psychosocial stress. *Biological Psychiatry, 54*, 1389-1398.

Helgeson, V. S., & Taylor, S. E. (1993). Social comparisons and adjustment among cardiac patients. *Journal of Applied Social Psychology, 23*, 1171-1195.

Helgeson, V. S., Reynolds, K. A., & Tomich, P. L. (2006). A meta-analytic review of benefit finding and growth. *Journal of Consulting and Clinical Psychology, 74*(5), 797-816.

Hendrick, S. S., Hendrick, C., & Adler, N. L. (1988). Romantic relationships: Love, satisfaction, and staying together. *Journal of Personality and Social Psychology, 54*(6), 980-988.

Hennenlotter, A., & Schroeder, U. (2006). Partly dissociable neural substrates for recognizing basic emotions: A critical review. *Progress in Brain Research, 156*, 443-456.

Henriksen, M., Skrove, M., Hoftun, G. B., Lydersen, S., Stover, C., Kalvin, C. B., & Sukhodolsky, D. G. (2022). Sex differences and similarities in risk factors of physical aggression in adolescence. *Journal of Child and Family Studies*. doi:10.1007/s10826-022-02284-3

Herbst, K. C., Gaertner, L., & Insko, C. A. (2003). My head says yes but my heart says no: Cognitive and affective attraction as a function of similarity to the ideal self. *Journal of Personality and Social Psychology*, *84*(6), 1206-1219.

Herd, N., Borland, R., & Hyland, A. (2009). Predictors of smoking relapse by duration of abstinence: Findings from the International Tobacco Control (ITC) Four Country Survey. *Addiction, 104*, 2088-2099.

Hersey, P., Blanchard, K. H., & Johnson, D. E. (2013). *Management of organizational behavior: Leading human resources* (10th ed.). New York, NY: Pearson Prentice Hall.

Hertz, S. G., & Krettenauer, T. (2016). Does moral identity effectively predict moral behavior?: A meta-analysis. *Review of General Psychology, 20*(2), 129-140.

Hewitt, P. L., & Dyck, D. G. (1986). Perfectionism, stress, and vulnerability to depression. *Cognitive Therapy and Research, 10*(1), 137-142.

Hewstone, M. (1990). The "ultimate attribution error"? A review of the literature on intergroup attributions. *European Journal of Social Psychology, 20*, 311-335.

Hewstone, M. E., & Brown, R. E. (1986). *Contact and conflict in intergroup encounters*. Oxford, UK: Basil Blackwell.

Higgins, E. T. (1987). Self-discrepancy: A theory relating self and affect. *Psychological Review, 94*, 319-340.

Higgins, E. T., Vookles, J., & Tykocinski, O. (1992). Self and health: How "patterns" of self-beliefs predict types of emotional and physical problems. *Social Cognition, 10*(1), 125-150.

Higgins, J. W., Naylor, P. J., Berry, T., O'Connor, B., & McLean, D. (2006). The health buck stops where? Thematic framing of health discourse to understand the context for CVD prevention. *Journal of Health Communication, 11*(3), 343-358.

Higgins, N. C., & Shaw, J. K. (1999). Attributional style moderates the impact of causal controllability information on helping behavior. *Social Behavior and Personality: An International Journal*, *27*(3), 221-235.

Hinsz, V. B., & Davis, J. H. (1984). Persuasive arguments theory, group polarization, and choice shifts. *Personality and Social Psychology Bulletin, 10*(2), 260-268. doi:10. 1177/0146167284102012.

Hill, C. T., Rubin, Z., & Peplau, L. A. (1976). Breakups before marriage: The end of 103 affairs. Journal of Social Issues, 32, 147-168.

Hill, K., & Hurtado, A. M. (1989). Hunter-gatherers of the new world. *American Scientist, 77*, 436-443.

Hillygus, S. D. (2005). The missing link: Exploring the relationship between higher education and political engagement. *Political Behavior, 27*(1), 25-47.

Hinde, R. A. (1979). *Towards understanding relationships*. London, UK: Academic Press.

Hinde, R. A. (1997). *Relationships: A dialectical perspective*. New York, NY: Psychology Press.

Hinson, J. M., Jameson, T. L., & Whitney, P. (2003). Impulsive decision making and working memory. *Journal of Experimental Psychology: Learning, Memory, and Cognition, 29*(2), 298-306.

Hinsz, V. B. (1991). Individual versus group decision making: Social comparison in goals for individual task performance. *Journal of Applied Social Psychology, 21*(12), 987-1003.

Hirshleifer, D., & Shumway, T. (2003). Good day sunshine: Stock returns and the weather. *The Journal of Finance, 58(3),* 1009-1032.

Hocker, J. L., & Wilmot, W. W. (2018). *Interpersonal conflict* (10th ed). New York, NY: McGraw Hill Education.

Hodgson, G. M. (2014). The evolution of morality and the end of economic man. *Journal of Evolutionary Economics, 24*(1), 83-106.

Hofmann, W., Gawronski, B., Gschwendner, T., Le, H., & Schmitt, M. (2005). A meta-analysis on the correlation between the Implicit Association Test and explicit self-report measures. *Personality and Social Psychology Bulletin, 31*(10), 1369-1385.

Hofstede, G. (1980a). Culture and organizations. *International Studies of Management & Organization, 10*(4), 15-41.

Hofstede, G. (1980b). *Culture's consequences: International differences in work-related values*. Beverly Hills, CA: Sage.

Hofstede, G. (1992). Cultural dimensions in people management: The socialization perspective. In V.

Pucik, N. M. Tichy, & C. K. Barnett (Eds.), *Globalizing management: Creating and leading the competitive organization* (pp. 139-158). New York, NY: John Wiley & Sons.

Hogan, R. (1973). Moral conduct and moral character: A psychological perspective. *Psychological Bulletin, 79*, 217-232.

Hogg, M. A. (1992). *The social psychology of group cohesiveness: From attraction to social identity*. Hemel Hempstead, UK: Harvester Wheatsheaf.

Hogg, M. A. (2000). Subjective uncertainty reduction through self-categorization: A motivational theory of social identity processes. *European Journal of Social Psychology, 11*, 223-255.

Hogg, M. A. (2001). A social identity theory of leadership. *Personality and Social Psychology Review, 5*(3), 184-200.

Hogg, M. A. (2009). Influence and leadership. In S. T. Fiske, D. T. Gilbert, & G. Lindzey (Eds.), *Handbook of social psychology* (5th ed., pp. 1166-1207). Hoboken, NJ: John Wiley & Sons.

Hogg, M. A., Terry, D. J., & White, K. M. (1995). A tale of two theories: A critical comparison of identity theory with social identity theory. *Social Psychology Quarterly, 48*, 203-215.

Hogg, M. A., Turner, J. C., & Davidson, B. (1990). Polarized norms and social frames of reference: A test of the self-categorization theory of group polarization. *Basic and Applied Social Psychology, 11*, 77-100.

Hogg, M. A., & Vaughan, G. M. (2010). *Essentials of social psychology*. Harlow, UK: Pearson Education Limited.

Høigaard, R., Boen, F., De Cuyper, B., & Peters, D. M. (2013). Team identification reduces social loafing and promotes social laboring in cycling. *International Journal of Applied Sports Sciences, 25*(1), 33-40.

Holland, R. W., Verplanken, B., & van Knippenberg, A. (2003). From repetition to conviction: Attitude accessibility as a determinant of attitude certainty. *Journal of Experimental Social Psychology, 39*(6), 594-601. doi.org/10.1016/S0022-1031(03)00038-6

Hollander, E. P. (1960). Competence and conformity in the acceptance of influence. *The Journal of Abnormal and Social Psychology, 61*(3), 365-369.

Holt, C. L., & Ellis, J. B. (1998). Assessing the current validity of the Bem Sex-Role Inventory. *Sex Roles, 39*, 929-941.

Holt, J. L., & De Vore, C. J. (2005). Culture, gender, organizational role, and styles of conflict resolution: A meta-analysis. *International Journal of Intercultural Relations, 29*, 165-196.

Holt-Lunstad, J., Smith, T. B., & Layton, J. B. (2010). Social relationships and mortality risk: A meta-analytic review. *PLoS Med*, 7(7), e1000316.

Holt-Lunstad, J., Smith, T. B., Baker, M., Harris, T., & Stephenson, D. (2015). Loneliness and social isolation as risk factors for mortality: A meta-analytic review. *Perspectives on Psychological Science, 10*(2), 227-237.

Honeycutt, J. M., Woods, B. L., & Fontenot, K. (1993). The endorsement of communication conflict rules as a function of engagement, marriage and marital ideology. *Journal of Social and Personal Relationships, 10(2)*, 285-304.

Hong, Y. Y., Chiu, C. Y., Dweck, C. S., Lin, D. M. S., & Wan, W. (1999). Implicit theories, attributions, and coping: A meaning system approach. *Journal of Personality and Social psychology, 77*(3), 588-599.

Hong, Y. Y., Wyer, Jr., R. S., & Fong, C. P. (2008). Chinese working in groups: Effort dispensability versus normative influence. *Asian Journal of Social Psychology, 11*(3), 187-195.

Honing, P. J., & Charney, E. B. (1982). Children with brain tumor headaches. *American Journal of Diseases of Children, 136*, 121-124.

Hoorens, V. (2011). The social consequences of self-enhancement and self-protection. In M. D. Alicke & C. Sedikies (Eds.), *Handbook of self-enhancement and self-protection* (pp. 235-257). New York, NY: Guilford Press.

Hope, J. (2021). Adopt an abundance mindset to boost your leadership potential. *Disability Compliance for Higher Education. 27*(6), 8. doi.org/10.1002/dhe.31204

Horgan, J. (2014). *The psychology of terrorism*. New York, NY: Routledge.

Hornberger, R. H. (1959). The differential reduction of

aggressive responses as a function of interpolated activities. *American Psychologist, 14*, 354.

Horner, V., Carter, J. D., Suchak, M., & de Waal, F. B. (2011). Spontaneous prosocial choice by chimpanzees. *Proceedings of the National Academy of Sciences, 108*(33), 13847-13851.

House, J. S., Landis, K. R., & Umberson, D. (1988). Social relationships and health. *Science, 241*(4865), 540-545.

House, R. J. (1976). A 1976 theory of charismatic leadership. *University of Toronto, Faculty of Management Studies, 77*, 1-34.

House, R. J., Hanges, P. J., Javidan, M., Dorfman, P.W., Gupta, V., & GLOBE Associates. (2004). *Leadership, culture and organizations: The Globe study of 62 societies.* Thousand Oaks, CA: Sage.

Hovland, C. I., & Weiss, W. (1951). The influence of source credibility on communication effectiveness. *Public Opinion Quarterly, 15*(4), 635-650.

Hoyle, R., Kernis, M. H., Leary, M. R., Baldwin, M. W. (1999). *Selfhood: Identity, esteem, control*. Boulder, CO: Westwood.

Hsu, Y., Lin T. Y., & Lu, F. J. H. (2022). Combating stereotype threat toward athletes' academic performance: Experiments on identity safety and self-complexity. *Current Psychology*. doi.org/10.1177/0265407519893473

Huckfeldt, R. R. (1979). Political participation and the neighborhood social context. *American Journal of Political Science, 23*(3), 579-592.

Huebner, R. B., & Kantor, L. W. (2011). Advances in alcoholism treatment. *Alcohol Research and Health, 33*, 295-299.

Huesmann, L. R. (1986). Psychological processes promoting the relation between exposure to media violence and aggressive behavior by the viewer. *Journal of Social Issues, 42*, 125-139.

Huesmann, L. R. (1998). The role of social information processing and cognitive schema in the acquisition and maintenance of habitual aggressive behavior. In R. G. Geen & E. D. Donnerstein (Eds.), *Human aggression: Theories, research, and implications for social policy* (pp. 73-109). New York, NY: Academic Press.

Huesmann, L. R., & Eron, L. D. (1984). Cognitive processes and the persistence of aggressive behavior. *Aggressive Behavior, 10*, 243-251.

Huesmann, L. R., & Kirwil, L. (2007). Why observing violence increases the risk of violent behavior by the observer. In D. J. Flannery, A. T. Vaxsonyi, & I. D. Waldman (Eds.), *The Cambridge handbook of violent behavior and aggression* (pp. 545-570). Cambridge, UK: Cambridge University Press.

Huesmann, L. R., Dubow, E. F., & Boxer, P. (2009). Continuity of childhood, adolescent, and early adulthood aggression as predictors of adult criminality and life outcomes: Implications for the adolescent-limited and life-course-persistent models. *Aggressive Behavior, 35*, 136-149.

Huesmann, L. R., Eron, L. D., & Dubow, E. F. (2002). Childhood predictors of adult criminality: Are all risk factors reflected in childhood aggressiveness? *Criminal Behaviour and Mental Health, 12*, 185-208.

Huguet, P., Galvaing, M. P., Monteil, J. M., & Dumas, F. (1999). Social presence effects in the Stroop task: Further evidence for an attentional view of social facilitation. *Journal of Personality and Social Psychology, 77*(5), 1011-1025.

Hull, J. G. (1981). A self-awareness model of the causes and effects of alcohol consumption. *Journal of Abnormal Psychology, 90*, 586-600.

Hull, J. G., & Levy, A. S. (1979). The organizational functions of the self: An alternative to the Duval and Wicklund Model of self-awareness. *Journal of Personality and Social Psychology, 37*(5), 756-768.

Human Rights Watch (1994, May 1). *Genocide in Rwanda*. https://www.hrw.org/report/1994/05/01/genocide-rwanda에서 2016. 04. 01 인출.

Hyman, H. (1959). *Political socialization*. New York, NY: Free Press.

Ickes, W., & Simpson, J. A. (1997). Managing empathic accuracy in close relationships. In W. Ickes (Ed.), *Empathic accuracy*. New York, NY: Guilford Press.

Inbau, F. E., Reid, J. E., Buckley, J. P., & Jayne, B. C. (2011). *Criminal interrogation and confessions* (5th ed.). Burlington, MA: Jones & Bartlett Publishers.

Inglehart, R. (2000). Culture and democracy. In L. E. Harrision & S. P. Huntington (Eds.), *Culture matters: How values shape human progress* (pp. 80-97). New York, NY: Basic Books.

Inglehart, R., Foa, R., Peterson, C., & Welzel,, C., (2008). Development, freedom, and rising happiness. *Perspectives on Psychological Science. 3(4)*, 264-285.

Insko, C. A., Schopler, J., Gaertner, L., Wildschut, T., Kozar, R., Pinter, B., Finkel, E. J., Brazil, D. M., Cecil, C. L., & Montoya, M. R. (2001). Interindividual-intergroup discontinuity reduction through the anticipation of future interaction. *Journal of Personality and Social Psychology, 80*(1), 95-111. https://doi.org/10.1037/0022-3514.80.1.95

Insko, C. A., Thibaut, J. W., Moehle, D., Wilson, M., Diamond, W. D., Gilmore, R., Solomon, M. R., & Lipsitz, A. (1980). Social evolution and the emergence of leadership. *Journal of Personality and Social Psychology, 39*, 431-448.

Ireland, M. E., Slatcher, R. B., Eastwick, P. W., Scissor, L. E., Finkel, E. J., & Pennebaker, J. W. (2011). Language style matching predicts relationship initiation and stability. *Psychological Science, 22*, 39-44.

Isen, A. M. (1984). Toward understanding the role of affect in cognition. *Handbook of Social Cognition*, *3*, 179-236.

Ito, T. A., & Urland, G. R. (2003). Race and gender on the brain: Electrocortical measures of attention to the race and gender of multiply categorizable individuals. *Journal of Personality and Social Psychology, 85*, 616-626.

Jackson, J. W. (1993). Realistic group conflict theory: A review and evaluation of the theoretical and empirical literature. *Psychological Record, 43*(3), 395-415.

Jackson, L. M., & Esses, V. M. (1997). Of scripture and ascription: The relation between religious fundamentalism and intergroup helping. *Personality and Social Psychology Bulletin*, *23*(8), 893-906.

Jackson, P. L., Meltzoff, A. N., & Decety, J. (2005). How do we perceive the pain of others? A window into the neural processes involved in empathy. *Neuroimage, 24*(3), 771-779.

Jackson, R. M. (2006). Opposing forces: How, why, and when will gender inequality disappear? In F. D. Blau, M. C. Brinton, & D. B. Grusky (Eds.), *The declining significance of gender?* (pp. 215-244). New York, NY: Sage.

Jahoda, G. (2007). *A history of social psychology: From the eighteenth-century enlightenment to the Second World War*. New York, NY: Cambridge University Press.

James, W. (1890). The *principles of psychology*. New York, NY: Holt.

Janis, I. L. (1972). *Victims of groupthink: A psychological study of foreign-policy decisions and fiascoes*. Boston, MA: Houghton Mifflin.

Janis, I. L. (1982). *Groupthink: Psychological studies of policy decisions and fiascoes*. Boston, MA: Houghton Mifflin.

Janis, I. L., & Feshbach, S. (1953). Effects of fear-arousing communications. *The Journal of Abnormal and Social Psychology, 48*(1), 78-92.

Janis, I. L., Kaye, D., & Kirschner, P. (1965). Facilitating effects of "eating-while-reading" on responsiveness to persuasive communications. *Journal of Personality and Social Psychology, 1*(2), 181-186.

Jains, I. L., & Mann, L. (1977). *Decision making*. New York, NY: Free Press.

Janoff-Bulman, R., & Frantz, C. M. (1997). The impact of trauma on meaning: From meaningless world to meaningful life. In M. J. Power & C. R. Brewin (Eds.), *The transformation of meaning in psychological therapies: Integrating theory and practice* (pp. 91-106). Hoboken, NJ: John Wiley & Sons Inc.

Jarboe, S. C., & Witteman, H. R. (1996). Intragroup conflict management in task-oriented groups: The influence of problem sources and problem analyses. *Small Group Research, 27*(2), 316-338. doi:10.1177/1046496496272007

Jassawalla, A., Sashittal, H., & Sashittal, A. (2009). Students' perceptions of social loafing: Its antecedents and consequences in undergraduate business classroom teams. *Academy of Management Learning & Education, 8*(1), 42-54.

Jeffrey, C., Peltier, C., & Vannest, K. (2020). The effects of an online psychoeducational workshop to decrease anxiety and increase empowerment in victims of trolling and cyberbullying. *Journal of Online Learning Research, 6*(3), 265-296.

Jeges, S., & Varga, K. (2006). Unravelling the mystery of the sense of coherence. *European Journal of Mental Health, 1*(1-2), 45-71.

Jellinek, E. M. (1960). *The Disease concept of alcoholism.* New Haven, CT.: College and University Press.

Jennings, M. K., & Niemi, R. G. (1978). The persistence of political orientations: An overtime analysis of two generations. *British Journal of Political Science, 8*, 333-363.

Jensen-Campbell, L. A., & Graziano, W. G. (2000). Beyond the school yard: Relationships as moderators of daily interpersonal conflict. *Personality and Social Psychology Bulletin, 26*(8), 923-935.

Jensen-Campbell, L., Adams, R. E., Perry, D. P., Workman, K. A., Furdella, J. Q., & Egan, S. K. (2002). Agreeableness, extraversion, and peer relations in early adolescence: Winning friends and deflecting aggression. *Journal of Research in Personality 36*, 224-251. doi:10.1006/jrpe.2002.2348

John, L. K., Loewenstein, G., & Rick, S. I. (2014). Cheating more for less: Upward social comparisons motivate the poorly compensated to cheat. *Organizational Behavior and Human Decision Processes, 123*, 101-109.

Johnson, D. L., Wiebe, J. S., Gold, S. M., Andreasen, N. C., Hichwa, R. D., Watkins, G. L., & Ponto, L. L. B. (1999). Cerebral blood flow and personality: A positron emission tomography study. *American Journal of Psychiatry, 156*, 252-257.

Johnson, D. W., & Johnson, R. T. (1987). *A meta-analysis of cooperative, competitive and individualistic goal structures.* Hillsdale, NJ: LEA.

Johnson, D. W., & Johnson, R. T. (1991). Cooperative learning and classroom and school climate. In B. J. Fraser & H. J. Walberg (Eds.), *Educational environments: Evaluation, antecedents and consequences* (pp. 55-74). Oxford, UK: Pergamon Press.

Johnson, D. W., Johnson, R. T., & Stanne, M. B. (1989). Impact of goal and resource interdependence on problem-solving success. *The Journal of Social Psychology, 129*(5), 621-629.

Johnson, H. H., & Avolio, B. J. (2019). Team psychological safety and conflict trajectories' effect on individual' s team identification and satisfaction. *Group & Organization Management, 44*(5), 843-873.

Johnson, J. T., & Boyd, K. R. (1995). Dispositional traits vs. the context of experience: Actor-observer differences in judgments of the "authentic self." *Personality and Social Psychology Bulletin, 21*, 375-383.

Johnson, R. D., & Downing, L. L. (1979). Deindividuation and valence of cues: Effects on prosocial and antisocial behavior. *Journal of Personality and Social Psychology, 37*(9), 1532-1538.

Johnson, T. E., & Rule, B. G. (1986). Mitigating circumstance information, censure, and aggression. *Journal of Personality and Social Psychology, 50*, 537-542.

Johnson, T. J., Feigenbaum, R., & Weiby, M. (1964). Some determinants and consequences of the teachers' perceptions of causation. *Journal of Educational Psychology, 55*, 237-246.

Johnston, R. (2006). Party identification: Unmoved mover or sum of preferences? *Annual Review of Political Science, 9*, 329-351.

Johnston, V. S., & Franklin, M. (1993). Is beauty in the eye of the beholder? *Ethology and Sociobiology, 14*, 183-199.

Jonas, K., Diehl, M., & Brömer, P. (1997). Effects of attitudinal ambivalence on information processing and attitude-intention consistency. *Journal of Experimental Social Psychology, 33*(2), 190-210.

Jones, E. E., & Davis, K. E. (1965). From acts to dispositions: The attribution process in person perception. In L. Berkowitz (Ed.), *Advances in experimental social psychology* (Vol. 2, pp. 219-266). New York, NY: Academic Press.

Jones, E. E., & Gerard, H. B. (1967). *Foundations of social psychology.* New York, NY: John Wiley & Sons.

Jones, E. E., & Harris, V. A. (1967). The attribution of attitudes. *Journal of Experimental Social Psychology, 3*,

1-24.

Jones, E. E., & Nisbett, R. (1972). The actor and the observer: Divergent perceptions of the causes of behavior. In E. Jones et al. (Eds.), *Attribution: Perceiving the causes of behavior*. Morristown, NJ: General Learning press.

Jones, E. E., & Pittman, T. S. (1982). Toward a general theory of strategic self-presentation. *Psychological Perspectives on the Self, 1*, 231-262.

Jones, I. (2000). A model of serious leisure identification: The case of football fandom. *Leisure Studies, 19*, 283-298.

Jones, W. H., Carpenter, B. N., & Quintana, D. (1985). Personality and interpersonal predictors of loneliness in two cultures. *Journal of Personality and Social Psychology, 48*, 1503-1511.

Jost, J. T. (1996). Ingroup and outgroup favoritism among groups differing in socio-economic success: Effects of perceived legitimacy and justification processes. *Dissertation Abstracts International, 57*, 763B.

Jost, J. T. (2001). Outgroup favoritism and the theory of system justification: An experimental paradigm for investigating the effects of socio-economic success on stereotype content. In G. Moskowitz (Ed.), *Cognitive social psychology: The Princeton symposium on the legacy and future of social cognition* (pp. 89-102). Mahwah, NJ: Erlbaum.

Jost, J. T., & Banaji, M. R. (1994). The role of stereotyping in system justification and the production of false consciousness. *British Journal of Social Psychology, 33*(1), 1-27.

Jost, J. T., Banaji, M. R., & Nosek, B. A. (2004). A decade of system justification theory: Accumulated evidence of conscious and unconscious bolstering of the status quo. *Political Psychology, 25*(6), 881-919. doi:10.1111/j.1467-9221.2004.00402.x

Jost, J. T., Glaser, J., Kruglanski, A. W., & Sulloway, F. J. (2003). Political conservatism as motivated social cognition. *Psychological Bulletin, 129*(3), 339-375.

Jost, J. T., & Hunyady, O. (2002). The psychology of system justification and the palliative function of ideology. *European Review of Social Psychology, 13*, 111-153. doi:10.1080/10463280240000046

Jost, J. T., & Kay, A. C. (2010). Social justice: History, theory, and research. In S. T. Fiske, D. Gilbert, & G. Lindzey (Eds.), *Handbook of social psychology* (5th ed., Vol. 2, pp. 1122-1165). Hoboken, NJ: John Wiley & Sons.

Jost, J. T., Liviatan, I., van der Toorn, J., Ledgerwod, A., Mandisodza, A., & Nosek, B. A. (2009). System justification: How do we know it's motivated? In A. D. R. Bobocel, A. C. Kay, M. P. Zanna, & J. M. Olson (Eds.), *The psychology of justice and legitimacy: The Ontario symposium, Vol. 11. Ontario symposia on personality and social psychology series* (pp. 173-205). Hillsdale, NJ: Erlbaum.

Judd, C. M., & Park, B. (1988). Out-group homogeneity: Judgments of variability at the individual and group levels. *Journal of Personality and Social Psychology, 54*(5), 778-788.

Judge, T. A., Bono, J. E., Ilies, R., & Gerhardt, M. W. (2002). Personality and leadership: A qualitative and quantitative review. *Journal of Applied Psychology, 87*(4), 765-780.

Judge, T. A., & Cable., D. M. (2004). The effects of physical height on workplace success and income: Preliminary test of a theoretical Model. *Journal of Applied Psychology, 89*, 428-441.

Kachadourian, L. K., Fincham, F., & Davila, J. (2004). The tendency to forgive in dating and married couples: The role of attachment and relationship satisfaction. *Personal Relationships, 11*, 373-393.

Kahneman, D., Fredrickson, B. L., Schreiber, C. A., & Redelmeier, D. A. (1993). When more pain is preferred to less: Adding a better end. *Psychological Science, 4*(6), 401-405.

Kahneman, D., Krueger, A. B., Schkade, D. A., Schwarz, N., & Stone, A. A. (2004). A survey method for characterizing daily life experience: The day reconstruction method. *Science, 306*, 1776-1780.

Kahneman, D., & Miller, D. T. (1986). Norm theory: Comparing reality to its alternatives. *Psychological Review, 93*, 136-153.

Kahneman, D., Slovic, P., & Tversky, A. (1982). *Judgment*

under uncertainty: Heuristics and biases. Cambridge, England: Cambridge University Press.

Kahneman, D., & Tversky, A. (1979). Prospect theory: An analysis of decisions under risk. *Econometrica, 47*, 263-291.

Kalven, Jr., H., & Zeisel, H. (1966). *The American jury*. Boston, MA: Little Brown.

Kambouropoulos, N. (2003). The validity of the tension-reduction hypothesis in alcohol cue-reactivity research. *Australian Journal of Psychology, 55*(SI), 1-9.

Kammrath, L., & Dweck, C. (2006). Voicing conflict: Preferred conflict strategies among incremental and entity theorists. *Personality and Social Psychology Bulletin, 32*(11), 1497-1508. doi:10.1177/0146167206291476

Kanagawa, C., Cross, S. E., & Markus, H. R. (2001). Who am I?: The cultural psychology of the conceptual self. *Personality and Social Psychology Bulletin, 27*, 90-103.

Kane, H. S., Slatcher, R. B., Reynolds, B. M., Repetti, R. L., & Robles, T. F. (2014). Daily self-disclosure and sleep in couples. *Health Psychology, 33*(8), 813-822.

Karafantis, D. M., & Levy, S. R. (2004). The role of children's lay theories about the malleability of human attributes in beliefs about and volunteering for disadvantaged groups. *Child Development, 75*(1), 236-250.

Karau, S. J., & Williams, K. D. (1997). The effects of group cohesiveness on social loafing and social compensation. *Group Dynamics: Theory, Research, and Practice, 1*(2), 156-168.

Karremans, J. C., Van Lange, P. A., Ouwerkerk, J. W., & Kluwer, E. S. (2003). When forgiving enhances psychological well-being: The role of interpersonal commitment. *Journal of Personality and Social Psychology, 84*, 1011-1026.

Kashima, Y., & Gelfand, M. J. (2012). A history of culture in psychology. In A. W. Kruglanski & W. Stroebe (Eds.), *Handbook of the history of social psychology* (pp. 499-520). New York, NY: Psychology Press.

Kassin, S. M., & Neumann, K. (1997). On the power of confession evidence: An experimental test of the fundamental difference hypothesis. *Law and Human Behavior, 21*(5), 469-484.

Kassin, S. M., & Sukel, H. (1997). Coerced confessions and the jury: An experimental test of the "harmless error" rule. *Law and Human Behavior, 21*(1), 27-46.

Katz, D. (1960). The Functional Approach to the Study of Attitudes. *Public Opinion Quarterly, 24*, 163-204.

Kay, A. C., & Jost, J. T. (2003). Complementary justice: Effects of "poor but happy" and "poor but honest" stereotype exemplars on system justification and implicit activation of the justice motive. *Journal of Personality and Social Psychology, 85*(5), 823-837.

Kay, A. C., Gaucher, D., Peach, J. M., Laurin, K., Friesen, J., Zanna, M. P., & Spencer, S. J. (2009). Inequality, discrimination, and the power of the status quo: Direct evidence for a motivation to see is the way things are as the way they should be. *Journal of Personality and Social Psychology, 97*, 421-434.

Kaye, L. K., & Pennington, C. R. (2016). "Girls can't play": The effects of stereotype threat on females' gaming performance. *Computers in Human Behavior, 59*, 202-209.

Kearl, M. C., & Gordon, C. (1992). *Social psychology: Shaping identity, thought, and conduct*. Boston, MA: Allyn & Bacon.

Keel, P. K., & Brown, T. A. (2010). Update on course and outcome in eating disorders. *International Journal of Eating Disorders, 43*(3), 195-204.

Keith, P. M., & Schafer, R. B. (1980). Role strain and depression in two-job families. *Family Relations, 29*, 483-488.

Kellen, B. R., & Ellard, J. H. (1999). An equity theory analysis of the impact of forgiveness and retribution on transgressor compliance. *Personality and Social Psychology Bulletin, 25*, 864-872.

Kelley, H. H. (1967). Attribution theory in social psychology. In D. Levine (Ed.), *Nebraska symposium on motivation*. Lincoln, NE: University of Nebraska press.

Kelley, H. H. (1972). Casual schemata and the attribution process. In E. E. jones, D. E. Kanouse, H. H. Kelley, R. E. Nisbett, S. Valins, & B. Weiner (Eds.), *Attribution: Perceiving the cause of behavior*. Mrristown, NJ: General Learning Press.

Kelley, H. H. (1973). The process of causal attributions. *American Psychologist, 28*, 107-128.

Kelley, H. H., Berscheid, E., Christensen, A., Harvey, J. H., Huston, T. L., Levinger, G., et al. (1983). *Close relationships*. New York, NY: Freeman.

Kelley, H. H., & Stahelski, A. J. (1970). Social interaction basis of cooperators' and competitors' beliefs about others. *Journal of Personality Social Psychology, 16*, 66-91.

Kelley, H. H., & Thibaut, J. W. (1978). *Interpersonal relations: A theory of interdependence*. New York, NY: Wiley-Interscience.

Keltner, D. (2016). *The power paradox: How we gain and lose influence*. London, UK: Penguin Books.

Keltner, D., & Kring, A. M. (1998). Emotion, social function, and psychopathology. *Review of General Psychology, 2*, 320-342.

Kemmelmeier, M., Jambor, E. E., & Letner, J. (2006). Individualism and good works: Cultural variation in giving and volunteering across the United States. *Journal of Cross-Cultural Psychology, 37*(3), 327-344.

Kenny, D. A. (1994). *Interpersonal perception: A social relations analysis*. New York, NY: Guilford Press.

Kenny, D. A. (2020). *Interpersonal perception: The foundation of social relationships* (2nd ed.). New York, NY: Guilford Press.

Kenny, D. A., & La Voie, L. (1984). The Social Relations Model. In L. Berkowitz (Ed.), *Advances in experimental social psychology* (Vol. 18, pp. 142-182). Orlando, FL: Academic Press.

Kenrick, D. T., & Cohen, A. B. (2012). A history of evolutionary social psychology. In A. W. Kruglanski, & W. Stroebe (Eds.), *Handbook of the history of social psychology* (pp. 101-122). New York, NY: Psychology Press.

Kenrick, D. T., & Keefe, R. C. (1992). Age preferences in mates reflect sex differences in human reproductive strategies. *Behavioral and Brain Sciences, 15*(1), 75-91.

Kenrick, D. T., Keefe, R. C., Gabrielidis, C., & Cornelius, J. S. (1996). Adolescents' age preferences for dating partners: Support for an evolutionary model of life history strategies. *Child Development, 67*(4), 1499-1511.

Kenrick, D. T., Neuberg, S. L., & Cialdini, R. B. (2005). *Social psychology: Unraveling the mystery* (3rd ed.). Boston, MA: Allyn & Bacon.

Kenrick, D. T., & Trost, M. R. (1997). Evolutionary approaches to relationships. In S. Duck (Ed.), *Handbook of personal relationships* (2nd ed., pp. 156-177). Chichester, UK: Wiley.

Kern, M. L., & Friedman, H. S. (2008). Do conscientious individuals live longer? A quantitative review. *Health Psychology, 27*(5), 505-512.

Kerr, N. L. (1983). Motivation losses in small groups: A social dilemma analysis. *Journal of Personality and Social Psychology, 45*(4), 819-828.

Kerr, N. L., & Kaufman-Gilliland, C. M. (1994). Communication, commitment, and cooperation in social dilemma. *Journal of Personality and Social Psychology, 66*(3), 513-529.

Kerr, S., & Jermier, J. M. (1978). Substitutes for leadership: Their meaning and measurement. *Organizational Behavior and Human Performance, 22*(3), 375-403.

Keyes, C. L. M., Shmotkin, D., & Ryff, C. D. (2002). Optimizing well-being: The empirical encounter of two traditions. *Journal of Personality and Social Psychology, 82*, 1007-1022.

Keys, A., Brozeck, J., Henschel, A., Mickelson, O., & Taylor, H. L. (1950). *The biology of human starvation*. Minneapolis, MN: University of Minnesota Press.

Khan, R. F., & Sutcliffe, A. (2014). Attractive agents are more persuasive. *International Journal of Human-Computer Interaction, 30*(2), 142-150.

Kida, T. E. (2006). *Don't believe everything you think: The 6 basic mistakes we make in thinking*. Amherst, NY: Prometheus Books.

Kilham, W., & Mann, L. (1974). Level of destructive obedience as a function of transmitter and executant roles in the Milgram obedience paradigm. *Journal of Personality and Social Psychology, 29*, 696-702.

Kim, J., & Dindia, K. (2011). Online self-disclosure: A review of research. In K. B. wright & L. M. Webb (Eds.), *Computer-mediated communication in personal relationships* (pp. 156-180). New York, NY: Peter

Lang.

King, L. A., & Hicks, J. A. (2007). Whatever happened to "What might have been"? Regrets, happiness, and maturity. *American Psychologist, 62*(7), 625-636.

Kirwan, G. H. (2019). The rise of cybercrime. In A. Attrill-Smith, C. Fullwood, M. Keep, & D. J. Kuss (Eds.), *The Oxford handbook of cyberpsychology* (pp. 627-644). Oxford, UK: Oxford University Press.

Kitayama, S., Snibbe, A. C., Markus, H. R., & Suzuki, T.(2004). Is there any "free" choice? Self and dissonance in two cultures. *Psychological Science, 15*, 527-533.

Kite, M. E., Stockdale, G. D., Whitley, B. E., & Johnson, B. T. (2005). Attitudes toward younger and older adults: An updated meta-analysis review. *Journal of Social Issues, 61*, 241-266.

Klandermans, B. (1997). *The social psychology of protest*. Oxford, England: Basil Blackwell.

Klar, M., & Kasser, T. (2009). Some benefits of being an activist: Measuring activism and its role in psychological well being. *Political Psychology, 30*(5), 755-777.

Kleck, R. E., & Nuessle, W. (1968). Congruence between the indicative and communicative functions of eye contact in interpersonal relations. *British Journal of Social and Clinical Psychology, 7*, 241-246.

Klein, J. (1956). *The Study of Groups*. London, UK: Routledge and Kegan Paul.

Klein, S. B. (2001). A self to remember: A cognitive neuropsychological perspective on how self creates memory and memory creates self. In C. Sedikides & M. B. Brewer (Eds.), *Individual self, relational self, collective self* (pp. 25-46). Philadelphia, PA: Psychology Press.

Klein, W. M. (1997). Objective standards are not enough: Affective, self-evaluative, and behavioral responses to social comparison information. *Journal of Personality and Social Psychology, 72*(4), 763-774.

Kleingeld, A., van Mierlo, H., & Arends, L. (2011). The effect of goal setting on group performance: A meta-analysis. *Journal of Applied Psychology, 96*(6), 1289-1304.

Kleinke, C. L., & Meyer, C. (1990). Evaluation of rape victim by men and women with high and low belief in a just world. *Psychology of Women Quarterly, 14*(3), 343-353.

Kleinman, K. E., & Saigh, P. A. (2011). The effects of the Good Behavior Game on the conduct of regular education: New York City high school students. *Behavior Modification, 35*, 95-105.

Klocke, U. (2007). How to improve decision making in small groups: Effects of dissent and training interventions. *Small Group Research, 38*(3), 437-468.

Klonoff, E. A., & Landrine, H. (2000). Is skin color a marker for racial discrimination? Explaining the skin color-hypertension relationship. *Journal of Behavioral Medicine, 23*, 329-338.

Kluwer, E. S., de Dreu, C. K. W., & Buunk, B. P. (1998). Conflict in intimate vs. non-intimate relationships: When gender role stereotyping overrides biased self-other judgment. *Journal of Social and Personal Relationships, 15*, 637-650.

Knapp, M. L., Hall, J. A., & Horgan, T. G. (2014). *Nonverbal communication in human interaction* (8th ed.). Boston, MA: Wadsworth.

Knapp, M. L., & Taylor, E. H. (1994). Commitment and its communication in romantic relationships. A. L. Weber & J. H. Harvey (Eds.), *Perspectives on Close Relationships* (pp. 153-175). Boston, MA: Allyn & Bacon.

Knapp, M., Vangelisti, A. L., & Caughlin, J. P. (2014). *Interpersonal communication and human relationships* (7th ed.). New York, NY: Pearson.

Knobloch-Westerwick, S. (2012). Selective exposure and reinforcement of attitudes and partisanship before a presidential election. *Journal of Communication, 62*(4), 628-642.

Kobak, R. R., & Hazan, C. (1991). Attachment in marriage: Effects of security and accuracy of working models. *Journal of Personality and Social Psychology, 60*, 861-869.

Koch, S. C., Baehne, C. G., Kruse, L., Zimmerman, F., & Zumbach, J. (2010). Visual dominance and visual egalitarianism: Individual and group-level influences of sex and status in group interactions. *Journal of Nonverbal Behavior, 34*, 137-153.

Kohler, J., Elpers, K., & Pillow, D. R. (2022). Understanding the relations between self-monitoring and authenticity: What are the roles of theory of mind and Machiavellianism? *Personality and Individual Differences, 198*, 111823. doi.org/10.1016/j.paid.2022.111823

Koslowsky, M., Schwarzwald, J., & Ashuri, S. (2001). On the relationship between subordinates' compliance to power sources and organisational attitudes. *Applied Psychology, 50*, 455-476.

Kottak, C., & Colson, E. (1994). Multilevel linkages: Longitudinal and comparative studies. In R. Borofsky (ed.), *Assessing cultural anthropology* (pp. 396-412). New York, NY: McGraw-Hill.

Kraus, M. W., Côté, S., & Keltner, D. (2010). Social class, contextualism, and empathic accuracy. *Psychological Science, 21*(11), 1716-1723.

Kraus, S. J. (1995). Attitudes and the prediction of behavior: A meta-analysis of the empirical literature. *Personality and Social Psychology Bulletin, 21*(1), 58-75.

Krehbiel, P. J., & Cropanzano, R. (2000). Procedural justice, outcome favorability and emotion. *Social Justice Research, 13*(4), 339-360.

Krosnick, J. A. (1989). Attitude importance and attitude accessibility. *Personality and Social Psychology Bulletin, 15*(3), 297-308.

Krosnick, J. A., Visser, P. S., & Harder, J. (2010). The psychological underpinnings of political behavior. In S. T. Fiske, D. T. Gilbert, & G. Lindzey (Eds.), *Handbook of social psychology* (5th ed., Vol. 2, pp. 1288-1342). Hoboken, NJ: Wiley.

Kruger, J. (1996). Personal beliefs and cultural stereotypes about racial characteristics. *Journal of Personality and Social Psychology, 71*, 536-548.

Kruger, J., & Dunning, D. (1999). Unskilled and unaware of it: Difficulties in recognizing one's own incompetence lead to inflated self-assessments. *Journal of Personality and Social Psychology, 77*, 1121-1134.

Kruger, J., Wirtz, D., & Miller, D. T. (2005). Counterfactual thinking and the first instinct fallacy. *Journal of Personality and Social Psychology, 5*, 725-735.

Kruglanski, A. W. (2004). *The psychology of closed mindedness*. New York, NY: Psychology Press.

Kruglanski, A. W., & Stroebe, W. (2012). The making of social psychology. In A. W. Kruglanski & W. Stroebe (Eds.), *Handbook of the history of social psychology* (pp. 3-17). New York, NY: Psychology Press.

Kruglanski, A. W., & Webster, D. M. (1996). Motivated closing of the mind: "Seizing" and "Freezing". *Psychological Review, 13*, 263-283.

Kugle, C. L., Clements, R. O., & Powell, P. M. (1983). Level and stability of self-esteem in relation to academic behavior of second graders. *Journal of Personality and Social Psychology, 44*(1), 201-207.

Kuhlman, M. D., & Marshello, A. (1975). Individual differences in game motivation as moderators of pre-programmed strategic effects in prisoner's dilemma. *Journal of Personality and Social Psychology, 32*, 922-931.

Kulik, J. A., & Mahler, H. I. (1989). Stress and affiliation in a hospital setting: Preoperative roommate preferences. *Personality and Social Psychology Bulletin, 15*(2), 183-193.

Kumru, A., Carlo, G., Mestre, M. V., & Samper, P. (2012). Prosocial moral reasoning and prosocial behavior among Turkish and Spanish adolescents. *Social Behavior and Personality, 40*(2), 205-214.

Kunda, Z., Fong, G. T., Sanitoso, R., & Reber, E. (1993). Directional questions direct self-conceptions. *Journal of Experimental Social Psychology, 29*, 63-86. doi:10.1006/jesp.1993.1004

Kunz, P. R., & Woolcott, M. (1976). Season's greetings: From my status to yours. *Social Science Research, 5*, 269-278.

Kuo, Z. Y. (1930). The genesis of the cat's responses to the rat. *Journal of Comparative Psychology, 11*, 1-36.

Kurdek, L. A. (1994). Conflict resolution styles in gay, lesbian, heterosexual nonparent, and heterosexual parent couples. *Journal of Marriage and the Family*, 705-722.

Kurzban, R., Burton-Chellew, M. N., & West, S. (2015). The evolution of altruism in humans. *Annual Review of Psychology, 66*, 575-599.

Kurzban, R., DeScioli, P., & Fein, D. (2012). Hamilton

versus Kant: Pitting adaptations for altruism against adaptations for moral judgment. *Evolution and Human Behavior, 33*(4), 323-333.

Lakin, J. L., & Chartrand, T. L. (2003). Using nonconscious behavioral mimicry to create affiliation and rapport. *Psychological Science,* 14, 334-339.

Langer, E. J., & Abelson, R. P. (1974). A patient by any other name...: Clinician group difference in labeling bias. *Journal of Consulting and Clinical Psychology, 42*(1), 4-9.

Lapidot-Lefler, N., & Barak, A. (2012). Effects of anonymity, invisibility, and lack of eye-contact on toxic online disinhibition. *Computers in Human Behavior, 28*(2), 434-443.

LaPrelle, J., Hoyle, R. H., Insko, C. A., & Bernthal, P. (1990). Interpersonal attraction and descriptions of the traits of others: Ideal similarity, self similarity, and liking. *Journal of Research in Personality*, *24*(2), 216-240.

Larose, H., & Standing, L. (1998). Does the halo effect occur in the elderly? *Social Behavior and Personality, 26*, 147-150.

LaSala, M. (2004). Extradyadic sex and gay male couples: Comparing monogamous and nonmonogamous relationships. *Families in Society: The Journal of Contemporary Social Services*, *85*(3), 405-412.

Lass, N. J., & Davis, M. (1976). An investigation of speaker height and weight identification. *Journal of Acoustical Society of America, 60*, 700-707.

Latané, B. (1981). The psychology of the social impact. *American Psychologist, 36*, 343-356.

Latané, B., & Darley, J. M. (1968). Group inhibition of bystander intervention in emergencies. *Journal of Personality and Social Psychology*, *10*(3), 215-221.

Latané, B., & Darley, J. M. (1970). *The unresponsive bystander: Why doesn't he help?* Norwalk, CT: Appleton-Century-Crofts.

Latané, B., & L'Herrou, T. (1996). Spatial clustering in the conformity game: Dynamic social impact in electronic groups. *Journal of Personality and Social Psychology, 70*, 1218-1230.

Latané, B., Williams, K., & Harkins, S. (1979). Many hands make light the work: The causes and consequences of social loafing. *Journal of Personality and Social Psychology, 37*(6), 822-832.

Lawler, E. J., Thye, S. R., & Yoon, J. (2014). The emergence of collective emotions in social exchange. In C. von Scheve & M. Salmela (Eds.), *Collective emotions: Perspectives from psychology, philosophy, and sociology* (pp. 189-203). New York, NY: Oxford University Press.

Lawton, R., Conner, M., & McEachan, R. (2009). Desire or reason: Predicting health behaviors from affective and cognitive attitudes. *Health Psychology, 28*(1), 56-65.

Lazarus, R. S. (1991). Progress on a cognitive-motivational-relational theory of emotion. *American Psychologist, 46*(8), 819-834.

Le Bon, G. (1895). *The crowd: A study of the popular mind.* New York, NY: Ballantine.

Leach, A. M., Lindsay, R. C. L., Koehler, R., Beaudry, J. L., Bala, N. C., Lee, K., & Talwar, V. (2009). The reliability of lie detection performance. *Law and Human Behavior, 33*(1), 96-109.

Leander, N. P., Chartrand, T. L., & Bargh, J. A. (2012). You give me the chills: Embodied reactions to inappropriate amounts of behavioral mimicry. *Psychological Science, 23*, 772-779.

Leary, M. R. (1981). The distorted nature of hindsight. *Journal of Social Psychology, 115*, 25-29.

Leary, M. R. (1982). Hindsight distortion and the 198 presidential election. *Personality and Social Psychology Bulletin, 8*, 257-263.

Leary, M. R. (2012). Sociometer theory. In P. A. M. Van Lange, A. W. Kruglanski, & E. T. Higgins (Eds.), *Handbook of theories of social psychology* (Vol. 2, pp. 141-159). London, UK: Sage.

Leary, M. R., & Acosta, J. (2018). Acceptance, rejection, and the quest for relational value. In A. L. Vangelisti & D. Perlman (Eds.), *The Cambridge handbook of personal relationships* (2nd ed., pp. 378-390). Cambridge, UK: Cambridge University Press.

Leary, M. R., & Kowalski, R. M. (1990). Impression management: A literature review and two-component model. *Psychological Bulletin, 107*(1), 34-47.

Leary, M. R., Tambor, E. S., Terdal, S. K., & Downs, D. L. (1999). Self-esteem as an interpersonal monitor: The sociometer hypothesis. In R. F. Baumeister (Ed.), *The self in social psychology* (pp. 87-104). Ann Arbor, MI: Edwards Brother.

Leary, M. R., & Terry, M. L. (2012). Hypo-egoic mindsets: Antecedents and implications of quieting the self. In M. R. Leary & J. P. Tangney (Eds.), *Handbook of self and identity* (2nd ed., pp. 268-288). New York, NY: Guilford Press.

Leary, M. R., Twenge, J. M., & Quinlivan, E. (2006). Interpersonal rejection as a determinant of anger and aggression. *Personality and Social Psychology Review, 10*, 111-132.

Lechelt, E. C. (1975). Occupational affiliation and ratings of physical height and personal esteem. *Psychological Reports, 36*, 943-946.

Ledgerwood, A., & Callahan, S. P. (2012). The social side of abstraction: Psychological distance enhances conformity to group norms. *Psychological Science, 23*, 907-913.

Ledgerwood, A., Wakslak, C. J., & Wang, M. A. (2010). Differential information use for near and distant decisions. *Journal of Experimental Social Psychology, 46*, 638-642.

Lee, C. (1989). The relationship between goal setting, self-efficacy, and female field hockey team performance. *International Journal of Sport Psychology, 20*(2), 147-161.

Lee, J. A. (1973). *Colours of love: An exploration of the ways of loving*. New York, NY: New Press.

Lee, M. R., Bankston, W. B., Hayes, T. C., &Thomas, S. A. (2007). Revisiting the Southern culture of violence. *The Sociological Quarterly, 48*, 253-275.

Lee, S. H., Rotman, J. D., & Perkins, A. W. (2014). Embodied cognition and social consumption: Self-regulating temperature through social products and behaviors. *Journal of Consumer Psychology, 24*(2), 234-240.

Lefkowitz, M. M., Huesmann, L. R., & Eron, L. D. (1978). Parental punishment: A longitudinal analysis of effects. *Archives of General Psychiatry, 35*, 186-191.

Lehman, T. C., Daubman, K. A., Guarna, J., Jordan, J., & Cirafesi, C. (1995). *Gender differences in the motivational consequences of receiving help*. Paper presented at the meeting of the Eastern Psychological Association, Boston, MA, USA.

Lemay, Jr., E. P., & Clark, M. S. (2008). How the head liberates the heart: Projection of communal responsiveness guides relationship promotion. *Journal of Personality and Social Psychology, 94,* 647-671.

Lent, R. W., Brown, S. D., & Hackett, G. (1994). Toward a unifying social cognitive theory of career and academic interest, choice, and performance. *Journal of Vocational Behavior, 45*(1), 79-122.

Lerner, M. J. (1974). The justice motive: "Equity" and "Parity" among children. *Journal of Personality and Social Psychology, 29*, 539-550.

Lerner, M. J. (1980). *The belief in a just world: A fundamental delusion*. New York, NY: Plenum Press.

Lerner, M. J. (2003). The justice motive: Where social psychologists found it, how they lost it, and why they may not find it again. *Personality and Social Psychology Review, 7*(4), 388-399.

Lerner, M. J., & Miller, D. T. (1978). Just world research and the attribution process: Looking back and ahead. *Psychological Bulletin, 85*, 1030-1051.

Levenson, R. W., & Gottman, J. M. (1985). Physiological and affective predictors of change in relationship satisfaction. *Journal of Personality and Social Psychology, 49*(1), 85-94.

Lever, J. (1994). Sexual revelations: The 1994 Advocate survey of sexuality and relationships: The men. *The Advocate, 661-662*, 16-24.

Lever, J. (1995). Lesbian sex survey. *The Advocate,* 21-30.

Levine, J. M., & Moreland, R. L. (2012). A history of small group research. In A. W. Kruglanski & W. Stroebe (Eds.), *Hand book of the history of social psychology* (pp. 383-405). New York, NY: Psychology Press.

Levine, J. M., Russo, E. M., & U. of pittsburgh, Learning Research & Development Ctr. (1987). Majority and minority influence. In C. Hendrick (Ed.), *Group processes* (pp. 13-54). Newbury Park, CA: Sage.

Levine, J. M., & Thompson, L. (1996). Conflict in groups.

In E. T. Higgins & A. W. Kruglanski (Eds.), *Social psychology: Handbook of basic principles* (pp. 745-776). New York, NY: Guilford Press.

Levine, R. A., & Campbell, D. T. (1972). *Ethnocentrism: Theories of conflict, ethic attitudes and group behavior*. New York, NY: Wiley.

Lewin, K., Lippitt, R., & White, R. K. (1939). Patterns of aggressive behavior in experimentally created "social climates." *The Journal of Social Psychology, 10*(2), 269-299.

Leyens, J. P., & Corneille, O. (1999). Asch's social psychology: Not as social as you may think. *Personality and Social Psychology Review, 3*, 345-357.

Liberman, N., & Trope, Y. (1998). The role of feasibility and desirability considerations in near and distant future decisions: A test of temporal construal theory. *Journal of Personality and Social Psychology, 75*, 5-18.

Lickel, B., Hamilton, D. L., Wieczorkowska, G., Lewis, A., Sherman, S. J., & Uhles, A. N. (2000). Varieties of groups and the perception of group entitativity. *Journal of Personality and Social Psychology, 78*(2), 223-246.

Lickel, B., Miller, N., Stenstrom, D. M., Denson, T. F., & Schmader, T. (2006). Vicarious retribution: The role of collective blame in intergroup aggression. *Personality and Social Psychology Review, 10*(4), 372-390.

Liden, R. C., Wayne, S. J., Jaworski, R. A., & Bennett, N. (2004). Social loafing: A field investigation. *Journal of Management, 30*(2), 285-304.

Lieberman, M. D., Ochsner, K. N., Gilbert, D. T., & Schacter, D. L. (2001). Do amnesics exhibit cognitive dissonance reduction? The role of explicit memory and attention in attitude change. *Psychological Science, 12*(2), 135-140.

Lin, M. H., Kwan, V. S. Y., Cheung, A., & Fiske, S. T. (2005). Stereotype content model explains prejudice for an envied outgroup: Sale of Anti-Asian American stereotypes. *Personality and Social Psychology Bulletin, 31*, 34-47.

Lind, E. A., Kanfer, R., & Earley, P. C. (1990). Voice, control, and procedural justice: Instrumental and noninstrumental concerns in fairness judgments. *Journal of Personality and Social Psychology, 59*(5), 952-959.

Lind, E. A., Kray, L., & Thompson, L. (1998). The social construction of injustice: Fairness judgments in response to own and others' unfair treatment by authorities. *Organizational Behavior and Human Decision Processes, 75*(1), 1-22.

Lind, E. A., & van den Bos, K. (2002). When fairness works: Toward a general theory of uncertainty management. In B. J. Staw & R. M. Kramer (Eds.), *Research in organizational behavior* (Vol. 24, pp. 181-223). Greenwich, CT: JAI Press.

Lindsay, D. S., Jack, P. C., & Christian, M. A. (1991). Other-race face perception. *Journal of Applied Psychology, 76(4)*, 587-589.

Linville, P. W. (1985). Self-complexity and affective extremity: Don't put all of your eggs in one cognitive basket. *Social Cognition, 3*(1), 94-120.

Linville, P. W. (1987). Self-complexity as a cognitive buffer against stress-related illness and depression. *Journal of Personality and Social Psychology, 52*(4), 663-676.

Lischetzke, T., & Eid, M. (2006). Why extraverts are happier than introverts: The role of mood regulation. *Journal of Personality, 74*(4), 1127-1162.

Littlejohn, S. W., & Domenici, K. (2007). *Communication, conflict, and the management of difference*. Long Grove, IL: Waveland Press.

Littman-Ovadia, H., & Lavy, S. (2012). Differential ratings and associations with well-being of character strengths in two communities. *Health Sociology Review, 21*(3), 299-312. doi.org/10.5172/hesr.2012.21.3.299

Lo, R. F., Ng, A. H., Cohen, A. S., & Sasaki, J. Y. (2021). Does self-construal shape automatic social attention? *PLoS ONE, 16*(2), e0246577. doi.org/10.1371/journal.pone.0246577

Lobbestael, J., Baumeister, R. F., Fiebig, T., & Eckel, L. A. (2014). The role of grandiose and vulnerable narcissism in self-reported and laboratory aggression and testosterone reactivity. *Personality and Individual Differences, 69*, 22-27.

Locher, P., Unger, R., Sociedate, P., & Wahl, J. (1993). At first glance: Accessibility of the physical attractiveness stereotype. *Sex Roles, 28*, 729-743.

Locke, K. D. (2003). Status and solidarity in social comparison: Agentic and communal values and vertical and horizontal directions. *Journal of Personality and Social Psychology, 84*, 619-631.

Loftus, E. F., Loftus, G. R., & Messo, J. (1987). Some facts about "weapon focus". *Law and Human Behavior, 11*(1), 55-62.

Loftus, E. F., & Palmer, J. C. (1974). Reconstruction of automobile destruction: An example of the interaction between language and memory. *Journal of Verbal Learning and Verbal Behavior, 13*(5), 585-589.

Lopata, C., Nida, R. E., & Marable, M. A. (2006). Progressive muscle relaxation: Preventing aggression in students with EBD. *Teaching Exceptional Children, 38*, 20-25.

Lord, C. G., Ross, L., & Lepper, M. R. (1979). Biased assimilation and attitude polarization: The effects of prior theories on subsequently considered evidence. *Journal of Personality and Social Psychology, 37*(11), 2098-2109.

Lord, R. G., & Maher, K. J. (1991). Cognitive theory in industrial and organizational psychology. In M. D. Dunnette & L. M. Hough (Eds.), *Handbook of industrial and organizational psychology* (2nd ed., 1-62). Palo Alto, CA: Consulting Psychologists Press.

Lorenz, K. (1986). 공격성에 관하여(송준만 역. 원저: *Das sogenannte Böse. Zur Naturgeschichte der Aggression*). 서울: 이화여자대학교출판부. (원저는 1966년에 출판).

Lorenz, K. (2003). 솔로몬 왕의 반지(김정수 역. 원저: *Er redete mit dem Vieh, den Vögeln und den Fischen*). 서울: 간디서원. (원저는 1998년에 출판).

Lorge, I. (1936). The influence of the test upon the nature of mental decline as a function of age. *Journal of Educational Psychology, 27*(2), 100-110.

Loucks, E. B., Berkman, L. F., Gruenewald, T. L., & Seeman, T. E. (2006). Relation of social integration to inflammatory marker concentrations in men and women 70 to 79 years. *The American journal of Cardiology, 97*(7), 1010-1016.

Loving, T. J., & Sbarra, D. A. (2015). Relationships and health. In M. Mikulincer, P. R. Shaver, J. A. Simpson, & J. F. Dovidio (Eds.), *APA handbook of personality and social psychology, Vol. 3. Interpersonal relations* (pp. 151-176). Washington, DC: American Psychological Association. doi.org/10.1037/14344-006

Lowman, C., Hunt, W. A., Litten, R. Z., & Drummond, D. C. (2000). Research perspectives on alcohol craving: An overview. *Addiction, 95*(2), 45-54.

Luckes, S. (1974). *Power: A radical view*. London, UK: MacMillan.

Luft, J. H. (1961). Improvements in epoxy resin embedding methods. *The Journal of Biophysical and Biochemical Cytology, 9*(2), 409-414.

Luria, A. R. (1928). The problem of the cultural behavior of the child. *The Pedagogical Seminary and Journal of Genetic Psychology, 35*(4), 493-506.

Lykken, D., & Tellegen, A. (1996). Happiness is a stochastic phenomenon. *Psychological Science, 7*, 186-189.

Lytle, R. D., Bratton, T. M., & Hudson, H. K. (2021). Bystander apathy and intervention in the era of social media. In J. Bailey, A. Flynn, & N. Henry (Eds.), *The Emerald international handbook of technology-facilitated violence and abuse* (pp. 711-728). Bingley, UK: Emerald Publishing Limited.

Lytton, H. (1979). Correlates of compliance and the rudiments of conscience in two-year-old boys. *Canadian Journal of Behavioural Science, 9*, 242-251.

Lyubomirsky, S., King, L., & Diener, E. (2005). The benefits of frequent positive affect. *Psychological Bulletin, 131*, 803-855.

Lyubomirsky, S., & Ross, L. (1997). Hedonic consequences of social comparison: A contrast of happy and unhappy people. *Journal of Personality and Social Psychology, 73*, 1141-1157.

Lyubomirsky, S., Sheldon, K. M., & Schkade, D. (2005). Pursuing happiness: The architecture of sustainable change. *Review of General Psychology, 9*, 111-131.

Maass, A., & Clark, R. D. (1984). Hidden impact of minorities: Fifteen years of minority influence research. *Psychological Bulletin, 95*, 428-450.

Maass, A., Clark, R. D., & Haberkorn, G. (1982). The effects of differential ascribed category membership and norms on minority influence. *European Journal of Social Psychology, 12*, 89-104.

MacDonald, T. K., MacDonald, G., Zanna, M. P., & Fong, G. (2000). Alcohol, sexual arousal, and intentions to use condoms in young men: Applying alcohol myopia theory to risky sexual behavior. *Health Psychology, 19*(3), 290-298.

MacDonald, T. K., Zanna, M. P., & Fong, G. T. (1996). Why common sense goes out the window: Effects of alcohol on intentions to use condoms. *Personality and Social Psychology Bulletin, 22*, 763-775.

Macionis, J. J. (2012). *Sociology* (14th ed.). Boston, MA: Pearson.

Mackie, D. M., Devos, T., & Smith, E. R. (2000). Intergroup emotions: Explaining offensive action tendencies in an intergroup context. *Journal of Personality and Social Psychology, 79*(4), 602-616.

Madden, T. J., Ellen, P. S., & Ajzen, I. (1992). A comparison of the theory of planned behavior and the theory of reasoned action. *Personality and Social Psychology Bulletin, 18*(1), 3-9.

Maddux, J. E., & Rogers, R. W. (1983). Protection motivation and self-efficacy: A revised theory of fear appeals and attitude change. *Journal of Experimental Social Psychology, 19*, 469-479.

Magee, J. C., & Galinsky, A. D. (2008). 8 social hierarchy: The self reinforcing nature of power and status. *The Academy of Management Annals, 2*(1), 351-398.

Magnus, K., Diener, E., Fujita, F., & Pavot, W. (1993). Extraversion and neuroticism as predictors of objective life events: a longitudinal analysis. *Journal of Personality and Social Psychology, 65*(5), 1046-1053.

Maio, G. R., Esses, V. M., Arnold, K., & Olson, J. M. (2004). The function-structure model of attitudes: Incorporating the need for affect. In G. Haddock & G. R. Maio (Eds.), *Contemporary perspectives on the psychology of attitudes* (pp. 7-34). New York, NY: Psychology Press.

Maio, G. R., & Haddock, G. (2004). Theories of attitude: Creating a witches' brew. In G. Haddock & G. R. Maio (Eds.), *Contemporary perspectives on the psychology of attitudes* (pp. 425-453). New York, NY: Psychology Press.

Maisel, N. C., Gable, S. L., & Strachman, A. M. Y. (2008). Responsive behaviors in good times and in bad. *Personal Relationships, 15*(3), 317-338.

Major, A. M. (2000). Correlates of accuracy and inaccuracy in the perception of the climate of opinion for four environmental issues. *Journalism and Mass Communication Quarterly, 77*(2), 223-242.

Makepeace, J. (1989). Dating, living together, and courtship violence. In M. A. Pirog-Good & J. Stets (Eds.), *Violence in dating relationships* (pp. 94-107). New York, NY: Praeger.

Malle, B. (2005). Self-other asymmetries in behavior explanations. In M. D. Alicke, D. A. Dunning, & J. I. Krueger (Eds.), *The self in social judgment* (pp. 155-178). New York, NY: Psychology Press.

Mallett, R. K., Wilson, T. D., & Gilbert, D. T. (2008). Expect the unexpected: Failure to anticipate similarities when predicting the quality of an intergroup interaction. *Journal of Personality and Social Psychology, 94*, 265-277.

Mann, F. C. (1965). Toward an understanding of the leadership role in formal organizations. In R. Dubin, G. C. Homans, F. C. Mann, & D. C. Miller (Eds.), *Leadership and productivity* (pp. 124-154). San Francisco, CA: Chandler.

Mann, R. V. (1981). A kinetic analysis of sprinting. *Medicine and Science in Sports and Exercise, 13*(5), 325-328.

Mann, T., Sherman, D., & Updegraff, J. (2004). Dispositional motivations and message framing: A test of the congruency hypothesis in college students. *Health Psychology, 23*, 330-334.

Manning, R., Levine, M., & Collins, A. (2007). The Kitty Genovese murder and the social psychology of helping: The parable of the 38 witnesses. *American Psychologist, 62*(6), 555-562.

March, E., & Marrington, J. (2019). A qualitative analysis of internet trolling. *Cyberpsychology, Behavior, and Social Networking, 22*(3), 192-197.

Marcus, P. M. (1960). Expressive and instrumental groups: Toward a theory of group structure. *American Journal of Sociology, 66*(1), 54-59.

Marcus-Newhall, A., Pedersen, W. C., Carlson, M., & Miller, N. (2000). Displaced aggression is alive and well: A meta-analytic review. *Journal of Personality* and Social Psychology, 78, 670-689.

Markman, K. D., Gavanski, I., Sherman, S. J., & McMullen, M. N. (1993). The mental simulation of better and worse possible worlds. *Journal of Personality and Social Psychology, 29*, 87-109.

Markus, H. R. (1977). Self-schemata and processing information about the self. *Journal of Personality and Social Psychology, 35*, 63-78.

Markus, H. R., & Hamedani, M. G. (2007). Sociocultural psychology: The dynamic interdependence among self systems and social systems. In S. Kitayama, & D. Cohen (Eds.), *Handbook of cultural psychology* (pp. 3-39). New York, NY: Guilford Press

Markus, H. R., & Kitayama, S. (1991a). Cultural variation in self-concept. In G. R. Goethals & J. Strauss (Eds.), *Multidisciplinary perspectives on the self* (pp. 18-48). New York, NY: Springer-Verlag.

Markus, H. R., & Kitayama, S. (1991b). Culture and the self: Implications for cognition, emotion, and motivation. *Psychological Review, 98*, 224-253.

Markus, H., & Nurius, P. (1986). Possible selves. *American psychologist, 41*(9), 954-969.

Markus, H. R., & Zajonc, R. B. (1985). The cognitive perspective in social psychology. In G. Lindzey & E. Aronson (Eds.), *The handbook of social psychology* (3rd ed., pp. 137-230). New York, NY: Random House.

Marler, P. (1967). *Mechanisms of animal behavior*. New York, NY: John Wiley & Sons.

Marmarosh, C., Holtz, A., & Schottenbauer, M. (2005). Group cohesiveness, group-derived collective self-esteem, group-derived hope, and the well-being of group therapy members. *Group Dynamics: Theory, Research, and Practice, 9*(1), 32-44.

Marques, J. M., Yzerbyt, V. Y., & Leyens, J. P. (1988). The "black sheep effect": Extremity of judgments towards ingroup members as a function of group identification. *European Journal of Social Psychology, 18*, 1-16.

Marsh, H. W., & Craven, R. G. (2006). Reciprocal effects of self-concept and performance from a multidimensional perspective: Beyond seductive pleasure and unidimensional perspectives. *Perspectives on Psychological Science, 1*(2), 133-163.

Marshall, W. L., Hudson, S. M., Jones, R., & Fernandez, Y. M. (1995). Empathy in sex offenders. *Clinical Psychology Review, 15*, 99-113.

Martin, D., & Macrae, C. N. (2007). A face with a cue: Exploring the inevitability of person categorization. *European Journal of Social Psychology, 37*, 806-816.

Martin, J. N., & Nakayama, T. K. (1997). *Intercultural communication in contexts*. Mountain View, CA: Mayfield Publishing.

Martin, R., & Hewstone, M. (2008). Majority versus minority influence, message processing and attitude change: The Source-Context-Elaboration Model. *Advances in Experimental Social Psychology, 40*, 237-326.

Martino, S. C., Collins, R. L., Kanouse, D. E., Elliott, M., & Berry, S. H. (2005). Social cognitive processes mediating the relationship between exposure to television's sexual content and adolescents' sexual behavior. *Journal of Personality and Social Psychology, 89*(6), 914-924.

Marwell, G., & Hage, J. (1970). The organization of role-relationships: A systematic description. American Sociological Review, 35, 884-900.

Mashek, D. J., Aron, A., & Boncimino, M. (2003). Confusions of self and close others. *Personality and Social Psychology Bulletin, 29*, 382-392.

Maslach, C., Santee, R. T., & Wade, C. (1987). Individuation, gender role, and dissent: Personality mediators of situational forces. *Journal of Personality and Social Psychology, 53*, 1088-1094.

Maslow, A. H. (1968). *Toward a psychology of being* (2nd ed.). Princeton, NJ: Van Nostrand Reinhold.

Masten, A. S., & Reed, M. (2002). Resilience in development. In C. R. Snyder & S. J. Lopez (Eds.), *Handbook of positive psychology* (pp. 74-88). London, UK: Oxford University Press.

Masuda, T., & Nisbett, R. (2001). Attending holistically versus analytically: Comparing the context of Japanese and Americans. *Journal of Personality and Social Psychology, 81*, 922-934.

Matlin, M. W. (2012). *Psychology of women*. Belmont, CA: Wadsworth.

Mayo, P. R. (1990). A further study of the personality-congruent recall effect. *Personality and Individual Differences, 10*, 247-252.

McAdams, D. P., & Bryant, F. B. (1987). Intimacy motivation and subjective mental health in a nationwide sample. *Journal of Personality, 55*(3), 395-413.

McAlister, A. L., Perry, C. L., & Parcel, G. S. (2008). How individuals, environments, and health behaviors interact: Social cognitive theory. In K. Glanz, B. K. Rimer, & K. Viswanath (Eds.), *Health behavior and health education: Theory, research, and practice* (4th ed., pp. 169-188). San Francisco, CA: John Wiley & Sons.

McArthur, L. A. (1972). The how and what of why: Some determinants and consequences of causal attributions. *Journal of Personality and Social Psychology, 74*, 7-20.

McBride, C. M., Pollack, K. I., Lyna, P., Lipkus, I. M., Samsa, G. P., & Bepler, G. (2001). Reasons for quitting smoking among low-income African American smokers. *Health Psychology, 20*, 334-340.

McCann, J. T. (1998). Broadening the typology of false confessions. *American Psychologist, 53*(3), 319-320. doi.org/10.1037/h0092165

McConnell, A. R., Renaud, J. M., Dean, K. K., Green, S. P., Lamoreaux, M. J., Hall, C. E., & Rydell, R. J. (2005). Whose self is it anyway? Self-aspect control moderates the relation between self-complexity and well-being. *Journal of Experimental Social Psychology, 41*(1), 1-18.

McConnell, A. R., Shennan, S. J., & Hamilton, D. L. (1994). Illusory correlation in the perception of groups: An extension of the distinctiveness-based account. *Journal of Personality and Social Psychology, 67*, 414-429.

McCrae, R. R., & Costa, Jr., P. T. (1997). Personality trait structure as a human universal. *American Psychologist, 52*, 509-516.

McCullough, M. E., Fincham, F. D., & Tsang, J. A. (2003). Forgiveness, forbearance, and time: The temporal unfolding of transgression-related interpersonal motivations. *Journal of Personality and Social Psychology, 84*, 540-557.

McCullough, M. E., Worthington, Jr., E. L., & Rachal, K. C. (1997). Interpersonal forgiving in close relationships. *Journal of Personality and Social Psychology, 73*(2), 321-336.

McDevitt, M. R., Ma, D., Lai, L. T., Simon, J., Borchardt, P., Frank, R. K., Wu, K., Pellegrini, V., Cueio, M. J., Miederer, M., Bander, IV. H., & Scheinberg, D. A. (2001). Tumor therapy with targeted atomic nanogenerators. *Science, 294*(5546), 1537-1540.

McDonald, G., & Leary, M. R. (2012). Individual differences in self-esteem. In M. R. Leary & J. P. Tangney (Eds.), *Handbook of self and identity* (2nd ed., pp. 354-377). New York, NY: Guilford Press.

McDougall, W. (1908). *Introduction to social psychology*. Boston, MA: Luce.

McFarland, C., & Ross, M. (1982). The impact of causal attributions on affective reactions to success and failure. *Journal of Personality and Social Psychology, 43*, 937-946.

McGlone, M. S., Bell, R. A., Zaitchik, S. T., & McGlynn III, J. (2013). Don't let the flu catch you: Agency assignment in printed educational materials about the H1N1 influenza virus. *Journal of Health Communication, 18*(6), 740-756.

McGonagle, K. A., Kessler, R. C., & Schilling, E. A. (1992). The frequency and determinants of marital disagreements in a community sample. *Journal of Social and Personal Relationships, 9*(4), 507-524.

McGuire, W. J. (1964). Inducing resistance to persuasion: Some contemporary approaches. In L. Berkowitz (Ed.), *Advances in experimental social psychology* (Vol. 1, pp. 191-229). New York, NY: Academic Press.

McGuire, W. J. (1968). Personality and attitude change: An information-processing theory. In A. G. Greenwald, T. C. Brock, & T. M. Ostrom (Eds.), *Psychological foundations of attitudes* (pp. 171-196). New York, NY: Academic Press.

McGuire, W. J., & Papageorgis, D. (1961). The relative efficacy of various types of prior belief defense in producing immunity against persuasion. *Journal of Abnormal Social Psychology, 62*, 327-337.

McLean, K. C., Pasupathi, M., & Pals, J. L. (2007). Selves creating stories creating selves: A process model of self-development. *Personality and Social Psychology*

Review, 11(3), 262-278.

McNally, A. M., Palfai, T. P., Levine, R. V., & Moore, B. M. (2003). Attachment dimensions and drinking-related problems among young adults: The mediational role of coping motives. *Addictive Behaviors, 28*(6), 1115-1127.

McWilliams, M. A., Nier, J. A., & Singer, J. A. (2013). The implicit self and the specificity-matching principle: Implicit self-concept predicts domain-specific outcomes. *Personality and Individual Differences, 54*(4), 474-478.

Mead, G. H. (1934). *Mind, self and society*. Chicago, IL: University of Chicago Press.

Meagher, E. (2004, September 1). Are antidrug ads backfiring? *Psychology Today*. Retrived July 15, 2010, from http://www.psychologytoday.com/articles/200411/are -antidrug-ads-backfiring

Mechanic, D. (1962). *Students under stress: A study of the social psychology of adaptation*. Free Press Glencoe.

Medvec, V. H., Madey, S. F., & Cilovich, T. (1995). When less is more: Counterfactual thinking and satisfaction among Olympic medalists. *Journal of Personality and Socoal Psychology, 69*, 603-610.

Mehta, R., & Zhu, M. (2012). Do the worst of times increase creativity?: Scarcity vs. abundance psychology and creativity. In Z. Gürhan-Canli, C. Otnes, & R. Zhu (Eds.), *NA-advances in consumer research 40* (pp. 58-61). Duluth, MN: Association for Comsumer Research.

Mende-Siedlecki, P., Baron, S. G., & Todorov, A. (2013). Diagnostic value underlies asymmetric updating impressions in the morality and ability domains. *The Journal of Neuroscience, 33*, 19406-19415.

Mens, M. G., Scheier, M. F., & Carver, C. S. (2021). Optimism. In C. R. Snyder, S. J. Lopez, L. M. Edwards, & S. C. Marques (Eds.), *The Oxford handbook of positive psychology* (3rd ed., 396-412). New York, NY: Oxford University Press.

Merton, R. (1938). Social Structure and Anomie. *American Sociological Review, 3*(5), 672-682. doi:10.2307/2084686

Messner, S., & Rosenfeld, R. (1997). *Crime and the American Dream*. Belmont, CA: Wadsworth.

Metcalf, P. (1982). *A Borneo journey into death: Berawan eschatology from its rituals*. Philadelphia, PA: University of Pennsylvania Press.

Metcalfe, J., & Mischel, W. (1999). A hot/cool-system analysis of delay of gratification: Dynamics of willpower. *Psychological Review, 106*(1), 3-19.

Michinov, N., Jamet, E., Métayer, N., & Le Hénaff, B. (2015). The eyes of creativity: Impact of social comparison and individual creativity on performance and attention to others' ideas during electronic brainstorming. *Computers in Human Behavior, 42*, 57-67.

Miczek, K. A., Mirsky, A. F., Carey, G., DeBold, J., & Raine, A. (1994). An overview of biological influences on violent behavior. In A. J. Reiss, Jr., K. A. Miczek, & J. A. Roth (Eds.), *Understanding and preventing violence*, Vol. 2. Biobehavioral influences (pp. 1-20). Washington, DC: National Academy Press.

Mihelič, K. K., & Culiberg, B. (2019). Reaping the fruits of another's labor: The role of moral meaningfulness, mindfulness, and motivation in social loafing. *Journal of Business Ethics, 160*(3), 713-727.

Mikolic, J. M., Parker, J. C., & Pruitt, D. G. (1997). Escalation in response to persistent annoyance: Groups vs. individuals and gender effects. *Journal of Personality and Social Psychology, 72*, 151-163.

Mikula, G. (1987). Exploring the experience of injustice. In G. Semin & B. Krahe (Eds.), *Issues in contemporary German social psychology* (pp.74-96). London, UK: Sage.

Mikula, G., Scherer, K. R., & Athenstaedt, U. (1998). The role of injustice in the elicitation of differential emotional reactions. *Personality and Social Psychology Bulletin, 24(7), 769-783.*

Mikulincer, M. (1998). Adult attachment style and individual differences in functional versus dysfunctional experiences of anger. *Journal of Personality and Social Psychology, 74*(2), 513-524.

Mikulincer, M., Bizman, A., & Aizenberg, A. (1989). An attributional analysis of social comparison jealousy. *Motivation and Emotion, 13*, 235-258.

Milgram, S. (1963). Behavioral study of obedience. *The Journal of Abnormal and Social Psychology, 67*(4), 371-378.

Milgram, S. (1970). The experience of living in cities. *Science, 167*(3924), 1461-1468.

Milgram, S. (1974). *Obedience to authority.* New York, NY: Haper & Row. (Original work published 1963).

Milgram, S., Bickman, L., & Berkowitz, L. (1969). Note on the drawing power of crowds of different size. *Journal of Personality and Social Psychology, 13*, 79-82.

Milgram, S., Sabini, J. E., & Silver, M. E. (1992). *The individual in a social world: Essays and experiments.* New York, NY: Mcgraw-Hill Book Company.

Millar, M. G., & Tesser, A. (1986). Effects of affective and cognitive focus on the attitude-behavior relation. *Journal of Personality and Social Psychology, 51*(2), 270-276.

Miller, D. T., & Ross, M. (1975). Self-serving biases in the attribution of casuality: Fact or fiction. *Psychological Bulletin, 82*, 213-225.

Miller, N. (2002). Personalization and the promise of contact theory. *Journal of Social Issues, 58*(2), 387-410.

Miller, N., Brewer, M. B., & Edwards, K. (1985). Cooperative interaction in desegregated settings: A laboratory analogue. *Journal of Social Issues, 41*(3), 63-79.

Miller, N. E. (1941). The frustration-aggression hypothesis. *Psychological Review, 48*, 337-342.

Miller, P. A., & Eisenberg, N. (1988). The relation of empathy to aggressive and externalizing/antisocial behavior. *Psychological Bulletin, 103*(3), 324-344.

Miller, R. S. (2008). Attending to temptation: The operation (and perils) of attention to alternatives in close relationships. In J. P. Forgas & J. Fitness (Eds.), *Social relationships: Cognitive, affective and motivational processes* (pp. 321-337). New York, NY: Psychology Press.

Mills, J., & Clark, M. S. (1994). Communal and exchange relationships: New research and old controversies. In R. Gilmour, & R. Erber (Eds.), *Theoretical approaches to personal relationships* (pp. 29-42). Hillsdale, NJ: Erlbaum.

Mischel, W. (2003). Challenging the traditional personality psychology paradigm. In R. J. Sternberg (Ed.), *Psychologist defying the crowd: Stories of those who battled the establishment and won* (pp. 139-156). Washington, DC: American Psychological Association.

Mobbs, D., Yu, R., Meyer, M., Passamonti, L., Seymour, B., Calder, A. J., & Dalgleish, T. (2009). A key role for similarity in vicarious reward. *Science, 324*(5929), 900.

Mohebi, L., & Bailey, F. (2020). Exploring Bem's self-perception theory in an educational context. *Encyclopaideia: Journal of Phenomenology and Education, 24*(58), 1-10. doi.org/10.6092/issn.1825-8670/9891

Mojzisch, A., Kerschreiter, R., Faulmüller, N., Vogelgesang, F., & Schulz-Hardt, S. (2014). The consistency principle in interpersonal communication: Consequences of preference confirmation and disconfirmation in collective decision making. *Journal of Personality and Social Psychology, 106*(6), 961-977.

Molouki, S., & Pronin, E. (2015). Self and other. In M. Mikulincer & P. R. Shaver (Eds.), *APA handbook of personality and social psychology, Vol. 1. Attitudes and social cognition* (pp. 387-414). Washington, DC: American Psychological Association.

Monahan, J., & Walker, L. (2014). *Social science in law: Cases and materials* (8th ed.). Westbury, NY: Foundation Press.

Montaya, R. M., Horton, R. S., & Kirchner, J. (2008). Is actual similarity necessary for attraction? A meta-analysis of actual and perceived similarity. *Journal of Social and Personal Relationships, 25*, 889-922.

Moreland, R. L., & Beach, S. R. (1992). Exposure effects in the classroom: The development of affinity among students. *Journal of Experimental Social Psychology, 28*(3), 255-276.

Moriarty, T. (1975). Crime, commitment, and the responsive bystander: Two field experiments. *Journal of Personality and Social Psychology, 31*, 370-376.

Morris, L. J., D'Este, C., Sargent-Cox, K., & Anstey, K. J. (2016). Concurrent lifestyle risk factors: Clusters and determinants in an Australian sample. *Preventive Medicine, 84*, 1-5.

Morris, W. N., & Miller, R. S. (1975). The effects of consensus-breaking and consensus-preempting partners on reduction in conformity. *Journal of*

Experimental and Social Psychology, 11, 215-223.

Morrison, E. W., & Milliken, F. G. (2000). Organizational silence: A barrier to change and development in a pluralistic world. *Academy of Management Review, 25*, 706-725.

Moscatelli, S., Albarello, F., Prati, F., & Rubini, M. (2014). Badly off or better off than them? The impact of relative deprivation and relative gratification on intergroup discrimination. *Journal of Personality and Social Psychology, 107*(2), 248-264.

Moscovici, S. (1980). Toward a theory of conversion behavior. In L. Berkowitz (Ed.), *Advances in experimental social psychology*. New York, NY: Academic Press.

Moscovici, S., Lage, E., & Naffrechoux, M. (1969). Influence of a consistent minority on the responses of a majority in a color perception task. *Sociometry, 32*, 365-380.

Moscovici, S., & Zavalloni, M. (1969). The group as a polarizer of attitudes. *Journal of Personality and Social Psychology, 12*(2), 125-135.

Moura, D., Orgambídez-Ramos, A., & Gonçalves, G. (2014). Role stress and work engagement as antecedents of job satisfaction: Results from Portugal. *Europe's Journal of Psychology, 10*(2), 291-300.

Mukamal, K. J., Chen C. M., Rao, S. R., & Breslow, R. A. (2010). Alcohol consumption and cardiovascular mortality among U.S. adults, 1987 to 2002. *Journal of the American College of Cardiology, 55*(13), 1328-1335.

Mullen, B., Brown, R. J., & Smith, C. (1992). Ingroup bias as a function of salience, relevance, and status: An integration. *European Journal of Social Psychology, 22*, 103-122.

Mussweiler, T., & Strack, F. (2000). The use of category and exemplar knowledge in the solution of anchoring tasks. *Journal of Personality and Social Psychology, 78*, 138-152.

Myers, D. G. (1992). *The pursuit of happiness*. New York, NY: Avon Books.

Myers, D. G. (2000). The funds, friends, and faith of happy people. *American Psychologist, 55*, 56-67.

Myers, D. G. (2013). *Social psychology* (11th ed.). New York, NY: McGraw Hill.

Myers, D. G., & Bishop, G. D. (1970). Discussion effects on racial attitudes. *Science, 169*, 778-779.

Myers, D. G., & Diener, E. (1995). Who is happy? *Psychological Science, 6*, 10-19.

Myers, D. G., & Lamm, H. (1976). The group polarization phenomenon. *Psychological Bulletin, 83*, 602-627.

Myers, S. A., & Zhong, M. (2004). Perceived Chinese instructor use of affinity-seeking strategies and Chinese college student motivation. *Journal of Intercultural Communication Research, 33*, 119-130.

Myung, S. K., McDonnell, D. D., Kazinets, G., Seo, H. G., & Moskowitz, J. M. (2009). Effects of web- and computer-based smoking cessation programs: Meta-analysis of randomized controlled trials. *Archives of Internal Medicine, 169*, 929-937.

Nadler, A., & Fisher, J. D. (1986). The role of threat to self-esteem and perceived control in recipient reaction to help: Theory development and empirical validation. In L. Berkowitz (Ed.), *Advances in experimental social psychology* (Vol. 19, pp. 81-122). San Diego, CA: Academic Press.

Napier, R. W., & Gershenfeld, M. K. (1999). *Groups: Theory and experience*. New York, NY: Houghton Mifflin Co.

Nason, R. S., Bacq, S., & Gras, D. (2018). A behavioral theory of social performance: Social identity and stakeholder expectations. *Academy of Management Review, 43*(2), 259-283.

Neff, L. A., & Karney, B. R. (2005). Gender differences in social support: A question of skill or responsiveness? *Journal of Personality and Social Psychology, 88*, 79-90.

Nehrlich, A. D., Gebauer, J. E., Sedikides, C., & Abele, A. E. (2019). Individual self > relational self > collective self-But why? Processes driving the self-hierarchy in self- and person perception. *Journal of Personality, 87* (2), 212-230. doi/10.1111/jopy.12384

Nemeth, C., & Wachtler, J. (1983). Creative problem solving as a result of majority vs minority influence. *European Journal of Social Psychology, 13*, 45-55.

Nemeth, C. J. (1986). Differential contributions of majority and minority influence. *Psychological Review, 93*, 23-

32.

Nesse, R. M. (2005). Natural selection and the regulation of defenses: A signal detection analysis of the smoke detector principle. *Evolution and Human Behavior, 26*(1), 88-105.

Neuberg, S. L., Kendrick, D. T., & Schaller, M. (2010) Evolutionary social psychology. In S. T. Fiske, D. T. Gilbert, & G. Lindzey (Eds.), *Handbook of social psychology* (Vol. 2, pp. 761-796). New York, NY: John Wiley & Sons.

Neundorf, A., & Pop-Eleches, G. (2020). Dictators and their subjects: Authoritarian attitudinal effects and legacies. *Comparative Political Studies, 53*(12), 1839-1860.

Newcomb, T. M. (1943). *Personality and social change.* New York, NY: Dryden Press.

Newsom, J. T. (1999). Another side to caregiving: Negative reactions to being helped. *Current Directions in Psychological Science, 8*, 183-187.

Neyer, F. J., & Lang, F. R. (2003). Blood is thicker than water: Kinship orientation across adulthood. *Journal of Personality and Social Psychology, 84*(2), 310-321.

Ng, Y. L. (2020). Toward an evolutionary perspective on social media use for cooperation. *Evolutionary Behavioral Sciences, 14*(2), 132-146.

Nickerson, R. S. (1998). Confirmation bias: A ubiquitous phenomenon in many guises. *Review of General Psychology, 2(2),* 175-220.

Niedenthal, P. M., Brauer, M., Robin, L., & Innes-Ker, Å. H. (2002). Adult attachment and the perception of facial expression of emotion. *Journal of Personality and Social Psychology, 82*(3), 419-433.

Nielsen, T. D., Hasselbalch, J., Holmberg, K., & Stripple, J. (2020). Politics and the plastic crisis: A review throughout the plastic life cycle. *Wiley Interdisciplinary Reviews: Energy and Environment, 9*(1), e360.

Niemiec, C. P., & Ryan, R. M. (2009). Autonomy, competence, and relatedness in the classroom: Applying self-determination theory to educational practice. *Theory and Research in Education, 7*(2), 133-144.

Nigbur, D., Lyons, E., & Uzzell, D. (2010). Attitudes, norms, identity and environmental behaviour: Using an expanded theory of planned behaviour to predict participation in a kerbside recycling programme. *British Journal of Social Psychology, 49*(2), 259-284.

Nijstad, B. A. (2009). *Group performance.* New York, NY: Psychology Press.

Nijstad, B. A., & Paulus, P. B. (2003). Group creativity: Common themes and future directions. In P. B. Paulus & B. A. Nijstad (Eds.), *Group creativity: Innovation through collaboration* (pp. 326-339). New York, NY: Oxford University Press.

Nisbett, R., Peng, K., Choi, I., & Norenzayan, A. (2001). Culture and systems of thought: Holistic versus analytic cognition. *Psychological Review, 108*, 291-310.

Nisbett, R. E., & Borgida, E. (1975). Attribution and the psychology of prediction. *Journal of Personality and Social Psychology, 32*, 932-943.

Nisbett, R. E., & Cohen, D. (1996). *Culture of honor: The psychology of violence in the south.* Boulder, CO: Westview Press.

Nisbett, R. E., & Kunda, Z. (1985). Perception of social distributions. *Journal of Personality and Social Psychology, 48*, 297-311.

Noelle-Neumann, E. (1974). The spiral of silence: A theory of public opinion. *Journal of Communication, 24*, 43-51.

Nolan, J. M., Schultz, P. W., Cialdini, R. B., Goldstein, N. J., & Griskevicius, V. (2008). Normative social influence is underdetected. *Personality and Social Psychology Bulletin, 34*, 913-923.

Nolen-Hoeksema, S., & Davis, C. G. (2002). Positive responses to loss: Perceiving benefits and growth. In C. R. Snyder & S. J. Lopez (Eds.), *Handbook of positive psychology* (pp. 598-607). New York, NY: Oxford University Press.

Nolin, D. A. (2010). Food-sharing networks in Lamalera, Indonesia. *Human Nature, 21*(3), 243-268.

Norem, J, K. (2002). Defensive pessimism, optimism and pessimism. In E. C. Chang (Ed.), *Optimism and pessimism: Implications for theory, research, and practice* (pp. 77-100). Washington, DC: American Psychological Association.

Norem, J. K., & Cantor, N. (1986). Defensive pessimism:

Harnessing anxiety as motivation. *Journal of Personality and Social Psychology, 51,* 1208–1217.

Norem, J. K., & Chang, E. C. (2002). The positive psychology of negative thinking. *Journal of Clinical Psychology, 58,* 993–1001.

Northouse, P. G. (2010). *Leadership: Theory and practice.* Thousand Oaks, CA: Sage.

Norton, M. I., Frost, J. H., & Ariely, D. (2013). Less is often more, but not always: Additional evidence that familiarity breeds contempt and a call for future research. *Journal of Personality and Social Psychology, 105,* 921–923.

Nosek, B. A. (2007). Implicit-explicit reactions. *Current Directions in Psychological Science, 16,* 65–69.

Nouvion, S. O., Cherek, D. R., Lane, S. D., Tcheremissine, O. V., & Lieving, L. M. (2007). Human proactive aggression: Association with personality disorders and psychopathy. *Aggressive Behavior, 33,* 552–562.

Novaco, R. W. (2007). Anger dysregulation. In T. A. Cavell & K. T. Malcolm (Eds.), *Anger, aggression, and interventions for interpersonal violence* (pp. 3–54). Hillsdale, NJ: Erlbaum.

Nugmanovna, M. A. (2022). The place and significance of social and legal control in the legal socialization of the individual in civil society. *Asian Journal of Research in Social Sciences and Humanities, 12*(2), 21–33.

Oakes, P. J. (1987). The salience of social categories. In J. C. Turner, M. A. Hogg, P. J. S. D. Reicher, & M. S. Wetherell (Eds.), *Rediscovering the social group: A self-categorization theory* (pp. 117–141). Oxford, UK: Blackwell.

Obermaier, M., Fawzi, N., & Koch, T. (2016). Bystanding or standing by? How the number of bystanders affects the intention to intervene in cyberbullying. *New Media & Society, 18*(8), 1491–1507.

Oberman, L. M., Winkielman, P., & Ramachandran, V. S. (2007). Face to face: Blocking expression-specific muscles can selectively impair recognition of emotional faces. *Social Neuroscience, 2,* 167–178.

O'Brien Cousins, S. (2000). "My heart couldn't take it": Older women's beliefs about exercise benefits and risks. *The Journals of Gerontology, Series B. Psychological Sciences and Social Sciences, 55*(5), 283–294.

O'Connor, S. C., & Rosenblood, L. K. (1996). Affiliation motivation in everyday experience: A theoretical comparison. *Journal of Personality and Social Psychology, 70*(3), 513–522.

Ohbuchi, K. I., Kameda, M., & Agarie, N. (1989). Apology as aggression control: Its role in mediating appraisal of and response to harm. *Journal of Personality and Social Psychology, 56,* 219–227.

Ohbuchi, K., & Kambara, T. (1985). Attacker's intent and awareness of outcome, impression management, and retaliation. *Journal of Experimental Social Psychology, 21,* 321–330.

Ohenjo, N., Willis, R., Jackson, D., Nettleton, C., Good, K., & Mugarura, B. (2006). Health of Indigenous people in Africa. *Lancet, 367,* 1937–1946.

Öhman, A., Lundqrist, D., & Esteves, F. (2001). The face in the crowd revisited: A threat advantage with schematic stimuli. *Journal of personality and Social Psychology, 80,* 381–396.

Ohme, J., Marquart, F., & Kristensen, L. M. (2020). School lessons, social media and political events in a get-out-the-vote campaign: Successful drivers of political engagement among youth? *Journal of Youth Studies, 23*(7), 886–908.

O'Leary, S. G. (1995). Parental discipline mistakes. *Current Directions in Psychological Science, 4,* 11–13.

O'Leary-Kelly, A. M., Martocchio, J. J., & Frink, D. D. (1994). A review of the influence of group goals on group performance. *Academy of Management Journal, 37*(5), 1285–1301.

Olson, J. M., & Hazlewood, J. D. (1986). Relative deprivation and social comparison: An integrative perspective. In J. M. Olson, C. P. Herman, & M. P. Zanna (Eds.), *Relative deprivation and social comparison: The Ontario symposium (Vol. 4,* pp. 1–15). Hillsdale, NJ: Erlbaum.

Olson, I. R., & Marshuetz, C. (2005). Facial attractiveness is appraised in a glance. *Emotion, 5,* 498–502.

Olson, J. M., & Stone, J. (2005). The influence of behavior on attitudes. In D. Albarracín, B. T. Johnson, & M. P. Zanna (Eds.), *The handbook of attitudes* (pp. 223–271). Hillsdale, NJ: Lawrence Erlbaum Associates

Publishers.

Olson, J. M., Vernon, P. A., Harris, J. A., & Jang, K. L. (2001). The heritability of attitudes: A study of twins. *Journal of Personality and Social Psychology, 80*(6), 845-860.

Olson, M. A., & Fazio, R. H. (2004). Trait inferences as a function of automatically activated racial attitudes and motivation to control prejudiced reactions. *Basic and Applied Social Psychology, 26*(1), 1-11.

Orford, J., Krishnan, M. B., Everitt, M., & Van Der Graaf, K. (2004). University student drinking. *Drugs: Education, Prevention & Policy, 11*(5), 407-421.

Ornish, D. (1998). Avoiding revascularization with lifestyle changes: The multicenter lifestyle demonstration project. *American Journal of Cardiology, 82*, 72-76.

Orvis, B. R., Cunningham, J. D., & Kelley, H. H. (1975). A closer examination of causal inference: The role of consensus, distinctiveness, and consistency information. *Journal of Personality and Social Psychology, 32*, 605-616.

Ostrom, E. (1998). A behavioral approach to the rational choice theory of collective action: Presidential address, American Political Science Association, 1997. *American Political Science Review, 92*(1), 1-22.

Otten, S., & Epstude, K. (2006). Overlapping mental representations of self, ingroup, and outgroup: Unraveling self-stereotyping and self-anchoring. *Personality and Social Psychology Bulletin, 32*(7), 957-969.

Otten, S., & Mummendey, A. (2000). Valence-dependent probability of ingroup-favoritism between minimal groups: An integrative view on the positive-negative asymmetry in social discrimination. In D. Capozza & R. Brown (Eds.), *Social identity processes* (pp. 33-48). London, UK: Sage.

Ozer, E. M. (1992). *Managing work and family: The effects of childcare on perceived self-efficacy and the psychological health of new working mothers*. Unpublished doctoral dissertation. Stanford, CA: Stanford University.

Ozgul, S., Heubeck, B., Ward, J., & Wilkinson, R. (2003). Self-discrepancies: Measurement and relation to various negative affective states. *Australian Journal of Psychology, 55*, 56-62. doi.org/10.1080/00049530412331312884

Paese, P. W., & Gilin, D. A. (2000). When an adversary is caught telling the truth: Reciprocal cooperation versus self-interest in distributive bargaining. *Personality and Social Psychology Bulletin, 26*, 79-90.

Pagani, A. F., Parise, M., Donato, S., Gable, S. L., & Schoebi, D. (2020). If you shared my happiness, you are part of me: Capitalization and the experience of couple identity. *Personality and Social Psychology Bulletin, 46*(2), 258-269.

Page, B. I., Shapiro, R. Y., & Dempsey, G. R. (1987). What moves public opinion? *The American Political Science Review, 81*(1), 23-44.

Paladino, P., & Castelli, L. (2008). On the immediate consequences of intergroup categorization: Activation of approach and avoidance motor behaviour toward ingroup and outgroup members. *Personality and Social Psychology Bulletin, 34*, 755-768.

Paleari, F. G., Regalia, C., & Fincham, F. (2005). Marital quality, forgiveness, empathy, and rumination: A longitudinal analysis. *Personality and Social Psychology Bulletin, 31*(3), 368-378.

Palmer, M. A., Brewer, N., & Horry, R. (2013). Understanding gender bias in face recognition: Effects of divided attention at encoding. *Acta Psychologica, 142*(3), 362-369. doi:10.1016/j.actpsy.2013.01.009

Panayiotou, G., & Kokkinos, C. M. (2006). Self-consciousness and psychological distress: A study using the Greek SCS. *Personality and Individual Differences, 41*, 83-93.

Park, C. L. (2010). Making sense of the meaning literature: An integrative review of meaning making and its effects on adjustment to stressful life events. *Psychological Bulletin, 136*, 257-301.

Park, C. L., & Folkman, S. (1997). Meaning in the context of stress and coping. *General Review of Psychology, 1*, 115-144.

Park, N., Peterson, C., & Seligman, M. E. P. (2004). Strengths of character and well-being. *Journal of Social and Clinical Psychology, 23*, 603-619. doi.org/10.1521/

jscp.23.5.603.50748

Passini, S., & Moprselli, D. (2009). Authority relationships between obedience and disobedience. *New Ideas in Psychology, 27*(1), 96-106.

Pasupathi, M., Lucas, S., & Coombs, A. (2002). Conversational functions of autobiographical remembering: Long-married couples talk about conflicts and pleasant topics. *Discourse Processes, 34*(2), 163-192.

Paternoster, R., & Mazerolle, P. (1994). General strain theory and delinquency: A replication and extension. *Journal of Research in Crime and Delinquency, 31*(3), 235-263. doi:10.1177/0022427894031003001

Patrick, C. J. (2008). Psychophysiological correlates of aggression and violence: An integrative review. *Philosophical Transactions of the Royal Society, 363*, 2543-2555.

Patrick, C. J. (2018). Cognitive and emotional processing in psychopathy. In C. J. Patrick (Ed.), *Handbook of Psychopathy* (2nd ed., pp. 422-455). New York, NY: Guilford Press.

Paulhus, D. L., & Williams, K. M. (2002). The Dark Triad of personality: Narcissism, Machiavellianism, and psychopathy. *Journal of Research in Personality, 36*(6), 556-563.

Pawlowski, B., Dunbar, R. I. M., & Lipowicz, A. (2000). Tall men have more reproductive success. *Nature, 403*, 156.

Payne, L., Martz, D., Tompkins, K., Petroff, A., & Farrow, C. (2011). Gender comparisons of fat talk in the United Kingdom and The United States. *Sex Roles, 65*, 557-565.

Pearce, L., & Cooper, J. (2021). Fostering COVID-19 safe behaviors using cognitive dissonance. *Basic and Applied Social Psychology, 43*(5), 267-282.

Pedersen, W. C., Miller, L. C., Putcha-Bhagavatula, A. D., & Yang, Y. (2002). Evolved sex differences in the number of partners desired? The long and the short of it. *Psychological Science, 13(2)*, 157-161.

Pedersen, W. C., Vasquez, E. A., Bartholow, B. D., Grosvenor, M., & Truong, A. (2014). Are you insulting me? Exposure to alcohol primes increases aggression following ambiguous provocation. *Personality and Social Psychology Bulletin, 40*, 1037-1049.

Peluchette, J. V., Karl, K., & Rust, K. (2006). Dressing to impress: Beliefs and attitudes regarding workplace attire. *Journal of Business and Psychology, 21*(1), 45-63.

Penner, L. A., Fritzsche, B. A., Craiger, J. P., & Freifeld, T. R. (1995). Measuring the prosocial personality. In J. Butcher & C. D. Spielberger (Eds.), *Advances in personality assessment* (Vol. 10, pp. 147-163). Hillsdale, MJ. Erlbaum.

Perry, L. M., Hoerger, M., Korotkin, B. D., Saks, S. J., & Duberstein, P. R. (2020). Self-complexity and socio-emotional adjustment to a romantic event in early adulthood. *Journal of Social and Personal Relationships, 37*, 1268-1281.

Persico, N., & Postlewaite, A. (2004). The effect of adolescent experience on labor market outcomes: The case of height. *Journal of Political Economy, 112*, 1019-1053.

Peterson, A. A., Haynes, G. A., & Olson, J. M. (2008). Self esteem differences in the effects of hypocrisy induction on behavioral intentions in the health domain. *Journal of Personality, 76*(2), 305-322.

Peterson, C. (2000). The future of optimism. *American Psychologist, 55*(1), 44-55.

Peterson, C., & Steen, T. A. (2002). Optimistic explanatory style. In C. R. Snyder & S. J. Lopez (Eds.), *Handbook of positive psychology* (pp. 244-256). Oxford, UK: Oxford University Press.

Peterson, C. E., & Seligman, M. E. P. (2004). *Character strengths and virtues*. Oxford, UK: Oxford University Press.

Peterson, E. R., Rubie-Davies, C., Osborne, D., & Sibley, C. (2016). Teachers' explicit expectations and implicit prejudiced attitudes to educational achievement: Relations with student achievement and the ethnic achievement gap. *Learning and Instruction, 42*, 123-140.

Peterson, R. S., & Behfar, K. J. (2003). The dynamic relationship between performance feedback, trust, and conflict in groups: A longitudinal study. *Organizational*

Behavior and Human Decision Processes, 92(1), 102-112.

Peterson, R. S., & Nemeth, C. J. (1996). Focus versus flexibility majority and minority influence can both improve performance. *Personality and Social Psychology Bulletin, 22*, 14-23.

Pettigrew, T. F., & Meertens, R. W. (1995). Subtle and blatant prejudice in western Europe. *European Journal of Social Psychology, 25*, 57-75.

Pettigrew, T. F., & Tropp, L. R. (2006). A meta-analytic test of intergroup contact theory. *Journal of Personality and Social Psychology, 90*(5), 751-783.

Petty, R. E., & Briñol, P. (2012). The elaboration likelihood model. In P. A. M. Van Lange, A. Kruglanski, & E. T. Higgins (Eds.), *Handbook of theories of social psychology* (Vol. 1, pp. 224-245). London, Uk: Sage.

Petty, R. E., & Cacioppo, J. T. (1986). The elaboration likelihood model of persuasion. *Advances in Experimental Social Psychology, 19*, 123-205.

Petty, R. E., & Cacioppo, J. T. (1990). Involvement and persuasion: Tradition versus integration. *Psychological Bulletin, 107*, 367-374.

Petty, R. E., Cacioppo, J. T., & Goldman, R. (1981). Personal involvement as a determinant of argument-based persuasion. *Journal of Personality and Social Psychology, 41*(5), 847-855.

Petty, R. E., Cacioppo, J. T., & Schumann, D. (1983). Central and peripheral routes to advertising effectiveness: The moderating role of involvement. *Journal of Consumer Research, 10*(2), 135-146.

Petty, R. E., & Wegener, D. T. (1991). Thought systems, argument quality, and persuasion. In R. S. Wyer & T. K. Srull (Eds.), *The content, structure, and operation of thought systems* (pp. 147-162-170). New York, NY: Lawrence Erlbaum Associates.

Pfaus, J. G., Kippin, T. E., Coria-Avila, G. A., Gelez, H., Afonso, V. M., Ismail, N., & Parada, M. (2012). Who, what, where, when (and maybe even why)? How the experience of sexual reward connects sexual desire, preference, and performance. *Archives of Sexual Behavior, 41*, 31-62.

Phillips, D. P. (1974). The influence of suggestion on suicide: Substantive and theoretical implications of the Werther effect. *American Sociological Review, 39*, 340-354.

Phillips, J. J. (2012). *Return on investment in training and performance improvement programs*. New York, NY: Routledge.

Phillips, J. G., & Ogeil, R.P. (2007). Alcohol consumption and computer blackjack. *The Journal of General Psychology, 134*(3), 333-353.

Pichon, I., Boccato, G., & Saroglou, V. (2007). Nonconscious influences of religion on prosociality: A priming study. *European Journal of Social Psychology, 37*(5), 1032-1045.

Piferi, R. L., & Lawler, K. A. (2006). Social support and ambulatory blood pressure: An examination of both receiving and giving. *International Journal of Psychophysiology, 62*(2), 328-336.

Piliavin, J. A., Dovidio, J. F., Gaertner, S. L., & Clark, R. D. Ⅲ. (1981). *Emergency intervention*. New York, NY: Academic Press.

Pillow, D. R., Hale, W. J., Crabtree, M. A., & Hinojosa, T. L. (2017). Exploring the relations between self-monitoring, authenticity, and well-being. *Personality and Individual Differences, 116*, 393-398.

Pinker, S. (1994). How could a child use verb syntax to learn verb semantics? *Lingua, 92*, 377-410.

Pinkley, R. L. (1990). Dimensions of conflict frame: Disputant interpretations of conflict. *Journal of Applied Psychology, 75*(2), 117-126.

Pinquart, M., & Duberstein, P. R. (2010). Associations of social networks with cancer mortality: A meta-analysis. *Critical Reviews in Oncology/Hematology, 75*, 122-137.

Pishyar, R., Harris, L. M., & Menzies, R. G. (2004). Attentional bias for words and faces in social anxiety. *Anxiety, Stress & Coping, 17*(1), 23-36.

Plaks, J. E., & Higgins, E. T. (2000). Pragmatic use of stereotyping in teamwork: Social loafing and compensation as a function of inferred partner-situation fit. *Journal of Personality and Social Psychology, 79*(6), 962-974.

Planalp, S., Honeycutt, J. M., & Rutherford, D. K. (1988). Events that increase uncertainty in pesonal relationship,

II: Replication and extension. *Human Communication Research, 14*, 516-547.

Pollio, H. R., & Gerow, J. R. (1968). The role of congruent and incongruent evaluative contexts on word association. *Journal of Verbal Learning and Verbal Behavior, 7*, 122-127.

Pomerantz, E. M., Chaiken, S., & Tordesillas, R. S. (1995). Attitude strength and resistance processes. *Journal of Personality and Social Psychology, 69*(3), 408-419.

Postmes. T., & Spears, R. (1998). Deindividuation and antinormative behavior: A meta-analysis. *Psychological Bulletin, 123*, 238-259.

Postmes, T., Spears, R., & Cihangir, S. (2001). Quality of decision making and group norms. *Journal of Personality and Social Psychology, 80*(6), 918-930.

Premack, D., & Premack, A. J. (1997). Infants attribute value +/- to the goal-directed actions of self-propelled objects. *Journal of Cognitive Neurosciences, 9*, 848-856.

Pressman, S., Cohen, S., Miller, G. E., Barkin, A., Rabin, B. S., & Treanor, J. J. (2005). Loneliness, social network size, and immune response to influenza vaccination in college freshmen. *Health Psychology, 24*, 297-306.

Pruitt, D. G. (2008). Conflict escalation in organizations. In C. K. W. De Dreu & M. J. Gelfand (Eds.), *The psychology of conflict and conflict management in organizations* (pp. 245-266). New York, NY: Lawrence Erlbaum.

Pruitt, D. G., & Lewis, S. A. (1975). Development of integrative solutions in bilateral negotiation. *Journal of Personality and Social Psychology, 31*(4), 621-633.

Pruitt, D. G., & Rubin, J. Z. (1986). *Social conflict: Escalation, impasse, and resolution*. Reding, MA: Addision-Wesley.

Putman, R. D. (2000). *Bowling alone: The collapse and revival of the American community*. New York, NY: Simon & Schuster.

Putwain, D., & Sammons, A. (2002). *Psychology and crime*. New York, NY: Routledge.

Quinn, A., & Schlenker, B. R. (2002). Can accountability produce independence? Goals as determinants of the impact of accountability on conformity. *Personality and Social Psychology Bulletin, 28*, 472-483.

Quinn, P. C., Kelly, D. J., Lee, K., Pascalis, O., & Slater, A. M. (2008). Preference for attractive faces in human infants extends beyond conspecifics. *Developmental Science, 11*(1), 76-83.

Rafaeli-Mor, E., & Steinberg, J. (2002). Self-complexity and well-being: A review and research synthesis. *Personality and Social Psychology Review, 6*(1), 31-58. doi.org/10.1207/S15327957PSPR0601

Raine, A. (1993). *The psychopathology of crime: Criminal behavior as a clinical disorder*. San Diego, CA: Academic Press.

Raine, A., Venables, P. H., & Williams, M. (1995). High autonomic arousal and electrodermal orienting at age 15 years as protective factors against criminal behavior at age 29 years. *American Journal of Psychiatry, 152*, 1595-1600.

Rajaguru, R., Narendran, R., & Rajesh, G. (2020). Social loafing in group-based learning: Student-created and instructor-created group perspectives. *Education & Training, 62*(4), 483-501.

Ramirez, O. M., & Brown, J. (2010). Attachment style, rules regarding sex, and couple satisfaction: A study of gay male couples. *Australian and New Zealand Journal of Family Therapy, 31*(02), 202-213.

Ramsey, J. L., Langlois, J. H., Hoss, R. A., Rubenstein, A. J., & Griffin, A. M. (2004). Origins of a stereotype: Categorization of facial attractiveness by 6 month old infants. *Developmental Science, 7*(2), 201-211.

Rappaport, J. (1987). Terms of empowerment/exemplars of prevention: Toward a theory for community psychology. *American Journal of Community Psychology, 15*(2), 121-148.

Rawls, J. (2001). **사회정의론**(황경식 역. 원저: *A theory of justice*). 경기: 서광사. (원저는 1985년에 출판).

Rawn, C. D., & Vohs, K. D. (2006). The importance of self-regulation for interpersonal functioning. In K. D. Vohs & E. J. Finkel (Eds.), *Self and relationships: Connecting intrapersonal and interpersonal processes* (pp. 15-31). New York, NY: Guilford Press.

Reed II, A., Wooten, D. B., & Bolton, L. E. (2002). The temporary construction of consumer attitudes. *Journal of Consumer Psychology*, *12*(4), 375-388.

Reeder, G. D., & Brewer, M. B. (1979). A schematic model of dispositional attribution in interpersonal perception. *Psychological Review, 86*, 61-79.

Reeve, J. (2011). 동기와 정서의 이해(정봉교, 윤병수, 김아영, 도승이, 장형심 공역. 원저: *Understanding motivation and emotion*, 5th ed.). 서울: 박학사. (원저는 2008년에 출판).

Reeve, J. (2018). *Understanding motivation and emotion* (7th ed.). Hoboken, NJ: Wiley.

Regan, D. T. (1971). Effects of a favor and liking on compliance. *Journal of Experimental Social Psychology, 7*(6), 627-639.

Regan, D. T., & Totten, J. (1975). Empathy and attribution: Turning observers into actors. *Journal of Personality and Social Psychological Review, 32*, 850-856.

Regan, P. C., Kocan, E. R., & Whitlock, T. (1998). Ain't love grand! A prototype analysis of the concept of romantic love. *Journal of Social and Personal Relationships*, *15*, 411-420.

Reicher, S. D. (1982). The determination of collective behaviour. In H. Tajfel (Ed.), *Social Identity and Intergroup Relations* (pp. 41-83). Cambridge, UK: Cambridge University Press.

Reicher, S. D., Spears, R., & Postmes, T. (1995). A social identity model of deindividuation phenomena. *European Review of Social Psychology, 6*(1), 161-198.

Reid, W. M., & Dold, C. J. (2018). Burns, Senge, and the study of leadership. *Open Journal of Leadership, 7*(1), 89-116.

Reimer, T., Reimer, A., & Czienskowski, U. (2010). Decision-making groups attenuate the discussion bias in favor of shared information: A meta-analysis. *Communication Monographs, 77*(1), 121-142.

Reis, H. T. (1990). The role of intimacy in interpersonal relations. *Journal of Social and Clinical Psychology, 9*, 15-30.

Reis, H. T. (2012). A history of relationship research in social psychology. In A. W. Kruglanski & W. Stroebe (Eds.), *Handbook of the history of social psychology* (pp. 363-382). New York, NY: Psychology Press.

Reis, H. T., & Gable, S. L. (2003). Toward a positive psychology of relationships. In C. L. M. Keyes & J. Haidt (Eds.), *Flourishing: Positive psychology and the life well-lived* (pp. 129-159). Washington, DC: American Psychological Association.

Reis, H. T., & Homes, J. G. (2019). Perspectives on the situation. In K. Deaux & M. Snyer (Eds.), *The Oxford handbook of personality and social psychology* (2nd ed., pp. 67-95). New York, NY: Oxford University Press.

Reis, H. T., & Patrick, B. C. (1996). Attachment and intimacy: Component processes. In E. T. Higgins & A. W. Kruglanski (Eds.), *Social psychology: Handbook of basic principles* (pp. 523-563). New York, NY: Guilford Press.

Reker, G. T., & Chamberlain, K. (2000). *Exploring existential meaning: Optimizing human development across the life span*. Thousand Oaks, CA: Sage.

Reynolds, K. J. (2018). Looking back, looking forward: ISPP at 40 and future directions for political psychology. *Political Psychology, 39*(4), 745-754.

Rhee, S. C. (2006). The average Korean attract face. *Aesthetic Plastic Surgery, 30*(6), 729-730.

Rhee, E., Uleman, J. S., Lee, H. K., & Roman, R. J. (1995). Spontaneous self-descriptions and ethnic identities in individualistic and collectivistic cultures. *Journal of Personality and Social Psychology, 69*(1), 142-152.

Rheu, M., Peng, W., & Haung, K. (2021). Leveraging upward social comparison in social media to promote healthy parenting. *Health Communication, 38*, 205-215. doi: 10.1080/10410236.2021.1943891

Rhodes, G. (2006). The evolutionary psychology of facial beauty. *Annual Review of Psychology, 57*, 199-226.

Rhodes, N., & Wood, W. (1992). Self-esteem and intelligence affect influenceability: The mediating role of message reception. *Psychological Bulletin, 111*(1), 156-171.

Rhodewalt, F., Morf, C., Hazlett, S., & Fairfield, M. (1991). Self-handicapping: The role of discounting and augmentation in the preservation of self-esteem. *Journal of Personality and Social Psychology, 61*(1), 122-131.

Richard, F. D., Bond, Jr., C. F., & Stokes-Zoota, J. J. (2003).

One hundred years of social psychology quantitatively described. *Review of General Psychology, 7*, 331-363.

Richerson, P. J., & Boyd, R. (2004). *Not by genes alone: How culture transformed human evolution*. Chicago, IL: University of Chicago Press.

Richmond, V. P., McCroskey. J. C., & Hickson III, M. L. (2012). *Nonverbal behavior in interpersonal relations*. Boston, MA: Allyn & Bacon.

Riek, B. M., Mania, E. W., & Gaertner, S. L. (2006). Intergroup threat and outgroup attitudes: A meta-analytic review. *Personality and Social Psychology Review, 10*(4), 336-353.

Rimal, R. N., & Real, K. (2005). How behaviors are influenced by perceived norms: A test of the theory of normative social behavior. *Communication Research, 32*(3), 389-414.

Ringelmann, M. (1913). Research on animate sources of power: The work of man. *Annales de l'Instuit National Agronomique, 12*, 1-40.

Rippetoe, P. A., & Rogers, R. W. (1987). Effects of components of protection-motivation theory on adaptive and maladaptive coping with a health threat. *Journal of Personality and Social Psychology, 52*, 596-604.

Riva, G. (2002). The sociocognitive psychology of computer-mediated communication: The present and future of technology-based interactions. *Cyberpsychology & Behavior, 5*(6), 581-598.

Roberts, B. W., Wood, D., & Smith, J. L. (2005). Evaluating five factor theory and social investment perspectives on personality trait development. *Journal of Research in Personality, 39*(1), 166-184.

Roberts, J. E., Shapiro, A. M., & Gambler, S. A. (1999). Level and perceived stability of self-esteem prospectively predict depressive symptoms during psychoeducational group treatment. *Brithsh Journal of Clinical Psychology, 38*(4), 425-429.

Robinson, J., & Godbey, G. (1997). *Time for life*. University Park, PA: Penn State Press.

Robinson, M. D., & Compton, R. J. (2008). The happy mind in action: The cognitive basis of subjective well-being. In M. Eid & R. J. Larsen (Eds.), *The science of subjective well-being* (pp. 220-238). New York, NY: Guilford Press.

Robinson, M. D., & Wilkowksi, B. M. (2010). Personality processes in anger and reactive aggression: An introduction. *Journal of Personality, 78*, 1-8. doi: 10.1111/j.1467-6494.2009.00606.x

Rochat, F., & Modigliani, A. (1995). The ordinary quality of resistance: From Milgram's laboratory to the village of Le Chambon. *Journal of Social Issues, 5*, 195-210.

Roese, N. J., & Hur, T. (1997). Affective determinants of counterfactual thinking. *Social Cognition, 15*, 333-35.

Roese, N. J., & Olson, J. M. (1993). The structure of counterfactual thought. *Personality and Social Psychology Bulletin, 19*, 312-319.

Rofé, Y. (1984). Stress and affiliation: A utility theory. *Psychological Review, 91*(2), 235-250.

Rogers, C. R. (1961). *On becoming a person*. Boston, MA: Houghton Mifflin.

Rohrer, J., Baron, S., Hoffman, E., & Swander, D. (1954). The stability of autokinetic judgments. *Journal of Abnormal Psychology, 49*, 595-597.

Ronay, R., Greenaway, K., Anicich, E. M., & Galinsky, A. D. (2012). The path to glory is paved with hierarchy: When hierarchical differentiation increases group effectiveness. *Psychological Science, 23*(6), 669-677.

Rosen, L., Cheever, N., Cummings, C., & Felt, J. (2008). The impact of emotionality and self-disclosure on online dating versus traditional dating. *Computers in Human Behavior, 24*, 2124-2157.

Rosen, S., Mickler, S. E., & Collins, J. E. II. (1987). Reactions of would-be helpers whose offer of help is spurned. *Journal of Personality and Social Psychology, 53*(2), 288-297. doi.org/10.1037/0022-3514.53.2.288

Rosenberg, M. (1965). *Society and the adolescent self-image*. Princeton, NJ: Princeton University Press.

Rosenhan, D. L., Salovey, P., & Hargis, K. (1981). The joys of helping: Focus of attention mediates the impact of positive affect on altruism. *Journal of Personality and Social Psychology, 40*(5), 899-905.

Rosenthal, R., & Jacobson, L. (1968). *Pygmalion in the classroom: Teacher expectation and student intellectual development*. New York, NY: Holt, Rinehart &

Winston.

Ross, E. A. (1908). *Social psychology*. New York, NY: McGraw-Hill.

Ross, L., & Ward, A. (1996). Naive realism in everyday life: Implications for social conflict and misunderstanding. In E. S. Reed, E. Turiel, & T. Brown (Eds.), *The Jean Piaget Symposium Series, Vol. 9. Values and knowledge* (pp. 103-135). Hillsdage, NJ: Erlbaum.

Ross, L., Bierbrauer, G., & Hoffman, S. (1976). The role of attributional processes in conformity and dissent. *American Psychologist, 31*, 148-157.

Ross, L., Greene, D., & House, P. (1977). The "false consensus effect": An egocentric bias in social perception and attribution processes. *Journal of Experimental Social Psychology, 13*, 279-301.

Rossmo, D. K. (2014). Geographic profiling. In G. Bruinsa & D. L. Weisburd (Eds.), *Encyclopedia of criminology and criminal justice* (pp. 1934-1942). New York, NY: Springer.

Rotenberg, K. J. (1997). Loneliness and the perception of the exchange of disclosures. *Journal of Social & Clinical Psychology, 16*, 259-276.

Roth, G., & Dicke, U. (2006). Evolution of the brain and intelligence. *Trend in Cognitive Sciences, 9*(5), 250-257.

Roth, J., & Steffens, M. C. (2014). When I becomes we: Associative self-anchoring drives implicit intergroup bias in minimal groups. *Social Psychology, 45*(4), 253-264.

Rothbart, M. K., & Hwang, J. (2005). Temperament. In A. J. Elliot & C. S. Dweck (Eds.), *Handbook of competence and motivation* (pp. 167-184). New York: Guilford Press.

Rothgerber, H. (1997). External intergroup threat as an antecedent to perceptions in in-group and out-group homogeneity. *Journal of Personality and Social Psychology, 73*(6), 1206-1211.

Rothman, A. J., Bartels, R. D., Wlaschin, J., & Salovey, P. (2006). The strategic use of gain and loss framed messages to promote healthy behavior: How theory can inform practice. *Journal of Communication, 56(1)*, 202-220.

Rotter, J. B. (1966). Generalized expectancies for internal versus external control of reinforcement. *Psychological Monographs: General and Applied, 80*(1), 1-28. doi.org/10.1037/h0092976

Rotton, J., & Cohn, E. G. (2000). Violence is a curvilinear function of temperature in Dallas: A replication. *Journal of Personality and Social Psychology, 78*, 1074-1081.

Rozin, P., & Royzman, E. B. (2001). Negativity bias, negativity dominance, and contatgion. *Personality and Social Psychology Review, 5*(4), 296-320.

Rubin, J. Z., & Brown, R. (1975). *Social psychology of bargaining and negotiation*. New York, NY: Academic Press.

Rubin, M., & Badea, C. (2007). Why do people perceive ingroup homogeneity on ingroup traits and outgroup homogeneity on outgroup traits?. *Personality and Social Psychology Bulletin, 33*(1), 31-42.

Ruder, M., & Bless, H. (2003). Mood and the reliance on the ease of retrieval heuristic. *Journal of Personality and Social Psychology, 85(1)*, 20-32.

Rudman, L. A. (2005). Rejection of women? Beyond prejudice as antipathy. In J. F. Dovidio, P. Blick, & L. A. Rudman (Eds.), *On the nature of prejudice* (pp. 106-120). Malden, MA: Blackwell.

Rule, N. O., & Ambady, N. (2008). The face of success: Inferences from chief executive officers' appearance predict company profits. *Psychological Science, 19*, 109-111.

Rummel, R. J. (1994). Power, genocide and mass murder. *Journal of Peace Research, 31*, 1-10.

Runciman, W. G. (1966). *Relative deprivation & social justice: A study of attitudes social inequality in 20th century England*. Berkeley, CA: University of California Press.

Rusbult, C. E., Agnew, C. R., & Arriaga, X. B. (2012). The investment model of commitment processes. In P. Van Lange, A. Kruglanski, & E. T. Higgins (Eds.), *Handbook of theories of social psychology* (Vol. 2, pp. 218-231). Thousand Oaks, CA: Sage.

Rusbult, C. E., Farrell, D., Rogers, G., & Mainous, A. G. (1988). Impact of exchange variables on exit, voice, loyalty, and neglect: An integrative model of responses to declining job satisfaction. *Academy of Management Journal, 31*(3), 599-627.

Rusbult, C. E., Finkel, E. J., & Kumashiro, M. (2009). The Michelangelo phenomenon. *Current Directions in Psychological Science, 18*, 305-309.

Rusbult, C. E., Hannon, P. A., Stocker, S. L., & Finkel, E. J. (2005). Forgiveness and relational repair. In E. L. Worthington, Jr. (Ed.), *Handbook of forgiveness* (pp. 185-205). New York, NY: Taylor and Friancis.

Rusbult, C. E., & Van Lange, P. A. (2003). Interdependence, interaction, and relationships. *Annual Review of Psychology, 54*, 351-375.

Rusbult, C. E., Van Lange, P. A., Wildschut, T., Yovetich, N. A., & Verette, J. (2000). Perceived superiority in close relationships: Why it exists and persists. *Journal of Personality and Social Psychology, 79*, 521-545.

Rusbult, C. E., Verette, J., Whitney, G. A., Slovik, L. F., & Lipkus, I. (1991). Accommodation processes in close relationships: Theory and preliminary empirical evidence. *Journal of Personality and Social Psychology, 60*(1), 53-78.

Rusbult, C. E., & Zembrodt, I. M. (1983). Responses to dissatisfaction in romantic involvements: A multidimensional scaling analysis. *Journal of Experimental Social Psychology, 19*(3), 274-293.

Rushton, J. P. (1976). Socialization and the altruistic behavior of children. *Psychological Bulletin, 83*(5), 898-913.

Rushton, J. P., & Christjohn, R. (1981). Extraversion, neuroticism, psychoticism and self-reported delinquency: Evidence from eight separate samples. *Personality and Individual Differences, 2*(1), 11-20.

Rushton, J. P., Fulker, D. W., Neale, M. C., Nias, D. K. B., & Eysenck, H. J. (1986). Altruism and aggression: The heritability of individual differences. *Journal of Personality and Social Psychology, 50*, 1192-1198.

Ruvolo, A. P., & Markus, H. R. (1992). Possible selves and performance: The power of self-relevant imagery. *Social Cognition, 10*(1), 95-124.

Ryan, M. (2021). From tactics to galactic grand strategy. In J. Klug & S. Leonard (Eds.), *To boldly go: Leadership, strategy, and conflict in the 21st century and beyond* (pp. 77-84). Oxford, UK: Casemate.

Ryan, R. M., Bernstein, J. H., & Brown, K. W. (2010). Weekends, work, and well-being: Psychological need satisfactions and day of the week effects on mood, vitality, and physical symptoms. *Journal of Social and Clinical Psychology, 29*, 95-122.

Ryan, R. M., & Deci, E. L. (2000). Intrinsic and extrinsic motivations: Classic definitions and new directions. *Contemporary Educational Psychology, 25*(1), 54-67.

Ryan, R. M., & Deci, E. L. (2001). On happiness and human potentials: A review of research on hedonic and eudaimonic well-being. *Annual Review of Psychology, 52(1)*, 141-166.

Ryff, C. D. (1989). Happiness is everything, or is it? Explorations on the meaning of psychological well-being. *Journal of Personality and Social Psychology, 57*(6), 1069-1081.

Ryff, C. D., & Keyes, C. L. M. (1995). The structure of psychological well-being revisited. *Journal of Personality and Social Psychology, 69*(4), 719-727.

Ryff, C. D., & Singer, B. H. (2000). Interpersonal flourishing: A positive health agenda for the new millennium. *Personality and Social Psychology Review, 4*, 30-44.

Ryff, C. D., & Singer, B. H. (Eds.). (2001). *Emotion, social relationships, and health*. Oxford: Oxford University Press.

Ryff, C. D., & Singer, B. H. (2003). Flourishing under fire: Resilience as a prototype of challenged thriving. In C. Keyes & J. Haidt (Eds.), *Flourishing: Positive psychology and the life well-lived* (pp. 15-36). Washington, DC: American Psychological Association.

Sadiq, R., & Shafig, F. (2020). Comparison of aggression in married men and women. *Journal of Pakistan Medical Association, 70*(10), 1723-1726.

Sakalli-Uğurlu, N., Yalçin, Z. S., & Glick, P. (2007). Ambivalent sexism, belief in a just world, and empathy as predictors of Turkish students' attitudes toward rape victims. *Sex Roles, 57*(11-12), 889-895.

Salazar, L. M. (2015). The negative reciprocity process in marital relationships: A literature review. *Aggression and Violent Behavior, 24*, 113-119.

Sally, D. (1995). Conversation and cooperation in social dilemmas: A meta-analysis of experiments from 1958 to 1992. *Rationality and Society, 7*(1), 58-92.

Salovey, P., Mayer, J. D., & Rosenhan, D. L. (1991). Mood and helping: Mood as a motivator of helping and helping as a regulator of mood. In M. S. Clark (Ed.), *Review of personality and social psychology, Vol. 12. Prosocial behavior* (pp. 215-237). Newbury Park, CA: Sage.

Samsonova, T. N., & Naumova, E. S. (2020). The role of mass media in political socialization of modern Russian youth. *Moscow State University Bulletin. Series 18. Sociology and Political Science, 25*(4), 247-264.

Sandel, M. J. (2010). 정의란 무엇인가(이창신 역. 원저: *Justice: What's right thing to do?*). 경기: 김영사. (원저는 2012년에 출판).

Sanders, G. S., & Baron, R. S. (1977). Is social comparison irrelevant for producing choice shifts? *Journal of Experimental Social Psychology, 13*(4), 303-314.

Schachter, S. (1951). Deviation, rejection, and communication. *Journal of Abnormal and Social Psychology, 46*, 190-207.

Schaller, M., & Latané, B. (1996). Dynamic social impact and the evolution of social representations: A natural history of stereotypes. *Journal of Communication, 46*(4), 64-77.

Scheepers, D., de Wit, F., Ellemers, N., & Sassenberg, K. (2012). Social power makes the heart work more efficiently: Evidence from cardiovascular markers of challenge and threat. *Journal of Experimental Social Psychology, 48*(1), 371-374.

Scheier, M. F., & Carver, C. S. (1987). Dispositional optimism and physical well being: The influence of generalized outcome expectancies on health. *Journal of Personality, 55*(2), 169-210.

Scheier, M. F., Carver, C. S., & Bridges, M. W. (2002). Optimism, pessimism, and psychological well-being. In E. C. Chang (Ed.), *Optimism and pessimism: Implications for theory, research and practice* (pp. 189-216). Washington, DC: American Psychological Association.

Schelling, T. (1980). *The strategy of conflict.* Cambridge, MA: Harvard University Press.

Schkade, D., Sunstein, C. R., & Hastie, R. (2007). What happened on deliberation day? *California Law Review, 95*, 915-940.

Schlenker, B. R. (2012). Self-presentation. In M. R. Leary & J. P. Tangney (Eds.), *Handbook of self and identity* (2nd ed., pp. 542-570). New York, NY: Guilford Press.

Schmid Mast, M. (2004). Men are hierarchical, women are egalitarian: An implicit gender stereotype. *Swiss Journal of Psychology, 63*(2), 107-111.

Schmitt, D. P., & 118 members of the International Sexuality Description Project. (2003). Universal sex differences in the desire for sexual variety: Tests from 52 nations, 6 continents, and 13 islands. *Journal of Personality and Social Psychology, 85*, 85-104.

Schmitt, D. P., Couden, A., & Baker, M. (2001). The effects of sex and temporal context on feelings of romantic desire: An experimental evaluation of sexual strategies theory. *Personality and Social Psychology Bulletin, 27(7)*, 833-847.

Schneider, B. H., & Bryne, B. M. (1987). Individualizing social skills training for behavior-disordered children. *Journal of Consulting and Clinical Psychology, 55*, 444-445.

Schneider, D. J. (2004). *The psychology of stereotyping.* New York, NY: Guilford Press.

Schneider, D. J., & Blankmeyer, B. L. (1983). Prototype salience and implicit personality theories. *Journal of Personality and Social Psychology, 44*, 712-722.

Schneider, M. E., Major, B., Luhtanen, R., & Crocker, J. (1996). Social stigma and the potential costs of assumptive help. *Personality and Social Psychology Bulletin, 22*, 201-209.

Schooler, J. W., Smallwood, J., Christoff, K., Handy, T. C., Reichle, E. D., & Sayette, M. A. (2011). Meta-awareness, perceptual decoupling and the wandering mind. *Trends in Cognitive Sciences, 15*(7), 319-326.

Schötz, S. (2003). Toward synthesis of speaker age: A perceptual study with natural, synthesized and resynthesized stimuli. *Phonum, 9*, 1-10.

Schroeder, D. A., & Graziano, W. G. (2015). The field of prosocial behavior: An introduction and overview. In

D. A. Schroeder & W. G. Graziano (Eds.), *The Oxford handbook of prosocial behavior* (pp. 3-34). Oxford, UK: Oxford University Press.

Schumann, K. (2014). An affirmed self and a better apology: The effect of self-affirmation on transgressors' responses to victims. *Journal of Experimental Social Psychology, 54*, 89-96.

Schwab, N. (2014). Social influence constrained by the heritability of attitudes. *Personality and Individual Differences, 66*, 54-57.

Schwarz, N., & Bohner, G. (2001). The construction of attitudes. In A. Tesser & N. Schwarz (Eds.), *Blackwell handbook of social psychology: Intraindividual processes* (Vol. 1, pp. 436-457). Oxford, UK: Blackwell.

Schwarz, N., & Clore, G. L. (1983). Mood, misattribution, and judgment of well-being: Informative and directive functions of affective states. *Journal of Personality and Social Psychology, 45*, 513-523.

Sears, D. O. (1983). The person-positivity bias. *Journal of Personality and Social Psychology, 44*, 233-250.

Sears, R. R. (1958). Personality development in the family. In J. M. Seidman (Ed.), *The child*. New York, NY: Holt, Rinehart & Winston.

Sechrist, G. B., & Milford, L. R. (2007). Perceived consensus influences intergroup behavior and stereotype accessibility. *Basic and Applied Social Psychology, 29*, 365-374.

Sechrist, G. B., & Stangor, C. (2007). When are intergroup attitudes based on perceived consensus information? The role of group familiarity. *Social Influence, 2*, 211-235.

Sedikides, C. (1999). Assessment, enhancement, and verification determinants of the self-evaluation process. In R. F. Baumeister (Ed.), *The self in social psychology* (pp. 402-426). Philadelphia, PA: Psychology Press.

Sedikides, C., & Brewer, M. B. (2001). *Individual self, relational self, collective self*. Philadelphia, PA: Psychology Press.

Sedikides, C., Gaertner, L., Luke, M. A., O'Mara, E. M., & Gebauer, J. (2013). A three tier hierarchy of self potency: Individual self, relational self, collective self. *Advances in Experimental Social Psychology, 48*, 235-296. doi-org.proxy.cau.ac.kr/10.1016/B978-0-12-407188-9.00005-3

Sedikides, C., Olsen, N., & Reis, H. T. (1993). Relationships as natural categories. *Journal of Personality and Social Psychology, 64*, 71-82.

Seery, M. D. (2011). Resilience: A silver lining to experiencing adverse life events? *Current Directions in Psychological Science, 20*(6), 390-394.

Seidltiz, L., & Diener, E. (1993). Memory for positive versus negative life events: Theories for the differences between happy and unhappy persons. *Journal of Personality and Social Psychology, 64*, 654-664.

Seitchik, A. E., Jamieson, J., & Harkins, S. G. (2014). Reading between the lines: Subtle stereotype threat cues can motivate performance. *Social Influence, 9*(1), 52-68.

Self, C. A., & Rogers, R. W. (1990). Coping with threats to health: Effects of persuasive appeals on depressed, normal, and antisocial personalities. *Journal of Behavioral Medicine, 13*, 343-358.

Seligman, M. E. P. (1998). Building human strength: Psychology's forgotten mission. *American Psychological Association Monitor, 29*(2), 4.

Seligman, M. E. P. (2000). *Positive psychology: A progress report*. Paper presented at the Positive Psychology Summit 2000. Washington, DC.

Seligman, M. E. P. (2002). *Authentic happiness: Using the new positive psychology to realize your potential for lasting fulfillment*. New York, NY: Free Press.

Seligman, M. E. P., & Csikszentmihalyi, M. (2000). Positive psychology: An introduction. *American Psychologist, 55*, 5-14.

Seligman, M. E. P., Noles-Hoeksema, S., Thorton, N., & Thorton, K. (1990). Explanatory style as a mechanism of disappointing athletic performance. *Psychological Science, 1*, 143-146.

Seligman, M. E. P., Reivich, K., Jaycox, L., & Gillham, J. (1995). *The optimistic child*. Boston, MA: Houghton Mifflin.

Seligman, M. E., Steen, T. A., Park, N., & Peterson, C. (2005). Positive psychology progress: Empirical validation of interventions. *American Psychologist, 60*(5), 410-421.

Shapiro, P. N., & Penrod, S. (1986). Meta-analysis of facial identification studies. *Psychological Bulletin, 100*(2), 139-156.

Shaw, J. I., Borough, H. W., & Fink, M. I. (1994). Perceived sexual orientation and helping behavior by males and females: The wrong number technique. *Journal of Psychology and Human Sexuality, 6*, 73-81.

Shelton, J. N., Richeson, J. A., & Salvatore, J. (2005). Expecting to be the target of prejudice: Implications for interethnic interactions. *Personality and Social Psychology Bulletin, 31*(9), 1189-1202.

Sheppered, J. A., & Wright, R. A. (1989). Individual contributions to a collective effort: An incentive analysis. *Personality and Social Psychology Bulletin, 15*, 141-149.

Sherif, M. (1935). A study of some factors in perception. *Archives of Psychology, 27*, 1-60.

Sherif, M. (1966). *In common predicament: Social psychology of intergroup conflict and cooperation.* Boston, MA: Houghton Mifflin.

Sherif, M., & Sherif, C. W. (1969). Interdisciplinary coordination as validity check: Retrospect and prospects. In M. Sherif & C. W. Sherif (Eds.), *Interdisciplinary relationships in the social sciences* (pp. 3-20). Chicago, IL: Aldine.

Sherif, M., & Sherif, C. W. (1979). Research on intergroup relations. *The social psychology of intergroup relations, 1*, 7-18.

Sherif, M., Harvey, O. J., White, B. J., Hood, W. R., & Sherif, C. W. (1961). *Intergroup conflict and cooperation: The Robbers Cave experiment.* Norman, OK: University Book Exchange.

Sherman, S. J. (1980). On the self-erasing nature of errors of prediction. *Journal of Personality and Social Psychology, 39*, 211-221.

Sherman, S. J., Presson, C. C., Chassin, L., Corty, E., & Olshavsky, R. W. (1983). The false consensus effect in estimates of smoking prevalence: Underlying mechanisms. *Personality and Social Psychology Bulletin, 9*, 197-207.

Shih, M., Pittinsky, T. L., & Ambady, M. (1999). Stereotype susceptibility: Identity salience and shifts in quantitative performance. *Psychological Science, 10*, 80-83.

Shih, M. J., Pittinsky, T. L., & Ho, G. C. (2011). Stereotype boost: Positive outcomes from the activation of positive stereotypes. In M. Inzlicht & T. Schmader (Eds.), *Stereotype threat: Theory, process, and application* (pp. 141-156). New York, NY: Oxford University Press.

Shrauger, J. S., & Schoeneman, T. J. (1979). Symbolic interactionist view of self-concept: Through the looking glass darkly. *Psychological Bulletin, 86*(3), 549-573.

Shu, S. B., & Carlson, K. A. (2014). When three charms but four alarms: Identifying the optimal number of claims in persuasion settings. *Journal of Marketing, 78*(1), 127-139.

Shweder, R. A., Goodnow, J. J., Hatano, G., LeVine, R. A., Markus, H. R., & Miller, P. J. (1998). The cultural psychology of development: One mind, many mentalities. In W. Damon (Ed.), *Handbook of child psychology* (5th ed., Vol. 1, pp. 865-938). New York, NY: Wiley.

Sidanius, J., & Pratto, F. (1999). *Social dominance: An intergroup theory of social hierarchy and oppression.* New York, NY: Cambridge University Press.

Siebold, G. L. (2007). The essence of military group cohesion. *Armed Forces & Society, 33*(2), 286-295.

Siegel, M., & Biener, L. (2000). The impact of an antismoking media campaign on progression to established smoking: Results of a longitudinal youth study. *American Journal of Public Health, 90*(3), 380-386. doi.org/10.2105/AJPH.90.3.380

Siegert, J. R., & Stamp, G. H. (1994). "Our first big fight" as a milestone in the development of close relationships. *Communications Monographs, 61*(4), 345-360.

Silke, A. (2003). Deindividuation, anonymity, and violence: Findings from Northern Ireland. *The Journal of Social Psychology, 143*(4), 493-499.

Silvia, P. J. (2005). Deflecting reactance: The role of similarity in increasing compliance and reducing resistance. *Basic and Applied Social Psychology, 27*(3), 277-284.

Silvia, P. J., & Duval, T. S. (2001). Objective self-awareness theory: Recent progress and enduring problems. *Personality and Social Psychology Review, 5*(3), 230-241.

Simon, A. H. (1957). *Models of man*. New York, NY: Wiley.

Simon, B., & Klandermans, B. (2001). Politicized collective identity: A social psychological analysis. *American Psychologist, 56*(4), 319-331.

Simon, B., & Pettigrew, T. F. (1990). Social identity and perceived group homogeneity: Evidence for the ingroup homogeneity effect. *European Journal of Social Psychology, 20*, 269-286.

Simon, L., Greenberg, J., & Brehm, J. (1995). Trivialization: The forgotten mode of dissonance reduction. *Journal of Personality and Social Psychology*, *68*(2), 247-260.

Simon, T. L., & Peterson, R. S. (2000). Task conflict and relationship conflict in top management teams: The pivotal role of intragroup trust. *Journal of Applied Psychology, 85*, 102-111.

Simonton, D. K., & Baumeister, R. F. (2005). Positive psychology at the summit. *Review of General Psychology, 9*, 99-102.

Simpson, J. A., Gangestad, S. W., & Lerma, M. (1990). Perception of physical attractiveness: Mechanisms involved in the maintenance of romantic relationships. *Journal of Personality and Social Psychology*, *59*(6), 1192-1201.

Simpson, J. A., Ickes, W., & Blackstone, T. (1995). When the head protects the heart: Empathic accuracy in dating relationships. *Journal of Personality and Social Psychology*, *69*(4), 629-641.

Simpson, J. A., Rholes, W. S., & Phillips, D. (1996). Conflict in close relationships: An attachment perspective. *Journal of Personality and Social Psychology*, *71*(5), 899-914.

Sims, E. A. H. (1976). Experimental obesity, dietary-induced thermogenesis and their clinical implications. *Clinics in Endocrinology and Metabolism, 5*, 377-395.

Singh, N. N., Wahler, R. G., Adkins, A. D., Myers, R. E., & Mindfulness Research Group. (2003). Soles of the feet: A mindfulness-based self-control intervention for aggression by an individual with mild mental retardation and mental illness. *Research in Developmental Disabilities, 24*, 158-169.

Singh, R., & Ho, S. Y. (2000). Attitudes and attraction: A new test of the attraction, repulsion and similarity-dissimilarity asymmetry hypotheses. *British Journal of Social Psychology, 39*, 197-211.

Sivacek, J., & Crano, W. D. (1982). Vested interest as a moderator of attitude-behavior consistency. *Journal of Personality and Social Psychology*, *43*(2), 210-221.

Skinner, B. F. (1953). *Science and human behavior*. New York, NY: MacMillan.

Skowronski, J. J., & Carlston, D. E. (1987). Social judgment and social memory: The role of cue diagnosticity in negativity, positivity, and extremity biases. *Journal of Personality and Social Psychology, 52*, 689-699.

Smalarz, L., & Wells, G. L. (2015). Contamination of eyewitness self-reports and the mistaken-identification problem. *Current Directions in Psychological Science, 24*(2), 120-124. doi:10.1177/0963721414554394

Smith, B. N., Montagno, R. V., & Kumenko, T. N. (2004). Transformational and servant leadership: Content and contextual comparisons. *Journal of Leadership and Organizational Studies, 10*(4), 80-91.

Smith, E. R. (1993). Social identity and social emotions: Toward new conceptualizations of prejudice. In D. M. Mackie & D. L. Hamilton (Eds.), *Affect, cognition, and stereotyping: Interactive processes ingroup perception* (pp. 297-315). San Diego, CA: Academic Press.

Smith, E. R., & DeCoster, J. (2000). Dual-process model in social and cognitive psychology: Conceptual integration and links to underlying memory systems. *Personality and Social Psychology Review, 4*, 108-131.

Smith, E. R., & Mackie, D. M. (1997). Integrating the psychological and the social to understand human behavior. In C. McGarty & S. A. Haslam (Eds.), *The message of social psychology: Perspectives on mind in society* (pp. 305-314). Hoboken, NJ: Blackwell Publishing.

Smith, H. M., & Betz, N. E. (2000). Development and validation of a scale of perceived social self-efficacy. *Journal of Career Assessment, 8*(3), 283-301.

Smith, M. B., Bruner, J. S., & White, R. W. (1956). *Opinions and personality*. New York, NY: John Wiley & Sons.

Smith, P. B., Bond, M. H., & Kagitcibasi, C. (2006). *Understanding social psychology across cultures: Living and working in a changing world*. London, UK: Sage.

Smith, S., & Razzell, P. (1975). *The pools winners*. London, UK: Caliban Books.

Smith, S. L., & Donnerstein, E. (1998). Harmful effects of exposure to media violence: Learning of aggression, emotional desensitization, and fear. In R. G. Geen & E. Donnerstein (Eds.), *Human aggression: Theories, research, and implications for social policy* (pp. 167-202). New York, NY: Academic Press.

Smyth, R., Jacobs, G., & Rogers, H. (2003). Male voices and perceived sexual orientation: An experimental and theoretical approach. *Language in Society, 32*, 329-350.

Snyder, M. (1974). Self-monitoring of expressive behavior. *Journal of Personality and Social Psychology, 30*(4), 526-537.

Snyder, M., Tanke, E. D., & Berscheid, E. (1977). Social perception and interpersonal behavior: On the self-fulfilling nature of social stereotypes. *Journal of Personality and Social Psychology, 35*, 656-666.

Snyder, M. L., Kleck, R. E., Strenta, A., & Mentzer, S. J. (1979). Avoidance of the handicapped: An attributional ambiguity analysis. *Journal of Personality and Social Psychology, 37*(12), 2297-2306.

Soenens, B., Vansteenkiste, M., Petegem, S. V., Beyers, W., & Ryan, R. (2018). How to solve the conundrum of adolescent autonomy?: On the importance of distinguishing between independence and volitional functioning. In B. Soenens, M. Vansteenkiste, & S. V. Petegem (Eds.), *Autonomy in adolescent development: Towards conceptual clarity* (pp. 1-32). New York, NY: Routledge.

Solomon, N. P., Helou, L. B., Dietrich-Burns, K., & Stojadinovic, A. (2011). Do obesity and weight loss affect vocal function? *Seminars in Speech and Language, 32*, 31-42.

Solomon, S. E., Rothblum, E. D., & Balsam, K. F. (2004). Pioneers in partnership: Lesbian and gay male couples in civil unions compared with those not in civil unions and married heterosexual siblings. *Journal of Family Psychology, 18*(2), 275-286.

Spears, R., Lea, M., & Lee, S. (1990). Deindividuation and group polarization in computer-mediated communication. *British Journal of Social Psychology, 29*(2), 121-134.

Spector, P. E., & Bruke-Lee, V. (2008). Conflict, health and well-being. In C. K. W. De Dreu & M. J. Gelfand (Eds.), *The psychology of conflict and conflict management in organization* (pp. 267-288). New York, NY: Lawrence Erlbaum.

Spencer, S. M., & Norem, J. K. (1996). Reflection and distraction: Defensive pessimism, strategic optimism, and performance. *Personality and Social Psychology Bulletin, 22*, 354-365.

Spilka, B., Hood, R. W., Hunsberger, B., & Gorsuch, R. (2003). *The psychology of religion: An empirical approach*. New York, NY: Guilford Press.

Sprecher, S., Felmlee, D., Metts, S., & Cupach, W. (2015). Relationship initiation and development. In M. Mikulincer & P. R. Shaver (Eds. in chief), *APA handbook of personality and social psychology, Vol. 3. Interpersonal relations* (pp. 211-245). Washington, DC: American Psychological Association.

Sprecher, S., & Regan, P. C. (1998). Passionate and companionate love in courting and young married couples. *Sociological Inquiry, 68*(2), 163-185.

Stanovich, K. E., West, R. F., & Toplak, M. E. (2013). Myside bias, rational thinking, and intelligence. *Current Directions in Psychological Science, 22*(4), 259-264. doi:10.1177/0963721413480174

Stasser, G. (1992). Information salience and the discovery of hidden profiles by decision-making groups: A "thought experiment." *Organizational Behavior and Human Decision Processes, 52*(1), 156-181.

Stasser, G., & Titus, W. (1985). Pooling of unshared information in group decision making: Biased information sampling during discussion. *Journal of Personality and Social Psychology, 48*(6), 1467-1478.

Stead, L., Bergson, G., & Lancaster, T. (2008). Physician advice for smoking cessation. *Cochrane Database of Systematic Reviews (Online)* (2), no. 2:CD000165.

Steblay, N. M. (1987). Helping behavior in rural and urban environments: A meta-analysis. *Psychological Bulletin,*

102, 346-356.

Steblay, N. M., Besirevic, J., Fulero, S. M., & Jimenez-Lorente, B. (1999). The effects of pretrial publicity on juror verdicts: A meta-analytic review. *Law and Human Behavior, 23*(2), 219-235.

Stech, F., & McClintock, C. G. (1981). Effects of communication timing on duopoly bargaining outcomes. *Journal of Personality and Social Psychology, 40*(4), 664-674.

Steel, P., Schmidt, J., & Shultz, J. (2008). Refining the relationship between personality and subjective well-being. *Psychological Bulletin, 134,* 138-161.

Steele, C. M. (1988). The psychology of self-affirmation: Sustaining the integrity of the self. *Advances in Experimental Social Psychology, 21*(2), 261-302.

Steele, C. M., & Aronson, J. (1995). Stereotype threat and the intellectual test performance of African Americans. *Journal of Personality and Social Psychology, 69*, 797-811.

Steele, C. M., & Josephs, R. (1990). Alcohol myopia: Its prized and dangerous effects. *American Psychologist, 45,* 921-933.

Steele, C. M., & Liu, T. J. (1983). Dissonance processes as self-affirmation. *Journal of Personality and Social Psychology, 45,* 5-19.

Steele, C. M., Spencer, S. J., & Aronson, J. (2002). Contending with group image: The psychology of stereotype and social identity threat. In M. P. Zanna (Ed.), *Advances in experimental social psychology* (Vol. 34, pp. 379-440). New York, NY: Academic Press.

Steele, C. M., Spencer, S. J., & Lynch, M. (1993). Self-image resilience and dissonance: The role of affirmational resources. *Journal of Personality and Social Psychology, 64*, 885-896.

Stein, N. L., & Jewett, J. L. (1986). A conceptual analysis of the meaning of negative emotions: Implications for a theory of development. *Measuring Emotions in Infants and Children, 2*, 238-267.

Steiner, I. D. (1972). *Group process and productivity*. New York, NY: Academic press.

Steller, M., & Koehnken, G. (1989). Criteria-based statement analysis. In C. D. Raskin (Ed.), *Psychological methods in criminal investigation and evidence* (pp. 217-245). New York, NY, US: Springer Publishing.

Stephan, W. G. (1978). School desegregation: An evaluation of predictions made in Brown v. Board of Education. *Psychological Bulletin, 85*(2), 217-238.

Stephan, W. G., & Stephan, C. W. (1985). Intergroup anxiety. *Journal of Social Issues, 41*(3), 157-175.

Sterling, J., Jost, J. T., & Bonneau, R. (2020). Political psycholinguistics: A comprehensive analysis of the language habits of liberal and conservative social media users. *Journal of Personality and Social Psychology, 118*(4), 805-834.

Sternberg, R. J. (1986). A triangular theory of love. *Psychological Review, 93,* 119-135.

Sternberg, R. J. (1996). Love stories. *Personal Relationships*, *3*(1), 59-79.

Stevens, S. L., Colwell, B., Smith, D. W., Robinson, J., & McMillan, C. (2005). An exploration of self-reported negative affect by adolescents as a reason for smoking: Implications for tobacco prevention and intervention programs. *Preventive Medicine, 41*(2), 589-596.

Stewart, J. E. (1980). Defendant's attractiveness as a factor in the outcome of criminal trials: An observational study 1. *Journal of Applied Social Psychology, 10*, 348-361.

Stewart-Williams, S., & Thomas, A. G. (2013). The ape that thought it was a peacock: Does evolutionary psychology exaggerate human sex differences? *Psychological Inquiry, 24*, 137-168.

Stillwell, A. M., Baumeister, R. F., & Del Priore, R. E. (2008). We're all victims here: Toward a psychology of revenge. *Basic and Applied Social Psychology, 30*, 1165-1178.

Stogdill, R. M. (1974). *Handbook of leadership: A survey of theory and research*. New York, NY: Free Press.

Stoker, L., & Jennings, M. K. (1995). Life-cycle transitions and political participation: The case of marriage. *American Political Science Review, 89*(2), 421-433.

Stone, M. H., & Brucato, G. (2019). *The new evil: Understanding the emergence of modern violent crime*. Amherst, NY: Prometheus Books.

Storms, M. D. (1973). Videotape and the attribution process:

Reversing actors' and observers' points of view. *Journal of Personality and Social Psychology, 27*, 165-175.

Stover, C. S., Connell, C. M., Leve, L. D., Neiderhiser, J. M., Shaw, D. S., Scaramella, L. V., Conger, R., & Reiss, D. (2012). Fathering and mothering in the family system: Linking marital hostility and aggression in adopted toddlers. *Journal of Child Psychology and Psychiatry, 53*, 401-409.

Strasser, A. A., Lerman, C., Sanborn, P. M., Pickworth, W. B., & Feldman, E. A. (2007). New lower nicotine cigarettes can produce compensatory smoking and increased carbon monoxide exposure. *Drug and Alcohol Dependence, 86*, 294-300.

Strauman, T. J. (1992). Self-guides, autobiographical memory, and anxiety and dysphoria: Toward a cognitive model of vulnerability to emotional distress. *Journal of Abnormal Psychology, 101*(1), 87-95.

Straus, M. A. (1997). Physical assaults by women partners: A major social problem. In M. K. Walsh (Ed.), *Women, men, and gender: Ongoing debates* (pp. 210-221). New Haven, CT: Yale University.

Strelan, P. (2007). The prosocial, adaptive qualities of just world beliefs: Implications for the relationship between justice and forgiveness. *Personality and Individual Differences, 43*(4), 881-890.

Stroebe, W., Stroebe, M., Abakoumkin, G., & Schut, H. (1996). The role of loneliness and social support in adjustment to loss: A test of attachment versus stress theory. *Journal of Personality and Social Psychology, 70*(6), 1241-1249.

Stuart, A., Bandara, A. K., & Levine, M. (2019). The psychology of privacy in the digital age. *Social and Personality Psychology Compass, 13*(11), e12507.

Stucke, T. S., & Sporer, S. L. (2002). When a grandiose self-image is threatened: Narcissism and self-concept clarity as predictors of negative emotions and aggression following ego-threat. *Journal of Personality, 70*, 509-532. doi.org/10.1111/1467-6494.05015

Suh, E., Diener, E., & Fujita, F. (1996). Events and subjective well-being: Only recent events matter. *Journal of Personality and Social Psychology, 70*, 1091-1102.

Suh, E. M. (2002). Culture, identity consistency, and subjective well-being. *Journal of Personality and Social Psychology, 83*(6), 1378-1391.

Sutton, S. R., & Eiser, J. R. (1984). The effect of fear-arousing communications on cigarette smoking: An expectancy-value approach. *Journal of Behavioral Medicine, 7*(1), 13-33.

Swann, Jr., W. B. (1983). Self-verification: Bringing social reality into harmony with the self. In J. Suls & A. G. Greenwald (Eds.), *Social psychological perspectives on the self* (Vol. 2, pp. 33-66). Hillsdale, NJ: Lawrence Erlbaum.

Swann, Jr., W. B. (1987). Identity negotiation: Where two roads meet. *Journal of Personality and Social Psychology, 53*, 1038-1051.

Swann, Jr., W. B. (1990). To be adored or to be known: The interplay of self-enhancement and self-verification. In R. M. Sorrentino & E. T. Higgins (Eds.), *Handbook of motivation and cognition* (Vol. 2, pp. 408-448). New York, NT: Guilford Press.

Swann, Jr., W. B., & Buhrmester, M. D. (2012). Self-verification: The search for coherence. In M. R. Leary & J. P. Tangney (Eds.), *Handbook of self and identity* (2nd ed., pp. 405-424). New York, NY: Guilford Press.

Swann, W. B., Jr., De La Ronda, C., & Hixon, J. G. (1994). Authenticity and positivity strivings in marriage and courtship. *Journal of Personality and Social Psychology, 66*, 857-869.

Swann, Jr., W. B., Griffin, J. J., Jr., Predmore, S. C., & Gaines, B. (1999). The cognitive-affective crossfire: When self-consistency confronts self-enhancement. In R. F. Baumeister (Ed.), *The self in social psychology* (pp. 391-401). Philadelphia, PA: Psychology Press.

Swann, Jr., W. B., Hixon, J. G., & De La Ronde, C. (1992). Embracing the bitter "truth": Negative self-concepts and marital commitment. *Psychological Science, 3*(2), 118-121.

Swann, Jr., W. B., & Read, S. J. (198l). Acquiring self-knowledge: The search for feedback that fits. *Journal of Personality and Social Psychology, 41*, 1119-1128.

Swann, Jr., W. B., Stein-Seroussi, A., & Giesler, R. B. (1992). Why people self-verify. *Journal of Personality* and Social Psychology, 62(3), 392-401.

Swann, Jr., W. B., Wenzlaff, R. M., Krull, D. S.. & Pelham, B. W. (1992). Allure of negative feedback: Self-verification strivings among depressed persons. *Journal of Abnormal Psychology, 101*, 293-306.

Szabo, L. (2007). Patient protect thyself. *USA Today*, 8D.

Tajfel, H. (1976). *Exit, voice, and intergroup relations in social psychology in transition*. New York, NY: Springer.

Tajfel, H. (1978a). Social categorization, social identity and social comparison. In H. Tajfel (Ed.), *Differentiation between social groups: Studies in the social psychology of intergroup relations*. (pp. 61-76). London, UK: Academic Press.

Tajfel, H. (Ed.). (1978b). *Differentiation between social groups: Studies in the social psychology of intergroup relations*. London: Academic Press.

Tajfel, H. (1981). *Social stereotypes and social groups*. In J. C. Turner & H. Giles (Eds.), *Intergroup behaviour* (pp. 144-167). Oxford, UK: Blackwell

Tajfel, H. (1982). Social psychology of intergroup relations. *Annual review of psychology, 33*(1), 1-39.

Tajfel, H., Billing, M. G., Bundy, R. P. & Flament, C. (1971). Social categorization and intergroup behaviour. *European Journal of Social Psychology, 1*, 149-178.

Tajfel, H., & Turner, J. C. (1979). An integrative theory of intergroup conflict. In W. G. Austin, & S. Worchel (Eds.), *The social psychology of intergroup relations* (pp. 33-47). Monterey, CA: Brooks/Cole.

Tajfel, H., & Turner, J. C. (1986). The social identity theory of intergroup behaviour. In S. Worchel & W. G. Austin (Eds.), *Psychology of intergroup relations* (pp. 7-24). Chicago, IL: Nelson Hall.

Tajfel, H., & Turner, J. (2001). An integrative theory of intergroup conflict. In M. A. Hogg & D. Abrams (Eds.), *Intergroup relations: Essential readings* (pp. 94-109). London, UK: Psychology Press.

Tamir, M., Mitchell, C., & Gross, J. J. (2008). Hedonic and instrumental motives in anger regulation. *Psychological Science, 19*, 324-328.

Tang, Li Ping, T., Chen, Y., & Sutarso, T. (2008). Bad apples in bad (business) barrels: The love of money, Machiavellianism, risk tolerance, and unethical behavior. *Management Decision, 46*(2), 243-263.

Tangney, J. P., Baumeister, R. F., & Boone, A. L. (2004). High self control predicts good adjustment, less pathology, better grades, and interpersonal success. *Journal of Personality, 72*(2), 271-324.

Tay, L., Herian, M. N., & Diener, E. (2014). Detrimental effects of corruption and subjective well-being: Whether, how, and when. *Social Psychological and Personality Science, 5*(7), 751-759.

Taylor, M. (1988). *The terrorist*. London, UK: Brassey's Defence Publishers.

Taylor, S. E. (1991). Asymmetrical effects of positive and negative events: The mobilization-minimization hypothesis. *Psychological Bulletin, 110*, 67-85.

Taylor, S. E. (2009). *Health psychology* (7th ed.). New York, NY: McGraw-Hill.

Taylor, S. E. (2010). Health. In S. T. Fiske, D. T. Gilbert, & G. Lindzey (Eds.), *Handbook of social psychology* (5th ed., Vol. 1, pp. 698-723). New York, NY: John Wiley & Sons.

Taylor, S. E. (2011). Social support: A review. In M. S. Friedman (Ed.), *The handbook of health psychology* (pp. 189-214). New York, NY: Oxford University Press.

Taylor, S. E. (2012). Tend and befriend theory. In P. Van Lange, A. Kruglanski, & E. Higgins (Eds.), *Handbook of theories of social psychology* (Vol. 1, pp. 32-50). London, UK: Sage. doi.org/10.4135/9781446249215.n3

Taylor, S. E., & Brown, J. D. (1988). Illusion and well-being: A social psychological perspective on mental health. *Psychological Bulletin, 103*(2), 193-210.

Taylor, S. E., Gonzaga, G. C., Klein, L. C., Hu, P., Greendale, G. A., & Seeman, T. E. (2006). Relation of oxytocin to psychological stress responses and hypothalamic-pituitary-adrenocortical axis activity in older women. *Psychosomatic Medicine, 68*(2), 238-245.

Taylor, S. E., Klein, L. C., Lewis, B. P., Gruenewald, T. I., Gurung, R. A. R., & Updegraff, J. A. (2000). Biobehavioral responses to stress in females: Tend-and befriend, not fight-or-flight. *Psychological Review, 107*, 411-429.

Taylor, S. E., Lerner, J. S., Sherman, D. K., Sage, R. M., & McDowell, N. K. (2003). Are self-enhancing cognitions associated with healthy or unhealthy biological profiles? *Journal of Personality and Social Psychology, 85*(4), 605-615.

Taylor, S. E., & Lobel, M. (1989). Social comparison activity under threat: Downward evaluation and upward contacts. *Psychological Review, 96*(4), 569-575.

Taylor, S. E., Peplau, L. A., & Sears, D. O. (2002). *Social psychology* (11th ed.). Englewood Cliffs, NJ: Prentice Hall.

Tedeschi, R. G., & Calhoun, L. G. (1995). *Trauma and transformation: Growing in the aftermath of suffering*. Thousand Oaks, CA: Sage.

Tedeschi, R. G., & Calhoun, L. G. (1996). The Posttraumatic Growth Inventory: Measuring the legacy of trauma. *Journal of Traumatic Stress, 9*, 455-472.

Tedeschi, R. G., Park, C. L., & Calhoun, L. G. (1998). Posttraumatic growth: Conceptual issues. In R. G. Tedeschi, C. L. Park, & L. G. Calhoun (Eds.), *Posttraumatic growth: Positive change in the aftermath of crisis* (pp. 1-22). Mahwah, NJ: Lawrence Erlbaum Associates.

Tellegen, A. (1985). Structure of mood and personality and their relevance to assessing anxiety, with an emphasis on self-report. In A. H. Tuma & J. D. Maser (Eds.), *Anxiety and the anxiety disorders* (pp. 681-706). Hillsdale, NJ: Erlbaum.

Tellegen, A., Lykken, D. T., Bouchard, T. J., Wilcox, K. J., Segal, N. L., & Rich, S. (1988). Personality similarity in twins reared apart and together. *Journal of Personality and Social Psychology, 54*(6), 1031-1039.

Tesser, A. (1993). The importance of heritability in psychological research: The case of attitudes. *Psychological Review, 100*(1), 129-142.

Thibaut, J. W., & Walker, L. (1975). *Procedural justice: A psychological analysis*. Hillsdale, NJ: Erlbaum Associates.

Thomas, J. J., Keel, P. K., & Heatherton, T. F. (2005). Disordered eating attitudes and behaviors in ballet students: Examination of environmental and individual risk factors. *International Journal of Eating Disorders, 38*, 263-268.

Thompson, S. C. (1985). Finding positive meaning in a stressful event and coping. *Basic and Applied Social Psychology, 6*, 279-295.

Thornhill, R., & Gangestad, S. W. (1999). The scent of symmetry: A human sex pheromone that signals fitness? *Evolution and Human Behavior, 20*, 175-201.

Tice, D. M., & Baumeister, R. F. (2001). The primacy of the interpersonal self. In C. Sedikides & M. B. Brewer (Eds.), *Individual self, relational self, collective self* (pp. 71-88). Ann Arbor, MI: Sheridan Books.

Tiger, L., & Fox, R. (1989). *The imperial animal*. New York, NY: Holt.

Tobin, R. M., & Graziano, W. G. (2011). The disappointing gift: Dispositional and situational moderators of emotional expressions. *Journal of Experimental Child Psychology, 110*, 227-240.

Tobler, N. S. (1986). Meta-analysis of 143 adolescent drug prevention programs: Quantitative outcome results of programs participants compared to a control or comparison group. *Journal of Drug Issues, 16*, 537-568.

Toch, H. (1965). *The social psychology of social movements*. New York, NY: Bobbs-Merrill Company.

Todorov, A., Goren, A., & Trope, Y. (2007). Probability as a psychological distance: Construal and preference. *Journal of Personality and Social Psychology, 79*, 876-889.

Toi, M., & Batson, C. D. (1982). More evidence that empathy is a source of altruistic motivation. *Journal of Personality and Social Psychology, 43*(2), 281-292.

Tomasello, M. (1999). The human adaptation for culture. *Annual Review of Anthropology, 28*, 509-529.

Tomasello, M., Kruger, A. C., & Ratner, H. H. (1993). Cultural learning. *Behavioral and Brain Sciences, 16*(3), 495-511.

Toussaint, L., & Webb, J. R. (2005). Theoretical and empirical connections between forgiveness, mental health, and well-being. In E. L. Worthington, Jr. (Ed.), *Handbook of forgiveness* (pp. 349-362). New York, NY: Routledge.

Tov, W., Diener, E., Ng, W., Kesebir, P., & Harter, J. (2009). The social and economic context of peace and happiness. In R. S. Wyer, C. Chi-Yue, & H. Ying-Yi (Eds.), *Understanding culture: Theory, research, and application* (pp. 239-255). New York, NY: Psychology Press.

Trafimow, D., & Finlay, K. A. (1996). The importance of subjective norms for a minority of people: Between subjects and within-subjects analyses. *Personality and Social Psychology Bulletin*, *22*(8), 820-828.

Trafimow, D., Triandis, H. C., & Goto, S. G. (1991). Some tests of the distinction between the private self and the collective self. *Journal of Personality and Social Psychology, 60*(5), 649-655.

Tremblay, R. E., & Nagin, D. S. (2005). The developmental origins of physical aggression in humans. In R. E. Tremblay, W. W. Hartup, & J. Archer (Eds.), *Developmental origins of aggression* (pp. 83-106). New York, NY: Guilford Press.

Triandis, H. C. (1972). *The analysis of subjective culture*. New York: Wiley-Interscience.

Triandis, H. C. (1989). The self and social behavior in differing cultural contexts. *Psychological Reivew,* 96, 506-520.

Triandis, H. C. (1995). *Individualism & collectivism*. Boulder, CO: Westview Press.

Triandis, H. C., & Vassiliou, V. (1972). A comparative analysis of subjective culture. In H. C. Triandis (Ed.), The analysis of subjective culture (pp. 299-338). New York, NY: Wiley.

Triplett, N. (1898). The dynamogenic factors in pacemaking and competition. *The American Journal of Psychology, 9*(4), 507-533.

Trivers, R. L. (1972). Parental investment and sexual selection. In B. Campbell (Ed.), *Sexual selection and the descent of man* (pp. 1136-1179). Chicago, IL: Aldine.

Trope, Y., & Liberman, N. (2000). Temporal construal and time-dependent changes in preference. *Journal of Personality and Social Psychology, 79*, 876-889.

Trope, Y., & Liberman, N. (2012). Construal level theory. In P. A. M. Van Lange, A. W. Kruglanski, & E. T. Higgins (Eds.), *Handbook of theories of social psychology* (Vol. 1, pp. 118-134). London, UK: Sage.

Trost, M. R., Maass, A., & Kenrick, D. T. (1992). Minority influence: Personal relevance biases cognitive processes and reverses private acceptance. *Journal of Experimental Social Psychology, 28*, 234-254.

Tuckman, B. W. (1965). Developmental sequence in small groups. *Psychological Bulletin, 63*(6), 384-399.

Turkle, S. (1995). Ghosts in the machine. *The Sciences, 35*(6), 36-39.

Turner, J. C. (1982). Towards a cognitive redefinition of the social group. In H. Tajfel (Ed.), *Social identity and intergroup relations* (pp. 15-40). Cambridge, UK: Cambridge University Press.

Turner, J. C. (1985). Social categorization and the self-concept: A social cognitive theory of group behavior. *Advances in Group Processes, 2,* 77-122.

Turner, J. C., Hogg, M. A., Oakes, P. J., Reicher, S. D., & Wetherell, M. S. (1987). *Rediscovering the social group: A self-categorization theory*. Malden, MA: Blackwell.

Turner, J. C., & Oakes, P. J. (1989). Self-categorization theory and social influence. In P. B. Paulus (Ed.), *Psychology of group influence* (pp. 233-275). Hillsdale, NJ: Erlbaum.

Turner, R. H., & Killian, L. M. (1972). *Collective behavior*. Englewood Cliffs, NJ: Prentice Hall.

Turner, R. N., & West, K. (2012). Behavioural consequences of imagining intergroup contact with stigmatized outgroups. *Group Processes & Intergroup Relations, 15*(2), 193-202. doi:10.1177/1368430211418699

Tversky, A., & Kahneman, D. (1974). Judgment under uncertainty: Heuristics and biases. *Science, 185*, 1124-1131.

Tversky, A., & Kahneman, D. (1981). The Framing of decisions and the psychology of choice. *Science, 211*(4481), 453-58. doi:10.1126/science.7455683.

Twenge, J. M., Baumeister, R. F., DeWall, C. N., Ciarocco, N. J., & Bartels, J. M. (2007). Social exclusion decreases prosocial behavior. *Journal of Personality and Social Psychology, 92*, 56-66.

Tyler, T. R. (1987). Conditions leading to value-expressive effects in judgments of procedural justice: A test of four models. *Journal of Personality and Social Psychology,*

52(2), 333-344.

Tyler, T. R. (1994). Psychological models of the justice motive: Antecedents of distributive and procedural justice. *Journal of Personality and Social Psychology, 67*(5), 850-863.

Tyler, T. R. (2012). Justice theory. In P. A. Van Lange, A. W. Kruglanski, & E. T. Higgins (Eds.), *Handbook of theories of social psychology* (Vol. 2, pp. 344-361). London, UK: Sage.

Tyler, T. R. (2015). Social justice. In M. Mikulincer, P. R. Shaver, J. F. Dovidio, & J. A. Simpson (Eds.), *APA handbook of personality and social psychology* (Vol. 2, pp. 95-122). Washington, DC: American Psychological Association.

Tyler, T. R., & Blader, S. L. (2003). The group engagement model: Procedural justice, social identity, and cooperative behavior. *Personality and Social Psychology Review, 7*(4), 349-361.

Tyler, T. R., & Lind, E. A. (1992). A relational model of authority in groups. In M. Zanna (Ed.), *Advances in experimental social psychology* (Vol. 25, pp. 115-192). New York, NY: Academic Press.

Tyler, T. R., Rasinski, K. A., & Spodick, N. (1985). Influence of voice on satisfaction with leaders: Exploring the meaning of process control. *Journal of Personality and Social Psychology, 48*(1), 72-81.

Tyler, T. R., & Smith, H. J. (1998). Social justice and social movements. In D. Gilbert, S. T. Fiske, & G. Lindzey (Eds.), *Handbook of social psychology* (Vol. 4, pp. 595-629). Boston, MA: McGraw-Hill.

Uchida, S., & Sigmund, K. (2010). The competition of assessment rules for indirect reciprocity. *Journal of Theoretical Biology, 263*(1), 13-19.

Uchino, B. N., Cacioppo, J. T., & Kiecolt-Glaser, J. K. (1996). The relationship between social support and physiological processes: A review with emphasis on underlying mechanisms and implications for health. *Psychological Bulletin, 119*(3), 488-531. doi.org/10.1037/0033-2909.119.3.488

Uhlmann, E. L., & Cohen, G. L. (2005). Constructed criteria redefining merit to justify discrimination. *Psychological Science, 16*(6), 474-480.

Umbreit, M. S. (2001). *The handbook of victim offender mediation: An essential guide to practice and research.* San Francisco, CA: Jossey-Bass.

Urbinati, N. (2019). Political theory of populism. *Annual Review of Political Science, 22*, 111-127.

Vachon, D. D., Lynam, D. R., & Johnson, J. A. (2014). The (non) relation between empathy and aggression: Surprising results from a meta-analysis. *Psychological Bulletin, 140*, 751-773.

Vaillancourt, T. (2005). Indirect aggression among humans: Social construct or evolutionary adaptation. In R. E. Tremblay, W. W. Hartup, & J. Archer (Eds.), *Developmental origins of aggression* (pp. 158-177). New York, NY: Guilford Press.

Vaillancourt, T., Miller, J. L., Fagbemi, J., Côté, S., & Tremblay, R. E. (2007). Trajectories and predictors of indirect aggression: Results from a nationally representative longitudinal study of Canadian children aged 2-10. *Aggressive Behavior, 33*, 314-326.

Valentine, J. C., DuBois, D. L., & Cooper, H. (2004). The relation between self-beliefs and academic achievement: A meta-analytic review. *Educational Psychologist, 39*(2), 111-133.

van Baardewijk, Y., Stegge, H., Bushman, B. J., & Vermeiren, R. (2009). Psychopathic traits, victim distress and aggression in children. *Journal of Child Psychology and Psychiatry, 50*, 718-725.

Van Bavel, J. J., Harris, E. A., Pärnamets, P., Rathje, S., Doell, K. C., & Tucker, J. A. (2021). Political psychology in the digital (mis)information age: A model of news belief and sharing. *Social Issues and Policy Review, 15*(1), 84-113.

Van Boven, L., & Loewenstein, G. (2005). Cross-situational projection. In M. D. Alicke, D. A. Dunning, & J. I. Krueger (Eds.), *The self in social judgment* (pp. 43-64). New York, NY: Psychology Press.

Van den Bos, K. (2005). What is responsible for the fair process effect? In J. Greenberg & J. A. Colquitt (Eds.), *Handbook of organizational justice* (pp. 273-300). Mahwah, NJ: Erlbaum.

Van Dyne, L., Cummings, L. L., & Parks, J. M. (1995). Extra role behaviors: In pursuit of construct and definitional clarity. *Research in Organizational Behavior, 17*, 215-285.

Van Knippenberg, A., & Van Oers, H. (1984). Social identity and equity concerns in intergroup perceptions. *British Journal of Social Psychology, 23*, 351-361.

Van Lange, P. A. M., & Rusbult, C. E. (2012). Interdependence theory. In P. A. M. Van Lange, A. W. Kruglanski, & E. T. Higgins (Eds.), *Handbook of theories of social psychology* (Vol. 2, pp. 251-272). Thousand Oaks, CA: Sage.

Van Overwalle, F., & Heylighen, F. (2006). Talking nets: A multiagent connectionist approach to communication and trust between individuals. *Psychological Review, 113*, 606-627.

Van Vugt, M. (2006). Evolutionary origins of leadership and followership. *Personality and Social Psychology Review, 10*(4), 354-371.

Van Vugt, M., Hogan, R., & Kaiser, R. B. (2008). Leadership, followership, and evolution: Some lessons from the past. *American Psychologist, 63*(3), 182-196.

van Zomeren, M., Postmes, T., & Spears, R. (2008). Toward an integrative social identity model of collective action: A quantitative research synthesis of three socio-psychological perspectives. *Psychological Bulletin, 134*(4), 504-535.

Vanbeselaere, N. (1991). The different effects of simple and crossed categorizations: A result of the category differentiation process or of differential category salience?. *European Review of Social Psychology, 2*(1), 247-278.

VandenBos, G. R. (Ed. In chief). (2015). *APA dictionary of psychology* (2nd ed.). Washington, DC: American Psychological Association.

Veblen, T. (1899). The preconceptions of economic science. *The Quarterly Journal of Economics, 13*(4), 396-426.

Vermunt, R. (1989). Happiness and justice: A social psychological view on ultimate reality and meaning. *Ultimate Reality and Meaning, Interdisciplinary Studies in the Philosophy of Understanding, 12*(4), 272-282.

Visser, P. S., & Mirabile, R. R. (2004). Attitudes in the social context: The impact of social network composition on individual-level attitude strength. *Journal of Personality and Social Psychology, 87*(6), 779-795.

Visser, P. S., Krosnick, J. A., & Simmons, J. P. (2003). Distinguishing the cognitive and behavioral consequences of attitude importance and certainty: A new approach to testing the common-factor hypothesis. *Journal of Experimental Social Psychology, 39*(2), 118-141.

Vogel, D. L., & Karney, B. R. (2002). Demands and withdrawal in newlyweds: Elaborating on the social structure hypothesis. *Journal of Social and Personal Relationships, 19*, 685-701.

Voiskounsky, A. E. (2008). Flow experience in cyberspace: Current studies and perspectives. In A. Barak (Ed.), *Psychological aspects of cyberspace: Theory, research, applications* (pp. 70-101). Cambridge, UK: Cambridge University Press.

Volpato, C., Maass, A., Mucchi Faina, A., & Vitti, E. (1990). Minority influence and social categorization. *European Journal of Social Psychology, 20*, 119-132.

Vorauer, J. D. (2006). An information search model of evaluative concerns in intergroup interaction. *Psychological Review, 113*(4), 862-886.

Wagner, A. (2009). *Paradoxical life: Meaning, matter, and the power of human choice*. New Haven, CT: Yale University Press.

Walker, I., & Pettigrew, T. F. (1984). Relative deprivation theory: An overview and conceptual critique. *British Journal of Social Psychology, 23*(4), 301-310.

Walker, L., & Mann, L. (1987). Unemployment, relative deprivation, and social protest. *Personality and Social Psychology Bulletin, 13*(2), 275-283.

Wall, D. S. (2007). *Cybercrime: The transformation of crime in the information age*. Cambridge, UK: Polity Press.

Wallston, K. A., & Wallston, B. S. (1982). Who is responsible for your health? The construct of health locus of control. In G. S. Sanders & J. Suls (Eds.), *Social psychology of health and illness* (pp. 65-95). Hillsdale, NJ: Erlbaum.

Walster, E., Aronson, V., Abrahams, D., & Rottman, L. (1966). Importance of physical attractiveness in dating behavior. *Journal of Personality and Social Psychology,*

4, 508–516.

Walster, E., & Festinger, L. (1962). The effectiveness of "overheard" persuasive communications. *The Journal of Abnormal and Social Psychology, 65*(6), 395–402.

Walster, E., Walster, G. W., & Berscheid, E. (1978). *Equity: Theory and research*. Boston, MA: Allyn and Bacon Walster Equity.

Walster, E., Walster, G. W., Piliavin, J., & Schmidt, L. (1973). Playing hard-to-get: Understanding an elusive phenomenon. *Journal of Personality and Social Psychology, 26*, 113–121.

Walther, J. B. (1996). Computer-mediated communication: Impersonal, interpersonal, and hyperpersonal interaction. *Communication Research, 23*(1), 3–43.

Walther, J. B. (2007). Selective self-presentation in computer-mediated communication: Hyperpersonal dimensions of technology, language, and cognition. *Computers in Human Behavior, 23*(5), 2538–2557.

Walton, G. M., & Cohen, G. L. (2011). A brief social-belonging intervention improves academic and health outcomes of minority students. *Science, 331*(6023), 1447–1451.

Wang, Y., Li, L., Cai, J., Li, H., & Wang, C. (2022). Incidental physical pain reduces brain activities associated with affective social feedback and increases aggression. *Social Cognitive and Affective Neuroscience*, nsac048. doi.org/10.1093/scan/nsac048

Wann, D. L., Hackathorn, J., & Sherman, M. R. (2017). Testing the team identification-social psychological health model: Mediational relationships among team identification, sport fandom, sense of belonging, and meaning in life. *Group Dynamics: Theory, Research, and Practice, 21*(2), 94–107.

Watson, D. (1982). The actor and the observer: How are their perceptions of causality divergent? *Psychological Bulletin, 92*, 682–700.

Watson, D. W., Klohnen, E. C., Casillas, A., Simms, E. N., Haig, J., & Berry, D. S. (2004). Match makers and deal breakers: Analyses of assortative mating in newlywed couples. *Journal of Personality, 72*, 1029–1068.

Watson, D., & Walker, L. M. (1996). The long-term stability and predictive validity of trait measures of affect. *Journal of Personality and Social Psychology, 70*, 567–577.

Watson, D., Clark, L. A., & Tellegen, A. (1988). Development and validation of brief measures of positive and negative affect: The PANAS scales. *Journal of Personality and Social Psychology, 54*, 1063–1070.

Watson, N., Bryan, B. C., & Thrash, T. M. (2016). Self-discrepancy: Long-term test-retest reliability and test-criterion predictive validity. *Psychological Assessment, 28*(1), 59–69. doi.org/10.1037/pas0000162

Waung, M., Macneil, M., & Vance, R. J. (1995). Reactions to feedback in goal choice and goal change processes. *Journal of Applied Social Psychology, 25*(15), 1360–1390.

Weber, M. (1947). *The theory of social and economic organization*. New York, NY: Free Press.

Webster, J., Trevino, L. K., & Ryan, L. (1993). The dimensionality and correlates of flow in human-computer interactions. *Computers in Human Behavior, 9*(4), 411–426.

Wedekind, C., & Milinski, M. (2000). Cooperation through image scoring in humans. *Science, 288*, 850–852.

Wee, C. C., Rigotti, N. A., Davis, R. B., & Phillips, R. S. (2001). Relationship between smoking and weight control efforts among adults in the United States. *Archives of Internal Medicine, 161*, 546–550.

Wegener, D. T., Petty, R. E., & Smith, S. M. (1995). Positive mood can increase or decrease message scrutiny: The hedonic contingency view of mood and message processing. *Journal of Personality and Social Psychology, 69*(1), 5–15.

Weiner, B. (1986). *An attribution theory of motivation and emotion*. New York, NY: Springer.

Weiner, B., Russell, D., & Lerman, D. (1978). Affective consequence of causal ascriptions. In J. H. Harvey, W. Ickes & R. F. Kidd (Eds.), *New directions in attribution research* (Vol. 2, pp. 59–90). Hillsdale, NJ: Erlbaum.

Weingart, L. R., & Weldon, E. (1991). Processes that mediate the relationship between a group goal and group member performance. *Human Performance, 4*(1), 33–54.

Weinstein, N. D. (1980). Unrealistic optimism about

future life events. *Journal of Personality and Social Psychology, 39*, 806-820.

Weinstein, N. D. (1982). Unrealistic optimism about susceptibility to health problems. *Journal of Behavioral Medicine, 5*, 441-460.

Weinstein, N. D., Marcus, S. E., & Moser, R. P. (2005). Smokers' unrealistic optimism about their risk. *Tobacco Control, 14*, 55-59.

Weiss, J. (2020). What is youth political participation? Literature review on youth political participation and political attitudes. *Frontiers in Political Science, 2*, 1-13.

Weldon, E., & Gargano, G. M. (1988). Cognitive loafing: The effects of accountability and shared responsibility on cognitive effort. *Personality and Social Psychology Bulletin, 14*(1), 159-171.

Weldon, E., & Mustari, E. L. (1988). Felt dispensibility in groups of coactors: The effects of shared responsibility and explicit anonymity on cognitive effort. *Organizational Behavior and Human Decision Processes, 41*(3), 330-351.

Wenzel, M., Okimoto, T. G., Feather, N. T., & Platow, M. J. (2008). Retributive and restorative justice. *Law and Human Behavior, 32*, 375-389.

West, S. A., & Gardner, A. (2013). adaptation and inclusive fitness. *Current Biology, 23*(13), R578-R584. doi: 10.1016/j.cub.2013.05.031

West, T. V., & Kenny, D. A. (2011). The truth and bias model of judgment (T&B). *Psychological Review, 118*, 357-378.

Wheeler, L., & Miyake, K. (1992). Social comparison in everyday life. *Journal of Personality and Social Psychology, 62*(5), 760-773.

Wheeler, M. A., Stuss, D. T., & Tulving, E. (1997). Toward a theory of episodic memory: The frontal lobes and autonoetic consciousness. *Psychological Bulletin, 121*(3), 331-354.

Whisman, M. A., & Kwon, P. (1993). Life stress and disphoria: The role of self-esteem and hopelessness. *Journal of Personality and Social Psychology, 65*, 1054-1060.

White, M. (2004). *30 worst atrocities of the 20th century* [electronic version], http://users.erols.com/mwhite28/atrox.htm. Retrieved 25 October, 2006.

Whitley, Jr., B. E. (1999). Right-wing authoritarianism, social dominance orientation, and prejudice. *Journal of Personality and Social Psychology, 77*, 126-134.

Whitney, K. (1994). Improving group task performance: The role of group goals and group efficacy. *Human Performance, 7*(1), 55-78.

Wicker, B., Keysers, C., Plailly, J., Royet, J. P., Gallese, V., & Rizzolatti, G. (2003). Both of us disgusted in my insula: The common neural basis of seeing and feeling disgust. *Neuron, 40*(3), 655-664.

Wigboldus, D. H., Spears, R., & Semin, G. R. (2005). When do we communicate stereotypes? Influence of the social context on the linguistic expectancy bias. *Group Processes & Intergroup Relations, 8*(3), 215-230.

Wilder, D. A. (1977). Perception of groups, size of opposition, and social influence. *Journal of Experimental Social Psychology, 13*, 253-258.

Wildschut, T., & Insko, C. A. (2007). Explanations of interindividual-intergroup discontinuity: A review of the evidence. *European Review of Social Psychology, 18*(1), 175-211.

Wilkinson, G. S. (1990). Food sharing in vampire bats. *Scientific American, 262*, 76-82.

Wilkinson, R. G., & Pickett, K. E. (2009). Income inequality and social dysfunction. *Annual Review of Sociology, 35*, 493-511.

Williams, K. B., Radefeld, P. S., Binning, J. F., & Sudak, J. (1993). When job candidates are "hard" versus "easy to get": Effects of candidate availability on employment decisions. *Journal of Applied Social Psychology, 23*, 169-198.

Williams, K. D., Cheung, C. K. T., & Choi, W. (2000). Cyberostricism: Effects of being ignored over the internet. *Journal of Personality and Social Psychology, 79*, 748-762.

Williams, K., Harkins, S. G., & Latané, B. (1981). Identifiability as a deterrant to social loafing: Two cheering experiments. *Journal of Personality and Social Psychology, 40*(2), 303-311.

Williams, M., & Pimentel, O. (2016). *Communicating race, ethnicity, and identity in technical communication*.

New York, NY: Routledge.

Williamson, R. A., Donohue, M. R., & Tully, E. C. (2013). Learning how to help others: Two-year-olds' social learning of a prosocial act. *Journal of Experimental Child Psychology, 114*(4), 543-550.

Wills, T. A. (1981). Downward comparison principles in social psychology. *Psychological Bulletin, 90*(2), 245-271.

Wills, T. A. (1991). Social support and interpersonal relationships. *Review of Personality and Social Psychology, 12*, 265-289.

Wilson, D. W. (1981). Is helping a laughing matter? *Psychology, 18*, 6-9.

Wilson, M. (2002). Six views of embodied cognition. *Psychonomic Bulletin and Review, 9*, 625-636.

Wilson, T. D., Lindsey, S., & Schooler, T. Y. (2000). A model of dual attitudes. *Psychological Review, 107*(1), 101-126.

Winquist, J. R., & Larson, Jr., J. R. (1998). Information pooling: When it impacts group decision making. *Journal of Personality and Social Psychology, 74*(2), 371-377.

Winter, D. G. (2007). The role of motivation, responsibility, and integrative complexity in crisis escalation: Comparative studies of war and peace crises. *Journal of Personality and Social Psychology, 92*, 920-937.

Winter, L., Lawton, M. P., Casten, R. J., & Sando, R. L. (1999). The relationship between external events and affect states in older people. *International Journal of Human Development and Aging, 50*, 1-12.

Wiseman, R. (2008). *Quirkology: How we discover the bigtruths in small things*. New York, NY: Perseus Books Group.

Wish, M., Deutsch, M., & Kaplan, S. B. (1976). Perceived dimensions of interpersonal relations. Journal of Personality and Social Psychology, 33, 409-420.

Wit, A., & Kerr, N. (2002). "Me versus just us versus us all" categorization and cooperation in nested social dilemmas. *Journal of Personality and Social Psychology, 83*, 616-637.

Wittenbaum, G. M. (1998). Information sampling in decision-making groups: The impact of members' task-relevant status. *Small Group Research, 29*(1), 57-84.

Wittenbaum, G. M., Hollingshead, A. B., & Botero, I. C. (2004). From cooperative to motivated information sharing groups: Moving beyond the hidden profile paradigm. *Communication Monographs, 71*, 286-310.

Wittenbaum, G. M., Hubbell, A. P., & Zuckerman, C. (1999). Mutual enhancement: Toward an understanding of the collective preference for shared information. *Journal of Personality and Social Psychology, 77*(5), 967-978.

Wohl, M. J., & Branscombe, N. R. (2008). Remembering historical victimization: Collective guilt for current ingroup transgressions. *Journal of Personality and Social Psychology, 94*(6), 988-1006.

Wojciszke, B., Baryal, W., Parzuchowski, M., Szymkow, A., & Abele, A. E. (2011). Self-esteem is dominated by agentic over communal information. *European Journal of Social Psychology, 41*, 617-627.

Wolfe, C., & Britt, A. (2008). The locus of the myside bias in written argumentation. *Thinking & Reasoning, 14*, 1-27. doi:10.1080/13546780701527674

Wolff, C., & Keith, N. (2019). Motives relate to cooperation in social dilemmas but have an inconsistent association with leadership evaluation. *Scientific Reports, 9*, 10118. doi.org/10.1038/s41598-019-45931-4

Wolfinger, R. E., & Rosenstone, S. J. (1980). *Who votes?* New Haven, CT: Yale University Press.

Wolfradt, U., & Dalbert, C. (2003). Personality, values and belief in a just world. *Personality and Individual Differences, 35*(8), 1911-1918.

Wong, K. F. E., & Kwong, J. Y. Y. (2000). Is 73m equal to 7.3km? Same semantics but different anchoring effects. *Organizational Behavior and Human Decision Processes, 82*, 314-333.

Wong, P. T. (2010). What is existential positive psychology? *International Journal of Existential Psychology and Psychotherapy, 3*(1), 1-10.

Wong, P. T. (2011). Positive psychology 2.0: Towards a balanced interactive model of the good life. *Canadian Psychology/Psychologie Canadienne, 52*(2), 69-81.

Wood, J. M., Lilienfeld, S. O., Garb, H. N., & Nezworski, M. T. (2000). The Rorschach test in clinical diagnosis: A critical review, with a backward look at Garfield (1947). *Journal of Clinical Psychology, 56*, 395–430.

Wood, W. (2000). Attitude change: Persuasion and social influence. *Annual Review of Psychology, 51*(1), 539–570.

Wood, W., Lundgren, S., Ouellette, J. A., Busceme, S., & Blackstone, T. (1994). Processes of minority influence: Influence effectiveness and source perceptions. *Psychological Bulletin, 115*, 323–345.

Wood, W., Rhodes, N., & Biek, M. (1995). Working knowledge and attitude strength: An information-processing analysis. *Attitude Strength: Antecedents and Consequences, 4*, 189–202.

Worchel, S., & Arnold, S. E. (1973). The effects of censorship and attractiveness of the censor on attitude change. *Journal of Experimental Social Psychology, 9*, 365–377.

Worchel, S., Arnold, S., & Baker, M. (1975). The effects of censorship on attitude change: The influence of censor and communication characteristics. *Journal of Applied Social Psychology, 5*, 227–239.

Worchel, S., Lee, J., & Adewole, A. (1975). Effects of supply and demand on ratings of object value. *Journal of Personality and Social Psychology, 32*, 906–914.

World Day of Social Justice, 20 February. www.un.org. retrieved from 2 July 2023.

Worthington, Jr., E. L. (2009). *A just forgiveness: Responsible healing without excusing injustice*. Westmont, IL: InterVarsity Press.

Wright, S. C., Aron, A., McLaughlin-Volpe, T., & Ropp, S. A. (1997). The extended contact effect: Knowledge of cross-group friendships and prejudice. *Journal of Personality and Social psychology, 73*(1), 73–90.

Wright, W. F., & Anderson, U. (1989). Effects of situation familiarity and financial incentives on use of the anchoring and adjustment heuristic for probability assessment. *Organizational Behavior and Human Decision Processes, 44*, 68–82.

Wu, L. Z., Ferris, D. L., Kwan, H. K., Chiang, F., Snape, E., & Liang, L. H. (2015). Breaking (or making) the silence: How goal interdependence and social skill predict being ostracized. *Organizational Behavior and Human Decision Processes, 131*, 51–66.

Wurf, E., & Markus, H. (1983). *Cognitive consequences of the negative self*. Paper presented at the American Psychological Association, Anaheim, CA.

Wuthnow, R. (1991). *Acts of compassion: Caring for others and helping ourselves*. Princeton, NJ: Princeton University Press.

Yalom, I. D. (1980). *Existential psychotherapy*. New York, NY: Basic Books.

Yalom, I. D., & Lieberman, M. A. (1991). Bereavement and heightened existential awareness. *Psychiatry: Interpersonal and Biological Processes, 54*, 334–345.

Yang, C., Liang, W., & Møller, A. P. (2018). Do cuckoos imprint on hosts, micro-habitats, or nest sites? Parasitism preferences in the common cuckoo (Cuculus canorus). *Behavioral Ecology and Sociobiology, 72*(8), 1–5.

Ybarra, O., Chan, E., & Park, D. (2001). Young and old adults' concerns about morality and competence. *Motivation and Emotions, 25*, 85–100.

Yeh, M. T., Chen, P., Raine, A., Baker, L. A., & Jacobson, K. C. (2011). Child psychopathic traits moderate relationships between parental affect and child aggression. *Journal of the American Academy of Child & Adolescent Psychiatry, 50*, 1054–1064.

Yi, S. K. M., Steyvers, M., Lee, M. D., & Dry, M. J. (2012). The wisdom of the crowd in combinatorial problems. *Cognitive Science, 36*(3), 452–470.

Yong, H., Borland, R., Hyland, A., & Siahpush, M. (2008). How does a failed quit attempt among regular smokers affect their cigarette consumption? Findings from the International Tobacco Control Four Country Survey (ITC-4). *Nicotine & Tobacco Research, 10*(5), 897–905.

Yzerbyt, V., & Demoulin, S. (2009). Intergroup relations. In S. T. Fiske, D. T. Gilbert, & G. Lindzey (Eds.), *Handbook of social psychology* (Vol. 2, pp. 1024–1083). Hoboken, NJ: John Wiley & Sons, Inc.

Zahn-Waxler, C. J., Radke-Yarrow, M. R., Wagner, E., & Chapman, M. (1992). Development of concern for others. *Developmental Psychology, 28*, 126–136.

Zaidel, D. W., & Choi, D. (2007). Attractiveness of natural faces compared to computer-generated perfectly symmetrical faces. *International Journal of Neuroscience, 117*, 423-431.

Zajonc, R. B. (1965). *Social facilitation*. Ann Arbor, MI: Research Center for Group Dynamics. Institute for Social Research. University of Michigan.

Zajonc, R. B. (1968). Attitudinal effects of mere exposure. *Journal of Personality and Social Psychology*, *9*(2p2), 1-27.

Zajonc, R. B. (1980). Feeling and thinking: Preferences need no inferences. *American Psychologist, 35*(2), 151-175.

Zajonc, R. B. (1998). Emotions. In D. T. Gilbert, S. T. Fiske, & G. Lindzey (Eds.), *The handbook of social psychology* (pp. 591-632). New York, NY: McGraw-Hill.

Zanna, M. P., Olson, J. M., & Fazio, R. H. (1981). Self-perception and attitude-behavior consistency. *Personality and Social Psychology Bulletin, 7*(2), 252-256.

Zerjal, T., Xue, Y., Bertorelle, G., Wells, R. S., Bao, W., Zhu, S., Qamar, R., Ayub, Q., Mohyuddin, A., Fu, S., Li, P., Yuldasheva, N., Ruzibakiev, R., Xu, J., Shu, Q., Du, R., Yang, H., Hurles, M. E., Robinson, E., … Tyler-Smith, C. (2003). The genetic legacy of the Mongols. *The American Journal of Human Genetics, 72*, 717-721.

Zhang, K. Z., Lee, M. K., & Zhao, S. J. (2010). Understanding the Informational Social Influence of Online Review Platforms. In *Proceedings of the 31st International Conference on Information Systems*, St. Louis, USA, 71.

Zhao, S., Grasmuck, S., & Martin, J. (2008). Identity construction on Facebook: Digital empowerment in anchored relationships. *Computers in Human Behavior, 24*(5), 1816-1836.

Zhou, S., Page-Gould, E., Aron, A., Moyer, A., & Hewstone, M. (2018). The extended contact hypothesis: A meta-analysis on 20 years of research. *Personality and Social Psychology Review, 23*(2), 132-160. doi:10.1177/1088868318762647

Zillmann, D. (1979). *Hostility and aggression*. Hillsdale, NJ: Erlbaum.

Zillmann, D. (1983). Transfer of excitation in emotional behavior. In J. Cacioppo & R. E. Petty (Eds.), *Social psychophysiology: A sourcebook* (pp. 215-240). New York, NY: Guilford Press.

Zillmann, D. (1994). Cognition-excitation interdependencies in the escalation of anger and angry aggression. In M. Potegal & J. F. Knutson (Eds.), *The dynamics of aggression: Biological and social processes in dyads and groups* (pp. 45-71). Hillsdale, NJ: Erlbaum.

Zimbardo, P. G. (1969). The human choice: Individual, reason and order versus deindividuation, impulse, and chaos. In W. J. Arnold & D. Levine (Eds.), *Nebraska symposium on motivation* (Vol. 18, pp. 237-307). Lincoln, NE: University of Nebraska Press.

Zimmerman, A. G., & Ybarra, G. J. (2016). Online aggression: The influences of anonymity and social modeling. *Psychology of Popular Media Culture, 5*(2), 181-193.

Zitek, E. M., & Hebl, M. R. (2007). The role of social norm clarity in the influenced expression of prejudice over time. *Journal of Experimental Social Psychology, 43*, 867-876.

Zomeren, M. v. (2015). Psychological processes in social action. In M. Mikulincer, P. R. Shaver, J. F. Dovidio, & J. A. Simpson (Eds.), *APA handbook of personality and social psychology* (Vol. 2, pp. 507-534). Washington, DC: American Psychology Association.

Zuckerman, M., & Driver, R. (1989). What sounds beautiful is good: The vocal attractiveness stereotype. *Journal of Nonverbal Behavior, 13*, 67-82.

Zuckerman, M., & Kuhlman, D. M. (2000). Personality and risk taking: Common biosocial factors. *Journal of Personality, 68*(6), 999-1029.

Zuckerman, M., Gioioso, C., & Tellini, S. (1988). Control orientation, self-monitoring, and preference for image versus quality approach to advertising. *Journal of Research in Personality, 22*(1), 89-100.

Zukerman, M., & Miyake, K. (1993). The attractive voice: What makes it so? *Journal of Nonverbal Behavior, 17*, 119-135.

찾아보기

인명

내용

ㅈ

저자 소개

정태연(Jung, Taeyun)

미국 코네티컷대학교 심리학과 사회심리 전공 철학박사

현 중앙대학교 심리학과 교수

저서: 『대인관계와 의사소통의 심리학』(학지사, 2022), 『심리학, 군대가다』(토크쇼, 2016)

관심분야: 사회/문화심리학, 한국문화와 사회문제, 대인관계, 성인발달과 노화

박은미(Park, Eunmi)

중앙대학교 심리학과 사회 및 문화 심리 전공 문학박사

현 경희사이버대학교 상담심리학과 초빙교수

관심분야: 다문화, 한국문화, 조직문화, 역량개발 및 역량모델링

박준성(Park, Junseong)

중앙대학교 심리학과 사회 및 문화 심리 전공 문학박사

현 중앙대학교 미래교육원 심리학 전공 주임교수

저 · 역서: 『우리는 변화를 원한다: 변화를 위해 용기를 전하는 아들러 심리학』(공저, 휴먼북스, 2021), 『종교심리학: 전통적 이론과 현대적 전개』(공역, 학지사, 2022)

관심분야: 사회심리, 문화심리, 코칭심리, 종교심리, 통계 및 연구방법

장민희(Jang, Minhee)

중앙대학교 심리학과 사회 및 문화 심리 전공 문학박사

현 중앙대학교 심리서비스대학원 겸임교수

저서: 『현대사회와 노년심리학』(공저, 2024, 출간 예정), 『청년을 위한 인간관계와 자기성장심리학』(공저, 2024, 출간 예정)

관심분야: 자기와 정체성, 전생애 성격발달, 노화와 웰다잉, 사회문제

허성호(Hu, Sungho)

중앙대학교 심리학과 사회 및 문화 심리 전공 문학박사

현 고려대학교 연구정보분석센터 연구교수

저서: 『초고령사회의 라이피즘: 사회심리학적 접근』(솔과학, 2023), 『세계시민교육과 교양인을 위한 심리학 디자인』(공저, 솔과학, 2018)

관심분야: 디지털 전환, 정보문화, 표상운동량, 성인학습, 초고령사회